中华经典名著
全本全注全译丛书

张松辉　张景◎译注

抱朴子外篇　上

中華書局

图书在版编目(CIP)数据

抱朴子外篇/张松辉,张景译注. —北京:中华书局,2013.4
(2025.7重印)
(中华经典名著全本全注全译丛书)
ISBN 978-7-101-09192-2

Ⅰ.抱… Ⅱ.①张…②张… Ⅲ.①古典哲学-中国-东晋时代②《抱朴子》-译文③《抱朴子》-注释 Ⅳ.B235.7

中国版本图书馆 CIP 数据核字(2013)第 024088 号

书　　名	抱朴子外篇(全二册)
译 注 者	张松辉　张　景
丛 书 名	中华经典名著全本全注全译丛书
责任编辑	舒　琴
装帧设计	毛　淳
责任印制	韩馨雨
出版发行	中华书局 (北京市丰台区太平桥西里 38 号　100073) http://www.zhbc.com.cn E-mail:zhbc@zhbc.com.cn
印　　刷	北京盛通印刷股份有限公司
版　　次	2013 年 4 月第 1 版 2025 年 7 月第 14 次印刷
规　　格	开本/880×1230 毫米　1/32 印张 37⅜　字数 750 千字
印　　数	75001-79000 册
国际书号	ISBN 978-7-101-09192-2
定　　价	82.00 元

目　录

上册

下册

前　言

葛洪是一位儒、道兼修的著名学者，无论是在中国道教思想史上，还是在中国儒家思想史上，葛洪的著作都产生过巨大影响。依据读其书、知其人的古训，我们在阅读《抱朴子外篇》之前，有必要对这部著作的作者、内容、价值及其不足之处有一个大致的了解。

一　作者生平及其著作

葛洪，字稚川，自号抱朴子，丹阳句容（今江苏句容）人。出生于晋武帝太康四年（283），卒于晋哀帝兴宁元年（363），终年八十一岁。一说卒于晋康帝建元元年（343），终年六十一岁。

“抱朴子”既是葛洪的号，又是本书的书名。关于自号“抱朴子”的原因，葛洪本人有一个解释：

> 洪期于守常，不随世变，言则率实，杜绝嘲戏，不得其人，终日默然。故邦人咸称之为“抱朴之士”，是以洪著书，因以自号焉。（《自叙》）

“抱朴”一词首见于《老子》十九章：“见素抱朴，少私寡欲。”老子说的“见素抱朴”，意思是“行为单纯，内心淳朴”。就是因为葛洪具备了道家所提倡的淳朴的品格，所以被乡人称为“抱朴之士”。于是他就以此为号，并把这一名号作为自己的书名。

据本书《自叙》的记载，葛氏家族出自传说时代的帝王葛天氏，后来葛天氏降为诸侯，于是其后人便以“葛”为姓。葛洪的远祖葛浦庐，曾经辅佐汉光武帝刘秀统一天下，官至骠骑大将军，封为下邳僮县侯，食邑五千户。后来葛浦庐把爵位让于其弟葛文，自己全家迁居到江南句容。葛洪的祖父葛系，在吴国历任吏部侍郎、御史中丞、大鸿胪等要职，封寿县侯。父亲葛悌先在吴国历任五官郎、中护军、会稽太守等职；入晋后，又任肥乡令、邵陵太守等职。由此可见，葛洪出身于高贵的士族家庭。

葛洪为葛悌的第三子。葛洪十三岁时，其父去世，家道中落，年幼的葛洪便亲自操持农活，于耕种之暇发愤苦读。他在《自序》中回忆了这段艰难的生活：“年十有三，而慈父见背，夙失庭训，饥寒困瘁，躬执耕穑，承星履草，密勿畴袭。又累遭兵火，先人典籍荡尽。农隙之暇无所读，乃负笈徒步行借，又卒于一家，少得全部之书，益破功日，伐薪卖之，以给纸笔。就营田园处，以柴火写书。坐此之故，不得早涉艺文。常乏纸，每所写，反复有字，人鲜能读也。”葛洪虽然出身于贵族，却是在极为艰苦的条件下开始他的学术生涯的。

十六岁时，葛洪开始学习《孝经》、《论语》、《诗经》、《易经》等儒家经典，并旁涉诸史、百家之言。但他不喜欢图谶、算术、九宫、三棋、太一、飞符等书籍，虽然涉猎了一些当时颇为流行的风角、望气、遁甲、六壬、太一之类的术数书，但也是浅尝辄止，唯独对养生修仙之法，非常感兴趣，他说：“余少好方术，负步请问，不惮险远。每有异闻，则以为喜。虽见毁笑，不以为戚。”（《抱朴子内篇·金丹》）由此可见，葛洪爱好神仙方术，是发自天性。

葛洪有一位从祖，叫葛玄，据说葛玄拜方士左慈为师，吴时学道得仙，号称“葛仙公”。葛玄以其炼丹秘术授弟子郑隐，而葛洪又拜郑隐为师。关于跟随郑隐学习的情况，他有一个简单的介绍：

> 他弟子皆亲仆使之役，采薪耕田，唯余尪羸，不堪他劳，然无以自效，常亲扫除，拂拭床几，磨墨执烛，及与郑君缮写故书而已。见

待余同于先进者……然弟子五十余人，唯余见受金丹之经及《三皇内文》、《枕中五行记》，其余人乃有不得一观此书之首题者矣。他书虽不具得，皆疏其名。（《抱朴子内篇·遐览》）

郑隐见葛洪年少，又是葛玄的后人，就对他特别关照，命他抄写道书，使他有机会得以饱览道教秘籍，后来又把炼制金丹的方术传授给葛洪。其后葛洪又师事南海太守鲍靓，鲍靓也善于修道养生之学，对葛洪非常器重，便以女妻洪。在道教知识方面，葛玄和鲍靓应该是对葛洪影响最大的两位老师。

晋惠帝太安二年(303)，二十一岁的葛洪以将兵都尉的身份参加了镇压张昌、石冰的军事活动，因功被授予伏波将军。但是战后葛洪投戈释甲，"不论功赏，径至洛阳，欲搜求异书以广其学"（《晋书·葛洪列传》），可惜最后因战乱只好半道而归。

中原地区动乱之后，葛洪便想到南方去躲避战乱，刚好他的故人嵇含被任命为广州刺史，嵇含便表请葛洪为参军。嵇含遇害后，葛洪就在广州一带生活多年，各处的任命一无所受。葛洪认识鲍靓并娶其女为妻，大概就在这一时期。

后来葛洪还归乡里，礼辟皆不赴。晋元帝司马睿为丞相时，任葛洪为掾。追念他十多年前镇压石冰之功，赐爵关中侯。晋成帝咸和(326—334)初，司徒王导召补州主簿，转司徒掾，迁谘议参军。著名的史学家干宝对葛洪深相亲友，举荐葛洪才堪国史，选为散骑常侍，领大著作，葛洪固辞不就。

葛洪以自己年纪渐老，欲炼丹以求长生，听说交趾出产丹砂，便求为句漏令。当葛洪率领子侄到了广州时，为刺史邓岳所留，于是葛洪就留在罗浮山炼丹。"在山积年，优游闲养，著述不辍"（《晋书·葛洪列传》）。

晋哀帝兴宁元年(363)，葛洪突然写信给广州刺史邓岳，说："当远行寻师，克期便发。"邓岳得信后，急忙前去辞别，还没赶到，葛洪已经去世，尸体颜色如生，终年八十一岁。关于葛洪的一生，《晋书·葛洪列传》有一个非常中肯的评价：

> 史臣曰：……稚川束发从师，老而忘倦。紬奇册府，总百代之遗编；纪化仙都，穷九丹之秘术。谢浮荣而捐杂艺，贱尺宝而贵分阴，游德栖真，超然事外。全生之道，其最优乎！

葛洪身处乱世，一生坎坷，却不仅能够明哲保身，寿愈八十，而且还能够珍惜分阴，著作等身，为后人留下了丰富的史料，因此史臣说他"全生之道，其最优乎"，绝非阿谀之言。

综观其一生，葛洪出生于一个较为复杂的家族里。这个家族，从社会地位上看，既享受过上层的荣华富贵，又经历过平民的贫苦生活；从思想上看，这个家族既接受了儒家的传统思想，更有着道教养生修仙的情愫，这就使葛洪求学时既吸收了儒学思想，更接受了道教的影响。成年后的一段时间，他又一直是在儒家的修齐治平和道教的遁世求仙之间徘徊。这一切都体现在葛洪的代表作《抱朴子》之中。

《抱朴子》共分《内篇》二十卷和《外篇》五十卷（因章节编排不同，本书编为五十二卷），关于这两本书的主要内容，葛洪在《抱朴子外篇·自叙》中有一个简要的说明：

> 凡著《内篇》二十卷，《外篇》五十卷……其《内篇》言神仙、方药、鬼怪、变化、养生、延年、禳邪、却祸之事，属道家；其《外篇》言人间得失，世事臧否，属儒家。

《抱朴子内篇》讲养生成仙，《抱朴子外篇》讲治国安民，这两部书的内容集中地反映出作者以道教养生为主，以儒学治世为辅，内外并举、儒道兼修、仕隐变通的人生追求，这实际上也代表了整个中国传统文人的人生追求。

除了《抱朴子内篇》和《抱朴子外篇》之外，葛洪的著作还有很多，《晋书·葛洪列传》记载有："其余所著碑、诔、诗、赋百卷，移檄、章表三十卷，神仙、良吏、隐逸、集异等传各十卷，又抄《五经》、《史》、《汉》、百家之言、方技杂事三百一十卷,《金匮药方》一百卷,《肘后要急方》四卷。”而本书《自叙》的记载稍有不同:“碑、颂、诗、赋百卷,军书、檄移、章表、笺记三十卷,又撰俗所不列者为《神仙传》十卷,又撰高尚不仕者为《隐逸传》十卷,又抄五经、七史、百家之言、兵事、方伎、短杂、奇要三百一十卷,别有《目录》。”这些著作大部分已经轶失,保留下来的计有:《抱朴子内篇》二十卷,《抱朴子外篇》五十卷,《神仙传》十卷,《肘后要急方》四卷。

二　本书的思想内容

葛洪的哲学思想主要见于《抱朴子内篇》的《畅玄》、《道意》等篇,而《抱朴子外篇》则主要阐述他的社会政治、人生处世等思想主张。虽然葛洪自认为《外篇》“属儒家”,而实际上《外篇》的思想比较驳杂,以儒家为主,兼采了道家、法家,甚至还涉及少量的道教神仙养生思想,以至于《隋书·经籍志》、《新唐书·艺文志》都把《外篇》归于“杂家”。

(一)社会政治观

《外篇》主要内容之一是讨论治国问题,因此有关这方面的内容相当丰富。葛洪的社会政治观主要包括以下几个方面。

1.肯定社会进步的意义,反对厚古薄今的社会观

葛洪在《尚博》中明确指出:“世俗率神贵古昔,而黩贱同时。”人们“重所闻,轻所见,非一世之所患矣”,贵古贱今是一种由来已久的社会弊病。葛洪不无讥讽地对这些崇古派作了一个总结性的评论:“俗士多云:今山不及古山之高,今海不及古海之广,今日不及古日之热,今月不及古月之朗,何肯许今之才士不减古之枯骨!”葛洪在反对厚古薄今的同时,自然主张社会变革。葛洪在《省烦》中说:

> 夫三王不相沿乐,五帝不相袭礼,而其移风易俗,安上治民,一也。或革或因,损益怀善,何必当乘船以登山,策马以涉川,被甲以升庙堂,重裘以当隆暑乎!若谓古事终不可变,则棺椁不当代薪埋,衣裳不宜改裸袒矣。

因地制宜，适时而变，葛洪的这一社会发展观无疑是正确的。就是在这一观点的指导下，葛洪提出要对先王的一些政治措施加以重新审查，主张对先秦儒家制定的礼仪制度进行大规模的改革与删减。

2. 坚决反对“无君论”

反对鲍敬言的无君论，实际上也是反对厚古薄今的一种表现。但考虑到有关君主制的讨论，具有一定的相对独立性，而且这一辩论也较为有名，所以我们单列一节予以介绍。

关于鲍敬言生平，史书没有记载。他的“无君论”主要来自道家。老庄认为政治、经济等各方面的无休止发展，为人类带来了灾难性的后果，因此他们向往经过美化的原始社会，提出了著名的“小国寡民”主张。鲍敬言接受了这一思想，并进一步否定了君主存在的合理性。鲍敬言认为在没有君主的远古时代，人们“穿井而饮，耕田而食，日出而作，日入而息，泛然不系，恢尔自得”(《诘鲍》)，一切都是那样的安定祥和。到了后来，人们倚强凌弱、以智欺愚，于是君主出现了。君主聚玉积金，穷奢极欲，剖人心，破人胫，干尽了坏事。因此在鲍敬言看来，君主制度是万恶之源，君主不除，则民无宁日。

葛洪对此进行了反驳。首先，葛洪用自然界由混沌世界进入开天辟地的时代，来证明人类由蒙昧时期进入君主时期是一大进步，而不是鲍敬言所认为的悲剧。其次，葛洪认为人有“厚己之情”，因此“贼杀并兼，起于自然”，即使在无君的远古时代，人们照样会为一些物质利益而相互伤害。第三，君主出现之后，组织了军队，制定了刑法，刚好为社会秩序的正常化提供了保证，使循规蹈矩的君子们有了依靠，使为非作歹的小人们有所忌惮。第四，葛洪用大量的事实，证明有君时代的生活水平，远远超过了远古时期茹毛饮血的落后生活，从而证明君主存在的合理性。

鲍敬言揭露了君主、官僚欺压百姓、剥削民众的本质，其观点不仅尖锐，而且正确，但他因此就否认国家存在的必要性，主张倒退到无君的原始社会，却是难以实现的梦呓。葛洪已经意识到国家、君主是社会矛盾无法调和的产物，因此君主的存在不仅是必要的，而且也是合理的。从总的来看，葛洪坚持了社会的进化观，比起鲍敬言的主张，则更为正确一些。

3. 德刑并重的治国原则

恩威两手，德刑并用，可以说是自古以来君主治理国家的不二法宝。葛洪继承了这一主张，提出了"刑为仁佐"(《用刑》)的治国原则。葛洪在《君道》中就指出君主对待百姓应该"莅之以慈和，齐之以礼刑"。在重视仁政的前提下，葛洪似乎更强调刑罚的使用，他专用一节《用刑》来阐述这一点：

> 莫不贵仁，而无能纯仁以致治也；莫不贱刑，而无能废刑以整民也……夫德教者，黼黻之祭服也；刑罚者，捍刃之甲胄也。若德教治狡暴，犹以黼黻御剡锋也；以刑罚施平世，是以甲胄升庙堂也。故仁者养物之器，刑者惩非之具，我欲利之，而彼欲害之，加仁无悛，非刑不止。

在《用刑》中，葛洪还列举了大量的历史事实，说明即使在理想的社会里，刑罚也是必不可少的辅政手段。葛洪不仅认为刑法不可缺少，而且还主张重刑，甚至主张恢复肉刑。因为有了重刑，人们才怯于犯法，这刚好又是保全了百姓，也即所谓的以杀止杀，以刑止刑。

葛洪的重刑主张，与道家、儒家的看法都不甚相符。他们的不同，不在于是否应该使用刑罚，而在于把刑罚使用到什么程度。从这一点来看，葛洪的主张与法家的思想比较接近。

4. 反复强调用人的重要性

在远古时代，用人的问题就受到了广泛关注，《尚书·皋陶谟》记载："知人则哲，能官人；安民则惠，黎民怀之。"葛洪同样认为，用人是君主的要务之一，他分别用《务正》、《贵贤》、《任能》、《审举》、《擢才》等多篇来阐述这一问题。

首先，君主要把选拔人才看作自己的首务，是否能够举荐真正的贤人，还要作为对地方官员政绩考核的内容。葛洪强调用人问题关系着国家的生死存亡："以愚为贤者，亡之诊也。盖诊亡者，虽存而必亡；犹脉死者，虽生而必死也。"(《擢才》)认为使用奸邪之人，就是国家必亡的征兆。关于地方官员为朝廷举荐人才的问题，葛洪说："古者诸侯贡士，适者谓之有功，有功者增班进爵；贡士不适者谓之有过，有过者黜位削地。"(《审举》)作者认为古已有之的这种有奖有惩的贡士制度是一种良好的制度，应该予以继承。

其次，举荐人才时要消除私心，仔细考核。葛洪承认"知人则哲，上圣所难"，正是因为知人很难，所以地方官员在考察人才时要"遣其私情，竭其聪明，不为利欲动，不为属托屈"(《审举》)，对于所要举荐的人，"必澄思以察之，博访以详之，修其名而考其行，校同异以备虚饰"(《审举》)，对于其人要进行全方位的考察，以免受到蒙蔽。

再次，也是最为重要的，就是对举荐的人才要进行严格的考试。关于如何考试，作者就设想了许多方法。第一，考试之后，对于不合格者及其推荐者都要进行惩罚。"若受赇而举所不当，发觉有验者除名，禁锢终身，不以赦令原，所举与举者同罪"(《审举》)。也就是说，对于那些因行贿受贿而有意作弊的人还要加重处罚。第二，严格考试制度。作者建议，朝廷可以预先拟定考题，出题者在考试前必须与外界隔离，考生当场做题，这样一来就可以避免各种人事关系的干扰。作者的这一设想，对后来的科举考试具有很大的启发意义。第三，对于合格人选，也不可马上委以重任，而是"尝小仕者，有忠清之效，治事之干，则寸锦足以知巧，刺鼠足以观勇也"(《审举》)。应该说，在当时的情况下，作者的这些设想是相当周密的。

除此，葛洪对人才问题的阐述还非常多，如《清鉴》阐述如何鉴别人才，《行品》则对各类人的行为分类予以介绍，并指出知人之难的原因等等。

5. 重视教育

葛洪专列一篇《崇教》，阐述教育的重要性。作者认为教育的好坏决定着一个社会的安危，“若使素士则昼躬耕以糊口，夜薪火以修业；在位则以酣宴之余暇，时游观于劝诫”，只要从官员到民众，都能够稍微重视教育的话，那么社会上就会多一些圣贤，少一些禽兽之人。这对于国家的长治久安自然是百益而无一害。

正是因为教育关系着国家的生死存亡，所以圣明的皇帝就从自身做起：“盖闻帝之元储，必入太学，承师问道。齿于国子者，以知为臣，然后可以为君；知为子，然后可以为父也。故学立而仕，不以政学，操刀伤割，郑乔所叹。”皇帝还在做太子的时候，就被送进学校，与其他学子一起学习为人臣为人子的道理，然后才有资格有能力去为人君为人父。作者还举古代的圣贤为例：“先哲居高，不敢忘危，爱子欲教之义方，雕琢切磋，弗纳于邪伪。”先哲爱护子女的方法就是对他们加强教育。作者还特别强调“朋友师傅，尤宜精简，必取寒素德行之士，以清苦自立，以不群见惮者。其经术如仲舒、桓荣者，强直若龚遂、王吉者，能朝夕讲论忠孝之至道，正色证存亡之轨迹”。只有那些道德高尚、知识渊博、性格刚直的人士才有资格配为老师。既然皇帝、先哲都重视学习，更何况一般的人呢！

正是因为葛洪重视教育，所以他认为自己甘心情愿做一名隐士，就是因为自己可以起到教化百姓、启蒙后学的作用，与在朝为官是殊途同归。

6. 批判了不良的社会风气

葛洪对于不良社会风气的批判是全方位的，主要有以下几个方面。

第一，对不学无术之人掌权痛心疾首。葛洪指出，那些贵族子弟，生于深宫之中，长于妇人之手，在没有任何社会阅历的情况下，就能够“操杀生之威，提黜陟之柄”（《崇教》）。这些不学无术的统治者“望冠盖以选用，任朋党之华誉”（《崇教》），所用非人，于是上上下下，都只知道

“新声艳色,轻体妙手,评歌讴之清浊,理管弦之长短,相狗马之勦驽,议遨游之处所”(《崇教》),不是斗鹰走狗,就是校弹品妓,整天沉溺于荒淫奢侈的生活中而无法自拔。既然如此,那么不断出现亡国亡家的悲惨之事,也就不足为奇了。

第二,批判了社会的不公,其中重点批判用人的不公。社会上充满了不公,葛洪对此多有批判,但在所有不公的现象之中,葛洪重点批判的是用人的不公。魏晋时期的官吏选拔制度是“九品中正制”,虽然也标榜重视才能,而实际上却是首重门第,再加上任人唯亲、行贿受贿等不良风气,以至于朝廷中出现了极为怪异的现象:

或有不开律令之篇卷,而窃大理之位;不识几案之所置,而处机要之职;不知五经之名目,而飨儒官之禄;不闲尺纸之寒暑,而坐著作之地;笔不狂简,而受驳议之荣;低眉垂翼,而充奏劾之选;不辨人物之精粗,而委以品藻之政;不知三才之军势,而轩昂节盖之下;屡为奔北之辱将,而不失前锋之显号;不别菽麦之同异,而忝叨顾问之近任。(《吴失》)

这段文字,葛洪表面上是在讲吴国晚期的情况,实际是在批判当时的社会。由于选举的不公,导致了大量的不学无术的酒囊饭袋,依仗着出身的高贵、财富的雄厚,窃据了公卿之位。而真正的出类拔萃的人才却被压制于社会的最底层。葛洪还引用民谚“举秀才,不知书;察孝廉,父别居。寒素清白浊如泥,高第良将怯如鸡”,进一步揭示这种极端荒唐的现象,并把社会的混乱和国家的灭亡归咎于用人的不当。

第三,批判了放荡的社会风气。葛洪不仅批判了社会上层的不良风气,对民间的一些陋习也予以痛斥。他在《疾谬》中重点批评了以下几种民间的习俗:一是批评了低俗的“嘲戏之谈”。认为这种低俗的嘲弄戏谑不仅会破坏人际关系,也会招来无妄之灾,提出了“三缄其口”的告诫。二是批评了“仗气力以求畏”的暴力行为。认为要想真正征服别人,靠的是美好的品德。如果依仗暴力,可能会快意一时,但最终也会像祸害庄稼的害虫一样,"至降霜则殄矣"。三是批评了喜欢抛头露面的妇女。葛洪认为女子的本分就是做好各自的家务,如果妇女喜欢出游交往,不仅破坏了男女有别的礼教,助长了淫风,还会招来许多祸端。四是批评了以亵渎为亲密、以放荡为旷达的无礼行为。文中"此乃京城上国公子王孙贵人所共为也"一句,说明葛洪的批评是针对当时魏晋名士的放浪不羁行为而发的,具有较强的针砭世事的作用。五是批评了"戏妇之法"。葛洪认为广泛流行的戏弄新娘的习俗实在是一种陋俗,必须革除。葛洪的这些批评,有些即使放在今天,依然不失借鉴意义,比如他指出那些敢于胡作非为的"率多冠盖之后、势援之门"的现象,今天也不鲜见。有一些批评,则显得过时,比如葛洪反对妇女抛头露面的主张,这在当时可能有一定的道理,但在今人看来,无疑已经是不合时宜了。

除此,葛洪还在《酒诫》、《弭讼》篇分别批判了当时的酗酒、悔婚等不良社会风气。特别是《酒诫》中对于酗酒者的癫狂行为和严重后果的描述,更是形象生动,入木三分。

(二)个人修养处世思想

葛洪不仅关注社会问题,也十分重视个人修养。实际上这也是一个问题的两个方面,因为社会的好坏是建立在每个人的修养好坏的基础之上,而每个人修养的好坏又决定了社会的好坏。当然,葛洪在论述个人修养时,带有浓厚的个人倾向和个人情感。

1.特别强调隐居的意义和隐士的社会作用。

葛洪把《嘉遁》和《逸民》放在本书的开篇,足见他对隐逸的重视。这大概与葛洪本人的思想崇尚和生活经历有关。

在《嘉遁》中,葛洪假托怀冰先生之口,阐述了隐居的理由:第一,隐居能够远害全身。"不役志于禄利,故害辱不能加也;不躔峙于险途,故倾坠不能为患也",以利禄为枷锁,视官场为险途,远离枷锁与险途,自然就没有倾覆的灾难。文中还列举了大量的历史事实来印证自己的观点。第二，当今的才俊已经满足朝廷的需要，根本不需要自己再去置身其间。怀冰先生认为当时“多士云起，髦彦鳞萃，文武盈朝，庶事既康”，自己根本没有必要去“举熠耀以厕日、月之间，拊甂瓴于洪钟之侧”。如果硬要“贡轻扇于坚冰之节，衒裘炉乎隆暑之月”，必定会遭到抛弃，招来耻笑。第三，认为自己缺乏治国才能，只能“拥经著述”。这样虽然无法建立盖世大功，但也可以“全真成名，有补末化……切磋后生，弘道养正”，这种行为与出仕治国可以说是殊途同归。第四，希望能够过一种自由自在的生活。怀冰先生希望“逍遥竹素，寄情玄毫，守常待终，斯亦足矣”，而这种逍遥无为、寄情竹素的生活方式，只有当隐士才能够做到。

在《逸民》中，葛洪重点说明隐士的作用。葛洪认为，隐士虽然没有通过做官的形式为社会出力，但他们的作用也不可小视：第一，隐士的品德行为有利于世俗教化。葛洪说：“今隐者洁行蓬荜之内，以咏先王之道，使民知退让，儒墨不替，此亦尧、舜之所许也。”隐士清静无为，生活俭朴，不竞不躁，谦和退让，这种美德本身就可以为世俗作出表率，有利于整个社会风气的净化。第二，隐士可以直接参与教育活动。作者认为当时的社会状况是“大道渐芜，后生昧然，儒训遂堙”，而那些“不出户庭，潜志味道”的隐士可以在山林之中“陶冶童蒙，阐弘礼敬”，通过读书讲学的活动，不仅为国家培养了人才，也使先王的大道得以薪传。第三，隐士也能够间接地参与国家的军政事务。比如段干木虽然没有直接“荷戈戍境，筑垒疆埸”，但虎视眈眈的秦国一听到魏国有如此受到尊重的贤人，便立即撤兵，这一事件使段干木客观上立下了“蕃魏之功”。

这种赞美隐居不仕的态度，既符合道家主张，也没有违背儒家思想。孔、孟虽然汲汲入世，以平天下为己任，但他们并没有排斥隐逸的行为。孔子在政治主张无法推行时，哀叹“道不行，乘桴浮于海，从我者其由与”（《论语·公冶长》），孟子也说“穷则独善其身”（《孟子·尽心上》），充分做好了出处两手准备。《外篇》中假人之口所阐明的拒绝出仕、向往隐居、希望以立言留名于后世的人生态度，实际上也就是本书作者葛洪的人生态度。

2.提倡清净的品格、简朴的生活。

葛洪写作了《守堉》、《安贫》、《知止》等篇，来阐述自己对清净心态、简朴生活的赞美。

葛洪在《酒诫》的一开始就指出了多欲的害处及戒欲的必要性："目之所好，不可从也；耳之所乐，不可顺也；鼻之所喜，不可任也；口之所嗜，不可随也；心之所欲，不可恣也。故惑目者，必逸容鲜藻也；惑耳者，必妍音淫声也；惑鼻者，必茝蕙芬馥也；惑口者，必珍羞嘉旨也；惑心者，必势利功名也。五者毕惑，则或承之祸为身患者，不亦信哉！"那么清净的心态与清贫的生活又有什么益处呢？葛洪在《守堉》中假借潜居先生之口，认为自己"藜飡之不充，而足于鼎食矣"，自己在读书修德的生活中获得了极大的快乐与满足，而这种快乐与满足又非一般人所能理解。其次，即使现在的日子艰难，但也是美好生活的前奏，因为"处堉则劳，劳则不学清而清至矣；居沃则逸，逸则不学奢而奢来矣。清者，福之所集也；奢者，祸之所赴也"。清贫的日子有利于自己保持高洁的情操，而高洁的情操正是获取幸福的前提。第三，自己如今安贫乐道，目的是为了积蓄力量，希望将来能够建立盖世功劳，留下不朽文章。因此"欲跻阆风陟嵩华者，必不留行于丘垤；意在乎游南溟泛沧海者，岂暇逍遥于潢洿"，志向远大的自己又怎么会贪恋眼前这一点蝇头小利呢？

在《安贫》中，葛洪对富贵的内涵作出了自己的解释："六艺备研，'八索'必该，斯则富矣；振翰摛藻，德音无穷，斯则贵矣。"有了知识，就是有了财富；有了不朽的名声，就是有了高贵的地位。他接着说："是以俟扶摇而登苍霄者，不充诎于蓬蒿之杪。"正是因为自己怀抱着远大的理想，所以对眼前的世俗富贵不屑一顾。最后重点指出："匹夫枉死于怀璧，丰狐召灾于美皮。"财富是招来灾祸的罪魁祸首，明确点明劝告自己谋取富贵的人是"劝隋珠之弹雀，探虎口以夺肉"，简直就是要谋害自己。

以上这些观点可以视为葛洪的内心独白。葛洪不仅是这样说的，而且也是这样做的。

3. 重视个人学习。

葛洪在谈到治国时，强调教育的重要性；在谈到个人修养时，就特别重视学习。《勖学》等篇章中反复阐述了有关学习的问题。

首先，葛洪强调了学习的重要性。作者认为，学习能够修养品德，增加知识，使自己能够成为一个文质彬彬的君子。就个人来说，努力学习的结果是“进可以为国，退可以保己”(《勖学》)，真可以说是进退自如，左右逢源。对国家来说，学习风气的好坏，直接关系到这个国家的兴衰存亡。作者认为秦朝就是因为“不重儒术，舍先圣之道”(《勖学》)，最后导致了君死国亡的悲惨下场。因此作者期盼着自己所处的时代能够重教崇学，以此开创一个太平盛世。

其次，强调每个人都应该学习。作者认为，良好的先天素质不能代替后天的努力学习。即便是圣人，他们的品德学问也是通过学习获取的。葛洪说：“周公上圣，而日读百篇；仲尼天纵，而韦编三绝。墨翟大贤，载文盈车；仲舒命世，不窥园门。”(《勖学》)既然圣贤尚须刻苦学习，更何况一般的世人呢？《勖学》还说：“泥涅可令齐坚乎金玉，曲木可攻之以应绳墨，百兽可教之以战陈，畜牲可习之以进退……又况乎含五常而禀最灵者哉！”这实际就是说，学习可以使凡人成为圣人。作者的这些观点不仅能够促人上进，客观上也否认了“生而知之”这一现象的存在。

第三，提出了一些具体的学习方法。作者还简单扼要地阐述了一些学习方法，比如主张学习应该及早，因为“少则志一而难忘，长则神放而易失，故修学务早，及其精专，习与性成，不异自然也”(《勖学》)。如果由于种种原因，年轻时错过了学习机会，那么也要尽可能在晚年弥补，因为“良田之晚播，愈于卒岁之荒芜也。日烛之喻，斯言当矣”。再比如，作者认为学习必须抓紧时日，因为人生短暂，转眼即逝。另外，学习还要持之以恒，日积月累，“运行潦而勿辍，必混流乎沧海矣；崇一篑而弗休，必钧高乎峻极矣。不饱食以终日，不弃功于寸阴”（《勖学》），只要珍惜时间，不断进步，就必能成功。

葛洪特别重视学习，是因为他认为智慧比仁德更为重要，他在《仁明》中论证说，仁德人人皆有，而智慧并非每人都能具备。另外，智慧之所以更为重要，是因为人类社会的进步“皆大明之所为”。葛洪有关仁德与智慧的关系的观点可能有待商榷，但他强调智慧、学习的重要性，这一点还是正确的。

（三）其他思想

本书的篇幅较长，内容非常丰富，还有一些不便于分类的思想观点，我们把它们综合起来作以下简单介绍。

1. 文学观

文学观是葛洪重点阐述的问题之一，本书涉及文学问题的就有《钧世》、《尚博》、《辞义》、《文行》、《百家》、《应嘲》等多篇。

首先，葛洪认为要文德并重。魏晋以前，人们一般比较重视人的品行，而把作文放在次要地位。葛洪针对这种“德行者，本也；文章者，末也”的观点，提出了自己的看法。葛洪认为文章微妙难识，其主要作用在于载道，因此“文可以废，而道未行，则不得无文”。作者最后的结论是“文章之与德行，犹十尺之与一丈”（《尚博》），它们具有同样的重要性。

其次，主张文章内容第一、形式第二和二者并重的创作观。葛洪在品评《论衡》时说：“且夫江海之秽物不可胜计，而不损其深也；五岳之曲木不可訾量，而无亏其峻也。夏后之璜，虽有分毫之瑕，晖曜符彩，足相补也；数千万言，虽有不艳之辞，事义高远，足相掩也。”（《喻蔽》）《论衡》写得很质朴，这即葛洪说的“有不艳之辞”，但《论衡》“事义高远”，主流还是好的。这段话表明，葛洪是坚持内容第一、形式第二的创作标准，只要有好的内容,形式差一点也不要紧。当然,葛洪是赞成内容与形式俱佳的作品的。在这段话中,葛洪是带着遗憾的心情谈"不艳之辞"的,并把它喻为"江海之秽物"和"五岳之曲木"。

第三,重视文学的实际作用,提倡作文要有益于社会。葛洪认为"鲁连射书以下聊城",其力量"过百万之众"(《书钞》卷一百三引《抱朴子》佚文);"韩信传檄而定千里",其功效"胜于云梯之械"(《书钞》卷一百十五引《抱朴子》佚文)因此他强调"立言者贵于助教","君子之开口动笔,必戒悟蔽,式整雷同之倾邪,磋砻流遁之暗秽"(《应嘲》)。对于那些大而无用的文章,葛洪嗤之以鼻:

> 而著书者,徒饰弄华藻,张磔迂阔,属难验无益之辞,治靡丽虚言之美,有似坚白厉修之书,公孙刑名之论,虽旷笼天地之外,微入无间之内,立解连环,离同合异,鸟影不动,鸡卵有足,犬可为羊,大龟长蛇之言,适足示巧表奇以诳俗,何异乎画敖仓以救饥,仰天汉以解渴!

那些辞藻华美但脱离现实的作品,是葛洪反对的主要对象。再参考《崇教》中说的"释老庄之不急"和《重言》中说的"辩虚无之不急",说明葛洪提出这一主张,绝非无的放矢。他要矫正玄谈的虚无之弊,具有很强的现实意义。当然,名家之言与魏晋玄学虽然离现实远了一点,但绝非毫无价值,它们至少可以锻炼人们的抽象思辨能力。

第四,主张文学作品要通俗易懂。葛洪明确地提出作文要通俗,要让读者看得懂。他在《钧世》中说:

> 书犹言也,若入谈语,故为知有;胡越之接,终不相解。以此教戒,人岂知之哉!若言以易晓为辨,则书何故以难知为好哉?

葛洪认为,书面语言不过是用来替代口头语言的,人们讲话时总希望讲得越明白越好,务必让对方听懂,可写起文章来为什么偏要以难懂为佳呢?当时有人在崇古心理的影响下,认为"古之著书者,才大思深,故其文隐而难晓;今人意浅力近,故露而易见。以此易见,比彼难晓,犹沟浍之方江河，蚁垤之并嵩、岱矣。”对此，葛洪当然不能同意，他解释说：“且古书之多隐，未必昔人故欲难晓，或世异语变，或方言不同；经荒历乱，埋藏积久，简编朽绝，亡失者多，或杂续残缺，或脱去章句，是以难知，似若至深耳。”(《钧世》)应该说，葛洪的这一解释是合情合理的。

第五，提出古不如今、今胜于昔的文学进步观。葛洪批判了“今世所为，多不及古，文章著述，又亦如之”(《尚博》)的贵古贱今的观点。葛洪认为今人不亚于古人，今文不亚于古文。葛洪不仅从抽象的理论上予以反驳，而且还列举了具体的事例：

> 且夫《尚书》者，政事之集也，然未若近代之优文、诏策、军书、奏议之清富赡丽也；《毛诗》者，华彩之辞也，然不及《上林》、《羽猎》、《二京》、《三都》之汪涉博富也。(《钧世》)

《尚书》、《诗经》都是儒家经典，读书人奉之若圭臬，而葛洪明确指出《尚书》和《诗经》的写作水平比不上后人的作品。作出这一结论，不仅需要学术眼光，而且还需要极大的学术勇气。

葛洪的文学思想是非常丰富的。除了以上所述之外，他还坚决反对坏书坏文，反对从个人的好恶出发去评价文章，提出了类似于“批判继承”的文学创作观。当然，葛洪的文学观也有些许瑕疵，比如他在讨论“文”的时候，有的地方把文章之“文”与文采之“文”混为一谈。文章与文采确实有着相通之处，但两者毕竟不是一回事。他在批评厚古薄今的观点时，甚至认为《诗经》中的诗歌比不上夏侯湛、潘安仁的《补亡诗》，这一看法显然有点矫枉过正了。

2. 兼收并蓄的学术主张

葛洪重视儒家经典，但也不轻视诸子百家。葛洪专门写作一篇《百家》来讨论这一问题。

葛洪首先对儒家经书与诸子著作的关系作了一个比喻：“正经为道义之渊海，子书为增深之川流。”儒家经典固然重要，诸子之书也不可忽视，二者是相辅相成的关系。葛洪认为百家学说都是“才士”们深入思考的结果，其观点都有启人心智、补救世弊的作用,而一些人"偏嗜酸甜者,莫能赏其味也;用思有限者,不得辩其神也",这真是一件令人惋惜的事情。

葛洪在重视儒家经典的同时,又异常看重诸子百家,这一学术主张不仅使他本人在学术方面取得了辉煌的成就,对别人也具有重大的启迪作用;即使放在今天,这一主张依然是正确的。

3. 对一些具体的历史人物作出了自己的评判

本书除了《诘鲍》外,还有《喻蔽》、《正郭》、《弹祢》诸篇,分别对鲍敬言、王充、郭泰、祢衡等人的言行作出了自己的或褒或贬的评价。其中的一些评语发人深省:

犹枭鸣狐嚾,人皆不喜,音响不改,易处何益?(《弹祢》)

葛洪的这一批判是针对傲世狂徒祢衡的,所使用的典故出自《说苑·谈丛》:"枭逢鸠,鸠曰:'子将安之?'枭曰:'我将东徙。'鸠曰:'何故?'枭曰:'乡人皆恶我鸣,以故东徙。'鸠曰:'子能更鸣,可矣;不能更鸣,东徙犹恶子之声。'"性格决定命运,一个人如果不能改变自己的不良性格,就不可能顺利地生活于人世间。然而要想让猫头鹰改变自己的叫声,要想让一个人改变自己的天性,又谈何容易!

4. 记载了自己了生平

本书中的《自叙》一篇,比较详细地记载了自己的生平、思想,对研究葛洪具有极大的史料价值。关于这一点,下文详谈。

除了以上所介绍的思想之外,本书所涉及的内容还很多,比如《博喻》、《广譬》两篇列举了许多比喻,而这些比喻并没有一个核心思想;《重言》认为要出言慎重,甚至提出了多言多败、大辩不言的观点。

三 本书的价值及不足之处

本书的最重要价值在于它的思想价值,其次是它的史料价值。当然,作为一部鸿篇巨制,其中存在一些不足之处,也在所难免。

(一)思想价值

魏晋时期是我国历史上又一个思想较为活跃的时期。汉末农民起义在推翻东汉王朝的政权统治的同时，也推翻了正逐步僵化的儒家的思想统治。于是在儒家思想继续活跃的同时，其他各家，如道家、道教、佛教、法家等等，也都在社会上找到了各自的位置。各家人士对哲学、政治、伦理、宗教、文学等各方面的问题争相发表各自的意见，他们著书立说，相互辩争，再次出现了类似先秦百家争鸣的局面。葛洪的《抱朴子外篇》就是在这一社会、思想背景下写就的一部优秀著作。

本书以儒家思想为主，吸收了道家、道教、法家等其他思想，为个人修养及社会管理提出了全方位的建议。正是因为本书是对前人思想的全面吸收，所以其中的一些主张既以前人的思想为基础，又不完全同于前人。

比如儒家主张"穷则独善其身，达则兼善天下"(《孟子·尽心上》)，但儒家毕竟是以"达则兼善天下"为自己的主要追求，而"穷则独善其身"只是一种无奈的选择。但葛洪则刚好相反，他在不反对、甚至支持出仕治国的同时，更强调的却是隐逸。《自叙》中对此有明确说明：

> 洪少有定志，决不出身。每览巢、许、子州、北人、石户、二姜、两袁、法真、子龙之传，尝废书前席，慕其为人。念精治五经，著一部子书，令后世知其为文儒而已。

事实上，立志不愿出仕的葛洪是希望以隐士的身份为治国出谋划策，《抱朴子外篇》的写作就是明证。葛洪以自己的方式把儒道两家的思想完美而紧密地结合在一起，为士人的出处提供更为宽裕的选择余地。

再比如在葛洪选拔人才的思想中，既有对前代各种贡举制度的介绍，又有对近代用人失误的批判，更有对未来选人制度的设想，从而构成了一部较为完整的中国人才选拔史。葛洪的人才思想不仅对古人具有极大的警示作用，即使到了今天，也具有不可忽视的借鉴意义。

总括本书的思想价值，一是它的认识价值，即通过本书，我们能够了解时人的思想活动。二是它的借鉴价值，如它的人才思想对科举制的影响。关于这些，我们在前文"本书的思想内容"中已多有涉及，此处不再赘述。

可以说，本书几乎是对其前的治国安民、个人修养等思想做出了一次较为全面的总结，具有较高的思想价值。然而与《抱朴子内篇》相比，《抱朴子外篇》在古代并未受到应有的重视，其历代无注本行世、历代图书对其引用较少即说明了这一点，这不能不说是一件令人遗憾的事情。

（二）史料价值

本书的史料价值包括两个方面，一是它记载了葛洪的生平资料，二是它记载了当时的一些社会情况。

由于史料的阙如，许多重要历史人物的生平至今成了一个谜。如果没有本书，葛洪的生平依然会为我们留下一个不大不小的谜。幸运的是，本书为研究葛洪提供了最为可靠的资料。本书的《自叙》基本上使我们能够了解葛洪的家世、生平经历及其情趣爱好。而通过本书的正文，我们也基本上能够了解葛洪本人的政治主张、处世原则、文学思想等等。我们在本书的字里行间，可以清晰地感受到葛洪内心深处的隐士情结，以及他通过隐逸生活所想达到的人生目的：那就是在不完全拒绝在适当时机出仕的前提下，更希望过一种自由清净的生活，在山水田园之中完成自己著书立说的宏愿，以求留名于青史。

本书还为我们认识当时的社会提供了难得的史料。这些史料包括当时的一些重要思想、重要社会现象，甚至还涉及一般民众的一些生活习惯及风俗。

比如，有关鲍敬言的生平与思想，正史没有提及，如果没有本书，鲍敬言的无君论，我们这些后人可能就会一无所知。再比如东汉大名士郭泰，史书对郭泰几乎是异口同声地持肯定态度，而本书的《正郭》则比较全面地记载了嵇含、诸葛恪、殷府君、周昭以及葛洪本人对于郭泰的不同评价，这不仅有利于我们进一步深入了解郭泰的言行，也为我们展示了当时人们的不同价值观。

本书所揭示的主要社会现象，我们在上文“批判了不良的社会风气”一节中已经有所介绍，这里就不再赘述。我们主要谈谈本书对一般民众的一些生活习俗的记载。

本书介绍了当时人们的一些生活习俗，如悔婚情况、戏妇习俗等等。其中还描述了当时人们在服饰方面追求时尚的情况：

> 丧乱以来，事物屡变，冠履衣服，袖袂财制，日、月改易，无复一定，乍长乍短，一广一狭，忽高忽卑，或粗或细；所饰无常，以同为快。其好事者，朝夕放效，所谓京辇贵大眉，远方皆半额也。（《讥惑》）

这段文字以生动的语言描绘出千年之前民众追求时尚服饰的情况，这不仅具有一定的史料价值，有助于我们对古人生活的认识，也使我们能够从中看到今人的影子，从而再次证明了古今一理、人性不变这一真理。

（三）不足之处

本书为我们留下了许多宝贵的思想财富，但也不能否认，葛洪毕竟是一位历史人物，不可避免地要受到历史的局限，因此他的思想中也存在一些不当之处。

比如葛洪在《疾谬》中批评了喜欢抛头露面的妇女，认为女子的本分就是做好各自的家务，如果妇女喜欢出游交往，不仅破坏了男女有别的礼教，助长了淫风，还会招来许多不测的祸端：

> 而今俗妇女，休其蚕织之业，废其玄纨之务。不绩其麻，市也婆娑。舍中馈之事，修周旋之好。更相从诣，之适亲戚，承星举火，不已于行，多将侍从，暐晔盈路，婢使吏卒，错杂如市，寻道亵谑，可憎可恶！

反对妇女出游，完全把妇女禁锢在家中的主张，从今天的立场来看，当然是完全错误的，即使站在古人的立场上看，葛洪的主张也未必会得到一致的认可。

再比如《仁明》中的观点也值得商榷。儒家历来以仁德为最高的修养境界,在德与才的关系上,明确以德为主,以才为辅。我们也认同这一看法。对于每个人的要求,自然应是德才兼备,如果熊掌与鱼不能兼得的话,我们宁可要一个有德无才之人,也不愿要一个有才无德之人。有德无才,即使对社会没有多大贡献,至少不会祸害社会;而一个有才无德的人就不同了,这样的人比无德无才的人更可怕。无德无才,想祸害社会,也没有太大的祸害能力;有才无德的人,既有祸害社会之心,又有祸害社会之力。元代的赵天麟在奏章中对此有一个很好的总结:"臣以为选用之法,莫贵于德,莫急于才。才德兼全者,大丈夫也;德胜才者,君子也;才胜德者,豪英也;有德无才者,淳士也;有才无德者,小人也;才德兼无者,愚人也。"(《历代名臣奏议》卷一百九十八)德才兼备固然最好,如果必须去其一,那么我们宁肯要"有德无才"的"淳士",也不要"有才无德"的"小人"。

而葛洪在本篇提出智慧比仁德更为重要这一论点。葛洪认为,智慧之所以比仁德更为重要,是因为仁德人人皆有,而智慧并非每人都能具备。另外,智慧之所以更为重要,是因为人类社会的进步"皆大明之所为"。葛洪在立论的时候,无意中混淆了一些概念,比如他用仁德易得而智慧难得来证明智慧重于仁德,这本身就存在两个逻辑漏洞。一是仁德易得而智慧难得这一现象本身并不存在。葛洪在论证自己的观点时说:"以此观之,则莫不有仁心,但厚薄之间。而聪明之分,时而有耳。"说人人具备仁德,但有多少之分,这自然正确;但说聪明不是每个人都有的,却不符合事实。实际上,智慧同仁德一样,每个人都有,也只是有着多少之分而已。二是葛洪用事物获取的难易程度作为这种事物是否重要的标准,从逻辑上看也很难成立,因为难以获取的东西未必就比容易获取的东西更为重要。获取水比获取黄金要容易得多,我们能够因此就说黄金比水更为重要吗?

对于葛洪的这一类论点,我们不能苛求,因为每一个人都会受到时代及个人生活环境、学习内容的局限,即使到了一千多年后的今天,在思想理论方面，我们依然在犯着各种各样、甚至比葛洪更严重的错误。

本书的原文以《平津馆丛书》刻本为底本，参校了正统《道藏》等其他版本，如旧写本（即孙星衍所说的旧写本，现藏中国国家图书馆）、《四库全书》文溯阁本、崇文局本等。特别是杨明照先生的《抱朴子外篇校笺》，是本书的重要参考书籍。另外，庞月光先生的《抱朴子外篇全译》也为本书的写作提供了重要的借鉴作用。在此，一并向这些先生表示敬意和感谢！《抱朴子外篇》用典较多，原文时有缺误，再加上自己的学力有限，译注的不当之处在所难免，期待方家不吝指正。

张松辉

2012年10月于长沙

嘉遁卷一

【题解】

嘉遁，美好而正确的归隐。嘉，美好；正确。遁，归隐。“嘉遁”一词出自《周易·遁卦》：“嘉遁，贞吉。”意思是，美好的归隐，正确而又吉祥。

本篇假托怀冰先生（暗喻冰清玉洁之义）与赴势公子（暗喻趋炎附势之义）的互为辩难，阐述了隐居的理由，赞美了隐居的行为。

怀冰先生是一位满腹经纶却不愿出仕为官的隐者，于是赴势公子便劝告怀冰先生应该以大局为重，参与治国，造福百姓。怀冰先生则申述了自己不愿出仕的原因：第一，隐居能够远害全身。“不役志于禄利，故害辱不能加也；不躧跱于险途，故倾坠不能为患也”，以利禄为枷锁，视官场为险途，远离枷锁与险途，自然就没有倾覆的灾难。文中还列举了大量事实来印证自己的观点。第二，当今的才俊已经满足朝廷的需要，根本不需要自己再去置身其间。怀冰先生认为当时“多士云起，髦彦鳞萃，文武盈朝，庶事既康”，自己根本没有必要去“举熠耀以厕日、月之间，拊甂瓴于洪钟之侧”。如果硬要“贡轻扇于坚冰之节，衒裘炉乎隆暑之月”，必定会被抛弃，招来耻笑。第三，认为自己缺乏治国才能，只能“拥经著述”。这样虽然无法建立盖世大功，但也可以“全真成名，有补末化……切磋后生，弘道养正”，这种行为与治国安民可以说是殊途同归。第四，希望能够过一种自由自在的生活。怀冰先生希望“逍遥竹素，寄情玄毫，守常待终，斯亦足矣”，而这种逍遥无为、寄情竹素的生活方式，只有当隐士才能够做到。赴势公子听了怀冰先生的这番高论后，深为叹服，甘为弟子。

这种赞美隐居不仕的态度，既符合道家主张，也没有违背儒家思想。孔、孟虽然汲汲入世，以平天下为己任，但他们并没有排斥隐逸的行为。孔子在政治主张无法推行时，哀叹“道不行，乘桴浮于海，从我者其由与”（《论语·公冶长》），孟子也说：“穷则独善其身，达则兼善天下。”（《孟子·尽心上》）充分做好了出处两手准备。

怀冰先生拒绝出仕、向往隐居、希望以立言留名于后世的人生态度，实际上也就是本书作者葛洪的人生态度。

抱朴子曰①：“有怀冰先生者②，薄周流之栖遑③，悲吐握之良苦④。让膏壤于陆海⑤，爰躬耕乎斥卤⑥。秘六奇以括囊⑦，含琳琅而不吐⑧。谧清音则莫之或闻⑨，掩辉藻则世不得睹⑩。背朝华于朱门⑪，保恬寂乎蓬户⑫。绝轨躅于金、张之间⑬，养浩然于幽人之仵⑭。谓荣显为不幸，以玉帛为草土。抗灵规于云表⑮，独违今而遂古⑯。庇峻岫之巍峨⑰，藉翠兰之芳茵⑱。漱流霞之澄液⑲，茹八石之精英⑳。思眇眇焉若居乎虹霓之端㉑，意飘飘焉若在乎倒景之邻㉒。万物不能搅其和，四海不足汩其神㉓。

【注释】

①抱朴子：葛洪的号。大约为“坚守淳朴天性之人”的意思。“抱朴”一词出自《老子》十九章：“见素抱朴，少私寡欲。”

②怀冰先生：假设的人名。含有冰清玉洁之义。

③薄：轻视。周流：周游。栖（xī）遑：奔波不安的样子。

④吐握："吐哺握发"的省称。形容忙于礼贤下士。良：很。《史记·鲁周公世家》："周公戒伯禽曰：'我文王之子，武王之弟，成王之叔父，我于天下亦不贱矣。然我一沐三捉发，一饭三吐哺，起以待士，犹恐失天下之贤人。子之鲁，慎无以国骄人。'"意思是洗一次头发要多次将头发握干，一顿饭要多次吐出食物，以忙于接待贤人。

⑤膏壤：肥沃的土地。陆海：物产富饶的地方。《汉书·地理志下》："秦地……有鄠、杜竹林，南山檀柘，号称陆海，为九州膏腴。"颜师古注："言其地高陆而饶物产，如海之无所不出，故云陆海。"

⑥爰：句首语气词。躬耕：亲自耕种。斥卤：盐碱地。这里泛指贫瘠的土地。

⑦六奇：本指陈平向刘邦献的六条奇计。这里泛指出奇制胜的谋略。《史记·陈丞相世家》："凡六出奇计，辄益邑，凡六益封。奇计或颇秘，世莫能闻也。"括囊：扎住口袋。比喻闭口不言。《周易·坤卦》："六四：括囊，无咎无誉。"

⑧琳琅：两种美玉名。这里比喻美妙的文辞或才能。

⑨谧：安静，没有声音。这里指不说话。清音：清亮的音乐。比喻高妙的言论。莫之或闻：即"莫或闻之"。没有人能够听到。

⑩辉藻：华美的文采。

⑪背：离开；抛弃。朝(zhāo)华：早晨的鲜花。华，花。比喻短暂的荣华富贵。朱门：漆成红色的门。指王公贵族的住宅。这里代指显贵。

⑫蓬户：用蓬草编织的门。代指穷人的住房。

⑬轨躅(zhuó)：轨迹。躅，足迹。金、张：指西汉的贵族金日磾、张安世。金、张两大家族是西汉权势显赫的贵族，后世常用金、张代指显贵之家。闾：里巷；住所。

⑭浩然：浩然正气。幽人：隐士。仵：通“伍”，同类。

⑮抗：高举。灵规：太阳。规，圆。这里指圆形的太阳。云表：云层之上。

⑯遂：顺从；效法。

⑰庇：遮蔽；藏身。引申为居住。岫(xiù)：山峰。

⑱藉：坐卧。兰：芳草名。茵：坐垫。

⑲漱：喝。流霞：传说中的仙酒名。

⑳茹：吃。八石：道士炼丹的八种矿石原料。说法不一，其中说法之一是指丹砂、雄黄、雌黄、石留黄、曾青、矾石、磁石、戎盐。这里代指仙丹。

㉑眇眇焉：高远的样子。虹霓：彩虹。

㉒倒景(yǐng)：道教指天上最高之处。景，同“影”。《汉书·郊祀志下》：“登遐倒景。”颜师古注：“如淳曰：在日、月之上，反从下照，故其景倒。”

㉓汩(gǔ)：扰乱。

【译文】

抱朴子说：“有一位名叫怀冰先生的人，他蔑视奔波不安到处求仕的行为，又觉得吐哺握发以求贤才实在辛苦，于是就离开了肥沃富饶的地方，来到贫瘠的土地上亲自耕作。胸怀着出奇制胜的谋略而不拿出，满腹的锦绣才华却不吐露。没有人能够听到他那深藏不露的高妙见解，也没有人能够看到他那被隐藏的华美文章。抛却了朱门大户的富贵荣华，安心地过着蓬门茅舍里的恬静生活。断绝了与显贵之家的交往，与隐士为伍涵养自己的浩然正气。以荣耀显达为不幸，视金玉丝帛如粪土。像太阳那样高居于云霄之上，独自背离了时尚而追随着古人。居住在巍峨的深山峻岭之中，坐卧于青翠芳香的兰草之上。饮用的是清澈的流霞仙酒，食用的是八石炼制的精华。思绪高远得就好像是置身于彩虹的顶端，神思飘飘就好像是来到了九天的上方。万物都无法搅动他的平和心态，四海也不足以扰乱他的清净心境。

“于是有赴势公子闻之[1]，慨然而叹曰：‘空谷有项领之骏者[2]，孙阳之耻也[3]；太平遗冠世之才者，赏真之责也[4]。安可令俊民全其独善之分[4]，而使圣朝乏乎元凯之用哉[5]！’

【注释】

①赴势公子：假设的人名。含有趋炎附势的意思。

②空谷：空旷的山谷。《诗经·小雅·白驹》：“皎皎白驹，在彼空谷。”项领之骏：身体强健的骏马。项领，肥胖的脖子。这里指身体健硕。项，肥胖。领，脖子。《诗经·小雅·节南山》：“驾彼四牡，四牡项领。”

③孙阳：即伯乐。伯乐，姓孙名阳，字伯乐。善相马。

④赏真：鉴赏、选拔真才实学的人。

⑤俊民：英才。独善：独善其身。《孟子·尽心上》：“穷则独善其身，达则兼善天下。”

⑥元凯：八元八凯，都是传说中的贤臣。元，善良。凯，平和。《左传·文公十八年》说，高阳氏有才子八人，天下之民谓之“八恺（凯）”；高辛氏有才子八人，天下之民谓之“八元”。这里用“元凯”代指有才华的人。

【译文】

“于是有一位名叫赴势公子的人听说了，就感慨万分地叹息道：‘空阔的山谷里还有没被发现的健壮骏马，这是伯乐的耻辱；太平盛世遗漏了盖世英才，这是选拔真才者的责任。怎么能够让贤人去实现他们独善其身的愿望，而使圣明的朝廷缺乏贤良的人才呢！’

“乃造而说曰①：‘徒闻振翅竦身②，不能凌厉九霄③，腾蹦玄极④，攸叙彝伦者⑤，非英伟也。今先生操立断之锋⑥，掩炳蔚之文⑦；玩图籍于绝迹之薮⑧，括藻丽乎鸟兽之群⑨；陈龙章于晦夜⑩，沉琳琅于重渊；蛰伏于盛夏，藏华于当春⑪。

【注释】

①造：到；前去。说(shuì)：劝说。主语是赴势公子。

②徒闻：只听说。竦身：奋身跃起。

③凌厉：凌空高飞。厉，自下而上。

④腾蹦：跳跃。玄极：天空最高处。比喻最高的社会地位。玄，天。《周易·坤卦》：“天玄而地黄。”极，最高处。

⑤攸叙彝伦：安排好社会的正常秩序。也即治理好国家。攸叙，犹言“所叙”。安排社会秩序的方法。彝伦，常理。《尚书·洪范》：“王乃言曰：‘呜呼！箕子，惟天阴骘下民，相协厥居，我不知其彝伦攸叙。’”

⑥立断之锋：可以立即截断物体的刀锋。比喻处事果断的能力。

⑦炳蔚：形容文采光耀华美。

⑧玩：玩味；研究。绝迹之薮(sǒu)：没有人迹的地方。薮，大泽。这里泛指原野。

⑨括：搜求。引申为创作。

⑩龙章：绣有龙形图案的衣服。为古代帝王、诸侯的礼服。晦夜：黑夜。

⑪华：花。

【译文】

“于是他就去劝说怀冰先生：‘我只听说过如果展开双翅、奋身一跃，而不能飞上九霄，翱翔于天庭，治理好国家，这就算不上是英才伟人。如今先生胸怀处事果断的能力，却掩藏自己的高妙才华；躲在没有人的地方玩味文章图书，藏于鸟兽群里创作华美文章；这就好比在黑夜里穿上绣有龙形花纹的华丽衣服，把美玉沉入深渊之中；还好比在盛夏季节冬眠，于暖春时分拒绝开花。

"'虽复下帷覃思[1]，殚毫骋藻[2]，幽赞太极[3]，阐释元本；言欢则木梗怡颜如巧笑[4]，语戚则偶象嚬蹙而滂沱[5]；抑轻则鸿羽沉于弱水[6]，抗重则玉石漂于飞波；离同则肝胆为胡越[7]，合异则万殊而一和；切论则秋霜春肃[8]，温辞则冰条吐葩[9]；摧高则峻极颓沦[10]，竦卑则渊池嵯峨[11]；疵清则倚暗夜光[12]，救浊则立澄黄河。然不能沾大惠于庶物[13]，著弘勋于皇家；名与朝露皆晞[14]，体与蜉蝣并化[15]；忽崇高于圣人之宝[16]，忘川逝于大耋之嗟[17]。窃为先生不取焉[18]。

【注释】

①下帷：放下帷幕。《汉书·董仲舒传》："下帷发愤，潜心大业。"覃(tán)思：深思。

②殚毫骋藻：用尽笔墨以施展自己的文才。殚，尽。毫，毛笔。藻，文采。

③幽赞：深刻地阐明。幽，深刻。赞，阐明。《周易·说卦》："幽赞于神明而生蓍。"太极：万物还没有出现前的原始混沌之气。

④木梗：木偶。巧笑：美好的笑容。

⑤嚬蹙(pín cù)：皱眉。滂沱：流泪多的样子。

⑥弱水：传说中的河名。《抱朴子内篇·祛惑》："弱水绕之，鸿毛不浮，飞鸟不过，唯仙人乃得越之。"

⑦肝胆：人体器官名。二者紧紧相连，比喻关系密切。胡：古人对北方少数民族的称呼。越：古代国家名。地处南方，在今江浙

一带。

⑧切论：严厉的批评。肃：萎缩；肃杀。

⑨葩：鲜花。

⑩峻极：极高的山峰。颓沦：坍塌。

⑪竦：树立。嵯峨：山峰高峻的样子。

⑫疵：毛病。用作动词，使出现毛病。倚：接近。引申为变得。夜光：指月亮。一说指夜光珠。

⑬庶物：万物。主要指百姓。

⑭朝(zhāo)露：早上的露水。形容存在短暂的事物。晞(xī)：晒干。

⑮蜉蝣(fú yóu)：虫名。生存时间极短。化：变化。这里指死亡。

⑯圣人之宝：指显贵的社会地位。《周易·系辞下》："圣人之大宝，曰位。"

⑰川逝：流水。比喻时光如流水，一去不复返。大耋(dié)：伟大的老人。指孔子。耋，年老。嗟：感叹。《论语·子罕》："子在川上曰：'逝者如斯夫，不舍昼夜。'"

⑱窃：谦词。私下；个人。

【译文】

"'虽然您放下帏帐深入思考，用尽笔墨施展文才，阐明了万物出现之前的混沌状态，探讨了事物的产生本源；谈论欢乐之事时能够使木偶人满面愉悦露出美好的笑容，谈论忧伤之事时能够使土偶人皱着眉头泪流满面；压抑轻物时能够使羽毛沉入弱水，抬举重物时能够使玉石漂浮于流水；想把相同的事物分离时就能够使紧紧相连的肝胆也会变得远如北胡和南越，想把不同事物合并时就能够把千差万别的东西视为一体；严厉的批评能够像秋霜一样使春天变得肃杀，温和的言词能够使结冰的枝条开出鲜花；想摧毁高大的物体时就能够使高峻的山峰坍塌，想拔起低矮的东西时就能够使深渊池塘也变成巍峨的高山；想毁掉清明之物时就能够使月亮无光，想拯救浑浊之物时就能够使黄河马上清澈。然而您却不能使广大的百姓得到深厚的恩惠，不能为皇上建立伟大的功勋；名声像被晒干的朝露一样很快就消失了，身体与短命的蜉蝣一样很快就死亡了；忽略了被称作圣人之宝物的显贵地位，忘却了年长的孔子发出的时光如流水的感叹。我个人认为先生不该采取这种处世态度。

“‘盖闻：“大者天地，其次君臣[①]。”先圣忧时，思行其道，“三月无君，皇皇如也[②]”，耻今圣主不与尧、舜一致，愍此黎民不可比屋而封[③]；故或负鼎而龙跃[④]，或扣角以凤歌[⑤]；不须蒲轮而后动[⑥]，不待文王而后兴[⑦]。潜初飞五[⑧]，与时消息[⑨]。进有攸往之利[⑩]，退无濡尾之累[⑪]；明哲以保身[⑫]，宣化以济俗[⑬]。使夫承兰风以倾柯[⑭]，濯清波以遗秽者，若沉景之应朗鉴[⑮]，方圆之赴规矩。故勋格上下[⑯]，惠沾八表[⑰]。夫有唐所以巍巍[⑱]，重华所以恭己[⑲]，西伯所以三分[⑳]，姬发所以革命[㉑]，桓、文所以一匡[㉒]，汉高所以应天[㉓]，未有不致群贤为六翮[㉔]，托豪杰为舟楫者也。若令各守洗耳之高[㉕]，人执耦耕之分[㉖]，则稽古之化不建[㉗]，英明之盛不彰，明良之歌不作[㉘]，括天之网不张矣[㉙]。

【注释】

①大者天地，其次君臣：最重要的是天地，其次就是君臣关系。《国语·晋语五》：“宋人弑昭公，赵宣子请师于灵公以伐宋。公曰：‘非晋国之急也。’对曰：‘大者天地，其次君臣，所以为明训也。’”

②皇皇如：惶恐不安的样子。《孟子·滕文公下》：“周霄问曰：‘古之君子仕乎？’孟子曰：‘仕。传曰：“孔子三月无君，则皇皇如也。”’”

③黎民：百姓。比屋而封：家家户户都品德高尚，值得封爵表彰。比屋，一家挨着一家。

④或：有的人。指伊尹。伊尹辅佐商汤王建立商朝。负鼎而龙跃：背着鼎成就了一番伟业。鼎，烹煮器具。龙跃，比喻事业成功。据说伊尹曾借助烹调手艺以接近商汤王。《战国策·赵策四》："伊尹负鼎俎而干汤，姓名未著，而受三公。"

⑤扣角以凤歌：敲击着牛角而高唱凤歌。指春秋时宁戚敲击牛角而歌以求仕于齐桓公的故事。《吕氏春秋·举难》："宁戚欲干齐桓公，穷困无以自进，于是为商旅，将任车以至齐，暮宿于郭门之外。桓公郊迎客，夜开门，爝火甚盛，从者甚众。宁戚饭牛居车下，望桓公而悲，击牛角疾商歌。桓公闻之，抚其仆之手曰：'异哉，之歌者非常人也！'命后车载之。"凤歌，《论语·微子》："楚狂接舆歌而过孔子曰：'凤兮凤兮，何德之衰！'""凤歌"事与宁戚扣角的故事无关，作者用"凤歌"一词是为了与上文的"龙跃"相互对仗。

⑥蒲轮：用蒲草包裹车轮的车子。用蒲草包裹车轮是为了减小震动，古代朝廷多用蒲轮车迎接德高望重的贤人。

⑦文王：周文王姬昌，周武王之父。兴：起身。这里指出仕。《孟子·尽心上》："孟子曰：'待文王而后兴者，凡民也。若夫豪杰之士，虽无文王犹兴。'"

⑧潜初：指隐居。飞五：指出仕。《周易·乾卦》："初九：潜龙勿用……九五：飞龙在天，利见大人。"这里用"潜龙"和"飞龙"分别比喻隐居和出仕。

⑨消息：一消一长。息，生长；增长。

⑩攸往：有所往。指出仕。攸，所。

⑪濡(rú)尾：沾湿了尾巴。比喻力不胜任，处境尴尬。《周易·未济》："小狐汔济，濡其尾，无攸利。"

⑫明哲以保身：明白事理以保全自我。《诗经·大雅·烝民》："既明且哲，以保其身。"
⑬宣化以济俗：传布德政以教化百姓。
⑭承：承接；迎着。兰风：祥瑞之风。倾柯：令枝叶繁茂而倾垂。柯，枝条。本句比喻利用圣明时代以治理好国家。
⑮沉景：模糊不清的景色。朗鉴：明镜。本句比喻把一切事情弄得清清楚楚。
⑯格：达到。
⑰八表：八方之外。指极为遥远的地方。
⑱有唐：尧所建的朝代。这里代指唐尧。有，名词词头，无义。巍巍：高大的样子。
⑲重华：人名。即舜。舜名重华。恭己：恭谨律己。《论语·卫灵公》："无为而治者，其舜也与？夫何为哉？恭己正南面而已矣。"
⑳西伯：西方诸侯之长。这里具体指周文王。三分："三分天下有其二"的省略。据说周文王占有了天下的三分之二的土地，依然恭敬地侍奉商朝天子。《论语·泰伯》："三分天下有其二，以服事殷。周之德，其可谓至德也已矣。"
㉑姬发：即周武王。周武王姓姬名发。革命：实施变革以应天命。古人以为王者受命于天，因此称改朝换代为"革命"。
㉒恒、文：指齐桓公和晋文公。春秋时期的两位霸主。一匡：统一；匡正。
㉓汉高：指汉高祖刘邦。应天：上应天命以成帝业。
㉔致：招致；招揽。六翮(hé)：鸟的健羽。这里泛指翅膀。这里用鸟的翅膀比喻得力的助手。
㉕洗耳：用许由洗耳的故事代指隐居。据说尧多次要求许由出仕，许由认为尧的言语玷污了自己的耳朵，便到颍水洗耳。《说苑·尊贤》："昔者尧让许由以天下，洗耳而不受。"

㉖执：坚守。耦耕：二人协同操作以耕田。代指隐居。《论语·微子》："长沮、桀溺耦而耕。孔子过之，使子路问津焉。"

㉗稽古之化：考察古代圣人的做法以推行教化。稽，考察。

㉘明良之歌：赞美明君、良臣的歌谣。

㉙括天之网：能够囊括天下的大网。比喻统一天下。

【译文】

"'我好像听说过："最重要的是天地，其次重要的就是君臣关系。"从前的圣人为社会担忧，想推行自己的政治主张，"如果三个月没有遇到任用自己的国君，就会惶恐不安"，他们会因为当时的君主不能和尧、舜一样圣明而感到羞耻，由于百姓不能家家户户都值得封爵表彰而感到怜悯；因此有的人就背着大鼎去成就一番大业，有的人敲着牛角唱着凤歌以求任用；他们并不等待朝廷的蒲轮车来迎接才动身出发，也不等待有像文王那样的贤君在位时才出仕做官。是隐居或是出仕，全依据时代的变化而变化。他们出仕时可以成就一番功业，退隐后也没有因为考虑不周而带来的忧患；他们明白事理以保全自身，推行教化以救助世俗。他们能够乘着祥瑞之风使枝条繁茂，能够用清澈之水洗去各种污秽，他们的心就好像明镜一样能够照亮所有隐藏的事物，能够使方形和圆形更符合规矩。因而他们建立的功勋能够使上下都得到恩惠，他们的恩泽可以广披天下的四面八方。唐尧之所以能够如此伟大，虞舜之所以能够恭谨律己无为而治，周文王之所以能够三分天下有其二，周武王之所以能够改朝换代，齐桓公和晋文公之所以能够匡正整个天下，汉高祖之所以能够顺从天意成为帝王，没有不是因为招致大批贤人作为自己的羽翼，依靠豪杰之士作为自己的舟船啊。如果让人们都像许由那样隐居不仕，都像长沮、桀溺那样耕种于田间，那么考察上古制度以教化百姓的事业就无法成功，英明君主想要开创的盛世也不能出现，赞美明君贤臣的颂歌也就无人唱起，统一天下的大业也就无法实现。

"'故藏器者珍于变通随时①,英逸者贵于吐奇拨乱②。若乃耀灵翳景于云表③,则丽天之明不著④;哮虎韬牙而握爪⑤,则搏噬之捷不扬⑥。太阿潜锋而不击⑦,则立断之劲不显;骥騄踠趾而不驰⑧,则追风之迅不形⑨。并默则子贡与喑者同口⑩,咸瞑则离朱与矇瞽不殊矣⑪。先生洁身而忽大伦之乱⑫,得意而忘安上之义⑬,存有关机之累⑭,没无金石之声⑮,庸人且犹愤色⑯,何有大雅而无心哉⑰!

【注释】

①藏器:胸怀才能。珍于:重于;看重。

②吐奇:拿出奇计。拨乱:平定祸乱。

③耀灵:太阳。翳(yì):隐藏。景:阳光。

④丽天:依附于天,即天上。丽,附着。明:明亮的阳光。

⑤哮虎:咆哮的老虎。韬:掩藏。

⑥噬(shì):咬。捷:敏捷。也可理解为胜利。扬:显示。

⑦太阿:古代宝剑名。

⑧骥騄(lù):骏马名。踠趾:蜷缩着腿脚。

⑨追风:形容马驰迅疾,可以赶上急风。不形:无法表现。

⑩子贡:孔子弟子,姓端木名赐,字子贡。善于言谈。喑(yīn):哑;不能说话。

⑪咸:都。瞑:闭眼。离朱:传说中视力特别好的人。矇瞽(méng gǔ):瞎眼。

⑫大伦:重要的人伦关系。

⑬得意:指当隐士自得其乐。安上:使君主安宁。上,君主。

⑭存:生存,活着。关机之累:言语不当造成的麻烦。关机,指口舌。《说苑·谈丛》:"口者,关也;舌者,机也;出言不当,四马不

能追也。口者，关也；舌者，兵也；出言不当，反自伤也。”

⑮没：死亡。金石之声：不朽的名声。一说金石指钟鼎碑碣之类，有功可以镌刻其上。

⑯庸人：常人。愤色：不平之色。一说“色”乃“邑”字之误，“愤邑”即“愤悒”，忧郁。

⑰大雅：德高才大的人。

【译文】

“‘因此胸怀奇才的人看重的是随着时代灵活变通，才华出众的人重视的是出奇谋拨乱反正。如果太阳把自己的光辉隐藏在云层之上，那么太阳的光明就不可能显现；如果咆哮的老虎藏起牙齿收起利爪，那么搏击撕咬的敏捷就无法显示。如果太阿宝剑藏起利刃而不去砍杀，那么它能够立即斩断物体的刚劲之力就无法显露；如果骏马蜷曲着腿脚而不向前奔驰，那么它的追风速度就无法表现。都不讲话那么能言善辩的子贡和哑巴就没有区别，都闭着眼睛那么目光敏锐的离朱和盲人就没有两样。先生为了洁身自好而忽略了君臣这一重要伦理关系的混乱，自得其乐却忘记了使君主安宁这一基本道义。活着会出现言语不当带来的麻烦，死后也不能留下不朽的名声，平庸之人尚且会为此而愤懑不平，为什么具有高德大才的您反而会对此无动于衷呢！

“‘夫绳舒则木直①，正进则邪凋，有虞举则四凶戮②，宣尼任则少卯枭③。犹震雷骇则鼙鼓堙④，朝日出则萤烛幽也。不拯招魂之病⑤，则无以效越人之绝伎⑥；不奖多难之世⑦，则无以知非常之远量。高拱以观溺⑧，非勿践之仁也⑨；怀道以迷国⑩，非作者之务也⑪。若侯中唐殖占日之草⑫，朝阳繁鸣凤之音⑬；郊跱独角之兽⑭，野攒连理之林⑮；长旌卷而不悬⑯，干戈戢而莫寻⑰；少伯方将告退于成功⑱，孰能相擢乎

陆沉哉[19]？深愿先生不远迷复哉[20]！'

【注释】

①绳：木匠用来画直线的墨线。舒：拉开。

②有虞：朝代名。这里指虞的君主舜。有，名词词头，无义。四凶：舜时四个凶恶的部落首领。指浑敦、穷奇、梼杌、饕餮。

③宣尼：孔子的谥号。《汉书·平帝纪》："（元始元年）追谥孔子曰褒成宣尼公。"少卯：即少正卯。鲁国人，因为宣扬异端邪说，孔子执政后杀之。枭（xiāo）：悬首示众。

④鼛（gāo）鼓：大鼓。堙（yīn）：埋没。这里指听不到声音。

⑤招魂之病：需要招魂的疾病。即重病。

⑥无以：没有办法。越人：战国时名医扁鹊，原名秦越人。

⑦奖：辅佐；拯救。

⑧高拱：双手相抱于胸前。形容袖手旁观的样子。溺：溺水的人。

⑨勿践之仁：爱护万物的仁义。《诗经·大雅·行苇》："敦彼行苇，牛羊勿践履。"意思是，丛生的路边芦苇，牛羊不要去践踏。后来成为爱护万物的典故。

⑩怀道：胸怀着治国的大道。迷：乱。《论语·阳货》："怀其宝而迷其邦，可谓仁乎？"

⑪作者：首创者。指圣人。《礼记·乐记》："作者之谓圣，述者之谓明。"

⑫俟：等待。中唐：中庭；庭院中。唐，朝堂前或宗庙门内的道路。殖：生长。占日之草：草名。指蓂荚草。又叫历荚、瑞草。一说为树名。《竹书纪年》卷上说，尧在位时，有草生于台阶旁，每月初一始生一荚，月半而生十五荚，十六日以后每日落一荚，至三十日而落尽，如果为小月，则有一荚焦枯而不落。尧依据蓂荚的变化来了解日期。

⑬朝阳：山的东坡。繁：多。《诗经·大雅·卷阿》："凤皇鸣矣，于彼高冈；梧桐生矣，于彼朝阳。"凤凰是一种瑞鸟，只有在政治清明的时候才会出现。

⑭跱(zhì)：站立。独角之兽：指麒麟。麒麟是一种瑞兽，只有在政治清明的时候才会出现。

⑮攒(cuán)：聚集。连理：异根草木而枝干相连。古人认为，连理枝的出现也是一种祥瑞。

⑯旌：军旗。

⑰戢(jí)：收藏兵器。寻：使用。以上两句是指天下太平，社会安定，不再有战争。

⑱少伯：春秋越国的范蠡，字少伯，著名的政治家、军事家。范蠡在辅佐越王勾践灭吴之后，隐居于齐国。

⑲擢：提拔重用。陆沉：无水而沉，比喻隐居。

⑳复：回头。

【译文】

"'墨线拉开了就能把木材修直，正直的人出仕了邪恶之人就会败退，虞舜当了君主后四个凶恶的部落首领就受到惩罚，孔子被任用后少正卯就被悬首示众。这就好比是雷声响起而鼓音就被掩盖，太阳一出而萤火虫和烛光就显得暗淡。不去拯救危重的病人，那么秦越人之类的神医就无法显示自己的医疗绝技；不去治理多灾多难的国家，就无从了解一个人非同寻常的才能。袖手旁观别人的溺水，不符合爱护万物的仁义精神；胸怀治国之道而使国家混乱不堪，不是圣贤之人应该做的事情。如果等到了庭院路边生长着可以显示日期的神草，朝阳的山坡上频繁响起凤凰的叫声；郊外站立着独角的麒麟，野外丛生着连理的树枝；战旗卷起来不再悬挂，兵器收藏起来不再使用；范蠡之类的谋臣即将功成身退，那么还会有谁把您从隐居之中提拔起来重用呢？非常希望先生不要在迷途上走得太远就返回吧！'

“于是怀冰先生萧然遐眺[①]，游气天衢[②]，情神辽缅[③]，旁若无物。俯而答曰：‘呜呼！有是言乎？盖至人无为[④]，栖神冲漠[⑤]。不役志于禄利[⑥]，故害辱不能加也[⑦]；不躇峙于险途[⑧]，故倾坠不能为患也。藜藿不供[⑨]，而意佚于方丈[⑩]；齐编庸民[⑪]，而心欢于有土[⑫]。

【注释】

①萧然：平静而悠闲的样子。遐眺：远望。

②气：精神。天衢(qú)：辽阔的天空。衢，四通八达的大路。这里形容天空的广阔。

③辽缅：高远的样子。

④至人：思想境界最高的人。

⑤栖：处于。冲漠：虚寂恬静。冲，虚静。

⑥役志：役使自己的精神；用心。

⑦加：加于身；落在自己身上。

⑧躇峙(chú chí)：徘徊、行走的样子。

⑨藜藿(lí huò)：两种野菜名。这里泛指粗劣的饭菜。藜，野菜名。藿，豆叶。

⑩佚：通“逸”，安逸。方丈：一丈见方。指美味佳肴摆满了一丈见方的位置，形容肴馔丰盛。《孟子·尽心下》：“食前方丈。”

⑪齐编庸民：与百姓同伍。齐，等同。编，编入户籍。庸民，平常百姓。

⑫有土：指有封地的诸侯、贵族。

【译文】

“此时怀冰先生平静而悠闲地望着远方，心游太空，神情高远，旁若无人。他俯身回答说：‘唉！有你这样的说法吗？精神境界最高的人清静无为，用心虚寂。他们不会劳烦精神去追求俸禄金钱，因此伤害与羞辱就不会落在他们身上；他们不会行走在险恶的道路上，因此就不会出现翻车坠落的灾祸。虽然连野菜都吃不饱，但心情比吃着美味佳肴还要愉悦；虽然贫贱得如同百姓，但心中比有封地的王侯还要快乐。

"'寝宜僚之舍①，闭干木之间②；携庄、莱之友③，治陋巷之居④。确岳峙而不拔⑤，岂有怀于卷舒乎⑥？以欲广则浊和⑦，故委世务而不纡眄⑧；以位极者忧深⑨，故背势利而无余疑⑩。其贵不以爵也⑪，富不以财也。侣云鹏以高逝⑫，故不萦翮于腐鼠⑬；以蕃、武为厚诫⑭，故不改乐于箪瓢⑮。

【注释】

①宜僚：春秋楚人，姓熊名宜僚，是一位不为利害所动的高士。《左传·哀公十六年》记载：楚国的贵族白公胜欲杀子西，"（石乞）曰：'市南有熊宜僚者，若得之，可以当五百人矣。'乃从白公而见之，与之言，说；告之故，辞。承之以剑，不动。胜曰：'不为利谄，不为威惕，不泄人言以求媚者。'去之。"

②干木：姓段干，名木，战国魏人。是一位高洁的隐士，魏文侯以礼事之，过其门，必俯轼致敬。间：巷口的大门。

③庄、莱：庄子和老莱子。这里代指隐士。庄子是战国宋人，道家的代表人物，拒绝楚王的出仕邀请。老莱子，春秋楚国隐士，与妻子耕于蒙山之下。

④陋巷：狭窄简陋的小巷子。

⑤确：坚定不移。岳：山峰。峙：耸立。

⑥卷舒：隐居和出仕。卷，比喻退隐。舒，展开。比喻出仕。

⑦以：因为。欲广：欲望深重。浊和：使平和的心境变得污浊不堪。

⑧委:放弃。纡(yū)眄:斜视。这里泛指看。纡,屈曲。眄,看。

⑨位极:地位极高。

⑩背:背离;抛弃。余疑:其他犹豫。也即任何犹豫。

⑪其贵不以爵:一个人的高贵不在于官爵。古人认为,一个人的贵贱,取决于此人的品德高低,而不在于他的官爵高低。

⑫侣:以……为伴侣。云鹏:高翔于云端的大鹏。鹏,传说中的鸟。《庄子·逍遥游》:"化而为鸟,其名为鹏,鹏之背,不知其几千里也。怒而飞,其翼若垂天之云。"

⑬萦翮:盘旋。比喻留恋。腐鼠:烂老鼠。比喻权势名利。《庄子·秋水》:"惠子相梁,庄子往见之。或谓惠子曰:'庄子来,欲代子相。'于是惠子恐,搜于国中三日三夜。庄子往见之,曰:'南方有鸟,其名为鹓鸰,子知之乎?夫鹓鸰,发于南海,而飞于北海,非梧桐不止,非练实不食,非醴泉不饮。于是鸱得腐鼠,鹓鸰过之,仰而视之曰:"吓!"今子欲以子之梁国而"吓"我邪?'"

⑭蕃:陈蕃,字仲举,东汉人,官至太傅。武:窦武,字游平,东汉人,汉灵帝母窦太后之兄,拜大将军,辅政。陈蕃与窦武合谋除掉当时贪虐的宦官,谋泄,二人反被宦官所杀。

⑮不改乐于箪(dān)瓢:不会因为生活贫困而改变自己的快乐。箪,装食物的圆形竹器。《论语·雍也》:"子曰:'贤哉,回也!一箪食,一瓢饮,在陋巷。人不堪其忧,回也不改其乐。贤哉,回也!'"

【译文】

"'像熊宜僚那样安居在自己的房舍里,像段干木那样关上自己的大门;陪伴着庄周、老莱子之类的好友,修整好简陋巷子里的住室。自己的意志就像屹立的高峰那样不可动摇,怎么会把隐居和出仕的事情放在心上呢?因为知道深重的欲望会使平和的心境变得污浊,所以就抛弃世俗事务而不屑一顾;因为知道地位高贵的人忧虑深重,因此就远离权利而不会有任何犹豫。一个人的尊贵靠的不是官爵，富有靠的不是财富。与云端的大鹏结伴展翅远去，不会盘旋留恋在烂老鼠的旁边；把陈蕃、窦武被杀的事件作为自己的深刻教训，因此不会因为贫困的生活而改变自己的隐居乐趣。

"'且夫玄黄遐邈①，而人生倏忽②。以过隙之促③，托罔极之间④，迅乎犹奔星之暂见⑤，飘乎似飞矢之电经⑥。聊且优游以自得⑦，安能苦形于外物哉⑧！夫鸾不纬网⑨，骥不堕阱⑩。相彼鸟兽⑪，犹知为患⑫；风尘之徒⑬，曾是未吝也⑭！

【注释】

①玄黄：天地。《易经·坤卦》："天玄而地黄。"遐邈：遥远。这里指时间上的无穷无尽。

②倏(shū)忽：顷刻之间。形容时间短暂。

③过隙：指骏马驰过缝隙。形容时间短暂。《庄子·盗跖》："天与地无穷，人死者有时。操有时之具而托于无穷之间，忽然无异骐骥之驰过隙也。"促：短暂。

④罔极之间：指无穷无尽的天地之间，出处见上一条注释中的《庄子·盗跖》。罔极，无穷无尽。罔，无。极，边际。

⑤奔星：流星。暂见(xiàn)：暂时出现。见，同"现"，显现。

⑥飞矢：飞箭。电经：闪电经过。形容时间短暂。

⑦聊且：姑且。优游：悠闲从容的样子。

⑧苦形：使身体受苦。外物：身外之物。指名利之类的身外之物。

⑨鸾：传说中凤凰一类的鸟。纬(guà)：绊住；落入。

⑩骥：通"麟"，麒麟。传说中的神兽。

⑪相：看；观察。

⑫为患：什么是灾难。为，是。

⑬风尘之徒：官场上的人们。风尘，指充满污浊之事的官场。

⑭曾：竟然。是：代指上句中的鸾鸟和麒麟。未吝：疑为“未若”。不如鸟兽的智慧。“吝”疑为“若”之误。《礼记·三年问》：“然而从之，则是曾鸟兽之不若也。”

【译文】

“‘再说天地是无穷无尽的，而人生却非常短暂。拿自己如同骏马驰过缝隙般的短暂生命，托身于没有穷尽的天地之间，短暂得就好像流星的瞬间显现，迅速得还好像飞箭般的电光一闪而过。姑且悠闲从容、自得其乐地生活，怎能为了名利把自己搞得疲惫不堪？鸾鸟不会落入罗网，麒麟不会掉进陷阱。仔细看看那些鸟兽，它们尚且懂得什么是灾祸；而那些官场中的人们，竟然连这些鸟兽的智慧都不如！

“‘若夫要离灭家以效功①，纪信赴燔以诳楚②，陈贾刎颈以证弟③，仲由投命而菹醢④，嬴门伏剑以表心⑤，聂政感惠而屠菹⑥，荆卿绝脏以报燕⑦，樊公含悲而授首⑧，皆下愚之狂惑，岂上智之攸取哉⑨！

【注释】

①要离：春秋吴国的勇士。《吕氏春秋·忠廉》记载：吴王阖庐篡夺吴王僚的君位后，又欲杀掉极有勇力的吴王僚之子庆忌，要离同意阖庐的要求，答应去做刺客。于是阖庐加罪于要离，逮捕其妻子与儿女，焚死后而扬其灰。要离因此取得庆忌的信任，于舟中刺死庆忌。

②纪信：汉高祖刘邦的将军。赴燔（fán）：赴火烧死。燔，烧烤。《史记·项羽本纪》记载：汉王刘邦在即位的第三年，被项羽围于

荥阳，纪信假装成刘邦，率二千披甲女子出荥阳东门投降，而刘邦带领数十骑兵从城西门逃出，后来项羽把纪信烧死。

③陈贾：先秦人。《孟子·公孙丑下》记载有陈贾，但他自杀证弟的事情不详。

④仲由：孔子弟子。姓仲名由，字子路，一字季路。子路在卫国做官时，因卫国内乱而被杀。投命：送命。子路本来处于安全地带，因保护卫君主动进城参战而被杀。菹醢（zū hǎi）：肉酱。这里指把人剁为肉酱。

⑤嬴门：侯嬴。战国魏人，因为他是魏国都城大梁的守门人，故称"嬴门"。伏剑：用剑自杀。《史记·魏公子列传》记载：魏公子信陵君无忌待侯嬴甚厚，后来秦军包围赵国都城邯郸，侯嬴为信陵君献窃符救赵之策，然后自杀以送信陵君出征。

⑥聂政：战国齐国勇士。《战国策·韩策二》记载：韩国严遂与韩傀产生矛盾，于是逃往齐国，结识勇士聂政。聂政于母亲去世后仗剑入韩，当众刺杀韩傀，然后自己毁容抉目、剖腹出肠而死。

⑦荆卿：即荆轲。战国卫人。后入燕，燕人拜为上卿，故称"荆卿"。绝膑，被砍断了腿。荆轲刺秦王时，秦王"断其左股"。

⑧樊公：樊於期，本为秦国将军，后逃罪至燕，为燕太子丹门客。授首，把自己的头颅送给荆轲。《史记·刺客列传》记载：燕太子丹担心秦国将会逐次灭掉六国，于是通过田光结识荆轲，想让荆轲入刺秦王以阻秦兵。荆轲为了取信于秦王，乃私见樊於期，求樊於期的首级，于是樊於期自刎。荆轲携樊於期首级入刺秦王，被秦王砍断左腿，后被杀。

⑨攸取：所取。攸，所。

【译文】

"'像要离那样杀死家人去建功立业，纪信不惜被烧死以欺骗楚霸王项羽，陈贾用自刎的方式以证明弟弟的清白，子路主动送命而被剁为肉酱，侯嬴以剑自杀来表明诚心，聂政为感恩而于行刺后自屠，荆轲为报答燕太子而被砍断了腿，樊於期满含悲愤地献出自己的头颅，这些都是下愚之人的癫狂糊涂行为，哪里会被大智之人所取！

"'盖禄厚者责重，爵尊者神劳。故漆园垂纶，而不顾卿相之贵①；柏成操耜②，而不屑诸侯之高。羊说安乎屠肆③，杨朱吝其一毛④。侥求之徒⑤，昧乎可欲⑥，集不择木⑦，仕不料世⑧；贪进不虑负乘之祸⑨，受任不计不堪之败⑩；论荣贵则引伊、周以救溺⑪，言亢悔则讳覆悚而不记⑫；伺河龙之睡而拨明珠⑬，居量表之宠而冀无患⑭；耽漏刻之安⑮，蔽必至之危⑯；无朝菌之荣⑰，望大椿之寿⑱；似蹈薄冰以待夏日，登朽枝而须劲风⑲；渊鱼之引芳饵，泽雉之咽毒粒⑳；咀漏脯以充饥㉑，酣鸩酒以止渴也㉒。

【注释】

①漆园垂纶，而不顾卿相之贵：漆园，地名，一说在今河南商丘，一说在今山东曹州，一说在今安徽定远。这里指庄子。因为庄子曾经在漆园当过官，所以后人又称庄子为"漆园"。垂纶，垂钓。纶，钓鱼丝。卿，古代的高级官爵名，在公之下、大夫之上。相，宰相。《史记·老子韩非列传》："楚威王闻庄周贤，使使厚币迎之，许以为相。庄周笑谓楚使者曰：'千金，重利；卿相，尊位也。子独不见郊祭之牺牛乎？养食之数岁，衣以文绣，以入大庙。当是时，虽欲为孤豚，岂可得乎？子亟去，无污我。我宁游戏污渎之中自快，无为有国者所羁，终身不仕，以快吾志焉。'"

②柏成：柏成子高。又作伯成子高。耜(sì)：农具名。《庄子·天地》说，尧在位时，伯成子高立为诸侯。禹在位时，伯成子高因不

满当时的政治，辞去诸侯位，归耕田野。

③羊说(yuè)：屠羊说。楚国的一位宰羊者。屠肆：宰羊店。肆，店铺。《庄子·让王》说，楚昭王逃亡期间，屠羊说一直追随昭王，昭王复国后，欲赏赐屠羊说，羊说坚辞不受，重操宰羊旧业。

④杨朱：战国魏人，字子居。其学说重在爱己，不以物累，不拔一毛而利天下。

⑤侥求之徒：带着侥幸心理谋取富贵的人。

⑥昧：糊涂。可欲：能够勾起人们欲望的东西，如名利富贵等。

⑦集不择木：没有选择好树木就落了下来。集，鸟落下来。木，树。

⑧料世：看清楚社会。料，估计；看清楚。

⑨负乘：背着东西而乘坐着车辆。比喻小人窃居君子之位。《周易·解卦》："六三：负且乘，致寇至，贞吝。"乘坐车辆，是君子之事；背负重物，是小人之事。背着东西坐在车上，比喻小人占据了君子之位。

⑩受任：接受重任。不堪：无力承担。

⑪伊、周：伊尹和周公。伊尹辅佐商汤王建立商朝。周公，姓姬名旦。为周武王之弟，辅佐周武王灭商后，又辅佐周武王之子周成王，为周朝开国功臣。救溺：拯救溺水之人。比喻拯救混乱的社会。

⑫亢悔：盛极必衰的悔恨。亢，高。《周易·乾卦》："上九：亢龙有悔。"讳：忌讳；不愿谈起。覆𫗧(sù)：倾覆了鼎中美食。比喻失败。𫗧，鼎中的美食。《周易·鼎卦》："鼎折足，覆公𫗧。"

⑬伺河龙之睡而拨明珠：趁着黄河之龙睡熟的时候盗取明珠。《庄子·列御寇》："人有见宋王者，锡车十乘，以其十乘骄稚庄子。庄子曰：'河上有家贫恃纬萧而食者，其子没于渊，得千金之珠。其父谓其子曰："取石来锻之！夫千金之珠，必在九重之渊而骊龙颔下，子能得珠者，必遭其睡也。使骊龙而寤，子尚奚微之有哉？"今宋国之深，非直九重之渊也；宋王之猛，非直骊龙也。子

能得车者，必遭其睡也；使宋王而寤，子为韲粉夫！'"

⑭量表之宠：有限而表面的宠幸。量，可计量的；有限的。表，表面。冀：希望。

⑮耽：沉溺于。漏刻：短暂。漏刻本指古代的计时器——漏壶，这里比喻时间短暂。

⑯蔽：蒙蔽；看不到。

⑰朝(zhāo)菌：一种早上出生、傍晚死亡的菌类植物。荣：茂盛。

⑱大椿：一种寿命极长的树。

⑲须：等待。

⑳泽雉：生活在大泽里的野鸡。泽，低洼的湿地。雉，野鸡。粒：米粒。

㉑咀：咬；吃。漏脯：隔宿之肉。古人认为这种肉为漏水所沾，有毒，食之会致死。

㉒酣：畅饮。鸩(zhèn)酒：用鸩鸟羽毛浸泡的毒酒。鸩，一种有毒的鸟。

【译文】

"'俸禄丰厚的人责任重大，官爵尊贵的人心神操劳。因此庄周在河边垂钓，而不留恋卿相的尊贵；柏成子高亲自拿着农具种地，而不屑于诸侯的封爵。屠羊说安心在市场里做个宰羊人，杨朱则爱惜自己的每一根毛发。怀着侥幸心理以谋取富贵的人，被那些能够勾起欲望的名利迷惑得愚昧糊涂，他们就像鸟落下时没有选择好树木一样，出仕做官时没有对社会进行清楚的考量；他们贪图仕进而没有考虑居非其位带来的祸患，接受官职也没有考虑才非其任造成的失败；谈论荣华富贵时总是引伊尹与周公拯救混乱社会的事例为证，说到盛极必衰后的悔恨时又忌讳失败而故意不予提及；他们想趁着黄河之龙熟睡的时候盗取明珠，所受到的宠幸既有限又表面却希望没有灾难；他们沉溺于短暂的安宁之中，却看不到必然到来的凶险；他们连朝菌那样的繁荣都没有，却期待着能够像大椿那样长寿。他们就好像站在薄薄的冰上等待夏天的降临，踏在枯朽的树枝上等待强风的刮来；他们还好像深水中的鱼儿贪吃芳香的鱼饵，大泽里的野鸡咽下有毒的米粒；他们更像是在咀嚼毒肉来充饥，畅饮鸩酒以止渴。

"'昔箕子睹象箸而流泣①，尼父闻偶葬而永叹②，盖寻微以知著③，原始以见终④。然而暗夫蹈机不觉⑤，何前识之至难⑥？而利欲之疢笃邪⑦！周成贤而信流言⑧，公旦圣而走南楚⑨，托《鸱鸮》以告悲⑩，赖金縢以仅免⑪。况能瘖之主⑫，不世而一有⑬；不悦之谤，无时而暂乏⑭；德不以激烈风而起毙禾⑮，事不以载圭璧而称多才⑯，嗟泣靡及⑰，宜其然也⑱。

【注释】

①箕子：商末贤臣。一说为商纣王的叔叔，一说为商纣王的堂兄。象箸(zhù)：象牙做的筷子。《史记·宋微子世家》："纣始为象箸，箕子叹曰：'彼为象箸，必为玉杯；为杯，则必思远方珍怪之物而御之矣。舆马宫室之渐自此始，不可振也。'"

②尼父：孔子。孔子名丘，字仲尼。父，通"甫"，对男子的美称。《礼记·檀弓上》："鲁哀公诔孔丘曰：'天不遗耆老，莫相予位焉！呜呼哀哉，尼父！'"偶葬：用偶人陪葬。永叹：长叹。《孟子·梁惠王上》："仲尼曰：'始作俑者，其无后乎！'为其象人而用之也。"

③寻微以知著：通过细微的苗头而明白大问题。寻，寻觅；观察。

④原始：考察事情的初始。原，探索源头。

⑤暗夫：愚昧的人。暗，愚昧。蹈机：踩住了机关。机，捕捉鸟兽的机关、陷阱。

⑥前识：先见之明；预见。

⑦疢(chèn)笃:病重。疢,同“疢”,病。一说疢当作“弥”,《四库全书》文溯阁本即作“弥”。弥,越发。

⑧周成:周成王。周成王是周武王之子、周公之侄,成王年幼时,周公执政,后来有人散布谣言,说周公将干不利于成王的事情。

⑨公旦:即周公姬旦。走:逃亡。南楚:南方的楚国。

⑩《鸱鸮(chī xiāo)》:《诗经》中的一篇。鸱鸮,猫头鹰。告悲:抒发自己的悲愤心情。

⑪金縢(téng):用金属封缄的匣子。縢,捆束;封闭。仅免:仅仅能够免除灾难。周武王于灭商的次年生病,周公向祖先神灵祷告,愿代替武王之死。史官把周公的祝祷词记在典册上,放在金縢中。周公因受怀疑逃亡南方后,成王打开了那个金縢,才明白周公的忠诚,非常后悔,亲到郊外迎接周公回来。

⑫寤:醒悟。

⑬不世而一有:不会每个时代都能够出现一位。世,时代。

⑭暂:短暂的时间里。乏:没有。

⑮德不以激烈风而起毙禾:美德不能像周成王那样激出大风而扶起倒伏的庄稼。据说在周公逃亡期间,狂风大作,庄稼都倒伏在地。成王迎周公回来后,倒伏的庄稼又被大风重新吹起。

⑯事不以载圭璧而称多才:做事不能像周公那样在手持圭璧祈祷神灵时自称多才多艺。圭,为长形玉版,上圆或尖,下方。璧,玉璧。为平圆形,中心有小孔。圭璧皆为礼器。周公在向祖先神灵祈祷时,自称“多材多艺”,因此更适合代替武王而死,以便去侍奉逝去的祖先。

⑰嗟泣靡及:悲叹哭泣,后悔莫及。靡及,莫及。

⑱宜其然也:这是自然而然的事。宜,应该。

【译文】

“‘从前箕子看见纣王用象牙筷子而流泪,孔子听说用偶人作陪葬品而长叹，他们都是通过观察细微的苗头而看出了大问题，通过初始的情况而预见到了最终的结果。然而那些愚昧的人即使已经踩上了陷阱的机关却依然毫无察觉，为什么想做到有先见之明是如此的艰难呢？那是因为他们追逐名利的毛病实在太严重了！周成王如此贤良却也听信了流言，周公旦如此圣明却也只能逃亡到南方的楚国，只好借《鸱鸮》来抒发自己的悲伤之情，最后还是依赖金匣中的祝文才勉强消除了灾难。更何况能够醒悟的君主，并不是每个时代都会出现；而令人难受的诽谤之词，却没有任何时代有过短暂的消失；如果美德不能像周成王那样激起大风而扶起倒伏的庄稼，做事也不能像周公那样在手持圭璧祈祷神灵时自称多才多艺，那么出现令人叹息哭泣和追悔莫及的事情，也就是自然而然的了。

"'夫渐渍之久①，则胶漆解坚②；浸润之至③，则骨肉乖析④。尘羽之积，则沉舟折轴⑤；三至之言，则市虎以成⑥。故江充疏贱⑦，非亲于元储⑧，后母假继，非密于伯奇⑨；而掘梗之诬⑩，灭父子之恩⑪；袖蜂之诳⑫，破天性之爱。又况其他，安可自必！嗟乎！伍员所以怀忠而漂尸⑬；悲夫！白起所以秉义而刎颈也⑭。盖彻鉴所为寒心⑮，匠人之所眩惑矣⑯。

【注释】

①渐渍(zì)：浸泡。

②胶漆解坚：相交坚固的胶漆也能够被融解开来。

③浸润：浸泡。这里比喻连续不断的谗言如同水浸一样慢慢地影响着一个人。

④骨肉：指骨肉至亲。如父母、兄弟、子女等。乖析：因矛盾而分开。乖，矛盾。析，分开。

⑤折轴：压断车轴。

⑥三至之言，则市虎以成：三个人都跑来说市场上出现了老虎，那么市场上有老虎的谣言就会被人相信。《战国策·魏策二》："庞葱与太子质于邯郸，谓魏王曰：'今一人言市有虎，王信之乎？'王曰：'否。''二人言市有虎，王信之乎？'王曰：'寡人疑之矣。''三人言市有虎，王信之乎？'王曰：'寡人信之矣。'庞葱曰：'夫市之无虎明矣，然而三人言而成虎。今邯郸去大梁也远于市，而议臣者过于三人矣。愿王察之矣。'王曰：'寡人自为知。'于是辞行，而谗言先至。后太子罢质，果不得见。"

⑦江充：西汉人。字次倩，邯郸人。官至直指锦衣使者，深受汉武帝信任。疏贱：与武帝的关系疏远而且出身低贱。

⑧元储：储君。指汉武帝的太子刘据。

⑨后母假继，非密于伯奇：后母不过只是续弦之妻，并不比伯奇的关系更密切。《琴操上·履霜操》记载，西周大臣尹吉甫长子名叫伯奇，伯奇亲母去世后，后母希望自己的儿子能够继承尹吉甫的爵位，于是诬陷伯奇，伯奇后来被父亲流放。诬陷的方法见后注。

⑩掘梗之诬：挖出木偶人的诬陷。梗，木偶人。江充与太子不和，便带人在太子宫中挖出他事先埋藏的桐木人，诬陷太子行巫蛊事以害武帝，太子怒斩江充，因此而被武帝废杀。

⑪父子：指汉武帝与他的太子。

⑫袖蜂之诳：衣袖中藏蜂的欺骗。伯奇的后母把毒蜂放在自己的领子上，让伯奇去摘掉毒蜂，然后诬陷伯奇调戏自己，尹吉甫信以为真，于是流放了伯奇。

⑬伍员（yún）：即伍子胥。本楚人，后入吴，因忠谏而被吴王夫差杀害，死后尸体被抛入江中。所以：……的原因。

⑭白起：战国秦人，为秦国屡建战功，后为秦昭襄王所迫而自杀。

⑮彻鉴：指能够彻底借鉴历史的人。

⑯匠人：疑作“近人”。当今的世俗人。“匠”与“近”疑为形近而误。眩惑：迷惑。

【译文】

“‘浸泡的时间久了，就连相交坚固的胶和漆也能够被溶解开来；不断地听到谗言，就连亲骨肉之间也会因产生矛盾而分开。很轻的尘埃、羽毛如果不断地积累，照样能够压沉船只、压断车轴；如果有三个人说市场上出现了老虎，那么市场上有老虎的谎言也会被人信以为真。因此江充与武帝的关系疏远而且出身低贱，不如太子和武帝的关系亲密，后母只是尹吉甫的续弦之妻，比不上伯奇和父亲的关系密切；然而挖出桐木人的诬陷，却毁灭了汉武帝父子之间的恩情；袖中隐藏毒蜂的欺骗，也破坏了尹吉甫父子之间的天伦之爱。更何况身为他人，自己怎么能够保证会有某种好的结果呢！可叹啊！这就是伍员胸怀忠诚而漂尸河中的原因；可悲呀！这也是白起满腔正义而自杀身亡的缘由。那些能够完全借鉴历史的人为此而深感寒心，而当今的世俗人对此却依然是迷惑不觉。

“‘又欲推短才以厘雷同①，仗独是以弹众非②。然不睹金虽克木③，而锥钻不可以伐邓林④；水虽胜火，而升合不足以救焚山⑤。寸胶不能治黄河之浊⑥，尺水不能却萧丘之热⑦。是以身名并全者甚稀，而先笑后号者多有也⑧。畏亢悔而贪荣之欲不灭⑨，忌毁辱而争肆之情不遣⑩，亦犹恶湿而泳深渊，憎影而不就阴⑪，穿舟而息漏⑫，猛爨而止沸者也⑬。

【注释】

①推：施展。厘：厘正；改正。雷同：不应该相同而相同；随声附和。

②独是：独自一人所认可的正确主张。弹：弹劾；批评。

③金虽克木：古代有五行相克的思想，五行相克的次序是：木克土、金克木、火克金、水克火、土克水。

④邓林：传说中的树林。这里泛指大树林。

⑤升合(gě)：容量单位。十合为一升。

⑥胶：一种粘性物质，用动物的皮、角或植物分泌物熬制而成。把胶放在水中搅拌，可以使水澄清。

⑦萧丘：传说中的海岛名。据说此处有自生之火，春起秋灭。

⑧先笑后号：先欢喜后悲伤。比喻事情先吉利而后凶险。号，大声哭喊。《周易·旅卦》："旅人先笑后号咷。"

⑨亢悔：盛极必衰的悔恨。亢，高。《周易·乾卦》："上九：亢龙有悔。"

⑩争肆：争夺。肆，恣纵；放肆。谴：排遣；消除。

⑪就阴：进入背阴处。《庄子·渔父》："人有畏影恶迹而去之走者，举足愈数而迹愈多，走愈疾而影不离身，自以为尚迟，疾走不休，绝力而死。不知处阴以休影，处静以息迹，愚亦甚矣！"

⑫息漏：堵住船上的漏洞。

⑬爨(cuàn)：烧火。

【译文】

"'还想施展自己有限的才能去改变众口一词的局面，依仗自己一人认可的正确主张去抨击众人的错误。然而却没有看到虽然金可以克木，但一锥一钻是不可能砍伐大树林的；虽然水能够克火，而一升一合的水是不可能扑灭山火的。一寸长的胶不可能澄清黄河的浑浊，一尺长的水不可能消除萧丘的炎热。因此生命和美名能够两全的人非常罕见，而先欢笑后痛哭的人却比比皆是。担心盛极而衰带来的悔恨，却又不能消除贪图荣华富贵的欲望；害怕别人的诋毁与羞辱，却又不能排除争名夺利的情欲，这也就好像讨厌潮湿却到深渊里游泳，憎恶影子但不愿进入背阴之处一样，还好像凿破船底去制止船体漏水，猛烈烧火去制止开水沸腾一般啊。

"'夫七尺之骸①,禀之以所生②,不可受全而归残也③;方寸之心④,制之在我,不可放之于流遁也⑤。躬耕以食之⑥,穿井以饮之,短褐以蔽之⑦,蓬庐以覆之⑧,弹咏以娱之⑨,呼吸以延之⑩,逍遥竹素⑪,寄情玄毫⑫,守常待终⑬,斯亦足矣⑭。且夫道存则尊⑮,德胜则贵,隋珠弹雀⑯,知者不为⑰。何必须权而显,俟禄而饱哉⑱!

【注释】

①骸:形体;肉体。

②禀:禀受;来自。所生:生养自己的人。指父母。本句中的"以"疑为衍文。

③不可受全而归残也:不能在接受的时候是完整的,而归还的时候却是残缺不全的。归,指死亡之时。《礼记·祭义》:"曾子闻诸夫子曰:'天之所生,地之所养,无人为大。父母全而生之,子全而归之,可谓孝矣。不亏其体,不辱其身,可谓全矣。'"

④方寸之心:指心。因为心有方寸大小,所以又称心为"方寸"。

⑤流遁:流浪放荡而找不到归宿。

⑥食(sì)之:养活自己的身体。

⑦短褐(hè):粗布短衣。穷人的衣服。褐,粗布衣。

⑧蓬庐:茅舍。蓬,一种野草。覆之:庇护着自己的身体。

⑨弹咏:弹琴唱歌。

⑩呼吸:呼吸吐纳。是古代的一种养生术,类似今天讲的气功。延之:延续自己的寿命。

⑪竹素:图书。竹指竹简,素指白绢。古代没有纸张时,用竹素来

书写。

⑫玄毫：笔墨。玄，黑色，这里指墨。毫，毛，这里指笔。

⑬守常待终：坚守着贫困的常态，以等待生命的终结。《列子·天瑞》："贫者，士之常也；死者，人之终也。处常得终，当何忧哉！"

⑭斯：此；如此。

⑮道存则尊：只要自己掌握了大道就是尊贵。

⑯隋珠弹雀：用随侯珠作弹丸击打雀鸟。隋，通"随"，隋珠，宝珠名，即随侯珠。相传一条大蛇受伤，随侯（随国君主）为它医治，后来大蛇口衔宝珠作为回报，这颗宝珠即被称为"随侯珠"。《庄子·让王》："今且有人于此，以随侯之珠，弹千仞之雀，世必笑之。是何也？则其所用者重而所要者轻也。夫生者，岂特随侯之重哉！"

⑰知者：聪明人。知，同"智"。

⑱俟：等待；依赖。禄：俸禄。

【译文】

"'七尺高的身体，是来自父母，不能在接受时完整而归还时却残缺不全；方寸大的心，我个人可以控制，不能让它放任自流而找不到归宿。亲自耕种让这个身体吃饭，开挖水井让这个身体喝水，用粗布短衣来保护这个身体，用茅舍草房来庇护这个身体，用弹琴唱歌的方法使这个身体快乐愉悦，用呼吸吐纳的方法使这个身体延年益寿，自由自在地阅读史册典籍，用笔墨文章来抒发自己的闲情逸致，甘守着贫贱生活以等待生命的终结，如此也就足够了。再说掌握了大道就会变得高贵，品德高尚了就会变得尊崇，用随侯宝珠去击打鸟雀，聪明人是不会去做如此蠢事。何必一定要依赖权势才能显贵，必需俸禄才能填饱肚皮呢！

"'且夫安贫者以无财为富，甘卑者以不仕为荣①。故幼安浮海而澄神②，胡子甘心于退耕③。逢、比有令德之罪④，信、布陷功大之刑⑤。一枝足以戢鸾羽⑥，何烦乎丰林⑦？潢洿足以泛龙鳞⑧，岂事乎沧海？黎藿嘉于八珍⑨，寒泉旨于醽醁⑩；摄缕美于赤舄⑪，缊袍丽于衮服⑫；把橦安于杖钺⑬，鸣条乐乎丝竹⑭；茅茨艳于丹楹⑮，采椽珍于刻桷⑯；登嵩峰为台榭⑰，庇岩霤为华屋⑱；积篇章为敖庾⑲，宝玄谈为金玉⑳；弃细人之近恋㉑，捐庸隶之所欲㉒；游九皋以含欢㉓，遣智慧以绝俗。同屈尺蠖㉔，藏光守朴；表拙示讷㉕，知止常足。然后咀嚼芝芳，风飞云浮；晞景九阳㉖，附翼高游㉗；仰栖梧桐㉘，俯集玄洲㉙。孰与衔辔而伏枥㉚，同被绣于牺牛哉㉛？'

【注释】

①甘卑者：甘心处于卑贱地位的人。

②幼安：东汉末年北海人。姓管名宁，字幼安。黄巾起兵后，天下大乱，管宁乘船到辽东隐居，魏文帝即位后，管宁率家属浮海而还。澄神：内心宁静。

③胡子：胡昭。胡昭字孔明，东汉末年颍川人。袁绍、曹操先后礼辟不应，躬耕乐道，以经籍自娱。

④逢（páng）、比：关龙逢、王子比干。关龙逢是夏桀的贤臣，因直谏被杀。王子比干是商纣王的叔父，因直谏被杀。因比干是国王的儿子，故称"王子比干"。令德：美德。令，美。

⑤信、布：韩信、黥布。两人都是汉高祖刘邦的开国功臣，分别被封为楚王和淮南王，后来又都因为谋反被杀。

⑥戢（jí）：止息；栖息。鸾羽：即鸾鸟。凤一类的瑞鸟。

⑦丰林：丰茂的大树林。

⑧潢洿（huáng wū）：池塘。龙鳞：指龙。

⑨藜藿（lí huò）：两种野菜名。八珍：古代八种烹饪法。后用来代指

各种美味。

⑩寒泉:清凉的泉水。旨:甜美。醽醁(líng lù):美酒名。

⑪摄娄:通“蹑履”,一种简陋的拖鞋。赤舄(xì):古代君王和贵族穿的一种礼鞋。

⑫缊(yùn)袍:用乱麻做絮里的袍子。衮(gǔn)服:又叫做衮衣,绣有龙形等花纹的高贵服饰。

⑬把橦(chuáng):手握着农具柄。把,手握。橦,木棍。这里代指农具的柄。杖钺(yuè):手执斧钺。钺,武器名。形似大斧,长柄。

⑭鸣条:风吹树枝发出的声音。丝竹:用丝做成的弦乐器与用竹做成的管乐器。这里泛指动听的音乐。

⑮茅茨(cí):茅草盖的屋顶。这里代指茅舍。丹楹:红漆楹柱。代指华丽住房。

⑯采椽:栎木椽子。代指简陋的房舍。刻桷(jué):刻有花纹的方形椽子。代指华美的住房。

⑰嵩峰:高山。嵩,高大的样子。台榭:集土为台,建筑在高台上的房屋叫做榭。

⑱疪:应为“庇”字之误。《四库全书》文溯阁本即作“庇”字。庇护;住进。岩霤(liù):岩洞。霤,本指屋檐下接水的沟槽。这里代指居住的地方。

⑲敖庾(yǔ):即敖仓。秦朝的粮仓名。庾,粮仓。

⑳玄谈:谈论玄妙的理论。另外,以老庄、《周易》为思想主题的论辩也叫做玄谈。

㉑细人:小人。近恋:对眼前利益的留恋。

㉒捐:放弃。庸隶:平庸的奴仆。代指平庸的人。

㉓九皋(gāo):曲折深邃的大泽。九,泛指地势曲折处之多。皋,沼泽。

㉔尺蠖(huò):蛾类的幼虫,行动时先屈后伸。后来人们常以此比

喻那些为伸而屈的行为。

㉕表拙示讷(nè):表现得笨拙且不善言谈。讷,不善言谈。《老子》四十五章:“大巧若拙,大辩若讷。”

㉖晞(xī):晒。景:阳光。九阳:日出的地方。一说指天地的边沿。

㉗附翼:依附着凤凰的翅膀。《后汉书·光武帝纪上》:“耿纯进曰:‘天下士大夫捐亲戚,弃土壤,从大王于矢石之间者,其计固望其攀龙鳞、附凤翼,以成其所志耳。’”

㉘仰:向上飞翔。梧桐:古人认为凤凰非梧桐不落。

㉙玄洲:神话传说中的地方。

㉚孰与:与……相比如何。辔(pèi):马缰绳。枥(lì):马槽。

㉛被:同“披”。牺牛:古代用作祭品的牛。《庄子·列御寇》:“或聘于庄子,庄子应其使曰:‘子见夫牺牛乎?衣以文绣,食以刍叔,及其牵而入于大庙,虽欲为孤犊,其可得乎?’”

【译文】

“‘再说安于贫苦生活的人把没有金钱当作富有,甘于卑贱的人把不去做官视为荣耀。因此管宁出海隐居而内心平静,胡昭心甘情愿去归隐种田。关龙逢和王子比干犯下了道德太好的“罪过”,韩信和黥布也因为功劳过大而陷于刑罚。一根树枝足够鸾鸟落脚,哪里用得上茂盛的大树林呢?一方池塘足够蛟龙游荡,哪里还用得着广阔的大海洋呢?野菜美于佳肴,清泉甘于美酒;简陋的拖鞋比帝王的赤舄更加漂亮,麻絮袍子比王公的衮服还要华丽;手握农具柄比手持斧钺安全,风吹树枝比丝竹音乐动听;茅舍草房比华美的房屋更加美好,栎木椽子比雕花椽子更为珍贵;把登上高山视为登上了台榭,住进岩洞就是住进了豪华的殿堂;积累自己的文章就是粮仓,珍爱自己的妙论如同金玉;抛开小人贪恋的眼前利益,放弃庸人怀有的欲望;游荡于广阔深邃的大泽中而满心欢乐,消除了世俗的聪明才智而离开这个社会。与尺蠖一样曲身收敛,韬光养晦以坚守淳朴;表现得笨拙而不善言谈,懂得适可而止且知足常乐。然后去品味灵芝的芳香，像风云一样自由飘荡；到日出的地方去沐浴阳光，或者乘坐着凤凰高飞远翔；有时向上飞到梧桐上栖息，有时向下落在玄洲之上。这种生活与套上缰绳关在厩中的马、披上绣衣充当祭品的牛相比如何呀？'

"赴势公子曰：'夫入而不出者①，谓之耽宠忘退②；往而不反者③，谓之不仕无义④。故达者以身非我有⑤，任乎所值⑥。隐显默语⑦，无所必固⑧。时止则止⑨，时行则行。束帛之集⑩，庭燎之举⑪，则君子道长⑫，在天利见⑬。若运涉阳九⑭，谗胜之时⑮，则不出户庭，括囊勿用⑯。龙起凤戢⑰，随时之宜。古人所以或避危乱而不肯入，或色斯而不终日者⑱，虑巫山之失火⑲，恐芝艾之并焚耳⑳。

【注释】

①入而不出者：指进入朝廷做官后就再也不愿走出朝廷的官员。

②耽宠：沉溺于皇上的宠爱。

③往而不反者：指进入山林而不再返回社会的隐士。反，同"返"。

④不仕无义：不出来做官是不义的行为。《论语·微子》："子路曰：'不仕无义。长幼之节，不可废也；君臣之义，如之何其废之？欲洁其身而乱大伦。'"

⑤达者：思想通达的人。以身非我有：认为自己的身体并非自己所有。《庄子·知北游》："舜问乎丞曰：'道可得而有乎？'曰：'汝身非汝有也，汝何得有夫道？'舜曰：'吾身非吾有也，孰有之哉？'曰：'是天地之委形也。'"

⑥任乎所值：任凭遇到任何情况都可以接受。值，遇到。

⑦隐显默语：隐居，显贵，沉默，讲话。《周易·系辞上》："子曰：'君

子之道，或出或处，或默或语。’”

⑧必固：自以为是，固执不变。

⑨时止则止：该留在家中时就留在家中。止，指不出外做官。

⑩束帛之集：当聘礼送来的时候。指受到朝廷的礼请。束帛，古代的礼品。帛五匹为束。

⑪庭燎之举：庭院里举起了用来照明的火炬。齐桓公曾设庭燎以待贤人。本句意思是朝廷能够礼贤下士。

⑫君子道长：君子的思想得到推行。实际指君子能够得到重用。《周易·泰卦》：“君子道长，小人道消也。”

⑬在天利见：是《周易·乾卦》“飞龙在天，利见大人”两句的省略，用龙飞在天、有利于出现大人来比喻圣德之人遇到了出仕的好时机。

⑭阳九：指灾荒年和厄运。道教称天厄为阳九，地亏为百六。

⑮谗胜：谗言盛行。

⑯括囊：扎住口袋。比喻闭口不言。《周易·坤卦》：“六四：括囊，无咎无誉。”勿用：不为世用；不去出仕。

⑰龙起凤戢(jí)：出仕或隐居。这里用“龙起”比喻出来做一番事业，用“凤戢”比喻隐居。戢，收藏；收敛。

⑱色斯：一旦看到不祥的征兆，就马上离开。《论语·乡党》：“色斯举矣，翔而后集。”意思是鸟一看到人的表情不善，就马上飞走，落到他处。不终日：不会再等一天。即马上离开。

⑲巫山：山名。在今重庆巫山。

⑳芝艾：灵芝和艾草。比喻贤人和坏人。用灵芝比喻贤人，用艾草比喻坏人。

【译文】

“赴势公子说：‘入朝为官不知归隐的人，可以说是沉溺于朝廷的宠幸而忘记了身退；隐居山林不肯出仕的人，可以说是不去做官而违背了道义。那些通达事理的人认为自己的身体并不属于自己所有，因此无论遇到任何情况都能接受。或隐居或显达、或沉默或讲话，从来都不会固执于一端。需要隐居时就隐居，需要出仕时就出仕。君主送来了聘礼，举起了庭燎以待贤人，君子的主张也能够得以推行，那就应该出仕干一番事业。如果遭遇了厄运，又是谗言盛行的时候，那就不要离开家园，沉默不语而不必出仕。是出仕为官还是隐居在家，都要根据社会情况而作出适当的调整。古人之所以有的为了躲避危险不进入动乱的国家，有的一看到不祥的征兆就马上离开，就是因为顾虑一旦巫山失火，灵芝和艾草将会被一起烧掉。

"'方今圣皇御运①，世夷道泰②，仁及苍生③，惠风遐迈④，威肃鬼方⑤，泽沾九裔⑥；仪坤德以厚载⑦，拟乾穹以高盖⑧；神化则云行雨施⑨，玄泽则烟煴汪涉⑩；四门穆穆以博延⑪，主思英逸以俾乂⑫。此乃千载所希值⑬，剖判之一会⑭。而先生慕嘉遁之偏枯⑮，不觉狷、华之患害也⑯；务乎单豹之养内，未睹暴虎之犯外也⑰。是闻涉水之或溺，则谓乘舟者皆败；以商臣之凶逆⑱，则谓继体无类也⑲。'

【注释】

①圣皇：圣明的君主。御运：统御国运。即治理国家。

②世夷道泰：即"世道夷泰"。社会太平祥和。夷，平。泰，安泰。

③仁及苍生：仁德惠及众生。

④遐迈：遥远的地方。

⑤鬼方：商周时期西北地区的一个部族。这里泛指少数民族地区。

⑥九裔：指各个边远地区。九，泛指多。裔，边远地区。

⑦仪：效仿。坤：大地。厚载：大地深厚而承载万物。《周易·坤卦》："象曰：……坤厚载物。"

⑧拟：学习。乾：上天。穹：隆起的样子。高盖：高高地覆盖着万物。

⑨神化：神妙变化。云行雨施：比喻皇上像云雨一样广施恩泽。

⑩玄泽：深厚的恩泽。烟煴（yūn）：又作“氤氲”、“细缊”。形容阴阳二气和谐、充沛的样子。古人认为阴阳二气相合能生出万物。汪涉（huì）：深广的样子。

⑪四门穆穆：四方诸侯恭敬肃穆。《尚书·舜典》：“宾于四门，四门穆穆。”四门指都城的四方之门，宾指各方诸侯。意思是说四方诸侯都来朝拜，都很恭敬肃穆。博延：广泛地延请各方客人。

⑫英逸：超群的英才。俾乂（bì yì）：使天下安定。俾，使。乂，安定。

⑬千载：千年。希值：罕遇。希，同“稀”，很少。

⑭剖判：开天辟地。古人认为最初时，宇宙间一团混沌之气，后来清轻之气上升，重浊之气下降，于是剖分为天地。

⑮偏枯：偏颇；偏执一端。

⑯狷、华：狂矞、华士。西周初年的两位隐士，后被姜太公所杀。“狷”应为“狂”字之误。《韩非子·外储说右上》：“太公望东封于齐。齐东海上有居士曰狂矞、华士昆弟二人者，立议曰：‘吾不臣天子，不友诸侯，耕作而食之，掘井而饮之，吾无求于人也。无上之名，无君之禄，不事仕而事力。’太公望至于营丘，使吏执杀之以为首诛。”

⑰务乎单（shàn）豹之养内，未睹暴虎之犯外也：一心要像单豹那样保养精神，却没有看到残暴的老虎把他的肉体吃掉了。单豹，鲁国的隐士。内，指精神。外，指肉体。《庄子·达生》：“鲁有单豹者，岩居而水饮，不与民共利，行年七十而犹有婴儿之色；不幸遇饿虎，饿虎杀而食之……豹养其内而虎食其外。”

⑱商臣：春秋楚成王的太子。后来成王欲废商臣，另立太子，商臣便率兵包围成王，成王被逼自缢而死。

⑲继体：继位。这里指继承王位的子孙。无类：不善。类，善。

【译文】

"'如今有圣明的皇帝治理国家，社会太平安定，仁德遍及众生，恩惠施至远方，威严使遥远的异国肃然起敬，德泽让荒僻的边疆都能获益；圣皇效法深厚的大地以承载万物，学习高高的天穹以覆罩人间；皇上如同变化奇妙的云雨一样普施甘露，还好像和谐充沛的阴阳二气那样使万物生长。广延贤才使四方诸侯恭敬而肃穆，皇上盼望英才治国使天下安宁。现在是千年难遇的时代，是开天辟地以来的唯一机会。然而先生却羡慕隐居这种偏执行为，而没有想到狂矞和华士所遭受的灾祸；一心追求像单豹那样保养精神，却没有看到残暴的老虎吃掉了他的肉体。这就好比听说渡河时有人淹死，就认为乘船的人都会遇到危险；因为楚国商臣的凶恶悖逆，就认为继承王位者没有善人。'

"怀冰先生曰：'圣化之盛，诚如高论。出处之事①，人各有怀。故尧、舜在上，而箕、颍有巢栖之客②；夏后御世③，而穷薮有握耒之贤④。岂有虑于此险哉？盖各附于所安也。是以高尚其志，不仕王侯，存夫爻象⑤；匹夫所执⑥，延州守节⑦，圣人许焉⑧。

【注释】

①出：出仕。处：隐居。

②箕：山名。在今河南登封东南。颍：水名。发源于河南登封。巢栖之客：住在树上的隐士。具体指许由和巢父，二人隐居在箕山之上，颍水之边。传说巢父于树上构巢而居。

③夏后：夏朝君主，指大禹。后，天子。

④穷：偏僻荒凉。薮(sǒu)：大泽。这里泛指原野。握耒(lěi)之贤：

手握农具种地的贤人。具体指柏成子高。见前注。

⑤是以高尚其志，不仕王侯，存夫爻象：因此看重自己的志向，不愿到王侯那里做官，已经体现在爻象之中。高尚，崇尚；重视。爻(yáo)象，即《周易》的卦象。爻指组成卦象的基本符号“—”(阳爻)、“--”(阴爻)，每三爻重叠成一卦，共八卦。《周易·蛊卦》：“上九：不事王侯，高尚其事。”

⑥匹夫：普通百姓。执：坚持。《论语·子罕》：“子曰：‘三军可夺帅也，匹夫不可夺志也。’”

⑦延州：即春秋吴国季札。季札先封于延陵，后封于州来，因此又称“延州”。季札为吴王之少子，坚辞王位不受。

⑧许：称许；赞扬。

【译文】

“怀冰先生说：‘圣皇教化的繁荣局面，的确像您刚才所说的那样。然而是出仕还是隐居，每个人都有自己的想法。因此即使尧、舜在位的时候，箕山、颍水也有筑巢而居的隐士许由、巢父；夏禹治理天下的时候，穷乡僻壤里也有手持耒耜种地的贤者柏成子高。他们怎会顾虑这些危险呢？大概是各自安于去做自觉安适的事情吧。因此看重自己的志向，不愿到王侯那里做官，已经体现在爻象之中；普通百姓固守自己的志向，延陵季子坚守自己的节操，这些都得到了圣人的赞许。

“‘仆所以逍遥于丘园、敛迹乎草泽者①，诚以才非政事，器乏治民②；而多士云起③，髦彦鳞萃④，文武盈朝，庶事既康⑤，故不欲复举熠耀以厕日、月之间⑥，拊甂瓴于洪钟之侧⑦，贡轻扇于坚冰之节，衔裘炉乎隆暑之月⑧，必见捐于无用⑨，速非时之巨嗤⑩。若拥经著述，可以全真成名⑪，有补末化⑫；若强所不堪⑬，则将颠沛惟咎⑭，同悔小狐⑮。故居其所长⑯，以全其所短耳。虽无立朝之勋，即戎之劳⑰，然切磋后生⑱，弘道养正，殊涂一致⑲，非损之民也⑳。劣者全其一介㉑，何及于许由㉒；圣世恕而容之，同旷于有唐㉓，不亦可乎！’

【注释】

①仆：抱冰先生的自我谦称。丘园：本指家园，这里泛指自己隐居的山水田园。

②器：才能。

③多士：众多的贤士。

④髦(máo)彦：才俊之士。髦，毛发中的长毫。比喻杰出人物。彦，贤士。鳞萃：像鱼鳞一样聚集。也即济济一堂。萃，聚集。

⑤庶事：众多的政事。既康：已经成功。

⑥熠(yì)耀：萤火。一说指磷火。比喻自己的才能像萤火那样微不足道。厕：放于……之间。

⑦拊(fǔ)：敲击，拍打。甂瓴(piān líng)：盆一类的陶器。

⑧衒(xuàn)：炫耀。裘：皮衣。隆暑：盛暑；最热的时候。

⑨见捐：被抛弃。见，被。捐，抛弃。

⑩速：招来。非时：不合时宜。嗤：嘲笑。

⑪全真：保全自己的真性、天性。

⑫末化：微不足道的教化。

⑬不堪：不能胜任。

⑭颠沛：倾覆；仆倒。这里指失败。咎：灾难。

⑮同悔小狐：将会同过河的小狐一样后悔莫及。《周易·未济》："小狐汔济，濡其尾，无攸利。"

⑯居：守着；使用。

⑰即戎：参与作战。

⑱切磋：这里用切开、粗锉玉石或骨器比喻教育指导年轻人。一说骨器加工叫做“切”，象牙加工叫做“磋”。

⑲殊涂一致：殊途同归。意思是自己的做法虽然与出仕不同，但目的、效果一样，都有利于国泰民安。

⑳损之民：有害之人。损，害。

㉑劣者：做得最差的人。一介：一个人。

㉒何：疑为“可”字之误。杨明照《抱朴子外篇校笺》：“此句文义不属，非‘何’为‘可’之误，即‘及’当作‘反’。”

㉓旷：宽大。有唐：朝代名，君主是尧。

【译文】

“‘我之所以逍遥自在地生活于田园之中，隐藏自己的形迹于山水之间，的确是因为自己的才干不适合于从政，缺乏治理百姓的能力；而众多的贤士风起云涌，杰出的人才济济一堂，文臣武将站满了朝堂，各种政务已办理成功，因此我不愿在光明的日、月之下再去举着自己那萤火般的光亮，在洪亮的大钟旁边再去拍打自己的盆盆罐罐，在冰天雪地的季节里献上一把轻轻的扇子，在酷热难耐的月份里拿出皮衣和火炉，这必然会因为无用而被人们抛弃，因为不合时宜而招致人们的极大嘲笑。如果抱着经典著书立说，还能够保全自己的天性而成就自己的名声，对社会教化也会稍有补益；如果勉强去干自己无法胜任的事情，就只能是走入困境遇上灾难，将会与渡河小狐一样发生悔恨之事。因此自己只能坚守着自己的长处，而掩盖着自己的不足而已。我虽然无法建立入朝做官的功勋，也不能建立从戎作战的功劳，然而却可以去教育指导年轻的一代，弘扬大道涵养正气，与那些出仕之人也算是殊途同归，并非一个损害社会的人。做得最差也能保全自己一人的美德，如同许由那样；圣明的社会也可以谅解包容我这样的隐士，就像当年唐尧宽容许由、巢父一样，这样不也是可以的吗！’

“赴势公子勃然自失[①]，肃尔改容[②]，曰：‘先生立言助教[③]，文讨奸违，摽退静以抑躁竞之俗[④]，兴儒教以救微言之绝[⑤]。非有出者[⑥]，谁叙彝伦[⑦]？非有隐者，谁诲童蒙[⑧]？普天率土，莫匪臣民[⑨]，亦何必垂缨执笏者为是[⑩]，而乐饥衡门者可非乎[⑪]！夫群迷乎云梦者[⑫]，必须指南以知道[⑬]；并乎沧海者[⑭]，必仰辰极以得反[⑮]。今闻嘉训，乃觉其蔽[⑯]。请负衣冠[⑰]，策驽希骥[⑱]，泛爱与进[⑲]，不嫌择焉！’”

【注释】

①勃然：突然；马上。自失：因自觉惭愧而不能自持。

②肃尔：肃然。严肃恭敬的样子。改容：改变了面容。

③立言：著书立说。

④摽：通“标”，标榜；赞扬。抑：压制；批评。躁竞：急于进取，争名夺利。

⑤微言：指精微之言。刘歆《移书让太常博士》：“及夫子没而微言绝，七十子卒而大义乖。”

⑥出者：出仕做官的人。

⑦叙：整理；安排。彝伦：天地人的秩序。这里主要指社会秩序。

⑧童蒙：无知的儿童。这里泛指愚昧之人。蒙，蒙昧；无知。

⑨普天率土，莫匪臣民：普天下所有土地上的人们，没有哪个不是天子的臣民。匪，通“非”。这两句是《诗经·小雅·北山》“溥天之下，莫非王土；率土之滨，莫非王臣”的省略。

⑩垂缨执笏(hù)：垂下冠带，手持笏板。这是臣子的打扮，代指在朝做官。缨，帽带。笏，大臣朝会时拿的手板，可用来记事。是：正确。

⑪乐饥衡门：在简陋的屋舍里以贫贱生活为快乐。这里代指隐居

生活。衡门,横木为门。指简陋的房子。《诗经·陈风·衡门》:“衡门之下,可以栖迟;泌之洋洋,可以乐饥。”

⑫云梦:大泽名。在今湖北、湖南一带。

⑬指南:司南。相当于今天说的指南针。知道:找到道路。

⑭并:一起。“并”字下应脱一“失”字。失,迷失方向。

⑮仰:仰视。辰极:北斗星。反:同“返”,返回家乡或返回正确的道路。

⑯其蔽:自己的愚昧无知。其,代指自己。

⑰负衣冠:背着衣帽跟随对方学习。也即当弟子。

⑱策:马鞭。这里用作动词,指鞭策。驽(nú):劣马。比喻愚笨的自己。希:仰慕;追随。骥:良马。比喻俊才。

⑲泛爱:博爱。与进:帮助我进步。与,赞扬;帮助。

⑳不嫌择:不再有所选择、有所嫌弃。意思是希望怀冰先生们不要嫌弃自己,不接受自己当弟子的请求。

【译文】

“赴势公子突然间自觉惭愧而不能自持,面容变得严肃恭敬,说:‘先生著书立说以助于教化,撰写文章以讨伐奸逆,赞扬退隐恬淡的品德以批评浮躁争夺的风俗,推行儒家教化以挽救精微之言即将湮灭的局面。如果没有出仕的人,谁来整肃社会秩序?如果没有隐居的人,谁来教诲愚昧之人?普天下所有土地上的人们,无不是天子的臣民,为什么一定要去做官才算正确,而安贫乐道的隐士就应该受到批评呢?当人们在云梦泽中迷路时,必须要有指南针才能够找到道路;当大家在大海上迷失方向时,必须仰观北斗星才能够找到归途。今天听了您的高妙教诲,才知道了我的无知。我请求为您背着衣帽当个弟子,鞭策我这个愚笨之人使我能赶上才骏,希望您广施爱心帮我进步,不要嫌弃我啊!’”

逸民卷二

【题解】

逸民，隐逸之民。也即隐士。本篇以“官员”和“隐士”互为问答辩难的形式，把有关隐居者的是非功过的讨论逐步引向深入。

本文首先对吕尚杀害隐士狂狷、华士兄弟的行为予以严厉谴责。认为吕尚“长于用兵，短于为国”，使用军事之法来治理太平之世，不懂得广泛吸纳人才的重要性。作者还用历史上唐尧、虞舜、夏禹、成汤、周公、刘邦等圣主明君宽以待人、礼贤下士的胸怀和事迹去反衬吕尚的错误。接着的一段批判则更为有力：“且吕尚之未遇文王也，亦曾隐于穷贱，凡人易之，老妇逐之，卖佣不售，屠、钓无获，曾无一人慕之。其避世也，何独虑狷、华之沮众邪？设令殷纣以尚逃遁，收而敛之，尚临死，岂能自谓罪所应邪？”用吕尚本人的隐居经历来说明他残害隐士的行为是多么的荒唐，可以说是以子之矛攻子之盾，不仅有力，而且发人深省。

如果说《嘉遁》的重点在阐述隐居的原因，而本文则着重说明隐士的作用。作者认为，隐士虽然没有通过做官的形式为社会出力，但他们的作用也不可小视：第一，隐士的品德行为有利于世俗教化。作者说：“今隐者洁行蓬荜之内，以咏先王之道，使民知退让，儒墨不替，此亦尧、舜之所许也。”隐士清静无为，生活俭朴，不竞不躁，谦和退让，这种美德本身就可以为世俗作出表率，有利于整个社会风气的净化。第二，隐士可以直接参与教育活动。作者认为当时的社会状况是“大道渐芜，后生昧然，儒训遂堙”，而那些“不出户庭，潜志味道”的隐士可以在山林之中“陶冶童蒙，阐弘礼敬”，通过读书讲学的活动，不仅为国家培养了人才，也使先王的大道得以薪传。第三，隐士也能够间接地参与国家的军政事务。比如段干木虽然没有直接“荷戈戍境，筑垒疆场”，但虎视眈眈的秦国一听到魏国有如此受到尊重的贤人，便立即撤兵，这一事件使段干木客观上立下了“蕃魏之功”。

当然，作者对一些隐士的过激行为也进行了一定程度的批判：“昔夷、齐不食周粟，鲍焦死于桥上，彼之硁硁，何足师表哉！”隐士的思想行为如果不知因时而变，心胸狭隘固执，也就不值得人们再去效法了。

抱朴子曰：“余昔游乎云台之山而造逸民①，遇仕人在焉。仕人之言曰：‘明明在上②，总御八纮③，华夷同归④，要荒服事⑤；而先生游柏成之遐武⑥，混群伍于鸟兽。然时移俗异，世务不拘⑦，故木食山栖、外物遗累者⑧，古之清高，今之逋逃也⑨。君子思危于未形，绝祸于方来⑩，无乃去张毅之内热⑪，就单豹之外害⑫；畏盈抗虑⑬，忘乱群之近忧⑭；避牛迹之浅崄⑮，而堕百仞之不测⑯；违濡足之泥泾⑰，投炉冶而不觉乎？’

【注释】

①云台：山名。一在今四川境内，一在今陕西境内。这里可以理解为泛指高山。造：到；拜访。

②明明：指圣明的君主。《诗经·大雅·江汉》：“明明天子，令闻不已。”

③八纮(hóng)：八方极远之地。代指幅员辽阔的整个天下。

④华夷：华夏与四夷。夷，对少数民族的统称。

⑤要(yāo)荒：古代称距离都城极远的地方。

⑥柏成：柏成子高。禹在位时，柏成子高因不满当时的政治，辞去诸侯位，归耕田野。遐武：前人的足迹。遐，遥远。武，足迹。

⑦世务不拘：社会情况发生了变化。不拘，本指不受拘束，这里指发生了变化。

⑧木食：吃树上的果子。木，树。外物：置身外之物于度外。外，不看重。物，身外之物。遗累：抛弃各种拖累。遗，抛弃。

⑨逋(bū)：逃亡。

⑩方来：将来。

⑪无乃：莫不是；大概是。张毅：人名。内热：体内发烧。形容焦虑不安。张毅的名利心极强，因追逐名利、心急过度而生病死亡。《庄子·达生》："有张毅者，高门县薄，无不走也，行年四十而有内热之病以死。"

⑫就：接近；走向。单(shàn)豹之外害：单豹被老虎吃掉的灾难。《庄子·达生》："鲁有单豹者，岩居而水饮，不与民共利，行年七十而犹有婴儿之色；不幸遇饿虎，饿虎杀而食之……豹养其内而虎食其外。"

⑬畏盈：担心极盛带来的灾难。抗虑：思虑遥远的未来。抗，高；远。

⑭乱群：扰乱人伦秩序。在世俗官员看来，不出来为国效力，就是违背了君臣之义，扰乱了社会秩序。

⑮牛迹：牛踏出的足迹。浅崄(xiǎn)：小险阻。浅，小。崄，险阻。

⑯仞(rèn)：古代长度单位。七尺或八尺为一仞。

⑰泾：应为"湿"，《道藏》本即作"湿"字。

【译文】

抱朴子说："我从前在云台山游历时曾去拜访过一位隐士，在那里遇到了一位官员。这位官员说:'如今贤明的君主在位,治理着幅员辽阔的整个天下,华夏和四夷同归一心,极为偏远地区的人们也来臣服;然而先生却去追寻着柏成子高的远古足迹,与鸟兽为伍。但是时代和风俗已经发生了变化,社会情况业已不同于从前,因此住在深山以野果充饥,抛却身外之物以避免拖累,古人认为这是一种清高美德,今人却认为这是一种逃避行为。君子在没有任何征兆的时候就担心发生危险,在没有任何事情发生的时候就注意杜绝祸患,这岂不是虽然消除了张毅那样的焦灼之病,却又走向了单豹被虎吃掉的危险境地;害怕满盈而忧郁遥远的灾难,却忘记了扰乱人伦秩序的忧患就在眼前;为了躲开牛蹄窝一样的小小危险,却坠入难以测量的万丈深渊;为了避开浸湿鞋子的泥水,却掉进了冶炼炉子而还没有觉察吧?'

"逸民答曰:'夫锐志于雏鼠者①,不识驺虞之用心②;盛务于庭粒者③,安知鸳鸾之远指④?犹焦螟之笑云鹏⑤,朝菌之怪大椿⑥,坎蛙之疑海鳖⑦,井蛇之嗤应龙也⑧。子诚喜惧于劝沮⑨,焉识玄旷之高韵哉⑩!吾幸生于尧、舜之世⑪,何忧不得此人之志乎?'

【注释】

①锐志于雏鼠:一心要效法小老鼠的人。雏,本指幼鸟,这里泛指幼小。

②驺(zōu)虞:传说中的瑞兽。

③盛务:努力追求。

④鸳鸾:鹓鸰与鸾鸟。都是传说中凤凰一类的瑞鸟。鸳,通"鹓",鹓鸰。远指:远大的志向。指,通"旨",旨意;志向。

⑤焦螟:一种极小的虫子。云鹏:飞翔于云端的大鹏。

⑥朝菌：一种寿命极短的菌类植物。大椿：一种寿命极长的大树。

⑦坎蛙：浅井中的青蛙。坎，“坎井”的省略。浅井。海鳖：东海的大鳖。《庄子·秋水》说：坎井之蛙对自己的井中生活洋洋自得，当它听到东海之鳖告诉它有关大海的情况后，深感惊异，怅然若失。

⑧井蛇：一说当为“鱼蛇”。《道藏》本即为“鱼蛇”。应龙：长有翅膀的龙。

⑨子诚喜惧于劝沮：您的欢喜和恐惧确实是受制于外界的鼓励和批评。意思是说这位官员的情绪和行为受世俗社会的影响，没有独立的人格和节操。劝，鼓励；表彰。沮，毁坏；批评。

⑩玄旷：深邃旷远。高韵：高尚的情怀。

⑪尧、舜：比喻当时的圣君。

【译文】

“隐士回答说：‘一心要效法小老鼠的人，自然无法懂得瑞兽驺虞的用心；努力追求庭院中米粒的小鸟，又怎么能理解鹓鸰与鸾鸟的远大志向？这就好像是焦螟嘲笑云中的大鹏，短命的朝菌惊奇长寿的大椿，浅井里的青蛙惊疑东海中的大鳖，鱼蛇嗤笑有翅的应龙一样啊。您的欢喜和恐惧确实是受制于外界的鼓励和批评，哪里还能够理解深邃旷远的高尚情怀呢！我有幸生活在尧、舜一样的时代，怎么用得着去发愁不能实现这些高尚隐士的志向呢？’

“仕人曰：‘昔狂狷、华士义不事上①，隐于海隅②，而太公诛之③。吾子沉遁④，不亦危乎？’

【注释】

①狂狷、华士：西周初年齐国的两位隐士，因不应姜太公的征召而被杀。狂狷，应为狂矞。《韩非子·外储说右上》：“太公望东封于齐。齐东海上有居士曰狂矞、华士昆弟二人者……太公望至

于营丘,使吏执杀之以为首诛。”义:原则。上:指君主。

③海隅:海边。隅,靠边的地方。

④太公:姓姜名牙,又称吕尚、太公望。西周初年人,协助周武王灭商后,被封于齐。

⑤沉遁:沉溺于隐居生活。指隐居的态度十分坚决。

【译文】

“官员说:‘从前狂狷、华士的处世原则就是坚决不为君主服务,隐居在海边,而姜太公杀了他们。您坚决隐居不仕,不是也很危险吗?’

“逸民曰:‘吕尚长于用兵,短于为国①,不能仪玄黄以覆载②,拟海岳以博纳③,褒贤贵德,乐育人才;而甘于刑杀,不修仁义;故其劫杀之祸④,萌于始封,周公闻之,知其无国也⑤。夫攻守异容⑥,道贵知变,而吕尚无烹鲜之术⑦,出致远之御⑧,推战陈之法⑨,害高尚之士,可谓赖甲胄以完刃⑩,又兼之浮泳⑪;以射走之仪⑫,又望求之于准的者也⑬。

【注释】

①为国:治国。

②仪:效法。玄黄:天地。《周易·坤卦》:“天玄而地黄。”覆载:指上天覆盖万物,大地承载万物。

③拟:学习。博纳:广泛地吸纳人才。

④劫杀:指太公的后代被田成子劫杀。田成子本为齐国大夫,他杀齐简公而立齐平公,专擅国政。至齐康公时,田成子曾孙田和放逐康公而自立为齐侯。

⑤周公闻之,知其无国:周公听说此事,就知道他的后人将来会丢掉自己的国家。《吕氏春秋·长见》:“吕太公望封于齐,周公旦

封于鲁,二君者甚相善也。相谓曰:‘何以治国?’太公望曰:‘尊贤上功。’周公旦曰:‘亲亲上恩。’太公望曰:‘鲁自此削矣。’周公旦曰:‘鲁虽削,有齐者亦必非吕氏也。’其后齐日以大,至于霸,二十四世而田成子有齐国。”

⑥异容:不同的方法。容,内容;方法。

⑦烹鲜:煎鱼。比喻治国。《老子》六十四章:“治大国若烹小鲜。”意思是治理大国如同烹调小鱼,不可反复地折腾。

⑧出致远之御:缺乏驾车远行的技能。比喻在政治上缺乏长治久安的远见。“出”应为“拙”的坏字。孙人和《抱朴子校补》:“按:‘出致远之御’,义不可通,‘出’乃‘拙’之坏字。《官理》篇云:‘故良骏败于拙御。’是其义矣。”

⑨陈(zhèn):同“阵”。

⑩甲胄:甲衣和头盔。完刃:避免刀刃的伤害。完,疑为“免”字之误。杨明照《抱朴子外篇校笺》:“‘完’字于此文义不属,疑为‘免’之形误。”

⑪兼之:再用它。

⑫射走之仪:射击移动靶子的方法。走,跑。仪,方式;方法。

⑬准的(dì):箭靶。根据上文,这里应指固定的箭靶。

【译文】

“隐士说:‘吕尚擅长于用兵打仗,而不善于治理国家。他不能效法天地来覆盖和承载万物,学习大海高山来广纳人才,表彰并尊崇贤德之人,乐于培养人才;却喜欢刑罚杀戮,不修养仁义;因此他的后代被人劫杀的灾难,在他刚刚被封在齐国时就已经形成了,周公听说此事,就知道他的后人将会失掉自己的国家。打天下与守天下要采取不同的方法,懂得大道的可贵之处就在于懂得变化,然而吕尚没有治国的才能,在政治上缺乏长治久安的远见,依然执行用兵打仗的方法,去杀害高尚人士,这可以说是依赖甲胄防止了刀剑的伤害,却还想穿着它去游泳一样；还好像用射击移动箭靶的方法，去射中不动的靶心一般。

“‘夫倾庶鸟之巢①，则灵凤不集；漉鱼鳖之池②，则神虬遐逝③；刳凡兽之胎④，则麒麟不峙其郊⑤；害一介之士，则英杰不践其境。吕尚创业垂统⑥，以示后人，而张苛酷之端⑦，开残贼之轨⑧，适足以驱俊民以资他国，逐贤能以遗雠敌也。去彼市马骨以致骏足⑨，轼陋巷以退秦兵者⑩，不亦远乎！子谓吕尚何如周公乎？’仕人曰：‘不能审也⑪。’

【注释】

①庶鸟：众鸟。指一般的鸟。

②漉（lù）：使干涸。也即竭泽而渔。

③虬（qiú）：传说中的一种龙。

④刳（kū）：剖开。

⑤峙（zhì）：站立；来到。

⑥创业垂统：创下基业并传于后人。一般指君主而言。

⑦张：制订；实行。

⑧残贼：残害。贼，害。轨：原则；方法。

⑨去：距离；相差。市：买。骏足：骏马。《战国策·燕策一》：“古之君人，有以千金求千里马者，三年不能得。涓人言于君曰：‘请求之。’君遣之。三月得千里马，马已死，买其骨五百金，反以报君。君大怒曰：‘所求者生马，安事死马，而捐五百金！’涓人对曰：‘死马且买之五百金，况生马乎！天下必以王为能市马，马今至矣。’于是不能期年，千里之马至者三。”这里用求马比喻广求人才。

⑩轼（shì）陋巷以退秦兵：魏文侯向贤人居住的小巷子致敬而使秦国撤兵。轼，古代车厢前用来扶手的横木。这里指俯轼以示敬意。

陋巷，简陋的小巷子。《吕氏春秋·期贤》记载：魏文侯每次路过贤人段干木居住的小巷子时，都要俯轼致敬。后来秦国欲兴兵进攻魏国，但在听说魏文侯礼敬段干木的事情后，马上撤兵。

⑪审：清楚；知道。

【译文】

"'把一般鸟雀的巢窝捣毁，灵凤也就不会再落到这里；把鱼鳖生活的池水抽干，神龙就会远远跑开；剖挖普通兽类的胎儿，麟麟就不会出现在此处；杀害一位贤士，英雄豪杰就不会进入这个国家。吕尚创立了基业并传给后世，为后人做出了示范，但他开苛政酷刑之端，制订了残害贤良的原则，这样做刚好把俊杰驱出以帮助其他国家，把贤能逐出以赠送给自己的仇敌。这种做法距离购买骏马的骨头以促使骏马的到来、向贤人的陋巷俯轼致敬而迫使秦国撤兵的行为，不是也太遥远了吗？您认为吕尚能够比得上周公吗？'官员回答说：'我不知道。'

"逸民曰：'夫周公大圣，以贵下贱①，吐哺握发②，惧于失人。从白屋之士七十人③，布衣之徒亲执贽所师见者十人④，所友者十有二人，皆不逼以在朝也。设令吕尚居周公之地，则此等皆成市朝之暴尸⑤，而沟涧之腐胔矣⑥。

【注释】

①以贵下贱：以尊贵的身份对地位低贱的人表示谦下。

②吐哺(bǔ)握发：形容忙于礼贤下士。哺，口中含嚼的食物。据说周公一顿饭要多次吐出食物，洗一次头发要多次将头发握干，以忙于接待贤人。

③白屋之士：普通百姓。白屋，指不施装饰的简陋房屋。一说是用白茅覆盖的房子。为平民的住房。

④贽(zhì):古代初次拜见尊长时所送的礼物。师见:像拜见老师一样。

⑤暴(pù)尸:暴露在外的尸体。古代有暴尸示众的做法。

⑥胔(zì):腐烂的尸体。

【译文】

“隐士说:‘周公是一位大圣人,他以尊贵的身份谦逊地对待地位低贱的人,吃一顿饭要多次吐出食物,洗一次发要多次握干头发,生怕错过了人才。与他交往的平民有七十人,他亲自拿着礼物以师礼去拜见的百姓有十人,和他结为好友的有十二人,然而他都不逼迫这些人入朝为官。假如吕尚在周公的位置上,那么这些人都会成为摆在市场、朝堂上示众的尸体,或者成为山沟水涧里的腐肉枯骨了。

“‘唐尧非不能致许由、巢父也①,虞舜非不能胁善卷、石户也②,夏禹非不能逼柏成子高也③,成汤非不能录卞随、务光也④,魏文非不能屈干木也⑤,晋平非不能吏亥唐也⑥,然服而师之⑦,贵而重之。岂六君之小弱也?诚以百行殊尚⑧,默默难齐⑨,慕尊贤之美称,耻贼善之丑迹,取之不足以增威,放之未忧于官旷⑩,从其志则可以阐弘风化,熙隆退让⑪,厉苟进之贪夫⑫,感轻薄之冒昧⑬;虽器不益于旦夕之用⑭,才不周于立朝之俊⑮,不亦愈于胁肩低眉、谄媚权右、提贽怀货、宵征同尘、争津竞济、市买名品、弃德行学问之本、赴雷同比周之末也⑯?彼六君尚不肯苦言以侵隐士⑰,宁肯加之锋刃乎!圣贤诚可师者,吕尚居然谬矣⑱。

【注释】

①致:招致。这里有强迫招致的意思。许由、巢父:尧时的两位

隐士。

②善卷、石户：舜时的两位隐士。石户，又称石户之农。他们的事迹见《庄子·让王》：舜以天下让善卷，善卷坚决不予接受，并躲入深山。舜又以天下让其友石户之农，石户之农则携全家进入海岛，终身不返。

③柏成子高：大禹时的隐士。原为诸侯，禹为天子后，柏成子高辞职隐居。

④成汤：商朝的开国君主，也即商汤王。卞随、务光：成汤时的两位隐士。他们事迹见《庄子·让王》。

⑤魏文：魏文侯。战国魏君。干木：段干木。魏国的隐士。

⑥晋平：晋平公。春秋晋君。吏：这里指强迫做官吏。亥唐：晋国的隐士。

⑦服而师之：听从他们的意见，拜他们为师。服，服从；听从。

⑧百行殊尚：行为多样，崇尚不同。殊，不同。

⑨默默：疑作"语默"。有的讲话，有的沉默。杨明照《抱朴子外篇校笺》："徐济忠曰：'"默默"，疑作"语默"。'孙星衍曰：'"默默"疑作"语默"。'照按：以《嘉遁》篇'隐显默语'……合作'默语'。"

⑩官旷：官位空缺乏人。

⑪熙隆：推崇。熙，使兴盛。

⑫厉：害。引申为压制、批评。苟进：通过不正当的手段获取权利。

⑬感：感化。冒昧：轻率；鲁莽。

⑭器：才华。指隐士的才华。旦夕之用：一时的作用。

⑮周于：比……更周全、更高明。立朝之俊：在朝中做官的才俊。

⑯愈于：胜于。胁肩：耸肩缩头以取悦于人的模样。权右：权贵。右，古代以右为尊贵。提贽怀货：提着礼品，揣着钱财。形容行贿的样子。宵征：夜晚四处活动。同尘：同流合污。尘，比喻品质的污秽。争津竞济：争夺渡口抢着过河。比喻争名夺利。津，

渡口。雷同：不应该相同而相同；随声附和。比周：相互勾结。末：末流之人。

⑰苦言：难听的话。

⑱居然：显然。谬：错误。

【译文】

"'唐尧并非不能强制许由、巢父前去出仕，虞舜也并非不能胁迫善卷、石户出来做官，夏禹并非不能威逼柏成子高继续留任，商汤也并非不能迫使卞随、务光接受官职，魏文侯并非不能逼迫段干木屈服就任，晋平公也并非不能勉强亥唐成为官吏，然而他们都听从了这些隐士的意愿并且拜他们为师，推崇并尊重这些隐士。难道这六位君主真的弱小无能吗？确实是因为这些君主知道人们的行为各异而爱好不同，或健谈或沉默难求一致，他们仰慕尊崇贤者的美名，耻于杀害善人的恶行，勉强录用这些隐士不足以增添自己的威风，放开他们也不用忧愁官员的缺乏，听从他们的隐居意愿可以弘扬美好的教化，推崇谦让的风气，还可以抨击那些苟且求进的贪婪之人，感化那些轻浮浅薄的草率之徒；虽然这些隐士的才能无益于社会的一时所需，他们的才华不比朝廷官员更为高明，可他们不是也远远胜过那些耸肩低眉、谄媚权贵、手提礼品怀揣金钱、日夜奔波同流合污、争名夺利、盗买名声、抛弃了道德学问这些根本的东西、热心于随声附和结党营私的末流之人吗？那六位君主尚且不愿用难听之言去伤害隐士，又怎么会对他们刀剑相加呢？圣贤确实值得效法，吕尚的做法显然是错了。

"'汉高帝虽细行多阙①，不涉典艺②，然其弘旷恢廓③，善恕多容，不系近累④，盖豁如也⑤。虽饥渴四皓⑥，而不逼也。及太子卑辞致之⑦，以为羽翼，便敬德矫情⑧，惜其大者，发《黄鹄》之悲歌⑨，杜婉妾之觊觎⑩。其珍贤贵隐，如此之至也。宜其以布衣而君四海，其度量盖有过人者矣。

【注释】

①汉高帝：汉高祖刘邦。细行：小节。阙：缺乏；不足。

②典艺：典籍。

③弘旷恢廓：心胸开阔。

④不系近累：不为身边的细微琐事所拖累。

⑤豁如：心胸豁达的样子。

⑥饥渴四皓：渴望得到商山四皓。四皓，汉初隐居于商山中的四位须眉皆白的老人。他们是东园公、绮里季、夏黄公、甪里先生。皓，白。这里指白发。

⑦太子卑辞致之：太子言辞非常谦卑地请来了商山四皓。刘邦欲废太子刘盈，准备改立戚夫人之子刘如意，太子之母吕后用张良计，请来四皓辅佐太子。

⑧矫情：掩饰自己的真情。

⑨《黄鹄》：歌曲名。当刘邦看到四皓出山辅佐太子，知道太子羽翼已丰，便打消了改立戚夫人之子为太子的想法，《史记·留侯世家》接着记载："戚夫人泣，上曰：'为我楚舞，吾为若楚歌。'歌曰：'鸿鹄高飞，一举千里。羽翮已就，横绝四海。横绝四海，当可奈何！虽有矰缴，尚安所施！'……不易太子。"

⑩婉妾：指戚夫人。觊觎(jì yú)：非分的希望或企图。

【译文】

"'汉高祖刘邦虽然在小节上多有缺失，也不爱阅读经典，然而他气度恢弘，善于谅解宽容，不为身边琐事拖累，心胸确实很豁达啊。虽然他渴望得到商山四皓，但也从不逼迫他们为官。等到太子言辞谦卑地把四皓请来辅佐自己后，刘邦就尊重他们的美德而掩饰自己的真情，顾全了大局，于是唱起《黄鹄》悲歌，杜绝了戚夫人立儿子为太子的企图。

刘邦对贤人隐士的尊重，达到了如此高的地步。他以普通百姓的身份而能够君临天下是理所当然的事情，他的度量的确有着过人之处。

"'且夫吕尚之杀狷、华者，在于恐其沮众也①。然俗之所患者，病乎躁于进趋②，不务行业耳③；不苦于安贫乐贱者之太多也。假令隐士往往属目④，至于情挂势利，志无止足者，终莫能割此常欲，而慕彼退静者也。开辟已降⑤，非少人也，而忘富遗贵之士，犹不能居万分之一。仲尼亲受业于老子，而不能修其无为⑥；子贡与原宪同门⑦，而不能模其清苦⑧。四凶与巢、由同时⑨，王莽与二龚共世⑩，而不能效也。凡民虽复笞督之⑪，危辱之，使追狷、华，犹必不肯，乃反忧其坏俗邪？吕尚思不及此，以军法治平世，枉害贤人，酷误已甚矣⑫！赖其功大，不便以至颠沛耳⑬。

【注释】

①沮众：阻拦人们积极入世。也即使民众失去积极进取的热情。

②病乎：对……担心；发愁。

③不务行业：不务本业；不守本分。行业，品行和事业。

④往往：处处。属(zhǔ)目：瞩目；看见。

⑤开辟：开天辟地。

⑥仲尼亲受业于老子：孔子亲自跟随老子学习。仲尼，孔子名丘，字仲尼。老子与孔子为师生关系。

⑦子贡、原宪：两人都是孔子弟子。子贡，姓端木，名赐，字子贡。卫国人。原宪，字子思，鲁国人。《史记·仲尼弟子列传》："孔子卒，原宪遂亡在草泽中。子贡相卫，而结驷连骑，排藜藿入穷阎，过谢原宪。宪摄敝衣冠见子贡。子贡耻之，曰：'夫子岂病乎？'

原宪曰：‘吾闻之，无财者谓之贫，学道而不能行者谓之病。若宪，贫也，非病也。’子贡惭，不怿而去，终身耻其言之过也。”

⑧模：效法；学习。

⑨四凶：舜时四个凶恶的部落首领。指浑敦、穷奇、梼杌、饕餮。巢、由：尧、舜时的两位隐士，巢父与许由。

⑩王莽：汉元城人，字巨君。汉元帝皇后之侄。汉平帝年九岁即位，元帝后临朝称制，委政于莽，平帝死后立孺子婴，王莽自称摄皇帝。三年即真，改国号为新，后被起义军所杀。二龚：指龚胜与龚舍。两人都是楚人。龚胜字君宾，龚舍字君倩，二人相友，从小好学，并著名节，居官时能够秉义直谏，后归隐乡里。龚舍先去世。王莽篡位后，多次派人征迎龚胜，胜绝食而死。

⑪笞(chī)：用竹板、荆条抽打。

⑫酷误：严重的失误。

⑬颠沛：倾覆；仆倒。这里指失败、倒台。

【译文】

“‘再说吕尚杀害狂狷、华士的原因，在于担心他们会使人们失去积极进取的热情。然而这个社会最让人担心的事情，就是过于浮躁而急于进取，以及不务本业不守本分；并不是苦于安贫乐贱的人太多了。即便是处处都能看到隐士，这对于那些牵挂权利、贪得无厌的人来说，最终也无法使他们消除自己的欲望，而去效法那些谦让恬静的隐士。开天辟地以来，人已经不算少了，然而能够忘却富贵的人，还不到整个人数的万分之一。孔子亲自受业于老子，然而没有学到老子的清静无为；子贡与原宪是同门弟子，但是子贡也不能效仿原宪的清苦生活。四凶和巢父、许由生活在同一个时代，王莽和龚胜、龚舍生活在同一个社会，然而四凶和王莽都不能效法那些贤人。普通民众即使鞭打责罚他们，威胁羞辱他们，想让他们去追随学习狂狷、华士尚且不肯，怎么反而担心狂狷、华士会败坏社会风气呢？吕尚没能想到这些，用军队的法律来治理太平的社会，屈杀了贤人，这一严重失误实在是太过分了！只是由于他的功劳太大，才没有马上倒台而已。

“‘且吕尚之未遇文王也①，亦曾隐于穷贱，凡人易之②，老妇逐之③，卖佣不售④，屠、钓无获⑤，曾无一人慕之⑥。其避世也⑦，何独虑狷、华之沮众邪？设令殷纣以尚逃遁，收而敛之⑧，尚临死，岂能自谓罪所应邪？魏武帝亦刑法严峻⑨，果于杀戮，乃心欲用乎孔明⑩。孔明自陈不乐出身，武帝谢遣之曰⑪：“义不使高世之士⑫，辱于污君之朝也⑬。”其鞭挞九有⑭，草创皇基⑮，亦不妄矣⑯。

【注释】

①文王：周文王姬昌。文王起用吕尚，逐步奠定了统一天下的王业。

②凡人：普通人。易：瞧不起。

③老妇逐之：据说吕尚年老时依然一事无成，被自己的老妻赶出了家门。见《战国策·秦策五》、《说苑·尊贤》等。

④卖佣不售：卖苦力也无人雇用。佣，出卖劳动力。

⑤屠、钓无获：卖肉、钓鱼也毫无收获。屠，屠宰卖肉。据说吕尚曾以屠牛为业。

⑥曾：竟然。慕：仰慕。这里指瞧得起。

⑦其：指吕尚。避世：离开社会隐居。

⑧敛之：“敛之”义不可通，应作“杀之”。杨明照《抱朴子外篇校笺》：“孙星衍曰：‘(“敛之”)疑作“杀之”。’照按：‘敛之’不可解，孙谓‘疑作“杀之”’，盖是。”

⑨魏武帝：曹操。字孟德。其子魏文帝曹丕即皇帝位后，追尊曹操

为武帝。

⑩孔明：胡昭。胡昭字孔明，东汉末年颍川人，著名的隐士。

⑪谢遣：辞别；送走。谢，辞别。遣，送走。

⑫高世：超越整个社会。

⑬污君：无道之君；昏君。

⑭鞭挞：鞭打。比喻征战。九有：九州。古代把天下分为冀、兖、青、徐、扬、荆、豫、梁、雍九州。

⑮草创：初创。皇基：帝王的基业。

⑯不妄：不是没有缘由的。妄，荒谬；没有道理。

【译文】

"'再说吕尚在没有遇到周文王的时候，也曾经隐居于穷困潦倒之中，一般人都看不起他，他的老妻把他逐出家门，想出卖苦力却没人雇用，去卖肉、钓鱼也毫无收益，竟然没有一个人瞧得起他。吕尚自己都曾离开社会隐居过，为什么偏偏担心狂狷、华士会使人们失去积极进取的热情呢？假如商纣王也因为吕尚隐居，就把他抓来杀掉了，吕尚在临死之前，难道会认为自己是罪有应得吗？魏武帝曹操也严刑峻法，杀起人来果断坚决，但他依然有心想任用胡昭。胡昭申明自己不愿意做官，于是曹操在送他离开时说："我的原则就是不让出类拔萃的贤士，受辱于无道昏君的朝堂之上。"曹操能够征讨天下，初创了魏朝的帝王基业，看来也不是没有缘由的。

"'纷扰日久，求竞成俗①，或推货贿以龙跃②，或阶党援以凤起③。风成化习，大道渐芜④，后生昧然⑤，儒训遂堙⑥。将为立身，非财莫可。苟有卓然不群之士⑦，不出户庭，潜志味道⑧，诚宜优访⑨，以兴谦退也。夫使孙、吴荷戈⑩，一人之力耳；用其计术，则贤于万夫⑪。今令大儒为吏，不必切事⑫；

肆之山林[13]，则能陶冶童蒙[14]，阐弘礼敬[15]。何必服巨象使捕鼠，韝鸾（此处有脱文）也[16]！'

【注释】

①求竞：求名逐利。

②或：有的人。推货贿：行贿。龙跃：比喻兴起，得势。

③阶：台阶。这里用作动词，通过某种手段。党援：同伙的帮助。凤起：像凤凰那样飞起。比喻兴旺发达。

④芜：荒芜。这里比喻被遗弃，没人理睬。

⑤昧然：茫然无知的样子。

⑥堙（yīn）：泯灭；埋没。

⑦卓然：杰出的样子。

⑧潜志：潜心。味：研究；玩味。

⑨优访：拜望褒扬。优，褒扬；优待。

⑩孙、吴：孙武和吴起。先秦的两位军事家，分别著有《孙子兵法》和《吴起兵法》。荷戈：扛着戈矛当士兵。

⑪贤于：胜过。

⑫切事：把政事做得妥切恰当。切，贴切恰当。

⑬肆：放任。

⑭陶冶童蒙：教育愚昧之人。陶冶，制造陶器，冶炼金属。比喻教育培养。童蒙，无知的儿童。这里泛指愚昧之人。蒙，蒙昧；无知。

⑮礼敬：疑为"礼教"。

⑯韝（gōu）鸾：用手臂架着鸾鸟。韝，臂套。这里用作动词，用手臂架鸟。"韝鸾"后应有脱文，根据上句，本句大约疑为"韝鸾以逐兔"。译文依原文付诸阙如。

【译文】

"'纷扰动乱的时间已经很久了，争名夺利也已经形成了风俗习惯，有的人通过金钱贿赂攀上高位，有的人依靠同伙帮助兴旺发达。这种习俗已经形成，大道逐渐被人遗弃，年轻的人们愚昧无知，儒家的训诫慢慢忘记。要想在社会上立足，没有金钱万万不行。如果出现一些出类拔萃的贤人，他们不出家门，潜心学习大道，确实应该拜望褒扬他们，以兴起谦和退让的风气。如果让孙武、吴起扛起戈矛当兵，也不过只能出一人之力；如果使用他们的计谋战术，那就远远胜过万人。如果让那些儒家大师出仕为官，还未必就能够把政事办理恰当；而放任他们在山林里当个隐士，却能够教育愚昧之人，弘扬礼仪教化。为什么一定要驱赶着大象让它们去捕捉老鼠，架起鸾凤(此处有脱文)。’

“‘(此处有脱文)则钟鼎镌其声[①]。若乃零沦薮泽[②]，空生徒死，亦安足贵乎？’

【注释】

①钟鼎镌其声：钟鼎上将铭刻着他们名声。镌，铭刻。本句的上面应脱“仕人曰……”数句。

②零沦：飘零沦落。

【译文】

“‘(此处有脱文)钟鼎上就会铭刻着他们的丰功伟绩。像这样飘零沦落在大沼荒野之中的隐士，白白地活着又白白地死去，又怎么值得看重呢？’

“逸民答曰：‘子可谓守培塿[①]，玩狐丘[②]，未登阆风而临云霓[③]；玩滢汀[④]，游潢洿[⑤]，未浮南溟而涉天汉[⑥]。凡所谓志人者，不必在乎禄位，不必须乎勋伐也[⑦]。太上无己[⑧]，其次无名[⑨]。能振翼以绝群，骋迹以绝轨[⑩]，为常人所不能为，割近才所不能割[⑪]，少多不为凡俗所量，恬粹不为名位所染[⑫]，淳风足以濯百代之秽⑬，高操足以激将来之浊。何必纡朱曳紫⑭，服冕乘轺⑮，被牺牛之文绣⑯，吞詹何之香饵⑰，朝为张天之炎热⑱，夕成冰冷之委灰⑲！

【注释】

①培塿(pǒu lǒu)：小土丘。

②玩：游玩；游荡。狐丘：狐狸生活的小山丘。

③阆(làng)风：传说中神仙居住的大山，在昆仑山之上。

④玩：观赏。滢汀(yíng tīng)：小河岸边。

⑤潢洿(huáng wū)：池塘。

⑥南溟(míng)：南海。溟，海。天汉：天河。

⑦勋伐：功勋。伐，功劳。

⑧太上无己：思想境界最高的忘却自我。太上，最好。

⑨无名：不要美名。

⑩骋迹绝轨：脚不沾地迅速飞奔。骋迹，驰骋。绝轨，犹言绝尘。脚不沾地。轨，道路。

⑪近才：才能浅薄的人。

⑫恬粹：淡泊纯粹。

⑬淳风：敦厚质朴的风尚。濯：清洗。

⑭纡(yū)朱曳紫：佩带着朱紫印绶。比喻地位显贵。纡，系着。朱、紫，是高官佩印上绶带的颜色，这里代指印绶。

⑮冕：大夫以上所戴的礼帽。轺(yáo)：轻便的马车。

⑯被：同“披”。牺牛：古代用作祭品的牛。《庄子·列御寇》：“或聘于庄子，庄子应其使曰：‘子见夫牺牛乎？衣以文绣，食以刍叔，及其牵而入于大庙，虽欲为孤犊，其可得乎？’”

⑰詹何：古代善于钓鱼的人。

⑱张天之炎热：炽热的漫天火焰。比喻权势极盛。

⑲委灰：堆积的灰烬。

【译文】

“隐士回答说：‘您可以称得上是守候着低矮的小土堆，游荡于狐狸生活的小山丘，从来没有登上过阆风高山以俯视云霞；在小溪边观赏，在浅池里游泳，也从来没有航行于南方大海而涉足天河。大凡人们所谓的志向远大的人，他们并不需要去获取俸禄爵位，也不需要去建立丰功伟绩。思想境界最高的是忘却自我，其次是不要美名。他们能够展开双翅超越群鸟，能够绝尘奔逸纵横驰骋，他们能够做到常人所不能做到的事情，能够割舍才能浅薄者所不能割舍的东西，他们的境界高低不是世俗人所能够了解，他们的思想淡泊纯粹不会被名利地位所污染，淳厚的品格足以清洗百代的污秽，高尚的情操足以冲刷未来的污浊。何必去佩带着朱紫颜色的印绶，戴上高贵礼帽坐上轻便马车，这就如同披上了牺牛身上的绣毯，吞下了詹何的香饵，早上还如同炽热的漫天火焰，晚上就变成了冰冷的一堆灰烬！

“‘夫斥鴳不以蓬榛易云霄之表①，王鲔不以幽岫贸沧海之旷②，虎豹入广厦而怀悲，鸿鹤登嵩峦而含戚③。物各有心，安其所长。莫不泰于得意，而惨于失所也。经世之士，悠悠皆是④，一日无君，惶惶如也⑤。譬犹蓝田之积玉⑥，邓林之多材⑦，良工大匠，肆意所用。亦何必栖鱼而沉鸟哉！嘉遁高蹈⑧，先圣所许；或出或处⑨，各从攸好⑩。

【注释】

①斥鴳（yàn）：沼泽中的一种小鸟。斥，小池泽。鴳，小鸟名。蓬榛（zhēn）：野草和灌木。蓬，一种野草名。榛，丛生的荆棘。易：交换。《庄子·逍遥游》：“鹏……抟扶摇羊角而上者九万里，绝云

气，负青天，然后图南，且适南冥也。斥鴳笑之曰：'彼且奚适也？我腾跃而上，不过数仞而下，翱翔蓬蒿之间，此亦飞之至也。而彼且奚适也？'"

②王鲔(wěi)：一种鱼名。幽岫(xiù)：幽暗的山沟。岫，山洞；山沟。贸：交换。

③鸿鹍(kūn)：两种鸟名。鸿，大雁。鹍，同"鹍"，即鹍鸡，一种似鹤的鸟。戚：忧伤。

④悠悠：众多的样子。

⑤惶惶如：惶恐不安的样子。《孟子·滕文公下》："孔子三月无君，则皇皇如也。"

⑥蓝田：地名。在今陕西蓝田，盛产美玉。

⑦邓林：传说中的大树林。

⑧高蹈：远行。多指远离世俗而隐居。

⑨出：出仕。处：隐居。

⑩攸好：所好。攸，所。

【译文】

"'斥鴳不会拿自己的荆棘草丛去交换高远的云霄之上，王鲔也不会拿自己的幽暗山沟去交换辽阔的大海，让虎豹住进大厦就会满怀悲伤，让鸿鹍登上高山就会满腹忧戚。事物各有自己的想法，都安心于适合自己的地方。万物都是在自己的得意之处感到舒心，流离失所就会感到忧伤。治理国家的人，实在众多到处都是，他们一天没有国君任用，就会惶恐不安。他们好像是蓝田堆积的玉石，邓林众多的木材，能工巧匠可以随意取用，又何必硬让鱼栖息在树上而让鸟生活于水中呢！恰当地离开社会隐居，是古代圣人所赞许的；或出仕或隐居，应各随所好。

"'盖士之所贵，立德立言①。若夫孝友仁义，操业清高，可谓立德矣；穷览《坟》、《索》②，著述粲然③，可谓立言矣。夫善卷无治民之功[4]，未可谓之减于俗吏[5]；仲尼无攻伐之勋，不可以为不及于韩、白矣[6]。身名并全，谓之为上；隐居求志，先民嘉焉[7]。夷、齐一介[8]，不合变通[9]，古人嗟叹，谓不降辱[10]。夫言不降者，明隐逸之为高也；不辱者，知羁絷之为污也[11]。圣人之清者，孟轲所美[12]，亦云天爵贵于印绶[13]。志修遗荣，孙卿所尚[14]，道义既备，可轻王公。而世人所畏唯势，所重唯利。盛德身滞[15]，便谓庸人；器小任大，便谓高士。或有乘危冒崄，投死忘生，弃遗体于万仞之下[16]，邀荣华乎一朝之间，比夫轻四海、爱胫毛之士[17]，何其缅然邪[18]！'

【注释】

①立德：建立圣人的美德。立言：建立自己的学说。《左传·襄公二十四年》："大上有立德，其次有立功，其次有立言。虽久不废，此之谓不朽。"

②穷：穷尽；全部。《坟》、《索》："三坟八索"的略称。据说都是我国最古的书籍，这里泛指古代文献。

③粲然：鲜明的样子。这里指影响很大。

④善卷：舜时的隐士。《庄子·让王》说，舜以天下让善卷，善卷坚决不予接受，并躲入深山。

⑤减于：低于；不如。

⑥韩、白：韩信和白起。韩信是刘邦的名将，白起是战国秦国的名将。

⑦先民：从前的人们。

⑧夷、齐：两个人名。伯夷和叔齐，商朝孤竹国君的两个儿子。《史记·伯夷列传》说，周武王灭商以后，两人认为武王以下犯上，属不义之人，于是坚决不食周粟，最后饿死在首阳山。一介：一个。

意思是他们不过是一个隐士而已。

⑨不合变通：不懂变通。意思是他们不懂得时代变了，自己也应跟着变，却依然坚决反对周武王灭商。

⑩不降辱：不降低自己的道德标准，不接受别人的羞辱。《论语·微子》："子曰：'不降其志，不辱其身，伯夷、叔齐与？'"

⑪羁絷：约束。

⑫孟轲：即孟子。《孟子·万章下》："孟子曰：'伯夷，圣之清者也。'"

⑬天爵：天然的爵位。比喻美好的品德。《孟子·告子上》："有天爵者，有人爵者。仁义忠信，乐善不倦，此天爵也；公卿大夫，此人爵也。"印绶：官印与系官印的丝带。代指官爵。

⑭孙卿：即荀子。姓荀名况，儒家的代表人物之一，学者尊称他为荀卿。汉代避宣帝名，改称孙卿。

⑮身滞：自己滞留不前。这里指仕途不顺利。

⑯遗体：指自己的身体。《礼记·祭义》："身也者，父母之遗体也。"

⑰四海：天下。胫(jìng)：小腿。

⑱缅然：遥远的样子。

【译文】

"'士人所重视的，就是树立圣人品德、建立个人学说。像孝顺友爱讲求仁义，志行清廉节操高尚，这些可以称为树立圣人品德；全部阅览古代文献，著书立说影响极大，这些可以称为建立个人学说。善卷没有治理百姓的功劳，不能说他就比不上世俗的官员；孔子没有攻伐征战的功勋，不能说他就逊色于韩信和白起。身体和名声都能保全，可以说是最好；隐居山林去实现自己的志向，也受到前人的赞许。伯夷、叔齐不过是一介隐士，而且还不懂得因时而变，然而古人还是对他们感慨赞叹，称他们是不降低自己的志向、不接受别人的羞辱。说他们不降低自己的志向，就说明他们的隐逸行为是高尚的；说他们不接受别人的羞辱，说明受别人的约束是一种耻辱。称赞他们是圣人中的清高者，这是孟子对他们的赞美，孟子还说美好的品德比官爵更为可贵。修养美好品德而抛弃荣华富贵，这是荀子所崇尚的，具备了道德仁义，就可以轻视王公大人。然而世人所惧怕的只有权势，所重视的只有利益。品德美好而仕途不顺，就被说成是平庸之人；才能不大而官位很高，就被说成是高妙之才。有的人冒着危险，舍生忘死，不惜把自身投入万丈深渊，以求取片刻的荣华富贵，这与那些轻视天下、爱惜自己一毛一发的人相比，其差距是多么的遥远啊！’

“仕人曰：‘潜退之士，得意山泽，不荷世贵[①]，荡然纵肆[②]，不为时用，嗅禄利（此处有脱文）[③]，诚为天下无益之物[④]，何如？’

【注释】

①不荷世贵：不接受世俗社会的荣华富贵。荷，负担。引申为接受。

②荡然：自由而不受约束的样子。

③嗅禄利：一闻到俸禄利益。此三字下有脱文。

④物：指人。

【译文】

“官员说：‘那些隐居的人，在山泽之中自得其乐，放弃了人间的荣华富贵，自由自在地随意而行，不为社会贡献力量，一听说俸禄利益（此处有脱文），实在是天下的没用之人，你认为如何？’

“逸民答曰：‘夫麟不吠守，凤不司晨[①]，腾黄不引犁[②]，尸祝不治庖也[③]。且夫扬大明乎无外[④]，宣妪煦之和风者[⑤]，日也；耀华灯于暗夜，冶金石以致用者，火也。天下不可以经时无日⑥，不可以一旦无火，然其大小，不可同也。江海之外⑦，弥纶二仪⑧，升为云雨，降成百川；而朝夕之用，不及累仞之井⑨，灌田溉园，未若沟渠之沃。校其巨细，孰为旷哉⑩？

【注释】

①司晨：又叫做“时夜”、“司夜”。也即公鸡报晓。

②腾黄：神马名。又叫做吉光。

③尸祝：祭祀时坐在主位上代表死者接受祭祀的人叫“尸”，向神灵祷告的人叫“祝”。庖：厨师。这里指厨师做祭品的事情。《庄子·逍遥游》：“庖人虽不治庖，尸祝不越樽俎而代之矣。”

④大明：最为光明的。指阳光。无外：指找不到外围的巨大空间。也即天地之间。

⑤宣：发散出。妪(yǔ)煦：生养抚育。妪，大地赋物以形体。煦，上天降气以养物。和风：和气。古人认为，和谐的阴阳二气能够形成万物。

⑥经时：一段时间。

⑦外：疑为“水”字。

⑧弥纶：包罗。这里指弥漫。二仪：天地。

⑨累仞(rèn)：几丈。仞，七尺或八尺为一仞。

⑩旷：辽阔宽广。

【译文】

“隐士说：‘麒麟不会像狗那样吠叫守门，凤凰不会像公鸡那样司时报晓，神马不会去拉犁，尸祝也不会去做祭品。能够在无穷无尽的天地之间撒满最为明亮的阳光，发散出生养万物的和谐之气，这是太阳；在黑夜里点亮华灯，冶炼金属矿石做成器具来为我们所用的，这是火。天下任何时候都不能没有太阳，也任何时候都不能没有火，然而它们的大小，是不可同日而语的。大江大海的水，可以弥漫于整个天地之间，这些水上升就变成了云雨，降下就形成了河流；然而人们在一早一晚使用时，大江大海却不如几丈深的水井方便，在浇灌田园时，也比不上沟渠的灌溉效果。可是如果比较一下它们的大小，哪一个更为辽阔宽广呢？

"'桀、纣帝王也，仲尼陪臣也[①]。今见比于桀、纣[②]，则莫不怒焉；见拟于仲尼，则莫不悦焉。尔则贵贱果不在位也[③]。故孟子云："禹、稷、颜渊[④]，易地皆然矣[⑤]。"宰予亦谓[⑥]："孔子贤于尧、舜远矣。"夫匹庶而钧称于王者[⑦]，儒生高极乎唐、虞者，德而已矣，何必官哉！

【注释】

①陪臣：诸侯的大夫，对天子自称陪臣。因为诸侯相对于天子，已经属于大臣，而大夫又是诸侯的臣子。

②见比：被比作。见，被。

③尔则：这就说明。尔，这。

④稷：后稷，名弃，周民族的祖先，因擅长农业，舜时为农官。颜渊：即颜回。孔子的弟子。

⑤易地皆然：换一个位置，都会做出同样的事情。《孟子·离娄下》："孟子曰：'禹、稷、颜回同道。禹思天下有溺者，由己溺之也；稷思天下有饥者，由己饥之也，是以如是其急也。禹、稷、颜子，易地则皆然。'"

⑥宰予：孔子的弟子。字子我。《孟子·公孙丑上》："宰我曰：'以予观于夫子，贤于尧、舜远矣。'"

⑦匹庶：普通百姓。这里指孔子之类的圣贤。钧称：受到同样的称赞。钧，通"均"。

【译文】

"'夏桀、商纣是帝王,而孔子只是一个陪臣。现在如果有人被比作夏桀、商纣,没有不生气的;如果被比作孔子,没有不高兴的。这就说明贵贱的确并不取决于地位。因此孟子说:"大禹、后稷、颜回,换个位置都会做同样的事情。"宰予也说:"孔子远远胜过了尧、舜啊。"普通百姓能够与天子受到同样的称赞,儒生甚至超过了唐尧、虞舜,都是指的品德而已,何必一定要官爵呢?

"'且夫交灵升于造化①,运天地于怀抱;恢恢然世故不栖于心术②,茫茫然宠辱不汩其纯白③。流俗之所欲,不能染其神;近人之所惑,不能移其志。荣华,犹赘疣也④;万物,犹蜩翼也⑤。若然者,岂肯诘屈其支体⑥,俯仰其容仪⑦,挹酌于其所不喜⑧,修索于其所弃遗⑨;怡颜以取进⑩,曲躬以避退⑪;恐俗人之不悦,戚我身之凌迟⑫;屈龙渊为锥钻之用⑬,抑灵鼗为鼙鼙之音⑭;推黄钺以适钐镰之持⑮,挠华旗以入林杞之下乎⑯!

【注释】

①交:伴随。灵升:上升的心灵。一说"灵升"疑为"灵府"之形误,指心。造化:大道。古人认为大道产生万物,主宰万物,因此称为造化。

②恢恢然:心胸开阔的样子。世故:世事。故,事情。心术:内心。

③茫茫然:视万物为一体的浑然状态。汩(gǔ):扰乱。纯白:纯洁的心灵。

④赘疣(yóu):多余的肉瘤。疣,肉瘤。

⑤蜩(tiáo):蝉;知了。

⑥诘屈其支体：指弯腰鞠躬。诘屈，弯曲。支，同“肢”，肢体。

⑦俯仰：俯身、抬头。用这些动作形容行礼的样子。容仪：指彬彬有礼的模样。

⑧挹(yì)酌：舀取。这里引申为求取。

⑨修索：求索。

⑩怡颜：温和愉悦的表情。颜，表情。取进：升官。

⑪避退：避免被贬职。退，被贬斥。

⑫凌迟：慢慢衰败。

⑬龙渊：宝剑名。相传为春秋欧冶子、干将所制。

⑭灵蕡(fén)：军队用的大鼓。鼗鼙(táo pí)：两种小鼓。

⑮黄钺(yuè)：用黄金装饰的大斧子。最早为天子专用，后来用作帝王的仪仗。大臣出师时，朝廷有时也允许他借用黄钺以示威重。钐(shàn)：大镰刀。

⑯挠：弯曲；卷起。华旗：华丽的大旗。林杞：丛生的杞柳。杞，杞柳，一种落叶灌木。

【译文】

“‘与不断提高的心灵一起同大道融为一体，把不断运行的天地蕴涵于自己的胸中；世上的一切事务都不会放在他们那开阔的心里，所有宠辱都不能扰乱他们那视万物为一体的纯洁心境。世俗之人希望得到的东西，不能玷污他们的精神；浅薄之徒所迷恋的事物，不能改变他们的志向。荣华富贵，对他们来说如同多余的肉瘤；世间万物，在他们看来就像轻薄的蝉翼。像这样的人，岂肯弯曲着身体鞠躬，一俯一仰地行礼，去获取他们所不喜欢的事物，去追求他们所抛弃的东西；岂肯和颜悦色地去求取高升，弯腰鞠躬以避免贬职；岂肯因为担心世人的不高兴，便使自己忧伤而慢慢毁掉自己的健康；怎肯委屈龙渊宝剑把它当作锥子钻子使用，压抑住军用大鼓让它发出小鼓的声音；怎肯把饰金的大斧当成手持的镰刀，卷起华丽的大旗塞进杞树丛中呢！

"'古公杖策而捐之①,越翳入穴以逃之②,季札退耕以委之③,老莱灌园以远之④,从其所好,莫与易也⑤。故醇而不杂,斯则富矣;身不受役,斯则贵矣。若夫剖符有土⑥,所谓禄利耳,非富贵也。且夫官高者其责重,功大者人忌之,独有贫贱,莫与我争,可得长宝而无忧焉⑦。

【注释】

①古公:又叫大王亶父。周文王的祖父。原居于邠(bīn),为避狄人的侵扰,离开故土,迁居岐山,后发展农业,奠定了周王朝的基业。杖策:拄着拐杖。策,拐杖。捐:放弃。

②越翳(yì):越王翳。即位前曾隐藏于山洞,以逃避当君主。《淮南子·原道训》:"越王翳逃山穴,越人熏而出之,遂不得已。"

③季札:季札为吴王之少子,为了坚辞王位而退耕于田园。委:放弃。

④老莱:即老莱子。春秋楚国隐士,坚辞楚王的征召,与妻子耕于蒙山之下。

⑤莫与易:没有什么东西能够改变他们的志向。易,改变。

⑥符:符节。古代朝廷用作凭证的信物,君臣各执一半,以验真假。有土:分封一块土地。

⑦宝:珍藏。

【译文】

"'古公拄着拐杖抛弃荣华富贵,越翳藏入山洞逃避荣华富贵,季札退耕田园避开荣华富贵,老莱子种植菜园远离荣华富贵,他们都去从事自己所爱好的事情,没有任何东西能够改变他们的志向。因此他们的思想纯朴而无杂念,这就是富有了;他们的身体不受外物的役使,这就是高贵了。至于剖分符节而获取封地,那只不过是一些俸禄利益而已,并不是真正的富贵。再说官爵高的人责任重大，功劳大的人遭到忌妒，只有贫贱这个东西，没有人和我争夺，可以长久地珍藏而没有任何忧患。

"'濯裘布被①，拔葵去织②，豘不掩豆③，菜肴粝餐④，又获逼下邀伪之讥⑤；树塞反坫⑥，三归玉食⑦，穰侯之富⑧，安昌之泰⑨，则有僭上洿浊之累⑩。未若游神典文，吐故纳新⑪，求饱乎耒耜之端⑫，索缊乎杼轴之间⑬。腹仰河而已满⑭，身集一枝而余安⑮，万物芸芸⑯，化为埃尘矣。饘粥糊口⑰，布褐缊袍⑱，淡泊肆志⑲，不忧不喜，斯为尊乐，喻之无物也⑳。

【注释】

①濯裘布被：穿着洗过的皮衣，盖着粗布的被子。以下数句是描写生活俭朴的官员。濯裘，讲的是晏子事。《礼记·檀弓下》："晏子一狐裘三十年。"布被，讲的是西汉宰相公孙弘的事。《史记·平津侯主父列传》："丞相公孙弘……为布被，食不重肉。"

②拔葵去织：拔掉家中的葵菜，休掉善于织布的妻子。葵，一种蔬菜名。《史记·循吏列传》："公仪休者，鲁博士也。以高弟为鲁相……使食禄者不得与下民争利……食茹而美，拔其园葵而弃之。见其家织布好，而疾出其家妇，燔其机，云：'欲令农士工女安所雠其货乎？'"

③豘(tún)不掩豆：用来祭祖的猪遮盖不住祭器。豘，猪。豆，一种形似高脚盘的食器。《礼记·礼器》："晏平仲祀其先人，豚肩不揜豆，浣衣濯冠以朝，君子以为隘矣。"

④菜肴粝(lì)餐：吃的是蔬菜粗饭。粝，粗米。此为春秋楚相孙叔

敖事。

⑤逼下：对下级产生压力。邀伪：虚伪。《史记·平津侯主父列传》："丞相公孙弘……为布被，食不重肉……汲黯曰：'弘位在三公，奉禄甚多，然为布被，此诈也。'"

⑥树塞反坫(diàn)：建立照壁，设置反坫。树，建立。塞，塞门。建立在大门里面、用来阻挡外面视线的照壁。反坫，君主盟会时放置酒杯的土台。反坫在厅堂前排柱子之间，两国君主相互敬酒之后，把空酒杯放置在反坫之上。《论语·八佾》："邦君树塞门，管氏亦树塞门；邦君为两君之好，有反坫，管氏亦有反坫。管氏而知礼，孰不知礼？"以下数句是描写生活奢侈的官员。

⑦三归：收十分之三的租税。关于"三归"的说法很多。《论语·八佾》："管氏有三归，官事不摄，焉得俭？"以上两句都是讲管仲的事情。

⑧穰(ráng)侯：名叫魏冉，战国秦昭王母宣太后的弟弟，封于穰，号曰穰侯，十分富有。

⑨安昌：西汉丞相张禹，封安昌侯。泰：过分；奢侈。《汉书·张禹传》说他土地财富极多，生活奢侈。

⑩僭(jiàn)上：超越本分，冒犯上级。僭，以下犯上谓之僭。洿(wū)浊：污浊。

⑪吐故纳新：吐出浊气，吸纳清气。为道家的一种养生术。

⑫耒耜(lěi sì)：两种农具名。

⑬组：疑为"温"字之误。如果作"组"字，则文义不通。杼(zhù)轴：织机上的两个部件，代指织机。

⑭仰：依仗；依赖。河：黄河。这里泛指河流。《庄子·逍遥游》："鹪鹩巢于深林，不过一枝；偃鼠饮河，不过满腹。"

⑮余安：非常安适。余，多；非常。

⑯芸芸：众多的样子。

⑰饘(zhān)粥:泛指食物。饘,稠粥。

⑱缊(yùn)袍:用乱麻做絮里的袍子。

⑲肆志:任意;随心。

⑳喻之无物:明白这一点,心中就会空无一物了。喻,明白。物,指名利等身外之物。

【译文】

"'(官员)如果穿着洗过的皮衣,盖着粗布被子,拔掉自家的葵菜,不许家人织布,祭祖的猪小得遮不住祭器,吃蔬菜粗食,就会招来给下属造成压力和弄虚作假的讽刺;如果建造照壁、修筑反坫,敛财过多锦衣玉食,像穰侯那样富有,如张禹那样奢侈,又会出现被视为僭越上司和行为污浊的麻烦。不如把精力放在经典图书之中,吐故纳新以锻炼身体,在农具之上求饭吃,在织机之中找衣穿。肚子依赖河流就能够喝饱,身子栖息一枝就能够十分安适,众多的万物,在心目中都如同尘土。吃着粥饭,穿着短衣旧袍,心志淡泊纵情随意,没有忧伤也没有欢喜,这就是尊贵和快乐,明白了这一点,就没有什么东西可以放在心上了。

"'夫仕也者,欲以为名邪?则修毫可以泄愤懑[①],篇章可以寄姓字,何假乎良史[②],何烦乎镵鼎哉[③]!孟子不以矢石为功[④],扬云不以治民益世[⑤]。求仁而得[⑥],不亦可乎?'

【注释】

①修毫:整理毛笔。代指写作。毫,毛笔。

②假:假借;凭借。

③镵(chán)鼎:铭刻于大鼎。镵,铭刻。一说"镵"应作"谗"。谗鼎,春秋时的大鼎名,

④矢石:弓箭和石头。代指征战。矢,箭。

⑤扬云:扬雄,字子云。西汉末年人。一生著述颇丰,著有《太玄》、

《法言》、《方言》等书。

⑥求仁而得：追求仁义而得到了仁义。这是孔子对隐士伯夷、叔齐的评价。《论语·述而》："曰：'伯夷、叔齐，何人也？'曰：'古之贤人也。'曰：'怨乎？'曰：'求仁而得仁，又何怨！'"

【译文】

"'出仕做官的人，是想凭此获取名声吗？那么写作就可以抒发自己的愤懑之情，文章还可以寄放自己的姓名，何必一定要借助于好的史官、铭刻于大鼎之上呢！孟子并没有依靠征战去建立功业，扬雄也没有仰仗治理百姓而有益于世。追求仁义而得到了仁义，不也就可以了吗？'

"仕人又曰：'隐遁之士，则为不臣，亦岂宜居君之地、食君之谷乎①？'逸民曰：'何谓其然乎②！昔颜回死，鲁定公将躬吊焉③，使人访仲尼。仲尼曰："凡在邦内，皆臣也。"定公乃升自东阶④，行君礼焉。由此论之，"率土之滨，莫匪王臣"可知也⑤。在朝者陈力以秉庶事⑥，山林者修德以厉贪浊⑦，殊涂同归，俱人臣也。王者无外⑧，天下为家。日、月所照，雨露所及，皆其境也。安得悬虚空⑨，餐咀流霞，而使之不居乎地，不食乎谷哉？

【注释】

①宜：应该。

②谓：说。然：这样的话。

③鲁定公：鲁国的君主。躬：亲自。

④升自东阶：从东边的台阶走上去。这是君主吊唁臣子的礼节。

⑤率土之滨，莫匪王臣：所有土地上的人们，没有哪个不是天子的

臣民。匪，通“非”。这两句出自《诗经·小雅·北山》。

⑥陈力：出力；发挥才能。秉：承担。庶事：众多的政事。

⑦厉：害。引申为压制、批评。

⑧王者无外：对于天子来说，没有统治不到的地方。外，天子的领土之外。

⑨悬虚空：悬挂在空中。虚空，天空中。

【译文】

“官员又说：‘隐居避世的人，就是不做天子的臣民了，那还应该住天子的土地、吃天子的粮食吗？’隐士说：‘怎么能够这样说呢！从前颜回去世的时候，鲁定公打算亲自去吊唁他，就先派人去向孔子询问吊唁的礼节。孔子说：“所有生活在这个国家的人，都是您的臣民。”于是鲁定公就从东边的台阶登上大堂，按照国君的身份行礼。由此说来，“所有土地上的人们，没有哪个不是天子的臣民”这两句诗就可以明白了。在朝廷做官的人施展才能来承办各种政事，在山林隐居的人修养美德来批判贪婪污浊，他们的作用可以说是殊途同归，他们都是天子的臣民。天子没有统治不到的地方，天子是以天下为家的。日、月所能照耀的地方，雨露所能降落的地方，都是天子的疆域。怎么能够让那些隐士悬挂在空中，去吞吃浮云流霞，而不让他们居住在地上，不让他们吃粮食呢？

“‘夫山之金玉，水之珠贝，虽不在府库之中，不给朝夕之用，然皆君之财也。退士不居肉食之列[①]，亦犹山水之物也，岂非国有乎？许由不窜于四海之外[②]，四皓不走于八荒之表也[③]。故曰：“万邦黎献，共惟帝臣[④]。”干木不荷戈戍境，筑垒疆场，而有蕃魏之功[⑤]。今隐者洁行蓬荜之内[⑥]，以咏先王之道，使民知退让，儒墨不替[⑦]，此亦尧、舜之所许也。昔夷、齐不食周粟⑧，鲍焦死于桥上⑨，彼之硁硁⑩，何足师表哉！

【注释】

①肉食：吃肉的人。指官员。

②许由：舜时的隐士。窜：躲藏。

③四皓：即上文说的商山四皓。秦汉之交时的隐士。走：跑。八荒：八方荒远的地方。也即边疆地区。表：在……之外。

④万邦黎献，共惟帝臣：万国的民众和贤人，都是帝王的臣子。黎，百姓。献，贤人。惟，是。这两句见于《尚书·益稷》。

⑤蕃魏之功：保护魏国的功劳。蕃，通“藩”，屏障；保护。段干木的事迹见本篇上文“轼陋巷以退秦兵”注释。

⑥蓬荜(bì)：“蓬门筚户”的省略。以野草、荆条或竹子编成的门。代指简陋的房屋。蓬，野草名。荜，同“筚”，用荆条、竹子编织的东西。户，门。

⑦儒墨：两个学派名。儒家的创始人是孔子，墨家的创始人是墨子，他们都提倡积极入世，治国安民。替：废除；废弃。

⑧周粟：周朝的粮食。伯夷、叔齐认为周武王伐商是以下犯上，属不义之举，因此周灭商后，二人坚决不吃周粟，饿死于首阳山。

⑨鲍焦：春秋时隐士。据《庄子·盗跖》、《韩诗外传》卷一记载，鲍焦品行高洁，不满时政，以打柴、拾野果为生。子贡对他说：“批评当政者就不该脚踏他们管辖的土地。”于是鲍焦便抱着树不肯下地而死。一说他死于洛水之边。本文他说死于桥上，不知所据。

⑩硁硁(kēng)：度量狭小、固执的样子。

【译文】

“‘山中的黄金白玉，水里的宝珠贝壳，即使没有放在国家的仓库里，还没有供给天子早晚使用，但全都属于天子的财富。隐士虽然没有站在官员的行列里，也就像山中水里的金玉珠贝那样，岂能不属于朝廷所有吗？许由没有隐藏到四海之外，四皓也没能跑出八方边境。所以说："万邦的民众和贤人，都是天子的臣民。"段干木没有扛着戈矛去戍守边疆，也没在边界上建造营垒，然而却立下了保卫魏国的功劳。如今隐士住在简陋的房子里固守着高洁的品行，诵读着先王的学说，使百姓懂得谦退忍让，儒家和墨家都不会去废弃他们，而且他们还受到了尧和舜的赞许。从前伯夷、叔齐不吃周朝的粮食，鲍焦死于桥上，他们的心胸是如此的狭隘固执，哪里能够作我们的表率！

"'昔安帝以玄纁玉帛聘周彦祖[①]。桓帝以玄纁玉帛聘韦休明[②]。顺帝以玄纁玉帛聘杨仲宣[③]，就拜侍中[④]，不到。魏文帝征管幼安[⑤]，不至；又就拜光禄勋[⑥]，竟不到；乃诏所在常以八月致羊一口，酒二斛[⑦]。桓帝玄纁玉帛聘徐孺子[⑧]，就拜太原太守及东海相[⑨]，不到。顺帝以玄纁玉帛聘樊季高[⑩]，不到；乃诏所在常以八月致羊一口，酒二斛，又赐几杖[⑪]，待以师傅之礼。献帝时[⑫]，郑康成州辟举贤良、方正、茂才[⑬]，公府十四辟[⑭]，皆不就；公车征左中郎、博士、赵相、侍中、大司农[⑮]，皆不起[⑯]。昭帝公车征韩福[⑰]，到，赐帛五十匹及羊酒。法高卿再举孝廉[⑱]，本州五辟，公府八辟，九举贤良、博士，三征，皆不就。桓帝以玄纁玉帛、安车轺轮聘韩伯休[⑲]，不到。以玄纁玉帛、安车轺轮聘姜伯雅[⑳]，就拜太中大夫、犍为太守[㉑]，不起。然皆见优重，不加威辟也[㉒]。若此诸帝褒隐逸之士不谬者，则吕尚之诛华士为凶酷过恶，断可知矣。'

【注释】

①安帝：东汉安帝刘祜。玄纁(xūn)玉帛：黑色和浅红色的丝绸加上玉器。这是古代帝王聘召贤士的礼品。玄，黑中略带红色。纁，浅红色。帛，丝织品的总称。周彦祖：东汉隐士。姓周名燮，字彦祖。

②桓帝：东汉桓帝刘志。韦休明：东汉隐士。姓韦名著，字休明。朝廷多次征召不应。

③顺帝：东汉顺帝刘保。杨仲宣：东汉隐士。姓杨名厚，字仲桓。这里的“杨仲宣”应为“杨仲桓”。《后汉书·杨厚列传》：“杨厚字仲桓，广汉新都人也。”

④侍中：官名。秦朝始置，为丞相属官。两汉沿用，因侍从皇帝左右，出入宫廷，应对顾问，地位日渐重要。

⑤魏文帝：曹丕。曹丕为曹操之子，曹操死后，曹丕即位称帝，是为魏文帝。管幼安：三国隐士。姓管名宁，字幼安。

⑥光禄勋：官名。九卿之一，居宫中，掌管宫廷宿卫等事。任命管宁为光禄勋，是魏文帝之子明帝时的事情。

⑦斛(hú)：量器名。十斗为一斛。

⑧徐孺子：东汉隐士。姓徐名稚，字孺子，豫章南昌人。

⑨太原：地名。在今山西太原一带。太守：官名。地方行政长官。东海：地名。在今山东郯城。相：官名。宰相。汉代的朝廷和诸侯国都有相。这里说的“东海相”指东海王刘强的曾孙刘臻的相。

⑩樊季高：应为樊季齐，“高”乃“齐”字之误。东汉隐士。姓樊名英，字季齐。南阳鲁阳人。《后汉书·方术列传上》：“樊英字季齐，南阳鲁阳人也。少受业三辅，习《京氏易》，兼明《五经》。”

⑪几杖：几案与手杖。为老人平时靠身和走路扶持之用。

⑫献帝：东汉献帝刘协。

⑬郑康成：东汉隐士，著名的学者。姓郑名玄，字康成，北海高密人。州：汉代的行政区划，在郡之上。辟举：征召；举荐。贤良：汉代选拔人才的科目之一。方正：汉代选拔人才的科目之一。茂才：即秀才。因避刘秀名讳，故称茂才。汉代选拔人才的科目之一。

⑭公府：三公的官府。封建时代中央一级的机构。辟：征召。

⑮公车：官署名。卫尉的下属机构，设公车令，负责宫殿中司马门的警卫。臣民上书或征召，都由公车接送。左中郎：官名。负责宫中的护卫、侍从。博士：官名。一般为教授官。赵相：即诸侯赵国的相。大司农：官名。九卿之一，掌管国家财政。

⑯不起：不起身应召。也即不接受征召。

⑰昭帝：西汉昭帝刘弗陵。韩福：西汉隐士。

⑱法高卿：东汉隐士。姓法名真，字高卿，扶风郿人。为关西大儒。再：两次。孝廉：汉代选拔人才的科目之一。

⑲安车轺(yáo)轮：可共坐乘的轻便车。安车，古代一般站立在车上，能够坐乘的车叫做安车。轺，轻便的马车。韩伯休：东汉的隐士。姓韩名康，字伯休，一名恬休，京兆霸陵人。靠采药为生。

⑳姜伯雅：应为“姜伯淮”。“雅”为“淮”形近之误。东汉隐士，姓姜名肱，字伯淮。彭城广戚人。《后汉书·姜肱列传》：“姜肱字伯淮，彭城广戚人也。家世名族。”

㉑太中大夫：官名。掌议论。揵为：应作“犍为”。地名。在今四川犍为。蔡邕《姜肱碑》：“先生讳肱，字伯淮，彭城广戚人也……又家拜犍为太守、太中大夫，先生盘桓育德，莫之肯就。”

㉒威辟：以威胁强迫的手段征召。辟，征召。

【译文】

“‘从前汉安帝用玄纁玉帛之礼去征聘周彦祖。汉桓帝用玄纁玉帛之礼去征聘韦休明。汉顺帝用玄纁玉帛之礼去征聘杨仲宣，就地拜他为侍中，但杨仲宣没有到任。魏文帝征聘管幼安，不来；又前去就地封拜他为光禄勋，最终也没有到任；于是就命令所在的地方官府每年八月送一只羊、两斛酒给管幼安。汉桓帝用玄纁玉帛之礼征聘徐孺子，就地拜封为太原太守和东海相，不到任。汉顺帝用玄纁玉帛之礼征聘樊季高，拒绝到任；于是就命令所在的地方官府每年八月送一只羊、两斛酒，又赐给几案和手杖，以师傅的礼节对待他。汉献帝的时候，郑康成被州府举荐为贤良、方正、茂才，三公之府也连续征召他十四次，他都没有接受；朝廷用公车征召他为左中郎、博士、赵相、侍中、大司农，他也都没有应召。汉昭帝用公车征召韩福，韩福到了京城后，朝廷又赐给他五十匹丝绸和羊、酒。法高卿两次被举荐为孝廉，本州的州府五次举荐他，三公之府八次举荐他，他九次被举为贤良、博士，三次被朝廷征召，他都没有接受。汉桓帝用玄纁玉帛之礼、可供坐乘的轻便车子征召韩伯休，他不到任。用玄纁玉帛之礼、可供坐乘的轻便车子征聘姜伯雅，就地拜封为太中大夫、犍为太守，他也没有应召。然而这些隐士都受到了优待和尊重，朝廷没有采用威逼的手段强迫他们当官。如果这些帝王褒扬隐士的行为没有错，那么吕尚诛杀华士就是一种极为凶残的行为，这一点是断然可知的。’

“仕人乃怅然自失，慨尔永叹曰①：‘始悟超俗之理，非庸琐所见矣②。’”

【注释】

①慨尔：感慨万分的样子。永叹：长叹。永，长。

②庸琐：指平庸繁琐的人。

【译文】

“官员听后怅然若失，感慨万分地长叹道：‘我这才开始明白超拔世俗的道理，这些道理不是平庸繁琐的人所能理解的。’”

勖学卷三

【题解】

勖(xù)学:勉励学习。勖,勉励。本篇的主题就是鼓励人们努力学习。关于学习,作者在本篇主要阐述了以下几个问题。

首先,强调了学习的重要性。作者认为,学习能够修养品德,增加知识,使自己能够成为一个文质彬彬的君子。就个人来说,努力学习的结果是“进可以为国,退可以保己”,真可以说是进退自如,左右逢源。对国家来说,学习风气的好坏,直接关系到这个国家的兴衰存亡。作者认为秦朝就是因为“不重儒术,舍先圣之道”,最后导致了君死国亡的悲惨下场。因此作者期盼着自己所处的时代能够重教崇学,以此开创一个太平盛世。

其次,强调每个人都应该学习。作者认为,良好的先天素质不能代替后天的努力学习。即便是圣人,他们的品德学问也是通过学习获取的,葛洪说:“周公上圣,而日读百篇;仲尼天纵,而韦编三绝。墨翟大贤,载文盈车;仲舒命世,不窥园门。”既然圣贤尚须刻苦学习,更何况一般的世人呢?本篇还说:“泥涅可令齐坚乎金玉,曲木可攻之以应绳墨,百兽可教之以战陈,畜牲可习之以进退……又况乎含五常而禀最灵者哉!”这实际就是说,学习可以使凡人成为圣人。作者的这些观点不仅能够促人上进,客观上也否认了“生而知之”这一现象的存在。

第三，批判了轻视学习的不良风气。作者对“世道多难，儒教沦丧……或沉溺于声色之中，或驱驰于竞逐之路”的社会现象深感痛心。由于社会风气不正，孤贫而精六艺的人被压制在社会的最底层，甚至被视为迂腐无用，而那些趋炎附势之徒却能名利双收。作者期待在天下太平之后，能够复兴儒学教育，那些博览群书的儒生能够得到朝廷重用，从而使王朝中兴，社会繁荣。

第四，提出了一些具体的学习方法。作者还简单扼要地阐述了一些学习方法，比如主张学习应该及早，因为“少则志一而难忘，长则神放而易失，故修学务早，及其精专，习与性成，不异自然也”。如果由于种种原因，年轻时错过了学习机会，那么也要尽可能在晚年弥补，因为“良田之晚播，愈于卒岁之荒芜也。日烛之喻，斯言当矣”。再比如，作者认为学习必须抓紧时日，因为人生短暂，转眼即逝。另外，学习还要持之以恒，日积月累，“运行潦而勿辍，必混流乎沧海矣；崇一篑而弗休，必钧高乎峻极矣。不饱食以终日，不弃功于寸阴”，只要珍惜时间，不断进步，就必能成功。

抱朴子曰：“夫学者所以清澄性理①，簸扬埃秽②，雕锻矿璞③，砻炼屯钝④，启导聪明，饰染质素⑤，察往知来，博涉劝戒。仰观俯察⑥，于是乎在⑦；人事王道，于是乎备。进可以为国，退可以保己。是以圣贤罔莫孜孜而勤之⑧，夙夜以勉之⑨，命尽日中而不释⑩，饥寒危困而不废。岂以有求于当世哉？诚乐之自然也。

【注释】

①清澄性理：明白物性和道理。性，包括人在内的万物天性。

②簸扬埃秽：“簸扬”应为“簸扬”。《四库全书》文溯阁本即作“簸

扬”。用簸箕扬去灰尘。比喻清除各种污秽的品德。

③雕锻矿璞：意为“雕璞锻矿”。雕琢璞玉，锻打矿石。比喻教育人。

④砻(lóng)炼：磨炼。屯钝：迟钝笨拙。

⑤饰染质素：意为“饰质染素”。修饰朴实，印染白绢。没有文采的叫做“质”，没有染色的丝绸叫做“素”。比喻学习可以改变人的气质。

⑥仰观俯察：仰观天象，俯察地理。《周易·系辞上》：“仰以观于天文，俯以察于地理。”

⑦于是乎在：都在于学习之中。是，代指学习。

⑧罔莫：没有不；无不。孜孜：不知疲倦的样子。

⑨夙夜：从早到晚。夙，早。

⑩命尽日中而不释：中午就要死了依然手不释卷。《论衡·别通》：“孔子病，商瞿卜期日中。孔子曰：‘取书来！比至日中，何事乎？’圣人之好学也，且死不休。念在经书，不以临死之故弃忘道艺，其为百世之圣，师法祖修，盖不虚矣。”

【译文】

抱朴子说：“学习能够使人明白物性道理，清除各种污秽的品德，能够教育人们，开发迟钝笨拙者的智慧，提高人们的聪明才智，使那些过于朴实的人变得文质彬彬，能够借鉴历史以预知未来，广泛涉猎知识以明白应该鼓励什么防止什么。仰视天象俯察地理的学识，全在学习之中；人间事务和治国道理，也可以在学习之中全部获得。进可以治理国家，退可以保全自我。因此圣贤们无不孜孜不倦地勤奋学习，夜以继日地努力学习，即使生命马上就要终结了依然手不释卷，在饥寒交迫、危难困苦之时也从不放弃学习。难道他们是有求于当时的社会吗？确实是因为他们发自天性地喜欢学习。

"夫斫削刻画之薄伎[①],射御骑乘之易事,犹须惯习,然后能善。况乎人理之旷[②],道德之远,阴阳之变,鬼神之情,缅邈玄奥[③],诚难生知[④]。虽云色白,匪染弗丽[⑤];虽云味甘,匪和弗美[⑥]。故瑶华不琢[⑦],则耀夜之景不发[⑧];丹青不治[⑨],则纯钩之劲不就[⑩]。火则不钻不生,不扇不炽;水则不决不流,不积不深。故质虽在我,而成之由彼也[⑪]。登阆风[⑫],扪晨极[⑬],然后知井谷之暗隘也[⑭];披七经[⑮],玩百氏[⑯],然后觉面墙之至困也[⑰]。

【注释】

①斫(zhuó):砍木头。伎:技艺。

②旷:宽广。引申为丰富。

③缅邈:遥远。玄奥:奥妙。

④生知:生来就知道。《论语·述而》:"子曰:'我非生而知之者,好古敏以求之者也。'"

⑤虽云色白,匪染弗丽:虽说颜色很洁白,然而不染色就不会变得华丽。云,说。匪,同"非"。

⑥和:用各种调料和食物进行调和配制。

⑦瑶华:美玉。

⑧耀夜:照亮夜晚。景:本指日光。这里泛指亮光。

⑨丹青:分别指红色的铜与青色的锡。丹,红色。

⑩纯钩:应作"纯钧"。《道藏》本即作"纯钧"。春秋欧冶子所制作的名剑之一。劲:刚劲有力。这里指锋利无比。

⑪彼:代指学习。

⑫阆(làng)风:传说中神仙居住的大山,在昆仑山之上。

⑬扪:手摸着。晨极:当作"辰极"。《太平御览》卷六百七引此文即

作“辰极”。辰极，北斗星。

⑭井谷：井中出水的孔窍。《周易·井卦》：“井谷射鲋。”暗：晦暗，不亮。

⑮披：翻阅。七经：儒家的七部经典。历代所指不一，东汉时指《诗经》、《尚书》、《易经》、《仪礼》、《春秋》、《公羊传》、《论语》。

⑯玩：玩味；研究。百氏：百家学说。

⑰面墙：面对着墙壁站立。比喻不学习，所知甚少。

【译文】

“那些砍削、雕刻、绘画之类的浅薄之技，射箭、驾车、骑马之类的简单之事，还必须反复练习，然后才能做好，更何况是内容丰富的为人处世的道理，高妙深邃的规律和美德，神奇莫测的阴阳变化，诡异难料的鬼神情状，这些都是那样的玄妙深奥，确实很难做到生而知之。虽说颜色很洁白，然而不染色就不会变得华丽；虽说味道很甘甜，然而不与其他味道相调和也算不上美味。因此美玉不加以琢磨，那么能够照亮夜晚的光亮就无法显现；铜锡不经过冶炼，那么纯钧宝剑的强劲锋利也就无法形成。火，不钻木就不能燃烧，不扇风就不会炽烈；水，不决口就不会流出，不聚积就不会变深。因此虽说好的素质在于自身，然而要想成功却在于学习。登上阆风，手摸北极星辰，然后才能知道井中的水洞是多么的阴暗狭小；翻阅七经，研读诸子百家，然后才能知道没有知识所遇到的极端困难。

“夫不学而求知，犹愿鱼而无网焉，心虽勤而无获矣①；广博以穷理，犹顺风而托焉②，体不劳而致远矣。粉黛至则西施以加丽③，而宿瘤以藏丑④；经术深则高才者洞达，卤钝者醒悟⑤。文梓干云⑥，而不可名台榭者⑦，未加班输之结构也⑧；天然爽朗，而不可谓之君子者，不识大伦之臧否也⑨。

【注释】

①勤：勤苦；迫切希望。

②托：寄托。按照文意，"托"下疑脱一"舟"字。

③粉黛：白色和青黑色的颜料，为古代女子的化妆品。西施：春秋时的美女。

④宿瘤：战国齐国丑女。原为齐东郭采桑之女，脖子上长有大瘤，故称"宿瘤"。宿瘤因守贞有礼，被齐闵王立为王后。事见《列女传》。

⑤卤钝者：愚钝的人。卤，通"鲁"，笨；愚钝。

⑥文梓：带有纹理的梓树。属于建筑良材。干云：直冲云天。形容高大。

⑦名：叫做。

⑦班输：即先秦鲁国的公输班。也即鲁班。这里代指能工巧匠。

⑧大伦：基本的伦理。臧否(pǐ)：善恶。臧，善。否，恶。

【译文】

"不学习而想获得知识，这就好像希望得到鱼而没有渔网一样，虽然心里很迫切却不会有任何收获；广泛地学习以穷究事理，这就好像顺着风乘坐着舟船一样，身体不用劳累就能够到达远方。有了粉黛这些化妆品西施就会变得更加漂亮，而宿瘤也能够以此掩饰自己的丑陋；深入研究经典能够使高才之人对事物的理解更加透彻，而愚钝之人也能够因此有所醒悟。带有纹理的梓木直冲云霄，却不能把它直接叫做台榭，那是因为它还没有经过能工巧匠的加工构建；天生的性格就直爽开朗，而不能直接把他称为君子，那是因为他还不懂的基本伦理道德的善恶标准。

"欲超千里于终朝[①]，必假追影之足[②]；欲凌洪波而遐济[③]，必因艘楫之器；欲见无外而不下堂[④]，必由之乎载籍；欲测渊微而不役神[5]，必得之乎明师。故朱绿所以改素丝[6]，训诲所以移蒙蔽。披玄云而扬大明[7]，则万物无所隐其状矣；舒竹帛而考古今[8]，则天地无所藏其情矣，况于鬼神乎？而况于人事乎？泥涅可令齐坚乎金玉[9]，曲木可攻之以应绳墨[10]，百兽可教之以战陈[11]，畜牲可习之以进退[12]，沉鳞可动之以声音[13]，机石可感之以精诚[14]，又况乎含五常而禀最灵者哉[15]！

【注释】

①终朝：一个早晨。

②假：凭借。追影之足：指奔跑迅速的骏马。

③凌：踏着；在……之上。遐：远方。济：渡河。

④无外：指无所不包的所有知识。下堂：走出住房。

⑤渊微：深邃微妙。渊，深邃。役神：役使精力，使精神疲惫。

⑥朱绿：指红色和绿色的颜料。素丝：白色的丝绸。

⑦披：拨开。玄云：黑云；乌云。大明：最为明亮的。指阳光。

⑧舒：展开阅读。竹帛：图书。竹指竹简，帛指丝绸。古代没有纸张时，用竹帛来书写。

⑨泥涅(niè)可令齐坚乎金玉：泥巴可以使它与金石一样坚固。这是讲用泥土烧制陶器。涅，黑泥。齐，等同。

⑩应：符合。绳墨：木工用来画直线的工具。

⑪百兽可教之以战陈(zhèn)：可以训练各种野兽排成战阵参加战斗。陈，同“阵”。据《史记·五帝本纪》等书记载，黄帝曾率领熊罴、貔貅等野兽与炎帝战于阪泉。

⑫进退：这里指进退有序。据《尚书·舜典》记载，舜的大臣夔能够教会百兽跳舞。《汉书·武帝纪》记载，当时的驯象能拜舞有仪。

⑬沉鳞：水中的鱼。声音：音乐。《荀子·劝学》："昔者瓠巴鼓瑟，而流鱼出听。"

⑭机石：弓箭和石头。机，弓弩上发射箭的机关，代指弓箭。《韩诗外传》卷六："昔者，楚熊渠子夜行，寝石以为伏虎，弯弓而射之，没金饮羽，下视，知其为石。"另外汉代的李广也有射箭入石的记载。后人评之为"精诚所至，金石为开"。

⑮含五常而禀最灵者：禀含五常之性、智慧最高的人类。五常，指仁、义、礼、智、信。

【译文】

"要想在一个早晨就走到千里之外去，就必须借助奔跑迅速的骏马；要想渡过大江大海到远方去，就必须乘坐舟船这些器具；要想不走出住房就能获取无所不包的知识，就必须通过书籍；要想了解深奥微妙的道理而不使自己的精神疲惫，就必须跟随明师学习。红绿颜料是改变白色丝绸的东西，训导教诲是改变愚昧无知的方法。拨开乌云让太阳发出它的无限光明，那么万物都不能隐藏自己的形状；翻阅书籍史册以考察古今的历史，那么天地都无法隐藏它们的真实情况。更何况鬼神呢？更何况人间的那点事情呢？泥巴可以让它与金玉一样坚固，曲木能够使它像墨线一样笔直，各种野兽能够教会它们排成战阵参加战斗，牲畜可以训练它们拜舞有仪进退有序，水中的游鱼可以用音乐去感动它们，弓箭和石头可以用真诚来打动它们，更何况是具备五常之性、禀受最高智慧的人类呢！

"低仰之驷①，教之功也；鸷击之禽②，习之驯也。与彼凡马野鹰，本实一类，此以饰贵③，彼以质贱。运行潦而勿辍④，必混流乎沧海矣；崇一篑而弗休⑤，必钧高乎峻极矣⑥。大川滔漾⑦，则虬、螭群游⑧；日就月将⑨，则德立道备。乃可以正梦乎丘、旦⑩,何徒解桎乎困蒙哉⑪!

【注释】

①低仰:形容马驾车时一低一仰、井然有序的样子。驷(sì):指拉一辆车的四匹马。

②鸷(zhì)击之禽:这里指经过驯化的为人搏击其他鸟类的猛禽,如猎鹰一类。鸷,本指鹰、雕之类的猛禽,这里引申为凶猛。

③饰:装饰。这里指训练。

④行潦(háng lǎo):路上的积水。行,路。潦,雨后的积水。辍:停止。

⑤崇:加高;堆积。篑(kuì):盛土的竹筐。

⑥钧:通"均",等同。峻极:极高的山峰。

⑦滔漾:波涛汹涌的样子。

⑧虬(qiú):传说中的一种龙。螭(chī):传说中一种没有角的龙。

⑨日就月将:日积月累。就、将,都是不断进取的意思。

⑩正梦:正常的梦。古人把梦分为多种,如正梦、噩梦、思梦、寤梦等等。丘:孔子。孔子名丘,字仲尼。旦:周公姬旦。《论语·述而》:"子曰:'甚矣,吾衰也!久矣,吾不复梦见周公。'"

⑪何徒:何止。桎(zhì):桎梏。脚镣手铐。在脚叫"桎",在手叫"梏"。这里比喻束缚。困蒙:因愚昧而遭受的困境。蒙,愚昧。

【译文】

"驾车的四匹马走起来一低一仰、井然有序,那是训练的结果;猎鹰为人捕捉其他鸟类时能够凶猛异常,那是驯服的原因。它们与那些凡马野鹰,本质是一样的,这些马和鹰因为受过训练而被人们看重,那些凡马野鹰因为只能保有天性而显得低贱。路上的雨水只要不停地流淌积累,就一定能够与大海一样;一筐一筐的土只要不停地堆积起来,就必然能够与高山等同。大河波涛汹涌,就会有成群的虬龙到这里畅游;

日积月累不断进步，就能够道德完备。于是就可以正常地梦见孔子和周公了，何止是仅仅摆脱因愚昧而遭受到的困境呢！

“昔仲由冠鸡带豚①，䨇珥鸣蝉②，杖剑而见，拔刃而舞，盛称南山之劲竹，欲任掘强之自然③；尼父善诱④，染以德教，遂成升堂之生⑤，而登四科之哲⑥。子张鄙人⑦，而灼聚凶猾⑧，渐渍道训⑨，成化名儒，乃抗礼于王公⑩，岂直免于庸陋⑪！

【注释】

①仲由：即子路。孔子的弟子。姓仲名由，字子路。冠鸡：头戴着雄鸡状的帽子。带豚(tún)：腰挂着公猪形象的饰品。豚，猪。子路喜勇好斗，雄鸡和公猪也好斗，因此子路把自己打扮成如此模样。事见《史记》、《孔子家语》等书。

②䨇：同“双”。珥：剑鼻。又叫剑口、剑环。指剑柄顶端向两侧突出的部分，因似耳而得名。

③盛称南山之劲竹，欲任掘强之自然：盛赞南山上强劲的竹子，想顺其自然天性做一个倔强凶暴的人。掘，通“倔”，倔强。《说苑·建本》：“孔子谓子路曰：‘汝何好？’子路曰：‘好长剑。’孔子曰：‘非此之问也。请以汝之所能，加之以学，岂可及哉！’子路曰：‘学亦有益乎？’孔子曰：‘夫人君无谏臣则失政，士无教友则失德……君子不可以不学。’子路曰：‘南山有竹，弗揉自直，斩而射之，通于犀革，又何学为乎？’孔子曰：‘括而羽之，镞而砥砺之，其入不益深乎？’子路拜曰：‘敬受教哉！’”

④尼父善诱：孔子善于引导。尼父，孔子。诱，引导。

⑤升堂之生：成为比较优秀的弟子。《论语·先进》：“子曰：‘由也，

升堂矣！未入于室也。'"堂为厅堂，室为内室，意思是子路学问已经不错，但还有待于进一步深造。

⑥四科：四门学科。指德行、言语、政事、文学。《论语·先进》："德行：颜渊、闵子骞、冉伯牛、仲弓。言语：宰我、子贡。政事：冉有、季路。文学：子游、子夏。""政事"中的季路即子路。

⑦子张：孔子弟子。复姓颛孙，名师，字子张。鄙人：浅薄之人。

⑧灼聚：应作"涿聚"。孔子弟子。姓颜。据说曾经当过强盗。

⑨渐渍(zì)：浸泡。比喻慢慢地学习。

⑩抗礼：用平等的礼节。抗，对等；平等。

⑪岂直：难道仅仅。直，只；仅仅。

【译文】

"从前子路戴着雄鸡状的帽子并佩带着公猪形象的饰品，剑的双珥装饰着鸣叫的知了，他手执利剑来见孔子，而且拔出利剑不停地舞动，他还盛赞南山上刚劲的竹子，想顺其天性做一个强悍凶暴的人；孔子循循善诱，用道德教育慢慢地熏染他，于是子路成了较为优秀的弟子，成为德行、言语、政事、文学四门中有成就的人。子张是个浅薄的人，而颜灼聚更是凶恶狡猾，他们在道德学问的慢慢培育下，都成为有名的儒生，能够与王公大人平起平坐，难道仅仅只是避免了平庸粗陋吗！

"以是贤人悲寓世之倏忽[①]，疾泯没之无称[②]；感朝闻之弘训[③]，悟通微之无类[④]；惧将落之明戒[⑤]，觉罔念之作狂[⑥]；不饱食以终日[⑦]，不弃功于寸阴[⑧]；鉴逝川之勉志[⑨]，悼过隙之电速[⑩]；割游情之不急，损人间之末务[⑪]；洗忧贫之心，遣广愿之秽[⑫]；息畋猎、博弈之游戏[⑬]，矫昼寝坐睡之懈怠[⑭]；知徒思之无益[⑮]，遂振策于圣途[⑯]。学以聚之[⑰]，问以辩之[⑱]，进德修业，温故知新[19]。

【注释】

①以是：因此。寓世：生活于人世。倏忽：时间短暂的样子。

②疾：遗憾；担心。泯没：死亡。无称：没有留下名声。《论语·卫灵公》："君子疾没世而名不称焉。"

③朝闻：是孔子说的"朝闻道，夕死可矣"（《论语·里仁》）的省略。意思是"早上获取真理，即使当晚死去也毫无遗憾"。

④通微之无类：无论任何人都能够洞察微妙的道理。通微，洞察微妙的道理。无类，无论任何人。

⑤将落：如枯叶将落。《左传·昭公十八年》："夫学，殖也。不学将落。"意思是学习如同种植草木，使人日有长进；不学习则天天退步，如枯叶之将落。

⑥罔念之作狂：没有善念将会行为癫狂。《尚书·多方》："惟圣罔念作狂，惟狂克念作圣。"意思是，即使圣人如无善念也将成为癫狂之徒，而癫狂之徒如有善念则将成为圣人。

⑦不饱食以终日：不再饱食终日而无所事事。《论语·阳货》："子曰：'饱食终日，无所用心，难矣哉！不有博弈者乎，为之犹贤乎已。'"

⑧寸阴：很短的时间。

⑨逝川：流走的河水。比喻失去的光阴。《论语·子罕》："子在川上曰：'逝者如斯夫，不舍昼夜。'"

⑩过隙：指骏马驰过缝隙。形容时间短暂。《庄子·盗跖》："天与地无穷，人死者有时。操有时之具而托于无穷之间，忽然无异骐骥之驰过隙也。"

⑪末务：不重要的事务。

⑫广愿：很多的欲望。

⑬畋(tián)猎：打猎。博弈：六博和围棋。古代掷采下棋的比赛游戏。

⑭矫：改正。昼寝：大白天睡觉。《论语·公冶长》："宰予昼寝，子曰：'朽木不可雕也，粪土之墙不可杇也。于予与何诛！'"

⑮徒思：指不学习只思考。《论语·为政》："学而不思则罔，思而不学则殆。"

⑯遂：于是。振策：挥动着鞭子。振，挥动。策，鞭子。

⑰聚之：积累知识。

⑱辩之：辨析疑难问题。辩，通"辨"。

⑲温故知新：在温习、巩固已经掌握的知识的基础上，又能不断地获取新知识。《论语·为政》："子曰：'温故而知新，可以为师矣。'"

【译文】

"因此那些贤人为人生在世的短暂而感伤，担心去世之后没有任何名声留于世上；他们有感于孔子'朝闻道，夕死可也'的伟大训导，明白任何人通过学习都能够洞察微妙的道理；惊惧于不学习将如枯叶凋零的明白告诫，知道即使圣人如无善念也将成为癫狂之徒；于是就不再饱食终日无所事事，不放弃每一寸光阴而去学习；他们有鉴于'逝者如斯'而坚定志向，为人生如白驹过隙、电光一闪那样迅速而感到悲伤；于是他们不再把心思放在并非急需的事情之上，减少人世间那些不太重要的事务；清除对贫穷的忧伤，放弃众多的污浊欲望；停止打猎、下棋等各种游戏，改正白天睡觉坐着打盹的懈怠行为；知道不学习只思考是徒劳无益，于是就鞭策自我走上圣人之路。他们不断学习以积累知识，虚心请教以辨析疑难，提高品德修习学业，温习旧的学问以获取新的知识。

"夫周公上圣，而日读百篇；仲尼天纵①，而韦编三绝②。墨翟大贤③，载文盈车④；仲舒命世⑤，不窥园门⑥。倪宽带经以芸钼[7]，路生截蒲以写书[8]，黄霸抱桎梏以受业[9]，宁子勤夙夜以倍功[10]。故能究览道奥，穷测微言，观万古如同日，知八荒若户庭，考七耀之盈虚[11]，步三、五之变化[12]，审盛衰之方来，验善否于既往，料玄黄于掌握[13]，甄未兆以如成[14]。故能盛德大业，冠于当世，清芳令问[15]，播于罔极也[16]。

【注释】

①天纵：上天赋予无限的才能。《论语·子罕》："固天纵之将圣，又多能也。"

②韦编三绝：编竹简的皮绳被翻断了多次。韦，熟皮绳。绝，断。三，泛指多次。先秦人用熟皮绳编竹简以成书册，孔子读《周易》时，反复翻阅，至皮绳多次断开。《史记·孔子世家》："读《易》，韦编三绝。"

③墨翟（dí）：墨子。墨子名翟，是墨家的创始人。

④盈车：满车。《墨子·贵义》："子墨子南游使卫，关中载书甚多。"

⑤仲舒：董仲舒。西汉的大儒。著有《春秋繁露》，提出罢黜百家、独尊儒术的主张。命世：名世。著名于当世。

⑥不窥园门：没有看庭园一眼。《汉书·董仲舒传》记载董仲舒为了读书而"三年不窥园"。

⑦倪宽：即兒宽。西汉千乘人，官至御史大夫。《汉书·兒宽传》记载他早年在贫苦的生活中刻苦读书的情况："时行赁作，带经而锄，休息辄读诵，其精如此。"芸钼（chú）：锄草。芸，通"耘"，除草。钼，同"锄"。

⑧路生：指西汉人路温舒。字长君，钜鹿东里人。曾任临淮太守。截蒲：剪裁蒲叶。蒲，一种多年生草本植物，叶长而尖。路温舒把蒲叶作纸张使用。《汉书·路温舒传》："父为里监门，使温舒

牧羊，温舒取泽中蒲，截以为牒，编用写书。”

⑨黄霸：西汉名臣。字次公，淮阳阳夏人。官至丞相，封建成侯。抱桎梏(zhì gù)：戴着脚镣手铐。在脚叫“桎”，在手叫“梏”。《汉书·循吏传》记载，黄霸与夏侯胜因事一同下狱，黄霸在狱中师从夏侯胜学习《尚书》，三年后方出狱。

⑩宁子：战国人宁越。倍功：加倍的功效。《吕氏春秋·博志》：“宁越，中牟之鄙人也，苦耕稼之劳，谓其友曰：‘何为而可以免此苦也?’其友曰：‘莫如学。学三十岁，则可以达矣。’宁越曰：‘请以十五岁。人将休，吾将不敢休；人将卧，吾将不敢卧。’十五岁而周威公师之。”

⑪七耀：又作“七曜”。日、月和金、木、水、火、土五星的合称。

⑫步：推步；推算。三：即日、月、星。五：指金、木、水、火、土五星。这里用“三五”代指天文。

⑬玄黄：天地。《周易·坤卦》：“天玄而地黄。”

⑭甄：甄别；明白。

⑮清芳：清香。比喻高洁的品德。令问：美名。令，美好。问，通“闻”。

⑯罔极：无穷。

【译文】

“周公是上等的圣人，每天还要阅读一百篇文章；孔子是天赋的奇才，还把编书的皮绳多次翻断。墨子是位大贤人，外出时还带着满车的书籍；董仲舒是著名当世的人，但为了读书三年都不看一眼庭园。倪宽下地锄草时还带着经书，路温舒用截断的蒲叶写字，黄霸被关在狱中还向人求学，宁越夜以继日地勤学以求加倍的功效。因此他们能够彻底明白大道的奥秘，完全理解微妙的言论，观察远古的历史时就如同观察当今的情况一样，了解荒远地区的事情时就好像了解自家庭院中的事情一样，他们考察日、月、五星的盈满和亏缺，推测三辰五星的变化规律，知道将来的繁荣和衰败，考证过去的正确与错误，能够预料天地的变化如同在自己的手掌之中，明白还没有出现征兆的事情就好像它们已经发生过一样。因此他们能够获取高尚的美德和成就伟大的事业，位居当世之首，他们的美好名声将永远流芳于世。

“且夫闻商羊而戒浩瀁①，访鸟砮而洽东肃②，咨萍实而言色味③，讯土狗而识坟羊④，披《灵宝》而知山隐⑤，因折俎而说专车⑥，瞻离毕而分阴阳之候⑦，由冬螽而觉闰余之错⑧，何神之有？学而已矣。夫童谣犹助圣人之耳目，岂况《坟》、《索》之弘博哉⑨！

【注释】

①商羊：传说中的鸟名。据说大雨前就会屈一足起舞。浩瀁：大雨滂沱的样子。《说苑·辨物》：“齐有飞鸟一足来下，止于殿前，舒翅而跳，齐侯大怪之，又使聘问孔子。孔子曰：‘此名商羊，急告民趣治沟渠，天将大雨。’于是如之，天果大雨，诸国皆水，齐独以安。”

②砮（nǔ）：石制的箭镞。洽：知识广博。引申为熟知。东肃：应为“陈肃”。两个诸侯国名。《国语·鲁语下》：“仲尼在陈，有隼集于陈侯之庭而死，楛矢贯之，石砮，其长尺有咫。陈惠公使人以隼如仲尼之馆问之。仲尼曰：‘隼之来也远矣。此肃慎氏之矢也。昔武王克商，通道于九夷百蛮，使各以其方贿来贡，使无忘职业。于是肃慎氏贡楛矢石砮，其长尺有咫。先王欲昭其令德之致远也，以示后人，使永监焉，故铭其栝曰：“肃慎氏之贡矢。”以分大姬，配虞胡公而封诸陈……君若使有司求诸故府，其可得也。’使求，得之金椟，如之。”

③萍实：浮萍的果实。《说苑·辨物》：“楚昭王渡江，有物大如斗，直触王舟，止于舟中。昭王大怪之，使聘问孔子。孔子曰：‘此名萍实，令剖而食之。惟霸者能获之。此吉祥也。’……孔子归，弟子请问。孔子曰：‘异时小儿谣曰：“楚王渡江得萍实，大如拳，赤如日，剖而食之美如蜜。”此楚之应也。’”

④土狗：土中埋的狗。坟羊：土中形状似羊的一种怪物。《国语·鲁语下》：“季桓子穿井，获如土缶，其中有羊焉。使问之仲尼曰：‘吾穿井而获狗，何也？’对曰：‘以丘之所闻，羊也。丘闻之，木石之怪曰夔、蝄蜽，水之怪曰龙、罔象，土之怪曰坟羊。’”

⑤披《灵宝》而知山隐：一翻阅《灵宝》就知道它曾被收藏在山中。《灵宝》，道教的经书名。《抱朴子内篇·辨问》：“《灵宝经》有《正机》、《平衡》、《飞龟授袟》凡三篇，皆仙术也。吴王伐石以治宫室，而于合石之中，得紫文金简之书，不能读之，使使者持以问仲尼，而欺仲尼曰：‘吴王闲居，有赤雀衔书以置殿上，不知其义，故远咨呈。’仲尼以视之，曰：‘此乃《灵宝》之方，长生之法，禹之所服，隐在水邦，年齐天地，朝于紫庭者也。禹将仙化，封之名山石函之中，乃令赤雀衔之，殆天授也。’”

⑥折俎：贵族宴会时，将牲体分解后放在俎中，叫做折俎。俎，一种食器。专车：指一根骨节就装满了整整一车。《国语·鲁语下》：“吴伐越，堕会稽，获骨焉，节专车。吴子使来好聘，且问之仲尼……既彻俎而宴，客执骨而问，曰：‘敢问骨何为大？’仲尼曰：‘丘闻之，昔禹致群神于会稽之山，防风氏后至，禹杀而戮之，其骨节专车，此为大矣。’”

⑦瞻：看到。离毕：（月亮）行至毕星的位置上。离，通“罹”，遇到。毕，星名。阴阳：指阴雨天和晴天。《论衡·明雩》：“孔子出，使子路赍雨具。有顷，天果大雨。子路问其故，孔子曰：‘昨暮月离于毕。’后日，月复离毕。孔子出，子路请赍雨具，孔子不听。出

果无雨。子路问其故。孔子曰:'昔日,月离其阴,故雨;昨暮,月离其阳,故不雨。'"

⑧由冬螽(zhōng)而觉闰余之错:因为冬天看见螽斯虫就知道历法出现了错误。螽,即螽斯。虫名。闰余,闰月。这里泛指历法。《左传·哀公十二年》:"冬十二月,螽,季孙问诸仲尼。仲尼曰:'丘闻之:"火伏而后蛰者毕。"今火犹西流,司历过也。'"大意是:在周历冬天十二月(相当于农历十月),本不应看到昆虫,而此时昆虫依然没有冬眠,说明历法出了错误。

⑨《坟》、《索》:《三坟》、《八索》的略称。据说都是我国最古的书籍,这里泛指古代文献。

【译文】

"另外孔子一听说商羊鸟正在一足起舞就告诫暴雨即将来临,被问及射鸟的石头箭镞就熟知陈国与肃慎国的历史,有人咨询萍实就能说出它的颜色味道,有人讯问土中之狗就知道那是土中的怪物坟羊,阅读《灵宝》之书就明白它曾被收藏于山中,由于俎案上的牲体而阐明了装满一车的骨节的由来,见到月亮行至毕星的位置就能够预测是下雨还是晴天,由于入冬了还能看见螽斯虫就知道历法出现了错误,这又有什么神奇的呢?不过就是学习的结果而已。童谣尚且有助于圣人获取知识,更何况博大精深的古代典籍呢!

"才性有优劣,思理有修短①,或有夙知而早成,或有提耳而后喻②。夫速悟时习者③,骥騄之脚也④;迟解晚觉者,鹑鹊之翼也⑤。彼虽寻飞绝景⑥,止而不行,则步武不过焉⑦;此虽咫尺以进⑧,往而不辍,则山泽可越焉。明暗之学⑨,其犹兹乎?

【注释】

①思理：思辨能力。修：长。

②提耳：提着耳朵教育。也即耳提面命。形容恳切教训。喻：明白。

③速悟时习：通过一时的学习就能很快觉悟。

④骥騄(lù)：骏马名。

⑤鹑(chún)鹊：两种鸟名。鹌鹑和喜鹊。飞行的速度都很慢。

⑥寻飞：一般的飞翔。寻，寻常。绝景：超越光速。景，阳光。

⑦步武：古代长度单位。六尺为步，半步为武。

⑧咫：长度单位。古代以八寸为一咫。

⑨明暗：聪明与迟钝。

【译文】

“人的天分素质有优劣之分，思辨能力也有高低不同，有的人很早就能明白就能成功，有的人经过耳提面命的恳切教训后才能懂得。那些通过短期学习就能很快领悟的人，就好像腿脚快速的骏马；那些理解学问很慢的人，就好像飞翔缓慢的鹌鹑和喜鹊。前者虽然一般的奔跑都可以超越阳光的速度，但如果止步不前，那么连几尺远的距离都走不到；后者虽然只能一尺一尺地缓慢飞行，但如果前进不已，那么就可以飞越高山大泽。学习方面的所谓聪明和愚昧，大概与此一样吧？

“盖少则志一而难忘，长则神放而易失①，故修学务早，及其精专，习与性成②，不异自然也。若乃绝伦之器③，盛年有故④，虽失之于旸谷⑤，而收之于虞渊⑥。方知良田之晚播，愈于卒岁之荒芜也⑦。日烛之喻⑧，斯言当矣⑨。

【注释】

①长：年长。神放：精神分散而无法集中。

②习与性成：习惯后就与本性生成的一样。《新书·保傅》："孔子曰：'少成若天性，习惯如自然。'"

③绝伦之器：出类拔萃的人。

④盛年：年轻的时候。有故：有事。指因为有其他原因而无法学习。

⑤旸（yáng）谷：传说中太阳升起的地方。比喻年轻的时候。

⑥虞渊：传说中太阳落下的地方。比喻老年。

⑦愈于：胜过。卒岁：整年。

⑧日烛之喻：太阳和烛光的比喻。《说苑·建本》："晋平公问于师旷曰：'吾年七十，欲学，恐已暮矣。'师旷曰：'何不炳烛乎？'平公曰：'安有为人臣而戏其君乎？'师旷曰：'盲臣安敢戏君？臣闻之：少而好学，如日出之阳；壮而好学，如日中之光；老而好学，如炳烛之明。炳烛之明，孰与昧行乎？'平公曰：'善哉！'"

⑨斯言：此言。斯，此。

【译文】

"年少的时候精神专一学到的知识不易忘记，年龄大了思想分散学到的知识就容易遗忘。因此学习应该趁早努力，如果到了精深专一、习惯之后就与本性生成的一样，这就和与生俱来的自然形成没有什么区别了。像那些出类拔萃的人物，年轻时遇到某些变故，那么虽然在年轻时候耽误了学习，还可以在晚年加以弥补。应该知道在良田中虽然播种得晚了一点，但总比让它整年荒芜要好。太阳和烛光的比喻，讲得实在是恰当啊。

"世道多难，儒教沦丧，文、武之轨①，将遂凋坠。或沉溺于声色之中，或驱驰于竞逐之路②。孤贫而精六艺者③，以游、夏之资[4]，而抑顿乎九泉之下[5]；因风而附凤翼者[6]，以驽庸之质[7]，犹回遑乎霞霄之表[8]。舍本逐末者[9]，谓之勤修庶几[10]；拥经求己者[11]，谓之陆沉迂阔[12]。于是莫不蒙尘触雨，戴霜履冰，怀黄握白[13]，提清挈肥[14]，以赴邪径之近易[15]，规朝种而暮获矣[16]。

【注释】

①文、武：周文王与周武王。轨：道路。这里引申为思想、原则。

②竞逐之路：争名夺利之途。

③六艺：这里指儒家的六种经典。包括《易》、《书》、《诗》、《礼》、《春秋》、《乐》。

④游、夏：子游、子夏。孔子的两位优秀弟子。

⑤九泉：地下的深处。这里指社会的最底层。

⑥因风：顺着风；乘风。比喻趋炎附势。附凤翼：比喻依附于权贵。

⑦驽(nú)：劣马。比喻愚笨。

⑧回遑：盘旋。

⑨舍本逐末：舍弃根本的学问，追求细枝末节。

⑩庶几：差不多。这里指差不多就能成为圣贤。《周易·系辞下》："子曰：'颜氏之子，其殆庶几乎！'"

⑪求己者：严格要求自己的人。指君子。《论语·卫灵公》："子曰：'君子求诸己，小人求诸人。'"

⑫陆沉：愚昧；迂腐。《论衡·谢短》："夫知古不知今，谓之陆沉。然则儒生，所谓陆沉者也。"

⑬黄：黄金。白：白银。

⑭清：清酒。肥：肥肉。

⑮近易：容易走的捷径。具体指使用行贿手段以获取富贵。

⑯规：谋求；希望。

【译文】

“世间多灾多难，儒教沦丧殆尽，周文王和周武王的修身治国之道，也将湮灭消失。有的人沉溺于淫声美色之中，有的人驰骋在争名逐利之途。那些孤独贫穷但精通六经的人，虽然有着子游、子夏那样的才华，却被压制在社会的最底层；那些趋炎附势依附权贵的人，反而凭借着愚笨平庸的能力，爬上了社会的最高权位。舍弃根本学问追逐细枝末节的人，被称为勤奋学习的可造之才；抱着经典苦读且严格要求自己的人，却被说成愚昧迂腐不合时宜。于是人们都冒着尘埃迎着风雨，顶着寒霜踏着冰雪，怀揣黄金手握白银，提着清酒拿着肥肉，奔向看似容易行走的邪恶捷径，希望早上播下种子而晚上就能有所收获。

“若乃下帷高枕①，游神九典②，精义赜隐③，味道居静，确乎建不拔之操④，扬青于岁寒之后⑤，不揆世以投迹⑥，不随众以萍漂者⑦，盖亦鲜矣⑧。汲汲于进趋⑨，悒闷于否滞者⑩，岂能舍至易速达之通涂⑪，而守甚难必穷之塞路乎⑫？此川上所以无人⑬，《子衿》之所为作⑭，愍俗者所以痛心而长慨⑮，忧道者所以含悲而颓思也⑯。

【注释】

①下帷：放下帷幕读书。《汉书·董仲舒传》：“下帷发愤，潜心大业。”高枕：高枕无忧。指不为自己的贫困而忧愁。这里用“下帷高枕”形容在家安心学习。

②九典：九种典籍。说法不一。《汉书·艺文志》指《周易》、《尚书》、《诗经》、《春秋》、《礼记》、《乐》、《论语》、《孝经》及《小学》。

③精义赜(zé)隐：研究精义，探赜索隐。赜，奥妙。

④确乎：坚定不移的样子。

⑤扬青于岁寒之后：像松柏那样于极冷之时依然保持着自己的苍翠。扬，显示；保持。《论语·子罕》："岁寒，然后知松柏之后彫也。"。

⑥揆(kuí)：揣度；揣摩。投迹：举步。这里指投身于社会。

⑦萍漂：像萍草那样随波逐流。

⑧鲜：少。

⑨汲汲：心情急切的样子。

⑩悒(yì)闷：愁闷不安。否(pǐ)滞：阻塞不通。这里指仕途不畅。否，闭塞不通。

⑪至易速达之通涂：非常容易而快捷地到达目的地的平坦之路。指通过行贿受贿、依附权贵的方法达到自己的目的。涂，同"途"。

⑫穷：困窘。

⑬此川上所以无人：这就是河边再也没有像孔子那种圣人的原因。本句是感慨当时的社会再也无法出现圣人了。《论语·子罕》："子在川上，曰：'逝者如斯夫！不舍昼夜。'"

⑭《子衿(jīn)》：《诗经》中一首诗歌。内容是批评当时的教育衰落。

⑮愍俗者：同情社会的人。

⑯颓思：沮丧的情绪。颓，颓废；沮丧。

【译文】

"像那些放下帷幕一心读书而不为自己的贫困发愁的人，他们能够把自己的精力放在古代经典之中，研究精义以探赜索隐，体味大道且心境清静，他们能够牢固树立不可改变的高尚节操，像松柏一样在寒冬之时还能保持自己的苍翠葱郁，他们不去揣摩世人心思就投身社会，不去追随大众像浮萍那样随波逐流，这种人大概已经很少了。那些迫切希望升官发财、为官运不通而闷闷不乐的人，怎肯放弃容易而快捷地到达目的地的平坦之路，而去守着十分艰难且肯定困窘的不畅之途呢？这就是如今的河边之所以再也没有出现像孔子那样的圣人、人们之所以创作《子衿》、怜悯社会的人之所以痛心长叹、为道德衰败而忧虑的人之所以深感悲伤沮丧的原因啊。

“夫寒暑代谢，否终则泰[1]，文武迭贵[2]，常然之数也[3]。冀群寇毕涤[4]，中兴在今，七耀遵度[5]，旧邦惟新[6]，振天惠以广埽[7]，鼓九阳之洪炉[8]，运大钧乎皇极[9]，开玄模以轨物[10]。陶冶庶类[11]，匠成翘秀[12]，荡汰积埃，革邪反正，戢干戈[13]，櫜弓矢[14]，兴辟雍之庠序[15]，集国子[16]，修文德[17]，发金声，振玉音[18]。降风云于潜初[19]，旅束帛乎丘园[20]。令抱翼之凤，奋翮于清虚[21]；项领之骏[22]，骋迹于千里。使夫含章抑郁、穷览洽闻者[23]，申公、伏生之徒[24]，发玄纁[25]，登蒲轮[26]，吐结气[27]，陈立素[28]，显其身，行其道，俾圣世迪唐、虞之高轨[29]，驰升平之广涂，玄流沾于九垓[30]，惠风被乎无外。五刑厝而颂声作[31]，和气洽而嘉穟生[32]，不亦休哉[33]！

【注释】

①否(pǐ)终则泰：困厄的局面结束，开创太平安泰的社会。否，困厄。

②文武迭贵：文臣武将交替显贵。太平时代则文臣贵，动乱时代则武将贵。

③常然：永远如此。然，此。数：规律；法则。

④冀：希望。群寇：指晋王朝以外的各种敌对势力。涤：清洗；清除。

⑤遵度：遵照正常的秩序运行。

⑥旧邦惟新：让晋朝这一旧的王朝重新兴盛起来。惟，乃；是。《诗

经·大雅·文王》:“周虽旧邦,其命维新。”

⑦振:挥动。天惠:应作“天彗”。杨明照《抱朴子外篇校笺》:“孙星衍曰:‘“惠”疑作“彗”。’照按:孙说是。”天彗,天上的彗星。其形状如扫帚。埽:同“扫”。

⑧鼓:鼓风,使火变得炽热。九阳:太阳。洪炉:大炉子。指天地之间。古人认为天地之间如同一个大炉,能够从中产生万物。

⑨大钧:造物主。指大道。古人认为大道能够产生万物。钧,本指制作陶器的转轮,这里比喻大道。皇极:帝王治国的最高准则。极,最高原则。

⑩开玄模以轨物:制定微妙的原则去规范万物。开,开启;制定。玄,微妙。模,模子。引申为原则。轨物,规范事物。

⑪陶冶:制陶冶金。比喻化育。庶类:万物。这里主要指民众。

⑫匠成:培养造就。翘秀:出类拔萃的人才。翘,高出的样子。

⑬戢(jí)干戈:收藏兵器。干,盾牌。

⑭橐(tuó):一种口袋。用作动词,装进口袋。矢:箭。

⑮辟(bì)雍:周天子所立的国学。之:当为“立”字之误。杨明照《抱朴子外篇校笺》:“徐济忠曰:‘“之”字疑“立”字。’陈澧曰:‘“之”字疑误。’照按:上下文俱以三字成句,而此独否,实为不伦。徐疑‘之’为‘立’之误,是也。”庠(xiáng)序:古代的地方学校。后来泛指学校。夏朝称为校,商朝称为序,周朝称为庠。

⑯国子:贵族子弟。这里泛指学子。

⑰文德:指礼乐教化。

⑱发金声,振玉音:发出金玉之音。比喻发出美好的政令。

⑲降风云于潜初:降风云给那些潜藏的龙。比喻为隐士提供成就伟业的机会和条件。潜初,用潜藏的龙比喻隐士。《周易·乾卦》:“初九:潜龙勿用。”

⑳旅:陈列。束帛:古代的礼品。丝帛五匹为一束。丘园:本指山

丘园圃。这里指隐居之地。

㉑翮(hé):鸟的健羽。这里泛指翅膀。清虚:天空。

㉒项领之骏:身体强健的骏马。比喻贤才。项领,肥胖的脖子。这里指身体健硕。项,肥胖。领,脖子。

㉓含章:胸怀美才。章,本指美好的花纹。这里比喻美好的才能。

㉔申公:西汉鲁人,以传《诗经》闻名于世。伏生:西汉济南人。秦朝的博士,秦始皇焚书时,伏生将《尚书》藏于壁中。汉初,伏生求《尚书》得二十九篇,教于齐鲁之间。这二十九篇被后人称为《今文尚书》。

㉕玄纁(xūn):黑色和浅红色的丝绸。是古代聘请隐士用的礼品。

㉖蒲轮:用蒲草包裹车轮的车子。用蒲草包裹车轮是为了减小震动,古代朝廷多用蒲轮车迎接德高望重的贤人。

㉗吐结气:一吐心中的郁结之气。

㉘立素:应为"玄素"之误。杨明照《抱朴子外篇校笺》:"徐济忠曰:'"立"字疑是"玄"字。'照按:《嘉遁》篇有'逍遥竹素,寄情玄毫'语,是'立'当作'玄'之切证。"玄,指黑色的墨。素,指用来写字的白绢。这里的"陈玄素"就是从事著书立说的意思。

㉙俾:使。迪:道路。这里用作动词。走向。唐、虞:唐尧、虞舜。高轨:高平的道路。比喻繁荣之路。本句是说让晋朝走向像尧、舜时代一样的政治坦途。

㉚玄流:清水。比喻君主的恩泽。九垓(gāi):犹言"九州"。指整个天下。一说指中央至八极之地,实际也是整个天下的意思。

㉛五刑:五种刑罚。先秦指墨(刻面)、劓(割鼻)、剕(断足)、宫(阉割)、大辟(斩首)。这里泛指刑罚。厝(cuò):弃置不用。

㉜和气:和谐的阴阳二气。洽:广博;普遍。嘉穟(suì):又叫嘉禾。祥瑞的庄稼。穟,同"穗",代指庄稼。古人认为,嘉禾一茎多穗,是一种吉祥的征兆。

㉝休：美好。

【译文】

“寒冷和暑热交替出现，厄运结束就会转为平安，文臣和武将交替显贵，这是必然的规律。希望消灭所有的敌寇，使国家中兴的局面马上出现，日、月、五星按照正常秩序运行，让晋朝这一旧的王朝重新兴盛，挥动着天上的彗星清扫辽阔的天空，鼓动起太阳使它在天地之间这座大炉里更加光明，把大道运用到最高的治国原则之中，制定正确的准则使万物得到规范。化育民众，造就良才，清洗积累的污秽，改变邪恶成为正义，把干戈藏入仓库，把弓箭装进口袋，兴办学校，招收学子，整饬礼乐教化，发出金声玉律般的美好政令。要为隐士们提供很好的出仕条件，把聘请的礼品送到他们的隐居地。让那些收缩着翅膀的凤凰，能够展翅在天空中飞翔；让那些健壮的骏马，能够一日千里地自由驰骋。让那些胸怀美才、满腹愤懑、博览群书、见识广博者，像申公、伏生之类的士人，能够接到朝廷的聘礼，登上安适的蒲轮车子，一吐心中的郁结之气，发奋著书立说，显贵其身，推行其道，使当今的圣明时代能够走向唐、虞时代的繁荣之路，驰骋于歌舞升平的宽敞之途，君主的德泽遍布于四面八方，君主的恩惠之风吹遍普天之下。各种刑罚闲置不用而颂扬之声四起，阴阳之气和谐而生出许多吉祥的嘉禾，这不是很美好的事情吗！

“昔秦之二世[①]，不重儒术，舍先圣之道，习刑狱之法[②]。民不见德[③]，唯戮是闻[④]。故惑而不知反迷之路[⑤]，败而不知自救之方，遂堕坠于云霄之上，而鳖粉乎不测之下[⑥]。惟尊及卑，可无鉴乎？”

【注释】

①秦之二世：秦朝的两代皇帝。指秦始皇和他的儿子秦二世。秦朝仅传两代皇帝即亡国。

②习刑狱之法：只学习刑法。秦朝焚书坑儒，人们只能学习刑法。

③见德：被爱护。见，被。

④唯戮是闻：即“唯闻戮”。听到的都是残酷杀戮。

⑤反迷之路：从迷途返回。反，同“返”。

⑥虀(jī)粉：粉末；粉身碎骨。不测：指深不可测的悬崖。

【译文】

“从前秦朝的两代皇帝，不重视儒家思想，抛弃古代圣人的学说，只允许人们学习刑法。百姓得不到爱护，听到的都是残酷杀戮。因此秦朝皇帝根本不懂得迷途知返，失败了也找不到自救的方法，于是他们就从云霄之上跌落下来，在深不可测的悬崖里摔得粉身碎骨。从尊贵的统治者到卑贱的普通民众，能够不以此为戒吗？”

崇教卷四

【题解】

崇教，重视教育。崇，崇尚；重视。本篇可以说是上篇的姊妹篇，依然是在阐述教育、学习的重要性。如果说上篇侧重于从个人角度来强调学习的重要，而本篇则侧重于从国家政治的角度来阐述教育的不可或阙。

作者认为教育的好坏决定着一个国家的安危，“若使素士则昼躬耕以糊口，夜薪火以修业；在位则以酣宴之余暇，时游观于劝诫”，只要从官员到民众，都能够稍微重视教育的话，那么社会上就会多一些圣贤，少一些禽兽之人。这对于国家的长治久安自然是有百益而无一害。

正是因为教育关系着国家的生死存亡，所以圣明的皇帝就从自身做起：“盖闻帝之元储，必入太学，承师问道。齿于国子者，以知为臣，然后可以为君；知为子，然后可以为父也。故学立而仕，不以政学，操刀伤割，郑乔所叹。”皇帝还在做太子的时候，就被送进学校，与其他学子一起学习为人臣为人子的道理，然后才有资格、有能力去为人君为人父。作者还举古代的圣贤为例：“先哲居高，不敢忘危，爱子欲教之义方，雕琢切磋，弗纳于邪伪。”先哲爱护子女的方法就是对他们加强教育。作者还特别强调“朋友师傅，尤宜精简，必取寒素德行之士，以清苦自立，以不群见惮者。其经术如仲舒、桓荣者，强直若龚遂、王吉者，能朝夕讲论忠孝之至道，正色证存亡之轨迹”，只有那些道德高尚、知识渊博、性格刚直的人士才有资格配为老师。既然皇帝、先哲都重视学习，更何况一般的人呢！

当然，重视教育只是应然，而不是必然，更不是现实。所以当作者一回到现实就痛心不已。那些贵族子弟，生于深宫之中，长于妇人之手，还没有任何社会阅历的情况下，就能够“操杀生之威，提黜陟之柄”。这些不学无术的统治者“望冠盖以选用，任朋党之华誉”，所用非人，于是上上下下，都只知道“新声艳色，轻体妙手，评歌讴之清浊，理管弦之长短，相狗马之勦驽，议遨游之处所”，不是斗鹰走狗，就是校弹品妓，整天沉溺于荒淫奢侈的生活中而无法自拔。既然如此，那么不断出现亡国亡家的悲惨之事，也就不足为奇了。

最后，作者寄希望于当今的圣明皇上，期盼他能够“坚隄防以杜决溢，明褒贬以彰劝沮”，促使人们能够从学向善，从而挽救这个颓废的社会。

抱朴子曰：“澄视于秋毫者①，不见天文之焕炳②；肆心于细务者，不觉儒道之弘远。玩鲍者忘茝蕙③，迷大者不能反。夫受绳墨者无枉刳之木④，染道训者无邪僻之人。饰治之术⑤，莫良乎学。学之广在于不倦，不倦在于固志。志苟不固，则贫贱者汲汲于营生⑥，富贵者沉伦于逸乐⑦。是以遐览渊博者，旷代而时有⑧；面墙之徒⑨，比肩而接武也⑩。

【注释】

①澄视：清晰地看见。这里是“只注意看清”的意思。秋毫：秋天新生的兽毛。

②天文：这里指天上的日、月、星。焕炳：明亮的样子。

③鲍:咸鱼。这里指咸鱼的腥臭味。茝(zhǐ)蕙:两种香草名。茝,即白芷。

④绳墨:木工划直线用的工具,即墨线。枉刳(kū):锯割歪斜。枉,弯曲;歪斜。刳,剖开。这里指锯开。

⑤饰治:精心制作;精心培养。

⑥汲汲:急切的样子。营生:谋生。

⑦沉伦:即"沉沦"。沉溺。伦,通"沦"。

⑧旷代:绝代。一代难以出现一个。时有:偶尔出现。

⑨面墙:面对着墙壁站立。比喻不学习,所知甚少。

⑩比肩接武:肩挨着肩,脚碰着脚。形容此类人极多。武,足迹。

【译文】

抱朴子说:"只注意看清秋毫的人,就看不到天上日、月的明亮;只关心细微小事的人,就不懂得儒家学说的博大精深。习惯于咸鱼腥臭的人就忘记了茝蕙的芳香,愚昧严重的人就不知道迷途知返。划过墨线的木材就不会被锯割歪斜,接受学问教诲的人就不会变得邪恶乖戾。培养造就人才,最好的方法就是学习。知识要想渊博就在于孜孜不倦地学习,要想做到孜孜不倦则在于要有坚定的志向。志向如果不坚定,那么贫贱的人就会整天急于赚钱谋生,富贵的人就会整天沉溺在安乐之中。因此能够博览群书学识渊博的人,多少代才偶尔出现一位;而不学无术的人,却摩肩接踵比比皆是。

"若使素士则昼躬耕以糊口①,夜薪火以修业;在位则以酣宴之余暇②,时游观于劝诫③,则世无视内④,游、夏不乏矣⑤。亦有饥寒切己,藜藿不给⑥,肤困风霜,口乏糟糠⑦,出无从师之资,家有暮旦之急,释耒则农事废⑧,执卷则供养亏者,虽阙学业,可恕者也。所谓千里之足,困于盐车之下⑨;

赤刀之矿⑩，不经欧冶之门者也⑪。

【注释】

①素士：贫寒的读书人。

②在位：当官的人。

③劝诫：勉励与告诫。劝，勉励。

④视内：应作“视肉”。指视肉而食的禽兽。《史记·李斯列传》：“处卑贱之位而计不为者，此禽鹿视肉，人面而能强行者耳。”司马贞《索隐》：“禽鹿犹禽兽也，言禽兽但知视肉而食之。《庄子》及《苏子》曰：‘人而不学，譬之视肉而食。’”

⑤游、夏：子游、子夏。孔子的两位优秀弟子。

⑥藜藿（lí huò）：两种野菜名。这里泛指粗劣的饭菜。藜，野菜名。藿，豆叶。

⑦糟糠：酒糟、谷皮等粗劣食物。

⑧释耒（lěi）：放下农具。指不干农活。耒，农具名。

⑨困于盐车之下：处于拉盐车的困境之中。《燕丹子》卷下：“骐骥之在盐车，驽之下也；及遇伯乐，则有千里之功。”

⑩赤刀：古代宝刀名。

⑪欧冶：即欧冶子。春秋时期著名的铸剑工匠。

【译文】

“如果那些贫寒之士在白天亲自种地糊口之后，能够夜里点上灯烛修习学业；那些做官之人在宴会酣饮之余，能够时时浏览一下劝诫的箴言，那么社会上就没有禽兽一样的人，像子游、子夏那样的贤人也就不会缺乏了。也有一些人饥寒交迫，野菜不够吃，身体遭受风霜侵袭，口中缺乏糟糠之食，想出门学习又没有拜师求学的钱财，家中还时常出现危难之事，放下农具就没有人干活，拿起书卷就缺乏衣食供给，这样的人即使耽误了学业，也是可以谅解的。这就是人们所说的日行千里的骏马，陷入了拉盐车的困境；还好像能够制成宝刀的矿石，却进不了欧冶子的家门一样。

“若夫王孙公子①，优游贵乐，婆娑绮纨之间②，不知稼穑之艰难③，目倦于玄黄④，耳疲乎郑、卫⑤，鼻餍乎兰麝⑥，口爽于膏粱⑦；冬沓貂狐之缊丽⑧，夏缜纱縠之翩飘⑨；出驱庆封之轻轩⑩，入宴华房之粲蔚⑪；饰朱翠于楹棁⑫，积无已于篋匮⑬；陈妖冶以娱心⑭，湎醽醁以沉醉⑮；行为会饮之魁，坐为博奕之帅⑯。省文章既不晓，睹学士如草芥⑰；口笔乏乎典据⑱，牵引错于事类⑲。剧谈则方战而已屈⑳，临疑则未老而憔悴㉑。虽叔麦之能辩㉒，亦奚别乎瞽聩哉㉓！”

【注释】

①王孙公子：先秦时期主要指国王和公爵的子孙，后来泛指贵族子弟。

②婆娑：逍遥自在的样子。绮纨(wán)：精美的丝织品。这里代指富贵奢侈的生活。绮，有花纹的丝织品。纨，细绢。

③稼穑：农耕。种庄稼叫做稼，收庄稼叫做穑。

④玄黄：黑色与黄色。泛指各种绚丽的色彩。

⑤郑、卫：指先秦时期郑、卫两国的音乐。因为这两个国家的音乐淫靡，所以后来就成为靡靡之音的代称。

⑥餍(yàn)：满足。兰麝：芳香。兰，一种香草名。麝，麝香。

⑦爽：伤害；败坏。膏粱：肥肉和细粮。泛指美味。

⑧沓(tà)：重叠。缊丽：疑作“温丽”。指温暖而华丽的皮衣。

⑨缜(zhěn)：细密。縠(hú)：有皱纹的细纱。翩飘：飘动的样子。

⑩庆封：春秋齐国大夫。轩：古代大夫以上乘坐的车辆。《左传·

襄公二十七年》:“齐庆封来聘,其车美。”

⑪粲蔚:鲜艳华丽的样子。

⑫楹棁(yíng zhuō):厅堂前的柱子叫楹,梁上的短柱叫棁。

⑬无已:无数的财富。箧(qiè)匮:箱子和柜子。箧,箱子。匮,同“柜”。

⑭妖冶:艳丽。这里指艳丽的美女。

⑮湎:沉溺。醽醁(líng lù):美酒名。

⑯博奕:即“博弈”。六博和围棋。古代掷采下棋的比赛游戏。奕,为“弈”字之误。

⑰草芥:小草。比喻轻贱。

⑱典据:典故依据。

⑲牵引:引证。事类:事情;事实。

⑳剧谈:畅谈。这里指激烈论辩。屈:指理屈辞穷。

㉑临疑:面对疑难问题。憔悴:困顿不堪的样子。

㉒叔:通“菽”,豆类的总称。辩:通“辨”,分辨。

㉓瞽瞶(kuì):目盲。瞽,目盲。瞶,眼疾。

【译文】

“至于那些贵族子弟,悠闲自得地享受着荣华富贵,糊糊涂涂地沉迷于奢侈的生活,根本不知道种地的艰难,他们看厌了绚丽的色彩,听倦了淫靡的音乐,鼻子闻够了芳香的气息,嘴巴吃伤了肥美的食物;冬天披着几层用貂皮、狐皮做成的华丽温暖的长袍,夏天穿着用细密的丝绸做成的轻飘飘的衣服;出门乘坐的是像庆封坐过的那种轻便华美的车辆,回家则在富丽堂皇的厅堂里宴饮;用红绿的颜色来装饰室内的大小柱子,无数的珍宝积存在自己的箱柜之中;站在面前的艳丽美女使自己赏心悦目,沉溺于美酒使自己沉醉不醒;出门参加聚会则是喝酒的魁首,坐下来游戏则是赌博的领袖。阅读文章既无法看懂,却又不把读书人放在眼中;讲话写作不能引经据典,引用历史事件又总是出现错误。

激烈的辩论刚一开始就已经理屈辞穷，面对疑难问题时还未衰老就已经是困顿不堪。虽说他们还能够分辨大豆与小麦的区别，可这与盲人又有什么不同！”

抱朴子曰：“盖闻帝之元储①，必入太学②，承师问道。齿于国子者③，以知为臣，然后可以为君；知为子，然后可以为父也。故学立而仕，不以政学，操刀伤割，郑乔所叹④。触情纵欲，谓之非人。而贵游子弟⑤，生乎深宫之中，长乎妇人之手，忧惧之劳，未常经心⑥。或未免于繈褓之中⑦，而加青紫之官⑧；才胜衣冠⑨，而居清显之位。操杀生之威，提黜陟之柄⑩；荣辱决于与夺⑪，利病感于唇吻⑫。爱恶无时暂乏，毁誉括厉于耳⑬；嫌疑象类⑭，似是而非，因机会以生无端⑮，藉素信以设巧言，交构之变⑯，千端万绪，巧筭所不能详⑰，毫墨所不能究也。无术学，则安能见邪正之真伪、具古今之行事？自悟之理，无所感假⑱，能无倾巢覆车之祸乎⑲！

【注释】

①元储：储君；太子。

②太学：古代学校名。即国学。

③齿：排列；并列。国子：公卿大夫的子弟。

④郑乔：春秋郑国的子产。子产名叫公孙侨，是著名的政治家。乔，通“侨”。《左传·襄公三十一年》记载，郑国的子皮想派尹何为自己管理封地，子产认为尹何太年轻，子皮说可以让他边干边学，子产认为这样做“犹未能操刀而使割也，其伤实多”。

⑤贵游子弟：在富贵中长大的贵族子弟。一说指没有任职的贵族子弟。

⑥经心：进入过心中。既没有经历过忧愁恐惧的磨炼。

⑦襁褓(qiǎng bǎo)：包婴儿的被、毯等。

⑧青紫之官：高级官位。汉代丞相、太尉金印紫绶，御史大夫银印青绶。这里用“青紫”代指高官。

⑨才胜衣冠：刚刚能够穿衣戴帽。

⑩黜(chù)：罢免官员。陟(zhì)：提拔官员。柄：权柄。

⑪与夺：给予和剥夺。

⑫利病：获利与受害。感：动。唇吻：嘴唇。这里指语言。

⑬括(guō)厉：聒耳；刺耳。括，通“聒”，厉，刺耳。

⑭嫌疑象类：“嫌疑”和“象类”都是相似之意。这里指似乎恰当。

⑮无端：没有缘由的事端。

⑯交构：相互陷害。

⑰筭：同“算”，计数；计算。

⑱感假：感悟、学习。假，凭借；学习。

⑲倾巢覆车：倾翻鸟巢，颠覆车辆。比喻失败、覆灭。

【译文】

抱朴子说：“听说皇帝的太子，也必须进入太学，接受师教以获取学问。之所以要求太子与贵族子弟一起学习，目的是要太子先懂得如何做大臣，然后才能够去做君主；先懂得如何当儿子，然后才能够去当父亲。因此要先学习成功然后再去做官，而不能拿着政事去学习，不会用刀的人硬要用刀就会伤人，这是郑国子产所深感叹息的事情。情感一有触动就去纵欲的人，称之为禽兽。然而那些在富贵中长大的贵族子弟，出生于深宫之中，生长于妇人之手，忧愁恐惧辛苦等事情，心中从来没有经历过。他们有的还在襁褓之中，就被赋予很高的官职；刚刚能够穿衣戴帽，就高居于清要显贵的位置。他们掌握了生杀的大权，手提着罢免和提升官员的权柄；别人是受荣还是受辱取决于他们的与夺决定，别人是获利还是受害全凭着他们的几句言语；他们的好恶之情不会片刻消失，于是诽谤和称誉的话就会不断在他们的耳边响起；这些毁誉表面看似恰当，实际上全都似是而非，于是有的人就借机会生出无端的是非，有的人仗着平素被信任设计出花言巧语，于是人们相互陷害，制造万千的事端，巧妙的计算也无法算清其中的是非，笔墨更是难以完全描述其中的恩怨。这些贵族子弟缺乏学术见识，怎么能够去发现邪正与真伪、掌握古今的做事方法呢？他们自己悟出一点道理，而不是通过学习前人得出的感悟，怎么能够不造成颠覆灭亡的灾难呢！

“先哲居高，不敢忘危，爱子欲教之义方，雕琢切磋①，弗纳于邪伪。选明师以象成之②，择良友以渐染之③，督之以博览，示之以成败，使之察往以悟来，观彼以知此，驱之于直道之上，敛之乎检括之中④，懔乎若跟挂于万仞⑤，慄然有如乘奔以履冰⑥。故能多远悔吝⑦，保其贞吉也⑧。

【注释】

①切磋：切开、粗锉玉石（或骨器）。这里用切开、粗锉玉石或骨器比喻修养品德。一说骨器加工叫做“切”，象牙加工叫做“磋”。

②象成：疑作“匠成”。杨明照《抱朴子外篇校笺》：“陈澧曰：‘“象”，疑当作“匠”。’照按：……陈校是也。”匠成，造就。

③渐染：浸染；熏陶。

④检括：约束。引申为法度。

⑤懔（lǐn）乎：战战兢兢的样子。跟挂：用脚跟倒挂。万仞（rèn）：万丈深渊。仞，古代长度单位。七尺或八尺为一仞。

⑥慄（lì）然：害怕、恐惧的样子。奔：奔马。

⑦悔吝：灾祸。

⑧贞吉：正确而吉祥。

【译文】

“先哲们虽然身居高位，但从来也不敢忘记危险，先哲们爱护儿子就用道义去教导他们，对他们进行精心的教育和培养，不让他们沾染到任何邪恶虚伪的品质。选择明师去培育他们，选择良友去熏陶他们，督促他们博览群书，让他们知道古今成败的历史，使他们能够通过历史而预知未来，通过观察其他事情以明白此处的道理，督促他们走向正直之路，把他们纳入法规的管束之中，让他们战战兢兢地就好像用脚跟倒挂在万丈深渊的边沿，小心翼翼地就如同是骑着奔马驰骋于薄冰之上。因此他们能够更多地远离灾难，能够保持美好的品德和吉祥的命运。

“昔诸窦蒙遗教之福①，霍禹受率意之祸②，中山、东平以好古而安③，燕剌由面墙而危④。前事不忘，今之良鉴也。汤、武染乎伊、吕⑤，其兴勃然⑥；辛、癸染乎推、崇⑦，其亡忽焉⑧。朋友师傅，尤宜精简⑨。必取寒素德行之士，以清苦自立，以不群见惮者⑩。其经术如仲舒、桓荣者⑪，强直若龚遂、王吉者⑫，能朝夕讲论忠孝之至道，正色证存亡之轨迹，以洗濯垢涅⑬，闲邪矫枉⑭。宜必抑情遵宪法，入德训者矣。

【注释】

①诸窦：指汉文帝的窦皇后家人。遗教：指道家的思想。窦皇后好黄帝、老子学说，皇上、太子、诸窦不得不读黄帝、老子书，尊其术。《史记·外戚世家》记载，窦皇后兄窦长君、弟窦广国皆受封，住在长安。周勃等大臣选派长者为他们的老师，二人“由此为退让君子，不敢以尊贵骄人”，从而使窦家能够长保富贵。

②霍禹：西汉霍光之子。率意：根据个人的意思轻率行事。霍光掌权时，其妻使人毒杀汉宣帝皇后许氏，立自己的女儿为后。霍光

去世后，霍氏恐谋杀许后事泄，于是谋反，失败后，霍禹被腰斩。事见《汉书·霍光传》。

③中山：中山王。据杨明照《抱朴子外篇校笺》考证，汉代中山王没有“好古而安”者，可能为河间王的误记。《史记·五宗世家》记载，汉景帝之子河间献王刘德好儒学，与儒生交往密切。东平：东汉光武帝刘秀之子东平王刘苍。《后汉书·光武十王列传》记载“苍少好经书，雅有智思”，写作了大量的章奏、书记、赋、颂、七言、歌诗等等。

④燕剌（là）：西汉燕剌王刘旦。汉武帝之子。昭帝时，刘旦谋反，事泄自缢而死。面墙：面对着墙壁站立。比喻不学习，所知甚少。

⑤汤：商汤王。商朝的开国君主。武：周武王。伊：伊尹。辅佐商汤王建立商朝。吕：吕尚。也即姜太公。辅佐周武王灭商，为周朝开国功臣。

⑥勃然：突然。一说为兴旺的样子。

⑦辛：商纣王名辛。商朝的亡国之君。癸：夏桀王名履癸。夏朝的亡国之君。推：推哆（chǐ）。夏桀时的佞臣。崇：崇侯。商纣时的佞臣。

⑧忽焉：快速的样子。

⑨简：选拔。

⑩不群：卓然不群。见惮：被人敬畏。见，被。惮，敬畏。

⑪仲舒：董仲舒。西汉的大儒。著有《春秋繁露》，提出罢黜百家、独尊儒术的主张。桓荣：东汉初年的名儒。光武帝刘秀召桓荣讲说《尚书》，甚善之，拜为太子师傅。

⑫龚遂、王吉：都是西汉名臣。他们对昌邑王刘贺的淫乱放荡行为进行了直谏。

⑬垢涅：污垢和泥巴。比喻污秽的品质。

⑭闲邪：防止邪恶。闲，防止。矫枉：矫正弯曲。比喻纠正偏邪。枉，弯曲。

【译文】

“从前窦氏家族因接受黄老遗训而获得了福祉，霍禹因轻率行事而遭受了灾祸，中山王和东平王都因为好古勤学而安然无恙，燕刺王却因为不学无术而招来危难。不忘记以前的历史，就可以作为现在的最好借鉴。商汤王和周武王受到伊尹、吕尚的熏陶，于是他们就能够很快兴起；商纣王和夏桀王受到推哆、崇侯的熏陶，所以他们就迅速灭亡。朋友和老师，尤其应该精心挑选。一定要选拔出身寒微而品行高尚的人士，他们能够在清苦的生活中自立，能够卓然不群而让人感到敬畏。他们的经学知识应该像董仲舒和桓荣一样，坚强耿直的品质应该像龚遂和王吉一样，他们能够整天讲论忠孝的最高道义，能够认真论证生死存亡的历史规律，以此来清洗污秽的品行，防止邪恶以纠正偏差。这样的老师就能够控制弟子的情欲而使他们遵守法度，让他们接受有关美德的教诲。

“汉之末世、吴之晚年则不然焉①。望冠盖以选用②，任朋党之华誉③，有师友之名，无拾遗之实④。匪唯无益⑤，乃反为损。故其所讲说，非道德也；其所贡进⑥，非忠益也⑦。唯在于新声艳色、轻体妙手⑧，评歌讴之清浊，理管弦之长短⑨，相狗马之勦驽⑩，议遨游之处所，比错涂之好恶⑪，方雕琢之精粗⑫，校弹棋樗蒲之巧拙⑬，计渔猎相掊之胜负⑭，品藻妓妾之妍蚩⑮，指摘衣服之鄙野⑯，争骑乘之善否，论弓剑之疏密⑰。招奇合异，至于无限；盈溢之过⑱，日增月甚。

【注释】

①吴：三国之一。建国于长江中下游及东南沿海一带。开国君主为孙权。

②冠盖：本指官员的礼帽与车盖。这里代指达官贵人。

③朋党：指为名利而结成的集团。也即同党。华誉：华而不实的赞誉。

④拾遗：补正他人的缺点过失。

⑤匪：同“非”。

⑥贡进：又叫贡举。地方向朝廷举荐人才。

⑦忠益：忠诚有益的人才。

⑧轻体：体态轻盈的舞女。妙手：善于弹奏的歌伎。

⑨管弦：管乐器与弦乐器。

⑩相：观察。勦(chāo)：轻捷；敏捷。驽：劣马。这里指笨拙。

⑪错涂：泛指装饰。错，指金银嵌饰。涂，涂饰。

⑫方：相比；比较。

⑬弹棋：古代棋类博戏之一。樗(chū)蒲：古代的一种赌博游戏。

⑭相掊(póu)：又称角抵、角觝、相扑。类似摔跤的游戏。

⑮品藻：品评。妍蚩(chī)：美与丑。蚩，同“媸”，丑。

⑯鄙野：粗俗。

⑰疏密：粗糙与精致。

⑱盈溢：充盈溢满。这里指过分奢侈的生活。

【译文】

“到了汉代的末年，以及吴国的晚期就不是这样了。看着达官贵人的脸色来选用人才，听着同党华而不实的赞誉来任命官员，虽然名义上是老师和朋友，却没有任何补正过失的实际作用。这些官员不仅没有益处，反而会带来损害。因为他们所谈论的，都不是大道和美德方面的事情；他们所举荐的，都不是忠诚有益的人才。他们只会用心于新谱的音乐和艳丽的色彩、体态轻盈的舞女和善于弹奏的歌伎，他们评论的都是歌声的清越或粗浊，如何调理管弦乐器的长短高低，他们关注的是狗马的敏捷或笨拙，商议的是出游玩乐的地方，他们比较的是装饰的好坏,比试的是玩物雕琢的粗细,他们较量的是弹棋樗蒲的巧拙,比赛的是打渔狩猎与相扑的胜负,品评的是妓妾的美丽丑陋,指责的是衣服的鄙陋粗俗,竞争的是车马的优劣,讲究的是弓剑的粗糙与精致。他们寻找和积攒各种奇珍异宝,以至于贪得无厌;他们追求奢侈生活的过错,一天比一天变得更为严重。

"其谈宫殿,则远拟瑶台、琼室①,近效阿房、林光②,以千门万户为局促③,以昆明、太液为浅陋④,笑茅茨为不肖⑤,以土阶为朴騃⑥。民力竭于功役,储蓄靡于不急,起土山以准嵩、霍⑦,决渠水以象九河⑧;登凌霄之华观⑨,辟云际之绮窗⑩。淫音噪而惑耳,罗袂挥而乱目⑪,濮上、《北里》⑫,迭奏迭起;或号或呼,俾昼作夜⑬。流连于羽觞之间⑭,沉沦乎弦节之侧⑮。

【注释】

①瑶台、琼室:据说是夏桀、商纣时修造的两座宫殿。瑶台为夏桀所造,琼室为商纣所造。

②阿房(ē páng):即著名的阿房宫。秦始皇所建造。林光:林光宫。秦朝二世皇帝所建造。

③局促:狭窄。

④昆明:汉代的昆明池。在今陕西西安附近。方圆四十里。太液:汉代的太液池。在今陕西西安附近。

⑤茅茨(cí):用茅草盖的屋顶。代指茅舍。不肖:不好。

⑥土阶:泥土台阶。朴騃(ái):本指人愚钝。这里指建筑物简陋。

⑦嵩、霍:嵩山与霍山。嵩山在今河南登封,霍山在今安徽,又叫天柱山。

⑧九河:黄河的九条支流。这里代指黄河。

⑨华观:华丽的宫观。观,宫廷的高大楼台。

⑩辟:打开;敞开。绮窗:雕刻或绘饰精美的窗户。绮,本指带花纹的丝绸,这里形容华丽。

⑪罗:稀疏而轻软的丝织品。袂(mèi):袖子。

⑫濮(pú)上:濮水的旁边。这里指濮水两岸的音乐,据说属于靡靡之音。濮水在今河南境内。《北里》:商纣王时的舞曲名。属于亡国之音。

⑬俾昼作夜:把白天当夜晚。意思是说把白天也当作休息玩乐的时间而不理政事。

⑭羽觞(shāng):一种酒器。作雀鸟状,左右两边形如两翼。一说插羽毛于觞,促人速饮。

⑮弦节:琴瑟的节拍。这里泛指音乐歌舞。

【译文】

“他们谈起宫殿,远的想要效法夏桀和商纣时的瑶台、琼室,近的则要模仿阿房宫和林光宫,他们认为千门万户的宫殿还太局促狭窄,感到昆明池和太液池也太浅太简陋。他们嘲笑茅草房舍太不像样,认为泥土台阶也太过简陋。民力全部用在修造宫殿河池的劳役之上,积蓄也全都浪费在不必要的地方,他们堆积土山时要与嵩山和霍山一样高大,开挖水渠时要与黄河一样宽阔;他们登上高入云霄的壮丽宫观,敞开着云雾缭绕的华美窗户。靡靡之音喧嚣迷惑了他们的耳朵,轻纱做成的衣袖舞动起来则扰乱了他们的眼睛,濮上之音和北里之舞,此起彼伏;他们竭力号叫大声呼喊,把白天也当成了休闲的夜晚。他们流连忘返于美酒之中,沉沦迷恋在歌舞之间。

“或建翠翳之青葱[①],或射勇禽于郊坰[②];驰轻足于崄峻之上[③],暴僚隶于盛日之下;举火而往[④],乘星而返;机事废而不修[⑤],赏罚弃而不治。或浮文艘于滉瀁[⑥],布密网于绿川,垂香饵于涟潭⑦，纵擢歌于清渊⑧，飞高缴以下轻鸿⑨，引沉纶以拔潜鳞⑩；或结罝罘于林麓之中⑪，合重围于山泽之表，列丹飙于丰草⑫，骋逸骑于平原⑬，纵卢、猎以噬狡兽⑭，飞轻鹞以鸷翔禽⑮，劲弩殪狂兕⑯，长戟毙熊虎⑰。如此，既弥年而不猒⑱，历载而无已矣⑲。

【注释】

①或：有的人。翠翳（yì）：用翠鸟羽毛装饰的车盖。这里代指华美的车辆。一说指翠鸟羽毛做成的舞具。翠，鸟名，即翠鸟。青葱：翠绿色。

②郊坰（jiōng）：郊外。坰，遥远的郊外。

③轻足：善跑的骏马。一说指善跑的猎犬。崄（xiǎn）：高峻。

④火：火把。

⑤机事：政事。机，事务。

⑥文艘：绘制着花纹的船只。文，同“纹”。滉瀁（huàng yàng）：水深而大的样子。

⑦涟潭：泛起波纹的潭水。涟，涟漪；波纹。

⑧擢歌：应为“櫂歌”。《道藏》本即作“櫂歌”。也即船歌。櫂，同“棹”，船桨。代指船。

⑨缴（zhuó）：系在箭上的生丝绳。这里代指箭。

⑩纶：钓鱼的丝绳。潜鳞：水中的鱼。

⑪罝罘（jū fú）：捕兽的网。麓：山脚。

⑫丹飙：红色的火焰。这里指火把。飙，通“熛（biāo）”，火焰。

⑬逸骑（jì）：速度很快的奔马。

⑭卢、猎：指韩卢和宋猎，都是先秦时的名犬。猎，或作“浞”、“鹊”。

⑮鹞（yào）：雀鹰的统称。鸷（zhì）：凶猛击杀。

⑯殪(yì):杀死。兕(sì):动物名。即犀牛。

⑰戟:古代的一种兵器。

⑱弥年:整年。猒(yàn):同“厌”,满足。

⑲历载:历年;很多年。载,年。

【译文】

“他们有的制造用翠鸟羽毛作装饰的华美车辆,有的到郊野去射猎猛禽;有的骑马驰骋于险峻的高山之上,让僚属奴仆们暴晒于烈日之下;他们天不亮就举着火把出门游玩,一直到天黑后才披着星光回家;各种政务被废弃而不予安排,各种赏罚也被丢开而不予处理。有的乘坐着华丽的船只在广阔的水面上游荡,有的在绿色的河水中密布渔网,有的在泛着涟漪的池塘边垂钓,有的在清澈的潭水上纵声唱起船歌,有的用箭射下轻捷的鸿雁,有的用钓绳钓起水中的游鱼;他们有的在山脚的树林里布下兽网,有的在高山大泽中围猎禽兽,有的在丰茂的草原上密布火炬夜间打猎,有的乘着快马在平原上奔驰,有的放出韩卢、宋猎那样的猎犬去追咬矫捷的野兽,有的放起鹞鹰去捕捉飞翔的禽鸟,有的用强劲的弓弩射死癫狂的犀牛,有的用长戟刺倒黑熊和老虎。对于这样的生活,他们整年也不会厌倦,连续数年也难以结束。

“而又加之以四时请会,祖送庆贺[①],要思数之密客[②],接执贽之嘉宾[③],人间之务,密勿罔极[④]。是以雅正稍远,遨逸渐笃[⑤]。其去儒学,缅乎邈矣[⑥]。能独见崇替之理[⑦],自拔沦溺之中,舍败德之崄涂,履长世之大道者,良甚鲜矣[⑧]。嗟乎!此所以保国安家者至稀,而倾挠泣血者无筭也[⑨]。

【注释】

①祖:饯行。祖是古人出行前祭祀路神的一种仪式,这里泛指

践行。

②要(yāo):邀请。思数(shuò):非常思念。数,多次;反复。

③执贽(zhì):带着礼物。贽,礼物。

④密勿:勤勉努力的样子。罔极:无限。

⑤遨逸:奔走周旋;嬉戏放逸。遨,奔走周旋。

⑥缅、邈:都是遥远的意思。

⑦崇替:盛衰;兴废。崇,兴起。替,衰落。

⑧良:确实。鲜:少。

⑨倾挠:败亡;失败。泣血:痛哭得流出血来。无筭(suàn):无法计数。筭,同"算",计数;计算。

【译文】

"而且再加上四季的请客与聚会,送行与庆贺,邀请自己非常思念的亲密客人,接待那些提着礼物的嘉宾,人世间的这些俗务,努力应酬也是没完没了。因此距离那些高雅而正当的事务也就越来越远,而奔走周旋嬉戏放逸的毛病也就越来越严重。这些人的行为距离儒学的要求,可以说是太遥远了。能够独自认识兴废盛衰的道理,摆脱对奢侈生活的留恋,离开道德败坏的危险之途,走上长治久安的宽广之路的人,确实是太少了。唉!这就是能够保护国家稳定家庭的人十分罕见的原因,也是国破家亡、痛哭出血的人多得无法计算的原因。

"今圣明在上,稽古济物[①],坚隄防以杜决溢[②],明褒贬以彰劝沮[③];想宗室公族[④],及贵门富年[⑤],必当竞尚儒术,撙节艺文[⑥],释老庄之意不急[⑦],精六经之正道也[⑧]。"

【注释】

①稽古:考察古代历史。济物:救助百姓。

②隄(dī):同"堤"。

③劝沮:鼓励和批判。劝,鼓励。沮,批评。

④宗室:皇族。公族:春秋战国时诸侯的同族。一说指统治阶层的子弟。

⑤富年:年富力强之人。也即年轻人。

⑥撙(zǔn)节:节制;克制。艺文:指经典文献。

⑦释老庄之意不急:放弃并非急需的老庄思想。“意”字应为衍文。杨明照《抱朴子外篇校笺》:“孙星衍曰:‘“意”字衍。’照按:徐济忠已校删‘意’字。孙说是也。当据删。”

⑧六经:这里指儒家的六种经典。包括《易》、《书》、《诗》、《礼》、《春秋》、《乐》。

【译文】

“如今圣明的皇帝在位,考察古代历史以救助百姓,加固堤防以防止决口,明确褒贬以昭示该鼓励什么和阻止什么;想来那些皇帝的同宗、公侯的家族,以及贵族中的年轻人,一定会争相崇尚儒家学说,克制自己去学习经典文献,放弃并不急需的老庄思想,而去精通六经所阐述的正确理论。”

君道卷五

【题解】

君道，为君之道。也即当君主的原则、方法。作者首先用天尊地卑的自然现象来论证君尊臣卑的社会现象，从而树立了君主的绝对权威。但这并非说作为君主就可以为所欲为，相反，君主的责任重大，更应该严格要求自己。

本篇提出的有关对君主的要求很多，我们按照其顺序的先后，简单综述如下：第一，君主“必修诸己以先四海，去偏党以平王道”，要做好天下的表率。第二，要用仁义、忠信、六艺等等加强对臣民的教育，要用礼刑赏罚对臣民进行约束。第三，在推行政令时，要以宽大为怀。第四，要善于用人，要收揽民心，要时刻牢记“金城汤池，未若人和”，险要的山川是不可依赖的。第五，要勇于改正错误。第六，要善于吸纳民众的意见，同时还要防范小人的谗言。第七，生活要俭朴，不可奢侈无度。第八，要爱护百姓，当百姓有了饥寒，君主要勇于承担责任。第九，要注意抓大事，不可以把精力放在细枝末节上。作者反复强调君主应该居安思危，要带着临深履薄、战战兢兢的心态去治理国家，只有这样，百姓才能幸福愉悦，国家才能长治久安。

葛洪在正面阐述为君之道后，又从反面着笔，列举了那些昏惑之君的所作所为，他们朱紫混漫，正邪不分，任人唯亲，赏罚不明，不览经典，不听谏言，聚敛财富，沉溺声色，如此等等。最后作者告诫君主："是以小善虽无大益，而不可不为；细恶虽无近祸，而不可不去也。"真可谓耳提面命，苦口婆心。作者的爱君之情溢于言表。

抱朴子曰："清玄剖而上浮，浊黄判而下沉①，尊卑等威②，于是乎著③。往圣取诸两仪④，而君臣之道立；设官分职，而雍熙之化隆⑤。君人者，必修诸己以先四海⑥，去偏党以平王道⑦，遣私情以标至公，拟宇宙以笼万殊⑧。真伪既明于物外矣⑨，而兼之以自见；听受既聪于接来矣⑩，而加之以自闻。仪决水以进善⑪，钧绝弦以黜恶⑫。昭德塞违⑬，庸亲昵贤⑭。使规尽其圆，矩竭其方⑮，绳肆其直⑯，斤效其斫⑰。器无量表之任⑱，才无失授之用。

【注释】

①清玄剖而上浮，浊黄判而下沉：清澈的青色气离开元气向上飘浮形成上天，混浊的黄色气离开元气向下沉降形成大地。玄，天青色。剖、判，都是分离的意思。这两句话涉及中国古代天地生成的理论。古人认为，在天地万物形成之前，宇宙间是一片混沌之气，这种混沌之气又叫做"元气"。随着时间的推移，"元气"中又清又轻的气逐渐上升，慢慢形成了天；而元气中又浊又重的气逐渐下降，慢慢形成了地。

②等威：等级。

③于是乎著：从这里显现出来。是，代指天地。著，显现。古人认为天尊地卑，人应效法天地，君尊臣卑。

④两仪：天地。

⑤雍熙：太平安乐。化隆：变得繁荣昌盛。

⑥先四海：作天下的表率。四海，整个天下。

⑦偏党：偏私结党。

⑧拟：效仿。宇宙：天地。笼：笼罩。这里有保护的意思。万殊：各种不同的事物；万物。

⑨物外：外物；客观事物。

⑩聪：听得清。接来：到来。这里指外部来的声音。

⑪仪决水以进善：像决口的大水那样从善如流。仪，学习。

⑫钧绝弦以黜恶：像剪断琴弦那样清除罪恶。钧，通“均”，和……一样。

⑬塞违：杜绝违背道义的事情。

⑭庸亲：任用亲人。庸，通“用”。昵：亲近。

⑮使规尽其圆，矩竭其方：让圆规完全发挥它画圆的功能，让方矩完全发挥它画方的作用。比喻人尽其才。规、矩，两种工具。用来画圆的叫“规”，用来画方的叫“矩”。

⑯绳：绳墨。木工用来画直线的工具。肆：尽情。这里指尽情发挥。

⑰斤：斧头。斫(zhuó)：砍削。

⑱器：人才。量表：这里指表面的才能。

【译文】

抱朴子说：“清澈的青色气脱离元气向上飘浮而形成上天，混浊的黄色气脱离元气向下沉降而形成大地，尊贵卑贱的等级，就在天地那里显现出来了。从前的圣人取法于天地，于是君臣之间的关系也就确定了；设立官职分掌政务，那么太平祥和的社会也就出现了。作为治国安民的君主，必须修养自身以成为天下的表率，不可结党营私以便能够使圣王的治国理念顺利推行；抛开私情以建立最公平的标准，效仿天地来覆罩爱护万物。客观事物已经显现出自己的真伪，还要加上自己的亲自观察；外来的声音已经被听清楚了，还要加上自己的仔细分析。像决口的大水那样从善如流，像剪断琴弦那样果断清除罪恶。昭明自己的美德而清除违背道义的言行，任用自己的亲人而亲近那些贤明之人。让圆规充分发挥它画圆的功能，让方矩完全发挥它画方的作用，让墨线尽情展现它能够画直线的特长，让斧子尽情施展它砍削木头的本领。不会仅仅通过观察人的外表就去任命，也不会把权利授予那些没有能力的人。

“考名责实，屡省勤恤[①]；树训典以示民极[②]，审褒贬以彰劝沮[③]；明检齐以杜僭滥[④]，详直枉以违晦吝[⑤]。其与之也，无叛理之幸；其夺之也，有百氏之揜[⑥]。匠之以六艺[⑦]，轨之以忠信，莅之以慈和，齐之以礼刑[⑧]。扬仄陋以伸沉抑[⑨]，激清流以澄臧否[⑩]。使物无诡道[⑪]，事无非分。立朝牧民者[⑫]，不得侵官越局[⑬]；推毂即戎者[⑭]，莫敢惮危顾命。悦近以怀远，修文以招携[⑮]。阜百姓之财粟[⑯]，阐进德之广涂[⑰]，杜机伪之繁务，（此处脱一句）则明罚敕法[⑱]，哀敬折狱[⑲]；淳化治[⑳]，则匿瑕藏疾[㉑]，五教在宽[㉒]。

【注释】

①屡省勤恤：要经常省察并且多多体恤。

②训典：教育百姓的法则。民极：民众的最高准则。

③审：明白；明确。劝沮：鼓励和批判。劝，鼓励。沮，批评。

④检齐：法度；法式。僭(jiàn)滥：过分的事情。这里指赏罚失当。

⑤直枉：正直与邪曲。违：避免。晦吝：即“悔吝”，灾祸。晦，通“悔”。

⑥有百氏之揜：就像管仲剥夺伯氏的封地那样合情合理。百氏，应作“伯氏”。揜(yǎn)：剥夺。《论语·宪问》：“问管仲，曰：‘人也。

夺伯氏骈邑三百，饭疏食，没齿无怨言。'"意思是，管仲剥夺了齐国大夫伯氏的三百户封地，致使伯氏生活贫困，然而由于管仲的惩罚合情合理，伯氏至死而无怨言。

⑦匠：教育；培养。六艺：即儒家的六经。

⑧齐：整治；整顿。

⑨仄(zè)陋：出身卑微。这里指出身卑微而有才华的人。沉抑：被压制在社会底层的贤人。

⑩激：激扬；重用。清流：负有时望、品格清高的士大夫。臧否(pǐ)：善恶。臧，善。否，恶。

⑪物：主要指人。诡道：诡诈之道。也即阴谋诡计。

⑫牧民：治理百姓。

⑬侵官越局：超越自己的职权范围，侵害其他官员的权利。

⑭推毂(gǔ)即戎者：被任命为将军出征的人。毂，车轮中心有圆孔可以插轴的部分。这里代指车辆。据说在上古时期，将军出兵打仗，君主要为他推车，以示重视和尊重。即戎：用兵；作战。

⑮修文：修养文德。也即修养好仁义礼仪。招携：使怀有二心的人归服。携，有二心。

⑯阜：富有；增加。

⑰阐：打开。进德：引进品德高尚的人。也可理解为提高品德。涂：同"途"。

⑱明罚敕法：阐明刑罚，整饬法律。

⑲哀敬折狱：带着怜悯认真的态度去断案。敬，认真。

⑳淳化：淳厚的教化。洽：周遍；普遍施行。

㉑匿瑕(xiá)藏疾：玉藏瑕疵，山隐蛇蝎。比喻一个人器量宏大善于包容。瑕，玉上的斑点。疾，指蛇蝎等毒虫。《左传·宣公十五年》："谚曰：'高下在心，川泽纳污，山薮藏疾，瑾瑜匿瑕，国君含垢，天之道也。'"

㉒五教：指关于父义、母慈、兄友、弟恭、子孝的教育。

【译文】

“根据一个人的名位去考察他的实际功效，要经常去考察但也要多多予以体恤；建立教民的常规向百姓展示行为的准则，明确地进行褒贬来说明应该鼓励什么和阻止什么。阐明法规制度以杜绝赏罚失当，仔细地弄清是非曲直以避免灾祸发生。君主在赏赐的时候，没有人能够侥幸地得到不合理的赏品；君主在剥夺他人权利的时候，就像管仲剥夺伯氏封邑一样合情合理。用六经来培养造就臣民，用忠信来约束要求臣民，用慈爱和善来对待臣民，用礼仪刑罚来整顿臣民。提拔出身卑贱的人才使被埋没者得以伸展，重用高洁之士来澄清是非善恶。让人们不再玩弄阴谋诡计，不再发生不合情理的事情。在朝为官治理百姓的人，不能超越自己的权限而侵害其他官员的权利；被拜为将帅领兵出征的人，不能害怕危险顾惜性命。让近处的百姓愉悦让远处的人们归附，提高仁义品德以招来怀有二心的人。增加百姓的粮食财富，开辟广招贤人的开阔之路，杜绝机巧伪诈的繁杂事务，(此处脱一句)申明责罚整顿法律，带着怜悯认真的态度去处理案件；普遍施行敦厚的教化，那么就会像玉藏瑕疵、山隐蛇蝎一样器量宏大而善于包容，推行五常教育的根本就在于宽厚待人。

“外总多士于文武[①]，内建维城之穆属[②]，使亲疏相持[③]，尾为身干[④]。枝虽茂而无伤本之忧[⑤]，流虽盛而无背源之势[⑥]。石磐岳峙[⑦]，式遏觊觎[⑧]。见三苗之倾殄[⑨]，则知川源之未可恃也[⑩]；睹翳幽之不守[⑪]，则觉严崄之不足赖也。夫江、汉犹存[⑫]，而强楚虏辱[⑬]；剑阁自如[⑭]，而子阳赤族[⑮]。四岳、三涂[⑯]，实不一姓[⑰]；金城汤池[⑱]，未若人和[⑲]。守在海外[⑳]，匪山河也。

【注释】

①外：这里指异姓。相对于下句的“穆属”而言。总：聚集；召集。多士：众多的贤士。

②维城：连城以卫国。这里泛指保卫国家。穆属：和睦的家族。穆，通“睦”。属，同族；家族。一说泛指皇族子弟。古代宗庙排序，始祖庙居中，以下父子递相为昭穆，左为昭，右为穆。

③使亲疏相持：让本族亲属与外姓大臣相互依持。疏，指外姓人。

④尾为身干(gàn)：让诸侯与郡守成为君主的护卫者。尾，比喻诸侯与郡守。身，比喻君主。干，捍卫。

⑤枝：树枝。比喻诸侯与郡守。也即地方政权。本：树的主干。比喻中央政府。

⑥流：支流。比喻诸侯与郡守。源：源头。比喻中央政府。

⑦石磐岳峙：像大石一般屹立，像山岳一样耸峙。比喻中央政权的稳固。磐，大石。这里是形容大石屹立的样子。

⑧式遏觊觎(jì yú)：以此来遏制他人的非分之想。式，用。觊觎，非分的希望或企图。

⑨三苗：古代部落名。后被舜放逐，一说是被禹放逐。倾殄(tiǎn)：灭亡。实际是被放逐。殄，灭亡。

⑩川源之未可恃：大河湖泊的险要地势是不可依恃的。《战国策·魏策一》：“魏武侯与诸大夫浮于西河，称曰：‘河山之险，岂不亦信固哉！’……吴起对曰：‘河山之险，信不足保也……昔者，三苗之居，左彭蠡之波，右有洞庭之水，文山在其南，而衡山在其北。恃此险也，为政不善，而禹放逐之。’”

⑪翳(yì)幽：高山深谷。翳，遮蔽。这里指可供遮蔽的高山。幽，幽深。这里指幽深的山谷。

⑫江、汉：长江和汉水。

⑬强楚：强大的楚国。先秦的楚国建立在江汉一带，后被秦国

所灭。

⑭剑阁:栈道名。在今四川剑阁东北大剑山与小剑山之间,是川陕间的主要通道,地势十分险要。

⑮子阳:公孙述,字子阳。王莽末年天下动乱时,公孙述在蜀地自立为天子,后被刘秀所灭,全家被杀。赤族:诛灭全族。

⑯四岳:东岳泰山,西岳华山,南岳衡山,北岳恒山。三涂:山名。在今河南嵩县西南。

⑰实不一姓:确实不属于某一家族所有。意思是说,守国靠的是美德,没有美德,就会改朝换代。

⑱金城汤池:金属建造的城墙,装满开水的护城河。形容城池险固。汤,开水。池,护城河。

⑲人和:君民团结一心。《孟子·公孙丑下》:"天时不如地利,地利不如人和。"

⑳守在海外:保护国家的关键在于德政施于海外。

【译文】

"在外聚集了众多的文武贤士,在内则有保护国家的和睦宗亲,让这些宗亲和异姓大臣相互依持,使郡国诸侯成为君主的捍卫者。枝叶虽然茂盛也不会有损伤树干的忧虑,支流虽然很大也不会出现背离源头的局面。国家像磐石大山那样稳固,就能遏止他人的非分之想。看到三苗的灭亡,就知道大河湖泊不可依赖;看到高山深谷也难以守住,就懂得险峻的地形不能依仗。长江与汉水依然存在,而强大的楚国君主却被俘受辱;剑阁的险要依然如故,而公孙述却全家被杀。四岳和三涂,确实非一姓所有;铜墙铁壁与灌注开水的护城河,不如君民团结一心。守卫国家的关键在于美德施于海外,而不是依靠山河的险要。

"是以贤君抱(此处有脱文)惧不足[①],而改过恐有余。谋当计得,犹思危而弗休焉;战胜地广,犹戒盈而夕惕焉[②]。

象浑穹以遐焘[3]，式坤厚以广载[4]。运重光以表微[5]，致远思乎未兆。资春景以妪煦[6]，范秋霜以肃物[7]。訮咨以校同异[8]，平衡以铨群言[9]。虚己以尽下情，推功以劝将来[10]。御之以术[11]，则终始可竭也[12]；整之以度，则参差可齐也。嶷若阆风之凌霄[13]，而诸下不得以轻重料焉[14]；窈若玄渊之万仞[15]，而亵近不能以多少量焉[16]。然则君之流源不穷[17]，而百僚之才力毕陈矣；我之涯畔无外[18]，而彼之斤两可限矣[19]。

【注释】

①抱："抱"字的下面应缺一字，疑为"德"字。

②戒盈：提醒自己不可自满。夕惕：到了夜晚依然战战兢兢。惕，战战兢兢。《周易·乾卦》："君子终日乾乾，夕惕若厉，无咎。"

③象：效仿。浑穹：指天。浑，广大。穹，形容天隆起的样子。遐焘(dào)：广阔地覆盖。焘，覆盖。

④式：模仿。坤厚：厚重的大地。坤，地。

⑤重(chóng)光：指日、月。表微：照亮所有的隐微之处。表，使……显明。微，隐微不明的地方。

⑥妪(yǔ)煦：生养抚育。妪，大地赋物以形体。煦，上天降气以养物。

⑦范：效法。肃物：整肃万物。

⑧訮(chóu)咨：咨询；询问。

⑨平衡：权衡。铨：评论；考量。

⑩推功：举用有功之人。推，推举；重用。

⑪御之：驾驭群臣。术：方法；手段。这里指君主使用臣下的方法。

⑫终始可竭：自始至终都会竭尽全力。

⑬嶷(nì)：高峻的样子。阆(làng)风：传说中神仙居住的大山，在昆

仑山之上。

⑭诸下：众多的臣下。

⑮窈：深邃的样子。玄渊：深渊。仞（rèn）：古代长度单位。七尺或八尺为一仞。

⑯亵近：亲近的身边人。亵，亲近。

⑰流源：比喻君主的才能。

⑱我：代指君主。涯畔：边际。这里比喻权力。无外：无限。

⑲彼：代指大臣。斤两：比喻大臣的权力。

【译文】

“因此那些明君具备了美德还惟恐不足，改正错误时只怕还有遗漏。谋略很恰当计划很周全，还要不停地思考是否还有危险；战胜了敌人开拓了疆土，还要提醒自己不可自满而整天战战兢兢。明君效仿上天要广泛地覆育爱护万物，效法厚重的大地承载万物。像日、月的光芒那样照亮隐微的地方，在没有任何先兆的时候就有了长远的设想。与春天的阳光一样养育万物，像秋天的严霜那样整肃万物。广泛咨询以比较意见的异同，反复权衡以评价大家的言论。虚心而全面地听取百姓的心声，举荐有功之人以鼓励未来的人们。用适当的方法来统御臣民，那么臣民就会自始至终地尽心竭力；用法度来整顿臣民，那么品质参差不齐的人们就会变得整齐有序。明君高大得就像那耸入云霄的阆风山，那么众多的臣下就不能估计出他的轻重；明君深邃得如同万丈的深渊，那么身边的亲近之人也就无法测量出他的多少。这样一来君主的才能就会像流水那样源源不断，而众多大臣的才华就能够全部得以施展；君主的权力无限，臣下的权力就能够得到限制。

“发号吐令，则輷若雷霆之激响①，而不为邪辩改其正；画法创制，则炳若七曜之丽天②，而不以爱恶曲其情。宏略远罩，则蔼若密云之高结③；居贞成务④，则确若嵩、岱之根地[5]。料倚伏于未萌之前[6]，审毁誉于巧言之口。不使敦朴散于雕伪[7]，不使一体浇于二端[8]。虽能独断，必博纳乎刍荛[9]；虽务含弘[10]，必清耳于浸润[11]。

【注释】

①輷(hōng)：象声词。同“轰”，形容巨大的声响。霆：迅雷。

②炳：光明的样子。七曜：又作“七耀”。日、月和金、木、水、火、土五星的合称。丽：附着。

③蔼：通“霭”，云气浓郁的样子。

④居贞：坚守正道。成务：成就伟业。

⑤确：坚定不移。嵩、岱：嵩山和泰山。泰山又被称为岱岳。根地：扎根于大地。

⑥倚伏：代指祸福。《老子》五十八章：“祸兮，福之所倚；福兮，祸之所伏。”

⑦散于：毁坏于。

⑧一体：团结一致的局面。浇：浇薄。二端：分歧；不一致。

⑨刍荛(chú ráo)：割草打柴的人。《诗经·大雅·板》：“先民有言，询于刍荛。”

⑩含弘：包容；宽容。

⑪浸润：浸泡。这里比喻连续不断的谗言如同水浸一样慢慢地影响着一个人。

【译文】

“发号施令，就像那雷霆霹雳一样响亮，不会因为邪恶的花言巧语而改变原有的正确原则；创制法规，就像那天上的日、月、星辰一样明确，不会因为自己的喜怒好恶而扭曲原有的真实情况。宏图大略照顾到了方方面面，就像高空中浓郁的密云那样笼罩着大地；坚持正道成就大业，就像嵩山泰山那样扎根大地坚定不移。在出现征兆之前就能够预料祸福的发生，能够清楚分辨巧言之人讲出的诽谤与赞美之辞。不让淳朴敦厚的品质毁坏于浮夸虚伪之风，不让上下一心的深厚感情因为意见分歧而变得浇薄。虽然明君具备了自我决断的能力，但也一定要广泛采纳下层民众的意见；虽然明君一心要做到宽宏包容，但也必须注意清除谗言对自己的影响。

“民之饥寒，则哀彼责此①；百姓有罪，则谓之在予②。嘉祥之臻③，则念得神之祜④；或逢天之怒⑤，则思桑林之引咎⑥。不吝改弦于宜易之调⑦，不耻反迷于朝过之涂⑧。虎眄以警密⑨，麟峙以接疏⑩。路无击壤之叟⑪，则羞闻和音之作；民有不粒之匮⑫，则愧临方丈之膳⑬。处飞阁之概天⑭，则惧役夫之劳瘁；茹柔嘉之旨脆⑮，则忧敬授之失时⑯；聆管弦之宴羡⑰，则戚逸乐之有过；瞻藻丽之采粲⑱，则虑赋敛之惨烈。遵放勋之粗裘⑲，准卫文之大帛⑳；追有夏之卑宫㉑，识露台之不果㉒；鉴章华之召灾㉓，悟阿房之速祸㉔。

【注释】

①哀彼责此：在哀怜百姓的同时要责备自我。彼，代指百姓。此，代指君主自己。

②在予：责任在自己。《国语·周语上》：“《汤誓》曰：‘余一人有罪，无以万夫；万夫有罪，在余一人。’”

③嘉祥：各种祥瑞。臻：到来；出现。

④祜(hù)：福。

⑤天之怒：上天发怒。古人认为，出现日食、地震、洪水等自然灾害，是上天发怒的表现。

⑥桑林：地名。据说商汤因为天旱，曾经在此地向上天祈祷。《吕

氏春秋·顺民》:"汤克夏而正天下,天大旱,五年不收。汤乃以身祷于桑林,曰:'余一人有罪,无及万夫;万夫有罪,在余一人。无以一人之不敏,使上帝鬼神伤民之命。'于是翦其发,磿其手,以身为牺牲,用祈福于上帝。民乃甚说,雨乃大至。"

⑦宜易之调:应该改变的曲调。比喻应该改变的政治措施。易,改变。

⑧朝过:"朝过夕改"的省略。涂:同"途"。

⑨虎眄以警密:像老虎一样警觉地注视着关系密切的人。眄,斜视;关注。

⑩麟峙以接疏:像伫立的麒麟一样和蔼地对待关系疏远的人。麒,麒麟。传说中的祥瑞之兽。

⑪击壤之叟:平整土地的老人。代指生活幸福的百姓。击壤,平整土地。一说为一种游戏。《论衡·感虚》:"尧时(天下大和,百姓无事,有)五十之民,击壤于涂。观者曰:'大哉,尧之德也!'击壤者曰:'吾日出而作,日入而息,凿井而饮,耕田而食,尧何等力?'"

⑫不粒之匮:缺乏粮食。粒,粮食。匮,匮乏。

⑬方丈:一丈见方。指美味佳肴摆满了一丈见方的位置,形容肴馔丰盛。

⑭飞阁:高阁。飞,形容屋檐如鸟之翅膀飞翔。概天:与天一样高。概,与……一样。

⑮茹:吃。柔嘉:美味;美食。旨脆:香脆。

⑯敬授之失时:是否认真授予民众历法,是否错过农时。敬,认真。也可理解为恭敬。失时,失去农时。即没有按照适当的季节去从事农业生产。《尚书·尧典》:"乃命羲、和,钦若昊天,历象日、月、星辰,敬授人时。"

⑰晏羡(yán):又作"晏衍"。靡靡之音。羡,通"衍"。

⑱采粲：色彩灿烂。

⑲放勋：帝尧。尧名放勋。

⑳准：以……为标准。卫文：春秋卫国君主卫文公。大帛：一种比较粗糙的丝绸。据说卫文公以粗丝为冠。

㉑有夏：即夏朝。有，名词词头。卑宫：宫殿低矮。卑，低。

㉒露台：露天的高台。《史记·孝文本纪》："（汉文帝）尝欲作露台，召匠计之，直百金。上曰：'百金，中民十家之产。吾奉先帝宫室，常恐羞之，何以台为！'"

㉓章华：章华台。为春秋楚灵王所建。由于修建此台花费了大量的人力物力，后又出兵企图征服他国，民不堪饥劳，众叛亲离，灵王逃亡，最终自缢而亡。

㉔阿房（ē páng）：即著名的阿房宫。秦始皇所建造。速：招来。

【译文】

"百姓有了饥寒，明君就会在同情他们的同时责备自身；百姓犯了罪过，明君就会认为责任全在自己。各种祥瑞出现了，就应该感谢得到了神灵的福佑；如果遇到了天灾，就应该想到要像商汤在桑林祈祷那样引咎自责。要毫不犹豫地在应该改弦更张时就去改奏和谐的音调，不耻于在犯了错误之后迷途知返。用老虎一样的警觉眼光来关注关系密切的人，像伫立的麒麟那样和蔼地对待关系疏远的人。如果没有一边平整土地一边吟唱颂歌的老人，自己就羞于去欣赏和谐的治世之音；如果百姓财物匮乏没有粮食，自己就会愧对面前的丰盛膳食。住在与天等高的楼阁之上时，就应担心服役之人是否劳苦憔悴；吃着柔软香脆的美食时，就应担忧历法是否正确农时是否被耽误；在欣赏靡靡之音的时候，就应该感到自己的安逸生活已经过分；在看到色彩华丽的宫殿的时候，就应该想到赋税已经过于苛重。要效法唐尧穿着粗糙皮衣的行为，要学习卫文公以粗丝为冠的榜样；追随夏禹去住低矮的宫殿，效仿汉文帝不去修建露台。要借鉴楚灵王因修建章华台招来祸患的悲剧，明白秦代建造阿房宫为何带来灾难的道理。

“诰誓[1]，则念依时之失信[2]；耽玩，则觉褒、妲之惑我[3]。征伐，则量力度时，不令百里有号泣之愤[4]；诛戮，则遗情任理，不使鸱夷有抱枉之魂[5]。鉴操彤之杜伯[6]，惟人立之呼豕[7]。废嫡[8]，则戒晋献之巨惑[9]；立庶，则念刘表之殄祀[10]。蒐畋[11]，则乐失兽而得士[12]，识弛网而悦远[13]；偏爱，则虑袖蜂之谤巧[14]，飞燕之专宠[15]。独任，则悟鹿马之作威[16]，恭、显之恶直[17]；纳策，则思汉祖之吐哺[18]，孝景之诛错[19]。

【注释】

①诰：文体的一种，用于告诫或勉励。誓：古代告诫将士的言辞。

②依时：按时。失信：疑为“守信”。失，疑为“守”之误字。杨明照《抱朴子外篇校笺》：“此句文意不属。依时则未失信，失信则未依时，其有误无疑……是此句‘失’当作‘守’始合。”

③褒：褒姒。周幽王之妃。褒姒为褒国之女，姓姒，故称褒姒。褒姒有宠，生伯服，欲废太子宜臼而立伯服，从而引起内外动乱，导致了西周的灭亡。妲（dá）：妲己。商纣王之妃，姓己名妲，有苏氏之女。周武王灭商，被杀。

④百里：百里奚。春秋时秦穆公的贤相。秦穆公出兵千里奔袭郑国，百里奚反复劝阻，穆公不听，百里奚哭送秦军，后来秦军果然大败。

⑤鸱（chī）夷：皮袋。伍子胥进谏吴王不听，反被赐死，被装入皮囊丢入江中。

⑥操彤：手拿红色弓箭。彤，红色。这里指红色的弓箭。杜伯，人名。周宣王的大臣。《墨子·明鬼》说：周宣王枉杀了大臣杜伯，后来宣王打猎，见杜伯乘坐着白马白车，手拿红色弓箭追射自己。

⑦人立之呼豕(shǐ):彭生的冤魂变成了大猪,像人一样站立呼号。豕,猪。《左传·桓公十八年》及《庄公八年》记载,齐襄公冤杀公子彭生,后来齐襄公在贝丘打猎时,见大猪当道,从者都说这就是公子彭生。这头大猪像人一样站立着呼叫,襄公因恐惧而掉落车下受伤。

⑧嫡:嫡长子。也即太子。

⑨晋献:春秋时期晋国君主晋献公。晋献公立申生为太子,后来宠幸骊姬,欲废申生而立骊姬之子奚齐,申生自杀。献公死后,晋国因此陷入动乱。

⑩刘表:东汉末年人。字景升,山阳高平人。为荆州牧、镇南将军。殄(tiǎn)祀:无人继承事业。殄,灭亡。刘表因故废长子刘琦,立次子刘琮。曹操军南下时,刘琦逃往江南,刘琮举州请降。

⑪蒐畋(sōu tián):打猎。蒐,春天打猎。畋,打猎。

⑫则乐失兽而得士:像晋文公那样因为没有获取野兽却得到了贤人而感到快乐。《新序·杂事二》:"晋文公逐麋而失之,问农夫老古曰:'吾麋何在?'老古以足指曰:'如是往。'公曰:'寡人问子,以足指,何也?'老古振衣而起曰:'一不意人君如此也!虎豹之居也,厌闲而近人,故得;鱼鳖之居也,厌深而之浅,故得;诸侯,厌众而亡其国……'文公曰:'善!'还载老古与俱归。"

⑬弛网:网开三面。形容帝王仁爱万物。《史记·殷本纪》:"汤出,见野张网四面,祝曰:'自天下四方,皆入吾网。'汤曰:'嘻,尽之矣!乃去其三面,祝曰:'欲左,左;欲右,右;不用命,乃入吾网。'诸侯闻之,曰:'汤德至矣,及禽兽。'"

⑭袖蜂之谤巧:衣袖中藏蜂的巧妙诽谤。西周大臣尹吉甫长子名叫伯奇,伯奇亲母去世后,后母希望自己的儿子能够继承尹吉甫的爵位,于是后母就把一只毒蜂放在自己的领子上,让伯奇去摘掉毒蜂,然后诬陷伯奇调戏自己,尹吉甫信以为真,流放了伯奇。

⑮飞燕：赵飞燕。西汉成帝的皇后，贵倾后宫。

⑯鹿马：指鹿为马。作威：滥用威权。《史记·秦始皇本纪》："赵高欲为乱，恐群臣不听，乃先设验，持鹿献于二世，曰：'马也。'二世笑曰：'丞相误耶？谓鹿为马。'问左右，左右或默，或言马以阿顺赵高，或言鹿。高阴中诸言鹿者以法。后群臣皆畏高。"

⑰恭、显：弘恭、石显。二人为西汉元帝时宦官。专擅朝政，伤害贤臣。恶(wù)直：讨厌伤害正直的人。

⑱汉祖吐哺：汉高祖吐出口中的食物。形容接受谏言之迅速。《史记·留侯世家》记载，刘邦被项羽围于荥阳时，郦食其建议复立六国后世，以便取得他们的支持，张良向刘邦力陈此事不可，刘邦听后，"辍食吐哺，骂曰：'竖儒，几败而公事！'"

⑲孝景：西汉景帝。错：晁错。景帝的大臣。《史记·袁盎晁错列传》记载，晁错忠于朝廷，主张削诸侯封地，吴楚七国便以杀晁错、清君侧为名谋反。景帝为了阻止叛乱，便令晁错穿上朝衣，斩于东市。晁错死后，景帝深为后悔。

【译文】

"在发布文告命令的时候，就应想到一定要遵守时间信守诺言；在沉溺于玩乐的时候，就要警觉到是否有褒姒、妲己那样的人在迷惑自己。在计划征伐他国的时候，就要估计自己的力量选准出征的时机，不要让百里奚哭送秦军的事情再次发生；在施行刑罚杀戮的时候，就要抛开个人感情遵守正理，不要再让像伍子胥那样被装入皮囊抛入江中的冤魂出现。要借鉴杜伯手持红色弓箭追杀宣王的事件，还应该想到彭生的冤魂曾经变成大猪像人一样站立呼喊。在废黜太子的时候，则要警惕像晋献公那样所受到的巨大迷惑；在立庶子为嗣的时候，就要想到刘表的基业无人继承。在打猎的时候，就应该为遗失野兽却得到了贤士而感到高兴，明白网开三面令远人悦服的道理；在有所偏爱的时候，就应该考虑到袖中藏蜂一类的巧妙诬陷，还要想到赵飞燕专宠的教训。

在只重用某一个人的时候，就要清楚这样会出现指鹿为马滥用威权的情况，还要想到弘恭和石显是如何伤害贤良；在采纳别人建议的时候，则要想到汉高祖吐出口中食物的急切心情，以及汉景帝是如何冤杀了忠臣晁错。

“旨甘之进，则疏仪狄[①]；容悦姑息，则沉栾激[②]。除蒸子之谄[③]，亲放麑之仁[④]。鉴白龙以辍轻脱[⑤]，观羸（此处有脱文）以节无餍[⑥]。防人彘之变于六宫之中[⑦]，止汗血之求于绝域之外[⑧]。除恶犬，以遏酒酗之患[⑨]；市马骨，以招追风之骏[⑩]。轼怒蛙以劝勇[⑪]，避螳螂以励武[⑫]。聆公庐之谠言[⑬]，容保申之正直[⑭]。剔腹背无益之毛[⑮]，揽六翮凌虚之用[⑯]。烹如簧以谧司原之箴[⑰]，折菀箬以迪梁伯之美[⑱]。放丹姬以弭婉娈之迷[⑲]，退子瑕以杜余桃之惑[⑳]。藏渊中之鱼[㉑]，操利器之柄[㉒]。勿惮徙薪之烦[㉓]，以省焦烂之费[㉔]，鼓廉耻之陶冶[㉕]，明考试之准的[㉖]。

【注释】

①仪狄：夏禹的大臣。善于酿酒。《战国策·魏策二》：“昔者，帝女令仪狄作酒而美，进之禹。禹饮而甘之，遂疏仪狄，绝旨酒，曰：‘后世必有以酒亡其国者。’”

②容悦姑息，则沉栾激：看到取悦君主苟且偷安的事情，就把栾激那样的人沉入水中。容悦，曲意逢迎以取悦于上。姑息，苟且偷安。栾激，春秋晋国大夫赵鞅的家臣。《说苑·君道》：“赵简子（即赵鞅）与栾激游，将沉于河，曰：‘吾尝好声色矣，而栾激致之；吾尝好宫室台榭矣，而栾激为之；吾尝好良马善御矣，而栾激求之。今吾好士六年矣，而栾激未尝进一人，是进吾过而黜吾善也。’”

③除蒸子之谄:除掉蒸煮儿子以讨好君主的易牙。《管子·小称》记载,易牙是齐桓公的臣子,为了讨好桓公,他把自己儿子蒸煮后献给桓公。

④放麋:放走小鹿。麋,应作"麑"。小鹿。《韩非子·说林上》:"孟孙猎,得麑,使秦西巴持之归。其母随之而啼,秦西巴弗忍而与之。孟孙适至而求麑,答曰:'余弗忍而与其母。'孟孙大怒,逐之。居三月,复召以为其子傅。其御曰:'曩将罪之,今召以为子傅,何也?'孟孙曰:'夫不忍麑,又且忍吾子乎?'"

⑤鉴白龙以辍轻脱:有鉴于白龙的遭遇就停止轻率的行为。辍,停止。《说苑·正谏》:"吴王欲从民饮酒。伍子胥谏曰:'不可。昔白龙下清泠之渊化为鱼,渔者豫且射中其目。白龙上诉天帝。天帝曰:"当是之时,若安置而形?"白龙对曰:"我下清泠之渊化为鱼。"天帝曰:"鱼,固人之所射也。若是,豫且何罪?"夫白龙,天帝贵畜也;豫且,宋国贱臣也。白龙不化,豫且不射。今弃万乘之位,而从布衣之士饮酒,臣恐其有豫且之患矣。'王乃止。"

⑥羸(léi):瘦弱。"羸"下应脱一字。可补"露"或"路"字,也是瘦弱的意思。

⑦人彘(zhì):人猪。彘,猪。是西汉吕后对戚夫人的蔑称。六宫:泛指皇后妃嫔居住的地方。《史记·吕太后本纪》:"吕后最怨戚夫人及其子赵王,乃令永巷囚戚夫人……太后遂断戚夫人手足,去眼,煇耳,饮喑药,使居厕中,命曰'人彘'。"

⑧汗血:良马名。产于西域,流汗如血,故称"汗血"。绝域:极为遥远的地方。据史书记载,汉武帝为获得汗血马,花费了大量的人力物力。

⑨除恶犬,以遏酒酟之患:除掉凶犬,以防止酒变酸的后患。遏,遏止;防止。酟,应为"酸"字之误。俞樾《读抱朴子》:"'酟'乃'酸'字之误。"这两句是比喻,意思是说要除掉朝廷中那些嫉贤妒能

的大臣，以防止他们阻碍贤人的进用。《韩非子·外储说右上》："宋人有酤酒者，升概甚平，遇客甚谨，为酒甚美，县帜甚高，然而不售，酒酸。怪其故，问其所知，问长者杨倩。倩曰：'汝狗猛耶？'曰：'狗猛，则酒何故而不售？'曰：'人畏焉。或令孺子怀钱挈壶瓮而往酤，而狗迓而龁之，此酒所以酸而不售也。'夫国亦有狗，有道之士怀其术而欲以明万乘之主，大臣为猛狗迎而龁之，此人主之所以蔽胁，而有道之士所以不用也。"

⑩市马骨，以招追风之骏：买回骏马的骨头，以招致追风骏马。追风，骏马名。《战国策·燕策一》："古之君人，有以千金求千里马者，三年不能得。涓人言于君曰：'请求之。'君遣之。三月得千里马，马已死，买其骨五百金，反以报君。君大怒曰：'所求者生马，安事死马，而捐五百金！'涓人对曰：'死马且买之五百金，况生马乎！天下必以王为能市马，马今至矣。'于是不能期年，千里之马至者三。"

⑪轼(shì)怒蛙以劝勇：手扶着车轼俯身向激愤的青蛙致敬以鼓励勇士。轼，古代车厢前用来扶手的横木。这里指俯轼以示敬意。怒，气势强盛。劝，鼓励。《尹文子·大道上》："越王勾践谋报吴，欲人之勇，路逢怒蛙而轼之。比及数年，民无长幼，临敌，虽汤火不避。"

⑫避螳螂以励武：避开螳螂以勉励武士。《淮南子·人间训》："齐庄公出猎，有一虫举足将搏其轮，问其御曰：'此何虫也？'对曰：'此所谓螳螂者也。其为虫也，知进而不知却，不量力而轻敌。'庄公曰：'此为人，而必为天下勇武矣！'回车而避之。勇武闻之，知所尽死矣。"

⑬聆公庐之谠(dǎng)言：听取公庐的直言。公庐，又作"公卢"，春秋人。一说"公庐"应作"虎会"。虎会也是春秋一位敢于直言的人。谠言，正直的言论。《说苑·正谏》："赵简子举兵而攻齐，令军中有敢谏者罪至死，被甲之士名曰公卢，望见简子大笑。简子

曰：‘子何笑？’对曰：‘臣有夙笑。’简子曰：‘有以解之则可，无以解之则死。’对曰：‘当桑之时，臣邻家夫与妻俱之田，见桑中女，因往追之，不能得，还反，其妻怒而去之。臣笑其旷也。’简子曰：‘今吾伐国失国，是吾旷也。’于是罢师而归。”

⑭保申：春秋楚国的大臣。《吕氏春秋·直谏》记载，楚文王沉溺于游乐生活，保申把细荆条加于文王之背，以示惩罚。

⑮无益之毛：无用之毛。比喻无用之人。

⑯六翮(hé)：鸟的健羽。这里泛指翅膀。这里用鸟的翅膀比喻有用的人。凌虚：即凌空飞翔。

⑰如簧：良犬名。楚文王爱良犬如簧，沉溺于打猎，在保申的劝告下，文王杀了如簧。谧：安静；平息。这里引申为接受。司原之箴：有关打猎的箴言。司原，主管原野打猎。这里指主管原野打猎的官员。据《左传·襄公四年》记载，古代百官都有箴言，以批评天子的过失，其中有《虞人之箴》，也即司原之箴，主要是告诫天子不可迷恋打猎。

⑱菀渃(ruò)：一作“宛路”。弓箭名。也是楚文王的心爱之物。迪：开启；促成。梁伯：疑即“梁鸯”。据《列子·黄帝》说，周宣王时的梁鸯，善于饲养野禽、野兽，即便是虎狼之类，在他的饲养下，也变得十分柔顺。这句话的意思是，折断弓箭，不要打猎，以促使人与禽兽和睦相处的美好情景的形成。

⑲丹姬：美女名。受到楚文王的宠幸。弭：止；息。婉娈：娇柔美好的样子。这里代指美女。

⑳子瑕：弥子瑕。春秋卫国灵公的大臣。实际上是灵公的男宠。余桃：吃剩下的桃。《韩非子·说难》：“昔者，弥子瑕有宠于卫君。卫国之法，窃驾君车者罪刖。弥子瑕母病，人闻，有夜告弥子，弥子矫驾君车以出。君闻而贤之，曰：‘孝哉！为母之故，忘其犯刖罪。’异日，与君游于果园，食桃而甘，不尽，以其半啖君。

君曰:‘爱我哉!忘其口味,以啖寡人。’及弥子色衰爱弛,得罪于君。君曰:‘是固尝矫驾吾车,又尝啖我以余桃。’”

㉑藏渊中之鱼:比喻君主深藏权势,不以授人。

㉒操利器之柄:紧握锋利武器的手柄。比喻紧握赏罚大权。以上两句本于《老子》三十六章:“鱼不可脱于渊,国之利器不可以示人。”

㉓勿惮徙薪之烦:不要怕搬走柴草的麻烦。也即曲突徙薪的典故。《淮南子·说山训》:“淳于髡之告失火者。”高诱注:“淳于髡,齐人也。告其邻突将失火,使曲突徙薪。邻人不从,后竟失火。言者不为功,救火者焦头烂额为上客。”

㉔焦烂:烧得焦头烂额。

㉕陶冶:这里用制陶冶金比喻教育百姓。

㉖准的:标准。

【译文】

“如果有人进献香甜的美酒,就要学习大禹去疏远造酒的仪狄;如果有人取悦君主苟且偷安,就要仿照赵简子把谄媚自己的栾激沉入水底。清除蒸煮儿子献给君主的讨好之徒,亲近放走小鹿的仁爱之人。借鉴白龙被射伤的事情以防止轻率的行为,看到瘦弱贫困的人就要节制自己的贪得无厌。防止在后宫中发生戚夫人成为‘人彘’的悲惨之事,阻止到远方去夺取汗血马的奢费之举。除去凶恶的狗,以防止酒酸的后患;买来骏马的骨,以招致追风的良马。像勾践那样俯轼向激愤的青蛙致敬以鼓励民众勇敢作战,效仿齐庄公的车子避开螳螂来激励将士的勇武精神。听取公庐那样的正直之言,包容保申那样的正直之人。除去像腹背之毛那样的无用人员,招揽如翅膀一样的有用之臣。烹煮如簧之类的猎犬以接受狩猎官员的箴言,折断菀潞之类的弓箭以促成梁伯曾经达到过的人兽和谐的美好情景。放走丹姬以防止对美女的迷恋,斥退弥子瑕来杜绝男宠的诱惑。就像鱼藏入深渊一样保护好自己的权势，像紧握武器的手柄一样牢控住赏罚的大权。不要怕搬走柴草的麻烦，以免被烧得焦头烂额后的花费，努力进行廉耻的教育，明确考核官员的标准。

“怒不越法以加虐，喜不逾宪以厚遗[①]。割情于所爱，而有犯者无赦；采善于所憎，而有劳者不遗。倾下（此处有脱文）以纳忠[②]，闻逆耳而不讳[③]；广乞言于诽谤[④]，虽委抑而不距[⑤]。掩细瑕而录大用[⑥]，忘近恶而念远功，使夫曹刿、孟明有修来之效[⑦]，魏尚、张敞立雪耻之绩[⑧]；射钩之贼臣，著匡合之弘勋[⑨]；释缚之左车，吐止戈之高策[⑩]。则鸺枭化为鸳鸾[⑪]，邪伪变成忠贞；芳颖秀于斥卤[⑫]，夜光起乎泥泞[⑬]。剡锐载胥[⑭]，九功允谐[⑮]。西面逡巡[⑯]，以延师友之才[⑰]；尊事老叟，以敦孝悌之行[⑱]。

【注释】

①遗（wèi）：赠送。

②下：在“下”字之后应脱一“问”字。

③逆耳：逆耳的忠言。

④诽谤：批评；进谏。

⑤委抑：否定贬低。委，抛弃。引申为否定。抑，贬低。

⑥细瑕：细微的毛病。瑕，瑕疵。

⑦曹刿（guì）：春秋鲁国的将军。曹刿与齐作战，多次失败，丧失了许多领土，后来在齐鲁两国的盟会上，曹刿以匕首劫持齐桓公，把失去的土地全部要了回来。孟明：孟明视。春秋秦国的将军。孟明率兵千里偷袭郑国，失败后被晋人俘获。获释后，依然得到秦穆公的重用，最终击败晋军。

⑧魏尚：西汉文帝时的名将，担任云中太守时，因言语不当和报功不实而获罪，在冯唐的劝谏下，文帝赦免了魏尚的罪过。张敞：西汉宣帝时的大臣，担任京兆尹时，市无偷盗。后因被弹劾贼杀不辜而获罪，天子赦免了他，任命为冀州刺史。

⑨射钩之贼臣，著匡合之弘勋：射中君主衣带钩的贼臣，建立了一匡天下九合诸侯的大功。匡，匡正。指匡正天下。合，召集诸侯。这是在讲春秋齐国的管仲。齐襄公无道，其弟公子纠逃往鲁国，管仲、召忽辅佐他。另一弟公子小白逃往莒国，鲍叔牙辅佐他。齐襄公被杀后，公子小白与公子纠回国争夺君位，公子纠派管仲率领军队阻击小白，射中小白衣带钩。小白佯死，暗中急速回国即位，是为齐桓公。齐桓公即位后，迫使鲁杀公子纠，召忽自杀，而管仲因为鲍叔牙的举荐，受到桓公重用，官至相，协助齐桓公称霸诸侯。

⑩释缚之左车，吐止戈之高策：被释放了的李左车，提出了可以不用武力就能够取得胜利的高明策略。左车，李左车。汉初的将军。止戈，不用武力。《史记·淮阴侯列传》记载，李左车为赵国将军，封广武君。韩信率兵击赵，擒赵王，斩赵主将陈余，“乃令军中毋杀广武君，有能生得者购千金。于是有缚广武君而致戏下者，信乃解其缚，东乡坐，西乡对，师事之”。韩信请问攻燕、齐之策，李左车回答：“案甲休兵，镇赵抚其孤，百里之内，牛酒日至，以飨士大夫醳兵，北首燕路，而后遣辩士奉咫尺之书，暴其所长于燕，燕必不敢不听从。燕已从，使喧言者东告齐，齐必从风而服。”韩信从其策，果然成功。

⑪鸺枭（xiū xiāo）：猫头鹰。古人以为是不祥之鸟。这里比喻坏人。鸳鸾：鹓鸰与鸾鸟。都是传说中凤凰一类的瑞鸟。这里比喻好人。鸳，通“鹓”，鹓鸰。

⑫芳颖：芳香的谷穗。颖，谷穗。斥卤：盐碱地。

⑬夜光：夜光珠。

⑭剡（yǎn）锐：锐利。比喻得力的大臣。载：形容词词头。胥：全部。

⑮九功：六府三事合称九功。这里泛指各种政务。六府，指水、火、金、木、土、谷。三事，指正身之德、利民之用、厚民之生。允谐：和谐美满。允，确实。

⑯西面：面向西。指使用平等的礼节。逡（qūn）巡：后退的样子。这里是描写恭恭敬敬的样子。

⑰延：请。

⑱敦：使……敦厚。悌（tì）：敬爱兄长。

【译文】

“即使发怒的时候也不能超越法律以加重惩罚，即使高兴的时候也不可逾越原则去过分赏赐。对喜欢的罪人也要割舍感情，犯了过错决不宽恕；对厌恶的人也要采纳他们的善言，有了功劳也决不遗漏。低身向臣下请教以采纳忠言，听到逆耳的话语也不要有所忌讳；广泛地征求各种批评，即使这些批评意见是否定贬低自己也不拒绝。忽略别人的细微缺点使用他们大的长处，忘掉别人最近的短处考虑他们的长远作用，使曹刿、孟明之类的人能够获取未来的功劳，让魏尚、张敞之类的人能够建立洗雪耻辱的业绩；让管仲那种射中君主衣带钩的贼臣，也能够立下一匡天下九合诸侯的伟大功勋；使李左车那样被释放的俘虏，也能够提供不用武力而取得胜利的高明策略。那么猫头鹰就会变成鸾凤，邪恶伪诈就会变得忠诚高尚，盐碱地里也会长出芳香的谷穗，泥泞坑中也会产出夜明宝珠。忠贞能干的大臣完全齐备，六府三事等政务也都和谐成功。用恭恭敬敬的平等礼节，去延请可以为师为友的人才；非常尊敬地去侍奉老人，就能够提高孝顺父母敬爱兄长的美好品行。

“是以渊蟠者仰赴①，山栖者俯集②。炳尉内弼③，虓阚外御[④]。政得于上，而物倾于下[⑤]；惠发乎迩[⑥]，而泽迈乎远。明哲宣力于攸莅[⑦]，黔庶让畔于薮泽[⑧]。尔乃蠲滋章之法令[⑨]，振大和之清风[⑩]。蒲轮玉帛[⑪]，以抽丘园之俊民；元凯毕集[⑫]，以究论道之损益。减牧羊之多人[⑬]，反不酤之至醇[⑭]；张仁让之闸[⑮]，杜华竞之津[⑯]；旌义正之操[⑰]，弘道素之格[⑱]。使附德者，若潜萌之悦甘雨[⑲]；见归者，犹行潦之赴大川[⑳]。黎民安之，若绿叶之缀修柯[㉑]；左衽仰之[㉒]，若众星之系北辰[㉓]。

【注释】

①渊蟠者：指居住在大泽的隐士。蟠，盘曲地伏着。仰赴：起身出仕。

②山栖者：指住在山里的隐士。俯集：下山出仕。

③炳蔚：文采鲜艳华丽的样子。这里代指文臣。内弼：在朝内辅佐君主。弼，辅佐。

④虓阚(xiāo hǎn)：本指老虎暴怒吼叫的样子。这里代指武将。

⑤物：主要指人。倾：倾心拥戴。

⑥迩：近处；身边。

⑦明哲：贤人。宣力：用力；出力。攸莅：所负责的政务。攸，所。莅，临。从上监视着；治理。

⑧黔庶：百姓。让畔：在田界处相互让出土地给对方。形容百姓在利益面前相互谦让。薮(sǒu)：大泽。这里泛指原野。《史记·五帝本纪》："舜耕历山，历山之人皆让畔。"

⑨尔：这样。乃：就。蠲(juān)：除去；不要。滋章之法令：制定得越来越清楚的法令。滋，更加。章，同"彰"，清楚。《老子》五十七章："法令滋彰，盗贼多有。"

⑩大(tài)和:天地间最为和谐的阴阳之气。大,同“太”。

⑪蒲轮:用蒲草包裹车轮的车子。用蒲草包裹车轮是为了减小震动,古代朝廷多用蒲轮车迎接德高望重的贤人。玉帛:聘请贤人的礼物。

⑫元凯:八元八凯,都是传说时代的贤臣。元,善良。凯,平和。《左传·文公十八年》说,高阳氏有才子八人,天下之民谓之“八恺(凯)”;高辛氏有才子八人,天下之民谓之“八元”。这里用“元凯”代指有才华的人。

⑬牧羊之多人:比喻治理百姓的众多官员。

⑭反不酤之至醇:返回未经破坏的最淳朴天性。不酤,不经酿造。比喻未经破坏。酤,一夜酿成的酒。至醇,本指味道最为醇厚的酒。这里指水。古人称水为“玄酒”,被认为是五味之本。

⑮张:发扬光大。闱(wéi):门。

⑯杜:杜绝。华竞:争名夺利。津:渡口。这里指门路。

⑰旌:表彰。

⑱道素:道德纯朴。

⑲潜萌:还藏在土中的萌芽。

⑳行潦(háng lǎo):路上的积水。行,路。潦,雨后的积水。

㉑修柯:长长的枝条。修,长。柯,枝条。

㉒左衽:代指异族。衽,衣襟。古代少数民族的衣服前襟向左,与中原人的右衽不同。

⑯系:维系;向往。北辰:北极星。

【译文】

“因此那些大泽里的隐士就会起身来到朝廷,那些高山上的逸民也将下山出仕为官。内有文臣辅弼,外有武将御敌。上面的政治措施得当,下边的百姓就会倾心拥护;惠政从君主那里颁布,恩泽就能够施及远方。明哲聪慧的官员在各自的职位上尽心竭力,普通的百姓在自己的土地上相互谦让。这样就可以放弃那些制定得越来越明确的法律命令，引来阴阳和谐的和煦之风。用蒲轮马车和美玉丝帛，去迎接丘园中的俊才；让贤臣们聚集在一起，来研究治国方法的得失。裁减多余的官吏，恢复淳朴的民风；敞开仁义谦让之门，堵塞争名夺利之途；表彰正直的操守，弘扬纯朴的品格。让那些追随美德的人，就好像土中的萌芽渴望甘甜的雨水一样；让那些归服明君的人，就如同路边的积水流向大江一般。百姓安于明君的治理，就像绿叶安心于长长的树枝；外族仰慕明君，就像众星向往着北斗。

“是以七政不乱象于玄极①，寒温不谬节而错集。四灵备觌②，芝华灼粲③。甘露淋漉以霄坠④，嘉穗婀娜而盈箱⑤。丹魃逐于神潢⑥，玄厉拘于广朔⑦。百川无沸腾之异⑧，南箕谧偃禾之暴⑨。物无诡时之凋⑩，人无嗟慨之响⑪。囹圄虚陈⑫，五刑寝厝⑬。正朔所不加⑭，冕绅所不暨⑮，毡裘皮服⑯，山栖海窜⑰，莫不含欢革面⑱，感和重译⑲，灵禽贡于彤庭⑳，瑶环献自西极㉑。员首遽善㉒，犹氤氲之顺劲风㉓；要荒承指㉔，若响亮之和绝音㉕。诚升隆之盛致、三五之轨躅也㉖。故能固庙祧于罔极㉗，繁本枝乎百世矣㉘。

【注释】

①七政：指日、月和金、木、水、火、土五星。一说指北斗七星。玄极：高远的天空。

②四灵：古人把麟、凤、龟、龙合称为“四灵”。备：全部。觌(dí)：看见。

③芝华：即灵芝的花。华，花。古人认为灵芝是瑞草。灼粲：鲜艳灿烂的样子。

④甘露：甜美的露水。古人认为出现甘露，也是一种瑞兆。淋漉(lù)：落下。

⑤嘉穗：又叫嘉禾。祥瑞的庄稼。古人认为，嘉禾一茎多穗，是一种吉祥的征兆。婀娜：柔长而美好的样子。箱：车厢。

⑥丹魃(bá)：即旱魃。传说中造成旱灾的鬼怪。神潢：传说中的水名。

⑦玄厉：恶鬼。广朔：当作"度朔"。杨明照《抱朴子外篇校笺》："王广恕曰：'("广朔")疑作"度朔"，见《喻蔽》。字形相近。'照按：王说是。"度朔，传说中东海上的神山，恶鬼在这里会受到严惩。

⑧沸腾：这里指河水暴涨。

⑨南箕：星名。这里代指风。古人认为当月亮行至南箕星的位置上，就会起风。谧：安静。偃禾：刮倒庄稼。

⑩诡时：不合时节。

⑪嗟慨：伤心叹息。

⑫囹圄(líng yǔ)：监狱。

⑬五刑：五种刑罚。先秦指墨(刻面)、劓(割鼻)、剕(断足)、宫(阉割)、大辟(斩首)。这里泛指刑罚。寝厝(cuò)：弃置不用。

⑭正朔所不加：朝廷历法颁布不到的地方。指遥远的异族地区。正朔，历法。

⑮冕绅所不暨(jì)：中原的礼仪没有施行的地方。也指遥远的异族地区。冕绅，古代的礼冠和官服的腰带。这里代指中原的服饰礼仪。暨，到。

⑯毡裘皮服：以毛毡与兽皮制成的衣服。这是异族人的装束。

⑰海窜：躲藏在大海之上的人。

⑱革面：改变了面容。这里指改变了态度。

⑲感和：感受到了和睦。重译：经过多次翻译。

⑳灵禽：泛指异域各种灵异的鸟。彤庭：指朝廷。彤，红色。汉代

的宫廷多以红漆涂饰。

㉑瑶环：玉环。瑶，美玉。西极：极远的西方。

㉒员首：圆形的脑袋。指人。员，通“圆”。遽(jù)：急速；很快。

㉓氤氲(yīn yūn)：云雾很盛的样子。这里指云雾。

㉔要(yāo)荒：古代称距离都城极远的地方。承指：接受旨意。指，同“旨”。

㉕响：回声。绝音：最响的声音。

㉖升隆：兴旺。盛致：昌盛。三五：指三皇五帝。三皇，传说中的帝王。说法不一，一说指天皇、地皇、人皇，一说指伏羲、神农、黄帝。五帝，传说中的帝王。说法不一，一说指伏羲、神农、黄帝、尧、舜。轨躅(zhuó)：轨迹。躅，足迹。

㉗庙祧(tiāo)：这里泛指天子的宗庙。代指政权。祧，远祖的庙。

㉘本枝：指子孙后代。本，嫡出的子孙。庶，庶出的子孙。

【译文】

“因此日、月、五星不会在天空中发生错乱现象，寒冷与炎热也不会与季节发生舛错而胡乱出现。麟、凤、龟、龙四种祥瑞之物全都能够看到，灵芝的鲜花开得艳丽灿烂。浓郁的甘露从云霄中落下，柔美的嘉穗装满了整个车厢。旱魃被神潢的灵水赶走，恶鬼被囚禁在广朔山上。江河没有发生异常的暴涨现象，也没有出现过吹倒庄稼的狂风。草木不会有不合季节的凋落，人们也不再发出伤心的叹息。监狱空设没有一个犯人，各种刑法也都放置一边不再使用。朝廷的历法颁布不到的地方，中原的礼仪施行不到的地区，那些穿着毡服皮衣的异族，那些在山里居住或在海上藏匿的人们，无不满面笑容改变态度，有感于关系和睦而辗转翻译前来修好，他们把灵禽献给朝廷，玉环也从极远的西方送来。人们迅速地变得善良，就好像云雾顺着劲风飘荡一样；偏远地区的民众接受明君的意旨，就好像回声应和着响亮的声音一般。这实在是太平安定繁荣昌盛，走上了三皇五帝那样的正途。因此能够使政权传之无穷，能够使子孙永远繁盛。

“夫根深则末盛矣，下乐则上安矣。马不调，造父不能超千里之迹①；民不附，唐、虞不能致同天之美②。马极则变态生③，而倾偾惟忧矣④；民困则多离叛，其祸必振矣⑤。可不战战以待旦乎⑥！可不慄慄而虑危乎⑦！人主不澄思于治乱，不深鉴于亡征⑧，虽目分百寻之秋毫⑨，耳精八音之清浊⑩，文则琳琅堕于笔端⑪，武则钩铬摧于指掌⑫，心苞万篇之诵⑬，口播涛波之辩，犹无补于土崩，不救乎瓦解也。何者？不居其大，而务其细，滞乎下人之业⑭，而暗元本之端也⑮。

【注释】

①造父：西周时期善于驾车的人。后被封于赵城。超：走到。

②唐、虞：唐尧、虞舜。同天之美：与上天一样美好的政治。也可理解为天下一家的美政。

③极：极度疲惫。变态：不正常的行为。

④倾：翻车。偾（fèn）：跌倒。

⑤必振：必然发生。振，动；产生。杨明照《抱朴子外篇校笺》说“必”字应为“不”字。不振，无法挽救。振，挽救。

⑥战战：战战兢兢。待旦：等待天亮。形容君主勤于政事，日夜操劳。

⑦慄慄（lì）：害怕、恐惧的样子。

⑧亡征：国家将亡的征兆。

⑨寻：古代长度单位。八尺为“寻”。秋毫：秋天新生的兽毛。

⑩八音：古代的八类乐器，具体指金（如钟）、石（如磬）、丝（如琴

瑟)、竹(如箫管)、匏(如竽笙)、土(如埙)、革(如鼓)、木(如柷敔)。

⑪琳琅:两种美玉名。此喻华美的辞章。堕:落下。这里指写下来。

⑫钩铬(gè)摧于指掌:用手掌摧毁刀剑。钩铬:兵器名,似剑而弯曲。

⑬苞:通"包",包含。

⑭滞:停滞;停留。下人:下层民众。

⑮暗:愚昧;不懂。元本:根本。端:事端;事情。

【译文】

"树根扎得深枝叶才会茂盛,百姓生活幸福君主才能安稳。马没有经过训练,即使造父也不能驾驭它们走到千里之外;百姓不来归附,即使是唐尧、虞舜也不能实现与上天同样美好的政治。马极度疲惫时就会做出不正常的动作,从而发生翻车跌倒的忧患;百姓困窘无助时就会出现很多的叛逆者,从而导致灾难的发生。能够不整夜战战兢兢地等待到天明吗!能够不恐惧担忧危险的出现吗!君主如果不能清楚地思考治乱的原因,不能敏锐地发现亡国的征兆,即使眼睛能够看清百丈之外的秋毫,耳朵能够听清各种音乐的清越低沉,论文才笔下能够写出华美的篇章,论武艺能够徒手摧毁刀剑,心中能够背诵万篇文章,辩论时能够口若悬河,这一切依然无补于政权的崩溃,无法挽救国家的灭亡。为什么呢?这就是因为君主不能着眼于大的问题,而尽力于细微的事情,喜欢从事下层民众的职业,而不懂得治国的根本政务啊。

"诚能事过乎俭,临深履冰①,居安不忘乘奔之戒②,处存不废虑亡之惧,操纲领以整毛目③,握道数以御众才④,韩、白毕力以折冲⑤,萧、曹竭能以经国⑥,介一人之心致其果毅⑦,谋夫协思进其长筭⑧;则人主虽从容玉房之内⑨,逍遥云阁之端[10]，羽爵腐于甘醪[11]，乐人疲于拚儛[12]，犹可以垂拱而任贤[13]，高枕以责成[14]。何必居茅茨之狭陋[15]，食薄味之大羹[16]，躬监门之劳役[17]，怀损命之辛勤，然后可以惠流苍生，道洽海外哉[18]？

【注释】

①临深履冰："如临深渊，如履薄冰"的省略。形容战战兢兢的样子。《诗经·小雅·小旻》："战战兢兢，如临深渊，如履薄冰。"

②乘奔：乘车逃亡。奔，逃亡。"乘奔"也可理解为乘车奔驰。

③操纲领以整毛目：即"操纲整目，操领整毛"的合句。比喻抓住主要问题以理顺次要问题。纲，网上的总绳。领，皮衣的领子。目，网眼。毛，皮衣上的毛。《南齐书·高逸列传》："臣闻举网提纲，振裘持领。纲领既理，毛目自张。"

④道数：大道；规律。

⑤韩、白：韩信、白起。韩信是刘邦的名将，白起是战国时期秦国的名将。折冲：使敌人的战车后退，即击退敌人。冲，战车的一种，用于冲锋陷阵。

⑥萧、曹：萧何、曹参。两人都是刘邦的开国元勋。萧何为西汉的开国名相。萧何去世后，曹参继任宰相。经国：治国。

⑦介一人之心：当作"介人一心"。杨明照《抱朴子外篇校笺》："孙星衍曰：'("介一人之心")疑当作"介人一心"。'照按：孙说是。崇文本作'介人一心'，盖据孙校改也。"介人一心，将士团结一心。介人，武士。介，铠甲。果毅：果敢刚毅。

⑧谋夫：谋臣。协思：共同思考、商议。长筭(suàn)：远大的谋略。筭，同"算"。

⑨玉房：华美的房屋。

⑩云阁：高入云霄的楼阁。

⑪羽爵：即羽觞。一种酒器。作雀鸟状，左右两边形如两翼。一说插羽毛于觞，促人速饮。醪（láo）：带渣的酒，又称浊酒。这里泛指酒。

⑫抃儛（biàn wǔ）：跳舞。抃，击掌。儛，跳舞。

⑬垂拱：垂衣拱手。形容治国清静无为，不费力气。

⑭高枕：高枕无忧。责成：责令属下治国成功。

⑮茅茨（cí）：茅草盖的屋顶。这里代指茅舍。

⑯大（tài）羹：用来祭祀的、没有调和五味的肉汁。大，同“太”。

⑰躬：亲自。监门：守门。

⑱道洽：普遍推广道义。洽，广博；普遍。

【译文】

“如果确实能够做到事事节俭，如临深履薄那样战战兢兢，安居无事时不要忘记提醒自己乘车逃亡的祸患，国家存在时不要忘记亡国时的恐惧，提纲挈领以理顺其他次要问题，掌握大道以统御众多人才，让韩信、白起那样的武将竭尽全力地去克敌制胜，让萧何、曹参那样的文臣齐心协力地去治理国家；使将士们一心表现自己的果敢刚毅，使谋士们齐心谋划出远大的策略；那么君主即使在华美的宫殿里悠闲自得，在高高的楼阁上逍遥无事，即使酒杯因为天天装满美酒以至于被酒腐蚀，歌舞艺人因为不停地唱歌跳舞以至于疲惫不堪，君主依然可以垂衣拱手地任用贤人，高枕无忧地要求他们治国成功。何必一定要居住在狭窄简陋的茅舍之中，吃着味道淡薄的食物，亲自去从事守门那样的劳役，承受有损健康的辛劳，然后才能够使恩惠普施于百姓，使道义远播于海外呢？

“昏惑之君，则不然焉。其为政也，或仁而不断，朱紫混漫①，正者不赏，邪者不罚；或苛猛惨酷，或纯威无恩②，刑过乎重，不恕不逮③。根露基颓，危犹巢幕④，而自比于天日⑤，拟固于泰山，谓克明俊德者不难及⑥，小心翼翼者未足筭也⑦。于是无罪无辜⑧,淫刑以逞⑨,民不见德,唯戮是闻⑩。

【注释】

①朱紫混漫:红色和紫色混淆不清。比喻正邪不分。《论语·阳货》:"子曰:'恶紫之夺朱也,恶郑声之乱雅乐也,恶利口之覆邦家者。'"

②或:根据上文,本句的"或"字疑为衍文。

③不逮:恩惠不及下人。逮,及。《诗经·周南·樛木》序:"樛木,后妃逮下也,言能逮下而无嫉妒之心焉。"

④巢幕:筑巢于帐篷之上。比喻处境危险。

⑤自比于天日:把自己比作天上的太阳。《韩诗外传》卷二记载,夏桀无道,伊尹谏之,夏桀回答:"子又妖言矣。吾有天下,犹天之有日也。日有亡乎?日亡,吾亦亡也。"

⑥克明俊德者:能够明察美德之士。克,能够。俊德,美德。

⑦未足筭:不值得一提。筭,同"算"。

⑧辜:罪。

⑨逞:称心如意。

⑩唯戮是闻:即"唯闻戮"。听到的都是残酷杀戮。

【译文】

"那些昏庸的君主,就不是这样。他们在处理政务的时候,有的虽然仁义但优柔寡断,正邪不分,正直的人得不到赏赐,邪恶的人受不到惩罚;有的苛刻严酷,只用威严而没有恩德,刑罚过重,对下人没有宽恕也没有恩惠。如此一来国家的根基就会毁坏,危险得就好像鸟把巢筑在帐篷上一样,然而这些昏君还把自己比作天上的太阳,认为自己的政权稳如泰山,他们认为选拔任用美德之人不难做到,而那些办事小心谨慎的人不值一提。于是对那些无罪的人,滥施刑罚以求自己快意,百姓没有得到恩惠,听到的都是残酷杀戮。

“官人则以顺志者为贤①，擢才则以近习者为前②。上宰鼎列③，委之母后之族；专断顾问，决之阿谄之徒。所扬引则远九族外亲④，而不简其器干⑤；所信仗则在于琐才曲媚，而憎乎方直⑥；所抑退则从雷同⑦，而不察之以情；所宠进则任美谈⑧，而不考其绩用。掌要治民之官，御戎专征之将⑨，或贪污以坏所在矣，或营私以乱朝廷矣，或懦弱以败庶事矣，或恇怯以失军利矣⑩。终于不觉，不忍黜斥，犹加亲委，冀其晚效。器小任大，遂及于祸。良才远量无援之士⑪，或披褐而朝隐⑫，或沉沦于穷否⑬，怀道括囊⑭，展力莫由，陵替之灾⑮，所以多有也。

【注释】

①官人：任命官员。顺志者：顺从自己心意的人。

②近习者：身边熟习的人。

③上宰：宰辅；宰相。鼎：指三公。鼎有三足，故比喻三公。列：九列，即九卿。宰相与三公九卿，都是朝廷中的重要官员。不同时代具体所指不尽相同，东汉时的三公指太尉、司徒、司空，九卿指太常、光禄勋、卫尉、太仆、廷尉、大鸿胪、宗正、大司农、少府。

④所扬引则远九族外亲：所提拔的人包括了所有的本族和异姓亲戚。扬引，举荐；提拔。远，“远”字下疑脱一“及”字。九族，指本族中上自高祖下至玄孙的九代人。外亲，异姓亲戚。

⑤简：选择；考察。器干：才干。

⑥憎：“憎”字之上可能脱去一字。

⑦雷同：不应该相同而相同；随声附和。

⑧任：相信。美谈：花言巧语。

⑨御戎：掌管军事。戎，军事。

⑩恇(kuāng)怯:胆怯。恇,怯懦。

⑪良才远量:才能优秀目光远大。无援:孤立无援,没有人提拔。

⑫披褐(hè):穿着粗布短衣。这里指地位卑贱。褐,粗布衣。穷人的衣服。朝(cháo)隐:本指虽然在朝为官而淡泊恬退与隐居无异。这里指虽然名为官员但无权无势与隐士一样。

⑬穷否(pǐ):穷困潦倒。否,困窘;不得意。

⑭括囊:扎住口袋。比喻闭口不言。《周易·坤卦》:"六四:括囊,无咎无誉。"

⑮陵替:纲纪废弛,上下失序。陵,以下陵上。替,纲纪废弃。

【译文】

"任命官员时则以顺从自己意愿的人为贤者,举荐人才时就让身边熟悉的人优先。宰相和三公九卿这些重要职位,都委任给了母亲、皇后的家族成员;决断大事询问建议的时候,则听从那些善于阿谀谄媚的人。所提拔的人则包括了所有的本族亲人和异姓亲戚,而不去考察他们的才干;所信任依靠的人都是一些曲意逢迎的平庸之才,而憎恶那些正直之士;在贬人官职的时候都是听取一些随声附和的意见,而不去考察真实情况;在提拔官员的时候则是相信他们的花言巧语,而不去检查实际政绩。掌握要职治理百姓的官员,统领军事专司征伐的将领,有的因贪污受贿而败坏了自己的职守,有的因结党营私而扰乱了朝廷的政纪,有的因懦弱无能而损害了各种政务,有的因胆怯恐惧而丧失了有利的军机。然而那些昏君最终也没能察觉,不忍心贬斥这些官员,依然对他们亲近信任,希望他们以后能够作出成绩。才能很小而任职很重,于是就引来了灾祸。那些才能优秀、深谋远虑但孤立无援的人,他们有的虽在朝为官而地位卑贱得如同隐士一般,有的销声匿迹于穷困潦倒的生活之中,他们胸怀治国之道却闭口无言,无从施展自己的才华,朝纲废弛上下失序的灾祸,因此就会经常发生了。

“又经典规戒，弗闻弗览；玩弄亵宴[①]，是耽是务[②]。高楼观而下道德[③]，广苑囿而狭招纳[④]，深池沼而浅恩信，悦狗马而恶蹇谔[⑤]，贵珠玉而贱智略，丰绮纨而约惠泽，缓赈济而急聚敛，勤畋弋而忽稼穑[⑥]，重兼并而轻民命[⑦]，进优倡而退儒雅[⑧]，厚嬖幸而薄战士[⑨]，流声色而忘庶事，先酣游而后听断，数苦役而疏犒赐[⑩]。工造费好不急之器[⑪]，圈聚食肉靡谷之物[⑫]。然则危亡不可以怨天，微弱不可以尤人也[⑬]。夫吉凶由己，汤、武岂一哉？

【注释】

①玩弄：供玩弄的奇珍异宝。亵宴：指不必要、不庄重的宴会。

②是：代指“玩弄亵宴”。耽：沉溺。务：追求；从事。

③高：使……变高大。下：变得低下。

④苑囿：畜养鸟兽供帝王赏乐的园林。招纳：指招纳贤才。

⑤蹇谔(jiǎn è)：正直敢言。蹇，通“謇”，正直。

⑥畋弋(tián yì)：打猎。畋，打猎。弋，用箭射鸟。稼穑：种庄稼。

⑦兼并：指兼并其他国家。

⑧优倡：表演歌舞杂戏的人。

⑨嬖(bì)幸：受宠爱的人。

⑩数(shuò)：频繁；多次。

⑪费好：浪费良材。好，良才。不急之器：并不急需的器物。

⑫食肉：指吃肉的鸟兽。靡谷：指吃粮食的鸟兽。靡，浪费。

⑬尤人：责怪他人。尤，责怪。

【译文】

“再加上对于经典和劝诫的话，他们不听不看；而对于可供把玩的奇珍异宝和不必要的宴会，他们却是乐此不疲。他们把楼观修得很高而自身的道德却很低下，把苑囿建得十分广阔而把进贤之路卡得十分狭窄，把池塘挖得很深对人的恩信却很浅，他们喜欢猎狗骏马却厌恶敢讲直言的人，看重珠宝美玉却轻视智谋方略，富于绫罗绸缎而缺少仁义恩德，缓于赈灾济贫而急于聚敛财富，勤于猎取禽兽而忽视农业生产，重视兼并他国而轻视百姓生命，他们招揽歌舞艺人却排斥文人雅士，厚待宠姬侍臣而薄待征战将士，流连忘返于淫声女色而忘记了众多政务，把尽情游玩放在前面而把处理政事放在后边，频繁地发起苦役而很少犒赏。让工匠制造许多耗费良材的并非急需的器物，圈养了大量吃肉费粮的鸟兽。那么国家灭亡了就不要抱怨上天，国家衰弱了也不可责怪他人。吉凶福祸都是自己造成的，商汤、周武那样的明君难道就只能出现一次吗？

“昔周文掩未埋之骨①，而天下称其仁；殷纣剖比干之心②，而四海疾其虐③。望在具瞻④，毁誉尤速。得失之举，不在多也。凡誉重则蛮、貊归怀⑤，而不可以虚索也⑥；毁积即华夏离心⑦，而不可以言救也。是以小善虽无大益，而不可不为；细恶虽无近祸，而不可不去也。

【注释】

①昔周文掩未埋之骨：从前周文王掩埋了暴露在外的无主尸骨。《吕氏春秋·异用》：“周文王使人抇池，得死人之骸，吏以闻于文王。文王曰：‘更葬之。’吏曰：‘此无主矣。’文王曰：‘有。有天下者，天下之主也；有一国者，一国之主也。今我非其主也？’遂令吏以衣棺更葬之。天下闻之，曰：‘文王贤矣！泽及髊骨，又况于人乎！’或得宝以危其国，文王得朽骨以喻其意。”

②殷纣：即商纣王。商朝后来迁都于殷，故商又称为殷。比干：商

纣王的叔父，因直谏被纣王剖心而死。

③疾：痛恨。

④望在具瞻：为众人所关注、瞻望的人。指地位显赫的人。具，都。

⑤蛮、貊(mò)：泛指四方异族。蛮，古代指南方的少数民族。貊，古代东北部的一个少数民族。

⑥虚索：凭空去索取。

⑦华夏：这里指中原地区的人们。

【译文】

“从前周文王掩埋了暴露在外的无主尸骨，整个天下的人们都称赞他的仁义；商纣王剖取了王子比干的心，四海之内的民众都痛恨他的残暴。对于那些被众人所关注的地位显赫的人，批评和赞誉来得尤其迅速。行为的正确和错误，并不在于它的多少。大凡备受赞美的人，四方异族都会前来归附，而不能凭空去要求；不断受到批评的人，就连中原的民众也都会与他离心离德，而不能依靠几句空话来挽救。因此小的善事虽然不能带来大的益处，但也不能不做；小的恶行虽然不会马上就招来灾祸，但也不能不改正。

“若乃肆情纵欲，而不与天下共其乐，故有忧莫之恤也[①]；削基憎峻[②]，而不觉下堕则上崩，故倾颓莫之扶也。于是辔策去于我手[③]，神物假而不还[④]。力勤财匮[⑤]，民不堪命[⑥]，众怨于下，天怒于上，田成盗全齐于帷幄[⑦]，姬昌取有二于西邻[⑧]。陈、吴之徒[⑨]，奋剑而大呼；刘、项之伦[⑩]，挥戈而飙骇[⑪]。云梯乘于百雉之上[⑫]，皓刃交于象魏之下[⑬]；飞锋内荐[⑭]，禁兵外溃[⑮]；而乃忧悲以思邈世之大贤[⑯]，拥彗以延岩栖之智士[⑰]；慕伊、吕于嵩岫[⑱]，招孙、吴于草莱[⑲]；拜昌言而无所[⑳]，思嘉筭而莫问；犹大厦既燔[㉑]，而运水于沧海；洪潦凌室[22]，而造船于长洲矣[23]。

【注释】

①莫之恤：即“莫恤之”。没有人去同情他。恤，同情。

②削基憎峻：挖去自己的基础去增加上面的高峻。比喻盘剥下层民众以增加统治者的财富。憎峻，应作“增峻”。《道藏》本即作“增峻”。

③辔（pèi）策：马缰绳和马鞭。比喻统治百姓的权力。辔，马缰绳。策，马鞭。

④神物：又叫“神器”。指天下、国家。《老子》二十九章：“天下神器，不可为也。”假：借走。实际是被夺走。

⑤力勤：用力劳苦，筋疲力尽。

⑥民不堪命：百姓无法忍受君主的政令。

⑦田成：田成子。即齐国大夫田常。他杀齐简公而立齐平公，专擅国政。至齐康公时，田成子曾孙田和放逐康公而自立为齐侯。帷幄（wò）：帐幕。这里泛指室内。

⑧姬昌：即周文王。取有二：占领了天下三分之二。西邻：西部邻国。具体指周国，因为周国在商王朝的西边。

⑨陈、吴：陈胜、吴广。秦朝末年的起义领袖。

⑩刘、项：刘邦、项羽。刘邦在推翻秦朝后，又击败项羽，建立了西汉王朝。项羽在推翻秦朝后，自立为西楚霸王，后为刘邦所杀。飙骇：形容起义军如暴风般迅猛兴起。飙，暴风。骇，惊心动魄。形容兴起得迅猛。

⑫云梯：古代攻城时用来攀登城墙的长梯。百雉：指城墙。雉，古代计算城墙面积的单位。长三丈、高一丈为一雉。

⑬皓刃：白刃。象魏：宫殿门外的一对高大建筑。这里代指宫殿。

⑭荐：频频；接连不断。

⑮禁兵：保卫京城、皇宫的军队。

⑯而乃：疑当作“尔乃”。杨明照《抱朴子外篇校笺》：“‘而乃’，疑当作‘尔乃’。本篇上文及《交际》、《疾谬》、《广譬》、《自叙》四篇，并有‘尔乃’之文（辞赋中尤为常用）。”尔乃，这样一来。邈世：远离社会。指隐居。

⑰拥彗：执帚扫地。《史记·孟子荀卿列传》记载，邹衍到燕国后，燕昭王拿着扫帚在前面清扫道路，以示敬意。延：请。

⑱伊、吕：伊尹和吕尚。伊尹辅佐商汤王建立商朝，吕尚辅佐周武王建立周朝。嵩岫（xiù）：高大的山峰。嵩，高大的样子。岫，山峰。

⑲孙、吴：孙武、吴起。先秦的两位军事家。草莱：野草。这里指荒僻之处。

⑳昌言：合理的言论。

㉑既燔：已经燃烧起来。燔，烧。

㉒洪潦：洪水。凌室：应作“凌空”。杨明照《抱朴子外篇校笺》：“孙星衍曰：‘（“室”）《意林》（四）作“空”。’照按：‘空’字是。”凌空，滔天。

㉓长洲：传说中的地名。据说那里长满了大树。一说是吴王阖闾的苑林名。

【译文】

“像那些放纵自己情欲的君主，不与天下民众共享欢乐，所以当他们有了忧患时就没有人去同情；挖去自己的根基而求增加上面的高度，然而却不懂得下面坍塌了上层就会崩溃，因此当它倒塌的时候就不会有人去扶持。于是权力离开了君主的手中，国家被夺走后也不再归还。筋疲力尽钱财匮乏，百姓难以忍受君主的政令，民众在下边抱怨，苍天在上边发怒，像田成子那样的人住在室内就盗走了整个齐国，像周文王那样的人在西部占领了天下的三分之二。陈胜、吴广之类的造反者，高举着长剑振臂高呼；刘邦、项羽那样的起义者，挥舞着长戈迅猛兴起。他们用云梯登上了君主的城墙，用白刃交斗于宫殿之下，飞箭不停地向宫内射去，禁军在外面四散逃亡；这时候才满腹悲伤地去思念远离社会隐居的大贤之人，希望拿着扫帚去延请山野隐居的智谋之士；这时才去仰慕深山里的伊尹、吕尚，招揽荒野中的孙武、吴起；然而想拜求善言却无处可寻，想求得良策而无人可问；这就好像是大厦已经燃烧起来了，却跑到大海边去运水一般；还好像已经是洪水滔天了，才跑到长洲上去造船那样。

“夫巍巍之称①，不可骄吝搆②；而东岳之封③，未易以恣欲修也。上圣兼策载驰④，犹惧不逮前⑤；而庸主缓步按辔⑥，而自以为过之。或于安而思危，或在崄而自逸⑦；或功成治定，而匪怠匪荒⑧；或缀旒累卵⑨，而不觉不寤。不有辛、癸之没溺⑩，曷用贵钦明之高济哉⑪？念兹在兹⑫，庶乎庶乎⑬！”

【注释】

①巍巍：崇高伟大的样子。《论语·泰伯》：“巍巍乎，舜禹之有天下也，而不与焉！”

②骄吝：傲慢而吝啬。搆(gòu)：造成；获取。本句“不可”下应脱一“以”字。

③东岳：泰山。封：古代的一种非常隆重的祭天仪式。帝王在泰山筑坛祭天，报天之功，叫做“封”；在梁父山上辟场祭地，报地之德，叫做“禅”。古人认为，只有立下丰功伟绩的君主才有资格举行封禅大典。

④兼策：加倍地鞭策。载驰：驾车奔驰。形容急切的样子。

⑤逮前：赶上从前的圣君。逮，赶上。

⑥按辔：扣紧马缰绳让马缓行。

⑦崄(xiǎn)：同“险”。

⑧匪怠匪荒：不敢怠慢不敢荒废。匪，同“非”。

⑨缀旒(liú)：又作“赘旒”，比喻大权旁落。缀，系挂。旒，旗帜上垂挂的装饰品。缀旒虽然高高在上，却为下面的人所掌握。比喻君主空有其名，而实权为臣下所掌握。累卵：叠起的卵。比喻岌岌可危。

⑩辛：商纣王名辛。商朝的亡国之君。癸：夏桀王名履癸。夏朝的亡国之君。

⑪钦明：敬肃认真，明察秋毫。高济：巨大的成功。济，成功。

⑫念兹在兹：念念不忘这些事情。

⑬庶乎：差不多了。指差不多就可以成功了。

【译文】

“崇高而伟大的美称，不可能凭着傲慢而吝啬的态度去获取；有资格到泰山去筑坛祭天的丰功伟绩，也不可能靠放纵情欲来取得。最为圣明的帝王快马加鞭日夜兼程，依然担心自己赶不上从前的圣君；而那些平庸的君主扣紧马缰绳缓步慢行，还自认为已经超过了先圣。有的君主能够居安思危，有的君主身处险境却自以为安适；有的君主王业成功国家安定，也不敢懈怠不敢荒废；有的君主大权旁落危如累卵，却还没有觉察没有醒悟。如果没有商纣、夏桀的亡国，哪里还用得着君主去重视敬肃认真、明察秋毫这些美德以取得巨大成功呢？念念不忘这些事情，也就差不多可以成功了。”

臣节卷六

【题解】

臣节，大臣的节操。本篇主要阐述大臣所应具备的道德节操和才能、责任。文章一开始，作者就说明，君主要想成功，必须大臣的帮助，接着用比喻来证明君臣之间虽有尊卑的差异，但“实若一体之相赖也”，彼此实为一体，相互依赖，谁也无法离开谁。作者认为，作为大臣应该做到的主要有：

第一，要敢于犯颜直谏，反对曲意奉承。作者认为，大臣要勇于纠正君主的错误，“必将伏斧锧而正谏，据鼎镬而尽言”。当然，如果审时度势，看到即使自己以死相谏也于事无补的话，离开君主也是可以的。

第二，作者认为大臣应遵纪守法，勤政廉明，正直不阿，处事公平，并在文中列举了一大批这样的古代名臣，以作为大臣的榜样。

第三，重点强调了大臣的义务。葛洪说：“臣喻股肱，则手足也，履冰执热，不得辞焉。是以古人方之于地，掘之则出水泉，树之则秀百谷；生者立焉，死者入焉。功多而不望赏，劳瘁而不敢怨。”这段话比喻恰当，语言生动，要求大臣为国赴汤蹈火，任劳任怨，并且认为这是作为大臣能够保护自我的关键所在。

第四，在本篇的最后，作者要求大臣在为官时应该量力而行，不可力小负重，尽量不要身兼数职，因为“辕若载重，鲜不及矣”，这样不仅害了自己，也害了君主和自己的父母。

葛洪在"君道"之后论"臣节"，两篇文章在阐述君臣关系方面构成了一个完整的体系。相比较而言，"君道"的内容较为详实丰富，而"臣节"的论述较为空泛零乱。

抱朴子曰："昔在唐、虞①，稽古钦明②，犹俟群后之翼亮③，用臻巍巍之成功④。故能熙帝之载⑤，庶绩其凝⑥，四门穆穆⑦，百揆时序⑧，蛮夷无猾夏之变⑨，阿阁有鸣凤之巢也⑩。喻之元首⑪，方之股肱⑫，虽有尊卑之殊邈，实若一体之相赖也。

【注释】

①唐、虞：指尧、舜。唐，朝代名，君主为尧。虞，朝代名，君主为舜。

②稽古：考察古代圣人的做法。稽，考察。钦明：敬肃认真，明察秋毫。

③俟：等待；依靠。后：诸侯。翼亮：辅佐。

④臻：达到。巍巍：崇高伟大的样子。

⑤熙：兴盛。载：事业。

⑥庶绩：众多的功绩。凝：巩固。引申为成功。

⑦四门穆穆：四方诸侯恭敬肃穆。《尚书·舜典》："宾于四门，四门穆穆。"四门指都城的四方之门，宾指各方诸侯。意思是说四方诸侯都来朝拜，都很恭敬肃穆。

⑧百揆（kuí）：处理各种政务。百，指繁多的政务。揆，揣摩；处理。时序：井井有条。

⑨蛮夷：泛指异族。猾：乱；扰乱。夏：华夏。

⑩阿阁：四边有檐的楼阁。

⑪喻之元首：把君主比作人的头颅。之，代指君主。

⑫方之股肱：把大臣比作大腿和胳膊。方，比喻。股，大腿。肱，胳膊。

【译文】

抱朴子说："从前唐尧、虞舜的时候，他们注重研究古代历史做事敬肃认真明察秋毫，然而还是需要各国诸侯的辅佐，才能成就伟大的功业。因此他们能够弘扬帝王的大业，各种政务都能够获得成功，四方诸侯恭敬肃穆，各种事情也都处理得井井有条，异族没有前来扰乱中原，鸣叫的凤凰筑巢于楼阁。把君主比作头颅，把大臣比作大腿和胳膊，虽说君臣之间有着巨大的尊卑差别，而实际上就好像是整个身体的各部位互相依赖一样。

"君必度能而授者，备乎覆餗之败①；臣必量才而受者，故无流放之祸。夫如影如响②，俯伏惟命者，偷容之尸素也③；违令犯颜④，謇謇匪躬者⑤，安上之民翰也⑥。先意承指者⑦，佞谄之徒也；匡过弼违者⑧，社稷之骾也⑨。必将伏斧锧而正谏⑩，据鼎镬而尽言⑪。忠而见疑、诤而不得者，待放可也⑫；必死无补、将增主过者，去之可也⑬。

【注释】

①覆餗（sù）：倾覆了鼎中美食。比喻失败。餗，鼎中的美食。《周易·鼎卦》："鼎折足，覆公餗。"

②如影如响：像影之随形、响之应声一样。比喻处处应合君主的意见，不敢进谏。响，回音。

③偷容：苟且迎合以取悦于人。尸素："尸位素餐"的省略。尸位，白白地占住位置而不尽其职责。素餐，白吃饭。

④犯颜：冒犯君主的尊严。

⑤謇謇(jiǎn jiǎn)匪躬：直言敢谏而不是为了自己。謇謇，通“蹇蹇”，直言的样子。匪，通“非”。躬，自身。

⑥民翰：应为“屏翰”。比喻保护国家的重臣。翰，通“干”，护卫。《诗经·大雅·板》：“价人维藩，大师维垣，大邦维屏，大宗维翰。”

⑦先意承指者：预先揣摩君主心意并曲意逢迎的人。指，同“旨”，旨意。

⑧匡：纠正。弼违：纠正过失。弼，纠正。违，违背正道。

⑨骾(gěng)：骨干。

⑩斧锧(zhì)：斧子与铁砧板。古代刑具，用于斩首。

⑪鼎镬(huò)：古代用以烹人的大锅。镬，古代的一种大锅。

⑫待放：等待被放逐。

⑬去之：离开君主。之，代指君主。

【译文】

“国君必须根据臣下的能力而授予官职，这是为了防备政事的失败；臣下必须估量自己的能力去接受职务，这样就不会因为不能胜任而发生被流放的灾难。如影随形、如响应声一样地去应和君主，匍匐在地惟命是从的臣下，都是一些苟且取悦君主的尸位素餐之人；而敢于违抗君主命令冒犯君主尊严，直言进谏而不是为了自身利益的人，才是能够让君主安适的重臣。预先揣摩并顺从君主旨意的人，则是巧言谄媚之徒；能够纠正君主过失的人，才是国家的骨干之臣。一定要准备好即使上了断头台也要直言劝谏，即使马上被丢进鼎镬时也要尽吐忠言。在忠心受到怀疑、直言相劝而毫无作用的时候，那就辞职等待放逐也是可以的；就是被君主杀死也于事无补，而且还会增加君主过失的时候，离开君主也是可以的。

“其动也，匪训典弗据焉[①]；其静也，匪宪章弗循焉[②]。请托无所容[③]，申绳不顾私[④]。明刑而不滥乎所恨，审赏而不加乎附己。不专命以招权[⑤]，不含洿而谈洁。进思尽言以攻谬[⑥]，退念推贤而不蔽[⑦]。夙兴夜寐，戚庶事之不康也[⑧]；俭躬约志[⑨]，若策奔于薄冰也。

【注释】

①匪：同“非”。训典：先王留下的可供教育百姓的法典。

②宪章：典章制度。

③请托：为私事而相嘱托。容：接受；答应。

④申：用；执行。绳：木匠用来画直线的墨线。比喻法度。

⑤专命：不向君主汇报而擅自做主。招权：揽权。

⑥进：指上朝办事。

⑦退：指回到家中。

⑧戚：担忧。庶事：众多的政务。康：安妥；成功。

⑨俭躬：自身节俭。约志：约束自己的欲望。志，欲望。

【译文】

“他们有所行动的时候，不是先王的法典就不作为自己的依据；他们安居在家的时候，不是国家的典章制度就不去遵循。私人嘱托一概不会答应，执行法律从来不徇私情。刑罚分明而不会滥加惩罚给自己所痛恨的人，奖赏公平而不会随便把赏品送给依附自己的人。不擅自作主而把持权力，不自身污秽而高谈廉洁。入朝办事时就要想到要尽力去批判错误，回到家中也要考虑推荐贤人而不使埋没。早起晚睡，担忧各种政务没有处理稳妥；自身节俭约束欲望，就像鞭打快马奔跑在薄冰之上一样战战兢兢。

“纳谋贡士，不宣之于口；非义之利，不栖之乎心。立朝则以砥矢为操[①]，居己则以羔羊为节[②]。当危值难，则忘家而不顾命；擥衡执铨[③]，则平怀而无彼此[④]。仪萧、曹之指挥[⑤]，羡张、陈之奇画[⑥]，追周勃之尽忠[⑦]，准二鲍之直视[⑧]，蹈婴、弘之节俭[⑨]，执恬、毅之守终[⑩]；甘此离、纪炙身之分[⑪]，戒彼韩、英失忠之祸[⑫]。出不辞劳，入不数功；归勋引过[⑬]，让以先下。专诚祗慄[⑭]，恒若天威之在颜也[⑮]；宵夙虔竦[⑯]，有如汤镬之在侧也[⑰]。

【注释】

①砥矢：磨石和箭。比喻公平正直。砥，磨刀石。磨石很平，比喻公平。矢，箭。箭杆很直，比喻正直。《诗经·小雅·大东》：“周道如砥，其直如矢。”

②居己：个人；自己。羔羊：比喻品德洁白高尚。《诗经·召南·羔羊》的序说：“在位皆节俭正直，德如羔羊也。”

③擥衡执铨：掌握了选拔官吏的权利。擥，同“揽”，掌握。衡、铨，都是指秤。这里比喻评价、选拔官吏。

④平怀：内心公平。

⑤仪：效仿。萧、曹：萧何、曹参。两人都是刘邦的开国元勋。萧何为西汉的开国名相。萧何去世后，曹参继任宰相。

⑥张、陈：张良、陈平。二人都是刘邦的开国功臣，多次出奇谋以助刘邦。奇画：奇谋。

⑦周勃：刘邦的开国功臣。吕后去世后，诸吕欲谋反，周勃联合其他大臣，诛诸吕，安汉室，立汉文帝。

⑧二鲍：指东汉初年鲍永、鲍恢二人。二人为官正直，不畏权贵。直视：正眼逼视。形容刚直不阿。

⑨婴、弘：晏婴、公孙弘。晏婴是春秋齐国的相，生活十分节俭。《礼记·礼器》："晏平仲祀其先人，豚肩不揜豆，浣衣濯冠以朝，君子以为隘矣。"公孙弘是西汉的宰相，生活也很节俭。《史记·平津侯主父列传》："丞相公孙弘……为布被，食不重肉。"

⑩恬、毅：蒙恬、蒙毅兄弟二人。蒙恬为秦朝将军，蒙毅为秦朝上卿。二世皇帝时，赵高进谗言杀蒙毅、蒙恬兄弟。

⑪离、纪：要离、纪信。要离是春秋吴国的勇士。《吕氏春秋·忠廉》记载：吴王阖庐篡夺吴王僚的君位后，又欲杀掉极有勇力的吴王僚之子庆忌，要离答应阖庐的要求去当刺客。于是阖庐假装加罪于要离，逮捕其妻子与儿女，焚死后而扬其灰。要离因此取得庆忌的信任，刺死庆忌。纪信是刘邦的将军。《史记·项羽本纪》记载：汉王刘邦即位的第三年，被项羽围于荥阳，纪信假装成刘邦，率二千披甲女子出荥阳东门投降，而刘邦带领数十骑兵从城西门逃出，后来纪信被项羽烧死。

⑫韩、英：韩信、英布。二人都是刘邦的开国功臣，后来也都因为谋反而被杀。

⑬归勋引过：把功劳归于别人，把过错归于自己。

⑭祗慄（zhī lì）：恭敬恐惧。

⑮天威：威严的上天。在颜：在面前。颜，面孔。

⑯宵：晚上。夙：早上。代指白天。竦（sǒng）：肃敬。

⑰汤镬：煮着沸水的大锅。烹煮罪人的刑具。汤，开水。

【译文】

"进献了良策举荐了贤人，而从不挂在嘴上；不符合道义的利益，也从不放在心中。在朝为官时要以公平和正直作为自己的操守，个人生活则要以纯洁和高尚作为自己的气节。面临危难的时候，就要忘记家庭不顾生命；执掌选拔人才的权利时，则要公正持平不分彼此。效法萧何、曹参的指挥才能，仰慕张良、陈平的神奇谋略，学习周勃的尽忠为国，效仿鲍永、鲍恢的刚直不阿，追随晏婴、公孙弘的节俭生活，仿效蒙恬、蒙毅的始终守志，甘心坚守像要离、纪信那样被焚而死的臣子本分，警惕出现像韩信、英布那样失去忠诚带来的灾难。外出时不辞劳苦，回来后不夸功劳；功劳让给别人过错归于自己，虚心谦让以属下为先。真诚专一并恭敬恐惧，总好像威严的上帝就站在自己面前那样；从早到晚地虔诚肃敬，总好像开水沸腾的大锅就在自己身边一般。

“负荷寄托，则以伊、周为师表①；宣力四方，则以吉、召为轨仪②；送往视居③，则竭忠贞而不回④；搏噬干纪⑤，则若鹰鹯之鸷鸟雀⑥；蕃扞墙埸⑦，则慕魏绛、李牧之高踪⑧；莅众抚民，则希文翁、信臣之德化⑨。夫忠至者无（此处有脱文）以为国⑩，况怀智以迷上乎？义督者灭祀而无惮⑪，况黜辱之敢辞乎？故能保劳贵以显亲⑫，托良哉于舆歌⑬。昆吾彝器⑭，能者镌勋⑮。皋陶、后稷⑯，亦何人哉⑰！”

【注释】

①负荷寄托，则以伊、周为师表：身负先王的临终嘱托，就要以伊尹、周公为师表。寄托，嘱托。这里具体指托付年幼的君主。伊、周，伊尹、周公。伊尹辅佐商汤建立商朝，商汤的长孙帝太甲在位时，不遵商汤之法，暴虐乱德，于是伊尹把他流放于桐宫，由伊尹摄政。三年后，帝太甲悔过自责，于是伊尹又把政权交还给帝太甲。事见《史记·殷本纪》。周公辅佐周武王灭商建周，周武王去世后，周成王尚幼，由周公摄政。成王成年后，周公归政于成王。事见《史记·鲁周公世家》。

②宣力四方，则以吉、召（shào）为轨仪：在征讨四方时，则要以尹吉甫、召虎为榜样。宣力，宣扬武力。也即征伐。吉，周宣王的大

臣尹吉甫。他曾率兵讨伐北方异族至太原。召,召虎。周宣王时,淮夷不服,宣王命召虎沿江汉出征。轨仪,榜样。

③送往:送走死者。视居:应作“事居”。事奉生者。《左传·僖公九年》:“(晋献)公曰:‘何谓忠贞?’对曰:‘公家之利,知无不为,忠也;送往事居,耦俱无猜,贞也。’”

④回:回避;逃避。

⑤搏噬(shì):打击。噬,咬。干纪:违犯法纪。这里指违反法纪的人。干,犯。

⑥鹯(zhān):一种形似鹞鹰的猛禽。鸷(zhì):凶猛击杀。

⑦蕃扞(hàn):保卫。壃埸(jiāng yì):边界;边疆。壃,同“疆”。

⑧魏绛:春秋晋国将军。执法严明,建议与戎狄和好以免边患,使晋国八年中九合诸侯。李牧:战国赵国将军。为抗击匈奴守护赵国边疆立下赫赫战功。高踪:崇高的行为。

⑨文翁:西汉时为蜀郡太守,仁爱重视教化,为改变蜀地民风做出了很大贡献。信臣:召信臣。西汉人。先后任上蔡长、零陵太守、南阳太守等职。所到之处,爱民如子,兴修水利,发展生产,百姓称他为“召父”

⑩无:“无”字下应脱一字,根据文意,应脱一“私”字。

⑪督:通“笃”,笃厚。灭祀:没有后人祭祀。也即灭族。惮:害怕。

⑫劳贵:文意不通。疑为“荣贵”之误。荣华富贵。显亲:使父母荣耀。亲,父母。

⑬良哉:优秀啊。这是对大臣的赞美。《尚书·益稷》:“乃赓载歌曰:‘元首明哉,股肱良哉,庶事康哉!’”舆歌:众人之歌。舆,众。

⑭昆吾:传说中的山名,据说山上多赤铜。彝器:宗庙中常用的青铜祭器的总称。彝,常。

⑮镌勋:铭刻上自己的功勋。

⑯皋陶(yáo):虞舜时的司法官。后稷:周人的祖先。虞舜时为

农官。

⑮亦何人哉：本句的意思是，皋陶、后稷是什么样的人，我也就会是什么样的人。本句套用了《孟子·滕文公上》中的话："颜渊曰：'舜何人也？予何人也？有为者亦若是。'"

【译文】

"如果身负先王的临终嘱托，就应该以伊尹、周公为师表；如果率兵到四方去讨伐，就应该以尹吉甫、召虎为榜样；送走死者事奉生者，就应该竭尽忠心而不逃避；打击违法犯纪的人，就应该像鹞鹰搏击鸟雀一样；保卫边疆的时候，就应该学习魏绛、李牧的崇高行为；治理百姓的时候，就应该效仿文翁、召信臣的美德教化。最为忠诚的人一心为国没有私心，又怎么会满腹智慧而使君主迷惑呢？道义笃厚的人连灭族都不害怕，又怎么会逃避被贬斥受屈辱呢？因此这些人能够保住自己的荣华富贵而使父母荣耀，能够获得民众'大臣真是优秀'的歌颂。在用昆吾赤铜铸造的铜器上，这些能干的大臣能够铭刻上自己的功勋。皋陶和后稷，后人也能够像他们一样！"

抱朴子曰："人臣勋不弘，则耻俸禄之虚厚也；绩不茂，则羞爵命之妄高也。履信思顺，天人攸赞①；畏盈居谦②，乃终有庆③。举足则蹈道度，抗手则奉绳墨④，褒崇虽淹留⑤，而悔辱亦必远矣。若夫损上以附下⑥，废公以营私，阿媚曲从，以水济水⑦，君举虽谬，而谄笑赞善；数进玩好，陷主于恶；巧言毁政，令色取悦⑧；上蔽人主之明，下杜进贤之路；外结出境之交⑨，内树背公之党。虽才足饰非，言足文过⑩，专威若赵高⑪，擅朝如董卓⑫，未有不身膏剡锋、家糜汤火者也⑬。然而愚瞽舍正即邪⑭，违真侣伪⑮，亲览倾偾⑯，不改其轨，殃祸之集，匪降自天也⑰。"

【注释】

①攸赞：所帮助的。攸，所。赞，赞助；帮助。

②畏盈：担心极盛带来的灾难。

③有庆：有值得庆贺的事情。也即有福报。

④抗手：抬手。泛指行动。绳墨：本指木匠画直线的墨绳，这里比喻法度。

⑤褒崇虽淹留：即使受到褒扬获得提拔的时间会推迟。淹留，停留。这里指推迟。

⑥损上以附下：根据文意，本句疑为“损下以附上”。旧写本孙星衍批注：“疑当作‘损下以附上’。”损害百姓的利益而增加君主的财富。

⑦以水济水：在水里再加上水。比喻处处附和君主的意见，不敢提出不同的看法。《左传·昭公二十年》：“君所谓可，据亦曰可；君所谓否，据亦曰否。若以水济水，谁能食之？”

⑧令色：讨人喜欢的谄媚面容。令，美好。这里指讨人喜欢的谄媚。色，面色；表情。《论语·学而》：“子曰：‘巧言令色，鲜矣仁。’”

⑨外结出境之交：在外边与其他国家的人相互勾结。

⑩文过：文饰过错。

⑪赵高：秦朝的宦官。秦始皇死后，赵高矫诏逼公子扶苏自杀，立胡亥为二世皇帝，后又杀李斯及二世皇帝，最终导致秦朝灭亡。

⑫董卓：东汉末年人。东汉末年动乱时，董卓废少帝为弘农王，不久又杀弘农王及何太后，立汉灵帝少子陈留王为献帝，后被司徒王允等人诛杀。

⑬膏剡(gào yǎn)锋：把血涂抹在锐利的锋刃上。也即被杀死。膏，涂抹。剡，锋利。糜汤火：毁于灾难。糜，粉碎；毁掉。

⑭愚瞽：愚蠢的人。瞽，瞎。即：接近；走向。

⑮侣伪：与虚伪为伴。也即作假。

⑯倾偾（fèn）：翻车跌倒。比喻失败。倾，翻车。偾，跌倒。

⑰匪降自天：不是从天上降下来的。匪，同“非”。

【译文】

抱朴子说：“臣下的功劳如果不大，就耻于去接受白送给自己的优厚俸禄；政绩如果不佳，就羞于去接受不应该属于自己的高官显爵。坚守诚信心怀忠顺，上天和人们都会前来帮助；担心盈满带来的灾难自居谦虚，最终就会吉祥美满。任何行为都要合乎道义，任何举动都要遵守法度，那么即使受褒奖被提拔的时间会推迟，然而总会远离灾祸和屈辱。如果损害百姓的利益而去增加君主的财富，毁坏公家的事务而去经营自己的私利，阿谀谄媚曲意奉承，对君主的意见随声附和，君主的行为虽然荒谬，却还是满脸谄笑连声称好；不断地进献各种玩物珍宝，陷君主于罪恶；用花言巧语去破坏政事，以谄媚的面容去博取君主的欢心；对上遮蔽了君主的耳目，对下堵住了进贤的道路；在外边与其他国家的人相互勾结，在国内拉帮结派背叛朝廷。这种人即使才能足以掩盖自己的错误，言谈足以文饰自己的过失，即使能够像赵高那样独掌权力，能够像董卓那样专擅朝政，也没有不自身被利刃所杀掉、家族被灾难所毁灭的。然而那些愚蠢之徒依然要舍弃正道而走向邪路，他们不顾实情而作假欺骗，已经亲眼看见别人失败毁灭了，自己却依然不愿改弦更张，落在他们头上的灾难，并非是从天上掉下来的啊。”

抱朴子曰：“臣喻股肱①，则手足也，履冰执热，不得辞焉。是以古人方之于地②，掘之则出水泉，树之则秀百谷③；生者立焉④，死者入焉。功多而不望赏，劳瘁而不敢怨。审识斯术⑤，保己之要也。”

【注释】

①股肱：大腿和胳膊。股，大腿。肱，胳膊。

②方之于地：把大臣比喻为大地。方，比喻。之，代指大臣。

③秀：庄稼吐穗开花。这里泛指生长。

④立焉：站立在大地上。焉，代指大地。

⑤审识：清楚明白。审，清楚。斯术：这个道理。斯，此。本段内容出自《荀子·尧问》："子贡问于孔子曰：'赐为人下而未知也。'孔子曰：'为人下者其犹土也，深扣之而得甘泉焉，树之而五谷蕃焉，草木殖焉，禽兽育焉；生则立焉，死则入焉；多其功而不息。为人下者其犹土也！'"

【译文】

抱朴子说："臣下被比喻为大腿和胳膊，那么他们就是手和脚，因此即使让他们踏在寒冰之上或者拿着烫手的东西，他们也不能拒绝。因此古人把臣下比作土地，在土地上挖掘就能涌出泉水，在土地上种植就能长出庄稼；人活着站在土地的上面，人死了埋葬在土地的下边。功劳很多而不盼望奖赏，疲惫不堪也不敢抱怨。深刻地理解这一道理，就是保护好自己的关键。"

抱朴子曰："臣职分则治，统广则多滞①。非贲、获之壮②，不可以举兼人之重③；非万夫之特④，不可以总异言之局⑤。韩侯所以罪侵冒之典⑥，子元所以惧不胜之祸也⑦。若乃才力绝伦，文武兼允⑧，入有腹心之高筭⑨，出有折冲之远略⑩，虽事殷而益举⑪，两循而俱济⑫，舍之则彝伦斁⑬，委之而无其人者⑭，兼之可也；非此器也，宜自忖引⑮，辕若载重⑯，鲜不及矣⑰。常人贪荣，不虑后患，身既倾溺，而祸逮君亲，不亦哀哉！人皆辞斧斤所未开⑱，而莫让摄官所不堪⑲。

嗟乎！陈、李所以作戒于力以[20]，而子房所以高蹈于挹盈也[21]。”

【注释】

①统广：负责的职务很多。滞：滞碍不通；治理不好。

②贲(bēn)、获：孟贲、乌获。二人都是战国的勇士。据说孟贲能生拔牛角，乌获能力举千钧。

③兼人之重：两个人才能举起的重量。

④万夫之特：万人中的最杰出者。特，特出；俊杰。

⑤异言：应作“异官”。“言”为“官”字之误。《道藏》本即作“官”。

⑥韩侯所以罪侵冒之典：这就是韩昭侯治罪侵犯他人职权的原因。韩侯，战国的韩昭侯。罪，治罪。侵冒，侵犯。典，主管；职权。《韩非子·二柄》：“昔者韩昭侯醉而寝，典冠者见君之寒也，故加衣于君之上。觉寝而说，问左右曰：‘谁加衣者？’左右对曰：‘典冠。’君因兼罪典衣，杀典冠。其罪典衣，以为失其事也；其罪典冠，以为越其职也。非不恶寒也，以为侵官之害甚于寒。”

⑦子元所以惧不胜之祸也：这就是朱博害怕承受不了封赏过厚的祸患的原因。子元，西汉人。姓朱名博，字子元。《汉书·朱博传》：“朱博字子元，杜陵人也……(哀帝)免(孔)光为庶人，以博代光为丞相，封阳乡侯，食邑二千户。博上书让曰：‘故事封丞相不满千户，而独臣过制，诚惭惧，愿还千户。’上许焉。”

⑧允：令人信服。

⑨腹心：心腹。指深受君主信任。筭：同“算”。

⑩折冲：使敌人的战车后退，即击退敌人。冲，战车的一种，用于冲锋陷阵。

⑪殷：多。益举：越发办理得好。益，更加。举，举办。这里指办理得好。

⑫两循：应为“两修”。杨明照《抱朴子外篇校笺》：“王国维‘循’校‘修’。照按：王校是。”两，指文武。修，修养得好。也即文武双全。济：成功。

⑬舍之：不用他们。之，指文武双全的人。彝伦：常理；社会的正常秩序。斁(dù)：败坏。

⑭委：放弃。

⑮忖引：思考；估量。

⑯辕若：疑为“辕弱”。本书《知止》：“辕弱折于载重。”“辕弱”指车辆弱小。辕，车辕。代指车辆。

⑰鲜不及矣：很少不遇上灾祸的。鲜，少。及，及于灾祸。

⑱人皆辞斧斤所未开：人们都不愿到蛮荒地区做官。斧斤所未开，指还没有开发过的偏远地区。斤，斧。

⑲摄官：当官。

⑳陈：陈蕃。字仲举，东汉人，官至太傅。陈蕃与窦武合谋除掉当时贪虐的宦官，谋泄，二人反被宦官所杀。李：李膺。字元礼，东汉人。先后为司隶校尉、长乐少府。后因党锢之祸，死于狱中。力以：应为“力少”。《道藏》及其它各本均作“力少”。

㉑子房：张良，字子房。刘邦的开国元勋，封留侯。高蹈：远离社会而隐居。挹(yì)盈：把过于盈满的液体舀取出来。比喻谦退。《史记·留侯世家》：“留侯乃称曰：‘家世相韩，及韩灭，不爱万金之资，为韩报雠强秦，天下振动。今以三寸舌为帝者师，封万户，位列侯，此布衣之极，于良足矣。愿弃人间事，欲从赤松子游耳。’乃学辟谷，道引轻身。”

【译文】

抱朴子说：“大臣的职务要分开治理就能办好，一人负责的职务太多就不会顺利。如果没有孟贲、乌获那样的强壮，就不可以去举两个人才能举起的重量；如果不是万里挑一的杰出人才，就不可以去统领众多官员。这就是韩昭侯治罪侵犯他人职权的原因，也是朱博害怕承受不了封赏过厚的祸患的原因。如果说才力的确出类拔萃，文才武略都能令人信服，在朝内深受信任且能拿出高明策略，在外面有克敌制胜的远大谋划，政事越多而做得越好，文武兼顾且处处成功，不任用他们而社会正常秩序就会败坏，放弃了他们就再也找不到合适的人选，那么让他们身兼数职还是可以的；如果不是这样的人才，就应该自我掂量，车辆弱小而载物过重，很少不遇上灾难的。一般人贪图荣华富贵，而从不考虑后患，不但自身毁灭了，而且还连累了君主和父母，这不是太悲哀了吗！人们都不愿意到极为偏远的蛮荒地区去做官，但没有人会因为不胜任而辞去官职。唉！这就是陈蕃、李膺成为力所不及的借鉴、张良功成身退以避免过于盛满的原因。”

良规卷七

【题解】

良规，善良的规劝，或良好的规劝。本篇的第一段是讲鸟择木而栖、人择时而仕的道理，然而全篇的主题却是对历代废黜君主的行为进行批判。

对于暴君是否应该废黜，远在先秦时期，就已经有了不同看法。当周武王出兵讨伐商纣王的时候，伯夷、叔齐就曾扣马而谏。灭商之后，二人认为武王是以下犯上，非仁义之人，于是坚决不食周粟。而孟子则针锋相对："齐宣王问曰：'汤放桀，武王伐纣，有诸？'孟子对曰：'于传有之。'曰：'臣弑其君，可乎？'曰：'贼仁者谓之贼，贼义者谓之残，残贼之人，谓之一夫。闻诛一夫纣矣，未闻弑君也。'"（《孟子·梁惠王下》）认为诛杀暴君是合情合理的行为。

到了汉代，也发生过类似的争论："（儒生辕固生）与黄生争论景帝前。黄生曰：'汤、武非受命，乃弑也。'辕固生曰：'不然。夫桀、纣虐乱，天下之心皆归汤、武，汤、武与天下之心而诛桀、纣，桀、纣之民不为之使而归汤、武，汤、武不得已而立，非受命为何？'黄生曰：'冠虽敝，必加于首；履虽新，必关于足。何者？上下之分也。今桀、纣虽失道，然君上也；汤、武虽圣，臣下也。夫主有失行，臣下不能正言匡过以尊天子，反因过而诛之，代立践南面，非弑而何也？'辕固生曰：'必若所云，是高帝代秦即天子之位，非邪？’于是景帝曰：‘食肉不食马肝，不为不知味；言学者无言汤、武受命，不为愚。’遂罢。”（《史记·儒林列传》）这次争论把景帝置于两难之地：如果赞成辕固生的意见，那就等于承认臣民的反叛行为是合理的，这就从理论上为未来汉王朝覆灭的合理性作了论证；如果赞成黄生的意见，又等于否定了刘邦的灭秦行为，汉王朝的存在同样失去了合理性。于是，景帝把汤、武革命这一敏感问题比作有毒的马肝，放置在一边，拒绝讨论。

葛洪的观点十分明确，他旗帜鲜明地反对任何形式的废黜君主的行为，他说：“夫君，天也，父也。君而可废，则天亦可改，父亦可易也。”用上天的不可改变、父亲的不可替换，来证明君主地位的神圣不可动摇。君主有错，只可劝谏，不可废黜。葛洪的这种绝对忠君的思想当然很难为今人所接受，但他的另一劝告却值得人们借鉴：“况乎废退其君，而欲后主之爱己，是奚异夫为人子而举其所生捐之山谷，而取他人养之，而云‘我能为伯瑜、曾参之孝，但吾亲不中奉事，故弃去之？’虽日享三牲，昏定晨省，岂能见怜信邪？”综观历史，除了改朝换代，而那些曾经有过废故主立新君经历的大臣是很难取得新君信任的，他们的结局往往也都很悲惨。这些历史教训，值得人们反思。

抱朴子曰：“翔集而不择木者[①]，必有离罻之禽矣[②]；出身而不料时者，必有危辱之士矣。时之得也，则飘乎犹应龙之览景云[③]；时之失也，则荡然若巨鱼之枯崇陆。是以智者藏其器以有待也[④]，隐其身而有为也。若乃高岩将贯[⑤]，非细缕所缀；龙门沸腾[⑥]，非掬壤所遏[⑦]，则不苟且于干没[⑧]，不投险于侥幸矣。”

【注释】

①翔集:飞鸟落下。

②离:通“罹”,遭受;遇到。罻(wèi):小网。

③应龙:长有翅膀的龙。景云:祥云。

④藏器:胸怀才华。器,才华。有待:等待时机。《周易·系辞下》:“君子藏器于身,待时而动。”

⑤霣(yǔn):坠落;倒塌。

⑥龙门:山名。在今山西河津西北和陕西韩城东北。此处两岸峭壁对峙,形如门阙,黄河至此,水流湍急。沸腾:洪水翻腾。

⑦掬壤:一捧土。遏:遏制;阻拦。

⑧干没:侵吞公家或他人的财物。

【译文】

抱朴子说:“飞鸟落下时如果不选择好树木,必然会落入网中;人们出仕时如果不掂量时机,必然会遇到危险屈辱。遇到了好的时机,就会像飘飘荡荡的应龙那样俯视着满天的祥云;看错了时机,就会像跳到了陆地上的大鱼那样因失水而干枯死掉。因此那些有智慧的人深藏自己的才华以等待适当的机会,隐居起来以便今后有所作为。至于说高峻的山峰将要崩塌了,那不是一根细小的丝线就能够维系得住的;龙门山那里的黄河水波涛汹涌,也不是一捧土就能够阻拦的,所以不要用不正当的手段去谋取他人的财富,也不要带着侥幸的心理去冒险。”

抱朴子曰:“周公之摄王位①,伊尹之黜太甲②,霍光之废昌邑③,孙綝之退少帝④,谓之舍道用权⑤,以安社稷。然周公之放逐狼跋⑥,流言载路⑦;伊尹终于受戮⑧,大雾三日;霍光几于及身⑨,家亦寻灭⑩;孙綝桑荫未移⑪,首足异所⑫。皆笑音未绝,而号咷已及矣。

【注释】

①周公摄王位：周公代理国政。摄，代理。周武王去世时，其子周成王年幼，由周公摄政。

②伊尹之黜太甲：伊尹罢黜了太甲。太甲，商朝的天子。伊尹辅佐商汤建立商朝，商汤的长孙帝太甲在位时，不遵商汤法度，暴虐乱德，于是伊尹把他流放于桐宫，由伊尹摄政。三年后，帝太甲悔过自责，于是伊尹又把政权交还给帝太甲。

③霍光之废昌邑：霍光废黜了昌邑王。霍光，西汉的大臣。昌邑，汉武帝之孙刘贺，封昌邑王。《汉书·霍光传》记载：汉昭帝去世，无子，霍光与其他大臣迎立昌邑王刘贺。刘贺即位后，淫乱无度，霍光与其他大臣又废黜了他。

④孙綝之退少帝：孙綝废黜了少帝。孙綝，三国时吴国的大臣。少帝，指孙权的少子孙亮。孙权去世，孙亮即位。后来孙綝以“少帝荒病昏乱，不可以处大位”为由，逼少帝退位。

⑤舍道用权：使用了符合大道的权变手段。“舍”字疑为“合”字之误。

⑥周公放逐：周公被放逐。周公摄政，引起成王与其他大臣的怀疑，周公逃亡南方。狼跋：进退维谷的狼狈样子。

⑦载路：满路。形容到处都是。

⑧受戮：被杀。《竹书纪年》：“（太甲）七年，王潜出自桐，杀伊尹，天大雾三日。”按照这一记载，伊尹被太甲所杀。

⑨及身：身遭灾难。

⑩家亦寻灭：家族不久被灭。寻，不久。霍光掌权时，其妻使人毒杀汉宣帝皇后许氏，立自己的女儿为后。霍光去世后，霍氏恐谋杀许后事泄，于是计划谋反，失败后全家被杀。

⑪桑荫未移：桑树的树荫还没有移动。形容时间十分短暂。

⑫首足异所：指被斩首。孙綝废孙亮而立孙休，是为吴景帝。后孙

休杀孙綝。

【译文】

抱朴子说："周公代理国政，伊尹流放太甲，霍光废掉了昌邑王，孙綝罢黜了吴少帝，这些行为都被称为合乎正道的临时变通，目的是为了国家安定。然而周公后来被放逐时狼狈不堪，到处都是有关他的流言；伊尹最终被杀掉，大雾笼罩了三天；霍光自身就差一点儿遇上灾祸，他死后不久全家被杀；孙綝也没有过多长时间，就身首异处。他们都是笑声还没有来得及停下来，而号啕大哭的声音就已经响起来了。

"夫危而不持，安用彼相①？争臣七人，无道可救②。致令王莽之徒③，生其奸变，外引旧事以饰非，内包豺狼之祸心，由于伊、霍，基斯乱也④。将来君子，宜深鉴兹矣⑤。夫废立之事，小顺大逆，不可长也。召王之谲⑥，已见贬抑⑦，况乃退主，恶其可乎⑧！此等皆计行事成，徐乃受殃者耳⑨。若夫阴谋始权⑩，而贪人卖之，赤族殄祀⑪，而他家封者⑫，亦不少矣。

【注释】

①夫危而不持，安用彼相：盲人处于险境而不去扶持，那么要搀扶盲人的相干嘛？相，搀扶盲人的人。《论语·季氏》："危而不持，颠而不扶，则将焉用彼相矣？"

②争臣七人，无道可救：如果有七位敢于谏诤的大臣，无道之君也可以拯救。争，通"诤"，谏诤。《孝经·谏诤》："昔者天子有争臣七人，虽无道，不失其天下。"

③王莽：西汉元城人，字巨君。汉元帝皇后之侄。汉平帝年九岁即位，元帝后临朝称制，委政于莽，平帝死后立孺子婴，王莽自称摄

皇帝。三年即真，改国号为新，后被起义军所杀。

④基斯乱：导致了这些犯上乱政之事。基，开始；导致。

⑤兹：此。

⑥召王之谲(jué)：臣下招来君主时使用的谎言。谲，欺诈。春秋时，晋文公召周襄王到晋地河阳大会诸侯，因臣下召天子不合礼制，故谎称周襄王到河阳巡狩。

⑦贬抑：贬低；批评。

⑧恶(wū)：怎么。

⑨徐：慢慢地。

⑩阴谋始权：阴谋刚刚开始。权，动；实行。

⑪殄(tiǎn)祀：没有后人祭祀。也即灭族。殄，灭亡。

⑫他家：指出卖者。封：封赏。

【译文】

“盲人处于危境而不去扶持，那么要搀扶盲人的相干嘛？如果有了七位敢于谏诤的大臣，无道之君也可以挽救过来。致使王莽这一类的人，能够发动邪恶的政变，对外能够引用历史典故来掩饰他们的罪恶，内心里包藏着豺狼般的害人之心，都是由于伊尹、霍光这样的人，引导了他们策划变乱。未来的君子，应该深刻地记住这些教训。废立君主的事情，符合小道理而违背了大原则，不能够再去助长这类事情了。晋文公招来周襄王却谎称是天子巡狩，这已经受到了人们的批评，更何况是废黜君主，这怎么可以呢！以上这些人都是运用计谋使废黜君主的事情得以成功，然而后来又都慢慢遭遇到了灾难。至于废黜君主的阴谋刚刚开始实施，就被贪婪的人给出卖了，结果全族人被杀掉，而出卖者却得到了封赏，这种情况也不少见啊。

“若有奸佞翼成骄乱①，若桀之干辛、推哆②，纣之崇侯、恶来③，厉之党也④，改置忠良，不亦易乎？除君侧之众恶，流凶族于四裔[5]；拥兵持壃[6]，直道守法，严操柯斧[7]，正色拱绳[8]；明赏必罚，有犯无赦；官贤任能，唯忠是与[9]；事无专擅，请而后行；君有违谬，据理正谏。战战兢兢，不忘恭敬，使社稷永安于上，己身无患于下。功成不处，乞骸告退[10]，高选忠能，进以自代，不亦绰有余裕乎[11]？何必夺至尊之玺绂[12]，危所奉之见主哉[13]！

【注释】

①翼成：助成。骄乱：严重的动乱。

②干辛、推哆(chí)：两人都是夏桀时的邪恶之臣。

③崇侯、恶来：两人都是商纣时的邪恶之臣。

④厉：残暴；凶狠。

⑤流凶族于四裔：把凶残的人们流放到四方边远地区。裔，边远的地方。

⑥壃(jiāng)：同“疆”，边疆。

⑦柯斧：斧柄。比喻权柄。柯，斧柄。

⑧正色：表情严肃。拱绳：掌握法度。拱，手拿。绳，本指木工画直线的墨绳，比喻法度。

⑨唯忠是与：即“唯与忠”。只授权给那些忠诚者。与，授予。

⑩乞骸：向君主请求让自己的骸骨归葬故乡。这是古代官吏因年老请求退职时的常用语。

⑪绰有余裕：形容回旋余地很大、进退自如。绰、裕，都是宽阔的意思。《孟子·公孙丑下》：“我无官守，我无言责也，则吾进退，岂不绰绰然有余裕哉！”

⑫至尊：指君主。玺：皇帝的印。绂(fú)：系印的丝带。

⑬见(xiàn)主：当今的君主。见，同“现”，现在；当今。

【译文】

“如果有一些奸邪之人助成严重的动乱，比如夏桀时的干辛和推哆，商纣时的崇侯和恶来，这些人都属于凶恶之党，把他们撤职改换为忠良之人，不也是很容易的事情吗？除掉君主身边的众多奸人，把凶恶的人们放逐到四方边远地区；掌握军队保卫边疆，坚守正道遵纪守法，严密地控制权力，严肃地遵守法规；赏赐公平而有罪必罚，犯法者决不饶恕；任用贤能，只授官给那些忠诚之人；政事不许臣下擅作主张，必须在请示之后才能实施；君主如果有了违背正道的荒谬行为，大臣要据理劝谏。大臣要战战兢兢，不忘记对君主的恭敬，在上使国家长治久安，在下使自己永无祸患。功成名就而不据为己有，然后告老还乡，选择出类拔萃、忠诚能干的人，推荐上去以代替自己，这不是进退自如具有很大的回旋余地吗？何必一定要去夺取天子的印绶，危害自己所事奉的当今君主呢！

“夫君，天也，父也。君而可废，则天亦可改，父亦可易也。功盖世者不赏，威震主者身危。此徒战胜攻取①，勋劳无二者②，且犹鸟尽而弓弃，兔讫而犬烹③。况乎废退其君，而欲后主之爱己，是奚异夫为人子而举其所生捐之山谷④，而取他人养之，而云‘我能为伯瑜、曾参之孝⑤，但吾亲不中奉事⑥，故弃去之’？虽日享三牲⑦，昏定晨省⑧，岂能见怜信邪⑨？

【注释】

①此：这些人。徒：仅仅。

②无二：没有第二人可与相比。即功劳第一。

③兔讫而犬烹：野兔打光了，猎狗就要被烹煮吃掉。讫，结束。这

里指死掉。《文子·上德》:“狡兔得而猎犬烹,高鸟尽而良弓藏。”

④所生:生身父母。捐:抛弃。

⑤伯瑜:又作“伯俞”。姓韩,古代的著名孝子。曾参:孔子弟子,字子舆。著名的孝子。

⑥不中:不适合。

⑦三牲:牛、羊、猪。这里泛指丰盛的食物。

⑧昏定晨省:晚上服侍就寝,早上省视问安。《礼记·曲礼上》:“凡为人子之礼,冬温而夏凊,昏定而晨省。”

⑨见怜:被怜爱。见,被。怜,爱。

【译文】

“君主,就是上天,就是父亲。君主如果可以被废黜,那么上天也就可以被改变,父亲也就可以被替换。功劳盖世的人不被奖赏,权威震动君主的人就会陷入危险。这些人仅仅只是战胜了敌人开拓了疆土,建立的功勋无人可比,他们尚且会像飞鸟打光以后的弓箭那样被扔掉,还会像兔子打光后的猎狗那样被煮食。更何况是废黜自己的君主,还想让后来的君主宠爱自己,这种做法与作为儿子的却把生身父母抛弃在山沟里,然后请来别人加以奉养,却说‘我能够像伯瑜、曾参那样的孝顺,但是我自己的父母不适合侍奉,因此就抛弃了他们’有什么区别呢?这些人即使每天都献上丰盛的食物,晚上服侍就寝而早上看望问安,又怎么能够得到别人的怜爱和信任呢?

“霍光之徒,虽当时增班进爵①,赏赐无量,皆以计见崇②,岂斯人之诚心哉③?夫纳弃妻而论前婿之恶,买仆虏而毁故主之暴④,凡人庸夫,犹不平之。何者?重伤其类⑤,自然情也。故乐羊以安忍见疏⑥,而秦西以过厚见亲⑦。而世人诚谓汤、武为是，而伊、霍为贤，此乃相劝为逆者也⑧。

【注释】

①班：朝班。这里指上朝时所站的位次。

②以计见崇：出于计谋而对他们加以推崇。

③斯人：此人。指后来的君主。

④仆虏：奴仆。

⑤重伤其类：他们重视的是伤害了自己的同类人。意思是说，前夫与后夫属于同一身份，如果后夫的妻子总在后夫面前讲前夫的坏话，后夫听了也会感到不高兴，因为物伤其类。

⑥乐(yuè)羊以安忍见疏：乐羊因为太狠心而被别人疏远。乐羊，战国时魏国的将军。安忍，安于做狠心的事情。见，被。《战国策·魏策一》："乐羊为魏将而攻中山。其子在中山，中山之君烹其子而遗之羹。乐举坐于幕下而啜之，尽一杯。文侯谓睹师赞曰：'乐羊以我之故，食其子之肉。'赞对曰：'其子之肉尚食之，其谁不食？'乐羊既罢中山，文侯赏其功而疑其心。"

⑦秦西以过厚见亲：秦西巴因为品德厚道而被别人亲近。秦西，即秦西巴。《韩非子·说林上》："孟孙猎，得麑，使秦西巴持之归。其母随之而啼，秦西巴弗忍而与之。孟孙适至而求麑，答曰：'余弗忍而与其母。'孟孙大怒，逐之。居三月，复召以为其子傅。其御曰：'曩将罪之，今召以为子傅，何也？'孟孙曰：'夫不忍麑，又且忍吾子乎？'"

⑧相劝：相互鼓励。劝，鼓励。

【译文】

"像霍光这一类的人，虽然当时加官进爵了，还得到了无数的赏赐，但这都不过是后来的君主使用计谋对他们假意推重，哪里是君主的真心实意呢？被休弃的妻子总在后夫的面前议论前夫的坏处，买来的奴仆总在后来的主人面前诽谤前主人的残暴，那么即便是一般的凡夫俗子，听后也会愤愤不平。为什么呢？因为他们重视的是伤害了与自己身份相同的人，这是一种很自然的感情。因此乐羊因为狠心而被别人疏远，秦西巴因为仁厚而被别人亲近。如果世人真心地认为商汤王和周武王征讨自己君主的行为是正确的，伊尹和霍光废黜自己君主的做法是贤良的，那么这就是相互鼓励着去做叛逆之人啊。

“又见废之君，未必悉非也。或辅翼少主①，作威作福②，罪大恶积，虑于为后患，及尚持势，因而易之③，以延近局之祸④。规定策之功，计在自利，未必为国也。取威既重，杀生决口⑤。见废之主，神器去矣⑥，下流之罪⑦，莫不归焉。虽知其然，孰敢形言？无东牟、朱虚以致其计⑧，无南史、董狐以证其罪⑨，将来今日，谁又理之？独见者乃能追觉桀、纣之恶不若是其恶⑩，汤、武之事不若是其美也。

【注释】

①或：有的人。辅翼：辅佐。

②作威作福：独掌恩威、赏罚的大权。

③易之：改换君主。易，改换。

④以延近局之祸：以便推迟马上就可能发生的灾难。延，推迟。近局，眼前。

⑤决口：取决于几句话。意思是，几句话就能够决定别人的生死。

⑥神器：指国家权力。

⑦下流：本指地势低凹处，比喻劣势。《论语·子张》：“子贡曰：‘纣之不善，不如是之甚也。是以君子恶居下流，天下之恶皆归焉。’”

⑧东牟、朱虚：刘邦庶长子齐王刘肥之子刘章、刘兴居。刘章被封为朱虚侯，刘兴居被封为东牟侯。吕后去世，诸吕欲为乱。朱虚侯与东牟侯与其他大臣一起诛灭吕氏。计：疑为“讨”字之误。

⑨南史、董狐：春秋时代的两位敢于秉笔直书的正直史官。

⑩若是其恶：如此凶恶。《论衡·齐世》：“世常以桀、纣与尧、舜相反，称美则说尧、舜，言恶则举桀、纣。孔子曰：‘纣之不善，不若是之甚也。’则知尧、舜之德，不若是其盛也。”

【译文】

“再说那些被废黜的君王，也未必都是坏人。有的人在辅佐年幼君主的时候，作威作福，罪大恶极，他们担心今后会给自己带来祸患，于是就趁着大权还在自己手中，便改换了君主，以便把马上就可能发生的灾难向后推迟一些。他们想谋求定立天子的功劳，目的是为了自己获取私利，未必是为国家考虑。他们在获得极大权势之后，几句话就能够决定别人的生死。被废弃的君主，丧失了权力，处于劣势，各种罪名莫不推到了他的头上。人们虽然知道其中实情，可又有谁敢出来为废黜的君主申辩呢？没有东牟侯和朱虚侯那样的人出兵讨伐叛臣，没有南史和董狐那样的良史出来证明叛臣的罪过，无论是将来还是今天，谁又能够理清这些事情呢？只有那些见解独到的人才能够反省到夏桀、商纣的罪恶并非如此之严重，商汤、周武的事业也并非如此之美好。

“方策所载[①]，莫不尊君卑臣，强干弱枝[②]。《春秋》之义[③]，天不可雠[④]。大圣著经，资父事君[⑤]。民生在三[⑥]，奉之如一。而许废立之事，开不道之端，下陵上替[⑦]，难以训矣[⑧]。俗儒沉沦鲍肆[⑨]，困于诡辩[⑩]，方论汤、武为食马肝[⑪]。以弹斯事者[⑫]，为不知权之为变，贵于起善而不犯顺[⑬]，不谓反理而叛义正也。

【注释】

①方策：典籍。方，古代用来写字的木版。策，古代用来写字的竹简。

②强干弱枝：加强树的主干而削弱树的枝叶。比喻加强朝廷的力量，削弱地方的势力。

③《春秋》：据说为孔子所著。简单地记载了春秋历史，目的是要褒贬当时的人物。

④天不可雠：不能仇恨上天。比喻不能仇恨君主。雠，仇恨。

⑤资父事君：孝养父亲而侍奉君主。一说是像孝养父亲那样去侍奉君主。

⑥民生在三：人要生存的关键在于父亲、老师和君主三者。民，人。《国语·晋语一》："民生于三，事之如一。父生之，师教之，君食之；非父不生，非食不长，非教不知生之族也。"

⑦下陵上替：以下陵上，君主被废。替，废弃。

⑧训：准则；原则。

⑨鲍肆：发出腥臭味的咸鱼店。比喻不正确的言论。鲍，咸鱼。

⑩困：迷惑。

⑪方论汤、武为食马肝：就像食用有毒的马肝那样还在那里讨论商汤、周武革命的事情。详见本篇的"题解"。

⑫弹：批评。斯事：此事。指儒生赞美汤、武之事。

⑬犯顺：违背正道。

【译文】

"典籍上所记载的内容，都是认定君主尊贵而臣下卑微，要加强朝廷的力量而削弱地方的势力。《春秋》讲的道理，就是不能仇恨上天。大圣人孔子著书立说，就是要人们孝养父母而侍奉君主。人们生存的关键在于父亲、老师、君主三者，要用同样的尊崇态度去对待他们。如果赞许废立君主的事情，那就开了违背正道的先河，以下陵上而废黜君主，这很难成为人们的行为准则。那些庸俗的儒生们就像沉醉在腥臭的咸鱼店里一样，被一些诡辩所迷惑，就像食用有毒的马肝那样还在那里讨论商汤、周武革命的事情。之所以批评这些赞美汤、武的儒生，就是因为他们不懂得权变作为一种变通手段，可贵之处在于引导善行而不违背正道，而不能认为使用变通手段时就可以违反正理而背离正义啊。

“而前代立言者，不折之以大道①，使有此情者加夫立剡锋之端、登方崩之山②，非所以延年长世、远危之术。虽策命暂隆③，弘赏暴集，无异乎牺牛之被纹绣、渊鱼之爱莽麦、渴者之资口于云日之酒、饥者之取饱于郁肉漏脯也④。而属笔者皆共褒之⑤，以为美谈，以不容诛之罪为知变，使人於悒而永慨者也⑥。”

【注释】

①折：批评；驳斥。

②有此情者：怀有废黜君主想法的人。剡(yǎn)锋：锐利的锋刃。剡，锐利。

③策命：用策书封官加爵。策，指策书。皇帝命令的一种，多用于封土授爵，任命三公。

④牺牛之被(pī)纹绣：披着绣花毯子作祭品的牛。牺牛，古代用作祭品的牛。被，同“披”。《庄子·列御寇》：“或聘于庄子，庄子应其使曰：‘子见夫牺牛乎？衣以文绣，食以刍叔，及其牵而入于大庙，虽欲为孤犊，其可得乎？’”莽麦：用有毒的莽草浸制的麦粒，可以毒死鱼。莽，一种有毒的草。资：应作“恣”。《道藏》本即作“恣”。恣口，尽情地喝。云日之酒：即鸩酒。用鸩鸟羽毛浸泡的

毒酒。鸩,又叫做“云日”、“运日”。是一种有毒的鸟。郁肉:腐烂的肉。漏脯:隔宿之肉。古人认为这种肉为漏水所沾,有毒,食之会致死。

⑤属(zhǔ)笔:写作。属,连缀。指连缀文字。

⑥於悒(wū yì):悲叹之声。表示忧伤。永慨:长叹。

【译文】

“然而前代那些著书立说的人,不依据大道去痛斥废黜君主的人,让心怀这种想法的人就如同站在锐利的刀锋之上、登上将要崩塌的高山之巅一样,使他们懂得这样做并非延年益寿、远离危险的办法。虽然封官加爵一时兴盛,丰厚的赏品迅速聚集,但这与做祭品的牛披着绣花的毯子、水中的鱼爱吃有毒的麦粒、口渴的人痛饮鸩酒、饥饿的人饱餐腐败有毒的肉没有什么两样。而那些握笔作文的人都去褒扬他们,把他们废黜君主的事情当作美谈,把罪不容诛的大罪当作懂得权变,这真让人郁闷而长叹啊。”

或谏余以此言为伤圣人,必见讥贬。余答曰:“舜、禹历试内外①,然后受终文祖②。虽有好伤圣人者,岂能伤哉!昔严延年廷奏霍光为不道③,于时上下肃然④,无以折也⑤。况吾为世之诫,无所指斥,何虑乎常言哉!”

【注释】

①历试内外:经历了家内家外的各种考验。《尚书·尧典》记载,尧为了考验舜,把自己的两个女儿嫁给舜,考察舜如何治家;让舜总理百官,考察他如何从政;又把舜置于山林风雨之中,考察他的处险能力,然后才传位于舜。关于禹,则无“试内”等记载。

②受终文祖:最终在文祖庙中接受了君位。文祖,尧的祖庙。

③严延年：西汉人，字次卿，东海下邳人，曾任侍御史。《汉书·酷吏传》："是时大将军霍光废昌邑王，尊立宣帝。宣帝初即位，延年劾奏光'擅废立，亡人臣礼，不道'。奏虽寝，然朝廷肃焉敬惮。"肃然：敬畏的样子。

⑤无以：没有办法；没有理由。折：反驳。

【译文】

有人劝我说这些话有伤于圣人，肯定会受到人们的讽刺批评。我回答说："舜和禹经历了内内外外的多次考验，然后才在文祖庙里接受了君位。即使有人喜欢中伤圣人，难道他们能够伤害得了圣人吗？从前严延年在朝廷上弹劾霍光的行为不符合正道，当时朝廷上下都很敬畏，没有办法去反驳他。何况我只是为世人提出一点告诫，没有具体指责哪个人，何必要顾虑一般人的言论呢！"

时难卷八

【题解】

时难，时机难遇。时机能够决定人的命运，远在先秦，人们就已经注意到了这一点。庄子假借孔子之口说："我讳穷久矣，而不免，命也；求通久矣，而不得，时也。当尧、舜而天下无穷人，非知得也；当桀、纣而天下无通人，非知失也，时势适然。"（《庄子·秋水》）庄子认为，一个人的命运好坏，取决于时代的好坏。本篇接受了这一看法，同样认为"尽节无隐者，可为也。若夫使言必纳而身必安者，须时"。

葛洪在承认时机决定命运的基础上，重点阐述了时机难遇这一社会现象。造成这一现象的主要原因是"明主不世而出"。圣明的君主太少，而庸君却代不乏人，君昏于上则臣奸于下，于是黑白不分，是非颠倒，于是那些贤人才士统统被压制在社会底层。作者感叹道："夫以贤说圣，犹未必即受，故伊尹干汤，至于七十也。以智告愚，则必不入，故文王谏纣，终于不纳也。"圣君尚难很快醒悟，而游说庸君则只能是对牛弹琴，甚至会招来杀身之祸。作者的最终结论是："非言之难也，谈之时难也。"

统观全篇，葛洪把所谓的好时机的到来完全寄希望于圣君的赐予，这种观点在封建专制的社会里，有其合理的一面，但同时也稍显狭隘，因为他忽略了臣下为自己创造机遇的主观能动性。

抱朴子曰："尽节无隐者[①]，可为也。若夫使言必纳而身必安者，须时。时之否也[②]，夫奸凶之徒，妒所不逮[③]，拥上抑下[④]，恶直丑正[⑤]，忧畏公方之弹击邪枉[⑥]，是以务除胜己以纾其诛[⑦]。明主不世而出[⑧]，庸君迷于皂白[⑨]，既不能受用忠益，或乃宣泄至言[⑩]。于是弘恭、石显之徒[⑪]，饰巧辞以搆象似[⑫]，假至公以售私奸。令献长生之术者，反获立死之罪；进安上之计者，旋受危身之祸[⑬]。故曰：非言之难也，谈之时难也。

【注释】

①尽节：尽臣子之节。也即竭尽全力为君主效忠。无隐：毫无保留。

②否(pǐ)：阻塞不通。这里指时运不佳。

③不逮：比不上。逮，赶上。

④拥上：疑为"壅上"。蒙蔽君主。壅，障蔽。

⑤恶(wù)直丑正：痛恨并丑化正直的人。丑，丑化。

⑥公方：公正方直的人。弹击：批评；弹劾。

⑦纾(shū)：缓解；排除。诛：惩罚。

⑧不世而出：不是每一代都能够出现。

⑨皂白：黑白。比喻是非。皂，黑色。

⑩宣泄：泄露。至言：指忠臣弹劾奸邪之人的至诚之言。

⑪弘恭、石显：二人为西汉元帝时的宦官。他们专擅朝政，伤害贤臣。

⑫搆象似：用似是而非的罪名诬陷贤臣。搆，罗织罪名诬陷。象似，指似是而非的罪名。

⑬旋：很快。

【译文】

抱朴子说："竭尽全力地忠于君主而毫无保留，这是能够做到的。如果想使自己的建议一定被采纳而自身又一定会安全无忧，那就要等待好的时机了。时机不好，那些邪恶之徒，嫉妒比自己优秀的贤臣，他们蒙蔽君主而压制群臣，痛恨并丑化正直的人，他们担心正直的大臣弹劾自己的奸邪行为，于是就尽力除掉胜过自己的人以试图逃脱惩罚。贤明的君主不是每一代都能够出现的，那些昏庸的君主是非不分，既不能够得到贤臣尽忠的益处，有的甚至还会把贤臣的至诚之言泄露出去。于是像弘恭、石显那样的人，就会使用花言巧语来编织一些似是而非的罪名，他们假借大公无私的名义以施展自己的阴谋诡计，使那些献上长生不死之术的人，反而得到一个立即处死的罪过；献上能够使君主长治久安策略的人，很快就遭遇到丢失性命的灾难。因此说：不是进谏困难，而是要找到一个进谏的好时机困难。

"夫以贤说圣，犹未必即受，故伊尹干汤①，至于七十也②。以智告愚，则必不入，故文王谏纣③，终于不纳也。言不见信，犹之可也。若乃李斯之诛韩非、庞涓之刖孙膑、上官之毁屈平、袁盎之中晁错④，不可胜载也。为臣不易，岂一涂也哉⑤！盖往而不反者⑥，所以功在身后；而藏器俟时者⑦，所以百无一遇。高勋之臣，旷代而一有⑧；陷冰之徒⑨，委积乎史策。悲夫，时之难遇也，如此其甚哉！由兹以言，吾知渭滨吕尚之俦⑩，岩间傅说之属⑪，怀其王佐之器⑫，抱其邈世之材⑬，秉竿拥筑⑭，老死于庸儿之伍⑮，而遂不遭文王、高宗者⑯，必不訾矣⑰。"

【注释】

①伊尹干汤：伊尹求职于商汤王。干，求；求官。

②七十：指七十次。《韩非子·难言》："上古有汤，至圣也；伊尹，至智也。夫至智说至圣，然且七十说而不受，身执鼎俎为庖宰，昵近习亲，而汤乃仅知其贤而用之。故曰：以至智说至圣，未必至而见受，伊尹说汤是也。"

③文王谏纣：周文王进谏商纣王。《史记·殷本纪》："九侯有好女，入之纣。九侯女不憙淫，纣怒，杀之，而醢九侯。鄂侯争之强，辨之疾，并脯鄂侯。西伯昌闻之，窃叹。崇侯虎知之，以告纣，纣囚西伯羑里。"文中说的"西伯昌"即周文王。

④李斯之诛韩非：李斯杀韩非。李斯和韩非是同学关系，李斯在秦国为官时，杀害韩非。《史记·老子韩非列传》："（韩非）与李斯俱事荀卿，斯自以为不如非……秦因急攻韩。韩王始不用非，及急，乃遣非使秦。秦王悦之，未信用。李斯、姚贾害之，毁之曰：'韩非，韩之诸公子也。今王欲并诸侯，非终为韩不为秦，此人之情也。今王不用，久留而归之，此自遗患也。不如以过法诛之。'秦王以为然，下吏治非。李斯使人遗非药，使自杀。韩非欲自陈，不得见。秦王后悔之，使人赦之，非已死矣。"庞涓之刖（yuè）孙膑：庞涓砍掉了孙膑的脚。刖，把脚砍掉的酷刑。庞涓和孙膑都是战国人，也是同学关系，庞涓在魏国做官时，砍掉了孙膑的脚。《史记·孙子吴起列传》："孙膑尝与庞涓俱学兵法。庞涓既事魏，得为惠王将军，而自以为能不及孙膑，乃阴使召孙膑。膑至，庞涓恐其贤于己，疾之，则以法刑断其两足而黥之，欲隐勿见。"上官之毁屈平：上官大夫诽谤屈原。二人都是战国楚国大夫。屈原名平，字原。《史记·屈原贾生列传》："屈原者，名平，楚之同姓也……王甚任之。上官大夫与之同列，争宠而心害其能。怀王使屈原造为宪令。屈平属草稿未定，上官大夫见而欲

夺之,屈平不与。因谗之曰:'王使屈平为令,众莫不知,每一令出,平伐其功,以为"非我莫能为"也。'王怒而疏屈平。"袁盎之中晁错:袁盎中伤晁错。袁盎和晁错都是西汉的大臣。《史记·袁盎晁错列传》:"袁盎者,楚人也,字丝……盎素不好晁错……吴楚反闻……上乃召袁盎入见。晁错在前,及盎请辟人赐间,错去,固恨甚。袁盎具言吴所以反状,以错故,独急斩错以谢吴,吴兵乃可罢。"晁错因此被杀。

⑤一涂:一种原因。涂,同"途",路,这里引申为途径、原因。

⑥往而不反:进入山林隐居不再返回社会出仕。反,同"返",返回。

⑦藏器俟时:胸怀才华而等待时机。俟,等待。

⑧旷代而一有:几代才能出现一个。旷代,绝代。

⑨陷冰之徒:陷于社会底层的隐士。陷冰,沉入冰下。比喻社会底层。

⑩渭滨:渭水岸边。渭水在今陕西。吕尚:西周人,即姜太公,辅佐周武王灭商建周。之俦:之类的人。《史记·齐太公世家》记载:吕尚在遇到周文王之前,穷困潦倒,曾在渭水北岸垂钓。

⑪岩间:傅岩那里。岩,傅岩。又写作"傅险"。地名。傅说(yuè):人名。傅说原是在傅岩做苦力的奴隶,后来得到商天子武丁的重用。之属:之类的人。《史记·殷本纪》:"帝武丁即位,思复兴殷,而未得其佐。三年不言,政事决定于冢宰,以观国风。武丁夜梦得圣人,名曰说。以梦所见视群臣百吏,皆非也。于是乃使百工营求之野,得说于傅险中。是时说为胥靡,筑于傅险。见于武丁,武丁曰是也。得而与之语,果圣人,举以为相,殷国大治。故遂以傅险姓之,号曰傅说。"

⑫王佐之器:能够辅佐君主的才能。

⑬邈世:远远高于世人。

⑭秉竿:手拿钓竿。指吕尚。拥筑:怀抱筑墙的木杵。指傅说。

⑮庸儿：平庸之人。

⑯高宗：即商天子武丁。

⑰不訾(zī)：无法计算。訾，通“赀”，计算。

【译文】

“以贤臣的身份去游说圣明的君主，尚且未必能够马上被接受，因此伊尹拜谒商汤达七十次之多。以智者的身份去劝谏愚蠢的君主，那么肯定不会被采纳，因此周文王进谏商纣王，最终也没有被接受。讲话没有被信任，倒也还罢了。至于像李斯诛杀韩非、庞涓砍掉孙膑的脚、上官大夫诽谤屈原、袁盎中伤晁错的事情，那就多得数不胜数了。做臣下的不容易，难道只是一种原因吗？这大概就是隐士进入山林隐居而不愿再返回社会出仕、把建功立业的事情置于脑后的原因；也是那些胸怀奇才以等待时机、然而百人中没有一人能够遇到机会的原因。建立巍巍功勋的大臣，多少代才能出现一位；而陷于社会底层的奇才，史书中却记载了很多很多。真是可悲呀，时机难以遇到，竟然达到了如此严重的地步！由此来看，我知道像在渭水岸边垂钓的吕尚之类的人，像在傅岩那里筑墙的傅说那样的人，胸藏着辅佐君主的才华，怀抱着超越众人的能力，却只能手握钓竿怀持木杵，老死在平庸之人的行列之中，而一生都没有能够遇到周文王、商高宗的，肯定是多得无法计算。”

官理卷九

【题解】

官理，也即“理官”。管理官员。一说题目的意思是“为官之理”。但本篇主要是在阐述君主如何管理官员，而不是在讨论官员如何做官。作者认为“騄駬之骋逸迹，由造父之御也；禹、稷之序百揆，遭唐、虞之主也”，贤良的大臣是否能够作出政绩，关键还在于君主的驾驭能力。如果让“臧获之乘骕骦，殷辛之临三仁”，结果必然失败。因此，要想治理好国家，不仅需要优秀的大臣，更需要优秀的君主。

葛洪在本篇中强调的一点就是君臣相得：“夫君犹器也，臣犹物也，器小物大，不能相受矣。”作者把君主比作容器，把大臣比作要装到容器里的事物，如果容器太小，自然难以容纳大的事物。其结果就是“夫不用，则虽珍而不贵矣；莫与，则伤之者必至”，如果君主不去任用贤者，那么自然也就没有人看重贤者，甚至还会有人去加害于贤者。在这种情况下，还想使国家兴盛，让贤者为自己建功立业，就只能是“却行以逐驰，适楚而首燕”，永远也无法达到自己的目的。

抱朴子曰：“騄駬之骋逸迹①，由造父之御也②；禹、稷之序百揆③，遭唐、虞之主也。故能不劳而千里至，揖让而颂声作④。若乃臧获之乘骕骦⑤，殷辛之临三仁⑥，欲长驱轻骛⑦，则辔急辕逼[8];欲尽规竭忠,则祸如发机[9]。所以车倾于险涂,国覆而不振也。故良骏败于拙御,智士踬于暗世[10]。仲尼不能止鲁侯之出[11],晏婴不能遏崔杼之乱[12]。其才则是,主则非也。

【注释】

①騄駬(lù ěr):又作"绿耳"、"騄耳"。骏马名。

②造父:西周时期善于驾车的人。后被封于赵城。

③序:井井有条。百揆(kuí):处理各种政务。百,指繁多的政务。揆,揣摩;处理。

④揖让:作揖谦让。形容轻轻松松的样子。

⑤臧获:对奴婢的贱称。这里指不会驾车的愚人。骕骦(sù shuāng):又作"肃爽"、"骕骦"。骏马名。

⑥殷辛:商朝的纣王。殷,商朝。商朝后来迁都于殷,故商又称为殷。辛,商纣王名辛。商朝的亡国之君。临:从上监视着;管理。三仁:商纣王的三位仁臣。指比干、箕子、微子。《论语·微子》:"微子去之,箕子为之奴,比干谏而死。孔子曰:'殷有三仁焉。'"

⑦骛(wù):快速奔驰。

⑧辔急:缰绳拉得太紧。辕逼:车辕挤压着马。逼,狭窄;挤压。

⑨发机:扳动弓弩的发箭扳机。形容快速。

⑩踬(zhì):绊倒。这里指受到挫折。

⑪鲁侯:指鲁昭公。《史记·鲁周公世家》记载,鲁昭公二十五年,鲁国的孟孙、叔孙、季孙三家贵族合力进攻昭公,昭公逃亡。这一年孔子三十五岁。

⑫晏婴:春秋时齐国的政治家。崔杼:春秋齐国大夫,弑其君齐庄公。

【译文】

抱朴子说："骏马能够快速奔跑，那是由于造父善于驾车的原因；大禹和后稷能够把众多政务处理得井井有条，那是由于遇到了唐尧、虞舜那样的圣君。因此骏马不费力气就能够到达千里之外的地方，大禹和后稷轻轻松松地就能够使赞颂之声响起。如果让愚笨之人去驾驭骏马，让商纣王去管理微子、箕子和比干三位仁臣，那么骏马想要长驱飞奔，然而缰绳却拉得太紧车辕过于挤压；仁臣想要尽忠规谏，然而灾祸就会马上降临。因此车子翻倒在危险的路途之上，国家覆灭后再也无法复兴。所以说良马失败于笨拙的驾车人之手，智者受困于黑暗的时代。孔子不能阻止鲁昭公被赶出鲁国，晏婴不能阻拦崔杼谋杀齐庄公。这些人的才能都是非常优秀的，而他们君主的德才却很低劣。

"夫君犹器也①，臣犹物也，器小物大，不能相受矣。髫孺背千金而逐蛱蝶②，越人弃八珍而甘蛙黾③，即患不赏好④，又病不识恶矣。夫不用，则虽珍而不贵矣；莫与⑤，则伤之者必至。昔卫灵听圣言而数惊⑥，秦孝闻高谈而睡寐⑦，而欲缉隆平之化⑧，收良能之勋，犹却行以逐驰⑨，适楚而首燕也⑩。"

【注释】

①器：这里指容器。

②髫(tiáo)孺：儿童。髫，古代儿童头上下垂的短发。背：背离；抛弃。金：先秦二十两或二十四两黄金叫做一金。蛱蝶(jiá dié)：蝴蝶。

③越：古代的一个少数民族，生活于长江中下游以南地区。八珍：古代八种烹饪法。后用来代指各种美味。甘：甘甜。这里用作

动词。爱吃。黾(mĕng):蛙的一种。

④即:通“既”。

⑤与:帮助;支持。

⑥卫灵:春秋卫国的君主卫灵公。卫灵公与孔子交往较多,但“数惊”事未详出处。

⑦秦孝:战国时秦国的君主秦孝公。高谈:高深的言谈。《史记·商君列传》:“孝公既见卫鞅,语事良久,孝公时时睡,弗听。罢而孝公怒景监曰:‘子之客妄人耳,安足用邪!’景监以让卫鞅,卫鞅曰:‘吾说公以帝道,其志不开悟矣。’”

⑧缉:整理;治理。隆平:兴旺太平。

⑨却行:倒着走。逐驰:追上奔驰的骏马。

⑩适楚:到南方的楚国。适,到。楚,诸侯国名。在今湖北、湖南一带。首燕:朝着北方的燕国走。首,朝向。燕,诸侯国名。在今河北北部和辽宁南部。

【译文】

“君主就好像是一件容器,臣下就好像是要放进容器里的东西,容器小而东西大,自然就无法放进去了。小孩子抛弃千金而去追逐蝴蝶,越人扔掉各种美味却爱吃青蛙,这既犯了不知欣赏好东西的错误,又患上了不能识别坏东西的毛病。如果不去使用,那么即使珍贵的东西也不会受到重视;如果没人支持,那么伤害贤人的人就会必然到来。从前卫灵公听到圣人的话以后屡感震惊,秦孝公听着商鞅的高深言论却老打瞌睡,如此还想要成就太平兴盛的政治局面,让贤良之臣为自己建功立业,那就好像是倒着走路而去追逐奔跑的骏马,想到楚国去却朝着燕国的方向走一样。”

务正卷十

【题解】

务正，努力做正确的事务。本篇所谓的正确事务，主要是指君主不仅要善于纳贤，而且还要善于用贤。

关于善于纳贤，葛洪首先使用比喻说明纳贤的重要性："南溟引朝宗以成不测之深，玄圃崇本石以致极天之峻。"大海之所以能够成就自己的深邃，就是因为它不拒绝百川细流；大山之所以能够成就自己的高峻，就是因为它珍惜一木一石。因此圣君一定要重视人才，只有如此，才能够成就自己的帝王大业。

君主不仅要善于纳贤，而且还要善于用贤。贤人自有长处，但也有短处，"剑戟不长于缝缉，锥钻不可以击断，牛马不能吠守，鸡犬不任驾乘"，因此在使用贤人时，要役其所长，避其所短，这样一来不仅世无弃材，而且也事无废功。这种用人原则，即使放在今天，也具有很好的借鉴意义。

抱朴子曰："南溟引朝宗以成不测之深①，玄圃崇本石以致极天之峻②。大夏凌霄③，赖群橑之积④；轮曲辕直，无可阙之物⑤。故元凯之佐登⑥，而格天之化洽⑦；折冲之才周⑧，则逐鹿之奸寝⑨。舜、禹所以有天下而不与⑩，卫灵所以虽骄恣而不危也⑪。

【注释】

①南溟:南海。溟,海。朝宗:本指臣下朝见君主,比喻百川流向大海。

②玄圃:传说中的神山,在昆仑山上。崇:重视。本石:应作"木石"。《道藏》及其他各本均作"木石"。极天:高耸入云天。

③夏:通"厦",大厦。

④橑(lǎo):屋椽。这里泛指木材。

⑤阙:通"缺",缺乏。

⑥元凯:八元八凯,都是传说时代的贤臣。元,善良。凯,平和。《左传·文公十八年》说,高阳氏有才子八人,天下之民谓之"八恺(凯)";高辛氏有才子八人,天下之民谓之"八元"。这里用"元凯"代指有才华的人。佐:辅佐之臣。登:进;进用。

⑦格天:与上天相等。格,达到。洽:广博;普遍。

⑧折冲:使敌人的战车后退,即击退敌人。冲,战车的一种,用于冲锋陷阵。周:完备。

⑨逐鹿:追逐野鹿。比喻争夺天下。《史记·淮阴侯列传》:"秦失其鹿,天下共逐之,于是高材疾足者先得焉。"

⑩不与:与自己无关。意思是说,把天下交给大臣治理,君主可以清静无为。《论语·泰伯》:"子曰:'巍巍乎!舜、禹之有天下也,而不与焉!'"

⑪卫灵:春秋卫国君主卫灵公。骄恣:傲慢纵欲。《左传·襄公二十九年》:"(吴公子季札)适卫,说蘧瑗、史狗、史鳝、公子荆、公子发、公子朝。曰:'卫多君子,未有患也。'"

【译文】

抱朴子说:"南海引来了百川之水而成就了自己难以测量的深度,玄圃重视一木一石的积累而使自己达到了耸立入云的高峻。大厦直冲云霄，依赖的是众多木材的构架；车轮是圆的而车辕笔直，任何材料都不可缺少。因此如果像八元八凯那样的辅佐之臣被重用，那么美好如上天的教化就能够普施天下；如果战无不胜的人才能够完备，那么想争夺天下的奸人就会销声匿迹。这就是舜、禹虽然占有天下而不必亲自操劳的原因，也是卫灵公虽然傲慢恣纵却没有遇到危险的原因。

“众力并，则万钧不足举也①；群智用，则庶绩不足康也②。故繁足者死而不弊③，多士者乱而不亡④。然剑戟不长于缝缉⑤，锥钻不可以击断，牛马不能吠守，鸡犬不任驾乘。役其所长⑥，则事无废功；避其所短，则世无弃材矣。”

【注释】

①钧：古代的重量单位。三十斤为一钧。

②庶绩：众多的事务。康：成功。

③繁足者：多足的虫类。如蜈蚣等。弊：通“毙”，倒下。

④多士：贤士众多。

⑤缝缉：缝纫衣服。

⑥役：使用。

【译文】

“众人把力量用在一起，就可以轻松地举起万钧重的东西；大家把智慧用在一处，就可以轻松地处理好繁多的事务。因此多足的虫子即使死后也不会倒下，贤人众多的国家即使动乱了也不会灭亡。然而利剑和长戟的长处并不在于缝纫衣服，锥子钻子不能够用来砍断东西，牛马不能吠叫着看守家门，鸡狗也不能胜任于驾车乘坐。使用人们的长处，那么做起事来就不会出现无效的劳动；避开人们的短处，那么世上就没有被抛弃的人才。”

贵贤卷十一

【题解】

贵贤，看重贤人。本篇的中心内容就是告诫君要选拔、重视贤人。关于这一点，葛洪主要阐述了以下几个观点。

首先，葛洪认为，君主的首要任务就是选拔人才，因为“舍轻艘而涉无涯者，不见其必济也；无良辅而羡隆平者，未闻其有成也”，所以“招贤用才者，人主之要务也”，至于具体的建功立业，那就是大臣们应该考虑的事情了。

其次，葛洪把隐士与君主对别人的依赖性作一比较，进一步证明君主重视人才的重要性。葛洪说：“世有隐逸之民，而无独立之主者；士可以嘉遁而无忧，君不可以无臣而致治。”隐士可以一个人进入山林去做隐士，但君主却不可能一个人去当君主，因此隐士可以笑傲王侯，而君主不可慢待贤臣。这一对比具有很强的说服力。

最后，葛洪指出君主“生乎深宫之中，长乎妇人之手，不识稼穑之艰难，不知忧惧之何理”这一生活经历的缺陷，告诫君主不可沉溺于声色宴乐之中，要掌握鉴别人才的能力，而且还要及早与贤臣建立良好的关系，不可“火起乃穿井，觉饥而占田”，千万不要到了国家危难的时候再去寻求贤人帮助。

抱朴子曰："舍轻艘而涉无涯者①，不见其必济也；无良辅而羡隆平者，未闻其有成也。鸿鸾之凌虚者②，六翮之力也③；渊虬之天飞者④，云雾之偕也⑤。故招贤用才者，人主之要务也；立功立事者，髦俊之所思也⑥。若乃乐治定而忽智士者，何异欲致远涂而弃骐騄哉⑦！

【注释】

①轻艘：轻快的船只。无涯：指无边的大海。

②鸿鸾：两种鸟名。鸿，大雁。鸾，传说中凤凰一类的鸟。

③六翮(hé)：鸟的健羽。这里泛指翅膀。

④虬(qiú)：传说中的一种龙。

⑤偕："阶"字之误。阶梯。这里用作动词，是帮助的意思。

⑥髦俊：出类拔萃的人才。

⑦骐騄(lù)：良马名。

【译文】

抱朴子说："舍弃轻快的船只去涉过无边的大海，我们将看不到他顺利渡过；没有优秀的辅佐大臣而想实现太平鼎盛的局面，我们将听不到他的成功消息。鸿雁和鸾凤之所以能够凌空飞翔，依靠的是双翅的力量；深渊中的虬龙之所以能够在天上飞舞，依赖的是云雾的帮助。所以招纳使用贤人，是君主最重要的事情；而建功立业，则是贤人的理想追求。如果向往太平安定的政治局面而又忽略那些智谋之士，这与想去远方却又抛弃骏马又有什么不同呢？

"夫拔丘园之否滞①，举遗漏之幽人②，职尽其才，禄称其功者，君所以待贤者也；勤夙夜之在公，竭心力于百揆③，进善退恶，知无不为者，臣所以报知己也。世有隐逸之民，而无独立之主者④；士可以嘉遁而无忧⑤，君不可以无臣而致治。是以傅说、吕尚不汲汲于闻达者⑥，道德备则轻王公也；而殷高、周文乃梦想乎得贤者⑦，建洪勋必须良佐也。

【注释】

①丘园：本指家园，这里泛指隐士生活的山水田园。否（pǐ）滞：阻塞不通。这里指仕途不畅的隐士。否，闭塞不通。

②幽人：隐士。

③百揆（kuí）：处理各种政务。百，指繁多的政务。揆，揣摩；处理。

④独立之主：不需要别人帮助的君主。

⑤嘉遁：正确的隐居。

⑥傅说、吕尚：傅说辅佐商高宗实现复兴大业，吕尚辅佐周武王灭商建周。汲汲：急切的样子。闻达：显达。

⑦殷高、周文：商高宗、周文王。据史书记载，商高宗和周文王在遇到傅说和吕尚之前，都分别在自己的梦中见到过二人。

【译文】

“请出山水田园中被埋没的人才，举荐被遗漏的隐士，让他们在适当的职务上尽情地发挥自己的才华，让俸禄与他们的功劳相一致，这就是国君对待贤士的方法；为了国家日夜勤奋努力，尽心竭力地处理好各种政务，举荐善人而贬斥恶人，知道了该做的事情就勇于去承担，这就是臣下报答知己君主的态度。世上有隐逸独居的百姓，却没有不需要别人帮助的君主；士人可以隐居而无忧无愁，而国君却不可能没有臣下的辅佐而治理好国家。因此傅说和吕尚并不汲汲于富贵显达，只要掌握了大道具备了美德就可以轻视王公大人；而商高宗与周文王之所以连做梦都想得到贤人，那就是因为要想成就大业必须有优秀的辅佐之臣。

“患于生乎深宫之中，长乎妇人之手，不识稼穑之艰难，不知忧惧之何理①，承家继体②，蔽乎崇替③。所急在乎侈靡④，至务在乎游晏⑤，般于畋猎⑥，湎于酣乐⑦，闻淫声则惊听⑧，见艳色则改视⑨。役聪用明⑩，止此二事；鉴澄人物⑪，不以经神⑫。唯识玩弄可以悦心志，不知奇士可以安社稷。犀象珠玉，无足而至自万里之外；定倾之器⑬，能行而沦乎四境之内⑭。二竖之疾既据而募良医⑮，栋桡之祸已集而思谋夫⑯，何异乎火起乃穿井、觉饥而占田哉⑰！夫庸隶犹不可以不拊循而卒尽其力⑱，安可以无素而暴得其用哉⑲！”

【注释】

①生乎深宫之中，长乎妇人之手，不识稼穑之艰难，不知忧惧之何理：这几句话是在描述帝王、贵族的生活经历。《荀子·哀公》：“鲁哀公问于孔子曰：‘寡人生于深宫之中，长于妇人之手，寡人未尝知哀也，未尝知忧也，未尝知劳也，未尝知惧也，未尝知危也。’”

②承家继体：继承帝位。

③崇替：盛衰；兴废。崇，兴起。替，衰落。

④侈靡：奢侈淫靡的生活。

⑤游晏：应作“游宴”。《道藏》及其他各本均作“游宴”。这里泛指游乐宴请等。

⑥般(pán)：盘桓；沉溺。畋(tián)猎：打猎。

⑦湎(miǎn)：沉迷于酒。酣乐：酣饮美酒的快乐。

⑧淫声：靡靡之音。惊听：很快去倾听。惊，快速。

⑨改视：转过眼去观赏。

⑩役聪用明：使用耳朵和眼睛。听得清叫做“聪”，看得清叫做

“明”。

⑪鉴澄:鉴别。

⑫不以经神:不放在心上。经,经过;放在。神,指心神。

⑬定倾之器:能够挽救危亡局面的人才。定,安定;挽救。倾,倾倒;危亡。

⑭沦:沉沦;埋没。

⑮二竖:两个小人。代指病魔。《左传·成公十年》:“(晋景)公疾病,求医于秦,秦伯使医缓为之。未至,公梦疾为二竖子,曰:‘彼,良医也。惧伤我,焉逃之?’其一曰:‘居肓之上,膏之下,若我何?’医至,曰:‘疾不可为也。在肓之上,膏之下。攻之不可,达之不及,药不至焉,不可为也。’公曰:‘良医也。’厚为之礼而归之。”

⑯栋桡(náo):屋梁弯曲。比喻形势危急。桡,弯曲。谋夫:出谋划策的人。

⑰占:察看;寻找。

⑱拊循:安抚;抚慰。卒(cù):同“猝”,突然。

⑲无素:没有过去的爱护。素,平素;向来。暴:突然。

【译文】

“令人担心的是一些君主出生在深宫之中,生长于女人之手,不懂得耕种庄稼的辛苦,不明白忧愁恐惧是怎么回事,他们继承了帝王之位,却根本不知道国家兴衰的道理。他们迫切地想过一种奢侈淫靡的生活,努力追求的全是游乐宴饮,他们流连忘返于打猎之乐,沉醉于美酒之中,他们一听到靡靡之音就竖耳倾听,一看见艳丽女子就转眼注视。他们把所有的听力和眼力,全都用在这两件事上;而鉴别人才的事情,却从不放在心上。他们只知道玩赏珍宝可以赏心悦目,不懂得奇才之人能够安定国家。犀角、象牙、珍珠、美玉这些东西,没有腿脚却能够从万里之外来到他们的手中;能够挽救危亡局面的人才,可以行走却在国内就被埋没。病入膏肓时才去招募好的医生,房屋倒塌的灾祸已经发生了才去找人谋划,这与火已经烧了起来才去挖井、肚子饿了才去寻找田地的人又有什么两样呢?愚笨的奴隶尚且不能够不加抚慰而于仓促之间就让他们为自己尽心出力,贤人才士又怎么能够平时没有恩宠而突然之间就让他们为自己所用呢!”

任能卷十二

【题解】

任能，任用能干的人。从题目的字面意思看，本篇与上一篇《贵贤》没有什么不同，然而两篇文章的强调点有所不同。《贵贤》主要阐述任用贤人的重要性，而本篇的重点是在讨论君主是否应该任用比自己更有才华的大臣。

有人对这一问题提出了疑问："尾大于身者，不可掉；臣贤于君者，不可任。故口不容而强吞之者，必哽；才非匹而安仗之者，见轻。"担心君主任用那些才华超过自己的贤人会对自己造成不利。针对这一观点，葛洪明确地提出自己的反对意见。

葛洪首先列举了诸如荆子、子贱、齐桓公等大量的历史事实以说明这些人是如何任用能力超过自己的贤人才取得辉煌政绩的，而一旦这些人失去贤人之后，又是如何很快失败的。作者从正反两个方面进行举证，从而加强了自己观点的说服力。

葛洪同时也承认"猛将难御"、"高贤难临"这一现象，然而"劲弩难彀，而可以摧坚逮远；大舟难乘，而可以致重济深"，正是因为猛将高贤才华超众，个性较强，所以不好驾驭。然而一旦驾驭得当，他们就能够为国建立一般人所难以建立的丰功伟绩。他还举"善于将将"的刘邦为例，虽然刘邦谋略不如张良、陈平，治兵不如韩信、英布，然而他却能"兼而用之”，从而成就了帝王大业。

最后，葛洪认为，臣下即使才能高于君主，他们也不敢违抗君主。鲁哀公是庸主，而大圣人孔子不敢不尽其臣节；齐景公属下才，而大贤人晏婴也不敢不竭其忠诚。臣下怎么能够“与其君校智力之多少，计局量之优劣”呢？在封建专制的政体下，这种现象的确是一种较为普遍的现象。

担心尾大不掉而不敢重用贤能与葛洪的观点针锋相对，也都有各自的道理，但相比较而言，葛洪的看法更胜一筹。前者的观点完全是站在君主的个人利益考虑，而葛洪的主张不仅有利于君主本人，更有利于整个社会。

或曰：“尾大于身者，不可掉①；臣贤于君者，不可任。故口不容而强吞之者，必哽②；才非匹而安仗之者③，见轻④。”

【注释】

①掉：摆动。

②哽：噎住。

③才非匹：才能无法和臣下相匹配。安仗之：放心去依赖他。

④见轻：被轻视。见，被。

【译文】

有人说：“尾巴比身体还大，就无法摆动它；臣下比君主还要贤能，就不可任用他。因此嘴巴装不下的食物却还硬要吞下去，就一定会被噎住；才能无法相匹配而还要放心地去依靠他，就会受到轻视。”

抱朴子曰：“诡哉言乎！昔者荆子总角而摄相事①，实赖二十五老②，臻乎惠康③；子贱起家而治大邦④，实由胜己者多,而招其弘益[5]。齐桓杀兄而立[6],鸟兽其行,被发彝酒[7],妇闾三百[8],委政仲父[9],遂为霸宗[10];夷吾既终[11],祸乱亟起[12]。鲁用季子二十余年[13],内无粃政[14],外无侵削;人之亡没,殄瘁响集[15]。岂非才所不逮[16],其功如彼;自任其事,其祸如此乎?

【注释】

①荆子总角而摄相事:荆子还未成年就担任了楚相。荆子,春秋楚国人。总角,古代男女未成年时束发为二结,形状如角,故称"总角"。这里代指未成年。《孔子家语·六本》:"荆公子行年十五而摄荆相事。孔子闻之,使人往观其为政焉。使者反,曰:'视其朝,清净而少事,其堂上有五老焉,其廊下有二十壮士焉。'孔子曰:'合二十五人之智以治天下,其固免矣,况荆乎?'"

②二十五老:指上一条注释中提到的二十五人。各书记载稍有出入。

③臻乎惠康:使百姓得到恩惠而幸福安康。臻,达到。

④子贱起家而治大邦:子贱刚出仕就治理大国。子贱,孔子弟子。《韩诗外传》卷八:"子贱治单父,其民附。孔子曰:'告丘之所以治之者。'……对曰:'所父事者三人,所兄事者五人,所友者十有二人,所师者一人。'孔子曰:'所父事者三人,足以教孝矣;所兄事者五人,足以教弟矣;所友者十有二人,足以祛壅蔽矣;所师者一人,足以虑无失策,举无败功矣。'"

⑤弘益:大的益处。弘,大。

⑥齐桓杀兄而立:齐桓公杀死兄长而自立为君主。齐襄公无道,他的两个弟弟公子纠和公子小白分别逃亡国外,襄公死后,公子小白急速回国即位,是为齐桓公。齐桓公即位后,迫使鲁国杀死公

子纠。

⑦被(pī)发：披散着头发。被，同“披”。彝酒：经常饮酒。彝，经常。

⑧妇闾：妇女的居住处。指齐桓公宠幸的女子很多。闾，里巷的大门。这里指住处。

⑨委政仲父：把政事委托给管仲。仲父，齐桓公对管仲的尊称。

⑩霸宗：霸主。

⑪夷吾既终：管仲去世后。管仲，名夷吾。终，死亡。

⑫祸乱亟起：祸乱很快发生。亟，很快。管仲死后，齐桓公任用小人，导致动乱，以至于桓公死后不葬，尸虫流于户外。

⑬季子：季子名友。春秋鲁国的贵族。

⑭粃(bǐ)政：不良的政事。粃，同“秕”。本指不饱满的谷粒，比喻坏的，不良的。

⑮殄(tiǎn)瘁响集：灾难立即就会发生。殄瘁，灾难。殄，灭绝。瘁，困病。响，回音。形容时间很短。季子死后，鲁国受到他国侵扰，内部也不稳定。

⑯才所不逮：指君主的才能比不上大臣。逮，赶上。

【译文】

抱朴子说：“这真是一种怪论啊！从前荆子还未成年的时候就担任了楚相，实际上依赖的是二十五位老人，他使百姓得到了恩惠生活幸福安康；子贱刚出仕就去治理大国，实际上是因为他重用了很多胜过自己的人，从而为国家带来了很大益处。齐桓公杀死兄长自立为君主，行为如同禽兽，披着头发且长期饮酒，宫内女子的住所就多达三百处，然而他把政事委托给管仲，于是他就成了霸主；管仲去世以后，祸乱很快就发生了。鲁国任用季子二十多年，内部没有不良的政事，外部也没有他国的侵扰；季子去世以后，灾难就像回声一样立即发生。这难道不是君主的才能不及臣下，却建立了如此大的功劳；而君主自己处理政事时，却引来如此大的灾难吗？

“汉高决策于玄帏①，定胜乎千里，则不如良、平②；治兵多而益善③，所向无敌，则不如信、布④。兼而用之，帝业克成⑤。故疾步累趋⑥，未若托乘乎逸足⑦；寻飞逐走⑧，未若假伎乎鹰、犬⑨。夫劲弩难彀⑩，而可以摧坚逮远；大舟难乘，而可以致重济深；猛将难御，而可以折冲拓境⑪；高贤难临⑫，而可以攸叙彝伦⑬。

【注释】

①汉高：汉高祖刘邦。玄帏：黑色的军帐。这里泛指军帐。玄，黑色。

②良、平：张良、陈平。都是刘邦的开国元勋。

③治兵多而益善：率领的军队多多益善。《史记·淮阴侯列传》：“上常从容与信言诸将能不，各有差。上问曰：‘如我能将几何？’信曰：‘陛下不过能将十万。’上曰：‘于君何如？’曰：‘臣多多而益善耳。’上笑曰：‘多多益善，何为为我禽？’信曰：‘陛下不能将兵，而善将将，此乃信之所以为陛下禽也。’”

④信、布：韩信、英布。都是刘邦的开国将帅。

⑤克成：能够成功。克，能。

⑥疾步：快步行走。疾，快。累趋：不停地奔跑。累，不停。趋，小步跑。

⑦逸足：跑得很快的骏马。

⑧寻飞逐走：寻找飞鸟，追逐走兽。

⑨假伎：凭借技能。假，借。伎，技艺。

⑩彀(gòu)：把弓拉满。这里泛指拉弓。

⑪折冲：使敌人的战车后退，即击退敌人。冲，战车的一种，用于冲

锋陷阵。拓境：开拓疆土。

⑫临：从上监视着；治理。

⑬攸叙彝伦：安排好社会的正常秩序。也即治理好国家。攸叙，犹言“所叙”。安排社会秩序的方法。彝伦，常理。

【译文】

“让汉高祖在军帐里出谋划策，决胜于千里之外，他不如张良和陈平；让汉高祖统帅军队且多多益善，所向无敌，他不如韩信和英布。然而他却能够兼用这两种人才，于是成就了帝王大业。因此快步行走不断奔跑，不如骑上快速的骏马；寻找飞鸟追逐走兽，不如借助于鹰犬的技能。强劲的弓弩难以拉满，然而可以穿透坚甲射到远处；巨大的船只难以驾驶，然而可以负载重物渡过深水；勇猛的大将难以驾驭，然而可以战无不胜开拓疆土；出类拔萃的贤臣难以管理，然而可以治理好国家。

“昔鲁哀庸主也①，而仲尼上圣，不敢不尽其节；齐景下才也②，而晏婴大贤，不敢不竭其诚。岂有人臣当与其君校智力之多少，计局量之优劣③，必须尧、舜乃为之役哉！何事非君④？何使非民？耻令其君不及唐、虞，此亦达者之用心也。”

【注释】

①鲁哀：春秋鲁国君主鲁哀公。与孔子同时。

②齐景：春秋齐国君主齐景公。与齐国著名政治家晏婴同时。

③局量：器量。

④何事非君：事奉谁不是君主？意思是，作为大臣，一旦选择了某人，某人就是自己的君主。《孟子·万章下》：“伊尹曰：‘何事非

君？何使非民？治亦进，乱亦进，曰：‘天之生斯民也，使先知觉后知，使先觉觉后觉。予，天民之先觉者也。予将以此道觉此民也。’”

【译文】

“从前的鲁哀公是个平庸的君主，孔子是位大圣人，然而孔子不敢不竭尽全力地坚守自己做臣下的节操；齐景公是个才能低下的君主，晏婴是位大贤人，然而晏婴不敢不竭尽全力地保持自己做臣下的忠诚。哪里有作为大臣的，而去和自己的君主较量智慧的高低，比较器量的优劣，必须是尧、舜那样的圣君才肯为他出力呢？事奉谁不是君主？驱使谁不是臣民？为自己的君主比不上唐尧、虞舜而感到羞耻，这才是通达之人的想法。”

钦士卷十三

【题解】

钦士，敬重贤士。钦，敬重。《贵贤》讲重用贤人的必要性，《任能》讲君主应该任用才华比自己高的人才，而本篇在此基础之上，进一步深化了这一主题，认为君主还应该敬重这些贤人。

本篇一开始就举出大量的历史事例以说明贤人对国家的重要性，因此君主就应该“不吝金璧，不远千里，不惮屈己，不耻卑辞”地去邀请他们前来参与治理国家。在本篇的最后，葛洪列举了一些非常典型的君主敬重贤人的典故：“邹子涉境，而燕君拥篲；庄周未食，而赵惠竦立。晋平接亥唐，脚痺而坐不敢正；齐任之造稷丘，虽频繁而不辞其劳；楚王受笞于保申，简去甲于公庐。”君主为贤者清扫道路，侍奉贤者用餐，在贤者面前坐得端端正正一动也不敢动，甚至还甘心情愿地接受贤者的鞭打。这些君主在贤者面前，没有摆出任何君主的威严，完全是一种弟子、晚辈的表现。如此屈身降尊，目的只有一个，那就是希望得到贤者的帮助，从而成就一番伟大事业。

无论古今中外，用人的确是一件关乎国家兴衰的大事情，因此葛洪不厌其烦地反复强调这一问题，其中不少主张，即使放在今天，依然具有重要的启发意义。

抱朴子曰："由余在戎，而秦穆惟忧[①]；楚杀得臣，而晋文乃喜[②]。乐毅出而燕坏[③]，种、蠡入而越霸[④]。破国亡家，失士者也，岂徒有之者重[⑤]，无之者轻而已哉[⑥]！柳惠之墓，犹挫元寇之锐[⑦]，况于坐之于朝廷乎？干木之隐，犹退践境之攻[⑧]，况于置之于端右乎[⑨]？郅都之象，使劲虏振慑[⑩]；孔明之尸，犹令大国寝锋[⑪]。以此御侮[⑫]，则地必不侵矣；以此率师，则主必不辱矣。

【注释】

①由余在戎，而秦穆惟忧：由余在戎国为官，而秦穆公为此深感焦虑。由余，春秋晋国人，入戎为官，后归秦。戎，古代西部的一个民族。秦穆，春秋秦国的君主秦穆公。《史记·秦本纪》："戎王使由余于秦。由余，其先晋人也，亡入戎，能晋言。闻穆公贤，故使由余观秦……于是穆公退而问内史廖曰：'孤闻邻国有圣人，敌国之忧也。今由余贤，寡人之害，将奈之何？'"后来秦穆公设法使由余归秦。

②楚杀得臣，而晋文乃喜：楚国杀了得臣，晋文公才感到高兴。得臣，春秋楚国的令尹子玉，名得臣。晋文，春秋晋国君主晋文公。楚、晋城濮之战，子玉作为楚国统帅而大败，"晋焚楚军，火数日不息，文公叹。左右曰：'胜楚而君犹忧，何？'文公曰：'吾闻能战胜安者唯圣人，是以惧。且子玉犹在，庸可喜乎！'子玉之败而归，楚成王怒其不用其言，贪与晋战，让责子玉，子玉自杀。晋文公曰：'我击其外，楚诛其内，内外相应。'于是乃喜。"（《史记·晋世家》）

③乐毅：战国时燕国将军。《战国策·燕策二》："乐毅为燕昭王合五国之兵而攻齐，下七十余城，尽郡县之以属燕。三城未下，而燕昭王死。惠王即位，用齐人反间，疑乐毅，而使骑劫代之将。乐毅奔赵，赵封以为望诸君。齐田单欺诈骑劫，卒败燕军，复收

七十城以复齐。燕王悔,惧赵用乐毅承燕之弊以伐燕。”

④种、蠡:文种、范蠡。二人辅佐越王勾践灭吴称霸。《史记·越世家》:“范蠡事越王勾践,既苦身勠力,与勾践深谋二十余年,竟灭吴,报会稽之耻。北渡兵于淮以临齐、晋,号令中国,以尊周室,勾践以霸,而范蠡称上将军。”

⑤岂徒:难道仅仅。重:繁荣富强。

⑥轻:指国弱民贫。

⑦柳惠之墓,犹挫元寇之锐:柳下惠的坟墓,尚且能够挫败强敌的锐气。柳惠,即柳下惠。春秋鲁国人。姓展名禽,字季。封于柳下,故名“柳下季”。一说居于柳树下,故名。死后谥号“惠”,故又称“柳下惠”。元寇,强敌。《战国策·齐策四》:“昔者秦攻齐,令曰:‘有敢去柳下季垄五十步而樵采者,死不赦!’”

⑧干木之隐,犹退践境之攻:段干木隐居,尚且能够使踏入国境的敌人撤兵。干木,即段干木。战国时魏国的贤人。《吕氏春秋·期贤》记载:魏文侯每次路过贤人段干木居住的小巷子时,都要俯轼致敬。后来秦国欲兴兵进攻魏国,但在听说魏文侯礼敬段干木的事情之后,马上撤兵。

⑨端右:尚书省长官。这里泛指宰辅重臣。

⑩郅都之象,使劲虏振慑:郅都的画像,使强敌感到恐惧。郅都,西汉人。《史记·酷吏列传》:“郅都者,杨人也……都为人勇,有气力,公廉……孝景帝乃使使持节拜都为雁门太守……匈奴素闻郅都节,居边,为引兵去,竟郅都死不近雁门。匈奴至为偶人象郅都,令骑驰射,莫能中,见惮如此。”

⑪孔明之尸,犹令大国寝锋:孔明死后,还能够使大国不敢进攻。习凿齿《汉晋春秋》:“诸葛亮卒,杨仪等整军而出,百姓奔告宣王(司马懿),宣王追焉。姜维令仪反旗鸣鼓,若将向宣王者。宣王乃退,不敢逼。于是仪结陈而去,入谷然后发丧。宣王之退也,

百姓为之谚曰：‘死诸葛，走生仲达。’或以告宣王，宣王曰：‘吾能料生，不便料死也。’”

⑫御侮：抵御外部的侵略。

【译文】

抱朴子说：“由余在戎国为官，而秦穆公为此深感忧虑；楚国杀死了得臣，而晋文公方才感到高兴。乐毅离开燕国而燕国就走向衰败，文种和范蠡来到越国而越国就能称霸。国破家亡，那是因为失去了贤人的缘故，难道仅仅是有了贤人国家就能够繁荣富强，失去了贤人国家就贫弱衰落吗！柳下惠的坟墓，尚且能够挫败强敌的锐气，更何况是让他坐在朝廷上出谋划策呢？段干木隐居不仕，尚且能够使踏入国境的敌人撤兵，更何况是让他去担任国家重臣呢？郅都的画像，还能够让强敌感到恐惧；孔明的尸首，还能够让大国不敢发动进攻。重用他们去抵御外部的侵略，那么国土肯定不会被侵占；重用他们去统率军队，那么君主肯定不会受到羞辱。

“是以明主旅束帛于穷巷①，扬滞羽于瘁林②，飞翘车于河梁③，辟四门而不倦④，不吝金璧，不远千里，不惮屈己，不耻卑辞，而以致贤为首务，得士为重宝。举之者受上赏，蔽之者为窃位。

【注释】

①旅：陈列。束帛：古代的礼品。丝帛五匹为一束。穷巷：狭窄的死胡同。这里指隐居之地。

②滞羽：困窘的飞鸟。比喻隐士。瘁林：颓败的树林。比喻艰苦的隐居环境。

③翘车：长途跋涉的车辆。这里指礼聘贤士的车。翘，翘翘。遥远的样子。《左传·庄公二十二年》“《诗》云：‘翘翘车乘，招我以

弓。'"河梁：桥梁。这里泛指道路。

④辟四门：打开四门以广开贤路。辟，开。

【译文】

"因此那些圣明的君主要把聘请的礼品送到隐士居住的小巷子里，要让困窘的鸟摆脱颓败的树林而展翅飞翔，让聘请贤士的车子在道路上飞驰，要打开四门广开贤路而永不懈怠，要不吝惜金玉，要不远千里，要不怕委屈自己，要不耻于使用谦卑的言辞，把招揽贤人作为自己的首要任务，把获得贤人视为获得了最贵重的宝物。举荐贤人的官员要受到最高的赏赐，隐瞒贤人的官员则被视为窃居其位。

"故公旦执贽于白屋①，秦邵拜昌于张生②。邹子涉境，而燕君拥篲③；庄周未食，而赵惠竦立④。晋平接亥唐，脚痺而坐不敢正⑤；齐任之造稷丘，虽频繁而不辞其劳⑥。楚王受笞于保申⑦，简去甲于公庐⑧，彼虽降高抑满⑨，以贵下贱，终亦并目以远其明⑩，假耳以广其聪。龙腾虎踞⑪，宜其然也。"

【注释】

①公旦执贽(zhi)于白屋：周公姬旦手拿着礼品去拜见普通百姓中的贤者。公旦，即周公姬旦。贽，古代初次拜见尊长时所送的礼物。白屋，指不施装饰的简陋房屋。一说是用白茅覆盖的房子。为平民的住房，这里代指普通百姓。

②秦邵拜昌于张生：秦昭王向张禄拜求使国家昌盛的策略。秦邵，应作"秦昭"。旧写本即作"秦昭"。指战国时秦国君主秦昭王。张生，指张禄。原名范雎。担任过秦国的相。《战国策·秦策三》："范雎至，秦王庭迎……秦王屏左右，宫中虚无人，秦王跪而请曰：'先生何以幸教寡人？'……范雎曰：'臣居山东，闻齐之内有田单(文)，不闻

其王；闻秦之有太后、穰侯、泾阳、华阳，不闻其有王……臣今见王独立于庙朝矣，且臣将恐后世之有秦国者，非王之子孙也。'秦王惧，于是乃废太后，逐穰侯，出高陵，走泾阳于关外。"

③邹子涉境，而燕君拥篲（huì）：邹子到了燕国，燕昭王拿着扫帚在前面清扫道路。邹子，邹衍。战国思想家。燕君，燕国君主燕昭王。篲，同"彗"，扫帚。《史记·孟子荀卿列传》记载，邹衍到燕国后，燕昭王拿着扫帚在前面清扫道路，以示敬意。

④庄周未食，而赵惠竦立：庄周未用餐之前，赵惠文王战战兢兢地站在那里。庄周，战国道家的代表人物。赵惠，指赵国君主赵惠文王。竦，战战兢兢。《庄子·说剑》记载，赵惠文王喜欢剑术，整天与剑客为伍而不理朝政，使赵国日渐贫弱。庄子应赵太子悝之请，前去用天子之剑、诸侯之剑、庶人之剑游说赵惠文王，启发赵惠文王放弃对斗鸡般的、且与自己身份不相称的庶人之剑的爱好，鼓励他运用天子之剑以治理好自己的国家。赵惠文王听后，"乃牵而上殿，宰人上食，王三环之。庄子曰：'大王安坐定气，剑事已毕奏矣。'"

⑤晋平接亥唐，脚痺而坐不敢正：晋平公接见亥唐时，腿脚麻痹了也不敢不端正地坐着。晋平，春秋晋国的君主晋平公。亥唐，春秋的高士。不敢正，"正"字上可能脱"不"字，或"正"当作"伸"。《太平御览》卷三七二引《韩非子》佚文："晋平公与唐彦（应为"亥唐"之倒误）坐而出，叔向入。公曳一足，叔向问之，公曰：'吾待唐子，腓痛足痹而不敢申。'叔向不悦。公曰：'子欲贵，吾爵子；子欲富，吾禄子。夫唐先生无欲也。非正坐，吾无以养之。'"

⑥齐任之造稷丘，虽频繁而不辞其劳：齐桓公去拜访小臣稷，虽然往返多次都没有见到但依然不辞辛劳。齐任，当作"齐侯"。《四库全书》文溯阁本即作"齐侯"。指齐桓公。稷丘，疑当作"小稷"。即小臣稷，当时的隐士。《韩非子·难一》："齐桓公时，有

处士曰小臣稷，桓公三往而弗得见。桓公曰：‘吾闻布衣之士，不轻爵禄，无以易万乘之主；万乘之主，不好仁义，亦无以下布衣之士。’于是五往得见之。”

⑦楚王受笞于保申：楚文王受到保申的鞭打。楚王，指春秋楚国君主楚文王。保申，春秋楚国的大臣。《吕氏春秋·直谏》记载，楚文王沉溺于游乐生活，保申把细荆条加于文王之背，以示惩罚。

⑧简去甲于公庐：赵简子听了公庐的劝谏而撤军。简，“简”字前脱一“赵”字。指赵简子。春秋晋国贵族。去甲，撤兵。甲，甲衣。代指将士。公庐，又作“公卢”，春秋人。《说苑·正谏》：“赵简子举兵而攻齐，令军中有敢谏者罪至死，被甲之士名曰公卢，望见简子大笑。简子曰：‘子何笑？’对曰：‘臣有夙笑。’简子曰：‘有以解之则可，无以解之则死。’对曰：‘当桑之时，臣邻家夫与妻俱之田，见桑中女，因往追之，不能得，还反，其妻怒而去之。臣笑其旷也。’简子曰：‘今吾伐国失国，是吾旷也。’于是罢师而归。”

⑨降高抑满：降低自己的高贵身份，克制自己的自满情绪。

⑩并目：使用大家的眼睛。明：眼睛看得清。

⑪龙腾虎踞：比喻繁荣富强，事业成功。

【译文】

“因此周公姬旦手拿着礼物去拜访平民中的贤者，秦昭王向张禄请教使国家昌盛的策略。邹衍进入燕国，燕昭王就拿着扫帚为他清扫道路；庄周没有用餐，赵惠文王就战战兢兢地站在旁边。晋平公接见亥唐的时候，腿脚麻痹了也不敢不坐得端端正正；齐桓公拜访小臣稷的时候，虽然往返多次没能见到但依然不辞辛劳。楚文王接受保申的鞭打，赵简子听从公庐的劝谏而撤军，他们虽然降低了自己的身份抑制住自满的情绪，谦卑地对待地位比自己低的士人，然而最终还是凭借着这些人的眼睛使自己看得更远，凭借着这些人的耳朵使自己听得更清。这些君主能够成就自己的伟大事业，是理所当然的事情。”

用刑卷十四

【题解】

用刑，使用刑罚。如何使用刑罚，是任何一个统治集团都无法回避的一个重大问题。关于对待刑罚的态度，葛洪的主要倾向有以下几点。

第一，葛洪认为对于任何一个社会，刑罚都不可或缺。在美好的社会里，是否还需要刑罚，远在汉代时，就已经开始争论。王充《论衡·儒增篇》说："儒书称：'尧、舜之德，至优至大，天下太平，一人不刑。'又言：'文、武之隆，遗在成、康，刑错不用四十余年。'是欲称尧、舜，褒文、武也……尧、舜虽优，不能使一人不刑；文、武虽盛，不能使刑不用。言其犯刑者少，用刑希疏，可也；言其一人不刑，刑错不用，增之也。"针对当时"明后御世，风向草偃，道洽化醇，安所用刑"的迂腐观点，葛洪也明确指出："莫不贵仁，而无能纯仁以致治也；莫不贱刑，而无能废刑以整民也。"葛洪还列举了大量的历史事实，说明即使在理想的社会里，刑罚也是必不可少的辅政手段，这一看法无疑是正确的。

第二，葛洪不仅认为刑法不可缺少，而且还主张重刑。他说："是以安于感深谷而严其法，卫子疾弃灰而峻其辟。夫以其所畏禁其所玩，峻而不犯，全民之术也。"葛洪认为，重刑只是手段，而不是目的。因为有了重刑，人们才怯于犯法，这刚好又是保全了百姓，也即所谓的以杀止杀，以刑止刑。为了证明严刑峻法的合理性，葛洪甚至列举了大量事实，得出“秦以严得之，非以严失之”的结论，认为秦朝是因为重刑而统一了天下，而它失去天下却绝非因为重刑。

第三，主张恢复肉刑。这是主张重刑的自然结论。到葛洪时代，肉刑已经被废除了数百年，而葛洪提议再次恢复肉刑。他的理由一是恢复肉刑可以使仅次于死刑的罪过能够得到应有的惩治，二是受到肉刑的人本身就是一个很好的反面教材，能够对后人起到很好的警示作用。葛洪的这一主张不能说毫无道理，但也的确有些不合时宜。

除了上述几点之外，在使用刑罚的问题上，葛洪还提出其他许多有益的主张，比如要选择适当的人去执掌刑罚，执法要公正无私，不畏强权，要加强法制的宣传教育，要防患于未然等等。

仅就本篇来看，葛洪的重刑主张，既不符合道家思想，与儒家的看法也有相左之处。他们的不同，不在于是否应该使用刑罚，而在于把刑罚使用到什么样的程度。从这一点来看，葛洪的主张与法家的思想比较一致。

抱朴子曰：“莫不贵仁，而无能纯仁以致治也；莫不贱刑，而无能废刑以整民也①。咸云②：‘明后御世③，风向草偃④，道洽化醇，安所用刑？’余乃论之曰：‘夫德教者，黼黻之祭服也⑤；刑罚者，捍刃之甲胄也⑥。若德教治狡暴⑦，犹以黼黻御剡锋也⑧；以刑罚施平世⑨，是以甲胄升庙堂也。故仁者养物之器，刑者惩非之具，我欲利之，而彼欲害之，加仁无悛⑩，非刑不止。刑为仁佐，于是可知也。

【注释】

①整民：使百姓的行为整齐划一。

②咸：都。一说“咸”应作“或”，是“有的人”的意思。

③明后：圣明的君主。后，君主。

④风向草偃：风吹来了，草就会倒下。比喻圣贤能够用自己的美德感化百姓。偃，倒下。《论语·颜渊》："君子之德风，小人之德草。草上之风，必偃。"

⑤黼黻（fǔ fú）：古代礼服上的花纹。

⑥甲胄：甲衣和头盔。

⑦狡暴：狡猾凶残的人。

⑧剡（yǎn）锋：锐利的刀锋。剡，锐利。

⑨平世：太平盛世。

⑩悛（quān）：悔改。

【译文】

抱朴子说："没有人不重视仁慈，但也没有人能够完全使用仁慈而使国家安定；没有人不看轻刑罚，但也没有人能够不使用刑罚就把百姓治理得很好。有人说：'圣君在治理国家的时候，用自己的美德去感化百姓，大道得以广泛推行百姓纯朴无邪，哪里还用得上刑罚呢？'我对这个问题的观点是：'德教，好比是绣着花纹的祭祀礼服；刑罚，好比是用来抵挡刀剑的盔甲。用德教去治理狡猾凶残之人，就好比用绣花的礼服去抵挡锐利的刀锋一样；完全用刑罚去治理太平盛世，就好比穿着盔甲进入祖庙朝堂那样。因此仁慈是用来养育万物的品德，刑罚是用来惩治罪恶的武器。我们想施恩惠于百姓，而有人却想加害于百姓，对这种人使用仁德而他们却不知悔改，不用刑罚他们就不肯停止自己的害民行为。刑罚有助于仁政，从这里就可以明白了。

"'譬存玄胎息[①]，呼吸吐纳[②]，含景内视[③]，熊经鸟伸者[④]，长生之术也。然艰而且迟，为者鲜成[⑤]，能得之者，万而一焉。病笃痛甚，身困命危，则不得不攻之以针石[⑥]，治之以毒烈[⑦]。若废和、鹊之方[⑧]，而慕松、乔之道[⑨]，则死者众矣。

仁之为政，非为不美也。然黎庶巧伪[10]，趋利忘义，若不齐之以威，纠之以刑，远羡羲、农之风[11]，则乱不可振[12]，其祸深大。以杀止杀[12]，岂乐之哉！

【注释】

①存玄：道教的一种养生术。即集中精力想象“大道”，就可以使人健康长寿。存，存思；想象。玄，大道的另一种称呼。具体可参考《抱朴子内篇》中的《畅玄》、《地真》等篇。胎息：道教内丹修炼方术。以鼻吸气而闭之，以口微微吐出，不让自己听到气息出入的声音。据说修炼成功后，能够不用鼻口呼吸。

②吐纳：养生术的一种。指呼吸时吐故气、纳新气。

③含景：“含景环身”的省略。即存想日光，让它环绕自身。为道教护身法术之一。含，想象。景，日光。《抱朴子内篇·道意》：“然思玄执一，含景环身，可以辟邪恶，度不祥。”内视：道教的修行方术之一。又叫“内观”。即双目合闭，集中精神观视身内的某一部位，以防止思想外驰。

④熊经鸟伸：养生术的一种。像熊那样攀援而直立，像鸟那样舒展身体。经，攀援而直立。本句说的都是模仿鸟兽动作来达到健身目的的方法，类似今天的体操。

⑤鲜：很少。

⑥针石：用砭石制成的石针。也即后世说的针灸。

⑦毒烈：烈性的药物。

⑧和、鹊：医和、扁鹊。都是古代的名医。扁鹊是战国时名医，姓秦，名越人。医和是春秋时名医。

⑨松、乔：赤松子、王子乔。都是传说中的仙人。

⑩黎庶：百姓。巧伪：机巧欺诈。

⑪羲、农：伏羲、神农。传说中的两位圣君。

⑫振：挽救。

⑬以杀止杀：用杀戮的手段去制止杀戮。《商君书·画策》："故以战去战，虽战可也；以杀去杀，虽杀可也；以刑去刑，虽重刑可也。"

【译文】

"'比如存思大道修炼胎息，一呼一吸吐故纳新，存想日光注视体内，像熊那样攀援直立，像鸟那样舒展身体，这是修炼长生不死的方法。然而这些方法修炼起来非常艰难而且见效缓慢，修炼的人很少能够成功，最终能够获得成功的，万人之中也就只有一人。疾病加重疼痛厉害，身体困窘不堪生命受到威胁，那就不得不用针石来治病，用烈性的药物来治疗了。如果抛弃医和、扁鹊的医术，而去羡慕赤松子、王子乔那样的修仙方法，那么死亡的人就会很多了。使用仁义去治理国家，并非不美好啊。然而普通百姓机巧欺诈，为了追逐利益而忘记了道义，如果不使用威力来进行整治，不使用刑罚来进行纠正，而是去羡慕远古时代的伏羲、神农时的淳朴风气，那么社会就会乱得无法挽救，造成的灾祸就会十分严重。使用杀戮手段的目的是为了制止杀戮，怎么会是乐于杀戮呢！

"'八卦之作①，穷理尽性。明罚用狱，著于《噬嗑》②；系以徽纆③，存乎《习坎》④。然用刑其然尚矣⑤。逮于轩辕⑥，圣德尤高，而躬亲征伐，至于百战，殭尸涿鹿⑦，流血阪泉⑧，犹不能使时无叛逆，载戢干戈⑨，亦安能使百姓皆良？民不犯罪而不治者，未之有也。唐、虞之盛，象天用刑⑩，窜殛放流⑪，天下乃服。汉文玄默⑫，比隆成、康⑬，犹断四百⑭，鞭死者多⑮。夫匠石不舍绳墨⑯，故无不直之木；明主不废戮罚，故无陵迟之政也⑰。

【注释】

①八卦:《周易》中的八个符号,分别象征天、雷、泽、火、风、水、山、地。

②《噬嗑(shì hé)》:《周易》六十四卦之一,主要是讲刑狱的事。

③徽纆(mò):绳索。这里指捆绑犯人的绳索。

④《习坎》:《周易》六十四卦之一。《习坎》本称《坎卦》,因为其"卦辞"中有"习坎"一词,故又作《习坎》。《周易·坎卦》:"上六:系用徽纆,寘于丛棘。"

⑤其然:应为"其来"。《道藏》及其他各本均作"其来"。刑罚的出现。其,代指刑罚。尚:远。指时代久远。

⑥逮于轩辕:到了黄帝时。逮于,到了。轩辕,即黄帝。相传黄帝姓公孙,因居住在轩辕之丘,又名轩辕。

⑦涿鹿:地名。据说在今河北涿鹿。黄帝时,蚩尤作乱,于是黄帝率军与蚩尤战于涿鹿,擒杀蚩尤。

⑧阪(bǎn)泉:地名。一说在今河北涿鹿东南,一说在今山西阳曲东北,一说在今山西运城南。相传黄帝与炎帝战于阪泉之野。

⑨载戢(jí)干戈:把武器收藏起来不再使用。载,句首语气词。戢,收藏兵器。干,盾牌。

⑩象天用刑:效法上天,使用刑罚。象,效法。一说指象刑。相传上古无肉刑,仅仅让犯人穿上特别的服饰以示羞辱,称为象刑。

⑪窜殛放流:窜、放、流都是贬斥流放的意思。殛是诛杀的意思。这里泛指各种刑罚。

⑫汉文:指西汉文帝。玄默:清静无为。

⑬比隆:与……一样兴盛。成、康:西周成王和康王。此时属于西周鼎盛时期。

⑭断四百:断狱四百件。

⑮鞭死者多:鞭打致死的人很多。汉文帝在位时,为了减轻刑罚,

改割鼻、砍脚等肉刑为鞭打，由于行刑者没有把握好分寸，不少犯人被鞭打致死。

⑯匠石：战国时的一位木工。见于《庄子》的《人间世》、《徐无鬼》。这里泛指木匠。

⑰陵迟：衰败；败坏。

【译文】

"'八卦的发明，是为了彻底弄清楚物理天性。申明惩罚、使用监狱的道理，则显示在《噬嗑》这一卦中；用绳索来捆绑罪犯，则保存在《习坎》这一卦中。那么这就说明使用刑法由来已久了。到了黄帝的时候，他的美德尤其高尚，然而还须亲自参加征战，以至于打了上百次的仗，尸陈于涿鹿，血流于阪泉，依然不能使当时没有反叛之人，不能收藏起武器不再使用，又怎么能够使所有的百姓都变为善良的人呢？让百姓不去犯罪因而也不用惩罚，还从来没有出现过这种情况。唐尧、虞舜在位的盛世，效法天道而使用刑罚，放逐并诛杀了罪犯，于是天下才被征服。汉文帝清静无为，国家的繁荣可以和西周的成康盛世相媲美，然而还要断案四百件，鞭打致死的人也不少。木工不舍弃墨线，因此就没有不会变直的木材；明君不废除刑罚，因此就没有被败坏的政务。

"'盖天地之道，不能纯仁，故青阳阐陶育之和①，素秋厉肃杀之威②。融风扇则枯瘁摅藻③，白露凝则繁英彫零④。是以品物阜焉⑤，岁功成焉⑥。温而无寒，则蠕动不蛰⑦，根植冬荣⑧；宽而无严，则奸宄并作⑨，利器长守⑩。故明赏以存正，必罚以闲邪⑪。劝沮之器⑫，莫此之要⑬。观民设教，济其宽猛⑭，使懦不可狎⑮，刚不伤恩。五刑之罪⑯，至于三千⑰，是绳不可曲也⑱；司寇行刑⑲，君为不举⑳，是法不可废也。绳曲，则奸回萌矣㉑；法废，则祸乱滋矣。

【注释】

①青阳：春天。古代把春天与五行中的木相配。木色青。阳，阳和；温暖。因此称春天为“青阳”。阐：阐述。引申为发挥。陶育：养育。

②素秋：秋天。素，白。古代把秋天与五行中的金相配，金(金属)色白，因此称秋天为“素秋”。厉：严厉。用作动词，严厉地推行、发挥。

③融风：和风。摅(shū)藻：展现出生机。摅，舒展；展现。藻，华美。这里引申为美好的生机。

④繁英：繁花。英，花。

⑤品物：万物。阜：繁衍生息。

⑥岁功：一年的农业收成。

⑦蠕(rú)动：昆虫爬动的样子。这里代指昆虫。蛰：蛰伏；冬眠。

⑧根植冬荣：有根的植物就会冬天开花。荣，花。

⑨奸宄(guǐ)：违法作乱的人。

⑩利器长守：指叛乱作恶的人永远不会放弃武器。

⑪闲邪：防止邪恶。闲，防止。

⑫劝沮之器：鼓励与阻止的手段。实际即赏罚的手段。劝，鼓励；表彰。沮，毁坏；批评。

⑬莫此之要：没有比这些更重要的。

⑭济其宽猛：即宽猛相济。仁德与刑罚相辅相成。《左传·昭公二十年》引孔子语：“政宽则民慢，慢则纠之以猛；猛则民残，残则施之以宽。宽以济猛，猛以济宽，政是以和。”

⑮懦不可狎：柔和而不被轻侮。狎，轻侮。

⑯五刑：五种刑罚。先秦指墨(刻面)、劓(割鼻)、刖(断足)、宫(阉割)、大辟(斩首)。这里泛指刑罚。

⑰三千：指三千条罪名。《尚书·吕刑》：“墨罚之属千，劓罚之属

千，剕罚之属五百，宫罚之属三百，大辟之罚其属二百。五刑之属三千。”

⑱绳不可曲：依照法律不能宽恕。绳，本指木工用的画直线的墨绳，比喻法律。

⑲司寇行刑：司寇诛杀犯人。司寇，主管刑法的官员。

⑳不举：古代遇到大的事故，君主则撤去丰盛的食物和音乐。

㉑奸回：邪恶。回，奸邪。

【译文】

“‘天地运行的规律，不能单纯地使用仁慈，因此春天发挥的是养育万物的作用，秋天发挥的是摧残万物的威严。和风吹来枯干憔悴的万物就会展现出各自的生机，白露凝结繁盛的鲜花就要凋谢零落。因此世间万物才能够繁衍生息，一年的农业耕作才能成功。如果只有温暖而没有寒冷，昆虫就不会冬眠，植物就会冬天开花；如果只有宽容而没有严厉，那么邪恶之人就会成群结队地出现，他们永远也不会放下手中的武器。因此要奖赏明确以维护正义，惩罚必行以防止奸邪。鼓励和阻止的手段，没有什么比这个更为重要。观察民情安排教化，让宽大的仁德与严厉的刑罚相辅相成，使用柔和的仁德时不会受到轻视，使用刚猛的刑罚时不失仁慈。五种刑罚的罪名，多达三千条，这说明使用法律的时候不能随便宽恕；司寇在诛杀犯人的时候，君主要为此撤除丰盛的食物和音乐，这说明法律不可废除。法律一旦过分宽容，邪恶的事情就会出现；法律一旦被废除，祸乱就会发生。

“‘亡国非无令也，患于令烦而不行；败军非无禁也，患于禁设而不止。故众慝弥蔓①，而下黩其上②。夫赏，贵当功而不必重；罚，贵得罪而不必酷也。鞭朴废于家③，则僮仆怠惰；征伐息于国，则群下不虔④。爱，待敬而不败，故制礼以崇之；德，须威而久立，故作刑以肃之[5]。班、倕不委规矩[6]，故方圆不戾于物[7]；明君不释法度，故机诈不肆其巧[8]。

【注释】

①众慝(tè)弥蔓：众多的邪恶到处蔓延。慝，邪恶。弥蔓，到处蔓延。

②黩：轻慢。

③朴：刑杖。

④群下：众多的臣民。不虔：不忠诚。虔，忠诚。

⑤肃之：敬畏它。

⑥班、倕(chuí)：鲁班、工倕。都是古代的能工巧匠。鲁班，又叫公输班，先秦鲁国人。倕，相传是尧时的人。规矩：木工用来画圆的工具叫做规，用来画方的工具叫做矩。

⑦戾：违背；不一致。

⑧肆：放肆；任意。

【译文】

"'灭亡的国家并非因为没有法令，而是灭亡于它的法令繁琐并且得不到执行；失败的军队并非因为没有禁令，而是失败于禁令虽有却没有起到禁止的作用。因此众多的邪恶就开始到处蔓延，臣下轻慢他们的君主。奖赏，重要之处在于要与功劳相称而不必太重；惩罚，重要之处在于要与罪过相等而不必严酷。如果家中不使用鞭打责罚，那么奴仆就会消极怠工；如果国家废除了征讨惩罚，那么众多的臣民就会对君主不忠。爱护臣民，需要臣民的尊敬才能够使这种爱护不会衰退，因此要制定礼制以便让人们尊重这种爱护；仁爱美德，必须依靠权威才能够使这种美德持久确立，因此要制定刑罚以便让人们敬畏这种美德。鲁班和工倕不抛弃规矩，所以他们制作的东西都符合方圆；贤明的君主不废除法度，所以那些狡诈的人就不能任意地去施展他们的伎俩。

"'唐、虞其仁如天，而不原四罪①；姬公友于兄弟②，而不赦二叔③。仲尼之诛正卯④，汉武之杀外甥⑤，垂泪惜法，盖不获已也⑥。故诛一以振万，损少以成多。方之栉发⑦，则所利者众；比于割疽⑧，则所全者大。是以灸刺惨痛，而不可止者，以痊病也；刑法凶丑，而不可罢者，以救弊也。六军如林⑨，未必皆勇，排锋陷火⑩，人情所惮。然恬颜以劝之⑪，则投命者鲜；断斩以威之，则莫不奋击。故役欢笑者，不及叱咤之速；用诱悦者，未若刑戮之齐。

【注释】

①原：原谅；饶恕。四罪：又叫"四凶"。舜时四个凶恶的部落首领。指浑敦、穷奇、梼杌、饕餮。

②姬公：即周公姬旦。

③二叔：指周公的兄弟管叔、蔡叔。《史记·周本纪》："成王少，周初定天下，周公恐诸侯畔周，公乃摄行政当国。管叔、蔡叔群弟疑周公，与武庚作乱，畔周。周公奉成王命，伐诛武庚、管叔，放蔡叔。"

④正卯：即少正卯。鲁国人，因为宣扬异端学说，孔子执政后杀之。

⑤汉武之杀外甥：西汉武帝诛杀了自己的外甥。《汉书·东方朔传》："隆虑公主子昭平君尚帝女夷安公主，隆虑主病困，以金千斤钱千万为昭平君豫赎死罪，上许之。隆虑主卒，昭平君日骄，醉杀主傅，狱系内官。以公主子，廷尉上请请论。左右人人为言：'前又入赎，陛下许之。'上曰：'吾弟老有是一子，死以属我。'于是为之垂涕叹息，良久曰：'法令者，先帝所造也，用弟故而诬先帝之法，吾何面目入高庙乎！又下负万民。'乃可其奏，哀不能自止，左右尽悲。"

⑥不获已：迫不得已。

⑦栉(zhì)发：梳发。栉，梳子。这里用作动词，梳头。

⑧疽(jū)：一种毒疮。

⑨六军：按照周朝礼制，天子有六军。这里泛指军队。《周礼·夏官·司马》："凡制军，万有二千五百人为军。王六军，大国三军，次国二军，小国一军。"

⑩排锋：冲向刀锋。排，推。引申为冲向。

⑪恬颜：和颜悦色。

【译文】

"'唐尧、虞舜仁慈得就像上天一样，然而不能原谅四个罪人；周公与兄弟的关系友善，然而也不能赦免管叔和蔡叔。孔子诛杀少正卯，汉武帝诛杀外甥，虽然伤心得流着眼泪可又要维护法律，这是不得已而为之啊。因此杀一人以挽救万人，损害了少数但成全了多数。比如梳头发，虽然梳掉几根头发但对多数头发有利；再比如割掉毒疮，虽然割疮很疼但保全了整个身体。因此使用艾灸针刺虽然疼得厉害，但也不能停止不用，为的是要治好自己的疾病；使用刑法虽然很残酷很丑陋，但也不能停下不用，为的是要消除各种弊端。六军将士多如林木，未必个个都是勇士，冲向利刃赴汤蹈火，对此感到害怕也是人之常情。此时如果和颜悦色地去鼓励他们，那么愿意去冒生命危险的人就很少；如果用斩杀的办法去威吓他们，那么就会人人奋勇进攻。因此使用欢声笑语的办法去整治百姓，效果不如大声喝斥来得迅速；使用循循善诱让人愉悦的办法去管理百姓，不如使用刑罚杀戮来得整齐划一。

"'是以安于感深谷而严其法①，卫子疾弃灰而峻其辟②。夫以其所畏禁其所玩③，峻而不犯，全民之术也。明治病之术者，杜未生之疾；达治乱之要者，遏将来之患④。若乃以轻刑禁重罪，以薄法卫厚利，陈之滋章⑤，而犯者弥多⑥，有似穿穽以当路⑦,非仁人之用怀也⑧。

【注释】

①安于:董安于,又写作“董阏于”。春秋晋国大夫。《韩非子·内储说上》:“董阏于为赵上地守,行石邑山中,见深涧峭如墙,深百仞。因问其旁乡左右曰:‘人尝有入此者乎?’对曰:‘无有。’曰:‘婴儿、盲聋、狂悖之人,尝有入此者乎?’对曰:‘无有。’‘牛马犬彘尝有入此者乎?’对曰:‘无有。’董阏于喟然太息曰:‘吾能治矣。使吾法之无赦,犹入涧之必死也,则人莫之敢犯也,何为不治?’”

②卫子:指商鞅。本为卫人,原名卫鞅,故称为卫子。后入秦被封于商,改称商鞅。疾:痛恨。弃灰:把灰烬丢弃于道路。辟:法律。《史记·李斯列传》:“故商君之法,刑弃灰于道者。夫弃灰,薄罪也,而被刑,重罚也。”

③玩:玩忽;因习惯而漫不经心。

④遏:制止。

⑤滋章:越发明确。滋,越发。章,明白;清楚。

⑥弥:更加。

⑦穽:陷阱。

⑧用怀:用心;想法。

【译文】

“‘因此董安于受到深谷的启发而严刑峻法,商鞅因为痛恨把灰烬丢弃于道路而加重对此事的惩罚。用人们所恐惧的法律来禁止人们因漫不经心而犯的错误,严峻的法律使人不敢触犯,这是保全民众的一种办法啊。懂得治病方法的人,要预先防止疾病的发生;明白社会安定与混乱的主要原因的人,要预先防备灾难的出现。如果用很轻的刑罚去禁止严重的罪行,用很轻的法律去卫护重大的利益,那么这样的刑法陈述得越清楚，而敢于违犯的人也就越多，这种做法就好像在道路上开挖陷阱去害人一样，不是仁人应有的用心。

“‘善为政者，必先端此以率彼①，治亲以整疏，不曲法以行意②，必有罪而无赦。若石碏之割爱以威亲③，晋文之忍情以斩颉④。故仁者为政之脂粉，刑者御世之辔策⑤；脂粉非体中之至急，而辔策须臾不可无也⑥。肃恭少怠，则慢惰已至；威严暂弛，则群邪生心。当怒不怒，奸臣为虎；当杀不杀，大贼乃发。水久坏河，山起咫尺⑦；寻木千丈⑧，始于毫末⑨。钻燧之火⑩，勺水可灭；鹄卵未孚⑪，指掌可縻⑫。及其乘冲飙而燎巨野⑬，奋六羽以凌朝霞⑭，则虽智勇，不能制也。

【注释】

①端此以率彼：端正自我以作别人的表率。此，代指自己。

②曲法：枉法。行意：按个人意志行事。

③石碏(què)：春秋卫国大夫。《左传·隐公四年》记载，石碏之子石厚参与了弑君之乱，石碏假借陈国之力，除掉了叛乱者州吁和自己的儿子石厚。威(miè)：同“灭”。

④晋文：春秋晋国的君主晋文公。颉：颠颉。晋文公的大夫。颠颉违反了军令，被晋文公所杀。至于具体原因，《左传·僖公二十八年》、《韩非子·外储说右上》等书的记载稍不相同。《左传》记载，晋文公攻伐曹国时，命令保护对自己有恩的曹大夫僖负羁，而颠颉却放火烧了僖负羁家，文公杀颠颉以徇。

⑤辔(pèi)策：马缰绳和马鞭。比喻统治百姓的工具。辔，马缰绳。策，马鞭。

⑥须臾：片刻。

⑦咫：古代长度单位。八寸为一咫。

⑧寻：古代长度单位。八尺为一寻。

⑨毫末：毛的尖端。比喻细小。毫，长而尖锐的毛。

⑩钻燧（suì）：钻燧取火。燧，古代用来取火的器具。

⑪鹄：天鹅。孚（fū）：禽鸟伏卵。后世写作"孵"。

⑫縻：通"糜"，粉碎。

⑬冲飙：狂风。

⑭六羽：即"六翮"。鸟的健羽。这里泛指翅膀。朝霞：代指天空。

【译文】

"'善于处理政事的人，必须先端正自我作为别人的表率；先治理好亲近的人以便整顿疏远的人，决不枉法而按照个人意愿行事，犯了罪过绝不饶恕。要像石碏那样忍痛割爱大义灭亲，还要像晋文公那样压抑着自己的感情诛杀颠颉。因此仁德只是处理政事的脂粉，而刑法才是驾驭社会的工具；脂粉不是人体急需的东西，但刑法这种工具却是片刻也不能缺少。臣民对君主的恭敬态度稍有懈怠，那么他们轻慢君主的行为就会接踵而至；君主的威严略微有所放松，那么臣民的众多邪念就会萌生。君主应当发怒时而不发怒，奸臣就会变成老虎；君主应当杀人时而不杀人，大盗就会出现。河水冲刷得久了就会破坏河堤，一尺高的土堆不断地累积就会变成高大的山峰；直径数尺的千丈大树，是从细小的萌芽一步步成长起来的。刚刚钻木取得的小火星，一勺水就能够把它浇灭；天鹅的蛋还没有孵化时，一只手就可以把它捏得粉碎。等到这些小火星乘着狂风形成燎原之势的时候，等到天鹅展开双翅凌空飞翔的时候，即使智勇双全的人，也无法控制它们了。

"'故明君治难于其易，去恶于其微①，不伐善以长乱②，不操柯而犹豫焉③。然则刑之为物，国之神器④，君所自执，不可假人⑤，犹长剑不可倒捉，巨鱼不可脱渊也。乃崇替之所由[6]，安危之源本也。田常之夺齐[7]，六卿之分晋[8]，赵高之弑秦[9]，王莽之篡汉[10]，履霜逮冰[11]，由来渐矣。或永叹于海滨[12]，或附心乎望夷[13]，祸延宗祧[14]，作戒将来者，由乎慕虚名于往古，忘实祸于当己也。'

【注释】

①微：微小。这里指邪恶的苗头。《老子》六十三章："图难于其易，为大于其细。"

②伐善：自夸长处。伐，夸耀。

③操柯：执法。柯，斧柄。比喻执法的权力。

④神器：神圣的器物。比喻有力的工具。

⑤假：借出去。

⑥崇替：兴废；盛衰。崇，兴起。替，衰落。

⑦田常：即田成子。为齐国大夫。他杀齐简公而立齐平公，专擅国政。至齐康公时，田成子曾孙田和放逐康公而自立为齐侯。

⑧六卿之分晋：六卿瓜分了晋国。卿，古代的高级官爵名，在公之下、大夫之上。六卿指韩、赵、魏、范、中行、智氏六家贵族。《史记·晋世家》："（顷公）十二年……六卿欲弱公室，乃遂以法尽灭其族，而分其邑为十县，各令其子为大夫。晋益弱，六卿皆大。"

⑨赵高之弑秦：赵高杀害秦二世。赵高，秦朝的宦官。秦始皇死后，赵高矫诏逼公子扶苏自杀，立胡亥为二世皇帝，后又杀李斯及二世皇帝，最终导致秦朝灭亡。

⑩王莽之篡汉：王莽篡夺了汉朝的政权。王莽，汉元城人，字巨君。汉元帝皇后之侄。汉平帝年九岁即位，元帝后临朝称制，委政于莽，平帝死后立孺子婴，王莽自称摄皇帝。三年即真，改国号为新，后被起义军所杀。

⑪履霜逮冰：从脚下有霜到坚冰的出现。形容事物的渐进过程。

逮，到。《周易·坤卦》："初六：履霜，坚冰至。"

⑫或永叹于海滨：有的人站在海边长叹。指齐康公被流放到海岛。《史记·田敬仲完世家》："(康公)贷立十四年，淫于酒、妇人，不听政。太公(田和)乃迁康公于海上，食一城，以奉其先祀……康公之十九年，田和立为齐侯，列于周室。"

⑬或拊心乎望夷：有的人在望夷宫中绝望地拍着胸口。拊，应为"拊"字之误。《道藏》及其他各本均作"拊"。拍打。望夷，秦朝宫殿名。秦二世就是在望夷宫中被逼自杀。

⑭宗祧(tiāo)：指整个家族。祧，远祖的庙。

【译文】

"'因此明君处理困难之事是在它还容易解决的时候就着手了，清除邪恶是在它还微小的时候就动手了，明君不夸耀自己的仁慈优点以助长动乱，不在执法的时候犹豫不决。那么刑法作为一种事物，属于国家的神圣之器，君主要亲自掌握，不能借给别人使用，这就好像长剑不可倒着握持，大鱼不能离开深渊一样。执法是国家兴废的原因，是君主安危的根源。田常夺取齐国政权，六卿瓜分晋国土地，赵高杀害秦二世，王莽篡夺汉朝帝位，都好像是从脚下有霜而慢慢发展到坚冰出现一样，有一个逐渐形成的过程。有的人在海边唉声长叹，有的人在望夷宫捶胸顿足，灾难还连累到了全族，他们的遭遇成为后人的借鉴，这一切原因都是由于羡慕古代的虚假美名，而忘掉了自己眼前的实际灾难。'

"或人曰：'刑辟之兴，盖存叔世[①]。立人之道，唯仁与义。我清静而民自正[②]，我无欲而民自朴，烹鲜之戒[③]，不欲其烦。宽以爱人则得众，悦以使人则下附[④]。故孟子以体仁为安[⑤]，扬子云谓申、韩为屠宰[⑥]。夫繁策急辔[⑦]，非造父之御[⑧]；严刑峻罚，非三、五之道[⑨]。故有虞手不指挥，口不烦言，恭己南面[10]，而治化雍熙矣[11]。宓生政以率俗[12]，弹琴咏诗，身不下堂，而渔者宵肃矣[13]。

【注释】

①叔世：衰败的社会。

②我：本句及下句中的“我”都是代指统治者。这两句话出自《老子》五十七章：“故圣人云：‘我无为而民自化，我好静而民自正，我无事而民自富，我无欲而民自朴。’”

③烹鲜：煎鱼。比喻治国。鲜，鱼。《老子》六十四章：“治大国若烹小鲜。”意思是治理大国如同烹调小鱼，不可反复地折腾。

④下附：民众就会归附。下，指臣下与民众，

⑤体仁：施行仁义。体，依据；施行。

⑥扬子云：汉代的学者扬雄，字子云。曾著《法言》、《太玄》、《方言》等书。申、韩：申不害、韩非。两人都是先秦的法家代表人物。因为法家鄙视仁义，推行专制政治，所以扬雄批评他们是“屠宰”。扬雄《法言·问道》：“申、韩之术，不仁之至矣！若何牛羊之用人也？”

⑦繁策急辔(pèi)：不停地鞭打，紧扣着缰绳。策，马鞭。这里用作动词，鞭打。急，紧。辔，马缰绳。

⑧造父：西周时期善于驾车的人。后被封于赵城。

⑨三、五：指三皇五帝。三皇，传说中的帝王。说法不一，一说指天皇、地皇、人皇，一说指伏羲、神农、黄帝。五帝，传说中的帝王。说法不一，一说指伏羲、神农、黄帝、尧、舜。

⑩恭己：恭谨律己。南面：古代君主接见大臣时，一般面向南而坐。《论语·卫灵公》：“无为而治者，其舜也与？夫何为哉？恭己正南面而已矣。”

⑪雍熙：太平祥和的样子。

⑫宓生政以率俗：宓生从政时，能够作世俗人的表率。宓生，宓子贱，孔子的弟子。《吕氏春秋·察贤》："宓子贱治单父，弹鸣琴，身不下堂，而单父治。巫马期以星出，以星入，日夜不居，以身亲之，而单父亦治。巫马期问其故于宓子。宓子曰：'我之谓任人，子之谓任力。任力者故劳，任人者故逸。'"

⑬宵肃：晚上做事也很严肃认真。《吕氏春秋·具备》："宓子贱治亶父……三年，巫马旗短褐衣弊裘，而往观化于亶父。见夜渔者，得则舍之。巫马旗问焉，曰：'渔为得也，今子得而舍之，何也？'对曰：'宓子不欲人之取小鱼也。所舍者，小鱼也。'巫马旗归，告孔子曰：'宓子之德至矣。使民暗行，若有严刑于旁。敢问宓子何以至于此？'孔子曰：'丘尝与之言曰："诚乎此者刑乎彼。"宓子必行此术于亶父也。'"

【译文】

"有人说：'刑法的出现，大约是在社会衰败的时候。立身处世的根本原则，就在于仁爱和正义。君主能够清静无为百姓自然就能够品行端正，君主没有贪欲百姓自然就会变得纯朴，治大国就好像烹调小鱼的告诫，就是要求政令不要烦琐。对人宽厚仁爱就会得到民众的拥护，以和颜悦色的态度去用人民众就会归附。因此孟子认为施行仁义最为安泰，扬雄称申不害和韩非是屠夫。不断地鞭打和紧扣着缰绳，不是造父用来驾车的方法；严刑峻法，不是三皇、五帝治国的原则。因此虞舜手不用指挥，口不用多言，恭谨律己面南端坐，而国家就被治理得繁荣祥和。宓生从事政务时以身作则，弹着琴瑟唱着诗歌，自己不用离开住室，而打渔的人即使在夜间也一样地认真守法。

"'必能厚惠薄敛，救乏擢滞①，举贤任才，劝穑省用②，招携以礼③，怀远以德④，陶之以成均⑤，治之以庠序⑥。化上而兴善者，必若靡草之逐惊风⑦；洗心而革面者⑧，必若清波之涤轻尘。朝有德让之群后[9]，野无犯礼之轨躅[10]。圜土可以虚芜[11]，楚革可以永格[12]，何必赏罚可以为国乎？'

【注释】

①擢滞：救助困窘的人。擢，救助。

②劝穑：鼓励农耕。劝，鼓励。收获庄稼叫做"穑"，这里泛指农耕。

③招携：使怀有二心的人归服。携，有二心。

④怀远：让远处的人们归附。

⑤陶：陶冶；教育。成均：相传为五帝时的大学。

⑥庠(xiáng)序：古代的地方学校。后来泛指学校。夏朝称为校，商朝称为序，周朝称为庠。

⑦靡：倒下。惊风：大风。《论语·颜渊》："君子之德风，小人之德草。草上之风，必偃。"

⑧革面：改变了面容。这里指改变了态度。

⑨群后：众多的诸侯。后，指诸侯王。

⑩轨躅(zhuó)：轨迹。这里指行为。躅，足迹。

⑪圜(yuán)土：监狱。

⑫楚：荆条。这里指用荆条做的刑杖。革：熟皮。这里指皮鞭。格：停止；搁置不用。

【译文】

"'必须做到厚施恩惠薄收赋税，救助贫困无财走投无路的人们，举荐贤人重用才士，鼓励农耕节约用度，用礼敬招揽那些怀有二心的人，用美德去安抚边远地区的人，用太学去教育他们，用学校去培养他们。那么民众受到君主美德的感化而走向善良之路，必然会像野草随着强风而伏倒一样；他们洗心革面清除秽德，一定会如同清澈的水流洗涤轻薄的灰尘一般。朝廷上有谦让美德的诸侯，民间没有违背礼制的行为。监狱可以空无一人任它荒芜，刑杖和皮鞭也可以永远放弃不用，何必一

定要用赏罚才能治理好国家呢?'

"抱朴子答曰:'《易》称"明罚敕法"①,《书》有"哀矜折狱"②。爵人于朝,刑人于市③,有自来矣④,岂从叔世?多仁则法不立,威寡则下侵上。夫法不立,则庶事汩矣⑤;下侵上,则逆节明矣⑥。至醇既浇于三代⑦,大朴又散于秦、汉⑧。道衰于畴昔⑨,俗薄乎当今。而欲结绳以整奸欺⑩,不言以化狡猾⑪;委辔策而乘奔马于险涂,舍柁橹而泛虚舟以凌波⑫;盘旋以逐走盗⑬,揖让以救灾火⑭;斩晁错以却七国⑮,舞干戈以平赤眉⑯,未见其可也。

【注释】

①明罚敕法:阐明刑罚,整饬法律。

②哀矜折狱:带着怜悯同情的心态去断案。矜,同情。

③市:市场。《礼记·王制》:"爵人于朝,与士共之;刑人于市,与众弃之。"

④有自来:由来已久。

⑤庶事汩(gǔ):众多的政务就会被扰乱。汩,扰乱。

⑥明:应作"萌"。《道藏》及其他各本均作"萌"。萌生。

⑦至醇:最为淳朴的民风。浇:浇薄。三代:指夏、商、周三个朝代。

⑧散:破坏。

⑨畴昔:从前。

⑩结绳:指文字产生之前的结绳记事。没有文字时,人们为了记事,就在住所挂一根绳子,大事打一个大的绳结,小事打一个小的绳结,有多少事就打多少绳结。

⑪不言:不用言语教育,以美德感化民众。《老子》二章:"是以圣人

处无为之事，行不言之教。”

⑫柁橹：船舵和船橹。柁，同“舵”。橹，大的船桨。凌波：在波浪上行驶。

⑬盘旋：形容行礼时回旋进退的模样。走盗：四处流窜的强盗。走，跑。

⑬揖让：作揖谦让。

⑫斩晁错以却七国：斩晁错而让七国退兵。晁错，西汉大臣。却，退。七国，指汉景帝时起兵反叛的吴、楚等七个诸侯国。《史记·袁盎晁错列传》记载，晁错忠于朝廷，主张削诸侯封地，吴、楚七国便以杀晁错、清君侧为名谋反。景帝为了劝阻叛乱，便令晁错穿上朝衣，斩于东市。晁错死后，七国并没有因此而撤军。

⑯舞干戈：拿着干戈跳舞。干戈，当为“干戚”。干，盾。戚，斧。传说舜在位时，有苗族不服，于是舜“乃修教三年，执干戚舞，有苗乃服”(《韩非子·五蠹》)。赤眉：王莽末年的农民起义军。他们用红色涂眉以为标志，故称“赤眉”。

【译文】

“抱朴子回答说：‘《周易》上说“要阐明刑罚整饬法度”，《尚书》上也说“要带着怜悯同情的心态去处理案件”。这说明在朝堂上授人爵位，在市场上实施刑罚，是由来已久的事情，怎么会只是在社会衰败的时候才出现的呢？仁慈太多了法制就无法建立，威严太少了下级就会冒犯上级。法制无法建立，众多的事务就会被扰乱；下级冒犯上级，叛逆的事情就会发生。至为淳厚的民风在夏、商、周三代的时候就已经变得浇薄，最为朴实的品质在秦汉时代也已经被破坏殆尽。大道在过去就已经衰落，民风到现在已经浇薄。然而还想用结绳记事的方法去整治奸诈之人，还想不用言语教育去感化狡猾之徒；想抛开缰绳鞭子而在危险的道路上驾驭奔马，想不用船舵船橹而在波浪之上驾驶空船；想用行礼时的回旋进退的动作去追捕四处流窜的盗贼，想用彬彬有礼的揖让动作去灭掉火灾；想用斩杀晁错的办法让反叛的七国主动撤兵，想用手持盾牌大斧跳舞的方式去平定赤眉军队，我们看不到这些行为的可行之处。

"'盖三皇步而五常骤[①]，霸、王以来[②]，载驰载骛[③]。当其弊也，吏欺民巧，寇盗公行[④]，髡钳不足以惩无耻[⑤]，族诛不能以禁觊觎[⑥]。重目以广视[⑦]，累耳以远听，抗烛以理滞事[⑧]，焦心以息奸源，而犹市朝有呼嗟之音[⑨]，边鄙有不闻之枉[⑩]。

【注释】

①三皇步：三皇时代为政不慌不忙。三皇，说法不一，一说指天皇、地皇、人皇，一说指伏羲、神农、黄帝。步，缓步而行。比喻做事不慌不忙。五常骤：应作"五帝骤"。"常"为"帝"字之误。《道藏》及其他各本均作"五帝骤"。五帝时代为政就急急忙忙。五帝，传说中的帝王。说法不一，一说指伏羲、神农、黄帝、尧、舜。《孝经钩命决》："三皇步，五帝骤；三王驰，五霸骛。"

②霸：即五霸。指春秋时的齐桓公、晋文公、秦穆公、楚庄王、宋襄公五位霸主。王：即三王。指夏、商、周三代开国君主。

③载驰载骛(wù)：急速奔驰。骛，快速奔腾。

④公行：公然行动。

⑤髡(kūn)钳：一种剃去头发并用铁圈束颈的刑罚。

⑥族诛：灭族。觊觎(jì yú)：非分的希望或企图。

⑦重目：很多的眼睛。

⑧抗烛：举烛。抗，举。

⑨呼嗟：哀叹声。

⑩边鄙:边远地区。

【译文】

"'三皇时代为政不慌不忙,五帝时代为政就慌慌张张,夏、商、周三代以至春秋五霸以来,人们为政时就是心急如焚地快速奔驰了。在弊病丛生的社会里,官吏欺诈而百姓巧伪,盗贼公然行凶,即使剃发束颈的刑罚也无法阻止他们的无耻行径,灭族的重罚也不能禁止他们的非分企图。君主借助众人的眼睛去观察更多的东西,借助众人的耳朵去聆听远处的声音,夜里点着蜡烛来处理累积的政务,忧心如焚地去想法平息奸邪的根源,然而街市中朝堂上依然有悲叹的声音,边远地区依然发生君主所不知道的冤案。.

"'作威作福者①,或发乎瞻视之下;凶家害国者②,或搆乎萧墙之内③。而欲以太昊之道④,治偷薄之俗⑤;以"画一"之歌⑥,救鼎涌之乱⑦;非识因革之随时⑧,明损益之变通也。所谓刻舟以摸遗剑⑨,参天而射五步⑩;擐犀兕之甲以涉不测之渊⑪,袗却寒之裘以御郁隆之暑⑫;踵之解结⑬,颐之搔背⑭,其为愦愦⑮,莫此之剧矣⑯。

【注释】

①作威作福:臣下独掌恩威、赏罚的大权。

②家:先秦时期大夫的封地。

③搆(gòu):起事。萧墙之内:宫殿之中。萧墙,古代宫室用以分割内外的小墙,类似后世的照壁。《论语·季氏》:"吾恐季孙之忧,不在颛臾,而在萧墙之内也。"

④太昊(hào):即伏羲氏。传说中的圣君。

⑤偷薄:刻薄。偷,不厚道。

⑥“画一”之歌:西汉歌颂萧何、曹参为政清静无为的歌谣。画一,政法井然有序。《史记·曹相国世家》:“参为汉相国,出入三年。卒……百姓歌之曰:‘萧何为法,觏若画一。曹参代之,守而勿失。载其清净,民以宁一。’”

⑦鼎涌:鼎中的开水沸腾涌出。比喻混乱的社会局面。

⑧因革:沿袭与改革。

⑨刻舟以摸遗剑:即刻舟求剑。《吕氏春秋·察今》:“楚人有涉江者,其剑自舟中坠于水,遽契其舟,曰:‘是吾剑之所从坠。’舟止,从其所契者入水求之。舟已行矣,而剑不行。求剑若此,不亦惑乎!以此故法为其国,与此同。”

⑩参天而射五步:学习远射的人朝天发箭而只射到五步之内。参天,朝着天。《淮南子·说山训》:“越人学远射,参天而发,适在五步之内,不易仪也。世之变矣,而守其故,譬犹越人之射也。”大意是说,有一个越人学习射远,于是就朝天发箭,等到箭从空中落下来时,距离自己不过只有五步之遥,然而这位越人还是不懂得应该改变这种射箭的方法。

⑪掼(guàn):穿戴。兕(sì):犀牛。

⑫袗(zhěn):单衣。这里用作动词,当单衣穿。郁隆:炽热的暑气。

⑬踵:脚后跟。

⑭颐:面颊。

⑮愦愦:糊涂的样子。

⑯剧:剧烈;严重。

【译文】

“‘作威作福的人,有时就出现在众目睽睽之下;残害国家的人,有时就起事于宫殿之中。然而还想用伏羲时的办法,来治理品质刻薄的社会;用“画一”之歌中讲的原则,来拯救动乱的国家;这样做就是不懂得沿袭和变革都要顺应着时代,不明白减损和增益都要随时变通的道理。这就是人们所说的刻舟求剑，朝天射箭所以只能射出五步之遥却依然不知改变；披上犀甲去涉过深不可测的深渊，穿上抗寒的皮衣去抵御炽热的暑气；用脚跟去解绳结，用面颊去抓脊背，这些行为的昏聩糊涂，大概是最为严重的了。

“‘但当先令而后诛，得情而勿喜[①]，使伯氏无怨于失邑[②]，虞、芮知耻而无讼耳[③]。若强暴掩容[④]，操绳而不惮[⑤]；诱于含垢[⑥]，草蔓而不除[⑦]，恃藏疾之大言[⑧]，忘膏肓之近急[⑨]，何异焦喉之渴切身，而遥指沧海于万里之外；滔天之水已及，而方造舟于长洲之林[⑩]？安得免夸父之祸、脱沦水之害哉[⑪]！

【注释】

①得情：获取犯罪者的真实情况。《论语·子张》：“孟氏使阳肤为士师，问于曾子。曾子曰：‘上失其道，民散久矣。如得其情，则哀矜而勿喜。’”

②使伯氏无怨于失邑：让人们像伯氏那样被剥夺了封地而毫无怨言。伯氏，春秋时齐国大夫。邑，封地。《论语·宪问》：“问管仲。曰：‘人也。夺伯氏骈邑三百，饭疏食，没齿无怨言。’”意思是，管仲剥夺了齐国大夫伯氏的三百户封地，致使伯氏生活贫困，然而由于管仲的惩罚合情合理，伯氏至死而无怨言。

③虞、芮知耻而无讼：让人们像虞国和芮国的君主那样懂得羞耻而不再争讼。虞、芮，两个国家名。《诗经·大雅·绵》：“虞芮质厥成，文王蹶厥生。”毛传：“虞、芮之君，相与争田，久而不平。乃相谓曰：‘西伯，仁人也，盍往质焉？’乃相与朝周。入其境，则耕者让畔，行者让路；入其邑，男女异路，斑白不提挈；入其朝，士让为

大夫，大夫让为卿。二国之君感而相谓曰：‘我等小人，不可以履君子之庭。’乃相让以其所争为闲田而退。”

④强暴掩容：对强暴之人予以包庇宽容。掩，包庇。

⑤操绳：拿着法律。惮：疑为“弹”字之误。杨明照《抱朴子外篇校笺》：“‘惮’为‘弹’之形误。”弹劾；追究。

⑥含垢：容忍污垢。比喻君主宽容坏人。《左传·宣公十五年》：“谚曰：‘高下在心，川泽纳污，山薮藏疾，瑾瑜匿瑕，国君含垢，天之道也。’”

⑦草蔓而不除：野草蔓延而不除掉。比喻不清除坏人。

⑧藏疾：山中隐藏蛇蝎。比喻一个人器量宏大善于包容。疾，指蛇蝎等毒虫。参见“含垢”条注。

⑨膏肓(huāng)：病入膏肓。比喻危急的局势。

⑩长洲：传说中的地名。据说那里长满了大树。

⑪夸父：神话中的人物。《山海经·海外北经》：“夸父与日逐走，入日，渴欲得饮，饮于河、渭。河、渭不足，北饮大泽。未至，道渴而死。”沦水：沉入水中。

【译文】

“‘然而还是应该先阐明法令然后再去惩罚，获取了罪犯的真实情况也不要感到高兴，要让受到惩罚的人们像伯氏那样被剥夺了封地而毫无怨言，像虞国和芮国的君主那样懂得了羞耻而不再争讼。如果对强暴之人包庇宽容，手拿着法律而不去追究他们的责任；因为受到君主应该包容坏人之说的迷惑，罪恶就像蔓延的野草一样也不去清除，依仗着君主应该包容罪人一类的大话，忘记了近在眼前的危急局面，这与已经有了口干舌燥的切肤之痛，却远远地指望着万里之外的大海；滔天的洪水已经涌来，方才跑到长洲的树林里去造船又有什么区别呢？这样又怎么能够免除夸父被渴死的祸患、逃脱沉入水中被淹死的灾难呢！

"'世人薄申、韩之实事[1],嘉老、庄之诞谈[2],然而为政莫能错刑[3]。杀人者原其死,伤人者赦其罪,所谓土柈瓦胾[4],无救朝饥者也。道家之言,高则高矣,用之则弊,辽落迂阔[5],譬犹干将不可以缝线[6],巨象不可使捕鼠,金舟不能凌阳侯之波[7],玉马不任骋千里之迹也。

【注释】

①薄:鄙视;看不起。实事:切实有用的办法。

②诞谈:荒诞的言论。

③错:通"措",搁置不用。

④土柈(pán)瓦胾(zì):泥制的盘子里装上瓦制的肉块。柈,盘子。胾,切成大块的肉。

⑤辽落:空阔而无内容。

⑥干将:古代宝剑名。缝线:缝纫。

⑦金舟:金属制造的船只。阳侯:波涛之神。

【译文】

"'世人都鄙视申不害、韩非切实有用的主张,而赞美老子、庄子荒诞不经的学说,然而那些从政的人们没有一个能够搁置刑罚不用。主张对于杀人的人赦免他们的死罪,对于伤人的人饶恕他们的罪行,这就是人们所谓的用泥制的盘子装上瓦制的肉块,无法救助没早饭吃的饥饿者。道家的思想主张,崇高倒是很崇高,真正使用起来就会出现弊端,他们的思想空泛而不切实际,就好像宝剑干将不可以用来缝纫、大象不能够让它捕鼠、金属造的船只不可以在波涛上行驶、玉雕的马也不能够让它驰骋千里一样。

"'若行其言,则当燔桎梏[1],堕囹圄[2],罢有司[3],灭刑书，铸干戈[4]，平城池，散府库，毁符节[5]，撤关梁[6]，掊衡量[7]，胶离朱之目[8]，塞子野之耳[9]。泛然不系[10]，反乎天牧[11]；不训不营[12]，相忘江湖[13]。朝廷阒尔若无人[14]，民则至死不往来[15]。可得而论，难得而行也。

【注释】

①燔(fán)：烧。桎梏(zhì gù)：脚镣手铐。在脚叫“桎”，在手叫“梏”。

②堕(huī)：通“隳”，废掉。囹圄(líng yǔ)：监狱。

③有司：官府；官吏。

④铸：熔销；毁掉。

⑤符节：古代朝廷用作凭证的信物。

⑥关梁：关口和桥梁。泛指水陆交通的重要之处，多用以稽查、征税。

⑦掊(pǒu)：砸碎。衡量：秤及量器。衡，秤杆。

⑧离朱：相传为黄帝时人，据说他视力过人。

⑨子野：师旷，字子野。是春秋晋国的乐师。

⑩泛然：自由自在的样子。不系：没有拴系的船只。《庄子·列御寇》：“巧者劳而知者忧，无能者无所求，饱食而敖游，泛若不系之舟，虚而敖游者也。”

⑪天牧：即“天放”。自然放任。《庄子·马蹄》：“一而不党，命曰天放。”

⑫训：教育。营：经营；追求。

⑬相忘江湖：鱼自由自在地游荡于江湖之中而相互忘却。比喻每个人都自足自得而相互忘却。《庄子·大宗师》：“泉涸，鱼相与处于陆，相呴以湿，相濡以沫，不如相忘于江湖。”

⑭阒(qù)尔：寂静的样子。

⑮民则至死不往来：人们直到老死，也不相往来。《老子》八十章："甘其食，美其服，安其居，乐其俗。邻国相望，鸡犬之声相闻，民至老死不相往来。"

【译文】

"'如果施行老庄的理论，那就应该烧掉桎梏，拆毁监狱，撤销官府，烧毁刑书，熔掉武器，平掉城池，拆除仓库，销毁符节，撤去水陆关卡，砸碎秤杆量器，粘住离朱的眼睛，塞住师旷的耳朵。人们就像没有拴系的小船一样自由自在，返回到自然放任的时代；不用教育也无任何追求，就像鱼在江湖中自由自在地遨游那样彼此相互忘却。朝廷静悄悄地就像没人一样，人们一直到老死也不相往来。这些理论可以说一说，但很难实行。

"'俗儒徒闻周以仁兴，秦以严亡，而未觉周所以得之不纯仁①，而秦所以失之不独严也。昔周用肉刑，刖足劓鼻②。盟津之令③，后至者斩，毕力赏罚，誓有孥戮④。考其所为，未尽仁也。及其叔世，罔法玩文⑤，人主苛虐，号令不出宇宙⑥，礼乐征伐，不复由己⑦。群下力竞，还为长蛇⑧。伐本塞源⑨，毁冠裂冕⑩。或沉之于汉⑪，或流之于彘⑫。失柄之败，由于不严也。

【注释】

①得之：指得到天下。

②刖（yuè）足劓（yì）鼻：砍掉腿脚，割去鼻子。刖，把脚砍掉的酷刑。劓，割鼻的酷刑。

③盟津：即孟津。地名。在今河南孟县南。周武王讨伐商纣王时，曾在此与诸侯会师。会师时，姜尚发布号令说："总尔众庶，与尔

舟楫，后至者斩。”（《史记·周本纪》）

④孥（nú）戮：诛杀子孙。孥，儿子。一说“孥”通“奴”。“孥戮”的意思说，如果作战不力，或者沦为奴隶，或者被诛杀。

⑤玩文：忽略法律文书。玩，玩忽；轻视。

⑥宇宙：房檐和栋梁。这里指宫殿。

⑦由己：由君主自己掌握。

⑧长蛇：毒蛇。比喻害人者。具体指伤害君主的人。

⑨伐本：砍伐树的主干。比喻毁坏治国的根本——法律。本，主干。

⑩毁冠裂冕：撕毁了礼帽。比喻毁掉重要的东西。冕，大夫以上所戴的礼帽。《左传·昭公九年》：“（周景王）使詹桓伯辞于晋，曰：‘……我在伯父，犹衣服之有冠冕，木水之有本原，民人之有谋主也。伯父若裂冠毁冕，拔本塞原，专弃谋主，虽戎狄其何有余一人！’”

⑪或：有的君主。指周昭王。汉：汉水。在今湖北。《史记·周本纪》的“正义”引《帝王世纪》：“昭王德衰，南征，济于汉，船人恶之，以胶船进王。王御船至中流，胶液船解，王及祭公俱没于水中而崩。”

⑫或：有的君主。指周厉王。彘（zhì）：地名。在今山西霍县东北。周厉王暴虐，被人们流放到彘。事见《国语·周语上》。

【译文】

“‘那些庸俗的儒生只听说周朝因为施行仁政而兴起，秦朝因为刑罚严酷而灭亡，然而他们并不知道周人能够得到天下的原因并非是单纯使用仁德，秦朝失去天下的原因也并非仅仅是由于刑罚严酷。当初周人是使用肉刑的，比如砍脚、割鼻等等。孟津会师时的号令规定，迟到的要斩首，用尽全力去赏赐、惩罚，誓师时的命令中也有不努力就会诛及子孙的告诫。考察周人的所作所为，不全是仁政。等到周朝衰落的时候，人们贪赃枉法玩弄律条，君主苛刻残暴，国家的政令出不了宫室，礼乐制度和征伐事宜都不在君主的掌握之中。众多的诸侯依仗自己的实力相互竞争，有些反而成为伤害天子的毒蛇。这就像树被砍断了主干，河流被堵塞了水源，也好像毁掉了衣服中最重要的冠冕。于是有的君主被沉入汉水，有的君主被流放到了彘。他们之所以丢掉权柄而导致失败，原因就在于执法不严。

"'秦之初兴，官人得才。卫鞅、由余之徒，式法于内[①]；白起、王翦之伦[②]，攻取于外。兼弱攻昧[③]，取威定霸，吞噬四邻，咀嚼群雄，拓地攘戎[④]，龙变虎视[⑤]，实赖明赏必罚，以基帝业。降及杪季[⑥]，骄于得意，穷奢极泰。加之以威虐，筑城万里，离宫千余[⑦]，钟鼓女乐，不徙而具[⑧]。骊山之役[⑨]，太半之赋[⑩]，闾左之戍[⑪]，坑儒之酷[⑫]，北击猃狁[⑬]，南征百越[⑭]，暴兵百万[⑮]，动数十年。天下有生离之哀，家户怀怨旷之叹[⑯]。白骨成山，虚祭布野[⑰]。徐福出而重号咷之雠[⑱]，赵高入而屯豺狼之党[⑲]。天下欲反，十室九空[⑳]。其所以亡，岂由严刑？此为秦以严得之，非以严失之也。

【注释】

①式法：执掌法令。式，用；执掌。

②白起、王翦：两人都是秦国的名将，为秦统一中国立下赫赫战功。

③兼弱攻昧：兼并弱小者，进攻愚昧落后者。

④攘戎：抗击戎族。攘，排斥；抗击。戎，我国古代对西部民族的统称。

⑤龙变：像龙一样乘势兴起。虎视：虎视眈眈。形容伺机攫取。

⑥杪（miǎo）季：衰落的后世。也即后来。杪，树的细梢。比喻

末端。

⑦离宫：京城以外供皇帝出行居住的宫殿。

⑧不徙而具：不用搬动各处都已经具备。《史记·秦始皇本纪》："关中计宫三百，关外四百余……乃令咸阳之旁二百里内宫观二百七十复道甬道相连，帷帐钟鼓美人充之，各案署不移徙。"

⑨骊(lí)山之役：指在骊山修筑秦始皇陵墓。骊山，山名。在今陕西临潼。

⑩太半：一大半。

⑪闾(lǘ)左：平民百姓。闾，里巷的大门。秦朝规定，贫贱的百姓居住在闾门的左边，后世因此称平民为"闾左"。

⑫坑儒：坑埋儒生。秦始皇三十五年，以咸阳儒生是古非今，不利于自己的统治，在咸阳坑杀儒生四百余人。

⑬猃狁(xiǎn yǔn)：先秦时我国北方的一个少数民族。也即后来的匈奴。

⑭百越：古代对南方越人的总称。分布在今浙、闽、粤等地。百，泛指越人部族的众多。

⑮暴兵：不义之师。

⑯怨旷：怨妇与旷夫。女无夫叫做怨妇，男无妻叫做旷夫。

⑰虚祭：指没有找到尸体的遥祭。《汉书·贾捐之传》："当此之时，寇贼并起，军旅数发，父战死于前，子斗伤于后，女子乘亭障，孤儿号于道，老母寡妇，饮泣巷哭，遥设虚祭，想魂乎万里之外。"

⑱徐福：秦始皇时的方士。出：指徐福率领数千童男童女出海寻找神仙。《史记·秦始皇本纪》："齐人徐市等上书，言海中有三神山，名曰蓬莱、方丈、瀛州，仙人居之。请得斋戒，与童男女求之。于是遣徐市发童男女数千人，入海求仙人。"《史记》说的徐市即徐福。

⑲赵高：秦朝的宦官。秦始皇死后，赵高矫诏逼公子扶苏自杀，立

胡亥为二世皇帝，后又杀李斯及二世皇帝。屯：纠集。

⑳十室九空：应作“十室而九”。十户人家中就占了九户。《文选》任昉《天监三年策秀才文》李善注引：“抱朴子曰：秦降及季杪，天下欲反，十室而九。”

【译文】

“‘秦国在最初兴起的时候，任命官员确实得到了人才。像商鞅、由余之类的人，在国内执掌法令；像白起、王翦之类的人，在国外攻城夺地。他们进攻兼并弱小的国家和愚昧的诸侯，获取了威名而奠定了霸业，他们吞并四邻的土地，蚕食众多的强国，开拓疆土抗击戎族，他们乘势兴起虎视天下，这一切实际上都是依赖于奖赏分明而有罪必罚，从而奠定了帝王大业。到了衰败的末世，秦朝由于得志而骄纵，追求奢侈安逸的生活达到了极点。再加上凶狠残暴，修筑万里长城，建起千余离宫，钟鼓乐器和歌女舞伎，不用移动而到处都已具备。他们又在骊山修建陵墓，花费了一大半的赋税，征发平民百姓去戍守边疆，残酷地坑杀儒生，向北进攻猃狁，向南征讨百越，发动百万不义之师，搅动天下达数十年之久。普天之下人人都有生离死别的哀痛，家家都有怨女旷男的悲叹。白骨堆积如山，找不到亲人尸首的空祭遍布原野。徐福出海寻仙更加重了使百姓号啕大哭的仇恨，赵高进入朝廷纠集起豺狼般的党羽。天下想要造反的人们，十家就占了九家。秦朝之所以灭亡，怎么会是因为刑罚严厉呢？以上事实说明秦朝是依赖严厉的刑罚得到天下，而不是因为严厉的刑罚而失去天下啊。

“‘且刑由刃也[①]，巧人以自成，拙者以自伤。为治国有道，而助之以刑者，能令歷伪不作[②]，凶邪改志。若纲绝网紊[③]，得罪于天，用刑失理，其危必速。亦犹水火者所以活人，亦所以杀人，存乎能用之与不能用。

【注释】

①由：通“犹”，好比。

②慝(tè)伪：邪恶欺诈。慝，邪恶。

③纲绝网紊：纲断网乱。比喻法纪混乱。纲，渔网上的主绳。绝，断。紊，乱。

【译文】

“‘再说刑法就好像刀剑一样，聪明人可以使用它让自己办事成功，而愚笨的人使用它却反而割伤了自己。为了使治理国家时符合正道，而用刑法来帮助自己的人，能够使人们的邪恶欺诈念头不会产生，使凶残奸邪的人改变自己的邪念。如果国家的法纪混乱，就会获罪于上天，使用刑罚不合理，危险必然很快发生。刑法还好像水火那样可以用来养活人，也可以用来害死人，关键在于是能够恰当地使用它还是不能够恰当地使用它。

“‘夫症瘕不除①，而不修越人之术者②，难图老彭之寿也③；奸党实繁，而不严弹违之制者，未见其长世之福也。但当简于、张之徒④，任以法理世；选赵、陈之属⑤，委以案劾⑥。明主留神于上，忠良尽诚于下。见不善，则若鹰鹯之搏鸟雀⑦；睹乱萌，则若薙田之芟芜薉⑧。庆赏不谬加⑨，而诛戮不失罪，则太平之轨不足迪。令而不犯，可庶几废刑致治⑩，未敢谓然也。

【注释】

①症瘕(jiǎ)：腹部肿胀的症状。瘕，腹中鼓胀的病。

②越人：秦越人，即扁鹊。古代的良医。

③老彭：彭祖。先秦的长寿之人，据说活了八百岁。一说指老子和

彭祖。

④简：简拔；选拔。于、张：于定国、张释之。两人都是西汉的大臣。《史记·张释之冯唐列传》记载，张释之在汉文帝时拜为廷尉，有人惊扰了文帝的车驾，张释之不顾文帝之怒，坚决依法律判处惊扰者罚金。《汉书·于定国传》记载，于定国在汉宣帝时为廷尉，“其决疑平法，务在哀鳏寡，罪疑从轻，加审慎之心。朝廷称之曰：‘张释之为廷尉，天下无冤民；于定国为廷尉，民自以不冤。’”

⑤赵、陈：赵禹、陈咸。两人都是西汉的大臣。赵禹于汉武帝时为太中大夫，为人廉洁，执法公正。陈咸于汉元帝时为御史中丞，性格耿直，刺讥近臣，公卿以下皆敬惮之。

⑥案劾：处理案件。

⑦鹯(zhān)：一种形似鹞鹰的猛禽。

⑧薙(tì)田之芟(shān)芜薉(huì)：清除田里的野草。薙，割去野草。芟，清除杂草。芜薉，荒芜；杂草丛生。薉，同“秽”。

⑨庆赏：褒奖赏赐。谬加：错误地颁发。

⑩庶几：几乎；差不多。

【译文】

“‘腹中的鼓胀症状还没有消失，而不去学习扁鹊的医术，如此就很难获取彭祖那样的长寿；邪恶的奸党很多，而不去严格追究他们的违法行为，如此就无法看到国家会有长久的福祉。只是要选拔像于定国、张释之那样的人，任用他们去执掌法律；举荐像赵禹、陈咸之类的人，任用他们去处理案件。贤明的君主在上边留心，优秀的大臣在下面尽忠。看见邪恶的坏人，就像鹞鹰捕杀鸟雀一样打击他们；看见动乱的苗头，就像锄去田间杂草那样清除它们。赏赐褒奖不随便颁发，惩罚杀戮不施于无罪，那么通向太平盛世的道路就完全可以开启。如果认为只要发出命令后就无人敢于违犯，就差不多可以废弃刑法而达到太平盛世，我不敢认为这种说法是正确的。’

“或曰：‘然则刑罚果所以助教兴善，式遏轨忒也[①]。若夫古之肉刑[②]，亦可复与？’

【注释】

①式遏轨忒：以此来遏制邪恶。式，用。轨，通“宄”，犯法作乱的人。忒，邪恶。

②肉刑：残害肉体的刑罚。如黥（刻面）、刖（砍脚）、劓（割鼻）等等。

【译文】

“有人说：‘如此说来刑罚确实是一种有助于教化兴善的手段，能够遏止坏人坏事的发生。至于古代的那些肉刑，是否也可以恢复呢？’

“抱朴子曰：‘曷为而不可哉！昔周用肉刑，积祀七百[①]。汉氏废之，年代不如[②]。至于改以鞭笞，大多死者，外有轻刑之名，内有杀人之实也。及于犯罪上不足以至死，则其下唯有徒谪鞭杖[③]，或遇赦令，则身无损；且髡其更生之发，挞其方愈之创[④]，殊不足以惩次死之罪[⑤]。今除肉刑，则死罪之下无复中刑在其间，而次死罪不得不止于徒谪鞭杖，是轻重不得不适也[⑥]。又犯罪者希而时有耳[⑦]，至于杀之则恨重[⑧]，而鞭之则恨轻，犯此者为多。今不用肉刑，是次死之罪，常不见治也[⑨]。

【注释】

①祀：年。这里指周朝存在的年数。

②年代不如：两汉存在的时间不如周朝的长久。两汉自公元前206年（汉高祖元年）至公元220年（汉献帝建安二十五年），共计四百多年。

③徒：做苦役。谪：贬谪；流放。

④挝（zhuā）：击；打。

⑤殊：非常；确实。次死之罪：仅次于死刑的罪过。

⑥不得不适：疑为“不得适”，后一“不”字为衍字。无法适中。

⑦希：稀少。时有：偶尔发生。

⑧恨：遗憾；不满意。

⑨见治：被妥善地处理。见，被。

【译文】

“抱朴子说：‘为什么不可以呢！从前周朝使用了肉刑，这个朝代存在了七百年。汉朝废除了肉刑，存在的时间反而不如周朝长久。到了汉文帝把肉刑改为鞭打以后，被打死的人占了大多数，表面上有减轻刑罚的名声，实际上却是在杀人。至于犯了不足以构成死刑的罪过，那么往下的刑罚就只有服苦役流放和鞭杖抽打了，有的人遇到赦免的命令，那么身体就没有受到任何损伤；何况剃去能够再生的头发，打出可以很快痊愈的伤口，实在不足以惩罚仅次于死刑的罪过。如今取消了肉刑，那么在死刑之下不再有适中的刑罚存在其间，而仅次于死刑的罪过就不得不局限于去服苦役流放和鞭杖抽打，这样一来惩罚的轻重就不能恰如其分了。另外有些罪犯只是很少地偶尔犯罪，以至于杀了他们有点太重，而鞭打他们又有点太轻，犯下这种罪行的人很多。如今废除了肉刑，这样就使仅次于死刑的罪过，常常得不到恰当的惩处。

“‘今若自非谋反大逆，恶于君亲[①]，及用军临敌犯军法者，及手杀人者，以肉刑代其死，则亦足以惩示凶人。而刑者犹任坐役[②]，能有所为，又不绝其生类之道[③]，而终身残毁，百姓见之，莫不寒心，亦足使未犯者肃慄[④]，以彰示将来，乃过于杀人。杀人,非不重也,然辜之三日[⑤],行埋弃之[⑥],不知者众,不见者多也。若夫肉刑者之为摽戒者也多[⑦]。

【注释】

①恶于君亲:伤害了君主和父母。恶,伤害。亲,父母。

②犹任坐役:还能够坐着干活。任,能够。

③生类之道:生存的途径。

④肃慄(lì):肃然恐惧。慄,害怕、恐惧的样子。

⑤辜:分裂尸体后示众。

⑥行:不久。

⑦摽(biāo)戒:类似今天说的"反面教材"。摽,通"标",标本;榜样。

【译文】

"'现在如果除了大逆不道的谋反之罪,伤害君主和父母之罪,以及用兵打仗时临阵违反军法之人,还有亲自动手杀人的人,那么都可以用肉刑来代替其他死罪,这也足够用来警告凶恶的人了。而且受过肉刑的人还可以坐着干活,能够做点事情,又没有断绝他们的生存之路,而他们终身肉体残缺不全,百姓们看见他们,无不心惊肉跳,这也足以让那些没有犯罪的人看见后肃然恐惧,受过肉刑的人对未来的人们的警示作用,还超过了死刑。杀死犯人,惩罚不是不重,然而在分裂尸体示众三天之后,很快就被埋掉,不知道此事的人很多,没有看见此事的人也很多。如果让受过肉刑的人作为反面教材,那作用可就大多了。

"'昔魏世数议此事[①],诸硕儒达学,洽通殷理者[②],咸谓宜复肉刑[③],而意异者驳之,皆不合也。魏武帝亦以为然[④],直以二陲未宾[⑤],远人不能统至理者[⑥],卒闻中国刖人肢体[7]，割人耳鼻，便当望风谓为酷虐，故且权停，以须四方之并耳[8]。通人扬子云亦以为肉刑宜复也[9]。但废之来久矣，坐而论道者[10]，未以为急耳。’”

【注释】

①魏世：指三国时的魏国。数(shuò)：多次；反复。

②洽：普遍；广博。殷理：深邃的道理。殷，深。

③咸：都。

④魏武帝：曹操。字孟德。其子魏文帝曹丕即位后，追尊曹操为武帝。

⑤直：只不过。二陲：两个边陲地区。指当时的蜀国和吴国。宾：宾服；归服。

⑥统：完全。这里指完全理解。

⑦卒(cù)：同“猝”，突然。中国：中原地区。具体指魏国。

⑧须：等待。

⑨扬子云：扬雄。字子云。西汉末年人。一生著述颇丰，著有《太玄》、《法言》、《方言》等书。

⑩坐而论道者：指坐而论道的王公大人。这里具有讽刺意味，指那些空谈而不务实的人。《周礼·考工记》：“坐而论道，谓之王公。”

【译文】

“‘从前魏国曾经多次讨论这个问题，许多精通学问的大儒，以及一些见识广博而深明道理的人，都认为应该恢复肉刑，然而另外一些意见不同的人就反驳他们，这些反驳意见全都不合道理。魏武帝曹操也认为应该恢复肉刑，只是因为两个处于边陲地区的蜀国和吴国还没有归服，边远地区的人们不能完全领会其中的深刻道理，突然听说处于中原的魏国在砍断人的肢体，割掉人的耳鼻，他们一听到这个风声就认为这是残酷暴虐,因此就权且停止恢复肉刑,以等待四方的统一。通达事理的扬雄也认为肉刑应该恢复。只是由于废除肉刑的时间已经很久了,那些坐而论道的王公大人,认为恢复肉刑并非当务之急。'"

审举卷十五

【题解】

审举，慎重地举荐人才。审，慎重；谨慎。另外，“审”在古代还有研究、考察的意思，因此，题目“审举”也可以理解为“对举荐人才制度的考察研究”。

本篇一开始，作者就强调即使圣明的君主，也必须贤臣的辅佐，因为“万机不可以独统，曲碎不可以亲总”，从而自然而然地引出选拔人才的问题。接着作者指出人才难得的原因：“高干长材，恃能胜己，屈伸默语，听天任命，穷通得失，委之自然，亦焉得不堕多党者之后，而居有力者之下乎？”贤者恃能自爱，不屑于结党营私，于是他们就往往屈居于小人之下。针对这种情况，作者提出选拔人才的方法。

首先，君主要把选拔人才看作自己的首务，是否能够举荐真正的贤人，则要作为对地方官员政绩考核的内容。关于后一点，作者特别强调：“古者诸侯贡士，适者谓之有功，有功者增班进爵；贡士不适者谓之有过，有过者黜位削地。”作者认为古已有之的这种有奖有惩的贡士制度是一种良好的制度，应该予以继承。然而到了汉朝末年，由于阉官用事，群奸秉权，这种举荐制度遭到了极大破坏，竟然出现了“举秀才，不知书；察孝廉，父别居。寒素清白浊如泥，高第良将怯如鸡”的荒唐现象，甚至于官府公开买卖官爵，作者认为这是导致社会风气败坏、汉朝灭亡的主要原因。

其次，举荐人才时要消除私心，仔细考核。作者承认“知人则哲，上圣所难”，正是因为知人很难，所以地方官员在考察人才时要“遣其私情，竭其聪明，不为利欲动，不为属托屈”，对于所要举荐的人，“必澄思以察之，博访以详之，修其名而考其行，校同异以备虚饰”，对于其人要进行全方位的调查，以免受到蒙蔽。

再次，也是最为重要的，就是对举荐的人才进行严格的考试。关于如何考试，作者就设想了许多方法。第一，考试之后，对于不合格者及其推荐者都要进行惩罚，“若受赇而举所不当，发觉有验者除名，禁锢终身，不以赦令原，所举与举者同罪”，也就是说，对于那些因行贿受贿而有意作弊的人还要加重处罚。第二，严格考试制度。作者建议，朝廷可以预先拟定考题，出题者在考试前必须与外界隔离，考生当场做题，这样一来就可以避免各种人事关系的干扰。作者的这一设想，对后来的科举考试具有很大的启发意义。第三，对于合格人选，也不可马上委以重任，而是“尝小仕者，有忠清之效，治事之干，则寸锦足以知巧，刺鼠足以观勇也”。应该说，在当时的情况下，作者的这些设想是相当周密的。

本篇尤其难得的地方在于，作者已经意识到有人“能言不必能行，今试经对策虽过，岂必有政事之才”的问题。对于这一点，作者认为通过举荐与考试，优秀的人才还是可以被选拔出来的，“假令不能必尽得贤能，要必愈于了不试也”，退一步说，即使不能保证通过考试的人都是有用的人才，但也比不实行考试要好。作者所面临的难题，在今天也没有完全得到解决。从这里不难看出作者考虑问题的缜密与严谨。

抱朴子曰：“华、霍所以能崇极天之峻者[1]，由乎其下之厚也；唐、虞所以能臻巍巍之功者[2]，实赖股肱之良也[3]。虽有孙阳之手[4]，而无骐骥之足，则不得致千里矣；虽有稽古之才[5]，而无宣力之佐[6]，则莫缘凝庶绩矣[7]。人君虽明并日、

月[8]，神鉴未兆[9]，然万机不可以独统[10]，曲碎不可以亲总[11]，必假目以遐览，借耳以广听，诚须有司[12]，是康是赞[13]。

【注释】

①华、霍：华山、霍山。华山在今陕西境内。霍山在今安徽境内，又叫天柱山。

②臻：达到；获得。巍巍：伟大的样子。

③股肱之良：优秀的大臣。股肱，大腿和胳膊。比喻大臣。股，大腿。肱，胳膊。

④孙阳：即伯乐。伯乐，姓孙名阳，字伯乐。善相马。

⑤稽古：考察古代圣人的做法。也即效法古代圣君。本句讲的是君主。

⑥宣力之佐：效力的大臣。

⑦凝庶绩：使各项政务成功。凝，巩固。引申为成功。庶，众多。

⑧明并日、月：与日、月一样的圣明。并，可以与……相提并论。

⑨神鉴未兆：能够极为聪明地预测出还没有任何先兆的事情。神，形容极为聪明。鉴，洞察；预测。

⑩万机：纷繁复杂的政务。

⑪曲碎：琐碎的事务。曲，局部的；细小的。

⑫有司：有关的官署和官员。

⑬是康是赞：帮助治理国家。是，代指各种政务。康，治理。赞，帮助。

【译文】

抱朴子说："华山和霍山之所以能够像天那样的高峻，是由于它们下面的基础深厚；唐尧与虞舜之所以能够成就自己的伟大功业，确实是有赖于优秀的辅佐大臣。即使具有伯乐那样善于驾车的一双手，如果没有善于奔跑的骏马，那么他也不可能达到千里之外；即使君主具备了善于效法古代圣君的才能，如果没有能够效力的大臣，也没有办法使各项政务成功。君主即使圣明得可与日、月相提并论，能够极为聪明地预测到还没有任何先兆的事情，但是也不可能独自一人去处理各种政务，更不可能独自一人去包揽众多的繁杂小事，必须借助别人的眼睛去看得更远，借助别人的耳朵去听得更多，确实是需要有关的官署和官员，来帮助君主治理国家。

“故圣君莫不根心招贤①，以举才为首务。施玉帛于丘园②，驰翘车于岩薮③。劳于求人，逸于用能。上自槐棘④，降逮皂隶⑤，论道经国⑥，莫不任职；恭己无为⑦，而治平刑措⑧；而化洽无外⑨，万邦咸宁。设官分职，其犹构室，一物不堪⑩，则崩桡之由也⑪。然未贡举之士，格以四科⑫，三事九列⑬，是之自出⑭，必简标颖拔萃之俊⑮。

【注释】

①根心：发自内心。

②施：送到；陈列。杨明照《抱朴子外篇校笺》认为“施”应为“旅”字之形误，也是陈列的意思。玉帛：玉和丝绸。古代的礼品。丘园：本指山丘园圃，这里指隐居之地。

③翘车：长途跋涉的车辆。这里指礼聘贤士的车。翘，翘翘。遥远的样子。《左传·庄公二十二年》：“《诗》云：‘翘翘车乘，招我以弓。’”岩薮（sǒu）：高山大泽。指隐士的隐居地。薮，水少而草木繁盛的大泽。

④槐棘：即三槐九棘。代指三公九卿。周代朝廷种植三槐、九棘，公卿大夫分坐其下。三槐为三公之位，九棘为九卿之位。棘，酸枣树。也指带刺的灌木。

⑤降逮：下至。皂隶：奴隶。这里泛指地位低贱的人。

⑥经国：治国。

⑦恭己无为：恭谨律己，清静无为。

⑧刑措：刑罚搁置不用。措，搁置。

⑨化洽无外：教化普遍推广到整个天下。外，天子的领土之外。

⑩不堪：不能胜任。

⑪崩桡（náo）：房屋倒塌。桡，弯曲。这里指屋梁弯曲。

⑫格：格式；标准。这里用作动词，考核、衡量的意思。四科：汉代举荐士人的四种科目。一是德行高洁，二是学识渊博，三是明习法令，四是刚毅多略。

⑬三事九列：即三公九卿。

⑭是之自出：即“自是出”。从他们中间选出。是，代指四科之士。

⑮简：选拔。标颖：树梢和谷穗。比喻出类拔萃的人才。

【译文】

“因此圣明的君主无不是发自内心地去招纳贤人，把举荐人才当作自己的首要任务。他们把聘贤的礼品送到隐士居住的山水田园，把聘贤的车辆拉到隐士居住的高山大泽。君主辛苦于寻求贤人，而悠闲于任用贤人之后。上自三公九卿，下至奴仆差役，与他们讨论治国的正道，让他们无不尽职尽责；然后君主恭谨律己清静无为，而社会安定搁置刑罚；教化推行于普天之下，所有的诸侯国家都安宁祥和。设置官员以分掌职务，就好像建造房子那样，任何一个构件承受不住，都会成为房屋倒塌的原因。而未被地方举荐的士人，用四种科目的标准进行考核，三公九卿，都出自他们中间，一定要选拔出类拔萃的俊才。

“而汉之末叶，桓、灵之世[①]，柄去帝室[②]，政在奸臣，网漏防溃[③]，风颓教沮[④]，抑清德而扬谄媚，退履道而进多财[⑤]。力竞成俗，苟得无耻[⑥]。或输自售之宝[⑦]，或卖要人之书[⑧]；

或父兄贵显，望门而辟命[⑨]；或低头屈膝，积习而见收[⑩]。

【注释】

①桓、灵：东汉晚期的汉桓帝刘志、汉灵帝刘宏。

②柄：指权柄、权力。

③网漏防溃：比喻国家纲纪败坏。防，堤防。溃，决口。

④风颓教沮：风气教化逐渐颓败。沮，败坏。

⑤履道：按照正道做事的人。

⑥苟得：通过不正当的手段去获取名利。

⑦输：行贿。

⑧卖：卖弄；炫耀。书：书信。

⑨望门而辟（bì）命：因看重门第而任命官职。辟，征召。

⑩积习而见收：长期交往熟习之后而被收用。

【译文】

"然而到了汉朝末年，当桓帝与灵帝在位的时候，君主失去了权柄，政权握在奸臣手中，国家法纪受到破坏，风气教化逐渐衰败，压制品德高尚的人重用善于谄媚的人，贬斥按照正道行事的人提拔钱多的人。凭借实力相互争夺已经形成风俗，通过不正当手段去获取名利而没有任何羞耻之心，有的人向上级献出自己购得的宝物，有的人炫耀显要人物写给自己的书信；有的人父兄身居要职，因为被看重门第而受到任命；有的人低头屈膝，长期交往熟习之后也被授予官职。

"夫铨衡不平[①]，则轻重错谬；斗斛不正[②]，则少多混乱；绳墨不陈[③]，则曲直不分；准格倾侧，则滓杂实繁[④]。以之治人，则虐暴而豺贪，受取聚敛，以补买官之费；立之朝廷，则乱剧于棼丝[⑤]。引用驽庸[⑥]，以为党援，而望风向草偃[⑦]，庶事之康，何异悬瓦砾而责夜光、弦不调而索清音哉[8]！何可不澄浊飞沉、沙汰臧否、严试对之法、峻贪夫之防哉[9]！殄瘁攸阶[10]，可勿畏乎？

【注释】

①铨衡：称量重量的工具。也即秤。平，公平。这里引申为准确。

②斗斛(hú)：两种量器名。十斗为一斛。

③绳墨：木工用来画直线的工具。

④滓杂：渣滓杂物。比喻坏人。

⑤剧：剧烈；严重。棼(fén)丝：乱丝。棼，混乱。

⑥驽：劣马。比喻愚蠢的人。

⑦风向草偃：风吹来了，草就会倒下。比喻圣贤能够用自己的美德感化百姓。偃，倒下。

⑧砾(lì)：碎石。

⑨澄浊：澄清浑浊。比喻认清坏人。飞沉：提拔受压制的贤者。沉，指处于社会底层的贤人。沙汰：淘汰。这里引申为鉴别。臧否(pǐ)：善恶。臧，善。否，恶。试对：考核；考试。对，对策。汉以后考试取士，把政事、经义写在简册上，让应试者回答，叫做对策。峻贪夫之防：加强对贪婪之人的防范措施。峻，加高。防，堤防。比喻防范措施。

⑩殄(tiǎn)瘁：灾难。殄，灭绝。瘁，困病。攸：所。阶：阶梯。这里指原因。

【译文】

“秤杆不准确，那么轻重就会弄错；斗斛没摆正，那么多少就会混乱；墨线不使用，那么曲直就分不清；原则不公平，坏人就会多起来。用这些坏人去管理别人，他们就会暴虐而贪婪，竭力搜刮民财，用来填补自己买官的花费；让他们在朝廷做官，就会使朝政比一团乱丝还要混乱。他们引荐任用愚蠢平庸的人，作为自己的党羽，如果还想指望他们用美好的品德去感化百姓，让诸多政务顺利成功，这与悬挂起瓦砾却要求它夜里能够发光、琴弦没调好就想听到清越优美的音乐又有什么区别呢！怎么能够不去澄清污浊而提拔受到压制的贤人、仔细鉴别忠奸善恶、严格考试办法、加强对贪婪之徒的防范措施呢！导致国家危亡的那些原因，能够不使人感到恐惧吗？

"古者诸侯贡士，适者谓之有功①，有功者增班进爵②；贡士不适者谓之有过，有过者黜位削地。犹复不能令诗人谧'大车'、'素餐'之刺③，山林无'伐檀'、'罝兔'之贤④。况举之无非才之罪，受之无负乘之患⑤，衡量一失其格，多少安可复损乎⑥？夫孤立之翘秀⑦，藏器以待贾⑧；琐碌之轻薄⑨，人事以邀速⑩。夫唯待价，故顿沦于穷瘁矣⑪；夫唯邀速，故佻窃而腾跃矣⑫。

【注释】

①适者：举荐人才恰当的诸侯。

②班：朝班。这里指上朝时所站的位次。

③谧：安静；停止。大车：指《诗经·小雅》中的《无将大车》。这首诗歌主要是描写一位大夫后悔与小人交往。素餐：白吃饭。《诗经·魏风·伐檀》："彼君子兮，不素餐兮！"是批判官员不应无功受禄。

④山林无"伐檀"、"罝(jū)兔"之贤：山林里不再有歌唱着"伐檀"、"罝兔"的隐居贤人。伐檀，指《诗经·魏风》中的《伐檀》。这首诗歌的内容是讽刺在位的官员贪鄙，而君子却无法出仕。罝兔，指《诗经·周南》中的《兔罝》，后人认为本诗是写在商纣王时，贤

人退隐山林，靠捕捉禽兽而充饥。

⑤负乘：背着东西而乘坐着车辆。比喻小人居君子之位。《周易·解卦》："六三：负且乘，致寇至，贞吝。"乘坐车辆，是君子之事；背负重物，是小人之事。背着东西坐在车上，比喻小人占据了君子之位。

⑥复损：增加与减少。

⑦翘秀：出类拔萃的人才。翘，高出的样子。

⑧藏器：胸怀才华。待贾（jià）：等待好的价格。贾，同"价"。《论语·子罕》："子贡曰：'有美玉于斯，韫椟而藏诸？求善贾而沽诸？'子曰：'沽之哉！沽之哉！我待贾者也。'"

⑨琐碌：猥琐平庸的人。碌，即碌碌。平庸无能的样子。

⑩人事：人事交往。这里指善于交际。

⑪顿沦：困顿沦落。

⑫佻（tiāo）窃：窃取。佻，窃取。

【译文】

"古代的诸侯都要向天子举荐人才，举荐的人才恰当的被视为有功，而有功的诸侯要加官进爵；举荐的人才不恰当的就被视为有过错，有过错的诸侯则要降低官爵削减封地。这样还依然不能让诗人们停止创作'大车'、'素餐'去讽刺朝廷用人不当，也不能让山林里不再居住着高唱'伐檀'、'罝兔'的贤良隐士。更何况如今举荐士人时没有所举非才的罪责，任用官员时也没有用错人的责任，秤斗等量器一旦失去了公平的标准，那么是多是少又怎么能够作出恰当的增减呢？那些人格独立出类拔萃的贤才，胸怀才华待价而沽；那些猥琐庸碌的浅薄之人，依靠交际应酬很快就被征召。因为出类拔萃的人才待价而沽，所以被压制在穷困之中；因为轻薄之人很快被征召，所以他们能够窃取官位飞黄腾达。

“盖鸟鸱屯飞①，则鸳凤幽集②；豺狼当路，则麒麟遐遁③。举善而教，则不仁者远矣；奸伪荣显，则英杰潜逝。高概耻与阘茸为伍④，清节羞入饕餮之贯⑤。举任并谬，则群贤括囊⑥；群贤括囊，则凶邪相引；凶邪相引，则小人道长⑦；小人道长，则梼杌比肩⑧。颂声所以不作，怨嗟所以嗷嗷也⑨。

【注释】

①鸟鸱(chī)屯飞：猫头鹰成群结队地飞翔。比喻坏人得势。鸟鸱，应作“枭鸱”。《道藏》及其他各本均作“枭鸱”。枭鸱，猫头鹰。屯，聚集。

②鸳凤：凤鸟。比喻贤人。鸳，通“鹓”，鹓鶵。凤凰一类的鸟。幽集：落到偏僻的地方。比喻贤人隐居。

③遐遁：远远地逃避。遐，远。遁，逃避。

④高概：志向高远。概，激昂。阘(tà)茸：低劣平庸。

⑤饕餮(tāo tiè)：传说中一种贪食的恶兽。比喻贪婪凶狠的人。贯，用绳子穿在一起。这里指在一起。

⑥括囊：扎住口袋。比喻闭口不言。《周易·坤卦》：“六四：括囊，无咎无誉。”

⑦小人道长：小人的气焰就会嚣张。

⑧梼杌(táo wù)：传说中的恶人。比肩：一个挨着一个。形容很多。

⑨怨嗟：怨恨叹息。嗷嗷：形容哀鸣的声音。

【译文】

“如果猫头鹰能够成群结队地到处飞舞，那么凤凰就会潜藏于僻静之处；如果豺狼当道，那么麒麟就会远远逃避。举荐善人以教育民众，那么没有仁德的人就会远去；邪恶虚伪的人荣耀富贵了，那么英雄豪杰就会悄然离开。志向高远的人耻于与低劣平庸的人为伍，节操高洁的人羞于同贪婪的人在一起。荐举和任用人的时候全都错误，那么众多的贤人就会闭口不言；众多的贤人闭口不言，那么凶邪的人就会相互引荐；如果凶邪的人相互引荐，那么小人的气焰就会嚣张；如果小人的气焰嚣张，那么恶人就会多得比肩而立。这就是听不到颂扬之声的原因，也是怨恨叹息之声四起的原因。

“高干长材，恃能胜己①，屈伸默语②，听天任命，穷通得失③，委之自然，亦焉得不堕多党者之后、而居有力者之下乎④？逸伦之士⑤，非礼不动，山峙渊渟⑥，知之者希，驰逐之徒⑦，蔽而毁之，故思贤之君，终不知奇才之所在；怀道之人，愿效力而莫从，虽抱稷、禼之器⑧，资邈世之量⑨，遂沉滞诣死⑩，不得登叙也⑪。而有党有力者，纷然鳞萃⑫，人乏官旷，致者又美，亦安得不拾掇而用之乎？

【注释】

①恃能胜己：恃才傲物。胜己，以己为胜。胜，事物优越美好。

②屈伸：进退。默语：沉默与讲话。

③穷通：生活得意与不得意。穷，困窘。通，顺利。

④多党者：党羽很多的人。

⑤逸伦：超越同类。也即出类拔萃。

⑥渊渟（tíng）：静止的深渊。渟，水静止不流。

⑦驰逐：四处奔走钻营。

⑧稷：后稷，名弃，周民族的祖先，因擅长农业，舜时为农官。禼（xiè）：又写作“契”。传说中商民族的先祖，尧时为司徒。

⑨资：具备。邈世：超越世俗。

⑩沉滞：受压制；处于社会底层。诣：至；到。

⑪登叙：指官员的升迁与考核。这里泛指出仕。

⑫鳞萃：像鱼鳞一样聚集在一起。

【译文】

“具有优异才干的人，他们恃才傲物，无论是出仕退隐还是讲话沉默，一切都听天由命，无论是困窘显达还是得志失意，一切全托与自然，又怎么能够不落到党羽众多者之后，而屈居于有权有势者之下呢？出类拔萃的士人，不去做任何不符合礼仪的事，他们安居不动就像峙立的山峰与安静的深渊一样，了解他们的人很少，而那些四处奔走经营的人，还要诋毁阻拦他们，因此思念贤才的君主始终都不知道奇才在什么地方；胸怀治国之道的贤人，虽然愿意为国效力却不知该从何处着手；他们虽然怀抱着像稷和契那样的才能，具备了远超世人的本领，却沦入社会底层一直到死，无法走上仕途为官。而那些有党羽有权力的人，乱纷纷地如同鱼鳞一样紧紧勾结在一起，加上人才缺乏而官位空缺，举荐他们的人又为之美言，他们又怎么能够不被收用呢？

“灵、献之世[①]，阉官用事[②]，群奸秉权，危害忠良。台阁失选用于上[③]，州郡轻贡举于下。夫选用失于上，则牧守非其人矣[④]；贡举轻于下，则秀、孝不得贤矣[⑤]。故时人语曰：‘举秀才，不知书[⑥]；察孝廉[⑦]，父别居。寒素清白浊如泥，高第良将怯如鸡[⑧]。’又云：‘古人欲达勤诵经[⑨]，今世图官免治生[⑩]。’盖疾之甚也[⑪]。

【注释】

①灵、献：指东汉末年的汉灵帝刘宏、汉献帝刘协。

②阉官：太监。用事：掌权。

③台阁：即尚书台。东汉时为朝廷的权力机构，台阁的首长尚书渐

成事实上的宰相。

④牧守：地方官员。东汉时各州之长叫“牧”，古代各郡之长叫“守”。

⑤秀、孝：秀才、孝廉。是当时举荐人才的两个科目。

⑥书：写字。

⑦孝廉：当时的选举科目。孝指孝敬父母，廉指清廉。后来往往合为一科。

⑥高第：级别最高的；头等的。

⑨达：通达。指仕途顺利。

⑩免：应为“勉”。《太平御览》卷四九六引文即作“勉”字。勉，努力。治生：经营生产，发家致富。这两句的意思是，古人想要为官，需要好好读书；如今想要为官，需要钱财。

⑪疾：痛恨。

【译文】

“汉灵帝与汉献帝在位的时候，宦官当政，奸臣掌权，他们伤害忠良大臣。朝廷在上边选用人才失当，州郡在下边忽视举荐贤士。上边选用人才失当，那么任命的地方官员就不是恰当的人选；下边忽视举荐贤士，那么举荐的秀才、孝廉就不是真正的贤人。因此当时的人们说：‘举荐的秀才，不会写字；举荐的孝廉，和父亲分居。被称为寒素清白的官员却污浊得如同污泥，被称为头等的良将却胆小得像只鸡。’还说：‘古人要想为官必须勤奋地诵读经书，如今要想当官必须先去发家致富。’这说明人们对这些现象极为痛恨啊。

“于时悬爵而卖之①，犹列肆也②；争津者买之③，犹市人也④。有直者无分而径进⑤，空拳者望途而收迹⑥。其货多者其官贵，其财少者其职卑。故东园积卖官之钱⑦，崔烈有铜臭之嗤⑧，上为下效，君行臣甚⑨，故阿佞幸⑩，独谈亲容，桑梓议主[11]，中正吏部[12]，并为魁侩[13]，各责其估[14]，清贫之士，何理有望哉！是既然矣。又邪正不同，譬犹冰炭；恶直之人，憎于非党。刀尺颠到者[15]，则恐人之议己也；达不由道者[16]，则患言论之不美也。乃共搆合虚诬[17]，中伤清德，瑕累横生[18]，莫敢救拔。

【注释】

①于时：当时。指东汉后期。悬爵而卖之：把官爵挂出来兜售。《后汉书·孝灵皇帝纪》："（光和元年）初开西邸卖官，自关内侯、虎贲、羽林，入钱各有差。私令左右卖公卿，公千万，卿五百万。"

②列肆：在商店里陈列商品。肆，店铺。

③争津者：争夺权位的人。津，渡口。比喻重要权位。

④市人：在市场上买卖东西的人。

⑤有直者无分：有钱而无才能。直，金钱。分，才能。

⑥收迹：停下脚步。迹，足迹。这里代指脚步。

⑦东园：疑为"西园"。《后汉书·孝灵皇帝纪》李贤注引《山阳公载记》："时卖官，二千石二千万，四百石四百万，其以德次应选者半之，或三分之一，于西园立库以贮之。"

⑧崔烈：东汉人。历任郡守、九卿，后买官至司徒。《后汉书·崔骃列传》："烈时因傅母入钱五百万，得为司徒。及拜日，天子临轩，百僚毕会。帝顾谓亲幸者曰：'悔不小靳，可至千万。'程夫人于傍应曰：'崔公冀州名士，岂肯买官？赖我得是，反不知姝邪！'烈于是声誉衰减。久之不自安，从容问其子钧曰：'吾居三公，于议者如何？'钧曰：'大人少有英称，历位卿守，论者不谓不当为三公；而今登其位，天下失望。'烈曰：'何为然也？'钧曰：'论者嫌其铜臭。'"

⑨臣甚：大臣超过了君主。《孟子·滕文公上》："上有好者，下必有

甚焉者矣。”

⑩阿:疑为“阿保”,“阿”字下疑脱一“保”字。阿保,又叫“傅母”,也即保姆。这里主要指皇帝的保姆。

⑪桑梓议主:乡里主持人物评论的人。桑梓,两种树名。因为这两种树多栽种在房前屋后,因此用来代指家乡。

⑫中正:官名。三国魏在各州郡设中正官,负责本州人才的品评,分为九等,以作为官员任命的依据。吏部:负责考察任命官员的机构。朝廷的六部之一。杨明照《抱朴子外篇校笺》认为“吏部”应作“部吏”,指中正下属的官吏。

⑬魁侩:市侩的头目。侩,买卖的中间人。

⑭估:价钱;金钱。

⑮刀尺:本指剪裁用的剪刀与尺子。比喻品评任用人才。颠到:即“颠倒”。到,通“倒”。

⑯达不由道者:不是通过正当的途径而飞黄腾达的人。达,显贵。

⑰搆(gòu)合:罗织罪名诬陷。

⑱瑕累:错误很多。瑕,玉上的斑点。比喻缺点、毛病。累,多。

【译文】

“当时朝廷拿出官爵出售,就好像在商店里陈列商品出售一样;那些争夺权位的人前来抢购,就好像市场上的顾客一般。没有才华而有金钱的人能够直接晋升,两手空空的人只能看着仕途收住脚步。金钱多的人官职就高贵,金钱少的人官职就卑下。因此东园里堆积着卖官得来的钱财,而出钱买官的崔烈一类的人受到了有铜臭味的耻笑,上行下效,国君如此做而臣下就更过分,因此傅母与那些受到君主宠幸的人,他们私下密商收用亲信,乡里主持品评人才的人,州郡的中正官与朝廷的吏部官员,都成了买卖官爵的市侩头目,各自都在求取自己的报酬,清贫的贤士,还会有什么希望呢!这些都是既成事实啊。另外邪恶与正直的不同,就好像寒冰与炭火的不同一样;那些邪恶之人厌恶正直之人，憎恨他们不属于自己的同党。把任用人才标准颠倒过来的人，就会担心别人议论自己；不是通过正当途径而飞黄腾达的人，就担心别人对自己的评价不好。于是他们就一起虚构罪名，诬陷品德高尚的人，妄加给贤人许多罪名，于是也就没有人敢去救助提拔这些贤人了。

“于是曾、闵获商臣之谤[1]，孔、墨蒙盗跖之垢[2]。怀正居贞者[3]，填笮乎泥泞之中[4]；而狡猾巧伪者，轩翥乎虹霓之际矣[5]。而凡夫浅识，不辩邪正，谓守道者为陆沉[6]，以履径者为知变[7]。俗之随风而动，逐波而流者，安能复身于德行、苦思于学问哉[8]！是莫不弃检括之劳，而赴用赂之速矣[9]。斯诚有汉之所以倾[10]，来代之所宜深鉴也[11]。”

【注释】

①曾：曾参。孔子弟子，字子舆。著名的孝子。闵：闵损。孔子弟子，字子骞。著名的孝子。《论语·先进》：“子曰：‘孝哉闵子骞！人不间于其父母昆弟之言。’”商臣：春秋楚成王的太子。后来成王欲废商臣，另立太子，商臣便率兵包围成王，成王被逼自缢而死。

②孔：孔子。墨：墨子。墨家的创始人。盗跖（zhí）：名跖。为春秋时的大盗，故被称为“盗跖”。

③居贞：坚守正道。

④填笮（tiǎn zé）：压迫；困窘。填，通“殄”，穷苦。笮，挤压。

⑤轩翥（zhù）：飞升。轩，飞翔。翥，鸟飞。虹霓：彩虹。代指天空。

⑥陆沉：愚昧；迂腐。

⑦履径：走邪路。径，小路；邪路。知变：懂得变通。

⑧复身于德行：使自己恢复美好的品行。

⑨检括：约束。

⑩有汉：即汉代。有，名词词头。

⑪来代：未来的朝代。

【译文】

“于是曾参和闵子骞这样的孝子被诬陷为像商臣一样的弑父之人，孔子和墨子蒙受了像盗跖一样的恶名。胸怀忠贞坚守正道的人，困窘于泥泞之中；狡猾奸诈的人，飞升到天空之上。然而那些平庸的人们目光短浅，不能分辨邪恶与正直，认为遵守正道的人是愚昧迂腐，把走歪门邪道的人看作懂得变通。世俗中见风使舵、随波逐流的人，又怎么能够恢复自己的美好品行，在学问上苦思冥想呢！这样一来人们无不放弃约束自我的劳苦，而去走行贿受贿的捷径了。这确实是汉代灭亡的原因，后代应该以此为深刻借鉴。”

或曰：“吾子论汉末贡举之事①，诚得其病也。今必欲戒既往之失，避倾车之路，改有代之弦调②，防法玩之或变③，令濮上、《巴人》④，反安乐之正音，腠理之疾⑤，无退走之滞患者⑥，岂有方乎？士有风姿丰伟，雅望有余，而怀空抱虚⑦，干植不足⑧，以貌取之，则不必得贤；徐徐先试，则不可仓卒⑨。将如之何？”

【注释】

①吾子：对对方的尊称。

②有代：指前代。也即汉代。弦调：琴瑟的音调。比喻行为、做法。

③法玩：法制被忽视。玩，玩忽；忽略。或变：可能发生的灾变。

④濮（pú）上：濮水的旁边。这里指先秦时期濮水两岸的音乐，据说属于靡靡之音。濮水在今河南境内。《巴人》：先秦的通俗歌

曲名。

⑤腠(còu)理之疾：刚进入皮肤的疾病。泛指小毛病。腠理，中医指皮下肌肉之间的空隙和皮肤的纹理。

⑥退走：使医生退走。也即拒绝医生。滞患：痼疾。

⑦怀空抱虚：满脑子空洞的理论。

⑧干植：真才实学。干，才干。植，种植；培养。

⑨仓卒(cù)：仓猝。卒，同“猝”，突然。

【译文】

有人说：“您对汉朝末年举荐人才的评论，确实说到了它的问题所在。如今一定要改正以往的过失，避免再走上翻车的险路，改变前代的做法，防止忽略法制可能带来的灾变，让那些低俗的濮上之音和《巴人》，反而成为使人安乐的高雅之音，让刚刚出现的小毛病，不要因为拒绝医治而变为沉重的痼疾，是否有什么好方法呢？有些士人身姿魁梧风度翩翩，高雅的声望有余，然而满脑子都是一些空洞的理论，真才实学不足，如果依据外貌去重用他，那么就不一定能够得到真正的贤者；如果慢慢地先去试用他，又不能很快把政事办好。怎么办呢？”

抱朴子答曰：“知人则哲，上圣所难①。今使牧守皆能审良才于未用，保性履之始终②，诚未易也。但共遣其私情，竭其聪明，不为利欲动，不为属托屈③。所欲举者，必澄思以察之，博访以详之，修其名而考其行④，校同异以备虚饰。令亲族称其孝友⑤，邦闾归其信义⑥。尝小仕者，有忠清之效，治事之干，则寸锦足以知巧⑦，刺鼠足以观勇也。

【注释】

①上圣：头等的圣人。《尚书·皋陶谟》：“皋陶曰：‘都！在知人，在

安民。'禹曰:'吁!咸若时,惟帝其难之。知人则哲,能官人;安民则惠,黎民怀之。'"文中的"帝"指帝舜。

②性履:本性与行为。履,行为。

③属(zhǔ)托:私人请托。具体指对有关官员人选的请托。属,通"嘱"。

④修:当作"循"。杨明照《抱朴子外篇校笺》:"'修'当作'循',形之误也。"循,按照。

⑤孝友:孝于父母,友于兄弟。

⑥邦闾:这里指乡亲。邦,国家。这里指乡里。闾,古代二十五家为闾。

⑦锦:绣有花纹的丝绸。

【译文】

抱朴子回答说:"能够了解别人可以称为明智,即使头等的圣人对此也深感困难。如今要让地方官员全都能够在用人之前就看准贤人,并且保证这些贤人的性格和行为始终善良,实在是不容易啊。只要地方官员都能够消除自己的私情,竭尽全力去发挥自己的聪明才智,不为利益而动心,不为私人请托而屈服。对于所要举荐的人,一定要平心静气地去观察他,广泛询问以便详细了解他,根据他所获取的名声去考察他的行为,比较不同的意见以防止有人对他的过分夸奖。要使他的家族都称赞他孝敬父母友爱兄弟,要让他的乡亲邻居都称赞他能够坚守信义。然后尝试着让他当个小官,如果他确实具有忠诚廉洁的表现,具备处理事情的才干,那么通过一寸锦绣也就可以知道绣工的巧拙,通过刺杀老鼠的小事也能够看出是否勇敢了。

"又秀、孝皆宜如旧试经答策①,防其罪对之奸②,当令必绝。其不中者勿署③,吏加罚禁锢④。其所举书不中者⑤,刺史太守免官⑥,不中左迁⑦。中者多不中者少,后转不得过故[8]。若受赇而举所不当[9]，发觉有验者除名，禁锢终身，不以赦令原，所举与举者同罪。今试用此法治，一二岁之间，秀、孝必多不行者[10]，亦足以知天下贡举不精之久矣。过此，则必多修德而勤学者矣。

【注释】

①秀、孝：秀才、孝廉。举荐人才的两个科目。旧：过去。指汉代。试经答策：考试经书，回答提问。答策，即对策。把政事、经义写在简册上，让应试者回答，叫做答策。

②罪对：疑作“置对”。杨明照《抱朴子外篇校笺》：“孙星衍曰：‘“罪”疑作“置”。旧写本“罪”字空白。’照按：孙说是。”置对，答辩；回答问题。

③勿署：不要录用。署，安排。这里指安排官职。

④禁锢(gù)：禁止做官或参加政治活动。

⑤书：应为“尽”字之误。两字的繁体分别作“書”、“盡”，形近而误。杨明照《抱朴子外篇校笺》：“王国维‘书’校‘尽’。照按，王校是。”

⑥刺史太守：两种官名。两汉三国时，地方行政区划是州、郡、县三级，州的长官为刺史，郡的长官为太守。

⑦左迁：降职。

⑧转：调任。过故：级别超过原来的职务。

⑨赇(qiú)：贿赂。

⑩不行：不敢前去应试。

【译文】

“另外秀才、孝廉人选都应该像过去那样考试经书回答问题，防止应试时的弄虚作假，必须杜绝这种作假情况。其中不合格的人不予录用，如果本身是官吏则加重处罚不准再做官。如果举荐的人全不合格，刺史与太守罢免官职，不允许降级处理。如果所举荐的人合格的多不合格的少，刺史与太守以后调任不准超过原职级别。如果刺史与太守因为接受贿赂而举荐了不合格的人，发现后而且证据确凿的则免去职务，终生不准做官，也不准许颁布大赦令时予以宽恕，被举荐的人与举荐人同罪。现在如果使用这种制度去治理，一两年之内，秀才、孝廉人选中肯定有许多人不敢前去应试，从这里也足以知道很久以来天下举荐的人才是不够优秀的。过了这一两年，那么修养美德勤于学习的人肯定就会慢慢多起来了。

“又诸居职，其犯公坐者①，以法律从事；其以贪浊赃污为罪，不足至死者，刑竟及遇赦，皆宜禁锢终身，轻者二十年。如此，不廉之吏，必将化为夷、齐矣②。若乃临官受取③，金钱山积，发觉则自恤得了④，免退则旬日复用者，曾、史亦将变为盗跖矣⑤。如此，则虽贡士皆中，不辞于官长之不良⑥。”

【注释】

①公坐：又叫“公负”。因能力不够而失职犯罪。

②夷、齐：伯夷、叔齐。商代孤竹国君的两个儿子。他们先为相互推让君主之位逃到周，后因反对周武王灭商，坚决不食周粟而饿死于首阳山。古人把他们视为廉洁的典范。

③临官：刚一当官。受取：收受贿赂。

④自恤：自我救助。这里指通过各种方法来自救。得了：能够了结此事。

⑤曾、史：曾参和史鳝。曾参，字子舆，是孔子的弟子。史鳝，字子鱼，卫灵公的大臣。两人都是春秋时的贤人，以仁义出名。

⑥辞:杜绝;消除。

【译文】

"另外那些身处官位的人,如果因为能力不够而犯了罪,就按照法律处罚;那些因为贪污受贿犯了罪,而又不够死刑的,在服刑以及遇到赦免之后,也都应该终身禁止做官,罪轻的也要禁止做官二十年。这样一来,那些不廉洁的官吏,也必然会变成像伯夷、叔齐一样廉洁的人了。如果是一上任就收受贿赂,金钱堆积如山,事发之后还能够通过各种自救的方法了结此事,免职后不久又被重新任用的话,那么像曾参和史䲡一样仁义的人也都会变成盗跖了。如果这样做,即使举荐的士人全都合格,也无法消除官员们的不良行为。"

或曰:"能言不必能行,今试经对策虽过,岂必有政事之才乎?"抱朴子答曰:"古者犹以射择人①,况经术乎?如其舍旃②,则未见余法之贤乎此也。夫丰草不秀埆土③,巨鱼不生小水,格言不吐庸人之口,高文不堕顽夫之笔④。故披《洪范》而知箕子有经世之器⑤,览九术而见范生怀治国之略⑥。省夷吾之书⑦,而明其有拨乱之干;视不害之文⑧,而见其精霸王之道也。今孝廉必试经无脱谬,而秀才必对策无失指⑨,则亦不得暗蔽也。良将高第取其胆武,犹复试之以策,况文士乎?假令不能必尽得贤能,要必愈于了不试也⑩。

【注释】

①以射择人:用射箭的方法来选拔人才。《仪礼·射义》:"故射者,进退周还必中礼。内志正,外体直,然后持弓矢审固;持弓矢审固,然后可以言中。此可以观德行矣……是故古者天子,以射选诸侯、卿、大夫、士。"

②旃(zhān):“之焉”的合音字。之,代词。焉,语气词。

③秀:庄稼吐穗开花。这里指生长茂盛。塉(jí):土地贫瘠。

④堕:落下。这里指写出。

⑤《洪范》:《尚书》中的篇名。内容是箕子回答周武王有关治理国家的方法。箕子:商末的贤臣。一说为商纣王的叔父,一说为纣王的庶兄。商朝灭亡后,周武王曾经向箕子请教治国的方法,他们的谈话内容保留在《洪范》中。

⑥九术:九种策略。范生:范蠡。春秋人,曾协助越王勾践灭吴。《史记·货殖列传》:“范蠡既雪会稽之耻,乃喟然而叹曰:‘计然之策七,越用其五而得意。既已施于国,吾欲用之家。’乃乘扁舟,浮于江湖。”范蠡拜计然为师,他从计然那些学到的是七策,据《越绝书》记载,献九术以灭吴的是文种。

⑦省:审阅;阅读。夷吾:管仲,名夷吾。现存《管子》一书,托名为管仲所著,今人多认为是战国人的作品。

⑧不害:申不害。先秦的法家代表人物之一。曾任韩国的相,著有《申子》。

⑨指:同“旨”,主旨。

⑩了:完全。

【译文】

有人说:“能说的人不一定就能干,如果考试经书回答问题全都通过了,难道就一定能够具备从政的才能吗?”抱朴子回答说:“古时候还曾用射箭的方法来选拔人才,更何况是考试经义呢?如果不用这种方法,那么也无法找到比这种考试更好的方法。茂盛的草不会生长在贫瘠的土地上,巨大的鱼不会生长在狭小的水坑里,格言不会出自平庸之人的口中,优秀的文章不会出自顽劣之人的笔下。因此披阅《洪范》就知道箕子有管理社会的才能,阅读九种策略就发现范蠡怀有治理国家的谋略。研究管仲的书,就明白他有拨乱反正的才干;读了申不害的文章，就看出他精通建立霸业王业的办法。如果现在那些孝廉人选在测试经典时肯定没有脱误，而秀才人选在回答策问时肯定没有脱离主旨，那么他们也就不会是愚昧无知的人。头等的良将主要是取其勇敢英武，然而还要再考试策问，更何况是考试文士呢？即使这种考试录取的不一定全是贤能之人，但是也肯定比完全不进行考试要强多了。

“今且令天下诸当在贡举之流者，莫敢不勤学，但此一条①，其为长益风教，亦不细矣。若使海内畏妄举之失，凡人息侥幸之求②，背竞逐之末，归学问之本，儒道将大兴，而私货必渐绝③；奇才可得而役④，庶官可以不旷矣。”

【注释】

①但：只；仅仅。

②凡人：所有的人。凡，凡是；整个。

③私货：私下行贿受贿。

④役：使用。

【译文】

“如果能够让当今天下所有将会被举荐的士人，没有敢不勤奋学习的，仅此一点，这种考试给习俗教化带来的益处，也就不小了。如果能够让天下的人都不敢去犯胡乱举荐的错误，让所有的人都断绝了侥幸求官的念头，不再去做争名夺利这些卑下的事情，回归研究学问的根本上去，儒家的学说将会大为兴盛，私下贿赂的现象必将渐渐消失；奇异的人才能够得到任用，各种官职也就可以不缺乏适当的人选了。”

或曰：“先生欲急贡举之法，但禁锢之罪，苛而且重，惧者甚众。夫急辔繁策①，伯乐所不为②；密防峻法，德政之所耻。”

【注释】

①急辔(pèi)繁策：紧扣着缰绳，不停地鞭打。比喻严刑峻法。急，紧。辔，马缰绳。策，马鞭。这里用作动词，鞭打。

②伯乐：姓孙名阳，字伯乐。先秦善于相马的人。

【译文】

有人说："先生急于整顿举荐人才的制度，然而禁止为官的这种惩罚，苛刻而严重，感到恐惧的人太多了。缰绳勒得过紧与鞭子打得过多，这是伯乐所不愿意做的事情；严密的防范与严厉的刑罚，这是推行仁政的人所感到羞耻的事情。"

抱朴子曰："夫骨填肉补之药，长于养体益寿，而不可以救暍溺之急也①；务宽含垢之政②，可以莅敦御朴③，而不可以拯衰弊之变也。虎狼见逼④，不挥戈奋剑，而弹琴咏诗，吾未见其身可保也；燎火及室，不奔走灌注，而揖让盘旋⑤，吾未见其焚之自息也。今与知欲卖策者论此⑥，是与跖议捕盗也⑦。"

【注释】

①暍(yè)：中暑。

②含垢：容忍污垢。比喻君主宽容坏人。

③莅敦御朴：管理淳朴的百姓。莅，从上监视着；治理。敦，厚道。

④虎狼见逼：被虎狼所逼。见，被。

⑤揖让：作揖谦让。盘旋：形容行礼时回旋进退的模样。

⑥卖策：出卖考题。策，策问的题目。一说策指授官的文书，卖策即卖官的意思。

⑦跖(zhí)：即上文提到的盗跖。跖为春秋时的大盗，故被称为"盗跖"。

【译文】

抱朴子说："那些能够滋补骨肉的药物，其长处在于保养身体延年益寿，然而不能够救治中暑溺水这样的紧急病症；追求宽恕容忍坏人的政策，可以用来治理敦厚淳朴的百姓，然而却不能拯救衰败颓废一类的突然变故。虎狼逼了过来，不挥起长矛刀剑，而是去弹琴吟诗，我看不出他能够保护好自身；大火烧到了房屋，不去奔跑着浇水，而是文质彬彬地相互谦让，我将看不到大火会自己熄灭。现在与那些只想出卖考题的人谈论这些举荐制度，就好像是与盗跖商议捕捉盗贼的事情一样。"

抱朴子曰："今普天一统①，九垓同风②，王制政令，诚宜齐一。夫衡量小器，犹不可使往往而有异③，况人士之格④，而可参差而无检乎⑤？江表虽远⑥，密迩海隅⑦，然染道化，率礼教⑧，亦既千余载矣。往虽暂隔⑨，不盈百年，而儒学之事，亦不偏废也。惟以其土宇褊于中州⑩，故人士之数，不得钧其多少耳⑪。及其德行才学之高者，子游、仲任之徒⑫，亦未谢上国也⑬。

【注释】

①普(pǔ)：同"普"。

②九垓(gāi)：九州。古人把中国划分为九州。指所有的土地。垓，八极之内的所有土地。

③往往：处处；到处。

④格：标准。

⑤检：法度；规范。

⑥江表：长江之外。也即江南。表，外。站在中原的角度看，长江

以南地区在长江之外，故称“江表”。

⑦密迩：靠近。迩，近。海隅：海边。隅，靠边的地方。

⑧率：遵循。

⑨往虽暂隔：过去虽然江南与中原暂时分离。本句是指三国时期吴国割据江南，自孙策建安三年（198）封吴侯至孙皓天纪四年（280）降晋，共八十二年。

⑩土宇：土地；疆土。褊（biǎn）：狭小。中州：指中原地区。

⑪不得钧其多少耳：与中原人才的数量多少不能是平均一样的。钧，通“均”，平均；一样。

⑫子游：孔子的弟子。姓言名偃，字子游，吴人。吴，周朝诸侯国名，在今长江下游一带。子游为江南人。仲任：东汉的著名思想家。姓王名充，字仲任。会稽上虞人，著有《论衡》一书。

⑬未谢：不逊色。谢，不如。上国：中原一带。

【译文】

抱朴子说：“如今天下统一，九州教化相同，国家的制度政令，确实应该整齐划一。秤斗这些小小的量器，尚且不能让它们在各地有所差异，更何况是录用士人的标准，怎么可以参差不齐而不加以规范呢？江南地区虽然偏远，靠近了海边，然而濡染大道的教化，遵循儒家的礼教，也已经一千多年了。过去虽然曾经短时间与中原隔离，但也不足百年，而且儒家的学说，也没有被废除。只是因为江南的土地比中原狭小，因此士人的数目，不能和中原相等而已。至于江南那些品德高尚学问渊博的人，像言偃、王充之类的人物，也丝毫不逊色于中原地区。

“昔吴土初附①，其贡士见偃以不试②。今太平已近四十年矣③，犹复不试，所以使东南儒业衰于在昔也。此乃见同于左衽之类④，非所以别之也。且夫君子犹爱人以礼，况为其恺悌之父母邪⑤！法有招患，令有损化，其此之谓也。今贡士无复试者，则必皆修饰驰逐[6]，以竞虚名，谁肯开卷受书哉？所谓饶之适足以败之者也。

【注释】

①吴土初附：吴国刚刚归附中原。指西晋灭吴。

②见偃以不试：因为没有参加考试而受到压抑。见，被。偃，倒下。引申为压抑。据《晋书》记载，由于战乱，学业荒废，当时江南举荐的士人有许多不敢参加考试，于是朝廷也就听之任之。

③今太平已近四十年矣：如今天下安定已经将近四十年了。从吴国孙皓降晋(280)至《抱朴子外篇》定稿(317)，共三十七年，因此说“今太平已近四十年矣”。

④左衽：代指异族。衽，衣襟。古代少数民族的衣服前襟向左，与中原人的右衽不同。

⑤恺悌(kǎi tì)：温和平易。

⑥修饰：指修饰外表，欺世盗名。驰逐：奔走钻营。

【译文】

“从前吴国刚刚归附中原的时候，那里举荐的士人因为没有参加考试而受到压抑埋没。如今天下太平已经将近四十年了，仍然不举行考试，因此使东南地区的儒家事业比以前更加衰微了。这是把东南地区的人们视为异族一样了，而不是把他们同异族区别开来的办法。再说君子爱护别人还要依据礼制，更何况作为他们的温和慈爱的父母呢！有些法律会招来祸患，有些政令会损害教化，大概说的就是这种情况吧。现在举荐士人不再进行考试，那么大家肯定会去欺世盗名奔走经营，来争夺虚名，谁还肯再去开卷读书呢？这就是所谓的宽待他们而实际上恰恰是害了他们。

“自有天性好古，心悦艺文，学不为禄，味道忘贫[1]，若法高卿、周生烈者②。学精而不仕，徇乎荣利者③，万之一耳。至于宁越、倪宽、黄霸之徒④，所以强自笃励于典籍者，非天性也，皆由患苦困瘁，欲以经术自拔耳⑤。向使非汉武之世，则朱买臣、严助之属⑥，亦未必读书也。今若取富贵之道，幸有易于学者⑦，而复素无自然之好，岂肯复空自勤苦、执洒扫为诸生、远行寻师问道者乎⑧？

【注释】

①味道：研究大道。味，品味；体会。

②法高卿：东汉隐士。姓法名真，字高卿，扶风郿人。为关西大儒。周生烈：魏初的隐士。敦煌人，姓周生，名烈，字文逸。著有《周生烈子》。

③学精而不仕，徇乎荣利者：疑为“学精而不徇乎荣利者”。“仕”字疑为衍文。

④宁越：战国人。《吕氏春秋·博志》：“宁越，中牟之鄙人也，苦耕稼之劳，谓其友曰：‘何为而可以免此苦也?’其友曰：‘莫如学。学三十岁，则可以达矣。’宁越曰：‘请以十五岁。人将休，吾将不敢休；人将卧，吾将不敢卧。’十五岁而周威公师之。”倪宽：即兒宽。西汉千乘人，官至御史大夫。《汉书·兒宽传》记载他早年十分贫苦，“时行赁作，带经而锄，休息辄读诵，其精如此”。黄霸：西汉名臣。字次公，淮阳阳夏人。官至丞相，封建成侯。《汉书·循吏传》记载，黄霸与夏侯胜因事一同下狱，黄霸在狱中师从夏侯胜学习《尚书》，三年后方出狱。

⑤自拔：自救。

⑥朱买臣：西汉武帝时人，字翁子，吴人。因刻苦读书而受到武帝的重用。严助：西汉武帝时人，吴人。以贤良身份对策，武帝对

他的回答十分满意,任为中大夫。

⑦易于学者:比学习更容易的方法。

⑧洒扫:洒水扫地。古代弟子要为老师干一些杂务,后遂以洒扫为弟子礼。

【译文】

"确实有一些自然生成的天性爱好古代文化,发自内心地喜欢典籍,学习不是为了俸禄,潜心体会大道而忘记了贫困,就像法高卿、周生烈那样的人。学业精深而不去追求荣华富贵的人,万人之中也就只有一人而已。至于宁越、倪宽、黄霸之类的人,他们之所以勉强自己刻苦学习典籍,不是出自天性的爱好,完全是因为生活困窘,想通过学习经书以自我救助而已。当初如果不是处于汉武帝的时代,那么朱买臣、严助之类的人,也未必去读书啊。现在如果获取富贵的方法,幸而有比读书学习更为容易的,再加上素来就没有天生的读书爱好,人们又怎肯再去白白地下刻苦学习的功夫、洒水扫地去当弟子、跑到很远的地方去寻找老师讨教学问呢?

"兵兴之世,武贵文寝,俗人视儒士如仆虏,见经诰如芥壤者①,何哉?由于声名背乎此也②。夫不用,譬犹售章甫于夷越③,徇髯蛇于华夏矣④。今若遐迩一例⑤,明考课试⑥,则必多负笈千里⑦,以寻师友,转其礼赂之费⑧,以买记籍者,不俟终日矣⑨。"

【注释】

①经诰:经书。诰,文体的一种,用于告诫或勉励。芥:一种小草名。

②声名背乎此:好名声与读书相互背离。也即读书得不到好名声。此,指读书。

③章甫：先秦的一种礼帽。夷：古代对东方少数民族的总称。越：先秦诸侯国名。在今浙江一带。《庄子·逍遥游》："宋人资章甫而适诸越，越人断发文身，无所用之。"

④徇：宣示；炫耀。髯蛇：又作"蚺蛇"。长数丈的大蛇。《淮南子·精神训》："越人得髯蛇以为上肴，中国得而弃之无用。"

⑤遐迩：远近。一例：统一。

⑥课：考试。

⑦负笈(jí)：背着书箱。笈，书箱。

⑧转：转作他用。礼赂：送礼行贿。

⑨不俟终日：不用一天的时间。形容人们的行为很快就会转变。

【译文】

"在兴兵打仗的社会里，武将地位尊贵而文人受到轻视，世俗的人们把儒生看得如同仆人奴隶一般，把经书文籍看得如同草芥尘土一样，为什么呢？是因为读书学习无法获得好的名声。那时的人们不用文人，就好像卖礼冠给越人一样，还好像到中原来炫耀大蛇一般。现在如果远方近处统一起来，公开考试经典，那么必然会有很多人将背着书箱远行千里，去寻师访友，把送礼行贿的钱财转而用作购买书籍，这种风气的改变用不了一天的时间。"

抱朴子曰："才学之士堪秀、孝者，已不可多得矣。就令其人，若如桓、灵之世，举吏不先以财货，便安台阁主者①，则虽诸经兼本解②，于问无不对，犹见诬枉，使不得过矣。常追恨于时执事③，不重为之防。

【注释】

①便安：便利安稳。也即让对方心情舒畅。台阁主者：朝廷中主持

举荐人才的官员。台阁，即尚书台。东汉时为朝廷的权力机构，台阁的首长尚书渐成事实上的宰相。

②本解：对本经书的解释。

③恨：遗憾。于时：当时。执事：主事的人。

【译文】

抱朴子说："确实值得被举荐为秀才、孝廉的才学之士，已经是不可多得了。即使真有这样的人，比如在汉桓帝、汉灵帝的时候，如果不事先贿赂负责举荐人才的官员，不让朝廷的主事者心情舒畅，那么即使所有的经书以及这些经书的解释中的问题，无不对答如流，依然会被诬陷冤枉，让他们不能通过考试。我常常为当时的主管官员感到遗憾，因为他们没有严格地防范这种情况。

"余意谓新年当试贡举者①，今年便可使儒官才士，豫作诸策②，计足周用。集上禁其留草殿中③，封闭之；临试之时，亟赋之④。人事因缘于是绝⑤。当答策者，皆可会著一处⑥；高选台省之官亲监察之⑦。又严禁其交关出入⑧，毕事乃遣。违犯有罪无赦。如此，属托之冀窒矣⑨。夫明君恃己之不可欺，不恃人之不欺己也。亦何耻于峻为斯制乎？若试经法立，则天下可以不立学官⑩，而人自勤乐矣。

【注释】

①新年：第二年；明年。

②豫：同"预"，预先。策：类似后世说的考题。汉以后考试取士，把政事、经义写在简册上，让应试者回答，叫做对策。

③集上禁其留草殿中：本句可能有文字脱误。大意是，把出题的人员集中在宫中，考题也要保留在宫中。禁，宫中。草，指考题的

底稿。

④亟赋之：让考生马上回答问题。亟，马上。赋，写作。

⑤人事姻缘：人事关系。

⑥会著：会集；集中。

⑦高选：严格选拔。台省：即尚书台。朝廷的权力机构。

⑧交关：交往；相互勾结。

⑨属（zhǔ）托：私人请托。窒：消失。

⑩学官：学校。也指办学的官员。

【译文】

“我的意思是说，如果明年将要对举荐的人员进行考试，那么今年就可以让儒学官员及有才的学士们预先准备各种考题，出题时要计划周密充分。考试前要把出题人员与考题一起集中在宫中，把他们封闭起来；到了考试的时候，考生马上就进行答题。这样一来各种复杂的人事关系就可以避免。那些参加考试的人，全都可以集中到一起，让通过严格选拔的尚书台官员亲自监督他们。还要严格禁止他们相互结交和自由出入，考试完毕后才能让他们离开。违犯的人一旦触犯刑律决不赦免。这样的话，希望通过私下请托而做官的事情就不存在了。圣明的君主应当保证自己无法被人欺骗，不能依赖别人不来欺骗自己。又为什么会耻于实行这种严格的考试制度呢？如果考试经书的法律制度能够确立，那么国家就可以不设立学校，而人们自己就会勤奋并乐于学习了。

“案四科亦有明解法令之状①。今在职之人，官无大小，悉不知法令②。或有微言难晓，而小吏多顽，而使之决狱，无以死生委之③，以轻百姓之命，付无知之人也。作官长不知法，为下吏所欺而不知，又决其口笔者④，愦愦不能知食法⑤，与不食不问，不以付主者。或以意断事，蹉跌不慎法令⑥。

亦可令廉良之吏，皆取明律令者试之如试经，高者随才品叙用。如此，天下必少弄法之吏、失理之狱矣。”

【注释】

①案：考察。四科：汉代举荐士人的四种科目。一是德行高洁，二是学识渊博，三是明习法令，四是刚毅多略。

②悉：全部。

③无：应作“是”字。《四库全书》文溯阁本即作“是”。

④决其口笔：取决于下级的口头或文字报告。

⑤愦愦：应作“愦愦”。杨明照《抱朴子外篇校笺》：“‘愦愦’，王国维校‘愦愦’。照按：王校是。”愦愦，糊涂的样子。食法：贪赃枉法。

⑥蹉（cuō）跌：失足。引申为失误。

【译文】

“考察汉代举荐士人的四种科目，其中也有一科是精通法律的内容。如今那些在职的官员，职位无论大小，全都不懂法律。有的法律语言隐晦而不太好懂，而下级官吏大多顽劣，让他们去审判案件，这就是把百姓的生死大事交给了他们，这就是轻视百姓的生命，这就是把百姓生命交给无知之人了。作为主管官员而不懂法律，被下级官吏所欺骗而不知道，而自己的决定又取决于下级官吏的口头或文字报告，糊糊涂涂地根本不知道自己的下级在贪赃枉法，或者虽然没有贪赃枉法但不去仔细调查案件，也不上报主管官员。有的人依靠主观臆测来审判案件，出现了许多失误而不慎重执法。也可以让那些廉洁优秀的官吏，对精通法律一科的应试者进行法律考试，就像考试经书一样，成绩好的可以按照才能分等任用。这样一来，天下一定会少一些玩弄法律的官吏、判决不当的案件了。”

交际卷十六

【题解】

交际，交往；交友。本篇集中地阐述了作者的朋友观。关于葛洪的交友原则，主要有以下几点。

第一，葛洪强调了交友的重要性。作者说："《易》美金兰，《诗》咏百朋，'虽有兄弟，不如友生'。切思三益，大圣所嘉。"也就是说，交友，是大圣人所赞美的事情。作者接着又说："门人所以增亲，恶言所以不至；管仲所以免诛戮而立霸功，子元所以去亭长而驱朱轩者，交之力也。单弦不能发《韶》、《夏》之和音，孑色不能成衮龙之玮烨，一味不能合伊鼎之甘，独木不能致邓林之茂。"交友有助于自己的品德修养，有助于自己的事业成功，因此交友是一件十分重要的事情。

第二，交友一定要谨慎。作者虽然主张交友，但又反复强调交友时一定要慎重，因为"世俗之人，交不论志，逐名趋势，热来冷去；见过不改，视迷不救；有利则独专而不相分，有害则苟免而不相恤；或事便则先取而不让，值机会则卖彼以安此。凡如是，则有不如无也"。如果交友不慎，自己不仅不能从中受益，反而还会受害。这与孔子的"益者三友，损者三友"(《论语・季氏》)的主张完全一致。直到今天，谨慎交友，依然是我们所特别需要重视的问题。

第三，对当时不良的交友陋习进行了严厉的批判。本文用大量的篇幅揭露了当时交友的不良现象，认为世人交友的基础不是志同道合，而是为了谋取名利："零沦丘园者，虽才深智远，操清节高者，不可也；其进趋偶合，位显官通者，虽面墙庸琐，必及也。"交往的所有目的就是唯利是图，如果没有利益，即使德高才厚的人也不屑一顾。这样的朋友，彼此相互需要时就狼狈为奸，沆瀣一气；一旦有了利益矛盾，"或争所欲，还相屠灭"。作者明确表明，像这样的朋友，自己"耻与共世"。

第四，正面提出了保全友谊的方法。比如对待朋友要生死与共，不能表里不一，肯为朋友献出生命，不与朋友争夺名利，与朋友交往时要和而不同，既敢于批评对方的错误，也要敢于接受对方的批评，不嫉妒朋友对自己的超越等等。

统观本文，作者交友的大体原则是：交友重要，然知音难得；如果没有合适的人选，交友时宁缺毋滥。

抱朴子曰："余以朋友之交，不宜浮杂。面而不心①，扬雄攸讥②。故虽位显名美，门齐年敌③，而趋舍异规④，业尚乖互者⑤，未尝结焉。或有矜其先达⑥，步高视远，或遗忽陵迟之旧好⑦，或简弃后门之类味⑧，或取人以官而不论德。其不遭知己，零沦丘园者⑨，虽才深智远，操清节高者，不可也；其进趋偶合，位显官通者，虽面墙庸琐⑩，必及也。如此之徒，虽能令壤虫云飞⑪，斥鷃戾天⑫，手捉刀尺⑬，口为祸福，得之则排冰吐华⑭，失之则当春彫悴⑮，余代其踧踖⑯，耻与共世。

【注释】

①面而不心：只是面交而没有心交。

②扬雄：西汉的思想家。字子云。一生著述颇丰，著有《太玄》、《法

言》、《方言》等书。攸讥：所讥讽的。攸，所。《法言·学行》："朋而不心，面朋也；友而不心，面友也。"

③门齐：门当户对。年敌：年纪一样。敌，相等。

④趋舍：志向。趋，趋向；追求。舍，舍弃。异规：志趣不同。

⑤乖互：背离；抵触。

⑥矜：自负。先达：显达在先。

⑦遗忽：遗弃；忽略。陵迟：衰落。旧好：老朋友。

⑧简弃：抛弃。后门：寒微之门。类味：气味相投的人。

⑨零沦：沦落；受压制。丘园：山丘园圃。这里指隐居之地。

⑩面墙：面对着墙壁站立。比喻不学习，所知甚少。

⑪壤虫：幼虫。也可理解为土中的虫子。

⑫斥鷃（yàn）：沼泽中的一种小鸟。斥，小池泽。鷃，小鸟名。戾天：飞到天上。戾，到达。

⑬刀尺：本指剪裁用的剪刀与尺子，这里比喻权柄。

⑭排冰吐华：排开冰冻绽放鲜花。比喻能够脱离困苦而飞黄腾达。华，花。

⑮彫悴：凋零枯萎。彫，通"凋"。

⑯踧踖（cù jí）：局促不安的样子。

【译文】

抱朴子说："我认为在交朋友的时候，不应该太浮泛杂乱。只有面交而没有心交的朋友，是扬雄所讥讽的。因此即使地位显贵名声美好，门当户对年龄相仿，然而由于志趣彼此不同，追求相互抵触，也是没有办法结为朋友的。有些人因为早于别人显贵而深感自负，于是就昂首阔步目中无人，有些人遗弃了地位衰败的老友，有些人抛弃了出身寒微的同道，有些人在交朋友时看重的是对方的官位而不是对方的品德。那些没有遇上知己的人，沦落于山林田园之间，即使他们的才智高远，节操清廉高尚，也不愿被自己视为朋友；那些积极奔走偶遇机会的人，地位显要而官运亨通,即使他们毫无学问庸俗猥琐,也一定要与他们交上朋友。这种人,即使能够让小虫子飞上云中,让斥鷃飞到天空,即使他们手握大权,口中决定着别人的祸福,得到他们的帮助就能够使自己排开冰冻绽放出鲜花,失掉他们的帮助就会使自己正当春天也将凋落枯萎,我依然替他们感到惶恐不安,耻于和他生活在同一个社会里。

“穷之与达①,不能求也。然而轻薄之人,无分之子②,曾无疾非俄然之节③,星言宵征④,守其门廷,翕然谄笑⑤,卑辞悦色,提壶执贽⑥,时行索媚;勤苦积久,犹见嫌拒,乃行因托长者以搆合之⑦。其见受也⑧,则踊悦过于幽系之遇赦⑨;其不合也,则懊悴剧于丧病之逮己也⑩。通塞有命⑪,道贵正直,否泰付之自然⑫,津涂何足多咨⑬!嗟乎细人⑭,岂不鄙哉!人情不同,一何远邪!每为慨然,助彼羞之。

【注释】

①穷:困窘;不得意。达:顺利;得意。

②无分之子:不守本分的人。

③曾:竟然。无疾:不痛恨。疾,恨。俄然:即“峨然”,高峻的样子。

④星言:“星言夙驾”的省略。意思是很早就驾车出门。星,指星星出现了。言,无义。夙,早。《诗经·鄘风·定之方中》:“星言夙驾,说于桑田。”宵征:夜晚奔走。

⑤翕然:谄笑的样子。

⑥执贽:手拿着礼物。贽,礼物。

⑦因托:托付。搆合:联络;结合。

⑧见受:被接受。见,被。

⑨踊悦:高兴得跳起来。幽系:关在狱中。

⑩懊悴：懊恼沮丧。剧于：严重于。剧，严重。逮己：落在自己头上。逮，赶上。

⑪通塞：穷达。通，顺利。塞，不顺利。

⑫否(pǐ)泰：穷达吉凶。“否泰”本为《周易》中的两个卦名，否卦不吉利，泰卦吉利，后遂用“否泰”代指吉凶。

⑬津涂：渡口与道路。代指人生之路。咨：感叹。

⑭细人：小人。细，小。

【译文】

“生活的困窘和顺利，是不能够依靠人力来决定的。但是那些轻浮浅薄的人，不安守本分的人，竟然不去痛恨自己不够高尚的品质节操，而是从早到晚地四处奔走，守住权贵人家的门庭，献上谄媚的笑容，言词卑微和颜悦色，提着酒壶拿着礼物，不时地前去讨好取媚；如此辛苦地活动了很久，还是被权贵嫌弃拒绝，于是就去托付一些长者为自己牵线搭桥。如果自己被权贵接受了，就跳跃高兴得超过了牢狱中的犯人遇到了大赦；如果没有被权贵接受，就懊恼沮丧得超过了丧事疾病落到了自己的头上。生活的顺利与困窘自有命运的安排，为人处事的原则贵在正直，命运的吉凶好坏全付与自然，人生之路上的艰难哪里值得感叹！唉，那些小人啊，难道还不够浅薄吗！人们思想情感的不同，竟然相差得如此遥远啊！我常常为此感慨万分，替那些小人感到羞愧。

“昔庄周见惠子从车之多①，而弃其余鱼。余感俗士不汲汲于攀及至也②。瞻彼云云③，驰骋风尘者④，不懋建德业⑤，务本求己⑥，而偏徇高交以结朋党⑦，谓人理莫此之要⑧，当世莫此之急也。以岳峙独立者⑨，为涩吝疏拙⑩；以奴颜婢睐者⑪，为晓解当世。风成俗习，莫不逐末⑫，流遁遂往⑬，可慨者也。

【注释】

①庄周:先秦的思想家,道家的代表人物。惠子:惠施。先秦的思想家,名家的代表人物,曾担任魏国的相。本句讲的事情见《淮南子·齐俗训》:“故惠子从车百乘以过孟诸,庄子见之,弃其余鱼。”

②不:“不”字前脱一“莫”或“无”字。攀及:攀附权贵。

③瞻:看;观察。云云:即“芸芸”。众多的样子。这里指芸芸众生。

④驰骋:奔走钻营。风尘:尘世。

⑤懋(mào):努力。

⑥求己:求之于自身。

⑦偏徇:一味地追求。高交:交结权贵。

⑧莫此之要:即“莫要于此”。没有比这个更为重要的。

⑨岳峙:像山岳一样峙立。形容意志坚强。

⑩涩吝:固执。疏拙:笨拙。

⑪婢:婢女。睐(lài):向旁边看。这里泛指目光。

⑫末:卑微的事情。

⑬流遁遂往:随波逐流。

【译文】

“从前庄子看见惠施后面随从的车辆众多,于是就倒掉了自己多余的鱼。我感叹世俗之人无不急切地去攀附权贵而且达到了极至。看看那些芸芸众生,在世俗社会中到处奔走钻营,他们不努力地去建树自己的德行功业,致力于根本的学问求之于自身,而是一味地攀附权贵以结成私党,认为人间的道理没有比这个更为重要的,当今社会上的事情没有比这个更为紧迫的。他们把意志坚定不与人勾结的人看作固执笨拙;把卑躬屈膝奴颜媚骨的人看作通晓当今世务。风气已经形成,人人无不去追逐这些卑微之事,大家都随波逐流,这真让人感慨万分啊!

"或有德薄位高，器盈志溢①，闻财利则惊掉②，见奇士则坐睡。缢缕杖策③，被褐负笈者④，虽文艳相、雄⑤，学优融、玄⑥，同之埃芥，不加接引。若夫程郑、王孙、罗裒之徒⑦，乘肥衣轻⑧，怀金挟玉者，虽笔不集札⑨，菽麦不辨⑩，为之倒屣⑪，吐食握发⑫。

【注释】

①器盈：容器已经装满。比喻自满。

②惊掉：吃惊地掉转头来。

③缢(lán)缕：又作"蓝缕"、"襤褸"。形容衣服破烂。杖策：拄着拐杖。策，拐杖。

④被褐(pī hè)：穿着粗布短衣。被，同"披"。褐，粗布衣。穷人的衣服。负笈：背着书箱。笈，书箱。

⑤相：司马相如。字长卿，西汉蜀郡成都人。著名的辞赋家。创作了《子虚赋》、《上林赋》、《大人赋》等。雄：扬雄。字子云，西汉蜀郡成都人。创作了《甘泉赋》、《河东赋》等文学作品，后来从事哲学研究。

⑥融：马融。字季长，东汉扶风茂陵人。著名的经学家，注《孝经》、《论语》、《诗》、《易》、《三礼》、《尚书》、《列女传》、《老子》、《淮南子》、《离骚》等。玄：郑玄。字康成，东汉北海高密人。曾师事马融，著名经学家，注《周易》、《尚书》、《毛诗》、《仪礼》、《礼记》、《论语》、《孝经》、《尚书大传》等。

⑦程郑：西汉蜀地的富人。靠冶炼发家致富。王孙：即卓王孙。西汉蜀地巨富。也是靠冶炼发家致富。罗裒(yòu)：西汉蜀地巨富。靠盐业致富。

⑧肥：肥马。轻：轻暖的裘衣。

⑨笔不集札：从不落笔于木简。也即从来不写文章。集，落。札，古代用来写字的小木片。

⑩菽（shū）：豆类的总称。

⑪倒屣（xǐ）：倒穿着鞋子。形容匆忙迎客而来不及穿好鞋子。

⑫吐食握发：本来是形容忙于礼贤下士，这里是形容忙于接待富人。《史记·鲁周公世家》："周公戒伯禽曰：'我文王之子，武王之弟，成王之叔父，我于天下亦不贱矣。然我一沐三捉发，一饭三吐哺，起以待士，犹恐失天下之贤人。子之鲁，慎无以国骄人。'"意思是洗一次头发要多次将头发握干，一顿饭要多次吐出食物，以忙于接待贤人。

【译文】

"有的人品德低下而地位高贵，志满意得，一听到钱财利益就吃惊地掉过头来，看到奇异之士却坐在那里打盹。衣服破烂手拄拐杖、身穿粗衣背着书箱的人，即使这些人的文章比司马相如和扬雄的还要华美，学问比马融和郑玄还要渊博，也会被视同尘土草芥，不予接待和引荐。如果是像程郑、卓王孙、罗裒之类的大富翁，他们乘坐着肥马，穿着轻暖的裘衣，怀中揣着黄金手里握着白玉，即使他们从不动笔写文章，就连豆子与麦子也分辨不清，但也会匆忙地倒屣出迎，吐出口中的食物握着未干的头发出来接待他们。

"余徒恨不在其位，有斧无柯①，无以为国家流秽浊于四裔②，投畀于有北③。彼虽赫奕，刀尺决乎（此处有脱文）④，势力足以移山拔海，吹呼能令泥象登云，造其门庭⑤，我则未暇也。而多有下意怡颜，匍匐膝进⑥，求交于若人⑦，以图其益。悲夫！生民用心之不钧⑧，何其辽邈之不肖也哉⑨！余所以同生圣世而抱困贱，本后顾而不见者⑩，今皆追瞻而不及[11]，岂不有以乎[12]！然性苟不堪[13]，各从所好，以此存亡[14]，予不能易也[15]。”

【注释】

①有斧无柯：比喻有政治理想而没有政治权力。柯，斧柄。比喻权柄。

②秽浊：污浊的罪人。四裔：四方边远地区。裔，边远的地方。

③投畀(bì)：流放到。畀，给予；到。有北：即北方。有，名词词头。

④刀尺决乎：权利取决于……。“决乎”下有脱文。刀尺，比喻裁决的权利。

⑤造：造访；拜访。

⑥匍匐：在地上爬行。膝进：用双膝着地行走。

⑦若人：那些人。指上文提到的有权势的人。

⑧生民：生人；人们。不钧：不同。钧，通“均”。

⑨不肖：不象；不同。肖，相似。

⑩本后顾而不见者：本来是落在我的后面很远而无法看见的人。后顾，向后看。

⑪今皆追瞻而不及：而现在都跑到了我的前面很远而无法看见更无法赶上。这两句是说，原本不如自己的人，通过一些不正当的手段，现在都飞黄腾达了，而自己还陷于困窘的生活之中。

⑫有以：有原因。

⑬性苟不堪：如果本性承受不了(四处钻营的行为)。苟，如果。堪，承受。

⑭以此存亡：无论生死都遵循这一原则。

⑮易：改变。

【译文】

“我只是遗憾自己没能身在其位，虽然有自己的政治理想却没有任何政治权力，没办法为国家把这些肮脏的贪官污吏流放到四方边远地区，或者驱逐到最为北边的地方。他们虽然地位显赫，权利都决定于(此处有脱文)，即使他们的势力足以能够移山倒海，吹口气就能够让泥塑的大象登上云天，然而到他们家里去拜谒，我还没有这个闲工夫。但是有很多人低声下气和颜悦色，趴在地上用双膝爬行，请求和这些人交往，以谋取自己的利益。真是可悲啊！人们思想的不同，竟然是如此的巨大而互不一样啊！我之所以和他们共同生活在圣明时代而陷于困窘贫贱的境地，那些本来是落在我的后面很远而无法看见的人，如今都跑到了我的前面很远而无法看见更无法赶上，这难道不是有原因的吗！然而如果我的天性忍受不了四处钻营的行为，那就各从所好吧，无论生死我都要遵循自己的原则，我是无法改变的。”

或又难曰：“时移世变，古今别务，行立乎己，名成乎人①。金玉经于不测者②，托于轻舟也；灵乌萃于玄霄者③，扶摇之力也④；芳兰之芬烈者⑤，清风之功也；屈士起于丘园者⑥，知己之助也。今先生所交必清澄其行业⑦，所厚必沙汰其心性⑧，孑然只跱⑨，失弃名辈，结雠一世，招怨流俗，岂合和光以笼物⑩，同尘之高义乎⑪？若比智而交，则白屋不降公旦之贵⑫；若钧才而游，则尼父必无入室之客矣⑬。”

【注释】

①名成乎人：能否获得美名在于别人。

②不测：深不可测的大水。

③灵乌：应作“灵鸟”。《道藏》本等即作“灵鸟”。《道藏》本等即作“灵鸟”。指大鹏鸟。萃：栖止；飞到。玄霄：苍天。玄，天青色。《庄子·逍遥游》：“鹏之徙于南冥也，水击三千里，抟扶摇而上者

九万里。”

④扶摇：旋风名。

⑤芬烈：浓烈的芳香。“芬烈”上有脱字。

⑥屈士：被压制的隐士。丘园：山林田园。指隐居地。

⑦行业：品行。

⑧沙汰：淘汰。这里引申为陶冶、修炼。

⑨孑然：孤独的样子。跱(zhì)：同“峙”，独立。

⑩和光：使自己的光芒柔和一些。光，比喻人的长处、优点。《老子》四章：“挫其锐，解其纷，和其光，同其尘。”前人多用和光同尘比喻不露锋芒，随俗而处。笼物：团结人们。物，主要指人。

⑪尘：尘埃。比喻污垢、缺陷。与“光”相对。

⑫白屋：指不施装饰的简陋房屋。一说是用白茅覆盖的房子。为平民的住房。这里代指普通百姓。公旦：周公姬旦。周武王之弟，周成王之叔。

⑬尼父：孔子。孔子名丘，字仲尼。父，通“甫”，对男子的美称。《礼记·檀弓上》：“鲁哀公诔孔丘曰：‘天不遗耆老，莫相予位焉！呜呼哀哉，尼父！’”入室之客：得意的弟子。《论语·先进》：“子曰：‘由之瑟奚为于丘之门？’门人不敬子路。子曰：‘由也升堂矣，未入于室也。’”

【译文】

有人又责难说：“时代与社会改变了，古代与现代的情况也有所不同，行为的好坏在于自己，而能否获得美名却在于别人。金玉要想渡过深不可测的大水，必须依托轻快的船只；大鹏要想飞上天空，则要借助旋风的力量；兰花能够散发出浓郁的芳香，靠的是清风；隐居在山林田园的受到压制的士人要想出仕，则要靠知己的帮助。然而现在先生在与人交往时一定要求对方的品行清廉高洁，关系密切的人一定要求对方修养好自己的性情，结果是自己孤零零地独立于世，失去了很多名人的帮助，与整个社会的人们结下仇怨，招致世俗人们的怨恨，这难道符合调和自己的光芒以团结大众、降低自己的道德要求以随和世俗这样的大道理吗？如果一定只与智慧同等的人交往，那么普通百姓也就无法迎来屈尊而降的周公；如果一定只与才能相当的人往来，那么孔子也不会有得意的入室弟子。”

抱朴子曰：“吾闻详交者不失人①，而泛结者多后悔。故曩哲先择而后交②，不先交而后择也。子之所论，出人之计也③；吾之所守，退士之志也④。子云玉浮鸟高⑤，皆有所因⑥，诚复别理一家之说也。吾以为宁作不载之宝、不飞之鹏、不飏之兰、无党之士⑦，亦（此处有脱文）损于夜光之质、垂天之大、含芳之卉、不朽之兰乎⑧？且夫名多其实，位过其才，处之者犹鲜免于祸辱，交之者何足以为荣福哉！

【注释】

①详交：交友慎重。详，慎重。失人：错过应该交往的朋友。

②曩（nǎng）哲：从前的哲人。曩，从前。

③出人：想出人头地的人。

④退士：隐士；不愿做官的人。

⑤玉浮鸟高：金玉浮于水，灵鸟飞于天。指上文提到的“金玉经于不测者，托于轻舟也；灵鸟萃于玄霄者，扶摇之力也”。

⑥因：依靠；凭借。

⑦飏（yáng）：飞扬；飘扬。

⑧亦：“亦”字下疑当有“何”字。垂天之大：巨大得如同天上的云层。垂天，挂在天上。垂，挂。一说“垂天”即天边。垂，通“陲”，边。《庄子·逍遥游》：“鹏之背不知其几千里也，怒而飞，其翼若

垂天之云。”

【译文】

抱朴子说：“我听说交友慎重的人不会失去应该交往的朋友，而交友浮泛的人往往会后悔莫及。所以从前的哲人是先选择人然后再去结交，而不是先去结交然后再去选择人。您所谈的内容，是想出人头地者的想法；而我所坚持的，是不愿做官者的志向。您说金玉渡水、鸟飞升天，都要有所依托，确实是另一种道理、一家之说啊。我认为宁肯当不要船载的宝物、不飞升天空的大鹏、不飘扬芳香的兰花、没有党羽的士人，这又怎么会损害夜光璧的美好质地、大鹏那如同挂在天边的云层般的巨大、饱含芳香的花卉、不会枯朽的兰花呢？更何况美名超过了实际品行，地位超过了实际才能，而接受这种美名地位的人自己尚且很少能够免于灾祸羞辱，和他们交往的人又哪里值得去感到荣耀幸福呢！

“由兹论之，则交彼而遇者[①]，虽得达不足贵；芘之而误者[②]，譬如荫朽树之被笮也[③]。彼尚不能自止其颠蹶[④]，亦安能救我之碎首哉！吾闻大丈夫之自得而外物者[⑤]，其于庸人也，盖逼迫不获已而与之形接[⑥]，虽以千计，犹蚤虱之积乎衣而赘疣之攒乎体也[⑦]。失之虽以万数，犹飞尘之去嵩、岱、邓林之堕朽条耳[⑧]。岂以有之为益、无之觉损乎？

【注释】

①遇：指遇到好时机。

②芘(bì)：通“庇”，遮盖；庇护。

③荫：树荫。用作动词，在树荫下乘凉。笮(zé)：挤压。这里指被砸住。

④颠蹶：倒下。

⑤自得：因道德高尚而自得其乐。外物：置名利于度外。物，身外之物；名利。

⑥不获已：迫不得已。形接：外表上的交往。

⑦赘疣（yóu）：多余的肉瘤。疣，肉瘤。攒（cuán）：聚集。

⑧嵩、岱：嵩山和泰山。泰山又被称为“岱岳”。嵩山在今河南，泰山在今山东。邓林：传说中的树林。这里泛指大树林。

【译文】

“由此可见，与那些人交往而遇到了好的时机，即使能够飞黄腾达也不值得看重；乞求那些人的庇护而出现了失误，就好像在腐朽的树下乘凉被砸在树下一样。已经腐朽的树自己尚且不能挽救自己的倒下，又怎么能够挽救我的头破血流呢！我听说大丈夫品德高尚自得其乐而轻视身外的名利，他们对于那些庸人，大概只是在迫不得已的情况下与他们进行外表上的交往，交往的这些庸人即使数以千计，也不过如同衣服里积累了许多跳蚤虱子、身体上丛生着许多肉瘤一样。失去的这些庸人即使数以万计，也不过如同嵩山、泰山吹走了一些尘土、大树林中掉落了几根朽枝一般。怎么会认为有了他们就对自己有益、失去他们就会觉得对自己有损呢？

“且夫朋友也者，必取乎直谅多闻①，拾遗斥谬②，生无请言③，死无托辞④，终始一契⑤，寒暑不渝者⑥。然而此人良未易得⑦，而或默语殊涂⑧，或憎爱异心，或盛合衰离，或见利忘信。其处今也，譬犹禽鱼之结侣、冰炭之同器，欲其久合，安可得哉！夫父子天性，好恶宜钧，而子政、子骏⑨，平论异隔⑩；南山、伯奇⑪，辩讼有无⑫。面别心殊，其来尚矣⑬。总而混之，不亦难哉！

【注释】

①谅:诚实。

②拾遗:弥补自己的缺失。遗,遗漏;缺失。斥谬:批评自己的错误。

③请言:请托之言。指通过私人关系谋取私人利益。

④托辞:托付私利的言语。

⑤一契:完全同心同德。一,完全。契,契合;一致。

⑥寒暑:热与冷。代指无论任何情况。不渝:不变。渝,变化。

⑦良:确实。

⑧默语:沉默与讲话。代指言行。

⑨子政、子骏:指西汉的刘向、刘歆父子。刘向字子政,刘歆字子骏。父子都研究《春秋》,刘向擅长《春秋穀梁传》,刘歆爱好《春秋左氏传》,父子二人对《春秋》的理解各不相同,并发生过辩论。

⑩平论:评论。平,通“评”。

⑪南山、伯奇:杨明照先生《抱朴子外篇校笺》等书均注此典故出处“未详”。我们认为可能是指西周的大臣尹吉甫和他的儿子伯奇。《诗经·小雅·节南山》:“节彼南山,维石岩岩。赫赫师尹,民具尔瞻。”这里的师尹,古人认为是指太师尹吉甫或他的后人。诗中把尹吉甫比作高大的南山,葛洪可能用“南山”代指尹吉甫。《琴操上·履霜操》记载,尹吉甫长子名叫伯奇,伯奇亲母去世后,后母希望自己的儿子能够继承尹吉甫的爵位,于是诬陷伯奇。诬陷的方法是:伯奇的后母把一只毒蜂放在自己的领子上,让伯奇去摘掉自己身上的毒蜂,然后诬陷伯奇调戏自己,尹吉甫信以为真,于是流放了伯奇,一说杀死了伯奇。

⑫辩讼:争论。有无:指调戏后母的事情是否存在。

⑬尚:时间久远。

【译文】

“再说所谓的朋友,一定要求他们正直诚实学识渊博,能补救自己的过失批评自己的错误,生前不会请托以谋取私利,死时也不会为私利而有所托付,始终完全同心同德,无论任何情况都不会变心。然而这样的人确实不易遇到,有的人在言行方面志趣不同,有的人在好恶方面想法各异;有的人在你兴盛时相交而在你衰败时离开,有的人一看到利益就忘记了信义。现在让这些人生活在一起,就好像鸟与鱼结为伴侣一样,还好像把冰块和炭火放在一个容器里一般,想要让他们长期共处,怎么可能呢!父子之间有着天然的血缘关系,好恶之情应该是一样的,然而刘向和刘歆父子,在评论问题时就意见各异;尹吉甫与伯奇父子,就曾为调戏后母的事情是否存在而发生争辩。表面和内心都不相同,这种现象由来已久。要想让不同的人相安无事地生活在一起,不是也太困难了吗!

“世俗之人,交不论志①,逐名趋势,热来冷去;见过不改,视迷不救;有利则独专而不相分,有害则苟免而不相恤②;或事便则先取而不让,值机会则卖彼以安此③。凡如是,则有不如无也。

【注释】

①志:思想;品德。

②苟免:采取不正当手段以求免除。

③此:指自己。

【译文】

“世俗的人们,交朋友时不考虑对方的品德,只去追随有名有权的人,兴盛时就来交往而衰败时就马上离开;见到对方的过失不去帮助改正,见到对方有了迷惑也不去挽救;有了利益就独自占有而不愿分给对方,有了危险就采取不正当手段以求自免而不相互救助;或者做事遇到便宜就抢先占有并不愿让给对方,一有机会就出卖对方以保证自己的安全。所有的情况大致如此,那么有朋友还不如没有朋友。

"天下不为尽不中交也①,率于为益者寡而生累者众②。知人之明,上圣所难③。而欲力厉近才、短于鉴物者④,务广其交,又欲使悉得⑤,可与经夷险而不易情、历危苦而相负荷者⑥,吾未见其可多得也。虽搜琬琰于培塿之上⑦,索鸾凤乎鷦鷯之巢⑧,未为难也。吾亦岂敢谓蓝田之阳、丹穴之中⑨,为无此物哉! 亦直言其稀已矣。

【注释】

①中交:适合交友。中,适合。

②率:大多。为益:带来益处。生累:产生累赘;带来麻烦。

③知人之明,上圣所难:能够明确了解别人,连上等的圣人尚且感到很难。《尚书·皋陶谟》:"皋陶曰:'都! 在知人,在安民。'禹曰:'吁! 咸若时,惟帝其难之。知人则哲,能官人;安民则惠,黎民怀之。'"文中的"帝"指帝舜。

④力厉:努力鼓励。厉,激励;鼓励。鉴物:鉴别人物。鉴,鉴别;识别。

⑤悉得:全部得到合适的朋友。悉,全部。

⑥夷险:安全与危险。夷,平安;安全。易:改变。负荷:承担。即相互负起责任。

⑦琬琰(wǎn yǎn):两种美玉名。这里泛指美玉。培塿(pǒu lǒu):小土丘。

⑧鸾：传说中凤凰一类的鸟。鹪鹩(jiāo liáo)：小鸟名。

⑨蓝田：地名。在今陕西蓝田，盛产美玉。阳：南面。丹穴：传说中的山名。据说此山多凤凰。《山海经·南山经》："丹穴之山……有鸟焉，其状如鸡，五采而文，名曰凤皇。"

【译文】

"天下并非所有的人都不适合与之交朋友，但大多数人能够给自己带来的益处少而带来的麻烦多。能够明确地了解别人，对于上等的圣人来说都是很困难的事情。然而却努力地去鼓励那些才智短浅、不善于鉴别人物的人，要他们努力地去广泛交结朋友，还要让他结交的朋友都很合适，可以和这些朋友一起无论是平安还是危险时都不会改变友情，遇上危难困苦的境地时还能够互相负起责任，我将看不到他们能够找到很多这样的朋友。如果能够轻易找到这样的朋友，那么即使是到小土丘上去寻找美玉，到鹪鹩鸟的巢中去寻找鸾凤，也都不算困难的事情了。我又怎么敢说蓝田的南面、丹穴之中，就没有美玉和鸾凤呢！我也只不过是说这样的事物太稀少了而已。

"夫操尚不同①，犹金沉羽浮也；志好之乖次②，犹火升而水降也。苟不可同，虽造化之灵、大块之匠③，不可使同也，何可强乎！余所禀讷骙④，加之以天挺笃懒⑤，诸戏弄之事，弹棋博弈⑥，皆所恶见；及飞轻走迅⑦，游猎傲览⑧，咸所不为，殊不喜嘲亵⑨。凡此数者，皆时世所好，莫不耽之，而余悉阙焉，故亲交所以尤辽也⑩。加以挟直，好吐忠荩⑪，药石所集⑫，甘心者鲜。又欲勉之以学问，谏之以驰竞，止其摴蒱⑬，节其沉湎⑭，此又常人所不能悦也。

【注释】

①操尚:操守;崇尚。

②乖次:差异。

③大块:大地。这里代指大自然。块,土块。

④讷(nè):不善言谈。騃(ái):愚笨。

⑤天挺:天生。挺,拔;生。笃:非常。

⑥弹棋:古代的一种棋类博戏。博弈:六博和围棋。古代掷采下棋的比赛游戏。

⑦飞轻:使轻捷的猎鹰飞翔。即带着猎鹰打猎。走迅:带着跑得很快的猎犬打猎。走,跑。迅,指速度很快的猎犬。

⑧傲:通"遨",遨游。

⑨嘲亵:不庄重的嘲弄玩笑。亵,亲近而不庄重。

⑩辽:通"寥",稀少。

⑪忠荩(jìn):忠诚。荩,进用。后来用作忠诚义。《诗经·大雅·文王》:"王之荩臣,无念尔祖。""荩臣"本指天子所进用的大臣,后引申为忠诚之臣。

⑫药石:药物和砭石。比喻批评。石,用石做的针,可以刺激穴位治病。

⑬樗(chū)蒲:古代的一种赌博游戏。

⑭沉湎:酗酒。湎,沉迷于酒。

【译文】

"人们的操守不同,就好像金属下沉而羽毛浮起一样;人们的志向差异,就好像火向上燃烧而水向下流动一般。如果无法同一,那么即使是神奇的造物主、巧妙的大自然,也不可能使他们志同道合,人力又如何能够勉强做到呢!我天生不善言谈愚笨迟钝,再加上天性特别懒惰,各种玩耍的事情,像下棋博戏之类,都是我所讨厌看到的;至于带着轻盈的飞鹰和迅猛的猎犬,到处打猎游览,都是我所不愿意去做的,特别不喜欢不够庄重的嘲弄玩笑。所有这些事情，全都是现在世人所爱好的，莫不沉溺于其中，而我对此全都缺乏兴趣，因此与我交往密切的朋友就特别的少。再加上我的性格直爽，喜欢尽吐忠言，爱批评别人，因此喜欢我的人也很少。我还想勉励别人努力学习，劝告别人不要争名夺利，阻止别人玩赌博游戏，节制别人酗酒，这也是一般人所不喜欢的。

“毁方瓦合①，违情偶俗②。人之爱力，甚所不堪，而欲好日新③，安可得哉！知其如此而不辩改之④，可不谓之暗于当世、拙于用大乎⑤？夫交而不卒，合而又离，则两受不弘之名⑥，俱失克终之美⑦。夫厚则亲爱生焉，薄则嫌隙结焉，自然之理也，可不详择乎！为可临觞拊背⑧，执手须臾⑨，欲多其数而必其全，吾所惧也。”

【注释】

①毁方瓦合：毁去自己的棱角而与庸人相合。方，棱角。瓦，陶器。比喻庸人。

②违情偶俗：违背自己的心愿而与俗人配合。偶，相配合。

③日新：本指一天天进步。这里指在交友方面有所改变。

④不辩：即“不便”。不能马上就……。一本“辩”即作“便”。便，马上。

⑤拙于用大：在大的方面很笨拙。《庄子·逍遥游》：“惠子谓庄子曰：‘魏王贻我大瓠之种，我树之成而实五石；以盛水浆，其坚不能自举也；剖之以为瓢，则瓠落无所容。非不呺然大也，吾为其无用而掊之。’庄子曰：‘夫子固拙于用大矣！’”以上数句都是反话，表现了葛洪对世俗风气的激愤。

⑥不弘：不宽宏大度。

⑦克终：能够交往至终。克，能够。

⑧临觞（shāng）拊背：拿着酒杯拍拍脊背。描写亲密的样子。觞，酒杯。

⑨须臾：片刻。

【译文】

“毁掉自己的棱角与庸人交往，违背自己的意愿与俗人配合，世俗人们所喜欢并努力做的事情，实在让我难以忍受，而想让我在交友方面有所改进，怎么可能呢！知道自己如此不善交友而不能马上改正，能够不说自己是对现实社会太愚昧无知、在大的事情上太笨拙了吗？交友却不能坚持到底，先交往而后又分手，那么双方都会得到不够宽弘大度的名声，都会失去交友要有始有终的美誉。感情深厚就会相互爱护，感情淡薄就会相互猜忌，这是自然而然的道理，能不谨慎选择朋友吗！为了能够手拿酒杯拍拍脊背，短暂地握一下手，就想多多交友而且还要保证处处周全，这是我感到担心的事情。”

或曰：“然则都可以无交乎？”抱朴子答曰：“何其然哉①！夫畏水者何必废舟楫，忌伤者何必弃斧斤②？交之为道，其来尚矣。天地不交则不泰③，上下不交即乖志。夫不泰则二气隔并矣④，志乖则天下无国矣。然始之甚易，终之竟难⑤。患乎所结非其人，败于争小以忘大也。《易》美金兰⑥，《诗》咏百朋⑦，‘虽有兄弟，不如友生’⑧。切思三益⑨，大圣所嘉。门人所以增亲⑩，恶言所以不至⑪；管仲所以免诛戮而立霸功⑫，子元所以去亭长而驱朱轩者⑬，交之力也。

【注释】

①然：这样。

②斤：斧头。

③泰：安泰。这里指万物昌盛。古人认为天气（又叫做阳气）与地气（又叫做阴气）相互交合就能够产生万物。

④二气：指阴阳二气。古人认为，阴阳二气相互融合就能够产生万物，二气相互隔离万物就无法出现。

⑤竟：疑作“寔”。确实。

⑥金兰：指朋友感情深厚。《周易·系辞上》：“子曰：‘……二人同心，其利断金；同心之言，其臭如兰。’”

⑦百朋：众多的朋友。《诗经·小雅·菁菁者莪》：“既见君子，锡我百朋。”古代以贝为货币，五贝为朋。《诗经》中的“百朋”指很多货币，后被引申为众多朋友。

⑧友生：友人。这两句出自《诗经·小雅·常棣》：“虽有兄弟，不如友生。”

⑨切思：为“切偲”之误。相互切磋勉励。《论语·子路》：“子曰：‘……朋友切切、偲偲，兄弟怡怡。”三益：指正直、诚信、博学这三种能够为自己带来益处的朋友。《论语·季氏》：“孔子曰：‘益者三友，损者三友。友直、友谅、友多闻，益矣。’”

⑩门人所以增亲：弟子之所以更加亲近。《史记·仲尼弟子列传》：“回年二十九，发尽白，早死。孔子哭之恸，曰：‘自吾有回，门人益亲。’”

⑪恶言所以不至：恶言之所以不再听到。《史记·仲尼弟子列传》：“孔子曰：‘自吾得由，恶言不闻于耳。’”“由”指孔子的弟子子路。子路姓仲名由，字子路。

⑫管仲：春秋时期齐国政治家，协助齐桓公建立霸业。管仲之所以能够得到桓公的重用，主要是得力于朋友鲍叔牙的举荐。《史记·管晏列传》：“（管仲）少时常与鲍叔牙游，鲍叔知其贤……已而鲍叔事齐公子小白，管仲事公子纠。及小白立为桓公，公子纠

死，管仲囚焉。鲍叔遂进管仲。管仲既用，任政于齐，齐桓公以霸。”

⑬子元：西汉朱博，字子元。家贫，初为亭长。为人刚直仗义，与陈咸为友。后来在陈咸的举荐下，出任栎阳令，后任大司空。亭长：官名。秦汉时，每十里为一亭，设亭长，负责治安、诉讼之事。朱轩：红漆车。权贵乘坐的车子。

【译文】

有人说：“那么人们都可以不去交朋友吗？”抱朴子回答说：“怎么能这样说呢！怕水的人又何必一定要废掉船和桨，不愿受到伤害的人又何必一定要丢弃斧头呢？交友作为一种生活原则，由来已久了。天和地不交合就不能产生万物，君主与百姓不交往就会思想乖背。万物不能产生就说明阴阳二气被隔离了，思想乖背就会使天下没有国家了。然而开始交友时容易，能够把友情坚持到底就很困难。值得担心的是所结交的不是合适的人，结果使朋友关系败坏于为争夺微小的利益而忘掉了重要的友情。《周易》赞美深厚的朋友之情，《诗经》歌颂众多的朋友，‘虽然有兄弟，不如有友人。’能够相互切磋勉励的朋友与能够为自己带来益处的三种朋友，是大圣人孔子所赞许的。弟子们之所以更加亲近孔子，恶言之所以不再会被孔子听到；管仲之所以能够避免被杀掉而建立了霸业，朱博之所以能够离开亭长的位置而乘坐上华美的车辆，靠的都是交友的力量。

“单弦不能发《韶》、《夏》之和音①，孑色不能成衮龙之玮烨②，一味不能合伊鼎之甘③，独木不能致邓林之茂④。玄圃极天⑤，盖由众石之积；南溟浩瀁⑥，实须群流之赴。明镜举则倾冠见矣，羲和照则曲影觉矣⑦，隐括修则枉刺之疾消矣⑧，良友结则辅仁之道弘矣⑨。

【注释】

①《韶》:舜时的乐曲名。《夏》:大禹时的乐曲名。

②孑(jié):孤单;单独。衮(gǔn)龙:即衮服,又叫做衮衣,绣有龙形等花纹的高贵服饰。玮烨(wěi yè):光彩华美的样子。

③伊:伊尹。鼎:烹煮器具。据说伊尹曾借助烹调手艺以接近商汤王。

④邓林:传说中的大树林。

⑤玄圃:传说中的神山,在昆仑山中。

⑥南溟:南海。溟,海。浩漭(yàng):浩瀚无边的样子。

⑦羲和:神话中为太阳驾车的人。这里代指太阳。

⑧檃(yǐn)括:用来矫正曲木的工具。枉刺:弯曲。刺,疑作"剌",不正的意思。

⑨辅仁:培养仁德。《论语·颜渊》:"曾子曰:'君子以文会友,以友辅仁。'"

【译文】

"一根弦不可能演奏出《韶》、《夏》的和谐声音,一种颜色不可能绘出衮服上的美丽花纹,一种味道不可能烹调出伊尹鼎中的甘美味道,一棵树不可能形成邓林的茂盛。玄圃高耸云天,那是由众多的石头堆积起来的;南海浩瀚无边,那是由无数的河流汇集形成的。举起明亮的镜子就能够看到自己的帽子歪了,在阳光的照耀下就能够感觉到自己的影子弯了。使用矫正的工具就能够消除木头弯曲的毛病,结交优秀的朋友就能够弘扬培养仁德的风气。

"达者知其然也[①],所企及则必简乎胜己[②],所降结则必料乎同志[③]。其处也则讲道进德,其出也则齐心比翼。否则钧鱼钓之业[④],泰则协经世之务[⑤]。安则有以精义,危则有以相恤。耻令谭、青专面地之笃[⑥],不使王、贡擅弹冠之美[⑦]。

夫然，故交道可贵也。

【注释】

①达者：通达事理的人。然：这样。

②企及：向上交友。也即与比自己强的人交友。简：选择。

③降结：向下交友。料：考虑；选择。

④否(pǐ)：阻塞不通。这里指因仕途不畅而隐居。钧：通“均”，共同；一起。鱼钓之业：钓鱼的事情。代指隐居生活。

⑤泰：安泰；顺利。这里指仕途顺畅。

⑥谭、青：薛谭、秦青。先秦的两位歌唱家。面地：面向地跪拜。表示钦佩之至。《列子·汤问》：“薛谭学讴于秦青，未穷青之技，自谓尽之，遂辞归。秦青弗止，饯于郊衢，抚节悲歌，声振林木，响遏行云。薛谭乃谢，求反，终身不敢言归。”

⑦王、贡：王吉、贡禹。两人都是西汉琅邪人，感情甚笃。弹冠：整洁其冠，比喻即将出仕为官。《汉书·王吉传》：“吉与贡禹为友，世称‘王阳在位，贡公弹冠’，言其取舍同也。”王阳，即王吉。王吉字子阳。

【译文】

“通达事理的人明白这一点，因此他们向上交友就一定选择比自己强的人，向下交友就一定选择与自己志向相同的人。他们隐居时就研究大道增进美德，他们出仕时就同心同德比翼双飞。他们生活不顺利时就一起隐逸江湖，仕途顺利时就齐心治理国家。生活安适时就探讨微妙的道理，出现危险时就互相帮助。有耻于仅仅让薛谭和秦青具备了深厚的友情，不能让王吉和贡禹独占了志同道合的美名。如果能够做到这些，交友之道才算是可贵的。

“然(此处有脱文)实未易知[①]，势利生去就，积毁坏刎颈之契[2]，渐渍释胶漆之坚[3]。于是有忘素情之绸叹[4]，或睚眦而不思[5]，遂令元伯、巨卿之好[6]，独著于昔；张耳、陈余之变[7]，屡搆于今[8]。推往寻来，良可叹也[9]！夫梧禽不与鸱枭同枝[10]，麟虞不与豺狼连群[11]，清源不与浊潦混流[12]，仁明不与凶暗同处[13]。何者？渐染积而移直道，暴迫则生害也[14]。”

【注释】

①实：确实。“实”字上缺一字，一说应缺一“虚”字，一说应缺一“人”字。译文从后说。

②积毁：不断的毁谤、谗言。刎颈：刎颈之交；生死朋友。契：契合；友谊。

③渐渍(zì)：慢慢浸泡。比喻一点一滴的矛盾。胶漆之坚：相融牢固的胶漆。比喻深厚的友谊。

④绸：通“惆”，伤感。

⑤睚眦(yá zì)：嗔目怒视。指小的仇恨。不思：不顾及过去的友情。

⑥元伯、巨卿：东汉的张劭、范式。张劭字元伯，范式字巨卿。《后汉书·独行列传》记载，范式与张劭为友，感情甚好。后张劭去世，其灵柩不肯入墓穴，及范式赶到后，柩乃入墓。

⑦张耳、陈余：秦汉之交时的人。《史记·张耳陈余列传》记载，二人都是大梁人，为刎颈之交。陈胜起兵后，二人立武臣为赵王。后来在与秦兵的作战中，二人产生矛盾，张耳投刘邦。汉三年，韩信、张耳共击斩陈余。

⑧搆(gòu)：造成。引申为出现。

⑨良：确实。

⑩梧禽：指凤凰。古人认为凤凰多栖息于梧桐树上，因此称之为

“梧禽”。鸱枭(chī xiāo):猫头鹰。

⑪麟:麒麟。虞:驺虞。传说中的瑞兽。

⑫潦(lǎo):雨后的积水。

⑬暗:愚昧。

⑭暴迫:突然接近。指与坏人交友的时间短暂。暴,突然。迫,接近。

【译文】

“然而要想了解一个人实在不容易,权力和利益往往造成朋友间的分手与结合,不断地听到谗言能够毁掉刎颈之交,就像浸泡的时间长了能够消解相融牢固的胶漆一样。于是就出现了因为忘掉平素友谊的感叹,有的因为小的怨恨而不再顾及原来的感情,于是就让张劭和范式的深厚友谊,仅仅能够出现在从前;张耳和陈余反目为仇的变故,却屡屡发生在今天。看看过去想想未来,确实让人感慨啊!凤凰不和猫头鹰栖息在同一根树枝上,麒麟、驺虞不和豺狼生活在同一个群体中,清澈的泉水不和污浊的积水混流,仁义明智的人不和凶暴愚昧的人相处。为什么呢?因为与坏人交往久了会改变自己的正直品德,交往的时间即使短暂也会产生危害。”

或人曰:“敢问全交之道可得闻乎①?”抱朴子答曰:“君子交绝犹无恶言②,岂肎向所异辞乎③?杀身犹以许友,岂名位之足竞乎?善交狎而不慢,和而不同④,见彼有失,则正色而谏之;告我以过,则速改而不惮。不以忤彼心而不言⑤,不以逆我耳而不纳;不以巧辨饰其非,不以华辞文其失;不形同而神乖,不匿情而口合;不面从而背憎,不疾人之胜己;护其短而引其长⑥,隐其失而宣其得,外无计数之诤⑦,内遗心竞之累⑧。夫然后《鹿鸣》之好全⑨,而《伐木》之刺息⑩。若乃轻合而不重离[11],易厚而不难薄[12],始如形影,终为参辰[13],至欢变为笃恨,接援化成雠敌;不详之悔[14],亦无以(此处有脱文)。

【注释】

①全交:善始善终的交往。

②交绝:断绝交往。恶言:讲对方的坏话。《史记·乐毅列传》:"臣闻古之君子,交绝不出恶声。"

③肎向所异辞:背后当面说法不一。"肎"字为"背"字之误。

④和而不同:坚持个人的正确看法,不随便附和别人。无原则地处处附和别人叫"同",赞成别人正确的方面、批评别人的错误叫"和"。《论语·子路》:"君子和而不同,小人同而不和。"

⑤忤:不顺;抵触。

⑥引:发扬;发挥。这里引申为赞扬。

⑦计数之诤:斤斤计较。

⑧心竞:内心的竞争。

⑨《鹿鸣》:诗歌名。《诗经·小雅》中的一篇。主要描写君臣的宴会之乐。

⑩《伐木》:诗歌名。《诗经·小雅》中的一篇。其中讽刺了不够忠厚的朋友。

⑪轻合:轻易地结交朋友。不重离:不重视分手的事情。也即轻易地分手。

⑫易厚:很容易地就能够感情深厚。不难薄:很容易地就变得薄情。

⑬参(shēn)辰:两个星名。这两颗星星此出彼没,永远不会同时出现。比喻朋友分手。

⑭不详:不谨慎。这里指不够谨慎的交友。详,谨慎。

⑮亦无以：也没有原因（或没有办法、没有理由）。“亦无以”下有脱文。

【译文】

有人说：“请问您能否把保全友情的办法说给我听听吗？”抱朴子回答说：“君子在与人断绝友情之后尚且不肯讲对方坏话，又怎么会对朋友当面一套背后一套呢？有的人尚且愿意为朋友献出生命，又怎么会与朋友争夺名声地位呢？善于交友的人亲密而不轻慢，坚持正见而不随便附和，看到对方有了过错，就态度严肃地劝告他；如果对方告诉自己有了过错，就马上改正而没有任何畏难情绪。不会因为违背了对方的心愿而自己就闭口不言，也不会因为自己听着对方的话不顺耳就不予接受；不去用巧妙的言辞来掩饰自己的错误，也不用华美的语言掩盖自己的过失；不表面赞同对方而内心反对，也不藏匿自己的真情而去口头迎合；不要当面顺从朋友而背后憎恨，不会嫉妒朋友胜过自己；遮护对方的缺点而称赞对方的长处，掩盖对方的过失而宣扬对方的成就，外面没有斤斤计较的争论，内心消除争强好胜的牵累。然后《鹿鸣》所歌颂的美好感情就能够得以保全，而《伐木》所讽刺的薄情寡义的情况就会消失。至于那些轻易交往也轻易分手，容易交往深厚也容易情义淡薄，开始时形影不离，后来如同参星与辰星那样永不见面，由相交甚欢变为深仇大恨，由互相帮助变成彼此仇恨；交友不慎造成的悔恨，也就没有原因（此处有脱文）。

“往者汉季陵迟①，皇辔不振②，在公之义替③，纷竞之俗成。以违时为清高，以救世为辱身，尊卑礼坏，大伦遂乱④。在位之人，不务尽节，委本趋末⑤，背实寻声。王事废者其誉美，奸过积者其功多。莫不飞轮兼策⑥，星言假寐⑦，冒寒触暑，以走权门，市虚华之名于秉势之口⑧，买非分之位于卖官之家。或争所欲，还相屠灭。

【注释】

①季：晚年；晚期。陵迟：日益衰落。

②皇辔(pèi)：皇权。辔，马缰绳。比喻统治臣民的权力。

③在公：一心为了国家。替：废弃。

④大伦：重要的人伦关系。

⑤委本：放弃了根本要务。委，放弃。趋末：追求细枝末节。趋，追求。

⑥飞轮兼策：急速地到处奔走。兼策，加倍地鞭策。形容急切的样子。

⑦星言："星言夙驾"的省略。意思是很早就驾车出门。星，指星星出现了。言，无义。夙，早。《诗经·鄘风·定之方中》："星言夙驾，说于桑田。"假寐：穿衣坐睡。形容随时都准备出门奔走钻营。

⑧市：买。秉势：掌权的人。

【译文】

"从前汉朝到了晚期日益衰落，皇帝已经无法控制局面，一心为国的原则已被废弃，乱纷纷争名夺利的风气已经形成。以脱离这个时代为清高，以拯救这个社会为羞耻，尊卑的礼节被破坏，基本的伦理道德于是就变得混乱不堪。那些当官的人，不努力保全臣子的节操，而是放弃根本事务而去追逐细枝末节，背弃了实际内容而去寻求虚假的名声。废弃国家政事的人反而获取了美好的名声，不断地犯下奸诈罪过的人反而立下了更大的功劳。人人急速地到处奔走，星夜兼程和衣而睡，冒着严寒顶着酷暑，奔走钻营于权贵之门，他们从掌权者的口中买得了虚假却美好的名声，从卖官人的家里购得了不应该得到的官位。有的人为了争夺自己所想要的东西，而回过头来相互屠杀灭族。

“于是公叔、伟长疾其若彼①，力不能正，不忍见之，尔乃发愤著论②，杜门绝交③，斯诚感激有为而然④。盖矫枉而过正⑤，非经常之永训也。徒当远非类之党⑥，慎谄黩之源⑦，何必裸袒以诡彼己、断粒以刺玉食哉⑧！夫交之为非，重谏而不止⑨，遂至大乱。故礼义之所弃，可以绝矣。”

【注释】

①公叔：东汉人。姓朱名穆，字公叔。朱穆有感于当时交友的乱象，撰《绝交论》，表示自己要与他人绝交。伟长：三国魏人。姓徐名干，字伟长。他在《中论·谴交》中批评当时的人们相互交友是为了谋取名利。疾：痛恨。

②尔乃：于是就。发愤：抒发愤懑之情。

③杜：闭。

④斯：这。诚：确实。感激：感慨；激愤。有为：有目的；有原因。然：此。

⑤矫枉过正：纠正偏差超过了正常尺度。枉，弯曲。意思是说，公叔、伟长二人因为有感于世俗人交友动机不纯，而断绝一切交往，这种行为是矫枉过正。

⑥徒当：只是应该。徒，仅仅；只是。非类之党：与自己不是同类的人。

⑦谄黩：交友时谄媚上级，轻慢下级。黩，轻慢。

⑧裸袒：赤裸裸地不穿衣服。诡：责求；责备。彼己：指道德低下而服装尊贵的人。也即德不称位的人。《诗经·曹风·候人》：“彼其之子，不称其服”。《左传·僖公二十四年》引作“彼己之子，不称其服。”断粒：不吃粮食。玉食：美食。

⑨重谏：反复劝告。

【译文】

“于是朱穆、徐干痛恨交友中的这种情况，然而又没有力量予以纠正，可又不忍心看下去，于是就发愤著书立说，关起门来断绝一切交往，这确实是因为极为感慨而带着目的才这样做的。不过他们的做法有点矫枉过正，不能作为正常情况下的永久原则。只是要注意远离与自己不是同类的人，谨慎地杜绝谄媚上级而轻慢下级的行为根源，自己何必一定要用赤身裸体的方法去责备道德低下而服饰尊贵的人、用不吃粮食的方式去讽刺饮食奢侈的人呢！如果自己所交往的朋友为非作歹，反复劝谏他也无法制止，于是就会导致大的祸乱。因此如果对方抛弃了礼义，那就可以与他断绝关系了。”

备阙卷十七

【题解】

备阙：完备与缺失。主要指人的才能的完备与缺失。阙，缺失。本篇主要阐述了人才问题。

葛洪认为，上至天地日月，下至飞鸟走兽，都有各自的优势，也都有各自的短处。“物既然矣，人亦如之。故能调和阴阳者，未必能兼百行，修简书也；能敷五迈九者，不必能全小洁，经曲碎也”。既然人世间不存在全人，那么在使用人才时，就应该扬长避短，发挥人才的优势一面。早在西汉，东方朔在《答客难》中就写道：“举大德，赦小过，无求备于一人。”不求全责备，可以说是用人的重要原则之一。本文继承了这一主张，并列举了姜子牙、惠施、刘邦、韩信、周勃、蒋琬等等大量的例子，以说明这一道理，显得有理有据，具有很强的说服力。

抱朴子曰：“骙裒能奋兰筋以绝景[1]，而不能履冰以乘深[2]；猛虎能似雷霆以搏噬[3]，而不能踊云雾以凌虚[4]；鸿、鹤不能振翅于笼罩之中[5]，轻鹞不能电击于几筵之下[6]。物既然矣，人亦如之。故能调和阴阳者[7]，未必能兼百行[8]，修简书也[9]；能敷五迈九者[10]，不必能全小洁[11]，经曲碎也[12]。

【注释】

①骠袅(yǎo niǎo):良马名。兰筋:马目上部的筋名。兰筋坚韧的马能够日行千里。绝景:超越光速。景,阳光。

②履冰:踏上薄薄的冰。乘深:走过深水。

③噬(shì):咬。

④凌虚:飞上天空。虚,天空。

⑤鸿鹍(kūn):两种鸟名。鸿,大雁。鹍,同"鹍",即鹍鸡,一种似鹤的鸟。

⑥鹞(yào):雀鹰的统称。几筵:几案。

⑦调和阴阳者:指宰相。宰相协助皇帝治理天下,主要的责任是使阴阳有序,风调雨顺。《史记·陈丞相世家》:"平谢曰:'……宰相者,上佐天子理阴阳,顺四时,下育万物之宜,外镇抚四夷诸侯。'"

⑧百行:各种品行。

⑨修简书:写文章。简,用来书写的竹简。

⑩敷五迈九:施行五常之教,具备九种美德。敷,施行。五,指五教,也即五常之教。指关于父义、母慈、兄友、弟恭、子孝的教育。迈,行;实行。九,指九德。《尚书·皋陶谟》指宽而栗、柔而立、愿而恭、乱而敬、扰而毅、直而温、简而廉、刚而塞、强而义。

⑪小洁:小节上都很高洁。

⑫经:经办;做到。曲碎:琐碎的小事。

【译文】

抱朴子说:"骏马能够奋起快捷的身体以超过日光的速度奔跑,但不能走过薄冰游过深水;猛虎能够像雷霆一样地勇猛搏击,但不能乘着云雾飞上天空。大雁和鹍鸟无法在笼子里面振翅飞翔,轻捷的鹞鹰不能在几案下面像闪电那样出击。万物都是这样,人们也是如此。能够调和阴阳的宰相,未必就能够在各个方面都做得很好,未必就能够著书立说;能够施行五常之教并具备九种美德的人,不一定就能够在小节上也很高洁,不一定就能够办好各种琐碎的小事。

"惠子①,上相之标也②,而不能役舟楫以凌阳侯③;汉高④,神武之杰也,而不能治产业⑤,端检括⑥;淮阴⑦,良将之元也,而不能修农商⑧,免饥寒;周勃⑨,社稷之骾也⑩,而不能答钱谷⑪,责狱辞⑫。若以所短弃所长,则逸侪拔萃之才不用矣⑬;责具体而论细礼⑭,则匠世济民之勋不著矣⑮。

【注释】

①惠子:战国宋人。姓惠名施。是名家代表人物之一,也是庄子的好友,曾当过魏国的相。

②上相:最优秀的相。相,官名。相当于后世的宰相。标:标准;榜样。

③役:使用。舟楫:船和桨。凌:踏上;走过。阳侯:波涛之神。这里代指波涛。《说苑·杂言》:"梁相死,惠子欲之梁。渡河而遽堕水中,船人救之。船人曰:'子欲何之而遽也?'曰:'梁无相,吾欲往相之。'船人曰:'子居船楫之间而困,无我,则子死矣,子何能相梁乎?'惠子曰:'子居艘楫之间,则吾不如子;至于安国家,全社稷,子之比我,蒙蒙如未视之狗耳。'"

④汉高:汉高祖刘邦。

⑤不能治产业:不能置办家产。《史记·高祖本纪》:"(高祖)常有大度,不事家人生产作业。"

⑥端检括:行为端正,自我约束。检括,约束。《史记·高祖本纪》:"(高祖)及壮,试为吏,为泗水亭长,廷中吏无所不狎侮,好酒及色。"

⑦淮阴:指淮阴侯韩信。西汉的开国元勋。

⑧不能修农商:不能务农经商。《史记·淮阴侯列传》:"淮阴侯韩信者,淮阴人也。始为布衣时,贫无行,不得推择为吏,又不能治生商贾,常从人寄食饮,人多厌之者。"

⑨周勃:西汉的开国元勋,曾任宰相。

⑩社稷:国家。骾:骨干。这里指骨干大臣。一说"骾"是正直的意思。

⑪不能答钱谷:不能回答钱谷的数量。《史记·陈丞相世家》:"孝文皇帝既益明习国家事,朝而问右丞相勃曰:'天下一岁决狱几何?'勃谢曰:'不知。'问:'天下一岁钱谷出入几何?'勃又谢不知,汗出沾背,愧不能对。"

⑫责狱辞:回答法官的责问。《史记·绛侯周勃世家》:"其后人有上书告勃欲反,下廷尉。廷尉下其事长安,逮捕勃治之。勃恐,不知置辞。"

⑬逸侪(chái)拔萃:出类拔萃。逸,超越。侪,同类。

⑭具体:"具体而微"的省略。原指大体具备而规模较小。这里泛指小事。《孟子·公孙丑上》:"昔者窃闻之:子夏、子游、子张皆有圣人之一体,冉牛、闵子、颜渊则具体而微。"

⑮匠世:治理社会。匠,木工。这里用作动词,整修;治理。一说"匠"为"匡"字之误。是匡正的意思。

【译文】

"惠施,是优秀国相的榜样,然而不能使用船桨行驶在波涛之上;汉高祖,是圣明神武的英杰,然而不能置办家产,不能做到行为端正自我约束;淮阴侯,是良将中的魁首,然而不能务农经商,以免挨饿受冻;周勃,是国家的骨干大臣,然而不能回答钱谷的数量,不能应答法官的责问。如果因为他们有短处就抛弃他们的长处,那么出类拔萃的人才就不会得到重用;如果要求对方在具体的小事和细微的礼节上都要做到周全，那么能够治理国家拯救百姓的功勋也就无法建立。

“天不能平其西北，地不能隆其东南①，日、月不能摛光于曲穴②；冲风不能扬波于井底③。擿齿④，则松槚不及一寸之筳⑤；挑耳，则栋梁不如鷦鷯之羽⑥；弹鸟，则千金不及丸泥之用⑦；缝缉⑧，则长剑不及数分之针。何必伏巨象而捕鼠⑨，制大鹏以司晨乎⑩？故姜牙卖煦无所售⑪，而见师于文、武⑫；蒋生愦慢于百里⑬，而独步三槐⑭。”

【注释】

①天不能平其西北，地不能隆其东南：上天不能使自己的西北方平整，大地不能使自己的东南角隆起。《淮南子·天文训》：“昔者共工与颛顼争为帝，怒而触不周之山，天柱折，地维绝。天倾西北，故日、月星辰移焉；地不满东南，故水潦尘埃归焉。”

②摛(chī)：舒展。引申为照耀。

③冲风：强风；烈风。

④擿(tī)：剔出。

⑤槚(jiǎ)：楸树。筳(tíng)：小竹签。

⑥鷦鷯(jiāo liáo)：小鸟名。

⑦金：黄金的重量单位。先秦二十两黄金为一金。一说二十四两黄金为一金。丸泥：泥丸。

⑧缝缉：缝纫；缝衣服。

⑨伏：驯服。

⑩司晨：又叫做“时夜”、“司夜”。也即公鸡报晓。

⑪姜牙：即姜太公。姓姜名牙，又称吕尚、太公望。西周初年人，协助周武王灭商后，被封于齐。煦：一说为“浆”字之误，一说为

“佣”字之误。“卖佣”即出卖劳力。本书《逸民》：“且吕尚之未遇文王，亦曾隐于穷贱，凡人易之，老妇逐之，卖佣不售，屠钓无获，曾无一人慕之。”

⑫见师：被当作老师。见，被。文、武：周文王与周武王。

⑬蒋生：蒋琬。三国蜀人。愦慢：昏愦轻慢。百里：方圆百里。指一县之地。《三国志·蜀书·蒋琬传》：“蒋琬，字公琰，零陵湘乡人也……琬以州书佐随先主入蜀，除广都长。先主尝因游观奄至广都，见琬众事不理，时又沉醉，先主大怒，将加罪戮。军师将军诸葛亮请曰：‘蒋琬，社稷之器，非百里之才也。其为政以安民为本，不以修饰为先，愿主公重加察之。’”

⑭独步三槐：在三公中出类拔萃。独步，独一无二，一时无两。多用来形容杰出人才。三槐，指三公。周代朝廷种植三槐，为三公之位。蒋琬后来官至大司马。

【译文】

“上天不能使自己的西北方平整，大地不能使自己的东南角隆起，日、月不能把自己的光芒照耀在曲折的洞穴里，大风不能使井底的水扬起波澜。剔牙齿，松树与楸树不如一寸长的小竹签；掏耳朵，房屋的栋梁不如鵾鹈的羽毛。弹打小鸟，千金不如泥丸适用；缝纫衣服，长剑不如几分长的针。为何一定要驯服大象让它去捕捉老鼠、制服大鹏让它去报晓呢？因此姜牙想出卖自己的劳力都无人雇佣，然而却被周文王和周武王拜为老师；蒋琬治理方圆百里的地方显得昏愦轻慢，然而却能够在三公里面出类拔萃。”

擢才卷十八

【题解】

擢才，选拔人才。擢，选拔。本篇在前文多次讨论人才问题的基础上，重点阐述了选拔人才的疑难问题。

首先，要想选拔合适的人才，必须知人，而知人，是很困难的。《庄子·列御寇》说："人心险于山川，难于知天。"形象生动地说明了知人善任的难度。葛洪同样认为人才难知："弘伟之士，履道之生，其崇信匪徒重仞之墙，其渊泽不唯吕梁之深也。故短近不能赏，而浅促不能测焉。"如果不能识别人才，那么衮服就与素褐同价，俊才就与庸夫一样了。

其次，要改变人才的生存环境。葛洪敏锐地感觉到，古今的社会环境、人们的价值观有了很大改变，"古今不均，时移俗易，物同价异"，过去价值连城的宝物，现在却贱于铜铁；过去被视为高尚的良才，现在却被看作不肖的罪人。要想准确地选拔人才，必须改变这种是非颠倒的评价标准。

再次，坚决遏止对人才的无端诽谤。人才往往自爱自尊，刚直不阿，这就会引起小人们的嫉恨与攻击，他们"播埃尘于白圭，生疮痏于玉肌；讪疵雷同，攻伐独立；曾参蒙劫剽之垢，巢、许获穿逾之谤"，小人们无中生有，造谣中伤，无所不用其极。如果不能打掉这股歪风，人才就无法得到重用。

第四，葛洪再次强调任用人才关系着国家的生死存亡："以石为玉，未有伤也；以愚为贤者，亡之诊也。盖诊亡者，虽存而必亡；犹脉死者，虽生而必死也。可勿慎乎！於戏，悲夫！莫之思者也。"从这段话中，不难看出作者对当时小人得势、贤人困窘的局面，是多么的痛心疾首而又无可奈何。

葛洪最后表示，虽然贤人受到无理的压制，但"冠群之德，不以沉抑而履径，而刓节于流俗"，即使在无比困难的情况下，贤者也要坚守自己的操守，不与世俗同流合污，表现出屈原那种"亦余心之所善，虽九死其犹未悔"(《离骚》)的坚贞。

抱朴子曰："华章藻蔚①，非矇瞍所玩②；英逸之才，非浅短所识。夫瞻视不能接物，则衮龙与素褐同价矣③；聪鉴不足相涉④，则俊民与庸夫一概矣⑤。眼不见，则美不入神焉；莫之与⑥，则伤之者至焉。且夫爱憎好恶，古今不均，时移俗易，物同价异。譬之夏后之璜⑦，曩直连城⑧，鬻之于今⑨，贱于铜铁。故昔以隐居求志为高士，今以山林之儒为不肖。故圣世人之良干⑩，乃暗俗之罪人也⑪；往者之介洁⑫，乃末叶之羸劣也⑬。

【注释】

①华章：美丽的花纹。章，花纹。藻蔚：光彩鲜艳的样子。

②矇瞍(méng sǒu)：盲人。玩：玩赏；观赏。

③衮(gǔn)龙：即衮服，又叫做衮衣，绣有龙形等花纹的高贵服饰。素褐(hè)：没有染色的白色粗布衣。素，白色。褐，粗布衣。

④聪鉴：鉴别人物的才智。

⑤一概：一样。概，量粮食时用来括平斗斛的木板。

⑥莫之与：即“莫与之”。没有人帮助贤人。与，帮助。之，指贤人。

⑦夏后：夏后氏。指夏朝。璜(huáng)：平而圆、中心有孔的玉叫做璧，半璧形的玉叫做璜。

⑧曩(nǎng)：从前。直：价值。

⑨鬻：卖。

⑩良干：良才。

⑪暗俗：黑暗社会。

⑫介洁：耿直高洁。介，耿直。

⑬末叶：末世。指衰落的社会。羸劣：低劣。

【译文】

抱朴子说：“光彩鲜艳的美丽花纹，不是盲人所能够观赏的；出类拔萃的杰出人才，不是见识浅薄的人所能够认识的。视力如果不能看清外物，那么华美的衮服和白色的粗衣价值相等；鉴别能力如果达不到，那么俊才和庸人就没有任何区别。如果眼睛看不见，那么美好的东西就不能被内心感受；如果没人帮助贤人，那么伤害贤人的人就会到来。再说爱好和厌恶，古今有所不同，时代和习俗变了，同样的东西就会出现不同的价格。比如夏代的璜，过去价值连城，然而现在拿去卖，价格比铜铁还要低贱。因此从前把隐居不仕修养心志的人视为高尚之士，而现在认为山林中的隐居儒生是些不善之人。所以圣明时代的优秀人才，却成了黑暗社会里的有罪之人；从前的耿直高洁之士，却成了衰落社会中的低劣之徒。

“弘伟之士、履道之生，其崇信匪徒重仞之墙①，其渊泽不唯吕梁之深也②。故短近不能赏③，而浅促不能测焉④。因以异乎己而薄之矣，以不求我而疾之矣⑤，不贵不用，何足言乎？乃有播埃尘于白圭⑥，生疮痏于玉肌⑦；讪疵雷同⑧，攻伐独立[9],曾参蒙劫剽之垢[10],巢、许获穿逾之谤[11]。自匪明并悬象、玄鉴表微者[12],焉能披泥抽沦玉、澄川掇沉珠哉[13]!夫圭璋居肆而不售[14],矧乃翳于椠璞乎[15]?奇士扣角而见遏[16],况乃潜于罩薮乎[17]?

【注释】

①崇信:信仰;志向。匪徒:不仅。匪,通“非”。仞(rèn):古代长度单位。七尺或八尺为一仞。《论语·子张》:“子贡曰:‘譬之宫墙,赐之墙也及肩,窥见室家之好。夫子之墙数仞,不得其门而入,不见宗庙之美、百官之富。’”

②渊泽:深渊。比喻思想深度。吕梁:地名。这里指吕梁的深水。《庄子·达生》:“孔子观于吕梁,县水三十仞,流沫四十里,鼋鼍鱼鳖之所不能游也。”

③短近:目光短浅。

④促:短;浅薄。

⑤疾:痛恨。

⑥白圭:洁白的圭玉。圭,为长形玉版,上圆或尖。

⑦痏(wěi):瘢痕。

⑧讪疵:批评。雷同:众口一词。常指不应该相同而相同。

⑨独立:指人格独立的贤人。

⑩曾参蒙劫剽之垢:曾参蒙受了抢劫的恶名。曾参,孔子的弟子。劫剽,抢劫。《战国策·秦策二》:“昔者曾子处费,费人有与曾子同名族者而杀人。人告曾子母曰:‘曾参杀人。’曾子之母曰:‘吾子不杀人。’织自若。有顷焉,人又曰:‘曾参杀人。’其母尚织自若也。顷之,一人又告之曰:‘曾参杀人。’其母惧,投杼逾墙而走。”

⑪巢、许:巢父、许由。传说为尧时的两位品德高尚的隐士。穿逾:

打洞翻墙以盗窃东西。另外，本句之下，《意林》引此段文字有“识珍者必拾浊水之明珠，赏气者必将秽薮之芳蕙”两句。

⑫自匪：除非。匪，通“非”。并：一样。悬象：指悬挂于天空的日、月。玄鉴：本指明镜。这里引申为明察。表微：显示微小的东西。

⑬澄川：澄清河水。掇：拾取。

⑭璋：一种玉器。形状如半个圭。肆：商店。

⑮矧(shěn)：何况。翳：遮蔽；隐藏。槃(pán)璞：大块的璞石。槃，通“磐”，大石头。璞，含有玉的石头。

⑯扣角：敲击着牛角。指春秋时宁戚敲击牛角而歌以求仕于齐桓公的故事。《吕氏春秋·举难》：“宁戚欲干齐桓公，穷困无以自进，于是为商旅，将任车以至齐，暮宿于郭门之外。桓公郊迎客，夜开门，爝火甚盛，从者甚众。宁戚饭牛居车下，望桓公而悲，击牛角疾商歌。桓公闻之，抚其仆之手曰：‘异哉，之歌者非常人也！’命后车载之。”见遏：受到阻止。见，被。

⑰罣薮：应为“皋薮”。《道藏》本、《四库全书》文溯阁本即作“皋”。皋，沼泽。薮，水不大而草木繁盛的湖泽。

【译文】

“志向宏伟的士人、遵循大道的儒生，他们的志向高远得远远超过了几丈高的围墙，他们的思想深邃得也远远超过了吕梁的深渊。因此那些短视之人根本没有能力去欣赏他们，浅薄的人也根本没有能力去理解他们。因为他们与自己不同就去鄙视他们，因为他们无求于自己而去痛恨他们，对他们不予重视不予任用，他们哪里还值得一提呢？于是就有人在他们那如同白圭的品质上涂抹尘土，在他们那如同白玉的皮肤上寻找瘢痕；大家众口一词地诽谤他们，攻击他们的独立人格；于是像曾参一样的忠孝之人获得了抢劫的恶名，像巢父、许由那样高洁之人遭受到打洞翻墙偷盗的诬陷。如果不是明如日月、能够明察秋毫的人，又怎么能够翻开泥沼找出埋藏的美玉、澄清河水取出沉入河底的宝珠呢！圭璋摆放在商店里尚且无法售出，更何况是掩藏在大块的璞石里面的美玉呢？奇异的士人敲着牛角以求出仕尚且还会受到阻拦，更何况是隐居在大泽荒野之中呢？

“孙膑思骋其秘略①，而司马刖之②；韩非愿建治绩③，而李斯杀之④。贾谊慷慨⑤，怀经国之术，而武夫排之⑥；子政忠良⑦，有匡危之具，而恭、显陷之⑧。和氏所以抱璞而泣血⑨，禽息所以发愤而碎首也⑩。夫玉石易别于贤愚，爱宝情笃于好士，以易别之宝，合笃好之物，犹获罪截趾，历世受诬，况乎难知之贤，非意所急！谗人画蛇足于无形⑪，奸臣畏忠贞之害己；体曲者忌绳墨之容⑫，夜裸者憎明烛之来。是以高誉美行，抑而不扬，虚构之谤，先形生影⑬。又无楚人号哭之荐⑭，万无一遇，固其宜矣。

【注释】

①孙膑：战国齐人，孙武的后代。是著名的军事家，著《孙膑兵法》。骋：驰骋。引申为施展。秘略：军事才华。

②司马：官名。负责军事事务。这里具体指庞涓。庞涓为魏国将军，故称之为司马。刖(yuè)之：砍掉孙膑的脚。刖，把脚砍掉的酷刑。庞涓和孙膑是同学，庞涓在魏国做官时，因嫉妒孙膑而砍掉了他的脚。《史记·孙子吴起列传》：“孙膑尝与庞涓俱学兵法。庞涓既事魏，得为惠王将军，而自以为能不及孙膑，乃阴使召孙膑。膑至，庞涓恐其贤于己，疾之，则以法刑断其两足而黥之，欲隐勿见。”

③韩非：战国韩人，著名的思想家，法家的代表人物，著《韩非子》。

本句“愿建”后似缺一“其”字。

④李斯：战国末年楚国人，后入秦协助秦始皇统一全国，任丞相。李斯和韩非是同学关系，李斯在秦国为官时，杀害韩非。《史记·老子韩非列传》：“（韩非）与李斯俱事荀卿，斯自以为不如非……秦因急攻韩。韩王始不用非，及急，乃遣非使秦。秦王悦之，未信用。李斯、姚贾害之，毁之曰：‘韩非，韩之诸公子也。今王欲并诸侯，非终为韩不为秦，此人之情也。今王不用，久留而归之，此自遗患也。不如以过法诛之。’秦王以为然，下吏治非。李斯使人遗非药，使自杀。韩非欲自陈，不得见。秦王后悔之，使人赦之，非已死矣。”

⑤贾谊：西汉洛阳人。以年少能通百家，被文帝召为博士，迁太中大夫。慷慨：激昂慷慨。形容积极进取，志向远大。

⑥武夫排之：武将们排斥他。贾谊认为汉兴至文帝二十余年，天下和洽，应当改正朔，易服色，修制度，定官名，兴礼乐，而开国功臣周勃、灌婴等人认为他年少初学，专欲擅权，于是文帝便让贾谊出任长沙王太傅。

⑦子政：西汉人。姓刘名向，字子政。著名的学问家、经学家。

⑧恭、显：弘恭、石显。二人为西汉元帝时宦官。专擅朝政，伤害贤臣。《汉书·刘向传》记载，刘向痛恨宦官弘恭、石显弄权，遂与萧望之等人欲罢黜之，事败之后，被罢官下狱，被废十余年。

⑨和氏：指卞和。春秋楚国人，因发现和氏璧而闻名。泣血：流泪出血。《韩非子·和氏》：“楚人和氏得玉璞楚山中，奉而献之厉王。厉王使玉人相之，玉人曰：‘石也。’王以和为诳，而刖其左足。及厉王薨，武王即位，和又奉其璞而献之武王。武王使玉人相之，又曰：‘石也。’王又以和为诳，而刖其右足。武王薨，文王即位，和乃抱其璞而哭于楚山之下，三日三夜，泣尽而继之以血。王闻之，使人问其故，曰：‘天下之刖者多矣，子奚哭之悲矣？’和

曰：'吾非悲刖也，悲夫宝玉而题之以石，贞士而命之以诳，此吾所以悲也。'王乃使玉人理其璞，而得宝焉，遂命曰和氏之璧。”

⑩禽息：春秋秦国大夫。发愤：发泄内心愤懑。碎首：撞碎脑袋。《文选·演连珠》李善注引《韩诗外传》佚文：“禽息，秦人，知百里奚之贤，荐之于穆公，为私而加刑焉。公后知百里之贤，乃召禽息谢之。禽息对曰：'臣闻忠臣进贤不私显，烈士忧国不丧志。奚陷刑，臣之罪也。'乃对使者以首触楹而死。以上卿之礼葬之。”

⑪画蛇足于无形：画蛇添足。比喻无中生有。《战国策·齐策二》：“楚有祠者，赐其舍人卮酒。舍人相谓曰：'数人饮之不足，一人饮之有余。请画地为蛇，先成者饮酒。'一人蛇先成，引酒且饮之，乃左手持卮，右手画蛇曰：'吾能为之足。'未成，一人之蛇成，夺其卮曰：'蛇固无足，子安能为之足？'遂饮其酒。为蛇足者，终亡其酒。”

⑫绳墨：木工用来画直线的工具。容：样子。

⑬先形生影：没有形体而先有影子。形容无中生有。

⑭楚人：指献和氏璧的卞和。

【译文】

“孙膑希望能够施展自己的军事才华，却被庞涓砍掉了双脚；韩非希望能够建立自己的政治功业，却被李斯夺去了生命。贾谊慷慨激昂，胸怀着治国理民的方略，却受到武将们的排斥；刘向忠诚善良，具备了拯救危难的才能，却受到弘恭和石显的陷害。这就是和氏抱着璞石流泪出血的原因，也是禽息发泄愤懑撞碎了脑袋的缘故。美玉和石头的差别比贤能与愚蠢的差别更容易区分，爱好宝物的心情比爱好贤士的心情更为强烈，拿着容易辨别的宝物，再加上君主对宝物的强烈爱好之情，和氏尚且被判有罪而被砍去了双脚，承受了几代君主的冤枉，更何况那些难以了解的贤士，又不是君主所急切需要的呢！善于进谗言的人会无中生有地为贤士罗织罪名，奸佞的大臣又担心忠贞之士会妨碍自己；体形弯曲的东西忌讳墨线的模样，夜间裸体的人讨厌明亮的烛光照耀。因此那些名声显著行为美好的人，受到压制而得不到重用，而虚构出来的诽谤，却无中生有地很快产生。再加上又没有人像楚人卞和那样嚎哭着去举荐贤士，那么贤士万次求仕而一次机会也没有遇到，就是自然而然的事情了。

“夫以玉为石者，亦将以石为玉矣；以贤为愚者，亦将以愚为贤矣。以石为玉，未有伤也①；以愚为贤者，亡之诊也②。盖诊亡者，虽存而必亡；犹脉死者③，虽生而必死也。可勿慎乎！於戏④，悲夫！莫之思者也。昔仲尼上圣也，东受累于齐人⑤，南见塞于子西⑥；文种大贤也⑦，初不齿于荆俗⑧，末雍游于钧如⑨。竞年立功⑩，不亦难乎？夫结绿、玄黎⑪，非陶、猗不能市也⑫；千钧之重⑬，非贲、获不能抱也⑭；《白雪》之弦⑮，非灵素不能徽也⑯；迈伦之才⑰，非明主不能用也。

【注释】

①未有伤也：没有大的妨碍。也即无关大局。

②亡之诊：亡国的征兆。诊，症状；征兆。

③脉死者：脉象显示死亡的人。

④於戏(wū hū)：感叹词。

⑤东受累于齐人：在东边受到齐国人的阻挠。《史记·孔子世家》记载，齐景公准备重用孔子，而齐相晏婴表示反对，认为儒者傲慢自尊，主张破产厚葬，提倡繁文缛节，这些都不适于用来治国，于是景公对孔子说：“吾老矣，弗能用也。”孔子便离开齐国。

⑥南见塞于子西：在南方受到了子西的阻挠。子西，春秋楚国人，

任楚国令尹(相当于宰相)。《史记·孔子世家》:“(楚)昭王将以书社地七百里封孔子。楚令尹子西曰:‘王之使使诸侯有如子贡者乎?’曰:‘无有。’‘王之辅相有如颜回者乎?’曰:‘无有。’‘王之将率有如子路者乎?’曰:‘无有。’‘王之官尹有如宰予者乎?’曰:‘无有。’‘且楚之祖封于周,号为子男五十里。今孔丘述三、五之法,明周、召之业,王若用之,则楚安得世世堂堂方数千里乎?夫文王在丰,武王在镐,百里之君卒王天下。今孔丘得据土壤,贤弟子为佐,非楚之福也。’昭王乃止。”

⑦文种:春秋时越国大夫。本为楚人,后与范蠡共同辅佐越王勾践,灭掉吴国。

⑧初不齿于荆俗:最初被楚国人所鄙视。不齿,不屑于。荆,楚国。楚国又称荆国。《北堂书钞》卷七八引《吴越春秋》佚文:“文种,荆平王时为宛令,不治官职,有若狂颠,惟叹笑也。”

⑨雍游:生活不得意。雍,通“壅”,闭塞;不顺利。游,生活。钧如:一样。指与开始时一样不顺利。钧,通“均”。文种与范蠡协助勾践灭吴后,范蠡隐居,文种被勾践赐剑自杀。

⑩竞年:与时间比赛。也即抓紧时间。

⑪结绿、玄黎:两种美玉名。

⑫陶、猗(yī):陶朱公、猗顿。古代著名富豪。陶朱,即著名政治家范蠡。范蠡助越王勾践灭吴以后,乘船到齐国,后定居于陶,改名叫“朱公”,治产业成为巨富。猗顿向他学习,也靠贩卖牛羊而致富,一说是靠盐业致富。事见《史记·货殖列传》。

⑬钧:古代重量单位。三十斤为一钧。

⑭贲(bēn)、获:孟贲、乌获。二人都是战国的勇士。据说孟贲能生拔牛角,乌获能力举千钧。

⑮《白雪》:古琴曲。弦:琴弦。代指琴曲。《淮南子·览冥训》:“昔者师旷奏《白雪》之音,而神物为之下降。”

⑯灵素：即素女。相传为神女，曾为黄帝弹琴。《史记·孝武本纪》："泰帝使素女鼓五十弦瑟，悲，帝禁不止，故破其瑟为二十五弦。"徽：弹奏。

⑰迈伦：出类拔萃。伦，同类。

【译文】

"把美玉当作顽石的人，也会把顽石当作美玉；把贤者当作愚人的人，也会把愚人当作贤者。把顽石当作美玉，没有太大的害处；然而如果把愚人当成了贤者，那就是亡国的征兆了。一旦出现了亡国的征兆，虽然国家还存在但最终必然灭亡；这就好像脉象出现了死亡症状的人，虽然还活着却必死无疑。能够不谨慎小心吗！唉，真是可悲啊！竟然没有人仔细想想这些事情。从前孔子是一位上等的圣人，然而在东边受到齐国人的阻挠，在南方受到子西的压制；文种是一位伟大的贤人，开始时受到楚国世俗之人的蔑视，最后生活困窘得与当初一样。要想抓住时机建立功业，不是也太困难了吗？像结绿、玄黎这样的美玉，除了陶朱公、猗顿这样的富豪是买不起的；像千钧这样的重量，除了孟贲、乌获这样的勇士是抱不动的。《白雪》那样的高雅琴曲，除了灵素是无人能够弹奏的；出类拔萃的人才，除了圣明的君主是无人能够任用的。

"然耀灵、光夜之珍①，不为莫求而亏其质，以苟且于贱贾②；洪钟、周鼎③，不为委沦而轻其体④，取见举于侏儒⑤；峄阳、云和⑥，不为不御而息唱⑦，以竞显于淫哇⑧；冠群之德，不以沉抑而履径⑨，而刓节于流俗⑩。是以和璧变为滞货，柔木废于勿用⑪；赤刀之矿⑫，不得经欧冶之炉⑬；元凯之畴⑭，终不值四门之辟也⑮。"

【注释】

①耀灵：太阳。光夜：即“夜光”。指月亮。这里的耀灵、光夜指的是像太阳、月亮那样明亮的夜光宝珠。

②贱贾：贱价。贾，同“价”。

③洪钟：大钟。周鼎：周朝铸造的大鼎。

④委沦：抛弃埋没。委，抛弃。

⑤侏儒：身材矮小无力的人。

⑥峄(yì)阳、云和：两座山名。这里代指琴瑟。峄阳，峄山的南坡。峄山在今山东邹县东南。据说峄山的南坡生长的桐树是制造琴瑟的良材。云和，山名。据说这里盛产琴瑟。

⑦御：使用。这里指弹奏。

⑧淫哇：靡靡之音。

⑨履径：走邪路。径，小路；邪路。

⑩刓(tuán)：割；截。引申为改变。

⑪柔木：质地柔韧的良好木材。

⑫赤刀：古代宝刀名。

⑬欧冶：即欧冶子。春秋时期著名的铸剑工匠。

⑭元凯：八元八凯，都是传说时代的贤臣。元，善良。凯，平和。《左传·文公十八年》说，高阳氏有才子八人，天下之民谓之“八恺(凯)”；高辛氏有才子八人，天下之民谓之“八元”。这里用“元凯”代指有才华的人。畴：类。

⑮四门之辟：打开四门以广开贤路。辟，开。

【译文】

“然而像日、月那样明亮的宝珠，不会因为无人求取而亏损自己的美质，以便随意地低价售出；像大钟和周鼎那样的重器，不会因为被抛弃埋没而减轻自己的重量，以便能够被侏儒举起；精美的琴瑟，不会因为无人弹奏就消除自己的美好音质，而去与靡靡之音争强好胜；具有超人美德的人，不会因为被压制而去走邪路，为了迎合世俗而改变自己的节操。因此和氏璧就成了滞销的货物，良好的木材就被抛弃不用；可以用来制成宝剑的矿石，也无法进入欧冶子的炉子；像八元八凯那样的贤人，最终也无法遇上贤路广开的机会。”

任命卷十九

【题解】

任命，听任命运的安排。任，任凭；听任。本篇以居泠先生与翼亮大夫的对话形式，阐述了对出仕与隐居的看法，最终归结为一切都要听从命运的安排。

居泠先生是隐士的代表，他学识渊博，道德高尚，由于他过着学以忘忧、不求闻达的生活，所以他“名不出蓬户，身不离畎亩”。作为仕宦之人代表的翼亮大夫对居泠先生的这种生活方式不以为然，认为人生短暂，生命不再，居泠先生不应该如此埋没自己的才华，而应该效法宁戚、伊尹，积极入世，建功立业。这样不仅使自己能够摆脱困窘的生活状况，也能够使整个社会的人们获得他的福荫。

居泠先生则回应说，面对着如今的“流末”社会，自己已经深感无力挽回；天生万物，性情各异，有的愿意为一口香饵而走向死亡，有的则淡泊无欲以保全生命，各从所好，不能强求；更何况“士能为可贵之行，而不能使俗必贵之也；能为可用之才，而不能使世必用之也”，自己绝不会为了荣华富贵而去做“自衒”、“自媒”的事情。居泠先生表示自己要“穷达任所值，出处无所系”，最后点明了本篇的主旨：“天地之间，知命者不忧。”

结合葛洪的隐居生涯，不难看出，本篇所表达的生活情趣，实际上就是葛洪本人的处世情怀。

抱朴子曰："余之友人有居泠先生者，恬愉静素①，形神相忘，外不饰惊愚之容②，内不寄有为之心，游精《坟》、诰③，乐以忘忧④。昼竞羲和之末景⑤，夕照望舒之余耀⑥，道靡远而不究⑦，言无微而不研。然车迹不轫权右之国⑧，尺牍不经贵势之庭⑨。是以名不出蓬户⑩，身不离畎亩⑪。

【注释】

①恬愉静素：愉悦清静。

②惊愚：令愚人深感震惊。

③游精：专注于。游，把自己的心放在某处。精，精诚专一。《坟》、诰：泛指古代典籍。《坟》，"三坟"的省略。相传是远古时代的典籍。诰，文体的一种，用于告诫或勉励。

④乐以忘忧：快乐得忘记了一切忧愁。《论语·述而》："其为人也，发愤忘食，乐以忘忧，不知老之将至云尔。"

⑤羲和：神话中为太阳驾车的神。这里代指太阳。末景：最后一点阳光。景，阳光。

⑥望舒：神话中为月亮驾车的神。这里代指月亮。

⑦靡远：无论如何深远。

⑧轫(rèn)：刹住车轮的木块。引申为停车。权右：权贵。右，古代以右为尊贵。国：疑作"阈"。门口。

⑨尺牍：用来写字的木板。后来多指书信。

⑩蓬户：用蓬草编织的门。这里指自己住的茅舍。

⑪畎(quǎn)亩：田野。

【译文】

抱朴子说："我的朋友中有一位名叫居泠先生的，清静愉悦，形神两忘，外表不去装扮成令愚人震惊的模样，内心也不怀有多为的想法，精心畅游于古代典籍之中，快乐得忘掉了一切忧愁。白天要争取太阳的最后一点光线，晚上还要用月亮照明读书。无论如何深邃的大道也要去思考，无论多么微妙的言论也要去研究。然而他的车辆从来也不会在权贵的门口停留，他的书信也从来不会送到有权势人家的庭院。因此他的名声出不了自家的茅舍，自身也从来没有离开过乡村田野。

"于是翼亮大夫候而难之①，曰：'余闻渊蟠起则玄云赴②，道化霑则逸才奋③。故康衢有角歌之音④，鼎俎发凌风之迹⑤。沽之则收不赀之贾⑥，踊之则超在天之举⑦。耀逸景于旸谷⑧，播大明乎九垓⑨。勋荫当世⑩，声扬罔极。故寻仞之涂甚近而弗往者⑪，虽追风之脚不能到也⑫；楹棁之下至卑而不动者⑬，虽鸿、鹎之翅未之及也⑭。况乎寝足于大荒之表⑮，敛羽于幽梧之枝，安得效迅以寻景、振轻乎苍霄哉⑯？

【注释】

①候：问候；看望。难之：责备他。

②渊蟠：指盘踞在深渊里的龙。蟠，盘曲地伏着。玄云：黑色的云。玄，黑色。

③霑(zhān)：浸润；施恩惠。逸才：隐居的人才。逸，隐逸。

④康衢：四通八达的道路。角歌：敲击着牛角唱歌。指春秋时宁戚敲击牛角而歌以求仕于齐桓公的故事。《吕氏春秋·举难》："宁戚欲干齐桓公，穷困无以自进，于是为商旅，将任车以至齐，暮宿于郭门之外。桓公郊迎客，夜开门，爝火甚盛，从者甚众。宁戚

饭牛居车下,望桓公而悲,击牛角疾商歌。桓公闻之,抚其仆之手曰:'异哉,之歌者非常人也!'命后车载之。"

⑤鼎俎(zǔ)发凌风之迹:指伊尹背着鼎成就了一番伟业。鼎,烹煮器具。俎,切肉用的砧板。凌风,乘风飞行。比喻事业成功。据说伊尹曾借助烹调手艺以接近商汤王,后辅佐商汤王建立商朝。《战国策·赵策四》:"伊尹负鼎俎而干汤,姓名未著,而受三公。"

⑥沽之:卖出去。比喻出仕。不赀(zī)之贾:无法计算的价钱。赀,计算。贾,同"价"。价格。《论语·子罕》:"子贡曰:'有美玉于斯,韫椟而藏诸?求善贾而沽诸?'子曰:'沽之哉!沽之哉!我待贾者也。'"

⑦踊:跳跃。比喻出仕。

⑧耀逸景于旸(yáng)谷:就像初升的太阳那样在旸谷放射出自己的光明。旸谷,传说中的日出处。景,阳光。

⑨大明:最为光明的。指阳光。九垓(gāi):犹言"九州"。指整个天下。一说指中央至八极之地,实际也是整个天下的意思。

⑩勋荫当世:立下使当世人们都受到恩惠的功勋。荫,树荫笼罩。比喻施恩惠。

⑪寻仞之涂:很短的路途。寻仞,古代的长度单位。八尺为"寻",七尺或八尺为"仞"。涂,同"途",道路。

⑫追风之脚:能够追赶风速的快捷腿脚。

⑬楹棁(yíng zhuō):厅堂前的柱子叫楹,梁上的短柱叫棁。至卑:最低。

⑭鸿鹍(kūn):两种鸟名。鸿,大雁。鹍,同"鹍",即鹍鸡,一种似鹤的鸟。

⑮寝足:停下脚步。大荒之表:辽阔的荒野之外。

⑯寻景:追上阳光。形容迅疾。景,阳光。振轻:展开轻捷的翅膀。苍霄:苍天。

【译文】

“于是翼亮大夫就前去看望并且责备他，说：‘我听说深渊里的龙起飞时就会有乌云随从，道德教化普施天下而隐逸的贤才就会出仕做官。因此大路上就会响起敲击着牛角以求取官职的歌声，就会有人背着鼎俎去求仕以建立丰功伟绩。出来做官就能够获取无量的前途，进入朝廷就能够建立超过上天的功劳。就能够像初生的太阳那样在旸谷发出光芒，把自己的光明播撒到普天之下。建立的功勋使当世人都得到益处，自己的美名也将会无限地传播开去。所以说几尺长的路途虽然很短，但如果不走，即使具备了能够追上风速的快捷腿脚也无法走完；房柱下面的高度虽然是最低的，但如果不飞，即使具备了大雁、鹍鸡那样善于飞翔的翅膀也无法飞到。更何况是驻足于辽阔的荒野之外，收敛翅膀于偏僻的梧桐枝头，又怎么能够放开速度去追逐阳光、展开翅膀飞上苍天呢？

“‘年期奄冉而不久①，托世飘迅而不再②。智者履霜则知坚冰之必至③，处始则悟生物之有终。六龙促轨于大浑④，华颠倏忽而告暮⑤。古人所以映顺流而顾叹、眄过隙而兴悲矣⑥。

【注释】

①年期：指寿命。奄冉：逐渐；慢慢消失。

②托世：生活在人间。飘迅：如同飘风那样迅速。飘，狂风；大风。不再：不再有第二次生命。

③履霜：踩着霜。《周易·坤卦》：“初六：履霜，坚冰至。”

④六龙：代指太阳。相传太阳神乘车，驾以六龙。促轨：路途短暂。比喻时间短暂。促，短。轨，路。大浑：天空。

⑤华颠：花白的头发。华，花。颠，头顶。倏忽：很快的样子。告暮：告诉我们到了暮年。

⑥映：面对。顾叹：回过头来长叹。顾，回头。《论语·子罕》："子在川上曰：'逝者如斯夫！不舍昼夜。'"眄：看见。过隙：指骏马驰过缝隙。形容人生极为短暂。《庄子·盗跖》："天与地无穷，人死者有时。操有时之具而托于无穷之间，忽然无异骐骥之驰过隙也。"

【译文】

"'寿命渐渐地逝去而不会长久，人生在世如同飘风那样迅速而且没有第二次生命。聪明的人踏着霜就能知道结冰的严冬必然到来，处于生命的开始就知道所有的生物都会有终结。太阳在天空中的运行时间是短促的，很快就出现的白发告诉我们老年已经到来。这就是古人之所以面对流水就会回头发出感叹的原因，也是他们一想到人生如同骏马过隙那样短暂而感到悲哀的缘由。

"'先生资命世之逸量①，含英伟以邈俗②；锐翰汪涉以波涌③，六奇抑郁而渊稸④；然不能凌扶摇以高竦⑤，扬清耀于九玄⑥；器不陈于瑚、簋之末⑦，体不免于负薪之劳⑧，犹奏和音于聋俗之地⑨，鬻章甫于被发之域⑩。徒忘寤于翰林⑪，锐意以穷神⑫，崇琬琰于怀抱之内⑬，吐琳瑯于毛墨之端⑭，躬困屡空之俭⑮，神劳坚高之间⑯，譬若埋尺璧于重壤之下⑰，封文锦于沓匮之中⑱，终无交易之富，孰赏堙翳之珍哉⑲？

【注释】

①资：禀受；具备。命世：著名于当世。逸量：超人的才华。

②英伟：指英伟之才。邈俗：超越世俗。

③锐翰：精湛的文笔。代指文学才能。翰，鸟羽。因毛笔为羽毛所制，故代指毛笔。汪涉(huì)：形容水深广的样子。

④六奇：本指陈平向刘邦献的六条奇计。这里泛指出奇制胜的谋略。《史记·陈丞相世家》："凡六出奇计，辄益邑，凡六益封。奇计或颇秘，世莫能闻也。"抑郁：原指心中郁闷集结。这里泛指集结。渊稸(xù)：像深渊一样积蓄着。稸，通"蓄"。

⑤扶摇：旋风名。《庄子·逍遥游》："鹏之徙于南冥也，水击三千里，抟扶摇而上者九万里。"高竦：高飞。

⑥清耀：清辉；明亮的阳光。九玄：九天；天空。玄，天。

⑦器不陈于瑚(hú)、簋(guǐ)之末：自己不能跻身于治国安邦的朝臣之列。器，器具。比喻自身。瑚，瑚琏。古代宗庙祭祀时用来盛黍稷的礼器。簋，古代用来装食物的器皿。这里用瑚、簋比喻治国之人。

⑧负薪：背负柴草。泛指重体力劳动。

⑨和音：优美的音乐。聋俗之地：无人欣赏的地方。聋，这里指没有人能够欣赏。

⑩鬻：卖。章甫：一种礼帽名。被(pī)发：披散着头发。被，同"披"。《庄子·逍遥游》："宋人资章甫而适诸越，越人断发文身，无所用之。"

⑪徒：白白地。忘寤：不知醒悟。翰林：犹言文苑。

⑫锐意：一心追求。穷神：使自己的精神疲惫不堪。

⑬崇：充满。琬琰(wǎn yǎn)：两种美玉名。这里比喻美好的才能。

⑭琳琊：美玉名。这里比喻美好的文章。毛墨：笔墨。

⑮躬：自身。屡空：经常贫困。《论语·先进》："回也，其庶乎！屡空。"

⑯坚高：指艰深的学问。《论语·子罕》："颜渊喟然叹曰：'仰之弥高，钻之弥坚；瞻之在前，忽焉在后。'"

⑰尺璧：一尺见方的玉璧。重壤：一层层的泥土之下。

⑱文锦：绣花的丝绸。沓匮：多层的柜子里。沓，重叠；一层层。匮，同“柜”。

⑲堙翳（yì）：隐藏；收藏。堙，埋没。翳，遮蔽。

【译文】

“‘先生具备了著名当世的超人才华，胸怀着高于世俗的杰出能力；您的文学才能犹如那波涛汹涌的江河，胸中怀抱着能够出奇制胜的谋略；然而却不能乘大风而高飞，发清辉于上天；无法跻身于治国安邦的朝臣之列，自身也不能免除背负柴草的辛苦；这就好像在无人欣赏的地方演奏优美的音乐，在披散着头发的蛮荒地区叫卖礼帽一样。您白白地沉浸在文学之中而不知醒悟，用尽心血使自己的精神疲惫不堪，您心中积累着美玉般的才华，笔下能够写出优美的好文章，然而自身却经常受困于贫穷之中，心神劳顿于艰深的学问之上，这就好像把一尺见方的玉璧埋藏在深深的泥土之下，把花纹美丽的丝绸封存在多层的柜子之中，最终也无法通过交易来获取富有的生活，又有谁能够欣赏您隐藏起来的那些珍宝呢？

“‘夫龙骥维絷①，则无以别乎蹇驴②；赤刀韬锋③，则曷用异于铅刃④？鳣鲔不居牛迹⑤，大鹏不滞蒿林⑥；愿先生委龙蛇之穴⑦，升利见之涂⑧；释户庭之独洁⑨，览二鼠而远悟⑩；越穷谷以登高⑪，袭丹藻以改素⑫；竞惊飙于清晨⑬，不盘旋以错度⑭；收名器于崇高⑮，响钟鼎之庆祚⑯。柏成一介之夫⑰，采薇何足多慕乎⑱？’

【注释】

①龙骥：骏马。《周礼·夏官·廋人》：“马八尺以上为龙。”维絷

(zhí):束缚;羁绊。维,大绳索。絷,用绳索拴住马足。

②无以:没有办法。蹇(jiǎn):跛;行动迟缓。

③赤刀:古代宝刀名。韬锋:不使用自己的刀锋。韬,隐藏。

④曷用:用什么。曷,什么。铅刃:铅制的刀。

⑤鳣鲔(zhān wěi):两种体型较大的鱼。牛迹:牛蹄踏出的小水坑。

⑥大鹏:传说中的大鸟。《庄子·逍遥游》:"化而为鸟,其名为鹏。鹏之背,不知其几千里也。怒而飞,其翼若垂天之云。"蒿林:野草丛中。蒿,一种野草名。

⑦愿:希望。委:放弃。龙蛇之穴:龙蛇居住的洞穴。比喻隐居的地方。

⑧升利见之涂:踏上建功立业之路。利见,《周易·乾卦》:"飞龙在天,利见大人。"用龙飞在天、有利于出现大人来比喻出仕做官,建功立业。涂,同"途"。

⑨释:放弃。户庭:指自己的家中。独洁:独善其身。

⑩览二鼠而远悟:看到两种老鼠的生活情况就应该有深刻的领悟。《史记·李斯列传》:"(李斯)年少时,为郡小吏,见吏舍厕中鼠食不洁,近人犬,数惊恐之。斯入仓,观仓中鼠,食积粟,居大庑之下,不见人犬之忧。于是李斯乃叹曰:'人之贤不肖譬如鼠矣,在所自处耳!'"

⑪越:跳出。穷谷:狭窄无路的山谷。

⑫袭:袭用;使用。丹藻:红色的花纹。比喻富贵。素:没有彩绘的白色。比喻贫穷。

⑬竞:比赛。惊飙:狂风。清晨:形容趁早。本句用比喻说明,一个人应该趁早抓住时机,尽快地谋取富贵荣华。

⑭盘旋:犹豫徘徊。错度:错过时机。

⑮名器:指象征社会地位的名号与车服仪仗等。崇高:高贵。

⑯祚:福。

⑰柏成：应作“伯夷”。旧写本即作“伯夷”。伯夷与其弟叔齐，为商代孤竹国君的两个儿子。先为相互推让君主之位逃到周，后因反对周武王灭商，坚决不食周粟而饿死于首阳山。一介之夫：一个普通百姓。

⑱采薇：采摘野菜。薇，一种野菜名。多：赞美。

【译文】

“‘骏马如果被绳子拴住腿脚，那么就没有办法和瘸腿的驴子相区别；宝剑如果隐藏起自己的锋刃，那么又有什么办法来和铅刀相区分呢？鳣鲔这样的大鱼是不会生活在牛蹄子踏出的小水坑里，大鹏鸟也不会滞留在野草丛中；希望先生能够离开自己隐居的地方，踏上建功立业的道路；放弃在家中独善其身的日子，看到两种老鼠的生活情况就应有深刻的领悟；跳出狭窄无路的山谷登上高处，用红色的美丽花纹改变自己原有的素白颜色；要趁早像狂风那样快速赢得富贵荣华，不要再犹豫徘徊而错过时机；要获取高贵的名声与地位，要敲响钟鼎以庆祝自己的幸福。伯夷不过是一个普通人，他靠采摘野菜生活的行为又有什么值得赞扬羡慕的呢？’

“居泠先生应曰：‘盖闻灵机冥缅①，混芒眇昧②，祸福交错乎倚伏之间③，兴亡缠绵乎盈虚之会④。迅游者不能脱逐身之景⑤，乐成者不能免理致之败⑥；匡流末者⑦，未若挺治乎无兆之中⑧；整已然者⑨，不逮反本乎玄朴之外⑩。是以觉尺蠖者⑪，甘屈以保伸；识通塞者⑫，不惨悦于否泰⑬。

【注释】

①灵机：神奇的变化。泛指自然和社会的变化。冥缅：深邃遥远而不易认识。

②混芒：混沌。本指宇宙刚刚形成时的蒙昧状态。这里指天地。眇眛：难以认识的样子。眛，字书所无。应作“昧”。《道藏》本即作“昧”。

③祸福交错乎倚伏之间：祸福相互交错、相互转化。《老子》五十八章：“祸兮，福之所倚；福兮，祸之所伏。”

④缠绵：相互纠缠在一起。盈虚：盈满与空虚。

⑤迅游者：快速逃离的人。游，应为“逝”字之误。《道藏》即其他各本即作“逝”。景：日光。形容灾难的到来如日光之快。

⑥乐成者：因功成名就而快乐的人。理致之败：按道理必然到来的失败。古人认为，盛则必衰，成则必败。

⑦匡流末者：想在衰微的末世再去匡正社会。匡，纠正。

⑧挺治：很好地治理。无兆：没有动乱的苗头。

⑨已然：已经如此。指社会已经衰败了。

⑩不逮：不如。玄朴之外：遥远的淳朴时代之前。

⑪尺蠖(huò)：蛾类的幼虫，行动时先屈后伸。后来人们常以此比喻那些为伸而屈的行为。

⑫通塞：顺畅与堵塞。

⑬惨悦：伤心与快乐。否(pǐ)泰：穷达吉凶。“否泰”本为《周易》中的两个卦名，否卦不吉利，泰卦吉利，后遂用“否泰”代指吉凶。

【译文】

“居泠先生回答说：‘我听说神秘的变化深邃难识，旷远的天地微妙难测，祸福相互交错相互转化，兴亡在盈满与空虚的发展变化之中彼此纠缠。逃离得再快的人也无法摆脱迅速如日光的灾难的到来，为功成名就而得意洋洋的人最终也难以避免按道理必然到来的失败；想在衰微的末世再去匡正社会，不如在未有衰败征兆的时候就用心进行治理；在已经失败之后再去整顿，不如返回到遥远的纯朴时代之前。因此那些懂得尺蠖行为的人，甘心现在受屈以保证未来能够有所伸展；明白顺利与阻塞道理的人，也不会因为成功与失败而去伤心或快乐。

"'且夫洪陶范物①，大象流形②，躁静异尚③，翔沉舛情④。金宝其重，羽矜其轻⑤。笃隘者⑥，执束于滓涅⑦；达妙者⑧，逍遥于玄清⑨。潢洿纳行潦而潘溢⑩，渤澥吞百川而不盈⑪。鲉鰕踊悦于泥泞⑫，赤螭凌厉乎高冥⑬。嚼香饵者，快嗜欲而赴死；味虚淡者，含天和而趋生⑭。识机神者⑮，瞻无兆而弗惑⑯；暗休咎者⑰，触强弩而不惊⑱。各附攸好⑲，安肯改营？

【注释】

①洪陶范物：技术高超的陶工用模子制造陶器。比喻大自然创造万物。洪，大。这里指技术高超。陶，陶工。范，铸造器物的模子。这里用作动词，用模子制造器物。

②大象：最大的形象。代指大道。《老子》三十五章："执大象，天下往，往而不害，安平泰。"流形：创造万物。流，流布；创造。形，形体；万物。

③躁静异尚：或动或静，各自的崇尚不同。躁，动。

④舛情：各自的情况不同。舛，相互不一致。

⑤矜：注重。

⑥笃隘者：极为狭隘的人。笃，极为；非常。隘，狭隘。

⑦执束：固执；约束。滓涅(niè)：污泥。滓，渣滓。涅，黑泥。

⑧达妙者：通达微妙道理的人。

⑨玄清：天空。玄，天。

⑩潢洿(huáng wū)：池塘。行潦(háng lǎo)：路上的积水。行，路。潦，雨后的积水。潘(fān)溢：水溢出来。

⑪渤澥(xiè):渤海的古称。

⑫鲉(yóu):小鱼。鰕(xiá):鱼名。又叫斑纹鱼。另外,鰕,也同“虾”。

⑬螭(chī):传说中一种没有角的龙。凌厉:凌空高飞。高冥:高高的天空。

⑭天和:天然的平和心境。

⑮机神:微妙神奇的道理。

⑯瞻:看见。无兆:没有任何先兆。

⑰休咎:吉祥与凶险。休,美好;吉祥。咎,灾难。

⑱弩:一种利用机械力量发射箭的弓。

⑲攸好:所好。攸,所。

⑳改营:改变行为。

【译文】

“‘再说大自然创造了万物,大道使万物流布成形,万物或动或静崇尚不同,或飞翔或下沉性情各异。金属注重的是它的沉重,羽毛注重的是它的轻捷。过于狭隘的人,会被固执地束缚在污泥当中;懂得妙理的人,会自由自在地游荡于天空。池塘接受一点沟中的雨水就会溢出,渤海纳入了百川还不会满盈。鲉鰕这样的小鱼在泥泞中高兴地跳跃着,而赤龙却要飞升到天空之中。喜欢吞嚼香饵的,因快意于一时的口腹之欲而走向死亡;能够体味虚静恬淡的,因胸怀着天然的平和心境而永保生命。懂得微妙道理的人,没有看到任何先兆也不会迷惑;不懂得什么是吉祥和凶险的人,已经触动了硬弩也不知道吃惊。人们各自顺应着自己的爱好,又怎么肯改变自己的行为呢?

“‘吾闻五玉不能自剖于嵩岫①,腾蛇不能无雾而电征②;龙渊不能勿操而断犀兕③,景钟不能莫扣而扬洪声④。金芝须商风而激耀⑤,仓庚俟烟煴而修鸣⑥;骐騄不苟驰以赴险[7]，君子不诡遇以毁名[8]。运屯[9]，则沉沦于勿用[10]；时行，则高竦乎天庭。士以自衒为不高[11]，女以自媒为不贞。何必委洗耳之峻标[12]，效负俎之干荣哉[13]？

【注释】

①五玉：泛指各种玉石。一说指璜、璧、璋、圭、琮五种玉器。嵩岫（xiù）：高大的山峰。嵩，高大的样子。岫，山峰。

②腾蛇：传说中一种能飞的蛇。电征：像闪电那样快速飞行。

③龙渊：古代宝剑名。犀兕（sì）：动物名。即犀牛。这里指用犀牛皮做成的甲衣。

④景钟：春秋时期晋景公所铸的钟。洪声：大声。

⑤金芝：颜色如金的灵芝。商风：秋风或西风。古人把五种音阶——宫、商、角、徵、羽与四季、五方（东南西北中）相配，商配秋与西，故商风即秋风或西风。激耀：闪烁着光彩。

⑥仓庚：鸟名。即黄鹂。俟：等待；需要。烟煴（yūn）：又作“氤氲”、“细缊”。形容阴阳二气和谐、温暖的样子。这里指温暖的天气。修鸣：长鸣。修，长。

⑦骐騄（lù）：良马名。不苟：不随便。

⑧诡遇：以不正当的手段去获取富贵。

⑨运屯（zhūn）：命运不佳。屯，艰难。

⑩沉沦：隐居。勿用：不被朝廷所重用。这里指自己不要主动地去有所作为。

⑪自衒：自我炫耀。

⑫委：放弃。洗耳：代指隐士许由。据说尧多次要求许由出仕，许由认为尧的言语玷污了自己的耳朵，便到颍水洗耳。《说苑·尊贤》：“昔者尧让许由以天下，洗耳而不受。”峻标：高尚的榜样。

⑬负俎（zǔ）：代指积极入世的伊尹。俎，切肉用的砧板。据说伊尹

曾借助烹调手艺以接近商汤王，最终成为宰相。《战国策·赵策四》："伊尹负鼎俎而干汤，姓名未著，而受三公。"干荣：求取荣华富贵。干，求。

【译文】

"'我听说五种美玉不能自己从高大的山峰里剖解出来，会飞的腾蛇也不能在没有云雾的情况下像闪电一样飞行；龙渊宝剑不能在没人操作时就可以斩断犀牛皮做成的甲衣，景钟也不能在没有人敲击时而发出洪亮的声音。金色的灵芝必须等待秋风才能闪烁自己的光芒，黄鹂必须在温暖的天气里才会发出长长的叫声；骏马不会随便奔驰进入险境，君子不会胡乱求取富贵毁掉自己的名声。运气不佳，就隐居起来不要有所作为；时来运转，就可以出仕到朝廷为官。士人把自我炫耀视为不高尚的做法，女子把自我作媒看作不贞洁的行为。为什么一定要放弃像许由那样的高尚榜样，而像伊尹那样背着砧板去求取荣华富贵呢？

"'夫其穷也①，则有虞婆娑而陶钓②，尚父见逐于愚妪③，范生来辱于溺箦④，弘、式匿奇于耕牧⑤；及其达也，则淮阴投竿而称孤⑥，文种解屩而纡青⑦，傅说释筑而论道⑧，管子脱桎为上卿⑨。盖君子藏器以有待也⑩，稸德以有为也⑪；非其时不见也⑫，非其君不事也；穷达任所值，出处无所系⑬。其静也，则为逸民之宗⑭；其动也，则为元凯之表⑮。或运思于立言⑯，或铭勋乎国器⑰；殊涂同归，其致一焉。

【注释】

①穷：困窘；生活不得意。

②有虞：朝代名。这里指有虞的君主舜。有，名词词头。婆娑：盘

旋;停留。这里指生活。陶钓:制陶、钓鱼。

③尚父见逐于愚妪(yù):尚父被愚蠢的老妇驱赶出家门。尚父,姓姜名牙,又称吕尚、太公望。西周初年人,协助周武王灭商后,被封于齐。见,被。妪,老妇人。这里指尚父的老妻。据说吕尚年老时依然一事无成,被自己的老妻赶出了家门。见《战国策·秦策五》、《说苑·尊贤》等。

④范生来辱于溺箦(niào kuì):范雎曾招来被席子裹着扔到厕所里并被人撒尿的羞辱。范生,范雎。战国魏人,后任秦国宰相。溺,尿。箦,当作"箦(zé)"。席子。《史记·范雎蔡泽列传》:"须贾为魏昭王使于齐,范雎从。留数月,未得报。齐襄王闻雎辩口,乃使人赐雎金十斤及牛酒,雎辞谢不敢受。须贾知之,大怒,以为雎持魏国阴事告齐,故得此馈。令雎受其牛酒,还其金。既归,心怒雎,以告魏相。魏相,魏之诸公子,曰魏齐。魏齐大怒,使舍人笞击雎,折胁摺齿。雎佯死,即卷以箦,置厕中。宾客饮者醉,更溺雎,故僇辱以惩后,令无妄言者。"

⑤弘:公孙弘。西汉菑川人。少时家贫,牧猪于海边,四十余岁始学《春秋》等书,汉武帝时官至丞相。式:卜式。西汉河南人,以农耕畜牧致富。武帝时因献上半数家财助边而召为中郎,后拜为齐王太傅,转为相。匿奇:隐藏自己奇才。

⑥淮阴:淮阴侯韩信。淮阴人。年轻困窘时曾钓于城下,后辅佐刘邦统一天下,先被立为齐王,后改封为楚王,故言"称孤"。

⑦文种:春秋时越国大夫。本为楚人,后与范蠡共同辅佐越王勾践,灭掉吴国。屩(juē):草鞋。纡(yū)青:佩戴青色绶带的印信。比喻地位显贵。纡,系;佩戴。青,指系印的青色绶带。

⑧傅说(yuè):人名。原是在傅岩做苦力的奴隶,后来得到商天子武丁的重用。释:放下。筑:筑墙用的木杵。论道:谈论治国之道。

⑨管子：管仲。春秋时期齐国政治家，协助齐桓公建立霸业。桎(zhì)：桎梏。脚镣手铐。在脚叫"桎"，在手叫"梏"。上卿：诸侯国的高级官员。《史记·管晏列传》："鲍叔事齐公子小白，管仲事公子纠。及小白立为桓公，公子纠死，管仲囚焉。鲍叔遂进管仲。管仲既用，任政于齐，齐桓公以霸。"

⑩器：才能。

⑪稸(xù)：通"蓄"，收藏；胸怀着。

⑫见(xiàn)：同"现"，显现。这里指现身社会做官。

⑬出处：出仕与隐居。

⑭逸民：隐士。宗：主；榜样。

⑮元凯：八元八凯，都是传说时代的贤臣。元，善良。凯，平和。《左传·文公十八年》说，高阳氏有才子八人，天下之民谓之"八恺(凯)"；高辛氏有才子八人，天下之民谓之"八元"。表：表率；楷模。

⑯或：有的人。这里指隐士。运思：运用思虑。立言：著书立说。

⑰或：有的人。这里指出仕为官、建功立业的人。铭勋：铭刻功勋。国器：国之重器。如钟鼎之类。

【译文】

"'在贤人困窘的时候，虞舜曾经过着制陶垂钓的生活，吕尚曾经被愚蠢的老妇赶出家门，范雎曾经招来被席子裹着扔到厕所里并被人撒尿的羞辱，公孙弘和卜式曾经在耕牧的生涯中隐藏自己的才能；到了贤人得志的时候，韩信丢开钓竿被立为诸侯王，文种脱掉草鞋做了高官，傅说放下木杵谈论治国之道，管仲脱去桎梏成为上卿。君子胸怀才华以等待有利的时机，修养德行是为了有所作为；然而如果没有遇到恰当的时机就不会现身社会，没有遇上合适的君主就不会前去侍奉；无论是困窘还是得志都能够随遇而安，不管是出仕还是隐居都能够无拘无束。他们安静地隐居在家时，就会成为隐士们的榜样；出仕做官时，就会成为贤臣们的表率。有的人把心思运用于著书立说之中,有的人功勋铸刻于国家的重器之上;他们可以说是殊途同归,所要达到的目的是一样的。

"'士能为可贵之行,而不能使俗必贵之也;能为可用之才,而不能使世必用之也。被褐①,茹草②,垂纶③,罝兔④,则心欢意得,如将终身;服冕乘轺⑤,兼朱重紫⑥,则若固有之,常如布衣⑦。此至人之用怀也⑧。

【注释】

①被褐(pī hè):穿着粗布短衣。被,同"披"。褐,粗布衣。穷人的衣服。

②茹草:吃野菜。茹,吃。草,野菜。

③垂纶:垂钓。纶,钓丝。

④罝(jū):捕野兔的网。这里用作动词,用网捉野兔。

⑤冕:大夫以上所戴的礼帽。轺(yáo):轻便的马车。

⑥朱紫:古代高级官员的服色。

⑦布衣:百姓的服装。代指百姓。

⑧至人:道家心目中思想境界最高的人。用怀:用心;思想境界。

【译文】

"'士人能够做出值得世人尊敬的行为,但不能让世人一定尊敬自己;能够成为对社会有用的人才,但不能让社会一定重用自己。他们穿着粗衣,吃着野菜,垂钩钓鱼,张网捕兔,心情也照样愉快得意,就好像将要如此过完终生一样;他们戴着礼帽乘坐轺车,穿上高贵的官服,也好像本来就是如此,仍然一直像个普通百姓一般。这就是思想境界最高者的胸怀。

"'若席上之珍不积[①],环堵之操不粹者[②],予之罪也;知之者希[③],名位不臻[④],以玉为石,谓凤曰鷃者[⑤],非余罪也。夫汲汲于见知[⑥],悒悒于否滞者[⑦],裳民之情也[⑧];浩然而养气[⑨],淡尔而靡欲者[⑩],无闷之志也[⑪]。时至道行,器大者不悦[⑫];天地之间,知命者不忧。若乃徇万金之货[⑬],以索百十之售[⑭],多失骭毛[⑮],我则未暇矣[⑯]。'"

【注释】

①席上之珍:坐席上的珍宝。比喻美好的才能。

②环堵之操:能够独善其身的节操。环堵,四面各有一丈土墙的狭小居室。形容隐居者的住室。堵,土墙,长高各一丈为一堵。

③希:通"稀",很少。

④臻:达到;获取。

⑤鷃(yàn):一种小鸟名。

⑥汲汲:心情急切的样子。见知:被别人知道。即求取名声。

⑦悒悒(yì):闷闷不乐的样子。否(pǐ)滞:生活不顺利。

⑧裳民:一般人。裳,通"常",平常。

⑨浩然而养气:即养浩然之气。

⑩淡尔:淡然;恬淡。靡欲:没有欲望。靡,没有。

⑪无闷:没有苦恼。指隐居而不感到苦恼。《周易·乾卦》:"《文言》曰:'遁世无闷。'"

⑫器大者不悦:胸怀宽广的人也不会因此而喜悦。

⑬徇:显示;展示。万金之货:价值万金的货物。比喻自己的才华。

⑭百十之售:以十倍、百倍的价格出售。

⑮失骭(gàn)毛:让自己身体受到损失。骭,小腿。毛,汗毛。

⑯未暇:没有闲暇的时间去做这样的事情。

【译文】

"'如果我的才学能力修养得不够，能够独善其身的节操也不够纯粹，这就是我自己的罪过；了解我的人很少，没有能够获取名声地位，人们硬要把美玉当作石头，把凤凰当作鶵鸟，这就不是我个人的错误了。心情急切地想闻名于世，对困窘的生活闷闷不乐，这是普通人的情感；善于修养自己的浩然正气，清净淡泊而没有什么欲望，这是不为隐居而苦闷者的精神境界。时来运转能够推行自己的大道，胸怀宽广的人也不会因此而喜悦；生活在天地之间，懂得天命的人是不会忧愁的。至于说带着价值万金的货物到处炫耀展示，以求卖出十倍百倍的好价钱，如果这样做会极大地损害自己的身体健康，我可是没有闲暇的时间去做这样的事情。'"

名实卷二十

【题解】

名实，名称与实际。关于名称与实际的关系，是一个非常古老的话题。《管子·九守》中就说："名实当则治，不当则乱。"孔子提出了"正名"思想，认为名实一定要相符，不然社会就会混乱。到了战国时代，还出现了以公孙龙为代表的名家学派，专门讨论名与实之间的关系问题。可见名实问题很早就受到人们的关注。

本篇主要是专就有关人才的名实问题展开讨论。葛洪假托汉末的社会情况，探讨当时在选拔人才时为什么会出现"名不准实，贾不本物"的奇怪现象。葛洪认为主要原因有以下几点：

第一，是因为人们的认识水平有限。葛洪说："雷霆辖磕，而或不闻焉；七曜经天，而或不见焉。岂唯形器有聋瞽哉！心神所蔽，亦又如之。"正是因为智力不够，所以人们"见英异而不知者，非无目也；由乎聪不经妙，而明不逮奇也"，因此大量的人才被视为庸夫而被遗漏了。

第二，是因为人才在出仕方面不够主动。这些人才待价而沽，深藏不露，就好像"结根于嵩、岱"的高大树木，"虽竦盖千仞，垂荫万亩，而莫之知也"，于是使那些"钩曲戾细而速朽"的小人找到了可乘之机，冒充杰出之才登上了庙堂，成了国家的"栋梁"。

第三，小人善于伪装。小人之所以能够冒充君子，欺骗君主，是因为他们善于把自己伪装成贤人,“其利口谀辞也似辨,其道听涂说也似学,其心险貌柔也似仁,其行污言洁也似廉,其好说人短也似忠,其不知忌讳也似直”,因此他们能够左右逢源,仕途得意,从而窃取了贤人的名号。

第四,众多的小人相互勾结,颠倒黑白。葛洪认为社会上“贤常少而愚常多,多则比周而匿瑕,少则孤弱而无援”,那些坏人相互结党以排挤君子,就连大圣人孔子、孟子都无法避免受到别人的诬陷,更何况他人!

由于在人才选拔的问题上良莠不分,贤愚倒置,所以使那些君主“或虫流而莫敛,或逆窜于申亥,或擢筋于庙梁,或绝命于望夷”,从而导致了国破家亡的悲剧。

葛洪最后表示说,即使一生贫困潦倒,也不会降低自己的高尚品格,更何况自己“乐天知命,何虑何忧!安时处顺,何怨何尤哉”!

门人问曰①:“闻汉末之世,灵、献之时②,品藻乖滥③,英逸穷滞,饕餮得志④,名不准实,贾不本物⑤,以其通者为贤⑥,寒者为愚。其故何哉?”

【注释】

①门人:弟子。

②灵、献:东汉晚期的汉灵帝刘宏和汉献帝刘协。

③品藻:对人才的品评鉴定。乖滥:乖错不当。

④饕餮(tāo tiè):传说中的一种贪食的恶兽。后指贪婪凶恶的人。

⑤贾(jià):同“价”,价格。

⑥通:顺利。这里指仕途得意。

【译文】

弟子问道:“听说在汉朝末年,汉灵帝与汉献帝在位的时候,对人才的品评鉴定乖错不当，出类拔萃的贤人穷困潦倒，贪得无厌的恶人得意洋洋，名声不符合实际，价格不符合货色，人们都把仕途显达的人视为贤能，把生活贫寒的人视为愚蠢。其原因是什么呢?”

抱朴子答曰：“夫雷霆輷磕①，而或不闻焉；七曜经天②，而或不见焉。岂唯形器有聋瞽哉③！心神所蔽，亦又如之。是以闻格言而不识者，非无耳也；见英异而不知者，非无目也；由乎聪不经妙④，而明不逮奇也⑤。夫智大量远者，盘桓以山峙⑥；器小志近者，蓬飞而萍浮⑦。夫唯山峙，故莫之能动焉；夫唯萍浮，故流而不滞焉。

【注释】

①輷(hōng)磕：象声词。形容雷声。

②七曜：即“七耀”。日、月和金、木、水、火、土五星的合称。

③形器：身体。

④聪：听力。经：经营；理解。

⑤明：视力。逮：达到；认识。

⑥盘桓：盘踞不动。

⑦蓬：一种野草名。秋枯根拔，随风飞扬，因此又称“飞蓬”。萍：在水上漂动的一种野草。

【译文】

抱朴子回答说：“雷声隆隆，却有人听不见；日、月、五星在天上运行，却有人看不见。难道仅仅是人的肉体有聋瞎吗！如果人的心神受到蒙蔽，也就与聋瞎是一样的。因此听到格言而不能理解，并不是他没有耳朵；看见英才而不能认识，并不是他没有眼睛；而是因为他的耳朵没有能力去理解美妙的格言，他的眼睛没有能力去认识奇异的人才。

那些智慧高远胸怀阔大的君子，屹立不动就好像高耸的山峰一样；那些器量狭小志向浅近的小人，就好像到处飞舞漂动的飞蓬萍草一般。正是因为君子能够像高山一般屹立，所以没有人能够撼动他们；也正是因为小人像萍草一样漂浮，所以才能够随波逐流而顺畅无碍。

“方之货也①，则缄连以待贾者②，唯至珍而难售；鸣鼓以徇之者③，虽凡蔽而易尽④。比之材也，则结根于嵩、岱者⑤，虽竦盖千仞⑥，垂荫万亩，而莫之知也；插株于涂要者⑦，虽钩曲戾细而速朽⑧，而犹见用也⑨。故庙堂有枯杨之瑚、簋⑩，穷谷多不伐之梓、豫也⑪。

【注释】

①方：比方；比喻。

②缄（jiān）连：封闭收藏。缄，用绳索捆束。连，缝合。

③徇：展示；炫耀。

④凡蔽：平凡破旧的货物。蔽，通“敝”，破旧。易尽：容易售完。

⑤嵩、岱：嵩山与泰山。泰山又称岱岳。

⑥竦盖千仞：高耸千丈。竦，高耸。仞，古代的长度单位。七尺或八尺为一仞。

⑦涂要：主要道路。

⑧钩曲：弯曲。戾：不正；弯曲。速朽：木材很快就腐朽。

⑨见用：被使用。见，被。

⑩瑚（hú）、簋（guǐ）：两种礼器。瑚，瑚琏。古代宗庙祭祀时用来盛黍稷的礼器。簋，古代祭祀时用来装食物的器皿。这里用枯杨做成的瑚、簋比喻才能低下的治国之人。

⑪梓、豫：两种良木名。梓，梓树。豫，樟树的一种。

【译文】

“用出售货物打个比方,那些把货物深深地收藏起来待价而沽的人,即使是最为珍贵的货物也很难售出;敲着鼓到处宣传展示货物的人,即使平凡破旧的货物也很容易就被售空。再用木材做个比喻,那些扎根在嵩山和泰山的树木,即使高达千丈,树荫能够覆盖万亩,然而也没有人知道;生长在主要道路旁边的树木,即使弯曲细小而且容易朽烂,也还是会被人们使用。所以太庙的大堂里摆放着很多枯干的杨木做成的瑚簋,而险阻重重的山谷中却有很多没人砍伐使用的梓木和豫树。

“是以窃华名者[①],蝼、蛴腾于云霄[②];失实贾者,翠虬沦乎九泉[③]。于是斥鷃凌风以高奋[④],灵凤卷翮以幽戢[⑤];铅锋充太阿之宝[⑥],犬羊佻虎狼之资矣[⑦]。夫佞者鼓珍赂为劲羽[⑧],则无高而不到矣;乘朋党为舟楫[⑨],则无远而不济矣。

【注释】

①华名:美好的名声。

②蝼、蛴:两种小虫名。蝼,蝼蛄。喜欢生活在泥土中。蛴,蛴螬。

③翠虬(qiú):翠色的龙。虬,传说中的一种龙。九泉:地下深处。也指深渊。

④斥鷃(yàn):沼泽中的一种小鸟。斥,小池泽。鷃,小鸟名。

⑤卷翮(hé):收敛起翅膀。翮,鸟的健羽。这里泛指翅膀。幽戢(jí):隐藏在偏僻之处。戢,收藏;隐藏。

⑥铅锋:铅制的刀。太阿:古代宝剑名。

⑦佻(tiāo):窃取。

⑧佞者:奸佞之人。鼓:振起;扬起。珍赂:珍宝财货。

⑨朋党：党羽。楫：船桨。

【译文】

“因此那些窃得美名的人，虽然像蝼蛄蜥蜴一样却也能飞升云天；失去实际声价的人，即使如同翠龙那样却也只能沉沦于深渊。于是小小的斥鷃可以乘风高飞，灵异的凤凰却只好卷起翅膀隐藏于偏僻的地方；铅刀冒充着太阿宝剑，狗羊窃取了虎狼资格。奸佞之人扇动着他们那用珍宝财物做成的强劲翅膀，无论多么高的地方都能够飞到；他们乘坐上由党羽构成的舟船，无论多么远的地方他们也都能够到达。

“持之以夙兴侧立①，加之以先意承指②，其利口谀辞也似辨③，其道听涂说也似学④，其心险貌柔也似仁，其行污言洁也似廉，其好说人短也似忠，其不知忌讳也似直，故多通焉⑤。且亦奉望我者⑥，欲我益之；不求我者，我不能爱，自然之理也。

【注释】

①持：借助；凭借。夙兴：很早就起来。形容勤勉。夙，早。侧立：站在旁边。具体指站在君主的旁边。

②先意承指：预先揣摩君主心意并曲意逢迎。指，通“旨”，旨意。

③谀辞：阿谀奉承之辞。辨：通“辩”，善于讲话。

④道听涂说：在路边听到一些传闻便四处传播。学：有学问。

⑤通：顺利。这里指仕途得意。

⑥奉望我者：逢迎我的人。

【译文】

“他们凭着自己能够早早起来侍立在君主的旁边，再加上善于预先揣摩君主的心意并曲意逢迎，他们伶牙俐齿满口阿谀之辞似乎很会言谈，他们道听途说似乎很有学问，他们内心险恶外貌柔和似乎很仁慈，他们行为龌龊言谈高洁似乎很廉洁，他们喜欢揭发别人的短处似乎很忠诚，他们不知道什么是忌讳似乎很正直，因此他们大多仕途得意。再说那些逢迎我的人，是希望我能够给他们带来好处；那些不求我的人，我也不可能去喜欢他们，这是很自然的道理。

“夫贤常少而愚常多，多则比周而匿瑕①，少则孤弱而无援；佞人相汲引而柴正路②，俊哲处下位而不见知；拔茅之义圮③，而负乘之群兴④；亢龙高坠⑤，泣血涟如⑥。故子西逐大圣之仲尼⑦，臧仓毁命世之孟轲⑧；二生不免斯患⑨，降兹亦何足言⑩！斯祸盖与开辟并生⑪，苦之匪唯一世也⑫。历览振古⑬，多同此疾⑭。

【注释】

①比周：相互勾结。匿瑕：隐藏自己的错误。瑕，玉石上的瘢痕。比喻缺点。

②相汲引：相互引荐。柴（zhài）：阻塞。

③拔茅之义圮（yí）：相互引荐贤人的道义被破坏掉了。拔茅，拔起茅草时茅草的根须互相牵连。比喻贤人相互引荐。《周易·泰卦》：“拔茅茹，以其汇。”圮，当作“圮（pǐ）”。杨明照《抱朴子外篇校笺》：“‘圮’当作‘圮’，形之误也。（诸本中仅崇文本作‘圮’，未误……）”圮，衰败。

④负乘：背着东西而乘坐着车辆。比喻小人居君子之位。《周易·解卦》：“六三：负且乘，致寇至，贞吝。”乘坐车辆，是君子之事；背负重物，是小人之事。背着东西坐在车上，比喻小人窃据了君子之位。

⑤亢龙高坠：他们就像飞得很高的龙那样从高空坠落。亢，高。《周易·乾卦》："上九：亢龙有悔。"

⑥泣血涟如：哭泣得泪尽血出。涟如，泪流不断的样子。《周易·屯卦》："乘马班如，泣血涟如。"

⑦子西逐大圣之仲尼：子西赶走了伟大的圣人孔子。子西，春秋楚国人，任楚国令尹（相当于后来的宰相）。《史记·孔子世家》："（楚）昭王将以书社地七百里封孔子。楚令尹子西曰：'王之使使诸侯有如子贡者乎？'曰：'无有。''王之辅相有如颜回者乎？'曰：'无有。''王之将率有如子路者乎？'曰：'无有。''王之官尹有如宰予者乎？'曰：'无有。''且楚之祖封于周，号为子男五十里。今孔丘述三、五之法，明周、召之业，王若用之，则楚安得世世堂堂方数千里乎？夫文王在丰，武王在镐，百里之君卒王天下。今孔丘得据土壤，贤弟子为佐，非楚之福也。'昭王乃止。"

⑧臧仓毁命世之孟轲：臧仓诋毁闻名当世的孟子。孟轲，孟子名轲。《孟子·梁惠王下》："鲁平公将出。嬖人臧仓者请曰：'他日君出，则必命有司所之，今乘舆已驾矣，有司未知所之，敢请。'公曰：'将见孟子。'曰：'何哉？君所为轻身以先于匹夫者，以为贤乎？礼义由贤者出。而孟子之后丧逾前丧。君无见焉！'公曰：'诺。'"

⑨二生：二位先生。指孔子与孟子。斯患：这些患难。

⑩降兹：比不上他们。降，低于。兹，代指孔子与孟子。

⑪盖：表示推测的语气词。大概。开辟：开天辟地。

⑫匪：同"非"。

⑬振古：自古以来；往昔。振，自；从。

⑭疾：毛病；问题。

【译文】

"贤良的人总是很少而愚蠢的人总是很多，愚蠢的人多了就会相互勾结以隐藏自己的缺点，贤良的人少了就会孤独弱小而无人援助；那些奸佞之人相互举荐提拔并阻塞了正常的仕途，而出类拔萃的俊杰就只能身处下位而无法被人们理解；相互引荐贤人的道义被破坏掉了，窃居君子之位的小人就会大量出现；这些小人将会从高高的位置上跌落下来，伤心哭泣得泪尽血出。子西赶走了伟大的圣人孔子，臧仓诋毁了闻名于世的孟子；这两位先生尚且无法避免这样的祸患，而不如他们的人又有何话可说！这样的祸患大概是与天地一起出现的，这样的苦难并非只发生于这一个时代。仔细观察自古以来的各个朝代，大多都出现过与此相同的问题。

“至于驽蹇矫首于琱辇①，駥骥委牧乎林坰②；彼己尸禄③，邦国殄瘁④；下凌上替⑤，实此之由。或虫流而莫敛⑥，或逆窜于申亥⑦，或擢筋于庙梁⑧，或绝命于望夷⑨，盖所拔之非真⑩，而忠能之不用也。

【注释】

①驽蹇(jiǎn)：低劣的瘸腿马。驽，劣马。蹇，跛；行动迟缓。琱辇(diāo niǎn)：雕花的车辆。琱，同“雕”。辇，古代用人拉的车。这里泛指车辆。

②駥(róng)骥：骏马名。林坰(jiōng)：原野。《尔雅·释地》：“野外谓之林，林外谓之坰。”

③彼己：指道德低下而服装尊贵的人。也即德不称位的人。《诗经·曹风·候人》：“彼其之子，不称其服”。《左传·僖公二十四年》引作“彼己之子，不称其服”。尸禄：白拿俸禄而无所作为。尸，古代祭祀时代替死者接受祭祀的人，祭祀期间，尸坐在主要位置上而什么也不用做。

④殄(tiǎn)瘁：灾难。殄，灭绝。瘁，困病。

⑤下凌上替：纲纪废弛，上下失序。陵，以下陵上。替，纲纪废弃。

⑥或虫流而莫敛：齐桓公死后没人安葬，以至于尸虫流到户外。或，指齐桓公。敛，收葬。齐桓公不听管仲临终之言，重用易牙、竖刁等人。桓公病时，易牙等作乱，包围桓公于宫中，求食求饮皆不得，死后不得安葬，以至于尸虫流于户外。

⑦或逆窜于申亥：楚灵王逃亡到申亥家中。或，指楚灵王。逆窜，逃窜；逃亡。申亥，人名。楚国大臣。春秋时期，楚灵王穷兵黩武，滥杀无辜，后来众叛亲离，灵王逃亡到大臣申亥家中，自缢而亡。

⑧或擢筋于庙梁：齐闵王被抽筋后吊死在庙堂的大梁上。或，指齐闵王。擢，抽。《战国策·楚策四》："淖齿用齐，擢闵王之筋，悬于其庙梁，宿夕而死。"

⑨或绝命于望夷：秦二世自杀于望夷宫。秦始皇死后，赵高矫诏逼公子扶苏自杀，立胡亥为二世皇帝，后又逼二世皇帝自杀于望夷宫，最终导致秦朝灭亡。

⑩真：真正的贤人。

【译文】

"以至于让那些低劣瘸腿的马匹趾高气昂地拉着华丽的车辆，而高大的骏马却被丢弃在遥远的旷野之中；不称职的人们窃据高位白拿着俸禄，国家被破坏得满目疮痍；上下失序纲纪混乱，实际上都是由于这些原因造成的。有的君主尸腐生虫而无人收葬，有的君主逃亡到申亥家中自尽，有的君主被抽筋悬挂在庙堂的屋梁上，有的君主丧命于望夷宫中，这都是由于他们所选拔的不是真正的贤人，而忠诚贤能的人才却没有得到他们的重用。

"故明君勤于招贤，而汲汲于擢奇[①]，导达凝滞[②]，而严防壅蔽。才诚足委[③]，不拘于屠钓[④]；言审可施[⑤]，抽之于戎戍[6]。或举于牛口之下[7],而加之于群僚之上;或拔于桎梏之中[8],而任以社稷之重。故能勋业隆济,拓境服远,取威定功,垂统长世也[9]。

【注释】

①汲汲:急切的样子。擢奇:提拔奇异的人才。

②导达凝滞:为滞留在下层的人才疏通仕宦之路。导达,疏通。

③足委:足以值得任用。委,委任;任用。

④屠钓:屠宰钓鱼。此事指吕尚。吕尚在出仕之前,曾当过屠夫、钓翁。

⑤审:确实。施:用。

⑥抽之于戎戍:提拔于戎卒之中。此事指刘敬。刘敬是汉初人,原名娄敬。当他去戍守陇西路过洛阳时,劝告刘邦定都关中。刘邦采纳了他的意见,赐姓刘,并拜为郎中,号为奉春君。

⑦或举于牛口之下:有的人被举荐于养牛的职业之中。此事指春秋时的百里奚。《史记·商君列传》:"赵良曰:'夫五羖大夫,荆之鄙人也。闻秦缪公之贤而愿望见,行而无资,自粥于秦客,被褐食牛。期年,缪公知之,举之牛口之下,而加之百姓之上,秦国莫敢望焉。相秦六七年,而东伐郑,三置晋国之君,一救荆国之祸。'"

⑧或拔于桎梏(zhì gù)之中:有的人被提拔于桎梏之中。桎梏,脚镣手铐。在脚叫"桎",在手叫"梏"。此事指管仲。《史记·管晏列传》:"已而鲍叔事齐公子小白,管仲事公子纠。及小白立为桓公,公子纠死,管仲囚焉。鲍叔遂进管仲。管仲既用,任政于齐,齐桓公以霸。"

⑨统:世代相继的系统。这里指皇统,也即世代相传的皇权。

【译文】

"因此圣君勤于招纳贤人,急切地举用奇才;为滞留在下层的士人疏通仕途，严格地预防自己被人蒙蔽。如果某个人确实值得重用，那就不考虑他是屠夫还是渔翁；意见确实值得采纳，即使戍边的士卒也要提拔。有的贤人从喂牛的职业中被举荐上来，放置在众多大臣之上；有的贤人从桎梏中释放出来，被委以治国的重任。所以这些圣君能够建立伟大的功业，开拓疆土征服远方之人，能够获取威望而立下功勋，使自己的王业永远留传下去。

“夫直绳者①，枉木之所憎也②；清公者，奸慝之所雠也③。人主不能运玄鉴以索隐④，而必须当涂之所举⑤。然每观前代专权之徒，率其所举皆在乎附己者也，所荐者先乎利己者也，毁所畏而进所爱。所畏则至公者也，所爱则同私者也。至公用则奸党破，众私立则主威夺矣⑥；奸党破则升泰之所由也⑦，主威夺则危亡之端渐矣。毁所畏则恐辞之不痛，虽刖劓之⑧，犹未惬意焉⑨，故必除之而后快也；彼进所爱则苦谈之不美⑩，虽位超之，犹未逞心焉⑪，故必危彼以安此也⑫。是故抱枉而死、无愆而黜者⑬，有自来矣⑭。

【注释】

①直绳：木工用来划直线的墨线。

②枉木：弯曲的木头。枉，弯曲。

③奸慝(tè)：奸诈凶恶。慝，邪恶。

④玄鉴：本指明镜。这里比喻可以像明镜一样反映外界事物的心智、智慧。索隐：寻找隐居的贤人。索，寻找。

⑤当涂：指身居要职的人。

⑥主威：君主的权威。

⑦升泰：升平安乐的局面。

⑧刖劓(yuè yì):砍掉腿脚,割去鼻子。刖,把脚砍掉的酷刑。劓,割鼻的酷刑。

⑨慊(yàn)意:心满意足。

⑩苦:苦于;只怕。

⑪逞心:称心;满意。

⑫危彼:危害贤人。彼,代指公正的贤人。安此:使自己举荐的人安全。此,代指自己举荐的人。

⑬愆:错误;过失。黜:罢黜;免职。

⑭有自来:有其产生的原因。

【译文】

"笔直的墨线,是弯曲的木头所憎恶的;清廉公正的人,是奸邪的人所仇恨的。君主不能运用自己的智慧去寻找隐居的贤人,就必需那些身居要职的大臣去举荐。然而常常看到的是那些前代专权的人,他们所提拔的人大多都是依附于自己的人,所举荐的人首先是对他们自己有利的人,他们毁谤他们所畏惧的人而提拔他们所喜欢的人。他们所畏惧的人则是一些最为公正的人,所喜欢的人则是能够在一起共同谋取私利的人。最为公正的人如果被任用那么奸邪的团伙就要被废除,众多营私的人能够在位那么君主的权威就要被剥夺;奸邪的团伙被废除那么升平安乐的局面就会由此出现,君主的权威被剥夺那么国家危亡的苗头就会显露。他们在诋毁所畏惧的公正之人时唯恐言辞不够严厉,即使把公正之人砍腿割鼻,依然无法使自己心满意足,一定要除掉公正之人才会感到高兴;他们在提拔自己所喜欢的人时只怕自己的美言还不够好听,即使所给的地位已经超过了被举荐者的能力,仍然不能使自己称心如意,因而必须伤害至公之人以保证自己所荐举者的安全。因此至公之人抱屈而死,没有罪过而被免职,这都是有缘由的。

"所以体道合真,嶷然特立①,才远量逸,怀霜履冰②,思绵天地[3]，器兼元凯[4]，执经衡门[5]，渊渟岳立[6]。宁洁身以守滞[7]，耻胁肩以苟合[8]。乐饥陋巷[9]，以励高尚之节[10]；藏器全真[11]，以待天年之尽。非时不出，非礼不动。结褐嚼蔬[12]，而不悒悒也[13]；黄发终否[14]，而不恨恨也[15]。安肯蹙太山之峻[16]，以适凿枘之中[17]；敛垂天之羽[18]，为戒旦之役[19]；编于仕类[20]，而抑郁庸儿之下[21]；舍鸾凤之林，适枳棘之薮[22]；竞腐鼠于鶋鸱[23]，而枉尺以直寻哉[24]！

【注释】

①嶷(nì)然：高大的样子。特立：独立。

②怀霜：比喻情怀高洁。履冰：比喻做事小心谨慎。《诗经·小雅·小旻》："战战兢兢，如临深渊，如履薄冰。"

③思绵天地：不停地思考天地自然规律。绵，连续不断。

④器：才能。元凯：八元八凯，都是传说时代的贤臣。元，善良。凯，平和。《左传·文公十八年》说，高阳氏有才子八人，天下之民谓之"八恺(凯)"；高辛氏有才子八人，天下之民谓之"八元"。

⑤执经衡门：在简陋的屋舍里阅读经书。这里代指隐居生活。衡门，横木为门。指简陋的房子。

⑥渊渟(tíng)：静止的深渊。渟，水静止不流。

⑦守滞：守着困窘的生活。滞，滞碍不通。指困窘的生活。

⑧胁肩：耸肩缩头以取悦于人的模样。苟合：苟且迎合。

⑨乐饥陋巷：在简陋狭窄的小巷里过着贫穷而快乐的生活。饥，饥饿。代指贫困的生活。

⑩励：勉励。杨明照《抱朴子外篇校笺》说"励"当作"厉"，磨砺。

⑪藏器：胸怀才华。全真：保全自己美好的天性。真，真性；天性。

⑫结褐(hè)：穿着粗布短衣。结，编织。这里指穿戴。褐，粗布衣。

⑬悒悒(yì):闷闷不乐的样子。

⑭黄发:指老年或老人。老人的头发先变白,后转黄,故称老人为“黄发”。否(pǐ):闭塞不通。指生活不得意。

⑮悢悢(liàng):悲伤惆怅的样子。

⑯蹙(cù):压缩;缩小。太山:即泰山。太,通“泰”。

⑰凿枘(ruì):“凿”指榫眼,“枘”指榫头。这里是偏义复合词,专指榫眼。

⑱垂天之羽:垂挂在天上如同云层的大翅膀。指大鹏鸟。《庄子·逍遥游》:“鹏之背,不知其几千里也。怒而飞,其翼若垂天之云。”

⑲为戒旦之役:做报晓的差事。戒旦,报晓。

⑳编于仕类:站在官员的行列里。

㉑抑郁:因为不得意而郁闷。庸儿:平庸之人。指世俗官员。

㉒枳(zhǐ)棘:两种长刺的灌木。薮(sǒu):水少而草木繁盛的大泽。这里泛指丛林。

㉓竞腐鼠于踞鸱(chī):与蹲坐着的猫头鹰争夺腐烂的老鼠。比喻与世俗的官员争名夺利。踞,蹲坐。鸱,即猫头鹰。《庄子·秋水》:“惠子相梁,庄子往见之。或谓惠子曰:‘庄子来,欲代子相。’于是惠子恐,搜于国中,三日三夜。庄子往见之,曰:‘南方有鸟,其名为鹓鸰,子知之乎?夫鹓鸰,发于南海,而飞于北海,非梧桐不止,非练实不食,非醴泉不饮。于是鸱得腐鼠,鹓鸰过之,仰而视之曰:“吓!”今子欲以子之梁国而“吓”我邪?’”

㉔枉尺以直寻:比喻委屈自己以获取更大的利益。枉,弯曲;委屈。寻,古代的长度单位。八尺为“寻”。尺小寻大,用“枉尺直寻”比喻牺牲小利益以换取大利益。《孟子·滕文公下》:“陈代曰:‘不见诸侯,宜若小然;今一见之,大则以王,小则以霸。且《志》曰:“枉尺以直寻。”宜若可为也。’孟子曰:‘……且夫枉尺而直寻者,

以利言也。如以利,则枉寻直尺而利,亦可为与?'"

【译文】

"因此那些贤士能够体会大道遵循真理,他们巍巍然特立独行,才学渊博器量超群,品德高洁行事谨慎,不断思考天地自然的规律,兼备了八元八凯的才能,他们隐居在简陋的房舍里读书诵经,就像深渊那样安静像山峰那样稳重。他们宁肯固守着贫困的生活以保持自己的高尚情操,耻于缩头耸肩以苟且逢迎。他们在简陋的小巷子里过着贫苦而快乐的生活,以此来磨砺自己的高尚品行;他们收藏起自己的才能以保全自己的美好天性,如此走完自己的一生。不是合适的时候决不出仕,不符合礼仪的事情决不去做。身穿粗衣口嚼蔬菜,然而从来也不会因此而闷闷不乐;直到终老都时运不佳,然而也不会为此而悲伤郁闷。他们怎么肯压缩高峻的泰山,以求把它放入榫眼之中;怎么肯收敛起犹如天上云层的大翅膀,去做报晓的事情;他们怎么肯被编入官吏之中,抑郁地生活在平庸之徒的高压之下;怎么肯舍弃鸾凤生活的树林,而进入荆棘丛中;怎么肯和蹲踞的猫头鹰去争抢腐烂的老鼠,委屈自己而去获取大的利益呢!

"且大贤之状也至拙,其为味也甚淡①,萧然自足②,泊尔无知③,知之者稀而不戚,时不能用而不闷。虽并日无藜藿之糁④,不以易不义之太牢也⑤;虽缊袍无卒岁之服⑥,不肯乐无道之狐白也⑦。独可散发高枕⑧,守其所有已⑨,绝不曲躬低眉,求其所未须也。

【注释】

①为味:作为一种味道。也即用味道作比方。

②萧然:清苦平淡的样子。

③泊尔：淡泊的样子。

④并日：连续两天。这里泛指多日。藜藿（lí huò）：两种野菜名。这里泛指粗劣的饭菜。藜，野菜名。藿，豆叶。糁（shēn）：谷类制成的小渣。

⑤易：交换。太牢：宴会或祭祀时并用牛、羊、猪三牲。这里泛指丰盛的食物。

⑥缊（yùn）袍：用乱麻做絮里的袍子。卒岁：年终。年终天气最冷，所以需要缊袍。

⑦狐白：用白色的狐狸皮毛制成的衣服。据说十分珍贵。

⑧散发：披散着头发。形容无拘无束、自由自在的隐居生活。

⑨所有：已经具备的。指道德学问。已：通“矣”。

【译文】

“况且大贤的容貌看起来非常愚拙，如果把他们比作味道的话那就是十分的淡薄，他们的生活清苦平淡却自得自足，淡泊寡欲似乎一无所知，理解他们的人很少而他们也不会为此忧伤，社会不去重用他们而他们也不会因此郁闷。即使连续几天都吃不上一顿掺有米粒的野菜饭，他们也不会以此去换取因不义而得到的丰盛食物；即使没有絮麻做成的棉衣去度过寒冷的年终，他们也不会因为获取了不符合正道的白色狐狸皮衣而感到快乐。他们只想披散着头发高枕而卧，坚守着自己已有的道德学问，而绝不会去弯腰低眉，以求取他们所不需要的东西。

“德薄位厚，弗交也；名与实违，弗亲也；荣华驰逐，弗务也；豪侠奸权[①]，弗接也；俗说细辨[②]，不答也；胁肩所赴，弗随也。貌愚而志远，面垢而行洁。确乎若嵩、岱[③]，铨衡所不能测也[④]；浩乎若沧海，斗斛所不能校也[⑤]。峻其重仞之高，隐其百官之富[⑥]。观彼佻窃[⑦]，若草莽也[⑧]。邈世之操[⑨]，眇焉冠秋云之表[⑩];遗俗之神,缅焉栖九玄之端[⑪]。虽穷贱,而不可胁以威;虽危苦,而不可动以利。

【注释】

①豪侠:强悍的侠士。

②细辨:琐碎的辩论。辨,通"辩"。

③确:坚忍不拔。嵩岱:嵩山与泰山。泰山又称岱岳。

④铨衡:称量重量的工具。也即秤。

⑤斗斛(hú):两种量器名。十斗为一斛。校(jiào):计数;称量。

⑥百官:众多的馆舍。比喻美好的才能。官,馆舍。以上两句本于《论语·子张》:"叔孙武叔语大夫于朝,曰:'子贡贤于仲尼。'子服景伯以告子贡。子贡曰:'譬之宫墙,赐之墙也及肩,窥见室家之好。夫子之墙数仞,不得其门而入,不见宗庙之美,百官之富。得其门者或寡矣。夫子之云,不亦宜乎!'"

⑦佻(tiāo)窃:窃取。佻,窃取。

⑧莽:草;草丛。

⑨邈世:远远高于世俗。邈,高远。

⑩眇焉:高远的样子。

⑪缅焉:高远的样子。九玄:九天。玄,天。

【译文】

"品德低下而地位高贵的人,不去与他们交往;名声与实际不相一致的人,不去与他们亲近;到处奔走以追逐荣华富贵的事情,不去做;强悍的侠士和奸诈的权贵,不去接触;庸俗的言谈与琐碎的论辩,不去回应;缩头耸肩善于谄媚的人有所前往,不去跟随。贤人外貌愚笨而志向高远,面带尘垢而品行高洁。他们坚忍不拔就好像嵩山与泰山一样,是无法用秤去称量他们的;他们浩瀚壮阔就好像大海一般,是无法用斗斛去测算他们的。他们加高自己的数丈围墙,隐藏起自己众多而美好的馆舍。他们看待小人窃取的名利地位,就好像是丛生的野草一样。他们那超越世人的情操,高远得可以处于秋天云霄之上;他们远离世俗的精神境界,遥远得能够栖居于九天之外。即使困窘贫贱,也不能用权威去胁迫他们;即使危难困苦,也不能用利益来打动他们。

"其所业耳[①],可闻而不可尽也[②];其所执守,可见而不可论也。故疾之者[③],齐声而侧目[④];爱之者,寡弱而无益。亦犹撮壤不能填决河、升水不能殄原火[⑤]。于是鼖鼓戢雷霆之音[⑥],鞉鞞恣喋鼛之响[⑦];芳蕙芟夷[⑧],臭鲍佩御[⑨];玄鬯倾弃而不羞[⑩],醨酪专灌于圆丘[⑪];汗血驱放而垂耳[⑫],跛蹇驰骋于銮轩[⑬]。此古人之所以怀沙负石、赴流鱼葬而不堪与之同世也[⑭]。已矣!悲夫!

【注释】

①所业耳:所从事与崇尚的事情。耳,当作"尚"。《道藏》本即作"尚"。尚,崇尚。

②尽:完全理解。

③疾:痛恨。

④侧目:不去正面看,而是斜着眼睛看。表示痛恨。

⑤决河:决口的黄河。河,黄河。殄(tiǎn):灭;熄灭。

⑥鼖(fén)鼓:军队用的大鼓。戢(jí):收藏;隐藏。

⑦鞉鞞(táo pí):又作"鼗鞞"。两种小鼓名。恣:随心所欲。喋:喋喋不休。这里指连续不断地敲击。鼛(gāo):大鼓。

⑧蕙:一种香草名。芟(shān)夷:芟除;锄掉。

⑨臭鲍:腥臭的咸鱼。鲍,咸鱼。佩御:佩戴。

⑩玄鬯(chàng):古代用以祭祀的、以黍和郁金香草酿造的一种香

酒。羞：进献美食。

⑪醨酪(lí lào)：薄酒。灌：酌酒浇地以祭祀。圆丘：又称"圜丘"。古代祭天用的圆形高坛。

⑫汗血：良马名。产于西域，流汗如血，故称"汗血"。

⑬跛蹇(jiǎn)：瘸腿。銮(luán)轩：即銮舆、銮驾。天子的车驾。因天子的车驾上面装饰有銮铃，故称。

⑭怀沙负石：负石投江。屈原忠于楚王而被放逐，作《怀沙》，最后负石投汨罗江而死。此外古代负石投江的贤人还很多。

【译文】

"贤人所尊崇的事情，可以知道但不能完全理解；贤人所坚守的精神，能够看见但无法加以论述。因此痛恨他们的人，齐声讨伐且对他们侧目而视；热爱他们的人，人少力薄而对他们爱莫能助。这也就好像一撮土不能堵住黄河的决口、一升水无法扑灭燎原的大火一样。于是大鼓便停下了它那雷霆一般的声音，而小鼓却装着大鼓的模样肆无忌惮地连续敲击起响声；芳香的蕙草被芟除干净，腥臭的咸鱼却被佩带在身；香酒被倾倒抛弃而不予进献，薄酒却被用来浇灌在圜丘上以祭祀上天；汗血宝马被驱赶流放而垂头丧气，瘸腿的驽马却拉着銮舆到处奔跑。这就是古代那些贤人宁肯怀抱着石头、投入大河葬身鱼腹也不肯和小人生活在同一个社会里的原因。不再说了吧！太可悲啦！

"然捐玄黎于洿泞①，非夜光之不真也，由莫识焉②；投彤、卢而不弯③，非繁弱之不劲也④，坐莫赏焉⑤。故琼瑶俟荆和而显连城之价⑥，乌号须逢门而著陷坚之功⑦，飞菟待子豫而飏腾⑧，俊民值知己而宣力⑨。若夫美玉不出重岫⑩，良弓不凿百札⑪，骥騄不服朱轩⑫，命世不履爵势⑬，则孰知其能摅符彩之耀晔、顿云禽于千仞、骋逸迹以追风、康庶绩于百揆乎⑭？

【注释】

①玄黎：古代美玉名。洿(wū)：池塘。

②莫：没有人。

③彤、卢：彤弓和卢弓。以色命名，分别为红色和黑色，都属于良弓。彤，红色。卢，黑色。弯：拉弓。

④繁弱：古代良弓名。劲(jìng)：强劲有力。

⑤坐：因为。

⑥琼瑶：美玉。具体指和氏璧。俟：等待；需要。荆和：楚国的卞和。荆，指楚国。和，指卞和。春秋楚国人，因发现和氏璧而闻名。

⑦乌号：良弓名。逢(páng)门：人名。即逢蒙。古代善于射箭的人。陷坚：射穿坚固的甲衣。

⑧飞菟(tù)：又写作“飞兔”。古代骏马名。子豫：人名。古代善于驾车的人。飚腾：飞腾；奔腾。

⑨俊民：俊才。宣力：发挥出自己的能力。

⑩重岫(xiù)：重叠的山峰。岫，山峰。

⑪凿：射穿。百札：多层的铠甲。百，泛指多层。札，铠甲的叶片。

⑫骥騄(lù)：骏马名。朱轩：红漆车。权贵乘坐的车子。

⑬命世：著名于世的贤人。履：踏上；获取。爵势：爵位与权力。

⑭摅(shū)：舒展；展现。符彩：美玉上的纹理与光彩。耀晔：光彩夺目的样子。顿：倒下；落下。云禽：飞翔于云端的鸟。逸迹：快速的腿脚。康：平安。这里指处理得恰当。庶绩：众多的政务。百揆(kuí)：处理各种政务。百，指繁多的政务。揆，揣摩；处理。

【译文】

“然而把美玉丢弃在池塘的污泥之中，并非是因为它夜间发出的光芒不是真实的，而是因为没人能够认识它；把彤弓、卢弓扔掉而不去使用拉动它，并非是因为这些良弓不够强劲有力，而是因为没有人能够赏识它。因此和氏璧还必须等待楚国的卞和才能够显示出它的连城价值,乌号良弓也必须善射的逢蒙才能够表现出它射透坚甲的力量,飞菟骏马必须依赖子豫的驾驭才能够飞快奔驰,优秀的人才必须遇到知己的君主才能够发挥出自己的才能。如果美玉没有从重叠的山峰中被带出来,良弓没有去射透百层铠甲,骏马没有去驾起红漆的车辆,闻名于世的贤人没有能够获得爵位权力,那么谁又能够知道美玉能够放出绚丽的光彩、良弓能够射落千仞云霄中的飞鸟、骏马奔驰起来能够追上狂风、贤人能够把繁多的政务都处理得十分成功呢?

"夫其不遇①,亦得不杂糅于瓦石,钧贱于朽木,列镳于下乘②,等望于凡琐哉③!嗟乎!彍棘矢而望高手于渠、广④,策疲驽而求继轨于周穆⑤,放斧斤而欲双巧于班、墨⑥,忽良才而欲彝伦之攸叙⑦,不亦难乎?名实虽漏于一世⑧,德音可邀乎将来。乐天知命⑨,何虑何忧!安时处顺⑩,何怨何尤哉⑪!"

【注释】

①其:代指上文提到的美玉、良弓、骏马、贤人。不遇:没有遇到知音。

②镳(biāo):马嚼子。这里代指马。下乘:下等的劣马。

③等望:同样的声望。凡琐:平庸琐碎的人。

④彍(kuò):把弓拉满。棘矢:用酸枣树枝做的箭。棘,酸枣树。矢,箭。据说棘矢只可用以避邪,不能用于军事。渠、广:熊渠子与李广。熊渠子是先秦楚国的善射者,李广是汉代名将,善射。

⑤策:马鞭子。这里用作动词。鞭打。继轨:在路上追上。继,追上。轨,路。周穆:西周的天子周穆王。相传他有八匹骏马,造

父为他驾车，日行千里，曾去西方巡狩会见西王母。

⑥斤：斧头。班、墨：公输班、墨子。都是先秦的能工巧匠。公输班即著名的鲁班，墨子即墨家的代表人物墨翟。

⑦彝伦攸叙：安排好社会的正常秩序。也即治理好国家。彝伦，常理。攸叙，犹言“所叙”。安排社会秩序的方法。《尚书·洪范》：“王乃言曰：‘呜呼！箕子，惟天阴骘下民，相协厥居，我不知其彝伦攸叙。’”

⑧漏：漏掉；错过。

⑨乐天知命：理解并乐于接受天命的安排。《周易·系辞上》：“乐天知命，故不忧。”

⑩安时处顺：安于接受客观时机，顺应自然变化。《庄子·养生主》：“适来，夫子时也；适去，夫子顺也。安时而处顺，哀乐不能入也，古者谓是帝之县解。”

⑪尤：指责；怨恨。

【译文】

“如果他们没有能够遇到知音，美玉也不会掺杂于瓦片石头之中，良弓也不会和腐朽的木头同样低贱，骏马也不会与下等的劣马排列在一起，贤人也不会和平庸琐碎的人具有同样的声望。唉！拉弓射出的是棘木箭却还想比上优秀的射手熊渠子和李广，鞭打着疲惫不堪的劣马却还想在路上追赶周穆王，放下斧子不用却还想具备与公输班、墨翟两人同样的技巧，忽视杰出的人才却还想安排好社会的正常秩序，这不是也太困难了吗？贤人的名声和实利虽然一生都没有能够获取，然而他们的美好声誉却可以流传到未来。理解并乐于接受天命的安排，又有什么值得担心又有什么值得忧愁！安于接受时运而顺应着自然变化，又有什么值得抱怨又有什么值得嫉恨！”

清鉴卷二十一

【题解】

清鉴，清楚、明确地鉴别人物。知人善任，被古人视为君主的主要任务，然而古人同时也指出知人的困难。远在传说时代，人们就意识到知人是件“惟帝其难之”(《尚书·皋陶谟》)的事情，庄子更是认为“人心险于山川，难于知天”(《庄子·列御寇》)。本篇接受了前人的这一看法，以论辩的方式，阐述了知人不易的观点。

葛洪认为，知人不易的原因主要是人们的一些才能显得似是而非，比如勇力绝伦者未必就是上将之器，洽闻治乱者未必就是治国之才。其次，人们知人的能力有限。葛洪认为，就连大圣人周公和孔子在任用、鉴别人物时尚且出过差错，更何况那些平庸之人呢！再次，人们的外表相貌往往与此人的实际才华并不相符：“夫貌望丰伟者不必贤，而形器尪瘁者不必愚；咆哮者不必勇，淳淡者不必怯。或外候同而用意异，或气性殊而所务合。”人不像山川那样，具有固定不变的特性，从而加剧了知人的困难性。

正是因为知人很难，所以葛洪提醒朝廷在用人时，一定要仔细考察，反复甄别；使用人才时还要“以渐进用，不可顿任，轻假利器，收还之既甚难，所损者亦已多矣”；另外还要注意“同乎己者，未必可用；异于我者，未必可忽也”。从本篇不难看出，葛洪在知人任人这件事情上是多么地重视而又谨慎。

抱朴子曰："咸谓[①]：'勇力绝伦者[②]，则上将之器；洽闻治乱者[③]，则三、九之才也[④]。'然张飞、关羽，万人之敌，而皆丧元辱主[⑤]，授首非所[⑥]；孔融、边让[⑦]，文学邈俗[⑧]，而并不达治务，所在败绩[⑨]。邓禹、马援[⑩]，田间诸生，而善于用兵；萧何、曹参[⑪]，不涉经诰[⑫]，而优于宰辅[⑬]。尔则知人果未易也[⑭]。欲试可乃已[⑮]，则恐成(此处有脱文)，折足覆餗[⑯]；欲听言察貌，则或似是而非，真伪混错。然而世人甚以为易，经耳过目，谓可精尽[⑰]。余甚猜焉[⑱]，未敢许也[⑲]。

【注释】

①咸：都。一说"咸"应作"或"，有人。

②绝伦：独一无二；无可比拟。

③洽闻：博闻多识。

④三、九：三公九卿。都是朝中重臣。

⑤丧元辱主：丢了脑袋还使君主受到羞辱。元，头颅。刘备入蜀后，关羽留守荆州，当关羽进攻曹仁于樊城时，孙权派军偷袭关羽之后。关羽两面受敌，引军退还，被孙权军斩于临沮。张飞是三国蜀将，与关羽俱事刘备，当刘备准备率军伐吴时，张飞被部下张达等人所杀。

⑥授首：被杀；死亡。非所：不该有的原因。

⑦孔融：东汉末年人。字文举，鲁国人，孔子二十世孙。少有文才。汉献帝时为北海相，然而志大才疏，政事军事多无成功，后为曹操所杀。边让：东汉末年人。字文礼，陈留人，少辩博，能属文。曾为九江太守。边让恃才傲气，对曹操多轻侮之言，后被曹操

所杀。

⑧邈俗：远远超过世俗之人。邈，远远超过。

⑨败绩：失败。

⑩邓禹：东汉初年人。字仲华，南阳新野人。少年游学长安，与刘秀相亲善。后辅佐刘秀平定天下，因功先后任大司徒、太傅等职。马援：东汉初年人。字文渊。茂陵人。少有大志，善于用兵。先协助刘秀统一天下，后率军平定交趾。

⑪萧何、曹参：两人都是刘邦的开国元勋。萧何为西汉的开国名相。萧何去世后，曹参继任宰相。

⑫经诰：经书。诰，文体的一种，用于告诫或勉励。

⑬宰辅：宰相。

⑭尔：此；因此。

⑮欲试可乃已：要经过试用可以了才行。乃已，而已。

⑯折足覆悚(sù)：折断了鼎足，倾覆了鼎中美食。比喻失败。悚，鼎中的美食。《周易·鼎卦》："鼎折足，覆公悚。"

⑰精尽：精确地、完全地了解。

⑱猜：猜疑；怀疑。

⑲许：同意；赞许。

【译文】

抱朴子说："人们都说：'勇力无比的人，就是上将的材料；全面了解治乱道理的人，就是三公九卿的人选。'然而张飞、关羽，勇力可敌万人，却都丢了脑袋还使自己的君主受到羞辱，死于不该死的原因；孔融、边让，文章才华远远超过世俗之人，却不懂得治民的政务，所到之处接连失败。邓禹、马援，是乡间出身的读书人，却善于用兵；萧何、曹参，没有涉猎过经书典籍，却成为宰相中的优秀者。因此就可以知道要想了解别人确实是件很不容易的事情。一定要经过试用可以了才行，就担心(此处有脱文)，折断了鼎足倾覆了食物；想通过聆听对方的言谈观察对方的外貌，如此得到的印象则似是而非，真真假假错乱难分。然而世上的人们认为了解人非常容易，只要经过耳朵聆听与眼睛观察，就可以完全精准地了解对方了。我对这种看法非常怀疑，不敢苟同啊。

“区别臧否①，瞻形得神，存乎其人②，不可力为③。自非明并日月④，听闻无音者⑤，愿加清澄⑥，以渐进用，不可顿任⑦。轻假利器⑧，收还之既甚难，所损者亦已多矣。无以一事暗保其余⑨。同乎己者，未必可用；异于我者，未必可忽也。”

【注释】

①臧否(pǐ)：善恶。臧，善。否，恶。

②存乎其人：指一个人形貌与思想境界的好坏都自然而然地存在并显示于这个人的身上。《周易·系辞上》：“神而明之，存乎其人。”

③不可力为：无法人为地勉强假装出来。

④自非：除非。明并日月：与日月同样光明、明智。

⑤听闻无音：能够听到别人听不到的声音。比喻观察问题比常人更深刻。无音，没有声音。实际指一般人听不到的声音。《吕氏春秋·重言》：“故圣人听于无声，视于无形。”

⑥清澄：澄清。比喻对人加以鉴别、考察。

⑦顿任：突然予以重用。顿，突然。

⑧轻假：轻易给予。假，假借；给予。利器：指大权。

⑨暗(ān)：通“谙”，熟悉。

【译文】

“鉴别一个人的好坏，要注意观察他的外貌以了解他的思想境界，一个人的形貌与思想境界的好坏都自然而然地存在并显示于这个人的身上，这是无法人为地勉强假装出来的。除了那些与日月一样明智、能够听到别人无法听到的声音的圣人，对其他人选都要加以详细考察，逐步地加以提升任用，不能马上就委以重任。如果轻易地把大权授予对方，要想收回大权时就非常困难了，而且损失的东西也已经很多了。不要因为一个人对某件事情很熟悉就认为他在其他事情上也是如此。与自己意见一致的人，未必可以重用；和自己意见不一致的人，未必就可以忽视。”

或难曰①：“夫在天者垂象②，在地者有形，故望山度水，则高深可推；风起云飞，则吉凶可步③。智者睹木不瘁④，则悟美玉之在山；觌岸不枯⑤，则觉明珠之沉渊。彗星出，则知鳣鱼之方死⑥；日、月蚀，则识骐驎之共斗⑦。华、霍不须称⑧，而无限之重可知矣；江、河不待量，而不测之数已定矣。鸿鹄之翼⑨，騄骐之足，虽未飞走⑩，轻迅可必也；豪曹之剑⑪，徐氏匕首⑫，虽未奋击，其立断无疑也。

【注释】

①难：责难；质疑。

②垂象：显示自己的模样。垂，垂挂；显示。象，指日、月、星辰等天象。

③步：推步；预测。

④瘁：憔悴；枯干。

⑤觌(dí)岸不枯：看到岸边润泽。觌，看见。《荀子·劝学》：“玉在山而草木润，渊生珠而崖不枯。”

⑥鳣(zhān)鱼：鱼名。疑作“鲸鱼”。《淮南子·天文训》：“鲸鱼死

而彗星出。”

⑦骐骥：即麒麟。《淮南子·天文训》：“麒麟斗而日月食。”

⑧华、霍：华山与霍山。华山在今陕西境内，霍山在今安徽境内。

⑨鸿鹄：两种鸟名。大雁与天鹅。

⑩走：奔跑。

⑪豪曹：古代宝剑名。

⑫徐氏匕首：徐氏的匕首。据《战国策·燕策三》及《史记·刺客列传》记载，战国时期，赵国有男子名徐夫人，家有锋利匕首。荆轲刺秦王所用的匕首即得之于徐氏。

【译文】

有人质疑说：“天上的日、月、星辰要显示自己的形象，地上的山川草木要显示自己的形状，因此仰望山峰测量流水，那么就可以推测出山的高度和水的深度；看到风起云涌，那么就可以预测出是吉是凶。聪明的人看到树木不枯黄，就会知道这座山中藏有美玉；看到涯岸不干枯，就会明白这个深渊里藏有明珠。彗星一旦出现，就知道鲸鱼即将死去；日、月一旦被蚀，就知道麒麟正在互斗。华山与霍山不需要去称量，就能够知道它们具有无限的重量；长江与黄河的水不需要去计算，就能够确定它们具有无法测量的数量。大雁天鹅的翅膀，骏马的腿脚，即使还没有起飞、奔跑，就能够确定它们的轻捷迅速；豪曹宝剑，徐氏匕首，即使还没有挥起砍杀，它们能够立即斩断物体的能力就无可怀疑。

“驳子有吞牛之容①，鹗毂有凌鸷之貌②。卉茂者土必沃③，鱼大者水必广。虎尾不附狸身，象牙不出鼠口。叔鱼无餍之心④，见于初生之状；食我灭宗之征⑤，著乎开胞之始⑥。申童觉窃妻之巫臣⑦，张负知将贵之陈平⑧。范子所以绝迹于五湖者⑨，以句践蜂目而鸟喙也⑩；赵人所以息意于争锋者⑪,以白起首锐而视直也⑫。文王之接吕尚,桑阴未移⑬,而知其足师矣;玄德之见孔明⑭,晷景未改⑮,而腹心已委矣。

【注释】

①驳:传说中的一种猛兽。状如马,能食虎豹。

②鹗(è):鱼鹰。鷇(kòu):幼鸟。凌鸷(zhì):凌空击杀。鸷,本指鹰、雕之类的猛禽,这里引申为凶猛击杀。

③卉:草的总称。

④叔鱼:春秋晋人羊舌鲋,字叔鱼。晋国大夫,因处事不公,被邢侯所杀。无猒:贪得无厌。猒,通"厌",满足。《国语·晋语八》:"叔鱼生,其母视之曰:'是虎目而豕喙,鸢肩而牛腹,溪壑可盈,是不可餍也,必以贿死。'遂不视。"

⑤食我:春秋晋人杨食我,字伯石。晋国贵族叔向之子,母为夏姬之女。后杨食我与祁盈结党为乱,被杀,家族被灭。《国语·晋语八》:"杨食我生,叔向之母闻之,往及堂,闻其号也乃还,曰:'其声豺狼之声,终灭羊舌之宗者,必是子也。'"

⑥开胞:指刚刚出生。胞,胞衣。

⑦申童觉窃妻之巫臣:申家的孩子预感到巫臣将要窃取别人的妻子。申童,申家的孩子。指申叔跪,楚国大夫申叔时之子。巫臣,楚国的大夫。据《左传》、《史记》等书记载,陈国的夏姬甚美,陈灵公及大夫孔宁、仪行父与之私通。夏姬之子夏征舒杀灵公,楚庄公讨杀夏征舒。楚庄王与楚国大夫子反皆欲娶夏姬,巫臣先后谏阻之。巫臣设法令夏姬回到郑国母家,而自己借出使齐国之机到了郑国,娶夏姬出逃至晋。临行前,遇到跟随父亲到郢都去的申叔跪,申叔跪看到巫臣的容貌表现,就知道他将窃夏姬而逃。

⑧张负：秦汉之交时的人。陈平：刘邦的开国功臣，曾任丞相。《史记·陈丞相世家》："户牖富人有张负，张负女孙五嫁而夫辄死，人莫敢娶。平欲得之。邑中有丧，平贫，侍丧，以先往后罢为助。张负既见之丧所，独视伟平，平亦以故后去。负随平至其家，家乃负郭穷巷，以弊席为门，然门外多有长者车辙。张负归，谓其子仲曰：'吾欲以女孙予陈平。'张仲曰：'平贫不事事，一县中尽笑其所为，独奈何予女乎？'负曰：'人固有好美如陈平而长贫贱者乎？'卒与女。"

⑨范子：范蠡。春秋人，曾协助越王勾践灭吴。绝迹：隐居。五湖：湖名。指太湖及周边的四个湖。《史记·货殖列传》："范蠡既雪会稽之耻，乃喟然而叹曰：'计然之策七，越用其五而得意。既已施于国，吾欲用之家。'乃乘扁舟浮于江湖。(《正义》曰：《国语》云勾践灭吴，及至五湖，范蠡辞于王曰：'君王勉之，臣不复入国矣。'遂乘轻舟，以浮于五湖，莫知其所终极。)"

⑩句践：即勾践，春秋越国君主。蜂目：蜂一样的眼睛。鸟喙：鸟一样的嘴巴。《史记·越王勾践世家》："范蠡遂去，自齐遗大夫种书曰：'蜚鸟尽，良弓藏；狡兔死，走狗烹。越王为人长颈鸟喙，可与共患难，不可与共乐。子何不去？'"

⑪赵人：指战国时期赵国君臣。息意：打消某种想法。争锋：指与秦国将军白起直接交战。秦国进攻韩国上党，上党守冯亭派使者至赵国，表示愿意归属赵国，严尤《三将叙》接着记载说："平原君劝赵孝成王受冯亭，王曰：'受之，秦兵必至，武安君必将，谁能当之者乎？'对曰：'渑池之会，臣察武安君小头而面锐，瞳子白黑分明，视瞻不转。小头而面锐者，敢断决也；瞳子白黑分明者，见事明也；视瞻不转者，执志强也。可与持久，难与争锋。廉颇为人，勇鸷而爱士，知难而忍耻，与之野战则不如，持守足以当之。'王从其计。"

⑫白起：战国秦人，屡建战功，封为武安君。后为秦昭襄王所迫而自杀。首锐：脑袋尖。视直：眼睛直视前方。

⑬桑阴未移：桑树的树荫还没有移动。形容时间很短。

⑭玄德：刘备，字玄德。涿郡涿县人。三国时蜀国之主。孔明：诸葛亮，字孔明。琅玡阳都人。

⑮晷景(guǐ yǐng)未改：日影未动。形容时间短暂。晷，日影。景，同“影”。

【译文】

“驳在幼小的时候就能够显示出它吃牛的模样，鱼鹰在幼小的时候也能够显示出凶猛攻击的姿势。花草茂盛的地方土壤必定肥沃，鱼长得大的地方水域必然宽广。老虎尾巴不会长在狸子的身上，象牙不会出自老鼠的口中。叔鱼的贪得无厌品性，在他刚刚出世时就显露在他的容貌上；杨食我导致家族灭亡的征兆，在他刚刚出生时就已经显现出来了。申家童子能够觉察到巫臣将要窃取别人的妻子，张负知道陈平将来能够富贵显达。范蠡之所以在五湖隐居起来，是因为他看到勾践长着蜂一样的眼睛和鸟一般的嘴巴；赵国人之所以打消与秦人正面交锋的想法，是因为他们看到白起的脑袋尖而眼睛直视前方。周文王接见吕尚时，桑树荫影还没有移动，就知道值得拜他为师了；刘备去拜访诸葛亮时，日影还没有改变，就知道可以把他视为心腹之人了。

“郭泰中才[①]，犹能知人，故入颍川则友李元礼[②]，到陈留则结符伟明[③]，入外黄则亲韩子助[④]，至蒲亭则师仇季知[⑤]，止学舍则收魏德公[⑥]，观耕者则拔茅季伟[⑦]，奇孟敏于担负[⑧]，戒元艾之必败[⑨]。终如其言，一无差错。必能简精钝于符表[⑩]，详舒急乎声气[⑪]，料明暗于举厝[⑫]，察清浊于财色，观取与于宜适，谓虚实于言行[⑬]，考操业于闺阃[⑭]，校始终于信效[15]。善否之验[16],不其易乎?”

【注释】

①郭泰:字林宗,东汉太原界休人。博学多才,好品题人物,奖拔士人。《后汉书》有传,作“郭太”。

②颍川:地名。在今河南中部地区。李元礼:李膺,字元礼,东汉颍川襄城人。曾任河南尹等职,是当时的大名士。

③陈留:地名。在今河南开封一带。符伟明:符融,字伟明,东汉陈留浚仪人。游太学,师事李膺,对郭泰非常敬服。

④外黄:地名。在今河南杞县东。韩子助:韩卓,字子助。东汉陈留人,有知人之明。

⑤蒲亨:应为“蒲亭”。地名。在今河南兰考境内。仇季知:仇览,字季智(知)。陈留考城人。曾为蒲亭长。四十以后入太学。《太平御览》卷四百九引《郭林宗别传》:“郭泰……过蒲亭则师仇季知也。”

⑥魏德公:东汉陈国人。据《太平御览》卷八百五十九引《郭林宗传》:“林宗尝止陈国文学,见童子魏德公,知其有异。德公求近其房止,供给洒扫。林宗尝不佳,夜中命作粥,德公为之进焉。林宗一啜,怒而呵之曰:‘高明为长者作粥,不如意,使沙不可食!’以杯掷地。德公更为粥,三进三呵。德公姿无变容,颜色殊悦。林宗乃曰:‘始见子之面,今乃知卿心。’遂友善之,卒为妙士。”

⑦茅季伟:茅容,字季伟,东汉陈留人。《后汉书·郭太列传》:“茅容字季伟,陈留人也。年四十余,耕于野,时与等辈避雨树下,众皆夷踞相对,容独危坐愈恭。林宗行见之而奇其异,遂与共言,因请寓宿。旦日,容杀鸡为馔,林宗谓为己设,既而以供其母,自以草蔬与客同饭。林宗起拜之曰:‘卿贤乎哉!’因劝令学,卒以

成德。”

⑧奇：认为……是奇才。孟敏：东汉巨鹿人。担负：挑着担子。《后汉书·郭太列传》：“孟敏字叔达，巨鹿杨氏人也。客居太原。荷甑堕地，不顾而去。林宗见而问其意。对曰：‘甑已破矣，视之何益？’林宗以此异之，因劝令游学，十年知名，三公俱辟，并不屈云。”

⑨元艾：黄元艾，一名黄允，字子艾，东汉济阴人。《后汉书·郭太列传》：“黄允字子艾，济阴人也。以隽才知名。林宗见而谓曰：‘卿有绝人之才，足成伟器。然恐守道不笃，将失之矣。’后司徒袁隗欲为从女求姻，见允而叹曰：‘得壻如是足矣。’允闻而黜遣其妻夏侯氏。妇谓姑曰：‘今当见弃，方与黄氏长辞，乞一会亲属，以展离诀之情。’于是大集宾客三百余人，妇中坐，攘袂数允隐匿秽恶十五事。言毕，登车而去。允以此废于时。”

⑩简：简拔；选拔。精钝：聪明与愚笨。钝，迟钝；愚笨。符表：表面；外貌。

⑪舒急：指性格的舒缓与急躁。

⑫明暗：明白与愚昧。暗，愚昧。举厝(cuò)：行为举止。厝，通“措”，举措。

⑬谓：疑为“课”字之误。考核。

⑭闺阃(kǔn)：内室。这里代指家族内部。

⑮信效：信用。

⑯善否(pǐ)：善恶。否，恶。

【译文】

“郭泰只是一位才能中等的人，尚且能够了解别人，因此他进入颍川就与李元礼交为朋友，到了陈留就与符伟明相互交往，进入外黄则与韩子助亲近，到了蒲亭就拜仇季知为师，在学舍休息时就接纳了魏德公，看见耕田的人就提拔了其中的茅季伟，遇到挑担子的孟敏就能感觉到他的奇异,提醒黄元艾将来必定失败。最终都如他预测的那样,完全没有任何差错。这就明确说明根据外貌就能够鉴别此人是聪明还是愚笨,根据声音气息就能够了解此人的性格是舒缓还是急躁,根据一举一动就能够知道此人是明白还是糊涂,根据对财色的态度就能够看清此人是清廉还是污浊,根据其行为是否适当就能够明白此人的取舍态度,根据一言一行就能够了解此人是虚浮还是扎实,根据家庭情况就能够考察出此人的志行操守,根据是否有信用就能够确定此人做事是否有始有终。考察人的善恶,不是也很容易吗?”

抱朴子答曰:“余非谓人物了不可知①,知人挺无形理也。徒以斯术存乎大明②,非夫当人自许③。然而世士各谓能之,是以有云④,以警付任耳⑤。夫貌望丰伟者不必贤,而形器尪瘁者不必愚⑥;咆哮者不必勇,淳淡者不必怯⑦。或外候同而用意异⑧,或气性殊而所务合。非若天地有常候,山川有定止也。

【注释】

①了:完全。

②徒:仅仅;只是。斯术:这种知人之术;能够了解人的能力。斯,此。大明:最聪明的人。

③当人:疑为“常人”。当,疑作“常”。

④是以有云:因此我才讲知人不易这样的话。

⑤以警付任耳:以提醒那些担负选人任务的人而已。付任,被付与选人的任务。耳,而已。

⑥尪(wāng)瘁:羸弱憔悴。形容其貌不扬。

⑦淳淡:淳朴恬淡。

⑧外候：外表相貌与行为。候，征候；表象。

【译文】

抱朴子回答说："我并不是说人是完全无法了解的，而是说了解人确实是没有具体的形貌、道理可以作为依据。我只是认为了解人的能力只能存在于最为聪明的人身上，不是常人应该自许的。然而世上的人们都认为自己能够知人，所以我才说这种知人不易的话，以提醒那些付与选人任务的人。外表看起来高大魁梧的人不一定贤能，而其貌不扬的人也未必愚蠢；大声吼叫的人不一定勇敢，淳朴淡泊的人也未必胆怯。有些人的外在相貌与行为相同而目的却不一样，有些人脾气禀性差异很大而追求的目标却完全一致。人们并不像天地那样具有固定的征候，不像高山流水那样具有不变的行为。

"物亦故有远而易知，近而难料，譬犹眼能察天衢①，而不能周项领之间②；耳能闻雷霆，而不能识蚁虱之音也。唐、吕、樊、许善于相人状③，唯知寿夭贫富，官秩尊卑，而不能审情性之宽克、志行之洿隆④。惟帝难之⑤，况庸人乎？而吾子举论形之例，诘精神之谈⑥，未修其本⑦，殆失指矣⑧。

【注释】

①天衢：广阔的天空。

②周：完全看清。项领：脖子。

③唐、吕、樊、许：指唐举、吕公、樊氏、许负。四人都是古代善于相术的人。唐，唐举。战国魏人。《荀子·非相》："今之世，梁有唐举，相人之形状颜色，而知其吉凶妖祥。世俗称之，古之人无有也，学者不道也。"吕，吕公。刘邦的岳父。《史记·高祖本纪》："吕公者，好相人，见高祖状貌，因重敬之，引入坐……酒阑，吕公

因目固留高祖。高祖竟酒，后。吕公曰：‘臣少好相人，相人多矣，无如季相，愿季自爱。臣有息女，愿为季箕帚妾。’”樊氏，其名及生平未详。著有《樊氏相法》一书。许负，西汉初年人。《史记·绛侯周勃世家》：“条侯亚夫自未侯为河内守时，许负相之，曰：‘君后三岁而侯，侯八岁为将相，持国秉，贵重矣，于人臣无两，其后九岁而君饿死。’”后果如许负所言。

④审：清楚；知道。宽克：宽厚与刻薄。洿（wū）隆：低下与高尚。洿，池塘。形容低下。隆，高。

⑤惟帝难之：就连帝舜尚且感到困难。《尚书·皋陶谟》：“皋陶曰：‘都！在知人，在安民。’禹曰：‘吁！咸若时，惟帝其难之。知人则哲，能官人；安民则惠，黎民怀之。’”文中的“帝”指帝舜。

⑥诘：探究；了解。

⑦修：修习；探求。

⑧殆：大概。指：旨意；主旨。

【译文】

“事物中也确实有一些非常遥远的却容易知道，而近在身边的却难以了解，比如眼睛能够看到广阔的天空，却无法完全看清楚自己的脖子周围；耳朵能够听见雷霆的声响，却无法听到蚂蚁与虱子的声音。唐举、吕公、樊氏、许负善于观察人的外貌，但也只能预测人的长寿短命与贫穷富有，以及官位的高低，却无法了解人的性格是宽厚还是刻薄，志向操守是低下还是高尚。帝舜对于知人这件事情尚且感到困难，更何况是平庸之辈呢！而您所列举的观察人体外貌的例子，想以此探究人的思想的说法，是没有探究到事情的根本，大概是没有抓住知人的主旨吧。

“夫亡射之箭[①]，皆破秋毫，然准的恒不得为工[②]。叔向之母[③]，申氏之子[④]，非不一得，然不能常也。陶唐稽古而失任[5]，姬公钦明而谬授[6]。尼父远得崇替于未兆[7]，近失澹台于形骸[8]；延州审清浊于千载之外[9]，而蔽奇士于咫尺之内[10]。知人之难，如此其甚。郭泰所论，皆为此人过上圣乎？但其所得者，显而易识；其所失者，人不能纪。

【注释】

①亡射：随便把箭射出去。亡，当作“妄”。随便；没有目的。葛洪的这句话出自《韩非子·问辩》：“夫砥砺杀矢而以妄发，其端未尝不中秋毫也，然而不可谓善射者，无常仪的也。设五寸之的，引十步之远，非羿、逢蒙不能必中者，有常也。”

②然准的恒不得为工：然而没有靶子总不能算作工巧。准的，箭靶；目标。根据上条注释所引《韩非子》，“恒”字前应有一“无”字。

③叔向之母：叔向是春秋晋国的大夫。关于叔向之母的事见本篇上文“食我灭宗之征”句注。

④申氏之子：申氏之子的事情见本篇上文“申童觉窃妻之巫臣”句注。

⑤陶唐：帝尧。尧初居陶，后封于唐，故称陶唐。稽古：考察古代圣人的做法。稽，考察。失任：用人失误。《尚书·尧典》、《史记·夏本纪》记载，上古洪水为害，帝尧任命鲧治水，结果失败。

⑥姬公钦明而谬授：周公办事认真明智却任人错误。姬公，指周公。周公姓姬名旦。钦，恭敬；认真。据《史记·周本纪》记载，西周初年，周公旦辅佐武王，封商纣王之子武庚禄父，使自己的兄弟管叔、蔡叔监之。周成王即位，周公摄行政事，管叔、蔡叔不服，勾结武庚作乱。

⑦尼父：孔子。孔子名丘，字仲尼。父，通“甫”，对男子的美称。《礼记·檀弓上》：“鲁哀公诔孔丘曰：‘天不遗耆老，莫相予位焉！

呜呼哀哉,尼父!'"崇替:兴衰。崇,兴。替,衰败。《论语·为政》:"子张问:'十世可知也?'子曰:'殷因于夏礼,所损益可知也;周因于殷礼,所损益可知也。其或继周者,虽百世可知也。'"

⑧澹(tán)台:澹台灭明,字子羽。孔子的弟子。澹台,复姓。《史记·仲尼弟子列传》:"澹台灭明,武城人,字子羽,少孔子三十九岁。状貌甚恶。欲事孔子,孔子以为材薄。既已受业,退而修行,行不由径,非公事不见卿大夫。南游至江,从弟子三百人,设取予去就,名施乎诸侯。孔子闻之,曰:'……以貌取人,失之子羽。'"

⑨延州:即春秋吴国公子季札。季札先封于延陵,后封于州来,因此又称"延州"。季札为吴王之少子,坚辞王位不受。审:懂得。清浊:指音乐的清浊。《左传·襄公二十九年》记载,当季札出使鲁国时,对《周南》、《召南》等诗歌作出了精准的评论。

⑩蔽:被蒙蔽。这里指没有能够看出来。咫:长度单位。古代以八寸为一咫。《韩诗外传》卷十:"吴延陵季子游于齐,见遗金,呼牧者取之。牧者曰:'子何居之高,视之下,貌之君子,而言之野也!吾有君不君,有友不友,当暑衣裘,君疑取金者乎?'延陵子知其为贤者,请问姓字,牧者曰:'子乃皮相之士也,何足语姓字哉!'遂去。延陵季子立而望之,不见乃止。"

【译文】

"随便射出去一支箭,总是能够射中秋毫那么小的地方,然而如果没有一个固定的目标就不能算是擅长射箭。叔向的母亲,申家的孩子,并非不能预测准确一次,然而他们不能次次都预测准确。唐尧处处考察效法古人却也曾用人失误,周公办事认真明智但也曾任人不当。孔子在没有任何先兆的情况下能够判断遥远的未来事情的兴衰,却由于以貌取人而看错了近在身边的澹台子羽;季札能够清楚准确地评论千年之前古曲的清浊,但没能看出近在咫尺的奇异之士。知人的困难,竟然达到了如此的程度。郭泰作出的那些准确预测，难道都是因为他比大圣人还要高明吗？只不过是因为他预测准确的，都是一些显而易见的事情；而他的那些错误预测，人们却没有记载下来。

"且夫所贵，贵乎见俊才于无名之中，料逸足乎吴坂之间①，掇怀珠之蚌于九渊之底②，指含光之珍于积石之中。若伯喈识绝音之器于烟烬之余③，平子剔逸响之竹于未用之前④。六军之聚⑤，市人之会，暂观一睹，无所眩惑，探其潜生之心计，定其始终之事行，乃为独见不传之妙耳。若如未论⑥，必俟考其操蹈之全毁⑦，观其云为之好丑⑧，此为丝线既经于铨衡⑨，布帛已历于丈尺，徐乃说其斤两之轻重，端匹之修短⑩，人皆能之，何烦于明哲哉！"

【注释】

①逸足：迅速的腿脚。代指骏马。吴坂：山坡名。一说即"虞坂"，在虞国境内，为狭窄而危险的斜坡。《三国志·魏书·陈思王植传》："昔骐骥之于吴阪，可谓困矣，及其伯乐相之，孙邮御之，形体不劳而坐取千里。"

②掇：拾取。怀珠之蚌：长有珍珠的蚌。

③伯喈：蔡邕，字伯喈。东汉名士。绝音之器：这里指做琴的绝佳材料。《后汉书·蔡邕列传》："吴人有烧桐以爨者，邕闻火烈之声，知其良木，因请而裁为琴，果有美音，而其尾犹焦，故时人名曰'焦尾琴'焉。"

④平子：张衡，字平子。南阳西鄂人。东汉著名的科学家、文学家。曾任太史令等职。剔，甄别。"剔逸响之竹"事不详所出。

⑤六军：按照周朝礼制，天子有六军。这里泛指众多的军队。

⑥未论：疑为“来论”。指对方的观点。“未”疑为“来”字之误。

⑦俟：等到。操蹈：操守行为。全毁：完美与败坏。

⑧云为：言行。云，言论。

⑨铨衡：称量重量的工具。也即秤。

⑩端匹：古代布帛的长度单位。二丈为端，二端为两，一两即一匹。这里泛指布匹。修短：长短。修，长。

【译文】

“况且值得人们看重的，是从没有名声的人群之中发现杰出的人才，是在吴坂的艰险山坡上找到快速的骏马，是从九重深渊的水底捞出带有珍珠的蚌，是在乱石堆里寻出发光的宝石。要像蔡邕那样在烟火灰烬中辨别出能够制琴的绝佳材料，像张衡一样在使用之前就挑拣出能够发出绝妙之音的竹子。众多的军队聚集在一起，市场的人们汇集在一处，短暂地看上他们一眼，就不会有任何迷惑，就能够探究出某人深藏内心的想法，准确地预测出他自始至终的行为事迹，这才算是见解独到而无法传授于人的奇妙能力啊。如果像您所说的那样，一定要等到考察出某人的操守行为是完美还是败坏，看到某人的言行是美好还是丑陋，这就好比丝线已经称过重量，布匹已经量过尺寸，然后才慢慢说出丝线的斤两轻重，布匹的尺寸长短，这是人人都能够做到的事情，何必还要去劳烦明智的哲人呢！”

行品卷二十二

【题解】

行品，德行的品级。本篇主要讨论人们品行的差异与类别。全篇可分为两个部分。

第一部分，葛洪主要对人们的品行予以介绍。在这一部分中，又可分为两个层次：第一层次主要列举了圣人、贤人、道人、孝人、仁人、忠人等共计三十八种善良的人，并对这些善人的品行表现作出了大致的描述。第二层次则列举了悖人、逆人、凶人、恶人、虐人、谗人等共计四十五种凶恶的人，同时也对这些恶人的行为表现给予了粗略的介绍。从这一部分可以看出，葛洪在观察人时，的确是下了一番工夫。

葛洪在分别阐述了善人与恶人的种类与表现之后，进入了第二部分。在这一部分中，葛洪主要探讨了知人不易的原因。葛洪一共列举了十条有关人才难知的原因，大致内容有：人们的外表往往与他们的实际才华不相一致，有的“颜貌修丽，风表闲雅，望之溢目，接之适意；威仪如龙虎，盘旋成规矩”，然而实际上却是“心蔽神否，才无所堪”，一生一无所成。有的人善于言谈，却不善于实践，他们“口之所谈，身不能行；长于识古，短于理今”。有的人淳朴善良有余，而机变智巧不足，同样无法寄予重任。有的人具有某一方面的优点，然而这些优点又被其他缺点所湮灭，因而不能发挥应有的作用。还有一部分人的品质会发生改变，始正而终邪，这就更加让人难以预料了。

葛洪最后发出“物有似而实非，若然而不然”的感叹，认为“料之无惑，望形得神，圣者其将病诸，况乎常人”，再次指出知人不易的社会现实，希望人们在选拔人才时，要倍加仔细，详加考察，以免受到蒙蔽。

抱朴子曰：“拟玄黄之覆载①，扬明并以表微②；文彪昺而备体③，独澄见以入神者④，圣人也。

【注释】

①拟：效法。玄黄：天地。《易经·坤卦》：“天玄而地黄。”

②明并：“明并日、月”的省略。与日、月一样光明。表微：明察秋毫。表，显示。

③文：文采。彪昺（bǐng）：光辉灿烂的样子。备体：各种善德全都具备。这里的“备体”相当于孟子说的“具体”。《孟子·公孙丑上》：“昔者窃闻之：子夏、子游、子张皆有圣人之一体，冉牛、闵子、颜渊则具体而微。”

④澄见：看问题透彻。

【译文】

抱朴子说：“能够像天地那样覆盖、托载万物，发挥与日、月一样的光明以明察秋毫；文彩灿烂辉煌兼备各种美德，见解独到而透彻且能出神入化，这样的人是圣人。

“禀高亮之纯粹，抗峻标以邈俗①，虚灵机以如愚②，不贰过而谄黩者③，贤人也。

【注释】

①抗：高举。这里引申为具备。峻标：高尚的风格。邈俗：远离世俗。邈，遥远；远离。

②虚灵机：心中无思无虑。虚，空无。灵机，心中；思想。如愚：大智若愚。

③贰过：犯同样的错误。《论语·雍也》："孔子对曰：'有颜回者好学，不迁怒，不贰过。不幸短命死矣！'"谄黩：谄媚上级，轻慢下级。黩，亵渎；轻慢。《周易·系辞下》："君子上交不谄，下交不渎。"

【译文】

"禀受了高风亮节且纯粹完美，具备了高尚风格而远离尘俗，心中无思无虑大智若愚，不犯同样的错误也不谄媚上级轻慢下级，这样的人是贤人。

"居寂寞之无为[①]，蹈修直而执平者[②]，道人也。

【注释】

①寂寞：清静恬淡。无为：清静无为。即顺应着自然原则去做事。

②蹈：脚踏。引申为遵循。修直：美好正直的原则。修，美好。

【译文】

"处身于清静无为的状态，遵循着美好正直的原则而坚守着公平，这样的人是有道的人。

"尽烝尝于存亡[①]，保发肤以扬名者[②]，孝人也。

【注释】

①烝(zhēng)尝:祭祀祖先。《尔雅·释天》:"秋祭曰尝,冬祭曰蒸。"蒸,通"烝"。存亡:偏义复词。这里主要指死去的祖先。

②保发肤:保护好自己的身体。发肤,毛发与肌肤。代指身体。《孝经·开宗明义章》:"身体发肤,受之父母,不敢毁伤,孝之始也。"

【译文】

"尽心尽力地祭祀自己已经去世的祖先,保护好自己的身体以扬名天下的人,是孝顺的人。

"垂恻隐于有生①,恒恕己以接物者②,仁人也。

【注释】

①恻隐:同情。有生:有生命的万物。

②恕己:以爱己之心去爱人。《论语·卫灵公》:"其恕乎!己所不欲,勿施于人。"

【译文】

"对待具有生命的万物都能予以同情爱护,永远能够用爱护自己一样的爱心去接人待物,这是仁慈的人。

"端身命以徇国①,经险难而一节者②,忠人也。

【注释】

①端:应作"竭"。竭尽。《太平御览》卷四一八即引作"竭身命以徇国"

②一节:节操始终如一。

【译文】

“竭尽自己的一生而为国献身，经历艰险困苦而节操始终如一的人，是忠诚的人。

“觌微理于难觉①，料倚伏于将来者②，明人也。

【注释】

①觌(dí)：看见；发现。

②倚伏：代指相互转化的祸福。《老子》五十八章：“祸兮，福之所倚；福兮，祸之所伏。”

【译文】

“能够在难以觉察的时候去发现微妙的道理，能够预料未来祸福兴衰的人，是明智的人。

“量理乱以卷舒①，审去就以保身者②，智人也。

【注释】

①量：估量；依据。理乱：即治乱。卷舒：隐居和出仕。卷，比喻退隐。舒，展开。比喻出仕。

②去就：去职与就职。

【译文】

“能够依据社会的治乱以决定自己是隐居还是出仕，能够明白是应该离职还是应该就职以保全自我的人，是有智慧的人。

“顺通塞而一情①，任性命而不滞者②，达人也。

【注释】

①顺：顺从；顺应。通塞：顺利与艰难。一情：一样的平静心境。即不为生活顺利而高兴，也不为生活艰难而伤心。

②任：顺应。性命：天性。滞：固执。

【译文】

“顺应着生活的顺利或艰难的境遇而保持着同样的平静心态，顺应着自己的天性生活而不固执于一端的人，是通达的人。

“不枉尺以直寻①，不降辱以苟合者②，雅人也③。

【注释】

①枉尺以直寻：比喻委屈自己以获取更大的利益。枉，弯曲；委屈。寻，古代的长度单位。八尺为“寻”。尺小寻大，用“枉尺直寻”比喻牺牲小利益以换取大利益。

②降辱：降低志向，羞辱自身。

③雅：正；正直。

【译文】

“不去委屈自己以获取更大的利益，不去降低志向有辱自身以苟且迎合别人的人，是正直的人。

“据体度以动静①，每清详而无悔者②，重人也③。

【注释】

①体度：疑为“礼度”。体，疑为“礼”字之误。动静：代指行为。

②清详：清楚仔细。无悔：没有做过值得后悔的事情。

③重：稳重。

【译文】

“根据礼法制度来决定自己的行为，每次行动时都清楚仔细而不会做出让自己后悔的事情，这样的人是稳重的人。

“体冰霜之粹素①，不染洁于势利者②，清人也。

【注释】

①体冰霜：思想如冰霜一样高洁。体，体会；效法。粹素：纯粹素洁。

②染洁：污染了自己的高洁品质。

【译文】

“思想如同高洁的冰霜那样纯粹素洁，美好品德不受权势与利益污染的人，是清高的人。

“笃始终于寒暑①，虽危亡而不猜者②，义人也。

【注释】

①笃：坚守信念。寒暑：比喻或好或坏的各种生活环境。

②猜：怀疑；动摇。

【译文】

“无论在任何情况下都能够始终坚守自己的信念，即使在危亡的时候也毫不动摇，这是能够坚守正义的人。

“守一言于久要①，历岁衰而不渝者②，信人也。

【注释】

①久要：长期地约束自我。要，约束。《论语·宪问》："见利思义，见危授命，久要不忘平生之言，亦可以为成人矣。"

②岁衰：疑作"盛衰"。"岁"疑为"盛"字之误。渝：变化。

【译文】

"能够坚守着一句诺言而长期地约束自我，即使经历了兴败盛衰的变故也不改变的人，是讲信用的人。

"摛锐藻以立言①，辞炳蔚而清允者②，文人也。

【注释】

①摛（chī）：铺设。这里指书写。锐藻：优美的辞藻。

②炳蔚：华美的样子。清允：文字清丽而内容允当。

【译文】

"能够书写出优美的辞藻以著书立说，文字华美而内容允当的人，是有文学才能的人。

"奋果毅之壮烈，骋干戈以静难者①，武人也。

【注释】

①骋：挥舞。干：盾牌。静难：平定动乱。难，动乱。

【译文】

"能够发挥果敢刚毅的壮烈精神，挥舞着干戈以平定动乱的人，是勇武的人。

"甄《坟》、《索》之渊奥①，该前言以穷理者②，儒人也③。

【注释】

①甄：甄别；探索。《坟》、《索》："三坟八索"的略称。据说都是我国最古的书籍，这里泛指古代文献。渊奥：深奥的道理。

②该：完备；全面。

③儒：古代对读书人的统称。

【译文】

"能够探索古代典籍中的深奥思想，全面研究前人学说并穷究道理的人，是善于读书的人。

"锐乃心于精义①，吝寸阴以进德者，益人也②。

【注释】

①锐：一心进取；专心致志。乃心：他们的心思。乃，本为第二人称，你的。这里引申为第三人称。

②益：增益；进步。

【译文】

"专心致志地钻研精深的思想含义，珍惜每一寸光阴以提高个人品德的人，是不断进步的人。

"识多藏之厚亡①，临禄利而如遗者②，廉人也。

【注释】

①多藏之厚亡：多多积累财富后的重大损失。《老子》四十四章："甚爱必大费，多藏必厚亡。"

②临：面对。遗者：被抛弃的无用废物。

【译文】

“懂得聚财越多必定损失越大的道理，面对利禄就好像是面对被丢弃的无用废物一样，这样的人是清廉的人。

“不改操于得失，不倾志于可欲者①，贞人也。

【注释】

①倾志：丧失志向。倾，倾尽；丧失。可欲：能够勾起欲望的东西。《老子》三章：“不见可欲，使民心不乱。”

【译文】

“无论是得是失都不改变自己的节操，不会因为那些能够勾起欲望的东西而丧失自己志向的人，是有贞操的人。

“恤急难而忘劳①，以忧人为己任者，笃人也②。

【注释】

①恤(xù)：救济；救助。

②笃：忠厚。

【译文】

“救助危难中的人而忘记了自己的辛苦，把为他人担忧作为己任的人，是忠厚的人。

“洁皎分以守终①，不逊避而苟免者②，节人也。

【注释】

①洁皎分：以洁白无瑕的品质作为自己的应有本分。

②苟免：采取不正当手段以逃避灾难。

【译文】

“把洁白无瑕的品质作为自己的应有本分而坚守终生，不去退缩也不去用不正当的手段去逃避灾难的人，是有气节的人。

“飞清机之英丽①，言约畅而判滞者②，辩人也。

【注释】

①飞：快速。这里指快速地使用。清机：美好的智慧。清，美好。机，机智。英丽：华美。

②约畅：简洁而流畅。判滞：剖析滞碍不通的疑难问题。

【译文】

“能够敏捷地发挥自己的美好才华，用简洁流畅的语言去剖析滞碍不通的疑难问题，这样的人是善辩的人。

“每居卑而推功①，虽处泰而滋恭者②，谦人也。

【注释】

①居卑：态度谦卑。也可理解为居于卑贱地位。

②处泰：处境安泰。滋：更加。

【译文】

“总是态度谦卑并把功劳推让给别人，即使处境安泰而处世更加谦恭的人，是谦逊的人。

“崇敦睦于九族①，必居正以赴理者②，顺人也。

【注释】

①崇：推重；重视。敦睦：亲密和睦。九族：以自己为本位，上推至四世高祖，下推至四世玄孙，横推至三从兄弟，即族兄弟、再从兄弟，从兄弟、兄弟。一说指父族四、母族三、妻族二，合为九族。

②赴理：依从道理。

【译文】

“重视家族的亲密和睦，做事一定遵循正路依从道理的人，是顺理的人。

“临凝结而能断①，操绳墨而无私者②，干人也③。

【注释】

①凝结：纠结；疑难。

②绳墨：本指木匠用来画直线的墨线。这里比喻法度。

③干：干练。

【译文】

“遇到疑难问题时能够当机立断，遵循法度而不偏私的人，是干练的人。

“拔朱紫于中搆①，剖犹豫以允当者②，理人也③。

【注释】

①拔：辨别。中搆：半夜。搆，通“冓”，夜晚。

②犹豫：疑难。允当：恰当。

③理：懂得道理；头脑清晰。

【译文】

“能够在漆黑的夜晚分辨出朱、紫两种颜色，剖析疑难问题而且十分恰当的人，是头脑清晰的人。

“步七曜之盈缩①，推兴亡之道度者②，术人也。

【注释】

①步：推步；推算。七曜：又作“七耀”。日、月和金、木、水、火、土五星的合称。

②道度：规律。

【译文】

“能够推算日、月、五星的盈满与亏缺，预测国家兴亡盛衰规律的人，是有道术的人。

“赴白刃而忘生，格兕虎于林谷者①，勇人也。

【注释】

①格：格斗。兕(sì)：犀牛。

【译文】

“敢于冒着白刃冲锋而忘记生命，敢于在林野山谷中与犀牛老虎格斗的人，是勇敢的人。

“整威容以肃众①，仗法度而无二者，严人也。

【注释】

①肃众：使人们肃敬认真。

【译文】

“以自己庄重威严的容貌使众人肃敬认真，遵循法度公平无二的人，是严厉的人。

“创机巧以济用[1]，总音数而并精者[2]，艺人也。

【注释】

①机巧：指各种巧妙的机械。

②音数：音乐、数学。

【译文】

“创造各种灵巧的机械以便于人们使用，包括音乐、数学在内都很精通的人，是有才艺的人。

“凌强御而无惮[1]，虽险逼而不沮者，黠人也[2]。

【注释】

①凌：欺凌。这里指打击。强御：强悍之人；豪强恶霸。

②黠(xiá)：坚强。《说文·黑部》：“黠，坚黑也。”

【译文】

“打击豪强恶霸而毫不恐惧，即使处于危险境地也毫不沮丧的人，是坚强的人。

“执匪懈于夙夜[1]，忘劳瘁于深峻者[2]，勤人也。

【注释】

①匪懈：不松懈。匪，通“非”。夙夜：早晚；日夜。夙，早。

②深峻：深山峻岭。

【译文】

“无论白天黑夜都能够坚持不懈，即使在深山峻岭之中劳作也会忘记自己辛苦困病的人，是勤奋的人。

“蒙谤讟而晏如[①]，不慴惧于可畏者[②]，劲人也。

【注释】

①谤讟(dú)：诽谤。晏如：安逸恬悦的样子。

②慴(shè)：恐惧；害怕。

【译文】

“蒙受了诽谤依然安逸恬悦，不畏惧那些可怕东西的人，是强劲有力的人。

“闻荣誉而不欢，遭忧难而不变者，审人也[①]。

【注释】

①审：明白。

【译文】

“听到别人的赞誉而不会感到高兴，遭遇到忧愁艰难也不改变平静心境的人，是明白的人。

“知事可而必行，不犹豫于群疑者，果人也[①]。

【注释】

①果：果敢决断。

【译文】

“知道事情可行就坚决去做，不会因为众人的怀疑而犹豫不决的人，是果断的人。

“循绳墨以进止①，不干没于侥幸者②，谨人也。

【注释】

①进止：前进或停止。泛指行为。

②干没：侵吞公家或他人的财物。

【译文】

“遵循法律制度行事，不带着侥幸的心理去侵吞别人利益的人，是谨慎的人。

“奉礼度以战兢①，及亲疏而无尤者②，良人也。

【注释】

①战兢：即战战兢兢。

②尤：怨恨。

【译文】

“遵守礼仪法度而谨慎小心，无论亲疏远近的人都不怨恨他，这是善良的人。

“履道素而无欲①，时虽移而不变者，朴人也。

【注释】

①履道：遵循大道。素：清静淡薄。

【译文】

“遵循大道清静恬淡而无个人欲望，时间虽在推移而从不发生变化的人，是纯朴的人。

“凡此诸行，了无一然[1]，而不跻善人之迹者[2]，下人也。”

【注释】

①了：完全。一然：一件事情正确。然，正确。

②跻：登上；追随。

【译文】

“所有以上这些行为，一件也没有做好的，而且还不愿意追随善人足迹的人，就是下等人了。”

门人请曰：“善人之行，既闻其目矣[1]；恶者之事，可以戒俗者，愿文垂诰焉[2]。”

【注释】

①目：名目；条目。

②文：疑作“闻”。卢舜治本即作“闻”。垂诰：赐予明示。垂，敬辞。表示对方高于自己。

【译文】

弟子请教说：“善人的操行，我们已经知道它们的条目了。恶人的行为，可以用来提醒世俗人的一些事情，希望您也赐予明示。”

抱朴子曰：“不致养于所生[1]，损道而危身者[2]，悖人也[3]。

【注释】

①所生：生养自己的父母。

②损道："道"字上可能脱一"孝"字。损害了孝道。

③悖：悖乱；违背常理。

【译文】

抱朴子说："不奉养自己的父母，损害孝道而危害自身的人，是悖乱常理的人。

"怀邪伪以偷荣，豫利己而忘生者[1]，逆人也[2]。

【注释】

①豫：快乐。

②逆：倒行逆施。

【译文】

"心怀邪恶伪诈以盗取荣誉，以利己为快乐而不顾生命的人，是倒行逆施的人。

"背仁义之正途，苟危人以自安者[1]，凶人也。

【注释】

①苟危人：不正当地去危害别人。苟，不正当。

【译文】

"违背仁义的正道，不正当地去危害别人以保证自身安全的人，是凶人。

"好争夺而无猒[1]，专丑正而害直者[2]，恶人也。

【注释】

①猒(yàn):同“厌”,满足。

②丑正:通过诬陷的手段使正人君子变得丑陋不堪。也即诬陷好人。

【译文】

“喜欢争名夺利而且贪得无厌,专门诬陷好人和伤害正直的人,这种人是罪恶的人。

“出绳墨以伤刻①,心好杀而安忍者②,虐人也。

【注释】

①伤刻:刻薄地伤害别人。

②安忍:残忍。

【译文】

“超出法律的限度去刻薄地伤害别人,心中喜好杀戮而且十分残忍的人,是暴虐的人。

“饰邪说以浸润①,构谤累于忠贞者②,谗人也。

【注释】

①饰:修饰。这里指巧妙地编造。浸润:浸泡。这里比喻慢慢地影响别人。

②构谤:诽谤陷害。构,把某些事情牵合在一起作为罪状陷害人。累:拖累;陷害。

【译文】

“巧妙地编造一些谎言邪说去慢慢地影响别人,对忠诚坚贞的人进行诽谤和伤害，这样的人是喜欢进谗言的人。

“虽言巧而行违，实履浊而假清者[①]，佞人也[②]。

【注释】

①履浊：做龌龊之事。

②佞：花言巧语。

【译文】

“虽然言语巧妙动听但行为违背常理，实际干的龌龊之事却假装清高的人，是花言巧语的人。

“不原本于枉直[①]，苟好胜而肆怒者[②]，暴人也。

【注释】

①原本：探索根本原因。原，探索根源。枉直：是非曲直。枉，曲。

②肆怒：放肆地发怒。

【译文】

“不探究是非曲直的根本原因，只是一味地去占上风而放肆发怒的人，是暴躁的人。

“措细善以取信[①]，阴挟毒而无亲者[②]，奸人也。

【注释】

①措：做；干。

②阴：暗中。

【译文】

“做些细小的善事以取信于别人，暗中怀着恶毒之心而对谁都无感情的人，是奸邪的人。

“承风指以苟容①，揆主意而扶非者②，谄人也。

【注释】

①承：顺从。风指：旨意。风，风向。比喻君主的意思。指，同“旨”。苟容：不择手段地去取得君主的容纳。

②揆(kuí)：揣度；揣摩。扶非：帮助君主做坏事。扶，帮助。

【译文】

“顺从君主的旨意以苟且取容于上，揣度君主的意图以助长君主的错误，这种人是谄媚的人。

“言不计于反覆①，好轻诺而无实者②，虚人也。

【注释】

①不计：不考虑；不在乎。

②轻诺：轻易地许诺。

【译文】

“说话不在乎反覆无常，喜欢轻易许诺而又不去实际兑现诺言的人，是虚假的人。

“睹利地而忘义①，弃廉耻以苟得者，贪人也。

【注释】

①利地：利益所在之处。也即利益。

【译文】

“看见了利益就忘记了道义，放弃了廉耻以苟且获利的人，是贪婪的人。

“觌艳逸而心荡①，饰诗绮而思邪者②，淫人也。

【注释】

①觌(dí)：看见。艳逸：艳丽超群的女子。

②诗绮：犹言“纨绔”。服饰华美。诗，疑为“绔”字。裤子。绮，有花纹的丝织品。

【译文】

“一看见艳丽超群的女子就心旌飘荡，于是自己也穿上华美的服饰而心生邪念的人，是淫荡的人。

“见成事而疑惑，动失计而多悔者①，暗人也②。

【注释】

①失计：失算。

②暗：愚昧。

【译文】

“已经看到事情成功了仍然心存疑惑，一行动就失算而多有后悔事的人，是愚昧的人。

“背训典而自任①，耻请问于胜己者，损人也。

【注释】

①训典：前人的训导、法典。自任：依照自己的意愿行事。

【译文】

“违背前人的训导与法典而依照自己的意愿行事，耻于向胜过自己的人请教，这样的人是带来损失的人。

“知善事而不逮[①]，虽多为而无成者，劣人也。

【注释】

①不逮：不及。这里指不去做。逮，赶上。

【译文】

“知道什么是善事而不去做，虽然干了很多事情却一无所成的人，是低劣的人。

“委德行而不修[①]，奉权势以取媚者，弊人也[②]。

【注释】

①委：放弃。

②弊：害；有害。

【译文】

“放弃美好的德行而不去修养，趋炎附势以讨好权贵的人，是有害的人。

“履蹊径以侥速[①]，推货贿以争津者[②]，邪人也。

【注释】

①蹊径：小路；邪路。侥速：想侥幸快速获取富贵。

②货贿：贿赂。争津：争得重要职位。津，渡口。这里比喻重要的官职。

【译文】

“想通过走邪路的方法以快速获取富贵，想通过行贿受贿的办法以争得重要职位的人，是邪恶的人。

“既傲很以无礼[①]，好凌辱乎胜己者，悍人也。

【注释】

①傲很：傲慢而不肯改过。很，有过错而不肯改正。《庄子·渔父》：“见过不更，闻谏愈甚，谓之很。”

【译文】

“既傲慢、不肯改过而且没有礼貌，又喜欢凌辱胜过自己的人，这样的人是凶悍的人。

“被抑枉而自诬，事无苦而振慑者[①]，怯人也。

【注释】

①无苦：没有大的痛苦。也即无关大局。振慑：震惊恐惧。

【译文】

“被人冤枉欺侮了而自己还违心地承认这些罪名，发生了无关紧要的事情而感到震惊恐惧的人，是怯懦的人。

“治细辩于稠众[①]，非其人而尽言者[②]，浅人也。

【注释】

①稠众:大众。稠,多。

②非其人:不是适当的人。

【译文】

“在大庭广众之中去进行一些琐碎的辩论,面对不适当的人而把自己心中的话说完,这是浅薄的人。

“暗事宜之可否[①],虽企慕而不及者[②],顽人也[③]。

【注释】

①暗:愚昧;不懂。事宜:事情。

②企慕:羡慕;仰慕。

③顽:愚蠢。

【译文】

“不懂得事情可办不可办,虽仰慕他人而又无法赶上,是愚笨的人。

“知事非而不改,闻良规而增剧者[①],惑人也。

【注释】

①增剧:加重自己的错误。

【译文】

“知道事情错了却不去改正,听到了好的规劝反而还去加重自己的错误,这是迷惑的人。

“无济恤之仁心[①],轻告绝于亲旧者,薄人也。

【注释】

①济恤：救助同情。

【译文】

“没有救助同情别人的仁爱之心，轻易地就与亲人故旧断绝往来的人，是薄情的人。

“既疾其所不逮①，喜他人之有灾者，妒人也。

【注释】

①疾：嫉恨。不逮：比不上。

【译文】

“既疾恨自己比不上的人，又因为别人有了灾难而欢喜，这样的人是忌妒的人。

“专财谷而轻义，观困匮而不振者①，吝人也。

【注释】

①困匮：困乏。匮，财物匮乏。振：当作“赈”。杨明照《抱朴子外篇校笺》：“‘振’本与‘赈’通，然《君道》篇‘缓赈济而急聚敛’……皆是‘赈’字，此固不应独作‘振’也。改‘振’为‘赈’，前后始能一律。”赈，救济。

【译文】

“独占钱财粮食而看轻道义，看到别人财物匮乏生活困难而不予救济的人，是吝啬的人。

“冒至危以侥幸①，值祸败而不悔者②，愚人也。

【注释】

①侥幸:指怀着侥幸的心理去追逐富贵名利。

②值:遇到。

【译文】

“冒着最大的危险想侥幸获取名利富贵,遇上了灾祸和失败也不知道后悔的人,是愚蠢的人。

“情局碎而偏党①,志唯务于盈利者,小人也。

【注释】

①情:性格;心胸。局碎:狭隘猥琐。局,局促;狭隘。偏党:偏私。

【译文】

“心胸狭隘猥琐而偏私,一心只想获取最大利益的人,是小人。

“骋鹰犬于原兽①,好博戏而无已者②,迷人也。

【注释】

①原兽:原野里的兽。也即野兽。

②博戏:六博游戏。古代一种比赛游戏。

【译文】

“带着鹰犬到处追逐野兽,喜好博戏而不知休止的人,是迷乱的人。

“忘等威之异数①,快饰玩之诗丽者②,奢人也。

【注释】

①等威:等级与威仪。威,威仪。指礼仪、仪仗等。异数:不同。

②诗丽：过度华丽。诗，通"夸"，过度。

【译文】

"忘记了人们的等级和威仪是各不相同的，为自己的饰品玩物过分华丽而得意洋洋的人，是奢侈的人。

"耽声色于饮讌[①]，废庆吊于人理者，荒人也。

【注释】

①耽：沉溺于。饮讌（yàn）：饮宴。讌，通"宴"。

【译文】

"沉溺于声色宴饮之中，耽误了喜庆丧吊这些人情来往的人，是荒唐的人。

"既无心于修尚[①]，又怠惰于家业者，懒人也。

【注释】

①修尚：修养。

【译文】

"既没有心思去提高自己的品德修养，又懒惰于家庭生产的人，是懒惰的人。

"无抑断之威仪[①]，每脱易而不思者[②]，轻人也。

【注释】

①抑断："抑抑断断"的省略。谨慎小心、专诚守一的样子。抑抑，

谨慎小心的样子。《诗经·小雅·宾之初筵》:“其未醉止,威仪抑抑。”断断,专诚守一的样子。《尚书·秦誓》:“如有一介臣,断断猗,无他伎。”威仪:庄严的容貌举止。

②脱易:轻率。

【译文】

“没有谨慎诚恳的美好的容貌举止,又总是轻率行事而不假思索的人,是轻率的人。

“观道义而如醉①,闻货殖而波扰者②,秽人也。

【注释】

①醉:像醉酒者那样一无所知。

②货殖:经商;赚钱。波扰:情绪波动烦乱。

【译文】

“一看到道义就像醉酒者那样一无所知,一听说经商赚钱就情绪波动烦乱的人,是污秽的人。

“杖浅短而多谬①,暗趋舍之臧否者②,笨人也。

【注释】

①杖:通“仗”,所倚仗的。指自己的道德才能。谬:错误。

②暗:不懂得。趋舍:取舍。趋,追求。臧否(pǐ):善恶。臧,善。否,恶。

【译文】

“自己所倚仗的道德才能短浅而多有谬误,又不懂得取舍方面的正确与错误的人,是笨拙的人。

“憎贤者而不贵①，闻高言而如聋者，嚚人也①。

【注释】

①贵：看重；尊重。

②嚚（yín）：愚蠢而顽固。

【译文】

“憎恨贤者而不加以尊重，听到高雅的言论就如同聋子一样的人，是愚蠢而顽固的人。

“睹朱紫而不分①，虽提耳而不悟者②，蔽人也③。

【注释】

①朱紫：红色与紫色。《论语·阳货》：“恶紫之夺朱也。”后遂以朱紫比喻正邪、是非。

②提耳：提着耳朵教育。也即耳提面命，形容恳切教训。

【译文】

“看到了是非善恶而不能分辨，虽经耳提面命的恳切教导而依然不能醒悟的人，是蔽塞的人。

“违道义以趑趄①，冒礼刑而罔顾者②，乱人也。

【注释】

①趑趄（zī jū）：走路困难的样子。形容生活不顺利，处处碰壁。

②冒：冒犯；违背。罔：不。

【译文】

“违背了道义而处处碰壁，冒犯了礼制刑法而无所顾忌的人，是昏乱的人。

“每动作而受嗤[1]，言发口而违理者，拙人也。

【注释】

①嗤：嗤笑。

【译文】

“每次行动都受到别人的嗤笑，话一出口就违背了常理的人，是拙劣的人。

“事酋豪如仆虏[1]，值衰微而背惠者[2]，慝人也[3]。

【注释】

①酋豪：豪强；首领。酋，首领。仆虏：奴仆。

②值：遇到。衰微：衰败。背惠：忘恩负义。

③慝（tè）：邪恶。

【译文】

“平时自己像奴仆一样地侍奉着首领，一遇到对方衰败了就忘恩负义的人，是邪恶的人。

“捐贫贱之故旧[1]，轻人士而踞傲者[2]，骄人也。

【注释】

①捐：抛弃。

②踞：通“倨”，傲慢。

【译文】

“抛弃贫贱的故人旧友，轻视士人并傲慢的人，是骄傲的人。

"弃衰色而广欲①,非宦学而远游者②,荡人也。

【注释】

①衰色:指姿色衰老的妻子。广欲:指广泛地追求新欢。

②宦学:做官与学习。

【译文】

"抛弃姿色衰老的妻子而广泛地去追求新欢,不是为了仕宦或学习而离家远游的人,是浪荡的人。

"无忠信之纯固①,背恩养而趋利者,叛人也。

【注释】

①纯固:专一坚定。纯,专一。

【译文】

"没有专一坚定的忠诚与信义,背弃了养育之恩而一心追求利益的人,是叛逆的人。

"当交颜而面从①,至析离而背毁者②,伪人也。

【注释】

①交颜:面对面。颜,面。面从:表面顺从。

②析离:离开。析,分开;分手。背毁:背后毁谤。

【译文】

"当面对面的时候表示顺从,而分手之后就在背后毁谤对方的人,是虚伪的人。

"习强梁而专己[①],距忠告而不纳者[②],剌人也[③]。"

【注释】

①习:习惯;总是。强梁:强悍霸道。专己:独断专行。

②距:通"拒",抗拒。

③剌(là):刚愎拒谏。

【译文】

"习惯于强悍霸道而独断专行,拒绝别人的忠告而不予采纳的人,是刚愎自用的人。"

抱朴子曰:"人技未易知,真伪或相似。士有颜貌修丽[①],风表闲雅[②],望之溢目[③],接之适意;威仪如龙虎,盘旋成规矩[④]。然心蔽神否[⑤],才无所堪,心中所有,尽附皮肤。口不能吐片奇,笔不能属半句[⑥];入不能宰民,出不能用兵;治事则事废,衔命则命辱[⑦]。动静无宜,出处莫可[⑧]。盖难分之一也[⑨]。

【注释】

①修丽:高大美好。修,长;高。

②风表:风度;仪态。

③溢目:满目;目不暇接。

④盘旋:一举一动;行为举止。

⑤神否(pǐ):精神不佳。否,恶;不好。

⑥属(zhǔ):连缀。指连缀文字,也即书写。

⑦衔命:接受君主的使命。衔,接受。

⑧出处:出仕与隐居。处,隐居。

⑨盖：表推测的语气词。大概。难分：指贤人与坏人难以区分。

【译文】

抱朴子说：“人们的才能确实不容易了解，真人才与假人才在表面上有时非常相似。有的士人形貌高大美好，风度娴静高雅，看着他们的长处有些让人目不暇接，与他们交往也很让人舒心适意；他们的庄重仪态如龙似虎，行为举止中规中矩。然而他们的心神闭塞不佳，他们的才能无法胜任任何事情，他们心中所有的那点东西，全都显露在他们的外表。他们的口中说不出一条奇异的策略，笔下写不出半个完整的句子；在国内不能治理百姓，出征不能带兵打仗；处理事情时则事事失败，接受使命时则有辱使命。他们的一举一动都不适宜，无论出仕还是隐居都不恰当。这大概就是难以区分士人好坏的第一种原因吧。

“士有貌望朴悴①，容观矬陋②，声气雌弱③，进止质涩④。然而含英怀宝，经明行高⑤，干过元凯⑥，文蔚春林⑦。官则庶绩康用⑧，武则克全独胜⑨。盖难分之二也。

【注释】

①貌望：即面貌。朴悴：朴实憔悴。

②矬(cuó)：身材矮小。

③雌弱：柔弱。雌，柔。

④进止：举止。质涩：朴质迟缓。涩，滞碍；迟缓。

⑤经明：明了经书；熟悉经典。

⑥元凯：八元八凯，都是传说时代的贤臣。元，善良。凯，平和。《左传·文公十八年》记载，高阳氏有才子八人，天下之民谓之“八恺(凯)”；高辛氏有才子八人，天下之民谓之“八元”。这里用“元凯”代指有才华的人。

⑦蔚：华美。

⑧庶绩：各种政务。康用：应作“用康”。杨明照《抱朴子外篇校笺》：“‘康用’二字误倒，当乙转。”用康，因此而成功。用，因。康，成功。

⑨克全：能够保全自我。克，能够。

【译文】

“有的士人面貌朴实憔悴，身体矮小丑陋，声音轻柔微弱，动作朴质迟缓。然而他们胸怀着杰出的才能学问，熟悉经典而行为高尚，才干超过了八元八凯，文章华美得就像春天的园林。做官则各项政务都能处理成功，带兵打仗则能保全自我而战胜敌人。这大概就是难以区分士人好坏的第二种原因吧。

“士有谋猷渊邃①，术略入神，智周成败②，思洞幽玄③，才兼能事④，神器无宜⑤；而口不传心⑥，笔不尽意，造次之接⑦，不异凡庸。盖难分之三也。

【注释】

①谋猷（yóu）：谋略。猷，谋略。渊邃：深邃；深远。

②周：完全了解。

③洞：洞察。幽玄：深邃玄妙的道理。

④才兼：具备多方面的才能。兼，兼备。能事：能做事。

⑤神器无宜：其他人才都无法与他相比。神器，神圣的器物。比喻优秀的人才。宜，相称；相比。

⑥口不传心：嘴巴不能表达心中的想法。也即嘴笨，不善于表达。

⑦造次：仓促之间；短时间之内。

【译文】

“有的士人智慧深远，谋略出神入化，他的智慧能够完全了解成败的原因，思想能够洞察深邃玄妙的道理，才能全面而能够成就一番事业，没有任何人才能够与他相比；然而他口拙不能表达自己的想法，写文章也不能完全说明自己的意思，在短时间里与他接触，感到他与平庸之人没有两样。这大概就是难以区分士人好坏的第三种原因吧。

“士有机变清锐①，巧言绮粲②，揽引譬喻，渊涌风厉③；然而口之所谈，身不能行；长于识古，短于理今，为政政乱，牧民民怨。盖难分之四也。

【注释】

①机变：应作“机辩”。“变”当为“辩”。《道藏》本即作“机辩”。机敏善辩。清锐：头脑清醒敏锐。

②绮粲：华美；漂亮。

③渊涌风厉：渊水涌起，狂风凌厉。形容辩论的气势很大。

【译文】

“有的士人辩论起来机智敏锐头脑清醒，巧妙的言辞华美而又漂亮，引经据典善用比喻，辩论的气势如波涛汹涌似狂风凌厉；然而他们口中所谈论的，自身却无法做到；他们长于了解古代知识，短于治理当今社会，从政则政事混乱，治民则民众抱怨。这大概就是难以区分士人好坏的第四种原因吧。

“士有外形足恭①，容虔言恪②，而神疏心慢，中怀散放③，受任不忧，居局不治④。盖难分之五也。

【注释】

①足(jù)恭：过分谦恭。足，过分。

②容虔：容貌虔诚。言恪：语言谨慎。恪，谨慎；恭敬。

③散放：散漫粗放。

④居局：身居官位。局，官署名。如尚食局、郊祠局等。这里泛指官职。

【译文】

“有的士人外表十分谦恭，容貌虔诚言语谨慎，然而心神却疏忽简慢，内心散漫粗放，接受了任命也不知道操心忧惧，身居官位也无法治理。这大概就是难以区分士人好坏的第五种原因吧。

“士有控弦命中[①]，空拳入白[②]，倒乘立骑，五兵毕习[③]；而体轻虑浅[④]，手勦心怯[⑤]，虚试无对[⑥]，而实用无验[⑦]；望尘奔北[⑧]，闻敌失魄。盖难分之六也。

【注释】

①控弦：拉弓射箭。

②空拳入白：赤手空拳地冲向手握兵器的敌人。白，白晃晃的刀刃。

③五兵：五种兵器。说法不一，一说指矛、戟、钺、盾、弓矢。这里泛指兵器。

④体轻：身体轻捷。虑浅：思虑浅薄。

⑤勦（chāo）：勇健。

⑥虚试：犹如今天讲的“军事演习”。无对：没有对手。

⑦实用：实际运用。也即战场实战。无验：没有效果。

⑧尘：指作战时扬起的尘土。奔北：逃跑。北，失败。

【译文】

“有的士人拉弓射箭能够命中目标，赤手空拳也敢于冲向手握刀枪的敌人，能够倒立乘车站着骑马，各种兵器样样精通；然而他们身材轻捷而思虑短浅，手脚勇健而内心胆怯，进行军事演习时没有对手，而实战应用时却不成功，他们一望见战尘飞扬就奔跑逃亡，一听到敌人到来就失魂落魄。这大概就是难以区分士人好坏的第六种原因吧。

“士有梗概简缓①，言希貌朴，细行阙漏，不为小勇，跼蹐拘检②，犯而不校③，握爪垂翅④，名为弱愿⑤；然而胆劲心方⑥，不畏强御⑦，义正所在，视死犹归，支解寸断⑧，不易所守。盖难分之七也。

【注释】

①梗概：大略。这里指粗心。简缓：简慢迟缓。

②跼蹐(jú jí)：局促不安。拘检：拘束；约束。

③犯而不校：受到冒犯也不去计较。

④握爪垂翅：握起爪子，垂着翅膀。形容退缩的样子。

⑤愿：老实。

⑥胆劲(jìng)：胆大。劲，强劲有力。心方：内心刚强正直。

⑦强御：豪强权贵。

⑧支解：即肢解。支，同“肢”。

【译文】

“有的士人粗心大意简慢迟缓，言语稀少容貌朴实，细小行为多有缺失，也不在小事方面表现勇敢，局促退缩自我约束，受到冒犯也不计较，就好像猛兽缩起了爪子、勇禽垂下了翅膀一样，被大家视为软弱老实；然而实际上胆量很大而内心正直，不畏豪强权贵，只要是为了正义之事，视死如归，即使被肢解被凌迟寸断，也不会改变自己的操守。这大概就是难以区分士人好坏的第七种原因吧。

“士有孝友温淑①，恂恂平雅②，履信思顺③，非礼不蹈，安困洁志，操清冰霜；而疏迟迂阔，不达事要，见机不作，所为无成，居己梁倡[4]，受任不举[5]。盖难分之八也。

【注释】

①友：亲近兄弟。

②恂恂：温和恭敬的样子。

③履信思顺：坚守诚信而心怀忠顺。

④梁倡：进退失据的样子。

⑤举：做成；完成。

【译文】

“有的士人孝顺父母爱护兄弟温润贤淑，态度温和恭敬而又平和文雅，坚守诚信而心怀忠顺，不合礼仪的事情决不去做，安心于贫困生活并保持自己的高尚志向，操行如同冰霜一样纯洁；然而粗疏迟钝而迂腐，不懂得事情的要点，看到机会也不知道行动，没有做成任何事情，个人的处境进退维谷，接受的任务也没能完成。这大概就是难以区分士人好坏的第八种原因吧。

“士有行己高简，风格峻峭[1]，啸傲偃蹇[2]，凌侪慢俗[3]，不肃检括[4]，不护小失[5]，适情率意，旁若无人。朋党排谴[6]，谈者同败，士友不附，品藻所遗[7]。而立朝正色，知无不为，忠于奉上，明以摄下[8]。盖难分之九也。

【注释】

①峻峭：山势陡峭。比喻为人清高。

②啸傲：长啸傲世。啸，撮口作声。也即吹口哨。偃蹇(jiǎn)：傲慢的样子。

③凌侪(chái):欺凌同辈。侪,同辈或同类的人。慢俗:轻慢世俗。

④检括:约束。

⑤不护小失:不在乎小的过失。

⑥排谴:排斥谴责。

⑦品藻:品评人才。遗:遗漏。这里指被放置在一边,不予考虑。

⑧摄下:统摄下属。

【译文】

“有的士人为人高洁简约,风格清高峭拔,长啸傲世而桀骜不驯,欺凌同辈而轻慢世俗,不严格约束自我,不在乎小的过失,任意行事,旁若无人。那些结党营私的人们排斥攻击他们,高谈阔论的人们一齐诽谤他们,士人朋友不去亲近他们,品评人才时也把他们放置在一边不予考虑。然而他们在朝廷做官时就会严肃认真,知道该做的事就会勇于承担,忠诚地侍奉君主,严明地统摄下属。这大概就是难以区分士人好坏的第九种原因吧。

“士有含弘旷济[①],虚己受物[②],藏疾匿瑕[③],温恭廉洁,劳谦冲退[④],救危全信,寄命不疑,托孤可保[⑤];而纯良暗权[⑥],仁而不断,善不能赏,恶不忍罚,忠贞有余,而干用不足[⑦],操柯犹豫[⑧],废法效非,枉直混错[⑨],终于负败。盖难分之十也。

【注释】

①含弘:宽宏包容。旷济:广泛救助。

②虚己:自己非常虚心。物:这里主要指各种意见与建议。

③藏疾匿瑕(xiá):用山隐蛇蝎、玉藏瑕疵来比喻一个人器量宏大善于包容。疾,指蛇蝎等毒虫。瑕,玉上的斑点。《左传·宣公十

五年》："高下在心，川泽纳污，山薮藏疾，瑾瑜匿瑕，国君含垢，天之道也。"

④劳谦：勤劳而谦逊。冲退：虚静退让。冲，虚。

⑤托孤：托付孤儿。一般指托付年幼的君主。

⑥暗权：不懂得权变。暗，不明白。

⑦干用：才干；能力。

⑧操柯：行政执法。柯，斧柄。比喻权柄、法律。

⑨枉直：曲直是非。枉，曲。

【译文】

"有的士人能够宽宏包容且广施救助，自己能够虚心地接受各种意见，能够宽宏地包容各种不善之人，他们温和恭敬而清廉高洁，勤劳谦逊，虚静退让，能够救助危难保全信用，寄以重任不用怀疑，托付幼君能有保证。然而他们纯粹善良而不懂权变，仁义慈爱而缺乏果断，面对善人不能奖赏，面对恶人不忍惩罚，忠贞有余，然而才干不足，行政执法时犹豫不决，废弃了刑罚而效仿错误的做法，是非曲直混乱舛错，最终导致了失败。这大概就是难以区分士人好坏的第十种原因吧。

"夫物有似而实非，若然而不然①。料之无惑，望形得神，圣者其将病诸②，况乎常人？故用才取士，推昵结友③，不可以不精择，不可以不详试也。若乃性行之惑变④，始正而终邪，若王莽初则美于伊、霍⑤，晚则剧于赵高⑥，又非中才所能逆尽也⑦。

【注释】

①然：这样。

②病诸：对此也难以做到。病，筋疲力尽，力量不足。诸，"之乎"的

合音字。

③推昵：推荐亲近的人。

④惑：疑作“或”。或许；也许。

⑤王莽：西汉元城人，字巨君。汉元帝皇后之侄。汉平帝年九岁即位，元帝后临朝称制，委政于莽，平帝死后立孺子婴，王莽自称摄皇帝。三年即真，改国号为新，后被起义军所杀。伊：指伊尹。伊尹辅佐商汤建立商朝，商汤的长孙帝太甲在位时，不遵商汤法度，暴虐乱德，于是伊尹把他流放于桐宫，由伊尹摄政。三年后，帝太甲悔过自责，于是伊尹又把政权交还给帝太甲。霍：指霍光。西汉的大臣。西汉昭帝去世，无子，霍光与其他大臣迎立昌邑王刘贺。刘贺即位后，淫乱无度，霍光与其他大臣又废黜了他。

⑥剧于：严重于；比……还坏。赵高：秦朝的宦官。秦始皇死后，赵高矫诏逼公子扶苏自杀，立胡亥为二世皇帝，后又杀丞相李斯及二世皇帝，最终导致秦朝灭亡。

⑦逆：预先。尽：完全。这里指完全知道。

【译文】

“有的事物非常相似而实际不同，好像是这样而实际不是这样。辨别事物不受迷惑，看见外貌就知道内心，圣人对此恐怕也很难做到，更何况一般的人呢？因此任用人才选拔士人，举荐亲人结交朋友，不可以不去精心选择，不可以不去仔细考察啊。至于有的人的情操行为会发生变化，开始正直而最终邪恶，就像王莽那样最初比伊尹、霍光还要贤能，后来却比赵高还要恶毒，这又不是中才之人所能够完全预料到的。

“若令士之易别，如鶡鶡之与鸿鹄①，狐兔之与龙麟者，则四凶不得官于尧朝②，管、蔡不得几危宗周③，仲尼无澹台之失④，延陵无捐金之恨⑤，伊尹无七十之劳⑥，项羽无嫌范之悔矣[7]。所患于其如碱砆之乱瑾瑜[8]，鷦螟之似凤皇[9]，凝冰之类水精[10]，烟熏之疑云气，故令不谬者鲜也[11]。惟帝难之[12]，矧乎近人哉[12]！

【注释】

①鷦鹩(jiāo liáo)：小鸟名。据说只有几寸大。鸿鹄：两种鸟名。大雁与天鹅。

②四凶：尧、舜时四个凶恶的部落首领。指浑敦、穷奇、梼杌、饕餮。

③管、蔡：指周公的兄弟管叔、蔡叔。《史记·周本纪》："成王少，周初定天下，周公恐诸侯畔周，公乃摄行政当国。管叔、蔡叔群弟疑周公，与武庚作乱，畔周。周公奉成王命，伐诛武庚、管叔，放蔡叔。"宗周：因周为所封诸侯国的宗仰国，所以周王朝的国都所在地称宗周。这里代指西周。

④澹(tán)台：澹台灭明，字子羽。孔子的弟子。澹台，复姓。《史记·仲尼弟子列传》记载，澹台灭明状貌丑陋，孔子始以为材薄，后知其德才兼备，于是感叹说："以貌取人，失之子羽。"

⑤延陵：即春秋吴国公子季札。季札曾封于延陵，因此又称"延陵"。捐金：与文意不合。疑为"指金"。"捐"疑为"指"字之误。恨：遗憾。《韩诗外传》卷十："吴延陵季子游于齐，见遗金，呼牧者取之。牧者曰：'子何居之高，视之下，貌之君子，而言之野也！吾有君不君，有友不友，当暑衣裘，君疑取金者乎？'延陵子知其为贤者，请问姓字，牧者曰：'子乃皮相之士也，何足语姓字哉！'遂去。延陵季子立而望之，不见乃止。"

⑥伊尹：商初贤人。辅佐商汤王灭夏建商。七十：指七十次干谒商汤王。《韩非子·难言》："上古有汤，至圣也；伊尹，至智也。夫至智说至圣，然且七十说而不受，身执鼎俎为庖宰，昵近习亲，而汤乃仅知其贤而用之。故曰：以至智说至圣，未必至而见受，伊

尹说汤是也。”

⑦范：指项羽的谋臣范增。《史记·项羽本纪》记载，范增辅佐项羽称霸诸侯，刘邦患之，“乃用陈平计间项王。项王使者来，为太牢具，举欲进之。见使者，详惊愕曰：‘吾以为亚父使者，乃反项羽使者。’更持去，以恶食食项王使者。使者归报项王，项王乃疑范增与汉有私，稍夺之权。范增大怒，曰：‘天下事大定矣，君王自为之。愿赐骸骨归卒伍。’项王许之。行未至彭城，疽发背而死”。

⑧碔砆（wǔ fū）：似玉的石头。

⑨鹪螟：又作“焦明”、“鹪明”等。传说中的鸟，形似凤凰。

⑩水精：水晶。

⑪鲜：少。

⑫惟帝难之：就连帝舜也难以做到。《尚书·皋陶谟》：“皋陶曰：‘都！在知人，在安民。’禹曰：‘吁！咸若时，惟帝其难之。知人则哲，能官人；安民则惠，黎民怀之。’”文中的“帝”指帝舜。

⑫矧（shěn）：何况。

【译文】

“假如士人的好坏很容易区分，就好像鸱鸮和大雁天鹅、狐狸兔子和蛟龙麒麟一样，那么四凶就不可能会在唐尧的朝中做官，管叔、蔡叔就不可能差一点颠覆了西周王朝，孔子就不会没能看准澹台灭明，延陵就不会出现指着遗金让贤士来拾取的遗憾，伊尹就不会遇到干谒商汤王七十次的劳苦，项羽就不会有怀疑抛弃范增的后悔了。所值得担心的就在于像碔砆这样的石头可以与美玉相混淆，鹪螟与凤凰的形体相似，冰块与水晶的模样相像，而烟雾也容易被当作云气，因此要想让人们在用人时不发生任何错误是很难的。这对于圣明的帝舜来说都是难以做到的，更何况是那些浅近的人呢！

“夫惟大明，玄鉴幽微[①]，灵铨揣物[②]，思灼沉昧[③]，瞻山识璞，临川知珠。士于难分之中，而无取舍之恨者，使臧否区分[④]，抑扬咸允[⑤]。武丁、姬文不独治[⑥]，而傅说、吕尚不永弃，高、莽、宰嚭不得成其恶[⑦]，弘恭、石显无所容其伪矣[⑧]。斯盖取士之较略[⑨]，选择之大都耳[⑩]。精微以求，存乎其人，固非毫翰之所备缕也[⑪]。”

【注释】

①玄鉴：本指最为明亮的镜子。这里比喻如同明镜一样的智慧。幽微：不易看到的微小东西。比喻各种细微的事物与品质。

②灵铨：非常灵敏的秤。比喻高超的智慧。铨，秤。揣：揣摩；称量。

③思灼沉昧：智慧能够看清昏暗的东西。灼，照亮。引申为看清。

④臧否（pǐ）：善恶。臧，善。否，恶。

⑤抑扬：贬低与举荐。咸允：都很公允。咸，都。

⑥武丁：商天子武丁。曾提拔重用奴隶傅说，使商朝中兴。姬文：周文王。周文王姓姬名昌，谥文。文王重用吕尚。

⑦高：赵高。臭名昭著的秦朝宦官。莽：王莽。篡夺了西汉政权。宰嚭（pǐ）：即伯嚭。本春秋楚人，后入吴，吴王夫差时为太宰。越王勾践战败后，太宰嚭因受贿而力主赦免越王勾践，最终导致吴国被灭。

⑧弘恭、石显：二人为西汉元帝时宦官。专擅朝政，伤害贤臣。

⑨斯：此。代指以上所述内容。较略：大略。

⑩大都：大概。

⑪毫翰：笔。毫翰本指羽毛，因毛笔为羽毛所制，故代指毛笔。备缕：完全描述。备，完全。缕，分析；描述。

【译文】

“只有最为圣明的人，才有能力像明镜一样去洞察隐微的品行，像灵敏的秤那样去铨衡揣摩事物，他们的智慧可以明察昏暗不明的东西，看到高山就能识别其中的璞玉，看见大河就能知道其中的珍珠。对于那些还处于难以鉴别之中的士人，也不会发生取舍不当的遗憾，他们能够使善人与恶人得到明确的区分，举荐与贬职都处理得非常恰当。让商武丁、周文王无法独享善于治国的美名，而傅说、吕尚之类的贤才也不会被长期抛弃，赵高、王莽、伯嚭那样的恶人也不能干成各自的坏事，弘恭、石显也不可能隐藏自己的奸伪。这大概就是举荐士人的主要办法，是选拔人才的大致内容。至于精心挑选贤人的具体细微的方法，则存在于善于选人者的身上，这确实不是我的笔墨所能够完全描述得清楚的。”

弭讼卷二十三

【题解】

弭讼，消除诉讼。弭，消除；停止。讼，诉讼。仅就题目来看，是在泛指要消除所有的诉讼，而实际上，本篇主要是讲如何消除因婚姻而引发的诉讼。

刘士由认为婚姻是人生大事，夫妇是人伦的开始，因此要给予充分的重视。为了避免因悔婚而引发的诉讼，刘士由建议允许女方在许婚之后、同牢之前悔婚，只须“倍还酒礼，归其币帛”即可。如果悔婚次数增加，则根据次数的多少，依次加倍补偿男方的聘礼，这样一来就可以避免繁多的诉讼了。

葛洪对此表示反对，认为对悔婚者仅仅处以加倍补偿聘礼的做法，只能对贫穷者起到约束作用，而对于富贵者却没有太大影响，相反还会鼓励女方在择婿问题上采取不严肃的态度，使他们“食言弃信，与夺任情”。这样不仅败坏了社会风气，甚至还会因婚姻纠纷而导致严重的伤亡事件。葛洪提出应该采取“报板”的办法以制约悔婚现象，如果有人悔婚，只要证据确凿，就严惩不贷。

姑子刘君士由之论曰[①]：“人纲始于夫妇[②]，判合拟乎二仪[③]。是故大婚之礼，古人所重，将合二姓之好，以承祖宗之基。主人拜迎于门，听命于庙④。玄纁贽币⑤，亲御授绥⑥。壻有三年之丧⑦，致命女氏，女氏许诺而不敢改。大丧既没⑧，请命于婿，婿有辞焉，然后乃嫁。所以崇敬让也，岂有先讼后婿之谓乎⑨？

【注释】

①姑子：姑姑的儿子。刘君士由：姓刘，字士由。

②人纲：人伦纲纪。

③判合：分开与合并。判，分开。二仪：天地。

④听命于庙：在祖庙中听候信使传达的男方意见。一说到祖庙中听取祖先的命令。《礼记·昏义》："昏礼者，将合二姓之好，上以事宗庙，而下以继后世也。故君子重之。是以昏礼：纳采、问名、纳吉、纳征、请期，皆主人筵几于庙，而拜迎于门外，入揖让而升，听命于庙，所以敬慎重正昏礼也。"

⑤玄纁（xūn）：黑色和浅红色的丝绸。纁，浅红色。贽币：聘礼。

⑥亲御：指新婿亲自为新娘驾车。授绥（suí）：指新娘登车时，新婿亲自把车上用来攀拉的绳子交给新娘。绥，登车时供人攀拉的绳子。《仪礼·士昏礼》："婿御妇车，授绥。"

⑦三年之丧：三年的守丧期。古代父亲去世后，儿子要守丧三年，守丧期间，不得婚娶。

⑧没：结束。

⑨讼：争执；打官司。后壻之：然后再去认对方作女婿。一说"后壻"应为"后婚"。杨明照《抱朴子外篇校笺》："《藏》本、旧写本亦作'后婚'，较胜。"

【译文】

我姑姑的儿子刘先生刘士由曾经说过："人伦纲纪是从夫妇结婚开始的，夫妇的分合就好比天地的分合一样。因此结婚的礼节，是古人所重视的，因为这一礼节将要连结两个姓氏的友好关系，以继承祖先的基业。女方主人要到门口行礼迎接，还要到家庙中听取男方的意见。男方则要用黑色和浅红色的丝绸作为聘礼，新婿要亲自为新娘驾车，还要把登车时用来攀拉的绳子亲手交给新娘。男方需要守丧三年，就告诉女方，女方答应而不敢有所更改。三年守丧过后，女方向男方请问婚期，男方有了回应，然后才嫁过去。这些礼节都是用来推崇恭敬谦让品德的方法，哪里有先打官司而后结婚的道理呢？

"而末世轻慢，伤化败俗，举不修义[①]，讦而弗与[②]，讼阋秽辱[③]，烦塞官曹[④]。今可使诸争婚者，未及同牢[④]，皆听义绝，而倍还酒礼，归其币帛。其尝已再离者[⑤]，一倍裨娉[⑥]；其三绝者，再倍裨娉。如此，离者不生讼心，贪吝者无利重受，乃王治之要术，不易之永法也[⑦]。"

【注释】

①举：举止；行为。一说"举"为"全都"义。修义：遵循道义。

②讦：应为"许"字之误。指许婚。《道藏》本即作"许"。

③讼阋(xì)：诉讼；争吵。阋，争吵。

④烦塞官曹：这类烦琐之事充斥官府。官曹，官府。

⑤同牢：又叫共牢。古代婚礼中新婚夫妇同食的仪式。牢，古代用来祭祀或饮宴的牲畜。牛、羊、猪各一为太牢，羊、猪各一为少牢。《礼记·昏义》："妇至，婿揖妇以入，共牢而食，合卺而酳。"

⑤再离：指两次与别人退婚的。再，二；两次。

⑥一倍裨娉(bì pìn)：加倍补偿聘礼。裨，补偿。娉，同"聘"，聘礼。

⑦易：改变。

【译文】

“然而衰败时代的品德轻浮散乱，人们伤风败俗，行为不遵道义，许婚后又毁约反悔，于是两家争吵诉讼相互污辱，这类烦扰之事充满了官府。现在可以让那些因婚事而争讼的人们，在举行同牢仪式之前，听任他们恩断义绝，但要女方加倍偿还酒礼，归还作为聘礼的丝绸。那些已经是第二次退婚的人家，要加倍补偿聘礼；那些已经是第三次退婚的人家，要加两倍地补偿聘礼。这样一来，退婚的人就不会产生诉讼的想法，贪婪吝啬的人也就没有重利可图，这是君主治理国家的主要措施，是不可更改的长远办法。”

抱朴子答曰：“刘君愍德让之凌替①，疾民争之损化②，虽速我讼③，室家不足④；用和之贵⑤，将遂沦胥⑥。创谠言以拾世遗⑦，建嘉谋以拯流遁⑧。纷哗之俗，将以此而易；无耻之风，将由兹而移。弥纶情伪⑨，固难间矣⑩。诚经国之永法，至益之笃论也。

【注释】

①愍：可怜；同情。凌替：纲纪废弛，上下失序。这里泛指衰败。

②疾：痛恨。

③速我讼：与我打官司。速，招致。

④室家不足：结婚成家的礼仪不够。《诗经·召南·行露》：“谁谓女无家！何以速我狱？虽速我狱，室家不足。”

⑤用和之贵：以和为贵。用，以。《论语·学而》：“礼之用，和为贵。”

⑥沦胥：相互牵连而受到损失。胥，相互。

⑦谠（dǎng）言：正直之言。世遗：世俗的过失。遗，遗失；过失。

⑧流遁：流浪放荡而找不到归宿。这里引申为衰败。

⑨弥纶：包罗。这里指全面了解。情：真实。

⑩间(jiàn)：非议；批评。

【译文】

抱朴子回答说："刘先生哀怜谦让之德的衰败，痛恨百姓争讼而有损于教化，虽说只是招致了诉讼，但关键还是结婚成家的礼仪有欠缺；以和为贵的传统，也将因此而连带受到损害。刘先生提出正直的言论以补救世人的过失，拿出这样好的主意来拯救道德的衰败。纷争喧哗的习俗，将会因此而有所改变；不知羞耻的风气，将会因此而有所好转。刘先生的言论全面地概括了世上的真伪之事，确实对此很难有所非议。这确实是治理国家的长远方法，是最为有益的恰当主张。

"洪以不敏[①]，不识至理，造次承问[②]，窃有疑焉[③]。夫婚媾之结[④]，义无逼迫，彼则简择而求，此则可意乃许。轻诺后悔[⑤]，罪在女氏，食言弃信[⑥]，与夺任情[⑦]，严防峻制，未之能弭[⑧]。今猥恣之[⑨]，唯责裨娉倍[⑩]，贫者所惮也[⑪]，丰于财者，则适其愿矣。后所许者，或能富殖[⑫]，助其裨娉，必所甘心。然则先家拱默[⑬]，不得有言，原情论之[⑭]，能无怨叹乎？

【注释】

①洪：葛洪自称。不敏：谦辞。不够聪敏。

②造次：仓促之间。承问：请教。

③窃：谦辞。私下，个人。

④婚媾(gòu)：婚姻；结婚。媾，结婚。

⑤轻诺：轻易地许诺。

⑥食言：言而无信。

⑦与夺:给予和夺取。这里具体指许婚与悔婚。

⑧未之能弭:即“未能弭之”。弭,消除。之,代指悔婚的现象。

⑨猥恣之:荒谬地放任他们的行为。猥,苟且;荒谬。

⑩唯责裨娉倍:只要求他们加倍地补偿聘礼。

⑪所惮:所害怕的。惮,害怕;担心。

⑫富殖:富有。殖,本指经商,这里泛指富有。

⑬先家:指前面被退婚的那一家。拱默:拱手缄默。也即默不作声。

⑭原情:细想他们的情感。原,探索;思考。

【译文】

“我葛洪因为不够聪敏,所以无法认识最高的道理,仓促之间向您请教,是因为我个人有些疑问。婚姻关系的缔结,按照道理是不应该强迫的,彼方通过选择之后才来求婚,此方感到满意之后才会许诺。如果轻易许诺而后又反悔了,错误就在女方,言而无信抛弃信义,许婚悔婚任意而为,即使加强防范严厉制裁,依然难以消除这种现象。如今又荒谬地放任他们的这种行为,只是要求加倍地补偿聘礼,贫穷的人家对此可能会有所畏惧,而对于那些财物丰厚的人家来说,刚好是他们所愿意的。后来所许配的人家,也可能十分富有,能够帮助女方补偿聘礼,而且肯定是心甘情愿的。那么原先被退婚的那一家虽然默不作声,不能说什么,但是依照常情来说,他们心中能够不怨恨叹息吗?

“夫不伏之人①,视死犹归,血刃之祸,于是将起。今苟惜其辞讼之小丑②,而搆其难忍之大恨,所谓爱其僦览之烦③,忘其凋殒之酷也。夫买物于市者,或加价而夺之,则鲜忍而不忿然矣④;况乎见夺待告之妻哉⑤!此法遂用者,将使结婚者虽纳敬、亲迎⑥,犹抱有见夺之虑。何者?刘君之论,以同牢为断,固也⑦。

【注释】

①不伏：不服。伏，通“服”。

②苟：如果。惜：痛惜；不忍心。

③僦(jiù)览：送阅。这里指送阅两家诉讼的案卷。僦，送。

④鲜：很少。

⑤见：被。待告：马上就要宣布的。也即马上就要迎娶的。

⑥纳敬：疑为“纳征”，因为古婚礼无“纳敬”之说。纳征，又叫做纳币。古代婚礼的六礼之一，男方派人送聘礼给女方，女方接受聘礼，婚姻既定。亲迎：古代婚礼的六礼之一，指新婿亲自迎新娘入室，行交拜合卺之礼。

⑦固：确实会如此。

【译文】

“那些心中不服的人，将会视死如归，杀人害命的灾祸，将会由此发生。现在如果不忍心于言辞争讼这样的小小丑行，而将会酿成那种让人难于忍受的大遗憾，就像所说的不愿意出现送览诉讼案卷的麻烦，而忘记了别人丧亡的残酷。在市场上已经买好了东西，有人却又提出加价而予以争夺，那么就很少有人能够忍受而不忿忿然的；更何况是被夺走了待娶的妻子呢！这种方法如果实行，就会使那些缔结了婚约的人即使已经举行过纳征、亲迎仪式，仍然会心怀妻子被夺走的顾虑。为什么呢？因为刘先生的主张，是以同牢仪式是否举行为裁决的根据，那就必然会导致这种心态。

“尔则女氏虽受币积年①，恒挟在意之威②，恃可数夺，必惰于择婿；婿小不得意，便得改悔。结雠速祸，莫此之甚矣。曩人画法③，虑关终始，杜渐防萌，思之良精。而不关恣夺之路④，断以报板之制者⑤，殆有意乎⑥？

【注释】

①尔：这样。受币：接受聘礼。

②在意：疑作“任意”。杨明照《抱朴子外篇校笺》：“王广恕曰：‘“在”，疑当作“任”。’照按：王说是。”威：权威；权力。

③曩(nǎng)：过去；从前。画法：制定法律。

④关：疑作“开”字。开启。

⑤报板：古代女方接受聘礼后，把礼帖反报给男方。板，书写用的木简。

⑥殆：大概。有意：有用意。

【译文】

“如果是这样的话，那么女方即使接受聘礼已经几年了，仍然可以一直怀有任意选婿的权力，他们依仗着可以几次改聘的规矩，必然会懈怠于选择女婿；女婿稍不称心，就可以反悔。结仇招祸，没有比这种情况更严重的了。从前的人们制定法律，已经考虑到事情的前后始终，为了防微杜渐，考虑得非常仔细。然而他们不会开启任意争夺之路，而是用报板的方法加以管理，大概是有用意的吧？

“倘令女有国色①，倾城绝伦②，而值豪右权臣之徒③，目玩冶容④，心忘礼度，资累千金，情无所吝，十倍还娉，犹所不惮，况但一乎⑤？华氏不难于杀孔父而取其妻⑥；楚人为子迎妇，以其美而自纳之⑦。以此论之，岂惜倾竭居产，以助女氏还前家之直哉⑧！小人轻薄，睚眦成怨⑨，又喜委衰逐盛⑩，蹋冷趋热⑪。此法之行，则必多夺贫贱而与富贵者矣。不审吾君何方以防弊乎⑫？”

【注释】

①国色：美冠一国的女子。

②倾城：形容女子极美，能够使全城的人倾倒。《汉书·外戚传上》："初，夫人兄延年性知音，善歌舞，武帝爱之……延年侍上起舞，歌曰：'北方有佳人，绝世而独立，一顾倾人城，再顾倾人国。宁不知倾城与倾国，佳人难再得。'"

③豪右：豪强大户。

④冶容：艳丽的容貌。

⑤一：指加一倍地去补偿聘礼。

⑥华氏不难于杀孔父而取其妻：华督轻易地决定杀死孔父嘉而夺取他的妻子。华氏，春秋宋国贵族。名督，字华父。孔父嘉，春秋宋国贵族，孔子的六世祖。《左传·桓公元年》："宋华父督见孔父之妻于路，目逆而送之，曰：'美而艳。'"《左传·桓公二年》："春，宋督攻孔氏，杀孔父而取其妻。"

⑦楚人为子迎妇，以其美而自纳之：楚人，指春秋楚平王。《史记·楚世家》："平王二年，使费无忌如秦为太子建取妇。妇好，来，未至，无忌先归，说平王曰：'秦女好，可自娶，为太子更求。'平王听之，卒自娶秦女。"

⑧直：同"值"，价值。这里指需要补偿的聘礼。

⑨睚眦（yá zì）：怒目而视。比喻小的怨恨。

⑩委衰：抛弃衰败的一方。委，抛弃。

⑪蹋冷：践踏贫寒之人。蹋，同"踏"。趋热：依附权贵。

⑫吾君：对对方的尊称。

【译文】

"假若女子有美冠一国的容貌，能够倾倒全城出类拔萃，而遇上豪强权臣之类的人，他们的眼睛贪恋女子艳丽的美貌，心中忘记了礼法制度，家里的资财累积千金，为了贪色之情而毫不吝惜，即使十倍地补偿聘礼，尚且毫无顾虑，更何况只是加倍的补偿呢？华督轻易地做出决定去杀死孔父嘉而夺取了他的妻子；楚平王为儿子迎接媳妇，因为儿媳长得漂亮而自己纳为妻子。由此看来，难道他们还会去吝惜拿出全部的家产，去帮助女方偿还前一家的聘礼吗！小人们浅薄轻浮，为了一点小事就会结成仇怨，又喜欢抛弃衰败的人家而追随昌盛的家族，践踏贫寒之人而依附权势之徒。如果这种方法得以实行，那么就必然会有很多人夺取贫贱者的未婚妻而改嫁给富贵之人。我就不知道您将用什么样的方法去防止这种弊病的发生呢？"

或曰："可使女氏受娉礼无丰约[①]，皆以即日报板，后皆使时人署姓名于别板[②]，必十人已上[③]，以备远行及死亡。又令女之父兄若伯叔[④]，答婿家书[⑤]，必手书一纸。若有变悔而证据明者，女氏父母兄弟皆加刑罪。如此，庶于无讼者乎[⑥]！"

【注释】

①无丰约：无论多少。丰，多。约，少。

②时人：当时在场的人。别板：其他的木简。

③已上：以上。已，以。

④若：或者。

⑤书：信；书信。

⑥庶：差不多；也许。

【译文】

有人说："可以让女方无论接受多少聘礼，都要在当天就报板，然后还要让当时在场的所有人全部在另外的木简上署上姓名，一定要有十人以上，以防备他们远行或者死亡。还要让女子的父亲、兄长或者伯伯、叔叔，给男方写封回信，必须是亲手书写一封。如果女方有人悔婚而且证据确凿的，女方的父母兄弟全都要加以惩罚。这样一来，也许就没有打这种官司的人了。"

酒诫卷二十四

【题解】

酒诫，有关饮酒的告诫。本篇主要阐述了葛洪对饮酒的看法以及对饮酒者的告诫。

据说在传说时代，人们就发现了酿酒技术，比如黄帝时的杜康造酒、大禹时的仪狄造酒等等。自从酒出现的那一天开始，酒就成为颇受争议的事物。重视酒的大有人在，各代都设有诸如酒人、酒正、酒士、酒丞一类的官职，专门负责朝廷的造酒之事，民间的造酒业更是较为发达的职业之一。爱酒之人视酒为琼浆玉液，视“无思无虑，其乐陶陶”（刘伶《酒德颂》）的醉酒感受为神仙境界，爱酒之人本身也被誉为酒圣、酒仙、酒神。历代文人还写作了《酒经》、《酒谱》等书以记载、研究造酒的技术。然而反对者也不少，据说大禹饮酒之后，就疏远了造酒的仪狄，因为他已经意识到如此美味的酒很可能会耽误国事，甚至会导致亡国；周公专门写作了《酒诰》一文，总结了商纣王因酒亡国的惨痛教训，命令自己的弟弟康叔到了卫地要宣布戒酒。葛洪就属于反对饮酒、特别是酗酒的人。

葛洪首先从大处入手，认为纵欲害人害己，百害而无一益。接着重点阐述自己对酗酒的反对意见，认为酒是“生病之毒物，无毫分之细益，有丘山之巨损”。葛洪接着指出，酗酒大可以使一个国家覆灭，如夏桀、商纣；小可以使一个人败德伤身，如刘表、刘松、郭珍、信陵君、赵襄子等等。葛洪还非常生动地描绘了醉酒者的种种丑态，那些醉酒之人思维混乱，行为癫狂，以少凌长，是非不分，他们“视泰山如弹丸，见沧海如盘盂，仰谴天堕，俯呼地陷”，真可以说是一群酒魔乱舞。更让葛洪感叹的是，虽然饮酒给人们带来了如此巨大的伤害，而人们对酒依然钟爱有加，乐此不疲，即使严厉的禁酒令也无法约束他们，自己作为一个普通百姓，对此更是无可奈何。

葛洪对饮酒的反对，虽然有些矫枉过正之嫌，但从整体来看，不仅对当时的酗酒之风具有针砭作用，即使在今天，也不失其借鉴意义。

抱朴子曰：“目之所好，不可从也；耳之所乐，不可顺也；鼻之所喜，不可任也；口之所嗜，不可随也；心之所欲，不可恣也。故惑目者，必逸容鲜藻也①；惑耳者，必妍音淫声也②；惑鼻者，必茝蕙芬馥也③；惑口者，必珍羞嘉旨也④；惑心者，必势利功名也。五者毕惑⑤，则或承之祸为身患者，不亦信哉⑥！

【注释】

①逸容：超众的美丽面容。鲜藻：鲜艳的花纹。藻，文采。

②妍（yán）音淫声：动听的靡靡之音。妍，美好；动听。

③茝蕙（zhǐ huì）：两种芳草名。芬馥：芳香。

④羞：美味食物。旨：美味。

⑤毕：全部。

⑥信：真实；确实。

【译文】

抱朴子说：“眼睛所喜欢看到的，不可以随顺它；耳朵所乐意听到的，不可以顺从它；鼻子所喜爱闻到的，不可以任意它；口中所愿意吃到的，不可以听凭它；心中所希望得到的，不可以听从它。因为那些能够迷惑眼睛的，必定是超众的美貌与鲜艳的花纹；能够迷惑耳朵的，必定是动听的靡靡之音；能够迷惑鼻子的，必定是茝蕙的芬芳气味；能够迷惑嘴巴的，必定是美味佳肴；能够迷惑人心的，必定是权利功名。如果这五个方面都被迷惑了，那么也许就会遇到灾祸使自身遭殃了，这种情况不也是真实存在的吗？

“是以智者严檃括于性理①，不肆神以逐物②，检之以恬愉，增之以长算③。其抑情也，剧乎堤防之备决；其御性也，过乎腐辔之乘奔④。故能内保永年、外免衅累也⑤。盖饥寒难堪者也，而清节者不纳不义之谷帛焉；困贱难居者也，而高尚者不处危乱之荣贵焉。盖计得则能忍之心全矣⑥，道胜则害性之事弃矣⑦。

【注释】

①檃（yǐn）括：用来矫正曲木的工具。这里用作动词，指矫正。

②肆神：放纵自己的情欲。神，精神；情欲。逐物：追求身外之物。也即追逐名利。

③增之：提高自己的品德。长算：长远打算。

④腐辔（pèi）：腐朽的缰绳。辔，马缰绳。乘奔：乘坐着奔驰的车辆。

⑤衅累：因争端而引起的灾难。衅，争端。

⑥计得：计划得当。

⑦道胜：正道战胜了欲望。也即能够按照大道行事。

【译文】

“因此聪明的人会严格地矫正自己的情绪和理智，不会放纵自己的情欲去追逐名利富贵，会用恬静愉悦的心情来约束自己的思想，会用长远的打算以提高自己的品德。他们抑制自己的情欲，超过了防止堤坝的决口；他们控制自己的性情，小心得超过了用腐朽的缰绳去驾驭奔马。因此他们能够内保长寿，外免祸患。饥饿寒冷是难以忍受的，然而那些具有高洁情操的人不会去接受不合道义的粮食布帛；贫困低贱的生活是难以忍耐的，然而那些具备高尚境界的人不会去接受能够引起危乱的富贵荣华。因为人生谋划得当的人能够保全自己那颗忍受饥寒的心，遵循正道战胜欲望的人能够抛弃那些损害心性的事物。

“夫酒醴之近味①，生病之毒物，无毫分之细益，有丘山之巨损。君子以之败德②，小人以之速罪③，耽之惑之④，鲜不及祸。世之士人，亦知其然⑤，既莫能绝，又不肯节，纵心口之近欲，轻召灾之根源，似热渴之恣冷，虽适己而身危也。小大乱丧，亦罔非酒⑥。

【注释】

①醴（lǐ）：甜酒。这里泛指酒。近味：能够马上带来享受的美味。

②以之：因为酒。以，因为。之，代指酒。

③速：招来。

④耽之：沉溺于酒。耽，沉溺。

⑤然：这样。代指酒能够败坏品德、招来灾祸。

⑥亦罔非酒：也无不是因为酒。罔，无。

【译文】

“酒这种能够马上给人带来享受的美味，却是使人产生疾病的毒药，没有一分一毫的小小益处，却会带来像高山一样巨大的损害。君子因为酒而败坏了自己的品行，小人因为酒而招致了犯罪，沉溺于酒迷乱于酒，很少有不遇到灾祸的人。世上的士人们，也都知道这一点，然而既没有人能够断绝饮酒，也没有人肯去节制饮酒，他们放纵自己的情欲和口腹去满足这一眼前的欲望，轻视这一能够招致灾祸的根源，这就好像在又热又渴的时候去恣意地痛饮凉爽的饮料一样，虽然感到舒服却伤害了自己的身体。大大小小的动乱丧亡，无不是因为饮酒而引起的。

“然而俗人是酣是湎[①]。其初筵也[②]，抑抑济济[③]，言希容整[④]，咏《湛露》之‘厌厌’[⑤]，歌‘在镐’之‘恺乐’[⑥]，举‘万寿’之觞[⑦]，诵‘温克’之义[⑧]。日未移晷[⑨]，体轻耳热[⑩]。夫琉璃、海螺之器并用[⑪]，满酌罚余之令遂急[⑫]。醉而不止[⑬]，拔辖投井[⑭]。

【注释】

①是酣是湎：快乐地沉溺于酒中。是，两个“是”都代指酒。酣，酒喝得很畅快。湎，沉迷于酒。

②初筵：宴会刚开始的时候。筵，宴席。

③抑抑：审慎谦恭的样子。济济(jǐ)：容貌庄重的样子。

④希：同“稀”，稀少。

⑤《湛露》：《诗经》中的篇名。厌厌：安静的样子。一说指和乐的样子。《诗经·小雅·湛露》：“湛湛露斯，匪阳不晞。厌厌夜饮，不醉无归。”

⑥在镐(hào)：在镐京。镐，地名。即镐京，西周的都城。在今陕西西安西南。恺(kǎi)乐：快乐。《诗经·小雅·鱼藻》：“王在在镐，岂乐饮酒。”岂，同“恺”。

⑦万寿：长寿万年。《诗经·豳风·七月》：“称彼兕觥，万寿无疆！”觞(shāng)：一种酒杯。

⑧温克：醉酒后还能够温雅自持。克，能够。《诗经·小雅·小宛》："人之齐圣，饮酒温克。"

⑨日未移晷（guǐ）：太阳的影子还没有移动。形容时间很短。晷，日影。

⑩体轻耳热：身体开始轻飘飘的，面孔也开始发热。形容开始醉醺醺的样子。

⑪琉璃：天然的能发光的宝石，有多种颜色。

⑫罚余：对酒未喝干的人予以惩罚。余，剩酒。令：酒令。

⑬不止：疑作"不出"。本句出自《诗经·小雅·宾之初筵》："既醉而出，并受其福；醉而不出，是谓伐德。"

⑫拔辖投井：拔出车辖投入井中。是主人强行留客的办法。辖，车轴头上穿着的铁插销，用以阻挡车轮脱落。《汉书·游侠传》："（陈）遵耆酒，每大饮，宾客满堂，辄关门，取客车辖投井中，虽有急，终不得去。"

【译文】

"然而世俗的人们却酣畅地沉溺于美酒之中。他们在宴席刚刚开始的时候，态度谦恭而庄重，言语稀少而容貌整洁，吟咏着《湛露》中'夜饮很安静'的诗句，唱起'周王住在镐京，快乐地饮着美酒'的歌曲，举起祝福对方'万寿无疆'的酒杯，背诵着'饮酒醉了也能够温文尔雅'的诗歌。然而太阳的影子还没有移动，他们就感到身子发轻耳朵发热。于是琉璃、海螺制成的酒器一起使用，斟满酒杯惩罚喝酒未干的酒令急促地喊起。客人喝醉了也不愿意离开，主人为留客则拔掉车辖投入井里。

"于是口涌鼻溢，濡首及乱[①]。屡儛躚躚[②]，舍其坐迁[③]；载号载呶[④]，如沸如羹[⑤]。或争辞尚胜，或哑哑独笑[⑥]，或无对而谈[⑦]，或呕吐几筵[⑧]，或傎蹶良倡[⑨]，或冠脱带解。

【注释】

①濡(rú)首：酒和呕吐物沾湿了头。《周易·未济》："有孚于饮酒，无咎。濡其首，有孚失是。象曰：'饮酒濡首，亦不知节也。'"后人以"濡首"形容酒后失态的样子。及乱：因醉酒而到了混乱的程度。

②屡僛(wǔ)躩躩(xiān xiān)：不停地手舞足蹈起来。屡，多次；不停地。僛：同"舞"。躩躩：当作"仙仙"，舞步轻扬的样子。本句及下句出自《诗经·小雅·宾之初筵》："舍其坐迁，屡僛仙仙。"

③舍其坐迁：离开自己的座位，跑到了别的地方。

④载号载呶(náo)：又是号叫，又是喧闹。载……载……，又……又……。呶，喧闹。《诗经·小雅·宾之初筵》："宾既醉止，载号载呶。"

⑤如沸如羹：就像煮沸的开水和羹粥一样乱糟糟的。《诗经·大雅·荡》："文王曰咨，咨汝殷商！如蜩如螗，如沸如羹。"

⑥哑哑：象声词。形容笑声。

⑦无对而谈：没有对象而独自侃侃而谈。

⑧几：矮小的桌子。筵：竹制的垫席。引申为座位。

⑨傎(diān)蹶：跌倒。傎，颠倒。良倡：又作"梁倡"。进退失据的样子。

【译文】

"于是喝得从口中鼻子一起向外呕吐，沾湿了他们的头发混乱不堪。他们开始不停地手舞足蹈起来，离开自己的座位四处乱跑，他们又是号叫又是喧闹，就像煮沸的开水和羹粥一样闹作一团。有的人唇枪舌战一心要想占个上风，有的人'哑哑'地独自一个在那里傻笑，有的人没有对象而自己一人侃侃而谈，有的人呕吐得几案座位到处都是，有的人跌倒在地进退失据，有的人帽子脱落衣带开解。

“贞良者流华督之顾眄[①]，怯懦者效庆忌之蕃捷[②]，迟重者蓬转而波扰[③]，整肃者鹿踊而鱼跃[④]。口讷于寒暑者[⑤]，皆摇掌而谱声[⑥]；谦卑而不竞者，悉裨瞻以高交[⑦]。廉耻之仪毁，而荒错之疾发；阘茸之性露[⑧]，而傲佷之态出[⑨]。

【注释】

①流：流于；堕落得。华督顾眄：像华督那样色迷迷地到处乱看。华督，春秋宋国贵族。名督，字华父。《左传·桓公元年》：“宋华父督见孔父之妻于路，目逆而送之，曰：‘美而艳。’”

②庆忌：春秋吴王僚之子，以勇武著称。《吴越春秋·阖闾内传》：“王曰：‘庆忌之勇，世所闻也。筋骨果劲，万人莫当。走追奔兽，手接飞鸟，骨腾肉飞，拊膝数百里。吾尝追之于江，驷马驰不及；射之，暗接矢不可中。’”蕃捷：多力而敏捷。蕃，多。

③蓬转：像蓬草那样到处乱转。蓬，一种野草名。秋枯根拔，随风飞扬，因此又称“飞蓬”。波扰：像波浪那样不能安宁。扰，乱；动荡。

④鹿踊：像鹿一样地跳跃。

⑤口讷(nè)于寒暑者：连寒暄的话都不善于讲的人。讷，不善言谈。寒暑，寒暄。表示问候的话。

⑥摇掌：应作“抚掌”。拍着巴掌。杨明照《抱朴子外篇校笺》：“《群书治要》作‘抚掌’，较胜。当从之。”抚掌，拍着巴掌。谱声：唱歌。

⑦悉：全部。裨瞻：应作“裨胆”。杨明照《抱朴子外篇校笺》：“孙星衍曰：‘《意林》作“皆裨瞻以高发”。’照按：‘胆’字义长。胆，胆量……‘发’字未可从。”裨胆，增添了胆量。裨，增加。高交：与地位高的人交往。

⑧阘(tà)茸：卑劣。

⑨傲佷(hěn):傲慢乖戾。佷,乖戾。

【译文】

"贞节善良的人也都堕落得像华督那样色迷迷地到处乱看,胆怯懦弱的人也都效仿庆忌那样的强悍敏捷;迟缓稳重的人也都像飞蓬一样到处乱转像波浪一样骚动不安,恭整严肃的人也都像鹿一样地活蹦乱跳像鱼一样地上下翻跃。平时连寒暄的话都不善于讲的人,此时都拍着巴掌鼓喉高歌;平时谦卑而与人无争的人,现在也全都增添了不少勇气而与地位高的人交起朋友。廉洁知耻的礼仪全被毁掉,而荒谬错乱的毛病全都产生;庸碌卑劣的本性暴露无遗,傲慢乖戾的丑态表现得淋漓尽致。

"精浊神乱,臧否颠倒[①]。或奔车走马,赴阬谷而不惮[②],以九折之阪为蚁封[③];或登危蹋颓[④],虽堕坠而不觉,以吕梁之渊为牛迹也[⑤]。或肆忿于器物[⑥],或酗蓄于妻子[⑦];加枉酷于臣仆,用剡锋乎六畜[⑧],炽火烈于室庐[⑨],掊宝玩于渊流[⑩],迁威怒于路人,加暴害于士友。亵严主以夷戮者[⑪],有矣;犯凶人而受困者,有矣。

【注释】

①臧否(pǐ):善恶。臧,善。否,恶。

②阬(kēng)谷:山谷。阬,同"坑"。惮:害怕。

③九折之阪:地名。即九折阪。在今四川邛崃山,这里的山路曲折艰险,须曲折盘旋而上。蚁封:蚂蚁洞口的小土堆。

④危:高。蹋:踏。颓:将要倒塌。

⑤吕梁:地名。此处有深渊。《庄子·达生》:"孔子观于吕梁,县水三十仞,流沫四十里,鼋鼍鱼鳖之所不能游也。"牛迹:牛蹄踏出

的小水坑。

⑥肆忿：发泄自己的怒气。

⑦酗蓄(yòng)：酗酒；耍酒疯。

⑧剡(yǎn)锋：锐利的刀锋。剡，锐利。六畜：指马、牛、羊、猪、犬、鸡。这里泛指禽畜。

⑨炽：火烧得旺。这里用作动词。放火。火烈：烈火。

⑩掊(pǒu)：砸碎。

⑪亵：亵渎。严主：严厉的君主。夷戮：杀戮；诛杀。

【译文】

“于是精神开始变得污浊错乱，是非善恶开始被混淆颠倒。有的人乘着飞车骑着快马，直奔峡谷而不知恐惧，因为他把险要的九折阪当作了蚂蚁洞口的小土堆；有的人登上即将坍塌的高处，即使坠落下来了也没有感觉，因为他把吕梁的深渊当作了牛蹄踏出的小水坑。有的人把自己的怒火发泄到器物身上，有的人对妻子儿女大耍酒疯，有的人对无罪的奴仆施以酷刑，有的人用利刃去伤害禽畜，有的人一把烈火烧了房屋，有的人把珍贵的宝物砸碎抛入深渊河流；有的人迁暴怒于过路之人，有的人严重地伤害了士人朋友。因为醉酒亵渎了严厉的君主而被诛杀的人，出现过；因为醉酒冒犯了凶恶之徒而使自己受困的人，也出现过。

“言虽尚辞[①]，烦而叛理；拜伏徒多[②]，劳而非敬。臣子失礼于君亲之前[③]，幼贱悖慢于耆宿之坐[④]。谓清谈为诋詈[⑤]，以忠告为侵己。于是白刃抽而忘思难之虑[⑥]，棒杖奋而罔顾乎前后。搆漉血之雠[⑦]，招大辟之祸[⑧]。

【注释】

①尚辞：重视言辞。尚，崇尚；重视。

②拜伏徒多：白白地行了许多跪拜之礼。意思是说，没有恭敬之心，仅仅注重礼节，这样的跪拜是没有意义的。徒，白白地。

③臣子：大臣与子女。君亲：君主与父母。亲，父母。

④悖慢：悖礼傲慢。耆（qí）宿：德高望重的老人。耆，老人。

⑤清谈：清雅的谈论。诋詈（lì）：毁谤辱骂。诋，诋毁。詈，辱骂。

⑥思难：愤怒时要考虑争斗的严重后果。《论语·季氏》："孔子曰：'君子有九思：视思明，听思聪，色思温，貌思恭，言思忠，事思敬，疑思问，忿思难，见得思义。'"

⑦搆：构成；引起。漉（lù）血：流血。漉，渗出；流出。

⑧大辟：斩首。

【译文】

"言谈虽然注重遣词造句，然而如果太罗嗦了就会背离正理；如果仅仅只是举行很多的跪拜礼节，也只能是徒劳而不是尊敬。大臣与儿女在君主与父母面前就会有失礼节，年龄幼小地位较低的人在德高望重的老人面前就会悖礼轻慢。就会把清雅的谈话视为对自己的诋毁辱骂，把忠诚的劝告当作是对自己的侵害。于是就拔出刀剑而忘记去想想将会造成的灾难，举起棍棒而不会顾忌前因后果。于是就结下了流血的仇恨，招来了杀身的灾祸。

"以少凌长①，则乡党加重责矣②；辱人父兄，则子弟将推刃矣③；发人所讳，则壮士不能堪矣；计数深克④，则醒者不能恕矣⑤。起众患于须臾⑥，结百痾于膏肓⑦。奔驷不能追既往之悔⑧，思改而无自反之蹊⑨。盖智者所深防⑩，而愚人所不免也。其为祸败，不可胜载。

【注释】

①凌:欺凌;凌辱。

②乡党:乡里;乡亲。

③推刃:指刀一进一退。也即杀人。形容仇恨极深。

④计数:计谋;算计。深克:深刻;精明。

⑤醒者:指没有醉酒的清醒者。

⑥须臾:片刻之间。

⑦痾(kē):同“疴”,疾病。这里比喻仇怨。膏肓(huāng):古代医学称心尖脂肪为“膏”,心脏和隔膜之间为“肓”。这里代指体内深处。本句比喻仇恨极深而无法化解。

⑧驷(sì):指拉一辆车的四匹马。《论语·颜渊》:“子贡曰:‘惜乎!夫子之说君子也,驷不及舌。’”

⑨蹊:蹊径;途径。

⑩深防:严格防范。这里指严格防范酒醉,因为酒醉之后,人们会做出许多不理智的事情。

【译文】

“如果年轻人凌辱了年长者,那么乡里就会做出严厉的责罚;如果侮辱了别人的父兄,那么做儿子和弟弟的就会拿刀报仇;揭发别人忌讳的事情,即使心胸宽广的壮士也不能容忍;算计过分精明,即使没有醉酒的清醒人也无法宽恕。片刻之间就会引起众多的灾祸,就会与人结下难以化解的仇怨。即使飞奔的驷马也无法追回已经做出的后悔之事,即使想改变但也找不到可以返回的途径。这大概就是聪明人严格防范自己醉酒的原因,而愚蠢之人却难以避免醉酒的事情。酒所引起的灾祸与失败,多得无法记述。

“然而欢集,莫之或释①;举白盈耳②,不论于能否。计沥霤于小余③,以稽迟为轻已④;倾匡注于所敬⑤,殷勤变而成薄。劝之不持[6]，督之不尽，怨色丑音所由而发也。

【注释】

①莫之或释：即“莫或释之”。没有人能够放弃聚会欢饮的事情。释，放弃。

②举白：干杯。也即举杯告尽的意思。白，饮尽。一说“举白”是举杯罚酒的意思。白，对没有喝干的人罚酒。

③沥霤(liù)：本指屋檐的流水，这里指杯中没有喝干的点滴残酒。

④稽迟：稽留迟缓。指没有马上举起酒杯。

⑤倾匡：即“倾筐”。倾其所有。这里指把所有的酒全部倒进去。

⑥持：持杯；举杯。

【译文】

“然而欢聚宴饮的事情，没有人愿意放弃它；于是劝人干杯的声音不绝于耳，也不论对方是否能饮。计较对方杯中留下的几滴残酒，把对方没能马上喝干视为轻视自己；把所有的酒都倒给自己所尊敬的人，热情过分反倒变得有点轻薄。如果劝酒时对方不肯举杯，督促对方而对方也不肯把酒喝干，那么怨恨的表情和难听的语言就会因此产生。

“夫风经府藏[1]，使人惚恍[2]，及其剧者[3]，自伤自虞[4]。或遇斯疾，莫不忧惧，吞苦忍痛，欲其速愈。至于醉之病性，何异于兹！而独居密以逃风，不能割情以节酒。若畏酒如畏风，憎醉如憎病，则荒沉之咎塞[5]，而流连之失止矣[6]。夫风之为疾，犹展攻治，酒之为变，在乎呼噏[7]。及其闷乱，若存若亡，视泰山如弹丸，见沧海如盘盂，仰讙天堕[8]，俯呼地陷，卧待虎狼，投井赴火，而不谓恶也。夫用身之如此，亦安能惜敬恭之礼、护喜怒之失哉！

【注释】

①风：指伤人之风。中医所说的“六淫（即风、寒、暑、湿、燥、火）”之一，能够引起疾病。府藏（zàng）：即“腑脏”。体内的全部器官。府，同“腑”。藏，同“脏”。

②惚怳（huǎng）：恍恍惚惚。

③剧：严重。

④虞：忧郁；担心。

⑤荒沉：放纵；沉溺。荒，放纵。咎：灾祸。

⑥流连：伤心流泪的样子。《汉书·叙传上》：“‘沉湎于酒’，微子所以告去也；‘式号式呼’，《大雅》所以流连也。”

⑦呼噏（xī）：即呼吸。呼吸之间，形容时间极短。噏，同“吸”。

⑧讙（huān）：喧哗；呼唤。

【译文】

“风如果侵入了五脏六腑，就会使人精神恍惚，如果是病情严重的人，自己就会伤心就会忧愁。凡是患上这种疾病的人，无不担忧恐惧，吃着苦药忍受着疼痛，希望它能够迅速痊愈。而醉酒对人体的伤害，与此又有什么不同呢！然而人们只知道住在严密的房子里防止受风，却不能够割舍情欲以节制饮酒。如果畏惧醉酒就像畏惧受风那样，憎恨醉酒就像憎恨疾病一般，那么放纵沉迷于酒的错误就会被阻止，而让人痛哭流涕的过失也就会被消除。受风引起的疾病，尚且还要进行医治，更何况饮酒所造成的变故，往往就发生在顷刻之间。到了醉酒者心绪烦闷精神错乱的时候，就会是一副半死不活的样子，就会把泰山看得像弹丸一样，把大海看得像盘子一般，他们抬起头呼唤上天坍塌下来，弯下腰喊叫大地塌陷下去，或者躺在地上等待虎狼到来，投入井中冲向火海，而不会认为这有什么凶险。他们对待自己的身体尚且如此，又怎么会注重尊重别人的礼节、防止喜怒不当的过失呢！

“昔仪狄既疏[①]，大禹以兴；糟丘酒池[②]，辛、癸以亡[③]；丰侯得罪[④]，以戴尊衔杯[⑤]；景升荒坏[⑥]，以三雅之爵[⑦]；刘松烂肠[⑧]，以逃暑之饮[⑨]；郭珍发狂[⑩]，以无日不醉。信陵之凶短[⑪]，襄子之乱政[⑫]，赵武之失众[⑬]，子反之诛戮[⑭]，汉惠之伐命[⑮]，灌夫之灭族[⑯]，陈遵之遇害[⑰]，季布之疏斥[⑱]，子建之免退[⑲]，徐邈之禁言[⑳]，皆是物也[㉑]。世人好之乐之者甚多，而戒之畏之者至少。彼众我寡，良箴安施[㉒]？且愿君子节之而已。

【注释】

①仪狄：夏禹的大臣。善于酿酒。疏：疏远。这里指被大禹疏远。《战国策·魏策二》：“昔者，帝女令仪狄作酒而美，进之禹。禹饮而甘之，遂疏仪狄，绝旨酒，曰：‘后世必有以酒亡其国者。’”

②糟丘酒池：酒糟如山，美酒如池。《文选·西征赋》注引《六韬》佚文：“桀、纣王天下之时，积糟为阜，以酒为池。”

③辛、癸：商纣王与夏桀。商纣王名辛，夏桀名履癸。

④丰侯：周代的诸侯王，因酗酒而被黜亡国。

⑤戴尊衔杯：头上顶着酒器，嘴里衔着酒杯。形容丰侯极为贪杯的模样。后来人们把丰侯的这一形象绘成图画，以警示世人。尊，同“樽”，一种酒器。

⑥景升：刘表，字景升。东汉末年人，曾任荆州牧。荒坏：放纵失败。

⑦三雅之爵：刘表所造的上、中、下三种酒杯名。曹丕《典论》：“荆州牧刘表跨有南土，子弟骄贵，以酒器名三爵：上者曰伯雅，受七胜（升）；中雅受六胜；季雅受五胜。”

⑧刘松：东汉末年人。曾任光禄大夫。

⑨逃暑之饮：为逃避酷暑而饮酒。曹丕《典论》："大驾都许，使光禄大夫刘松北镇袁绍军，与绍子弟日共宴饮。尝以盛夏三伏之际，昼夜酣饮，极醉，至于无知，云以避一时之暑。二方化之，故南荆有三雅之爵，河朔有避暑之饮。"

⑩郭珍：人名。曾任洛阳令。其生平不详。发狂：发疯。《典论》："雒阳令郭珍居财巨亿，每暑夏召客，侍婢数十，盛装饰，被罗縠，袒裸其中，使之进酒。"

⑪信陵：战国魏国公子无忌，被封为信陵君。凶短：短命。《史记·魏公子列传》记载，由于谗言，信陵君被夺去兵权，于是"谢病不朝，与宾客为长夜饮，饮醇酒，多近妇女。日夜为乐饮者四岁，竟病酒而卒"。

⑫襄子：春秋晋国贵族。《新序·刺奢》："赵襄子饮酒，五日五夜不废酒。谓侍者曰：'我诚邦士也夫！饮酒五日五夜矣，而殊不病。'优莫曰：'君勉之！不及纣二日耳。纣七日七夜，今君五日。'襄子惧，谓优莫曰：'然则吾亡乎？'优莫曰：'不亡。'襄子曰：'不及纣二日耳，不亡何待？'优莫曰：'桀、纣之亡也，遇汤、武。今天下尽桀也，而君纣也。桀、纣并世，安能相亡？然亦殆矣。'"

⑬赵武：春秋晋国贵族。《左传·昭公元年》记载，赵武曾在郑国痛饮，周天子派使者慰劳他，并劝其继承大禹之功而庇护百姓，赵武回答说："老夫罪戾是惧，焉能恤远？吾侪偷食，朝不谋夕，何其长也！"这位使者据此判断赵武将引起"神怒民叛，何以能久"。

⑭子反：春秋楚国司马。《韩非子·十过》记载，楚共王与晋厉公鄢陵之战时，楚王召子反商议战事，而子反因酒醉不能出见，楚军当夜撤退，楚王斩子反。

⑮汉惠：西汉惠帝，刘邦之子。伐命：伤害生命。《史记·吕后本纪》："太后遂断戚夫人手足，去眼，煇耳，饮喑药，使居厕中，命曰'人彘'。居数日，乃召孝惠帝观人彘。孝惠见，问，乃知其戚夫

人，乃大哭，因病，岁余不能起。使人请太后曰：‘此非人所为。臣为太后子，终不能治天下。’孝惠以此日饮为淫乐，不听政。”惠帝去世时年仅二十三岁。

⑯灌夫：西汉人。《史记·魏其武安侯列传》记载，在平定吴楚七国之乱时，灌夫立有大功。其为人刚直，多次因酒醉辱骂丞相田蚡，后为田蚡所杀。

⑰陈遵：东汉末年人。陈遵于更始年间为大司马护军，后留朔方，为贼所败，酒醉时被杀。

⑮季布：西汉初年楚人，先后任河东守、御史大夫等职。因有人言其酗酒而难以接近，被罢官。疏斥：被疏远、罢官。

⑲子建：曹植，字子建。曹操之子。因曹植才华出众，曹操多次欲立为嗣，然而终因曹植任性而行，饮酒不节，没有被曹操立为继承人。

⑳徐邈：三国魏人，任尚书郎。禁言：不敢说话。实际是不敢直接谈酒。《三国志·魏书·徐邈传》：“时科禁酒，而邈私饮至于沉醉。校事赵达问以曹事，邈曰：‘中圣人。’”当时醉客不敢直接谈酒，故称浊酒为“贤人”，清酒为“圣人”。

㉑是物：这个东西。指酒。

㉒良箴：良言；良好的规劝。箴，劝告。

【译文】

“从前仪狄被疏远了，大禹因此而兴起；酒糟成山美酒成池，商纣、夏桀因此而灭亡；丰侯犯罪，是因为他头顶酒器口衔酒杯酗酒无度；刘表因放纵而失败，是因为他制作了三雅酒杯；刘松的肠胃腐烂了，是因为他想依靠痛饮来逃避酷暑；郭珍发疯，是因为他没有一天不烂醉如泥。信陵君的不幸短命，赵襄子的政事混乱，赵武失去民众的支持，子反被诛杀，汉惠帝的生命受到戕害，灌夫全家被杀，陈遵的遇害，季布被疏远罢官，曹植没有被立为太子，徐邈不敢直接谈酒，全都是因为酒这个东西惹的祸。社会上喜爱美酒乐此不疲的人很多，而戒酒怕酒的人却很少。那些爱酒的人太多而赞同我的观点的人太少，我的良好规劝又怎么能够得以推行呢？姑且希望君子们在饮酒的时候能够有所节制而已。

"曩者既年荒谷贵①，人有醉者相杀，牧伯因此辄有酒禁②，严令重申，官司搜索③，收执榜徇者相辱④，制鞭而死者太半⑤。防之弥峻，犯者至多。至乃穴地而酿，油囊怀酒⑥。民之好此，可谓笃矣。余以匹夫之贱，托此空言之书，末如之何矣。

【注释】

①曩（nǎng）：从前；过去。

②牧伯：地方长官。牧，州长。伯，一方首领。辄：就。

③官司：官府。

④收执：逮捕；坐牢。榜：杖击；拷打。徇：游街示众。

⑤制鞭：以鞭制裁；鞭打。太半：大半；一多半。

⑥油囊怀酒：用装油的口袋装酒。目的是为了掩人耳目。

【译文】

"从前到了庄稼歉收粮价昂贵的时候，或者有人醉酒后相互残杀，地方长官就会因此而颁布禁酒令，这些禁令严厉而且反复申明，官府到处搜查，对于犯禁者处以逮捕、杖击和游街等等的羞辱，被鞭打至死的有一多半。然而防范得越严厉，犯禁者依然是很多。甚至有人挖地道在地下酿酒，用装油的口袋去装酒。人们爱好饮酒，可以说是达到了极其严重的程度了。我以一个低贱的平民身份，只能把自己的看法写进这全是空话的书籍之中，而对现实中的好酒现象无可奈何。

“又临民者虽设其法[①]，而不能自断斯物[②]，缓己急人，虽令不从[③]；弗躬弗亲[④]，庶民弗信。以此而教，教安得行！以此而禁，禁安得止哉！沽卖之家，废业则困，遂修饰赂遗[⑤]，依凭权右[⑥]，所属吏不敢问。无力者独止[⑦]，而有势者擅市[⑧]。张垆专利[⑨]，乃更倍售[⑩]，从其酤买，公行靡惮[⑪]，法轻利重，安能免乎哉？”

【注释】

①临民者：治理百姓的人。也即官员。临，自高向下地监视。引申为统治。

②斯物：此物。代指酒。斯，此。

③缓己急人，虽令不从：宽以待己而严于律人，即使下令别人也不会听从。《论语·子路》：“子曰：‘其身正，不令而行；其身不正，虽令不从。’”

④弗躬弗亲：不亲自做出表率。躬，自身。《诗经·小雅·节南山》：“弗躬弗亲，庶民弗信。”

⑤修饰：从事；进行。赂遗（wèi）：赠送礼物。也即贿赂。遗，送。

⑥权右：权贵。

⑦止：指停止酿酒卖酒的活动。

⑧擅市：垄断了酒业市场。擅，独擅；垄断。

⑨张：摆开；开设。垆（lú）：古代酒店中安放酒瓮的土台子。这里代指酒店。

⑩倍售：以加倍的价格出售。

⑪靡惮：无所忌惮。靡，无。

【译文】

“另外那些治理百姓的官员虽然颁布了禁酒的法令，然而自己却不能戒掉酒这个东西，他们如此地宽以待己而严于律人，即使下了命令也不会有人听从；如果官员们自己不能作出表率，老百姓是不会相信他们的。官员们如此来推行教化，教化又如何能够行得通呢！如此来禁止饮酒，即使颁布了禁令又怎么能够阻止人们饮酒呢！卖酒的人家，不能从事酒业就会陷入困境，于是就开始使用贿赂的手段，去投靠权贵，而属下的官员也就不敢再去过问。只有那些无权无势的人家停止了卖酒，而有权势的人却垄断了市场。他们开设酒店独占了卖酒的利润，于是就以加倍的价格出售，任凭人们前来买酒，公开交易而肆无忌惮，惩罚太轻而利润太大，又怎么能够禁绝酒的买卖呢？”

或人难曰："夫夏桀、殷纣之亡，信陵、汉惠之残，声色之过，岂唯酒乎！以其生患于古，而断之于今，所谓以褒姒丧周①，而欲人君废六宫②；以阿房之危秦③，而使王者结草庵也。盖闻昊天表酒旗之宿④，坤灵挺空桑之化⑤，燎柴员丘⑥，瘗薶圻泽⑦，祼鬯仪彝⑧，实降神祇⑨，酒为礼也。

【注释】

①褒姒：西周幽王的妃子。周幽王的王后为申侯之女，其子宜臼为太子。后幽王因爱褒姒，欲废申后、太子，而立褒姒为后，立其子伯服为太子。申侯结犬戎等攻杀幽王于骊山下，虏褒姒，立太子宜臼，是为东周平王。

②人君：君主。六宫：泛指皇后妃嫔居住的地方。这里代指后妃。

③阿房（ē páng）：即著名的阿房宫。秦始皇所建造。

④昊（hào）天：苍天。表：显示；出现。酒旗：星宿名。宿：星宿。

⑤坤灵：大地。挺：突出；表现。空桑之化：空桑酿酒的造化之功。据《酒经》、《酒诰》等记载，酒的出现，是有人把剩饭倾倒于空心

桑树之中，自然发酵而成。

⑥燎祡(chái)员丘：在圜丘上烧柴生烟以祭天。祡，烧柴以祭天神。员丘，又作“圆丘”、“圜丘”。古代祭天用的圆形高坛。

⑦瘗薶(yì mái)：祭祀名。古代把祭品如牲、帛等埋入地下以祭祀大地。瘗，埋。薶，通“埋”。圻泽：疑作“折泽”，一般古书作“泰折”。古代祭祀大地的地方，多在北郊。《礼记·祭法》：“瘗埋于泰折，祭地也。”

⑧祼鬯(guàn chàng)：以香酒灌地以祭祀神灵。祼，古代帝王以酒浇地祭祀神灵的仪式。鬯，古代用以祭祀的、以黍和郁金香草酿造的一种香酒。

⑧仪彝：常用的礼仪。彝，常法。

⑨实：语气词。神祇(qí)：天神与地神。

【译文】

有人质疑说：“夏桀、商纣的亡国，信陵君、汉惠帝的短命，主要是沉溺于声色的过错，怎么能够仅仅归咎于酒呢！因为酒在古代惹出了祸端，而让今天的人们去戒掉它，这就好像人们所说的因为褒姒造成了西周的灭亡，而让君主们都去废掉六宫后妃；因为阿房宫引起了秦朝的危机，就让帝王们都去住茅草房。听说苍天还出现了酒旗这一星宿，大地也显示出空桑酿酒的造化之功，人们在圜丘烧柴草以祭祀上天，在泰折埋藏祭品以祭祀大地，都要举行以香酒灌地这一常用的礼仪，以此降下天神与地神，使用酒是一种礼仪啊。

“千钟、百觚[①]，尧、舜之饮也[②]；唯酒无量，仲尼之能也[③]。姬旦酒肴不彻，故能制礼作乐[④]；汉高婆娑巨醉，故能斩蛇鞠旅[⑤]；于公引满一斛[⑥]，而断狱益明；管辂倾仰三斗[⑦]，而清辩绮粲[⑧]；扬云酒不离口[⑨]，而《太玄》乃就[⑩]；子圉醉无所识[11]，而霸功以举；一瓶之醪倾[12]，而三军之众悦[13]；解毒之觞行[14]，而盗马之属感[15]。消忧成礼，策勋饮至[16]，降神合人[17]，非此莫以也[18]。内速诸父[19]，外将嘉宾[20]，'如淮'、'如渑'，《春秋》所贵[21]，由斯言之，安可识乎[22]？"

【注释】

①钟：古代计量单位。十斗为一石，六石四斗为一钟。觚（gū）：古代的一种酒器。

②尧、舜之饮也：这是尧、舜的酒量。《孔丛子·儒服》："尧、舜千钟，孔子百觚。"

③唯酒无量，仲尼之能也：只有饮酒不限量，这是孔子的本领。《论语·乡党》："唯酒无量，不及乱。"

④姬旦酒肴不彻，故能制礼作乐：周公美酒佳肴不撤去，所以能够制定礼乐制度。姬旦，即周公。周公姓姬名旦。《韩诗外传》卷四："周平公酒不离于前，钟石不解于悬，而宇内亦治。"文中的"周平公"应为"周公"，"平"为衍字。

⑤汉高婆娑巨醉，故能斩蛇鞠旅：汉高祖刘邦酩酊大醉，所以能够斩大蛇誓师起义。汉高，汉高祖刘邦。婆娑，醉酒的样子。鞠旅，誓师。鞠，告；发布命令。《史记·高祖本纪》："高祖被酒，夜径泽中。令一人行前。行前者还报曰：'前有大蛇当径，愿还。'高祖醉，曰：'壮士行，何畏！'乃前，拔剑击斩蛇。蛇遂分为两，径开。"

⑥于公：于定国，字曼倩。西汉东海郯人，先后任廷尉、御史大夫等职。引：举杯。斛（hú）：量器名。十斗为一斛。《汉书·于定国传》："其决疑平法，务在哀鳏寡，罪疑从轻，加审慎之心……定国食酒至数石不乱，冬月请治谳，饮酒益精明。"

⑦管辂（lù）：字公明，三国平原人。相貌丑陋而嗜好饮酒。倾仰：顷

刻之间仰头喝下。据《三国志·魏书·管辂传》及裴松之注《辂别传》记载,管辂十五岁时始读《诗经》、《论语》、《周易》,极有才华。琅琊太守单子春召管辂,并大会宾客,管辂先饮清酒三升,然后高谈五行、鬼神之情,"文采葩流,枝叶横生,少引圣籍,多发天然。子春及众士互共攻劫,论难锋起,而辂人人答对,言皆有余。"当时号之为神童。

⑧清辩:清晰地辩论。绮粲:华美。

⑨扬云:扬雄。字子云。西汉末年人。一生著述颇丰,著有《太玄》、《法言》、《方言》等书。《汉书·扬雄传》:"(扬雄)家素贫,耆酒,人希至其门。时有好事者载酒肴从游学。"

⑩《太玄》乃就:于是写成了《太玄经》。《太玄》,书名,即《太玄经》,又作《扬子太玄经》,为扬雄模拟《周易》而作。就,成功;写成。

⑪子圉(yǔ):春秋晋怀公。晋怀公没有建立霸业,醉酒与建立霸业的应为晋文公重耳,重耳与子圉为叔侄关系。因此此处的子圉应为晋文公。《左传·僖公二十三年》:"(重耳)及齐,齐桓公妻之,有马二十乘。公子安之,从者以为不可,将行,谋于桑下。蚕妾在其上,以告姜氏。姜氏杀之,而谓公子曰:'子有四方之志,其闻之者,吾杀之矣。'公子曰:'无之。'姜曰:'行也,怀与安,实败名。'公子不可。姜与子犯谋,醉而遣之。"

⑫一瓶之醪(láo)倾:一瓶酒倾倒在江中。醪,带渣的酒,又称浊酒。这里泛指酒。《吕氏春秋·顺民》:"越王苦会稽之耻,欲深得民心,以致必死于吴……有酒,流之江,与民同之。"《黄石公记》:"昔良将之用兵也,人有馈一箪之醪,投河,令将士迎流而饮之。夫一箪之醪不味一河,而三军思为致死者,以滋味及之也。"

⑬三军:按照周朝礼制,天子有六军,大的诸侯国有三军。这里泛指军队。《周礼·夏官·司马》:"凡制军,万有二千五百人为军。王六军,大国三军,次国二军,小国一军。"

⑭解毒之觞(shāng)行:赐给解毒的酒。觞,一种酒器。这里代指酒。《吕氏春秋·爱士》:“昔者秦缪公乘马而车为败,右服失而野人取之。缪公自往求之,见野人方将食之于岐山之阳。缪公叹曰:‘食骏马之肉而不还饮酒,余恐其伤女也!’于是遍饮而去。处一年,为韩原之战,晋人已环缪公之车矣,晋梁由靡已扣缪公之左骖矣,晋惠公之右路石奋投而击缪公之甲,中之者已六札矣。野人之尝食马肉于岐山之阳者三百有余人,毕力为缪公疾斗于车下,遂大克晋,反获惠公以归。”

⑮盗马之属:盗马的那些人。即上条注提到的盗食秦缪公的马而又得到秦缪公赐酒的三百多人。

⑯策勋:表彰功勋。策,帝王封赏臣下。“策勋”也可理解为记载功劳。策,记载。饮至:在宗庙饮酒。先秦的诸侯出行返国后,要祭告宗庙,祭告后召集群臣饮酒,叫做“饮至”。

⑰合人:团结大家。

⑱莫以:没有办法。

⑲内速诸父:在家族内部邀请同族。速,请。父,父辈。这里泛指族人。

⑳将:送。这里泛指送往迎来。

㉑“如淮”、“如渑(shéng)”,《春秋》所贵:招待客人的美酒多如淮水、渑水,这是《春秋》所赞美的。淮,河名。即淮河。渑,河名。源出今山东临淄,西北流入时水。今已淤塞。《春秋》,书名。孔子所著。该书简要地记载了春秋一代的历史。《左传·昭公十二年》:“晋侯以齐侯宴,中行穆子相。投壶,晋侯先,穆子曰:‘有酒如淮,有肉如坻,寡君中此,为诸侯师。’中之。齐侯举矢曰:‘有酒如渑,有肉如陵,寡人中此,与君代兴。’亦中之。”古人认为《左传》是为《春秋》作注的,因此葛洪说“《春秋》所贵”。

㉒识:应作“诫”字。杨明照《抱朴子外篇校笺》:“孙星衍曰:

‘(“识”)当作“诚”。’照按:孙说是。”

【译文】

“喝尽千钟、百觚,这是尧、舜的酒量;只在饮酒方面没有限量,这是孔子的本领;周公从不撤去美酒佳肴,因此能够制定礼乐制度;汉高祖刘邦酩酊大醉,所以能够斩大蛇誓师起义;于定国举杯饮完一斛酒,而案子判得更加清楚;管辂抬头喝下三斗酒,论辩更加清晰言辞更加华美;扬雄酒不离口,而《太玄》才能写成;子围(应为晋文公重耳)醉得不省人事,霸业却因此建成;一坛酒倒入江中,三军将士都很欢喜;解毒的酒赏赐给盗马的人,偷马的人就受到感动。消除忧愁完成礼仪,封赏功勋会饮宗庙,降下神灵团结众人,除了饮酒以外没有其他更为合适的办法了。在内招待族人时,对外迎送宾客时,‘美酒多得像淮河’、‘美酒多得像渑水’,这是《春秋》经传所赞美的。由此说来,怎么能够戒掉酒呢?”

抱朴子答曰:“酒旗之宿,则有之矣。譬犹悬象著明①,莫大乎日月;水火之原,于是在焉②。然节而宣之③,则以养生立功;用之失适,则焚溺而死。岂可恃悬象之在天,而谓水火不杀人哉?宜生之具,莫先于食;食之过多,实结症瘕④。况于酒醴之毒物乎!

【注释】

①悬象:指悬挂于天空的日、月、星辰。

②水火之原,于是在焉:水火的源头,就在日月那里。古人认为日是火的本源,月是水的本源。

③宣:宣泄。这里引申为使用、发挥。

④症瘕(jiǎ):腹部肿胀的症状。瘕,腹中鼓胀的病。

【译文】

抱朴子回答说："酒旗这颗星宿，天上确实存在。比如天上悬挂的星象中最为明亮的，莫过于太阳和月亮；水与火的本源，就在太阳和月亮那里。然而要有节制地去发挥水火的作用，才能够实现养育身心的功效；如果使用不当，就会被烧死被淹死。怎么能够依仗着上天存在着水火的星象，就认为水火不会害死人呢？适宜于人生存的东西，没有比食物更重要的了；然而吃得过多，就会引起腹胀而结为痞块。更何况是酒这种含有毒性的东西呢！

"夫使彼夏桀、殷纣、信陵、汉惠荒流于亡国之淫声、沉溺于倾城之乱色①，皆由乎酒熏其性，醉成其势②，所以致极情之失，忘修饰之术者也③。我论其本，子识其末，谓非酒祸，祸其安出？是独知猛雨之霑衣④，而不知云气之所作；唯患飞埃之糁目⑤，而不觉飙风之所为也。

【注释】

①倾城：形容女子极美，能够使全城的人倾倒。乱色：能够使人迷乱的妖冶面容。

②势：情势；局面。这里引申为行为。

③修饰：修养身心。

④霑(zhān)衣：淋湿衣服。霑，浸润；淋湿。

⑤糁(sǎn)：沙尘迷住了眼睛。

【译文】

"促使夏桀、商纣、信陵君、汉惠帝流连于灭国亡家的靡靡之音、沉溺在倾倒全城的妖冶美色之中的原因，全都是因为美酒熏迷了他们的心性，因为醉酒而导致了他们做出那样的行为，所以造成了极力放纵情欲的错误，忘记了修养身心的办法。我讨论的是事情的根本原因，而您仅仅了解事情的现象，如果说不是酒招惹的灾祸，那么这些灾祸又是从哪里产生的呢？这就好像只知道是暴雨淋湿了衣服，而不知道暴雨是云气造成的；只知道讨厌飞尘迷住了眼睛，而没有意识到飞尘是狂风吹起来的。

“千钟、百觚，不经之言①，不然之事②，明者不信矣。夫圣人之异自才智，至于形骸非能兼人③，有七尺三丈之长、万倍之大也④。一日之饮，安能至是⑤？仲尼则畏性之变，不敢及乱。周公则终日百拜⑥，肴干酒澄⑦。上圣战战⑧，犹且若斯，况乎庸人，能无悔乎？

【注释】

①不经：不合乎常规；没有根据。

②不然：不是这样。然，这样。

③兼人：胜过别人。

④七尺：“七尺”应为衍文。杨明照《抱朴子外篇校笺》：“孙星衍曰：‘(七尺)当有误。’照按：‘七尺’二字原为写者旁注，后误入正文者。”

⑤是：代词。代指上文说的“千钟、百觚”。

⑥终日：整天；一天。百拜：泛指礼拜次数之多。形容周公送往迎来的事务繁忙。

⑦肴干酒澄：佳肴风干了，酒放的时间长了也澄清了。意思是说，周公的政务十分繁忙，酒菜放在那里很久，也没有时间去享用。

⑧战战：即战战兢兢。

【译文】

“尧、舜能饮千钟、百觚，这是无稽之谈，是违背事实的说法，明智的人是不会相信的。圣人与众不同的地方在于他们的才智，至于身体形状是不可能超过别人的，不会有三丈长的身高、万倍于常人那样的大的体形。一天之中喝的酒，怎么能够达到那样的数量呢？孔子担心性情被改变，饮酒不敢饮到乱性的程度；周公一天之中送往迎来要上百次地行礼，菜肴放干了酒也澄清了而没有时间去享用。大圣人战战兢兢小心谨慎，尚且如此，更何况平庸之人，能够不后悔吗？

“汉高应天，承运革命①，向虽不醉，犹当斩蛇。于公聪达，明于听断，小大以情②，不失枉直③，是以刑不滥加，世无怨民。但其健饮，不即废事。若论大醉，亦俱无知。决疑之才，何赖于酒？未闻皋繇、甫侯、子产、释之④，醉乃折狱也⑤。

【注释】

①承运：承受天命。革命：实施变革以应天命。古人认为帝王受命于天，因此称改朝换代为革命。

②小大以情：无论大小案件都要根据真实情况处理。情，真实情况。

③不失枉直：不放过坏人，也不冤枉好人。枉，弯曲。比喻坏人。

④皋繇：即皋陶。舜帝时的司法官员。甫侯：西周穆王时被任命为司寇，主管刑罚。子产：公孙侨，字子产。春秋郑国的相，曾把刑律铸于大鼎，公布于众。释之：张释之。西汉文帝时拜为廷尉，主管刑罚。

⑤折狱：断狱；判案。

【译文】

“汉高祖上应天命，接受天运实施改朝换代以顺天意，当时即使没有喝醉，依然会斩杀大蛇。于定国聪慧明达，能够清清楚楚地去听讼断案，无论大大小小的案子都能够根据实际情况进行处理，既不放过坏人也不会冤枉好人，因此不会错误地施加刑罚，世上也就没有含怨的百姓。只能说他的酒量很大，不会因酒而耽误判案。如果说喝得大醉，他也会与别人同样没有清醒的意识了。解决疑难案件的才能，又怎么会有赖于酒呢？从没听说过皋陶、甫侯、子产、张释之这些人，是醉酒之后去判决案件的。

“管辂年少，希当剧谈[①]，故假酒势以助胆气。若过其量，亦必迷错。及其刺毫厘于爻卦[②]，索鬼神之变化[③]，占气色以决盛衰[④]，聆鸟鸣以知方来[⑤]，候风云而克吉凶[⑥]，观碑柏而识祸福[⑦]，岂复须酒，然后审之[⑧]？

【注释】

①希当剧谈：很少参与过激烈的辩论。希，同“稀”，很少。当，面对；参与。剧谈，激烈的辩论。

②刺毫厘于爻卦：用《周易》的卦爻来探究命运的细微差别。刺，刺探；探究。《三国志·魏书·管辂传》裴松之注引《管辂别传》：“辂就义博读《易》，数十日中，意便开发，言难逾师。于此分蓍下卦，用思精妙，占黉上诸生疾病死亡、贫富丧衰，初无差错，莫不惊怪，谓之神人也。”

③索鬼神之变化：探索鬼神的变化。《三国志·魏书·管辂传》：“父为利漕，利漕民郭恩兄弟三人皆得躄疾，使辂筮其所由。辂曰：‘卦中有君本墓，墓中有女鬼，非君伯母，当叔母也。昔饥荒之世，当有利其数升米者，排著井中，啧啧有声，推一大石下，破其头。孤魂冤痛，自诉于天。’于是恩涕泣服罪。”

④占气色以决盛衰：占卜人的气色以预测盛衰。《三国志·魏书·管辂传》：“辂族兄孝国，居在斥丘，辂往从之，与二客会。客去

后，辂谓孝国曰：'此二人天庭及口耳之间同有凶气，异变俱起，双魂无宅，流魂于海，骨归于家，少许时当并死也。'复数十日，二人饮酒醉，夜共载车，牛惊下道入漳河中，皆即溺死也。"

⑤聆鸟鸣以知方来：聆听鸟的叫声就能够知道未来的事情。《三国志·魏书·管辂传》："辂又至郭恩家，有飞鸠来在梁头，鸣甚悲。辂曰：'当有老公从东方来，携豚一头，酒一壶。主人虽喜，当有小故。'明日果有客，如所占。恩使客节酒、戒肉、慎火，而射鸡作食，箭从树间激中数岁女子手，流血惊怖。辂至安德令刘长仁家，有鸣鹊来在阁屋上，其声甚急。辂曰：'鹊言东北有妇昨杀夫，牵引西家人夫离娄，候不过日在虞渊之际。告者至矣。'到时，果有东北同伍民来告，邻妇手杀其夫，诈言西家人与夫有嫌，来杀我婿。"

⑥候风云而克吉凶：观察风云就能够知道吉凶。候，观察。克，能够。《三志·魏书·管辂传》："辂至列人典农王弘直许，有飘风高三尺余，从申上来，在庭中幢幢回转，息以复起，良久乃止。直以问辂，辂曰：'东方当有马吏至，恐父哭子，如何！'明日胶东吏到，直子果亡。"

⑦观碑柏而识祸福：观察墓碑与柏树就知道祸福。《三国志·魏书·管辂传》："辂随军西行，过毌丘俭(父)墓下，倚树哀吟，精神不乐。人问其故。辂曰：'林木虽茂，无形可久；碑诔虽美，无后可守。玄武藏头，苍龙无足，白虎衔尸，朱雀悲哭。四危以备，法当灭族。不过二载，其应至矣。'卒如其言。"

⑧审：明白；知道。

【译文】

"管辂年纪轻，很少参与过激烈的辩论，所以要借助酒力来帮助提高胆量。如果饮酒过了量，他肯定也会变得迷茫错乱。至于他在爻卦之中研究命运的细微差别，探索鬼神的变化，占卜人的气色来预测此人的盛衰，聆听鸟鸣以知道未来的事情，观察风云以判断吉凶，察看墓碑与柏树以预知祸福，哪里还需一定要在喝酒之后，才能够明了这些事情呢？

"扬云通人，才高思远，英赡之富[①]，禀之自天，岂藉外物[②]，以助著述？及其数饮，由于偶好；亦或有疾，以宣药势耳[③]。子圉肆志[④]，盖已素定[⑤]，虽复不醉，亦于终果。瓶醪悦众，寓言之喻，诚能赏罚允当，威恩得所，长算纵横[⑥]，应机无方[⑦]，则士思果毅，人乐奋命。其不然也，虽流酒渊，何补胜负？缪公饮盗，造次之权[⑧]，舍法长恶[⑨]，何足多称哉！岂如慎之邪？"

【注释】

①英赡：超人的才华。赡，富有。这里指很多的才华。

②藉：凭借。外物：这里具体指属于身外之物的酒。

③以宣药势耳：用饮酒的办法来帮助发挥药物的力量而已。宣，宣泄；发挥。

④肆志：快意；得意。这里引申为实现自己的志向。

⑤素定：早已确定。也即早已命中注定。素，平素；过去。

⑥长算：长远考虑。纵横：不受约束；灵活通变。

⑦应机：处理事务。机，事。无方：不拘束。

⑧造次：仓促之间。权：权变。

⑨长恶：助长邪恶。恶，指盗马者盗食秦缪公的马这一罪行。

【译文】

"扬雄是位学识渊博思想通达的人，才华高妙而思虑深远，出色的禀赋来自于自然，又怎么会需要借助于属于身外之物的酒，来帮助自己著书立说呢？至于他常常饮酒，那是出于偶然的爱好；也许是因为有病，希望借助酒来发挥药力而已。子圉（应为晋文公）能够实现自己的志向，应该说是早已注定，即使没有喝醉酒，也同样是这个结果。用一瓶酒来取悦众人，只不过是用富于寓意的故事去说明道理，如果确实能够做到赏罚适当，恩威并用且恰到好处，能够灵活地制定长远计划，不拘一格地处理各种事务，那么将士们就会做到果敢刚毅，人人都勇于舍命奋击。如果做不到这些，即使把酒倾倒得流成深渊，对战争的胜负又有什么益处呢？秦缪公赐酒给那些盗马的人，只是仓促之间的一时权变，放弃法律而去助长盗马一类的罪行，哪里值得去多加赞美呢！难道能够比得上慎重地去处理这件事情吗？”

疾谬卷二十五

【题解】

疾谬，痛恨错误。也即批判错误的行为。疾，痛恨。谬，谬误；错误。本篇的主旨就是对社会上的一些不良现象提出批评。

葛洪在本篇中主要批评了以下几种现象：第一，批评了低俗的“嘲戏之谈”。认为这种低俗的嘲弄戏谑不仅会破坏人际关系，也会招来无妄之灾，提出了“三缄其口”的告诫。第二，批评了“仗气力以求畏”的暴力行为。认为要想真正征服别人，靠的是美好的品德。如果依仗暴力，可能会快意一时，但最终也会像祸害庄稼的害虫一样，“至降霜则殄矣”。第三，批评了喜欢抛头露面的妇女。葛洪认为女子的本分就是做好各自的家务，如果妇女喜欢出游交往，不仅破坏了男女有别的礼教，助长了淫风，还会招来许多祸端。第四，批评了以亵渎为亲密、以放荡为旷达的无礼行为。文中“此乃京城上国公子王孙贵人所共为也”一句，说明葛洪的批评是针对当时魏晋名士的放浪不羁行为而发的，具有较强的针砭世事的作用。第五，批评了“戏妇之法”。葛洪认为广泛流行的戏弄新娘的习俗实在是一种陋俗，必须革除。第六，批评了窃取权位、表面鲜泽、胸无点墨的人们。认为清议对这些人已经是无可奈何了，只能从降低品级和名誉等制度方面入手，才能够迫使他们有所改变。

葛洪的这些批评，有些即使放在今天，依然不失借鉴意义，比如他指出那些敢于胡作非为的人“率多冠盖之后、势援之门”的现象，今天也不鲜见。有一些批评，则显得过时，比如葛洪反对妇女抛头露面的主张，这在当时可能有一定的道理，但在今人看来，无疑已经是不合时宜了。

抱朴子曰：“世故继有①，礼教渐颓，敬让莫崇，傲慢成俗。俦类饮会②，或蹲或踞③；暑夏之月，露首袒体。盛务唯在摴蒱弹棋④，所论极于声色之间；举足不离绮缥纨袴之侧⑤，游步不去势利酒客之门。不闻清谈讲道之言，专以丑辞嘲弄为先。以如此者为高远，以不尔者为騃野⑥。

【注释】

①世故：社会上的变故。

②俦(chóu)类：同类；伙伴。俦，伙伴。

③踞：“箕踞”的省略。坐在地上，两腿像簸箕一样伸开。这是一种不拘礼节的坐姿。

④盛务：特别热衷于追求。务，务求；追求。摴蒱(chū pú)：同“樗蒲”，古代的一种赌博游戏。弹棋：古代棋类博戏之一。

⑤绮缥(rú)纨袴：穿着华美的人。代指富贵之人。绮，有花纹的丝织品。缥，通“襦”，短衣。纨，细绢。袴，裤子。

⑥不尔：不这样。尔，这样。騃(ái)：痴愚。

【译文】

抱朴子说：“社会上的各种变故接连不断，礼仪教化也随着逐渐衰败，恭敬谦让的精神无人看重，而傲慢无礼却形成了社会风气。人们在一起聚会饮酒时，有的人蹲在那里，有的人伸开两腿坐在地上；到了炎热的夏天,人们便光着脑袋露着身体。人们最热烈的追求完全在于樗蒲弹棋,谈论的内容也都全部是淫声女色之事;他们抬脚不离开富贵之人的身边,走动不离开权贵酒友的大门。听不到他们的高雅谈话和论道言论,完全把嘲弄他人的丑话放在前面。人们把具有这种行为的人看成是思想境界高远,而把不这样做的人当作是痴愚粗野。

“于是驰逐之庸民、偶俗之近人①,慕之者犹宵虫之赴明烛,学之者犹轻毛之应飙风。嘲戏之谈,或上及祖考②,或下逮妇女。往者务其必深焉③,报者恐其不重焉。倡之者不虑见答之后患④,和之者耻于言轻之不塞⑤。周禾之芟,温麦之刈,实由报恨⑥,不能已也。利口者扶强而党势⑦,辩给者借镙以刺瞂⑧。以不应者为拙劣,以先止者为负败。如此,交恶之辞,焉能默哉?

【注释】

①偶俗:迎合世俗。偶,谐和;迎合。近人:思想浅薄的人。

②祖考:祖先。考,死去的父亲。

③往者务其必深焉:首先发难的人一心要嘲弄得刻深。往者,指首先嘲弄别人的人。

④倡之者:首先嘲弄别人的人。见答:被回敬。见,被。

⑤和之者:回敬对方的人。不塞:不能塞住对方的嘴巴。

⑥周禾之芟(shān),温麦之刈(yì),实由报恨:成周的庄稼被抢,温地的麦子被割,实际上都是由于报复引起的。东周初年,郑国为了报复周天子对自己的背叛,抢收了周朝的庄稼。周,这里指成周。地名。在今河南洛阳,为东周的都城。芟,割掉。温,地名。在今河南温县。当时属周朝土地。刈,割取。《左传·隐公三

年》："郑武公、庄公为(周)平王卿士。王贰于虢，郑伯怨王。王曰：'无之。'故周、郑交质。王子狐为质于郑，郑公子忽为质于周。王崩，周人将畀虢公政。四月，郑祭足帅师取温之麦；秋，又取成周之禾，周、郑交恶。"

⑦利口者：能言善辩的人。扶强：依附强势之人。党势：结党于有权势的人。

⑧鍒(róu)：应为"釨"。"釨"为"矛"的古字。瞂(fá)：盾牌。

【译文】

"于是那些追名逐利的平庸之辈，迎合世俗的浅薄之徒，羡慕这种生活就如同黑夜里的飞虫扑向明亮的烛光一样，效仿这种生活就好像轻飘飘的羽毛随着狂风飞扬一般。嘲讽戏弄的话语，有的向上涉及对方的祖先，有的向下牵涉到了对方的妻子女儿。首先嘲讽的人一心要嘲讽得刻深，回敬对方的人也唯恐回敬得不重。首先戏弄别人的人不顾忌别人反击他的后患，反击的人则以反击的话不重而不能堵住对方的嘴巴为羞耻。成周的庄稼被抢，温地的麦子被割，实际上都是由于郑国要报复，这种报复之心是无法自我克制的。能言善辩的人依附强权勾结有势力的人，巧口利舌的人借用他人的矛来刺对方的盾。人们把不愿意回敬对方的人视为拙劣之人，认为先停止争执的人是失败者。如此一来，那些相互结仇的言词，又怎么能够消失呢？

"其有才思者之为之也[①]，犹善于依因机会[②]，准拟体例[③]，引古喻今，言微理举[④]，雅而可笑，中而不伤，不枨人之所讳[⑤]，不犯人之所惜。若夫拙者之为之也，则枉曲直凑[⑥]，使人愕愕然[⑦]。妍之与媸[⑧]，其于宜绝，岂唯无益而已哉！

【注释】

①为之：做这样的事情。指相互嘲弄。

②依因机会：借用适当的机会。依因，顺应；借助。

③准拟体例：仿照着典籍中的典故体例。

④言微理举：语言含蓄而道理讲得很透彻。微，不显露；含蓄。

⑤枨(chéng)：触及；触动。

⑥枉曲直凑：不顾事实信口乱说。枉曲，不合事实。直凑，直接讲出来。

⑦愕愕然：吃惊的样子。

⑧妍(yán)之与媸(chī)：美与丑。

【译文】

“那些具有才情思想的人在嘲讽对方时，还善于顺应着恰当的机会，仿照着典籍中的典故体例，引用古代的事情来说明今天的事理，语言含蓄而道理讲得十分透彻，言辞文雅而引人发笑，一语中的却不会伤害别人，也不会去触动别人所避讳的事情，更不会去侵犯别人所珍惜的东西。至于那些笨拙的人在嘲讽别人的时候，就不顾事实信口直言，使人感到吃惊。然而无论嘲讽别人的言词是美是丑，都应该彻底断绝，这些言辞难道仅仅只是没有什么益处而已吗！

“乃有使酒之客①，及于难侵之性，不能堪之②，拂衣拔棘③，而手足相及④。丑言加于所尊，欢心变而成雠，绝交坏身，搆隙致祸⑤。以杯螺相掷者⑥，有矣；以阴私相讦者⑦，有矣。昔陈灵之被矢⑧，灌氏之泯族⑨，匪降自天⑩，口实为之⑪。枢机之发⑫，荣辱之主⑬。三缄之戒⑭，岂欺我哉？

【注释】

①使酒:醉酒后任性闹事。也即酗酒。

②堪之:忍受对方的嘲弄。堪,忍受。

③拂衣:撩起衣服。这里表示愤怒的情绪。棘:通“戟”,一种武器名。

④手足相及:关系密切的人之间相互争斗。手足,比喻关系密切的人。也常用来比喻兄弟。

⑤搆(gòu)隙:造成矛盾。

⑥杯螺:酒杯。螺,用海螺制成的酒杯。

⑦讦(jié):攻击或揭发他人的隐私或短处。

⑧陈灵:陈灵公。春秋陈国的君主。被矢:被箭射死。矢,箭。《左传·宣公十年》记载,陈国的夏姬甚美,陈灵公及大夫孔宁、仪行父与之私通,“陈灵公与孔宁、仪行父饮酒于夏氏,公谓行父曰:‘征舒似女。’对曰:‘亦似君。’征舒病之。公出,自其厩射而杀之,二子奔楚”。

⑨灌氏之泯族:灌夫被灭族。灌氏,指灌夫。西汉人。泯,灭。《史记·魏其武安侯列传》记载,在平定吴楚七国之乱时,灌夫立有大功。其为人刚直,多次因酒醉辱骂丞相田蚡,后来田蚡族灭了灌家。

⑩匪:同“非”,不是。

⑪口实:话柄;不当的言语。

⑫枢机之发:比喻讲话是非常重要的事情。枢,指门上的转轴。机,指门槛。比喻关键部分。发,发话;讲话。《周易·系辞上》:“言行,君子之枢机;枢机之发,荣辱之主也。”

⑬荣辱之主:是招致荣辱的主要原因。

⑭三缄之戒:三缄其口的告诫。缄,封口;封闭。《说苑·敬慎》:“孔子之周,观于太庙,右陛之侧,有金人焉,三缄其口,而铭其背

曰:'古之慎言人也。'"

【译文】

"还有一些醉酒后任性闹事的人,以及一些性格不能招惹的人,他们无法忍受别人的嘲弄,于是就撩起衣襟拔出武器,即使关系密切的人也去伤害。他们用难听的话去羞辱自己平素所尊敬的人,过去相处甚欢的人也会变成仇人,断绝了交往伤害了身体,造成了矛盾导致了灾祸。用酒杯相互投掷的事情,出现了;拿隐私相互揭发相互攻击的事情,也出现了。从前陈灵公被箭射死,灌夫全家被杀,这些灾祸都不是凭空自天而降,都是因为言语不当而招致的。讲话是非常重要而关键的问题,是招致荣辱的主要原因。铜铸人像的嘴巴贴上三道封条的告诫,难道是哄骗我们的吗?

"激雷不能追既往之失辞①,班输不能磨斯言之既玷②。虽不能三思而吐清谈,犹可息谑调以防祸萌也。尊其辞令③,敬其威仪,使言无口过,体无倨容④,可法可观,可畏可爱。盖远辱之良术、全交之要道也⑤。

【注释】

①激雷:应作"激电"。陈其荣《抱朴子外篇校勘记》:"('激雷')《治要》作'激电',当从之。"激电,快速的闪电。比喻行动迅速。

②班输:即先秦鲁国的公输班。也即鲁班。磨斯言之既玷:磨去语言上的瑕疵。玷,白玉上的斑点。这里比喻语言上的过失、瑕疵。《诗经·大雅·抑》:"白圭之玷,尚可磨也;斯言之玷,不可为也。"

③尊其辞令:使自己的言语恭敬。其,代指自己。

④倨(jù):傲慢。

⑤全交：保全友谊。要道：主要方法。

【译文】

“行动即使像闪电那样迅速也无法追回已经说出去的失误言辞，像公输班这样的能工巧匠也不可能磨掉这些言辞上的瑕疵。虽然不能做到反复思考之后再去讲出高雅的言谈，但还是可以不说戏谑调笑的话以防止灾祸的萌生。使自己的言谈恭敬，使自己的仪表庄重，使自己的谈话不出现失误，使自己的外表没有傲慢的模样，使自己的言行值得别人效法值得别人观瞻，使自己值得别人敬畏值得别人爱戴。这大概就是远离耻辱的好办法，是保全友谊的主要途径。

“且夫慢人者，不爱其亲者也①；轻斗者，不重遗体者也②。皆陷不孝，可不详乎！然而迷谬者无自见之明，触情者讳逆耳之规③。疾美而无直亮之针艾④，群惑而无指南以自反⑤。谄媚小人，欢笑以赞善；面从之徒⑥，拊节以称功⑦，益使惑者不觉其非，自谓有端、晏之捷⑧，过人之辩，而不悟斯乃招患之旌⑨，召害之符⑩，传非之驿⑪，倾身之车也。岂徒减其方策之令闻⑫，亏其没世之德音而已哉⑬！

【注释】

①且夫慢人者，不爱其亲者也：再说怠慢别人，就是不爱自己的父母。亲，父母。意思是，只有爱别人的父母，别人才会爱自己的父母。《孝经·天子章》：“子曰：‘爱亲者，不敢恶于人；敬亲者，不敢慢于人。’”

②遗体：子女为父母所生，因此子女的身体被称为父母的遗体。《礼记·祭义》：“身也者，父母之遗体也；行父母之遗体，敢不敬乎！”

③触情:容易动情。也即容易感情用事。触,动。

④疾美:把疾病视为美好的事情。一说"疾美"应作"疢美"。疢,指热病,人发热后面红,故有美疢之说。《左传·襄公二十三年》:"臧孙曰:'季孙之爱我,疾疢也;孟孙之恶我,药石也。美疢不如恶石。夫石犹生我,疢之美,其毒滋多。'"直亮:正直而诚实。亮,通"谅",诚实。艾:植物名。叶干后制成艾绒,可用于针灸。

⑤指南:指南针。这里泛指指明方向。反,同"返",返回正道。

⑥面从:当面顺从。

⑦拊节:有节奏地拍打着。

⑧端:端木赐。春秋卫国人,孔子弟子,字子贡。子贡思维敏捷,能言善辩。晏:晏婴。春秋齐国的相。晏婴是历史上著名的政治家,不仅具有极高的政治才能,且善于言谈。

⑨斯:此。代指自己的行为。旌:旗帜。

⑩符:符节。古代朝廷用作凭证的信物,君臣各执一半,以验真假。

⑪非:错误。驿:古代供传递公文或传送消息的马。

⑫方策:书籍;史册。令闻:美名。令,美好。

⑬没世:逝世。德音:美好的名声。

【译文】

"再说那些对人傲慢的人,实际就是不爱护自己的父母;轻易斗殴的人,实际就是不重视父母给予自己的身体。这些行为都陷入了不孝,能够不谨慎小心吗!然而那些被谬误之言所迷惑的人却没有自知之明,容易感情用事的人忌讳听到逆耳的忠告。把疾病视为美好之事就不可能得到正确有效的针艾治疗,大家都迷惑了就不可能有人指明方向让他们返回正途。谄媚的小人,欢笑着称赞你一切都好;当面顺从之徒,有节奏地拍着手称颂你的功劳,这就使那些迷惑的人更加感觉不到自己的错误,自认为自己具备了子贡、晏婴一样的敏捷思维,具有超过常人的口才,而没有觉悟到这些行为刚好是招致灾祸的旌旗,是引来伤害的符节，是传递错误的驿马，是让人跌倒的车辆。这些行为难道仅仅只是减损他们在史册中的美名、损害了他们去世后的声望吗！

“盖虽有偕老之慎①，不能救一朝之过；虽有陶朱之富②，不能赎片言之谬。故毫氂之失③，有千里之差；伤人之语，有剑戟之痛。积微致著，累浅成深，鸿羽所以沉龙舟，群轻所以折劲轴④，寸飙所以燔百寻之室⑤，蠹蝎所以仆连抱之木也⑥。古贤何独跼蹐恂恂之如彼⑦，今人何其愦慢傲放之如此乎⑧？

【注释】

①偕老之慎：终身的谨慎。偕老，一起到老。

②陶朱：陶朱公。即著名政治家范蠡。范蠡助越王勾践灭吴以后，乘船到齐国，后定居于陶，改名叫“朱公”，治产业成为巨富。

③氂(lí)：通“厘”。《史记·太史公自序》：“故《易》曰：‘失之毫厘，差以千里。’”

④劲轴：刚劲的车轴。

⑤寸飙：一点火星。飙，通“熛”，飞火。燔(fán)：烧毁。寻：古代的长度单位。八尺为一寻。

⑥蠹(dù)：虫名。蛀蚀树木、器物的虫子。蝎(hé)：木中蠹虫的总称。仆：倒下。连抱：几个人才能环抱。

⑦跼蹐(jú jí)：局促不安、谨慎小心的样子。恂恂：温和恭敬的样子。彼：那样。

⑧愦慢：昏愦怠慢。

【译文】

“即使有终身的谨慎，也无法挽回一时的过错；即使有陶朱公一样的财富，也不能赎回几句言语的失误。因此说失之毫厘，差之千里；伤人的语言，就会像剑戟一样刺痛别人。不断地积累微小的事物就会最终成为巨大的事物，不断积累很浅的水就会最终成为深渊，这就是鸿雁的羽毛之所以能够压沉龙船，众多的轻物之所以能够压断强劲的车轴，小火星之所以能够焚毁百丈高的楼房，蠹虫之所以能够啃倒几人合抱的大树的原因所在。古代的圣贤为什么能够小心谨慎温和恭敬成那个样子，而如今的人们为什么竟然昏愦懈怠傲慢狂放到如此程度呢？

“是以高世之士，望尘而旋迹①；轻薄之徒，响赴而影集②。谋事无智者之助，居危无切磋之益③。良史悬笔④，无可书之善；谈者含音⑤，无足传之美。令闻不著，丑声宣流。没有余败⑥，贻讥将来⑦。始无可法，终无可纪。斯亦志士之耻也。

【注释】

①望尘而旋迹：望见飞尘就转身返回。比喻一看见错误就知道马上悔改。旋，回转。迹，足迹；脚步。

②响赴而影集：像回声一样响应，像影子一样追随。比喻小人看到错误，不仅不知悔改，反而变本加厉地追随错误。

③切磋：这里用切开、粗锉玉石或骨器比喻相互商议、讨论。一说骨器加工叫做“切”，象牙加工叫做“磋”。

④悬笔：搁笔；放下笔。

⑤含音：闭口不谈。

⑥没（mò）：死亡。余败：继续发挥坏的影响。

⑦贻：遗留；招来。

【译文】

“因此那些出类拔萃的士人，一望见错误就知道马上悔改；而那些轻浮浅薄的人们，则像回声一样响应，像影子一样追随着错误。谋划事情时没有聪明人的帮助，处于危险时也没有可以商量的朋友以提供有益的建议。优秀的史官放下了毛笔，因为他没有值得记载的善事；谈论的人们闭上了嘴巴，因为他没有值得传诵的美名。美好的声誉没有显示出来，而丑陋的名声却到处传扬。死亡以后坏的影响还在继续，而且还招致未来之人的讥讽。开始就没有值得别人效法的地方，最终也没有值得记载的事迹。这种情况也是有志之士的羞耻。

“安忍为之，过而不改，斯诚委夷路而陷丛棘、舍嘉旨而咽钩吻者也①。岂所谓以小善为无益而不为、以小恶为无损而不止、以至恶积而不可掩、罪大而不可解者邪？余愿世人改其无检之行，除其骄吝之失②，遣其夸矜尚人之疾③，绝息嘲弄不典之言④，则赵胜之门无去客⑤，黄祖之棓无所用矣⑥。”

【注释】

①斯：此。代指他们的错误行为。诚：确实。委：放弃。夷路：平坦的大道。夷，平坦。嘉旨：美味佳肴。钩吻：植物名。有毒，可致人死亡。

②骄吝：傲慢而吝啬。《论语·泰伯》：“子曰：‘如有周公之才之美，使骄且吝，其余不足观也已。’”

③遣：排除；改正。夸矜：自夸傲慢。矜，骄傲。尚人：喜欢胜过别人。也即盛气凌人。

④不典之言：荒唐不经的言谈。

⑤赵胜之门无去客：赵胜的门下也就没有离去的门客。赵胜，战国赵国公子。客，门客。寄食于贵族并为之服务的人。《史记·平

原君虞卿列传》:"平原君赵胜者,赵之诸公子也。诸子中胜最贤,喜宾客,宾客盖至者数千人……平原君家楼临民家。民家有躄者,槃散行汲。平原君美人居楼上,临见,大笑之。明日,躄者至平原君门,请曰:'臣闻君之喜士,士不远千里而至者,以君能贵士而贱妾也。臣不幸有罢癃之病,而君之后宫临而笑臣,臣愿得笑臣者头。'平原君笑应曰:'诺。'躄者去,平原君笑曰:'观此竖子,乃欲以一笑之故杀吾美人,不亦甚乎!'终不杀。居岁余,宾客门下舍人稍稍引去者过半。平原君怪之,曰:'胜所以待诸君者未尝敢失礼,而去者何多也?'门下一人前对曰:'以君之不杀笑躄者,以君为爱色而贱士,士即去耳。'于是平原君乃斩笑躄者美人头,自造门进躄者,因谢焉。其后门下乃复稍稍来。"

⑥黄祖:东汉末年人。曾任江夏太守。棓(bàng):通"棒",棍棒。才士祢衡在黄祖手下为官时,恃才多傲,因羞辱黄祖,被黄祖棒杀。关于黄祖杀祢衡事,可参看本书《弹祢》篇。

【译文】

"安心去做这样的错事,有了过失也不改正,这实在是放弃了平坦的大道而陷入了荆棘丛中,丢掉了美味佳肴而去吞咽毒草。这难道不就是人们所说的认为小的善事没有什么益处而不去做、认为小的坏事没有什么损害而不去改正、以至于坏事累积多了而无法掩盖、罪行大了而不能逃脱刑罚吗?我希望社会上的人们都去改正他们的没有约束的行为,除去他们高傲而吝啬的过失,排除他们自夸傲慢且盛气凌人的毛病,断绝嘲弄别人的荒诞不经的言谈,如此则赵胜的门下就没有离开的门客,黄祖的棍棒也就没有可用之处了。"

抱朴子曰:"或有不治清德以取敬,而仗气力以求畏。其入众也,则亭立不坐,争处端上①,作色谐声②,逐人自安;其不得意,恚怼不退③。其行出也,则逼狭之地④,耻于分涂,振策长驱[5]，推人于险；有不即避，更加摅顿[6]。呜呼，悲哉！此云古之卑而不可逾[7]，推荫让路，劳谦下士[8]，无竞于物，立若不胜衣[9]，行若不容身者[10]，何其缅然之不肖哉[11]！

【注释】

①端上：最上位；头等位置。端，头。

②作色谐声：声色俱厉。作色，表情变得严厉或愤怒。谐，一起；同时。

③恚怼(huì duì)不退：愤怒而不退让。恚怼，愤怒。

④逼狭：狭窄。逼，狭窄。

⑤振策：挥动着马鞭。振，挥动。策，马鞭。

⑥摅(shū)顿：跳跃；奔驰。摅，腾跃。顿，停止。这里的"摅顿"为偏义复合词，只取"摅"义。

⑦云：疑作"去"字。杨明照《抱朴子外篇校笺》："'云'，吉藩本作'于'。王广恕曰；'案：疑作"去"。'照按：'云'、'于'二字均与文意不符，王谓作'去'是也。"去，相差；相距。卑而不可逾：态度谦卑但不可冒犯。《周易·谦卦》："象曰：'天道亏盈而益谦，地道变盈而流谦，鬼神害盈而福谦，人道恶盈而好谦。谦尊而光，卑而不可逾，君子之终也。'"

⑧劳谦：勤劳而谦逊。

⑨立若不胜衣：站在那里就好像承受不起身上的衣服。形容战战兢兢、谨慎小心的样子。《韩诗外传》卷七："孔子曰：'昔者周公事文王，行无专制，事无由己，身若不胜衣，言若不出口，有奉持于前，洞洞焉若将失之。可谓子矣。'"

⑩行若不容身者：出门行走就好像没有可供容身的地方。形容战战兢兢、谨慎小心的样子。《论语·乡党》："入公门，鞠躬如也，如不容。"

⑪缅然：遥远的样子。这里指今人与古人相差遥远。

【译文】

抱朴子说："有的人不修养高尚的品德来获取别人的尊敬，而是依仗着强悍霸道以求得别人的畏惧。他们进入大众之中，就挺身站立而不坐下，争着要头等位置，他们声色俱厉，赶开别人以求自己安适；如果不能称心，就会愤怒异常而不肯退让。他们出门行走时，在非常狭窄的地方，耻于与别人相互让道而行，他们挥动着马鞭长驱直前，把别人逼到危险的境地；如果有人没能即时避让，他们就会更加策马狂奔。唉，真是可悲呀！这与古人的谦卑而不可冒犯，把树荫和道路推让给别人，勤劳谦恭地屈身待士，不与别人争抢名利，站在那里就好像承受不起身上的衣服，出门行走就好像没有可供容身的地方，相差得是多么遥远而毫无相似之处啊！

"夫德盛操清，则虽深自挹降①，而人犹贵之；若履蹈不高②，则虽行凌暴，而人犹不敬。假令外服人体，内失人心，所谓见憎恶③，非为见尊重也。昔庄生未食，赵王侧立④；驺衍入墠，燕君拥篲⑤。康成之里，逆虏望拜⑥；林宗之庭，莫不卑肃⑦。非力之所服也。

【注释】

①挹(yì)降：谦卑退让。挹，通"抑"，降低。

②履蹈不高：行为不高尚。履蹈，脚踏。这里引申为行为。

③见：被。

④昔庄生未食，赵王侧立：从前庄子未用餐之前，赵惠文王就恭恭敬敬地站在他的旁边。庄生，指庄周，战国道家的代表人物。赵

王，指赵国君主赵惠文王。侧立，恭敬地站在旁边。《庄子·说剑》记载，赵惠文王喜欢剑术，整天与剑客为伍而不理朝政，使赵国日渐贫弱。庄子应赵太子悝之请，前去用天子之剑、诸侯之剑、庶人之剑游说赵惠文王，启发赵惠文王放弃对斗鸡般的、且与自己身份不相称的庶人之剑的爱好，鼓励他运用天子之剑以治理好自己的国家。赵惠文王听后，“乃牵而上殿，宰人上食，王三环之。庄子曰：‘大王安坐定气，剑事已毕奏矣。’”

⑤驺衍入壃，燕君拥篲：邹衍到了燕国境内，燕昭王拿着扫帚在前面清扫道路。驺衍，即邹衍，战国思想家。壃，同“疆”。燕君，燕国君主燕昭王。篲，扫帚。《史记·孟子荀卿列传》记载，邹衍到燕国后，燕昭王拿着扫帚在前面清扫道路，以示敬意。

⑥康成之里，逆虏望拜：对于郑玄的家乡，造反的贼人远远望见就下拜致敬。康成，郑玄，字康成。东汉末年的著名经学大师，著述颇丰。里，乡里；家乡。逆虏：指黄巾军。《后汉书·郑玄列传》：“建安元年，自徐州还高密，道遇黄巾贼数万人，见玄皆拜，相约不敢入县境。”

⑦林宗之庭，莫不卑肃：到了郭泰家的庭院里，没有人不谦卑而肃敬。郭泰，字林宗，东汉太原界休人。博学多才，好品题人物，奖拔士人。《后汉书》有传，作“郭太”。

【译文】

“如果品德美好操行高洁，那么即使自己非常地谦卑退让，而人们还是会很尊重他的；如果行为不高尚，那么即使对别人使用了暴力，而人们还是不会尊敬他。假如仅仅从外面制服了别人的肉体，而在内却失去了人心，这就是人们所说的只会被人憎恶，而不会被人尊重了。从前庄子还没有吃饭的时候，赵王就恭敬地站在旁边；邹衍进入境内，燕王就抱着扫帚以清扫道路。对于郑玄的家乡，造反的贼人远远望见就下拜致敬；到了郭泰的庭院，没有人不谦卑而肃敬。这些都不是依仗暴力去征服别人的。

“夫以抄盗致财，虽巨富不足嘉；凶德胁人，虽见惮不足荣也。然而庸民为之不恶[①]，故闻其言者，犹鸱枭之来鸣也[②]；睹其面者，若鬼魅之见形也[③]。其所至诣，则如妖怪之集也；其在道涂，则甚逢虎之群也。愚夫行之，自矜为豪；小人征之[④]，以为横阶[⑤]。乱靡有定，寔此之由也[⑥]。

【注释】

①不恶：不以为是坏事。

②鸱枭(chī xiāo)：猫头鹰。古人认为猫头鹰是一种凶鸟，它的叫声会给人带来灾祸。

③见(xiàn)：同“现”，显现。

④征：追求；效法。

⑤横阶：不合理但非常有用的进身台阶。横，不合理而行。

⑥寔(shí)：确实。

【译文】

“用抢劫盗窃的方法去发财，即使成为巨富也不值得赞美；以凶恶残暴的手段去胁迫他人，即使是被别人畏惧也不值得荣耀。然而平庸愚蠢之人做这样的事情却并不觉得是一种罪恶，因此人们听到他们的言语，就好像听到了猫头鹰的叫声；看到他们的面孔，就好像见到了鬼魅现形。他们所到之处，人们就觉得他们好像是妖怪在聚会；他们走在路上，人们就觉得遇见他们的危险超过遇上了虎群。愚蠢的人做这样的事情，还自负地认为自己是英雄豪杰；小人们效法他们，还以为是找到了不合理但十分有用的进身台阶。社会的动乱无休无止，实在就是由于这些原因。

“然敢为此者，非必笃顽也，率多冠盖之后[①]，势援之门[②]，素颇力行善事，以窃虚名；名既粗立，本情便放[③]：或假财色以交权豪，或因时运以佻荣位[④]，或以婚姻而连贵戚，或弄毁誉以合威柄[⑤]。器盈志溢[⑥]，态发病出，党成交广，道通步高[⑦]。清论所不能复制，绳墨所不能复弹[⑧]，遂成鹰头之蝇、庙垣之鼠[⑨]。

【注释】

①冠盖：本指官员的礼帽与车盖。这里代指达官贵人。

②势援：有权势支持。也即有权势做后盾。

③本情便放：恶劣的本性就开始放纵了。本情，这里指恶劣的本性。

④佻(tiāo)：窃取。

⑤合威柄：勾结掌握权柄的人。合，勾结。

⑥器盈：容器满了。比喻志得意满、傲慢自负。

⑦道通：仕途顺畅。道，这里指仕途。

⑧绳墨：本指木匠画直线的墨绳，这里比喻法度。弹：弹压；约束。

⑨鹰头之蝇：雄鹰头上的苍蝇。比喻假借权势，令人生畏。庙垣之鼠：宗庙墙壁中的老鼠。因为宗庙是神圣的地方，人们不敢挖掘，老鼠藏身于此安全。比喻小人凭借君主的权力以保护自我。《魏略》：“君侧之人，众所畏惧，所谓鹰头之蝇、庙垣之鼠者也。”

【译文】

“然而那些敢于这样做的人，不一定就是非常顽愚的人，大多都还是官宦人家的后代，是出于有势力作为后盾的家庭，他们过去还是比较努力地去做了一些好事，以窃取虚假的名声；名声刚刚建立起来，恶劣的本性就开始放纵了：他们有的人凭借钱财女色来交结权贵豪门，有的人依靠时机运气以窃取了荣耀的官位，有的人用婚姻的手段和权贵结为亲戚，有的人玩弄诋毁和赞扬的花样来勾结掌权之人。于是他们志得意满，各种毛病缺点全都显现出来，他们结党营私交往广泛，仕途顺畅步步高升。清雅的社会舆论无法约束他们，国家的法律也不能控制他们，于是他们就成了雄鹰头上的苍蝇、宗庙墙中的老鼠了。

"所未及者①，则低眉埽地以奉望之②；居其下者，作威作福以控御之。故胜己者则不得闻③，闻亦阳不知也④；减己者则不敢言，言亦不能禁也。夫灾虫害谷，至降霜则殄矣⑤；佞雄乱群，值严时则败矣。独善其身者，唯可以不肯事之，不行效之而已耳。有斧无柯⑥，其如之何哉？"

【注释】

①未及者：指自己在权势方面比不上的人。

②低眉埽(sǎo)地：头低得使眉毛可以扫地。形容极度地卑躬屈膝。埽，同"扫"。

③故胜己者则不得闻：因此他们根本就不知道那些品行超过自己的人。因为他们从不与品德高尚的人交往，所以也就无法知道。

④阳：通"佯"，假装。

⑤殄(tiǎn)：灭亡。

⑥有斧无柯：比喻有政治理想而没有政治权力。柯，斧柄。比喻权柄。

【译文】

"对于那些权势大于自己的人，他们就会脑袋低得眉毛几乎扫在地面地去侍奉尊敬；对于地位不如自己的人，他们就会作威作福地去加以控制驾驭。因此他们就无法知道那些德才超过自己的人，即使知道了也假装着不知道；那些不如他们的人不敢说话，即使说了也不能约束他们。那些损伤庄稼的害虫，到了落下寒霜的时候就会灭绝；那些搅乱民众的奸雄，遇到执法严厉的时候就会失败。而那些能够独善其身的人，也就只能够做到不肯侍奉他们、不去效法他们而已。有政治理想而没有政治权力的人，又能拿他们怎么办呢？”

抱朴子曰：“《诗》美雎鸠①，贵其有别②。在《礼》：男女无行媒，不相见，不杂坐，不通问，不同衣物，不得亲授。姊妹出适而反③，兄弟不共席而坐。外言不入，内言不出。妇人送迎不出门，行必拥蔽其面④。道路男由左，女由右⑤。此圣人重别杜渐之明制也⑥。

【注释】

①《诗》：书名。即《诗经》，儒家的五经之一。雎鸠：鸟名。《诗经·周南·关雎》：“关关雎鸠，在河之洲。”毛传：“关关，和声也。雎鸠，王雎也。鸟挚而有别。水中可居者曰洲。后妃说乐君子之德，无不和谐，又不淫其色，慎固幽深，若关雎之有别焉，然后可以风化天下。”

②有别：本指关雎鸟雌雄有别，这里比喻男女有别。

③出适而反：出嫁后返回娘家。出适，出嫁。反，同“返”。

④拥蔽其面：遮挡自己的面孔。

⑤道路男由左，女由右：在路上行走，男子走左边，女子走右边。这两句话中的“男由左，女由右”应为“男由右，女由左”。《礼记·王制》：“道路，男子由右，妇人由左，车从中央。”《礼记·内则》：“道路，男子由右，女子由左。”

⑥重别：重视男女之别。杜渐：指在男女关系方面防微杜渐。

【译文】

抱朴子说："《诗经》之所以赞美雎鸠鸟，是因为看重它们能够做到雌雄有别。从《礼记》的规定来看：男女不经过媒人的介绍，不能相见，不能错杂而坐，不能相互问候，不能使用共同的衣物，不能亲手交接东西。姐妹出嫁后返回娘家时，兄弟不能与她们同坐在一张坐席上。有关外面的话不要带到闺房中去，有关闺房中的话也不要带到外面去。妇女迎送客人不要走出大门，出门行走时必须遮挡住自己的面孔。在道路上男子走右边，女子走左边。这就是圣人为了重视男女之别、防微杜渐而制定的明确礼制。

"且夫妇之间可谓昵矣，而犹男子非疾病不昼居于内①，将终不死妇人之手②，况于他乎？昔鲁女不幽居深处，以致扈荦之变③；孔妻不密潜户庭，以起华督之祸④。史溦无防，有汗种之悔⑤；王孙不严，有杜门之辱⑥。而今俗妇女，休其蚕织之业，废其玄纨之务⑦。不绩其麻，市也婆娑⑧。舍中馈之事⑨，修周旋之好⑩。更相从诣，之适亲戚⑪，承星举火⑫，不已于行，多将侍从⑬，晔晔盈路⑭，婢使吏卒，错杂如市⑮，寻道亵谑⑯，可憎可恶！

【注释】

①不昼居于内：白天不住在内室。《礼记·檀弓上》："(君子)非致齐也，非疾也，不昼夜居于内。"

②将终不死妇人之手：去世时不死于妇女手中。《礼记·丧大记》："男子不死妇人之手。"

③昔鲁女不幽居深处，以致扈荦(luò)之变：从前鲁庄公的女儿不深居于宫中，以至于引发扈荦的变乱。鲁女，指春秋鲁庄公的女

儿。扈荦，人名。是鲁国的养马人。《左传·庄公三十二年》记载，鲁庄公于梁氏家里演习祭天之礼，其女观之，养马人扈荦自墙外与庄公女儿戏谑。庄公之子般怒，使人鞭之。后般即位为鲁君，庄公母弟庆父使扈荦杀般。

④孔妻不密潜户庭，以起华督之祸：孔父嘉的妻子不深深地藏在家里，因而引起华督杀死孔父嘉夺走其妻子的灾祸。孔妻，孔父嘉的妻子。春秋鲁国人。孔父嘉为宋国贵族，孔子的六世祖。华督，春秋宋国贵族。字华父。《左传·桓公元年》："宋华父督见孔父之妻于路，目逆而送之，曰：'美而艳。'"《左传·桓公二年》："春，宋督攻孔氏，杀孔父而取其妻。"

⑤史激无防，有汗种之悔：太史敫没有防范，因此发生了使家族受辱的悔恨。史激，应为"史敫"，即太史敫。战国齐人。汗，疑为"汙"。同"污"，玷污。杨明照《抱朴子外篇校笺》："徐济忠改'汗'为'汙'；顾广圻改同。照按：'汗'改'汙'是。"种，种类；族类。《战国策·齐策六》："齐闵王之遇害，其子法章变姓名为莒太史家庸夫。太史敫女奇法章之状貌，以为非常人，怜而常窃衣食之，与私焉。莒中及齐亡臣相聚求闵王子，欲立之，法章乃自言于莒。共立法章为襄王。襄王立，以太史氏女为王后，生子建。太史敫曰：'女无媒而嫁者，非吾种也，污吾世矣！'终身不睹君王后。"

⑥王孙不严，有杜门之辱：卓王孙家规不严，才发生了让他闭门不出的羞辱。王孙，卓王孙。西汉蜀地临邛富翁。《史记·司马相如列传》记载，卓王孙有女名卓文君，新寡家居，好音乐。司马相如在王孙家中饮酒时，以琴声挑之，文君与相如私奔。卓王孙大怒，不与一钱。相如、文君于是就回到临邛以卖酒为生，"卓王孙闻而耻之，为杜门不出"。

⑦玄紞(dǎn)：古代垂在礼冠前后丝织饰物。《国语·鲁语下》："王

后亲织玄犹。”这里代指女红。

⑧市也婆娑：在市场上游荡。婆娑，盘旋；游荡。

⑨中馈：指妇女在家主持的饮食之事。《周易·家人卦》：“无攸遂，在中馈。”

⑩周旋之好：友好交往。周旋，交往。

⑪之：到。适：到。

⑫承星：头顶着星星。也即夜行。举火：举着火把。

⑬将：带领。

⑭韡（wěi）晔：光彩夺目的样子。这里引申为炫耀、招摇。

⑮错杂如市：指婢女、仆人、小吏、兵卒等人相互杂处，如同市场一般。

⑯寻道：沿着道路。也即一路上。寻，沿着。亵谑：轻佻的玩笑。

【译文】

“再说夫妇之间的关系可以说是很亲密了，然而尚且规定丈夫除非生病就不能白天居于内室，临终时也不能死在妇人手里，更何况其他的事情呢？从前鲁庄公的女儿不深居宫中，以至于引发了扈荦的变乱；孔父嘉的妻子没有深深地藏在家里，从而引起了华督杀死孔父嘉夺走其妻子的灾祸。太史敫未加严密防范，发生了使家族受辱的悔恨；卓王孙的家规不严，出现了让他闭门不出的羞辱。如今那些世俗女人，放弃了她们的养蚕纺织的职业，荒废了她们的女红家务。她们不去纺织麻线，却到市场上盘桓游荡。她们丢开在家里做饭的事情，却致力于友好往来。她们还相互结伴，跑到亲戚家中，头顶着星星手举着火把，不停地在外行走，她们带着很多侍从，一路招摇，婢女、仆人、官吏、兵卒，交错混杂得就像市场一样，她们一路上开着轻佻的玩笑，真是可恨可恶！

“或宿于他门，或冒夜而反①。游戏佛寺，观视渔畋②，登高临水，出境庆吊③。开车褰帏④，周章城邑⑤，杯觞路酌⑥，弦歌行奏。转相高尚[7],习非成俗[8],生致因缘[9],无所不肯,海淫之源,不急之甚。刑于寡妻[10],家邦乃正。愿诸君子,少可禁绝[11]。妇无外事,所以防微矣。"

【注释】

①反:同"返",返回家中。

②畋(tián):打猎。

③出境庆吊:走出国境去庆贺或吊唁。《礼记·檀弓下》:"妇人不越疆而吊人。"

④开车:打开车篷。褰帏(qiān wéi):撩起车上的帷幔。褰,掀起。

⑤周章:周游。

⑥杯觞(shāng)路酌:举着酒杯在路边饮酒。觞,酒杯。酌,斟酒;饮酒。

⑦转相:互相;全都。高尚:崇尚。

⑧习非:习惯了错误的行为。非,错误。

⑨生致:产生;发生。因缘:指男女的感情纠葛。

⑩刑于寡妻:君主要给自己的妻子做好典范。刑,同"型",典范。寡妻,君主的正妻。《诗经·大雅·思齐》:"刑于寡妻,至于兄弟,以御于家邦。"

⑪少:稍微。

【译文】

"有的女子住宿在别人的家里,有的女子不顾黑夜返回自己的家中。她们或者到佛寺中游玩,或者去观看捕鱼打猎,或者去游山玩水,或者走出国境去贺喜吊丧。她们敞开车篷撩起帷帐,四处游荡于城镇之中,或者举起酒杯在路边饮酒,或者一边行走一边奏乐歌唱。人们都很崇尚这些行为,习惯了这些错误行为也就慢慢形成了风气,于是就发生了许多男女的感情纠葛,没有什么事情是她们不肯干的,这是教人淫乱的根源,是社会最不需要的事情。君主要首先为自己的妻子做好榜样,家庭和国家才能走上正轨。希望诸位君子,应该对这种事情稍加禁绝。女人不去做家庭以外的事情,这是防微杜渐的办法。”

抱朴子曰:“轻薄之人,迹厕高深①,交成财赡②,名位粗会③,便背礼叛教,托云率任④,才不逸伦⑤,强为放达,以傲兀无检者为大度⑥,以惜护节操者为涩少⑦。于是腊鼓垂无赖之子⑧,白醉耳热之后⑨,结党合群,游不择类,奇士硕儒,或隔篱而不接;妄行所在,虽远而必至。携手连袂⑩,以遨以集,入他堂室,观人妇女,指玷修短⑪,评论美丑。不解此等何为者哉!

【注释】

①迹厕:立足于。迹,足迹。厕,置身于。高深:指修养高深的人。

②财赡:钱财富足。赡,富足。

③名位粗会:名誉和地位刚刚得到。会,会聚。这里引申为获取。

④托云率任:借口是率真适性。托云,借口。云,说。任,任性;适性。

⑤逸伦:超越同类。伦,同类。

⑥傲兀:傲慢自大。无检:不加检点。

⑦涩少:生涩幼稚。

⑧腊鼓垂:此三字有误。可能应作“伏腊鼓缶”。杨明照《抱朴子外篇校笺》:“‘腊鼓垂’三字实有脱误。以意校之,‘腊’上疑脱‘伏’字,‘垂’为‘缶’之形误。”伏腊,指伏祭与腊祭,也即夏祭与冬祭。这里泛指各种节日。鼓,敲击。缶,一种瓦制乐器。

⑨白:酒杯或罚酒的杯。这里代指饮酒。

⑩连袂(mèi):联手。袂,袖子。代指手臂。

⑪指玷:即指点。修短:长短;高矮。

【译文】

抱朴子说:“那些轻浮浅薄的人,置身于修养高深的人们中间,与钱财富足的人交往密切,他们刚刚获取一点名誉和地位,就开始背弃礼义教化,借口说自己是率真适性,他们的才能并不出众,只是勉强做出一些放浪旷达的模样,把傲慢自大毫不检点的人视为宽宏大度,把珍惜爱护节操的人视为生涩幼稚。于是那些在各种节日里鼓缶作乐的无赖之徒,当他们酒醉之后耳热之时,便结成团伙,交往时也不选择合适的人,即使奇异之才和儒学大师,也许仅仅隔了一道篱笆他们也不与之交往;而胡作非为的人所在的地方,即使遥远也一定要前往。他们手拉着手臂挽着臂,又是游玩又是聚会,或者跑到别人的房屋里,观看人家的妇女,指点高矮,评论美丑。真不知道他们都是些干什么的人!

“或有不通主人,便共突前,严饰未办[①],不复窥听,犯门折关[②],逾垝穿隙[③],有似抄劫之至也。其或妾媵藏避不及[④],至搜索隐僻,就而引曳[⑤],亦怪事也。夫君子之居室,犹不掩家人之不备[⑥],故入门则扬声,升堂则下视[⑦]。而唐突他家[⑧],将何理乎!

【注释】

①严饰未办:没有严整的衣饰。也即衣冠不整。

②关:门闩。

③逾垝(guǐ):翻墙。垝,墙的坍塌处。穿隙:在墙上打洞。

④妾媵(yìng):侍妾。媵,古代贵族女子出嫁时,陪嫁的女子称“媵”。

⑤就而引曳：走上前去拉扯。就，接近。

⑥掩：突袭；偷袭。即趁家人不备的时候突然去窥探家人的隐私。

⑦故入门则扬声，升堂则下视：因此进入家门前一定要弄出点声响，登上厅堂时眼睛一定要朝下看。《礼记·曲礼上》："将上堂，声必扬……将入户，视必下。"

⑧唐突：横冲直撞。

【译文】

"有些人也不通报主人一声，便一起冲向前来，他们衣冠不整，不再偷看偷听，而是强行打开门户撞断门闩，或者翻墙打洞，就好像抢劫的强盗来了一样。有时主人家的侍妾都来不及躲避，他们甚至到隐蔽的地方去四处搜索，跑到跟前去强拉硬拽那些侍妾，这也真是件怪事情。君子在自己家里生活，尚且不会在家人没有防备的时候去突然窥探家人的隐私，因此君子在进入家门前一定要弄出点声响，登上厅堂时眼睛一定要朝着下面看。然而他们却在别人家里横冲直撞，这又是什么道理啊！

"然落拓之子①，无骨骾而好随俗者②，以通此者为亲密③，距此者为不恭，诚为当世不可以不尔④。于是要呼愦杂⑤，入室视妻，促膝之狭坐⑥，交杯觞于咫尺⑦，弦歌淫冶之音曲，以诛文君之动心⑧。载号载呶⑨，谑戏丑亵⑩，穷鄙极黩⑪。尔乃笑乱男女之大节⑫，蹈《相鼠》之无仪⑬。夫桀倾纣覆，周灭陈亡⑭，咸由无礼⑮，况匹庶乎⑯！

【注释】

①落拓：放浪不羁。

②骨骾：骨气。这里引申为主见。

③通此者：理解、接受这种行为的人。通，理解。

④不尔：不这样。

⑤要（yāo）呼：邀请呼喊。要，邀请。愦：糊涂。这里指糊涂的人。杂：闲杂人员。

⑥促膝：膝盖与膝盖距离很近。形容坐得很近。促，短；近。狭坐：坐得很近。

⑦咫：长度单位。古代以八寸为一咫。

⑧诮（tiǎo）：挑逗；引诱。

⑨载号载呶（náo）：又是号叫，又是喧闹。载……载……，又……又……。呶，喧闹。

⑩丑亵：丑陋的猥亵。

⑪黩：污浊。

⑫尔乃笑：如此喧闹嬉笑。"笑"字上应有"喧"字。尔，此；如此。

⑬《相鼠》：《诗经》中的篇名。其中有："相鼠有皮，人而无仪！人而无仪，不死何为！"

⑭陈亡：指春秋陈国的灭亡。陈灵公与孔宁、仪行父私通于夏姬，夏姬之子夏征舒射杀灵公，楚国以讨夏征舒为借口，灭陈以为楚县。

⑮咸：都。

⑯匹庶：匹夫庶人。也即普通百姓。

【译文】

"然而那些放浪不羁之徒，以及那些缺乏主见喜欢追随世俗的人，把理解接受这种行为的人视为亲密朋友，把拒绝接受这种行为的人看做不尊敬自己的人，他们确实认为在如今的社会里不能不这样做。于是就邀请呼叫一些糊涂的闲杂人员，进入别人的内室去观看别人的妻子，他们双膝很近地坐在一起，身体仅距咫尺地交杯而饮，弹奏演唱一些淫荡妖冶的乐曲，以挑逗像卓文君那种人的春心。他们又是号叫又是喧闹,进行调笑戏弄与丑陋的猥亵,极其卑鄙与污浊。如此的喧闹嬉笑扰乱了男女之间的基本礼法,重蹈了《相鼠》所讽刺的不合礼仪的行为。夏桀与商纣的倒台,西周和陈国的灭亡,都是由于无礼,更何况是一般的庶民百姓呢!

"盖信不由中,则屡盟无益;意得神至,则形器可忘①。君子之交也,以道义合,以志契亲②,故淡而成焉;小人之接也,以势利结,以狎慢密,故甘而败焉③。何必房集内讌④,尔乃款诚⑤;著妻妾饮会⑥,然后分好昵哉⑦!

【注释】

①意得神至,则形器可忘:精神修养达到了极致,就可以忘却形体。也即古人所津津乐道的精神大于肉体。这里主要说明交友重在精神交流,而不在物质财富。

②志契:志同道合。契,合。

③故甘而败焉:因此看似甜蜜却容易败坏。《礼记·表记》:"故君子之接如水,小人之接如醴。君子淡以成,小人甘以坏。"《庄子·山木》:"且君子之交淡若水,小人之交甘若醴。君子淡以亲,小人甘以绝。"

④内讌:在内室宴饮。讌,宴会。

⑤款诚:诚实。款,诚。

⑥著(zhuó):派;让。

⑦分(fèn):情分;感情。

【译文】

"如果真诚不是发自内心,那么即使屡次发誓也是没有用的;精神修养达到极致,就可以忘却形体。君子之间的交往,靠的是道义的默契，靠的是志同道合，因此他们的交往看似淡泊却很成功；小人之间的交往，靠的是权势利益的结合，靠的是用一些不严肃的亲密行为来保持密切关系，因此他们的交往看似甜蜜却容易败坏。何必一定要在家中聚会在内室宴饮，这才能显示自己的真诚；让妻妾也来参与聚会饮酒，然后才能做到感情亲密呢！

“古人鉴淫败之曲防①，杜倾邪之端渐②，可谓至矣。修之者为君子③，背之者为罪人。然禁疏则上宫有穿窬之男④，网漏则桑中有奔随之女⑤。纵而肆之，其犹烈猛火于云梦⑥，开积水乎万仞，其可扑以帚篲、遏以撮壤哉⑦？然而俗习行惯，皆曰此乃京城上国公子王孙贵人所共为也⑧。”

【注释】

①曲防：遍设提防；处处提防。

②杜：杜绝。端渐：开始；萌芽状态。

③修：修养；遵循。杨明照《抱朴子外篇校笺》认为“修”当为“循”字之误。

④禁疏：禁令有所疏忽。上宫：地名。这里代指男女不合礼法的幽会处。《诗经·鄘风·桑中》：“爰采唐矣，沬之乡矣。云谁之思？美孟姜矣。期我乎桑中，要我乎上宫，送我乎淇之上矣。”穿窬(yú)之男：穿墙打洞前去约会的男子。窬，洞。

⑤桑中：地名。这里代指男女不合礼法的幽会处。见上一条注释引《诗经·鄘风·桑中》。奔随之女：跟着别人私奔的女子。

⑥云梦：地名。即云梦泽。在今湖北、湖南一带。

⑦帚篲：扫帚。遏：阻止。撮壤：一小撮土壤。撮，古代的容量单位。六粟为一圭，十圭为一撮。

⑧上国：中原一带。

【译文】

“古人鉴于淫荡可以败国而处处设防，力争把邪淫遏制于萌芽状态，可以说是做到了极致。能够遵循这些原则的是君子，违背这些原则的就是罪人。然而禁令稍有疏忽就会有男子在上宫那样的地方穿墙打洞，法网稍有漏洞就会有女子在桑林那样的地方跟着别人私奔。如果对这些现象放纵而不加以约束，那么就会像在云梦泽中放起大火，在万仞高山上决开积水一样，又如何能够用扫帚去扑灭、用一把土去阻止呢？然而这种现象已经形成了社会习惯，人们都说京城、中原的公子王孙贵人全是这样干的。”

余每折之曰[①]：“夫中州，礼之所自出也，礼岂然乎？盖衰乱之所兴，非治世之旧风也。夫老聃[②]，清虚之至者也，犹不敢见乎所欲，以防心乱[③]。若使柳下惠洁(此处脱一字)高行[④]，屡接亵谳，将不能不使情生于中，而色形于表。况乎情淡者万未一，而抑情者难多得。如斯之事，何足长乎[⑤]！

【注释】

①折：反驳。

②老聃(dān)：即著名的道家创始人老子。老子姓李名耳，字聃。

③犹不敢见乎所欲，以防心乱：尚且不敢看见能够引起自己欲望的东西，以防止搅乱了内心。《老子》三章：“不见可欲，使民心不乱。”

④柳下惠：春秋鲁国人。姓展名禽，字季。封于柳下，故名“柳下季”。一说居于柳树下，故名。死后谥号“惠”，故又称“柳下惠”。洁：高洁。“洁”下疑脱一“身”字。相传柳下惠夜宿郭门，遇到一

位没有住处的女子，怕她受冻，便抱着她，用衣服裹着，坐了一夜，而没有发生非礼行为。此事较早见于《荀子·大略》。

⑤长：滋长；蔓延。

【译文】

我经常驳斥说："中原地区，是礼法产生的地方，礼法怎么会是这个样子呢？这大概是社会衰败混乱时期出现的一种现象，而不是安定繁荣时代的旧有风气。老子，是一位清静虚淡到了极点的人，尚且不敢看见那些能够引起欲望的东西，以防止扰乱自己的内心。假如让品德纯洁行为高尚的柳下惠，也频繁地去参加男女猥亵的宴会，他将不能不在内心产生男女之情，好色之心将会显露于外表。更何况情欲寡淡的人在万人之中也找不到一个，而能够压制自己情感的人更是难以多得。像这样的事情，怎么能够让它滋长蔓延呢！

"穷士虽知此风俗不足引进①，而名势并乏，何以整之？每以为慨。故常获憎于斯党②，而见谓为野朴之人③，不能随时之宜。余期于信己而已④，亦安以我之不可从人之可乎！可叹非一，率如此也。已矣夫，吾末如之何也。彼之染入邪俗、沦胥以败者⑤，曷肯纳逆耳之谠言、而反其东走之远迹哉⑥？"

【注释】

①穷士：生活不得意的士人。也即无权无势的士人。穷，困窘。

②斯党：这一帮子人。指胡作非为的淫荡之人。

③见谓为：被说成是。见，被。

④期：决定；坚决。

⑤沦胥：相互牵连而受到损失。胥，相互。

⑥谠(dǎng)言：直言；忠告。反：同“返”，返回。东走：向东快跑。比喻在错误的道路上狂奔。走，跑。《韩非子·说林上》：“慧子曰：‘狂者东走，逐者亦东走；其东走则同，其所以东走之为则异。’”

【译文】

“困窘的士人虽然知道这种风俗不能让它再继续发展下去了，然而这些士人既没有名声也没有权势，凭什么来整顿这种现象呢？我经常为此而感慨万分啊。因此我总是被这帮子人所憎恨，被他们说成是一个粗鲁朴野的人，不能随时宜而变化。我只是坚定地相信自己而已，又怎么能够拿我不能认可的事情，去追随别人认为是可以认可的事情呢！值得我感叹的事情并非一件，大概都是如此。算了吧，我拿这些事情是无可奈何了。那些人已经被邪恶的风气所污染，将相互牵连而陷于失败的境地，他们怎么肯接受我的逆耳忠言、从已经走得很远的迷途上返回正道呢？”

抱朴子曰：“俗间有戏妇之法①，于稠众之中、亲属之前②，问以丑言，责以慢对③，其为鄙黩，不可忍论。或蹙以楚挞④，或系脚倒悬。酒客酗蓄⑤，不知限齐⑥，至使有伤于流血、踒折支体者⑦。可叹者也！

【注释】

①戏妇：戏弄新妇。也即后世的闹洞房。

②稠众：大众。稠，多。

③责以慢对：要求对方用轻慢的言语回答。责，要求。对，回答。

④蹙(cù)：逼迫。楚挞：用荆条抽打。楚，植物名。即荆条。

⑤蕾(yòng):酗酒。

⑥限齐:限制;约束。

⑦踒(wō):手脚因为猛折而使筋骨受伤。支体:即肢体。支,同“肢”。

【译文】

抱朴子说:“民间有戏弄新娘的做法,处于众人之中,当着亲属之面,用丑陋的言语去询问新娘,要求新娘也要用轻慢的言语来回答,其内容卑鄙污浊,让人不忍心再去谈起。有的用荆条抽打逼迫对方,有的捆住腿脚倒挂起来。酒客酗酒闹事,不知限制约束,以至于使新娘受伤流血、伤害或折断了四肢。真是值得叹息啊!

“古人感离别而不灭烛,悲代亲而不举乐[①]。礼论:娶者羞而不贺[②]。今既不能动蹈旧典,至于德为乡闾之所敬[③],言为人士之所信,诚宜正色矫而呵之,何谓同其波流、长此弊俗哉[④]!然民间行之日久,莫觉其非,或清谈所不能禁,非峻刑不能止也。(此处可能有脱文)遂讪周而疵孔[⑤],谓傲放为邈世矣。

【注释】

①古人感离别而不灭烛,悲代亲而不举乐:古代嫁女者伤感于女儿出嫁亲人离别而不熄灭烛火,娶妻者悲伤于将要取代父母而不奏乐。代亲,取代父母。儿子娶妻,意味着两代人的交替,自己将会取代父母。亲,父母。《礼记·曾子问》:“孔子曰:‘嫁女之家,三夜不息烛,思相离也;取妇之家,三日不举乐,思嗣亲也。’”

②羞:本指进献食品,这里泛指进献礼品。

③乡闾:乡里。闾,古代二十五家为闾。

④谓：同“为”。同其波流：随波逐流。

⑤讪周：批评周公。讪，冤枉。这里引申为批评。疵孔：责备孔子。疵，挑毛病；责备。周公与孔子都是制定礼乐并重视礼乐的人。

【译文】

“古代嫁女者伤感于女儿出嫁亲人离别而不熄灭烛火，娶妻者悲伤于娶妻意味着将要取代父母而不奏乐。按照礼制：对娶亲之家只献上礼物而不表示祝贺。如今的人们已经不能按照古老的典章制度去做事了，至于那些品德能够为乡邻所尊敬，言谈能够为士人所信服的人，确实应该表情严肃地去纠正、斥责这些行为，为什么反而随波逐流，去助长这种破败的风气呢！然而民间流行这样的风俗已经很长时间了，没有人觉得不对，这种现象也许是清雅的空谈所不能禁绝的，不用严厉的刑罚就无法制止。（此处可能有脱文）于是人们就去批评周公而责备孔子，把傲慢狂放视为超越世俗的旷达行为。

“或因变故，佻窃荣贵；或赖高援①，翻飞拔萃②。于是便骄矜夸驁，气凌云物，步高视远，眇然自足③。顾瞻否滞失群之士④，虽实英异，忽焉若草。或倾枕而延宾⑤，或称疾以距客。欲令人士立门以成林，车骑填噎于闾巷⑥，呼谓尊贵⑦，不可不尔⑧。

【注释】

①高援：有权势者的支持。

②拔萃：超越众人。萃，人群；物类。

③眇然：藐视一切的样子。

④否(pǐ)滞：阻塞不通。这里指仕途不畅的士人。否，闭塞不通。

失群：无人援助。

⑤倾枕：歪靠在枕头上。形容傲慢的样子。延宾：接待客人。延，迎接；接待。

⑥填噎：填塞；拥挤于。闾巷：街巷。

⑦呼谓尊贵：说是要尊重贵人。贵，贵人。代指傲慢者自己。

⑧不尔：不这样。

【译文】

“有的人因为一些特殊的变故，窃取了高贵的地位；有的人依赖有力的支持，飞黄腾达超越众人。于是他们就傲慢自负狂妄自大，盛气凌人地居于云头之上，高视阔步，藐视一切而自满自足。他们看待那些仕途不畅无人援助的士人，即使这些士人都是真正的英雄异才，他们也会忽视如草芥一般。他们或者倾靠在枕头上来接待宾客，或者谎称有病把宾客拒之门外。他们想让士人们像树林一样站满他们的门口，想让车马拥挤于他们居住的街巷，还说是为了尊重贵人，不能不这样做。

“夫以势位言之，则周公勤于吐握①；以闻望校之②，则仲尼恂恂善诱③。咸以劳谦为务，不以骄慢为高。汉之末世，则异于兹，蓬发乱鬓，横挟不带④，或亵衣以接人⑤，或裸袒而箕踞⑥。朋友之集，类味之游⑦，莫切切进德⑧，訚訚修业⑨，攻过弼违⑩，讲道精义。

【注释】

①吐握：吐哺握发的省称。意思是吃一顿饭要多次吐出食物、洗一次头发要多次将头发握干，以忙于接待贤人。《史记·鲁周公世家》：“周公戒伯禽曰：‘我文王之子，武王之弟，成王之叔父，我于天下亦不贱矣。然我一沐三捉发，一饭三吐哺，起以待士，犹恐

失天下之贤人。子之鲁，慎无以国骄人。’”

②闻望：名声。

③恂恂善诱：即循循善诱。恂恂，温和恭顺的样子。《论语·子罕》：“夫子循循然善诱人。”

④横挟：横披着衣服。形容衣带不整。不带：不系腰带。

⑤亵衣：内衣；贴身的衣服。

⑥箕踞：臀部坐在地上，两条腿像簸箕那样张开伸着。古人以为这种坐姿是不礼貌的。

⑦类味：同类的人。味，同味相投的人。

⑧切切：诚恳地相互切磋勉励的样子。《论语·子路》：“子路问曰：‘何如斯可谓之士矣？’子曰：‘切切、偲偲、怡怡如也，可谓士矣。朋友切切、偲偲，兄弟怡怡。’”

⑨訚訚(yín yín)：和颜悦色地争论问题。

⑩弼违：纠正过失。弼，纠正。违，违背正道。

【译文】

“如果按照权势地位来说，那么周公尚且还能勤于吐哺握发以接待贤人；如果按照名气声望而论，孔子尚且还能态度温和地去教导人们。他们都是把勤劳谦恭作为自己要做的事情，而不是把骄横傲慢视作高尚行为。到了汉朝的末年，就与此不同了，有的人蓬乱着鬓发，横披着衣服而不系腰带，有的人穿着内衣就去接待客人，有的人袒露着身体伸开两腿坐在地上。朋友聚会时，同类人交往时，没有人诚恳地相互切磋以提高品德，和颜悦色地辩论学问以修治学业，也没有人相互批评错误纠正过失，讨论大道精研经义。

“其相见也，不复叙离阔①，问安否。宾则入门而呼奴，主则望客而唤狗②。其或不尔，不成亲至，而弃之不与为党。及好会③，则狐蹲牛饮，争食竞割。掣、拨、淼、摺④，无复廉耻。以同此者为泰⑤，以不尔者为劣。终日无及义之言⑥，彻夜无箴规之益。诬引老、庄⑦，贵于率任，大行不顾细礼⑧，至人不拘检括⑨，啸傲纵逸⑩，谓之体道⑪。呜呼，惜乎！岂不哀哉！

【注释】

①离阔：分离；阔别。这里指阔别后的思念之情。

②主则望客而唤狗：主人望见客人就呼唤着狗。《礼记·曲礼上》："尊客之前不叱狗。"孔颖达"正义"："若有尊客至而主人叱骂于狗，则似嫌倦其客，欲去之也。卑客亦当然，举尊为甚。"

③好会：友好聚会。

④掣、拨、淼、摺(lā)：拉扯、翻动、洒洒、折断(骨头)。这些都是描写争吃食物的样子。淼，本是形容水大的样子，这里指喝酒时四处抛洒的样子。摺，折断。

⑤泰：美好。

⑥无及义之言：没有一句符合道义的言语。《论语·卫灵公》："子曰：'群居终日，言不及义，好行小慧，难矣哉！'"

⑦诬引：歪曲地引用。

⑧大行不顾细礼：做大事就不要顾及细小的礼节。《史记·项羽本纪》："樊哙曰：'大行不顾细谨，大礼不辞小让。'"

⑨至人：思想境界最高的人。检括：约束。

⑩啸傲：长啸傲世。啸，撮口作声。也即吹口哨。

⑪体道：懂得了大道。

【译文】

"他们相见的时候，也不再叙说阔别后的思念之情，不问候平安与否。客人进门就呼叫着奴仆，主人看见客人就吆喝着狗。如果有人不这样做的话，就无法成为至亲好友，他们就会抛弃他而不再与他结为团伙。等到友好聚会的时候，他们或像狐狸一样蹲踞或像牛一样豪饮，争夺食物抢着割肉，他们拽拉、翻动、洒酒、折断（骨头），不再顾及廉耻。把同样这么做的人视为美好，把不肯这样做的人视为低劣。他们整天聚会没有一句符合道义的言谈，整夜聚会没有一句有益的规劝话语。他们歪曲地引用老子和庄子的学说，看重放纵任性的行为，说什么做大事就不能顾及细小的礼节，思想修养境界最高的人就不会受礼法的约束，他们长啸傲世而放浪不羁，把这种行为看作懂得了大道。唉，真是可惜呀！难道不值得悲哀吗！

“于是嘲族以叙欢交①，极黩以结情款。以倾倚申脚者为妖妍标秀②，以风格端严者为田舍朴騃③，以蚩镇抗指者为勦令鲜倚④，以出言有章者为摺答猝突⑤。凡彼轻薄之徒，虽便辟偶俗⑥，广结伴流，更相推扬，取达速易⑦；然率皆皮肤狡泽⑧，而怀空抱虚⑨，有似蜀人瓠壶之喻⑩。胸中无一纸之诵，所识不过酒炙之事⑪。所谓傲很明德⑫，即聋从昧⑬，冒于货财⑭，贪于饮食，左生所载不才之子也⑮。

【注释】

①嘲族：嘲弄一个接着一个。族，多。

②倾倚：歪斜着身子靠在那里。申脚：伸着双脚。申，同“伸”。妖妍（yán）：妍丽。标秀：标致秀丽。

③田舍：代指农夫。朴騃（aí）：愚钝。

④蚩：通“媸”，傻呆。镇：迟钝。抗指：抗令不遵。指，同“旨”。勦（chāo）：敏捷。令：美好。鲜倚：很少依靠。也即卓立不群。鲜，少。杨明照《抱朴子外篇校笺》说“此句未详其意，待考”。

⑤出言有章：说话有章法。《诗经·小雅·都人士》：“其容不改，出

言有章。”搚(lā)答：拉杂对答。搚，通“拉”。猝突：迅速；太快。

⑥便辟(pián pì)：品德邪恶而又能言善辩。便，能言善辩。辟，邪恶。偶俗：迎合世俗。

⑦取达：获取显达的地位。

⑤皮肤：代指外表。狡泽：姣好鲜泽。狡，通“姣”。

⑨怀空抱虚：胸中空空如也。也即空洞无物，没有任何能力。

⑩瓠(hù)壶：用葫芦制成的容器。比喻外表润泽而里面空无一物。

⑪炙：烤肉。

⑫傲很明德：对品德高尚的人傲慢而不听从。很，不听从。明德，指品德高尚的人。

⑬即聋从昧：如果顺从他们而他们是又聋又瞎。即，接近。从，跟从；听从。

⑭冒：贪。

⑮左生：左丘明。春秋人，著《左传》。以上数句出自《左传·文公十八年》：“颛顼氏有不才子，不可教训，不知话语……傲很明德，以乱天常……贪于饮食，冒于货贿。”

【译文】

“于是他们在一个接一个的相互嘲弄中来抒发欢悦的交情，在极其污浊的行为中结下看似真诚的友谊。他们把歪斜着身子伸长着双腿的人视为艳丽标致，而把风度端庄表情严肃的人看作朴野愚钝的村夫，把庸劣迟钝违抗命令的人视为敏捷美好卓立不群，而把出言有章法的人看作说话又快又拉杂。所有那些轻浮浅薄之徒，虽然能言善辩而善于迎合世俗，广泛勾结朋辈团伙，相互推崇赞美，获取显达的地位又快又简单；然而他们大多都是外表娇美鲜泽，而内心里空无一物，就好像蜀人所比喻的葫芦一样。他们的胸中没有记住一张纸的文字，所知道的也不过就是一些喝酒吃肉的事情。他们就是人们所说的对品德高尚的人傲慢乖戾，听从他们而他们是又聋又瞎，他们贪于财物，嗜好饮食，也就是左丘明所记载的那些没有任何才能的人。

“若问以《坟》、《索》之微言①，鬼神之情状，万物之变化，殊方之奇怪②，朝廷宗庙之大礼，郊祀禘袷之仪品③，三正四始之原本④，阴阳律历之道度⑤，军国社稷之典式⑥，古今因革之异同⑦，则怳悸自失⑧，喑呜俛仰⑨，蒙蒙焉⑩，莫莫焉⑪。虽心觉面墙之困⑫，而外护其短乏之病，不肯谧已⑬，强张大谈曰⑭：‘杂碎故事，盖是穷巷诸生，章句之士⑮，吟咏而向枯简⑯，匍匐以守黄卷者所宜识⑰，不足以问吾徒也。’

【注释】

①《坟》、《索》：“三坟八索”的略称。据说都是我国最古的书籍，这里泛指古代文献。微言：精微之言。

②殊方：异域；远方。奇怪：各种奇怪的事情。

③郊祀：古代祭祀名。在郊外祭祀天地。在南郊祭天，在北郊祭地。郊为大祀，祀为群祀。禘袷(dì xiá)：古代祭祀名。天子或诸侯祭祀始祖叫做“禘”，天子或诸侯把远近的祖先牌位集合在太祖庙里举行大合祭叫做“袷”。

④三正：夏、商、周三代分别以寅月（农历正月）、丑月（农历十二月）、子月（农历十一月）为岁首（也即每年的第一个月），合称三正。四始：关于“四始”的解释很多。一说正月旦日（正月初一早晨）是岁、时、月、日的开始，所以叫做“四始”。

⑤律历：乐律与历法。律，古代音乐中用来正音的一种竹管。这里泛指音律。《吕氏春秋·古乐》记载：“昔黄帝令伶伦作为律……听凤皇之鸣，以别十二律。”道度：方法与度数。

⑥社稷：地神与谷神。古人常用社稷代指国家。典式：法典与

仪式。

⑦因革：继承与改革。因，顺应；继承。

⑧恍：恍惚；茫然无知的样子。悸：吃惊；惊慌。

⑨喑呜(yīn wū)：支支吾吾的样子。俛(fǔ)仰：俯身抬头。这里用来描写尴尬的样子。俛，同“俯”。

⑩蒙蒙焉：懵懵懂懂、一无所知的样子。

⑪莫莫焉：沉默无语的样子。

⑫面墙：面对着墙壁站立。比喻不学习，所知甚少。

⑬谧已：使自己安静下来。也即闭口不言。谧，静。

⑭张大谈：说大话；夸海口。

⑮章句：解释篇章字句。指寻章摘句而不通大义。

⑯向枯简：面对着枯干的竹简。这是对老学究迂腐形象的描写。

⑰匍匐：趴下。黄卷：书籍。古人用黄蘖(树名)染纸以防虫蠹，故称黄卷。

【译文】

“如果向他们询问《坟》、《索》中的精微语言，鬼神的情况形状，万物的奇妙变化，异域他国的奇怪事物，朝廷和宗庙的大礼，郊祭天地和祭祀祖先的仪式品级，夏、商、周正月的建立与四始的起源，阴阳、乐律和历法的制定方法与度数，有关军事、政务以及社稷祭祀的法典仪式，古今制度的沿袭和变革的同异，他们就会茫然无知惊慌失措，口中支支吾吾而身体上下晃动，他们懵懵懂懂一无所知，默默无语无话可说。虽然他们心里已经感觉到不学无术给自己带来的困窘，然而在外表上还是要掩盖自己知识贫乏的毛病，他们不肯闭上嘴巴，勉强地说着大话：‘从前的那些繁杂琐碎的旧事，应该是居住在陋巷之中的众书生、寻章摘句的士人、面对着干枯的竹简吟咏诗句、趴在那里守着书卷的人所应该知道的，根本不值得向我们这样的人提问这样的问题。’

“诚知不学之弊、硕儒之贵、所祖习之非、所轻易之谬①，然终于迷而不返者，由乎放诞者无损于进趋故也②。若高人以格言弹而呵之，有不畏大人而长恶不悛者③，下其名品，则宜必惧然④，冰泮而革面、旋而东走之迹矣⑤。”

【注释】

①祖习：尊崇；效法。祖，效法。轻易：轻视。指轻视读书学习。

②进趋：前进。这里指升官进爵。

③畏大人：畏惧品德高尚的人。大人，本指地位高的人，这里应指品德高尚的人。《论语·季氏》：“孔子曰：‘君子有三畏：畏天命，畏大人，畏圣人之言。’”长恶不悛：继续作恶而坚决不愿改正。悛，改正。

④惧然：恐惧的样子。

⑤冰泮（pàn）：冰块融化。比喻错误被改正。革面：改变了面容。这里指改正了错误。旋而：应作“而旋”。杨明照《抱朴子外篇校笺》：“‘旋而’二字当互乙，本篇上文‘望尘而旋迹’及‘而反其东走之远迹哉’二句可证。”旋，转身；返回。

【译文】

“他们也确实知道不学习的弊端、硕学大儒的可贵、自己所尊崇的东西是错误的、自己对学习的轻视是荒谬的，然而他们最终却不愿迷途知返的原因，是因为放纵荒诞的行为不会妨碍他们的升官加爵。如果高尚之人用格言去批评呵斥他们，他们有人敢于不畏惧高尚人的批评而继续作恶不知悔改，就降低他们的名声品级，他们就必然会感到恐惧，就会像冰块融化那样改过自新、从迷途上转身返回正道了。”

中华经典名著

全本全注全译丛书

张松辉　张景◎译注

抱朴子外篇　下

中华书局

讥惑卷二十六

【题解】

讥惑，讥刺迷惑。本篇说的“惑”，主要是指人们不懂得礼制对社会生活的重要性，因而去违背礼制，破坏礼制。

葛洪认为礼制的出现是人类的一大进步，而且随着时代的发展，礼制显得越来越重要：“盖人之有礼，犹鱼之有水矣。鱼之失水，虽暂假息，然枯糜可必待也；人之弃礼，虽犹靦然，而祸败之阶也。”礼，关乎一个国家、甚至每个人的兴亡盛衰。同时，葛洪还强调，是否有礼仪，是人与禽兽的重要区别之一。

作者明确指出，中原的许多地方超过了江南地区，但也有不足之处。江南的人们在学习中原文化的时候，往往丢掉了正确的方面，而吸收了不足之处。比如在为父母服丧期间，有人“常在别房，高床重褥，美食大饮；或与密客，引满投空，至于沉醉”，还把自己的这种违礼行为说成是“京洛之法也”，是从京都洛阳那里学到的。葛洪讽刺这种拙劣的学习方法不过是邯郸学步而已。

如果抛开具体的礼制内容和学习内容，仅从大的原则来看，葛洪主张用一定的礼仪规范来约束人们的言语行为，提倡学习别人时，重在实质而不在形式，特别要注意不可把对方的缺点也盲目地当作优点来学，这些看法，都是值得肯定的。

抱朴子曰:"澄浊剖判①,庶物化生。羽族或能应对焉②,毛宗或有知言焉③;于玃识往④,归终知来⑤;玄禽解阴阳⑥,虵螘远泉流⑦。蓍龟无以过焉⑧,甘、石不能胜焉⑨。夫唯无礼,不厕贵性⑩。

【注释】

①澄浊剖判:天地形成。澄,指轻清的阳气。浊,指重浊的阴气。剖、判,都是分离的意思。古人认为,在天地万物形成之前,宇宙间是一片混沌之气,这种混沌之气又叫做"元气"。随着时间的推移,元气中又清又轻的气逐渐上升,慢慢形成了天;而元气中又浊又重的气逐渐下降,慢慢形成了地。

②羽族或能应对焉:禽类有的或许能够用语言应答。如鹦鹉。

③毛宗或有知言焉:兽类有的或许能够懂得人的语言。毛宗,长毛的族类。指兽类。古人认为有些兽类能够讲话,如猩猩。《礼记·曲礼上》:"鹦鹉能言,不离飞鸟;猩猩能言,不离禽兽。今人而无礼,虽能言,不亦禽兽之心乎?"

④于玃(jué):未详何物。一说"于玃"疑作"干玃"。鸟名。即"乾鹊",也即今人说的喜鹊。

⑤归终:传说中的神兽。据说它能够知道未来的事情。

⑥玄禽:鸟名。又叫做"玄鸟",也即燕子。燕子春来秋去,知道季节的变化,因此说它们"解阴阳"。古人以春夏为阳,以秋冬为阴。

⑦虵(shé):同"蛇"。螘(yǐ):同"蚁",蚂蚁。

⑧蓍(shī):草名。多年生植物。古人常用蓍草茎占卜。龟:龟甲。古人用龟甲占卜。这里的"蓍龟"泛指占卜。

⑨甘、石:两个人名。甘公和石申。二人都是战国时的天文学家。

⑩不厕:不能立身于。厕,立身;参与。贵性:具有可贵的禀性。指

人类。《抱朴子内篇·论仙》:“有生最灵,莫过乎人,贵性之物,宜必钧一。”

【译文】

抱朴子说:“在天地形成之后,万物便开始化育产生了。禽类有的或许能够用语言应答,兽类有的或许能够听懂人的言语;于玃知道已往的事情,归终知道未来的事情;燕子能够懂得阴阳季节的变化,蛇和蚂蚁明白要远离泉水河流。即使人们占卜也无法超过它们,甘公和石申也不能胜过它们。然而就是因为它们没有礼仪,所以不能置身于高贵的人类之中。

“厥初邃古①,民无阶级②,上圣悼混然之甚陋③,愍巢穴之可鄙④,故构栋宇以去鸟兽之群,制礼数以异等威之品⑤;教以盘旋⑥,训以揖让;立则磬折⑦,拱则抱鼓⑧。趋步升降之节、瞻视接对之容⑨,至于三千⑩。盖检溢之隄防、人理之所急也⑪。

【注释】

①厥初:那个最初时代。厥,那个。邃古:远古。

②民:人;人们。阶级:上下尊卑的等级。

③混然:指不分等级的浑然一体。

④巢穴:巢窝与洞穴。是原始人居住的地方。巢,原始人为了躲避野兽的侵害,在树上筑巢而居。

⑤等威:等级威仪。

⑥盘旋:形容行礼时回旋进退的样子。

⑦磬(qìng)折:像磬那样弯着腰。形容十分恭敬。磬,古代的一种石制的敲击乐器,形似曲尺。

⑧拱:拱手。两手在胸前相合,表示恭敬。

⑨趋:小步快走。表示尊敬。

⑩三千:指三千项礼节。《礼记·礼器》:“故经礼三百,曲礼三千。”

⑪检溢之隄防:这是防止河水漫溢出来的堤防。比喻约束过度行为的礼法。

【译文】

“在最初的远古时代,人们不分上下尊卑等级,大圣人怜悯人们混然不分的情况甚为鄙野,同情人们居住的巢窝洞穴过分简陋,因此就建造了房屋以便让人们远离成群的鸟兽,制定了礼仪制度以便让人们有了等级品位的不同;教会人们按照仪节回旋进退,训导人们如何相互作揖礼让。要求人们站立时要像罄一样地弯着腰,拱手时要像怀中抱着一面鼓。小步快走上下台阶的礼节,瞻视顾盼接待宾客的容貌,以至于有三千项之多。这是约束人们行为过度的礼法,是做人最为急需学习的道理。

“故‘俨若’冠于《曲礼》①,望貌首于五事②。出门有见宾之肃③,闲居有敬独之戒④。颜生整仪于宵浴⑤,仲由临命而结缨⑥。恭容暂废,惰慢已及。安上治民,非此莫以⑦。

【注释】

①俨若:容貌恭敬的样子。《曲礼》:《礼记》中的篇名。《礼记·曲礼上》:“毋无敬,俨若思。”

②望貌:观察对方的容貌是否恭敬。五事:指修身的五件事情。《尚书·洪范》:“五事:一曰貌,二曰言,三曰视,四曰听,五曰思。貌曰恭,言曰从,视曰明,听曰聪,思曰睿。”

③出门有见宾之肃:出门后要严肃得如同去会见宾客。《论语·颜渊》:“仲弓问仁。子曰:‘出门如见大宾,使民如承大祭。’”

④敬独：一人独居时也要严肃恭敬。《礼记·大学》："此谓诚于中，形于外，故君子必慎其独也。"

⑤颜生：指颜回。孔子的弟子。《刘子·慎独》："颜回不以夜浴改容。"

⑥仲由临命而结缨：子路临死时还要系上帽带。仲由，姓仲名由，字子路，一字季路。孔子的弟子。临命，临死。缨，帽带。《史记·仲尼弟子列传》记载，子路在卫国做官时，蒉聩作乱，于是子路攻蒉聩，"欲燔台，蒉聩惧，乃下石乞、壶黡攻子路，击断子路之缨。子路曰：'君子死而冠不免。'遂结缨而死"。

⑦莫以：没有办法。

【译文】

"因此'容貌要恭敬'被放在《礼记·曲礼》的开头，观察容貌是否恭敬在五事之中被列为首位。出门时要严肃得就像去会见重要宾客一般，闲居在家时要记住独处要谨慎的告诫。颜回夜间沐浴也要保持端庄的仪容，子路临死时还要系上自己的帽带。如果恭敬的态度短时间内被放弃，那么懈怠轻慢的事情就会发生。要想使君主安适把百姓治理好，除此之外没有其他办法。

"盖人之有礼，犹鱼之有水矣。鱼之失水，虽暂假息[①]，然枯糜可必待也[②]；人之弃礼，虽犹靦然[③]，而祸败之阶也。鲁秉周礼，暴兵不加[④]；魏式干木，锐寇旋旆[⑤]。大楚带甲百万，而有振槁之脆[⑥]；强秦殽函袭崄，而无折柳之固[⑦]，岂非弃三本而丧根柢之攸召哉[⑧]！矧乎安逸触情[⑨]，丧乱日久，风颓教沮，抑断之仪废[⑩]，简脱之俗成[⑪]。近人值政化之蚩役[⑫]，庸民遭道网之绝紊[⑬]，犹网鱼之去水罟[⑭]，围兽之出陆罗也[⑮]。

【注释】

①假息：指鱼刚刚离开水时的那种艰难呼吸。也即苟延残喘。

②枯糜：干枯糜烂。也即死亡。

③覥(tián)然：面目具备的样子。《国语·越语下》："余虽覥然而人面哉，吾犹禽兽也。"

④鲁秉周礼，暴兵不加：鲁国继承了周礼，而残暴的军队不敢侵犯。《左传·闵公元年》："(齐国)仲孙归，曰：'不去庆父，鲁难未已。'公(齐桓公)曰：'若之何而去之？'对曰：'难不已，将自毙。君其待之。'公曰：'鲁可取乎？'对曰：'不可。犹秉周礼。周礼，所以本也。臣闻之，国将亡。本必先颠，而后枝叶从之。鲁不弃周礼，未可动也。'"

⑤魏式干木，锐寇旋旆(pèi)：魏君敬重段干木，精锐的敌寇只得撤军返回。魏，指战国魏文侯。式，通"轼"，古代车厢前用来扶手的横木。这里指俯轼以示敬意。干木，段干木。魏国的贤人。锐寇，精锐的敌兵。旋旆，撤军。旋，转回。旆，军旗。《吕氏春秋·期贤》记载，魏文侯每次路过贤人段干木居住的小巷子时，都要俯轼致敬。后来秦国欲兴兵进攻魏国，但在听说魏文侯礼敬段干木的事情后，马上撤兵。

⑥大楚带甲百万，而有振槁之脆：强大的楚国有百万军队，但脆弱得像枯槁的树叶一样容易被摇落。带甲，披甲的将士。振，摇动。槁，枯槁的树叶。脆(cuì)：同"脆"，脆弱。这两句讲的内容是指楚顷襄王在位时，秦将白起伐楚，一举攻占鄢、郢。《荀子·议兵》在介绍了楚国的强大军力之后说："然而秦师至，而鄢、郢举，若振槁然，是岂无固塞隘阻也哉！其所以统之者非其道故也。"

⑦强秦殽(xiáo)函袭崄(xiǎn)，而无折柳之固：强悍的秦国具有崤山、函谷关双重的天险，却还没有柳枝做的篱笆牢固。殽，山名。

即崤山，在今河南境内。函，函谷关。在崤山。袭，重叠；双重。崄，险阻。折柳，指折断的柳枝做成的篱笆。《诗经·齐风·东方未明》："折柳樊圃。"秦王朝在起义军的打击下，很快土崩瓦解，因此说它的天险还不如柳枝做的篱笆牢固。

⑧三本：指礼法的三个根本。《荀子·礼论》："礼有三本：天地者，生之本也；先祖者，类之本也；君师者，治之本也。"根柢：根基。攸召：所引起的。攸，所。

⑨矧（shěn）：何况。触情：引发人的情欲。

⑩抑断：约束限制。抑，约束。断，断绝；限制。

⑪简脱：狂傲轻慢。简，狂傲。脱，轻慢。

⑫政化：政治与教化。蚩役：错误而卑下。蚩，通"媸"，不美好。

⑬道网：大道这张网。《老子》七十三章："天网恢恢，疏而不失。"杨明照《抱朴子外篇校笺》认为"道网"疑为"道纲"之误。"纲"为网上的总绳。绝：断掉。紊：紊乱；混乱。

⑭罟（gǔ）：网。

⑮陆罗：用于陆地的兽网。

【译文】

"人们有了礼仪，就好像鱼有了水一样。鱼如果失去了水，虽然暂时还能苟延残喘，然而干枯腐烂的死亡命运是必然到来的；人抛弃了礼仪，虽然暂时还能人模人样地活着，然而却是走向了通往祸败的台阶。鲁国继承了周礼，残暴的军队就不敢前来侵犯；魏文侯敬重段干木，精锐的敌寇就只得撤军返回。强大的楚国有百万大军，但脆弱得就好像容易被摇落的枯叶一样；强悍的秦国具有崤山、函谷关双重的天险，但还不如用柳枝做成的篱笆牢固，这难道不就是因为他们丢掉了礼仪的三本而丧失了根基所召致的灾难吗？更何况安逸的生活引发了人们的情欲，动乱的时间长了，风俗颓丧而教化败坏，用来约束限制人们行为的礼仪被废弃了，狂傲轻慢的习俗已经形成。那些目光短浅的人们遇到了政治教化混乱而卑下的社会，平庸的百姓赶上了道德之网断绝而紊乱的时代，于是他们就好像网中之鱼脱离了渔网，被围的野兽逃出了兽网那样。

“丧乱以来①，事物屡变，冠履衣服，袖袂财制②，日、月改易，无复一定，乍长乍短③，一广一狭，忽高忽卑，或粗或细；所饰无常，以同为快。其好事者，朝夕放效④，所谓京辇贵大眉，远方皆半额也⑤。余寔凡夫，拙于随俗，其服物变不胜，故不变；无所损者，余未曾易也⑥。虽见指笑，余亦不理也。岂苟欲违众哉？诚以为不急耳。

【注释】

①丧乱：指西晋末年的动乱。

②袂（mèi）：袖子。财：通“裁”。

③乍：忽然。

④放效：即仿效。

⑤所谓京辇贵大眉，远方皆半额也：正像人们所说的京城的人喜欢宽大的眉毛，远方的人就能把眉毛画得宽到半个额头。辇，皇上乘坐的车子。代指京城。《后汉书·马援列传》：“长安语曰：‘城中好高髻，四方高一尺；城中好广眉，四方且半额；城中好大袖，四方全匹帛。’”

⑥易：改变；更换。

【译文】

“国家动乱以来，事物不断地发生着变化，帽子鞋子与衣服，以及袖子的裁剪样式，每天每月都在改变，不再有一定的规制，突然间长突然间短，一会儿宽一会儿窄，一下子高一下子低，有时候粗有时候细；佩戴的装饰品也变化无常，人们大多以与别人相同为快意。那些好事的人，从早到晚地去仿效他人，正像人们所说的京城的人喜欢宽大的眉毛，远方的人就能把眉毛画得宽到半个额头。我实在是一个凡夫俗子，不善于追随社会风气，人们的衣服饰物变不胜变，所以我就干脆不变；只要是没有害处的东西，我从来不曾更换过。虽然被人们指手画脚地嘲笑，而我从不予理睬。我怎么会是随便故意地去违背大众的行为呢？的确是因为我认为这些都不是急需要做的事情而已。

“上国众事①，所以胜江表者多②，然亦有可否者。君子行礼，不求变俗，谓违本邦之他国③，不改其桑梓之法也④；况其在于父母之乡，亦何为当事弃旧而强更学乎⑤？

【注释】

①上国：中原地区。京城也称“上国”。

②江表：长江之外。也即江南。表，外。站在中原的角度看，长江以南地区在长江之外，故称“江表”。

③违本邦：离开本国。这里指离开家乡。违，离开。之：到。

④桑梓：两种树名。因为这两种树多栽种在房前屋后，因此用来代指家乡。

⑤当事：面对事情。也即办事。

【译文】

“中原地区的各种事情，胜过江南的地方很多，然而也有应当予以否定的。君子行礼，不追求改变旧有风俗，也就是说在离开家乡到别的地方去之后，不改变他家乡的礼法；更何况他还是住在自己的家乡，又为什么在办事的时候要丢掉老习俗而勉强地学习其他方法呢？

“吴之善书，则有皇象、刘纂、岑伯然、朱季平①，皆一代之绝手，如中州有钟元常、胡孔明、张芝、索靖②，各一邦之妙。并用古体，俱足周事③。余谓废已习之法，更勤苦以学中国之书④，尚可不须也。

【注释】

①皇象：三国吴广陵江都人，字休明。工书法。刘纂：三国吴臣。岑伯然：生平不详。朱季平：生平不详。

②钟元常：钟繇，字元常。三国魏颍川长社人。善于书法。胡孔明：胡昭，字孔明。三国魏人。《三国志·魏书·管宁传》：“昭善史书，与钟繇、邯郸淳、卫觊、韦诞并有名，尺牍之迹，动见模楷焉。”张芝：东汉敦煌酒泉人，字伯英。善草书，号为“草圣”。索靖：晋敦煌人，字幼安。善书法，尤善章草。

③周事：办成事情；成功。

④中国：指中原地区。

【译文】

“吴地善于书法的，有皇象、刘纂、岑伯然、朱季平，都是一代绝佳的书法家，正像中原有钟元常、胡孔明、张芝、索靖那样，各自都是一方的书法妙手。他们写的都是古体书法，都足够成功了。我认为扔掉已经习惯了的写法，再去勤奋刻苦地学习中原人的书法，大可不必啊。

“况于乃有转易其声音，以效北语①，既不能便良，似可耻可笑，所谓不得邯郸之步，而有匍匐之嗤者②。此犹其小者耳。乃有遭丧者，而学中国哭者，令忽然无复念之情。昔钟仪、庄舄③，不忘本声，古人韪之④。孔子云：‘丧亲者，若婴儿之失母，其号岂常声之有⑤？’宁令哀有余而礼不足。哭以泄哀,妍拙何在[6]! 而乃治饰其音,非痛切之谓也。

【注释】

①北语:北方的语言。也即中原语言。

②所谓不得邯郸之步,而有匍匐之嗤者:正如人们所谓的没有学到邯郸人的步法,只得爬着回去那样而被人嘲笑。邯郸,地名。赵国的都城。在今河北邯郸。匍匐,爬行。《庄子·秋水》:"且子独不闻夫寿陵余子之学行于邯郸与?未得国能,又失其故行矣,直匍匐而归耳。"

③钟仪:春秋楚国大夫。《左传·成公九年》:"晋侯(景公)观于军府,见钟仪。问之曰:'南冠而絷者,谁也?'有司对曰:'郑人所献楚囚也。'使税之。召而吊之,再拜稽首。问其族,对曰:'泠人也。'公曰:'能乐乎?'对曰:'先父之职官也,敢有二事!'使与之琴,操南音……公语范文子,文子曰:'楚囚,君子也。言称先职,不背本也;乐操土风,不忘旧也……君盍归之?使和晋、楚之成。'公从之,重为之礼,使归求成。"庄舄(què):先秦越国人,仕于楚。《史记·张仪列传》:"越人庄舄仕楚执圭,有顷而病。楚王曰:'舄,故越之鄙细人也,今仕楚执圭,贵富矣,亦思越不?'中谢对曰:'凡人之思,在其病也。彼思越则越声,不思越则楚声。'使人往听之,犹尚越声也。"

④韪(wěi):赞美。

⑤常声:固定一致的声音。《礼记·杂记下》:"曾申问于曾子曰:'哭父母有常声乎?'曰:'中路婴儿失其母焉,何常声之有!'"据此记载,这段话是曾子的话,而非孔子所言。

⑥妍(yán)拙:美好与笨拙。妍,美好。

【译文】

"更何况还有一些人改变了自己的声音,去效法北方人说话,既不能说得很流利很好，又似乎有点可羞可笑，正如人们所谓的没有学到邯郸的步法，只得爬着回去那样而被嗤笑。这不过还是一些小事情而已。还有一些人遇到了丧事，而学习中原人的哭法，使人们听到后忽然之间不再有思恋亲人的情感。从前的钟仪、庄舄，念念不忘原有的乡音，古人对此予以赞美。孔子说：'丧失了父母的人，就好像婴儿找不到了母亲，他们的哭声怎么还会有固定一致的音调呢？'宁肯让哀痛有余而让礼仪不足。哭泣是用来抒发悲哀情绪的，哪里还在乎好听不好听！那些对自己的哭声也进行修饰的人，表达的绝对不是一种痛切的情感。

"又闻贵人在大哀[1]，或有疾病，服石散以数食[2]，宣药势以饮酒[3]，为性命。疾患危笃，不堪风冷，帏帐茵褥，任其所安。于是凡琐小人之有财力者，了不复居于丧位，常在别房，高床重褥，美食大饮；或与密客，引满投空[4]，至于沉醉，曰：'此京洛之法也[5]。'不亦惜哉！

【注释】

①大哀：指遇到父母的丧事、心情极度悲哀。

②石散：用各种矿物质炼制的丹药名。如寒食散、五石散等等。数食：多吃一些饭。

③宣：发挥。药势：药力。

④引满：斟满酒。投空：喝干。

⑤京洛：指西晋的京城洛阳。在今河南洛阳。

【译文】

"还听说有些贵人在为父母守丧极为哀痛的时候，有的患上严重疾病，于是就服食石散以便多吃点饭，饮点酒以便发挥药力，他们为的是保全自己的生命。在病情危急的时候，因为受不了风寒，帏幔帐子和床垫褥子,怎么舒适就可以怎么使用。于是那些富于钱财的平庸猥琐的小人,就在服丧期间完全不守在守丧的位置上,一直住在别的房间里,高大的床铺多层的褥子,吃着佳肴痛饮美酒;或者与亲密的客人一起,喝干一杯又一杯,以至于酩酊大醉,还说:'这是京城洛阳人的做法。'这不是太令人痛惜了吗!

"余之乡里,先德君子①,其居重难②,或并在衰老,于礼唯应缞麻在身③,不成丧至毁者④,皆过哀啜粥,口不经甘⑤。时人虽不肖者,莫不企及自勉。而今人乃自取如此,何其相去之辽缅乎⑦!

【注释】

①先德:以德为先。也即品德高尚。

②重难:指父母去世。

③缞(cuī)麻:古时的丧服,以麻布制成,披在胸前。

④不成丧:不必完成所有的丧礼。成,完备。毁:毁坏身体。

⑤经甘:吃甜美的食物。

⑥辽缅:遥远。

【译文】

"在我的家乡,那些品德高尚的君子,在遇上父母去世时,他们有的自己也已经年老体弱了,按照礼制的规定只需身穿孝服就可以了,不必为了完成所有的丧礼而毁坏了自己身体,然而他们全都因为过于伤心而只吃一些稀粥,不吃甜美的食物。当时那些品德即使不太贤良的人,也无不希望自己能够赶上他们而自我勉励。然而现在的人们却自己做出这样的事情,为什么彼此相差会如此遥远呢!

“又凡人不解，呼谓中国之人居丧者，多皆奢溢[①]。殊不然也。吾闻晋之宣、景、文、武四帝[②]，居亲丧皆毁瘠逾制[③]，又不用王氏二十五月之礼[④]，皆行七月服[⑤]。于时天下之在重哀者[⑥]，咸以四帝为法。世人何独不闻此，而虚诬高人，不亦惑乎！”

【注释】

①奢溢：奢侈过度。溢，水漫出来。比喻过度。

②宣：指晋宣帝司马懿。司马懿生前没有称帝，其孙司马炎称帝后，追尊其为宣帝。景：指晋景帝司马师。司马师为司马炎伯父，司马炎即位后，追尊其为景帝。文：指晋文帝司马昭。为司马炎之父，司马炎追尊其为文帝。武：指晋武帝司马炎。司马炎于公元265年受魏禅即位，建立西晋。

③居亲丧：为父母守丧。亲，父母。毁瘠：因父母去世、过度悲哀而导致身体瘦弱。逾制：超过礼制。

④王氏：指王肃。魏晋时人。王肃主张父母去世，可守丧二十五个月。《晋书·礼志上》：“《丧服》一卷，卷不盈握，而争说纷然。三年之丧，郑云二十七月，王云二十五月。”文中说的“郑”指郑玄，“王”指王肃。为父母守丧三年是周之古制，守丧二十五月，是取两整年再加一月以示三年之数。

⑤七月：应为“二十七月”之误。也即郑玄的主张。古无守丧七个月的记载。服：服丧；守丧。

⑥重哀：极大的悲哀。指父母去世。

【译文】

“另外一般的人不了解情况，都说中原的人们在守丧期间，大多都生活奢侈过度。完全不是这么回事。我听说晋朝的宣、景、文、武四位皇帝，在为父母守丧期间都因过度悲哀而极度瘦弱，超过了礼制，而且不使用王氏的守丧二十五个月的礼制，全都实行(二十)七个月的服丧期限。那时整个天下在为父母守丧的人，全都以这四位皇帝为榜样。社会上的人们为什么偏偏没有听到这些事情，而凭空诬蔑那些高尚的人，这不是也太糊涂了吗！”

刺骄卷二十七

【题解】

刺骄，批判骄傲。骄傲，是人类的劣性之一，本篇的中心内容就是对这一劣性展开严厉的批判。

远在《尚书·益稷》中，就有“无若丹朱傲”的警告，《左传·成公十四年》中也有“傲，取祸之道也”的明示。孔子也说：“如有周公之才之美，使骄且吝，其余不足观也已。”(《论语·泰伯》)即使周公之类的优秀人才，一旦傲慢，就全无可取之处。从这些言论中，不难看出傲慢的危害程度及人们对傲慢的深恶痛绝。

葛洪在本篇中特别忠告那些身处高位的人要注意谦恭，因为职位越高，越容易傲慢。作者进一步指出：“劳谦虚己，则附之者众；骄慢倨傲，则去之者多。附之者众，则安之征也；去之者多，则危之诊也。存亡之机，于是乎在。”认为谦恭与傲慢是关乎一个人生死存亡的大问题。

葛洪认为，像戴良、阮籍那样有才华的人，往往行为狂放，傲世不羁，这本身就是一种缺点。可惜的是，还有一些才学远远不及他们的人，却也去“遵修其业”，结果是东施效颦，丑态百出，为大家所唾弃，甚至“速祸危身，将不移阴”。

在本篇的最后，葛洪批判了汉末以来的狂放傲慢之风，那些不端之徒“自相品藻次第”，自封为“都魁雄伯”，实际是“背叛礼教，而从肆邪僻”，是“口习丑言，身行弊事”。这些人就好像盗跖那样，干尽了坏事，却还自以为有圣人之道。葛洪号召人们要矫正这种不正之风，即使因此而丢掉了富贵也在所不惜。

古人有“一谦而四益”的说法：“彖曰：……天道亏盈而益谦，地道变盈而流谦，鬼神害盈而福谦，人道恶盈而好谦。”（《周易·谦卦》）只要做到谦虚，天、地、鬼神、人都会来帮助你、福佑你。这段话可以作为我们每一个人的座右铭。

抱朴子曰：“生乎世贵之门，居乎热烈之势①，率多不与骄期而骄自来矣。非夫超群之器，不辩于免盈溢之过也②。盖劳谦虚己③，则附之者众；骄慢倨傲，则去之者多。附之者众，则安之征也；去之者多，则危之诊也④。存亡之机，于是乎在。轻而为之⑤，不亦蔽哉！

【注释】

①热烈：火势猛烈。比喻权势显赫。

②辩：通“辨”，辨别；明白。盈溢：自满；傲慢。

③劳谦：勤劳而谦逊。

④诊：症状；征兆。

⑤之：代指傲慢无礼。

【译文】

抱朴子说：“生于世代显贵的家庭，处于权势显赫的地位，大多数人没有与骄傲有约会而骄傲自然而然就会来到他的身上。如果不是出类拔萃的人才，就无法明白如何去避免自满带来的过失。能够勤劳谦逊而虚己待人的，那么归附他的人就多；骄傲轻慢待人无礼的，那么离开他的人就多。归附的人多，这就是平安的征兆；离开的人多，这就是危险的症状。存亡的关键,全在这里。轻易地就倨傲无礼,不也是太糊涂了吗!

“亦有出自卑碎,由微而著,徒以翕肩敛迹①,偓伊侧立②,低眉屈膝,奉附权豪,因缘运会③,超越不次④。毛成翼长,蝉蜕泉壤⑤,便自轩昂⑥,目不步足⑦,器满意得,视人犹芥⑧。

【注释】

①徒:仅仅。翕(xī)肩:耸肩缩头。形容讨好别人的样子。敛迹:收敛行迹。形容在权贵面前不敢放肆而处处顺从的样子。

②偓(wò)伊:卑躬屈膝、强颜欢笑的样子。

③运会:运气;机会。

④超越不次:不按次序地越级迁升。

⑤蝉蜕泉壤:蝉褪去了蝉壳飞离了地面。比喻人脱离了卑贱的地位而飞黄腾达。

⑥轩昂:自高自大。

⑦目不步足:走路时眼睛不看自己的脚步。形容得意忘形的样子。

⑧芥:一种小草名。

【译文】

“也有一些人出身卑微,从低贱的位置一步步爬上了显赫的地位,他们依靠的仅仅就是耸肩缩头处处恭顺,侧身而立强颜谄笑,低眉顺眼卑躬屈膝,依附于权势豪门,又遇到了好的时机,因而能够不按次序地越级提升。等到他们羽翼丰满了,像蝉那样脱掉了蝉壳飞离了地面,于是就傲慢起来,走路也不看自己的脚步,自高自大而得意洋洋,把别人都看得如同草芥一般。

“或曲晏密集[①]，管弦嘈杂[②]，后宾填门，不复接引；或于同造之中[③]，偏有所见，复未必全得也[④]，直以求之[⑤]，差勤以数接其情[⑥]，苞苴继到[⑦]，壶榼不旷者耳[⑧]。孟轲所谓‘爱而不敬，豕畜之也’[⑨]。而多有行诸[⑩]，云是自尊重之道。自尊重之道，乃在乎以贵下贱，卑以自牧[⑪]，非此之谓也。乃衰薄之弊俗、膏肓之废疾[⑫]，安共为之。可悲者也。

【注释】

①曲晏：即“曲宴”。私宴。

②管弦：管乐器和弦乐器。嘈杂：形容喧闹声。

③同造：同来拜访的人。造，到；来。

④全得：完全了解。

⑤直：仅仅；只不过。

⑥差勤：稍微殷勤。差，稍微地；比较地。

⑦苞苴(jū)：本指包裹鱼肉的草包。后来代指礼物。

⑧壶榼(kē)：盛酒的容器。

⑨爱而不敬，豕(shǐ)畜之也：喜爱而不尊敬，等于养猪一样。豕，猪。《孟子·尽心上》：“孟子曰：‘食而弗爱，豕交之也；爱而不敬，兽畜之也。’”

⑩行诸：做这样的事情。诸，“之乎”的合音字。

⑪自牧：自我约束。

⑫膏肓(huāng)：古代医学称心尖脂肪为“膏”，心脏和隔膜之间为“肓”。这里代指体内深处。多用来比喻难以治愈的疾病。

【译文】

“有的时候私宴一个接着一个，乐器之声喧闹异常，后到的客人挤满了大门，也就无暇再去接待他们了；有的时候在同来拜访的客人之中，只看到了某位客人的某一方面，而对这位客人未必全面了解，这位客人仅仅是因为有所求，才会较为殷勤地多次前来联络感情，于是礼物不断地送来，也不断地前来宴饮而已。这正如孟轲所说的'喜爱而不尊敬，如同养猪一样了'。然而很多人都在做这种事情，还认为这是自我尊重的办法。真正的自我尊重的办法，在于以尊贵的身份谦卑地对待地位低贱的人，用谦卑的原则进行自我约束，而并非他们说的那种方法。他们说的方法是衰败浅薄时代的鄙陋习俗、病入膏肓的顽疾，而人们却都很安心地做这种事情。这真是可悲的事情啊。

"若夫伟人巨器，量逸韵远，高蹈独往①，萧然自得②，身寄波流之间③，神跻九玄之表④，道足于内，遗物于外⑤，冠摧履决⑥，蓝缕带索⑦，何肯与俗人竞干佐之便僻⑧，修佞幸之媚容，效上林喋喋之啬夫⑨，为春蜩夏蝇之聒耳⑩！

【注释】

①高蹈：远行。这里代指隐居。

②萧然：寂然无思的样子。

③波流：比喻世事的变化。这里代指变化无常的尘世。

④跻：登上；上升。九玄：九天。古人认为天有九层。玄，天。表：在……之上。

⑤遗物于外：遗弃身外之物。

⑥冠摧履决：帽子破烂，鞋子开裂。摧，坏掉。履，鞋子。决，开裂。

⑦蓝缕：又作"褴褛"。形容衣服破烂。带索：以绳索为腰带。索，绳子。

⑧干佐：辅佐官员。这里泛指官员。便(pián)僻：同"便辟"，花言巧语，谄媚逢迎。

⑨效上林喋喋之啬夫：仿效上林苑喋喋不休的啬夫。上林，汉代的园林名。喋喋，说话啰嗦的样子。啬夫，官吏名。《史记·张释之冯唐列传》："释之从行，登虎圈。上问上林尉诸禽兽簿，十余问，尉左右视，尽不能对。虎圈啬夫从旁代尉对上所问禽兽簿甚悉，欲以观其能口对响应无穷者。文帝曰：'吏不当若是邪？尉无赖！'乃诏释之拜啬夫为上林令。释之久之前曰：'陛下以绛侯周勃何如人也？'上曰：'长者也。'又复问：'东阳侯张相如何如人也？'上复曰：'长者。'释之曰：'夫绛侯、东阳侯称为长者，此两人言事曾不能出口，岂敩此啬夫谍谍利口捷给哉！且秦以任刀笔之吏，吏争以亟疾苛察相高，然其敝，徒文具耳，无恻隐之实。以故不闻其过，陵迟而至于二世，天下土崩。今陛下以啬夫口辩而超迁之，臣恐天下随风靡靡，争为口辩而无其实。且下之化上急于景响。举错不可不审也。'文帝曰：'善。'乃止，不拜啬夫。"

⑩蜩（tiáo）：蝉；知了。

【译文】

"至于那些伟大的人物，他们的器量超群神韵高远，隐居起来独来独往，无思无欲自得其乐，他们虽然生活在尘世之中，精神却上升到了九天之上，他们内心充满了大道，遗弃忘怀于身外之物，他们即使帽子朽败鞋子开裂，衣服破烂不堪以绳索为腰带，又怎肯去与世俗人争抢能言善辩的官员的位置，作出一副奸佞取幸的谄媚表情，仿效上林苑中喋喋不休的啬夫，像春天的知了和夏天的苍蝇那样在人的耳边吵闹不休呢！

"求之以貌，责之以妍[①]，俗人徒睹其外形之粗简，不能察其精神之渊邈。务在皮肤，不料心志，虽怀英抱异，绝伦迈世，事动可以悟举世之术[②]，言发足以解古今之惑，含章括囊[③]，非法不谈；而茅蓬不能动万钧之铿锵[④]，侏儒不能看重仞之弘丽⑤；因而蚩之⑥，谓为凡愦。

【注释】

①妍(yán)：美好。这里指容貌美好。

②事动：做事。悟举世：使整个社会的人都明白。悟，使醒悟。术：指治国的方法。

③含章：胸怀美才。章，本指美好的花纹，这里比喻美好的才能。括囊：扎住口袋。比喻闭口不言。《周易·坤卦》："六四：括囊，无咎无誉。"

④茅蓬：两种野草名。万钧：指万钧重的大钟。钧，古代重量单位，三十斤为一钧。铿锵：象声词。形容钟声。本句用茅草无法敲响大钟，比喻世俗人无法理解思想高远的贤人。

⑤侏儒：矮人。重仞：几丈高的围墙。仞，七尺或八尺为一仞。弘丽：宏伟壮丽的房舍。《论语·子张》："子贡曰：'譬之宫墙，赐之墙也及肩，窥见室家之好。夫子之墙数仞，不得其门而入，不见宗庙之美、百官之富。'"

⑥蚩：通"嗤"，嗤笑；嘲笑。

【译文】

"如果以貌取人，要求对方的外表漂亮，那么世俗人就只能看到贤人的外貌粗陋简朴，而不能体会到他们精神上的深邃高远。如果只看一个人的外表，而不去考察他的思想，即使是胸怀奇异的才华，出类拔萃超过世人，做出的事情能够让整个社会的人都明白治国的道理，说出的话可以解开从古至今的疑难问题，他们胸怀美才而韬光养晦，不符合法度的话从来不说；然而正如茅草不能敲响万钧重的大钟，侏儒不能看到几丈高的围墙里的宏伟壮丽的房舍一样；因此世俗人还会嘲笑他们，说他们是平庸昏愦之人。

"夫非汉滨之人①,不能料明珠于泥沦之蜯;非泣血之民②,不能识夜光于重崖之里③。蟭螟屯蚊眉之中④,而笑弥天之大鹏⑤;寸鲋游牛迹之水⑥,不贵横海之巨鳞⑦。故道业不足以相涉,聪明不足以相逮⑧,理自不合,无所多怪。所以疾之而不能默者⑨,愿夫在位君子,无以貌取人,勉勖谦损⑩,以永天秩耳⑪。"

【注释】

①汉滨:汉水的岸边。一说"汉滨"疑作"汉东"。具体指先秦时期建立在汉水东岸的随国。相传一条大蛇受伤,随侯(随国君主)为它医治,后来大蛇口衔宝珠作为回报,这颗宝珠被称为"随侯珠"。

②泣血之民:流泪出血的人。指春秋楚国人卞和。因发现和氏璧而闻名。《韩非子·和氏》:"楚人和氏得玉璞楚山中,奉而献之厉王。厉王使玉人相之,玉人曰:'石也。'王以和为诳,而刖其左足。及厉王薨,武王即位,和又奉其璞而献之武王。武王使玉人相之,又曰:'石也。'王又以和为诳,而刖其右足。武王薨,文王即位,和乃抱其璞而哭于楚山之下,三日三夜,泣尽而继之以血。王闻之,使人问其故,曰:'天下之刖者多矣,子奚哭之悲矣?'和曰:'吾非悲刖也,悲夫宝玉而题之以石,贞士而命之以诳,此吾所以悲也。'王乃使玉人理其璞,而得宝焉,遂命曰和氏之璧。"

③夜光:夜光璧。一说指夜光珠。

④蟭螟:一种极小的虫子。

⑤弥天:大如苍天。弥,满;遍。

⑥鲋(fù)鱼:即鲫鱼。

⑦横海:充满大海。横,充满。巨鳞:大鱼。

⑧相逮：相比。逮，比得上。

⑨疾：痛恨。

⑩勉勖(xù)：努力。谦损：谦虚退让。

⑫天秩：上天规定的品秩等级。也即正常的社会秩序。

【译文】

“如果不是住在汉水岸边的人，就无法判断出泥沼之中的蚌里藏有明珠；如果不是哭泣出血的人，就不能看到重重叠叠的山峰之中有夜光璧。蟭螟住在蚊子的眉毛里，而嘲笑遮天蔽日的大鹏；一寸长的小鲫鱼在牛蹄踏出的水坑里游动，却不看重能够塞满海洋的大鱼。所以说道德学业无法相及，耳聪目明也不能相比，按照道理他们是不会相处融洽的，这也没有太多值得奇怪的地方。我之所以痛恨这种现象而不能沉默不语，是希望那些在位的君子，不要以貌取人，要努力做到谦虚退让，以便永远维持上天规定的正常社会秩序。”

抱朴子曰：“世人闻戴叔鸾、阮嗣宗傲俗自放[①]，见谓大度[②]，而不量其材力非傲生之匹[③]，而慕学之。或乱项科头[④]，或裸袒蹲夷[⑤]；或濯脚于稠众[⑥]，或溲便于人前；或停客而独食[⑦]，或行酒而止所亲[⑧]。此盖左衽之所为[⑨]，非诸夏之快事也[⑩]。

【注释】

①戴叔鸾：戴良，字叔鸾，东汉的著名隐士。《后汉书·逸民列传》：“戴良字叔鸾……良少诞节，母熹驴鸣，良常学之以娱乐焉。及母卒，兄伯鸾居庐啜粥，非礼不行，良独食肉饮酒，哀至乃哭，而二人俱有毁容。或问良曰：‘子之居丧，礼乎？’良曰：‘然。礼所以制情佚也，情苟不佚，何礼之论！夫食旨不甘，故致毁容之实。

若味不存口，食之可也。’论者不能夺之。良才既高达，而论议尚奇，多骇流俗。同郡谢季孝问曰：‘子自视天下孰可为比？’良曰：‘我若仲尼长东鲁，大禹出西羌，独步天下，谁与为偶！’举孝廉，不就。再辟司空府，弥年不到，州郡追之，乃遁辞诣府，悉将妻子，既行在道，因逃入江夏山中。优游不仕，以寿终。”阮嗣宗：阮籍，字嗣宗。三国魏人。著名的文学家。崇尚老庄，行为放浪。《晋书·阮籍列传》：“阮籍，字嗣宗，陈留尉氏人也……籍容貌瑰杰，志气宏放，傲然独得，任性不羁……性至孝，母终，正与人围棋，对者求止，籍留与决赌。既而饮酒二斗，举声一号，吐血数升。及将葬，食一蒸肫，饮二斗酒，然后临诀，直言‘穷矣’，举声一号，因又吐血数升。毁瘠骨立，殆致灭性。裴楷往吊之，籍散发箕踞，醉而直视，楷吊唁毕便去。或问楷：‘凡吊者，主哭，客乃为礼。籍既不哭，君何为哭？’楷曰：‘阮籍既方外之士，故不崇礼典。我俗中之士，故以轨仪自居。’时人叹为两得。”

②见谓：被说成是。见，被。

③傲生：傲世之人。具体指戴叔鸾、阮嗣宗之类的人。

④乱项：歪戴着帽子。项，指帽子的后部。科头：不戴帽子，裸露着发髻。

⑤蹲夷：踞坐。也即臀部坐在地上。

⑥濯脚：洗脚。稠众：大众。

⑦停客：把客人搁在一边不予理睬。

⑧行酒：巡行劝酒。

⑨左衽：代指异族。衽，衣襟。古代少数民族的衣服前襟向左，与中原人的右衽不同。

⑩诸夏：中原各诸侯国。这里泛指中原地区。

【译文】

抱朴子说：“社会上的人们听说戴良、阮籍傲世放荡，被称为豁达大度，于是就不衡量一下自己的才能并非可与这些傲世之人相比，而去羡慕学习他们。有的人歪戴着帽子或者不戴帽子，有的人袒胸露背蹲坐在地上；有的人在大众之中洗脚，有的人当着别人的面撒尿；有的人把客人搁在一边独自进食，有的人劝酒时只给自己的亲人斟酒。这些都是外族人的所作所为，而不是华夏民族感到快乐的事情。

“夫以戴、阮之才学，犹以踸踔自病①，得失财不相补②。向使二生敬蹈检括③，恂恂以接物④，兢兢以御用⑤，其至到何适但尔哉⑥！况不及之远者，而遵修其业，其速祸危身⑦，将不移阴⑧，何徒不以清德见待而已乎⑨！

【注释】

①踸踔（chěn chuō）：行为独特放浪的样子。自病：自己招来麻烦。指上文提到的戴良“逃入江夏山中”，而阮籍在当时也招来不少批评。

②财：通“裁”，裁决；计算。

③敬蹈：恭敬地遵守礼法。检括：约束。

④恂恂：温和恭敬的样子。

⑤御用：使用。这里指使用自己的语言、身体。也即言行。御，用。

⑥至到：造诣。何适：何止。但：仅仅。尔：这样。

⑦速：招来。

⑧移阴：日影移动。阴，树荫；阴影。

⑨何徒：何止。

【译文】

“凭着戴良、阮籍的才能学问，尚且因为行为独特放浪而招来不少麻烦，得失算来还不能相互补偿。如果当初这两位先生能够遵循礼法自我约束，温和恭敬地待人接物，战战兢兢地去控制自己的一言一行，他们的造诣又何止仅仅如此呢！更何况远远不如他们的人，却效法他们的行事，那么招来祸患危及自身，将是顷刻之间的事情，何止是不能够凭着高洁的德行而被人尊重呢！

“昔者西施心痛而卧于道侧①，姿颜妖丽，兰麝芬馥②，见者咸美其容而念其疾，莫不踌躇焉③。于是邻女慕之，因伪疾伏于路间，形状既丑，加之酷臭，行人皆憎其貌而恶其气，莫不睨面掩鼻④，疾趋而过焉⑤。今世人无戴、阮之自然，而效其倨慢，亦是丑女暗于自量之类也⑥。

【注释】

①西施：春秋时的著名美女。以下数句的内容源自《庄子·天运》：“故西施病心而矉其里，其里之丑人见而美之，归亦捧心而矉其里。其里之富人见之，坚闭门而不出；贫人见之，挈妻子而去之走。”

②兰麝芬馥：身上散发出兰麝一样的芳香。兰，一种香草名。麝，麝香。馥，香气。

③踌躇：止步不前的样子。

④睨（nì）面掩鼻：疑作“睨而掩鼻”。面，疑为“而”字之形误。杨明照《抱朴子外篇校笺》：“王广恕曰：‘（“面”）疑作“而”。《新书·劝学》：“夫以西施之美而蒙不洁，则过之者莫不睨而掩鼻。”’照按：王说是。”睨而掩鼻，斜眼相视，捂着鼻子。睨，斜看。

⑤疾趋：快步跑过。疾，快。趋，小步快跑。

⑥亦是：疑为“是亦”。暗：不明白。

【译文】

“从前西施因为心口疼痛而躺在路边，她容貌艳丽，身上散发出兰草麝香那样的芳香，看见的人都感到她的容颜美丽而惦念她的疾病，无不在此徘徊而止步不前。于是邻居家的女子很是羡慕她，因此也就假装生病趴在路边，模样既丑陋，再加上浑身的恶臭，过路的人都憎恶她的面貌而讨厌她的臭气，无不斜眼相视捂住鼻子，快步跑了过去。如今社会上的人们没有戴良、阮籍那样的天生才华，却去效法他们的傲慢，这也属于丑女不懂得自我掂量之类的事情啊。

“帝者犹执子弟之礼于三老、五更者[①]，率人以敬也。‘人而无礼’[②]，其刺深矣。夫慢人必不敬其亲也[③]。盖欲人之敬之，必见自敬焉[④]。不修善事，则为恶人；无事于大，则为小人。纣为无道，见称独夫[⑤]；仲尼陪臣[⑥]，谓为素王[⑦]，则君子不在乎富贵矣。今为犯礼之行，而不喜闻‘遄死’之讥[⑧]，是负豕而憎人说其臭、投泥而讳人言其污也[⑨]。

【注释】

①三老、五更：相传古代很早就设三老、五更之位，以养老人，示天下之孝悌。这种制度一直保存到汉代。《后汉书·明帝纪》：“尊事三老，兄事五更。”一说三老、五更各一人，一说三老为三人，五更为五人。

②人而无礼：人如果不讲礼仪。而，如果。《诗经·鄘风·相鼠》：“相鼠有体，人而无礼！人而无礼，胡不遄死！”

③慢人：轻慢别人。亲：父母。

④必见(xiàn)自敬：一定要首先表现出自己尊重自己。见，同“现”，表现。

⑤独夫：独夫民贼。《孟子·梁惠王下》：“齐宣王问曰：‘汤放桀，武王伐纣，有诸?’孟子对曰：‘于传有之。’曰：‘臣弑其君可乎?’曰：

‘贼仁者谓之贼，贼义者谓之残，残贼之人，谓之一夫。闻诛一夫纣矣，未闻弑君也。’”

⑥陪臣：诸侯的大夫，对天子自称“陪臣”。诸侯即为天子的大臣，而大夫又是诸侯的臣子，故称“陪臣”。

⑦素王：有帝王之德而没有帝王之位的人。《淮南子·主术训》：“孔子……专行教道，以成素王。”

⑧遄（chuán）死：赶快死去。遄，赶快。“遄死”出自《诗经·鄘风·相鼠》，见上注。

⑨负豕（shǐ）：背着猪。负，背。豕，猪。

【译文】

“天子尚且对三老、五更行晚辈的礼节，目的就是要引导人们去尊敬别人。‘一个人如果没有礼仪’这些诗句，对无礼之人的讽刺是很深刻的。傲慢地对待别人必然会不尊敬他自己的双亲。要想别人尊重你，你一定要首先表现出自己尊重自己。不做善事的人，就是恶人；不干大事的人，就是小人。商纣王做不合正道的事情，就被人称作独夫民贼；孔子是周天子的诸侯手下的大夫，却被人称作素王，这说明能否成为君子并不在于金钱地位。如今做了违犯礼法的事情，却不喜欢听‘赶快死去’的讥讽，这就等于是背着猪但讨厌别人说他有臭气、跳到泥巴里但忌讳别人说他肮脏。

“昔辛有见被发而祭者，知戎之将炽[①]。余观怀、愍之世[②]，俗尚骄亵[③]，夷虏自遇[④]，其后羌胡猾夏[⑤]，侵掠上京[⑥]。及悟斯事，乃先著之妖怪也[⑦]。今天下向平[⑧]，中兴有征，何可不共改既往之失、修济济之美乎[⑨]！

【注释】

①昔辛有见被发而祭者，知戎之将炽：从前辛有看见披散着头发祭祀的人，就知道戎族将会繁荣昌盛。辛有，人名。东周初年的大臣。被(pī)发，披散着头发。披散着头发祭祀不符合周礼。被，同“披”。戎，对西方异族的统称。《左传·僖公二十二年》：“初，平王之东迁也，辛有适伊川，见被发而祭于野者，曰：‘不及百年，此其戎乎！其礼先亡矣。’秋，秦、晋迁陆浑之戎于伊川。”

②怀、愍：指西晋的最后两位皇帝晋怀帝司马炽和晋愍帝司马邺。二人在位的时间为公元307—316年。

③骄亵：骄横轻慢。亵，轻慢。

④夷虏自遇：自己把自己当作异族看待。也即不遵守中原礼仪。夷，对异族的统称。虏，对异族的蔑称。

⑤羌胡猾夏：异族侵扰了中原。西晋被匈奴政权所灭。羌胡，对西北方少数民族的统称。猾，扰乱。夏，中原。具体指西晋。

⑥上京：对京城的通称。西晋建都于洛阳。

⑦著：显示；出现。妖怪：各种奇怪的征兆。

⑧向平：趋向安定太平。向，趋向。

⑨济济：众多而美好的样子。

【译文】

“从前辛有看见披散着头发祭祀的人，就知道戎族将会繁荣昌盛。我观察晋怀帝、晋愍帝的时代，社会风气崇尚骄横轻慢，人们把自己当作异族看待，其后羌族胡人扰乱中原地区，入侵并掠夺了京城。等到明白了这些事情后，才知道在此之前已经出现了许多怪异的现象。如今天下趋向安定太平，国家的中兴也出现了一些迹象，我们为什么不共同努力改掉以往的过失，去修治众多而美好的政务、习俗呢！

“夫入虎狼之群，后知贲、育之壮勇[①]；处礼废之俗，乃知雅人之不渝[2]。道化凌迟[3]，流遁遂往[4]，贤士儒者，所宜共惜，法当扣心同慨[5]，矫而正之。若力之不能，末如之何，且当竹柏其行[6]，使岁寒而无改也[7]。何有便当崩腾[8]，竞逐其阘茸之徒[9]，以取容于若曹邪[10]！去道弥远，可谓为痛叹者也[11]。

【注释】

①贲(bēn)：孟贲。战国时的勇士，据说能生拔牛角。育：夏育。先秦时的勇士，据说能力举千钧。

②渝：变化。

③道化：有关大道的教化。也即礼仪教化。凌迟：逐渐衰败。

④流遁遂往：一直发展下去。流遁，发展。一般指朝不好的方向发展。

⑤扣心：捶胸。表示愤慨的动作。同慨：共同愤慨。

⑥竹柏其行：使自己的行为像竹子松柏那样高洁。

⑦使岁寒而无改也：即使在一年中最为寒冷的季节里也没有任何改变。《论语·子罕》："岁寒，然后知松柏之后彫也。"

⑧崩腾：犹言"奔腾"。指放弃原有的信仰，而去随波逐流。

⑨阘(tà)茸：低劣平庸。

⑩若曹：这一类的人。指不遵礼法的人。曹，辈；类。

⑪可谓为痛叹者也：应该为此而痛心叹息。"谓为"二字义同，疑衍其中一字。

【译文】

"只有进入了虎狼之群，然后才能知道孟贲和夏育的强壮和勇敢；只有置身于礼制废弃的社会之中，然后才能知道高雅之人的矢志不渝。道德教化逐渐衰落，而且还有继续发展下去的趋势，那些贤良的士人和儒生，都应该为此而感到惋惜，理当捶胸顿足而共为愤慨，尽力予以纠正。如果自己的力量不够，没有办法改变这种情况，也应当使自己的个人行为像竹子松柏那样高洁，即使在一年最为寒冷的季节里也不会有任何改变。怎么能够马上就去随波逐流，与那些平庸卑贱之徒一起去奔走竞争，以求得那些无礼之人的接纳呢！他们距离正道越来越远了，真应该为此而痛心叹息啊。

“其或峨然守正①，确尔不移②，不蓬转以随众③，不改雅以入郑者④，人莫能憎而知其善。而斯以不同于己者⑤，便共仇雠而不数之⑥。嗟乎！衰弊乃可尔邪⑦！君子能使以亢亮方楞⑧，无党于俗，扬清波以激浊流，执劲矢以厉群枉⑨，不过当不见容与不得富贵耳。天爵苟存于吾体者⑩，以此独立不达⑪，亦何苦何恨乎！而便当伐本瓦合⑫，餔糟握泥⑬，刵足适履⑭，毁方入圆，不亦剧乎⑮！

【注释】

①峨然：岿然屹立的样子。

②确尔：坚定不移的样子。

③蓬：一种野草名。秋枯根拔，随风飞扬，因此又称“飞蓬”。

④雅：指高雅的音乐。郑：指先秦时期郑国的音乐。因为这个国家的音乐淫靡，所以后来就成为靡靡之音的代称。

⑤斯：乃；却。

⑥数(shuò)：亲近；亲密。

⑦可尔：可以这样。尔，这样。

⑧亢：刚直。亮：通“谅”，诚实。方楞：方正。楞，同“棱”，方而有四角的木头。比喻方正的品德。

⑨劲矢：强劲有力的箭。比喻正直的品质。矢，箭。厉：激励。群枉：众多弯曲的箭。比喻品德不好的人。枉，弯曲。

⑩天爵：天然的爵位。比喻美好的品德。《孟子·告子上》："有天爵者，有人爵者。仁义忠信，乐善不倦，此天爵也；公卿大夫，此人爵也。"

⑪不达：仕途不顺畅。

⑫伐本：放弃自己的根本。本，指道德礼仪。瓦合：与庸人相合。瓦，陶器。比喻庸人。

⑬餔糟：连同酒糟一起吃掉。餔，吃。握泥：应作"淈泥"。搅起泥浆。《楚辞·渔父》："世人皆浊，何不淈其泥而扬其波？众人皆醉，何不餔其糟而歠其醨？"

⑭剸（zǔn）：断；削。履：鞋。

⑮剧：剧烈；过分。

【译文】

"或许有人能够岿然不动地坚守正道，能够做到坚定不移，不会像蓬草那样随风旋转以追随众人，不会改变高雅之乐而去演奏靡靡之音，也不会有人去嫉恨他们而理解他们的善良品质。然而现在的人们却因为他们和自己的原则不同，就把他们视为仇敌而不与他们亲近。唉！世风衰败得竟然到了这种程度！君子能够使自己的品质刚强诚信正直不阿，不和世俗人相互勾结，能够激起清澈的波浪以冲刷污浊的泥水，用自己的正直品质去激励众多的品德不够高尚之人，最终也不过是不被世人接纳和不能获取富贵而已。只要高尚的品德存在于我的身上，凭此而独立于世不求显达，又有什么值得痛苦值得遗憾的呢！然而如果很快就丢失了自己的根本美德而去与众人同流合污，随波逐流，削足适履，抛弃自己的正直原则来迎合别人的心意，这不是也太过分了吗！

"夫节士不能使人敬之，而志不可夺也；不能使人不憎之，而道不可屈也；不能令人不辱之，而荣犹在我也；不能令人不摈之[①]，而操不可改也。故分定计决，劝沮不能干[②]；乐天知命，忧惧不能入。困瘁而益坚，穷否而不悔[③]。诚能用心如此者，亦安肯草靡萍浮[④]，以索凿枘[⑤]，效乎礼之所弃者之所为哉！”

【注释】

①摈：排斥。

②劝沮不能干：鼓励和阻止都不能干扰他们。劝，鼓励。沮，阻止。

③穷否（pǐ）：穷困潦倒。否，不顺利；不得意。

④草靡：像草那样随风而倒。靡，倒。

⑤索：求。凿枘（ruì）：“凿”指榫眼，“枘”指榫头。比喻相互配合。

【译文】

“那些有节操的人无法使别人尊敬自己，然而能够使自己不放弃自己的志向；无法使别人不憎恨自己，然而能够使自己不改变所遵循的正道；无法使别人不侮辱自己，然而能够使自己保持自己的荣耀；无法使别人不排斥自己，然而能够使自己的操守不发生任何改变。因此一旦认准了原则下定了决心，鼓励和阻止都不能干扰他们；他们明白并乐于接受天命的安排，忧愁和恐惧都不能进入他们的心中。困窘劳苦而他们更加坚定，生活艰难而他们从不后悔。如果确实能够具备这样的坚定信念，又怎么会像草一样地随风倒下、像浮萍一样地在水上漂浮，以追求与世人相合，去效法抛弃礼法之人的所作所为呢！”

抱朴子曰：“闻之汉末，诸无行自相品藻次第[①]，群骄慢傲不入道检者[②]，为都魁雄伯[③]，四通八达，皆背叛礼教，而从肆邪僻[④]，讪毁真正，中伤非党，口习丑言，身行弊事。凡所云为⑤，使人不忍论也。夫古人所谓通达者，谓通于道德、达于仁义耳，岂谓通乎亵黩、而达于淫邪哉！有似盗跖，自谓有圣人之道五者也⑥。此俗之伤破人伦，剧于寇贼之来，不能经久，岂所损坏一服而已⑦！

【注释】

①无行：指没有善行的人。品藻：品评。次第：等级。

②道检：用正道进行自我约束。检，约束。

③都魁：都市的魁首。雄伯（bà）：霸主。伯，通“霸”。

④从（zòng）肆：放纵恣肆。从，同“纵”，放纵。

⑤云为：言语行为。云，说；言论。

⑥有似盗跖，自谓有圣人之道五者也：就好像盗跖那样，说自己也具备了圣、勇、义、智、仁五种圣人的品德。《庄子·胠箧》：“故跖之徒问于跖曰：‘盗亦有道乎？’跖曰：‘何适而无有道邪？夫妄意室中之藏，圣也；入先，勇也；出后，义也；知可否，知也；分均，仁也。五者不备，而能成大盗者，天下未之有也。’”

⑦一服：一个地方。服，古代京畿之外，每五百里为一区划，按照距离远近分为五等地带，叫做五服。这里用“一服”代指某一地区。

【译文】

抱朴子说：“听说在汉朝的末年，那些品行不端的人们自己相互品评次序等级，于是那么多的傲慢自大、不受正道约束的人，都成为了都会的魁首和一方的霸主，他们八面玲珑畅通无阻，全都背叛了礼义教化，而肆无忌惮地去干邪恶之事，诽谤正直之人，中伤那些不与他们相互勾结的人，他们嘴巴说惯了丑陋的言词，自身干着坏事。他们的一切言行，都使人不忍心再去谈论。古人所说的通达，说的是通晓于道德、明白于仁义，怎么会是说通晓于轻慢污浊、明白于淫佚邪恶呢！这就好像盗跖一样，说自己也具备了圣、勇、义、智、仁五种圣人的品德。这种风气对于人的伦理关系的破坏程度,比强盗的到来还要严重,因为强盗不能长期居住下来,而这种风气破坏的岂止是一个地区的礼法制度而已!

“若夫贵门子孙,及在位之士,不惜典刑①,而皆科头袒体,踞见宾客。既辱天官②,又移染庸民;后生晚出,见彼或已经清资③,或佻窃虚名④,而躬自为之,则凡夫便谓立身当世,莫此之为美也。夫守礼防者,苦且难,而其人多穷贱焉;恣骄放者,乐且易,而为者皆速达焉。于是俗人莫不委此而就彼矣⑤。

【注释】

①惜:爱惜。这里引申为遵守。典刑:礼法制度。

②天官:泛指百官。古人认为百官是代天行事,故称“天官”。

③清资:官职清贵。

④佻(tiāo)窃:窃取。佻,窃取。

⑤委此:放弃了礼法。委,放弃。此,代指礼法。就彼:去干违背礼法的事情。就,接近。彼,代指违背礼法的事情。

【译文】

“像那些出身于高贵门第的子孙,以及正处于官位上的士人,他们不遵守礼法制度,而全都裸露着头发、袒露着身体,蹲坐在地上会见宾客。这种行为既辱没了自己的官位,又影响了平民百姓;出生较晚的年轻人,看到他们有的已经获得了清贵的官职,有的已经窃取了虚假的名声,而他们亲自做出这样的事情,于是平民百姓就认为在社会上立身处世,没有什么比这种行为更为美好的了。遵守礼法的人,痛苦而又艰难,而且这些人大多生活困顿地位卑贱;傲慢放纵的人,快乐而又容易,而且这样做的人全都很快飞黄腾达了。于是世俗的人们就无不放弃礼法而去做违背礼法的事情。

“世间或有少无清白之操业，长以买官而富贵。或亦其所知足以自饰也，其党与足以相引也①。而无行之子，便指以为证，曰：‘彼纵情恣欲，而不妨其赫奕矣②；此敕身履道③，而不免于贫贱矣。’而不知荣显者有幸，而顿沦者不遇④，皆不由其行也。

【注释】

①党与：党羽。

②赫奕：地位显赫的样子。

③敕身：修养自身。敕，整治；修养。履道：遵循正道。

④顿沦：困顿沦落。

【译文】

“社会上也有人从小就没有清白的操行德业，长大后依靠出钱买官而获取了富贵。或许他们所知道的知识足以能够用来自我掩饰，他们的党羽足以能够对他们进行举荐提拔。于是那些品行不端的人，就以此为证，说：‘那些人放纵情欲恣意所为，却没有妨碍他们的富贵荣华；这些人修养自身遵循正道，却不免于贫穷卑贱。’然而他们并不懂得获取荣华富贵的人如此幸运，而困顿沉沦的人没能遇到好的时机，全都不是因为他们操行的好坏造成的。

“然所谓四通八达者，爱助附己，为之履不及纳①，带不暇结，携手升堂，连袂入室②，出则接膝③。请会则直致④，所惠则得多，属托则常听⑤，所欲则必副⑥，言论则见饶⑦，有患则见救；所论荐则蹇驴蒙龙骏之价[8]，所中伤则孝己受商臣之谈[9]。故小人之赴也，若决积水于万仞之高堤，而放烈火乎云梦之枯草焉[10]。欲望肃雍济济[11]，后生有式[12]，是犹炙冰使燥、积灰令炽矣。”

【注释】

①履不及纳：鞋子都来不及穿上。

②连袂(mèi)：臂挽着臂。袂，袖子。代指手臂。

③接膝：膝挨着膝。形容亲密无间。

④请会则直致：请求见面则可以直接前往。

⑤属(zhǔ)托：私人请托。

⑥副：相称；符合。这里引申为欲望被满足。

⑦见饶：被宽恕。见，被。

⑧蹇(jiǎn)驴：瘸腿的驴子。蹇，跛。龙骏：像龙一样的骏马。古人称八尺以上的马为“龙马”。

⑨孝己：商高宗的儿子。以孝著称，受后母虐待忧愁而死。商臣：春秋楚成王的太子。后来成王欲废商臣，另立太子，商臣便率兵包围成王，成王被逼自缢而死。

⑩云梦：大泽名。在今湖北、湖南一带。

⑪肃雍：恭敬和睦。济济：众多而美好的样子。

⑫式：榜样。

【译文】

“然而那些所谓的处处顺利的达官贵人，喜爱并帮助依附他们的人，为了接见依附他们的人会急得连鞋子都来不及穿上，衣带都来不及系好，手拉着手地登上厅堂，臂挽着臂地进入内室，出门后则促膝而坐。想请求见面就可以直接前往，有所施惠则所得很多，请托事情总是被接受，所想要的必然能够得到满足，言语不当会得到宽恕，遇到患难会得到救助；所推荐的人即使像瘸驴一样也会获得骏马一样的报偿，所中伤的人即使像孝己那样孝顺也会得到对商臣那样的评价。因此小人们奔赴这条路子，就好像在万仞高的堤坝上开口放水一样，还好像在云梦泽的枯草中放起烈火一般。如果还希望有众多而美好的恭敬谦和的贤人，使年轻人有学习的楷模，那就好像用火烧烤冰块想使它干燥、堆积灰烬想让它燃烧一样。”

百里卷二十八

【题解】

百里，指县令。古代一县的辖地大多都在方圆百里左右，因而人们往往用“百里”指一县之地，进而称县令也为“百里”。本篇主要论述选拔合适县令的重要性。

葛洪首先指出县令这一职务对国家十分重要，认为“其官益大，其事愈优；烦剧所钟，其唯百里”。县令要负责派出各种劳役、赋税，如果县令不能胜任，国家的事情就无法办好，从而得出“令长尤宜得才，乃急于台省之官”的结论。接着葛洪指出现实的情况是在任的县令多非合适的人选，并分别描述了这些不合格县令的各种拙劣表现，认为造成这种情况的原因就是“至公之情不行，任私之意不违”，依然是选举不公的问题。葛洪最后指出，这些不合格县令的所作所为，不仅有损于皇上的英明，也给百姓造成了深重的苦难，同时也会把自己送入监狱，真可以说是祸国殃民、害人害己。

葛洪能够单列一篇专门讨论县令一职对国民生活的重要性，说明作者对政治的观察是深刻的，这对于今天的政权建设，依然具有极大地警示作用。

抱朴子曰：“三台九列[①]，坐而论道[②]；州牧郡守，操纲举领。其官益大，其事愈优[3]；烦剧所钟[4]，其唯百里[5]。众役于是乎出，诛求之所从赴[6]。牧守虽贤，而令长不堪[7]，则国事不举[8]，万机有阙[9]，其损败，岂徒止乎一境而已哉！令长尤宜得才，乃急于台省之官也[10]。

【注释】

①三台：三公。辅佐君主治理国家的最高官员。周代以太师、太傅、太保为三公，西汉以大司马、大司徒、大司空为三公。九列：即九卿。都是朝廷中的重要官员。不同时代具体所指不尽相同，东汉时的九卿指太常、光禄勋、卫尉、太仆、廷尉、大鸿胪、宗正、大司农、少府。

②坐而论道：坐在那里讨论治国之道。

③优：安逸；悠闲。

④烦剧：繁杂沉重的事务。钟：集中。

⑤百里：县令。古代的县大致方圆百里，因此用“百里”代指县令。

⑥诛求：应作“调求”。《道藏》本、旧写本即作“调求”。指征收赋税。

⑦令长：大县的长官为令，小县的长官为长。一说万户以上的县官为令，不足万户的为长。不堪：不能胜任。

⑧不举：无法办理。

⑨万机：纷繁复杂的政务。阙：通“缺”，缺失；失误。

⑩台省：汉魏时代的中央机构多称“台”、“省”，如尚书台、尚书省、中书省等等，后以“台省”代指中央的官府。

【译文】

抱朴子说：“三公和九卿，端坐在那里讨论治国大道；州牧和郡守，掌管着政务的纲领。人们的官位越大，他们的工作就越悠闲；繁杂沉重的事务所集中的地方，大概就在县令那里。众多的劳役要从这里派出，各种赋税要到这里收取。即使州牧郡守贤能，如果县令不能胜任，国家的事情照样无法办理，各种繁杂的政务就会有缺失，它所造成的损失，难道仅仅限于一县境内而已吗！县令尤其应该找到适当的人才，这比选拔朝廷机构中的官员还要急迫。

“用之不得其人，其故无他也，在乎至公之情不行，而任私之意不违也。或父兄贵重，而子弟以闻望见选①；或高人属托，而凡品以无能见叙②。或是所宿念③，或亲戚匪他④。知其不可而能用此等。亦时有快者⑤，不为尽无所中也，要于不精者率多矣。其能自效立⑦，勉修清约，夙夜在公⑧，以求众誉，惧风绩之不美，耻知己之谬举，鲜矣⑨。

【注释】

①闻望：名望。这里指家族名望。见：被。

②凡品：才能平凡的人。叙：本指按照才能等级或功劳大小授以官职，这里泛指任用。

③宿念：一直惦念。宿，从前；一直。

④匪他：不是别人。匪，通“非”。

⑤快者：令人快意的人。也即有德有才的人。

⑥要于不精者率多矣：大致的情况还是德才低下的人占据了多数。要，主要的；大致的。率多，大多。

⑦效立：独自胜任。效，有成效；胜任。一本作“独立”。

⑧夙夜在公：从早到晚都用心公事。夙，早晨。

⑨鲜：很少。

【译文】

“使用了不恰当的人，没有其他原因，就在于极为公正的品德没有推行，而放任私心的风气没有被遏制。有的人是因为父亲兄长位高权重，而做子弟的就依靠家族的声望而被选用；有的人是因为有权贵的嘱托，于是无能的平庸之辈也被任命为官员。有的人是一直被权贵惦念的人，有的人是权贵的亲戚而不是别人。明明知道他们不行却还是任用了这样的人。有时也能出现一些令人愉快的人，不是完全都不中用，但大致还是德才低下的人占据了多数。那些能够独自胜任，勤奋修养为政清约，白天黑夜用心于公务，以求得众人的赞誉，担心自己的政绩不好，耻于知己错误举荐自己的人，实在是太少了。

“庸猥之徒，器小志近，冒于货贿[①]，唯富是图，肆情恣欲，无止无足。在所司官[②]，知其有足赖主人[③]，举劾弹纠，终于当解；虑其结怨，反见中伤，不敢犯触，而恣其贪残矣。如此，黎庶亦安得不困毒而离叛[④]？离叛者众，则不得不屯聚而为群盗矣。

【注释】

①冒：贪。

②在所司官：所在的主管官员。司，主管。

③足赖主人：足以依靠的主人。也即有力的后台。

④黎庶：黎民百姓。离叛：离心背叛。

【译文】

“那些平庸猥琐之徒，心胸狭窄志向低下，贪于钱财，一心只想发财，他们放纵自己的情欲，没有休止不知满足。所在的主管官员，知道他们有着足以依靠的后台老板，即使去举报弹劾，最终还是被他们化解掉了；于是就顾虑会与他们结怨，自己反被他们中伤，因此就不敢触犯，而听任他们的贪婪凶残。如此下去，黎民百姓又怎么能够不因为生活困苦而叛离呢？叛离的人多了，就不能不聚集在一起而结为成群的强盗了。

“夫百寻之室[①]，焚于分寸之飙[②]；千丈之陂[③]，溃于一蚁之穴。何可不深防乎？何可不改张乎？而秉斤两者[④]，或舍铨衡而任情[⑤]；掌柯斧者[⑥]，或曲绳墨于附己[⑦]。选之者，既不为官择人；而求之者，又不自谓不任。于是莅政而政荒[⑧]，牧民而民散。

【注释】

①寻：古代的长度单位。八尺为一寻。

②分寸之飙：很小的一点火星。飙，通“熛”，飞火。

③陂（bēi）：河岸；堤坝。

④秉斤两者：掌管选拔人才的官员。秉，掌管。斤两，用作动词。称斤两。比喻评价人才。

⑤铨衡：称量重量的工具。也即秤。这里用来比喻原则、制度。

⑥柯斧：斧柄。比喻权柄。柯，斧柄。

⑦绳墨：木工用来画直线的工具。这里用来比喻原则、制度。

⑧莅政：参与政事。莅，参与。

【译文】

“百寻高的楼房，会焚毁于很小的一点火星；千丈长的堤坝，会溃决于很小的一个蚂蚁洞。怎么可以不严加防范呢？怎么可以不改弦更张呢？而那些掌管选拔人才的官员，有的放弃了原则而根据自己的感情去用人；那些掌握了权柄的官员，有的在依附自己的人身上不能正确地按照制度办事。负责选举的人，既没有为官职去选择合适的人选；而求官的人，又不认为自己不能胜任。于是这些人参与政务则政务荒疏败坏，治理百姓则百姓离心离德。

“或有秽浊骄奢，而困百姓者矣；或有苛虐酷烈，而多怨叛者矣；或有暗塞退愦[①]，而庶事乱者矣；或有潦倒疏缓[②]，而致弛坏者矣；或有好兴不急[③]，而疲人力者矣；或有藏养逋逃[④]，而行凌暴者矣；或有不晓法令，而受欺弄者矣；或有以音声酒色，而致荒湎者矣；或有围棋樗蒱[⑤]，而废政务者矣；或有田猎游饮[⑥]，而忘庶事者矣；或有不省辞讼，而刑狱乱者矣。百姓不堪，起为寇贼。衅咎发闻[⑦]，寘于丛棘[⑧]，亏君上之明，益刑书之烦，而民之荼毒，亦已深矣。

【注释】

①暗塞退愦：愚昧、固执、软弱、昏愦。塞，闭塞；固执。退，畏缩不前；软弱。

②潦倒：散漫，拖沓而不振作。疏缓：迟钝缓慢。

③好兴不急：喜欢兴办一些并不急需的事情。

④逋（bū）逃：逃亡的人。逋，逃亡。

⑤樗（chū）蒱：即“樗蒲”。古代的一种赌博游戏。蒱，通“蒲”。

⑥田猎：打猎。田，打猎。

⑦衅咎：罪过；过失。指渎职官员的罪行。

⑧寘于丛棘：关入监狱。寘，同“置”。丛棘，代指监狱。古时囚禁犯人的地方，四周以丛棘堵塞，以防犯人逃跑。后人即以“丛棘”代指监牢。《易经·坎卦》：“系用徽纆，寘于丛棘。”

【译文】

“有的人品德龌龊行为骄奢，而使百姓生活困苦不堪；有的人苛刻暴虐残酷严厉，而使很多百姓怨恨叛乱；有的人愚昧固执软弱昏愦，而使各项事务都很混乱；有的人拖沓散漫迟钝缓慢，而使法律松弛纲纪败坏；有的人喜欢兴办并非急需的事情，而使民力困乏；有的人隐藏供养逃犯,而实施欺凌残暴的行为;有的人不懂得法律条令,而使自己被别人欺骗玩弄;有的人因为沉溺于音乐酒色之中,而导致自己做出荒唐迷乱之事;有的人因为下棋博戏,而荒废了政务;有的人因为打猎、游玩和饮宴,而忘记去处理各项事务;有的人不懂得诉讼,而使判案量刑出现混乱。百姓无法忍受了,于是就起兵造反而成为强盗。这些官员的罪行被揭发出来,于是就被关入了监狱,他们损害了皇帝的圣明,增加了断案判刑的繁忙,而百姓所遭受的苦难,也已经很深重了。

"夫用非其人,譬犹被木马以繁缨①,何由骋迹于追风②?以壤龙当云雨③,安能耀景于天衢哉④?若秉国之钧⑤,出纳王命者,审良、乐之顾眄⑥,不令跛蹇厕骐騄⑦;冒昧苟得,暗于自量者,虑中道之颠踬⑧,不以驽薾服鸾衡⑨,则何患庶绩之不康⑩?何忧四凶之不退⑪?三皇岂足四、五帝岂难六哉⑫!"

【注释】

①被(pī):同"披"。繁(pán)缨:马腹的带饰。

②追风:形容速度极快,可追上风速。

③壤龙:用泥土制成的龙。壤,土。

④耀景(yǐng):闪耀自己的身影。景,同"影"。天衢:天路;天空。

⑤国之钧:国家的权柄。钧,制造陶器用的转轮。比喻政权。

⑥良、乐:王良、伯乐。王良是春秋晋国善于驾车的人。伯乐,姓孙名阳,字伯乐。先秦善于相马的人。顾眄:看;观察。

⑦厕:侧身于;置身于。骐騄(lù):良马名。

⑧颠踬(zhì):翻车。踬,绊倒。

⑨驽薾(nié):疲惫的劣马。薾,通"苶",疲惫不堪。鸾衡:即銮舆。

天子所乘坐的车辆。衡,车辕头上套牲畜用的横木。这里代指车辆。

⑩庶绩:众多的事务。康:成功。

⑪四凶:尧、舜时四个凶恶的部落首领。指浑敦、穷奇、梼杌、饕餮。这里泛指凶恶之人。

⑫三皇:传说中的三位圣明帝王。说法不一,一说指天皇、地皇、人皇,一说指伏羲、神农、黄帝。岂足四:应理解为"难道难以凑足四位吗"。意思是说,只要用人得当,当今的皇帝也能够侧身于"三皇"之列,成为他们中的一员。五帝:传说中的帝王。说法不一,一说指伏羲、神农、黄帝、尧、舜。

【译文】

"如果去使用不恰当的人,就好像是给木马披上腹带一样,又怎么能够使它驰骋起来追上飘风呢?还好像把土龙放在风雨之中一般,又怎么能够让它在天空中闪耀自己的身影呢?如果那些执掌国家权力的人,以及为皇帝上传下达命令的人,能够像王良和伯乐相马那样认真地审察官吏,不让瘸腿的驴子站在骏马的行列之中;让那些胆大鲁莽苟且得官、而又缺乏自知之明的人,也能够顾及到半道上的翻车危险,于是就不让这些疲惫的劣马去驾驶天子的车辆,那么为什么还会担心各项政务不能成功呢?为什么还会担心那些凶恶之人不会被除去呢?三位圣皇难道难以凑足四位、五位圣帝难道难以凑足六位吗!"

接疏卷二十九

【题解】

接疏，任用关系疏远的人才。接，接引；重用。疏，指关系疏远的人才。本篇讨论的主题正如题目所言，是关于任用关系疏远的人才问题。

葛洪认为，真正优秀的人才如果遇到圣明的君主，是不需要长期考察的，他们会马上结为至交，而人才也会如飞龙遇到突起的云雾，干出一番大事业。作者接着列举了历史上的姜太公、宁戚、毛遂、陈平、韩信等人的事例，以说明君主在很短的时间里识别并重用人才是完全可能的。葛洪还特别指出，在任用这些人才时，应该“举大略细，不忮不求”，而不可“称薪而爨，数粒乃炊”。也就是说，对人才不要斤斤计较，吹毛求疵，这也即东方朔《答客难》中说的“举大德，赦小过，无求备于一人”。

《抱朴子外篇》中的许多章节都在讨论用人问题，本篇又专门阐述了如何任用关系疏远的人才，可见葛洪对用人问题的极度重视。

抱朴子曰：“以英逸而遭大明①，则桑荫未移②，而金兰之协已固矣③；以长才而遇深识，则不待历试④，而相知之情已审矣。飘乎犹起鸿之乘劲风⑤，翩乎若胜鳞之蹑惊云也⑥。

【注释】

①大明：本指太阳，这里比喻圣明的君主。

②桑荫未移：桑树的树荫还没有移动。形容时间非常短暂。

③金兰：指朋友感情深厚。《周易·系辞上》："子曰：'……二人同心，其利断金；同心之言，其臭如兰。'"

④历试：多次的考察。

⑤起鸿：起飞的鸿雁。

⑥翩乎：快速飞翔的样子。胜鳞：应作"腾鳞"。《道藏》即其他各本均作"腾鳞"。腾鳞，腾飞的蛟龙。

【译文】

抱朴子说："杰出的人才遇到了圣明的君主，那么只需很短的时间，就会结为情谊非常牢固的朋友；能力超群的人才遇到深为赏识的君主，那么用不着多次的考察，相知的感情就已经非常明确了。这些人才飘飘乎就好像起飞的鸿雁遇上了强劲的大风，翩翩乎还好像腾飞的蛟龙踏上了突起的彩云。

"若以沉抑而可忽乎[①]，则姜公不用于周矣[②]；若以疏贱而可距乎[③]，则毛生不贵乎赵矣[④]；若积素行乃托政[⑤]，则宁戚不显于齐矣[⑥]；若贵宿名而委任，则陈、韩不录于汉矣[⑦]。明者举大略细，不忮不求[⑧]，故能取威定功，成天平地。岂肯称薪而爨、数粒乃炊、并瑕弃璧、披毛索黡哉[⑨]！"

【注释】

①沉抑：指沉沦于社会底层的人才。

②姜公：即姜太公。西周初年人。《史记·齐太公世家》记载，姜太公在遇到周文王之前，穷困潦倒，曾在渭水北岸垂钓，后辅佐周

武王灭商建周。

③疏贱：指关系疏远、地位低贱的人。

④毛生：毛遂。战国人。赵：战国时代的赵国。《史记·平原君虞卿列传》记载，战国赵惠文王九年，秦军包围赵国都城邯郸，赵使平原君求救于楚，“门下有毛遂者，前，自赞于平原君曰：‘遂闻君将合从于楚，约与食客门下二十人偕，不外索。今少一人，愿君即以遂备员而行矣。’平原君曰：‘先生处胜之门下，几年于此矣？’毛遂曰：‘三年于此矣。’平原君曰：‘夫贤士之处世也，譬若锥之处囊中，其末立见。今先生处胜之门下，三年于此矣，左右未有所称诵，胜未有所闻，是先生无所有也。先生不能，先生留。’毛遂曰：‘臣乃今日请处囊中耳。使遂早得处囊中，乃颖脱而出，非特其末见而已。’平原君竟与毛遂偕……平原君与楚合从，言其利害，日出而言之，日中不决。十九人谓毛遂曰：‘先生上！’……毛遂按剑而前曰：‘……今十步之内，王不得恃楚国之众也，王之命悬于遂乎……’遂定从于殿上……平原君已定从而归，归至于赵，曰：‘……毛先生一至楚，而使赵重于九鼎大吕。毛先生以三寸之舌，强于百万之师。胜不敢复相士。’遂以为上客。”

⑤积素行：平素一点一点地积累善行。

⑥宁戚：春秋人，后来得到齐桓公的重用。《吕氏春秋·举难》：“宁戚欲干齐桓公，穷困无以自进，于是为商旅，将任车以至齐，暮宿于郭门之外。桓公郊迎客，夜开门，爝火甚盛，从者甚众。宁戚饭牛居车下，望桓公而悲，击牛角疾商歌。桓公闻之，抚其仆之手曰：‘异哉，之歌者非常人也！’命后车载之。”

⑦陈、韩：陈平、韩信。西汉的两位开国元勋。两人原为项羽的部下，后来都转投刘邦，并很快得到刘邦的重用。

⑧不忮(zhì)不求：不嫉妒，不苛求。《诗经·邶风·雄雉》：“不忮不

求，何用不臧？”

⑨爨（cuàn）：烧火做饭。瑕：白玉上的斑痕。黡（yǎn）：黑痣。比喻缺点。

【译文】

“如果认为社会底层的人就可以被忽视，那么姜太公就不会被周国任用；如果认为关系疏远地位低贱的人就可以予以拒绝，那么毛遂就不会在赵国受到尊重；如果必须平素不断积累德行才可以委以政事，那么宁戚就不会在齐国显达；如果看重原有的名声才去委任官职，那么陈平、韩信就不会被汉录用。明智的人在选拔人才时举用他大的优点而忽略他小的毛病，对人才不嫉妒不苛求，因此能够获得威望取得成功，成就天地伟业。又怎么肯称量了柴草然后再去烧火、数清了米粒然后再去做饭、因为有瑕斑就把整个玉璧扔掉、拨开毛发而去寻找黑痣呢！”

钧世卷三十

【题解】

钧世，评价古今时代。钧，衡量轻重。这里是评价的意思。世，时代。这里指古今两个时代。厚古薄今，贵远贱近，是人们自古以来的通病。因此就有人得出今文不如古文的观点。针对这一错误看法，葛洪在本篇中展开了批评。

古文看起来深奥难懂，似乎高深莫测，而葛洪认为之所以出现这种现象，是由于语言变化、方言不同、古籍残缺、脱去章句等原因造成的，并非古人有意为之。葛洪还列举不少文学作品的实例，以说明今人的文章质量比古人的文章还是略胜一筹的。葛洪反对盲目地崇拜古人，认为后代胜过前代，今人超过古人，这些看法无疑是值得肯定的。

葛洪在认定今文胜过古文的同时，还提出了一些有益的文学创作主张。比如他主张要把古文视为高山大川，以供今人创作时从中取材，但不可食古不化；提倡文学创作要注意文辞的华美；主张文章要通俗易懂等。这些观点对文学创作都是有益的。

或曰："古之著书者，才大思深，故其文隐而难晓；今人意浅力近，故露而易见。以此易见，比彼难晓，犹沟浍之方江河①，蚁垤之并嵩、岱矣②。故水不发昆山③，则不能扬洪流以东渐；书不出英俊，则不能备致远之弘韵焉[4]。”

【注释】

①浍(kuài)：田间的大沟渠。方：比。

②蚁垤(dié)：蚂蚁做窝时堆在洞口的小土堆，又叫做“蚁封”、“蚁冢”。嵩、岱：嵩山，泰山。泰山又称岱岳。

③昆山：即昆仑山。在我国西部地区。古人认为昆仑山是长江的发源地。

④弘韵：伟大的思想。

【译文】

有的人说：“古代那些著书立说的人，才气宏大思想深刻，因此他们的文章隐秘而不容易理解；现在的人思想浅近才力低劣，所以他们的文意显露而容易看懂。拿这些浅显易懂的文章，去和那些深刻难懂的文章相比较，就好像是拿小小的沟渠和长江大河比较一样，还好像是拿蚂蚁穴口的小土堆去和嵩山、泰山相提并论一般。因此河流如果不是发源于昆仑山，就不能掀起巨浪流向东方；书籍如果不是出自英才之手，就不可能具备流传久远的伟大思想。”

抱朴子答曰：“夫论管穴者[1]，不可问以九陔之无外[2]；习拘阂者[3]，不可督以拔萃之独见[4]。盖往古之士，匪鬼匪神[5]，其形器虽冶铄于畴曩[6]，然其精神布在乎方策[7]，情见乎辞，指归可得[8]。

【注释】

①管穴：竹管的小孔。比喻很小的事物或道理。

②九陔(gāi)：也写作“九垓”。犹言“九州”。指整个天下。一说指

中央至八极之地，实际也是整个天下的意思。无外：指找不到外围的巨大空间。也即天地之间。

③拘阂(hé)：约束而固执。拘，约束。阂，阻隔；不通达。

④督：要求。

⑤匪：同“非”，不是。

⑥形器：指身体。冶铄：金属溶化。比喻人的死亡。畴曩(nǎng)：从前；过去。

⑦方策：典籍。方，古代用来写字的木版。策，古代用来写字的竹简。

⑧指归：意旨趋向。指，旨意。归，趋向。

【译文】

抱朴子回答说：“对于那些研究细小学问的人，不能够与他谈论广大无边的整个天下的事物；对于习惯于受到约束而且固执的人，不可以要求他拿出出类拔萃的独到见解。古代的人士，既不是鬼也不是神，他们的身体虽然已经在从前消亡了，然而他们的思想精神却记载在典籍之中，他们的情感表现在文字之间，他们的意旨趋向还是可以知道的。

“且古书之多隐，未必昔人故欲难晓，或世异语变，或方言不同；经荒历乱，埋藏积久，简编朽绝[①]，亡失者多，或杂续残缺[②]，或脱去章句，是以难知，似若至深耳。且夫《尚书》者[③]，政事之集也，然未若近代之优文、诏策、军书、奏议之清富赡丽也[④]；《毛诗》者[⑤]，华彩之辞也，然不及《上林》、《羽猎》、《二京》、《三都》之汪涉博富也[⑥]。

【注释】

①简：写字用的竹简。编：用来编联竹简的绳索。

②杂续：掺杂进后人的续文。

③《尚书》：书名。现存的最早古籍，主要内容是上古时期政府的重要文告。为儒家五经之一。

④优文：用来褒奖的文告。诏策：即诏书。皇帝的命令或文告。军书：军事文书。奏议：臣下上奏帝王的各种文字的统称。

⑤《毛诗》：即《诗经》。因其书为汉代毛亨所传，故称“毛诗”。是我国最早的一部诗集，为儒家五经之一。

⑥《上林》、《羽猎》、《二京》、《三都》：皆为赋之名作。它们的作者分别是西汉的司马相如、东汉的扬雄、东汉的张衡、西晋的左思。汪涉（huì）：水深广的样子。这里用来形容文章内容的丰富。

【译文】

“况且古书之所以有很多隐晦难懂的地方，不一定就是古人故意要写得难懂，有的是因为时代不同了而语言发生了变化，有的是因为方言不同；经历了灾荒战乱，书籍埋藏的时间久了，竹简和编联竹简的绳索腐朽断折，遗失的部分很多，有的掺杂进后人的续文或者是残缺不全了，有的脱落了章节句子，因此变得难以理解，看似极为深奥而已。再说《尚书》这本书，是政事文告的集子，然而却不如近世的优文、诏策、军书、奏议写得清新华美；《毛诗》这本书，是文辞华美的作品，然而却比不上《上林》、《羽猎》、《二京》、《三都》这些赋作的内容丰富多彩。

“然则古之子书[①]，能胜今之作者，何也！然守株之徒[②]，喽喽所玩[③]，有耳无目，何肯谓尔[④]！其于古人所作为神，今世所著为浅。贵远贱近，有自来矣[⑤]。故新剑以诈刻加价[⑥]，弊方以伪题见宝也[⑦]。是以古书虽质朴，而俗儒谓之堕于天也；今文虽金玉，而常人同之于瓦砾也。

【注释】

①子书：诸子百家之书。古代除六经之外，能够成一家之言的书，统称子书，如儒家、道家、法家、兵家等等。

②守株：守株待兔。比喻墨守成规。《韩非子·五蠹》："宋人有耕田者，田中有株，兔走触株，折颈而死，因释其耒而守株，冀复得兔。兔不可复得，而身为宋国笑。"

③喽喽（lóu）：话多的样子。这里指不停地称赞。所玩：所欣赏的古书。玩，欣赏。

④尔：这。代指古书未必比得上今人的书这一观点。

⑤有自来矣：由来已久了。

⑥诈刻：伪刻古款。即在新剑刻上古代的款识，以便把新剑伪造成古剑。

⑦方：写字用的木版。见宝：被看重。见，被。

【译文】

"那么古代的诸子百家之书，能够胜过当今作者的书，又表现在哪里呢！然而那些守株待兔的人，不停地赞美他们所欣赏的古代书籍，他们只有耳朵而缺乏眼光，又怎么肯承认这一点呢！他们认为古人的书籍就是神奇，现在的作品就是浅薄。看重古代而轻视当今，这是由来已久的现象。因此新剑如果伪刻上了古款就会身价倍增，破烂的方版由于伪刻上了古人的题字而备受珍惜。因此古书即使质朴无华，而平庸的儒生也要把它说成是从天上掉下来的宝物；当今的文章即使华美得如金似玉，但一般人依然把它视同烂砖碎瓦一般。

"然古书者虽多，未必尽美，要当以为学者之山渊，使属笔者得采伐渔猎其中①。然而譬如东瓯之木、长洲之林②，梓豫虽多③，而未可谓之为大厦之壮观，华屋之弘丽也；云梦之泽、孟诸之薮④，鱼肉之虽饶⑤，而未可谓之为煎熬之盛膳⑥，渝、狄之嘉味也[7]。

【注释】

①属(zhǔ)笔者:写作的人。属,连缀。指连缀文字,也即写作。

②东瓯:地名。在今浙江沿海地区。长洲:传说中的地名。据说那里长满了大树。

③梓豫:两种良木名。梓,梓树。豫,樟树的一种。

④云梦:大泽名。在今湖北、湖南一带。孟诸:又叫做“孟渚”。大泽名。在今河南商丘一带。薮(sǒu):水少而草木繁盛的大泽。

⑤饶:多;富饶。

⑥煎熬:烹调。盛膳:盛宴;美食。

⑦渝:渝儿。又作“俞儿”。人名。相传他善于辨别味道。狄:狄牙。即易牙。易牙是齐桓公时的烹调师。

【译文】

“然而古书虽然很多,未必都是好的,重要的还是应该把它们看作学习者的大山深渊,让著书立说的人能够从中采集猎取各种有用的东西。然而这些古书就好像是东瓯的树木,长洲的森林,其中虽然有很多的梓树、豫树,但不能就把这些树木直接说成是壮观的大厦、华美的房屋;云梦泽,孟诸泽,其中出产的鱼肉虽然很丰富,但不能就把这些鱼肉直接称之为已经烹调好的盛宴,称之为渝儿、狄牙做成的美味。

“今诗与古诗俱有义理,而盈于差美[1]。方之于士,并有德行,而一人偏长艺文[2],不可谓一例也[3];比之于女,俱体国色,而一人独闲百伎[4],不可混为无异也。

【注释】

①盈于差美：超过之处在于今诗的辞句稍微华美一些。盈，超过。差，稍微。

②艺文：文章。这里指写文章的才华。

③一例：一样。

④闲：同"娴"，熟悉。百伎：各种技艺。

【译文】

"现在的诗歌和古代的诗歌都有很好的思想内容，现在的诗歌略胜一筹的地方就在于它的文辞稍微华美了一些。拿士人来作比方，虽然两人都有很好的德行，而其中一人在写文章方面更有才华一些，那就不能说两个人完全一样了；拿女子来作比方，虽然两人都有着举国最为美丽的容貌，而其中一人独自具有多方面的技艺，那就不能把两个人混为一谈而认为没有差别了。

"若夫俱论宫室，而奚斯'路寝'之颂[①]，何如王生之赋《灵光》乎[②]！同说游猎，而《叔畋》、《卢铃》之诗[③]，何如相如之言《上林》乎！并美祭祀，而《清庙》、《云汉》之辞[④]，何如郭氏《南郊》之艳乎[⑤]！等称征伐，而《出军》、《六月》之作[⑥]，何如陈琳《武军》之壮乎[⑦]！则举条可以觉焉[⑧]。近者夏侯湛、潘安仁并作《补亡诗》[⑨]，《白华》、《由庚》、《南陔》、《华黍》之属[⑩]，诸硕儒高才之赏文者，咸以古诗三百[⑪]，未有足以偶二贤之所作也[⑫]。

【注释】

①奚斯：人名。春秋鲁国的公子。路寝：天子、诸侯的正室。这里具体指鲁僖公的正室。《诗经·鲁颂·闷宫》："松桷有舄，路寝孔

硕。新庙奕奕,奚斯所作。"

②王生:王延寿。东汉南郡宜城人。灵光:宫殿名。即灵光殿。西汉鲁恭王在春秋鲁僖公旧宫基址上建灵光殿,东汉时,王延寿游鲁,作《灵光殿赋》。

③《叔畋》:《诗经·郑风》有《叔于田》、《大叔于田》两首诗歌,描写打猎情况。《卢铃》:今本作《卢令》。《诗经·齐风》中的篇名,据说是讽刺齐襄公的"好田猎"。

④《清庙》:《诗经·周颂》中的篇名。描写周公率诸侯祭祀文王的情况。《云汉》:《诗经·大雅》中的篇名。为周宣王祈神求雨而作。

⑤郭氏:指晋人郭璞。《南郊》:指《南郊赋》。描写天子南郊祭天的宏伟场面。

⑥《出军》:应作"出车"。杨明照《抱朴子外篇校笺》:"孙星衍曰:'("军")当作"车"。'照按:孙说是。吉藩本正作'车',当据改。"出车,《诗经·小雅》中的篇名。写周宣王时大将南仲征伐玁狁之事。《六月》:《诗经·小雅》中的篇名。写周宣王北伐之事。

⑦陈琳:三国魏人。《武军赋》是其作品之一。

⑧举条可以觉:举例就可以明白这一点。举条,举例。

⑨夏侯湛、潘安仁:两人都是西晋文人,且相友善,并有才学。《补亡诗》:《诗经》除305篇外,另有《南陔》、《白华》、《华黍》、《由庚》、《崇丘》、《由仪》六篇,仅存其篇目,而亡佚其辞句。晋人为之补作文辞,称"补亡诗"。

⑩之属:之类。

⑪咸:都。古诗三百:即《诗经》中的诗歌。

⑫偶:相配;比得上。

【译文】

"比如都是描写宫殿的作品,而奚斯写的有关'路寝'的颂诗,怎么比得上王延寿写的《灵光殿赋》呢！同是描写游猎的作品，而《叔畋》、《卢铃》这些诗歌，怎么比得上司马相如写的《上林赋》呢！都是赞美祭祀的作品，而《清庙》、《云汉》的文辞，怎么比得上郭璞《南郊赋》的华美呢！同样是歌颂出征的作品，而《出车》、《六月》这些诗歌，怎么比得上陈琳《武军赋》的雄伟壮烈呢！如此一举例就可以让人明白这一点了。近人夏侯湛、潘安仁一起写作了《补亡诗》，其中《白华》、《由庚》、《南陔》、《华黍》之类的作品，诸位善于鉴赏文学作品的大儒高才，都认为原来《诗经》中的三百首诗歌，没有一首能够和这二位贤者的作品相提并论的。

“且夫古者事事醇素，今则莫不雕饰。时移世改，理自然也。至于罽锦丽而且坚①，未可谓之减于蓑衣②；辎軿妍而又牢③，未可谓之不及椎车也④。

【注释】

①罽(jì)：毛织品。

②蓑衣：这里指远古时期草编的粗衣。

③辎軿(zī píng)：有帷幕的车子。妍(yán)：美好。

④椎(chuí)车：用整块圆木做车轮的原始车子。

【译文】

“另外古代的人事事都很朴素，而现在无论什么东西都要雕饰装修一番。时代变了社会生活也变了，这是理所当然的现象。比如今天的毛织品、丝织品既华丽又结实，不能说它们还不如古人的草编粗衣；今天的带有帷幕的车辆既华美又坚固，不能说它们还比不上原始的椎车。

“书犹言也①，若人谈语，故为知有②；胡越之接③，终不相解。以此教戒，人岂知之哉！若言以易晓为辨④，则书何故以难知为好哉？若舟车之代步涉、文墨之改结绳[5]，诸后作而善于前事，其功业相次千万者[6]，不可复缕举也[7]。世人皆知之快于曩矣[8]，何以独文章不及古邪？"

【注释】

①书犹言：写字如同讲话。书，写字。

②知有：疑作"知音"。一说疑作"有知"，获取知识。

③胡：对我国古代西北少数民族的统称。越：对我国古代南部及东南部少数民族的统称。

④辨：通"辩"，动听；有口才。

⑥结绳：指文字产生之前的结绳记事。没有文字时，人们为了记事，就在住所挂一根绳子，大事打一个大的绳结，小事打一个小的绳结，有多少事就打多少绳结。

⑥相次：相差。

⑦缕举：一条条列举。

⑧快于曩(nǎng)：比以前的更好。快，快意。引申为优良。曩，从前。

【译文】

"写字就好像是说话，就好像是必须进入交谈，彼此才能够相互明白；让胡人与越人相互交谈，他们始终都无法相互理解，用彼此无法理解的语言去教诲告诫，对方又怎么能够听懂呢？如果谈话以通俗易懂为好，那么书籍为什么要以难以理解为优秀呢？又比如今人用舟船和车辆去代替古人的涉水和步行，用文字笔墨去代替古人的结绳记事，后来制作的各种东西都比以前的要好，古人与今人的功劳业绩相差千万倍，多得无法一一列举。世上的人都知道这些比以前的要好，为什么偏偏会认为只有文章不如古代的呢？"

省烦卷三十一

【题解】

省烦，删减烦琐之事。根据文意，本篇的“省烦”主要是指删减烦琐的礼仪。葛洪对礼仪的看法大体是，礼仪非常重要，但不可烦琐。

礼仪从无到有，是人类的一大进步。但礼仪过度烦琐，反过来又为人类生活带来了极大的负担。《礼记·礼器》说：“经礼三百，曲礼三千。”要想学到如此众多的礼仪细节，谈何容易。因此远在先秦时，注重礼仪的孔子就受到人们的诟病。晏子批评说：“今孔子盛容饰，繁登降之礼、趋详之节，累世不能殚其学，当年不能究其礼。君欲用之以移齐俗，非所以先细民也。”(《史记·孔子世家》)墨家对孔子的繁文缛节也颇有微词：“墨子学儒者之业，受孔子之术，以为其礼烦扰而不说，厚葬靡财而贫民，(久)服伤生而害事。”(《淮南子·要略训》)直到汉代，司马谈同样认为：“夫儒者以六艺为法。六艺经传以千万数，累世不能通其学，当年不能究其礼，故曰‘博而寡要，劳而少功’。”(《史记·太史公自序》)

本篇继承了这些观点，对烦琐的礼仪提出了尖锐的批评。葛洪在承认“安上治民，莫善于礼”的前提下，提出礼仪的制定应以“叙等威而表情敬”为限，不可在施行烦琐的礼仪细节方面没完没了。葛洪以“夫三王不相沿乐，五帝不相袭礼”为自己的理论依据，主张要选派合适的人选，对“三礼”进行删定，建立新的礼制，认为这样不但可以“息学者万倍之役，弭诸儒争讼之烦”，对礼仪本身的推行有益，而且更重要的是可以减少行礼用度，从而减轻了百姓的经济负担。葛洪的这些主张无疑是正确的。

没有礼仪不行，礼仪过于烦琐也不行，根据不同时代的具体情况，进行反复衡量，从中找到一个合适的“度”，这是每个时代的任务。

抱朴子曰：“安上治民，莫善于礼；弥纶人理[①]，诚为曲备[②]。然冠、婚、饮、射[③]，何烦碎之甚邪！人伦虽以有礼为贵，但当令足以叙等威而表情敬，何在乎升降揖让之繁重、拜起俯伏之无已邪！

【注释】

①弥纶：包罗。指礼制包罗了所有的人间伦理。

②曲备：完备；周全。

③冠（guàn）、婚、饮、射：指冠礼、婚礼、饮宴之礼、射礼。冠，指古代为满二十岁的男子举行的加冠礼，表示已经成年。饮，指乡饮酒礼。射，指射礼。古代贵族男子重武习射，常举行射礼。又分为大射、宾射、燕射、乡射等。

【译文】

抱朴子说：“要想使君主安适把百姓治理好，没有比礼制更为重要的了；礼制包罗了人间的所有伦理关系，确实应该制定得完备一些。然而那些冠礼、婚礼、饮礼、射礼，为什么会烦琐到如此严重的程度呢！人们的伦理关系虽然应该以有礼仪为可贵，只是礼仪足以使人们排列出尊卑等级的秩序并能表现出真诚的敬意就可以了，怎么会在于升堂下阶作揖谦让的繁杂动作、下拜起立低首伏地的细节上没完没了呢！

"往者,天下乂安[①],四方无事,好古官长,时或修之[②],至乃讲试累月,督以楚挞[③],昼夜修习,废寝与食。经时学之[④],一日试之,执卷从事[⑤],案文举动[⑥],黜谪之罚,又在其间,犹有过误,不得其意。而欲以为以此为生民之常事[⑦],至难行也。此墨子所谓'累世不能尽其学,当年不能究其事者也'[⑧]。

【注释】

①乂(yì)安:安定;太平。乂,安定。

②之:代指繁琐的古礼。

③楚挞:用荆条鞭打。楚,荆条。

④经时:经过长时间。时,季节。这里泛指长时间。

⑤执卷从事:拿着古代的礼书去演习礼仪。卷,书卷。这里指礼书。

⑥案文举动:按照礼书上的条文去安排自己的一举一动。案,按照。

⑦生民:百姓。

⑧累世:几辈子。究:弄清楚。《墨子·非儒下》:"孔某盛容修饰以蛊世,弦歌鼓舞以聚徒,繁登降之礼以示仪,务趋翔之节以观众,博学不可使议世,劳思不可以补民,累寿不能尽其学,当年不能行其礼。"

【译文】

"从前,天下安定太平,四方清净无事,一些喜欢古代文化的官员,就抽出时间学习古代的礼仪,以至于成年累月地研究试用,用鞭打来督促,不分白天黑夜地学习,可以说是废寝忘食了。经过长时间的学习,然后花一天的时间进行考试,大家都捧着礼书去演习礼仪,按照礼书的条文去安排自己的一举一动，另外考不好就会被罢职贬官的惩罚，也放在礼仪考试期间，然而考试者依然会发生礼仪方面的过失，无法理解古礼的含义。而想要用这些古礼作为百姓日常遵循的原则，是太难以施行了。这就是墨子所说的‘几辈子也不能穷尽礼仪这门学问，一年也无法弄清礼仪这件事情’。

“古人询于刍荛①，博采童谣②；狂夫之言③，犹在择焉。至于墨子之论，不能非也。但其张刑网④，开涂径⑤，浃人事⑥，备王道⑦，不能曲述耳⑨。至于讥葬厚⑩，刺礼烦，未可弃也。自建安之后⑪，魏之武、文⑫，送终之制，务在俭薄。此则墨子之道，有可行矣。

【注释】

①刍荛(chú ráo)：割草打柴的人。《诗经·大雅·板》：“先民有言，询于刍荛。”

②童谣：儿歌。古人认为童谣不仅能够在一定程度上反映民意，而且还能够预示时代的命运、国家的兴衰。

③狂夫：疯子；疯人。《史记·淮阴侯列传》：“广武君曰：‘臣闻智者千虑，必有一失；愚者千虑，必有一得。故曰：“狂夫之言，圣人择焉。”’”

④张刑网：使用法网。

⑤开涂径：广开仕途。

⑥浃(jiā)人事：协调人际关系。浃，融洽；协调。

⑦备王道：完备治国方略。

⑨曲述：详细论述。曲，详细。

⑩葬厚：即厚葬。《墨子》专有一章《节葬》谈反对厚葬的主张。

⑪建安：汉献帝刘协的年号。公元196—219年。

⑫武、文：指魏武帝曹操和他的儿子魏文帝曹丕。曹操和曹丕临死前都曾遗令薄葬。

【译文】

"古人还向割草打柴的人请教，广泛地采集童谣儿歌；就连疯人讲的话，也在他们的选择之列。关于墨子的主张，是不能否定的。只是他的使用刑法、广开仕途、协调人际关系、完备治国方略等等思想，这里无法一一详细论述而已。关于他批评厚葬，讽刺礼仪的烦琐，这些主张是不可抛弃的。自从建安年间以后，魏国的武帝、文帝，他们制定的送终制度，是在努力地追求节俭。这种做法就是墨子的主张，是完全可以施行的。

"余以为丧乱既平，朝野无为[1]，王者所制，自君作古[2]。可命精学洽闻之士[3]，才任损益、免于拘愚者[4]，使删定'三礼'[5]，割弃不要，次其源流，总合其事，类集以相从。其烦重游说、辞异而义同者[6]，存之不可常行，除之无所伤损，卒可断约而举之[7]，勿令沉隐[8]，复有凝滞。

【注释】

①无为：清净无事。《诗经·王风·兔爰》："我生之初，尚无为；我生之后，逢此百罹。"

②作古：创始。前所未有，自创新例。

③洽闻：博学多识。

④损益：减损或增益。这里指对礼仪条款进行删改。拘愚：拘谨和愚昧。

⑤三礼：《周礼》、《仪礼》、《礼记》三本书的合称。三书都属于儒家

的经典，内容是关于先秦的礼仪规定。

⑥烦重：繁琐重复。游说：游移不定的言辞。

⑦卒：最终。断约：断除、省略。举之：拿掉它们。也即删除它们。

⑧沉隐：隐晦不明。

【译文】

“我认为动乱已经平息，朝野清净无事，以王道治理天下的君主制定礼法时，应该由君主自创新例。可以命令学问精湛博闻多识的士人，还有那些才能可以担负起增减礼制重任、不拘谨不愚昧的人，让他们去删定《周礼》、《仪礼》和《礼记》，去掉其中不重要的内容，理清其中源头与流变的先后顺序，综合所有的礼仪条款，按照类别分别进行编排。那些烦琐重复、游移不定的说法，词句不同而意思相同的内容，保留它们又无法在平日实行，去掉它们也没有什么损害，最后就可以把它们拿出来删除掉，不要让礼仪条款隐晦不明，再对人们行礼造成障碍。

“其吉凶器用之物①，俎、豆、觚、觯之属②，衣、冠、车、服之制，旗章采色之美③，宫室尊卑之品，朝飨宾主之仪④，祭奠、殡葬之变⑤，郊祀、禘袷之法⑥，社稷、山川之礼⑦，皆可减省，务令约俭。夫约则易从，俭则用少；易从则不烦，用少则费薄；不烦，则莅事者无过矣⑧；费薄，则调求者无苛矣⑨。

【注释】

①吉：指吉礼。如祭祀天地之礼等。凶：凶礼。如丧礼等。器用：指各种祭器。

②俎(zǔ)：古代祭祀时用来盛放牛羊等祭品的礼器。豆：古代食具。形似高脚盘。觚(gū)：一种酒器。觯(zhì)：一种酒器。

③章：花纹。

④朝飨：朝见与宴飨。

⑤奠：用酒食祭祀死者。变：变化；不同。

⑥郊祀：在郊外祭祀天地。禘祫(dì xiá)：古代祭祀名。天子或诸侯祭祀始祖叫做“禘”，天子或诸侯把远近的祖先牌位集合在太祖庙里举行大合祭叫做“祫”。

⑦社稷：土神与谷神。社，土神。稷，谷神。这里指祭祀土神、谷神。

⑧莅事者：参与办事的人。这里指参与祭祀的人。

⑨调求者：征收赋税的人。

【译文】

“那些在吉礼凶礼的仪式上所使用的器物，比如俎、豆、觚、觯之类的东西，有关衣服、帽子、车辆、服饰等等制度，旗帜的花纹与色彩方面的华美装饰，房屋建筑的尊卑等级规定，朝见宴飨时的宾主礼节，祭奠死者、出殡下葬的礼仪区别，郊祭天地和祭祀祖先的方法，祭祀土神、谷神和山川之神的礼制，都可以减少省略一些，一定要做到程序简单费用节约。程序简单了就容易使人遵此施行，费用节约了就可以减少用度；容易施行就不烦琐，用度少了花费就小；不烦琐，那么参与祭祀的人就不会犯下过错；花费小，那么征收赋税的人就不会变得苛刻。

“拜伏揖让之节，升降盘旋之容①，使足叙事，无令小碎，条牒各别②，令易案用。今五礼混挠③，杂饰纷错，枝分叶散，重出互见④，更相贯涉⑤。旧儒寻案⑥，犹多所滞。驳难渐广⑦，异同无已⑧，殊理兼说，岁增月长，自非至精，莫不惑闷。踌躇岐路之衢⑨，愁劳群疑之薮⑩，煎神沥思⑪，考校判例⑫。

【注释】

①盘旋：形容左右进退的行礼动作。

②条牒：条款。牒，写字用的小木片、小竹简。这里指礼仪条款。

③五礼：古代五方面的礼仪制度。具体指吉、凶、军、宾、嘉五礼。吉礼指祭祀鬼神等，凶礼指国丧等，军礼指军队中的礼仪，宾礼指接待宾客之礼，嘉礼指婚姻之礼等。混挠：混乱。挠，乱。

④互见：指同一条礼节在几个地方出现。

⑤更相贯涉：相互重叠。

⑥旧儒：宿儒。德高望重、学识渊博的学者。寻案：探索研究。

⑦驳难：驳杂疑难。一说“驳难”疑为“驳杂”。

⑧异同无已：各种不同或相同的争论无休无止。

⑨踌躇岐路之衢：徘徊于交叉路口。比喻在礼仪问题上犹疑不定。踌躇，徘徊。衢，路。

⑩愁劳群疑之薮(sǒu)：忧愁劳烦于疑难问题丛生的礼仪制度之中。薮，水少而草木繁盛的大泽。这里比喻问题丛生的礼仪制度。

⑪沥思：竭尽心思。

⑫判例：案例。这里指执行各种礼仪的具体案例。

【译文】

“下拜伏地、相互揖让的礼节，升堂下阶、左右进退的动作，只要使它们能够让礼仪顺利进行下去就可以了，不要过于细小琐碎，要把各种条款分辨清楚，让人们容易遵此施行。如今的五种礼仪制度相互混杂，纷繁而错乱，就好像枝叶一样无序地散布开去，同一条礼仪重复出现几处都有，相互重叠。即使让宿儒去研究考察，依然有许多滞碍不通之处。各种杂乱疑难的问题越来越多，各种不同或相同的争论无休无止，相差悬殊的理解和几种不同的解释，这种混乱情况与日俱增，除了非常精通礼仪的人，无不感到迷惑糊涂。人们就好像徘徊于交叉路口那样犹疑不定，被这些疑难丛生的礼仪制度问题弄得忧愁疲惫不堪，他们煎熬着自己的精神竭尽了自己的思虑，考察核对着过去那些具体的礼仪案例。

“尝有穷年[1]，竟不豁了[2]，治之勤苦，决嫌无地[3]。呻吟寻析[4]，憔悴决角[5]，修之华首不立[6]。妨费日月，废弃他业，愁困后生，真未央矣[7]。长致章句[8]，多于本书。今若破合杂俗[9]，次比种稷[10]，删削不急，抗其纲[11]，较其令，炳若日月之著明[12]，灼若五色之有定[13]，息学者万倍之役，弭诸儒争讼之烦[14]。将来达者观之，当美于今之视周矣[15]。此亦改烧石去血食之比[16]，无所惮难，而恨恨于惜怀推车[17]，迟于去巢居也[18]。

【注释】

①穷年：穷尽一生。年，寿命。一说“穷年”是穷尽一年的意思。

②竟不豁了：最终也没有弄清楚。竟，最终。豁了，明白。

③决嫌：解决疑难问题。嫌，嫌疑；疑难。无地：无处；无法。

④呻吟：吟诵；读书。

⑤决角：疑为“总角”。古代男女未成年时束发为二结，形状如角，故称“总角”。这里代指未成年。

⑥华首：头发花白。代指老年。不立：没有建树。

⑦未央：没有尽头。央，尽；完了。

⑧章句：分章析句。是经学家解释儒家经典的一种体例。这里泛指对礼书的注释。

⑨破合杂俗：分开或合并各种杂乱的礼仪、世俗的礼仪。破，分开。

⑩次比种稷：就像种庄稼那样按照次序排列。稷，谷类。这里泛指庄稼。

⑪抗：举。

⑫炳：明亮的样子。

⑬灼：显明的样子。

⑭弭：止息；停止。

⑮美于：比……还要美好。周：西周。这里指周礼。西周的周公制礼，为后世所效仿。

⑯此改烧石去血食之比：这就好比改用烧石做饭而不再茹毛饮血了。烧石，人类刚开始熟食时，没有锅，就把粮食放在石头上烧烤。一说烧石指石炭，也即煤炭。

⑰恨恨：疑作“悢悢”。杨明照《抱朴子外篇校笺》：“寻绎上下文意，‘恨恨’，当作‘悢悢’。”悢悢，留恋的样子。推车：应作“椎车”。“推”为“椎”之形误。本书《钧世》：“未可谓之不及椎车也。”椎车，用整块圆木做车轮的原始车子。这里泛指原始工具。

⑱去：离开。巢居：巢窝。原始人为了躲避野兽的侵害，在树上筑巢而居。

【译文】

“曾经有人穷尽了自己的一生，最终也没有弄明白礼仪制度，勤劳辛苦地学习礼仪，却无法找到解决其中疑难问题的方法。他们读书、分析，未成年时就为此而劳累得憔悴不堪，一直研究到头发花白也毫无建树。他们浪费了时光，耽误了其他事业，还使年轻人为此发愁苦恼，真可以说是无休无止啊！大量解释礼书的文字，比原书的文字还多。现在如果能够重新分开或合并各种杂礼和俗礼，就像种庄稼那样分门别类地去按次序编排，删除那些不急需的礼节，举出礼制的大纲，检查礼制的条令，让它们像日、月一样明亮显著，像五种颜色那样显明确定，这样就可以省去学习者的万倍劳苦，消除众多儒生争吵的烦恼。将来的通达者看待今天制定的礼仪制度，应该比现在的人们看待周代的礼仪制度还要美好。这也好比是改用烧石做饭以脱离茹毛饮血的生活方式，不应有畏难情绪，不应留恋于过去的原始工具，迟迟不肯离开建在树上的巢窝。

“然守常之徒[①]，而卒闻此义[②]，必将愕然创见[③]，谓之狂生矣。夫三王不相沿乐[④]，五帝不相袭礼[⑤]，而其移风易俗，安上治民，一也。或革或因[⑥]，损益怀善[⑦]，何必当乘船以登山、策马以涉川、被甲以升庙堂、重裘以当隆暑乎[⑧]！若谓古事终不可变，则棺椁不当代薪埋、衣裳不宜改裸袒矣[⑨]。”

【注释】

①守常：墨守成规。

②卒(cù)：同“猝”，突然。

③愕然：吃惊的样子。

④三王：夏、商、周三代的开国君主。三王也可理解为三皇，三皇是传说中的帝王。说法不一，一说指天皇、地皇、人皇，一说指伏羲、神农、黄帝。沿乐：沿用前代的礼乐。

⑤五帝，传说中的帝王。说法不一，一说指伏羲、神农、黄帝、尧、舜。袭：袭用；沿用。

⑥革：变革。因：沿用；因袭。

⑦怀：应作“坏”。《四库全书》文溯阁本即作“坏”。坏，毁坏；破除。

⑧乘船以登山：坐着船登山。比喻不知因时而变，不合时宜。

⑨棺椁：古代的棺材分两层，里面的叫“棺”，外面的叫“椁”。薪埋：原始人死后，裹以柴草掩埋。《周易·系辞下》：“古之葬者，厚衣之以薪，葬之中野，不封不树，丧期无数。后世圣人易之以棺椁。”

【译文】

“然而那些墨守成规的人们，突然听到这种主张，必然会对这一新的见解感到吃惊，而把我称为狂生了。夏、商、周三代帝王不沿用前代的礼乐，上古的五位帝王也不因袭前代的礼制，然而他们都改变了习俗风气，使君主安适把百姓治理好的效果，却都是一样的。对礼仪制度或进行变革或有所因袭，或减少或增加或删除或改善，何必一定要坐着船去登山、鞭打着马去渡河、身披着铠甲上朝堂、正值酷暑而穿着几层皮衣呢！如果认为古代的事情始终都不能改变的话，那么就不应该用棺椁安葬去代替远古时的柴草裹尸掩埋，不应该用穿衣裳去代替远古时的赤身裸体了。”

尚博卷三十二

【题解】

尚博，崇尚博学。而实际上，本篇所涉及的内容已经溢出了“尚博”的范围，其主要内容有以下几点：

首先，葛洪认为经学固然重要，但也不可忽略子书。作者认为子书相对于经书，虽说是处于佐助的地位，但也是出自才士之手，因此子书与经书殊途同归，在教化百姓、稳定社会方面，与经书具有同样的功能。葛洪还特别强调魏晋以后的子书的重要性，要求人们要广泛阅读，以便“合锱铢可以齐重于山陵，聚百十可以致数于亿兆”。

其次，葛洪针对“德行者，本也；文章者，末也”、并且进一步否定文章存在必要性的观点，提出了自己的看法。葛洪认为文章微妙难识，其主要作用在于载道，因此“文可以废，而道未行，则不得无文”。作者最后的结论是“文章之与德行，犹十尺之与一丈”，它们具有同样的重要性。

最后，葛洪批判了“今世所为，多不及古，文章著述，又亦如之”的贵古贱今的观点。葛洪认为今人不亚于古人，今文不亚于古文。有力地抵制了“今山不及古山之高，今海不及古海之广，今日不及古日之热，今月不及古月之朗”这一迂腐可笑的看法。

葛洪在讨论“文”的时候，有的地方把文章之“文”与文采之“文”混为一谈，比如在说明文章重要性时，却用“大人虎炳，君子豹蔚……六甲出灵龟之所负，文之所在，虽贱犹贵，犬羊之鞟，未得比焉”来作为证据。文章与文采确实有着相通之处，但两者毕竟不是一回事。

抱朴子曰：“正经为道义之渊海[①]，子书为增深之川流。仰而比之，则景星之佐三辰也[②]；俯而方之，则林薄之裨嵩岳也[③]。虽津涂殊辟[④]，而进德同归；虽离于举趾[⑤]，而合于兴化。故通人总原本以括流末，操纲领而得一致焉。

【注释】

①正经：指儒家的正统经典。

②景星：杂星名。又称瑞星、德星。其状无常，常出现于有道之国。三辰：日、月、星。

③林薄：丛生的草木。薄，草木交错而生。裨：增益。嵩岳：嵩山。

④津涂：途径。津，渡口。涂，同“途”，路途。殊辟：开辟的不同。

⑤离于举趾：行为不同。离，分离；不同。举趾，举足。代指行为。

【译文】

抱朴子说：“如果说正统的经典好比是道义的深渊和大海，那么诸子百家的著作就好比是为它增加深度的河流。如果用上面的天空作比喻的话，那么诸子著作辅佐着经书就如同景星辅佐着日、月、星辰一样；如果用下面的大地打比方的话，那么诸子著作有助于经书就好像草木有助于嵩山一般。虽然诸子之书与经书所开辟的途径不同，但在能够提高美德这一点上却是一致的；虽然诸子之书与经书在行为举止方面有所区别，但在能够振兴教化方面却是契合的。因此那些思想通达的人能够总体把握住道义的本原以总领着它们的支流，紧紧抓住大纲要领而能够取得同样的效果。

“古人叹息于才难，故谓百世为随踵[①]。不以璞非昆山[②]，而弃耀夜之宝；不以书不出圣，而废助教之言。是以闾陌之拙诗、军旅之鞫誓[③]，或词鄙喻陋，简不盈十[④]，犹见撰录，亚次典诰[⑤]。百家之言，与善一揆[⑥]。譬操水者，器虽异而救火同焉；犹针灸者[⑦]，术虽殊而攻疾均焉。

【注释】

①百世为随踵：百世出现一位圣人，已经算是接踵而至了。世，一代人为一世。三十年也叫一世。《战国策·齐策三》：“淳于髡一日而见七人于宣王。王曰：‘子来！寡人闻之，千里而一士，是比肩而立；百世而一圣，若随踵而至也。’”

②璞：含有美玉的石头。昆山：即昆仑山。在今西藏、新疆、青海一带。据说这里出产美玉。

③闾陌：民间。闾，古代的一种居民组织单位。五家为比，五比为闾。陌，田间小路，南北为阡，东西为陌。拙诗：指《诗经》中收集的民歌。鞫(jū)誓：内容贫乏枯燥的誓言。指《尚书》中《甘誓》、《汤誓》等篇。鞫，这里指内容贫乏枯燥。一说“鞫”为告说的意思。

④简不盈十：不到十支竹简。言篇幅短小，类似今天说的字不到十行。

⑤亚次：仅次于。典诰：指《尚书》中《尧典》、《大诰》等篇。

⑥与善：有助于善德。与，帮助。一揆(kuí)：道理是一样的。揆，道理。

⑦针灸：用针刺的方法治病叫做“针”，用燃烧的艾绒治病叫做“灸”。

【译文】

“古人感叹人才难得，因此曾经说百代能够出现一位圣人已经算是接踵而至了。他们并不因为璞玉不是产自昆仑山，就抛弃这块能够夜晚发光的宝玉；也不因为书籍不是圣人所著，就抛弃其中有助于教化的言论。因此民间田野里流传的拙劣歌词、军旅中内容枯燥贫乏的誓词，有的言词庸俗比喻浅陋，有的短得几乎不到十行字，但仍然被古人收集记录下来，其地位仅次于《尧典》、《大诰》等重要文献。诸子百家的著作，能够帮助人们提高美德的作用与经书是一样的。这就好比取水，大家拿的器物虽然不同但能够救火的作用却是相同的；又比如针和灸，使用的方法虽然不同但能够治疗疾病也是一样的。

“汉魏以来，群言弥繁。虽义深于玄渊①，辞赡于波涛②，施之可以臻征祥于天上③，发嘉瑞于后土④；召环、雉于大荒之外⑤，安圜堵于函夏之内⑥；近弭祸乱之阶，远垂长世之祉⑦；然时无圣人目其品藻⑧，故不得骋骅騄之迹于千里之涂⑨，编近世之道于《三坟》之末也⑩。

【注释】

①玄渊：深渊。玄，深邃。

②赡：富足；丰富。

③臻：致；招致。征祥：祥兆；吉兆。

④后土：古人称土神为后土。这里指大地。

⑤召环、雉于大荒之外：能够使极为遥远的人们前来进献玉环和白雉。环，玉环。雉，指白雉一类的灵异之鸟。大荒之外，形容极为遥远的地方。《帝王世纪》：“西王母慕舜之德，来献白环。”《韩诗外传》卷五：“比几三年，果有越裳氏重九译而至，献白雉于周公。”

⑥安圜堵：安居乐业。圜堵，即环堵。四面各有一丈土墙的狭小居

室。函夏：整个中国；全国。函，包括。夏，华夏；中国。

⑦祉：福祉；幸福。

⑧品藻：品评鉴定。

⑨骅騄(lù)：骏马名。

⑩《三坟》：传说中我国最古老的典籍。

【译文】

"汉魏以来，各种学说越来越多。虽然这些学说的内涵比深渊还要深奥，辞藻比波涛还要丰富，使用这些学说就可以使天上出现吉兆，可以使大地呈现祥瑞；能够让极为遥远的人们前来进献玉环和白雉，能够使所有的中国人都可以安居乐业；从短时间来看可以消除祸乱的根源，从长远来看可以为后人留下永久的福祉；然而可惜此时没有圣人对这些学说进行欣赏品评，因此不能使骅騄一样的优秀人才在千里长途之中施展自己的才华，无法让这些学说编辑于'三坟'等古代典籍之后。

"拘系之徒①，桎梏浅隘之中②，挈瓶训诂之间③，轻奇贱异④，谓为不急。或云小道不足观⑧，或云广博乱人思；而不识合锱铢可以齐重于山陵⑨，聚百十可以致数于亿兆⑩；群色会而衮藻丽⑪，众音杂而《韶》、《濩》和也⑫。

【注释】

①拘系：狭隘保守。

②桎梏(zhì gù)：脚镣手铐。在脚叫"桎"，在手叫"梏"。这里指束缚自我。

③挈瓶：提着小瓶子汲水。比喻学习一些小知识。挈，提；拿。训诂：解释文字。

④轻奇贱异：轻视奇异的思想。

⑤小道：小学问。

⑨锱铢（zī zhū）：比喻重量很轻。锱、铢都是古代很小的重量单位，六铢等于一锱，四锱等于一两。

⑩百十：杨明照《抱朴子外篇校笺》认为应依据本书的用词习惯，当作“百千”（如《任命》、《百家》多作“百千”）。亿：数词。一万万。古代也把十万叫做亿。兆：数词。古代把百万或万亿叫做兆。

⑪衮（gǔn）藻：衮服上的花纹。衮，即衮服，又叫做衮衣，绣有龙形等花纹的高贵服饰。藻，花纹。

⑫《韶》：舜时的乐曲。《濩》：商汤时的乐曲。

【译文】

“思想保守的人，把自己束缚在浅薄狭隘的学问之中，在文字解释中去寻觅一些小小的知识，他们轻视新奇独特的观点，认为这些都不是当前所急需的。或者说这些学问是不值得一顾的小学问，或者说这些学问太广博了会搅乱人的思想；然而他们并不懂得不断地把一锱一铢汇集起来就能够与山峰一样沉重，不断地积聚一百一千的小数目就可以达到亿兆的大数目；把各种颜色调配在一起就能够使衮衣的花纹变得华丽美观，把各种音符交错在一起就能够形成和谐的《韶》、《濩》乐曲。

“或贵爱诗赋浅近之细文[①]，忽薄深美富博之子书[②]，以磋切之至言为騃拙[③]，以虚华之小辩为妍巧。真伪颠倒，玉石混淆；同广乐于桑间[④]，钧龙章于卉服[⑤]。悠悠皆然[⑥]，可叹可慨者也！”

【注释】

①赋：一种文体，有韵，句式像散文。

②忽薄：忽略轻视。

③切磋：切开、粗锉玉石或骨器。这里用切开、粗锉玉石或骨器比喻修养品德。一说骨器加工叫做“切”，象牙加工叫做“磋”。骙(ái)：笨拙。

④广乐：盛大高雅的音乐。桑间：淫靡的音乐。桑间本为濮水边的一处地名，因此处音乐淫靡，故后来用它代指靡靡之音。《礼记·乐记》：“桑间濮上之音，亡国之音也。”

⑤钧：通“均”，等同。龙章：绘有龙形图案的礼服。卉服：用葛麻等植物纤维制成的粗衣。卉，草。

⑥悠悠皆然：到处都是如此。悠悠，多的样子。然，这样。

【译文】

“有的人重视喜爱诗歌和辞赋这类浅近的小文章，而忽略轻视内容深刻美妙丰富广博的诸子著作，把能够提高美德的至理名言看成是愚蠢笨拙的作品，把空洞虚华的谈论视为华美巧妙的文字。这真是颠倒了真实与虚假，混淆了美玉和顽石；把盛大高雅的乐曲等同于桑间的靡靡之音，把绣着龙形图案的礼服等同于葛麻制成的粗衣。社会上到处都是如此，真令人叹息令人感慨啊！”

或曰：“著述虽繁，适可以骋辞耀藻，无补救于得失，未若德行不言之训①。故颜、闵为上②，而游、夏乃次③；四科之格④，学本而行末⑤。然则缀文固为余事⑥。而吾子不褒崇其源，而独贵其流⑦，可乎？”

【注释】

①不言之训：不用语言的教育。指以实际的德行感化别人。

②颜、闵：颜渊、闵子骞。都是孔子的弟子。以德行著称。

③游、夏：子游、子夏。都是孔子的弟子。以文学著称。

④四科：四门学科。指德行、言语、政事、文学。《论语·先进》："德行：颜渊、闵子骞、冉伯牛、仲弓。言语：宰我、子贡。政事：冉有、季路。文学：子游、子夏。"格：标准。

⑤学本而行末：本句疑为"行本而学末"。德行为本而文学为末。

⑥缀文：连缀文字。也即写作。余事：不重要的小事。余，末；不重要。

⑦流：末流。指与德行相对的写作。

【译文】

有的人说："著述虽多，只可以用来尽情地炫耀自己的华美辞藻，对于政治得失毫无裨益，比不上美好的德行这种不用语言的教育。因此颜回、闵子骞居于前列，而子游、子夏只能居于次要地位；德行、言语、政事、文学四科的标准，以德行为根本而以文学为次要。那么这就说明写作文章确实是不太重要的小事了。然而您不去赞扬推崇作为本源的德行，却偏偏看重作为末流的写作，这可以吗？"

抱朴子答曰："德行为有事①，优劣易见；文章微妙，其体难识。夫易见者，粗也；难识者，精也。夫唯粗也，故铨衡有定焉②；夫唯精也，故品藻难一焉。吾故舍易见之粗，而论难识之精，不亦可乎！"

【注释】

①德行为有事：德行体现在具体的事实上。本句的"为"应为衍文。杨明照《抱朴子外篇校笺》："'为'字盖涉上文误衍，当删。'德行有事'，始能与下'文章微妙'句相骊。"

②铨衡：称量重量的工具。也即秤。这里用作动词，指评价。

【译文】

抱朴子回答说："德行体现在具体的事实上，它的优劣显而易见；文章深奥微妙，它的实质难以认识。显而易见的事物，是粗糙的；难以认识的东西，是精微的。正因为粗糙，所以能够对它进行准确的衡量；正因为精微，所以评论它的时候就难以意见一致。我特地抛开显而易见的粗糙事物，而去讨论难以认识的精微东西，不也可以吗？"

或曰："德行者，本也；文章者，末也。故四科之序，文不居上。然则著纸者①，糟粕之余事②；可传者③，祭毕之刍狗④。卑高之格，是可识矣。文之体略⑤，可得闻乎？"

【注释】

①著纸者：写在纸上的文字。

②糟粕之余事：不重要的糟粕之物。古人认为，真正的思想精华是无法用语言表达清楚的。《庄子·天道》："桓公读书于堂上。轮扁斫轮于堂下，释椎凿而上，问桓公曰：'敢问公之所读者，何言邪？'公曰：'圣人之言也。'曰：'圣人在乎？'公曰：'已死矣。'曰：'然则君之所读者，古人之糟魄已夫！'桓公曰：'寡人读书，轮人安得议乎！有说则可，无说则死。'轮扁曰：'臣也以臣之事观之，斫轮，徐则甘而不固，疾则苦而不入。不徐不疾，得之于手而应于心，口不能言，有数存焉于其间。臣不能以喻臣之子，臣之子亦不能受之于臣，是以行年七十而老斫轮。古之人与其不可传也死矣。然而君之所读者，古人之糟魄已矣。'"

③可传者：指流传下来的、由文字记载的、古代的思想主张。

④祭毕之刍狗：祭祀用过的草扎的狗。指已经过时而无用的东西。刍，草。《庄子·天运》："孔子西游于卫，颜渊问师金曰：'以夫子之行为奚如？'师金曰：'惜乎，而夫子其穷哉！'颜渊曰：'何也？'

师金曰：‘夫刍狗之未陈也，盛以箧衍，巾以文绣，尸祝齐戒以将之。及其已陈也，行者践其首脊，苏者取而爨之而已。’”

⑤体略：大致情况。

【译文】

有的人说：“德行，是根本；文章，是末节。因此德行、言语、政事、文学这四科在排序时，文学一科不能居于前列。那么这就说明写在纸上的文字，不过是不重要的糟粕之物而已；可以用文字记载下来的内容，就好像祭祀之后被抛弃的过时而无用的草狗一样。低级和高级的标准，这是可以辨别清楚的。关于文章的大致情况，您能够说给我们听听吗？”

抱朴子答曰：“荃可以弃[1]，而鱼未获，则不得无荃；文可以废，而道未行，则不得无文。

【注释】

①荃：通“筌(quán)”，用竹或草编制的捕鱼器。《庄子·外物》：“荃者所以在鱼，得鱼而忘荃；蹄者所以在兔，得兔而忘蹄；言者所以在意，得意而忘言。”

【译文】

抱朴子回答说：“筌是可以丢弃的，但在未捕到鱼的时候，就不能没有筌；文字是可以废弃的，但在大道还没得以推行的时候，就不能没有文字。

“若夫翰迹韵略之宏促[1]，属辞比事之疏密[2]，源流至到之修短[3]，蕴藉汲引之深浅[4]，其悬绝也，虽天外毫内，不足以喻其辽邈；其相倾也[5]，虽三光熠耀[6]，不足以方其巨细；龙渊铅铤[7]，未足譬其锐钝；鸿羽积金，未足比其轻重。清浊参差，所禀有主[⑧]。朗昧不同科[⑨]，强弱各殊气。而俗士唯见能染毫画纸者[⑩]，便概之一例。斯伯牙所以永思钟子[⑪]，郢人所以格斤不运也[⑫]。

【注释】

①翰迹：笔墨的痕迹。也即文笔、笔调。翰，鸟羽。因毛笔为羽毛所制，故代指毛笔。韵略：用韵的方法。略，原则；方法。宏促：宽窄。促，短促；狭窄。

②属（zhǔ）辞：连缀辞句。也即遣词造句。属，连接。比事：记载事物。比，排比。引申为记载。疏密：粗疏与严密。也即详略。

③源流：指文章思想的源流。至到：达到。指达到的境界。修短：长短；高低。修，长。

④蕴藉：含蓄。汲引：引用。指使用典故。

⑤倾：压倒。比喻高低相差悬殊。

⑥三光：日、月、星。熠（yì）耀：萤火。一说指磷火。

⑦龙渊：宝剑名。相传为春秋欧冶子、干将所制。铅铤（dìng）：铅制的箭头。铤，箭头嵌入箭杆的部分。这里代指箭头。

⑧所禀有主：各自都有自己的禀赋。主，指禀受的主要气质。

⑨朗昧：明白与愚昧。

⑩染毫画纸：毛笔蘸墨在纸上写字。

⑪斯伯牙所以永思钟子：这就是伯牙永远思念钟子期的原因。斯，这。伯牙，春秋人。善于弹琴。钟子，钟子期。春秋人。《吕氏春秋·本味》："伯牙鼓琴，钟子期听之。方鼓琴而志在太山，钟子期曰：'善哉乎鼓琴，巍巍乎若太山。'少选之间，而志在流水，钟子期又曰：'善哉乎鼓琴，汤汤乎若流水。'钟子期死，伯牙破琴绝弦，终身不复鼓琴，以为世无足复为鼓琴者。"

⑫郢（yǐng）人所以格斤不运也：是郢人放下斧头不再使用的原因。

郢，地名。楚国的都城。在今湖北江陵北。这里的“郢人”应该是“匠石”之误。格，搁置。斤，斧头。运，挥动；使用。《庄子·徐无鬼》：“庄子送葬，过惠子之墓，顾谓从者曰：‘郢人垩慢其鼻端，若蝇翼，使匠石斫之。匠石运斤成风，听而斫之，尽垩而鼻不伤，郢人立不失容。宋元君闻之，召匠石曰：“尝试为寡人为之。”匠石曰：“臣则尝能斫之。虽然，臣之质死久矣。”自夫子之死也，吾无以为质矣，吾无与言之矣。’”

【译文】

“至于人们文笔韵律的宽窄，写作记事的详略，探索源流时所能达到的境界高低，行文含蓄使用典故的深浅，彼此之间相差的悬殊程度，即使用天际之外与毫毛之内二者的差距，也不能说明它们之间距离的遥远；彼此高低的相差程度，即使用日、月、星辰与萤火虫二者的差距，也不足以说明它们之间的大小不同；用龙渊宝剑与铅制的箭头，也不足以说明二者锋利与粗钝的差距；用鸿雁的羽毛与堆积的金属块，也不足以比喻它们轻微与沉重的差别。清澈与浑浊参差不齐，各自有着不同的禀赋。明白与愚昧品性不同，坚强和软弱气质各异。然而世俗的人们只要是看到能够用笔蘸墨在纸上写字的人，就把他们一概而论。这就是伯牙之所以永远怀念钟子期的原因，也是郢人之所以放下斧头而不再使用的原因。

“盖刻削者比肩①，而班、狄擅绝手之称②；援琴者至众，而夔、襄专知音之难③。厩马千驷④，而骐骥有逸群之价；美人万计，而威、施有超世之容⑤。盖有远过众者也。

【注释】

①刻削者：砍削木头的人。也即木工。

②班、狄：两个人名。都是战国时期的能工巧匠。班，公输班，战国时鲁国人，又称“鲁班”。狄，墨翟。狄，通“翟”，战国时鲁国人，

又称“墨子”，是墨家创始人，据说他能够制造会飞的木鸢和守城的器械。

③夔（kuí）：相传是舜时的乐官。《礼记·乐记》：“昔者舜作五弦之琴，以歌《南风》。夔始制乐，以赏诸侯。”襄：师襄，又称师襄子。春秋鲁国的乐官。据说孔子曾向他学琴。

④驷（sì）：同驾一辆车的四匹马。

⑤威：南威。春秋著名美女。又叫南之威。《战国策·魏策二》：“晋文公得南之威，三日不听朝，遂推南之威而远之，曰：‘后世必有以色亡其国者。’”施：西施。春秋越国的著名美女。越国败于吴国后，求得西施及珍宝献于吴，吴王许和，后来越灭吴。

【译文】

“能够砍削木头的人多得比肩而立，然而只有公输班和墨翟能够独自享有绝等高手的名声；能够操琴弹奏的人也非常的多，然而只有夔和师襄子独自享有懂得音乐的难得称号。马厩里的马有几千匹，然而只有骐骥具有超群的价值；美人数以万计，然而只有南之威和西施具有超过世人的美貌。世上确实有一些人和物能够远远地超过一般的人和物啊。

“且文章之与德行，犹十尺之与一丈，谓之余事，未之前闻。夫上天之所以垂象①，唐、虞之所以为称②，大人虎炳③，君子豹蔚④，昌、旦定圣谥于一字⑤，仲尼从周之郁⑥，莫非文也。八卦生鹰隼之所被⑦，六甲出灵龟之所负⑧，文之所在，虽贱犹贵，犬羊之鞟⑨，未得比焉。

【注释】

①垂象：显示自己的模样。垂，垂挂；显示。象，指日、月、星辰等

天象。

②唐、虞：指尧、舜。唐，朝代名，君主为尧。虞，朝代名，君主为舜。为称：受到称赞。

③大人：在位的人。虎炳：像虎皮那样文采华美。炳，鲜明显著。《周易·革卦》："象曰：'大人虎变。'其文炳也。"

④豹蔚：像豹皮那样文采灿烂。蔚，文采。《周易·革卦》："象曰：'君子豹变。'其文蔚也。"

⑤昌、旦：指周文王姬昌与周公姬旦。谥(shì)：古代帝王、诸侯、大臣或其他有地位的人死后被加的带有褒贬意义的称号。姬昌和姬旦的谥号分别是"文王"和"文公"，都是以"文"为谥号。

⑥仲尼从周之郁：孔子遵从周代的灿烂文化。郁，即郁郁。有文采的样子。《论语·八佾》："子曰：'周监于二代，郁郁乎文哉！吾从周。'"

⑦八卦生鹰隼(sǔn)之所被(pī)：八卦产生于鹰隼所披的羽毛。古人有一种说法，认为八卦是受到鸟羽上的文采启发而画成的。隼，一种凶猛的鸟。被，同"披"。《周易·系辞下》："古者包牺氏之王天下也，仰则观象于天，俯则观法于地，观鸟兽之文与地之宜，近取诸身，远取诸物，于是始作八卦。"

⑧六甲出灵龟之所负：六甲出自灵龟背甲上的图案。六甲，在道教中，六甲的含义较多，一指道教的神名。也即六甲神。二指带有"甲"字的日子。古人用天干地支相配计算时日，其中有甲子、甲戌、甲申、甲午、甲辰、甲寅六天，叫做"六甲"。三指道教的神符。《抱朴子内篇》记载有"六甲三金符"、"六甲通灵符"等。根据文意，这里的"六甲"应指六甲神符。

⑨鞹(kuò)：去掉毛的皮。比喻没有文采的东西。《论语·颜渊》："棘子成曰：'君子质而已矣，何以文为？'子贡曰：'惜乎！夫子之说君子也，驷不及舌。文犹质也，质犹文也。虎豹之鞹，犹犬羊之鞹。'"

【译文】

“再说文章与德行的轻重，就好像十尺与一丈一样，把文章说成是不重要的小事，这是从来未曾听说过的。上天之所以显示日、月、星这些天象，唐尧、虞舜之所以受到称赞，在位大人的文采之所以能像虎皮一样华美，君子们的文采之所以能像豹皮一样灿烂，姬昌、姬旦之所以被决定用一个‘文’字作为神圣的谥号，孔子之所以遵从周代的灿烂文化，无不是因为有文采这一原因。八卦符号产生于鹰隼身披的羽毛，六甲神符产生于灵龟背甲的图案，只要是有文采的地方，即使低贱的事物也会因此而变得高贵，那些像去掉毛色花纹的狗皮羊皮之类的质朴事物，是根本无法与此相比的。

“且夫本不必皆珍，末不必悉薄①。譬若锦绣之因素地②，珠玉之居蚌石；云雨生于肤寸③，江河始于咫尺④。尔则文章虽为德行之弟⑤，未可呼为余事也。”

【注释】

①悉：全部。薄：轻视。

②因：依托；依赖。素地：白色的质地。指白色的丝绸。

③肤寸：又作“扶寸”。古代的长度单位。一指宽为寸，四指宽为肤。这里比喻很小的地方。

④咫：古代长度单位。古代以八寸为一咫。

⑤尔：此；如此。弟：指次要一些的东西。

【译文】

“再说所谓的根本性的东西不一定都值得珍贵，末节性的事物也不一定全都可以轻视。比如锦绣要依托在白色的质地上，珍珠和宝玉则处于蚌和石头之中；云雨从很小的地方产生，江河从细微的源头开始。这就说明文章与德行相比虽然稍微次要一些，却也不能就说它是不重要的小事。”

或曰：“今世所为，多不及古，文章著述，又亦如之。岂气运衰杀①，自然之理乎？”

【注释】

①气运：气数。衰杀：衰败。

【译文】

有的人说：“今人所做的事情，大多都比不上古人，文章著述，也是如此。这难道是人类气数衰败、自然规律所决定的吗？”

抱朴子答曰：“百家之言，虽有步起①，皆出硕儒之思，成才士之手，方之古人，不必悉减也②。或有汪涉玄旷③，合契作者④，内辟不测之深源，外播不匮之远流⑤。其所祖宗也高⑥，其所䌷绎也妙⑦，变化不系滞于规矩之方圆⑧，旁通不凝阂于一涂之逼促⑨。是以偏嗜酸咸者，莫能知其味；用思有限者，不能得其神也。夫应龙徐举⑩，顾眄凌云⑪；汗血缓步⑫，呼吸千里⑬。而蝼蚁怪其无阶而高致⑭，驽蹇患其过己之不渐也⑮。

【注释】

①步起：应作“步趋”。崇文局本即作“步趋”。步，行走。趋，小步快跑。这里用走路的快慢比喻质量的高低。

②悉：全部。减：不如；比不上。

③汪涉(huì)：水深广的样子。这里用来形容文章内容的丰富。玄：深邃。旷：开阔。

④作者：有创始能力的人。指圣人。《礼记·乐记》："作者之谓圣，述者之谓贤。"

⑤不匮：永不匮乏。

⑥祖宗：效法。

⑦䌷绎(chōu yì)：本指抽丝，这里引申为阐发思想。

⑧系滞：固执；局限。

⑨凝阂：局限；胶着。逼促：狭窄。

⑩应龙：长有翅膀的龙。徐：慢慢地。

⑪顾眄：看一眼。形容片刻之间。

⑫汗血：良马名。产于西域，流汗如血，故称"汗血"。

⑬呼吸：一呼一吸之间。形容时间很短。

⑭蝼：虫名。蝼蛄。喜欢生活在泥土中。高致：达到极高的地方。

⑮驽蹇(jiǎn)：低劣的瘸腿马。驽，劣马。蹇，跛；行动迟缓。渐：逐渐地；慢慢地。

【译文】

抱朴子回答说："诸子百家的言论，虽然也有着高低之分，但都是出自大儒的思考，完成于才士之手，与古人相比，未必都不如。有的著作内容丰富深邃开阔，与圣人的思想相契合，在内开掘了深不可测的源头，向外传播出永不消失的影响，它们所效法的对象非常高远，它们所阐发的思想非常美妙，它们千变万化而不局限于圆规方矩画出的方圆之中，触类旁通而不胶着于一条狭窄的道路之上。因此那些偏好酸味或甜味的人，就无法品出它们的味道；那些思路狭隘的人，就不能领会它们的精神。应龙虽然是不慌不忙地升上天空，却能够在眨眼之间就直上云霄；汗血宝马虽然是从容不迫地迈着步子，却能够在瞬息之间远行千里。然而蝼蛄和蚂蚁却奇怪应龙不用台阶就能够直达天空，瘸腿的劣马却恼恨汗血宝马突然之间就超过了自己。

“若夫驰骤于《诗》、《论》之中[①]，周旋于传记之间[②]，而以常情览巨异，以褊量测无涯[③]，以至粗求至精，以甚浅揣甚深，虽始自髫龀[④]，讫于振素[⑤]，犹不得也。

【注释】

①驰骤：奔驰。比喻努力学习。《诗》、《论》：《诗经》和《论语》。

②传：注释或解释经书的文字。

③褊(biǎn)量：狭小的气量。褊，狭小。

④髫龀(tiáo chèn)：古代儿童下垂的头发叫做“髫”，儿童换牙叫做“龀”。这里用“髫龀”代指幼年。

⑤振素：飘动的白发。代指老年。

【译文】

“至于像那些埋头学习于《诗经》、《论语》之中、徘徊于解释经义与记载事实的文字之间的人，以一般的情理去阅览极为奇异的著作，凭着狭小的气量去测度浩瀚无边的思想，以最为粗疏的才能去探寻最为精妙的理论，凭着非常浅薄的知识去探讨非常深刻的观点，即使从幼年时就开始学习研究，一直努力到白发飘飘的老年，依然一无所获。

“夫赏其快者[①]，必誉之以好；而不得晓者，必毁之以恶，自然之理也。于是以其所不解者为虚诞，慺诚以为尔[②]，未必违情以伤物也[③]。

【注释】

①赏其快者：欣赏时感到愉悦的事物。快，快意；愉悦。

②慺(lóu)诚：真心实意。慺，认真。尔：这样。

③违情：违心。这里指有意说假话。伤物：中伤别人。

【译文】

“对于那些欣赏时能够感到愉悦的事物，肯定就会称赞它好；而对于自己弄不明白的东西，肯定就会批评它不好，这是自然而然的道理。因此人们把自己所不能够理解的事物视为虚幻荒诞，他们是发自真心地认为是这样，未必就是有意地说假话去中伤别人。

“又世俗率神贵古昔，而黩贱同时[①]，虽有追风之骏，犹谓之不及造父之所御也[②]；虽有连城之珍，犹谓之不及楚人之所泣也[③]；虽有疑断之剑[④]，犹谓之不及欧冶之所铸也[⑤]；虽有起死之药，犹谓之不及和、鹊之所合也[⑥]；虽有超群之人，犹谓之不及竹帛之所载也[⑦]；虽有益世之书，犹谓之不及前代之遗文也。是以仲尼不见重于当时、《大玄》见蚩薄于比肩也[⑧]。

【注释】

①黩贱：看轻。黩，轻慢。

②造父：西周时期善于驾车的人。后被封于赵城。所御：所驾驭的马。

③楚人之所泣：楚人为之哭泣的璞玉。楚人，指春秋楚人卞和。因发现和氏璧而闻名。《韩非子·和氏》记载，卞和因为自己的璞玉不被人认同，而“抱其璞而哭于楚山之下，三日三夜，泣尽而继之以血”。

④疑(nǐ)断：一斩即断。极言刀锋之锋利。疑，通“拟”，指向。引申为击斩。

⑤欧冶：即欧冶子。春秋时期著名的铸剑工匠。

⑥和、鹊：医和、扁鹊。都是古代的名医。扁鹊是战国时名医，姓

秦，名越人。医和是春秋时名医。

⑦竹帛：竹简与丝帛。古代用来书写的工具。这里代指史书。

⑧《大(tài)玄》：书名。即《太玄》。西汉扬雄(字子云)所著。见，被。蚩，通“嗤”，嗤笑。比肩：指同时代的人。也可理解为地位名声相等的人。《论衡·齐世》：“杨子云作《太玄》，造《法言》，张伯松不肯壹观。与之并肩，故贱其言。使子云在伯松前，伯松以为《金匮》矣。”

【译文】

“另外世俗之人大都特别重视古代的事物，而轻视同时代的事物。即使有能够追上飘风的骏马，仍然说它比不上造父所驾驭的良马；即使有价值连城的珍宝，仍然说它比不上楚人卞和为之哭泣的那块璞玉；即使有一斩即断的刀剑，仍然说它比不上欧冶子所铸造的宝剑；即使有起死回生的良药，仍然说它比不上医和与扁鹊所配制的药物；即使有出类拔萃的人才，仍然说他比不上古书上所记载的古代人才；即使对社会有益的著作，仍然说它比不上前代留下来的文章。因此孔子不被当时人所看重，《太玄》一书也受到同时代人的嗤笑轻视。

“俗士多云：今山不及古山之高，今海不及古海之广，今日不及古日之热，今月不及古月之朗，何肯许今之才士不减古之枯骨①！重所闻，轻所见，非一世之所患矣。昔之破琴剿弦者②，谅有以而然乎③！”

【注释】

①许：赞同。枯骨：指死去的古人。

②破琴剿弦：摔琴毁弦。剿，毁掉。指伯牙、钟子期事。见上文“斯伯牙所以永思钟子”注。

③谅：确实。有以：有原因。然：这样。

【译文】

“世俗的人们大多都说：现在的山不如古代的山高峻，现代的海不如古代的海宽广，现代的太阳不如古代的太阳炎热，现代的月亮不如古代的月亮明亮，他们又怎么会赞同说现代的人才比得上死去的古人呢！看重耳朵听到的，而轻视眼睛看到的，这种现象不仅仅是某一个时代的弊病了。从前伯牙之所以摔琴毁弦，确实是有原因才做出这样的事情！”

汉过卷三十三

【题解】

汉过，汉朝的过错。汉，主要指东汉末年。过，过错。本篇的主旨是在批判东汉晚期政治的过失，批判的焦点则是用人不当。

葛洪认为“历览前载，逮乎近代，道微俗弊，莫剧汉末也”，东汉末年，是政治最为黑暗、世风最为败坏的时代。而之所以出现这种情况，关键就在于“失人故也”。也就是说，一切社会弊端的出现，原因全在于用人不当。

正是因为用人不当，所以才导致了奸佞小人、无良宦官把持了政权，他们相互引荐，结党营私，“其所用也，不越于妻妾之戚属；其惠泽也，不出乎近习之庸琐”。这些小人在包庇重用同党的同时，还毫不手软地排挤打击君子贤人，他们“忌有功而危之，疾清白而排之，讳忠谠而陷之，恶特立而摈之”，从而造成了小人得势、君子失意的不正常局面。

这种党同伐异的社会风气还造成了另一种恶果，那就是在评价鉴别人才时，黑白颠倒，是非不分，于是“傲兀不检，丸转萍流”的人被赞美为“弘伟大量”，“苛碎峭崄，怀螫挟毒”的人被赞美为“公方正直”；而“夙兴夜寐，退食自公，忧劳损益，毕力为政”的君子却被视为“小器俗吏”。这种是非颠倒的行为进一步则导致了强盗的增多、百姓的痛苦，紧接着则是国家的覆灭。

葛洪的批判应该说是抓住了问题的要害，一个国家的盛衰，主要是取决于人才的使用。因此，用人不当，不仅是东汉王朝的悲剧，也是所有时代的悲剧。

抱朴子曰："历览前载，逮乎近代①，道微俗弊，莫剧汉末也②。当涂端右③，阉官之徒④，操弄神器⑤，秉国之钧⑥，废正兴邪，残仁害义，蹲踏背憎⑦，即聋从昧⑧，同恶成群，汲引奸党，吞财多藏，不知纪极⑨，而不能散锱铢之薄物，施振清廉之穷俭焉⑩。

【注释】

①逮：至；到。

②剧：剧烈；严重。

③当涂：当权。端右：尚书省长官。这里泛指宰辅重臣。

④阉官：即太监。

⑤神器：国家政权。

⑥国之钧：国家的权柄。钧，制造陶器用的转轮。比喻政权。

⑦蹲踏背憎：当面相互亲近，而背后相互憎恨。蹲踏，又作"噂沓"。相互交谈的样子。引申为关系亲近。《诗经·小雅·十月之交》："噂沓背憎，职竞由人。"

⑧即聋从昧：信从那些瞎子和愚人。即，接近；听从。

⑨纪极：终极；限度。

⑩施振：救济；帮助。振，通"赈"。穷俭：指困窘贫穷的人。

【译文】

抱朴子说："历览前朝，直到近代，大道衰微而习俗败坏的情况，没有比汉末更严重的了。掌握大权的朝中重臣，以及宦官之类的人，他们操纵政权，手握权柄，废除正义而支持邪恶，残害仁义之人，他们当面表示亲近而背后相互憎恨，信从那些聋子、傻子之类的人，他们成群结队地共同作恶，吸纳奸邪之徒，侵吞财物而大肆聚敛，贪得无厌，从不肯施舍一丝一毫的财物，以帮助那些清正廉洁的困窘之人。

“进官，则非多财者不达也；狱讼，则非厚货者不直也①。官高势重，力足拔才，而不能发毫厘之片言，进益时之翘俊也②。其所用也，不越于妻妾之戚属；其惠泽也，不出乎近习之庸琐③。莫戒臧文窃位之讥④，靡追解狐忘私之义⑤。分禄以拟王林⑥，致事以由方回⑦。故列子比屋，而门无郑阳之恤⑧；高概成群⑨，而不遭暴生之荐⑩。抑挫独立⑪，推进附己。此樊姬所以掩口⑫，冯唐所以永慨也⑬。

【注释】

①直：正直；有理。这里引申为胜诉。

②翘俊：出类拔萃的俊才。翘，才能特出。

③近习：身边亲近熟悉的人。

④臧文窃位之讥：臧文仲受到窃据官位的讥讽。臧文，鲁国大夫。姓臧孙，名辰。《论语·卫灵公》：“子曰：‘臧文仲其窃位者与？知柳下惠之贤，而不与立也。’”

⑤靡追解(xiè)狐忘私之义：没有人效法解狐忘却私仇以荐举他人的正直品德。靡，没有。追，追随；效法。解狐，战国魏人。《韩诗外传》卷九：“魏文侯问于解狐曰：‘寡人将立西河之守，谁可用者？’解狐对曰：‘荆伯柳者贤人，殆可。’文侯曰：‘是非子之雠也？’对曰：‘君问可，非问雠也。’于是将以荆伯柳为西河守。荆伯柳问左右：‘谁言我于吾君？’左右皆曰：‘解狐。’荆伯柳往见解

狐而谢之曰:'子乃宽臣之过也,言于君。谨再拜谢。'解狐曰:'言子者,公也;怨子者,私也。公事已行,怨子如故。'张弓射之。"

⑥王林:春秋时卫国大夫。《说苑·尊贤》:"又有士曰王林,国有贤人,必进而任之,无不达也;不能达,退而与分其禄。"

⑦致事以由方回:像方回那样举荐贤人。事,应为"士"字。《道藏》本即作"士"。方回,相传是尧时的贤人。有关方回举荐士人的事迹不详。

⑧故列子比屋,而门无郑阳之恤:因此像列子一样的贤人比比皆是,却没有郑子阳那样的人前来救助。列子,即列御寇。后人称列子。先秦的思想家。比屋,房子挨着房子。形容很多。郑阳,郑子阳。郑国的相。恤,救助。《庄子·让王》:"子列子穷,容貌有饥色。客有言之于郑子阳者,曰:'列御寇,盖有道之士也,居君之国而穷,君无乃为不好士乎?'郑子阳即令官遗之粟。子列子见使者,再拜而辞。使者去,子列子入,其妻望之而拊心曰:'妾闻为有道者之妻子,皆得佚乐,今有饥色。君过而遗先生食,先生不受,岂不命邪!'"

⑨高概:品德高尚。概,气概;品质。

⑩暴生:暴胜之。西汉人。《汉书·隽不疑传》:"隽不疑字曼倩,勃海人也。治《春秋》,为郡文学,进退必以礼,名闻州郡。武帝末,郡国盗贼群起,暴胜之为直指挥使者……胜之素闻不疑贤,至勃海,遣吏请与相见……胜之遂表荐不疑,征诣公车,拜为青州刺史。"

⑪抑挫:压制打击。独立:不依附权贵的人。

⑫樊姬:春秋楚庄王夫人。掩口:掩口而笑。《韩诗外传》卷二:"楚庄王听朝罢晏,樊姬下堂而迎之,曰:'何罢之晏也?得无饥倦乎?'庄王曰:'今日听忠贤之言,不知饥倦也。'樊姬曰:'王之所

谓忠贤者,诸侯之客欤?中国之士欤?'庄王曰:'则沈令尹也!'樊姬掩口而笑。庄王曰:'姬之所笑,何也?'姬曰:'妾得于王,尚汤沐,执巾栉,振衽席,十有一年矣;然妾未尝不遣人之梁、郑之间,求美女而进之于王也;与妾同列者十人,贤于妾者二人,妾岂不欲擅王之宠哉!不敢私愿蔽众美,欲王之多见则娱。今沈令尹相楚数年矣,未尝见进贤而退不肖也,又焉得为忠贤乎!'庄王旦朝,以樊姬之言告沈令尹,令尹避席而进孙叔敖。叔敖治楚,三年,而楚国霸。"

⑬冯唐:西汉安陵人。任中郎署长,事文帝,敢直谏,曾言云中太守魏尚被削爵之冤,文帝即任其为车骑都尉,持节赦免魏尚。永慨:长叹。

【译文】

"选拔官员时,如果没有很多的钱财就得不到提拔;审判案件时,如果没有很多的贿赂就无法胜讼。官高权重的人,完全有力量去举荐贤者,然而却不肯讲出片言只语,推荐选拔有益于时代的杰出人才。他们所任用的,不会超出自己妻妾的亲属范围;他们所施予恩惠的,不外乎身边亲近熟悉的平庸之人。没有人以臧文仲受到窃位讥讽为戒,也没有人去效法解狐忘掉私仇去荐举他人的正直品德。没有人像王林那样把自己的俸禄分给他人,也没有人像方回那样去举荐贤人。因此像列子那样的高士比比皆是,却没有像郑子阳那样的人前来救助;品德高尚的人成群结队,却也没有像暴胜之那样的人前来举荐。权贵们压制打击那些不投靠自己的独立之士,提拔重用那些依附自己的人。这就是像樊姬那样的人掩口而笑的缘故,也是像冯唐那样的人长叹不已的原因。

"于时率皆素餐偷容①,掩德蔽贤。忌有功而危之,疾清白而排之②,讳忠谠而陷之③,恶特立而摈之④。柔媚者受崇饰之祐[5]，方棱者蒙讪弃之患[6]。养豺狼而歼骥虞[7]，殖枳棘而剪椒桂[8]。

【注释】

①素餐：白吃饭。偷容：苟且迎合以取悦于君主。

②疾：痛恨。

③谠(dǎng)：正直。

④恶(wù)：讨厌。特立：独立；不依附于人。摈：摈弃；排斥。

⑤崇饰：推崇夸饰。

⑥方棱者：方正的人。

⑦骥：通"麟"，麒麟。传说中的神兽。虞：驺虞。传说中的瑞兽。

⑧枳(zhǐ)棘：两种长刺的灌木。比喻坏人。椒桂：两种芳香的树。常用来比喻贤人。

【译文】

"那时的官员大多都只是白白吃饭、苟且取悦于君主，并且阻滞有德有才的贤人。他们忌妒、迫害有功之人，痛恨、排挤清白之人，忌讳、陷害忠诚正直之人，厌恶、排斥特立独行之人。那些柔媚的人受到了夸饰和保护，刚正的人遭受了诋毁和遗弃。他们豢养着豺狼去杀死麒麟和驺虞，种植荆棘而去砍伐芳香的椒树和桂树。

"于是傲兀不检、丸转萍流者[1]，谓之弘伟大量；苛碎峭崄、怀螫挟毒者[2]，谓之公方正直；令色警慧、有貌无心者[3]，谓之机神朗彻；利口小辩、希指巧言者[4]，谓之标领清妍[5]；猝突萍莺、骄矜轻侻者[6]，谓之巍峨瑰杰；嗜酒好色、阘茸无疑者[7]，谓之率任不矫[8]；求取不廉、好夺无足者，谓之淹旷远节[9]；蓬发亵服、游集非类者[10]，谓之通美泛爱[11]；反经诡圣、顺非而博者[12]，谓之庄、老之客[13]；嘲弄嗤妍、凌尚侮慢者[14]，谓之萧豁雅韵[15]；毁方投圆、面从响应者，谓之绝伦之秀；凭倚权豪、推货履径者[16]，谓之知变之奇；懒看文书、望空下名者[17]，谓之业大志高；仰赖强亲、位过其才者，谓之四豪之匹[18]；输货势门、以市名爵者，谓之轻财贵义；结党合誉、行与口违者[19]，谓之以文会友；左道邪术、假托鬼怪者[20]，谓之通灵神人；卜占小数、诳饰祸福者，谓之知来之妙；蹩马弄矟、一夫之勇者[21]，谓之上将之元[22]；合离道听、偶俗而言者[23]，谓之英才硕儒。

【注释】

①傲兀：高傲。兀，高而上平。比喻高傲。不检：不自我检点。丸转萍流：像弹丸一样转动，像萍草一样漂流。这里用来比喻处世圆滑。

②峭崄(xiǎn)：陡峭险阻。比喻人心之险恶。怀螫：怀揣着毒刺。比喻心怀害人之心。螫，有毒的虫子蜇人。

③令色：讨人喜欢的谄媚面容。令，美好。这里指讨人喜欢的谄媚。色，面色；表情。《论语・学而》："子曰：'巧言令色，鲜矣仁。'"警慧：机警聪慧。

④希指：迎合上级的旨意。

⑤标领：表率；榜样。清妍(yán)：美好。

⑥猝突：突然。萍：疑作"萃"。聚集；落下。鸴(xué)：鸟名。山鹊。比喻小人。轻侻(tuò)：轻佻狂放。侻，轻率。

⑦阘(tà)茸：卑劣。

⑧率任：率性任情。不矫：不矫饰；不造作。

⑨淹旷：旷达。淹，深广。远节：志向远大。

⑩亵服：内衣；贴身的衣服。这里指穿着内衣。也即衣冠不整。非类：不好的人。类，善；美。

⑪通美：遍施友谊。泛爱：博爱大众。

⑫诡：违背；相反。顺非：干坏事；为非作歹。

⑬庄、老：即道家的两位代表人物庄子和老子。

⑭嘲弄：胡乱评价。嗤妍(yán)：即“媸妍”。美与丑。

⑮萧豁：豁达。

⑯履径：走邪路。径，小路；邪路。

⑰望空：什么都不看。下名：署名。

⑱四豪：指战国四公子。《汉书·游侠传》：“繇是列国公子，魏有信陵，赵有平原，齐有孟尝，楚有春申，皆藉王公之势，竞为游侠，鸡鸣狗盗，无不宾礼……搤掔而游谈者，以四豪为称首。”

⑲合誉：异口同声地去赞美。

⑳左道：旁门邪道。多指巫术。

㉑槃(pán)马：骑马奔驰。槃，盘腿而坐。弄矟(shuò)：熟练地使用长矛。矟，古代兵器。杆比较长的矛。

㉒元：首。

㉓合离道听：把道听途说的东西加以取舍拼凑。合离，或合并或分开。指任意拼凑。道听，道听途说。偶俗：迎合世俗。偶，谐和；迎合。

【译文】

“于是那些高傲而不加检点、处世圆滑的人，就被称赞为宽宏大量；苛刻琐碎居心险恶、怀着蛇蝎心肠的人，就被称赞为公平正直；表情谄媚柔和而机警聪慧、外貌如此而全无美德的人，就被称赞为智慧神奇而头脑明彻；口齿伶俐善于小辩、迎合上级意图而花言巧语的人，就被称赞为美好的榜样；如同突然落下的山鹊那样、傲慢自负而又轻率浅薄的人，被称赞为高大俊美；贪恋酒色、卑劣无疑的人，就被称赞为率性任情而不矫饰造作；贪求财物而不守廉洁、侵夺他人而贪得无厌的人，就被称赞为胸怀宽广志节高远；头发蓬乱衣裳不整、与不善的人们交往聚会，就被称赞为遍施友谊博爱大众；违反经典悖逆圣人、为非作歹而又知识广博的人，就被称赞为庄子、老子的门徒；胡乱评议美丑善恶、而喜欢轻慢他人的人，就被称赞为心胸豁达而气韵高雅；抛弃原则曲意迎合他人、当面服从随声附和的人，就被称赞为出类拔萃的英才；依靠权贵豪门、行贿受贿专走邪路的人，就被称赞为懂得灵活通变的奇人；懒于阅读文字、眼睛什么都不看而只管签名的人，就被称赞为能做大事志向高远的人；仰仗着有权的亲人、官位超过本人才能的人，就被称赞为可与战国四公子相匹配的豪杰；给豪强权贵送钱送财、以换取名誉爵位的人，就被称赞为轻财重义的人；勾结狐朋狗党而异口同声地赞誉某人、行为与言谈并不一致的人，就被称赞为以文会友的人；使用旁门左道邪恶妖术、假托鬼神之名的人，就被称赞为能通神灵的人；使用卜筮占卦等小术数、胡说乱道吉凶祸福的人，就被称赞为能够预测未来的玄妙之人；骑马奔驰舞弄刀枪、仅有匹夫之勇的人，就被称赞为上将中的魁首；把道听途说的东西胡乱取舍拼凑、然后迎合着世俗而谈论的人，就被称赞为英才大儒。

“若夫体亮行高[①]，神清量远，不谄笑以取悦，不曲言以负心，含霜履雪[②]，义不苟合，据道推方，嶷然不群[③]，风虽疾而枝不挠，身虽困而操不改，进则切辞正论[④]，攻过箴阙[⑤]，退则端诚杜私[⑥]，知无不为者，谓之暗骙徒苦[⑦]；夙兴夜寐，退食自公[⑧]，忧劳损益[⑨]，毕力为政者，谓之小器俗吏。

【注释】

①亮：通“谅”，诚实。

②含霜履雪：比喻品行高洁。履，踏；行为。

③嶷(nì)然：高大的样子。不群：卓越不群。

④切辞：言辞恳切。

⑤攻过：批评过错。箴：规劝；劝告。阙：通“缺”，缺失；缺点。

⑥杜私：杜绝私心。

⑦暗：愚昧。騃(ái)：痴愚。徒苦：白白吃苦。

⑧退食：减膳。也即个人生活节约。自公：从公。也即大公无私。自，从。《诗经·召南·羔羊》：“退食自公，委蛇委蛇。”

⑨损益：指修订政策。损，减少。益，增加。

【译文】

“那些为人诚实行为高尚，志向高洁器量远大，不用谄媚的笑容去取悦别人，不讲假话以违背自己的真心，品行高洁如霜雪，坚守正义而不苟合于人，遵照正道而推行正直品德，卓然屹立出类拔萃，即使狂风大作而自己的枝条也不会弯曲，即使自身困窘不堪而自己的节操也不会改变，仕进为官时就态度恳切地发表公正言论，抨击错误批评不足，隐退之后则自身端正诚实而杜绝私心，知道应该做的事就一定去做的人，就会被人们称为愚蠢痴呆而白讨苦吃；那些起早贪黑，生活节约而大公无私，忧愁劳苦于政策的修订，全身心地投入政务的人，则会被人们称为器量狭小的世俗官吏。

“于是明哲色斯而幽遁①，高俊括囊而佯愚②；疏贱者奋飞以择木③，絷制者曲从而朝隐④；知者不肯吐其秘算，勇者不为致其果毅；忠謇离退⑤，奸凶得志。邪流溢而不可遏也，伪涂辟而不可杜也，以臻乎凌上替下⑥，盗贼多有；宦者夺人主之威，三九死庸竖之手⑦；忠贤望士⑧，谓之党人，囚捕诛锄，天下嗟嗷⑨。无罪无辜，闭门遇祸。

【注释】

①明哲:指明哲之人。色斯:不好的苗头。这里指一旦看到不祥的征兆,就马上离开。《论语·乡党》:"色斯举矣,翔而后集。"意思是鸟一看到人的表情不善,就马上飞走,落到他处。幽遁:远远离开。遁,逃离。

②括囊:扎住口袋。比喻闭口不言。《周易·坤卦》:"六四:括囊,无咎无誉。"佯:假装。

③择木:择木而栖。比喻择主而事。也即到别处生活。《左传·哀公十一年》:"(孔子)命驾而行,曰:'鸟则择木,木岂能择鸟!'"

④絷制者:指受到束缚而无法离开的人。朝(cháo)隐:本指虽然在朝为官而淡泊恬退与隐居无异,这里指虽然名为官员但无权无势与隐士一样。

⑤謇(jiǎn):正直敢言。

⑥臻乎:至于;出现。凌上替下:纲纪废弛,上下失序。凌,以下凌上。替,纲纪废弃。

⑦三、九:三公九卿。都是朝中重臣。

⑧望士:有声望的人。

⑨嗟嗷:感叹哀号。

【译文】

"于是那些明哲之人一看到不祥之兆就远远离开而隐居起来,那些才能杰出的人就闭口不言假装糊涂;关系疏远而地位卑微的人就像鸟那样展翅飞走择木而栖,受到束缚不能离开朝廷的人就委曲顺从而实同隐士一般;有智谋的人于是不肯再吐露他们胸中的谋略,勇敢的人也不肯再表现他们的果敢刚毅;忠诚敢言的人离朝退隐,奸邪凶恶的人志满意得。邪恶如同洪水横流那样而无法遏止,做假之路被开辟而难以杜绝。以至于尊卑颠倒上下失序,强盗到处都是;宦官夺取了君主的权力,三公九卿这些重臣死于鄙劣者之手;忠诚贤良声望很高的士人,被称为相互勾结的朋党，他们被逮捕囚禁、被惩罚杀戮，天下都为此感叹哀号。没有罪过的人，即使闭门不出也会遇上灾祸。

“微烟起于萧墙①，而飙焚遍于宇宙；浅隙发于肤寸②，而波涛漂乎四极③。金城屠于庶寇④，汤池航于一苇⑤。劲锐望尘而冰泮⑥，征人倒戈而奔北⑦。飞锋荐于扆闼⑧，左衽掠于禁省⑨。禾黍生于庙堂，榛莠秀乎玉阶⑩。云观变为狐兔之薮⑪，象魏化为虎豹之蹊⑫；东序烟烬于委灰⑬，生民燋沦于渊火⑭。凶家害国，得罪竹帛⑮。良史无褒言，金石无德音⑯。夫何哉？失人故也。”

【注释】

①萧墙：古代宫室用以分割内外的小墙，类似后世的照壁。这里用来代指宫殿之中。《论语·季氏》：“吾恐季孙之忧，不在颛臾，而在萧墙之内也。”

②浅隙：小小的缝隙。肤寸：又作“扶寸”。古代的长度单位。一指宽为寸，四指宽为肤。这里比喻很小的地方。

③四极：四方极远之处。代指整个天下。

④金城：金属打造的城墙。极言其坚固。

⑤汤池：灌注开水的护城河。极言其难以渡过。汤，开水。一苇：一束芦苇。《诗经·卫风·河广》：“谁谓河广，一苇杭之。”

⑥劲锐：强劲精锐的军队。望尘：一看到战尘。冰泮（pàn）：像冰块一样消融了。泮，冰融化。

⑦倒戈：倒拖着武器。描写狼狈的样子。奔北：败逃。

⑧飞锋：飞舞的箭头。荐于：落在；射中。扆闼（yǐ tà）：这里泛指宫中的门户。扆，屏风。闼，指内门。

⑨左衽:代指异族。衽,衣襟。古代少数民族的衣服前襟向左,与中原人的右衽不同。禁省:帝王所居的内宫。

⑩榛(zhēn):丛生的荆棘。莠:一种有害于农作物的杂草。秀:开花。玉阶:指宫殿的台阶。

⑪云观(guàn):宫殿大门外两边的高大建筑物。薮(sǒu):水少而草木繁盛的大泽。这里指野兽聚集的荒凉之地。

⑫象魏:宫廷外的阙门。为悬挂教令处。蹊:小路。

⑬东序:东边的厢房。为朝廷收藏图书秘籍之处。另外夏代的大学也叫东序,后来用作学校的代称。委灰:堆积的灰烬。

⑭生民:百姓。燋(jiāo):烧烂;烧死。

⑮竹帛:竹简与丝帛。古代用来书写的工具。这里代指史书。

⑯金石:指钟鼎碑碣之类,有功可以镌刻其上。

【译文】

"细小的烟火从宫中燃起,而导致熊熊烈火烧遍了天地之间;小小的缝隙产生于很小的地方,而造成汹涌的波涛淹没了整个天下。坚固如铁的城墙毁于众多的强盗之手,难以逾越的护城河却因一束芦苇就可渡过。强劲精锐的军队望见战尘就像融化的冰块一样四处散走,出征的将士倒拖着武器快速奔逃。飞箭射中了宫门,异族人进入宫禁之中抢掠。庄稼苗儿生长在原来的宫殿之上,荆棘野草开花于过去的台阶之旁。高耸入云的宫阙变成了狐狸野兔的栖息地,巍峨的宫廷建筑化作了老虎豹子的出行路径;宫中东边厢房里的图书秘籍都被大火烧为一堆堆灰烬,百姓痛苦地挣扎在水深火热之中。这些人危害了自身与国家,将在史书上留下罪名。优秀的史官不会对他们有任何褒扬的言词,钟鼎碑碣上也不会刻下美好的名声。为什么会如此呢?都是用人失误的缘故啊。"

吴失卷三十四

【题解】

吴失，吴国的失误。实际也就是谈谈吴国政治的弊端，以探讨吴国覆灭的原因。本篇与上篇《汉过》可谓姊妹篇，其内容大致相同。

三国时的东吴由孙权于公元222年建国，至孙晧于公元280年降晋，存在近六十年的时间。到了东吴的后期，政治局面较为动荡，最终导致灭亡。而其灭亡的原因，用葛洪的话说，就是“吴之杪季，殊代同疾。知前失之于彼，不能改弦于此”，吴国不知以史为鉴，重蹈覆辙，与东汉犯了同样的错误，那就是用人不当。

葛洪引用其师郑隐的话说：“吴之晚世，尤剧之病：贤者不用，滓秽充序；纪纲弛紊，吞舟多漏。”也就是说，吴国晚期最为严重的毛病就是排斥贤者而重用小人，连法律书籍都不曾翻阅过的人却当了大理，连五经篇目都不知道的人却当了儒官，连书信都不会写的人却当了著作郎。这样的国家，除了灭亡，不可能还有第二条出路。葛洪在本篇里还引用了左慈的观点，而左慈的口气则更加沉痛，他认为东汉灭亡之后，东吴本可以凭借着天时地利，继承王业，干一番事业，可惜的是，吴国却出现了“阴阳相诊，寒燠缪节。七政告凶，陵谷易所”的极为混乱的局面。究其原因，就是“用者不贤，贤者不用”。同样把东吴的灭亡归咎于用人不当。

本篇有两点值得我们注意：一是葛洪排除了天命思想，完全从人事方面寻找吴国灭亡的原因，并且"欲后代知有吴失国，匪降自天也"。远在普遍信仰天命的古代，葛洪能够如此去探讨一个国家的兴亡原因，确实值得肯定。二是葛洪记载了郑隐与左慈的一些资料。郑隐与左慈都是道教史上较为重要的人物，然而有关他们的生平事迹，留下的史料很少。通过本篇，我们知道，郑隐与左慈不仅是隐居修道、追求个人成仙的道士，同时也是忧国忧民的学者。这对于我们全面认识道教人物，无疑是大有裨益的。

抱朴子曰："吴之杪季①，殊代同疾。知前失之于彼，不能改弦于此。鉴乱亡之未远②，而蹑倾车之前轨；睹枳首之争莓③，而忘同身之祸；笑虮虱之宴安④，不觉事异而患等；见竞济之舟沉，而不知殊涂而溺均也。

【注释】

①吴：朝代名，三国之一，第一代君主为孙权。杪(miǎo)：树的末梢。这里指晚期。

②鉴乱亡：可供借鉴的亡国之事。

③枳(zhǐ)首：蛇名。据说这种蛇有两个头。莓(méi)：通"莓"，野果名。《韩非子·说林下》："虫有螝者，一身两口，争食相龁也。遂相杀，因自杀。人臣之争事而亡其国者，皆螝类也。"

④虮虱之宴安：虮虱自以为生活舒适安全。《庄子·徐无鬼》："濡需者，豕虱是也。择疏鬣，自以为广宫大囿；奎蹄曲隈，乳间股脚，自以为安室利处。不知屠者之一旦鼓臂布草，操烟火，而已与豕俱焦也。"

【译文】

抱朴子说："吴国的晚期，与东汉朝代不同却患上了相同的毛病。吴国知道前面东汉王朝的失误，而自己却不能改弦更张。可供借鉴的亡国之事刚刚发生不久，自己却仍然重蹈了前车之覆辙；看到枳首蛇的两个头相互争抢莓子，而自己却忘记了同为吴国大臣而相互争斗带来的灾难；嘲笑虮子虱子自以为生活舒适安全，却没有察觉到虽然自身情况与之不同而祸患是同样的；看到争抢着渡河的船只沉入水底，却不知道自己的路途虽然不同而溺水身亡的结果是一样的。

"余生于晋世，所不见①，余师郑君具所亲悉②，每诲之云：'吴之晚世，尤剧之病③：贤者不用，滓秽充序④；纪纲弛紊，吞舟多漏⑤。贡举以厚货者在前⑥，官人以党强者为右⑦。匪富匪势⑧，穷年无冀⑨。德清行高者，怀英逸而抑沦⑩；有才有力者⑪，蹑云物以官跻⑫。主昏于上，臣欺于下。不党不得，不竞不进。背公之俗弥剧，正直之道遂坏。

【注释】

①所不见：指没有看到吴国晚期的情况。葛洪生于西晋太康四年(283)，此时吴国已经灭亡三年了。

②郑君：郑隐，字思远。少年时曾学儒，成年后好道，为葛洪从祖葛玄的弟子。后来葛洪拜其为师。亲悉：亲自经历并熟悉的。

③尤剧之病：尤其严重的毛病。剧，剧烈；严重。

④滓秽：渣滓污秽。比喻卑鄙小人。充序：疑为"充斥"之误。充满；到处都是。

⑤吞舟："吞舟之鱼"的省略。比喻权势极大的坏人。

⑥贡举：地方向朝廷举荐人才。

⑦官:用作动词。任命官员。党强:勾结权臣的人。右:尊贵。古人把右边看做尊贵的位置。

⑧匪:同“非”。

⑨穷年:终其一生。冀:希望。

⑩英逸:超众的才华。抑沦:被压制在底层。

⑪有才:应作“有财”。《道藏》本、旧写本即作“有财”。

⑫官跻:疑作“高跻”。高升。

【译文】

“我出生于晋朝,没有看到吴国的晚期情况,而我的老师郑先生亲自经历过并且对此熟悉,他经常教诲我说:‘吴国的晚期,尤其严重的毛病就是:贤良的士人不被任用,而卑鄙小人却到处都是;纲纪法律松弛紊乱,吞舟之鱼大多漏网。地方政府举荐士人时就把贿赂送得多的人排在前边,任命官员时就把勾结权臣的人放在尊贵的位置。无钱无势,终其一生也毫无希望。品德高洁操行高尚的人,胸怀出众的才华而被压制在社会底层;有钱财有势力的人,却能够直上云霄而飞黄腾达。君主在上面昏庸无能,群臣在下面欺骗君主。不结党营私就得不到官职,不残酷竞争就无法加官进爵。违背公德的风气愈演愈烈,正直之道因此而逐渐败坏。

“‘于是斥鷃因惊风以凌霄①,朽舟托迅波而电迈;鸳凤卷六翮于丛棘②,鹢首滞潢污而不擢矣③。秉维之佐、牧民之吏④,非母后之亲,则阿谄之人也。进无补过拾遗之忠,退无听讼之干⑤。虚谈则口吐冰霜,行己则浊于泥潦⑥。莫愧尸禄之刺⑦,莫畏致戎之祸⑧。

【注释】

①斥鴳(yàn):沼泽中的一种小鸟。斥,小池泽。鴳,小鸟名。比喻小人。

②鸳:鹓鸰。传说中凤凰一类的瑞鸟。六翮(hé):鸟的健羽。这里泛指翅膀。

③鹢(yì)首:船头。代指船。古代画鹢鸟于船头,故以"鹢首"泛指船。鹢,一种能够高飞的水鸟。潢(huáng)污:小池塘。擢:应作"櫂"。杨明照《抱朴子外篇校笺》:"'擢'当作'櫂',形之误也。"櫂,船桨。这里用作动词。用桨划船。

④秉维之佐:掌握了纲纪的辅佐大臣。维,纲纪。

⑤退:指离开朝廷出任外职。干:才干。

⑥泥潦(lǎo):肮脏的泥水。潦,雨后的积水。

⑦尸禄:白拿俸禄而无所作为。尸,古代祭祀时代替死者接受祭祀的人,祭祀期间,尸坐在主要位置上而什么也不用做。

⑧致戎:招来军队的征讨。戎,军队。

【译文】

"'于是斥鴳就凭借着狂风而直冲云霄,腐朽的船只依托着急流像闪电一样迅速前进;鹓鸰与凤凰则收起翅膀蜷缩在荆棘丛中,画有鹢鸟的画舫被滞留在小池塘中无法前行。掌握着纲纪的辅佐大臣、治理百姓的官员,不是太后的亲戚,就是善于阿谀奉承的人。他们在朝廷上没有纠正过失修补缺漏的忠诚,到外地做官也没有能够处理案件的才干。空谈的时候满口都是高洁清白的言辞,做事的时候则比泥水还要污浊肮脏。他们没有人因为被讽刺为白拿俸禄而感到惭愧,也没有人害怕将会招致别人讨伐的祸患。

"'以毁誉为蚕织,以威福代稼穑①。车服则光可以鉴②,丰屋则群乌爰止③。叱咤疾于雷霆④,祸福速于鬼神;势利倾于邦君,储积富乎公室。出饰翟黄之卫从[5],入游玉根之藻棁[6]。僮仆成军,闭门为市。牛羊掩原隰[7],田池布千里。有鱼沧、濯裘之俭[8],以窃赵宣、平仲之名[9];内崇陶侃、文信之訾[10],实有安昌、董、邓之污[11]。

【注释】

①威福:作威作福。稼穑:农耕。种庄稼叫做稼,收庄稼叫做穑。以上两句的意思是说,这些人把褒贬别人、作威作福当作了自己的日常生活。

②鉴:照人。

③丰屋:高大的房屋。爰:动词词头。无义。《诗经·小雅·正月》:“瞻乌爰止,于谁之屋?”毛传:“富人之屋,乌所集也。”

④叱吒:怒喝。疾:快;迅速。

⑤翟黄:战国时魏国大夫。《韩非子·外储说左下》:“田子方从齐之魏,望翟黄乘轩骑驾出,方以为文侯也,移车异路而避之,则徒翟黄也,方问曰:‘子奚乘是车也?’曰:‘君谋欲伐中山,臣荐翟角而谋得果。且伐之,臣荐乐羊而中山拔。得中山,忧欲治之,臣荐李克而中山治。是以君赐此车。’方曰:‘宠之称功尚薄。’”

⑥玉根:应为“王根”之误。王根是西汉元皇后之弟,封曲阳侯,其兄弟四人也都封侯。《汉书·元后传》:“而五侯群弟,争为奢侈,赂遗珍宝,四面而至;后庭姬妾,各数十人,僮奴以千百数;罗钟磬,舞郑女,作倡优,狗马驰逐;大治第室,起土山渐台,洞门高廊阁道,连属弥望。”又:“曲阳侯根骄奢僭上,赤墀青琐。”藻棁(zhuō):华丽的梁柱。代指华丽的房舍。棁,梁上的短柱。

⑦掩:遮盖。原隰(xí):原野。隰,低湿的地方。

⑧鱼沧:应为“鱼飧”之误。杨明照《抱朴子外篇校笺》:“王国维校‘沧’为‘飡’。陈汉章曰:‘“沧”当作“餐”。此用《公羊传》……’

‘沧’字之误，不难判断。”在先秦，鱼不属于精美食物。“鱼飧”讲的是赵盾事。《公羊传·宣公六年》：‘(晋)灵公望见赵盾，愬而再拜。赵盾逡巡北面再拜稽首，趋而出。灵公心怍焉，欲杀之。于是使勇士某者往杀之……上其堂，则无人焉；俯而窥其户，方食鱼飧。’勇士曰：‘嘻！子诚仁人也。吾入子之大门，则无人焉；入子之闺，则无人焉；上子之堂，则无人焉，是子之易也。子为晋国重卿，而食鱼飧，是子之俭也。君将使我杀子，吾不忍杀子也。虽然，吾亦不可复见吾君矣。’遂刎颈而死。”濯裘：洗过的皮衣。讲的是晏子事。《礼记·檀弓下》：“晏子一狐裘三十年。”

⑨赵宣：即上一条注释中说的赵盾。又称赵宣子、赵孟等。春秋晋国大夫。平仲：即上一条注释中说的晏子。晏子名婴，字平仲，春秋齐国大夫。

⑩陶侃：应为“陶朱”之误。陶侃为葛洪同时代的人，葛洪写作《抱朴子》时，陶侃功名未甚隆，且不以富有闻名。陶朱，即先秦著名的政治家范蠡。范蠡助越王勾践灭吴以后，乘船到齐国，后定居于陶，改名叫“朱公”，治产业成为巨富。文信：吕不韦。战国人，原为富商，后任秦国宰相，封为文信侯。訾(zī)：通“赀”，财富。

⑪安昌：西汉丞相张禹，封安昌侯。《汉书·张禹传》说他土地财富极多，生活奢侈。董：董贤。西汉哀帝时的佞臣。《汉书·佞幸传》：“(董贤)为人美丽自喜，哀帝望见，说其仪貌……贤宠幸日甚，为驸马都尉侍中，出则参乘，入御左右，旬月间赏赐累巨万，贵震朝廷。常与上卧起。”邓：邓通。西汉文帝时的佞臣。《史记·佞幸列传》：“邓通，蜀郡南安人也，以濯船为黄头郎。孝文帝梦欲上天，不能，有一黄头郎从后推之上天……即见邓通，其衣后穿，梦中所见也……文帝说焉，尊幸之日异……于是文帝赏赐通巨万以十数，官至上大夫……于是赐邓通蜀严道铜山，得自铸钱，邓氏钱布天下。其富如此。”

【译文】

“‘把褒贬别人当作了日常的养蚕织布，把作威作福当作了日常的耕种庄稼。他们的车辆服饰光鲜明亮得可以照见人影，高大的房屋上可供成群结队的乌鸦止息。他们的呵斥声比雷霆还要迅猛，他们赏罚别人的速度比鬼神还要快速；他们的权势超过了君主，积累的财富超过了国家。他们出门时就像翟黄那样有侍从护卫前呼后拥，回到家中则生活在像王根家那样的华丽的房舍之中。奴仆多得就像军队，关起门来家中就像集市一样无所不有。牛羊遮盖了原野，田地池塘布满了方圆千里。他们虽然有时表面上也吃点鱼肉、穿着洗过的皮衣，然而这不过只是为了窃取赵盾、晏婴那样的好名声；他们的家中堆满了如同陶朱公、吕不韦那样多的财富，实际的品行就像安昌侯张禹、董贤、邓通那样污浊不堪。

“‘虽造宾不沐嘉旨之俟①，饥士不蒙升合之救②，而金玉满堂，妓妾溢房，商贩千艘，腐谷万庾③，园囿拟上林④，馆第僭太极⑤，粱肉余于犬马，积珍陷于帑藏⑥。其接士也，无葭莩之薄⑦；其自奉也，有尽理之厚⑧。

【注释】

①造宾：来客。造，到；来。沐：得到恩惠。嘉旨：美味佳肴。俟：等待。这里引申为接待。

②升合(gě)：古代计量单位。一斗的十分之一叫做“升”，一升的十分之一叫做“合”。这里比喻数量很少。

③庾(yǔ)：谷仓。

④上林：汉代的皇家园林。

⑤僭：超越本分；过分。太极：宫殿名。魏国有太极殿。《三国志·

魏书·明帝纪》:"是时,大治洛阳宫,起昭阳、太极殿。"

⑥帑藏(tǎng zàng):国库。这里泛指仓库。

⑦葭莩(jiā fú):芦苇里的薄膜。比喻非常的微薄。葭,芦苇。莩,芦苇里的薄膜。

⑧尽理:竭尽一切办法。

【译文】

"'虽然来访的客人得不到美食的招待,挨饿的士人得不到一点粮食的救助,但他们的家中堆满了金玉,舞女妻妾挤满了房间,使用上千艘船只去做买卖,腐烂的粮食装满了上万个仓库,他们的园林可以比得上上林苑,他们的馆舍宅第超过了太极殿,美味的饮食多得连犬马都吃不完,积累的珍宝长期地堆积在仓库之中。他们接待士人时,拿出的财物微薄得不如苇膜;对自己的供养,却是竭尽一切办法保证丰厚。

"'或有不开律令之篇卷,而窃大理之位①;不识几案之所置②,而处机要之职;不知五经之名目③,而飨儒官之禄;不闲尺纸之寒暑④,而坐著作之地⑤;笔不狂简⑥,而受驳议之荣⑦;低眉垂翼⑧,而充奏劾之选⑨;不辨人物之精粗,而委以品藻之政⑩;不知三才之军势⑪,而轩昂节盖之下⑫;屡为奔北之辱将,而不失前锋之显号;不别菽麦之同异⑬,而忝叨顾问之近任⑭。

【注释】

①大理:官名。掌管刑法。

②几案:这里代指官府文书。

③五经:指儒家的五种经书,即《诗》、《书》、《易》、《礼》、《春秋》。

④闲:娴熟;熟悉。尺纸:书札;信札。寒暑:寒暄。指书信中的问

候语。

⑤著作:官名。著作郎的省称。掌管编纂国史。

⑥狂简:指文笔狂放简洁。

⑦驳议:能够反驳别人、提出个人见解的奏议。

⑧垂翼:翅膀下垂。形容畏缩不前的样子。

⑨奏劾:上奏章弹劾别人。

⑩品藻:对人才进行品评鉴定。

⑪三才:谓天时、地利、人和。《周易·说卦传》:"是以立天之道曰阴与阳,立地之道曰柔与刚,立人之道曰仁与义。兼三才而两之,故《易》六画而成卦。"

⑫轩昂:趾高气扬的样子。节:符节。古代大臣持以示信之物。盖:车盖;伞盖。

⑬菽(shū):豆类的总称。

⑭忝叨:本是谦辞,表示不能胜任却担任了某种官职。这里指窃据。顾问:供帝王咨询的侍从近臣。

【译文】

"'有的人从来就没有翻阅过法律文本,却窃居了大理卿的职位;有的人从来就不知道文书是如何摆放的,却占据了办理机密要务的职务;有的人不知道"五经"的篇目,却享有儒官的俸禄;有的人连书信中如何寒暄都不熟悉,却坐在著书郎的位置上;有的人没有狂放简洁的笔法,却获取了善写驳议文章的荣耀;有的人低眉顺眼畏缩不前,却充当了监察弹劾的官员;有的人不能辨别人物是优秀还是卑劣,却被委以品评鉴别人才的权利;有的人不懂得天时地利人和与如何调动军队,却趾高气昂地在伞盖之下手持符节指挥全军;有的人多次战败而成了受辱的将军,却并未失去先锋官的荣显称号;有的人不能分别豆子和麦子的异同,却在皇帝的身边当上了顾问。

"'夫鱼质龙文①,似是而非,遭水而喜,见獭即悲②。虽临之以斧钺之威③,诱之以倾城之宝,犹不能奋铅锋于犀兕④,骋驽蹇以追风⑤。非不忌重诛也⑥,非不悦美赏也,体不可力,无自奈何。而欲与之辑熙百揆⑦,弘济大务⑧,犹托万钧于尺舟之上⑨,求千钟于升合之中⑩,绁刍狗而责卢、鹊之效⑪,缚鸡鹜而崇鹰扬之功⑫,其不可用,亦较然矣⑬。

【注释】

①鱼质龙文:鱼的本质,龙的花纹。比喻徒有其表的小人。文,同"纹"。

②獭:兽名。即水獭,善游水,以鱼为食。

③斧钺(yuè):大斧。这里指用斧钺杀头。钺,武器名。形似大斧,长柄。

④铅锋:铅制的刀剑。比喻低劣的才能。犀兕(sì):即犀牛。这里指用犀牛皮做成的甲衣。

⑤驽蹇(jiǎn):低劣的瘸腿马。驽,劣马。蹇,跛;行动迟缓。

⑥忌:忌讳;害怕。

⑦辑熙:应作"缉熙"。《四库全书》文溯阁本即作"缉熙"。缉熙,光明。这里引申为成功、办好。百揆(kuí):处理各种政务。百,指繁多的政务。揆,揣摩;处理。

⑧弘济:大的成功。弘,大。济,成功。

⑨钧:古代的重量单位。三十斤为一钧。

⑩钟:古代计量单位。十斗为一石,六石四斗为一钟。

⑪绁(xiè):拴;牵。刍狗:草扎的狗。卢、鹊:指韩卢和宋鹊,都是先秦时的名犬。鹊,一作"猎"。

⑫缚(gōu):通"鞲",臂套。打猎时用来让猎鹰停站。鹜(wù):乌

名。野鸭。

⑬较然:清楚明白的样子。

【译文】

“‘是鱼的本质而具有龙的花纹,似龙而又不是龙,一遇到水就很高兴,一看到水獭就恐惧悲伤。即使用斧钺斩首的酷刑来逼迫,用价值连城的宝物来引诱,他们依然不能用铅刀一样的能力去对付犀牛皮做成的铠甲,依然不能让自己这匹又笨又瘸的驽马像狂风那样飞快驰骋。他们并不是不害怕严厉的惩罚,也不是不贪恋美好的奖赏,他们是力不从心,无可奈何啊!而希望与这种人一起去把各项政务都处理完美,去完成重大的事业,那就好像让一尺长的小船去载起万钧重的货物、到升合之中去寻找千钟那么多的东西一样;牵着草扎的狗却要求它起到韩卢、宋鹊一样的作用;架起鸡和野鸭却想让它们像猎鹰一样奋飞立功,他们的不可任用,也是非常清楚明白的事情。

“‘吴主不此之思①,不加夕惕②。佞谄凡庸,委以重任。危机急于彍弩③,亡征著于日、月,而自谓安于峙岳,唐、虞可仰也④。目力疲于绮粲⑤,而不以览庶事之得失;耳聪尽于淫音,而不以证献言之邪正;谷帛靡于不急,而不以赈战士之冻馁⑥;心神悦于爱媚,而不以念存亡之弘理。盖轻乎崇替之源⑦,而忽乎宗庙之重者也⑧。’

【注释】

①吴主:吴国的君主。指吴国晚期执政的孙亮、孙休、孙晧。

②夕惕:到了夜晚依然战战兢兢。惕,战战兢兢。《周易·乾卦》:“君子终日乾乾,夕惕若厉,无咎。”

③彍(kuò)弩:拉开的弓弩。彍,把弓弩拉满。

④唐、虞：指尧、舜。唐，朝代名，君主为尧。虞，朝代名，君主为舜。仰：仰慕。这里引申为比得上。

⑤绮粲：色彩绚丽的样子。

⑥馁（něi）：饥饿。

⑦崇替：盛衰；兴废。崇，兴起。替，衰落。

⑧宗庙：祭祀祖先的地方。这里代指国家。

【译文】

"'吴国的君主不考虑这些问题，不能从早到晚勤勉努力战战兢兢。对于那些奸佞谄媚的平庸之人，都委以重任。国家的危机比拉满的弓弩还要紧急，亡国的征兆比日、月还要显明，然而他们以为自己的政权比屹立的山峰还要稳固，可以比得上唐尧、虞舜了。他们的眼睛因为欣赏绮丽的色彩而疲惫不堪，却不去用来考察各项政事的得失；耳朵完全用来欣赏靡靡之音，却不去用来分辨一下进献之言的邪正；粮食布帛都浪费在并不急需的事情之上，而不去用来救助挨饿受冻的将士；心思都用于欣赏自己所宠爱的人，而不去用来考虑国家存亡的大道理。他们轻视了国家兴废盛衰的根本原因，忽略了国家的重要性。'

"郑君又称其师左先生①，隐居天柱出②，不营禄利，不友诸侯，然心愿太平，窃忧桑梓③。乃慨然永叹于蓬屋之下，告其门生曰：'汉必寝耀④，黄精载起⑤，缵枢纽于太微⑥，回紫盖于鹑首⑦。联天理物⑧，光宅东夏⑨。惠风被于区外⑩，玄泽洽乎宇内⑪。重译接武⑫，贡楛盈庭⑬。荡荡巍巍⑭，格于上下⑮；承平守文⑯，因循甚易⑰。

【注释】

①左先生：左慈，字元放。三国方士。《后汉书·方术列传下》："左

慈，字元放，庐江人也。少有神道。尝在司空曹操坐，操从容顾众宾曰：‘今日高会，珍羞略备，所少吴松江鲈鱼耳。’放于下坐应曰：‘此可得也。’因求铜盘贮水，以竹竿饵钓于盘中，须臾引一鲈鱼出，操大拊掌笑，会者皆惊。”

②天柱：山名。在安徽潜山县西北。出：应为“山”之误。《道藏》及其他各本均作“山”。

③桑梓：两种树名。因为这两种树多栽种在房前屋后，因此常用来代指家乡。

④汉必寝耀：汉朝的“火”熄灭了。“必”应作“火”。《四库全书》文溯阁本即作“火”。寝，熄灭。中国古代曾用五行相生的学说来解释朝代的更替，认为汉为火德，因此与火相配，火生土，土色黄，故代汉而兴的朝代应为土德，尚黄。

⑤黄精载起：与土德相配的朝代就要兴起。黄精，黄土之精，即指土德。也即与土德相配的朝代，一般认为指曹魏。载，动词词头。无义。

⑥缵(zuǎn)：继承。枢纽：指北斗星中的第一颗星天枢星。又叫纽星。常用来比喻权炳。《晋书·天文志上》：“北极，北辰最尊者也。其纽星，天之枢也。”太微：星宿名，古人以为是天庭所在，常用来代指朝廷。

⑦紫盖：指状如紫色车盖的云气，古人认为属于帝王之气。鹑(chún)首：星宿名，指朱雀七宿中的井、鬼二星。古人认为鹑首是秦地分野，因此用来代指秦地。西汉建都长安，属秦地。本句是说，帝王之气已经从秦地转移到其他地方，预示汉代的灭亡。

⑧联天理物：联系天象以处理人事。物，人事。

⑨光宅东夏：宏伟的帝业就在中国的东部。光，大。宅，处于。东夏，中国东部。暗指三国的东吴。

⑩区外：指整个天下。区，“区夏”的省略。指中原一带。

⑪玄泽:深厚的恩德。洽:普遍。

⑫重译:经过多次辗转翻译。这里指极为遥远的国家。因为这些国家与中原人语言不通,需经过多次的辗转翻译才能相互沟通。接武:接踵而至。武,脚印。

⑬贡楛(hù):本指进贡以楛木为杆的箭。这里泛指进贡的物品。楛,树名。《国语·鲁语下》:"昔武王克商,通道于九夷百蛮,使各以其方贿来贡,使无忘职业。于是肃慎氏贡楛矢石砮,其长尺有咫。"

⑭荡荡巍巍:形容伟大的样子。《论语·泰伯》:"子曰:'大哉尧之为君也!巍巍乎,唯天为大,唯尧则之。荡荡乎,民无能名焉。'"

⑮格于上下:充满了天地之间。格,达到。上下,指天地。

⑯承平:继承太平局面。守文:遵循先王的法度。文,法度。

⑰因循:沿袭下来。

【译文】

"郑先生还谈到了他的老师左慈先生,左先生隐居在天柱山,不追求俸禄利益,不与诸侯交友,然而内心里却期盼着天下太平,私下里为家乡父老担忧。于是他就在自己的草舍之中慨然长叹,告诉他的弟子们说:'汉朝的"火"就要熄灭了,具有土德的王朝将会代之而起,他们将在皇宫中继承国家政权,帝王之气也将从秦地转移到他们那里。联系天象以治理人事,伟大的帝王之业将出现在华夏的东部。他们的恩惠之风将覆盖到整个天下,他们的恩德将遍及四海之内。需要辗转翻译才能沟通的远方国家接踵而至,前来贡献的物品堆满了庭院。他们的品德与功业是那样的伟大,充满了整个天地之间;继承太平的局面而遵循先王的法度,如此沿袭下去应该是件很容易的事情。

"'而五弦谧响①,《南风》不咏②,上不获恭己之逸③,下不闻'康哉'之歌④。飞龙翔而不集⑤,渊虬蟠而不跃⑥。驺虞翳于冥昧⑦,朱华牙而未秀⑧。阴阳相沴⑨,寒燠缪节⑩。

七政告凶[11]，陵谷易所。殷雷輷磕于龙潜之月[12]，凝霜肃杀乎朱明之运[13]。玉烛不照[14]，沉醴不涌[15]，郊埸多垒[16]，嘉生不遂[17]。夫岂他哉？诚由四凶不去[18]，元凯不举[19]，用者不贤，贤者不用也。

【注释】

①五弦谧响：五弦琴没有了声音。比喻美好的政风消失了。谧，安静。没有声音。《韩非子·外储说左上》："昔者舜鼓五弦，歌《南风》之诗，而天下治。"

②《南风》：歌曲名。为舜所唱。

③上：指君主。恭己：恭谨律己，无为而治。《论语·卫灵公》："无为而治者，其舜也与？夫何为哉？恭己正南面而已矣。"

④"康哉"之歌：歌颂政治清明的歌曲。康，安康；美好。《尚书·益稷》："乃赓载歌曰：'元首明哉，股肱良哉，庶事康哉！'"

⑤集：落下。

⑥虬(qiú)：传说中的一种龙。

⑦驺(zōu)虞：传说中的瑞兽。翳(yì)：隐藏。冥昧：隐蔽不显的地方。

⑧朱华：草名。又叫"朱草"、"朱英"。古人视为瑞草。牙：通"芽"，萌芽。秀：开花。

⑨沴(lì)：错乱。

⑩燠(yù)：热；暖。缪节：与季节不符合。也即该热的季节不热，该冷的季节不冷。

⑪七政：指日、月和金、木、水、火、土五星。一说指北斗七星。告凶：显示出凶险的征兆。

⑫殷雷：响亮的雷声。殷，盛大；响亮。輷(hōng)磕：象声词。形容雷声。龙潜：本指龙潜藏于水中，这里泛指各种虫类蛰伏的

冬季。

⑬朱明：夏季。《尔雅·释天》："夏为朱明。"运：指季节运行。

⑭玉烛：四季气候和谐。意思是说君主德美如玉，可致四时和气之祥。《尔雅·释天》："四气和谓之玉烛。"不照：没有出现。

⑮沉醴（lǐ）：地下的甘甜泉水。醴，甜酒。这里指如甜酒一样甘甜的泉水。

⑯郊埸（yì）：野外与边疆。郊，野外。埸，边疆。垒：军垒；防御工事。

⑰嘉生：美好的庄稼。遂：成功；成熟。

⑱四凶：舜时四个凶恶的部落首领。指浑敦、穷奇、梼杌、饕餮。这里泛指坏人。

⑲元凯：八元八凯，都是传说时代的贤臣。元，善良。凯，平和。《左传·文公十八年》说，高阳氏有才子八人，天下之民谓之"八恺（凯）"；高辛氏有才子八人，天下之民谓之"八元"。这里泛指贤人。

【译文】

"然而五弦琴静悄悄地没有了声音，《南风》之歌也没有人再去咏唱，君主得不到恭谨律己清静无为的安逸生活，百姓中间也听不到颂扬政治清明的歌声。飞龙在天上飞翔而不愿意落下，深渊中的虬龙在水中蜷曲也不愿意腾起。驺虞隐藏在隐蔽不显的地方，朱华虽有萌芽而不会开花。阴阳混乱不堪，寒冷与温暖的气候不符合季节。日、月、五星显示了凶险的征兆，山峰和山谷交换了地方。响亮的雷声在寒冬腊月轰鸣，凝结的冰霜在炎热的夏季显示出它的肃杀之气。四季和谐的气候不再出现，地下的甘泉也不再涌出，野外与边疆筑满了军垒，美好的庄稼却无法成熟。这些现象的出现难道有其他原因吗？确实都是因为那些恶人没有被除掉，而贤士没有被举荐，被重用的人不贤良，而贤良的人不被重任用啊。

“‘然高概远量[①]，被褐怀玉[②]，守静洁志，无欲于物，藏器渊洿[③]，得意遗世，非礼不动，非时不见[④]，困而无闷[⑤]，穷而不悔，乐天任命，混一荣辱，进无悦色，退无戚容者[⑥]，固有伏死乎瓮牖[⑦]，安肯衒沽以进趋[⑧]，揭其不赀之宝[⑨]，以竞燕石之售哉[⑩]！

【注释】

①高概：品德高尚。概，气概；品质。远量：志向远大。

②被褐（pī hè）：穿着粗布短衣。被，同“披”。褐，粗布衣。穷人的衣服。怀玉：胸藏美玉般的良才。

③藏器：隐藏自己的才华。器，才能。渊洿（wū）：深渊和池塘。代指原野沼泽。

④见（xiàn）：同“现”，显现。这里指现身社会做官。

⑤无闷：没有苦恼。

⑥退：指隐居。戚容：忧愁的面容。

⑦瓮牖（yǒu）：用破瓦罐做窗户。代指简陋的房舍。瓮，陶罐。牖，窗户。

⑧衒沽：炫耀自我，沽名钓誉。进趋：指出仕为官。

⑨揭：高举。不赀（zī）：无法计算。赀，计算。

⑩燕石：燕山所产的一种似玉的石头。燕，燕山。传说中的山名。《山海经·北山经》：“北百二十里，曰燕山，多婴石。”郭璞注：“言石似玉，有符彩婴带，所谓燕石者。”

【译文】

“‘然而那些品德高尚志向远大、身穿粗衣而胸怀美才、坚守清静而品行高洁、对外物无所追求、隐居在原野大泽之中、离开尘世自得其乐、不符合礼仪的事情坚决不做、不是合适的时代就不出仕、处世困窘而不烦恼、生活不得志也不后悔、乐于并顺从天命的安排、把荣耀与羞辱看作一样、能够出仕为官也没有愉悦的面容、隐居为民也没有忧愁表情的人，这样的人本来就只能是老死于以瓦罐为窗户的简陋房舍之中，他们又怎肯自我炫耀沽名钓誉以获取官职，高举着他们的不可估量的宝贝，而去与燕石一起竞价出售呢！

"'孔、墨之道，昔曾不行；孟轲、扬雄①，亦居困否②。有德无时，有自来耳③。世无离朱④，皂白混焉⑤；时乏管青⑥，骐蹇糅焉⑦。碛砾积于金匮⑧，瑾瑶委乎沟洫⑨；匠石缅而遐沦⑩，梓豫忽而莫识⑪。已矣，悲夫！我生不辰⑫，弗先弗后，将见吴土之化为晋域⑬，南民之变成北隶也⑭。'言犹在耳，而孙氏舆榇⑮。"

【注释】

①扬雄：西汉末年人。字子云。一生著述颇丰，著有《太玄》、《法言》、《方言》等书。

②困否（pǐ）：困窘。否，不顺利。

③有自来耳：由来已久了。

④离朱：相传为黄帝时人，据说他视力过人。

⑤皂：黑色。

⑥管青：传说中善于相马的人。

⑦骐蹇（jiǎn）：良马与驽马。骐，骏马。蹇，跛；行动迟缓。这里指驽马。也可理解为蹇驴。

⑧碛（qì）砾：沙石。金匮：金制的匣子。

⑨瑾瑶：美玉。委：抛弃。

⑩匠石：一位叫做石的木工。这里用"匠石"比喻善于识别人才的

人。《庄子·人间世》:"匠石之齐,至于曲辕,见栎社树。其大蔽数千牛,絜之百围,其高临山十仞而后有枝,其可以为舟者旁十数。观者如市,匠伯不顾,遂行不辍……曰:'已矣,勿言之矣!散木也。以为舟则沉,以为棺椁则速腐……无所可用,故能若是之寿。'"缅:遥远。遐沦:远远地隐藏起来。沦,沉沦;隐藏。

⑪梓豫:两种良木名。这里用来比喻优秀的人才。梓,梓树。豫,樟树的一种。

⑫生不辰:生不逢时。辰,时。

⑬晋域:晋朝的领土。本句是对西晋灭吴的预测。

⑭南民:指南方吴国的百姓。北隶:北方的奴隶。北,指地处北方的西晋。

⑮孙氏:指东吴最后一位君主孙皓。舆榇(chèn):用车子拉着自己的棺材。这是古代君主投降的一种仪式,随身带着棺材,以表示自己有罪当死。舆,车。这里用作动词。用车拉。榇,棺材。

【译文】

"'孔子、墨子的政治主张,当初也曾经无法推行;孟轲、扬雄,生活也非常困窘。具备了美好的品德却没有遇到一个美好的时代,这是由来已久的事情。因为这个社会没有视力极佳的离朱,所以黑与白就被混为一谈了;因为这个时代缺少善于相马的管青,所以骏马与驽马就被视为一样了。沙石被珍藏在金匣里,而美玉却被抛弃在沟渠之中;善于识别木材的匠石远远离开隐居起来,而梓豫这些良木就被忽视而无人认识。算了吧,真是可悲啊!我生不逢时,不早不晚,将会看到吴国的土地变为晋朝的领土,南方的百姓变成北方的奴隶。'这些话还在耳边,而孙氏就用车拉着棺材归降了晋朝。"

抱朴子闻之曰:"二君之言①,可为来戒,故录于篇,欲后代知有吴失国②,匪降自天也③。若苟讳国恶④,纤芥不贬⑤,

则董狐无贵于直笔⑥,贾谊将受讥于《过秦》乎⑦!”

【注释】

①二君:指前面提到的葛洪的老师郑隐、郑隐的老师左慈。

②有吴:即吴国。有,为名词词头。无义。

③匪:同“非”。

④苟讳国恶:随便就忌讳谈论国家的弊端。

⑤纤芥不贬:一丝一毫也不能批评。纤,细小。芥,小草名。比喻细小。贬,贬低;批评。

⑥董狐:人名。春秋时代敢于秉笔直书的正直史官。

⑦贾谊:西汉洛阳人。以年少能通百家,被文帝召为博士,迁太中大夫。《过秦论》:文章名。贾谊所著,主要批判秦朝治国的失误。

【译文】

抱朴子听到这些话以后,说:“两位先生的话,可以作为未来朝代的戒鉴,因此我就把它们记录在书中,希望后人能够知道吴国丧失政权的原因,不是来自上天啊。如果忌讳去讨论国家的弊端,一丝一毫都不能批评,那么董狐秉笔直书的精神也就没有可贵之处,而贾谊也将会因为《过秦论》这篇文章而受到讥讽了!”

守埆卷三十五

【题解】

守埆，安守贫瘠的土地。埆，贫瘠的土地。本篇以安守贫瘠的土地为切入点，主要阐述的还是安贫乐道的道理。

本篇中的潜居先生羡慕孙叔敖的为人，也选择了一块贫瘠的土地居住，过着贫贱的读书生活。有人对他的这种人生态度提出责难，认为人生在世，应该是进则成就霸王之业，退则家聚千金之财，而像潜居先生这种生活方式，恐怕将会死于饥寒之中。潜居先生对此作出了自己的回应。

首先潜居先生并不认为自己的生活艰苦，认为自己“藜飡之不充，而足于鼎食矣”，自己在读书修德的生活中获得了极大的快乐与满足，而这种快乐与满足又非一般人所能理解。其次，即使现在的日子艰难，但也是美好生活的前奏，因为“处埆则劳，劳则不学清而清至矣；居沃则逸，逸则不学奢而奢来矣。清者，福之所集也；奢者，祸之所赴也”。清贫的日子有利于自己保持高洁的情操，而高洁的情操正是获取幸福的前提。第三，自己如今安贫乐道，目的是为了积蓄力量，希望将来能够建立盖世功劳，留下不朽文章。因此“欲跻阆风陟嵩华者，必不留行于丘垤；意在乎游南溟泛沧海者，岂暇逍遥于潢洿”，志向远大的自己又怎么会贪恋眼前这一点蝇头小利呢？

本篇虽然是在介绍潜居先生的生活志趣，实际可以视为葛洪的内心独白。葛洪不仅是这样说的，而且也是这样做的。

抱朴子曰："余友人有潜居先生者①，慕寝丘之莫争②，简墝土以葺宇③，锐精艺文，意忽学稼④，屡失有年⑤，饥色在颜⑥。

【注释】

①潜居先生：假设人名。潜居，隐居。

②寝丘：地名。在今河南固始、沈丘两县之间。据说此地土质贫瘠。《吕氏春秋·异宝》："孙叔敖疾，将死，戒其子曰：'王数封我矣，吾不受也。为我死，王则封汝，必无受利地。楚、越之间，有寝之丘者，此其地不利，而名甚恶。荆人畏鬼，而越人信机，可长有者，唯此也。'孙叔敖死，王果以美地封其子，而子辞，请寝之丘，故至今不失。"

③简：选择。葺宇：修建房舍。葺，修建。宇，房屋。

④学稼：学习种地。也即种庄稼。

⑤有年：古代把庄稼丰收叫做"有年"。

⑥颜：面容。

【译文】

抱朴子说："我有一位友人名叫潜居先生的，羡慕寝丘之地无人争夺，于是也选择了一块瘠薄的土地修建房子住下，他精心研究文化典籍，而忽视了耕种庄稼，连续几年都没有获得丰收，面带饥色。

"或人难曰：'夫知礼在于廪实①，施博由乎货丰；高出于有余②，俭生乎不足。故"十千"美于诗人③，食货首乎八政[4]；躬稼基克配之业[5]，耦耕有不改之乐[6]。

【注释】

①廪（lǐn）实：仓库充实。廪，粮仓。《管子·牧民》："仓廪实，则知礼节；衣食足，则知荣辱。"

②高：疑为"享"字之误。享受；舒适。余：丰盛。

③十千：泛指粮食很多。《诗经·小雅·甫田》："倬彼甫田，岁取十千。"诗人：指本诗的作者。

④食货：粮食与财物。八政：国家政务的八项内容。《尚书·洪范》："八政：一曰食，二曰货，三曰祀，四曰司空，五曰司徒，六曰司寇，七曰宾，八曰师。"

⑤躬稼：亲自种庄稼。指禹、稷的事情。《论语·宪问》："禹、稷躬稼，而有天下。"基克：才能够。基，始；方才。克，能够。配之业：与天子之业相配。

⑥耦耕：二人协同操作以耕田。这里指隐居种地。《论语·微子》："长沮、桀溺耦而耕。孔子过之，使子路问津焉。"不改之乐：永远不变的快乐。古人认为，只要真理与美德存在自己的身上，无论物质生活的好坏，都无法改变自己的快乐。《论语·雍也》："子曰：'贤哉，回也！一箪食，一瓢饮，在陋巷。人不堪其忧，回也不改其乐。贤哉，回也！'"

【译文】

"有人责难他说：'懂得礼仪的关键在于粮仓要充实，施舍广泛的原因则是由于财产的丰厚；生活舒适是因为财富充裕，生活节俭是因为财富不足。因此诗人赞美"收获了很多粮食"这种情况，粮食与财物也被放在八项政务的首位。君主亲自耕种才能够与天子的事业相配，隐士隐居种地也有着自己永不改变的快乐。

"'奇士之居也①,进则侣鸿鸾以振翮②,退则参陶、白之理生③;仕必霸王,居必千金④。是以昔人必科膏壤以分利⑤,勤四体以稼穑,播原菽之与与⑥,茂嘉蔬之翼翼⑦,收辫秬之千仓⑧,积我庾之惟亿⑨。出连骑以游畋⑩,入侯服而玉食⑪。

【注释】

①居:生活。"居"下疑脱一"世"字。居世,生活在人世。

②侣鸿鸾以振翮:与杰出的人才一起干一番大事业。侣,与……一起。鸿鸾:两种鸟名。鸿雁与鸾凤。比喻杰出人才。振翮(hé):展翅飞翔。比喻干一番大事业。翮,鸟的健羽。这里泛指翅膀。

③参:参照;效法。陶、白:陶朱公与白圭。先秦的两位富商。陶朱公,即著名政治家范蠡。范蠡助越王勾践灭吴以后,乘船到齐国,后定居于陶,改名叫"朱公",治产业成为巨富。白圭,战国富翁。《史记·货殖列传》:"白圭,周人也。当魏文侯时,李克务尽地力,而白圭乐观时变,故人弃我取,人取我与……故曰:'吾治生产,犹伊尹、吕尚之谋,孙、吴用兵,商鞅行法是也……'盖天下言治生祖白圭。"理生:治生;发家致富。

④居:在家。这里指在家置办产业。金:古代货币计算单位。先秦以二十两黄金(一说二十四两黄金)为一镒,一镒为一金。

⑤科:考核;考量。一说"科"疑为"料"字之误。料,考察;选择。杨明照《抱朴子外篇校笺》:"此'科'字疑为'料'之形误。料,量也。"膏壤:肥沃的土地。

⑥原菽(shū):原野中的豆子。菽,豆类的总称。与与:茂盛的样子。

⑦嘉蔬:美好的蔬菜。翼翼:茂盛的样子。《诗经·小雅·楚茨》:"我黍与与,我稷翼翼。"

⑨麰秬(móu jù):泛指谷物。麰,大麦。秬,黑黍。

⑩庾(yǔ):谷仓。亿,数词。一万万。古代也把十万叫做亿。这里泛指很多。《诗经·小雅·楚茨》:“我仓既盈,我庾维亿。”

⑪连骑:骑士一个接着一个。形容骑马的随从之多。畋(tián):打猎。

⑫侯服:王侯一样的服饰。玉食:美食。

【译文】

“‘具有奇才的士人生活在人世间,出仕为官时就与杰出的人才一起干一番伟大事业,退隐后就效法陶朱公和白圭去置办家业;出仕为官时一定要让国家称王称霸,退隐居家后就一定要赚取千金家产。因此从前的人一定要选择肥沃的土地以求获得利益,四肢勤奋地去耕种收获,在原野上播种的豆子长得很是茂盛,茂密而美好的蔬菜长得也很茁壮,收获的大麦和黍子装满了上千的粮仓,仓库里装的粮食实在是很多。出门时带着众多的骑马侍从到处游玩打猎,回家后则穿着王侯那样的服饰而享用着精美的食物。

“‘而先生之宅此也,亢阳则出谷飏尘[①],重阴则滔天凌丘[②];陆无含秀之苗,水无吐穗之株;稗粝旷于囷廪[③],薪爨废于庖厨[④];怡尔执待免之志[⑤],坦然无去就之谟[⑥]。吾恐首阳之事[⑦],必见于今;丹山之困[⑧],可立而须[⑨]。人为子寒心,子何晏然而弗忧也[⑩]?

【注释】

①亢阳:久旱不雨。飏(yáng)尘:尘土飞扬。飏,飞扬;飘扬。

②重阴:阴雨连绵。凌丘:淹没山陵。

③稗(bài):稗子。稻田中的一种野草。粝:粗粮;粗米。旷:空;没

有。圌(chuán):通“篅”。用竹或草编织的盛米器具。

④薪爨(cuàn):烧火用的柴草。爨,烧火。废:废弃。这里引申为没有。庖厨:厨房。

⑤怡尔:愉悦的样子。尔,形容词词尾。待免:应作“待兔”。守株待兔。《韩非子·五蠹》:“宋人有耕田者,田中有株,兔走触柱,折颈而死。因释其耒而守株,冀复得兔。兔不可复得,而身为宋国笑。”

⑥谟(mó):计谋;计划。

⑦首阳之事:饿死于首阳山的事情。首阳,山名。在今山西永济南。《史记·伯夷列传》记载,伯夷和叔齐是商朝孤竹国君的两个儿子,他们因为推让君位而逃到了周。周武王灭商以后,两人认为武王以下犯上,属于不义之君,于是坚决不食周粟,饿死在首阳山。

⑧丹山之困:像王子搜那样被困在丹山之中。丹山,山名。所在地不详。《庄子·让王》:“越人三世弑其君,王子搜患之,逃乎丹穴。而越国无君,求王子搜不得,从之丹穴。王子搜不肯出,越人熏之以艾,乘以王舆。王子搜援绥登车,仰天而呼曰:‘君乎!君乎!独不可以舍我乎!’”

⑨立而须:立刻就要到来。须,等到。

⑩晏然:安然。

【译文】

“‘然而先生住的这个地方,久旱不雨时山谷里到处都是尘土飞扬,阴雨连绵时滔天洪水漫过了山陵。旱地里没有一棵扬花的禾苗,水田中没有一株吐穗的稻谷;粮囤仓房中连稗子粗米都没有,厨房里也没有烧火做饭的柴草;而您还怡然自得地在那里抱着守株待兔的心态,坦坦荡荡地没有一点做事的计划。我担心伯夷、叔齐饿死首阳山的事情,一定会在今天重演;王子搜被困于丹山的事情,也将马上发生。人们都为您感到寒心,而您为什么还安然自得而毫不忧愁呢?

"'夫睹机而不作,不可以言明;安土而不移①,众庶之常事。岂玩鲍者忘兰②,而大迷者易性乎③?何先生未寤之久也?鄙人惑焉④,不识所谓⑤。夫衮冕非御锋镝之服⑥,典诰非救饥寒之具也⑦。胡不视沃衍于四郊、躬田畯之良业、舍六艺之迂阔、收万箱以赈乏乎⑧?'

【注释】

①安土:安于故土。也即一直住在故乡。

②玩:习惯。鲍:咸鱼。这里指咸鱼的腥臭味。兰:一种香草名。

③易性:改变了性情。易,改变。

④鄙人:浅薄的人。是责难者的自我谦称。犹言"在下"。

⑤所谓:所为;为何。谓,通"为"。

⑥衮(gǔn):即衮衣,绣有龙形等花纹的高贵服饰。冕:大夫以上所戴的礼帽。镝(dí):箭头。

⑦典诰:原指《尚书》中《尧典》、《大诰》等篇。这里泛指古代文献。

⑧胡:为什么。沃衍:肥沃平坦的土地。衍,平坦。田畯(jùn):古代负责农业的官员。这里代指农业。六艺:这里指儒家的六种经典。包括《易》、《书》、《诗》、《礼》、《春秋》、《乐》。万箱:万车。箱,车厢。

【译文】

"'看到了时机而不奋起抓住,不可以叫做明智;安于故土而不迁徙,这只是一般民众的平庸行为。难道习惯了鲍鱼的腥臭味就真的忘记了兰花的清香、极度的迷惑就真的能够改变人的性情吗?为什么先生这么长的时间还不能醒悟呢?在下对此感到迷惑,不知道为何会如此。华丽的衣服和礼帽不是可以用来抵御刀刃和箭头的服装，古代典籍也不是可以用来救助饥寒的东西。您为什么不到四郊去寻找一些肥沃平坦的土地、亲自去从事农业生产这样的美好职业、舍弃迂阔无用的六经、而去收获万车粮食来解救自己的贫困呢？'

"潜居先生曰：'夫聩者不可督之以分雅、郑①，瞽者不可责之以别丹漆②；井蛙不可语以沧海，庸俗不中说以经术③。吾子苟知老农之小功，未喻面墙之巨拙④，何异拾琐沙而捐隋、和、向炯烛而背白日也⑤？夫好尚不可以一概杚、趋舍不可以彼我易也⑥。

【注释】

①聩：聋子。雅：高雅的音乐。郑：指先秦时期郑国的音乐。因为这个国家的音乐淫靡，所以后来就成为靡靡之音的代称。

②瞽（gǔ）：瞎眼。丹：红色。漆：漆为黑色，因此这里代指黑色。

③不中：不适合；不可以。

④喻：明白；知道。面墙：面对着墙壁站立。比喻不学习，所知甚少。

⑤琐沙：细小的沙粒。琐，细小。隋、和：随侯珠、和氏璧。都是先秦时期的珍宝。隋，通"随"。炯烛：明亮的烛光。

⑥一概杚（gài）：完全一致。概，量粮食时用来括平斗斛的木板。杚，刮平。趋舍：取舍；追求与舍弃。易：交换。

【译文】

"潜居先生说：'耳聋的人不可以督促他去区分高雅的音乐与靡靡之音，眼瞎的人不能够要求他去辨别是红色还是黑色；井中的青蛙不可以与它谈论大海，庸俗的世人不能够和他谈论经学。您只知道农民建立的小小功劳，却不明白不学无术这一大的愚蠢，这与拾起了小砂粒而扔掉了隋侯珠与和氏璧、面朝着明亮的蜡烛取光却背对着太阳有什么区别呢？人们的爱好不可能要求完全一致，人们的取舍兴趣也不可能相互交换。

"'夫欲陟阆风陟嵩华者①，必不留行于丘垤②；意在乎游南溟泛沧海者③，岂暇逍遥于潢洿④！是以注清听于《九韶》者⑤，《巴人》之声不能悦其耳⑥；烹大牢飨方丈者⑦，荼蓼之味不能甘其口⑧。鲲鹏戾赤霄以高翔⑨，鹡鸰傲蓬林以鼓翼⑩。洿隆殊途⑪，亦飞之极。晦朔甚促⑫，朝菌不识⑬。蜉蝣忽忽于寸阴⑭，野马六月而后息⑮。鯈鲋沨滥以暴鳞⑯，灵虬勿用乎不测⑰。行业乖舛⑱，意何可得？

【注释】

①陟(jī)：登上；升上。阆(làng)风：传说中神仙居住的大山，在昆仑山之上。陟(zhì)：登上。嵩华：嵩山与华山。

②丘垤(dié)：小土丘。垤，蚂蚁做窝时堆在洞口的小土堆，又叫做"蚁封"、"蚁冢"。也用来指小土堆。

③南溟：南海。溟，海。泛：漂浮；泛舟。

④潢洿(huáng wū)：池塘。

⑤《九韶》：舜时的乐曲名。

⑥《巴人》：古代通俗歌曲名。

⑦大(tài)牢：即太牢。宴会或祭祀时并用牛、羊、猪三牲。这里泛指丰盛的食物。方丈：一丈见方。指美味佳肴摆满了一丈见方的位置，形容肴馔丰盛。《孟子·尽心下》："食前方丈。"

⑧荼蓼(tú liǎo)：两种野菜名。荼菜味苦，蓼菜味辛辣。

⑨鲲鹏：传说中的大鸟。见于《庄子·逍遥游》。戾：至；达到。赤霄：红霞；云天。

⑩鹡鸰(jí líng)：一种小鸟名。蓬：一种野草名。

⑪洿(wū)隆：低与高。洿，池塘。形容低下。隆，高。

⑫晦朔：一个月。古人把每月的第一天叫做朔，最后一天叫做晦。这里代指一个月。促：短暂。

⑬朝(zhāo)菌：一种早上出生、傍晚死亡的菌类植物。

⑭蜉蝣(fú yóu)：虫名。生存期极短。据说它朝生夕死。忽忽：匆忙的样子。

⑮野马六月而后息：应为大鹏飞行整整六个月才停下来休息。“野马”应为“大鹏”之误。野马，形容尘土飞扬的样子。《庄子·逍遥游》：“北冥有鱼，其名为鲲，鲲之大，不知其几千里也。化而为鸟，其名为鹏，鹏之背，不知其几千里也……《谐》之言曰：‘鹏之徙于南冥也，水击三千里，抟扶摇而上者九万里，去以六月息者也。’野马也，尘埃也，生物之以息相吹也。”

⑯鲦(tiáo)：即鲦鱼。一种银白色的小鱼。鲋(fù)：即鲫鱼。泛滥：到处乱游。暴(pù)鳞：晒干自己的鱼鳞。也即死亡。暴，通“曝”，晒。

⑰灵虬(qiú)：有神灵的虬龙。勿用：不为世用。也即不当官而隐居。不测：深不可测的地方。

⑱行业：行为业绩。乖舛：相悖；不同。

【译文】

“‘那些一心想登上阆风山、嵩山、华山的人，就绝对不会在小土丘上停留；那些立志要到南方的大海中去漂游泛舟的人，又怎么会有闲暇的时间在小池塘里悠闲逗留呢！因此对于那些专心欣赏《九韶》雅乐的人，那么《巴人》的曲调就不会让他们感到悦耳动听；对于那些烹调丰盛美味享用方丈大小宴席的人，那么苦涩的野菜就不会让他们的嘴巴感到甘甜。鲲鹏直冲云霄高高飞翔，而鹌鸰小鸟则在草丛树林之中骄傲地拍打着自己翅膀。它们的飞翔高低相差悬殊，然而也都是各自飞翔的极致。一个月的时间是非常短暂的，然而朝菌对此仍然不能理解。蜉蝣小虫匆匆忙忙地度过了它的短暂光阴，然而大鹏鸟整整飞翔六个月然后才停下来休息。鯈鱼和鲋鱼因为到处乱游而失水死亡，具有神灵的虬龙则不为世用而隐居于深不可测的地方。人们的行为和事业各不相同，彼此又如何能够理解对方的心意呢？

"'余虽藜飡之不充[①]，而足于鼎食矣[②]！故列子不以其乏，而贪郑阳之禄[③]；曾参不以其贫[④]，而易晋、楚之富[⑤]。夫收微言于将坠者[⑥]，周、孔之遐武也[⑦]；情孳孳以为利者[⑧]，孟叟之罪人也[⑨]。造远者莫能兼通于岐路[⑩]，有为者莫能并举于耕、学。体瘁而神豫[⑪]，亦何病于居约[⑫]！

【注释】

①藜飡(lí cān)：野菜饭。藜，野菜名。飡，同"餐"。

②鼎食：列鼎而食。指富贵生活。

③故列子不以其乏，而贪郑阳之禄：因此列子不会因为自己的贫困，而贪图郑子阳送来的粮食。列子，名御寇。先秦的思想家，道家的代表人物之一。郑阳，郑子阳。先秦郑国的相。《庄子·让王》："子列子穷，容貌有饥色。客有言之于郑子阳者，曰：'列御寇，盖有道之士也，居君之国而穷，君无乃为不好士乎？'郑子阳即令官遗之粟。子列子见使者，再拜而辞。使者去，子列子入，其妻望之而拊心曰：'妾闻为有道者之妻子，皆得佚乐，今有饥色。君过而遗先生食，先生不受，岂不命邪！'"

④曾参：孔子弟子，字子舆。一生贫困。

⑤易：交换。晋、楚：先秦的两个诸侯国。《孟子·公孙丑下》："曾子曰：'晋、楚之富，不可及也。彼以其富，我以吾仁；彼以其爵，我以吾义，吾何慊乎哉？'"

⑥微言：精微要妙的言论。将坠者：即将消失的。

⑦周、孔：周公与孔子。遐武：遥远的足迹。也即遥远时代的言行。遐，远。武，足迹。

⑧孳孳：勤奋的样子。

⑨孟叟：指孟子。叟，老人。《孟子·尽心上》："鸡鸣而起，孳孳为善者，舜之徒也；鸡鸣而起，孳孳为利者，蹠之徒也。"

⑩造：到。通：通畅。这里引申为走向。

⑪神豫：精神愉悦。豫，快乐。

⑫居约：生活贫困。居，生活。约，简约；贫困。

【译文】

"'我虽然连野菜饭都无法吃饱，然而比列鼎而食的人还要感到满足啊！因此列子不会因为自己的生活贫困，而贪图郑子阳送来的粮食；曾参不会拿他的贫穷生活，而去交换晋楚两国送给他的富贵生活。收集整理即将失传的微妙言论，那里面都隐含着遥远时代的周公与孔子的言行事迹；辛辛苦苦地追求利益的人，是孟老夫子笔下的罪人。一心到达遥远目的地的人就不能同时走向另外一条歧路，有所作为的人也就不能同时去耕种田地和学习经术。我身体憔悴而精神愉快，又怎么会对生活贫困而感到痛苦呢！

"'且又处墝则劳，劳则不学清而清至矣[①]；居沃则逸，逸则不学奢而奢来矣。清者，福之所集也；奢者，祸之所赴也。福集，则虽微可著、虽衰可兴焉[②]；祸赴，则虽强可弱、虽存可亡焉。此不期而必会、不招而自来者也。故君子欲正其末，必端其本；欲辍其流[3]，则遏其源。故道德之功建，而侈靡之门闭矣。

【注释】

①清：清贫。

②微：微贱。著：显贵。

③辍：停止；断掉。

【译文】

"'况且身处贫困就会劳苦，劳苦的人不用学习清贫而清贫自然就会到来；身处富贵就会安逸，安逸的人不用学习奢侈而奢侈也自然就会到来。清贫的人，福气就会聚集到他的身上；奢侈的人，灾难就会降临到他的身上。福气聚集到他的身上，那么即使微贱也可以变得显贵，即使衰败了也可以再次兴起；灾难降临到他的身上，那么即使强大也会变得弱小，即使存在也会走向灭亡。这些事情不用预约就会自然相聚在一起，不用召请就会自然到来。因此君子想要端正末端的东西，一定要先端正它们的根本；要想断掉水的末流，那么就要先去遏制它的源头。因此道德美好的功业成就了，奢侈淫靡的风气也就自然消失了。

"'姜望至德[1]，而佃不复种[2]；重华大圣[3]，而渔不偿网[4]。然后玉璜表营丘之祚[5]，大功有二十之高[6]。何必讥之以惰懒，而察才以相士乎[7]？夫二人分财，取少为廉。余今让天下之丰沃，处兹邦之褊埆[8]，舍安昌之膏腴[9]，取北郭之无欲[10]，诚万物之可细[11]，亦何往而不足哉！

【注释】

①姜望：即姜太公。姓姜名牙，又称吕尚、太公望。西周初年人，协

助周武王灭商后，被封于齐。

②佃(tián)不复种：种地的收获还不够抵偿他播下的种子。佃，种地。复，抵偿。《说苑·杂言》："太公田不足以偿种，渔不足以偿网，治天下有余智。"

③重华：即舜。舜名重华。

④渔不偿网：捕到的鱼还无法抵偿买渔网的钱。舜在当天子之前，捕过鱼，但没有关于他"渔不偿网"的记载。葛洪如此讲，可能是把《说苑·杂言》中姜太公的事迹误记为舜的事迹。

⑤玉璜(huáng)：半圆形的玉璧。表：预示。营丘：地名。在今山东临淄一带。周封姜太公于齐，即建都于营丘。祚，福气。《尚书大传》卷一："周文王至磻溪，见吕尚钓。文王拜。尚云：'望钓得玉璜，剩曰：姬受命，吕佐检。德合于今昌来提。'"这段话的大意是：周文王到了磻溪，见吕尚正在钓鱼。文王对他施礼。吕尚就说："我钓鱼时得到一块玉璜，上面写道：'姬昌(即周文王)受天命为天子，让我吕尚来辅佐。'"

⑥大功有二十之高：舜建立的治国大功有二十件。《左传·文公十八年》："是以尧崩而天下如一，同心戴舜，以为天子。以其举十六相，去四凶也……舜有大功二十而为天子。"

⑦才：通"财"，财富。相士：观察、鉴别士人。相，观察。

⑧兹邦：这个地方。兹，此。褊(biǎn)：狭小。埆(qué)：土地贫瘠。

⑨安昌：西汉丞相张禹，封安昌侯。《汉书·张禹传》说他土地财富极多，生活奢侈。

⑩北郭：北郭先生。先秦的隐士。《韩诗外传》卷九："楚庄王使使赍金百斤，聘北郭先生。先生曰：'臣有箕帚之使，愿入计之。'即谓夫人曰：'楚欲以我为相，今日相，即结驷列骑，食方丈于前，如何?'妇人曰：'夫子以织屦为食，食粥毚履，无怵惕之忧者，何哉？与物无治也。今如结驷列骑，所安不过容膝；食方丈于前，所甘

不过一肉。以容膝之安、一肉之味，而殉楚国之忧，其可乎？’于是遂不应聘，与妇去之。”

⑪细：小。这里指小视、轻视。

【译文】

“‘姜太公的德行最为高尚，然而他种地的收获却无法抵偿他播下的种子；虞舜是最为圣明的人，然而他捕到的鱼还不能补偿他买渔网的钱。而此后玉璜的出现预示着姜太公在营丘建立齐国的福祚，虞舜建立的治国大功则有二十件之多。何必要讽刺说他们懒惰，而凭着财产的多少去考察鉴别人才呢？两个人分配财产时，拿的少的一方算是廉洁。我现在让出了天下的肥沃土地，而生活在这个又狭小又贫瘠的地方，放弃了张禹那样的膏腴良田，效法北郭先生的无私无欲，这确实是做到了轻视万物，那么无论过什么样的生活会不感到自得自足呢！

“‘北辰以不改为众星之尊①，五岳以不迁为群望之宗②；蟋蟀屡移而不贵，禽鱼餍深则逢患③。方将垦九典之芜蔣④，播六德之嘉谷⑤。厥田邈于上土之科⑥，其收盈乎天地之间。何必耕耘为务哉？昔被衣以弃财止盗⑦，庾氏以推璧厉贪⑧，疏广散金以除子孙之祸⑨，叔敖取堉以弭可欲之忧⑩。牛缺以载珍致寇⑪，陶谷以多藏召殃⑫。得失较然⑬，可无鉴乎！’

【注释】

①北辰：北极星。

②五岳：指东岳泰山、西岳华山、南岳衡山、北岳恒山、中岳嵩山。群望：这里指众山。望，古代祭祀山川的专称。遥望而祭，故称。宗：主。

③餍（yàn）：当作“厌”。杨明照《抱朴子外篇校笺》：“‘餍’当作

‘厌’，始合文意。《庄子·庚桑楚》：‘故鸟兽不厌高，鱼鳖不厌深。夫全其形生之人，藏其身也，不厌深眇而已矣。’……若作‘餍’，则翩其反矣。”厌，厌恶；不愿意。

④九典：九种典籍。说法不一。《汉书·艺文志》指《周易》、《尚书》、《诗经》、《春秋》、《礼记》、《乐》、《论语》、《孝经》及《小学》。这里泛指古代典籍。芜萝(huì)：荒芜。萝，通“秽”，荒芜。

⑤六德：六种美德。《周礼·地官·大司徒》：“以乡三物教万民，而宾兴之。一曰六德：知、仁、圣、义、忠、和。”

⑥厥田：那块土地。比喻古代典籍。邈于：远远超过了。上土之科：最好的土地。科，品级。

⑦被(pī)衣：传说中的隐士、贤人。关于他弃财止盗的典故不详所出。

⑧庾氏：庾市子。先秦人。又被写作庚市子、康市子。“庾”、“庚”、“康”三字为形近而混。推璧：让出玉璧。厉贪：批评贪婪的人。厉，磨砺；批判。《庄子》佚文：“庚市子肩之毁玉也。”淮南子《庄子后解》：“庚市子，圣人之无欲者也。人有争财相斗者，庚市子毁玉于其间，而斗者止。”(《文选·七命》李贤注引)嵇康《圣贤高士传》：“康市子者，圣人之无欲者也。见人争财而讼，推千金之璧于其旁，而讼者息。”

⑨疏广：西汉人。字仲翁，东海兰陵人。少好学，明《春秋》，先后任博士太中大夫、太傅，后归居故乡。《汉书·疏广传》：“广既归乡里，日令家共具设酒食，请族人、故旧、宾客，与相娱乐。数问其家金余尚有几所，趣卖以共具……广曰：‘吾岂老悖不念子孙哉？顾自有旧田庐，令子孙勤力其中，足以共衣食，与凡人齐。今复增益之以为赢余，但教子孙怠惰耳。贤而多财，则损其志；愚而多财，则益其过。且夫富者，众人之怨也；吾既亡以教化子孙，不欲益其过而生怨。’”

⑩叔敖：孙叔敖。弭：消除。

⑪牛缺：先秦儒生。致寇：招来强盗。《列子·说符》："牛缺者，上地之大儒也，下之邯郸，遇盗于耦沙之中，尽取其衣装车，牛步而去。视之，欢然无忧吝之色。盗追而问其故。曰：'君子不以所养害其所养。'盗曰：'嘻！贤矣夫！'既而相谓曰：'以彼之贤，往见赵君，使以我为，必困我。不如杀之。'乃相与追而杀之。"

⑫陶谷：应为"陶荅"。《列女传》卷二《陶荅子妻》："荅子治陶三年，名誉不兴，家富三倍。其妻数谏不用。居五年，从车百乘归休。宗人击牛而贺之，其妻抱儿而泣。姑怒曰：'何其不祥也！'妇曰：'夫子能薄而官大，是谓婴害；无功而家昌，是谓积殃……今夫子治陶，家富国贫，君不敬，民不戴，败亡之征见矣。愿与少子俱脱。'姑怒，遂弃之。处期年，荅子之家果以盗诛。"

⑬较然：明白的样子。

【译文】

"'北斗星因为不改变自己的方位而受到众星的尊崇，五岳因为不改变自己的位置而成为群山的宗主；蟋蟀因为不停地跳动而不被看重，鸟类和鱼类因为不愿深深地隐藏起来而遭遇灾难。我将要像开垦荒地那样去开发古代的典籍，从而播下六种美德这样的好庄稼。这块田地远远超过了上等的土地，从中得到的收获可以充满整个天地之间。为什么一定要把耕耘作为自己要做的事情呢？从前被衣用抛弃财物的办法去制止盗贼，庚市子以推让玉璧的举动来批判贪婪的人，疏广用散尽金钱的行为去免除子孙的灾祸，孙叔敖以只要贫瘠土地的方法来消除别人前来争夺的忧患。牛缺因为随车装着珍宝而招来强盗，陶荅因为聚敛过多的财富而引来灾难。他们的得和失是非常明显的，能够不以此为戒吗！'

"于是问者抑然良久[①]，口张而不能嗑[②]，首俛而不能仰[3]。慨而嗟乎，始悟立不朽之言者，不以产业汩和[4]；追下帷之绩者[5]，不以窥园涓目[6]。子以臭雏之甘呼鸳凤、擗蟹之计要猛虎[7]，岂不陋乎！鄙哉，子之不夙知也[8]！”

【注释】

①抑然：沉闷；沉默。良久：很久。

②嗑（hé）：闭；合。

③俛：同“俯”，低头。

④汩（gǔ）：扰乱。

⑤下帷：放下帷幕读书。《汉书·董仲舒传》：“下帷发愤，潜心大业。”

⑥不以窥园涓目：不去观赏园林以扰乱自己的目光。涓，疑为“滑”字之误。滑，扰乱。《汉书·董仲舒传》记载董仲舒为了读书而“三年不窥园”。

⑦臭雏：发臭的小老鼠。比喻丰厚的家业。鸳凤：凤鸟。比喻贤人。鸳，通“鹓”，鹓鸰。凤凰一类的鸟。《庄子·秋水》：“惠子相梁，庄子往见之。或谓惠子曰：‘庄子来，欲代子相。’于是惠子恐，搜于国中三日三夜。庄子往见之，曰：‘南方有鸟，其名为鹓鸰，子知之乎？夫鹓鸰，发于南海，而飞于北海，非梧桐不止，非练实不食，非醴泉不饮。于是鸱得腐鼠，鹓鸰过之，仰而视之曰：“吓！”今子欲以子之梁国而“吓”我邪？’”擗（pì）：掰开；分开。要：求取；设法取得别人的信任。

⑧夙：平素；一直。

【译文】

“于是提问责难的人沉默了很长时间，他的嘴巴张开后合不上了，头低下去抬不起来了。他感慨叹息，这才明白那些立志写作不朽著作的人，不会因为购置产业而打扰自己的平和心境；追求闭门治学功业的人,不会因为观赏园林而扰乱自己的眼睛。他认为发臭的小老鼠很甘甜就去呼唤凤凰也来品尝,用掰开螃蟹的办法来说服勇猛的老虎,这不是太拙劣了吗！真是浅薄啊,他一直都不理解这个道理!”

安贫卷三十六

【题解】

安贫，安于贫贱生活。本篇是上一篇《居塉》的姊妹篇，进一步地赞颂了安贫乐道的生活情趣。

本篇假借偶俗公子之口，劝告安贫乐道的乐天先生应该寻找机会谋取荣华富贵，因为荣华富贵是舒适生活的基础，是解决所有困苦的前提。

针对偶俗公子的观点，乐天先生对富贵作出了自己的解释："六艺备研，'八索'必该，斯则富矣；振翰摛藻，德音无穷，斯则贵矣。"有了知识，就是有了财富；有了不朽的名声，就是有了高贵的地位。乐天先生接着说："是以俟扶摇而登苍霄者，不充诎于蓬蒿之杪。"正是因为自己怀抱着远大的理想，所以对眼前的世俗富贵不屑一顾。最后，乐天先生重点指出："匹夫枉死于怀璧，丰狐召灾于美皮。"财富是招来灾祸的罪魁祸首，明确点明对方劝告自己谋取富贵是"劝隋珠之弹雀，探虎口以夺肉"，简直就是要谋害自己。

孔子说："贤哉，回也！一箪食，一瓢饮，在陋巷，人不堪其忧，回也不改其乐。贤哉，回也！"(《论语·雍也》)庄子也说："古之得道者，穷亦乐，通亦乐。所乐非穷通也，道德于此，则穷通为寒暑风雨之序矣！"(《庄子·让王》)《居塉》与《安贫》两篇所描述的精神境界，与孔子、庄子所向往的精神境界完全一致。正是这一精神境界,支撑着中国的传统文化薪火相传,由遥远的古代走到了今天。

抱朴子曰:"昔汉火寝耀①,龙战虎争,九有幅裂②,三家鼎据③。有乐天先生者④,避地蓬转⑤,播流岷、益⑥。始处昵于文休⑦,末见知于孔明⑧。而言高行方,独立不群,时人惮焉,莫之或与⑨。时二公之力,不能违众,遂令斯生沉抑衡荜⑩。齿渐桑榆⑪,而韦布不改⑫。而时主思贤,不闻不知;当途之士⑬,莫举莫贡。潜侧武之陋巷⑭,窜绳枢之蓬屋⑮。进废经世之务,退忘治生之事。藜飡屡空⑯,朝不谋夕。

【注释】

①汉火寝耀:汉朝灭亡。寝,熄灭。中国古代用五行相生的学说来解释朝代的更替,认为汉为火德,因此与火相配。汉朝的"火"熄灭了,也即汉朝灭亡了。

②九有:九州。古代把天下分为冀、兖、青、徐、扬、荆、豫、梁、雍九州。幅裂:像布帛一样分幅裂开。

③三家鼎据:指魏、蜀、吴三国鼎立。

④乐天先生:葛洪假设的人名。隐含乐天知命的意思。

⑤避地:迁居他处以躲避灾祸。蓬转:像蓬草一样到处流荡。蓬,一种野草名。秋枯根拔,随风飞扬,因此又称"飞蓬"。

⑥播流:流亡。岷、益:岷山与益州。这里用来代指当时的蜀国。岷山在今四川松潘北,绵延四川、甘肃两省边境。益州,地名。在今四川。

⑦文休:三国蜀人许靖,字文休,汝南人。少与从弟许劭俱知名,先后任左将军长史、太傅等职。年逾七十,犹爱惜、关注人才,诸葛

亮敬事之。

⑧见知:被了解;被看重。孔明:诸葛亮,字孔明。

⑨莫之或与:即“莫或与之”。没有人支持他。与,赞成;支持。

⑩斯生:这位先生。指乐天先生。衡:横木为门。荜:用竹条或荆条编织的门。这里用“衡荜”代指简陋的房屋。

⑪齿:年纪。桑榆:两种树名。这里指太阳落在树梢,代指傍晚,多用来比喻晚年。

⑫韦布:韦带布衣。属平民服饰。这里代指平民。韦带,用熟牛皮制成的未加装饰的皮带。

⑬当途之士:掌权的人。

⑭潜:隐居。侧武:侧着脚。这里指侧着脚才能够通过。极言狭窄。武,足迹。陋巷:简陋的小巷子。

⑮窜:躲藏。这里指居住。绳枢:用绳子系门以代替门枢。形容贫穷简陋。蓬屋:草屋。

⑯藜湌(lí cān):野菜饭。藜,野菜名。湌,同“餐”。

【译文】

抱朴子说:“从前汉朝灭亡之后,龙争虎斗,九州就像布帛一样被四分五裂了,魏、蜀、吴三国鼎立。有一位名叫乐天先生的人,就像飞蓬一样到处流浪以躲避战乱,最后流亡到了蜀国境内。开始和许靖相处得很亲密,后来又为诸葛亮所看重。然而他言语清高而行为方正,卓然独立而不与大家合群,当时的人们都很忌惮他,没有人愿意支持他。当时仅凭着两位先生的力量,也无法违背众意,于是就使这位先生被埋没在简陋的房舍之中了。年龄渐渐老了,然而还是一介布衣。而当时的君主虽然思慕贤人,却没有听说过他;掌权的人,也没有人去举荐他。他隐居在侧着脚才能通过的鄙陋的小巷子里,居住在用绳子做门枢的草屋当中。就出仕为官这方面而言他已经荒废了治理国家的事业,就隐居在家这方面而言他又忘却了置办家产的事情。就连野菜饭都经常吃不上，用过早餐就不知道是否还有晚饭。

“于是偶俗公子造而诘之曰[①]：‘盖闻有伊、吕之才者[②]，不久滞于穷贱；怀猗顿之术者[③]，不长处于饥寒。达者贵其知变，智士验乎不匮[④]。故范生出则灭吴霸越[⑤]，为命世之佐[⑥]；入则货殖营生[⑦]，累万金之赀。

【注释】

①偶俗公子：葛洪假设的人名。隐含迎合世俗的意思。造：来到；造访。

②伊：伊尹。辅佐商汤王建立商朝。吕：吕尚。也即姜太公。辅佐周武王灭商，为周朝开国功臣。

③猗(yī)顿：春秋富商。猗顿向陶朱公学习，靠贩卖牛羊而致富，一说是靠盐业致富。

④匮：财物匮乏。

⑤范生：范蠡。范蠡助越王勾践灭吴以后，乘船到齐国，后定居于陶，改名叫“朱公”，治产业成为巨富。

⑥命世：著名于世。佐：辅佐大臣。

⑦入：指归隐。货殖：经商赢利。

【译文】

“于是有一位名叫偶俗公子的人登门责难他说：‘我听说具备了伊尹、吕尚才能的人，不会长久滞留于困窘低贱的地位；具备了猗顿的致富方法的人，不会长期生活在忍饥挨饿之中。通达之人的可贵之处就在于他懂得权变，明智的人就表现在他不会缺乏财物。因此范蠡出仕为官时就能够灭掉吴国而使越国称霸，成为闻名于世的辅佐大臣；归隐之后则从事商业经营生计，积累了价值万金的家产。

"'夫贫在六极①,富在五福②,《诗》美"哿矣"③,《易》贵"聚人"④。垂饵香则鳣鲔来⑤,悬赏厚则果毅奋⑥。长卿所以解犊鼻而拥朱旄⑦,曲逆所以下席扉而享茅土⑧,不韦所以食十万之邑⑨,绛侯所以拔囹圄之困也⑩。故下乡俭而获悔咎之辱⑪,漂妪丰而蒙千金之报⑫。

【注释】

①六极:六种凶事。《尚书·洪范》:"六极:一曰凶、短、折,二曰疾,三曰忧,四曰贫,五曰恶,六曰弱。"

②五福:五种福气。《尚书·洪范》:"五福:一曰寿,二曰富,三曰康宁,四曰攸好德,五曰考终命。"

③哿(gě)矣:可以了;不错了。哿,可以。《诗经·小雅·正月》:"哿矣富人,哀此惸独。"

④聚人:召集众人。《周易·系辞下》:"何以聚人? 曰财。"

⑤鳣鲔(zhān wěi):两种体型较大的鱼。

⑥果毅:指果敢刚毅的将士。

⑦长卿所以解犊鼻而拥朱旄:这就是司马相如之所以能够脱掉犊鼻裤做了高官的原因。长卿,司马相如,字长卿。西汉武帝时的大臣。犊鼻,即犊鼻裈,类似今天的短裤,以形似犊鼻而得名。朱旄,以红色旄牛尾制成的旄节,用作使臣的信物。这里代指做了高官。《史记·司马相如列传》:"司马相如,蜀郡成都人也,字长卿……相如与俱之临邛,尽卖其车骑,买一酒舍酤酒,而令文君当炉。相如自著犊鼻裈,与保庸杂作,涤器于市中……卓王孙不得已,分予文君僮百人,钱百万,及其嫁时衣被财物,文君乃与相如归成都,买田宅,为富人……天子以为然,乃拜相如为中郎将,建节往使……至蜀,蜀太守以下郊迎,县令负弩矢先驱,蜀人

以为宠。”

⑧曲逆：指陈平。刘邦的开国功臣。陈平早年贫穷，后娶富人张氏女，得其资助，立功后封曲逆侯。下：放下；脱离。席扉：以破席为门。扉，门。茅土：指分封土地。古代天子以五色土为社坛，皇子、功臣封为王侯者，天子同时赠与社土，封于东方者授青土，南方授红土，西方授白土，北方授黑土，授土时包之以白茅，故称茅土。

⑨不韦：吕不韦。战国人，曾任秦国相。《史记·吕不韦列传》：“吕不韦者，阳翟大贾人也。往来贩贱卖贵，家累千金。”当时秦公子子楚在赵国当人质，凭借吕不韦的财力，归国嗣位，是为秦庄襄王。“庄襄王元年，以吕不韦为丞相，封为文信侯，食河南洛阳十万户”。

⑩绛侯：周勃。刘邦的开国功臣，封绛侯。文帝时为丞相，不久自请免相。后有人上书告周勃谋反，入狱后的周勃以千金与狱吏，狱吏为他出谋划策，方得免罪获释。囹圄：监狱。

⑪下乡俭而获悔咎之辱：下乡南昌亭长因为太吝啬而深感悔恨并且受到羞辱。下乡，地名。在今江苏淮阴境内。这里指下乡的一位亭长。《史记·淮阴侯列传》：“淮阴侯韩信者，淮阴人也。始为布衣时，贫无行，不得推择为吏，又不能治生商贾，常从人寄食饮，人多厌之者。常数从其下乡南昌亭长寄食，数月，亭长妻患之，乃晨炊蓐食。食时信往，不为具食。信亦知其意，怒，竟绝去……汉五年正月，徙齐王信为楚王，都下邳。信至国，召……下乡南昌亭长，赐百钱，曰：‘公，小人，为德不竟。’”

⑫漂妪（yù）丰而蒙千金之报：漂洗丝绵的老年妇女因为厚待韩信最终获得了千金的报答。妪，老妇人。《史记·淮阴侯列传》：“信钓于城下，诸母漂，有一母见信饥，饭信，竟漂数十日。信喜，谓漂母曰：‘吾必有以重报母。’母怒曰：‘大丈夫不能自食，吾哀

王孙而进食,岂望报乎!’……信至国,召所从食漂母,赐千金。”

【译文】

“‘贫穷属于六种凶事之一,富裕属于五种福气之一。《诗经》用“哿矣”的言辞去赞美富人,《周易》也很看重以财富来“聚人”。垂钓的鱼饵芳香了那么鳣鱼、鲔鱼才会前来上钩,悬赏丰厚了那么果敢坚毅的将士才会奋起效力。这就是司马相如为什么能够脱下犊鼻短裤而做了高官,陈平为什么能够离开以破席为门的简陋房屋而被封侯分土,吕不韦为什么能够拥有十万户的封地,周勃为什么能够解脱了牢狱之灾的原因。因此下乡南昌亭长因为太吝啬财物而深感悔恨并且受到羞辱,漂洗丝绵的老妇人厚待韩信而最终获得了千金的回报。

“‘先生无少伯之奇略①,专锐思乎六经;忽绝粻之实祸②,慕不朽之虚名;耻诡遇以干禄③,羞衒沽以要荣;冀西伯之方畋④,俟黄河之将清⑤;甘列子之菜色⑥,邈全神而遗形⑦。何异图画骐骥以代徒行之劳、遥指海水以解口焦之渴?张鱼网于峻极之巅,施钓缗于修木之末⑧,虽自以为得所⑨,犹未免乎迂阔也。

【注释】

①少伯:指范蠡。范蠡字少伯。

②粻(zhāng):粮食。

③诡遇:以不正当的手段去获取富贵。干:求取。

④冀西伯之方畋(tián):希望像吕尚那样遇到周文王出外打猎的好机会。冀,希望。西伯,指周文王。文王号西伯。《史记·齐太公世家》:“吕尚盖尝穷困,年老矣,以渔钓奸周西伯。西伯将出猎,卜之,曰‘所获非龙非彨,非虎非罴;所获霸王之辅’。于是周

西伯猎，果遇太公于渭之阳，与语大说……载与俱归，立为师。”

⑤俟黄河之将清：等待黄河清澈的美好时代。古人认为黄河变得清澈的时候，就是圣人出现、社会清明的时代。俟，等待。

⑥菜色：面黄肌瘦的饥饿容貌。列子一生贫穷，故面有菜色。

⑦邈：高远；清高。遗形：忘掉了肉体。

⑧缗(mín)：钓鱼的丝绳。修木：高大的树木。修，长。

⑨得所：找到了恰当的地方。

【译文】

“‘先生没有范蠡那样的神奇谋略，而专心致志地去研究儒家的六经；忽视了断粮带来的实际灾难，而羡慕永垂不朽的虚名；耻于使用不正当的手段去求取俸禄，羞于使用炫耀自我沽名钓誉的方法去获取荣耀；希望能够像吕尚那样遇上周文王出外打猎的好机会，想等待着黄河变清圣人出现的美好社会；甘心情愿地像列子那样面黄肌瘦，非常清高地去保全自己的美好品德而忘却了自己的肉体安危。这与画一匹骏马想用它来代替徒步行走的辛劳、远远地指着海水想用它来消除口干舌燥又有什么不同呢？把渔网安置在极为高峻的山顶上，把钓鱼的丝绳放置在高大的树梢上，虽然自认为自己找到的地方非常恰当，然而依旧未免有些太迂阔了。

“‘事无身后之功，物无违时之盛。今海内瓜分，英雄力竞；象恭滔天①，猾夏放命②；驽蹇星驰以兼路③，豺狼奋口而交争；当途投袂以讼屈④，素士蒙尘以履径⑤；纯儒释皇道而治五霸之术⑥，硕生弃四科而恤月旦之评⑦。筐篚实者⑧，进于草莱⑨；乏资地者⑩，退于朝廷。握黄白者⑪，排金门而陟玉堂⑫；诵方策者⑬，结世雠而委泥泞。赀币浓者⑭，瓦石成圭璋⑮；请托薄者，龙骏弃林垧⑯。党援多者，偕惊飙以凌云[17];交结狭者,侣跛鳖以沉泳[18]。夫丸泥已不能遏彭蠡之沸腾[19],独贤亦焉能反流遁之失正[20]?

【注释】

①象恭滔天:相貌恭敬而内心狠毒的人到处都是。象,外貌。滔天,形容到处都是。《尚书·尧典》:“静言庸违,象恭滔天。”孔安国注:“言共工……貌象恭敬,而心傲很若漫天。”

②猾夏:扰乱了中国。猾,扰乱。夏,华夏;中国。放命:违背天命。放,放弃;违背。

③驽蹇(jiǎn):低劣的瘸腿马。比喻小人。驽,劣马。蹇,跛;行动迟缓。星驰:连夜奔驰。比喻到处奔走以争名夺利。兼路:日夜兼程。

④当途:掌权的官员。投袂(mèi):甩袖。形容心情激动的样子。袂,袖子。讼屈:为自己的委屈而辩护。

⑤素士:寒素之士;普通士人。蒙尘:遭受羞辱。履径:走上邪路。意思是那些普通士人被逼无奈,也放弃了正道。

⑥纯儒:纯正的儒生。释:放弃。皇道:也即王道。以仁义治国叫做王道。五霸:春秋五霸。说法不一,一说指齐桓公、晋文公、楚庄王、吴王阖闾、越王勾践;一说指齐桓公、晋文公、宋襄公、楚庄公、秦缪公。春秋五霸凭借着武力取得霸主地位。

⑦硕生:饱学之士。硕,大。四科:指孔子教育弟子的四门学科。具体指德行、言语、政事、文学。《论语·先进》:“德行:颜渊、闵子骞、冉伯牛、仲弓。言语:宰我、子贡。政事:冉有、季路。文学:子游、子夏。”月旦之评:指东汉末期的人物品评。《后汉书·许劭列传》:“初,劭与靖俱有高名,好共核论乡党人物,每月辄更其品题,故汝南俗有‘月旦评’焉。”

⑧筐篚(fěi):竹筐。代指竹筐装的礼物。篚,圆形的竹器。

⑨进：提升；提拔。草莱：野草。代指乡野民间。莱，野草名。

⑩资地：钱财与地位。

⑪黄白：黄金、白银。

⑫排：推开。金门：对君主的大门的美称。陟(zhì)：登上。玉堂：对君主的宫殿的美称。

⑬方策：典籍。方，古代用来写字的木版。策，古代用来写字的竹简。

⑭贽(zhì)币：礼物。浓：多；厚。

⑮瓦石：比喻低劣之人。圭璋：两种玉器。比喻有才华的人。圭，为长形玉版，上圆或尖。璋，形状如半个圭。

⑯龙骏：像龙一样的骏马。古人称八尺以上的马为“龙马”。林坰(jiōng)：原野。《尔雅·释地》：“野外谓之林，林外谓之坰。”

⑰惊飙：狂风。

⑱侣：与……一起。跛鳖：跛脚的甲鱼。比喻下层民众。沉泳：在水底潜游。比喻生活在社会的最底层。

⑲彭蠡：湖名。也即鄱阳湖。在今江西。

⑳反：挽回。流遁：向不正确的方向发展。也即江河日下的意思。

【译文】

“‘一个人不可能在死后再去建功立业，任何事物也不可能在不合时宜的时候出现兴盛。如今整个天下四分五裂，英雄人物竭尽全力相互争斗，外貌恭敬而内心狠毒的人到处都是，他们扰乱了中国违背了天命；小人们就像驽马那样日夜兼程地到处奔走钻营，还像豺狼那样张开大嘴相互斗争；掌权的官员情绪激动地在为自己的委屈互相争吵，普通的士人带着羞辱而走上了邪径；就连纯正的儒者也丢弃了以仁义治国的王道而去研究春秋五霸以武力称霸的办法，饱学之士也放弃了儒家的四门学问而去关注当时的人物品评。礼物丰厚的人，能够从民间直接被提拔进用；缺少钱财地位低下的人，即使是在朝廷上也会被驱赶出去。手持黄金白银的人，可以推开君主的大门而登上君主的殿堂；诵读典籍的人，却会与人结下世代的冤仇而被抛弃到泥泞之中。礼品厚重的人，即便是一块瓦石也会变成珍贵的美玉；请托时送礼轻的人，即使是一匹骏马也会被丢弃在原野之中。帮助自己的狐朋狗党多了，就能够乘着狂风直冲云霄；交往狭窄的人，就只能与普通百姓一起生活在社会的最下层。一块小泥团已经无法遏止汹涌澎湃的鄱阳湖水，一位贤人又怎么能够纠正如同江河日下的邪恶世风呢？

"'今先生入无儋石之储①，出无束脩之调②。徒含章如龙风③，被文如虎豹④；吐之如波涛⑤，陈之如锦绣；而冻饿于环堵⑥，何计疏之可吊⑦！奚不泛轻舟以托迅，御飞帆以远之；交瑰货于朔南⑧，收金碧于九疑⑨；迪崔烈之遐武⑩，縻好爵于清时⑪？徒疲劳于述作，岂蝉蜕之有期也⑫！独苦身以为名，乃黄老之所蚩也⑬！'

【注释】

①儋石(dàn shí)：量词。十斗为一石，百斤为一儋。"儋"，同"擔"，简化为"担"。

②束脩：十条干肉。这是古人相互赠送的一种薄礼。束，每十条干肉叫一束。脩，干肉。调(diào)：征收。这里指获取。

③徒：白白地。含章：具有美丽的花纹。比喻美好的才能。章，花纹。

④被(pī)文：披着花纹。比喻怀着美好的才华。被，同"披"。文，同"纹"。

⑤吐之：讲话。

⑥环堵：四面各有一丈土墙的狭小居室。形容隐居者的住室。堵，

土墙。长高各一丈为一堵。

⑦计疏:计划不周密。可吊:值得同情。

⑧交:交易;卖出。瑰货:奇货。朔南:北方与南方。朔,北方。

⑨金碧:黄金与碧玉。九疑:又写作“九嶷”。山名。在今湖南南部地区。

⑩迪:遵循;继承。崔烈:东汉人。历任郡守、九卿,后出钱买官至司徒。遐武:前人的足迹。遐,遥远。武,足迹。

⑪縻好爵:饮美酒。代指享受生活。縻,通“靡”,共同享用。爵,一种酒器。《周易·中孚卦》:“鹤鸣在阴,其子和之。我有好爵,吾与尔靡之。”

⑫蝉蜕:像蝉一样蜕变。比喻摆脱贫贱以获取功名。

⑬黄老:黄帝与老子。多用来代指道家或道教。道家与道教都很重视生命,所以不重生命的人会受到道家道教的嗤笑。蚩,通“嗤”,嗤笑。

【译文】

“‘如今先生的家中没有一担粮食的储蓄,外面连十条干肉的收入也没有。白白地具备了像龙凤花纹那样的美好修养,胸怀着像虎豹花纹一样的美好才华;谈起话来妙语如珠连续不断就像汹涌的波涛,把这些话书写出来就如同灿烂绚丽的锦绣;然而却住在狭窄的小房子里挨饿受冻,您的计划是何等的不周密而值得同情啊!您为什么不乘坐着迅疾的轻舟,驾驭着船帆走向远方;到天南海北去贩卖自己的珍奇货物,到九疑山去获取黄金和碧玉;效法前人崔烈的事业,趁太平盛世好好地享受生活呢?如此白白地在著书立说中弄得自己疲惫不堪,又怎么能够有摆脱贫贱获取功名的时候呢!独自一人吃苦受累地去求取一个虚名,这就是道家所嘲笑的事情啊!’

“乐天先生答曰:‘六艺备研,“八索”必该①,斯则富矣;

振翰摛藻[②]，德音无穷，斯则贵矣。求仁仁至[③]，舍旃焉如[④]？夫栖重渊以颐灵[⑤]，外万物而自得；遗纷埃于险涂[⑥]，澄精神于玄默[⑦]；不窥牖以遐览[⑧]，判微言而靡惑[⑨]。虽复设之以台鼎[⑩]，犹确尔而弗革也[⑪]。曷肯忧贫而与贾竖争利、戚穷而与凡琐竞达哉[⑫]？

【注释】

①八索：据说是我国最古老的书籍，这里泛指古代文献。该：全部。指全部研读。

②振翰：挥动着毛笔。振，挥动。翰，鸟羽。因毛笔为羽毛所制，故代指毛笔。摛(chī)藻：铺陈辞藻。也即著书立说。摛，铺展。

③求仁仁至：寻求仁义而且获取了仁义。《论语·述而》："曰：'求仁而得仁，又何怨？'"又："子曰：'仁远乎哉？我欲仁，斯仁至矣。'"

④舍旃(zhān)：放弃这些。旃，"之焉"的合音字。"之"是代词，"焉"是语气词。焉如：到哪里；干什么。焉，哪里。如，到。

⑤栖重渊：栖息在深渊之中。比喻隐居在非常隐蔽的地方。颐灵：颐养心灵。

⑥纷埃：乱纷纷的尘埃。比喻各种繁杂龌龊的事情。险涂：充满危险的道路。比喻充满危险的仕途。

⑦玄默：清静无为。

⑧窥牖(yǒu)：朝窗外窥视。牖，窗户。遐览：遥望远方。

⑨判：分析。微言：微妙的言论。靡惑：不再迷惑。靡，没有；不再。

⑩台鼎：代指三公。星有三台，鼎有三足，因此古人用台鼎代指三公。

⑪确尔：坚定不移的样子。弗革：不变。革，变。

⑫曷：何。贾（gǔ）竖：对商人的贱称。贾，商人。竖，小子。对人的蔑称。戚：忧愁。凡琐：平庸烦琐之人。

【译文】

"乐天先生回答说：'六经都能够被研究一遍，"八索"也都能够被普遍研读，这就是富有了；挥动着毛笔去著书立说，把自己的高尚思想传之无穷，这就是高贵了。寻求仁义而且获得了仁义，舍弃这些还有什么值得追求的呢？隐居在极为隐蔽的地方以颐养自己的心灵，世间的万物都被置之度外而自得其乐。离开充满纷乱龌龊事务而且十分危险的仕途，在清静无为之中澄清自己的精神。不向窗外那遥远的地方眺望，辨析那微妙的言论以消除自己的困惑。即使把自己安排在三公的位置上，依然是坚定不移而不会改变自己的生活态度。怎么肯因为忧虑贫穷而去与商贩们争夺利益、因为愁苦困窘而去和平庸猥琐的人争抢显达的地位呢？

"'吾子苟知商贩可以崇宝①，耕也可以免饥，不识逐麋者不顾兔②，道远者其到迟也。且夫尚父之鼓刀③，素首乃吐奇也④。万钧之为重⑤，冲飙不能移；《箫韶》未九成⑥，灵鸟不纡仪也⑦。是以俟扶摇而登苍霄者⑧，不充诎于蓬蒿之杪⑨；骋兰筋以陟六万者⑩，不争途乎蹇驴之群。大孝必畏辱亲之险，故子春战悸于下堂⑪；上智不贵难得之财，故唐、虞捐金而抵璧⑫。明哲消祸于未来，知士闻利则虑害⑬。

【注释】

①崇宝：聚集宝物。崇，增长；聚集。

②麋：动物名。又叫驼鹿。

③尚父：即姜子牙。鼓刀：敲着刀。姜子牙在出仕之前，曾经当过

屠夫卖过肉。

④素首：白头；白发苍苍。吐奇：讲出奇异的谋略。

⑤钧：古代的重量单位。三十斤为一钧。

⑥《箫韶》：舜时的乐曲。九成：指变换着曲调演奏九次。《尚书·益稷》："《箫韶》九成，凤皇来仪。"

⑦灵鸟：指凤凰。纡仪：盘旋着跳舞。纡，身体婉转的样子。仪，仪容。这里指舞容。

⑧俟：等待。扶摇：旋风名。苍霄：苍天。本句讲的是大鹏。《庄子·逍遥游》："鹏之徙于南冥也，水击三千里，抟扶摇而上者九万里，去以六月息者也。"

⑨充诎：得意忘形的样子。蓬蒿：两种野草名。杪(miǎo)：树梢。这里指野草的末梢。

⑩兰筋：马目上部的筋名。兰筋坚韧的马能够日行千里。这里代指骏马。陟(zhì)：登上。

⑪子春：乐正子春。曾参的弟子。战悸：战栗；恐惧。下堂：指下堂时扭伤了脚。《礼记·祭义》："乐正子春下堂而伤其足，数月不出，犹有忧色。门弟子曰：'夫子之足瘳矣，数月不出，犹有忧色，何也?'乐正子春曰：'善如尔之问也，善如尔之问也！吾闻诸曾子，曾子闻诸夫子，曰："天之所生，地之所养，无人为大。父母全而生之，子全而归之，可谓孝矣。不亏其体，不辱其身，可谓全矣。故君子顷步而弗敢忘孝也。"今予忘孝之道，予是以有忧色也。'"

⑫唐、虞捐金而抵璧：唐尧、虞舜放弃了黄金和玉璧。抵，推开；抵制。《新语·术事》："圣人不用珠玉而宝其身，故舜弃黄金于崭岩之山，捐珠玉于五湖之渊，将以杜淫邪之欲，绝琦玮之情。"

⑬知士：明智的士人。知，同"智"。

【译文】

"'您只知道经商可以聚集财宝，种地可以免除饥饿，却不懂得追逐麋鹿的人就不会去关注野兔，道路遥远的人到达目的地的时间肯定会晚一些。再说吕尚曾经敲击着屠刀当过屠夫，一直到白发苍苍的时候才显露出自己的奇才。具有万钧重量的东西，冲天的狂风也无法吹动它；《箫韶》之乐没有变化着曲调演奏到九遍的时候，凤凰就不会前来盘旋着跳舞。因此等待着旋风而直冲云霄的大鹏鸟，就不会得意忘形地翱翔于蓬蒿这些野草的梢上；放开脚力登上六万里长途的骏马，就不会在瘸驴群中去争抢道路。大孝之人肯定担心辱没父母这样的危险，因此乐正子春对于下堂扭伤了脚这件事情战战兢兢；最聪明的人不会看重难得的金银财宝，因此唐尧、虞舜放弃了黄金和玉璧。明哲的人在灾难到来之前就把它们消除干净，明智之士听到了利益就会考虑到它带来的害处。

"'而吾子讯仆以泛舟①，孳孳于润屋②；劝隋珠之弹雀③，探虎口以夺肉；轻遗体于不测④，触重险以远至；忘发肤之明戒⑤，寻干没于难冀⑥。若乃焚轮倾岩⑦，木拔石飞，阳侯山峙⑧，洪涛嵲巍⑨，轻艘尘漂，力与心违，徒嗟泣而罔逮⑩，乃悟达者之见微也⑪。

【注释】

①讯：告诫；劝说。仆：自我谦称。

②孳孳：勤奋努力的样子。润屋：使住宅华美。这里指发家致富。《礼记·大学》："富润屋，德润身。"

③劝隋珠之弹雀：劝我用随侯珠作弹丸去击打雀鸟。比喻用自己的宝贵生命去换取不太重要的财富。隋，通"随"，先秦诸侯国名。隋珠，宝珠名，即随侯珠。相传一条大蛇受伤，随侯（随国君主）为它医治，后来大蛇口衔宝珠作为回报，这颗宝珠即被称为

“随侯珠”。《庄子·让王》:“今且有人于此,以随侯之珠,弹千仞之雀,世必笑之。是何也?则其所用者重而所要者轻也。夫生者,岂特随侯之重哉!”

④遗体:指自己的身体。《礼记·祭义》:“身也者,父母之遗体也。”不测:安危无法预测。

⑤发肤:毛发与肌肤。《孝经·开宗明义章》:“身体发肤,受之父母,不敢毁伤,孝之始也。”

⑥干没:侥幸取利。冀:希望。

⑦焚轮:风名。又叫做“颓风”。自上而下的暴风。《尔雅·释天》:“焚轮谓之颓。”

⑧阳侯:波涛之神。这里代指波涛。

⑨嶉(zuì)巍:高峻的样子。

⑩徒:徒然;白白地。嗟泣:嗟叹哭泣。罔逮:不及;来不及。罔,不。逮,及;赶上。

⑪见微:见微而知著。一看到细微的征兆,就知道大的道理或事情。这里具体指那些通达之人看到一些小事,就知道冒险经商对生命的危害。

【译文】

“‘然而先生您却告诉我要乘船前去经商,勤奋努力地去发家致富;劝告我用随侯之珠去弹打鸟雀,伸手到老虎口中去夺肉;劝告我轻视父母给予自己的躯体而到安危不可预测的地方,冒着重重的危险而到远方去做买卖;劝告我要忘记不能毁伤父母给予的毛发肌肤这一明确训诫,带着侥幸的心理去寻求难以希冀的财富。如果遇到狂风吹倒山崖,树木拔起沙石飞扬,大浪如山,波涛汹涌,轻轻的小船就像尘埃一样随波飘荡,此时已是力不从心,白白地叹息哭泣而后悔莫及,这才明白那些通达之人具有见微而知著的眼光啊。

"'昔回、宪以清苦称高[①],陈平以无金免危[②];广汉以好利丧身[③],牛缺以载宝灰糜[④]。匹夫枉死于怀璧[⑤],丰狐召灾于美皮[⑥]。今吾子督余以诲盗之业[⑦],敦余以召贼之策,进酖酒以献酬[⑧],非养寿之忠益。

【注释】

①回:颜回。孔子的弟子。《论语·雍也》:"子曰:'贤哉,回也!一箪食,一瓢饮,在陋巷,人不堪其忧,回也不改其乐。贤哉,回也!'"宪:原宪。孔子的弟子。《史记·仲尼弟子列传》:"孔子卒,原宪遂亡在草泽中。子贡相卫,而结驷连骑,排藜藿入穷阎,过谢原宪。宪摄敝衣冠见子贡。子贡耻之,曰:'夫子岂病乎?'原宪曰:'吾闻之,无财者谓之贫,学道而不能行者谓之病。若宪,贫也,非病也。'"

②陈平:刘邦的开国功臣,曾任宰相。《史记·陈丞相世家》:"(陈平)渡河,船人见其美丈夫独行,疑其亡将,要中当有金玉宝器,目之,欲杀平。平恐,乃解衣臝而佐刺船。船人知其无有,乃止。"

③广汉:袁广汉。西汉富人。《西京杂记》卷三:"茂陵富人袁广汉,藏镪巨万,家僮八九百人。于北邙山下筑园,东西四里,南北五里,激流水注其内。构石为山,高十余丈,连延数里。养白鹦鹉、紫鸳鸯、牦牛、青兕,奇兽怪禽,委积其间。积沙为洲屿,激水为波潮……广汉后有罪诛,没入为官园,鸟兽草木,皆移植上林苑中。"

④牛缺:先秦儒生。《列子·说符》记载牛缺带着满载财富的车辆,中途遇到强盗被杀。灰糜:指死亡。糜,烂;粉碎。

⑤匹夫:普通百姓。怀璧:怀揣玉璧。《左传·桓公十年》:"周谚有之:'匹夫无罪,怀璧其罪。'"意思是,一旦某位百姓手中有了宝

物，有权势的人就会罗致罪名加以陷害，目的是抢夺宝物，据为己有。

⑥丰狐：丰腴的狐狸。

⑦诲盗：教诲别人当强盗。实际意思是，因为自己的富有，会诱惑别人当强盗，前来抢劫。

⑧酖(zhèn)酒：毒酒。献酬：劝酒。

【译文】

“‘从前颜回和原宪因为生活清苦而被视为品德高尚，陈平因为没有携带金银而免于灾难；袁广汉因为好利而失去了自己的生命，牛缺因为随车装着宝物而遭到杀害。普通百姓由于怀揣玉璧而含冤死去，丰腴的狐狸由于美丽的皮毛而招致灾祸。如今先生您催促我去干诱惑别人当强盗的勾当，敦促我去施行招引盗贼的方法，这就好像给我献上了有毒的酖酒，这可不是使我长寿的有益忠告。

“‘夫士以“三坟”为金玉①，“五典”为琴筝②，讲肆为钟鼓③，百家为笙簧④。使味道者以辞饱⑤，酣德者以义醒⑥；超流俗以高蹈⑦，轶亿代而扬声⑧；方长驱以独往，何货贿之秽情？夫藏多者亡厚⑨，好谦者忌盈；含夜光者速剖⑩，循覆车者必倾；过载者沉其舟，欲胜者杀其生⑪。盖下士所用心⑫，上德所未营也⑬。’

【注释】

①三坟：传说中最古老的典籍。

②五典：传说中最古老的典籍。《左传·昭公十二年》：“是能读三坟、五典、八索、九丘。”

③讲肆：学堂。一本作“讲肄”。讲论、学习的意思。

④百家：指诸子百家的书籍。笙：一种簧管乐器。簧：乐器中发声的薄片。

⑤味道者：能够体会大道的人。

⑥酣德者：沉浸在美德之中的人。酣，本指酒喝得很畅快。这里指全心修养美德的人。

⑦高蹈：远行。多指远离世俗而隐居。

⑧轶：超过。

⑨藏多者亡厚：过多收藏财富的人会招致严重的损失。《老子》四十四章："多藏必厚亡。"

⑩含夜光者：腹含夜光珠的蚌。夜光，指夜光珠。《潜夫论·遏利》："象以齿焚身，蚌以珠剖体。"

⑪欲胜者：欲望过于强烈的人。

⑫下士：素质低下的人。

⑬上德：品德高尚的人。营：营求；追求。

【译文】

"'士人把"三坟"视为自己的金玉，把"五典"视为自己的琴筝，把学堂视为自己的钟鼓，把诸子百家的书籍视为自己的笙簧。让那些能够体会大道的人因为自己的文辞而获得满足，让那些沉浸于美德的人能够因为自己的道义而保持清醒；远远离开世俗而去隐居著述，让自己的名声传播到亿万代之后；自己正要独自奔向这一远大的目标，又怎么能够让钱财玷污了我的情感呢？过多收藏财富的人会招致严重的损失，爱好谦逊品德的人最忌讳盈满；腹含夜光宝珠的蚌很快就被人剖解，重蹈覆辙的人必定会倾覆；超量装载的人会使自己的船只沉没，欲望过分强烈的人会丧失生命。素质低下的人所用心经营的事情，品德高尚的人是从来不去追求的。'

"于是问者茫然自失[①]，请备门生之末编[②]，永宝长生之良方焉。”

【注释】

①自失：惊慌失措而不能自持。

②末编：最后。

【译文】

“于是前来责难的人茫茫然手脚无措，请求当一名排在最后的弟子，永远珍惜这一长寿的好方法。”

仁明卷三十七

【题解】

仁明，仁德与智慧。明，明智；智慧。本篇主要讨论仁德与智慧的关系问题，简言之，也就是德与才的关系问题。

儒家历来以仁德为最高的修养境界，在德与才的关系上，明确以德为主，以才为辅。我们认同这一看法。对于每个人的要求，自然应是德才兼备，如果熊掌与鱼不能兼得的话，我们宁可要一个有德无才之人，也不愿要一个有才无德之人。有德无才，即使对社会没有多大贡献，至少不会祸害社会；而一个有才无德的人就不同了，这样的人比无德无才的人更为可怕。无德无才，想祸害社会，也没有太大的祸害能力；有才无德的人，既有祸害社会之心，又有祸害社会之力。元代的赵天麟在奏章中对此有一个很好的总结："臣以为选用之法，莫贵于德，莫急于才。才德兼全者，大丈夫也；德胜才者，君子也；才胜德者，豪英也；有德无才者，淳士也；有才无德者，小人也；才德兼无者，愚人也。"（《历代名臣奏议》卷一百九十八）德才兼备固然最好，如果必须去其一，那么我们宁肯要"有德无才"的"淳士"，也不要"有才无德"的"小人"。

而葛洪在本篇提出智慧比仁德更为重要这一论点。葛洪认为，智慧之所以比仁德更为重要，是因为仁德人人皆有，而智慧并非每人都能具备。另外，智慧之所以更为重要，是因为人类社会的进步"皆大明之所为”。

葛洪在立论的时候，无意中混淆了一些概念，比如他用仁德易得而智慧难得来证明智慧重于仁德，这本身就存在两个逻辑漏洞。一是仁德易得而智慧难得这一现象本身并不存在。葛洪在论证自己的观点时说：“以此观之，则莫不有仁心，但厚薄之间。而聪明之分，时而有耳。”说人人具备仁德，但有多少之分，这自然正确；但说聪明不是每个人都有的，却不符合事实。实际上，智慧同仁德一样，每个人都有，也只是有着多少之分而已。二是葛洪用事物获取的难易程度作为这种事物是否重要的标准，从逻辑上看也很难成立，因为难以获取的东西未必比容易获取的东西就更为重要。获取水比获取黄金要容易得多，我们能够因此就说黄金比水更为重要吗？

虽然葛洪的论点与论证都有值得商榷之处，但他的观点对我们的现实生活还是具有极大的启示作用，正如葛洪说的那样：“夫心不违仁而明不经国，危亡之祸无以杜遏。”只有好的品德，而缺乏应有的智慧，事情照样无法成功。德才兼备，不仅是古人的修养目的，也应该成为今天的人才标准。

抱朴子曰：“门人共论仁、明之先后，各据所见，乃以咨余。余告之曰：‘三光垂象者[①]，乾也[②]；厚载无穷者[③]，坤也[④]。乾有仁而兼明[⑤]，坤有仁而无明，卑高之数，不以邈乎！

【注释】

①三光：日、月、星。垂象：显示自己的模样。垂，垂挂；显示。象，指日、月、星辰等天象。

②乾：天。

③厚载无穷者：能够厚重地托载无穷万物的地方。指大地。《周易·坤卦》：“象曰：‘……坤厚载物，德合无疆。’……象曰：‘地势

坤,君子以厚德载物。'"

④坤:地。

⑤乾有仁而兼明:天具有仁德而且兼备光明。明,指日、月、星的光芒。《道藏》本、《四库全书》文溯阁本中的本句则作"乾有明而兼仁"。

【译文】

抱朴子说:"弟子们在一起讨论仁德和明智二者的先后问题,各自坚持各自的意见,于是就来向我咨询。我告诉他们说:'日、月、星能够显示自己模样的地方,那就是上天;能够厚重地托载起无穷万物的地方,那就是大地;上天既有仁德也有光明,大地只有仁德而没有光明,高与低的差距,不是也很遥远吗!

"'夫唯圣人,与天合德。故唐尧以"钦明"冠典①,仲尼以《明义》首篇②。明明在上③,元首之尊称也④;明哲保身⑤,《大雅》之绝踪也⑥。蜎飞蠕动⑦,亦能有仁,故其意爱弘于长育⑧,哀伤著于啁噍⑨。然赴阬穽而无猜⑩,入尉罗而不觉⑪,有仁无明,故并趋祸而攸失⑫。

【注释】

①钦明:处事敬慎而明智。钦,做事认真谨慎。冠典:放在经典的首位。《尚书·尧典》:"曰若稽古帝尧,曰放勋,钦明文思安安,允恭克让。"《尧典》是《尚书》的第一篇,而"钦明"又放在《尧典》的首段,因此说是"冠典"。

②《明义》:《孝经》的第一篇篇名。《孝经》的首章叫做"开宗明义"。"明义"的意思是说明道理。

③明明:明察的样子。多用来歌颂帝王与神灵。《诗经·大雅·常

武》:“赫赫明明,王命卿士。”

④元首:君主。

⑤明哲保身:明哲的人能够保全自我。《诗经·大雅·烝民》:“既明且哲,以保其身。”

⑥《大雅》:《诗经》的一个组成部分。其中所收诗歌多为西周初年的作品。绝踪:卓绝的行为。踪,踪迹;行为。

⑦蜎(xuān)飞蠕(rú)动:本指能够飞行、蠕动的小虫子。这里泛指飞禽走兽。蜎,飞。

⑧意爱:爱意;爱心。弘:光大。引申为充分表现。长育:哺育。

⑨著于:表现在。啁噍(zhōu jiāo):象声词。鸟叫声。

⑩阬穽:陷阱。阬,同“坑”。穽,同“阱”。无猜:没有疑心。

⑪罻(wèi)罗:捕鸟的罗网。

⑫攸失:有所失误。这里具体指失去生命。攸,所。

【译文】

“‘只有圣人的品德,才能够与上天的美德相符合。因此唐尧被称颂为“谨慎而明智”并且被冠于经典之首,孔子也把《开宗明义》作为《孝经》的第一篇。明智的君主处于上位,这是对君主非常尊敬的称颂;明智的人能够保全自我,这是《大雅》中所说的卓绝行为。那些能够飞翔、爬行的鸟兽,也具有仁德,因此它们能够把自己的爱心充分地表现在哺育后代方面,它们的哀伤之情则体现于它们的鸣叫声中。然而他们在奔向陷阱时没有怀疑,冲入罗网时没有觉察,它们有仁德而无聪明的智慧,因此它们都走向灾祸而丧失了生命。

“‘炽潜景以易咀生[1],结栋宇以免巢穴[2],选禾稼以代毒烈[3],制衣裳以改裸饰[4],后舟楫以济不通[5],服牛马以息负步[6],序等威以镇祸乱,造器械以戒不虞[7],创书契以治百官[8],制礼律以肃风教,皆大明之所为[9],非偏人之所能辩也[10]。夫心不违仁而明不经国,危亡之祸无以杜遏,亦可知矣。

【注释】

①潜景(yǐng):指火。火光可以使影子消失,故称火为"潜景"。易:改变。咀生:吃生的东西。

②栋宇:房屋。巢穴:树上的巢窝与山中的洞穴。这里指原始人所居住的地方。

③毒烈:毒害。这里指有毒的食物。

④裸饰:赤身裸体的纹身。饰,指纹身。

⑤后:繁体字形"後",应为"役"字之误。《道藏》及其他各本均作"役"。役使;使用。

⑥负:背东西。

⑦不虞:意想不到的灾祸。虞,意料;预料。

⑧书契:文字。

⑨大明:指最为聪明的人。

⑩偏人:指思想偏狭的人。辩:通"辨",辨别。

【译文】

"'烧火熟食以代替生食,修建房屋以免居住在巢穴之中,挑选庄稼种植以代替有毒的食物,制作衣服以代替赤身裸体的纹身,使用船只以渡过从前无法通行的江海,驾驭牛马以代替徒步背负东西的劳苦,安排等级秩序以平息祸乱,制造武器以防备难以预料的灾祸,创造文字以治理百官,制定礼仪法律以整肃风俗教化,这些都是最为英明的圣人所创造出来的,不是那些思想偏狭的人能够辨别清楚的。如果只是内心不违背仁德而智慧不足以治理国家,那么凶险灭亡的灾难依然无法避免,这一道理也是可以明确知道的。

"'夫料盛衰于未兆,探机事于无形,指倚伏于理外①,距浸润于根生者②,明之功也。垂恻隐于昆虫,虽见犯而不校③,睹觳觫而改牲④,避行苇而不蹈者⑤,仁之事也。尔则明者才也⑥,仁者行也。杀身成仁之行可力为而至,鉴玄测幽之明难妄假⑦。精粗之分,居然殊矣⑧。夫体不忍之仁,无臧否之明⑨,则心惑伪真,神乱朱紫⑩,思算不分,邪正不识,不逮安危⑪,则一身之不保,何暇立以济物乎⑫?

【注释】

①倚伏:代指祸福转化。《老子》五十八章:"祸兮,福之所倚;福兮,祸之所伏。"

②距:通"拒",抗拒;杜绝。浸润:浸泡。这里比喻连续不断的谗言如同水浸一样慢慢地影响着一个人。

③见犯:被冒犯。见,被。不校:不去计较。

④睹觳觫(hú sù)而改牲:看见牛恐惧的模样就改换了用来祭祀的牲畜。觳觫,恐惧的样子。牲,指宰杀后做祭品的牲畜。《孟子·梁惠王上》:"王坐于堂上,有牵牛而过堂下者,王见之曰:'牛何之?'对曰:'将以衅钟。'王曰:'舍之!吾不忍其觳觫,若无罪而就死地。'对曰:'然则废衅钟与?'曰:'何可废也!以羊易之。'"

⑤行(háng)苇:路边的芦苇。行,道路。蹈:践踏。《诗经·大雅·行苇》:"敦彼行苇,牛羊勿践履。"

⑥尔:这。

⑦鉴玄测幽:洞察微妙深邃的道理。妄假:随便借用。假,假借;借用。

⑧居然:显然;清楚明白。殊:不同。

⑨臧否(pǐ):善恶。臧,善。否,恶。

⑩朱紫:红色与紫色。《论语·阳货》:“恶紫之夺朱也。”后遂以朱紫比喻正邪、是非。

⑪不逮:不及。这里指不懂得。

⑫立:“立”下应缺一“人”字。一说应缺一“仁”字。立人,使人能够立身于世。也即帮助别人成功。济物:帮助万物成功。

【译文】

“‘在事情还没有显示出任何征兆的时候就能够预测出是兴盛还是衰败,在事情还没有显示任何行迹的时候就能够探查出其中的秘密,能够在常理之外指明祸福的转化,能够从根源上杜绝谗言的渗透,这都是明智的功劳。对飞禽走兽施以怜悯之情,即使受到冒犯也不去计较,看到牺牛被宰杀前的恐惧模样就改换用来祭祀的牲畜,避开路边的芦苇而不去践踏,这属于仁爱的事情。这就说明明智属于才能方面的事情,而仁爱属于品德方面的事情。杀身成仁这样的行为可以依靠自己的努力去做到,而洞察微妙深邃道理的明智却是很难随便地就能够获取。仁爱与明智的精深和粗浅的区分,其差距显然是很悬殊的。如果只能做到心存不忍的仁爱,而没有鉴别善恶的明智,那么内心就会迷惑于真与假的区别,思想就会混淆于是与非的区分,情感与理智不分,邪恶与正直不辨,如果不懂得安危,那么连自身都无法保全,哪里还有闲暇的时间与精力去帮助别人及万物成功呢?

“‘昔姬公非无友于之爱[①],而涕泣以灭亲[②];石碏非无天性之慈[③],而割私以奉公[④]。盖明见事体,不溺近情,遂为纯臣[⑤];以义断恩,舍仁用明,以计抑仁[⑥],仁可时废,而明不可无也。汤、武逆取顺守[⑦],诚不仁也;应天革命[⑧],以其明也。徐偃修仁以朝同班[⑨],外坠城池之险[⑩],内无戈甲之备,亡国

破家，不明之祸也。’

【注释】

①姬公：即周公姬旦。友于：指兄弟的情分。《论语·为政》：“子曰：‘《书》云：“孝乎惟孝，友于兄弟，施于有政。”是亦为政，奚其为为政？’”后人遂用“友于”代指兄弟之情。

②灭亲：指周公惩罚了自己的兄弟管叔、蔡叔。《史记·周本纪》：“成王少，周初定天下，周公恐诸侯畔周，公乃摄行政当国。管叔、蔡叔群弟疑周公，与武庚作乱，畔周。周公奉成王命，伐诛武庚、管叔，放蔡叔。”

③石碏（què）：春秋卫国大夫。慈：父母爱子女叫做“慈”。

④而割私以奉公：为了国家而割舍私情。《左传·隐公四年》记载，石碏之子石厚参与了弑君之乱，石碏假借陈国之力，除掉了叛乱者州吁和自己的儿子石厚。

⑤纯臣：忠贞不二的大臣。

⑥以计抑仁：用理智的思考来压制仁爱之心。计，指冷静思考。

⑦汤、武：商汤王与周武王。逆取顺守：用武力夺取天下叫做“逆取”，修文教以治天下叫做“顺守”。

⑧革命：实施变革以应天命。古人以为王者受命于天，因此称改朝换代为“革命”。

⑨徐偃：徐偃王。先秦徐国的国君。朝同班：使地位相同的诸侯来朝拜自己。《韩非子·五蠹》：“徐偃王处汉东，地方五百里，行仁义，割地而朝者三十有六国。荆文王恐其害己也，举兵伐徐，遂灭之。”

⑩坠：失去。城池：城墙与护城河。徐偃王一心以仁爱治国，因此没有筑城池，修武备。

【译文】

“‘从前的周公不是没有兄弟之情，然而他还是流着眼泪惩罚了自己的兄弟；石碏并非没有爱子的天性，然而他还是为了国家而杀死了自己的儿子。大凡明白事理的人，就不会沉溺于身边的亲情，于是就成为了忠贞不二的大臣；依据道义以断绝对亲人的恩情，舍弃了仁爱而使用自己的智慧，根据自己的理智去抑制自己的仁爱，有的时候可以放弃自己的仁爱，而智慧却不可以片刻失去。商汤王和周武王以武力夺取天下而以文教治理天下，这实在是不够仁爱；然而他们顺应天命以改朝换代，这就是使用了自己的智慧。徐偃王以仁爱治国而使诸侯前来朝拜自己，可他在外没有城墙和护城河的险阻，在内没有武器甲胄的储备，导致了国破家亡。这些都是不明智带来的祸患啊。'

"门人曰：'仲尼叹仁为"任重而道远"①，又云："人而不仁②，如礼何！""若圣与仁，则吾岂敢？"③孟子曰："仁，宅也；义，路也。"④"人无恻隐之心，非仁也。"⑤"三代得天下以仁，失天下以不仁。"⑥此皆圣贤之格言，竹素之显证也⑦。而先生贵明，未见典据。小子蔽暗，窃所惑焉。'

【注释】

①任重而道远：任务重大而道路遥远。本句应为曾参所言，葛洪误记为孔子。《论语·泰伯》："曾子曰：'士不可以不弘毅，任重而道远。仁以为己任，不亦重乎？死而后已，不亦远乎？'"

②而：如果。这两句出自《论语·八佾》："子曰：'人而不仁，如礼何？'"

③若圣与仁，则吾岂敢：如果说具备了圣德与仁德，那我岂敢承当？《论语·述而》："子曰：'若圣与仁，则吾岂敢？'"

④"仁，宅也；义，路也"，"人无恻隐之心，非仁也"：仁爱，是安全的住宅；道义，是应走的正路。《孟子·离娄上》："仁，人之安宅也；

义，人之正路也。”

⑤恻隐：同情。这两句出自《孟子·公孙丑上》：“无侧隐之心，非人也。”

⑥三代：指夏、商、周三代。这两句出自《孟子·离娄上》：“孟子曰：‘三代之得天下也以仁，其失天下也以不仁。’”

⑦竹素：书籍。竹指竹简，素指白绢。古代没有纸张时，用竹素来书写。

【译文】

“弟子们说：‘孔子感叹施行仁爱是一件“任重而道远”的事情，又说：“一个人如果没有仁爱之心，又怎么能够真正地去遵行礼仪制度呢？”“如果说具备了圣德与仁德，那我岂敢承当？”孟子说：“仁爱，是安全的住宅；道义，是应走的正路。”“人如果没有同情之心，那就不能算是仁爱。”“夏、商、周三代取得天下依靠的是仁爱，失去天下是因为没有了仁爱。”这些都是圣贤们的至理名言，史书上有着明确的记载。然而先生却重视智慧，没有看到典籍上有这方面的记载与依据。弟子愚昧无知，我个人感到有些迷惑。’

“抱朴子答曰：‘古人云：“好仁不好学，其蔽也愚。”[①]子近之矣。曩六国相吞[②]，豺虎力竞，高权诈而下道德，尚杀伐而废退让。孟生方欲抑顿贪残[③]，褒隆仁义[④]，安得不勤勤谆谆独称仁邪！然未有片言，云仁胜明也[⑤]。譬犹疫疠之时，医巫为贵[⑥]，异口同辞，唯论药石[⑦]。岂可便谓针、艾之伎[⑧]，过于长生久视之道乎[⑨]！

【注释】

①好仁不好学，其蔽也愚：喜欢仁爱之德而不喜欢学习的人，其弊

端就是使人愚昧。《论语·阳货》:“好仁不好学,其蔽也愚。”

②曩(nǎng):从前。六国:指战国时期秦、齐、楚、燕、韩、赵、魏六个诸侯国。

③孟生:即孟子。抑顿:抑制。顿,停顿;停止。

④褒隆:褒扬推重。

⑤云:说。仁胜明:仁德的重要性超过了明智。

⑥医巫:医生与巫师。古代医、巫往往不分,故常“医巫”连称。

⑦石:治病用的石针。

⑧艾:植物名。叶干后制成艾绒,可用于针灸。伎:技艺;技术。

⑨久视:长生不老。视,活;生存。《老子》五十九章:“是谓深根固柢,长生久视之道。”《老子》中的“长生久视”指长期生存,道教出现之后,则把它解释为长生不老。

【译文】

“抱朴子回答说:‘古人说:“喜好仁爱之德然而不喜爱学习,它的弊端就是使人变得愚昧。”你就类似于这种情况啊。从前六国相互吞并,像豺狼虎豹一样用武力竞争,他们重视权变狡诈而轻视仁义道德,崇尚攻杀征伐而抛弃了礼让谦退。孟子当时正要抑制这种贪婪残酷的行为,褒扬推重仁义,怎么能够不辛辛苦苦地专门去宣扬仁德呢!然而他没有一句话,说仁德的重要性超过了智慧。这就好像瘟疫流行的时候,医生和巫师就会受到人们的重视一样,他们异口同声,只讨论药物和针石。怎么能够因此就说针灸的治病技术,就超过了长生不老的道术呢!

“‘且吾以为仁、明之事,布于方策[①],直欲切理,示大较精神[②],举一隅耳[③]。而子犹日用而不知,云明事之无据乎!《乾》称“大明终始,六位时成”[④],是立天以明,无不包也;《坤》云“至哉,万物资生”[⑤],是地德仁,承顺而已[⑥]。先后之理,不亦炳然[7]!

【注释】

①布于方策:记载于典籍之中。布,记载。方策,典籍。方,古代用来写字的木版。策,古代用来写字的竹简。

②大较:大致。

③一隅:一端;一个方面。

④《乾》:《周易》的卦名。大明:太阳。六位:指《乾卦》中的六个爻位。时成:按时组成。《周易·乾卦》:“彖曰:……大明终始,六位时成,时乘六龙以御天。”

⑤《坤》:《周易》的卦名。资生:依靠大地而生存。《周易·坤卦》:“彖曰:至哉坤元,万物资生,乃顺承天。”

⑥承顺:顺从。指顺从上天。

⑦炳然:清楚明白的样子。

【译文】

“‘况且我认为仁爱和明智的问题,已经记载于典籍之中了,只是这些典籍为了切近事理,显示出一个大致的精神,仅仅举其一端而已。然而你每天都在使用智慧而没有感觉到智慧的存在,就可以因此说智慧的问题没有典籍依据吗!《周易·乾卦》说“光明的太阳西降东升循环不已,于是六个爻位就可以按时组成”,这就是说上天是依赖明智而立身的,而天是无所不包的;《周易·坤卦》说“最为伟大啊大地,万物赖之以生存”,这就说明大地的品德是仁爱,它只是顺从了上天而已。仁爱与明智谁先谁后的道理,不是也很清楚了吗!

“‘《诗》云“明明上天,照临下土”[1],“明明天子,令问不已”[2]。《易》曰“王明,并受其福”[3],“幽赞神明”[4],“神而明之"[5]。此则明之与神合体,诚非纯仁所能企拟也[6]。孔子曰"聪明神武"[7],不云"聪仁"。又曰"昔者,明王之治天下"[8],不曰"仁王"。《春秋传》曰"明德惟馨"[9],不云"仁德"。《书》云"元首明哉"[10],不曰"仁哉"。

【注释】

①明明:极为明亮的样子。《诗经·小雅·小明》:"明明上天,照临下土。"

②令闻:美好的名声。令,美好。《诗经·大雅·江汉》:"明明天子,令问不已。"

③并受其福:指百姓都获得了英明君主的福佑。《周易·井卦》:"王明,并受其福。"

④幽赞神明:凭着精深的智慧赞助造化。幽,精深。这里指精深的智慧。赞,赞助。神明,指极为神明的造化。

⑤神而明之:知道《周易》的神圣并且明白其中的道理。《周易·系辞上》:"化而裁之存乎变,推而行之存乎通;神而明之,存乎其人。"

⑥企拟:企及;比得上。

⑦神武:最为高明的武略。《周易·系辞上》:"古之聪明睿知,神武而不杀者夫?"

⑧明王:圣明的君主。《孝经·孝治》:"子曰:'昔者,明王之以孝治天下也。'"

⑨《春秋传》:书名。即《春秋左氏传》,也即《左传》。明德惟馨:圣明的品德才是真正芳香的。《左传·僖公五年》:"黍稷非馨,明德惟馨。"

⑩元首明哉:君主真是明智啊。《尚书·益稷》:"乃赓载歌曰:'元首明哉,股肱良哉,庶事康哉!'"

【译文】

""《诗经》上说"极为光明的上天，普照着下面的大地"，"圣明的天子啊，美好的名声传至无穷"。《周易》说"君王圣明了，那么所有的百姓都能够得到他的福佑"，"凭着精深的智慧去赞助造化"，"知道《周易》的神圣并且明白其中的道理"。这就说明智慧是与神圣合为一体的，确实不是单纯的仁爱所能企及所能比拟的。孔子说"聪明神武"，而不说是"聪仁"。又说"从前，明王治理天下的时候"，而不说是"仁王"。《春秋左氏传》说"圣明的品德才是芳香的"，而不说是"仁德"。《尚书》上说"君主真是圣明啊"，而不说君主真是"仁爱啊"。

"'老子叹上士①，则曰："明白四达②。"其说衰薄，则曰："失道而后德，失德而后仁③。"《易》曰："王者南面向明④。"不云"向仁"也。"我欲仁，斯仁至矣⑤"，又曰"为仁由己⑥"，斯则人人可为之也⑦。至于聪明，何可督哉⑧！故孟子云："凡见赤子将入井⑨，莫不趋而救之。"以此观之，则莫不有仁心，但厚薄之间。而聪明之分，时而有耳⑩。昔崔杼不杀晏婴⑪，晏婴谓杼为大不仁而有小仁⑫。然则奸臣贼子，犹能有仁矣。'

【注释】

①叹：感叹；赞美。上士：素质最高的人。

②明白四达：聪明而通达。《老子》十章："明白四达，能无为乎？"

③失道而后德，失德而后仁：失去了大道而后才去提倡美好的天性，失去了美好的天性而后才去提倡仁爱。德，指大自然赋予人的美好天性。《老子》三十八章："故失道而后德，失德而后仁，失仁而后义，失义而后礼。"

④南面：面向南。古代君主接见大臣时，一般面向南而坐。向明：

面向着光明。《周易·说卦》:“圣人南面而听天下,向明而治。”

⑤我欲仁,斯仁至矣:只要我想追求仁德,仁德就来了。《论语·述而》:“子曰:‘仁远乎哉?我欲仁,斯仁至矣。’”

⑥为仁由己:行仁爱要靠自己。《论语·颜渊》:“为仁由己,而由人乎哉?”

⑦斯则:这就说明。斯,这。

⑧督:督促。这里有强求的意思。

⑨赤子:刚生的孩子;幼儿。《孟子·公孙丑上》:“今人乍见孺子将入于井,皆有怵惕恻隐之心。”

⑩时而有耳:偶然才会具备而已。时,有时;偶然。

⑪崔杼:春秋齐国大夫。弑其君齐庄公。晏婴:春秋齐国的著名政治家。《晏子春秋·内篇杂上》:“崔杼既弑庄公而立景公,杼与庆封相之,劫诸将军、大夫及显士、庶人于太宫之坎上,令无得不盟者……所杀七人……崔子谓晏子曰:‘子变子言,则齐国吾与子共之;子不变子言,戟既在脰,剑既在心,维子图之也。’晏子曰:‘……曲刃钩之,直兵推之,婴不革矣。’崔杼将杀之,或曰:‘不可!子以子之君无道而杀之,今其臣有道之士也,又从而杀之,不可以为教矣。’崔子遂舍之。晏子曰:‘若大夫为大不仁,而为小仁,焉有中乎!’趋出,授绥而乘。”

⑫大不仁:指弑君的事情。小仁:指没有杀晏婴。

【译文】

“‘老子在赞美素质最高的士人时,就说他们是:“明智而通达。”老子在说到世风衰败浇薄时,就说:“失去了大道后就去提倡美好的天性,失去了美好的天性后就去提倡仁爱。”《周易》说:“天子坐北朝南面向着光明。”而不说是“面向着仁德”。孔子说“只要我想追求仁德,仁德就来了”,又说“做到仁爱靠的是自己”,这就说明人人都可以做到仁爱。至于聪明,怎么能够去强求呢!因此孟子说:“凡是看到婴儿快要掉进井里，人人都会跑过去救助。”由此看来，每个人都有仁爱之心，只是有多少的区别而已。而聪明这种天分，只能是偶然获取。从前崔杼没有杀害晏婴，晏婴说崔杼做了大的不仁之事而怀有小仁。那么这就说明即使奸臣贼子，依然能够有仁爱之心啊！’

“门人又曰：‘《易》称“立人之道，曰仁与义”①，然则人莫大于仁也？’

【注释】

①立人：使人能够顺利生活在世上。这两句出自《周易·说卦》：“立天之道，曰阴与阳；立地之道，曰柔与刚；立人之道，曰仁与义。”

【译文】

“弟子们又说：‘《周易》说“使人能够顺利生活在世上的方法，叫做仁爱和道义”，那么对做人来说最重要的就是仁爱这种品德了？’

“抱朴子答曰：‘所以云尔者①，以为仁在于行，行可力为；而明入于神②，必须天授之才，非所以训故也③。’”

【注释】

①尔：这样。

②明入于神：达到最高境界的智慧。神，形容最高境界。

③训：训导；教育。

【译文】

“抱朴子回答说：‘《周易》之所以这样说的原因，是因为仁爱这种品德在于实践，而实践是可以靠努力去做到的事情；然而要想达到最高境界的智慧，则必须是上天授予的奇才，这不是靠后天的教诲所能成就的。’”

博喻卷三十八

【题解】

博喻，广博的比喻。本篇没有一定的主题，而是把许多的比喻集中地安排在一起，以说明各方面的道理。

本篇谈得最多的还是人才问题。认为国家应该重视人才，广招人才，只有如此，才能“就无涯之旷”，“致极天之高”。国家对待人才，不可求全责备，而要用其所长，因此“明主官人，不令出其器”；反过来，作为人才个人，也应该在权衡自己的才能之后，再去接受相应的职务：“忠臣居位，不敢过其量。”只有如此，国家与人才就能各得其所。葛洪指出不用贤人，不仅是人才个人的不幸，对国家也是巨大的损失。葛洪还对小人嫉妒人才的丑陋现象进行了有力的批判。

除上述内容之外，葛洪还谈到其他许多问题。如指出人们的生活志趣不同、反对税收的苛重、主张因时变法、劝告君主勇于纳谏、重申上智与下愚不移思想等等。因本篇是各种比喻的杂集，内容较为芜杂，无法归纳出一个主题。

抱朴子曰：“盈乎万钧，必起于锱铢[1]；竦秀凌霄[2]，必始于分毫[3]。是以行潦集[4]，而南溟就无涯之旷[5]；寻常积[6]，而玄圃致极天之高[7]。”

【注释】

①锱铢(zī zhū):比喻重量很轻。锱、铢都是古代很小的重量单位,六铢等于一锱,四锱等于一两。

②竦秀凌霄:高入云霄。指大树。秀,秀出;高出。

③分毫:指细小的萌芽。

④行潦(háng lǎo):路上的积水。行,路。潦,雨后的积水。

⑤南溟:南海。溟,大海。就:成就。

⑥寻常:古代长度单位。八尺为“寻”,两寻为“常”。

⑦玄圃:传说中的神山,在昆仑山中。

【译文】

抱朴子说:“达到万钧的重量,必定是从一锱一铢积累起来的;高入云霄的树木,必定是从细小的萌芽一点一点成长起来的。因此把路边的雨水汇聚起来,就形成了南海的浩瀚无边;一尺一丈地累积起来,就使玄圃山达到了苍天一样的高度。”

抱朴子曰:“骋逸策迅者①,虽遗景而不劳②;因风凌波者③,虽济危而不倾。是以元凯分职④,而则天之勋就⑤;伊、吕既任⑥,而革命之功成⑦。”

【注释】

①骋逸策迅者:指乘坐骏马的人。逸、迅,都是快速的意思。这里代指骏马。策,马鞭。这里用作动词。鞭打骏马。

②遗景:超过阳光的速度。遗,留下。这里指使阳光落在后面。景,阳光。

③因风凌波者:指乘坐船只的人。因,凭借。凌波,行驶在波浪之上。

④元凯:八元八凯,都是传说时代的贤臣。元,善良。凯,平和。

《左传·文公十八年》说，高阳氏有才子八人，天下之民谓之“八恺（凯）”；高辛氏有才子八人，天下之民谓之“八元”。这里用“元凯”代指有才华的人。

⑤则天：效法上天；与上天一致。则，效法。

⑥伊、吕：伊尹和吕尚。伊尹辅佐商汤王建立商朝，吕尚辅佐周武王建立周朝。

⑦革命：实施变革以应天命。古人认为帝王受命于天，因此称改朝换代为革命。

【译文】

抱朴子说：“扬起马鞭乘坐骏马的人，即使奔跑的速度超过了阳光也不会感到疲劳；凭借着风力乘坐船只的人，即使渡过危险的大江大海也不会倾覆。因此让那些有才华的大臣分担职务，那么与上天一样的伟大功劳就会建成；伊尹、吕尚这样的人物被重用之后，那么改朝换代的事业就能成功。”

抱朴子曰：“琼艘瑶楫①，无涉川之用；金弧玉弦②，无激矢之能③。是以介洁而无政事者④，非拨乱之器⑤；儒雅而乏治略者，非翼亮之才⑥。”

【注释】

①琼艘瑶楫：玉石雕刻的船只。琼、瑶，两种美玉名。楫，船桨。

②弧（hú）：弓。

③激矢：射箭。矢，箭。

④介洁：人格独立品德高尚。介，独特；独立。政事：这里指处理政事的能力。

⑤拨乱：平定祸乱；拨乱反正。

⑥翼亮：辅佐。

【译文】

抱朴子说："用美玉制成的船只，没有渡河的作用；用金玉制作的弓，没有把箭射出去的功能。因此人格独立品德高洁而没有从政能力的人，就不是能够拨乱反正的豪杰；风度温文尔雅而缺乏治国谋略的人，就不是能够辅佐大业的人才。"

抱朴子曰："阆风、玄圃①，不借高于丘垤②；悬黎、结绿③，不假观于琼珉④。是以英伟不群，而幽蕙之芬骇⑤；峻概独立⑥，而众禽之响振⑦。"

【注释】

①阆（làng）风：传说中神仙居住的大山，在昆仑山之上。

②丘垤（dié）：小土丘。垤，蚂蚁做窝时堆在洞口的小土堆，又叫做"蚁封"、"蚁冢"。也用来指小土堆。

③悬黎、结绿：两种美玉名。

④珉（mín）：一种似玉的美石。

⑤幽蕙：清幽的蕙草。蕙，一种香草名。骇：吃惊。

⑥峻概：气质高洁。

⑦众禽：众鸟。比喻众人。响：回音；回响。振：响起。

【译文】

抱朴子说："阆风、玄圃这样的高峻仙山，不用向小土堆借用高度；悬黎、结绿这样的美玉，不必向琼珉借用外观。因此那些出类拔萃的杰出人物，就会像清幽的蕙草那样发出惊人的芳香；那些气质高洁独立不群的人，就能够获得众人的热烈响应。"

抱朴子曰："冰炭不衒能于冷热①，瑾瑜不证珍而体著②。

是以君子恭己，不恤乎莫与[3]；至人尸居[4]，心遗乎毁誉。”

【注释】

①衒（xuàn）：炫耀。

②瑾瑜：两种美玉名。证珍：证明自己的珍贵。体著：自身自然名贵。

③恤：担心。莫与：没有人帮助自己。与，帮助。

④至人：思想境界最高的人。尸居：安坐不动；清静无为。尸，古代祭祀时代表死者受祭的人。代表死者受祭的人在整个祭祀过程中安坐不动。

【译文】

抱朴子说：“冰和炭不会在冷和热这些方面炫耀自己的能力，瑾和瑜这样的美玉不必去证明自己值得珍惜而自然会显得名贵。因此君子严于律己，而不去担心没有人帮助自己；思想境界最高的人安居无为，心中忘却了别人的毁谤和赞誉。”

抱朴子曰：“冲飙倾山[1]，而不能效力于拔毫[2]；火铄金石，而不能耀烈以起湿[3]。是以淮阴善战守[4]，而拙理治之策；绛侯安社稷[5]，而乏承对之给[6]。”

【注释】

①冲飙：冲天的狂风。

②效力：显示功效；有效果。拔毫：拔掉毫毛。

③起湿：点燃湿漉漉的东西。

④淮阴：指刘邦的开国功臣韩信，韩信被封为淮阴侯。

⑤绛侯：指刘邦的开国功臣周勃，周勃被封为绛侯。安社稷：安定

了国家。吕后去世后，诸吕欲谋反，周勃联合其他大臣，诛诸吕，安汉室，立汉文帝。

⑥而乏承对之给(jǐ)：而缺乏应对的口才。给，口才好。《史记·陈丞相世家》："孝文皇帝既益明习国家事，朝而问右丞相勃曰：'天下一岁决狱几何？'勃谢曰：'不知。'问：'天下一岁钱谷出入几何？'勃又谢不知，汗出沾背，愧不能对。"

【译文】

抱朴子说："狂风可以吹倒山峰，却没有能力拔掉一根毫毛；烈火可以熔化金石，却不能用自己的烈焰点燃湿漉漉的东西。因此淮阴侯韩信善于攻战守卫，却缺乏治理国家的谋略；绛侯周勃能够使国家安定下来，却缺乏回答问题的口才。"

抱朴子曰："循名者①，不以授命为难②；重身者，不以近欲累情③。是以纪信甘灰糜而不恨④，杨朱同一毛于连城⑤。

【注释】

①循名：追求名声。徇，追求。

②授命：献出自己的生命。

③近欲：眼前的欲望。累情：拖累自己的精神。古人认为，养生重在养神，只有保养好自己的精神，才能有利于健康。

④纪信：汉高祖刘邦的将军。灰糜：指死亡。糜，烂；粉碎。恨：遗憾。《史记·项羽本纪》记载，汉王刘邦在即位的第三年，被项羽围于荥阳，纪信假装成刘邦，率二千披甲女子出荥阳东门投降，而刘邦带领数十骑兵从城西门逃出，后来项羽把纪信烧死。

⑤杨朱：战国魏人，字子居。其学说重在爱己，不以物累，不拔一毛而利天下。

【译文】

抱朴子说："追求名声的人，不会把献出自己的生命当作一件困难的事情；看重自己生命的人，不会因为眼前的欲望而拖累自己对精神的保养。因此纪信甘心情愿被烧死而没有任何遗憾，而杨朱把自己的一根毫毛都看得价值连城。"

抱朴子曰："小鲜不解灵虬之远规①，凫鹭不知鸿鹄之非匹②。是以耦耕者笑陈胜之投耒③，浅识者嗤孔明之抱膝④。"

【注释】

①小鲜：小鱼。鲜，鱼。灵虬（qiú）：有神灵的虬龙。

②凫：鸟名。即野鸭。鹭：一种水鸟名。这里用"凫鹭"比喻志向短浅的人。鸿鹄：两种鸟名。大雁与天鹅。比喻志向远大的人。匹：比。

③耦耕者：指农夫。耦耕，二人协同操作以耕田。陈胜：秦朝人，是第一位起兵反秦的人。《史记·陈涉世家》："陈胜者，阳城人也，字涉……陈涉少时，尝与人佣耕，辍耕之垄上，怅恨久之，曰：'苟富贵，无相忘。'庸者笑而应曰：'若为佣耕，何富贵也？'陈涉太息曰：'嗟乎，燕雀安知鸿鹄之志哉！'"投耒（lěi）：放下农具。指放下农具起兵反秦。耒，农具名。

④嗤：嗤笑；嘲笑。孔明：诸葛亮，字孔明。《三国志·蜀书·诸葛亮传》裴松之注引《魏略》："亮在荆州，以建安初与颍川石广元、徐元直、汝南孟公威等俱游学，三人务于精熟，而亮独观其大略。每晨夜从容，常抱膝长啸，而谓三人曰：'卿三人仕进，可至刺史郡守也。'三人问其所至，亮但笑而不言。"

【译文】

抱朴子说："小鱼儿不理解神龙所追求的高远目标，凫鹭也不知道自己无法与鸿鹄相比。因此那些协力种地的农夫就嘲笑陈胜扔掉了农具去起兵反秦，见识短浅的人也讥笑抱膝长啸志向远大的诸葛孔明。"

抱朴子曰："淳钧之锋①，验于犀兕②；宣慈之良③，效于明试。是以同否，则元凯与斗筲无殊④；并任，则騄骐与驽骀不异⑤。"

【注释】

①淳钧：古代良剑名。

②犀兕：动物名。即犀牛。这里指用犀牛皮做成的甲衣。

③宣慈：博爱众生。宣，普遍。

④斗筲(shāo)：酒囊饭袋。斗，一种酒器。筲，一种食器。一说"斗筲"的容量都很小，用来比喻气量狭小的人。

⑤騄(lù)骐：良马名。骀(tái)：劣马。

【译文】

抱朴子说："淳钧名剑的锋刃，要在击砍犀牛皮做的甲衣时才能够验证它的锋利；博爱众人的善良，要在明白无误的考验中才能显示出它的效果。因此如果一起加以否定而不予任用的话，那么贤人和酒囊饭袋般的小人就没有什么区别了；同样去使用的话，那么良马与劣马也就没有什么两样了。"

抱朴子曰："器非瑚簋①，必进锐而退速②；量拟伊、吕，虽发晚而到早。是以鷦鷯倦翮③，犹不越乎蓬杪④；鸳雏徐起⑤，顾眄而戾苍昊⑥。"

【注释】

①瑚簋(hú guǐ):两种礼器。瑚,瑚琏。古代宗庙祭祀时用来盛黍稷的礼器。簋,古代祭祀时用来装食物的器皿。这里用瑚、簋比喻善于治国之人。

②进锐而退速:晋升得快而被罢免得也快。《孟子·尽心上》:"孟子曰:'其进锐者,其退速。'"

③鹪鹩(jiāo liáo):小鸟名。据说只有几寸大。倦翮(hé):竭尽全力飞翔。翮,鸟的健羽。这里泛指翅膀。

④蓬:一种野草名。杪(miǎo):树梢。这里指野草的末梢。

⑤鸳雏:即鹓鸰。凤凰一类的鸟。徐:慢慢地。

⑥顾眄(miǎn):看一眼。形容片刻之间。戾:达到;飞到。苍昊:苍天。

【译文】

抱朴子说:"如果不是像瑚簋那样的善于治国的人才,必然是晋升得很快而被罢免得也很迅速;如果具备了伊尹、吕尚那样的器量,即使是起步很晚但也会很快就能成功。因此小鸟鹪鹩即使竭尽全力向上飞翔,依然无法越过蓬草的末梢;鹓鸰不慌不忙地起飞,转眼之间就会直达苍天。"

抱朴子曰:"否终[①],则承之以泰[②];晦极,则清辉晨耀。是以垂耳吴阪者[③],骋千里之逸轨[④];萦鳞九渊者[⑤],凌虹霓以高蹈。"

【注释】

①否(pǐ):不顺利;困窘。

②泰:顺利;吉祥。"否泰"本为《周易》中的两个卦名,否卦不吉利,泰卦吉利,后人遂用"否泰"代指吉凶。

③吴阪：山坡名。一说即“虞坂”，在先秦虞国境内，为狭窄而危险的斜坡。《三国志·魏书·陈思王植传》：“昔骐骥之于吴阪，可谓困矣，及其伯乐相之，孙邮御之，形体不劳而坐取千里。”

④轨：道路。

⑤萦鳞：盘绕着身体。鳞，代指龙的身体。

【译文】

抱朴子说：“困窘的日子到了极点，紧接着就会是美好的生活；黑夜到了尽头，明亮的太阳就会在清晨升起。因此在吴坂垂头丧气拉车的骏马，总会有一天能够奔驰在千里之遥的长途之上；被束缚而盘踞在九重深渊之中的蛟龙，一定有机会驾驭着云霓直上苍天。”

抱朴子曰：“九断四属者①，蕴藻所以表灵②；摧柯碎叶者③，茝蕙所以增芬④。是以夷吾桎槛⑤，而建匡合之绩⑥；应侯困辱⑦，而著入秦之勋。”

【注释】

①九断：砍断成数节。九，泛指多。属（zhǔ）：通“斸”，砍。

②蕴（wēn）藻：水草名。蕴，通“薀”，水草。表灵：显示自己的祭神作用。古代常采水草切碎作饭以祭祀。《左传·隐公三年》：“苟有明信，涧、溪、沼、沚之毛，萍、蘩、薀、藻之菜，筐、筥、锜、釜之器，潢污、行潦之水，可荐于鬼神，可羞于王公。”

③柯：枝条。

④茝（zhǐ）蕙：两种香草名。茝，即白芷。

⑤夷吾：即管仲。管仲，名夷吾。春秋时期齐国的政治家，协助齐桓公建立霸业。桎（zhì）：桎梏。脚镣手铐。在脚叫“桎”，在手叫“梏”。槛（jiàn）：槛车。押解犯人的车。《史记·管晏列传》：“（管仲）少时常与鲍叔牙游，鲍叔知其贤……已而鲍叔事齐公子

小白,管仲事公子纠。及小白立为桓公,公子纠死,管仲囚焉。鲍叔遂进管仲。管仲既用,任政于齐,齐桓公以霸。”

⑥匡合:指管仲一匡天下,九合诸侯。匡,匡正。指匡正天下。合,召集诸侯会盟。

⑦应侯:指范雎。战国魏人,后任秦国宰相,封应侯。《史记·范雎蔡泽列传》:“须贾为魏昭王使于齐,范雎从。留数月,未得报。齐襄王闻雎辩口,乃使人赐雎金十斤及牛酒,雎辞谢不敢受。须贾知之,大怒,以为雎持魏国阴事告齐,故得此馈。令雎受其牛酒,还其金。既归,心怒雎,以告魏相。魏相,魏之诸公子,曰魏齐。魏齐大怒,使舍人笞击雎,折胁摺齿。雎佯死,即卷以箦,置厕中。宾客饮者醉,更溺雎,故僇辱以惩后,令无妄言者。”

【译文】

抱朴子说:“被反复切剁后,水草因而能够发挥出祭祀神灵的作用;枝叶被折断揉碎后,茝蕙因而能够更好地发挥自己的芳香。因此管仲曾经被囚禁过,却建立了一匡天下九合诸侯的功绩;范雎曾经受过困辱,进入秦国后却建立了巨大的功勋。”

抱朴子曰:“所竞者细,则利同而雠结;善否殊涂,则事异而□生[①]。是以嫫母、宿瘤,恶见西施之艳容[②];商臣、小白[③],憎闻延州之退耕[④]。”

【注释】

①事异而□生:所追求的事业不同,因而会相互产生怨恨。“而”字下原缺一字,疑为“妒”字。

②嫫(mó)母:传说中极丑但有美德的女子。后为黄帝之妃。宿瘤:战国齐国丑女。原为齐东郭采桑之女,脖子上长有大瘤,故称“宿瘤”。宿瘤因守贞有礼,被齐闵王立为王后。

③商臣：春秋楚成王的太子。后来成王欲废商臣，另立太子，商臣便率兵包围成王，成王被逼自缢而死。小白：即齐桓公。齐襄公无道，他的两个弟弟公子纠和公子小白分别逃亡国外。襄公死后，公子小白急速回国即位，是为齐桓公。齐桓公即位后，迫使鲁国杀死公子纠。

④延州：即春秋吴国季札。季札先封于延陵，后封于州来，因此又称“延州”。季札为吴王之少子，坚辞王位不受。

【译文】

抱朴子说：“争抢的东西虽然很细微，然而只要争抢的是同一样利益就会彼此结下仇怨；善人与恶人所走的道路不同，那么就会因为各自所追求的事业不同而彼此产生怨恨。因此嫫母、宿瘤这样的丑女，讨厌看见西施的艳丽容貌；商臣、公子小白这种争权之人，不愿听到延陵季子辞让君位退隐躬耕的事情。”

抱朴子曰：“精钝舛迹①，则凌迟者愧恨②；壮弱异科，则扛鼎者见忌③。是以淮阴显擢④，而庸隶悒懊以疾其超⑤；武安功高⑥，而范睢饰谈以破其事⑦。”

【注释】

①钝：愚钝。舛：不同；相互违背。

②凌迟者：逐渐衰败的人。

③扛（gāng）：双手举起。见忌：被嫉恨。见，被。

④淮阴：指淮阴侯韩信。显擢：被提拔到显贵的位置。擢，提拔。

⑤庸隶：平庸之人。悒懊：抑郁懊恼。悒，愁闷不安。疾：恨。

⑥武安：指武安君白起。战国时期秦国的将军。

⑦范睢：即范雎。破其事：指破坏白起的军事计划。《史记·白起王翦列传》：“四十八年十月，秦复定上党郡。秦分军为二：王龁

攻皮牢，拔之；司马梗定太原。韩、赵恐，使苏代厚币说秦相应侯（即范雎）曰：‘武安君禽马服子乎？’曰：‘然。’又曰：‘即围邯郸乎？’曰：‘然。’‘赵亡则秦王王矣，武安君为三公……君能为之下乎？虽无欲为之下，固不得已矣……故不如因而割之，无以为武安君功也。’于是应侯言于秦王曰：‘秦兵劳，请许韩、赵之割地以和，且休士卒。’王听之……武安君闻之，由是与应侯有隙。”

【译文】

抱朴子说：“优秀的人和愚钝的人有着完全不同的行为，那么逐渐衰败的人就会感到羞愧恼恨；强壮的人与羸弱的人有着不同的身体素质，那么能够双手举起大鼎的人就会被人忌妒。因此淮阴侯韩信被提拔到显贵的位置上，平庸之辈就会懊恼不已并痛恨他超过自己；武安君白起功劳巨大，而范雎就巧饰谗言来破坏他的军事计划。”

抱朴子曰：“必死之病，不下苦口之药；朽烂之材，不受雕镂之饰。是以比干匪躬①，而剖心于精忠②；田丰见微③，而夷戮于言直④。”

【注释】

①比干：即王子比干。商纣王的叔父，因直谏被杀。因比干是国王的儿子，故称“王子比干”。匪躬：忘我。即忠心耿耿而不顾自身安全。匪，通“非”，无。

②剖心：王子比干被剖心而死。精忠：极度的忠诚。《道藏》本则作“情忠”。

③田丰：东汉末年人。袁绍的谋士。见微：能够看到细微的征兆。《三国志·魏书·袁绍传》记载，袁绍与曹操官渡之战前，田丰劝说袁绍不可轻举妄动，“绍不从。丰恳谏，绍怒甚，以为沮众，械系之。绍军既败，或谓丰曰：‘君归见重。’丰曰：‘若军有利，吾必

全;今军败,吾其死矣。'绍还,谓左右曰:'吾不用田丰言,果为所笑。'遂杀之。"

④夷戮:诛杀。

【译文】

抱朴子说:"必死的重病,不必再去服用苦口的药物了;腐朽的木头,无法承受雕绘和镂刻这样的装饰了。因此比干无私无我,却因为自己的忠诚而被剖心;田丰能够看到细微的征兆,却因为直言劝谏而被杀头。"

抱朴子曰:"峄阳孤桐[①],不能无弦而激哀响[②];大夏孤竹[③],不能莫吹而吐清声。是以官卑者,稷、禼不能康庶绩[④];权薄者,伊、周不能臻升平[⑤]。"

【注释】

①峄(yì)阳:峄山的南坡。峄,山名。阳,山的南坡。在今山东邹县东南。据说峄山之阳生长的桐树是制造琴瑟的良材。桐,这里指用桐木制成的琴瑟。

②哀响:悲哀动人的琴声。

③大夏:传说中的西方山名。竹:指用竹子制作的管乐器。《吕氏春秋·古乐》:"昔黄帝令伶伦作为律,伶伦自大夏之西,乃之阮隃之阴,取竹于嶰溪之谷,以生空窍厚钧者,断两节间,其长三寸九分而吹之,以为黄钟之宫,吹曰舍少。"

④稷:后稷,名弃,周民族的祖先,因擅长农业,舜时为农官。禼(xiè):又作"契"。传说中商民族的先祖,尧时为司徒。康:康健;成功。庶绩:众多的政务。

⑤伊、周:伊尹与周公。臻:达到;促成。

【译文】

抱朴子说:"用峄山南坡的桐木制成的琴瑟,不能没有琴弦就弹奏出悲壮动人的乐曲；用大夏山上的竹子制作的笙管，不能没有人吹奏就发出清越的音调。因此如果官位太低，即使是稷和契也不能把众多的政务都办理成功；如果权力太小，即使是伊尹、周公也不能为国家带来歌舞升平的局面。”

抱朴子曰：“登峻者，戒在于穷高①；济深者，祸生于舟重。是以西秦有思上蔡之李斯②，东越有悔盈亢之文种③。”

【注释】

①穷高：穷尽其高度。也即登上最高处。

②西秦：西方的秦国。上蔡：地名。在今河南上蔡。李斯：战国楚上蔡人。《史记·李斯列传》记载，李斯辅佐秦始皇统一天下，任丞相。秦二世即位后，赵高诬陷李斯谋反，“二世二年七月，具斯五刑，论腰斩咸阳市。斯出狱，与其中子俱执，顾谓其中子曰：‘吾欲与若复牵黄犬俱出上蔡东门逐狡兔，岂可得乎？’遂父子相哭，而夷三族。”

③东越：东方的越国。盈亢：过分盈满。指功劳过大、地位过高。文种：春秋越国大夫。文种与范蠡共同辅佐越王勾践灭吴。功成后范蠡隐退，而留在越国的文种则被勾践赐剑自杀。《史记·越王勾践世家》：“范蠡遂去，自齐遗大夫种书曰：‘蜚鸟尽，良弓藏；狡兔死，走狗烹。越王为人长颈鸟喙，可与共患难，不可与共乐。子何不去？’种见书，称病不朝。人或谗种且作乱，越王乃赐种剑曰：‘子教寡人伐吴七术，寡人用其三而败吴，其四在子，子为我从先王试之。’种遂自杀。”

【译文】

抱朴子说：“攀登高山的人，特别要警惕不可穷尽山的最高处；涉渡深水的人，祸患就在于船只装载得过于沉重。因此西方的秦国有一位在被杀前想念家乡上蔡的李斯，东边的越国也有一位被杀时后悔自己的功劳与地位过高的文种。”

抱朴子曰：“刚柔有不易之质①，贞桡有天然之性②。是以百炼而南金不亏其真③，危困而烈士不失其正。”

【注释】

①易：改变。

②贞：坚贞；正直。桡：弯曲。

③南金：产于南方的黄金。《诗经·鲁颂·泮水》：“元龟象齿，大赂南金。”

【译文】

抱朴子说：“事物的刚强和柔弱有其无法改变的本质，正直和弯曲有其天然形成的本性。因此千锤百炼也不会使南方出产的黄金改变自己的本质，危险困难也不能让壮烈之士失去自己的正直品德。”

抱朴子曰：“不以其道①，则富贵不足居；违仁舍义，虽期颐不足吝②。是以卞随负石以投渊③，仲由甘心以赴刃④。”

【注释】

①以：依照；通过。

②期颐：指百岁。《礼记·曲礼上》：“百年曰期颐。”吝：吝惜；贪恋。

③卞随：商汤时的隐士。因拒绝商汤把天下让与自己，投水而死。《庄子·让王》：“汤将伐桀，因卞随而谋，卞随曰：‘非吾事也。’……克之，以让卞随，卞随辞曰：‘后之伐桀也谋乎我，必以我为贼也；胜桀而让我，必以我为贪也。吾生乎乱世，而无道之

人再来漫我以其辱行，吾不忍数闻也。'乃自投椆水而死。"

④仲由：孔子弟子。姓仲名由，字子路，一字季路。子路在卫国做官时，卫国发生内乱，子路本来处于安全地带，为了保护卫君主动进城参战而被杀。

【译文】

抱朴子说："如果不是通过正当途径去获取，那么即使富贵的地位也不值得去占有；如果是违背了仁德舍弃了正义，那么即使能活一百岁也不值得去贪恋。因此卞随会抱着石头投水自尽，子路会心甘情愿地走向死亡。"

抱朴子曰："卑高不可以一概齐[①]，餐廪不可以劝沮化[②]。是以惠施患从车之苦少[③]，庄周忧得鱼之方多[④]。"

【注释】

①一概：一样。概，量粮食时用来括平斗斛的木板。

②餐廪(lǐn)：吃粮食。也即饭量。廪，粮仓。这里代指粮食。劝：鼓励；表彰。沮：毁坏；劝阻。

③惠施：战国的思想家，名家的代表人物。曾任魏相。

④庄周：战国的思想家，道家的代表人物。庄周与惠施是朋友关系。《淮南子·齐俗训》："故惠子从车百乘以过孟诸，庄子见之，弃其余鱼。"

【译文】

抱朴子说："有低有高不能要求它们整齐划一，饭量大小也不能用鼓励或劝阻的办法去加以改变。因此惠施为跟随的车辆太少而苦恼，庄子却为捕鱼的方法太多而发愁。"

抱朴子曰："出处有冰炭之殊[1]，躁静有飞沉之异[2]。是以墨翟以重茧怡颜[3]，箕叟以遗世得意[4]。"

【注释】

①出处：出仕与隐居。处，隐居。

②躁：动。飞沉：飞到天上与沉入水底。形容天壤之别。

③墨翟：即墨子。战国的思想家，墨家的创世人。重茧：一层层的趼子。茧，手脚因摩擦而生出的硬皮。怡颜：快乐的表情。本句是说墨翟不辞辛劳去楚国劝告楚人不要进攻宋国，并以此为快乐。《战国策·宋策》："公输般为楚设机，将以攻宋。墨子闻之，百舍重茧，往见公输般。"

④箕叟：指许由。尧时的隐士。箕，山名。在今河南登封东南。叟，老人。因许由隐居于箕山，故称之为"箕叟"。遗世：远离社会。

【译文】

抱朴子说："有人出仕有人隐居犹如冰和炭一样存在巨大差别，有人好躁动有人爱安静犹如飞上天空与沉入水底一样完全不同。因此墨子为了阻止战争以至于脚上磨出厚茧仍然感到愉快，许由则为自己能够远离尘世而心满意足。"

抱朴子曰："适心者，交浅而爱深；忤神者[1]，接久而弥乖[2]。是以声同[3]，则倾盖而居昵[4]；道异，则白首而无爱。"

【注释】

①忤神：思想相互抵触。忤，抵触。神，精神；思想。

②弥乖：越发地矛盾。弥，更加。乖，矛盾。

③声同：声音相同。比喻志同道合。

④倾盖：指初次相逢。倾，指车盖交接在一起。盖，车盖。《史记·鲁仲连邹阳列传》："谚曰：'有白头如新，倾盖如故。'何则？知与不知也。"司马贞《索隐》引《志林》："倾盖者，道行相遇，軿车对语，两盖相切，小欹之，故曰'倾'。"

【译文】

抱朴子说："感情彼此融洽的人，交往的日子虽然短暂但相爱的感情却会很深；思想相互抵触的人，交往的时间越久而矛盾就会越发的严重。因此如果志同道合，那么即使初次交往也会相处亲密；如果彼此的思想不同，那么即使相识到老也没有感情。"

抱朴子曰："艅艎、鹢首①，涉川之良器也；櫂之以北狄②，则沉漂于波流焉。蒲梢、汗血③，迅趋之骏足也；御非造父④，则倾偾于崄涂焉⑤。青萍、豪曹⑥，剡锋之精绝也⑦；操者非羽、越⑧，则有自伤之患焉。劲兵锐卒，拨乱之神物也；用者非明哲，则速自焚之祸焉⑨。"

【注释】

①艅艎(yú huáng)：春秋吴王的大船名。后泛指大船。鹢(yì)首：船头。代指船。古代画鹢鸟于船头，故以"鹢首"泛指船。鹢，一种能够高飞的水鸟。

②櫂之：划船。櫂，同"棹"，船桨。这里用作动词。划船。北狄：北方的少数民族名。北狄不善于驾驶船只。

③蒲梢：骏马名。《史记·乐书》："后伐大宛，得千里马，马名蒲梢。"汗血：良马名。产于西域，流汗如血，故称"汗血"。据史书记载，汉武帝为获得汗血马，花费了大量的人力物力。

④造父：西周时期善于驾车的人。后被封于赵城。

⑤倾偾（fèn）：车辆倾覆。崄（xiǎn）：通“险”。

⑥青萍、豪曹：两种宝剑名。

⑦剡（yǎn）锋：锐利的锋刃。剡，锐利。

⑧羽：指项羽。项羽在推翻秦朝后，自立为西楚霸王，为刘邦击败后自杀。越：指彭越。原为秦末强盗，后起兵反秦，因功被刘邦封为梁王，最后以谋反罪被刘邦所杀。

⑨速：招来。

【译文】

抱朴子说：“像艅艎、鹢首这样的大船，是渡过大河的优良工具；然而如果让北方的狄人去驾驶它们的话，就会在水中沉没或者是顺水漂流。蒲梢、汗血这样的骏马，具有善于奔驰的才能；然而如果不是由造父这样的人去驾驭的话，就会在险路上倾覆跌倒。青萍、豪曹这样的名剑，是武器中的精品；然而如果不是由项羽、彭越那样的名将使用的话，就会有刺伤自己的危险。强悍的兵卒精锐的军队，是用来拨乱反正的最有效工具；然而如果不是由明哲的人去指挥的话，就会招来惹火烧身的灾难。”

抱朴子曰：“天秩有不迁之常尊①，无礼犯‘遄死’之重刺②。是以玄洲之禽兽③，惟能言，而不得厕贵牲④；蛩蛩之负蹶⑤，虽寄命⑥，而不得为仁义。”

【注释】

①天秩：上天规定的秩序。《尚书·皋陶谟》：“天秩有礼。”不迁：不可更改。迁，变动。

②遄（chuán）死：赶快死去。遄，赶快。“遄死”出自《诗经·鄘风·相鼠》：“相鼠有体，人而无礼！人而无礼，胡不遄死！”重刺：严厉

的讽刺。

③玄洲:神话传说中的地方。

④厕:侧身于。贵牲:应为"贵性"。指人类。杨明照《抱朴子外篇校笺》:"'牲'当作'性'。'不得厕贵性'者,谓不得列于人类也。"

⑤蛩蛩(qióng):传说中的一种异兽。负:背着。蹷:又写作"蟨"。一种野兽名。《说苑》卷六:"北方有兽,其名曰蟨,前足鼠,后足兔。是兽也,甚矣其爱蛩蛩、巨虚也,食得甘草,必啮以遗蛩蛩、巨虚。蛩蛩、巨虚见人将来,必负蟨以走。蟨非性之爱蛩蛩、巨虚也,为其假足之故也。二兽者,亦非性之爱蟨也,为其得甘草而遗之故也。"

⑥寄命:可以把生命托付给它。

【译文】

抱朴子说:"上天规定的秩序中有着不可更改的永远的尊贵,无礼的人就会受到'快点死去'的严厉讽刺。因此玄洲上的那些鸟兽,虽然能够说话,但不能被置于人类的行列之中;蛩蛩背着蹷逃跑,虽然蹷可以把自己的生命托付给它,然而不能说蛩蛩就具备了仁义之德。"

抱朴子曰:"谤讟不可以巧言弭[①],实恨不可以虚事释。释之非其道,弭之不由理,犹怀冰以遣冷、重炉以却暑、逐光以逃影、穿舟以止漏矣。"

【注释】

①谤讟(dú):批评。弭:消除。

【译文】

抱朴子说:"别人的批评不能够用花言巧语来消除,实在的仇恨不能够靠虚假的事情来化解。不按照恰当的办法去化解仇恨,不按照正确的道理去消除批评,就好比怀中揣着冰块去驱赶寒冷、身边围着几层火炉来抵御暑热、追逐光亮以逃避自己的影子、把船只凿个洞来阻止漏水一样啊。”

抱朴子曰：“明主官人①，不令出其器②；忠臣居位，不敢过其量。非其才而妄授，非所堪而虚任，犹冰碗之盛沸汤、葭莩之包烈火、缀万钧于腐索、加倍载于扁舟③。”

【注释】

①官人：授官职予人。

②器：才华。

③葭莩（jiā fú）：芦苇里的薄膜。葭，芦苇。莩，芦苇里的薄膜。缀：连缀；悬挂。腐索：腐朽的绳索。扁（piān）舟：小船。

【译文】

抱朴子说：“贤明的君主在授人官职的时候，不能让官职超出此人的才能；忠诚的臣子在身居官位的时候，不敢让官位越出自己的才华。不具备相应的才能而胡乱授予相应的官职，不是自己所能胜任的而硬去接受这种官位，这就好像用冰制的碗去盛沸腾的开水、用芦苇的薄膜去包裹烈火、把万钧重的东西悬挂在腐朽的绳索上、往小船里装载加倍的货物一样。”

抱朴子曰：“豹狐之裘，不为负薪施①；九成六变②，不为聋夫设；高唱远和，不为庸愚吐；忘身致果，不为薄德作。”

【注释】

①施：用。这里指穿衣。

②九成六变：代指高雅优美的音乐。九成，指变换着曲调演奏九次

的舜时乐曲《箫韶》。《尚书·益稷》:“《箫韶》九成,凤皇来仪。”六变:指变化六次的乐章。《周礼·春官·大司乐》:“凡六乐者,一变而致羽物,及川泽之示;再变而致蠃物,及山林之示;三变而致鳞物,及丘陵之示;四变而致毛物,及坟衍之示;五变而致介物,及土示;六变而致象物,及天神。”

【译文】

抱朴子说:“用豹子、狐狸的皮制成的皮衣,不是为了背柴草的时候穿着的;高雅优美的音乐,不是为聋人安排的;高声领唱而获得远方人们的应和,不是为那些庸俗愚昧的人演唱的;舍生忘死以求得成功,不是为了那些品德低劣的人而去做的。”

抱朴子曰:“民财匮夫①,而求不已②;下力竭矣③,而役不休。欲怨叹之不生,规其宁之惟永④,犹断根以续枝、割背以裨腹、刻目以广明、剜耳以开聪也⑤。”

【注释】

①匮夫:匮乏了。夫,应作“矣”。《道藏》本即作“矣”。

②求:搜刮民财。

③下力:指百姓的力气。下,指百姓。

④规:图谋;希望。

⑤裨腹:补益给腹部。裨,补益。

【译文】

抱朴子说:“民众的财物已经匮乏了,还在不断地搜刮;百姓的力气已经用尽了,还在不停地役使。想要让民众的怨恨与叹息不再产生,希望国家永远安定太平,这就好像截断了树根用来接长枝条、割下脊背上的肉用来补益腹部、刻削眼睛来开阔视野、刀剜耳朵来增强听力一样啊。”

抱朴子曰："法无一定①，而慕权宜之随时；功不倍前，而好屡变以偶俗②，犹刌高马以适卑车、削附踝以就褊履、断长剑以赴短鞞、割尺璧以纳促匣也③。"

【注释】

①法无一定：没有一定的法律制度。

②偶俗：迎合世俗。偶，迎合。

③刌(tuán)：割；截。附踝：作"附踝"则文意不通，疑作"跗踝"。杨明照《抱朴子外篇校笺》："继昌曰：'("附踝")《治要》(五十)作"跗踝"。'照按：'跗'字是。"跗踝，脚背和踝骨。跗，脚背。褊(biǎn)履：小鞋。褊，狭小。鞞(bǐng)：刀鞘。促匣：狭小的匣子。促，狭小。

【译文】

抱朴子说："没有一定的法律制度，而是一味地追求随机应变的权宜之计；和从前相比并没有获取加倍的益处，而是一味地喜欢不断变化以迎合世俗，这就好像是截断高大的马匹去适应矮小的车辆、砍削脚背和踝骨去迁就小鞋、砍断长剑以便装入短鞘、截掉一尺长的玉璧以便放入狭小的匣子里一样啊。"

抱朴子曰："止波之修鳞①，不出穷谷之隘②；鸾栖之峻木，不秀培塿之卑③。九畴之格言④，不吐庸猥之口⑤；《金版》之高算⑥，不出恒民之怀⑦。睹百抱之枝，则足以知其本之不细⑧；睹汪涉之文⑨，则足以觉其人之渊邃。"

【注释】

①止波：使波涛静止。修鳞：指长长的蛟龙。修，长。

②出:出现。隘:狭窄。

③秀:生长茂盛。培𪣻(pǒu lǒu):小土丘。卑:低矮。

④九畴:传说是大禹治理天下的九类大法。《尚书·洪范》:"天乃锡禹洪范九畴,彝伦攸叙。初一曰五行,次二曰敬用五事,次三曰农用八政,次四曰协用五纪,次五曰建用皇极,次六曰乂用三德,次七曰明用稽疑,次八曰念用庶征,次九曰向用五福,威用六极。"

⑤庸猥:平庸猥琐的人。

⑥《金版》:又写作"金板"。兵书名。一说为《周书》中的篇名。《庄子·徐无鬼》:"横说之则以《诗》、《书》、《礼》、《乐》,从说之则以《金板》、《六弢》。"

⑦恒民:常人;普通百姓。恒,平常。

⑧本:树的主干。

⑨汪濊(huì):水深广的样子。这里用来形容文章内容的丰富。

【译文】

抱朴子说:"能够使波涛静止下来的蛟龙,不会出现在狭窄的小山沟里;鸾凤栖息的高大树木,不会生长在低矮的小土丘上。治理天下的九畴大法,不可能从平庸猥琐的人口中说出来;《金版》中的高明谋略,不可能出自普通人的胸怀。看到百抱粗的枝条,就足以知道这棵树的树干不会细小;看到内容丰富的文章,就足以明白作者思想的深邃。"

抱朴子曰:"桑林郁蔼[1],无补柏木之凄冽[2];膏壤带郭[3],无解黔敖之蒙袂[4]。然茧纩绨纨[5],此之自出;千仓万箱,于是乎生。故识远者贵本,见近者务末。"

【注释】

①郁蔼:茂盛的样子。

②柏木：柏树。这里应指柏树所能够抵御的严寒。《论语·子罕》："岁寒，然后知松柏之后雕也。"凄冽：寒冷。

③膏壤：肥沃的土地。带郭：围绕着城郭。带，像腰带一样围绕。郭，外城。

④黔敖：春秋齐人。蒙袂（mèi）：用袖子遮盖面部。这里代指饥饿者。袂，袖子。《礼记·檀弓下》："齐大饥，黔敖为食于路，以待饿者而食之。有饿者蒙袂辑屦，贸贸然来。黔敖左奉食，右执饮，曰：'嗟，来食！'扬其目而视之曰：'予唯不食嗟来之食，以至于斯也！'从而谢焉，终不食而死。曾子闻之曰：'微与！其嗟也可去，其谢也可食。'"

⑤纩（kuàng）：丝绵絮。绨（tí）：一种粗厚光滑的丝织品。纨（wán）：细绢。

【译文】

抱朴子说："虽然葱郁茂盛的桑林，无法直接弥补柏树所要抵御的寒冷；虽然围绕城郭的肥沃土地，不能直接解除黔敖所面对的饥饿。然而蚕茧与各种丝绵绸帛，都是从茂盛的桑林中生产出来的；千仓万箱的粮食，都是在肥沃的土地上耕种收获的。所以见识远大的人重视事物的根本，见识浅薄的人只知道追逐事物的末端。"

抱朴子曰："体粗者系形①，知精者得神。原始见终者②，有可推之绪③；得之未眹者④，无假物之因⑤。是以昼见天地，未足称明⑥；夜察分毫，乃为绝伦。"

【注释】

①体粗者：能够体会粗略事物的人。系：联系；关注。

②原始：探索本源。原，探索本源。

③可推之绪：可供推理的思路。绪，思路。

④得之未眹(zhèn):没有征兆时就能够预见事情的发展前景。眹,字书没有此字。应作“眹”。《道藏》本作“朕”。“朕”与“眹”通。眹,征兆。征兆。

⑤假:借助。物之因:事物的起因。

⑥明:眼力好。

【译文】

抱朴子说:“只能体会粗略事物的人只是关注事物的外表,能够了解事物精华的人才能获取事物的精髓。能够通过探索本源以预见结果的人,具有自己的推理思路;没有征兆就能预测事情发展前景的人,就没有必要再去考察事物的起因了。因此大白天能够看见天地的人,不能称之为眼力好;只有在夜间能够明察分毫的人,才算是出类拔萃的眼力。”

抱朴子曰:“芳藻春耀[①],不能离柯以久鲜[②];吞舟之鱼,不能舍水而摄生[③]。是以名美而实不副者[④],必无没世之风[⑤];位高而器不称者[⑥],不免致寇之败[⑦]。”

【注释】

①芳藻:芳香的鲜花。藻,文采。这里代指美丽的鲜花。

②柯:枝条。

③摄生:养护自己的生命。摄,保养。

④副:相称;符合。

⑤没世:去世。风:比喻影响力。

⑥器:才华。

⑦致寇:招致敌寇。

【译文】

抱朴子说:“芳香的鲜花在春天里盛开,但不能离开枝条长久地保持自己的鲜艳；能够吞下船只的大鱼，不能离开水养护好自己的生命。因此那些名声美好而实际德才不相符合的人，必然没有去世之后的长远影响；地位高贵而才能不能相称的人，不可避免地会招致敌寇入侵的灾难。”

抱朴子曰：“忍痛苦之药石者，所以除伐命之疾；婴甲胄之重冷者①，所以扞锋镝之集②。洁操履之拘苦者③，所以全拔萃之业；纳拂心之至言者④，所以无易方之惑也⑤。”

【注释】

①婴：缠绕。这里指穿戴。甲胄：甲衣和头盔。重冷者：又重又冷的东西。指甲胄。

②扞(hàn)：抵御。镝：箭头。

③操履：操守行为。拘苦：被约束的痛苦。

④拂心：违背自己的意愿。也即逆耳。

⑤无：消除；避免。易方：搞错了方向。《庄子·骈拇》：“夫小惑易方，大惑易性。”

【译文】

抱朴子说：“忍受着药物和针石带来的痛苦，目的是为了消除危害生命的疾病；穿戴着又重又凉的甲衣和头盔，目的是为了抵御刀枪和飞箭的攻击。保持着高洁的节操与忍受着自我约束的痛苦，目的是为了成就超乎常人的功业；接受逆耳的至理名言，目的是为了避免颠倒方向的迷惑。”

抱朴子曰：“鸾、凤竞粒于庭场①，则受亵于鸡、鹜②；龙、麟杂厕于刍豢③，则见黩于六牲④。是以商老栖峻⑤，以播邈世之操;卞随赴深[⑥],以全遗物之声[⑦]。”

【注释】

①竞粒:争抢粮食粒。

②受亵:受到羞辱。亵,亵渎;羞辱。鹜(wù):鸟名。野鸭。

③麟:麒麟。传说中的一种瑞兽。厕:厕身于。刍豢(chú huàn):泛指家畜。刍,草。这里指吃草的牛羊。豢,指豢养的猪狗。

④见黩:被亵渎。见,被。六牲:指马、牛、羊、猪、犬、鸡。

⑤商老:即商山四皓。商,山名。即商山,在今陕西。老,指汉初隐居于商山中的四位须眉皆白的老人。他们是东园公、绮里季、夏黄公、甪里先生。史称“商山四皓”。峻:代指高峻的山峰。

⑥卞随:商汤时的隐士。因拒绝商汤把天下让与自己,投水而死。赴深:投水。深,代指深水。

⑦遗物:抛弃了名利。物,身外之物。也即名利。

【译文】

抱朴子说:“鸾鸟和凤凰如果在庭院里谷场上去争抢米粒,就会受到鸡鸭的羞辱;蛟龙和麒麟如果与家畜混杂在一起,就会受到六牲的欺侮。因此商山四皓隐居于深山之中,使自己远超世人的节操得以传扬;卞随投水自尽,使自己保全了淡泊名利的名声。”

抱朴子曰:“浚井不渫[①],则泥泞滋积;嘉谷不耘,则荑莠弥蔓[②]。学而不思,则疑阂实繁[③];讲而不精[④],则长惑丧功。”

【注释】

①浚(jùn):深。渫(xiè):淘去污泥。

②荑(tí)莠:泛指野草。荑,通“稊”,稗子一类的草。莠,野草名。即狗尾草。

③疑阂:疑问与障碍。阂,隔阂;障碍。

④讲:研究;探讨。

【译文】

抱朴子说:“深深的水井如果不去淘清,污泥就会越积越多;美好的庄稼如果不去除草,各种野草也会蔓延开来。只学习而不思考,那么疑问和障碍就会很多;研究而不精深,就会增加迷惑而白费了功夫。”

抱朴子曰:“积万金于箧匮[①],虽俭乏而不用,则未知其有异于贫窭[②];怀逸藻于胸心[③],不寄意于翰素[④],则未知其有别于庸猥。”

【注释】

①金:先秦二十两或二十四两黄金叫做一金,汉代以一斤黄金为一金。箧(qiè):箱子。匮(guì):同“柜”,柜子。

②窭(jù):贫寒。

③逸藻:高逸的文才。藻,文采。

④翰素:笔墨纸张。翰,鸟羽。因毛笔为羽毛所制,故代指毛笔。素,指白绢。古代没有纸张时,用白绢来书写。这里代指纸张。

【译文】

抱朴子说:“积累万金于自己的箱柜之中,即使衣食缺乏了也不拿出来使用,那么就不知道他和贫寒的人有什么不同;胸怀高逸的文才,如果不把这些文才用笔墨纸张抒写出来,那么也就不知道他和平庸猥琐的人有什么区别。”

抱朴子曰："南威、青琴[①]，姣冶之极[②]，而必俟盛饰以增丽；回、赐、游、夏[③]，虽天才隽朗[④]，而实须《坟》、诰以广智[⑤]。"

【注释】

①南威：春秋著名美女。又叫南之威。《战国策·魏策二》："晋文公得南之威，三日不听朝，遂推南之威而远之，曰：'后世必有以色亡其国者。'"青琴：女神名。《史记·司马相如列传》："若夫青琴、宓妃之徒，绝殊离俗，姣冶娴都。"

②姣冶：美艳。姣，美好。冶，艳丽多姿。

③回、赐、游、夏：指颜回、端木赐（即子贡）、子游、子夏。四人都是孔子的弟子。

④隽朗：聪明秀朗。隽，才智出众。

⑤《坟》、诰：泛指古代典籍。《坟》，"三坟"的省略。据说是最古老的典籍。诰，文体的一种，用于告诫或勉励。《尚书》中有许多以"诰"命名的文章。

【译文】

抱朴子说："南威、青琴，娇美艳丽到了极致，然而也必须依赖华美的装饰来增添她们的美丽；颜回、子贡、子游、子夏，虽然天资聪明秀朗，然而也需要阅读古代的典籍来增加他们的智慧。"

抱朴子曰："丹帏接网[①]，组帐重荫[②]，则丑姿翳矣[③]；朱漆致饰[④]，错涂炫耀[⑤]，则枯木隐矣[⑥]。是以六艺备则卑鄙化为君子[⑦]，众誉集则孤陋邈乎贵游[⑧]。"

【注释】

①丹帏：红色的帏帐。接网：这里指编织。接，连结。网，编织成网

状物。

②组：华丽。重荫：一重重地覆盖着。荫，覆盖。

③翳：掩盖；隐藏。

④朱：红色的颜料。

⑤错涂：泛指装饰。错，指用金银嵌饰。涂，涂饰。

⑥枯木：枯干的木头。指制成车辆的枯干木头。

⑦六艺：这里指儒家的六种经典。包括《易》、《书》、《诗》、《礼》、《春秋》、《乐》。卑：卑贱。鄙：浅陋。

⑧孤陋：指孤陋寡闻的人。邈：远远超过。贵游：在贵族家庭长大的人。也即贵族。

【译文】

抱朴子说："红色的帏帐编织好之后，用这些华美的帏帐一重重地覆盖着，那么丑陋的面容就被遮挡住了；用红色的颜料和黑色的漆进行粉饰，用金银镶嵌得鲜亮耀眼，那么枯干的木头就被隐藏起来了。因此遍读六经就会使低贱浅陋的人也变成了君子，获得众多的赞誉就会使原本孤陋寡闻的人也能远远超过王公贵族。"

抱朴子曰："繁林翳荟①，则羽族云萃②；玄渊浩汗③，则鳞群竞赴。德盛业广，则宅心者众④；舍瑕录用⑤，即远怀近集⑥。"

【注释】

①翳荟（yì huì）：草木繁盛的样子。

②羽族：鸟类。云萃：云集。萃，集。

③玄渊：深渊。浩汗：水大的样子。

④宅心：诚心归附。

⑤舍瑕：舍弃小的缺点。瑕，玉石上的斑痕。

⑥远怀：远方的人就会怀念。

【译文】

抱朴子说："茂盛的树林郁郁葱葱，那么百鸟就会云集在这里；深渊的水浩瀚无边，那么鱼群就会争相游向这里。道德高尚而从事的事业伟大，那么诚心归附的人就会众多；原谅小的缺点去任用人才，那么就会使远方的人怀念而使附近的人前来依附。"

抱朴子曰："寻飞绝景之足①，而不能骋逸放于吕梁②；凌波泳渊之属③，而不能陟峻而攀危④。故离朱剖秋毫于百步⑤，而不能辨八音之雅俗⑥；子野合通灵之绝响⑦，而不能指白黑于咫尺⑧。"

【注释】

①寻飞：一般的飞翔。这里指一般的奔跑。寻，寻常。绝景：超越光速。景，阳光。本句描写的是骏马。

②吕梁：地名。这里指吕梁的深水。《庄子·达生》："孔子观于吕梁，县水三十仞，流沫四十里，鼋鼍鱼鳖之所不能游也。"

③凌波：凌驾着波涛。本句描写的是大鱼。

④陟(zhì)峻：登上高峻的山峰。陟，登上。危：高。指高山。

⑤离朱：传说中视力特别好的人。剖：剖析；分辨。

⑥八音：古代的八类乐器，具体指金（如钟）、石（如磬）、丝（如琴瑟）、竹（如箫管）、匏（如竽笙）、土（如埙）、革（如鼓）、木（如柷敔）。

⑦子野：师旷，字子野。是春秋晋国的乐师。子野是一位盲人乐师。合：调和；演奏。通灵之绝响：能够与神灵沟通的绝妙音乐。《左传·襄公十八年》："晋人闻有楚师，师旷曰：'不害。吾骤歌

北风,又歌南风;南风不竞,多死声,楚必无功。'”

⑧咫:长度单位。古代以八寸为一咫。

【译文】

抱朴子说:“一般的奔驰就能够超过阳光的骏马,却不能在吕梁的深水中驰骋;能够凌驾波涛游荡于深渊的大鱼,却不能攀登高峻的山峰。因此离朱可以分辨百步之外的秋毫,但不能辨别音乐的高雅与低俗;师旷能够演奏通达神灵的绝妙音乐,但不能指明近在咫尺的白色与黑色。”

抱朴子曰:“四聪广辟[①],则羲和纳景[②];万仞虚己[③],则行潦交赴[④]。故博采之道弘,则异闻毕集;庭燎之耀辉[⑤],则奇士叩角[⑥];诽谤之木设[⑦],则有过必知;敢谏之鼓悬[⑧],则直言必献。”

【注释】

①四聪:四面窗户。聪,聪的繁体字为“聰”,疑为“牕”之形误。牕,同“窗”。广辟:大开。辟,开。

②羲和:神话中为太阳驾车的人。这里代指太阳。纳:送进去。景:阳光。

③万仞:指万仞的深谷。仞,古代以七尺或八尺为一仞。虚己:敞开自己的胸怀。

④行潦(háng lǎo):路上的积水。行,路。潦,雨后的积水。

⑤庭燎:庭院里用来照明的火炬。齐桓公曾设庭燎以待贤人。本句意思是朝廷能够礼贤下士。

⑥叩角:敲着牛角。指前来求仕。《吕氏春秋·举难》:“宁戚欲干齐桓公,穷困无以自进,于是为商旅,将任车以至齐,暮宿于郭门

之外。桓公郊迎客，夜开门，爝火甚盛，从者甚众。宁戚饭牛居车下，望桓公而悲，击牛角疾商歌。桓公闻之，抚其仆之手曰：'异哉，之歌者非常人也！'命后车载之。"

⑦诽谤之木：用来书写批评意见的木柱。诽谤，批评。《吕氏春秋·自知》："尧有欲谏之鼓，舜有诽谤之木。"

⑧敢谏之鼓：敢于进谏者所敲的大鼓。据说尧在位时，立有大鼓，想进谏的人就敲击这面鼓。

【译文】

抱朴子说："四面的窗户大开，那么太阳就会把阳光照射进来；万仞的深谷敞开自己的胸怀，那么路边的积水就会全部流淌进去。因此博采众长的精神得到了弘扬，那么各种不同的意见就会全部汇集起来；庭院中的火炬明亮了，那么胸怀奇才的人士就会敲着牛角前来求仕；用来书写批评意见的木柱一旦树立起来，那么自己有了过错肯定就会知道；把供劝谏者敲击的大鼓一旦悬挂起来，那么正直的言论就一定能够传递上来。"

抱朴子曰："能言莫不褒尧，而尧政不必皆得也；举世莫不贬桀①，而桀事不必尽失也。故一条之枯，不损繁林之蓊蔼②；蒿、麦冬生③，无解毕发之肃杀④。西施有所恶⑤，而不能减其美者，美多也；嫫母有所善，而不能救其丑者，丑笃也。"

【注释】

①桀：夏桀。夏朝的亡国之君，以残暴著称。

②蓊（wěng）蔼：草木茂盛的样子。

③蒿麦：应为"荠麦"。荠菜与小麦。《抱朴子内篇·论仙》："谓夏

必长，而荠麦枯焉。”荠菜冬生夏死，而蒿草则春生秋死。

④毕发：形容寒风凛冽的样子。

⑤恶：丑。

【译文】

抱朴子说：“凡是能够说话的人无不赞誉唐尧，而唐尧的政事不一定全都处理得很恰当；整个社会的人无不贬斥夏桀，而夏桀做的事情未必就一无是处。因此虽然一根树枝枯萎了，却无损于茂盛的树林郁郁葱葱；虽然荠菜和小麦在冬天里出生了，却不能消除凛冽寒风对万物的摧残。西施也有不美的地方，然而不会减损她的美丽，因为她的美丽占据了主导方面；嫫母也有好看的地方，然而不能挽救她的丑陋，因为她丑陋得太厉害了。”

抱朴子曰：“身与名难两济①，功与神鲜并全②。支离其德者③，苦而必安；用以适世者④，乐而多危。故鸷禽以奋击拘絷⑤，言鸟以智慧见笼⑥。琼瑶以符采剖判⑦，三金以琦玩冶铄⑧。兰茝以芬馨剪刈，文梓以含音受伐⑨。是以翠虬睹化益而登玄云⑩，灵凤值孟戏而反丹穴⑪，子永叹天伦之伟⑫，漆园悲被绣之牺⑬。”

【注释】

①济：成功。

②功：指建功立业。神：指保养精神。

③支离其德：使才能残缺无用。支离，支离破碎，没有用处。德，主要指才能。庄子主张“无用之用”，认为只有做一个无用之人，才有利于保护好自己的生命。《庄子·人间世》：“夫支离其形者，犹足以养其身，终其天年，又况支离其德者乎？”

④用以适世：有用而且出仕为官。以，而。适，到；进入。

⑤鸷（zhì）禽：这里指经过驯化的为人搏击其他鸟类的猛禽，如猎鹰一类。鸷，本指鹰、雕之类的猛禽，这里引申为凶猛。拘絷：约束。絷，拴。

⑥言鸟：能说话的鸟。比如鹦鹉。见笼：被关入笼中。见，被。

⑦琼瑶：两种美玉名。符采：玉石的纹理。剖判：剖开。判，分开。

⑧三金：指金、银、铜三种金属。琦：珍奇；美好。玩：可供玩赏。

⑨文梓：有纹理的梓树。含音：内含优美的声音。指文梓可以制成乐器。

⑩翠虬（qiú）：碧色的虬龙。化益：即伯益。尧时的大臣。相传是他首先开挖水井。《淮南子·本经训》："伯益作井，而龙登玄云，神栖昆仑。"

⑪孟戏：传说中首先驯养禽鸟的人。反，同"返"，返回。丹穴：丹山的洞穴。传说是凤凰的栖息地。《山海经·南山经》："丹穴之山，其上多金玉。丹水出焉，而南流注于渤海。有鸟焉，其状如鸡，五采而文，名曰凤皇。"

⑫子永：即《庄子·大宗师》中的子祀。《释文》："子祀，崔云：《淮南》作子永，行年五十四而病伛偻。"本书及《淮南子》的记载都有误，感叹造物伟大的是子祀的朋友子舆。天伦：天理。指大自然、造物主。《庄子·大宗师》："子舆有病，子祀往问之。曰：'伟哉！夫造物者，将以予为此拘拘也！'"

⑬漆园：地名。一说在今河南商丘，一说在今山东曹州，一说在今安徽定远。这里指庄子。庄子曾经当过漆园吏，因此后人称庄子为"漆园"。被（pī）绣之牺：披着绣花毯子的牺牛。被，同"披"。牺，指牺牛。古代用作祭品的牛。《庄子·列御寇》："或聘于庄子，庄子应其使曰：'子见夫牺牛乎？衣以文绣，食以刍叔，及其牵而入于大庙，虽欲为孤犊，其可得乎？'"

【译文】

抱朴子说："生命与美名很难同时保全，建功立业与精神保养很少能够同时成功。做一个对社会无用的人，虽然生活艰苦但肯定安全；做一个有用的人并且出仕为官，虽然生活快乐但很危险。因此猛禽因为能够搏击其他禽鸟而受到人们的束缚，会说话的鸟因为有说话的智慧而被人们关进了笼子。琼瑶美玉因为有光彩的纹理而被人剖开，金、银、铜因为珍奇可供玩赏而被人冶炼熔化。兰茝因为芬芳而被剪割，有纹理的梓树因为适宜做乐器而被砍伐。因此碧色的虬龙看到伯益挖井后就飞上了云天，神异的凤凰看见孟戏在驯服禽鸟后就返回了丹穴。子永赞美大自然的秩序的伟大，庄子为披着绣花毯子做祭品的牛而感到悲伤。"

抱朴子曰："万麋倾角①，猛虎为之含牙②；千禽鳞萃③，鸷鸟为之握爪。是以四国流言④，公旦不能遏⑤；谤者盈路，而子产无以塞⑥。"

【注释】

①倾角：用角向前冲撞。

②含牙：闭嘴。指不敢去撕咬。

③鳞萃：像鱼鳞一样聚集在一起。萃，聚集。

④四国流言：四个国家散布周公将不利于周成王的谣言。四国，指殷、东、徐、奄四国。周成王是周公的侄子，成王年幼时，周公执政，后来有人散布谣言，说周公将干不利于成王的事情，周公只得逃往南方的楚国躲避。

⑤公旦：即周公姬旦。

⑥子产：公孙侨，字子产。春秋郑国的相，著名的政治家。塞：杜绝。《左传·昭公四年》："郑子产作丘赋，国人谤之，曰：'其父死

于路，已为蚕尾，以令于国，国将若之何？'"

【译文】

抱朴子说："上万头麋鹿一起用角向前冲撞，连猛虎也会因此而闭起嘴巴不敢撕咬；成千只小鸟鱼鳞般地聚集在一起，连猛禽也将会为此而收起自己的利爪。因此如果四国都去散布流言蜚语，周公也无法予以阻止；到处都是批评自己的人，子产也不能加以杜绝。"

抱朴子曰："威、施之艳①，粉黛无以加②；二至之气③，吹嘘不能增④。是以怀英逸之量者，不务风格以示异⑤；体邈俗之器者，不恤小誉以徇通⑥。"

【注释】

①威、施：南威、西施。先秦的两位著名美女。

②粉黛：白色和青黑色的颜料，为古代女子的化妆品。

③二至：冬至和夏至。

④吹嘘：呼气。

⑤不务风格：不去刻意地修饰自己的风度仪表。务，刻意追求。

⑥恤：担忧；考虑。徇通：谋求通达。徇，追求。

【译文】

抱朴子说："南威、西施的艳丽，不是一般女子靠涂脂抹粉就可以超过的；冬至和夏至的气候，不是靠人们呼出点气息就能够改变的。因此胸怀英异超凡的才能的人，不会去刻意追求风度仪表来显示自己的与众不同；具备出类拔萃的器量的人，不会去关心小小的赞誉来谋求自己的通达。"

抱朴子曰："麟止凤仪①，所患在少；狐鸣枭呼②，世忌其多。是以俊乂盈朝③，而求贤者未倦；谗佞作威，而忠贞者切齿。"

【注释】

①麟：麒麟。止：举止风度。

②枭(xiāo)：猫头鹰。古人以为是不祥之鸟。

③乂(yì)：有才能的人。

【译文】

抱朴子说："麒麟与凤凰的优美举止和仪态，人们所遗憾的是它们太少见了；狐狸与猫头鹰的呼叫声，世人所痛恨的是它们太多了。因此即使德才出众的人站满了朝廷，而求贤的君主依然在不知疲倦地寻找；善于进谗言的奸佞之人作威作福，忠诚坚贞的人对此感到切齿痛恨。"

抱朴子曰："多力，何必孟贲、乌获①？逸容，岂唯郑旦、毛嫱②？飙迅，非徒骅骝、骕骦③；立断，未独沈闾、干将④。是以能立素王之业者⑤，不必东鲁之丘⑥；能洽掩枯之仁者⑦，不必西邻之昌⑧。"

【注释】

①孟贲(bēn)、乌获：二人都是战国时期的勇士。据说孟贲能生拔牛角，乌获能力举千钧。

②郑旦、毛嫱：二人都是春秋时期越国的美女。《越绝书·内经九术》："越乃饰美女西施、郑旦，使大夫种献之于吴王。"《庄子·齐物论》："毛嫱、丽姬，人之所美也。"成玄英疏："毛嫱，越王嬖妾；丽姬，晋国之宠嫔。此二人者，姝妍冠世。"

③骅骝(huá liú):骏马名。周穆王八骏之一。骕骦(sù shuāng):又作“肃爽”、“骕骦”。骏马名。

④沈间、干将:两种宝剑名。相传都为吴王阖闾所有。

⑤素王:有帝王之德而没有帝王之位的人。《淮南子·主术训》:“孔子……专行教道,以成素王。”

⑥东鲁:东方的鲁国。丘:孔子,名丘。

⑦洽:普遍。这里指遍施恩惠。掩枯:指周文王掩埋了暴露在外的无主尸骨。《吕氏春秋·异用》:“周文王使人扣池,得死人之骸,吏以闻于文王。文王曰:‘更葬之。’吏曰:‘此无主矣。’文王曰:‘有。有天下者,天下之主也;有一国者,一国之主也。今我非其主也?’遂令吏以衣棺更葬之。天下闻之,曰:‘文王贤矣!泽及髊骨,又况于人乎!’或得宝以危其国,文王得朽骨以喻其意。”

⑧西邻之昌:西边的邻国姬昌。西邻,指周国。周在商的西边,故称“西邻”。昌,指周文王姬昌。

【译文】

抱朴子说:“力量巨大,为什么就一定要是孟贲、乌获呢?容貌美丽,难道就只有郑旦、毛嫱吗?能够像狂风一样迅速奔驰的,并非只有骅骝、骕骦;能够立砍即断的,不仅只是沈间、干将。因此能够建立素王事业的人,不一定就只能是东方鲁国的孔子;能够广施掩埋枯骨这一仁德的人,不一定就只能是西边邻国的姬昌。”

抱朴子曰:“灵凤振响于朝阳①,未有惠物之益,而莫不澄听于下风焉②;鸱枭宵集于垣宇③,未有分厘之损,而莫不掩耳而注镝焉④。故善言之往,无远不悦;恶辞之来,靡近不忤⑤。犹日、月无谢于贞明⑥,枉矢见忘于暂出⑦。”

【注释】

①振响：鸣叫。朝阳：山的东坡。因其能够为早晨的太阳所照，故称“朝阳”。《诗经·大雅·卷阿》：“凤皇鸣矣，于彼高冈；梧桐生矣，于彼朝阳。”

②澄听：静心倾听。澄，清净；静心。

③鸱枭（chī xiāo）：猫头鹰。宵：夜晚。垣宇：墙头房顶。垣，墙。宇，房屋。

④注镝：射箭。注，射。镝，箭头。

⑤靡：无；无论。忤：抵触；反对。

⑥日、月无谢于贞明：日、月无须减损自己的光明。谢，减损。贞明，因遵循正道而光明。本句是说，日、月如同灵凤、善言一样，受到人们的欢迎，因此虽然日、月天天出现，也不必改变自我。

⑦枉矢：星名。其光芒如飞箭。古人认为枉矢的出现，是一种凶兆。见忘：被忌讳。忘，疑作“忌”。杨明照《抱朴子外篇校笺》：“陈澧曰：‘“忘”，疑当作“忌”。’照按：本篇上文有‘壮弱异科，则扛鼎者见忌’语，则此当以作‘忌’为是。”

【译文】

抱朴子说：“神灵的凤凰在山的东坡鸣叫，虽然没有为万物带来任何的实惠，然而没有人不在下风处静心倾听；猫头鹰夜间落在墙头或屋顶，虽然没有给人造成一丝一毫的损失，然而没有人不捂着耳朵向那里射箭。因此好话所传到的地方，无论多么遥远也没有人不喜欢；坏话所传到的地方，无论多近也没有人不反感。这就好像日、月那样即使天天出现也无须减损自己的光明，而枉矢星虽然只是短暂出现却依然被人们所讨厌。”

抱朴子曰：“影无违形之状，名无离实之文①。故背源之水，必不能扬长流以东渐；非时之华②，必不能稽辉藻于冰霜③。”

【注释】

①文:纹饰。这里指美好。

②非时之华:不合时节的鲜花。华,花。

③稽:稽留。这里指长久。辉藻:鲜艳美丽。

【译文】

抱朴子说:“影子不会出现不合原形的模样,名声不会出现脱离实情的美好。因此脱离了源头的河流,必定无法扬起长长的浪花流向东方;不合季节的鲜花,肯定不能长期地保持自己的鲜艳美丽于冰霜之中。”

抱朴子曰:“锯牙之兽①,虽低伏而见惮;挥斧之虫②,虽跧形而不威③。故君子被褐④,穷而不可轻;小人轩冕⑤,达而不足重。”

【注释】

①锯牙之兽:长着锯形牙齿的猛兽。指驳。《尔雅·释畜》:“驳,如马。倨牙,食虎豹。”

②挥斧之虫:挥动着斧形长臂的虫子。指螳螂。斧,指两只斧形的长臂。

③跧(quán):踢;踹。

④被褐(pī hè):穿着粗布短衣。被,同“披”。褐,粗布衣。穷人的衣服。

⑤轩:古代大夫以上乘坐的车辆。冕:大夫以上所戴的礼帽。

【译文】

抱朴子说:“长着锯形牙齿的猛兽,即使低头俯身依然让人感到害怕;挥动着斧形长臂的虫子,即使踹腿踢脚也没有什么威风。因此君子即使披着粗布短衣,困窘不堪也不能轻视;小人即使乘坐轩车头戴冠冕，地位显达也不值得看重。”

抱朴子曰：“逸麟逍遥大荒之表①，故无机穽之祸；灵鸧振翅玄圃之峰②，以违罩罗之患③。何必曲穴而永怀怵惕④？何必衔芦而惨惨畏容⑤？故充乎宰割之用者，必爱乎刍豢者也⑥；给乎煎熬之膳者，必安乎庭立者也⑦。”

【注释】

①大荒之表：辽阔的荒野之外。指极为偏远的地方。

②灵鸧(cāng)：鸟名。即鸧鸹，一种似鹤的鸟，能够高飞。玄圃：传说中的神山，在昆仑山中。

③罩罗：罗网。

④曲穴：把洞穴挖得弯弯曲曲。《抱朴子外篇·诘鲍》：“貛曲其穴，以备径至之锋。”怵惕：恐惧。

⑤衔芦：口衔芦苇。据说大雁飞翔时口含芦苇以防备自己触网。一说是为了防备人们的箭。畏容：恐惧的面容。《淮南子·修务训》：“夫雁顺风，以爱气力；衔芦而翔，以备矰矢。”

⑥刍豢(chú huàn)者：豢养牲畜的人。刍，草。

⑦庭立：应作“庭粒”。立，当作“粒”。杨明照《抱朴子外篇校笺》：“‘立’当作‘粒’。本篇上文‘鸾凤竞粒于庭场，则受亵于鸡鹜’，《逸民》篇‘盛务于庭粒者，安知鸳鸾之远指’。并其证。”

【译文】

抱朴子说：“高逸的麒麟自由自在地生活在极为荒远的地方，因此不会遭遇到机关陷阱这样的灾难；神异的鸧鸹展翅高飞到像玄圃那样的高山之上，以躲避罗网的威胁。何必把自己的洞穴挖得弯弯曲曲地总是担惊受怕？何必像大雁一样口含着芦苇总是那样凄凄惨惨地满面恐惧？因此充当宰割之用的牲畜，平时必然会受到豢养者的爱护；供给烹调食用的那些鸟兽，平时必定可以安然地在庭院中觅食。”

抱朴子曰：“聪者贵于理遗音于千载之外[①]，而得兴亡之迹；明者珍于鉴逸群于寒瘁之中[②]，而抽匡世之器[③]。若夫聆繁会之响[④]，而顾问于庸工[⑤]，非延州之清听也[⑥]；枉英远之才，而咨之于常人，非独见之奇识也。故与不赏物者而论用凌侪之器[⑦]，是使瞽者指五色也[⑧]；与妒胜己者而谋举疾恶之贤[⑨]，是与狐议治裘也[⑩]。”

【注释】

①聪者：听力好的人。实际指聪慧之人。遗音：前人遗留下来的音乐。比喻前人留下的学问。千载之外：千年之前。

②明者：眼力好的人。实际指明哲之人。珍于：可贵处在于。鉴：鉴别。逸群：出类拔萃的人。寒瘁：贫寒困窘。

③抽：选拔。匡世：匡救社会。

④繁会：繁杂、汇集。响：音乐声。

⑤庸工：平庸的乐工。

⑥延州：即春秋吴国公子季札。季札为吴王的少子，坚辞王位不受。季札先封于延陵，后封于州来，因此又称“延州”。清听：对音乐能够进行清晰地辨析。《左传·襄公二十九年》记载，当季札出使鲁国时，对《周南》、《召南》等诗歌作出了精准的评论。

⑦凌侪(chái)之器：超过同类的器物。凌，超过。侪，同类。

⑧瞽(gǔ)：瞎眼。

⑨疾恶：痛恨恶人。疾，痛恨。

⑩是与狐议治裘也：这就好比与狐狸商量用它的皮毛制作皮衣一

样。比喻根本不可能的事情。

【译文】

抱朴子说："聪慧者的可贵之处在于能够整理千年之前留下的学说，从中发现国家兴亡的规律；明智者的可贵之处在于能够把出类拔萃的人才从贫寒困窘之中鉴别出来，从而选拔出能够匡救社会的贤士。如果在聆听声音繁复交错的音乐时，而去向平庸的乐工请教，那就不是像延陵季子那样善于清晰地辨析音乐的人了；委屈英俊出色的人才，而去向平庸的人咨询，那就是没有具备独特而超人的见识。因此与那些没有鉴赏能力的人去讨论选用超过同类的器物，那就等于是让盲人去指明五种颜色；与嫉妒超过自己的人去商讨举荐疾恶如仇的贤士，那就等于和狐狸商量用它的皮毛做皮衣一样。"

抱朴子曰："駑、驳危苦于崄峻之端①，不乐咈守之役②；吉光饥渴于冰霜之野③，不愿牺牲之饱④。孤竹不以绝粒⑤，易鹿台之富⑥；子廉不以困匮⑦，贸铜山之丰⑧。"

【注释】

①駑(lóng)：野马。崄，同"险"。

②咈(fú)守之役：吠叫着守门的事情。咈，当作"吠"。杨明照《抱朴子外篇校笺》："王广恕曰：'案："咈"当作"吠"。《逸民》"麟不吠守"，与此同意。'照按：王说是。"

③吉光：神马名。

④不愿牺牲之饱：不愿意像那些做祭品用的牛、羊、猪那样填饱肚皮。牺牲，指做祭品用的牛、羊、猪。

⑤孤竹：指伯夷、叔齐。伯夷与其弟叔齐，为商代孤竹国君的两个儿子。两人先为相互推让君主之位逃到周，后因反对周武王灭商，坚决不食周粟而饿死于首阳山。绝粒：断粮。

⑥易:交换。鹿台:古台名。在今河南淇县朝歌镇南。商纣王储藏珠玉钱财的地方。这里代指商纣王。

⑦子廉:郝子廉。《风俗通义·愆礼》:"太原郝子廉,饥不得食,寒不得衣,一介不取诸人。曾过娣饭,留十五钱,默置席下去。每行饮水,常投一钱井中。"

⑧贸:交易;交换。铜山:出产铜矿的山。这里代指西汉的邓通。《史记·佞幸列传》:"上使善相者相通,曰:'当贫饿死。'文帝曰:'能富通者在我也。何谓贫乎?'于是赐邓通蜀严道铜山,得自铸钱,邓氏钱布天下。其富如此。"

【译文】

抱朴子说:"野马、驳兽宁肯在险峻的山顶上冒着危险承受着痛苦,也不愿意去干吠叫着守门的事情;吉光神马宁肯在冰天雪地里忍受着饥渴,也不肯像做祭品的牛羊猪那样去填饱肚皮。伯夷和叔齐不肯拿自己的断粮生活,去换取商纣王聚敛的财富;郝子廉不愿拿自己的困窘贫穷的日子,去换取邓通拥有的金钱。"

抱朴子曰:"志合者,不以山海为远;道乖者①,不以咫尺为近。故有跋涉而游集,亦或密迩而不接②。"

【注释】

①道乖者:原则不同的人。乖,背离;矛盾。

②或:有的人。密迩:距离很近。迩,近。

【译文】

抱朴子说:"志同道合的人,不认为隔着高山大海就是遥远;操守不同的人,不认为咫尺之间就算很近。因此有的人跋山涉水前去交往相见,有的人近在身边却从不交往。"

抱朴子曰:"华衮粲烂[①],非只色之功;嵩、岱之峻[②],非一篑之积[③]。故九子任[④],而康凝之绩熙[⑤];四七授[⑥],而佐命之勋著[⑦]。"

【注释】

①衮(gǔn):又叫做衮衣,绣有龙形等花纹的高贵服饰。

②嵩岱:嵩山与泰山。泰山又称岱岳。

③篑(kuì):盛土的竹筐。这里代指一筐土。

④九子:指尧的九位大臣。《说苑·君道》:"当尧之时,舜为司徒,契为司马,禹为司空,后稷为田畴,夔为乐正,倕为工师,伯夷为秩宗,皋陶为大理,益掌驱禽……尧知九职之事,使九子者各受其事。"

⑤康凝:太平安定。熙:兴盛;成功。

⑥四七:指东汉的二十八位开国将领。《后汉书·朱景王杜马刘傅坚马列传》:"论曰:中兴二十八将,前世以为上应二十八宿,未之详也。然咸能感会风云,奋其智勇,称为佐命,亦各志能之士也。"

⑦佐命:辅佐君主建立新王朝。古代帝王建立新王朝,自谓承天受命,因此称辅佐大臣为"佐命"。

【译文】

抱朴子说:"华美的衮服鲜艳灿烂,这不是一种颜色的功劳;嵩山与泰山高耸入云,这不是一筐土堆积成的。因此尧的九位贤臣得到了重用,使社会太平安定的功绩就建立了;二十八位将军被授予职务,而改朝换代的功勋就成就了。"

抱朴子曰："翠虬无翅而天飞，螣蛇无足而电骛[①]；鳖无耳而善闻，蚓无口而扬声。故皋繇喑而与辩者同功[②]，晋野瞽而与离朱齐明[③]。"

【注释】

①螣（téng）蛇：古代传说中的一种神蛇。骛（wù）：飞驰。

②皋繇（yáo）：即皋陶。虞舜时的大臣，任大理。喑（yīn）：哑；不能说话。《文子·精诚》："皋陶喑而为大理，天下无虐刑，有贵乎言者也；师旷瞽而为太宰，晋国无乱政，有贵乎见者也。"

③晋野：指春秋晋国乐师师旷，师旷字子野。瞽（gǔ）：瞎眼。离朱：相传为黄帝时人，据说他视力过人。

【译文】

抱朴子说："碧色的虬龙虽然没有翅膀却能够在天上飞翔，螣蛇虽然没有腿脚却能够像闪电一样奔驰。鳖鱼没有耳朵却善于听到声音，蚯蚓没有嘴巴却能够发出声响。因此皋陶虽然无法讲话却与善辩者具有同样的作用，晋国的师旷虽然是盲人却与离朱具备同样的聪明。"

抱朴子曰："官达者，才未必当其位；誉美者，实未必副其名。故锯齿不能咀嚼，箕舌不能别味[①]；壶耳不能理音[②]，屩鼻不能识气[③]；釜目不能护望舒之景[④]，床足不能有寻常之逝[⑤]。"

【注释】

①箕舌：指簸箕底部向后伸出的部分，其形状如舌。

②壶耳：指壶两边的耳状物。

③屩（jué）：草鞋。鼻：指草鞋上用来穿绳系紧的鼻环。

④釜：锅。目：指锅的上边用来提举的两个孔洞。护(lú)：手拿；获取。这里引申为观赏。望舒：神话中为月亮驾车的神。这里代指月亮。景：月光。

⑤寻常：古代的长度单位。八尺为寻，两寻为常。

【译文】

抱朴子说："官位显达的人，他的才能未必就能够和他的地位相称；名声美好的人，他的实际品行未必就能够和他的声望相符。因此锯子虽然有牙齿却不能咀嚼，簸箕虽然有舌头却不能辨别味道，水壶虽然有耳朵却不能听到声音，草鞋虽然有鼻孔却不能分辨气味，锅虽然有眼睛却不能观赏月光，床虽然有腿脚却不能走出很短的距离。"

抱朴子曰："路人不能挽劲命中①，而识养由之射②；颜子不能控辔振策③，而知东野之败④。故有不能下棋，而经目识胜负⑤；不能徽弦⑥，而过耳解郑、雅者⑦。"

【注释】

①路人：过路之人。挽劲：拉开强劲的弓。

②养由：养由基。先秦楚国善于射箭的人。《战国策·西周策》："楚有养由基者，善射。去柳叶者百步而射之，百发百中。左右皆曰善。有一人过，曰：'善射，可教射也矣。'养由基曰：'人皆善，子乃曰可教射，子何不代我射之也？'客曰：'我不能教子支左屈右。夫射柳叶者，百发百中，而不已善息，少焉气力倦，弓拨矢钩，一发不中，前功尽矣。'"

③颜子：颜阖。鲁国的贤士。控辔(pèi)：握着马缰绳。辔，马缰绳。振策：挥动着马鞭子。策，马鞭。

④东野：东野稷。姓东野，名稷。善于驾车。败：指驾车失败。《庄子·达生》："东野稷以御见庄公，进退中绳，左右旋中规。庄公

以为文弗过也,使之钩百而反。颜阖遇之,入见曰:'稷之马将败。'公密而不应。少焉,果败而反。公曰:'子何以知之?'曰:'其马力竭矣,而犹求焉,故曰败。'"

⑤经目:看上一眼。

⑥不能徽弦:不会弹琴。徽,系琴弦的绳子。

⑦郑:指先秦时期郑国的音乐。因为这个国家的音乐淫靡,所以后来就成为靡靡之音的代称。雅:高雅的音乐。

【译文】

抱朴子说:"过路的人虽然自己不能拉开硬弓射中目标,却懂得养由基该如何射箭;颜阖虽然自己不能手握缰绳挥动马鞭去驾车,却知道东野稷驾车将要失败。因此有的人自己不会下棋,但看上一眼就能够知道胜负;有的人自己不会弹琴,但稍稍一听就能够分辨靡靡之音与高雅之音。"

抱朴子曰:"垂荫万亩者,必出峻极之岭;滔天襄陵者①,必发板桐之源②。邈世之勋,必由绝伦之器③;定倾之算④,必吐冠俗之怀⑤。是以蟭螟之巢⑥,无乘风之羽;沟浍之中⑦,无宵朗之琦⑧。"

【注释】

①襄陵:漫上山陵。襄,升上高处。

②板桐:传说中的神山。在昆仑山上。《水经注·河水一》:"昆仑之山三级:下曰樊铜,一名板桐;二曰玄圃,一名阆风;上曰层城,一名天庭,是谓太帝之居。"

③绝伦之器:出类拔萃的人才。

④定倾:使即将倾覆的国家安定下来。

⑤冠俗：超越常人。冠，在……之上。

⑥蟭螟：一种极小的虫子。据说它们活动在蚊子的眉毛中。

⑦浍(kuài)：田间的沟渠。

⑧宵朗：夜晚发光。琦：美玉。

【译文】

抱朴子说："能够垂下可以覆盖万亩树荫的大树，必定出自极为高峻的大山；能够漫上山陵的滔天大水，必定是发源于板桐神山。能够盖过一世的卓绝功勋，必定是由出类拔萃的人才所建立；能够挽救国家的谋略，必定是出于超越常人者的胸怀。因此蟭螟小虫的巢穴中，不会有乘风飞翔的大鹏；田地中的小沟渠里，不会出现夜光宝玉。"

抱朴子曰："冲飙焚轮①，原火所以增炽也，而萤烛值之而反灭②；甘雨膏泽③，嘉生所以繁荣也，而枯木得之以速朽。朱轮华毂④，俊民之大宝也⑤，而负乘窃之而召祸⑥；鼎食万钟⑦，宣力之弘报也⑧，而近才受之以覆悚⑨。"

【注释】

①焚轮：风名。又叫做"颓风"。自上而下的暴风。《尔雅·释天》："焚轮谓之颓。"

②萤烛：萤火虫般的烛火。

③膏泽：润泽；润泽万物。

④朱轮华毂(gǔ)：红漆的车轮，彩绘的车毂。本指显贵者乘坐的车辆，这里代指显贵的地位。毂，车轮中心的圆木，周围与车辐相接，中有圆孔，可插轴。

⑤俊民：杰出人才。

⑥负乘：背着东西而乘坐着车辆。比喻小人窃据君子之位。《周

易·解卦》:"六三:负且乘,致寇至,贞吝。"乘坐车辆,是君子之事;背负重物,是小人之事。背着东西坐在车上,比喻小人窃据了君子之位。

⑦鼎食:列鼎而食。万钟:指万钟的俸禄。钟,古代计量单位。十斗为一石,六石四斗为一钟。

⑧宣力:出力。指为国出力。弘报:丰厚的回报。

⑨覆悚(sù):倾覆了鼎中美食。比喻失败。悚,鼎中的美食。《周易·鼎卦》:"鼎折足,覆公悚。"

【译文】

抱朴子说:"狂风席卷而来,燎原的大火因为遇到这些狂风就会变得更加猛烈,而萤火虫般的烛火遇上这些狂风反而会熄灭;甘甜的雨水润泽着万物,美好的庄稼因为这些甘甜的雨水会变得更加茁壮茂盛,而干枯的木头遇到这些雨水反而会腐朽得更快。显贵的地位,是杰出人才最为珍贵的东西,然而窃居高位的人却会因此而招来灾难;拿着万钟俸禄列鼎而食,是对为国出力者的丰厚回报,而那些才能浅薄的人如果接受了这些就会导致自己的失败。"

抱朴子曰:"屠犀为甲,给乎专征之服;裂翠为华[①],集乎后妃之首。虽出幽谷,迁于乔木[②],然为二物之计,未若栖窜于林薄、摄生乎榛薮也[③]。故灵龟宁曳尾于涂中,而不愿巾笥之宝[④];泽雉乐十步之啄,以违鸡鹜之祸[⑤]。"

【注释】

①裂翠:拔取翠鸟的羽毛。翠,翠鸟。其羽毛美丽,可做装饰品。华:华美的饰品。

②虽出幽谷,迁于乔木:虽说是走出了幽暗的山谷,迁居到了高大

的树木。《诗经·小雅·伐木》："伐木丁丁，鸟鸣嘤嘤。出自幽谷，迁于乔木。"《孟子·滕文公上》："吾闻出于幽谷迁于乔木者，未闻下乔木而入于幽谷者。"

③栖窜：栖息；游荡。林薄：丛生的草木。薄，草木交错而生。摄生：养生。摄，养护。榛薮（zhēn sǒu）：灌木丛中。榛，丛生的荆棘。薮，水少而草木繁盛的大泽。这里泛指丛林。

④故灵龟宁曳尾于涂中，而不愿巾笥（sì）之宝：因此灵龟宁肯拖着尾巴生活在泥水之中，也不愿意被人用丝巾覆盖藏入箱里当宝物看待。巾笥，用丝巾包好，放在箱子里。巾，用作动词。用巾包好。笥，竹器；竹箱。用作动词。放在竹箱里。《庄子·秋水》："庄子钓于濮水，楚王使大夫二人往先焉，曰：'愿以境内累矣。'庄子持竿不顾，曰：'吾闻楚有神龟，死已三千岁矣，王巾笥而藏之庙堂之上。此龟者，宁其死为留骨而贵乎？宁其生而曳尾于涂中乎？'二大夫曰：'宁生而曳尾于涂中。'庄子曰：'往矣，吾将曳尾于涂中。'"

⑤泽雉乐十步之啄，以违鸡鹜之祸：大泽中的野鸡乐于在野外每走十步才能啄到一口食物的艰苦生活，以躲避鸡鸭所遇到的灾祸。雉，野鸡。《庄子·养生主》："泽雉十步一啄，百步一饮，不蕲畜乎樊中。"

【译文】

抱朴子说："宰杀犀牛制作铠甲，以供给专门征伐的将士们做战衣；拔取翠鸟的羽毛做成华美的装饰品，可以插戴在后妃们的头上。这虽说是好像鸟儿从幽暗的山谷出来，飞上了高大的树木一样，然而站在这两种动物的立场上着想，不如栖息游荡于草木丛生的地方，在灌木丛中养护好自己的生命。因此灵龟宁肯拖着尾巴生活在泥水之中，也不愿意被人用丝巾覆盖藏入箱里当宝物看待；大泽中的野鸡乐于在野外每走十步才能啄到一口食物的艰苦生活，以躲避鸡鸭所遇到的灾祸。"

抱朴子曰："偏才不足以经周用①，只长不足以济众短。是以鸡知将旦，不能究阴阳之历数②；鹄识夜半③，不能极晷景之道度④；山鸠知晴雨于将来⑤，不能明天文；蛇蚁知潜泉之所居，不能达地理。"

【注释】

①经：经营；从事。周用：全面地使用。

②阴阳：指自然界。历数：历法。

③鹄识夜半：应作"鹤知夜半"。《四库全书》文溯阁本"鹄"即作"鹤"。据说鹤喜欢在半夜鸣叫，因此说它"知夜半"。《抱朴子内篇·至理》："犹鹤知夜半，燕知戊巳，而未必达于他事也。"

④晷景(guǐ yǐng))：日晷上的日影。晷，按照日影测量时刻的一种仪器。景，同"影"。道度：刻度。

⑤山鸠：鸟名。即布谷鸟。

【译文】

抱朴子说："偏才没办法对他进行全面的使用，单一的长处无法弥补众多的不足。因此鸡知道什么时候天明，却不能知道自然界的历法；鹤知道什么时候是半夜，却不能弄清日晷上有关日影的刻度；山鸠能够预测未来的晴天和雨天，却不能懂得天文；蛇和蚂蚁能够知道深藏的泉水所在的地方，却无法明白地理。"

抱朴子曰："禁令不明，而严刑以静乱；庙算不精①，而穷兵以侵邻，犹钐禾以讨蝗虫、伐木以杀蠹蝎、食毒以中蚤、虱、彻舍以逐雀鼠也②。"

【注释】

①庙算:在朝堂上对战事进行的谋划。庙,朝堂。《孙子·始计》:“夫未战而庙算胜者,得算多也;未战而庙算不胜者,得算少也。”

②钐(shàn)禾:割去禾苗。钐,抡开镰刀大片地割掉。蠹(dù):虫名。蛀蚀树木、器物的虫子。蝎(hé):对木中蠹虫的总称。中:中伤;毒死。彻舍:拆掉房屋。彻,通“撤”,撤除;拆掉。

【译文】

抱朴子说:“禁令制订得不明确,而用它这严刑峻法以平定动乱;朝堂上的谋划不精准,却穷兵黩武去侵犯邻国,这就好像割掉禾苗以消灭蝗虫、砍伐树木以杀死蛀虫、饮用毒药以毒死跳蚤虱子、拆掉房屋以驱赶麻雀老鼠一样。”

抱朴子曰:“锐锋产乎钝石①,明火炽乎暗木②,贵珠出乎贱蚌,美玉出乎丑璞③。是以不可以父母限重华④,不可以祖祢量卫、霍也⑤。”

【注释】

①钝石:指不锋利的矿石。

②暗木:没有光亮的木头。

③璞:含玉的石头。

④重华:即舜。舜名重华。舜的生父和继母品德都很低下。《尚书·尧典》:“师锡帝曰:‘有鳏在下,曰虞舜。’帝曰:‘俞!予闻,如何?’岳曰:‘瞽子,父顽,母嚚。’”

⑤祖祢(nǐ):祖父与父亲。祢,死去的父亲。卫、霍:指西汉的著名将领卫青、霍去病。二人的出身都比较低贱。《史记·卫将军骠骑列传》:“大将军卫青者,平阳人也。其父郑季,为吏,给事平阳侯家,与侯妾卫媪通,生青。青同母兄卫长子,而姊卫子夫自平

阳公主家得幸天子，故冒姓为卫氏……大将军姊子霍去病年十八，幸，为天子侍中。”

【译文】

抱朴子说：“锋利的刀剑产自并不锋利的矿石，明亮的火焰燃于并不明亮的木头。宝贵的珍珠出自低贱的蚌壳，美好的玉石出自丑陋的璞石。因此不能依据父母的品德而小看了虞舜，不能根据祖辈父辈的情况去衡量卫青、霍去病。”

抱朴子曰：“志得则颜怡[①]，意失则容戚[②]。本朽则末枯[③]，源浅则流促[④]。有诸中者，必形乎表；发乎迩者[⑤]，必著乎远。”

【注释】

①颜怡：表情愉悦。颜，表情。

②戚：忧伤。

③本：树的主干。末：枝叶。

④促：短。

⑤迩：近。

【译文】

抱朴子说：“得意的人就会神情愉悦，失意的人就会面容忧伤。树的主干腐烂了枝叶就会干枯，水源浅的河流就会很短促。内心如果具备了高尚的情操，就必然会表现在他的外表；身边做的一些事情，就一定会影响到远方。”

抱朴子曰：“妍姿媚貌[①]，形色不齐，而悦情可均；丝竹金石[②]，五声诡韵[③]，而快耳不异；缴飞钩沉[④]，罾举罝抑[⑤]，而有获同功。树勋立言，出处殊涂⑥，而所贵一致。”

【注释】

①妍(yán)：美好。

②丝竹金石：泛指各种乐器。丝，如琴瑟等。竹，如箫管等。金，如钟等。石，如磬等。

③五声：又叫“五音”。指宫、商、角、徵、羽五个音阶。诡：违背；不同。

④缴(zhuó)飞：射下飞鸟。缴，系在箭上的生丝绳。这里代指箭。钩沉：钓起水中的鱼。

⑤罾(zēng)：形如伞状的渔网。人们把罾放入水中，当鱼游入时，举起罾，即可捕鱼。罝(jū)：捕野兔的网。抑：放下。

⑥出处：出仕与隐居。处，隐居。

【译文】

抱朴子说：“美丽的身姿妩媚的容貌，虽然彼此的形象表情不同，然而令人心情怡悦却是一样的；各种各样的乐器，虽然演奏出的五种音调各不相同，然而动听悦耳却没有什么区别；用箭射飞鸟用钩钓游鱼，渔网要举起兔网要布下，然而它们获取猎物的作用却是一样的。有的人为官建功立业而有的人隐居著书立说，虽然他们或出仕或隐居的生活方式不同，然而却是同样的可贵。”

抱朴子曰：“利丰者害厚，质美者召灾。是以南禽歼于藻羽①，穴豹死于文皮；鳣鲤积而玄渊涸②，麋鹿聚而繁林焚；金玉崇而寇盗至，名位高而忧责集。”

【注释】

①南禽:南方的鸟。具体指翠鸟。其羽毛美丽,可做装饰品。藻羽:华美的羽毛。

②鳣(zhān)鲤:两种鱼名。这里泛指鱼。玄渊:深渊。

【译文】

抱朴子说:"获利丰厚的人招来的灾难也会深重,质地美好的事物就会为自己招致祸患。因此南方的翠鸟因为羽毛华美而被射死,洞穴中的豹子因为皮毛上的花纹而被猎杀;鱼类聚集多的深渊就会被人抽干,麋鹿聚集多的密林就会被人焚烧;家中的金玉多了就会引来强盗,名誉地位高了就会惹来烦忧和责任。"

抱朴子曰:"商风宵肃[①],则絺扇废[②];登危陟峻,则轻舟弃;干戈云扰[③],则文儒退;丧乱既平,则武夫黜。"

【注释】

①商风:秋风。古人把五音与四季相配,商音配秋季,故商风即秋风。宵肃:犹"萧瑟"。风吹草木的声音。

②絺(chī)扇:用细葛布制成的扇子。

③云:云集。形容多。

【译文】

抱朴子说:"秋风刮起的时候,细布扇子就被废弃了;攀登高山峻岭的时候,轻快的船只就被丢掉了;战火纷起的年代,文人书生就要退居一边;动乱平息之后,武将就会被闲置一旁。"

抱朴子曰:"价直万金者,不待见其物,而好恶可别矣;条枝连抱者,不俟围其木[①],而巨细可论矣。故望洪涛之滔天，则知其不起乎潢污之中矣②；观翰草之汪濊③，则知其不出乎章句之徒矣④。”

【注释】

①俟：等待；必要。围：测量树围的粗细。

②潢（huáng）污：小池塘。

③翰草：文稿。汪濊（huì）：水深广的样子。这里用来形容文章内容的丰富。

④章句：解释篇章字句。这里指寻章摘句而不通大义。

【译文】

抱朴子说："价值万金的东西，不必仔细地观察它，好坏就可以区别开来；枝条有合抱那么粗的树木，不用去围量树干，它的粗细就可以明白了。因此一看到滔天的巨浪，就知道它不可能是出自小池塘之中；一看到内容丰富的文稿，就知道它不可能是出自寻章摘句之徒。"

抱朴子曰："丹华绿草，不拘于曲瘁之株①；紫芝芳秀②，不限于斥卤之壤③。是以受玄珪以告成者④，生于四罪之门⑤；承历数于文祖者⑥，出于顽嚚之家⑦。"

【注释】

①不拘于：不限于。曲瘁之株：弯曲而不茂盛。这两句意思是说，弯曲而不茂盛的树木也会生长出红花绿叶。

②秀：鲜花。

③斥卤：盐碱地。

④玄珪：黑色的玉圭。古代帝王举行典礼时所使用的一种玉器。告成：敬告上天自己的成功。本句讲的是大禹。大禹治水成功

后，舜赐予玄圭，并告天成功。《尚书·禹贡》："禹锡玄圭，告厥成功。"

⑤四罪：舜时四个凶恶的部落首领。指浑敦、穷奇、梼杌、饕餮。一说梼杌即鲧，而大禹即鲧的儿子。

⑥历数：这里指继承王位的次序。文祖：尧的祖庙。本句讲的是舜继尧的事。

⑦顽嚚(yín)：指父亲愚顽、母亲奸诈的家庭。嚚，奸诈。本句讲的是舜。《尚书·尧典》："师锡帝曰：'有鳏在下，曰虞舜。'帝曰：'俞！予闻，如何？'岳曰：'瞽子，父顽，母嚚。'"

【译文】

抱朴子说："红色的鲜花与绿色的叶片，不排斥生长在弯曲而不茂盛的树木上；紫色的灵芝和芳香的花朵，不排斥生长在充满盐碱的荒地里。因此接受玄圭之赏以告天大功成就的大禹，却出生在犯下重罪的家族；在文祖庙里继承唐尧基业的帝舜，却出身于父亲愚顽、母亲奸诈的家庭。"

抱朴子曰："善言居室，则靡远不应①；枉直不中②，则无近不离。是以宋野有退舍之荧惑③，殷朝有外奔之昵属④，四环至自少广之表⑤，鹿马变于萧墙之里⑥。"

【注释】

①靡远：无论多么遥远。靡，不；无论。

②枉直不中：好人、坏人不分。枉，弯曲。这里指不正直的人。中，恰当。《论语·为政》："哀公问曰：'何为则民服？'孔子对曰：'举直错诸枉，则民服；举枉错诸直，则民不服。'"

③宋：春秋时期的宋国。在今河南商丘一带。野：分野。周代将天上十二星辰的位置与地上州国的位置相配，《史记》则把天上的

二十八宿与地上的十二州国相配，就天文言叫做“分星”，就地上说叫做“分野”。古人以星区的变异来预测相应州国的吉凶。退舍：指星辰位置转移。舍，古代行军三十里为一舍。荧惑：星宿名。主灾异。《吕氏春秋·制乐》：“宋景公之时，荧惑在心，公惧，召子韦而问焉，曰：‘荧惑在心，何也？’子韦曰：‘荧惑者，天罚也；心者，宋之分野也。祸当于君。虽然，可移于宰相。’公曰：‘宰相，所与治国家也，而移死焉，不祥。’子韦曰：‘可移于民。’公曰：‘民死，寡人将谁为君乎！宁独死。’子韦曰：‘可移于岁。’公曰：‘岁害则民饥，民饥必死。为人君而杀其民以自活也，其谁以我为君乎！是寡人之命固尽已，子无复言矣。’子韦还走，北面载拜，曰：‘臣敢贺君！天之处高而听卑，君有至德之言三，天必三赏君。今昔，荧惑其徙三舍，君延年二十一岁。’……是夕，荧惑果徙三舍。”

④殷朝：商朝。昵属：亲属。指商纣王的兄长微子。《史记·殷本纪》：“纣愈淫乱不止。微子数谏不听，乃与大师、少师谋，遂去。”

⑤四环：应为“白环”之误。白色的玉环。少广：传说中的神山。为西王母所居。《庄子·大宗师》：“西王母得之，坐乎少广。”《帝王世纪》：“西王母慕舜之德，来献白环。”

⑥鹿马：指鹿为马。萧墙：古代宫室用以分割内外的小墙，类似后世的照壁。这里用来代指宫殿之中。本句讲的是秦朝赵高的事情。《史记·秦始皇本纪》：“赵高欲为乱，恐群臣不听，乃先设验，持鹿献于二世，曰：‘马也。’二世笑曰：‘丞相误耶？谓鹿为马。’问左右，左右或默，或言马以阿顺赵高，或言鹿。高阴中诸言鹿者以法，后群臣皆畏高。”

【译文】

抱朴子说：“即使住在室内讲的善言，也会使无论多么遥远的人都来响应；如果好人坏人不分，也会使无论多么亲近的人都要逃离。因此宋景公时出现了荧惑星从宋国的分野上后移的事情，而商纣王却有逃亡到他国去的亲属；西王母把白玉环从少广山之上送给帝舜，而指鹿为马的事情也会发生在皇宫之内。”

抱朴子曰：“荆卿、朱亥①，不示勇于怯弱之间；孟贲、冯妇②，不奋戈戟于俚侠之群③。英儒硕生，不饰细辩于浅近之徒④；达人伟士，不变晈察于流俗之中⑤。”

【注释】

①荆卿：即荆轲。战国卫人。后入燕，燕人拜为上卿，故称“荆卿”。后刺杀秦王失败，为秦王所杀。朱亥：战国时魏国大力士。《史记·魏公子列传》记载，秦军围赵，魏国信陵君窃取虎符，欲夺将军晋鄙之军以救赵，朱亥与俱往，“至邺，矫魏王令代晋鄙。晋鄙合符，疑之……欲无听。朱亥袖四十斤铁椎，椎杀晋鄙，公子遂将晋鄙军……进兵击秦军，秦军解去，遂救邯郸，存赵”。

②孟贲(bēn)：战国的勇士。据说能生拔牛角。冯妇：先秦勇士。《孟子·尽心下》：“晋人有冯妇者，善搏虎。”

③俚侠：应为“狸豺”之误。《太平御览》卷三五一引作“狸豺”。两种小动物名。狸猫和豺狗。

④细辩：细微琐碎的辩论。

⑤变：通“辨”，分辨。这里引申为显示。晈(jiǎo)：明亮。这里引申为明白、聪慧。

【译文】

抱朴子说：“像荆轲、朱亥这样的勇士，不会在怯懦弱小的人们中间显示自己的勇敢；像孟贲、冯妇这样的壮士，不会在狸猫与豺狗群里挥舞自己的武器。杰出的儒者和博学的士人，不会与才学浅近的人去争辩细小的问题；通达的俊才与伟岸的人士，不会在平庸的世俗人中间去炫耀自己的智慧。"

抱朴子曰："盘旋揖让①，非御寇之容；掼甲缨胄②，非庙堂之饰③。垂绅振佩④，不可以挥刃争锋；规行矩步⑤，不可以救火拯溺。"

【注释】

①盘旋：形容行礼时回旋进退的模样。

②掼（guàn）：穿戴。缨：帽带。这里用作动词。系上帽带。也即戴上头盔。胄：头盔。

③庙堂：朝堂。

④绅：古代士大夫系的长带子。佩：佩饰。

⑤规行矩步：中规中矩地迈着方步。

【译文】

抱朴子说："按照礼仪回旋进退作揖谦让，这不是抗击敌寇时的模样；穿上铠甲戴着头盔，这不是进入朝堂时的装束。身上垂着长带子抖动着各种佩饰，这种装扮不可以挥动武器冲锋陷阵；中规中矩地迈着方步，这样的动作不可以用来扑灭大火或拯救溺水者。"

抱朴子曰："乾坤陶育①，而庶物不识其惠者，由乎其益无方也②；大人神化，而群细不觉其施者③，由乎治之于未有也④。故可知者，小也⑤；易料者，少也。"

【注释】

①乾坤：天地。乾，天。坤，地。陶育：生养。陶，造就。

②无方：不分方位，无所不至。《周易·益卦》："彖曰：……天施地

生,其益无方。”

③群细:众多的细民百姓。细,小。

④治之于未有:在不知不觉中把国家治理好了。《老子》六十四章:“为之于未有,治之于未乱。”

⑤小:指小事。《淮南子·泰族训》:“凡可度者,小也;可数者,少也。”

【译文】

抱朴子说:“天地造就养育了万物,然而万物并没有感觉到天地的恩德,原因在于天地在施恩德的时候无所不至;伟大的人物运用神奇的方法治理教化着社会,众多的百姓并没有感觉到他们的恩泽,原因在于他们的治理是在不知不觉之中进行的。因此那些可以知道的事情,都是一些小事情;容易计算的数字,都是一些小数字。”

抱朴子曰:“娥、英、任、姒①,不以蚕织为首称;汤、武、汉高,不以细行招近誉。故澄视于三辰者②,不遑纡鉴于井谷③;清听于《韶》、《濩》者④,岂暇垂耳于桑间⑤!”

【注释】

①娥、英:娥皇、女英。尧的两个女儿,后嫁与舜为妻。《尚书·尧典》:“帝曰:‘我其试哉!女于时,观厥刑于二女。’厘降二女于妫汭,嫔于虞。”《列女传》卷一:“有虞二妃者,帝尧之二女也。长娥皇,次女英。”任:太任。周文王之母。姒:太姒。周文王之妻、武王之母。

②澄视:清楚地观察。三辰:日、月、星。

③不遑(huáng):没有空闲时间。遑,闲暇。纡(yū)鉴:俯身察看。纡,弯曲;俯身。井谷:井中出水的孔窍。《周易·井卦》:“井谷射鲋。”

④《韶》:舜时的乐曲。《濩》:商汤时的乐曲。

⑤桑间:淫靡的音乐。桑间本为濮水边的一处地名,因此处音乐淫靡,故后来用它代指靡靡之音。《礼记·乐记》:"桑间濮上之音,亡国之音也。"

【译文】

抱朴子说:"娥皇、女英、太任、太姒,不以养蚕织布作为她们首先被赞扬的优点;商汤王、周武王、汉高祖,不会去用小小的美行去获取一些浅薄的荣誉。因此那些想清楚地观察日、月、星的人,就没有闲暇的时间俯身察看井底的出水孔;那些想静心欣赏乐曲《韶》和《濩》的人,哪里有闲暇的功夫去倾听淫靡的桑间之音呢!"

抱朴子曰:"肤表或不可以论中,望貌或不可以核能①。仲尼似丧家之狗②,公旦类朴斫之材③,咎繇面如蒙倛④,伊尹形若槁骸⑤。及龙阳、宋朝⑥,犹土偶之冠夜光⑦;籍孺、董、邓⑧,犹锦纨之裹尘埃也。"

【注释】

①核能:验证其能力。核,核实;验证。

②仲尼似丧家之狗:孔子狼狈得就像一只丧家之狗。《史记·孔子世家》:"孔子适郑,与弟子相失,孔子独立郭东门。郑人或谓子贡曰:'东门有人,其颡似尧,其项类皋陶,其肩类子产,然自要以下不及禹三寸,累累若丧家之狗。'子贡以实告孔子。孔子欣然笑曰:'形状,末也。而谓似丧家之狗,然哉!然哉!'"

③公旦:即周公。周公姓姬名旦。朴斫(zhuó):砍断的木桩。朴,木头。斫,砍削。

④咎繇(gāo yáo):即皋陶。虞舜时的司法官。蒙倛(qī):古人驱鬼

时或出丧时戴的假面具。

⑤伊尹：商代的贤臣。辅佐商汤王建立商朝。槁骸：枯干的骨头。

⑥龙阳：战国时魏王的男宠龙阳君。《战国策·魏策四》："魏王与龙阳君共船而钓，龙阳君得十余鱼而涕下……曰：'臣之始得鱼也，臣甚喜；后得又益大，今臣直欲弃臣前之所得矣。今以臣凶恶，而得为王拂枕席……四海之内，美人亦甚多矣，闻臣之得幸于王也，必褰裳而趋王。臣亦犹曩臣之前所得鱼也，臣亦将弃矣，臣安能无涕出乎！'魏王……于是布令于四境之内，曰：'有敢言美人者，族！'"宋朝：春秋宋国公子，貌美。据说是卫灵公夫人南子的情人。

⑦土偶：泥人。夜光：夜明珠。

⑧藉孺：又作"籍孺"。汉高祖刘邦的男宠。《史记·佞幸列传》："昔以色幸者多矣。至汉兴，高祖至暴抗也，然籍孺以佞幸。"董：董贤。西汉哀帝的男宠。邓：邓通。西汉文帝的宠臣。

【译文】

抱朴子说："只看外表有时就无法确定其内在的品德，只看相貌有时就不能证明其实际的能力。孔子就好像一只找不到家的狗一样，周公的模样就好像刚砍下的树桩，皋陶的面孔就好像戴上了一副假面具，伊尹的样子就好像是一副干枯的骨架。至于龙阳君、宋朝，那就好像是头顶着夜明珠的泥巴人；董贤、邓通，那就好像是锦绣里裹着一堆泥土。"

抱朴子曰："勋、华不能化下愚①，故教不行于子、弟②。辛、癸不能改上智③，故恶不染于三仁④。"

【注释】

①勋、华：尧和舜。尧名放勋，舜名重华。下愚：最愚蠢的人。《论语·阳货》："子曰：'唯上知与下愚不移。'"

②子：指尧的儿子丹朱。据说丹朱顽愚不化。《孟子·万章上》："丹朱之不肖，舜之子亦不肖。"弟：指舜的弟弟象。据说象凶顽。《史记·五帝本纪》："舜父瞽叟盲，而舜母死，瞽叟更娶妻而生象，象傲……常欲杀舜……后瞽叟又使舜穿井，舜穿井为匿空旁出。舜既入深，瞽叟与象共下土实井，舜从匿空出，去。瞽叟、象喜，以舜为已死。象曰：'本谋者象。'象与其父母分，于是曰：'舜妻尧二女与琴，象取之；牛、羊、仓廪予父母。'"

③辛、癸：商纣王与夏桀。商纣王名辛，夏桀名履癸。

④三仁：商纣王的三位仁臣。指比干、箕子、微子。《论语·微子》："微子去之，箕子为之奴，比干谏而死。孔子曰：'殷有三仁焉。'"

【译文】

抱朴子说："尧、舜不能教化最为愚蠢的人，因此他们的教化没有能够在他们的儿子与弟弟的身上起到作用。商纣、夏桀不能改变最为明智的人，因此他们的邪恶没有影响到比干、箕子和微子这三位仁人。"

抱朴子曰："至大有所不能变，极细有所不能夺。故冰霜肃杀，不能凋菽麦之茂[①]；炽暑郁阴[②]，不能消雪山之冻；飙风荡海，不能使潜泉扬波；春泽荣物，不能使枯卉发华[③]。"

【注释】

①菽（shū）：豆类的总称。

②郁阴：应作"郁隆"。暑气极盛的样子。《抱朴子外篇·用刑》："擐犀兕之甲以涉不测之渊，袗却寒之裘以御郁隆之暑。"另，《道藏》本亦作"郁隆"。

③卉：草。华：同"花"。

【译文】

抱朴子说："最大的事物也有一些地方不能改变，最小的东西也有一些地方不可剥夺。因此寒冷肃杀的冰霜，也不能使茂盛的豆子和麦子凋零；酷热难耐的暑气，也不能融化雪山上的冰冻；能够使海水震荡的大风，却无法使地下的泉水扬起波浪；能够使万物繁荣的春雨，却不能让枯萎的草木开放出鲜花。”

抱朴子曰：“泣血之宝①，仰礛䃴以摛景②；沈间、孟劳③，须楚砥以敛锋④。骝驲待王、孙而致远⑤，令质俟隐括而成德⑥。”

【注释】

①泣血之宝：指和氏璧。泣血，流泪出血。《韩非子·和氏》：“楚人和氏得玉璞楚山中，奉而献之厉王。厉王使玉人相之，玉人曰：‘石也。’王以和为诳，而刖其左足。及厉王薨，武王即位，和又奉其璞而献之武王。武王使玉人相之，又曰：‘石也。’王又以和为诳，而刖其右足。武王薨，文王即位，和乃抱其璞而哭于楚山之下，三日三夜，泣尽而继之以血。王闻之，使人问其故，曰：‘天下之刖者多矣，子奚哭之悲矣？’和曰：‘吾非悲刖也，悲夫宝玉而题之以石，贞士而命之以诳，此吾所以悲也。’王乃使玉人理其璞，而得宝焉，遂命曰和氏之璧。”

②礛䃴(jiān zhū)：又写作“䃴诸”。磨治玉的石头。摛(chī)：舒展。引申为闪耀。景：日光。这里泛指光芒。

③沈间、孟劳：两种宝剑名。

④楚砥(dǐ)：楚地的磨刀石。砥，磨刀石。敛：收。这里引申为形成。

⑤骝驲(rì)：驿马。这里泛指良马。杨明照《抱朴子外篇校笺》说“骝驲”疑为“骝駬”，骏马名。王、孙：王良、孙阳。都是古代善于驾车的人。王良是春秋晋国善于驾车的人。伯乐，姓孙名阳，字

伯乐。先秦善于相马的人。

⑥令质:美好的素质。令,美好。隐括:即"檃括"。用来矫正曲木的工具。这里比喻教育。

【译文】

抱朴子说:"卞和为之哭泣出血的和氏璧,还需要治玉的磨石才能够闪耀出自己的光芒;沈间、孟劳这样的宝剑,还必须楚地的砥石才能够形成自己的锋刃。骏马有待于王良、伯乐才能到达远方,素质美好的人还需要教育才能够培养出美好的德行。"

抱朴子曰:"栖鸾戢鹫①,虽饥渴而不愿笼委于庖人之室②;乘黄、天鹿③,虽幽饥而不乐刍秣于濯龙之厩④。是以掇蜩之叟⑤,忘万物于芳林;垂纶之生⑥,忽执圭于南楚⑦。"

【注释】

①鸾:凤凰之类的瑞鸟。戢(jí):止息;栖息。鹫(yuè):凤凰之类的瑞鸟。

②笼:用作动词。关在笼子里。委:放在。庖人:厨师。

③乘黄:传说中的神马。又叫腾黄、吉光。天鹿:传说中的神兽。

④刍秣:草料。这里用作动词。吃草料。濯龙:汉代宫苑名。

⑤掇:粘取;捕捉。蜩:知了。叟:老人。《庄子·达生》:"仲尼适楚,出于林中,见痀偻者承蜩,犹掇之也。仲尼曰:'子巧乎?有道邪?'曰:'我有道也。五六月累丸二而不坠,则失者锱铢;累三而不坠,则失者十一;累五而不坠,犹掇之也。吾处身也,若厥株拘;吾执臂也,若槁木之枝。虽天地之大、万物之多,而唯蜩翼之知。吾不反不侧,不以万物易蜩之翼,何为而不得!'"

⑥垂纶:垂钓。纶,钓丝。生:读书人。这里指庄子。

⑦忽:忽略;轻视。执圭:指做官。圭,为长形玉版,上圆或尖。是

古代官员上朝或祭祀时拿的一种礼器。南楚：南方的楚国。《史记·老子韩非列传》："楚威王闻庄周贤，使使厚币迎之，许以为相。庄周笑谓楚使者曰：'千金，重利；卿相，尊位也。子独不见郊祭之牺牛乎？养食之数岁，衣以文绣，以入大庙。当是时，虽欲为孤豚，岂可得乎？子亟去，无污我。我宁游戏污渎之中自快，无为有国者所羁，终身不仕，以快吾志焉。'"

【译文】

抱朴子说："栖息在野外的鸾凤，即使忍饥受渴也不愿意关入笼中被放置在厨师的厨房之中；乘黄、天鹿这样的神兽，即使隐藏起来挨饿也不愿意被饲养在宫廷的马厩中吃着草料。因此捕蝉的老人，在芳香的树林中忘掉了世间万物；垂钓的庄周，不愿意到南方的楚国去执圭为相。"

抱朴子曰："方圆舛状①，逝止异归②。故浑象尊于行健③，坤后贵于安贞④；七政四气⑤，以周流成功；五岳六柱⑥，以峙静作镇⑦。是以宋墨、楚申⑧，以载驰存国⑨；干木、胡明⑩，以无为折冲⑪。"

【注释】

①舛状：形状不同。舛，相悖；不同。

②逝止：运动与静止。逝，运动。

③浑象：指天。行健：强有力地运行。《周易·乾卦》："象曰：'天行健，君子以自强不息。'"

④坤后：指大地。安贞：安静，正确。这里只取其"安静"义。《周易·坤卦》："安贞，吉。"

⑤七政：指日、月和金、木、水、火、土五星。一说指北斗七星。四

气：指四季之气。也即春温、夏热、秋冷、冬寒之气。

⑥五岳：指东岳泰山、西岳华山、南岳衡山、北岳恒山、中岳嵩山。六柱：应作“八柱”。传说大地有八柱以支撑上天。杨明照《抱朴子外篇校笺》：“‘六’当作‘八’。古籍中无言‘六柱’者。《楚辞·天问》：‘八柱何当？’……《抱朴子》佚文：‘地有八柱。’（《事类赋》六引）是此文原作‘八柱’无疑也。”

⑦峙静：安静地耸立着。镇：一方的主山叫做“镇”。

⑧宋墨：即墨子。本为鲁人，因仕于宋。故称“宋墨”。墨子曾不远千里去劝阻楚国不要进攻宋国。楚申：即楚国的申包胥。为拯救楚国而赴秦求救。《左传·定公五年》：“初，伍员与申包胥友。其亡也，谓申包胥曰：‘我必复楚国。’申包胥曰：‘勉之！子能复之，我必能兴之。’及昭王在随，申包胥如秦乞师……秦伯使辞焉……（申包胥）依于庭墙而哭，日夜不绝声，勺饮不入口七日……秦师乃出。”

⑨载驰：驾车奔驰。

⑩干木：魏国隐士段干木。《吕氏春秋·期贤》记载，魏文侯每次路过贤人段干木居住的小巷子时，都要俯轼致敬。后来秦国欲出兵进攻魏国，但在听说魏文侯礼敬段干木的事情后，马上撤兵。胡明：胡昭，字孔明。三国时的贤人。《三国志·魏书·管宁传》：“昭乃转居陆浑山中，躬耕乐道，以经籍自娱……民孙狼等因兴兵杀县主簿，作为叛乱……到陆浑南长乐亭，自相约誓，言：‘胡居士，贤者也，一不得犯其部落。’一川赖昭，咸无怵惕。”

⑪无为：清静无为。折冲：使敌人的战车后退，即击退敌人。冲，战车的一种，用于冲锋陷阵。

【译文】

抱朴子说：“方形与圆形的形状不同，运动与静止的趋向各异。因此上天的可贵之处在于它能够坚强有力地不断运行，大地的可贵之处在于它能够安稳地静止不动;日、月、五星和四季的气候,以周而复始的交替变化来完成自己的功业;五岳与八柱,以岿然不动地耸立在那里而成为各方的主山。因此宋国的墨翟和楚国的申包胥,因到处奔忙而保护了自己的国家;段干木和胡昭,则凭着自己的清静无为而使敌国主动退兵。”

抱朴子曰:“得意于丘园者,身否而神泰①;役己以恤物者②,形逸而心劳。故抱瓮灌园者③,欢于台宰④;呕餐茹薇者⑤,美乎鼎食;仗策去豳者⑥,形如腒腊⑦;夜以待旦者⑧,勤忧损命。”

【注释】

①否(pǐ):穷困;受苦。泰:安泰;愉悦。

②役己:役使自己的心神。恤物:为身外之物而忧郁。也即为追逐名利而忧愁。

③抱瓮灌园者:抱着罐子浇灌菜园的人。这里泛指隐居者。《庄子·天地》:“子贡南游于楚,反于晋,过汉阴,见一丈人方将为圃畦,凿隧而入井,抱瓮而出灌。”

④台宰:指宰相。台,代指三公。星有三台,因此古人用“台”代指三公。

⑤呕餐茹薇:唱着歌谣吃着野菜。讲的是伯夷、叔齐的事。呕,唱歌。茹,吃。薇,一种野菜名。《史记·伯夷列传》:“伯夷、叔齐,孤竹君之二子也……武王已平殷乱,天下宗周,而伯夷、叔齐耻之,义不食周粟,隐于首阳山……采薇而食之。及饿且死,作歌。其辞曰:‘登彼西山兮,采其薇矣。以暴易暴兮,不知其非矣。神农、虞、夏忽焉没兮,我安适归矣?于嗟徂兮,命之衰矣!’”

⑥仗策去豳(bīn)者:拄着拐杖离开豳地的人。指古公,又叫大王亶父。周文王的祖父。这里泛指为国操劳的人。仗,通“杖”,拄着。策,拐杖。豳,地名。在今陕西郯县一带。周民族原居于豳,为避狄人的侵扰,离开故土,迁居岐山,后发展农业,奠定了周王朝的基业。

⑦腒腊(jū xī):干肉。腒,干鸟肉。腊,干肉。

⑧夜以待旦:夜晚坐在那里急切地等待天亮去施政。《孟子·离娄下》:“孟子曰:‘……周公思兼三王,以施四事;其有不合者,仰而思之,夜以继日;幸而得之,坐以待旦。’”

【译文】

抱朴子说:“在山林田园里自得其乐的人,身体虽然劳苦但心神安逸;役使自己的心神去追逐身外之物的人,身体虽然安逸而心神劳苦。因此抱着罐子浇灌菜园的隐士,比宰相的心情要愉快;唱着歌谣采薇而食的伯夷与叔齐,比列鼎而食的权贵心情舒畅;拄着拐杖离开豳地的古公亶父,形体辛劳得犹如一块干肉;夜以继日勤于政务的周公,由于勤苦忧虑而损害了自己的寿命。”

抱朴子曰:“仁、忍有天渊之绝[①],善、否犹有无之觉。驺虞侧足以蹈虚[②],豺狼掩群以害生[③]。虞卿捐相印以济穷[④],华公让三事以推贤[⑤]。李斯疾胜己而杀韩非[⑥],庞涓患不如而刑孙膑[⑦]。”

【注释】

①忍:残忍。

②驺(zōu)虞:传说中的瑞兽。侧足:侧着脚走路。形容生怕踩着动植物的样子。蹈虚:走在空地上。

③掩：偷袭。

④虞卿：战国贤士。曾任赵国上卿、相。《史记·平原君虞卿列传》记载，秦国的相范雎曾受辱于魏国的魏齐，在秦国的追逼下，魏齐逃往赵国，去见赵相虞卿。虞卿知道赵王不会庇护魏齐，于是就解其相印，与魏齐一起逃亡。

⑤华公：指三国华歆。三事：三公。华歆曾任三公之一的司徒，后上书让司徒之位与管宁。《三国志·魏书·华歆传》："华歆字子鱼，平原高唐人也……魏国既建，为御史大夫。文帝即王位，拜相国，封安乐乡侯。及践阼，改为司徒……歆称病乞退，让位于宁。"

⑥李斯：秦朝的宰相。疾：嫉妒。韩非：战国韩国人。法家的代表人物。李斯和韩非是同学关系，李斯在秦国为官时，杀害韩非。《史记·老子韩非列传》："（韩非）与李斯俱事荀卿，斯自以为不如非……秦因急攻韩。韩王始不用非，及急，乃遣非使秦。秦王悦之，未信用。李斯、姚贾害之，毁之曰：'韩非，韩之诸公子也。今王欲并诸侯，非终为韩不为秦，此人之情也。今王不用，久留而归之，此自遗患也。不如以过法诛之。'秦王以为然，下吏治非。李斯使人遗非药，使自杀。韩非欲自陈，不得见。秦王后悔之，使人赦之，非已死矣。"

⑦庞涓、孙膑：庞涓和孙膑都是战国人，也是同学关系。庞涓在魏国做官时，砍掉了孙膑的脚。《史记·孙子吴起列传》："孙膑尝与庞涓俱学兵法。庞涓既事魏，得为惠王将军，而自以为能不及孙膑，乃阴使召孙膑。膑至，庞涓恐其贤于己，疾之，则以法刑断其两足而黥之，欲隐勿见。"

【译文】

抱朴子说："仁慈与残忍有着上天与深渊之间的差别，善良与凶恶就像存在与不存在给人的感觉那样差距巨大。驺虞侧着脚走在空地上以免踩着活着的动植物，豺狼则是整群地出来偷袭以杀害生灵。虞卿放弃了相印以救助走投无路的魏齐，华歆把自己的三公之位推让给其他贤人。李斯因为嫉妒韩非超过了自己而杀害了韩非，庞涓担心自己的学识不如孙膑而砍掉了孙膑的双脚。”

抱朴子曰：“用得其长，则才无或弃；偏诘其短①，则触物无可。故轻罗雾縠②，冶服之丽也③，而不可以御流镝④；沈闾、巨阙⑤，断斩之良也，而不可以挑脚刺。”

【注释】

①偏诘：片面的责备。诘，追究；责备。

②罗：稀疏而轻软的丝织品。縠(hú)：有皱纹的纱。

③冶：艳丽。

④流镝：飞箭。镝，箭头。

⑤沈闾、巨阙：两种宝剑名。

【译文】

抱朴子说：“能够任用人们的长处，那么没有一个人才会被丢弃；片面地责备人们的短处，那么遇到的所有的人没有一个值得肯定。因此轻柔的罗绮和云雾般的縠纱，可以制成漂亮华丽的衣服，但是不能用来抵御飞箭；沈闾、巨阙这样的宝剑，是斩断物体的优良武器，却不能用来挑出脚上的刺。”

抱朴子曰：“小疵不足以损大器，短疢不足以累长才①。日、月挟虫鸟之瑕②，不妨丽天之景③；黄河合泥滓之浊④，不害凌山之流⑤。树塞不可以弃夷吾⑥，夺田不可以薄萧何⑦，窃妻不可以废相如⑧，受金不可以斥陈平⑨。”

【注释】

①短疢(chèn):小毛病。疢,疾病。

②日、月挟虫乌之瑕:日、月有虫乌模样的斑痕。《论衡·说日》:“儒者曰:‘日中有三足乌,月中有兔、蟾蜍。’”

③丽天:依附于天。丽,附著。景:日光;光芒。

④合:应为“含”字之误。杨明照《抱朴子外篇校笺》:“‘合’,顾广圻校改‘含’。照按:‘含’字是。”

⑤凌山:漫过山陵。

⑥树塞:建立照壁。树,建立。塞,塞门。建立在大门里面、用来阻挡外面视线的照壁。夷吾:即管仲。管仲名夷吾。《论语·八佾》:“邦君树塞门,管氏亦树塞门;邦君为两君之好,有反坫,管氏亦有反坫。管氏而知礼,孰不知礼?”

⑦萧何:刘邦的开国宰相。萧何故意低价购买土地,以消除刘邦的疑心。《史记·萧相国世家》:“汉十二年秋,黥布反,上自将击之,数使使问相国何为。相国为上在军,乃拊循勉力百姓,悉以所有佐军,如陈豨时。客有说相国曰:‘君灭族不久矣。夫君位为相国,功第一,可复加哉!然君初入关中,得百姓心十余年矣,皆附君,常复孳孳得民和。上所为数问君者,畏君倾动关中。今君胡不多买田地,贱贳贷以自污?上心乃安。’于是相国从其计,上乃大悦。”

⑧相如:西汉的司马相如。《史记·司马相如列传》记载,蜀地卓王孙有女名卓文君,新寡家居,好音乐。司马相如在王孙家中饮酒时,以琴声挑之,文君与相如私奔。因此说司马相如“窃妻”。

⑨受金:接受金银贿赂。陈平:刘邦的开国功臣。陈平曾接受诸将的贿赂。《史记·陈丞相世家》:“绛侯、灌婴等咸谗陈平曰:‘……今日大王尊官之,令护军。臣闻平受诸将金,金多者得善处,金少者得恶处。平,反覆乱臣也,愿王察之!’……平曰:

‘……臣裸身来，不受金无以为资。诚臣计画有可采者，顾大王用之；使无可用者，金具在，请封输官，得请骸骨。’”

【译文】

抱朴子说：“小小的瑕疵不足以损害巨大的器物，小小的毛病不足以拖累杰出的人物。太阳和月亮也有虫鸟模样的斑痕，然而并不妨碍它们在天上撒下明亮的光芒；黄河的水中含有污浊的泥沙，然而也不会妨碍它能够漫过山陵的巨流。不能因为建立照壁这件事情就抛弃管仲，不能因为夺人田产这件事情就鄙视萧何，不能因为窃取妻子这件事情就否定司马相如，也不能因为接受黄金贿赂这件事情就罢黜陈平。”

抱朴子曰：“虎豹不能搏噬于波涛之中①，螣蛇不能登凌于不雾之日②。挚雉兔则鸾凤不及鹰鹞③，引耕犁则龙麟不逮双峙④。故武夫勇士，无用乎晏如之世⑤；硕生逸才，不贵乎力竞之运⑥。”

【注释】

①噬(shì)：咬。

②螣(téng)蛇：传说中能够乘雾飞行的神蛇。

③挚：抓；捉。雉：野鸡。鹞(yào)：雀鹰的统称。

④双峙：指并排站着拉犁的两头耕牛。

⑤晏如：安定太平的样子。

⑥力竞：武力竞争。也即战争。运：年运；年代。

【译文】

抱朴子说：“虎豹不能在波涛之中搏斗撕咬，螣蛇不能在没雾的日子里飞上天空。追逐野鸡野兔的时候鸾凤不如鹰鹞；拉犁耕地的时候龙和麒麟比不上并驾的耕牛。因此那些武将勇士，在安定太平的时代里就无法施展自己的才能；那些饱学之士杰出儒生，在战争的年代里就不会受到重视。”

抱朴子曰：“两绊而项领①，则骐騄与蹇驴同矣②；失林而居槛③，则猨狖与貛貉等矣④；韬锋而不击⑤，则龙泉与铅刀均矣⑥；才远而任近⑦，则英俊与庸琐比矣⑧。若乃求千里之迹于絷维之骏⑨，责匠世之勋于剧碎之贤⑩，谓之不惑，吾不信也。”

【注释】

①两绊而项领：如果用绳索把双方的脖子拴系在一起。两，指下句说的骐騄与蹇驴。项领：脖子。

②骐騄(lù)：良马名。蹇(jiǎn)：跛；行动迟缓。

③槛(jiàn)：兽笼。猨(yuán)：同“猿”。狖(yòu)：猴子的一种。貛貉(huān hé)：两种小动物名。

⑤韬锋：不使用自己的刀锋。韬，隐藏。

⑥龙泉：宝剑名。一说“龙泉”疑为“龙渊”。铅刀：铅制的刀。

⑦任近：所任职务低微。近，浅近。引申为低微。

⑧比：一样。

⑨絷维：用绳索束缚。

⑩匠：疑作“匡”。杨明照《抱朴子外篇校笺》：“‘匠’当作‘匡’。”匡，匡正；拯救。剧碎：繁重而琐碎。剧，剧烈；繁重。

【译文】

抱朴子说：“如果用绳索把双方的脖子拴系在一起，那么骏马和瘸腿的驴子就没有任何区别了；离开了树林而被关入笼子，那么猿猴和貛貉也就没有什么不同了；收藏起锋刃而不去砍杀，那么龙泉宝剑和铅刀就是一样的;才能杰出而职务低微,那么优秀的人才与平庸猥琐之徒也就是同样的。如果要求被束缚住的骏马一日千里地奔驰,要求繁重琐碎的事务缠身的贤者去建立拯救国家的巨大功勋,说这样的要求不糊涂,我是不相信的。”

抱朴子曰:“捐荼茹蒿者①,必无识甘之口;弃琼拾砾者,必无甄珍之明②。薄九成而悦北鄙者③,吾知其不能格灵祇而仪翔凤矣④;舍英秀而杖常民者⑤,吾知其不能叙彝伦而臻升平矣⑥。”

【注释】

①捐荼(tú):放弃荼菜。荼,野菜名。又叫苦菜,据说经霜后甘脆甜美。《诗经·大雅·绵》:“周原膴膴,堇荼如饴。”茹:吃。蒿:一种野草名。

②甄:甄别;鉴别。

③九成:指变换着曲调把《箫韶》演奏九次。《箫韶》是舜时的乐曲。《尚书·益稷》:“《箫韶》九成,凤皇来仪。”《抱朴子外篇·安贫》:“《箫韶》未九成,灵鸟不纡仪也。”北鄙:指颓废浅陋的音乐。北,失败;颓废。鄙,浅陋。《史记·乐书》:“纣为朝歌北鄙之音,身死国亡……夫朝歌者,不时也;北者,败也;鄙者,陋也。纣乐好之,与万国殊心,诸侯不附,百姓不亲,天下畔之,故身死国亡。”

④格:感动;感通。灵祇(qí):神灵。祇,地神。仪:仪礼。这里指凤凰飞舞。

⑤杖:“杖”与上下文意不通。疑作“仗”。依仗;依靠。

⑥叙彝伦:安排好社会的正常秩序。也即治理好国家。叙,安排社会秩序。彝伦,常理。臻:达到;实现。

【译文】

抱朴子说："扔掉荼菜而食用蒿草的人，必定不会有一张能够识别美食的嘴巴；抛弃琼玉而拾取瓦砾的人，肯定没有能够鉴别珍宝的智慧。轻视可供演奏九遍的《萧韶》而喜欢颓废浅陋之音的人，我就知道他不能感通神灵而使飞翔的凤凰前来舞蹈；舍弃杰出的人才而任用普通民众的人，我就知道他不能安排好社会的基本秩序而使国家达到太平安定的局面。"

抱朴子曰："达乎通塞之至理者，不悁悒于穷否①；审乎自然之有命者②，不逸豫于道行③。故萦抑渊洿④，则遗愠闷之心⑤；振耀宸扆⑥，而无得意之色。三仕三已⑦，则其人也。"

【注释】

①悁悒(yuān yì)：忧愁郁闷。穷否(pǐ)：穷困潦倒。否，不顺利；不得意。

②审：明白。

③逸豫：愉悦。道行：自己的政治主张得以推行。也即政治上得意。

④萦抑：被束缚、压抑。渊洿(wū)：渊池。比喻社会下层。洿，池塘。

⑤愠闷：愤懑抑郁。

⑥振耀宸扆(chén yì)：在朝廷上建功立业。振耀，闪耀光辉。比喻建功立业。宸扆，指朝廷。宸，北极星所居之处，后借指帝王所居。扆，指帝王座后的屏风。

⑦三仕三已：三次为官而三次被罢免。指楚国大夫子文的事情。

《论语·公冶长》："令尹子文三仕为令尹，无喜色；三已之，无愠色。旧令尹之政，必以告新令尹。"

【译文】

抱朴子说："能够懂得造成显贵与困窘的根本原因的人，不会因为困窘的日子而郁闷忧愁；能够明白各自有命而听其自然的人，不会为自己的仕途得意而愉悦欣喜。因此被压制在社会最底层的时候，就会消解自己的愤懑抑郁情绪；在朝廷上建功立业的时候，也不会流露出得意的神情。三次出仕三次被罢免而没有喜忧之色的子文，就是这样的人。"

抱朴子曰："否泰系乎运①，穷达不足以论士；得失在乎适偶②，营辱不可以才量③。时命不可以力求，遭遇不可以智违。故尚父者，老妇之弃夫④；韩信者，乞食之饿子⑤；萧公者，斗筲之吏⑥；黥布者，刑黜之亡隶⑦。当其行龙姿于虺蜥之中⑧，卷凤翅乎斥鷃之群⑨，则彼龙后⑩，谓为其伦⑪。"

【注释】

①否(pǐ)泰系乎运：生活是否得意在于时运的好坏。否，不顺利。泰，顺利；得意。

②适偶：偶然。指偶然的原因或机会。

③营辱：作"营荣"于文义不通。疑为"荣辱"。营，疑为"荣"之形误。才量：应是"量才"的倒误。衡量人才的标准。

④故尚父者，老妇之弃夫：因此吕尚，是被老妻抛弃的丈夫。据说吕尚年老时依然一事无成，被自己的老妻赶出了家门。见《战国策·秦策五》、《说苑·尊贤》等。

⑤韩信者，乞食之饿子：韩信，是到处乞食的挨饿之人。《史记·淮

阴侯列传》:"淮阴侯韩信者,淮阴人也。始为布衣时,贫无行,不得推择为吏,又不能治生商贾,常从人寄食饮,人多厌之者。常数从其下乡南昌亭长寄食,数月,亭长妻患之,乃晨炊蓐食。食时信往,不为具食。"

⑥萧公者,斗筲(shāo)之吏:萧何,是一位无足轻重的小吏。萧何起兵前,为沛县县吏。斗筲,酒囊饭袋。斗,一种酒器。筲,一种食器。一说"斗筲"的容量都很小,用来比喻气量狭小的人。这里引申为无足轻重的人。

⑦黥布者,刑黜之亡隶:黥布,是一个受过刑罚的逃亡奴隶。黥布,是刘邦的开国将领。《史记·黥布列传》:"黥布者,六人也,姓英氏。秦时为布衣。少年,有客相之曰:'当刑而王。'及壮,坐法黥。布欣然笑曰:'人相我当刑而王,几是乎?'……布已论输丽山,丽山之徒数十万人,布皆与其徒长豪桀交通,乃率其曹偶,亡之江中为群盗。"

⑧虺(huǐ)蜥:蜥蜴。比喻平庸的人们。

⑨斥鷃(yàn):沼泽中的一种小鸟。斥,小池泽。鷃,小鸟名。比喻一般民众。

⑩龙后:帝王。具体指周文王、汉高祖刘邦。后,君主。

⑪其伦:他们的同类人。

【译文】

抱朴子说:"生活是否得意完全在于时运的好坏,因此困窘与显达不足以用来论定士人是否优秀;得与失完全在于所遇到的偶然机会,因此获得荣耀还是蒙受羞辱不能用来衡量一个人的才能大小。时机与命运不可以靠人力去强行谋求,遭遇好坏也不可以靠智慧去勉强改变。因此吕尚,是被老妻抛弃的丈夫;韩信,是到处讨饭吃的挨饿之人;萧何,是无足轻重的小吏;黥布,是受过刑罚而逃亡的奴隶。然而当他们在小小的蜥蜴群中展现出自己龙一样的姿态时,在小小的斥鷃群中舒卷自己凤凰一样的翅膀时，那些优秀的帝王，也把他们看作自己的同类人了。”

抱朴子曰：“四灵翳逸①，而为隆平之符②；幽人嘉遁③，而为有国之宝。何必司晨而衔镳、羁绁于忧责哉④！有用，人之用也；无用，我之用也⑤。徇身者⑥，不以名汩和⑦；修生者，不以物累己。”

【注释】

①四灵：古人把龙、凤凰、麒麟、龟合称为“四灵”。翳(yì)逸：隐逸；隐藏。翳，隐藏。

②隆平：繁荣太平。符：征兆。

③幽人：隐士。嘉遁：美好而正确的归隐。嘉，美好；正确。遁，归隐。《周易·遁卦》：“嘉遁，贞吉。”

④司晨：指公鸡。衔镳(biāo)：戴上马嚼子。镳，马嚼子。羁绁(xiè)：束缚。绁，拴；牵。

⑤无用，我之用也：无可用之处，对自己却是有作用的。古人认为，一个人如果有用，就会被国家所用而受到束缚；如果没用，就会不受束缚而自由自在。《庄子·人间世》：“山木，自寇也；膏火，自煎也；桂可食，故伐之；漆可用，故割之。人皆知有用之用，而莫知无用之用也。”

⑥徇身：保护个人生命。徇，谋求。

⑦汩(gǔ)和：扰乱平和的心境。汩，扰乱。

【译文】

抱朴子说：“龙、凤凰、麒麟、龟这四灵虽然隐藏不见，仍然是太平盛世的征兆；隐士虽然归隐了，仍然是国家的财宝。何必一定要报晓的雄鸡去套上马嚼子拉车、以至于被忧虑和责备所困扰呢！有用，就会被别人所使用；没用，对自己却是大的作用。一心保护自身的人，不会为了求名而扰乱了自己的平和心境；注重养生的人，不会因为身外的名利而拖累了自己的健康。”

抱朴子曰：“量才而授者，不求功于器外[①]；揆能而受者[②]，不负责于力尽[③]。故灭荧烛者，不烦沧海；扛斤两者[④]，不事乌获[⑤]。运薪辇盐[⑥]，不宜枉骐骥之脚；碎职琐任，安足屈独行之俊矣[⑦]！”

【注释】

①器：才华。

②揆(kuí)：揣度；揣摩。

③不负责于力尽：在竭尽心力于本职事务之外，不再负有其他责任。

④扛(gāng)：双手举起。

⑤乌获：战国的力士。据说他能力举千钧。

⑥辇(niǎn)：古代用人拉的车。这里用作动词，拉车。

⑦独行：指无可匹比、不随流俗的杰出人才。

【译文】

抱朴子说：“根据对方的才能而授予官职的人，就不会要求对方去建立其才能之外的功劳；依据自己的能力去接受职务的人，就不用在竭尽心力于本职事务之外再去负有其他责任。因此在扑灭萤火般的烛火时，就用不着大海的水；在扛举几斤几两重的东西时，就用不着大力士乌获。拉车运送柴草和食盐，就不应该委屈骏马去驾车；细小琐碎的事务，哪里值得委屈那些无可匹比、不随流俗的杰出人才去处理呢！”

抱朴子曰："畎浍之流[①]，不能运大白之艘[②]；升合之器[③]，不能容千钟之物[④]。熠耀不能并表微之景[⑤]，常才不能别逸伦之器[⑥]。盖造化所假[⑦]，聪明有本根也[⑧]。"

【注释】

①畎(quǎn)：同"甽"，田间的小水沟。浍(kuài)：田间的沟渠。

②大白：大船名。

③升合(gě)：古代量器。一斗的十分之一叫做"升"，一升的十分之一叫做"合"。

④钟：古代计量单位。十斗为一石，六石四斗为一钟。

⑤熠(yì)耀：萤火。一说指磷火。并：相提并论。表微之景：无微不照的阳光。景，阳光。

⑥别：疑为"列"字之误。并列。逸伦之器：出类拔萃的人才。

⑦造化：大自然。假：假借；赋予。

⑧本根：基本素质。

【译文】

抱朴子说："田间水渠中的流水，不能够漂浮起大白那样的船只；一升一合容量的器皿，无法装进千钟多的东西。萤火虫的微小光亮不能与无微不照的阳光相提并论，平庸之人无法与出类拔萃的人才同日而语。这大概都是大自然所赋予的，人们的聪明才智都是以自己的不同的基本素质为基础的。"

抱朴子曰："郢人美《下里》之淫蛙[①]，而薄《六茎》之和音[②]；庸夫好悦耳之华誉[③]，而恶利行之良规。故宋玉舍其《延灵》之精声[④]，智士招其独见之远谋[⑤]。"

【注释】

①郢(yǐng)人:郢都人。郢,地名,楚国的都城,在今湖北江陵。《下里》:先秦的通俗歌曲名。淫蛙:又写作"淫哇"。形容靡靡之音。宋玉《对楚王问》:"客有歌于郢中者。其始曰《下里》、《巴人》,国中属而和者数千人。其为《阳阿》、《薤露》,国中属而和者数百人。其为《阳春》、《白雪》,国中属而和者,不过数十人。"

②《六茎》:古代雅乐名。《汉书·礼乐志》:"昔黄帝作《咸池》,颛顼作《六茎》,帝喾作《五英》。"

③华誉:华而不实的赞誉。

④宋玉:战国楚人。著名的楚辞作家。《延灵》:疑为"延露"。歌曲名。即《薤露》。

⑤招:召回;收回。

【译文】

抱朴子说:"郢都的人们喜欢《下里》这样的靡靡之音,却轻视《六茎》这种高雅的和谐音乐;平庸之辈喜欢悦耳的华而不实的赞誉,而厌恶有利于个人行为的良好规劝。因此宋玉放弃了《延露》之曲的精美演唱,有智谋的人也收回了他们独到的远大谋略。"

抱朴子曰:"琼琘山积①,不能无挟瑕之器②;邓林千里③,不能无偏枯之木。论珍,则不可以细疵弃巨美;语大,则不可以少累废其多④。故叛主者良、平也⑤,而吐六奇以安上⑥;群盗者彭越也⑦,而建弘勋于佐命⑧。"

【注释】

①琼琘(mín):这里泛指美玉。琼,美玉名。琘,似玉的美石。

②挟瑕:带有斑痕。瑕,玉石上的瘢痕。

③邓林：传说中的树林。这里泛指大树林。

④少累：少量的拖累。也即少量的毛病。

⑤良、平：张良、陈平。二人都是刘邦的开国元勋。张良先后事韩王成、汉王刘邦。陈平先后事魏咎、项羽、刘邦。

⑥吐六奇：指陈平向刘邦献出的六条奇计。《史记·陈丞相世家》："凡六出奇计，辄益邑，凡六益封。奇计或颇秘，世莫能闻也。"安上：使君主平安。上，君主。

⑦彭越：原为秦末强盗，后起兵反秦，因功被刘邦封为梁王。最后以谋反罪被刘邦所杀。《史记·魏豹彭越列传》："彭越者，昌邑人也，字仲。常渔钜野泽中，为群盗。"

⑧佐命：辅佐君主建立新王朝。古代帝王建立新王朝，自谓承天受命，因此称辅佐大臣为"佐命"。

【译文】

抱朴子说："堆积如山的美玉，其中不能没有带有斑痕的玉器；方圆千里的邓林，其中不能没有部分枯萎的树木。谈论珍宝的时候，就不能因为有小的瑕疵就抛弃它们的总体美好；谈论伟大事业的时候，就不能因为一些小的毛病而废弃它的巨大成就。张良与陈平是叛离主人的人，但献出六条奇计而使君主平安无事；彭越当过结伙打劫的强盗，却建立大功而成为开国元勋。"

抱朴子曰："五岳巍峨，不以藏疾伤其极天之高①；沧海混漾②，不以含垢累其无涯之广③。故九德尚宽以得众④，宣尼泛爱而与进⑤。"

【注释】

①藏疾：指山里隐藏着蛇蝎。比喻一个人器量宏大善于包容。疾，指蛇蝎等毒虫。《左传·宣公十五年》："谚曰：'高下在心，川泽

纳污，山薮藏疾，瑾瑜匿瑕，国君含垢，天之道也。’”

②滉（huàng）瀁：水深广的样子。

③含垢：包含污垢。比喻宽容坏人。

④九德：九种美德。《尚书·皋陶谟》：“宽而栗，柔而立，愿而恭，乱而敬，扰而毅，直而温，简而廉，刚而塞，强而义。”尚宽：崇尚宽容。

⑤宣尼：孔子的谥号。《汉书·平帝纪》：“（元始元年）追谥孔子曰褒成宣尼公。”泛爱：博爱。与进：赞成别人进步。与，赞成；帮助。《论语·述而》：“互乡难与言，童子见，门人惑。子曰：‘与其进也，不与其退也。唯何甚？人洁己以进，与其洁也，不保其往也。’”

【译文】

抱朴子说：“巍峨的五岳，不会因为其中藏有蛇蝎而有损于它们耸入云天的高峻；浩瀚的大海，不会因为其中含有污垢而妨碍了它们无边无际的辽阔。因此具备九种美德的人因为崇尚宽容而得到众人的拥戴，孔子博爱大众而赞赏别人的进步。”

广譬卷三十九

【题解】

广譬，广泛的比喻。譬，比喻。本篇与上篇《博喻》的情况相同，是把许多比喻收集在一起，以说明不同的道理。因此，本篇也没有一个中心思想。

本篇谈得较多的是人才的自身修养问题。如本篇一开始就说："立德践言，行全操清，斯则富矣，何必玉帛之崇乎！高尚其志，不降不辱，斯则贵矣，何必青紫之兼拕也！"葛洪对富贵作出了与世俗截然不同的诠释，极大地提高了人们修养品德的自信心，这与儒家提倡的"孔颜乐处"有着异曲同工之妙。葛洪指出，那些人才即使生活困窘不堪，也不会"撙其节以同尘于隘俗"，绝不会降低自己的节操而与小人同流合污。作为人才，不仅要坚守自己的志向，而且还要在修德求学方面持之以恒，因为"登山不以艰险而止，则必臻乎峻岭矣；积善不以穷否而怨，则必永其令问矣"，这无疑是引导人们修养成功的至理名言。本篇还涉及君主的修养、执政问题，如提醒君主"率俗以身，不言而化"、"明主不能舍刑、德以致治"、"明主躬操威恩，不假人以利器"等等。

葛洪还在本篇阐述了诸如才能各有所适、注重做好根本事务、注意防微杜渐、反对臣下擅权、提倡灵活通变、主张柔和谦退等问题。

本篇与上一篇虽然没有主题，但一些比喻非常精当准确，发人深思，如“非分之达，犹林卉之冬华也；守道之穷，犹竹柏之履霜也”这一类的辞句，真可以作为每一个人的座右铭。

抱朴子曰：“立德践言①，行全操清，斯则富矣②，何必玉帛之崇乎③！高尚其志，不降不辱④，斯则贵矣，何必青紫之兼拕也⑤！俗民不能识其度量，庸夫不得揣其铨衡⑥，是则高矣，何必凌云而蹈霓乎！问者莫或测其渊流，求者未有觉其短乏，是则深矣，何必洞河而沦海乎⑦！四海苟备⑧，虽室有悬磬之窭⑨，可以无羡乎铸山而煮海矣⑩；身处鸟兽之群，可以不渴乎朱轮而华毂矣⑪。”

【注释】

①立德：建立美德，惠泽无穷。《左传·襄公二十四年》：“大上有立德，其次有立功，其次有立言，虽久不废，此之谓不朽。”践言：实现诺言。《礼记·曲礼上》：“修身践言，谓之善行。”

②斯：这。

③崇：多；丰厚。

④不降不辱：不降低自己的志向，不受别人的羞辱。《论语·微子》：“子曰：‘不降其志，不辱其身，伯夷、叔齐与！’”

⑤青紫：用来系印的青色、紫色绶带。代指高级官位。汉代丞相、太尉金印紫绶，御史大夫银印青绶。这里用“青紫”代指高官。拕：同“拖”，垂挂。

⑥铨衡：称量重量的工具。也即秤。这里比喻做人做事的原则。

⑦洞河而沦海：钻入黄河，沉入大海。洞，打洞。引申为钻入。河，黄河。

⑧四海：应作“四德”。旧写本即作“四德”。《大戴礼记·卫将军文

子》:“孔子曰:‘孝,德之始也;弟,德之序也;信,德之厚也;忠,德之正也。参也,中夫四德者矣哉。’”苟:如果。

⑨悬磬(qìng):一作“悬罄”。形容家中一无所有,极其贫穷。窭(jù):贫寒。

⑩铸山煮海:开采山中铜矿以铸造钱币,烧煮海水以获取食盐。代指发家致富。《史记·吴王濞列传》:“吴有豫章郡铜山,濞则招致天下亡命者盗铸钱,煮海水为盐。以故无赋,国用富饶。”

⑪朱轮而华毂(gǔ):红漆的车轮,彩绘的车毂。本指显贵者乘坐的车辆,这里代指显贵的地位。毂,车轮中心的圆木,周围与车辐相接,中有圆孔,可插轴。

【译文】

抱朴子说:“立德施惠而实现诺言,行为完美而情操高洁,这就是富有了,为什么一定要去聚集大量的金玉丝帛呢!树立高尚的志向,不降低自己的志向也不受别人的羞辱,这就是高贵了,为什么一定要挂着青紫印绶去当大官呢!世俗的百姓不能理解你的宽广胸怀,平庸的民众无法忖度你的处世原则,这就是高尚了,为什么一定要登上云端脚踏虹霓呢!前来询问的人不能够揣测到你的思想源流,前来求教的人无法觉察到你有什么缺陷,这就是深邃了,为什么一定要钻进黄河沉入大海呢!具备了孝、悌、信、忠四种美德,那么即使穷到了家徒四壁一无所有,也可以不去羡慕那些开山铸钱、煮海为盐的富人了;即使隐居深山与鸟兽为伍,也可以不去渴望乘坐着华美的车辆当大官了。”

抱朴子曰:“潜灵俟庆云以腾竦①,栖鸿阶劲风以凌虚②,素鳞须姬发而跃③,白雉待公旦而来④。姜老值西伯而投磻溪之纶⑤,韩、英遭汉高乃骋拨乱之才⑥。”

【注释】

①潜灵：指潜藏水中的龙。俟：等待。庆云：祥云。腾竦：腾飞。

②阶：台阶。这里用作动词，凭借着。凌虚：升上天空。虚，天空。

③素鳞须姬发而跃：白色的鱼等待着周武王才跃入他的船中。古人认为这是一种吉兆。素，白。鳞，鱼。姬发，周武王。武王姓姬名发。《史记·周本纪》："武王渡河，中流，白鱼跃入王舟中，武王俯取以祭。"

④白雉：白色的野鸡。公旦：周公姬旦。《韩诗外传》卷五："比几三年，果有越裳氏重九译而至，献白雉于周公。"

⑤姜老：即姜太公。西伯：指周文王。文王被封为西伯。磻（pán）溪：水名。又叫璜河。在今陕西宝鸡东南，据说姜太公曾在此垂钓。《韩诗外传》卷八："太公望少为人婿，老而见去，屠牛朝歌，赁于棘津，钓于磻溪。文王举而用之，封于齐。"纶：钓丝。

⑥韩、英：韩信、英布。英布即黥布。汉高：汉高祖刘邦。骋：发挥。

【译文】

抱朴子说："潜藏在水中的蛟龙等待着祥云才会纵身腾飞，栖息于原野的鸿雁必须借助于强劲的大风才能飞上天空，白鱼等到周武王才会跃入他的船中，白雉等到周公旦才会从远方到来。姜太公遇上周文王之后才能扔掉在磻溪钓鱼用的钓线，韩信、英布遇到汉高祖之后才能施展出拨乱反正的才能。"

抱朴子曰："澄精神于玄一者①，则形器可忘②；邈高节以外物者③，则富贵可遗。故支离之□④，伟造化而怡颜⑤；北人、箕叟⑥，栖嵩岫而得意焉⑦。"

【注释】

①玄一：指大道。道家把大道称为"玄"、"一"或"玄一"。葛洪也接

受了这一称呼。《抱朴子内篇·地真》:"玄一之道,亦要法也。"

②形器:形体。指自己的肉体。

③外物:置名利于度外。物,身外之物。也即名利。

④支离之□:本句缺一字。应作"支离之徒"。杨明照《抱朴子外篇校笺》:"吉藩本作'支离之徒',是也。"支离,《庄子》中的人名。是一位因无用而保身的人。《庄子·人间世》:"支离疏者,颐隐于脐,肩高于顶,会撮指天,五管在上,两髀为协。挫针治繲,足以餬口;鼓策播精,足以食十人。上征武士,则支离攘臂而游于其间;上有大役,则支离以有常疾不受功;上与病者粟,则受三钟与十束薪。"

⑤伟造化:以大自然为伟大。也即赞美、顺应自然。造化,大自然。

⑥北人:北人无择。舜时的隐士。《庄子·让王》:"舜以天下让其友北人无择,北人无择曰:'异哉,后之为人也!居于畎亩之中而游尧之门,不若是而已,又欲以其辱行漫我。吾羞见之。'因自投清泠之渊。"箕叟:指许由。尧时的隐士。箕,山名。在今河南登封东南。叟,老人。因许由隐居于箕山,故称之为"箕叟"。

⑦栖:栖息;隐居。嵩岫(xiù):高大的山峰。嵩,高大的样子。岫,山峰。

【译文】

抱朴子说:"能够在大道的境界中澄清精神的人,他就可以忘却自己的形体;情操高尚以轻视身外名利的人,他就能够抛弃荣华富贵。因此支离疏之类的人,赞美并顺应自然而表情愉悦;北人无择和箕山许由,隐居在高峻的山峰之中依然自得其乐。"

抱朴子曰:"粗理不可浃全①,能事不可毕兼。故悬象明而可蔽②,山川滞而或移③,金玉刚而可柔,坚冰密而可离。公旦不能与伯氏跟结于冯云之峻④,仲尼不能与吕梁较伎于百仞之溪⑤。”

【注释】

①浃(jiā):普遍;周遍。

②悬象:指悬挂于天空的日、月、星。

③山川滞而或移:山川本来有自己的固定处所,然而有时也会改变。如地震造成山峰移动、河流改道等等。

④公旦:周公姬旦。伯氏:伯昏无人。《庄子》中的人物。跟絓(guà):脚跟悬立。絓,牵;挂。冯(píng)云之峻:高入云霄的险峰。冯,在……之上。《庄子·田子方》:“列御寇与伯昏无人射……伯昏无人曰:‘是射之射,非不射之射也。尝与汝登高山,履危石,临百仞之渊,若能射乎?’于是无人遂登高山,履危石,临百仞之渊,背逡巡,足二分垂在外,揖御寇而进之。御寇伏地,汗流至踵。”

⑤吕梁:地名。这里指吕梁的深水。较伎:比赛游泳技术。较,比较;比赛。《庄子·达生》:“孔子观于吕梁,县水三十仞,流沫四十里,鼋鼍鱼鳖之所不能游也。见一丈夫游之,以为有苦而欲死也,使弟子并流而拯之。数百步而出,被发行歌而游于塘下。”

【译文】

抱朴子说:“即使非常粗糙的道理人们也不可能完全掌握,即使非常有本事的人也不可能什么都能干。因此日、月、星辰虽然明亮却也会被遮住,高山大河本有固定的处所但有时也会移动,金属玉石即使异常刚强也可以变得柔软,坚硬的冰块即使质地十分细密但也可以被消散。周公旦无法与伯昏无人一样用脚跟悬立于高入云霄的险峰之上,孔子也不能在吕梁的百丈深渊里与别人比赛游泳的技术。”

抱朴子曰:“震雷不能细其音以协金石之和①,日、月不能私其耀以就曲照之惠②；大川不能促其涯以适速济之情③，五岳不能削其峻以副陟者之欲④。故广车不能胁其辙以苟通于狭路⑤，高士不能撙其节以同尘于隘俗⑥。”

【注释】

①金石：泛指各种乐器。金，如钟等。石，如磬等。

②就：成功；办成。曲照：只照耀某一个地方。曲，局部。

③促其涯：缩短两岸之间的距离。促，短。涯，边；岸。速济：快速度过河。济，渡河。

④副：符合；迎合。陟(zhì)者：登山的人。陟，登上。

⑤广车：宽车。胁：收缩。苟通：勉强通过。

⑥撙(zǔn)：节制；克制。这里指降低。同尘：同样有缺点。尘，尘土。比喻缺点。隘俗：浅薄的世人。

【译文】

抱朴子说：“震耳的响雷不能使自己的声音细小以便与各种乐器的声音相和谐，日、月也不能自私地让自己的光芒只照耀在某个局部地方；大河不能缩短自己两岸之间的距离以迎合想要快点渡河者的心情，五岳也不能削减自己的高度来满足登山人的欲望。因此宽大的车子不能缩短自己两轮的距离以勉强通过狭窄的道路，高尚的士人也不能降低自己的节操而与浅薄的世人混同在一起。”

抱朴子曰：“阴阳以广陶济物①，三光以普照著明②，嵩、华以藏疾为旷③，北溟以含垢称大④。硕儒以与进弘道⑤，远数以博爱容众⑥。”

【注释】

①陶：造就；养育。济物：成就万物。

②三光：日、月、星。

③嵩、华：嵩山、华山。藏疾：含纳各种有害的事物。疾，指蛇蝎等各种有害的事物。

④北溟：北海。溟，海。

⑤与进：赞助进步。与，赞助。弘道：弘扬大道。

⑥远数：谋略远大。《中论·务本》："夫小事者味甘，而大道者醇淡；近物者易验，而远数者难效。"

【译文】

抱朴子说："阴阳二气用广泛的化育之德使万物得以成功，日、月、星辰以普照万物来显示自己的光明，嵩山与华山因为能够容纳各种有害的事物而成就其高大，北海由于能够包含各种污浊的东西而成就其辽阔。大儒赞助别人的进步以弘扬大道，谋略远大的人以博爱之心包容广大的民众。"

抱朴子曰："灵龟之甲，不必为战施；麟角凤爪，不必为斗设。故隽生不释剑于平世①，击柝不辍备于思危②。"

【注释】

①隽生：隽不疑。西汉人。先后任青州刺史、京兆尹等职。释：解开；放下。《汉书·隽不疑传》："胜之素闻不疑贤，至勃海，遣吏请与相见。不疑冠进贤冠，带櫑具剑，佩环玦，褒衣博带，盛服至门上谒。门下欲使解剑，不疑曰：'剑者，君子武备，所以卫身，不可解。请退。'吏白胜之，胜之开阁延请。"

②击柝（tuò）：打更巡夜。柝，巡夜打更用的梆子。《周易·系辞下》："重门击柝，以待暴客。"

【译文】

抱朴子说："神龟的硬甲，不一定就是为打斗而长的；麒麟的角和凤凰的爪，不一定就是为争斗而生的。因此隽不疑在太平的时代也不解下佩剑，人们不停地打更巡夜是因为居安思危。"

抱朴子曰："南金不为处幽而自轻[①]，瑾瑶不以居深而止洁[②]。志道者不以否滞而改图，守正者不以莫赏而苟合[③]。"

【注释】

①南金：产于南方的黄金。幽：偏僻之处。

②瑾瑶：两种美玉名。

③苟合：不正当地去迎合世俗。

【译文】

抱朴子说："贵重的南金不会因为身处偏僻之处就轻贱自我，洁白的美玉不会因为处于深处就改变自身的高洁。有志于获取真理的人不会因为仕途不畅而改变自己的志向，操守正直的人不会因为无人欣赏而随便去迎合世俗。"

抱朴子曰："登玄圃者[①]，悟丘阜之卑；浮溟海者，识池沼之褊[②]。披九典乃觉墙面之笃蔽[③]，闻至道乃知拘俗之多迷[④]。"

【注释】

①玄圃：传说中的神山，在昆仑山中。

②褊(biǎn)：狭小。

③披：翻阅。九典：九种典籍。说法不一。《汉书·艺文志》指《周

易》、《尚书》、《诗经》、《春秋》、《礼记》、《乐》、《论语》、《孝经》及《小学》。墙面:应作"面墙"。杨明照《抱朴子外篇校笺》:"'墙面'当作'面墙',始能与下句之'拘俗'相俪。《勖学》篇'然后觉面墙之至困也',《崇教》篇'面墙之徒'……并作'面墙',亦可证。"面墙,面对着墙壁站立。比喻不学习,所知甚少。

④拘俗:拘泥于世俗学问。

【译文】

抱朴子说:"登上玄圃仙山的人,才能明白一般的山丘是多么的低矮;漂浮在大海上的人,才能知道池沼是多么的狭小。翻阅了大量经典古籍之后才能感觉到不学无术的人实在是蒙昧无知,听到了最高的大道之后才知道拘泥于世俗学问的人是多么的糊涂迷茫。"

抱朴子曰:"浑沌之原[①],无皎澄之流[②];毫厘之根,无连抱之枝;分寸之烬,无炎远之热;隙穴之中,无炳蔚之群[③];钩曲之形,无绳直之影[④];参差之上,无整齐之下。"

【注释】

①浑沌:浑浊。原:同"源",水源。

②皎澄:干净清澈。

③炳蔚:形容虎豹皮毛文采灿烂的样子。代指虎豹。《周易·革卦》:"《象》曰:'大人虎变,其文炳也……君子豹变,其文蔚也。'"

④绳直:笔直。绳,木工用来画直线的墨绳。

【译文】

抱朴子说:"浑浊的泉源,不可能淌出干净清澈的流水;毫厘粗细的树根,不可能长出合抱粗的枝条;分寸大小的灰烬,不可能发出灼烤远处的热量;缝隙般的洞穴之中,不可能居住着成群的虎豹;弯弯曲曲的形体,不可能有笔直的影子;上边参差混乱,下边就不可能整齐划一。"

抱朴子曰："不睹琼琨之熠烁①，则不觉瓦砾之可贱；不觌虎豹之彧蔚②，则不知犬羊之质漫③。聆《白雪》之九成④，然后悟《巴人》之极鄙⑤；识儒雅之汪涉⑥，尔乃悲不学之固陋⑦。"

【注释】

①琨(kūn)：一种玉。

②觌(dí)：看见。彧(yù)蔚：文采斑斓的样子。

③质漫：质地低劣。漫，污染；肮脏。这里引申为低劣。

④《白雪》：古琴曲。《淮南子·览冥训》："昔者师旷奏《白雪》之音，而神物为之下降。"九成：指变换着曲调演奏九次。这里泛指多次。

⑤《巴人》：先秦的俗歌。

⑥汪涉(huì)：水深广的样子。这里用来形容学问的渊博。

⑦尔乃：这才。尔，这。

【译文】

抱朴子说："如果没有见过光彩闪烁的美玉，就不会觉得瓦砾的可贱之处；如果没有看到纹彩斑斓的虎豹，就不会知道犬羊皮毛的质地低劣。聆听了《白雪》的多次演奏，然后才能体会出《巴人》多么鄙野；认识了高雅儒士的渊博学识，这才会为不学无术者的闭塞浅陋而感到悲哀。"

抱朴子曰："无当之玉盌①，不如全用之埏埴②；寸裂之锦黻③，未若坚完之韦布④。故夏姬之无礼⑤，不如孤逐之皎洁⑥；富贵之多罪，不如贫贱之履道⑦。"

【注释】

①无当：没有底部。当，底。玉盌（wǎn）：玉碗。盌，同“碗”。《韩非子·外储说右上》：“堂溪公谓昭侯曰：‘今有千金之玉卮，通而无当，可以盛水乎？’昭侯曰：‘不可。’‘有瓦器而不漏，可以盛酒乎？’昭侯曰：‘可。’对曰：‘夫瓦器至贱也，不漏，可以盛酒。虽有乎千金之玉卮，至贵，而无当，漏，不可盛水，则人孰注浆哉？’”

②埏（shān）埴：和泥制陶。这里代指陶器。埏，用手揉。埴，黏土。《老子》十一章：“埏埴以为器。”

③锦黻（fú）：锦绣服装。黻，黼黻。古代礼服上的花纹。

④韦布：韦带布衣。属平民服饰。韦带，用熟牛皮制成的未加装饰的腰带。

⑤夏姬：春秋陈国大夫夏御叔之妻。淫乱而不守妇礼。《左传·宣公十年》记载，陈国的夏姬甚美，陈灵公及大夫孔宁、仪行父与之私通，“陈灵公与孔宁、仪行父饮酒于夏氏，公谓行父曰：‘征舒似女。’对曰：‘亦似君。’征舒病之。公出，自其厩射而杀之，二子奔楚”。

⑥孤逐：战国齐国女子。相貌丑陋而品行高洁，后为齐相之妻。事见《列女传》。

⑦履道：遵循正道。

【译文】

抱朴子说：“没有底部的玉碗，还不如完整可用的陶器；寸寸裂开的锦绣服饰，还不如结实完好的皮带布衣。因此淫乱无礼的美女夏姬，还不如纯洁无瑕的丑女孤逐；拥有荣华富贵但罪行累累，还不如守着贫穷低贱而遵循正道。”

抱朴子曰：“猛兽不奋搏于度外①，鹰鹞不挥翮以妄击②。若庙算既内不揆德③，进取又外不量力④，犹轻羽之没洪炉、飞雪之委沸镬、朝菌之试干将、羔犊之犯虣虎也[5]。"

【注释】

①度外:把握之外。度,限度;能力。

②翮(hé):鸟的健羽。这里泛指翅膀。

③庙算:在朝堂上进行谋划。庙,朝堂。内:国内之事。揆(kuí)德:揣摩一下自己的品德。揆,揣度;揣摩。

④进取:这里指进攻他国。外:指国外。

⑤委:放入。沸镬(huò):装满开水的大锅。镬,古代的一种大锅。朝(zhāo)菌:一种早上出生、傍晚死亡的菌类植物。干将:宝剑名。虣(bào)虎:暴虐的老虎。虣,通"暴",暴虐。

【译文】

抱朴子说:"猛兽不会在自己的掌控之外去奋力搏杀,鹰鹞也不会挥动着自己的翅膀去胡乱搏击。如果在朝堂上谋划国内的事情时不能反省自己的品德,在战场上进攻敌人时又不能量力而行,那么就会像轻飘飘的羽毛投入了大熔炉、飞舞的雪花落进了装满开水的大锅、朝菌去试一试宝剑干将的锋刃、羊羔牛犊去冒犯残暴的老虎一样啊。"

抱朴子曰:"三辰蔽于天[1],则清景暗于地[2];根荄蹶于此[3],则柯条瘁于彼。道失于近,则祸及于远;政缪于上,而民困于下。"

【注释】

①三辰:指日、月、星。

②清景:明亮的光辉。景,日光。这里泛指光芒。

③荄(gāi):草根。蹶:枯竭;枯萎。

【译文】

抱朴子说："日、月、星在天上被遮掩，本来明亮的光辉就会在地上显得暗淡；树根在下边枯萎了，枝条就会在上边干枯了。现在的行为违背了大道，就会为自己带来长期的灾难；上边的政治措施出现了失误，下边的百姓就会生活困苦。"

抱朴子曰："务于远者，或失于近；治其外者，或患生乎内。覆头者，不必能令足不濡①；蔽腹者，不必能令背不伤。故秦始筑城遏胡②，而祸发帏幄③；汉武悬旍万里④，而变起萧墙⑤。"

【注释】

①濡(rú)：沾湿.

②秦始：指秦始皇。遏胡：抵御胡人。遏，遏制；抵御。胡，对西北部少数民族的统称，秦汉时主要指匈奴。

③帏幄(wéi wò)：宫中的帷幕。这里代指宫内。《史记·秦始皇本纪》记载，秦始皇死于沙丘后，丞相李斯与太监赵高勾结，杀秦始皇长子扶苏，立幼子胡亥为太子，从而导致了秦朝的灭亡。

④汉武：汉武帝刘彻。悬旍：悬挂军旗。代指出兵进攻。武帝在位期间，发动了对匈奴、南越、东越、朝鲜、西南夷等一系列战争。

⑤萧墙：古代宫室用以分割内外的小墙，类似后世的照壁。这里代指宫内。《汉书·武帝纪》："征和元年……巫蛊起。二年……按道侯韩说、使者江充等掘蛊太子宫。壬午，太子与皇后谋斩充，以节发兵，与丞相刘屈氂大战长安，死者数万人。庚寅，太子亡，皇后自杀。"

【译文】

抱朴子说："一心谋划长远事情的人，或许眼前出现了失误；一心处理外部事务的人,或许内部发生了祸乱。覆盖住头部的人,不一定能保证让自己的腿脚也不沾湿;遮住腹部的人,不一定能保证让自己的脊背也不受伤。因此秦始皇在外面修筑长城抵御胡人,而祸患却发生在宫殿之内;汉武帝出兵征战于万里之外,而变乱就发生在皇宫之中。"

抱朴子曰:"人才无定珍,器用无常道①。进趋者以适世为奇②,役御者以合时为妙③。故玄冰结则五明捐④,隆暑炽则裘、炉退;高鸟聚则良弓发,狡兔多则卢、鹊走⑤;干戈兴则武夫奋,《韶》、《夏》作则文儒起⑥。"

【注释】

①常道:固定不变的方式。

②进趋者:一心出仕为官的人。

③役御者:供人役使的人。御,使用。

④玄冰:深厚的冰。玄,深青色。冰结得深厚,颜色呈现玄色,故名"玄冰"。五明:扇子名。据说为舜所发明。这里泛指扇子。捐:丢弃。

⑤卢、鹊:指韩卢和宋鹊,都是先秦时的名犬。鹊,或作"猎"。走:跑;追逐。

⑥《韶》、《夏》:古代乐曲名。《韶》为舜时的乐曲,《夏》为禹时的乐曲。作:响起。本句用舜、禹时代的雅乐响起,代指太平年代。

【译文】

抱朴子说:"人的才能不可能固定不变地一直受到重视,器物的功用不可能具有固定不变的使用方法。一心追求仕进的人以适应社会为奇才,供人役使的人以合于时用为美好。因此隆冬结冰的时候扇子就被扔掉了,盛夏酷热的时候裘衣与火炉就被搁置在一边;高飞的鸟聚集在一起，那么良弓就会向它们发箭；狡猾的兔子多了，那么韩卢、宋鹊那样的良犬就会前去追逐；战争的时代武将就会奋起立功，和平的年月文臣就会受到重用。”

抱朴子曰：“激修流、扬朝宗者①，不可以背五城而跨积石②；舒翠叶、吐丹葩者③，不可以舍洪荄而去繁柯④。败源失本，鲜不枯汔⑤；叛圣违经，理不弘济⑥。”

【注释】

①修流：长流。修，长。朝宗：本指臣下朝见君主，这里比喻百川流向大海。此处具体指黄河。

②五城：昆仑山上的五座城。昆仑，仙山名。传说山上有五座城池。昆仑山传说在西部，而西部是中国河流的发源地。积石：山名。即大雪山。在今青海南部。据说大禹曾在此疏导黄河。

③丹葩(pā)：红花。葩，花。

④洪荄(gāi)：粗大的根。荄，根。柯：树枝。

⑤汔(qì)：干涸。

⑥弘济：取得大的成功。弘，大。济，成功。

【译文】

抱朴子说：“激起长长的流水、扬起巨大的波澜奔向大海的黄河，不可能脱离它的发源地昆仑五城而跨越积石山；舒展绿叶、吐出红花的大树，不可能抛弃自己粗大的根部而除去自己繁茂的枝条。破坏自己的源头失去自己的本根，很少不枯萎干涸的；背叛圣人违背经义，按道理是无法取得巨大成功的。”

抱朴子曰：“四渎辩源①，五河分流②，赴卑注海③，殊涂同归。色不均而皆艳，音不同而咸悲④；香非一而并芳，味不等而悉美。”

【注释】

①四渎（dú）：指长江、黄河、淮河、济水四条河流。辩源：源头不同。辩，通“辨”，不同。《淮南子·说山训》：“江出岷山，河出昆仑，济出王屋，颍出少室，汉出嶓冢，分流舛驰，注于东海，所行则异，所归则一。”

②五河：神话传说中的五种颜色不同的河流。这里泛指河流。《史记·司马相如列传》：“遍览八纮而观四荒兮，朅渡九江而越五河。”《史记正义》：“五色之河也。《仙经》云紫、碧、绛、青、黄之河也。”

③赴卑：向低处流去。卑，低。

④咸：都。

【译文】

抱朴子说：“长江、黄河、淮水、济水四条大河的发源地不同，各条河流也是分别流淌的，然而它们都流向低处注入大海，殊途而同归。色彩虽然不同但都同样艳丽，乐声虽然不同但都同样悲哀动人；香味不同但都一样芬芳，味道不同但都一样甜美。”

抱朴子曰：“物贵济事，而饰为其末；化俗以德，而言非其本。故绵布可以御寒①，不必貂狐②；淳素可以匠物③，不在文辩④。”

【注释】

①绵：丝绵。布：麻布。

②貂狐：两种动物名。这里指用貂皮、狐狸皮制成的皮衣。

③淳素：醇厚朴素。匠物：成就万物。匠，工匠。用作动词。制造。

④辩：言语动听。

【译文】

抱朴子说："物品的可贵之处在于它能够对事情具有实际作用，而外表装饰则属于细枝末节；教化世俗靠的是美好的道德，而语言文字不是用来教化的根本。丝绵和麻布就可以抵御寒冷，而不必一定要穿上貂皮衣与狐皮衣；敦厚朴素的品质就能够成就万物，而不在于文辞的华美动听。"

抱朴子曰："冲飙谧气[①]，则转蓬山峙[②]；修纲既舒[③]，则万目齐理[④]。故未有上好谦而下慢，主贱宝而俗贫。"

【注释】

①冲飙：狂风。谧气：安静下来。谧，静。气，风。

②蓬：一种野草名。秋枯根拔，随风飞扬，因此又称"飞蓬"、"转蓬"。

③修纲：长长的网上总绳。修，长。纲，渔网上的总绳。

④目：网眼。

【译文】

抱朴子说："狂风如果静止下来，那么随风飘扬的蓬草就会像山那样稳稳地一动不动；长长的渔网总绳一旦撒出，那么所有的网眼都会很有条理地展开。因此没有君主喜好谦逊而臣下却很傲慢、君王轻视金银财宝而百姓却很贫穷的。"

抱朴子曰："事有缘微而成著，物有治近而致远。故修步武之池[①]，而引沉鳞于江海[②]；丰朝阳之林，而延灵禽于丹穴[③]。设象于槃盂[④]，而翠虯降于玄霄[⑤]；委灰于尺水[⑥]，而望舒变于太极[⑦]。是以晋文回轮于勇虫[⑧]，而壮士云赴；勾践曲躬于怒蛙[⑨]，而戎卒轻死。九九显[⑩]，而扣角之俊至[⑪]；枯骨掩[⑫]，而参分之仁洽[⑬]。"

【注释】

①步武：长度单位。古代以六尺为步，半步为武。这里泛指面积很小。

②沉鳞：水中的鱼。

③延：请来；招来。灵禽：指凤凰。丹穴：传说中的山名。据说此山多凤凰。《山海经·南山经》："丹穴之山……有鸟焉，其状如鸡，五采而文，名曰凤皇。"

④设象：画龙的图像。槃(pán)盂：盘盂。槃，通"盘"。

⑤翠虯：翠色的蛟龙。玄霄：云霄。《论衡·乱龙》："楚叶公好龙，墙壁盂樽皆画龙象，真龙闻而下之。"

⑥委：放置。尺水：一尺见方的水。

⑦望舒：神话中为月亮驾车的神。这里代指月亮。太极：最高处。指天空。《淮南子·览冥训》："画随灰而月运阙。"高诱注："将有军事相围守，则月运出也。以芦草灰随牖下月光中，令圜画，缺其一面，则月运亦缺于上也。"

⑧晋文：当为"齐庄"。指齐庄公。回轮：回车。勇虫：勇敢的虫子。指螳螂。《淮南子·人间训》："齐庄公出猎，有一虫举足将搏其轮，问其御曰：'此何虫也？'对曰：'此所谓螳螂者也。其为虫也，知进而不知却，不量力而轻敌。'庄公曰：'此为人，而必为天下勇武矣！'回车而避之。勇武闻之，知所尽死矣。"

⑨勾践：越王勾践。曲躬：弯腰致敬。怒：气势强盛。《尹文子·大道上》："越王勾践谋报吴，欲人之勇，路逢怒蛙而轼之。比及数年，民无长幼，临敌，虽汤火不避。"

⑩九九显：能够计数的人显贵了。九九，指算术。《韩诗外传》卷九："齐桓公设庭燎，为便人欲造见者，期年而士不至。于是东野鄙人有以九九见者，桓公使戏之曰：'九九足以见乎？'鄙人曰：'臣不以九九足以见也。臣闻君设庭燎以待士，期年而士不至。夫士之所以不至者，君，天下之贤君也，四方之士皆自以不及君，故不至也。夫九九，薄能耳，而君犹礼之，况贤于九九者乎！夫太山不让砾石，江海不辞小流，所以成其大也。诗曰："先民有言，询于刍荛。"言博谋也。'桓公曰：'善。'乃因礼之。期月，四方之士相导而至矣。"

⑪扣角之俊：指宁戚一类的贤人。《吕氏春秋·举难》："宁戚欲干齐桓公，穷困无以自进，于是为商旅，将任车以至齐，暮宿于郭门之外。桓公郊迎客，夜开门，爝火甚盛，从者甚众。宁戚饭牛居车下，望桓公而悲，击牛角疾商歌。桓公闻之，抚其仆之手曰：'异哉，之歌者非常人也！'命后车载之。"

⑫枯骨掩：事指周文王令人掩埋了无主的枯骨。

⑬参(sān)分："三分天下有其二"的省略。周文王曾占有天下的三分之二。洽：普遍。《论语·泰伯》："三分天下有其二，以服事殷。周之德，其可谓至德也已矣。"

【译文】

抱朴子说："有时做好微小的事情就能够获取巨大的成功，有时治理好眼前的事情就可以收到长远的效应。因此修好小小的池塘，就能够把鱼从江海中引来；使朝阳的树林茂盛起来，就能够把凤凰从丹穴招来。在盘盂上面绘画龙形，而真正的翠龙就会从天而降；把灰抛在一尺见方的水面上，月亮就会在天上发生变化。因此齐庄公回车避开英勇的螳螂，而壮士就会云集而来；勾践向气盛的青蛙弯腰致礼，将士们就会舍生忘死。能够计数的人显贵了，敲着牛角求仕的杰出人才就会到来；无名的枯骨被掩埋了，三分天下有其二者的仁德就会遍及天下。”

抱朴子曰：“膏壤在荄[①]，而枯叶含荣[②]；率俗以身[③]，则不言而化。故有唐以鹿裘臻太平[④]，齐桓以捐紫止奢竞[⑤]。章华构而丰屋之过成[⑥]，露台辍而玄默之风行[⑦]。”

【注释】

①膏壤：肥沃的土地。荄(gāi)：草根。

②荣：草开花。

③率俗以身：君主亲自为百姓作好表率。率，作表率。身，指君主自身。

④有唐：尧所建的朝代。此指唐尧。有，名词词头。鹿裘：粗糙的皮衣。鹿，粗糙。

⑤齐桓：春秋霸主齐桓公。捐紫：脱去紫色衣服。《韩非子·外储说左上》：“齐桓公好服紫，一国尽服紫。当是时也，五素不得一紫。桓公患之，谓管仲曰：‘寡人好服紫，紫贵甚，一国百姓好服紫不已，寡人奈何？’管仲曰：‘君欲止之，何不试勿衣紫也？谓左右曰：“吾甚恶紫之臭。”于是左右适有衣紫而进者，公必曰：“少却，吾恶紫臭。”’公曰：‘诺。’于是日，郎中莫衣紫；其明日，国中莫衣紫；三日，境内莫衣紫也。”

⑥章华：章华台。为春秋楚灵王所建。由于修建此台花费了大量的人力物力，后又出兵企图征服他国，民不堪饥劳，众叛亲离，灵王逃亡，最终自缢。过：过错。

⑦露台：露天的高台。辍：停止修建。玄默：清静无为。《史记·孝文本纪》：“(汉文帝)尝欲作露台，召匠计之，直百金。上曰：‘百

金,中民十家之产。吾奉先帝宫室,常恐羞之,何以台为!'"

【译文】

抱朴子说:"如果把肥沃的土壤培在草根上,即使是叶子枯干了也会再次开出鲜花来;如果君王自己能够为百姓作出好的表率,那么不用三令五申而百姓自然会听从君主的教化。因此唐尧因为自身穿着粗皮衣而使天下太平安定,齐桓公因为脱去紫色衣服而制止了竞相奢侈之风。建造章华台导致了修造华丽宫殿这一过错的形成,停止建造露台则使清静无为的风气得以推行。"

抱朴子曰:"聪者料兴亡于遗音之绝响①,明者觌机理于玄微之未形②。故越人见齐桓不振之征于未觉之疾③,箕子识殷人鹿台之祸于象箸之初④。"

【注释】

①聪者:听力好的人。实际指聪慧之人。遗音:前人遗留下来的音乐。比喻前人留下的学问。绝响:还没有响起的时候。

②觌(dí):看见;发现。机理:道理。玄微:深邃而微妙的事物。

③越人:战国时名医扁鹊,原名秦越人。齐桓:齐桓侯。不振:不能振作。也即生病。也可理解为无法挽救。征:征兆。《史记·扁鹊仓公列传》:"扁鹊过齐,齐桓侯客之。入朝见,曰:'君有疾在腠理,不治将深。'桓侯曰:'寡人无疾。'扁鹊出,桓侯谓左右曰:'医之好利也,欲以不疾者为功。'后五日,扁鹊复见,曰:'君有疾在血脉,不治恐深。'桓侯曰:'寡人无疾。'扁鹊出,桓侯不悦。后五日,扁鹊复见,曰:'君有疾在肠胃间,不治将深。'桓侯不应。扁鹊出,桓侯不悦。后五日,扁鹊复见,望见桓侯而退走。桓侯使人问其故。扁鹊曰:'疾之居腠理也,汤熨之所及也;在血脉,针石之所及也;其在肠胃,酒醪之所及也;其在骨髓,虽司命无奈

之何。今在骨髓，臣是以无请也。’后五日，桓侯体病，使人召扁鹊，扁鹊已逃去。桓侯遂死。”

④箕子：商末贤臣。一说为商纣王的叔叔，一说为商纣王的堂兄。殷人：商朝人。这里具体指纣王。鹿台：古台名。在今河南淇县朝歌镇南。商纣王储藏珠玉钱财的地方。最后纣王自杀于鹿台。象箸(zhù)：象牙做的筷子。《史记·宋微子世家》：“纣始为象箸，箕子叹曰：‘彼为象箸，必为玉杯；为杯，则必思远方珍怪之物而御之矣。舆马宫室之渐自此始，不可振也。’”

【译文】

抱朴子说：“听力好的人能够在前人遗留下来的音乐还没有响起的时候就预测出国家的兴亡，视力好的人能够在隐微的征兆还没有出现的时候就看出事物变化的道理。因此扁鹊在齐桓侯还没有感觉有病的时候，就看到了他的生病征兆；箕子从商纣王开始使用象牙筷子的时候，就看出他最后死于鹿台的灾难。”

抱朴子曰：“二仪不能废春秋以成岁①，明主不能舍刑德以致治。故诛贵所以立威，赏贱所以劝善。罚上达则奸萌破②，而非懦弱所能用也；惠下逮则远人怀③，而非俭吝所能办也。”

【注释】

①二仪：即两仪。指天地。

②上达：指惩罚能够上及显贵。

③下逮：施及平民百姓。逮，达到。

【译文】

抱朴子说：“天地不能废弃春季与秋季而形成一个完整的年份，贤明的君主不能丢掉刑法和恩德而使国家安定太平。因此诛杀显贵者可以建立个人威望，赏赐低贱者可以勉励人们向善。惩罚上及显贵就能够消除刚刚萌发的邪恶计划，然而这不是懦弱的君主所能够使用的办法；恩惠施及百姓就会使远方的人们诚心归附，然而这不是吝啬的君主所能够做到的事情。”

抱朴子曰："浮沧海者，必精占于风气①，故保利涉之福；善莅政者②，必战战于得失③，故享惟永之庆④。故暗君之所轻，盖明主之所重也；亡国之所弃，则治世之所行也。"

【注释】

①精占：精确地预测。风气：风向气候。

②莅政：执政。

③战战：战战兢兢。小心谨慎的样子。

④庆：福气。

⑤暗君：愚昧的君主。暗，愚昧。

【译文】

抱朴子说："到海上去乘船的人，一定要准确地预测风向气候，因此才能够获得顺利渡过大海的幸福；善于执政的人，一定要在考虑得失的时候小心谨慎，因此才能够享有长久的吉庆。因此那些昏庸的君主所轻视的事情，正是贤明的君主所重视的事情；灭亡的国家所抛弃的原则，正是太平的时代所推行的原则。"

抱朴子曰："毫厘蹉于机①，则寻常违于的②；与夺失于此③，则善否乱于彼④。邪正混侔⑤，则彝伦攸斁⑥；功过不料，则庶绩以崩⑦。故明君赏犹春雨，而无霖淫之失⑧；罚拟秋霜，而无诡时之严[9]。”

【注释】

①蹉：差错。机：弩机。

②寻常：古代长度单位。八尺为“寻”，两寻为“常”。的(dì)：箭靶。

③与夺：给予和剥夺。这里指奖励和惩罚。

④善否(pǐ)：善恶。否，恶。

⑤混侔：混淆不分。侔，相等。

⑥彝伦：常理；社会的正常秩序。攸斁(dù)：所败坏的原因。攸，所。斁，败坏。

⑦庶绩：众多的政务。崩：失败。

⑧霖淫：过量的雨。三日以上的雨叫做“霖”，久雨叫做“淫”。

⑨诡时：不合时宜。

【译文】

抱朴子说：“在弩机上出现一厘一毫的差错，那么到了箭靶上就要相差一丈多远了；此时的奖励与惩罚如果出现了失误，后来就会造成善恶的混乱不清。邪恶与正直混同不分，那么就会造成社会秩序的败坏；功劳与过错判断不准，那么各项政务就会因此失败。因此圣明的君主赏赐臣民时就如同春雨润物，而没有雨水过量的失误；惩罚臣民时就好似秋霜杀物，而决无不合时宜的严酷。”

抱朴子曰：“明铨衡者[1]，所重不可得诬也[2]；仗法度者，所爱不可得私也。故得人者，先得之于己者也[3]；失人者，先失之于己者也。未有得己而失人、失己而得人者也。”

【注释】

①铨衡：称量重量的工具。也即秤。这里用来比喻原则、制度。

②所重：自己所看重的人。诬：欺骗。

③先得之于己者也：先要从自身做起。也即先要修养好自己的品德。

【译文】

抱朴子说："懂得依照原则办事的君主，即使自己所看重的人也无法欺骗自己；依据法度行事的君主，即使自己所喜欢的人也不能从自己这里获取私惠。因此要想得到别人的拥戴，必须先修养好自己的品德；失去别人的拥戴，一定是因为自己先失去了自己的美德。没有自己品德美好而失去别人的拥戴，也没有自己失去了美德却能得到别人拥戴的。"

抱朴子曰："明主躬操威恩，不假人以利器①；暗主倒执干戈②，虽名尊而势去。故制庆赏而得众者，田常所以夺齐也③；擅威福而专朝者④，王莽所以篡汉也⑤。"

【注释】

①不假人以利器：不要把这些锋利的武器借给别人使用。假，借。利器，指赏赐与惩罚的权利。

②倒执干戈：倒拿着武器。比喻把权柄交给别人。

③田常：即田成子。为齐国大夫。他杀齐简公而立齐平公，专擅国政。至齐康公时，田成子曾孙田和放逐康公而自立为齐侯。

④威福：作威作福。专朝：独掌朝政。

⑤王莽：西汉元城人，字巨君。汉元帝皇后之侄。汉平帝年九岁即位，元帝后临朝称制，委政于莽，平帝死后立孺子婴，王莽自称摄皇帝。三年即真，改国号为新，后被起义军所杀。

【译文】

抱朴子说："圣明的君主要亲自掌握惩罚与赏赐的权利，不能把这些锋利的武器借给别人使用；愚昧的君主则把这些权柄送给别人，自己虽然具有至尊的名号却已失去了权势。因此控制了赏赐的权利而得到了众人拥护，这就是田成子能够夺取齐国的办法；擅自作威作福并独掌朝政，这就是王莽能够篡夺汉朝政权的原因。"

抱朴子曰："常制不可以待变化，一涂不可以应无方；刻船不可以索遗剑①，胶柱不可以谐清音②。故翠盖不设于晴朗③，朱轮不施于涉川④；味淡则加之以盐，沸溢则增水而减火。"

【注释】

①刻船不可以索遗剑：在移动的船上刻记号无法找到落入水中的宝剑。也即成语说的"刻舟求剑"。《吕氏春秋·察今》："楚人有涉江者，其剑自舟中坠于水。遽刻其舟，曰：'是吾剑之所从坠。'舟止，从其所契者入水求之。舟已行矣，而剑不行，求剑若此，不亦惑乎？"

②胶柱：固定住弦柱。《文子·道德》："老子曰：'执一世之法籍，以非传代之俗，譬犹胶柱调瑟。'"

③翠盖：用翠鸟羽毛装饰的车盖。

④朱轮：红漆的华美车轮。这里代指华丽的车辆。

【译文】

抱朴子说："固定不变的制度不能够用来应对千变万化的社会，一条道路不可能通向无数的目的地。在移动的船上刻记号无法找到落入水中的宝剑，固定住弦柱就不可能调出和谐清越的音乐。因此用翠鸟羽毛装饰的车盖不在晴朗的天气里使用，红漆的华美车辆不是用来涉水渡河的。味道淡了就要加些盐，水沸腾溢出了就要加水减火。”

抱朴子曰：“丹书铁券①，刺牲歃血②，不能救违约之弊，则难以结绳检矣③；五刑、九伐④，赤族之威⑤，不足以止觊觎之奸⑥，则不可以舞干化矣⑦。是以《书》有世重之文⑧，《易》有随时之宜⑨。”

【注释】

①丹书铁券：帝王赐给功臣使其世代享有免罪等特权的契券。因为是用丹书写在铁板上，故名。

②刺牲歃(shà)血：古人会盟时，杀牲饮血或把血涂抹在嘴边，以表示诚信。

③结绳：指文字产生之前的结绳记事。没有文字时，人们为了记事，就在住所挂一根绳子，大事打一个大的绳结，小事打一个小的绳结，有多少事就打多少绳结。这里泛指原始简朴的方法。检：约束。

④五刑：五种刑罚。先秦指墨（刻面）、劓（割鼻）、剕（断足）、宫（阉割）、大辟（斩首）。这里泛指刑罚。九伐：对九种罪恶的讨伐。《周礼·夏官·司马》：“以九伐之法正邦国：冯弱犯寡，则眚之；贼贤害民，则伐之；暴内陵外，则坛之；野荒民散，则削之；负固不服，则侵之；贼杀其亲，则正之；放弑其君，则残之；犯令陵政，则杜之；外内乱、鸟兽行，则灭之。”

⑤赤族：灭族。

⑥觊觎(jì yú)：非分的希望或企图。

⑦舞干化：用手拿干戚而舞的方法去感化对方。干，盾。戚，斧。

传说舜在位时，有苗族不服，于是舜修文德三年，执干戚而舞，有苗族乃归服。

⑧《书》：书名。即《尚书》，儒家的五经之一。世重：有的时代要用重刑。《尚书·吕刑》："刑罚世轻世重。"

⑨随时之宜：随着时代的变化而制定出适宜的政策。《周易·随卦》："大亨贞，无咎，而天下随时，随时之义大矣哉！"

【译文】

抱朴子说："颁发丹书铁券，宰牲歃血为盟，也无法阻止背叛誓盟的弊病，那么就更难使用结绳记事的淳朴方法来约束人们；五种刑罚、九种制裁，灭族的威胁，也不足以限制胸怀非分企图的奸人，那么就更不能使用手握干戚跳舞的方法去感化他们。因此《尚书》收录的文章说有的时代要用重刑，《周易》则说要随着时代的变化而制定出相应的政策。"

抱朴子曰："人有识真之明者，不可欺以伪也；有揣深之智者，不可诳以浅也。不然，以虺蛇为应龙①，狐、鸱为麟、凤矣②。"

【注释】

①虺（huǐ）：毒蛇。应龙：长有翅膀的龙。

②鸱（chī）：鸟名。猫头鹰。一说指鹞鹰。

【译文】

抱朴子说："具有识别真伪能力的人，不能拿假东西来欺骗他；具有探测深邃智慧的人，不能用浅薄的道理去蒙骗他。不然的话，就会把毒蛇当作长着翅膀的应龙，把狐狸、猫头鹰当作麒麟、凤凰了。"

抱朴子曰："世有雷同之誉，而未必贤也；俗有讙哗之毁[1]，而未必恶也。是以迎而许之者[2]，未若鉴其事而试其用；逆而距之者[3]，未若听其言而课其实[4]。则佞媚不以虚谈进，良能不以孤弱退；驽蹇辍望于大辂[5]，戎虬扬镳而电骋[6]。则功胡大而不可建[7]！道胡远而不可到！"

【注释】

①讙(huān)哗：大声喧哗。形容人们异口同声。

②迎：事先。

③逆：预先。

④课：考察。

⑤驽蹇(jiǎn)：低劣的瘸腿马。比喻才能低下的人。驽，劣马。蹇，跛；行动迟缓。辍望：放弃希望。大辂(lù)：古代的一种大车。比喻重任。

⑥戎虬(qiú)：高大的骏马。戎，大。虬，龙。这里指骏马。《周礼·夏官·廋人》："马八尺以上为龙。"扬镳(biāo)：扬起马嚼子奔驰。镳，马嚼子。

⑦胡大：什么样的大功。胡，什么。

【译文】

抱朴子说："世人会众口一辞地赞誉某人，然而受到赞誉的人未必就是贤人；众人会异口同声地批评某人，然而被批评的人未必就是坏人。因此事先就去赞许某个人，倒不如考察他做的事情并进行试用；事先就去拒绝某个人，倒不如听听他的言谈考核一下他的实际品行。那么巧言谄媚的人就不可能凭借着空谈而得到任用，善良能干的人也不会因为势单力薄而被罢黜；瘸腿的劣马就会放弃去驾驶大车的念头，高大的骏马就可以扬起身体如闪电般奔驰。那么什么样的大功不能建立！多么远的目标不能到达！”

抱朴子曰：“潜朽之木，不能当倾山之风；含隟之崖[①]，难以值滔天之涛[②]。故七百之祚、三十之世[③]，非徒牧野之功[④]；倒戈之败、鹿台之祸[⑤]，不始甲子之朝[⑥]。其强久矣，其亡尚矣[⑦]。”

【注释】

①隟(xì)：同“隙”，缝隙。崖：堤坝。

②值：抵挡；经受。

③七百之祚：七百年的统治。指周朝存在七百年。《左传·宣公三年》：“成王定鼎于郏鄏，卜世三十，卜年七百，天所命也。”《史记·周本纪》：“东西周皆入于秦，周既不祀。”裴骃《集解》引皇甫谧曰：“周凡三十七王，八百六十七年。”三十之世：指三十代君主。

④非徒：不仅。牧野：地名。在今河南淇县南。周武王率军击败商纣王的地方。《史记·殷本纪》：“周武王于是遂率诸侯伐纣。纣亦发兵距之牧野。甲子日，纣兵败。纣走，入登鹿台，衣其宝玉衣，赴火而死。”

⑤倒戈之败：指商纣王的士兵临阵倒戈。《史记·周本纪》：“帝纣闻武王来，亦发兵七十万人距武王。武王使师尚父与百夫致师，以大卒驰帝纣师。纣师虽众，皆无战之心，心欲武王亟入。纣师皆倒兵以战，以开武王。武王驰之，纣兵皆崩，畔纣。”

⑥鹿台：古台名。商纣王储藏珠玉钱财的地方。在今河南淇县朝歌镇南。最后纣王自杀于鹿台。甲子之朝：甲子日的这天早晨。

⑦尚：久远。

【译文】

抱朴子说："内部腐朽的树木，无法抵挡可以吹倒大山的狂风；有了裂缝的堤岸，难以经受滔天的大浪。因此延续七百年的统治、三十代的帝王相继在位，这不仅仅是牧野一战的功劳；士兵倒戈引起的失败、纣王自杀于鹿台的灾难，这不是从甲子日的早晨才开始的。周代强盛的原因是从很久很久的时候就已经开始了，商朝灭亡的原因也是从很久很久的时候就已经开始了。"

抱朴子曰："贵远而贱近者，常人之用情也；信耳而疑目者，古今之所患也①。是以秦王叹息于韩非之书②，而想其为人；汉武慷慨于相如之文③，而恨不同世④。及既得之，终不能拔。或纳谗而诛之⑤，或放之乎冗散⑥。此盖叶公之好伪形⑦，见真龙而失色也。"

【注释】

①患：毛病。

②秦王：指秦王嬴政。也即后来统一中国的秦始皇。韩非：战国思想家。法家的代表人物。著《韩非子》。《史记·老子韩非列传》："韩非……作《孤愤》、《五蠹》、《内外储》、《说林》、《说难》十余万言……人或传其书至秦。秦王见《孤愤》、《五蠹》之书，曰：'嗟乎！寡人得见此人与之游，死不恨矣！'"

③汉武：汉武帝刘彻。慷慨：感叹。相如：司马相如。西汉著名的辞赋家。

④恨：遗憾。同世：同时代。《史记·司马相如列传》："蜀人杨得意为狗监，侍上。上读《子虚赋》而善之，曰：'朕独不得与此人同时哉！'得意曰：'臣邑人司马相如自言为此赋。'上惊，乃召问相如。"

⑤或:有的人。指秦始皇。纳谗:听信谗言。后来秦始皇听信李斯、姚贾的谗言,逮捕了韩非,韩非自杀于狱中。

⑥或:有的人。指汉武帝。冗散:闲散的官职。《文心雕龙·知音》:"昔《储说》始出,《子虚》初成,秦皇汉武,恨不同时。既同时矣,则韩囚而马轻。"

⑦叶(shè)公:名诸梁,字子高。春秋楚国大夫。楚庄王的后代,被封于叶。伪形:假龙的图案。《新序·杂事五》:"叶公子高好龙,钩以写龙,凿以写龙,屋室雕文以写龙。于是夫龙闻而下之,窥头于牖,拖尾于堂。叶公见之,弃而还走,失其魂魄,五色无主。是叶公非好龙也,好夫似龙而非龙者也。"

【译文】

抱朴子说:"重视古代的人物轻视现代的人物,这是一般人的情感;相信耳朵听到的事物怀疑眼睛看到的事物,这是古今人们所共有的毛病。因此秦王嬴政对韩非写的书感叹不已,而希望能够见到这个人;汉武帝对司马相如写的文章赞美有加,为自己不能与他同处一个时代而深感遗憾。等到得到他们之后,却始终不能重用他们。秦王听信谗言杀掉了韩非,汉武帝把司马相如放置于冗员散官之中。这大概就好像叶公喜欢假的龙形那样,一见到真龙就大惊失色。"

抱朴子曰:"摩尼不宵朗[①],则无别于碛砾[②];化鲲不凌霄[③],则靡殊于桃虫[④]。绵驹吞声[⑤],则与喑人为群[⑥];逸才沉抑,则与凡庸为伍。故鲍鳅亵绛虬于渊洿[⑦],驽蹇駷骏騄于坰野者[⑧],不识彼物静与之同,动与之异。"

【注释】

①摩尼:梵语。对宝珠的总称。

②碛(qì)砾:沙石。

③化鲲:由鲲变化而来的大鹏。《庄子·逍遥游》:"北冥有鱼,其名为鲲。鲲之大,不知其几千里也;化而为鸟,其名为鹏。"

④桃虫:小鸟名。即鷦鷯。

⑤绵驹:春秋时的善歌者。《孟子·告子下》:"緜驹处于高唐,而齐右善歌。""緜驹"即"绵驹"。

⑥喑(yīn):哑;不能说话。

⑦鲤(shàn):同"鳝",黄鳝。绛虬(qiú):绛色的虬龙。洿(wū):池塘。

⑧骏騄(lù):骏马名。坰(jiōng)野:野外。坰,遥远的野外。

【译文】

抱朴子说:"宝珠如果不能够在夜里发出光芒,那么就和沙石没有什么区别;由鲲变化成的大鹏如果不能飞上云霄,那么就和小鸟鷦鷯没有任何不同。绵驹如果闭口而不出声,那就和哑巴一样;杰出的人才如果被埋没,那就与平庸的人相同。因此鳝鱼和泥鳅在池塘中会轻辱绛龙,瘸腿的劣马也会在原野里亵渎骏马,那是因为它们并不知道绛龙与骏马安静的时候和它们一样,而行动起来就完全不同了。"

抱朴子曰:"弃金璧于涂路,则行人止足;委锦纨于泥泞,则见者惊咄①。若夫放高世之士于庸卤之伍②,捐经国之器于困滞之地,而谈者不讼其屈③,达者不拯其穷,或贵其文而忽其身,或用其策而忘其功。斯之为病④,由来久矣。"

【注释】

①咄(duō):叹词。表示惊讶。

②庸卤:平庸愚笨。卤,通"鲁",愚笨。

③讼：申辩。

④斯：这。

【译文】

抱朴子说："把黄金玉璧丢弃在道路之上，那么行人就会为此而停下脚步；把锦绣丝绸抛扔到泥泞之中，那么看见的人就会为此发出惊叹。然而如果把出类拔萃的士人放置到平庸愚笨的人群当中，把能够治国的贤人抛弃在艰苦窘迫的地方，而那些谈论者不会为他们的冤屈申辩，显贵者也不会去把他们从困窘中拯救出来，或者重视他们的文章而忽视他们本人，或者采纳他们的策略而忘掉了他们的功劳。这种毛病，由来已久了。"

抱朴子曰："开源不亿仞[①]，则无怀山之流；崇峻不凌霄，则无弥天之云。财不丰，则其惠也不博；才不远，则其辞也不赡[②]。故睹盈丈之牙，则知其不出径寸之口；见百寻之枝，则知其不附毫末之木[③]。"

【注释】

①仞(rèn)：古代长度单位。七尺或八尺为一仞。

②赡：丰富。

③毫末：毛的尖端。比喻细小。毫，长而尖锐的毛。

【译文】

抱朴子说："开辟的水源如果没有达到上亿丈之深，那么就不会涌出能够淹没山峰的水流；高耸的大山如果不能够直上云霄，那么就不可能从中飘出满天的云雾。财富不多，那么他所施的恩惠就不会广博；才能不出众，那么他的言辞就不会丰富。因此如果看见了一丈长的牙齿，就知道它不会出自一寸大的嘴巴里；看见了百丈长的树枝，那么就知道它不会生长在毫毛般细小的树木上。”

抱朴子曰：“灵凤所以晨起丹穴①，夕萃轩丘②，日未移晷③，周章九陔④，凌风蹈云，不蹑不阂者⑤，以其六翮之轻劲也⑥。夫良才大智，亦有国之六翮也⑦。”

【注释】

①丹穴：传说中的山名。据说是凤凰的栖息地。

②萃：落下；到达。轩丘：即轩辕之丘。《山海经·海外西经》：“轩辕之丘，在轩辕国北。其丘方，四蛇相绕。此诸夭之野，鸾鸟自歌，凤鸟自舞；凤皇卵，民食之；甘露，民饮之，所欲自从也。”《太平御览》卷八百七十二：“《山海经》曰：轩丘凤卵，民食之；甘露，民饮之。所欲自存。”可见“轩丘”即轩辕之丘。据说这里也是黄帝的居住地。《史记·五帝本纪》：“黄帝居轩辕之丘。”

③日未移晷（guǐ）：太阳的影子还没有移动。形容时间很短。晷，日影。

④周章：周游；遍游。九陔（gāi）：也写作“九垓”。犹言“九州”。指整个天下。一说指中央至八极之地，实际也是整个天下的意思。

⑤蹑（zhuó）：跳行。阂（hé）：阻挡。

⑥六翮（hé）：鸟的健羽。这里泛指翅膀。

⑦有国：有国家的人。即君主。

【译文】

抱朴子说：“凤凰之所以能够早晨从丹穴起飞，晚上到达轩丘，太阳的影子还没有怎么移动，就已经周游了整个天下，驾驭着风云，不用在地上跳行也没有任何东西能够阻挡，这都是因为它有一双轻捷有力的翅膀。那些具备优秀才能和巨大智慧的人，也是君主的翅膀啊。”

抱朴子曰："淇卫、忘归[①]，不能无弦而远激；振尘之音[②]，不能无器而兴哀。超俗拔萃之德，不能立功于未至之时。"

【注释】

①淇卫、忘归：两种良箭名。

②振尘之音：能够震动梁上尘埃的歌声。《七略》："汉兴，善歌者鲁人虞公发声动梁上尘。"

【译文】

抱朴子说："淇卫、忘归这些名箭，不能没有弓弦就被射到了远处；能振动梁上尘埃的歌声，如果没有乐器伴奏也就无法产生悲哀动人的效果。具备了出类拔萃的德才，也不能在时机未到的时候就建功立业。"

抱朴子曰："朱绿之藻[①]，不秀于枯柯；倾山之流，不发乎涸源。熠耀之宵焰[③]，不能使万品呈形；志尽势利[④]，不能使芳风邈世[⑤]。"

【注释】

①藻：文采。这里指有文采的红花绿叶。

②熠(yì)耀：萤火。一说指磷火。

④志尽势利：一心追逐权势利益。本句"尽"字后当有一"于"字。

⑤邈世：遥远的后世。邈，遥远。

【译文】

抱朴子说："色彩斑斓的红花绿叶，不可能茂盛地生长在干枯的树枝上；能够冲倒大山的洪水，不可能发源于干涸的源头。黑夜之中萤火虫般大小的火焰，不可能使万物都显现出自己形状；一心追逐权势利益，不可能流芳百世。”

抱朴子曰：“重渊不洞地[①]，则不能含螭龙[②]，吐吞舟[③]；峻山不极天，则不能韬琳琅[④]，播云雨。立德不绝俗，则不能收美声，著厚实[⑤]；执志不绝群，则不能臻成功，铭弘勋。而凡夫朝为蜩翼之善[⑥]，夕望丘陵之益，犹立植黍稷、坐索于丰收也[⑦]。”

【注释】

①洞地：穿透大地。极言其深。

②螭(chī)：传说中一种没有角的龙。

③吞舟：指吞舟大鱼。

④韬：蕴藏。琳琅：美玉。

⑤著厚实：显示自己醇厚而实在的美德。著，显示。

⑥蜩(tiáo)翼：知了的翅膀。比喻非常轻微。蜩，蝉；知了。

⑦立：刚刚。黍稷：两种庄稼名。黍子与谷子。

【译文】

抱朴子说：“深渊如果没有达到地下的极深之处，那么就不可能隐藏有蛟龙，生长出吞舟的大鱼；高山如果不能直上云霄，那么就不可能蕴藏着各种美玉，布云下雨。如果不能建立超越世俗的品德，那么就不可能得到美好的名声，显示自己醇厚而实在的美德；如果不能树立超出众人的志向，那么就不可能获取成功，留下巨大的功勋。而凡夫俗子早晨做了一点蝉翼那么轻微的好事，晚上就盼望能够获取丘陵般巨大的收益，这就好像刚刚种上庄稼，马上就希望得到丰收一样。”

抱朴子曰：“行无邈俗之标[①]，而索高世之称；体无道蓺之本，而营朋党之末[②]。欲以收清贵于当世，播德音于将来，犹褰裳以越沧海[③]，企伫而跃九玄[④]。”

【注释】

①标：风度；风格。这里引申为榜样。

②营：经营；从事。

③褰（qiān）裳：提起下衣。褰，提起。裳，下衣。越：走过。

④企伫：踮起脚跟站立。企，踮起脚跟。九玄：九天。玄，天。

【译文】

抱朴子说：“品行没有成为超越世人的榜样，而希望获取高于世人的名誉；自身没有学问和技能这些根本的东西，而去从事结党拉派这些末节的事情。还想凭借这些在当时收到清高显贵的名声，留下美好的声望于遥远的将来，这就好像提起下衣要走过大海、踮起脚跟就想跃上九天一样。”

抱朴子曰：“泥龙虽藻绘炳蔚[①]，而不堪庆云之招[②]；撩禽虽雕琢玄黄[③]，而不任凌风之举；刍狗虽饰以金翠[④]，而不能蹑景以顿逸[⑤]；近才虽丰其宠禄，而不能令天清而地平[⑥]。”

【注释】

①炳蔚：色彩斑斓的样子。

②不堪：不能。庆云：祥云。

③撩（liǎo）禽：木雕的鸟。撩，通“橑”，树名。这里泛指木头。玄黄：黑色与黄色。泛指各种绚丽的色彩。

④刍狗：草扎的狗。多用于祭祀。刍，草。

⑤蹑景：追逐猎物的踪影。蹑，踏上；追逐。顿逸：急速奔跑。顿，

很快。

⑥天清而地平：形容天下安定太平。

【译文】

抱朴子说："泥塑的龙即使绘制得色彩斑斓，却不能接受祥云的召唤；木刻的鸟即使雕制得精致鲜艳，却无法乘风飞翔；草扎的狗即使用黄金翠玉装饰起来，却不能去追逐猎物的踪影而飞快地奔驰；才能浅近的人即使极受宠爱并且俸禄丰厚，却不能使天下太平安定。"

抱朴子曰："毒粥既陈，则旁有烂肠之鼠；明燎宵举，则下有聚死之虫。刍豢之丰①，则鼎俎承之②；才小任大，则泣血涟如③。桑、霍为戒厚矣④，范、疏之鉴明矣⑤。"

【注释】

①刍豢（chú huàn）：泛指家畜。刍，指吃草的牛羊。豢，指豢养的家畜。丰：肥胖。

②鼎：用来烹煮食物的大锅。俎（zǔ）：装肉的器皿。

③泣血涟（lián）如：流泪出血。指发生了令人极为痛苦的灾难。涟如，流泪不断的样子。如，形容词词尾。《周易·屯卦》："乘马班如，泣血涟如。"

④桑：桑弘羊。西汉洛阳商人之子。先后任治粟都尉、大农丞、御史大夫。与霍光等受遗诏辅佐昭帝，后与上官桀等谋反被诛。霍：霍禹。西汉霍光之子。霍光掌权时，其妻使人毒杀汉宣帝皇后许氏，立自己的女儿为后。霍光去世后，霍氏恐谋杀许后事泄，于是谋反，失败后霍禹被腰斩。事见《汉书·霍光传》。

⑤范：指春秋著名政治家范蠡。范蠡助越王勾践灭吴以后，功成身退，乘船到齐国，后隐居于陶，改名叫"朱公"，治产业成为巨富。疏：指西汉的疏广、疏受。疏受为疏广的侄子。《汉书·疏广传》

记载，两人曾同时为太子太傅、少傅，朝廷以为荣。“广谓受曰：‘吾闻“知足不辱，知止不殆”，“功遂身退，天之道”也。今仕宦官至二千石，宦成名立，如此不去，惧有后悔，岂如父子相随出关，归老故乡，以寿命终，不亦善乎？’受叩头曰：‘从大人议。’即日父子俱移病。满三月赐告，广遂称笃，上疏乞骸骨。上以其年笃老，皆许之。”

【译文】

抱朴子说：“摆下有毒的稀粥，那么旁边就会有肠子被毒烂的死老鼠；黑夜中举起明亮的火把，那么下边就会积聚起扑火而死的虫子。家畜吃肥了，紧接着就会被放入大鼎肉器之中；才能低下而任职重要的人，就会出现让他流泪出血的灾难。桑弘羊和霍禹的教训是深刻的，范蠡与疏广、疏受的借鉴是明白的。”

抱朴子曰：“沧海扬万里之涛，不能敛山峰之尘①；惊风摧千仞之木，不能拔弱草之荄②。貙虎虣阚③，不能威蚊虻④；冠世之才，不能合流俗。”

【注释】

①敛：收敛；约束。

②荄（gāi）：草根。

③貙（chū）：一种野兽名。虣（bào）：通“暴”，暴虐。阚（hǎn）：老虎暴怒吼叫。

④威：威胁。虻（méng）：虫名。常叮咬人畜。

【译文】

抱朴子说：“大海能够激扬起万里的波涛，却不能约束山峰上的尘埃；狂风能够吹断千丈高的树木，却不能拔出柔弱小草的根。貙虎凶猛地吼叫着，却不能威吓蚊子与虻虫；超越整个社会的人才，却不能迎合世俗人的志趣。”

抱朴子曰：“坚志者，功名之主也；不惰者，众善之师也[1]。登山不以艰险而止，则必臻乎峻岭矣；积善不以穷否而怨[2]，则必永其令问矣[3]。”

【注释】

①师：师长。这里引申为首要的优点。

②穷否(pǐ)：穷困潦倒。否，困窘；不得意。

③令问：美好的名声。令，美好。

【译文】

抱朴子说：“坚定的志向，是建立功勋获取美名的根本；不懈的努力，是众多长处中的首要优点。登山时不会因为艰难险阻而停下脚步，就一定能够登上险峻的高峰；积累善行时不会因为自己的困窘生活而怨天尤人，就必然能够获得永久的美名。”

抱朴子曰：“和、鹊虽不长生[1]，而针石不可谓非济命之器也[2]；儒者虽多贫贱，而《坟》、《典》不可谓非进德之具也[3]。播种有不收者矣，而稼穑不可废；仁义有遇祸者矣，而行业不可惰[4]。”

【注释】

①和、鹊：医和、扁鹊。都是古代的名医。扁鹊是战国时名医，姓秦，名越人。医和是春秋时名医。

②针石：用砭石制成的石针。可用来治病。

③《坟》、《典》：三坟、五典。传说中最古老的典籍。《左传·昭公十

二年》："是能读三坟、五典、八索、九丘。"

④行业：品行与事业。

【译文】

抱朴子说："医和与扁鹊虽然没有能够长生不死，然而不能说他们手中的针石不是拯救生命的器物；儒生中虽然有很多贫穷低贱的人，然而不能说《坟》、《典》这些古老的经典不是提高品德的工具。种地的人有时候没有收成，然而种地的事情却不能废弃；仁义之人有时候会遇到灾祸，然而提高仁义德行建立功业却不可懈怠。"

抱朴子曰："重载不止，所以沉我舟也；昧进忘退①，所以危我身也。聚蝎攻本②，虽权安然③，必倾之征也。"

【注释】

①昧：愚昧；盲目。

②蝎(hé)：木中蠹虫的总称。本：树的主干。

③权：暂时。

【译文】

抱朴子说："不停地加重所载的货物，这就是压沉我的船只的原因；盲目地一味进取而忘记了退隐，这就是危及我的生命的行为。蠹虫聚集起来啃食树木的主干，虽然暂时看起来安然无恙，却是大树必然倒下的征兆。"

抱朴子曰："玄云为龙兴，非虺蜓所能招也②；飙风为虎发，非狐狢之能致也③。是以大人受命，则逸伦之士集④；玉帛幽求⑤，则丘园之俊起⑥。"

【注释】

①虺(huǐ):毒蛇。蜓(diàn):壁虎。

②狢(hé):同“貉”,一种动物名。

③逸伦:出类拔萃。逸,超越。伦,同类。

⑤玉帛:美玉丝帛。这里指用来聘请贤人的礼物。幽求:到隐居地去寻访。幽,幽居;隐居。这里指隐居地。

⑥丘园之俊:隐居在山林田园的英才。

【译文】

抱朴子说:“玄色的云雾是为蛟龙而兴起的,这不是毒蛇与壁虎就能够招来的;狂风是为猛虎而发起的,这不是狐狸与貉子就能够引来的。因此那些帝王接受了天命之后,那么出类拔萃的士人就会聚集在他们的身边;带着美玉丝帛这些礼品去隐居地寻访,那么隐居在山林田园的贤人就会应聘出仕。”

抱朴子曰:“金以刚折,水以柔全;山以高陊①,谷以卑安。是以执雌节者②,无争雄之祸;多尚人者③,有召怨之患。”

【注释】

①陊(duò):崩塌。

②雌节:柔和的品行。雌,柔。

③尚人:超过别人;胜过别人。

【译文】

抱朴子说:“金属的东西因为太刚硬而被折断,水凭借着柔和的品性而能保全自我;山峰因为高峻而崩塌,山谷由于低洼而安稳。因此坚守柔和品性的人没有争强好胜的祸患;而经常争强好胜的人,则有召人怨恨的危险。”

抱朴子曰："淮阴隐勇于跨下[①]，不损其龙跃而虎视也；应侯韬奇于溺箦[②]，不妨其鸾翔而凤起也。或南面称孤[③]，或宰总台鼎[④]。故一抑一扬者，轻鸿所以凌虚也[⑤]；乍屈乍伸者[⑥]，良才所以俟时也。"

【注释】

①淮阴：淮阴侯韩信。跨下：即胯下之辱。《史记·淮阴侯列传》："淮阴屠中少年有侮信者，曰：'若虽长大，好带刀剑，中情怯耳。'众辱之曰：'信能死，刺我；不能死，出我袴下。'于是信孰视之，俛出袴下，蒲伏。一市人皆笑信，以为怯。"

②应侯：指范雎。战国魏人，后任秦国宰相，封应侯。韬奇：隐匿自己的奇才。溺(niào)：小便；尿。箦(zé)：竹席。《史记·范雎蔡泽列传》："须贾为魏昭王使于齐，范雎从。留数月，未得报。齐襄王闻雎辩口，乃使人赐雎金十斤及牛酒，雎辞谢不敢受。须贾知之，大怒，以为雎持魏国阴事告齐，故得此馈。令雎受其牛酒，还其金。既归，心怒雎，以告魏相。魏相，魏之诸公子，曰魏齐。魏齐大怒，使舍人笞击雎，折胁摺齿。雎佯死，即卷以箦，置厕中。宾客饮者醉，更溺雎，故僇辱以惩后，令无妄言者。"

③或：有的人。指韩信。南面：面向南。古代君主接见大臣时，一般面向南而坐。韩信辅佐刘邦统一天下后，先被立为齐王，后改封为楚王，故言"南面称孤"。

④或：有的人。指范雎。宰总：总裁；总领。台鼎：代指三公。星有三台，鼎有三足，因此古人用台鼎代指三公。这里泛指百官。

⑤凌虚：飞上天空。

⑥乍：忽然。引申为有时。

【译文】

抱朴子说："淮阴侯韩信隐藏起自己的勇敢而甘受胯下之辱，但这并不损害他如同龙跃虎视一样地建功立业；应侯范雎隐匿自己的奇才而蜷曲在竹席中被人便溺，但这并不妨碍他犹如鸾飞凤翔一般地发挥才能登上高位。他们有的南面称孤当了王侯，有的坐镇相府而总领百官。因此翅膀一上一下地扇动着，这是轻捷的鸿雁飞上天空的方法；有时忍受屈辱有时施展抱负，这是优秀人才等待时机建功立业的策略。”

抱朴子曰：“焦螟之卑栖①，不肯为衔鼠之唳天②；玄蝉之洁饥③，不愿为蜣螂之秽饱④。是以御寇不纳郑阳之惠⑤，曾参不美晋、楚之宝⑥。”

【注释】

①焦螟：即蟭螟。一种极小的虫子。卑：卑微。

②衔鼠：口中衔着老鼠。指猫头鹰。唳天：应作“戾天”。《四库全书》文溯阁本即作“戾天”。戾天，飞到天上。戾，到达。

③玄蝉：寒蝉；知了。

④蜣（qiāng）螂：一种黑色甲壳虫。俗称屎壳螂。以粪土为食。

⑤御寇：列御寇。先秦的思想家。道家代表人物之一。郑阳：郑国的相。《庄子·让王》：“子列子穷，容貌有饥色。客有言之于郑子阳者，曰：‘列御寇，盖有道之士也，居君之国而穷，君无乃为不好士乎？’郑子阳即令官遗之粟。子列子见使者，再拜而辞。使者去，子列子入，其妻望之而拊心曰：‘妾闻为有道者之妻子，皆得佚乐，今有饥色。君过而遗先生食，先生不受，岂不命邪！’”

⑥曾参：孔子弟子，字子舆。一生贫困。晋、楚：先秦的两个诸侯国。《孟子·公孙丑下》：“曾子曰：‘晋、楚之富，不可及也。彼以其富，我以吾仁；彼以其爵，我以吾义，吾何慊乎哉？’”

【译文】

抱朴子说：“微小的蟭螟即使栖息在卑微的地方，也不肯像猫头鹰那样口衔着老鼠飞上天空；寒蝉宁肯干干净净地挨饿，也不愿像蜣螂那样吃饱一肚子的肮脏东西。因此列御寇不肯接受郑阳的恩惠，曾参也不去羡慕晋国和楚国的富贵。”

抱朴子曰：“微飙不能扬大海之波，毫芒不能动万钧之钟①。是以漆园思惠②，有捐斤之叹③；伯氏哀期④，有劓弦之愤⑤。短唱不足以致弘丽之和⑥，势利不足以移淡泊之心。”

【注释】

①芒：谷类植物种子壳上或草木上的针状物。钧：古代重量单位。三十斤为一钧。

②漆园：地名。一说在今河南商丘，一说在今山东曹州，一说在今安徽定远。这里代指庄子。因为庄子曾经在漆园当过官，所以又称庄子为“漆园”。惠：惠施。先秦的思想家，名家的代表人物，曾担任魏国的相。庄子与惠施是朋友。

③捐斤之叹：放弃斧头的感叹。捐，放弃。斤，斧头。《庄子·徐无鬼》：“庄子送葬，过惠子之墓，顾谓从者曰：‘郢人垩慢其鼻端，若蝇翼，使匠石斫之。匠石运斤成风，听而斫之，尽垩而鼻不伤，郢人立不失容。宋元君闻之，召匠石曰：‘尝试为寡人为之。’匠石曰：‘臣则尝能斫之。虽然，臣之质死久矣。’自夫子之死也，吾无以为质矣，吾无与言之矣。’”

④伯氏：伯牙。春秋时期善于弹琴的人。期：钟子期。伯牙的知音。

⑤劓弦：毁掉琴弦。劓，毁掉。《吕氏春秋·本味》：“伯牙鼓琴，钟子期听之。方鼓琴而志在太山，钟子期曰：‘善哉乎鼓琴，巍巍乎若太山。’少选之间，而志在流水，钟子期又曰：‘善哉乎鼓琴，汤汤乎若流水。’钟子期死，伯牙破琴绝弦，终身不复鼓琴，以为世

无足复为鼓琴者。”

⑥短唱：低劣的歌声。

【译文】

抱朴子说：“小风不可能掀起大海的波涛，毫毛芒刺不可能撞响万钧的大钟。因此庄子思念惠施，有匠石放下斧子的感叹；伯牙为钟子期的死而悲哀，有毁掉琴弦的愤懑。低劣的歌声不足以招致宏大华丽的应和，权势利益不足以改变淡泊名利的思想。”

抱朴子曰：“熊罴不校捷于狐狸[①]，金鹗不竞击于小鹞[②]。是以张耳掩壮于抱关[③]，朱亥窜勇于鼓刀[④]。”

【注释】

①罴(pí)：熊的一种，又叫马熊。校(jiào)：较量。

④金鹗(è)：鸟名。即大雕。据说能击杀鹿类。鹞(yào)：鸟名。似鹰而体型较小。

③张耳：秦朝末年起兵反秦的将领之一。抱关：看守大门。《史记·张耳陈余列传》：“秦灭魏数岁，已闻此两人魏之名士也，购求有得张耳千金，陈馀五百金。张耳、陈馀乃变名姓，俱之陈，为里监门以自食。”

④朱亥：战国时魏国大力士。窜：隐匿。鼓刀：敲着刀。指做屠夫。朱亥曾以屠宰为职业。《史记·魏公子列传》记载，秦军围赵，魏国信陵君窃取虎符，欲夺将军晋鄙之军以救赵，朱亥与俱往，“至邺，矫魏王令代晋鄙。晋鄙合符，疑之……欲无听。朱亥袖四十斤铁椎，椎杀晋鄙，公子遂将晋鄙军……进兵击秦军，秦军解去，遂救邯郸，存赵”。

【译文】

抱朴子说：“熊罴不会去与狐狸较量敏捷勇猛，金鹗不会去和小鹞比赛攻击技巧。因此张耳隐藏着自己的壮志去充当一位看门人，朱亥隐匿起自己的勇敢去做一个挥刀的屠夫。”

抱朴子曰：“悬鱼惑于芳饵，槛虎死于笼狐①。不可以钓缗致者②，必虬、螭也③；不可以机阱诱者，必麟、虞也④。”

【注释】

①槛(jiàn)：兽笼。

②缗(mín)：钓鱼的丝绳。

③虬(qiú)：传说中的一种龙。螭(chī)：传说中一种没有角的龙。

④虞：驺虞。传说中的瑞兽。

【译文】

抱朴子说：“被鱼钩钓起的鱼是由于受到芳香鱼饵的诱惑，关在兽笼里的老虎是死于充当诱饵的笼中的狐狸。不能够用钓丝钓起来的一定是虬龙与螭龙，不能够用机关陷阱诱捕的一定是麒麟和驺虞。

抱朴子曰：“夫云翔者①，不知泥居之洿②；处贵者，鲜恕群下之劳③。然根朽者，寻木不能保其千日之茂也④；民怨者，尧、舜不能恃其长世之庆也⑤。”

【注释】

①云翔者：在云霄中飞翔的。根据下文，这里指的不是鸟类，而是指在空中摇动的大树枝叶。

②洿(wū)：污秽。本句讲的是大树的根部。

③鲜：很少。

④寻木：传说中的大树。千日：泛指长久。一说应作“千里”。《道

藏》本即作“千里”。《山海经·海外北经》:“寻木长千里,在拘缨南,生河上西北。”

⑤恃:保有。庆:吉庆;福祉。

【译文】

抱朴子说:“在空中摇摆的枝叶,不知道扎在土里的根部所承受的肮脏污浊;身居显贵地位的官员,很少能够体谅众多百姓的劳苦。然而如果根部已经腐朽,巨大的树木也不能保有长久的茂盛;如果百姓怨恨,即使是尧、舜也不能拥有永世的福祉。”

抱朴子曰:“凡木结根于灵山,而匠石为之寝斤斧①;小鲜寓身于龙池②,而渔父为之息网罟③。蚊集鹰首,则鹰騄不敢啄④;鼠住虎侧,则狸犬不敢睨⑤。”

【注释】

①匠石:《庄子》中的人物,一位叫做石的木匠。这里泛指木匠。斤:大斧头。

②小鲜:小鱼。鲜,鱼。

③罟(gǔ):网。

④鹰騄(hù lù):两种鸟名。

⑤狸:动物名。狸猫。又叫狸子。睨:斜看。

【译文】

抱朴子说:“平常的树木如果生长在神圣的山上,那么木匠就要为它们收起斧头而不敢砍伐;小鱼如果寄身于蛟龙生活的池塘中,那么渔翁就要为它们收起渔网而不敢捕捉。蚊子如果聚集在雄鹰的头顶上,那么鸟雀就不敢去啄食;老鼠如果住在老虎的身边,那么狸子和狗都不敢斜看它一眼。”

抱朴子曰:“灵蔡默然①,而吉凶昭晳于无形②;春蛙长哗,而丑音见患于聒耳③。故声希者④,响必巨;辞寡者,信必著。”

【注释】

①灵蔡:占卜用的大龟。龟为四灵之一,故称“灵”;因为此龟出自蔡国,故称“蔡”。

②昭晳:明白;清楚。

③见患:被讨厌。见,被。

⑤希:希少。《老子》四十一章:“大音希声。”

【译文】

抱朴子说:“大灵龟默默无语,却在无形之中就把吉凶显示得清楚明白;春天的青蛙不停地吵闹,而难听的声音聒人耳朵被人讨厌。因此声音稀少的,响声必定巨大;言辞很少的,信誉必定卓著。”

抱朴子曰:“箕踞之俗①,恶盘旋之容②;被发之域③,憎章甫之饰④。故忠正者见排于谗胜之世⑤,雅人不容乎恶直之俗。”

【注释】

①箕踞:臀部坐在地上,两条腿像簸箕那样张开伸着。古人以为这种坐姿是不礼貌的。

②盘旋:形容行礼时回旋进退的模样。

③被(pī)发:披散着头发。被,同“披”。《庄子·逍遥游》:“宋人资章甫而适诸越,越人断发文身,无所用之。”

④章甫:先秦的一种礼帽。

⑤见排：被排挤。见，被。谗胜：谗言盛行。

【译文】

抱朴子说："喜欢两条腿像簸箕那样伸着而坐的地方，厌恶回旋进退的各种礼仪；喜欢披散着头发的地区，讨厌头戴礼帽的装束。因此忠诚正直的人被排挤于谗言盛行的社会，高雅的人不被厌恶正直品德的世俗所接受。"

抱朴子曰："升水不能救八薮之燔爇[①]，撮壤不能遏砥柱之腾沸[②]；寸刃不能刊长洲之林[③]，独是不能止朋党之非[④]。"

【注释】

①薮(sǒu)：水少而草木繁盛的大泽。燔爇(fán ruò)：燃烧。

②砥柱：山名。以在激流中矗立如柱得名。又叫三门山。在今河南三门峡黄河中流。

③刊：砍削。长洲：传说中的地名。据说那里长满了大树。一说是吴王阖闾的苑林名。

④独是：一人正确。是，正确。

【译文】

抱朴子说："一升水不能扑救八处起火的大泽，一撮土不能遏制砥柱山旁汹涌的波涛，一寸长的刀子不能砍尽长洲的树木，一个人正确不能阻挡结党营私的错误行为。"

抱朴子曰："千羊不能扞独虎[①]，万雀不能抵一鹰。庭燎攒举[②]，不及羲和之末景[③]；百鼓并伐，未若震霆之余声。是以庸夫盈朝，不能使彝伦攸叙[④]；英俊孤任，足以令庶事根长[⑤]。"

【注释】

①扞(hàn):抵御。

②庭燎:庭院里举起的用来照明的火炬。攒(cuán):聚在一起。

③羲和:神话中为太阳驾车的神。这里代指太阳。末景:最后一点阳光。也即夕阳。景,阳光。

④彝伦攸叙:安排好社会的正常秩序。也即治理好国家。彝伦,常理。攸叙,犹言"所叙"。安排社会秩序的方法。攸,所。

⑤庶事:众多的政务。根长:有根本性的进步。

【译文】

抱朴子说:"一千只羊也无法抵御住一只老虎,一万只小鸟也不能抗拒住一只鹰鹞。把庭院里的火把放在一起,也比不上夕阳的一点光芒;把上百面的鼓一起敲响,也不如雷霆的一丝余音。因此平庸之辈即使站满了朝堂,也无法使社会井然有序;只要杰出的人才一人受到重用,就完全能够让各项政务有根本性的改观。"

抱朴子曰:"非分之达,犹林卉之冬华也①;守道之穷,犹竹柏之履霜也②。故识否泰于独见者③,虽劫以锋锐,犹不失正而改涂焉,安肯谄笑以偶俗乎④!体方贞以居直者,虽诱以封国⑤,犹不违情以趋时焉⑥,安肯蹑径以取容乎⑦!"

【注释】

①卉:草。华:同"花"。

②履霜:经历霜雪的考验。

③否(pǐ)泰:穷达吉凶。"否泰"本为《周易》中的两个卦名,否卦不吉利,泰卦吉利,后遂用"否泰"代指吉凶。

④偶俗:迎合世俗。

⑤封国：封侯建国。

⑥趋时：迎合时代风气。

⑦躐(liè)径：走小路。也即走邪路。躐，踩；踏。

【译文】

抱朴子说："非分得来的富贵荣华，就好像草木在冬天开出的鲜花一样；坚守正道而困窘不堪，就好像青竹翠柏经历了霜雪的考验一样。因此能够独自看出命运好坏原因的人，即使用锋利的刀剑去劫持他，他也不会抛弃正道而改走错误之路，又怎么肯以谄媚的笑脸去投合世俗之人呢！自身品德忠贞而行为正直的人，即使用封侯建国来诱惑他，他也不会违背自己的情趣而去迎合当世的不良风气，又怎么会去走邪路以求得别人的接受呢！"

抱朴子曰："震雷輷輵①，而不能致音乎聋聩之耳②；重光丽天③，而不能曲景于幽岫之中④。凝冰惨慄⑤，而不能凋款冬之华⑥；朱飙铄石⑦，而不能靡萧丘之木⑧。故至德有所不能移也。"

【注释】

①輷輵(hōng kē)：象声词。形容雷声。

②聩：聋。

③重光：指日、月。丽：附着。

④曲景：使光线弯曲。景，日光。幽岫(xiù)：幽暗的山洞。岫，山洞。

⑤惨慄：极其寒冷的样子。

⑥款冬：植物名。多年生草本植物，寒冬开花。华：同"花"。

⑦朱飙：红色的火焰。飙，通"熛"，火焰。

⑧靡:倒伏;烧毁。萧丘:传说中的海岛名。据说此处有自生之火,春起秋灭。

【译文】

抱朴子说:“震耳欲聋的雷声隆隆,却不能把这些雷声传到聋子的耳朵之中;天上的日、月是那样的光明,却不能让这些光明曲折地照入幽深的山洞。结冰的天气极为寒冷,而不能让款冬的花朵凋零;红色的火焰能够熔化石头,却不能烧毁萧丘岛上的树丛。因此最高尚的品德是无法被改变的。”

抱朴子曰:“彍弩危机①,严镞衔弦②,至可忌也,而勇雉触之而不猜③;暗政乱邦④,恶直妒能,甚难测也,而贪人竞之而不避⑤。故飞锋暴集而不觉⑥,祸败奄及而不振⑦。是以愚夫之所悦,乃达者之所悲也;凡才之所趋⑧,乃大智之所去也。”

【注释】

①彍(kuò)弩:拉开的弓弩。彍,把弓弩拉满。危机:拉紧的弩机。危,绷得紧;拉紧。

②严镞:锋利的箭。镞,箭头。

③勇雉:大胆的野鸡。不猜:毫无怀疑。

④暗政:黑暗的政治。暗,昏愦不明。

⑤竞之:争权夺利。指在混乱不堪的社会里争权夺利。

⑥暴集:凶猛而至。暴,又猛又急地。

⑦奄及:突然到来。奄,突然。不振:不去有所行动。振,动。

⑧所趋:所追求的。趋,追求。

【译文】

抱朴子说:“拉满弩弓扣紧弩机,锋利的箭已经上弦,这是极为可怕的事情，然而大胆的野鸡竟然敢于撞了上去却毫无迟疑；黑暗的政治搞乱了国家，厌恶正直之人而嫉妒贤能之士，国家的前途实在很难预料，然而贪婪的人依然在那里争权夺利而不知道避开这个乱世。因此飞箭又猛又急地射来还没有察觉，大祸突然来临而不知有所行动。因此愚蠢的人感到愉悦的事情，正是明白的人感到悲哀的事情；凡夫俗子所追求的东西，正是大智之人所要抛弃的东西。”

抱朴子曰：“风不辍则扇不用，日不入则烛不明，华不堕则实不结①，岸不亏则谷不盈②。九有乂安③，则韩、白之功不著④；长君继轨⑤，则伊、霍之勋不成⑥。故病困乃重良医，世乱而贵忠贞。”

【注释】

①华：同“花”。

②岸：高地；高山。

③九有：九州。古代把天下分为冀、兖、青、徐、扬、荆、豫、梁、雍九州。乂(yì)安：安定；太平。乂，安定。

④韩、白：韩信、白起。韩信辅佐刘邦统一天下，白起为秦统一中国立下大功。

⑤长君：年龄较长的君主。继轨：继承帝位。

⑥伊、霍：伊尹、霍光。伊尹辅佐商汤建立商朝，后又辅佐商汤的长孙、年幼的帝太甲。霍光辅佐汉武帝的幼子汉昭帝。

【译文】

抱朴子说：“风不停下来而扇子就用不上，太阳不落山火把就不用点燃，花朵没有落下果实就结不出来，山峰不亏损山谷就不会被填满。如果天下太平安定，那么韩信、白起的功劳就无法建立；如果年龄较大的君主能够继承王位，那么伊尹、霍光的勋业也就无法成就。因此疾病严重了就会重视好的医生，社会混乱才会看重忠贞之人。”

抱朴子曰：“好荣，故乐誉之欲多；畏辱，则憎毁之情急。若夫通精元一、合契造化、混盈虚以同条、齐得失于一指者[①]，爱恶未始有所系，穷通不足以滑和[②]。”

【注释】

①通精元一：把自己的精神与大道融为一体。精，精神。元一，即“玄一”。也即大道。合契造化：与大自然融为一体。契，合而为一。造化，大自然。同条：同一。一指：一样。指，同“旨”，旨意。

②穷通：生活的得意与否。穷，困窘。通，顺利。滑（gǔ）和：扰乱自己的平和心境。滑，扰乱。

【译文】

抱朴子说：“如果喜好荣耀，那么喜欢别人赞誉自己的欲望就会因此而多起来；如果害怕耻辱，那么憎恶别人诋毁自己的情绪就会因此而急切产生。至于像那些能够与大道融为一体、把自己的生命与大自然合而为一、能够把盈满与空虚看成同样的东西、把获取与损失视为相同的事情的人，那么喜爱和憎恶之情就不会对他们有任何的束缚，困窘和顺利的生活也都不足以扰乱他们的平和心境。”

抱朴子曰：“与夺不汩其神者[①]，至粹者也[②]；利害不染其和者，极醇者也。浩浩乎非瓢觯所校矣[③]，茫茫乎非跬步所寻矣[④]。声希所以为大音，和寡所以崇我贵[⑤]。玄黄辽邈[⑥]，而不与□其旷[⑦]；死生大矣，而不以改其守。常分细碎[⑧]，将胡恤焉[⑨]！”

【注释】

①汩(gǔ):扰乱。

②粹:精华。这里指境界高尚。

③浩浩乎:大水浩瀚的样子。这里用来形容智慧、胸怀的广大。觯(zhì):一种酒器。校:较量;称量。

④茫茫乎:辽阔无边的样子。这里用来形容胸怀、智慧的广大。跬(kuǐ):半步。寻:寻访;探查。

⑤和寡:能够唱和的人少。宋玉《对楚王问》:"客有歌于郢中者,其始曰《下里》、《巴人》,国中属而和者数千人;其为《阳阿》、《薤露》,国中属而和者数百人;其为《阳春》、《白雪》,国中属而和者不过数十人;引商刻羽,杂以流徵,国中属而和者不过数人而已。是其曲弥高,其和弥寡。"

⑥玄黄:天地。《易经·坤卦》:"天玄而地黄。"辽邈:辽阔遥远。

⑦□:此缺一字。疑为"拟"字。比拟。

⑧常分:常事。指贤人经常遇到的贫贱生活。《列子·天瑞》:"贫者,士之常也;死者,人之终也。处常得终,当何忧哉?"

⑨胡:为何;怎么。恤:担心;忧愁。

【译文】

抱朴子说:"获得与丧失都不能扰乱他的平静心神的人,是精神境界最高的人;利益与伤害都不能影响他的平和心境的人,是品德最为淳厚的人。他们的智慧浩瀚无边,不是用一般的瓢和杯所能计量的;他们的胸怀苍茫无际,不是用一般人的步伐所能测量的。因为声音稀少所以能够发出最大的声音,因为能够唱和的人少所以更能显示出自己的难能可贵。天地是那样的辽阔,然而不足以比拟他们胸怀的宽广;死生之事是那样的重大,然而也无法因此而改变他们的操守。士人经常遇到的贫贱困苦这类细碎小事,又怎么值得挂怀呢!"

抱朴子曰："林繁则匠入矣，珠美则蚌裂矣。石含金者焚铄，草任药者剪掘[①]。刃利则先缺，弦哀则速绝[②]。用以适己[③]，真人之宝也[④]；才合世求，有伎之灾也[⑤]。"

【注释】

①任药：能够当药物使用。

②弦哀则速绝：琴弦发出的声音清亮悲哀就会很快断掉。绝，断。据说琴弦绷得越紧，发出的声音越发清哀，然而这样的琴弦越容易断掉。

③用以适己：才能适合自己所用。用，作用；才能。

④真人：道家心目中能够获取大道、思想境界最高的人。

⑤伎：技能；才能。

【译文】

抱朴子说："树林繁茂了木匠就会进去砍伐，珍珠漂亮了珠蚌就会被人剖开。含有黄金的石头就会被焚烧熔化，可以入药的草木就会被剪割挖掘。刀刃锋利的刀剑先被砍出缺口，声音清亮悲哀的琴弦很快就会断掉。才能适合自己所用，这是得道者的宝物；才能适合社会的需求，这是有技能者的灾难。"

抱朴子曰："准的陈[①]，则流镝赴焉；美名起，则谤讟攻焉[②]。瑰货多藏，则不招怨而怨至矣；器盈志骄，则不召祸而祸来矣。"

【注释】

①准的(dì)：箭靶。陈：陈列；摆出。

②谤讟(dú)：诽谤。

【译文】

抱朴子说："箭靶摆出来了，就会有飞箭射向它；美名传扬开了，就会有诽谤之言前来攻击。珍奇的物品收藏得多了，那么不去招怨而怨恨也会自然到来；志得意满傲慢无礼，那么不去惹祸而灾祸也会自然发生。"

抱朴子曰："连城之宝，非贫寒所能市也①；高世之器，非浅俗所能识也。然盈尺之珍，不以莫知而暗其质②；逸伦之士，不以否塞而薄其节③。乐天任命，何怨何尤！"

【注释】

①市：购买。

②暗：暗淡。这里引申为降低的意思。

③否（pǐ）塞：不得意；困窘。

【译文】

抱朴子说："价值连城的宝物，不是贫寒的人所能够购买的；出类拔萃的人才，不是浅薄的世人所能够认识的。然而一尺大小的珍宝，不会因为没有人知道自己就改变自己的本质；才华超众的士人，不会因为自己的生活困窘就降低自己的节操。他们乐于接受并听从天命的安排，又有什么值得抱怨又有什么值得责备的呢！"

抱朴子曰："大鹏无戒旦之用①，巨象无驰逐之才。故蒋琬败绩于百里②，而为三台之标③；陈平困瘁于治家④，而怀六奇之略⑤。"

【注释】

①戒旦：提醒天亮。也即报晓。

②蒋琬：三国蜀国大臣。败绩：失败。百里：方圆百里。指一县之地。《三国志·蜀书·蒋琬传》："蒋琬，字公琰，零陵湘乡人也……琬以州书佐随先主入蜀，除广都长。先主尝因游观奄至广都，见琬众事不理，时又沉醉，先主大怒，将加罪戮。军师将军诸葛亮请曰：'蒋琬，社稷之器，非百里之才也。其为政以安民为本，不以修饰为先，愿主公重加察之。'"

③三台：三公。标：榜样。蒋琬后来官至尚书令、大司马等职，政绩卓著。

④陈平：刘邦的开国元勋。困瘁：困顿不堪。《史记·陈丞相世家》："平为人长（大）美色。人或谓陈平曰：'贫何食而肥若是？'其嫂嫉平之不视家生产，曰：'亦食糠覈耳。有叔如此，不如无有。'"

⑤六奇：指陈平向刘邦献出的六条奇计。《史记·陈丞相世家》："凡六出奇计，辄益邑，凡六益封。奇计或颇秘，世莫能闻也。"

【译文】

抱朴子说："大鹏没有报晓的作用，大象没有奔跑追逐的才能。因此蒋琬在治理一县的时候失败了，却成为三公的榜样；陈平在家从事生产的时候困顿不堪，却胸怀着六条奇计那样的谋略。"

抱朴子曰："明暗者，才也，自然而不可饰焉；穷达者，时也，有会而不可力焉①。吕尚非早蔽而晚智②，然振素而仅遇③；韩信非初怯而末勇，然危困而后达。"

【注释】

①会：机会；机缘。

②吕尚：即姜太公。辅佐周武王灭商，为周朝开国功臣。

③振素：飘动的白发。代指老年。仅：才。

【译文】

抱朴子说："是明智还是愚昧，这属于才能，是自然生成的而不能假装出来；是困窘还是显达，这属于机遇，是需要机缘和合而不能人力强求。吕尚并不是年轻时愚昧到了晚年变得明智，然而一直到了白发飘飘时才遇到周文王；韩信并不是开始时怯懦后来变得勇敢，然而早年经历了很多危险困难到了后来才富贵显达。"

抱朴子曰："奔骥不能及既往之失，千金不能救斯言之玷①，故博其施者，未若防其微②；勤其求者，不如寡其辞。"

【注释】

①玷：白玉上的斑点。这里比喻语言上的过失、瑕疵。《诗经·大雅·抑》："白圭之玷，尚可磨也；斯言之玷，不可为也。"

②微：指微小的过失。

【译文】

抱朴子说："即使乘坐飞奔的骏马也无法追回已往的过失，即使花费千金也不能挽回已经说出的错话。因此广泛地施舍恩惠，不如去防范自己的微小过失；勤奋的去追求，不如少说一些话。"

抱朴子曰："烈士之爱国也如家①，奉君也如亲②，则不忠之事，不为其罪矣。仁人之视人也如己，待疏也犹密③，则不恕之怨④，不为其责矣⑤。"

【注释】

①烈士：胸怀壮志的人。

②亲：双亲；父母。

③疏:关系疏远的人。

④不恕:不宽容。

⑤责:责备;批评。

【译文】

抱朴子说:“胸怀壮志的人热爱国家就好像热爱自己的家庭一样,侍奉君主就好像侍奉自己的父母一样,那么不忠诚的事情,就不会成为他们的罪过。仁义的人对待别人就好像对待自己一样,对待关系疏远的人就好像对待自己的亲人一样,那么不够宽容的抱怨,就不会落在他们的头上。”

抱朴子曰:“玄冰未结①,白雪不积,则青松之茂不显;俗化不弊,风教不颓,则皎洁之操不别。在危国而沉贱,故庄、莱抗遗荣之高②;居乱邦而饥寒,故曾、列播忘富之称③。”

【注释】

①玄冰:深厚的冰。玄,深青色。冰结得深厚,颜色呈现玄色,故名“玄冰”。

②庄、莱:庄子、老莱子。庄子是战国宋人,道家的代表人物,曾经拒绝楚王的出仕邀请。老莱子,春秋楚国隐士,也曾拒绝过楚王的聘请,与妻子耕于蒙山之下。抗:高举。这里引申为坚守。遗荣:放弃荣华富贵。高:高尚的情操。

③曾:曾参。孔子的弟子,一生贫困,但无意于富贵。《孟子·公孙丑下》:“曾子曰:‘晋、楚之富,不可及也。彼以其富,我以吾仁;彼以其爵,我以吾义,吾何慊乎哉?’”列:列御寇。先秦思想家,道家代表人物之一。他贫寒交加,但不接受郑相子阳的资助。播:留下。

【译文】

抱朴子说:“深厚的冰块还没有凝结,白色的雪花还没有聚集,那么青松的茂盛就无法得以显示；社会风气不凋敝，世俗教化不颓败，那么高洁的操守就不能与他人有所区别。在危机四伏的国家里能够安心处于卑贱的地位，因此说庄周、老莱子坚守住了遗弃荣华的高尚品德；在混乱不堪的国家里甘心挨饿受冻，因此曾参、列御寇能够留下遗忘财富的美名。”

抱朴子曰：“天居高而鉴卑①，故其网虽疏而不漏②；神聪明而正直，故其道赏真而罚伪。是以惠和畅于九区③，则七耀得于玄昊④；残害著于品物⑤，则二气谬于四八⑥。”

【注释】

①鉴卑：监察着人间。鉴，观察；监察。卑：低处。这里指人间。

②其网虽疏而不漏：网眼看似稀疏而从不遗漏任何东西。《老子》七十三章：“天网恢恢，疏而不失。”

③惠和：惠爱祥和。九区：九州。即整个天下。

④七耀：又作“七曜”。日、月和金、木、水、火、土五星的合称。得：恰当。这里指运行正常。玄昊：苍天。

⑤品物：万物。品，类；各类。

⑥二气：阴、阳二气。四八：四个季节，八个节气。八节指立春、立夏、立秋、立冬、春分、夏至、秋分、冬至。

【译文】

抱朴子说：“上天虽然处于高处却监察着人间的一切，因此天的网眼看似稀疏却从不会遗漏任何东西；天神耳聪目明并且正直，所以他们的原则是奖赏真诚而惩罚虚假。因此如果君主的惠爱祥和之风能够吹遍九州大地，那么天上的日、月、五星也就会正常运行；如果君主的残害施加于万物，那么阴、阳二气就会在四季八节发生混乱颠倒。”

抱朴子曰："天秩有罔极之尊①，人爵无违德之贵②。故仲尼虽匹夫，而飨祀于百代③；辛、癸为帝王④，而仆竖不愿以见比⑤。商老身愈贱而名愈贵⑥，幽、厉位弥重而罪弥著⑦。故齐王之生，不及柳惠之墓⑧；秦王之宫⑨，未若康成之闾⑩。"

【注释】

①天秩：上天安排的秩序。罔极：无限。

②人爵：人间的官爵。

③飨(xiǎng)祀：享受人们的祭祀。飨，神鬼享用祭品。

④辛、癸：商纣王与夏桀。商纣王名辛，夏桀名履癸。

⑤仆竖：仆人奴隶。竖，童仆。见比：被比作夏桀王与商纣王。见，被。

⑥商老：即商山四皓。商，山名。即商山，在今陕西。老，指汉初隐居于商山中的四位须眉皆白的老人。他们是东园公、绮里季、夏黄公、甪里先生。史称"商山四皓"。

⑦幽、厉：周幽王、周厉王。西周晚期的两个君主。周厉王残暴拒谏，后被国人流放到彘。周幽王是西周的最后一位君主。周幽王的王后为申侯之女，其子宜臼为太子。后幽王因爱褒姒，欲废申后、太子，而立褒姒为后，立其子伯服为太子。申侯结犬戎等攻杀幽王于骊山下，虏褒姒，立太子宜臼，是为东周平王。

⑧故齐王之生，不及柳惠之墓：因此活着的齐王，还不如柳下惠的坟墓。柳惠，即柳下惠。春秋鲁国人。姓展名禽，字季。封于柳下，故名"柳下季"。一说居于柳树下，故名。死后谥号"惠"，故又称"柳下惠"。《战国策·齐策四》："齐宣王见颜斶，曰：'斶前！'斶亦曰：'王前！'……王忿然作色曰：'王者贵乎？士贵乎？'

对曰：‘士贵耳，王者不贵。’王曰：‘有说乎？’斶曰：‘有。昔者秦攻齐，令曰：“有敢去柳下季垄五十步而樵采者，死不赦。”令曰：“有能得齐王头者，封万户侯，赐金千镒。”由是观之，生王之头，曾不若死士之垄也。’宣王默然不悦。”

⑨秦王之宫：指秦始皇的阿房宫及其他宫殿。项羽入关后，放火烧毁了秦朝的这些宫殿。

⑩康成：郑玄，字康成。东汉末年的著名经学大师，著述颇丰。闾：里巷；家乡。《后汉书·郑玄列传》：“建安元年，自徐州还高密，道遇黄巾贼数万人，见玄皆拜，相约不敢入县境。”

【译文】

抱朴子说：“上天安排的一些秩序具备了无限的尊崇，人间爵位的安排也应该是让不违背道德的人高贵。因此孔子虽然是一位普通百姓，却享受着百代人的祭祀；商纣王与夏桀王虽然身为帝王，然而即使奴隶仆人也不愿意把自己比作桀纣。商山四皓地位越卑贱而他们的名声越高贵，周幽王和周厉王的地位越重要而罪行也越显著。因此活着的齐王，还比不上柳下惠的坟墓；秦王的宫殿，还不如郑康成住的小巷子。”

抱朴子曰：“影响不能无形声以著①，余庆不可以无德而招②。故唐尧为政，七十余载，然后景星摛耀③；羊公积行④，黄发不倦⑤，而乃坠金雨集⑥。涂远者其至必迟，施后者其报常晚。”

【注释】

①影响不能无形声以著：影子与回音不可能没有形体与声音就独自出现了。响，回音。著，出现。

②余庆：很多的福祉。余，多；盛。《周易·坤卦》："文言曰：'……积善之家，必有余庆。'"

③景星：德星；瑞星。其状无常，常出现于有道之国。摛（chī）耀：闪烁着光芒。摛，舒展。引申为闪耀。

④羊公：一说指《搜神记》中的杨公（又作羊公），一说指晋朝的大臣羊祜。然而他们的事迹与本文所言都不太相符。现录《搜神记》卷十一的记载："杨公伯雍，雒阳县人也。本以侩卖为业。性笃孝。父母亡，葬无终山，遂家焉。山高八十里，上无水，公汲水作义浆于坂头，行者皆饮之。三年，有一人就饮，以一斗石子与之，使至高平好地有石处种之，云：'玉当生其中。'杨公未娶，又语云：'汝后当得好妇。'语毕不见。乃种其石。数岁，时时往视，见玉子生石上，人莫知也。有徐氏者，右北平著姓，女甚有行，时人求，多不许。公乃试求徐氏。徐氏笑以为狂，因戏云：'得白璧一双来，当听为婚。'公至所种玉田中，得白璧五双以聘。徐氏大惊，遂以女妻公。"

⑤黄发：指老年或老人。老人的头发先变白，后转黄，故称老人为"黄发"。

⑥坠金雨集：落下的黄金像雨点一样聚集在地上。

【译文】

抱朴子说："影子与回音不可能没有形体与声音就独自出现了，盛多的福祉不可能不去积德行善就能够获得。因此唐尧治理国家，一直到了七十多年，然后才使瑞星在天上闪烁着光芒；羊公累积善行，一直到老也孜孜不倦，然后天上落下的金子才像雨点一样集聚在他那里。道路遥远的人到达的时间一定较迟，布施恩德在后的人获得的报答总是较晚。"

抱朴子曰："理尽者不可责有余，一至者不可求兼济①。

故洪涛之末，不能荡浮萍；冲风之后，不能飏轻尘②。劲弩之余力，不能洞雾縠③；西颓之落辉④，不能照山东。”

【注释】

①一至者：在某一方面有特别造诣的。兼济：事事成功。

②飏（yáng）：飘扬；吹起。

③洞：穿透。縠（hú）：有皱纹的轻纱。

④西颓：向西落下的太阳。颓，落下。

【译文】

抱朴子说：“把自己的道理全部讲尽的人就不可能要求他再讲出更多的东西，在某一方面具有特殊造诣的人不可能要求他事事都能够成功。因此巨大波浪的最后一点力量，无法摇动浮萍；狂风的最后一点力气，不能吹起轻尘。强劲弓弩射出去的箭，到了最后连雾一样的轻纱也无力穿透；西落太阳的余晖，也无法照亮山峰的东面。”

抱朴子曰：“悬象虽薄蚀①，不可以比萤烛之贞耀②；黄河虽混浑③，不可以方沼沚之清澄④。山虽崩，犹峻于丘垤⑤；虎虽瘠，犹猛于豺狼。”

【注释】

①悬象：指悬挂于天空的日、月。薄蚀：日、月相掩食。也即日蚀、月蚀。《吕氏春秋·明理》：“其月有薄蚀。”

②萤烛：萤火般的烛火。贞耀：正常的光耀。贞，正。

③混浑：浑浊。

④沼沚（zhǐ）：池塘。

⑤丘垤（dié）：小土丘。垤，蚂蚁做窝时堆在洞口的小土堆，又叫做

"蚁封"、"蚁冢"。也用来指小土堆。

【译文】

抱朴子说:"日、月即使出现了日蚀、月蚀,也不可以拿正常发光的萤光般的烛光同它们相比较;黄河即使混浊,也不能拿清澈的小池塘与它相比拟。山峰即使崩塌了,依然比小土堆要高大;老虎即使瘦弱,还是比豺狼要凶猛。"

抱朴子曰:"神农不九疾①,则四经之道不垂②;大禹不胼胝③,则玄圭之庆不集④。故久忧为厚乐之本,暂劳为永逸之始。"

【注释】

①神农:传说中的帝王。相传他尝百草,首创医学。九疾:多次生病。这里主要指为尝百草而遇毒生病。九,泛指多次。《淮南子·修务训》:"于是神农……尝百草之滋味水泉之甘苦,令民知所辟就。当此之时,一日而遇七十毒。"

②四经:为假托神农氏名义的四本医学著作。一说即四卷本《本草》,又叫做《神农本草经》。

③胼胝(pián zhī):手脚上的老茧。《史记·李斯列传》:"禹凿龙门,通大夏,疏九河,曲九防,决渟水致之海,而股无胈,胫无毛,手足胼胝,面目黎黑。"

④玄圭:黑色的玉圭。古代帝王举行典礼时所使用的一种玉器。集:到来;成功。大禹治水成功后,舜赐予玄圭,并告天成功。《尚书·禹贡》:"禹锡玄圭,告厥成功。"

【译文】

抱朴子说:"神农如果没有为尝百草而多次中毒生病,那么四经的药学内容就不可能流传到后世;大禹如果没有使自己的手脚磨出老茧,那么手握玄圭庆祝治水成功的事业就不能成就。因此长期的忧虑劳苦是获得极大欢乐的根本,暂时的辛劳是长久安逸的开始。”

抱朴子曰:“金钩桂饵虽珍①,而不能制九渊之沉鳞②;显宠丰禄虽贵,而不能致无欲之幽人③。故吕梁有鹄立之夫④,河湄繁伐檀之民⑤;玉帛徒集于子陵之巷⑥,蒲轮虚反于徐生之门⑦。”

【注释】

①桂饵:肉桂做的鱼饵。桂,树名。又叫做肉桂。其皮可做香料。

②制:控制。这里指引诱、钓起。沉鳞:指潜藏在水底的龙。

③幽人:隐士。

④吕梁:地名。这里指吕梁的深水边。鹄(hú)立之夫:像天鹅一样伫立着的男子。鹄,天鹅。本句讲的是没有出仕的孔子。《庄子·达生》:“孔子观于吕梁,县水三十仞,流沫四十里,鼋鼍鱼鳖之所不能游也。”

⑤河湄(méi):黄河岸边。河,黄河。湄,岸边。繁:很多。伐檀之民:砍伐檀木的贤人。伐檀,典出《诗经·魏风》中的《伐檀》。这首诗歌的内容是讽刺在位的官员贪鄙,而君子却无法出仕。

⑥徒:白白地。集:聚集。这里指送到。子陵:严光,字子陵。东汉初年的隐士。《后汉书·逸民列传》:“严光字子陵,一名遵,会稽余姚人也。少有高名,与光武同游学。及光武即位,乃变名姓,隐身不见。帝思其贤,乃令以物色访之……乃备安车玄纁,遣使聘之,三反而后至……除为谏议大夫,不屈,乃耕于富春山。”

⑦蒲轮:用蒲草包裹车轮的车子。用蒲草包裹车轮是为了减小震动,古代朝廷多用蒲轮车迎接德高望重的贤人。反:同“返”。徐

生：徐稚。东汉的隐士。《后汉书·徐稚列传》："徐稚字孺子，豫章南昌人也。家贫，常自耕稼，非其力不食。恭俭义让，所居服其德。屡辟公府，不起……桓帝乃以安车玄纁，备礼征之，并不至。"

【译文】

抱朴子说："黄金鱼钩和肉桂鱼饵虽然十分珍贵，但无法引诱九重深渊中的蛟龙；荣耀的地位和丰厚的俸禄虽然非常可贵，却不能招来没有欲望的隐士。因此在吕梁有天鹅般伫立的没有出仕的男子，黄河岸边也有很多砍伐檀木的贤者；美玉布帛这些聘贤的礼物白白地送到了严子陵的住地，蒲轮之车也徒劳无功地往返于徐孺子的家门。"

抱朴子曰："观听殊好，爱憎难同。飞鸟睹西施而惊逝①，鱼鳖闻《九韶》而深沉②。故衮藻之粲焕③，不能悦裸乡之目④；《采菱》之清音⑤，不能快楚隶之耳⑥。古公之仁⑦，不能喻欲地之狄⑧；端木之辩⑨，不能释系马之庸⑩。"

【注释】

①西施：春秋美女名。《庄子·齐物论》："毛嫱、丽姬，人之所美也，鱼见之深入，鸟见之高飞，麋鹿见之决骤。"

②《九韶》：舜时的乐曲名。

③衮(gǔn)藻：衮服上的花纹。衮，即衮服，又叫做衮衣，绣有龙形等花纹的高贵服饰。藻，花纹。粲焕：灿烂。

④裸乡：不穿衣服的地方。

⑤《采菱》：楚国的高雅乐曲名。

⑥楚隶：楚国的奴隶。因奴隶的素质较低，无法欣赏高雅的《采菱》。

⑦古公：又叫大王亶父。周文王的祖父。原居于邠，为避狄人的侵扰，离开故土，迁居岐山，后发展农业，奠定了周王朝的基业。

⑧喻：明白；使知道。这里引申为说服、感化。欲地：想要土地。狄：我国古代西北部的一个少数民族。

⑨端木：端木赐。春秋卫国人，孔子弟子，姓端木名赐，字子贡。子贡思维敏捷，能言善辩。

⑩释系马之庸：说服扣住马的平庸农夫。释：解释；说服。《淮南子·人间训》："孔子行游，马失，食农夫之稼。野人怒，取马而系之。子贡往说之，卑辞而不能得也。孔子曰：'夫以人之所不能听说人，譬以大牢享野兽，以《九韶》乐飞鸟也。予之罪也，非彼人之过也。'乃使马圉往说之。至见野人曰：'子耕东海，而至于西海，吾马之失，安得不食子之苗？'野人大喜，解马而与之。"

【译文】

抱朴子说："人们的耳目爱好各不相同，感情的爱憎也难以一样。飞鸟看见西施就会惊慌失措地逃走，鱼鳖听到《九韶》的音乐就会深深地藏入水中。因此衮服上的花纹灿烂夺目，却不能使习惯于赤身裸体的人们感到好看；《采菱》歌曲的清丽声音，也不能让楚地的奴隶感到好听。古公亶父的仁慈，不能劝服有夺地欲望的狄人；端木赐的能言善辩，也不能说服扣住马不放的平庸农夫。"

抱朴子曰："般旋之仪①，见憎于裸踞之乡②；绳墨之匠，获忌于曲木之肆③。贪婪饕餮者④，疾素丝之皎洁；比周实繁者⑤，雠高操之孤立。犹贾竖之恶同利、丑女之害国色⑥。"

【注释】

①般（pán）旋：即"盘旋"。形容行礼时回旋进退的模样。

②见：被。裸踞之乡：指不讲礼仪的地方。裸，赤身裸体。踞，"箕

踞”的省略。坐在地上，两腿像簸箕一样伸开。这是一种不合礼节的坐姿。

③曲木之肆：摆满弯曲木料的商铺。肆，商店。

④饕餮(tāo tiè)：传说中一种贪食的恶兽。比喻贪婪凶狠的人。

⑤比周：相互勾结以求私利。实繁：频繁；不断。

⑥贾(gǔ)竖：对商人的贱称。贾，商人。竖，小子。对人的蔑称。同利：指经营同一个行业以取利的人。也即同行。国色：美冠一国的女子。

【译文】

抱朴子说：“回旋进退的礼仪，被不讲礼仪的地方的人们所憎恶；带着墨线的木匠，被摆满弯曲木料的商铺所忌恨。贪婪凶狠的人，仇恨那些犹如白色丝绸般的高洁之人；不断地结党营私的人，仇视操守高尚不与人勾结的人。这就好像商人讨厌与自己分享利益的同行，丑陋的女人嫉妒最漂亮的美女一样。”

抱朴子曰：“君子之升腾也①，则推贤而散禄；庸人之得志也，则矜贵而忽士②。施惠隆于佞幸，用才出乎小惠③。不与智者共其安，而望有危而见救；不与奇士同其欢，而欲有戚之见恤④，犹灾火张天，方请雨于名山；洪水凌空，而伐舟于东闽⑤，不亦晚乎！”

【注释】

①升腾：晋升高位。

②矜贵：夸耀自己的高贵。矜，夸耀。

③才：当作“财”。财富。杨明照《抱朴子外篇校笺》：“孙星衍曰：‘(“才”)当作“财”。’王广恕曰：‘(“用才”)当作“财”……’照按：

孙、王说是。”

④戚:忧患。见恤:被救助。见,被。恤,体恤;救助。

⑤伐舟:伐木造船。东闽:地名。指今浙江金华、绍兴一带。此地多林木。

【译文】

抱朴子说:“君子身居高位之后,就会举荐贤人而散发自己的俸禄;庸人得志为官之后,就会夸耀自己的高贵而轻视士人。恩惠主要送给那些受到宠幸的奸佞之人,钱财也只是用在小恩小惠之上。不能与有智慧的人共享安乐,却希望他们在自己有了危险的时候出手相助;不能和有奇才的人同享欢乐,却期望他们在自己有了忧患的时候前来帮助自己,这就好像是出现了漫天的火灾,方才赶到名山去祭神祈雨一样;还好像到了洪水滔天的时候,方才跑到东闽去伐木造船一般,这不是也太晚了吗!”

辞义卷四十

【题解】

辞义，文辞与内容。类似我们今天讲的文学的形式与内容。义，内容。本篇主要讨论文章写作与欣赏的问题。

首先，葛洪假借他人之口说："乾坤方圆，非规矩之功；三辰摛景，非莹磨之力；春华粲焕，非渐染之采；茝蕙芬馥，非容气所假。知夫至真，贵乎天然也。"这种贵本真、重天然的创作原则，从古至今，受到人们的一致赞赏。

其次，葛洪认为文章最重要的是要具备"判微析理"、有益社会的实际价值，如果文章"不能拯风俗之流遁、世涂之凌夷，通疑者之路，赈贫者之乏"，那么"何异春华不为肴粮之用，茝蕙不救冰寒之急"！葛洪认为古诗之所以受到重视，原因就在于古诗具有"刺过失"的功能，因此有益于社会生活。

第三，葛洪主张作品的多样性。认为"五味舛而并甘，众色乖而皆丽"，虽然形式各不相同，但殊途同归，都能够收到良好的教育效果。

第四，指出创作者与欣赏者的各自毛病。就创作者来说，其毛病往往是思想深刻的人，文笔却显得烦琐冗长；文笔优美的人，而思想又流于肤浅。就欣赏者来说，其最大的毛病就是"爱同憎异，贵乎合己，贱于殊途"，不能客观而全面地去对待自己的欣赏对象。

最后，葛洪提出了自己的文学主张："繁华暐晔，则并七曜以高丽；沉微沦妙，则侪玄渊之无测。"既要有繁花似锦的优美形式，又要有深邃微妙的思想内容。直到今天，形式与内容的完美结合，依然是文学创作的重要原则。

魏晋时期，是中国文学的觉醒时期。葛洪站在时代的前沿，对文学的创作原则作出了自己的论述，这些论述虽然有些简单，但站在历史的角度来看，还是难能可贵的。

或曰："乾坤方圆①，非规矩之功②；三辰摛景③，非莹磨之力④；春华粲焕⑤，非渐染之采⑥；茝蕙芬馥⑦，非容气所假⑧。知夫至真，贵乎天然也。义以罕觌为异⑨，辞以不常为美。而历观古今属文之家⑩，鲜能挺逸丽于毫端⑪，多斟酌于前言，何也？"

【注释】

①乾坤方圆：天圆地方。乾，天。坤，地。

②规矩：木工用来画圆的工具叫做规，用来画方的工具叫做矩。

③三辰：日、月、星。摛（chī）：舒展。引申为闪耀。景：日光。这里泛指光芒。

④莹磨：打磨；磨制。莹，磨制。

⑤华：花。粲焕：鲜艳的样子。

⑥渐（jiān）：浸泡；浸染。

⑦茝蕙（zhǐ huì）：两种芳草名。茝，即白芷。芬馥：芳香。

⑧容气：应作"客气"。即外来的气味。杨明照《抱朴子外篇校笺》："此二句言芬馥之气为茝蕙所固有，非由外假也。是'容'为'客'之形误，当校正。"一说"容气"即"容臭"，也即香囊。

⑨罕(hǎn):同“罕”,很少。觌(dí):看见。

⑩属(zhǔ)文:写文章。属,连缀。这里指连缀辞句。

⑪鲜:少。毫端:笔端。毫,毛笔。

【译文】

有人说:“天圆地方,靠的不是圆规和方矩的功劳;日、月、星辰闪耀着光芒,靠的不是人工打磨的力量;春天的鲜花灿烂鲜艳,这不是人工浸染出来的色彩;白芷蕙草散发着芳香,凭借的不是外来的气味。由此可知最为本真的东西,其可贵之处就在于是天然形成的。论点以罕见为奇异,言辞以不平庸为美好。然而历观古今那些写文章的人们,很少有人能够在笔下写出超逸华美的文字,大多都是在前人的话语中斟酌取用,这是为什么呢?”

抱朴子曰:“清音贵于雅韵克谐[①],著作珍乎判微析理[②]。故八音形器异而钟律同[③],黼黻文物殊而五色均[④]。徒闲涩有主宾[⑤],妍蚩有步骤[⑥]。是则总章无常曲[⑦],大庖无定味[⑧]。夫梓、豫山积[⑨],非班、匠不能成机巧[⑩];众书无限,非英才不能收膏腴[⑪]。何必寻木千里[⑫],乃构大厦?鬼神之言[⑬],乃著篇章乎?”

【注释】

①克谐:能够和谐。克,能够。

②判微析理:分析微妙的道理。判,分;分析。微,微妙的道理。

③八音:古代的八类乐器,具体指金(如钟)、石(如磬)、丝(如琴瑟)、竹(如箫管)、匏(如竽笙)、土(如埙)、革(如鼓)、木(如柷敔)。钟律:音律。

④黼黻(fǔ fú):古代礼服上的花纹。文物:花纹图案。文,同“纹”。均:一样。

⑤徒闲涩有主宾：只是因为演奏时有的娴熟有的生涩而分出了高低主次。徒，仅仅；只是。闲，通“娴”，娴熟。主宾，主次；高低。

⑥妍蚩(yán chī)：美与丑。蚩，通“媸”，丑。步骤：缓行与快走。这里用来形容差别。步，缓行。骤，快走。

⑦总章：乐官名。

⑧大庖：君主的厨房。《诗经·小雅·车攻》：“徒御不惊，大庖不盈。”一说“大庖”是指厨艺高超的厨师。

⑨梓、豫：两种良木名。梓，梓树。豫，樟树的一种。

⑩班：即先秦鲁国的公输班。也即鲁班。匠：匠石。《庄子》书中的能工巧匠。机巧：指各种巧妙的器具。

⑪膏腴：肥沃。这里比喻书中的精华。

⑫寻木：传说中的大树。《山海经·海外北经》：“寻木长千里，在拘缨南，生河上西北。”

⑬鬼神之言：神奇得如同鬼神之言。

【译文】

抱朴子说：“清丽音乐的可贵之处在于雅正的声音十分和谐，著书立说的可贵之处在于能够剖析微妙的道理。因此八类乐器的形状虽然不同而音律却是一样的，礼服上的花纹图案虽然不同而所用的五种色彩却是相同的。只是因为演奏时有的娴熟有的生涩而分出了高低主次，在花纹图案的美丽与丑陋之间有了差别。这也说明了在音乐官员那里没有一成不变的曲目，在君主的厨房中没有固定不变的菜肴。梓木与樟木堆积如山，如果没有鲁班、匠石那样的能工巧匠就不可能做成各种巧妙的器具；众多的书籍不计其数，如果没有杰出的人才就不可能从中汲取思想精华。为什么一定要高达千里的寻木，才能够构筑高楼大厦呢？为什么一定要神奇得如同鬼神的语言，才能写入文章呢？”

抱朴子曰：“夫才有清浊，思有修短①，虽并属文，参差万品。或浩漾而不渊潭[②]，或得事情而辞钝[③]，违物理而文工。盖偏长之一致，非兼通之才也。暗于自料[④]，强欲兼之，违才易务[⑤]，故不免嗤也。”

【注释】

①修：长。

②渊潭：深渊。这里形容内容深刻。

③事情：事物的真实情况。情，真实情况。

④暗：愚昧；不懂。

⑤易务：把著述之事看得太容易。易，轻视。

【译文】

抱朴子说：“人的才情有清浊之分，人的才思有长短之别，虽然都在著书立说，但是高低好坏却有着千差万别。有的文章浩荡无际却不够深刻，有的文章能够抓住事物的本质而文辞笨拙，有的文章不合事理却语言精妙。他们同样都是偏长于某一方面，而不是各方面都能够精通的人才。然而人们往往缺乏自知之明，硬想各方面都要兼备，脱离了自己的才能而把写作之事看得太容易，因此就不免要受到别人的嘲笑。”

抱朴子曰：“五味舛而并甘[①]，众色乖而皆丽。近人之情[②]，爱同憎异，贵乎合己，贱于殊途。夫文章之体，尤难详赏。苟以入耳为佳，适心为快，鲜知忘味之九成[③]，《雅》、《颂》之风流也[④]。所谓考盐梅之咸酸，不知大羹之不致[⑤]；明飘飖之细巧[⑥]，蔽于沉深之弘邃也[⑦]。

【注释】

①舛：不同。

②近人：思想浅近的人。

③鲜：少。忘味：使人忘却肉味。九成：指变换着曲调演奏九次的舜时乐曲《韶》。《论语·述而》："子在齐闻《韶》，三月不知肉味。"

④《雅》、《颂》：《诗经》的两个部分。《雅》多为朝廷乐曲，《颂》则为宗庙祭祀乐曲。

⑤大(tài)羹：用来祭祀的、没有调和五味的肉汁。

⑥明：明白；知道。飘飖(yáo)：指在天上飘扬的事物。

⑦蔽：蒙蔽；不知道。沉深：指地下深处。

【译文】

抱朴子说："各种味道相互不同但都很甘美适口，各种颜色彼此有异但都很艳丽悦目。思想浅近者的感情，就是喜爱与自己相同的而讨厌与自己不同的事物，看重与自己相合的，而轻贱与自己不合的。文章的各种体裁，尤其难于进行详尽的评论。如果以顺耳为佳，舒心为好，那么就很少有人知道能够使人忘记肉味的《韶》乐，以及《雅》、《颂》的美好风韵了。正像人们所说的讲求放盐和梅以调和食物的咸酸味道，却不知道大羹是根本不放盐梅的；知道在天上飘扬的事物的细致与巧妙，而不知道地下事物的宏大与深邃。

"其英异宏逸者，则网罗乎玄黄之表①；其拘束龌龊者②，则羁绁于笼罩之内③。振翅有利钝④，则翔集有高卑；骋迹有迟迅，则进趋有远近。驽锐不可(此处有脱文)胶柱调也⑤。文贵丰赡，何必称善如一口乎？不能拯风俗之流遁⑥，世涂之凌夷⑦，通疑者之路，赈贫者之乏，何异春华不为肴粮之用，茝蕙不救冰寒之急！古诗刺过失，故有益而贵；今诗纯虚誉，故有损而贱也。"

【注释】

①玄黄：天地。玄，天。黄，地。表：在……之外。

②龌龊（wò chuò）：器量狭小的样子。

③羁绁（xiè）：羁绊；束缚。绁，拴；牵。笼罩：两种捕鱼的竹笼子。

④利钝：这里指飞翔能力的高低。

⑤驽锐不可：此四字下有脱文。杨明照《抱朴子外篇校笺》考证："《文选》刘峻《辨命论》：'非可以一涂验。'李注：'《抱朴子》曰："驽锐不可以一涂验，筝琴不可以胶柱调也。"'"译文据此补上。

⑥流遁：向不正确的方向发展。也即江河日下的意思。

⑦凌夷：逐渐衰败。

【译文】

"那些才能超众气量宏大的人，可以胸怀整个天地；那些拘谨约束心胸狭隘的人，就会把自己束缚在狭小的笼子之中。展翅飞翔的能力有大小之分，那么它们的飞翔就有了高低的不同；奔驰的速度有快慢的区别，那么它们的前进道路就有了远近的差别。驽笨与敏捷不能用同样的方法去查验，筝琴不能固定住琴柱来调音。文章的可贵之处在于其内容的丰富多彩，为什么一定要求别人异口同声地予以赞扬呢？如果文章不能拯救世风的江河日下，不能阻止社会的日益败落，不能打通疑问者的思路，不能救助贫穷者的困窘，那么这和春花不能当菜肴粮食使用、白芷蕙草不能解救寒冷又有什么区别呢！古代的诗歌批评人们的过失，因此有益于社会而受到了重视；现在的诗歌完全是对别人的虚浮赞美，因此有害于社会而受到了轻视。"

抱朴子曰："属笔之家，亦各有病。其深者，则患乎譬烦言冗[①]，申诫广喻，欲弃而惜，不觉成烦也；其浅者，则患乎妍而无据[②]，证援不给[③]，皮肤鲜泽，而骨骾迴弱也[④]。繁华暐晔[⑤]，则并七曜以高丽[⑥]；沉微沦妙[⑦]，则侪玄渊之无测[⑧]。人事靡细而不浃⑨，王道无微而不惰⑩，故能身贱而言贵，千载弥彰焉⑪。"

【注释】

①患：弊端。譬烦：比喻太多。譬，比喻。言冗：语言冗长。

②妍(yán)：美好。这里指文辞美好。

③证援：证据；论证。不给：不足。

④骨鲠：指支撑文章的内容。迥：遥远。这里引申为非常。

⑤繁华：众多的鲜花。比喻优美的文辞。华，花。暐(wěi)晔：光彩夺目的样子。

⑥七曜：又作"七耀"。日、月和金、木、水、火、土五星的合称。

⑦沉微沦妙：深刻微妙。指的是文章内容。

⑧侪(chái)：同类；等同。玄渊：深渊。

⑨靡细：无论如何细小。靡，无；无论。浃(jiā)：普遍；周遍。

⑩惰(bèi)：应为"备"字之误。《道藏》本即作"备"。完备。

⑪弥彰：更加的著名。弥，更加。彰，显明；著名。

【译文】

抱朴子说："著书立说的人，也各有毛病。那些内容比较深刻的文章，弊端在于比喻烦琐而语言冗长，反复告诫而多方设喻，想丢掉一些辞句又觉得可惜，不知不觉之中就使文章变得烦琐累赘了；那些内容比较浮浅的文章，弊端在于文词漂亮而内容缺乏依据，援引的证据不够充分，表面看起来艳丽润泽，而内在的骨骼却非常软弱。文章的文辞应该像繁盛的鲜花那样艳丽夺目，这样一来就可以如同天上的日、月、五星那样闪耀着美丽的光芒；文章的内容应该深刻而微妙，这样一来就能够与深渊一样不可测量。人间无论多么细小的事情无不涉及，治国的方法无论多么细微无不具备，因此这样的作者就能够身处低贱而言论可贵，千年之后会更加地著名于世。"

循本卷四十一

【题解】

循本，追循根本。也即重视根本、从根本做起的意思。

在本篇的一开始，葛洪就强调，神明、天地、山岳、君子等万事万物，都有各自的根本。失去了根本，事物也就失去了存在的基础。因此“欲致其高，必丰其基；欲茂其末，必深其根”。作者的重点是针对个人修养而言，认为圣贤之所以为圣贤，是因为他们孜孜不倦地修养自己的根本——品德与才能。如果没有德才，即使因为某种原因而窃据了高位，那也不过如同“狂华干霜以吐曜，不崇朝而零瘁矣”。

本篇最后指出，要想让人们修养好自己的德才，唯一的方法就是“擢民于岩岫，任才而不计也”。即通过提拔重用具有真才实学的山林隐士这一办法，促使整个社会向学风气的形成。

抱朴子曰：“玄寂虚静者①，神明之本也②；阴阳柔刚者，二仪之本也③；巍峨岩岫者④，山岳之本也；德行、文学者⑤，君子之本也。莫或无本而能立焉。是以欲致其高，必丰其基；欲茂其末，必深其根。

【注释】

①玄寂：寂静；淡薄。

②神明：极为聪明。也即圣明。

③二仪：天地。

④岫（xiù）：山峰。

⑤文学：指文章、博学。

【译文】

抱朴子说："清静淡薄，是圣明的根本；阴柔阳刚，是天地的根本；巍峨的峰峦，是山岳的根本；品德操行、文章博学，是君子的根本。没有任何事物能够失去了根本而还可以存在。因此想要使山峰变得高大，必先使它的基础丰厚；想要使树木的枝叶茂盛，必先加深它的根基。

"乡党之友不洽①，而勤远方之求；涖官之称不著②，而索不次之显③。是以虽佻虚誉④，犹狂华干霜以吐曜⑤，不崇朝而零瘁矣⑥；虽窃大宝于不料⑦，冒惟尘以负乘⑧，犹鲜介附腾波以高凌⑨，顾眄已枯株于危陆矣⑩。

【注释】

①乡党：乡里；家乡。洽：融洽。

②涖官：当官；任职。涖，同"莅"。

③不次：不按次序。也即越级提拔。显：显贵地位。

④佻（tiāo）：窃取。

⑤狂华：乱开的花。也即不合时节而开的花。干霜：冒着寒霜。干，冒。吐曜：显示自己的光彩。

⑥崇朝（zhāo）：一个早晨。形容时间极短。崇，终了；结束。零瘁：凋零干枯。

⑦大宝:这里泛指高位。《周易·系辞下》:“圣人之大宝曰位。”

⑧冒:趁着。惟尘:“维尘冥冥”的省略。指尘土茫茫,迷人眼睛,使无所见。比喻小人颠倒黑白,遮蔽贤人。惟,语气词。《诗经·小雅·无将大车》:“无将大车,维尘冥冥。”负乘:背着东西而乘坐着车辆。比喻小人居君子之位。《周易·解卦》:“六三:负且乘,致寇至,贞吝。”乘坐车辆,是君子之事;背负重物,是小人之事。背着东西坐在车上,比喻小人占据了君子之位。

⑨鲜:鱼。介:龟、鳖之类的动物。介,甲壳。这里指长有甲壳的龟、鳖等。

⑩顾眄:看一眼。形容片刻之间。枯株:枯干的木头。形容鱼、龟干枯的模样。危:高。

【译文】

“与家乡朋友的关系还没有相处融洽,却努力地到远方去寻找友谊;任职后的美名并不显著,却想要被越级提拔占据显要位置。这样的人即使窃取了虚假的美誉,也会像不合季节冒着寒霜胡乱开放的鲜花一样,片刻之间就凋零干枯了;即使出人意料地窃取了显贵的地位,趁着浑水盗得了君子的位置,也会像乘着翻滚的波浪高高腾起的鱼鳖一样,转眼之间就会干死在高高的陆地上。

“圣贤孜孜,勉之若彼;浅近跻跻①,忽之如此。积习则忘鲍肆之臭②,裸乡不觉呈形之丑③。自非遁世而无闷、齐物于通塞者④,安能弃近易而寻迂阔哉⑤!将救斯弊,其术无他,徒擢民于岩岫、任才而不计也⑥。”

【注释】

①浅近:指思想浅薄的人。跻跻(jiǎo):傲慢放纵的样子。

②鲍肆:发出腥臭味的咸鱼店。鲍,咸鱼。肆,商店。

③呈形:裸露着身体。

④遁世:逃离社会。也即隐居。无闷:没有苦恼。指隐居而不感到苦恼。《周易·乾卦》:"《文言》曰:'遁世无闷。'"齐物:把是非、得失、有无、生死等万事万物都看做一样的思想。这一思想是庄子提出来的,见《庄子·齐物论》。通塞:顺利与困窘。

⑤近易:身边容易获取的利益。迂阔:迂回而遥远的远大目标。

⑥徒:只有。擢:提拔;举荐。民:这里指隐居的贤人。

【译文】

"圣贤们孜孜不倦,是那样勤奋地修养自己的德才;思想浅薄的人傲慢放纵,是如此地忽略对个人德才的培养。积久成习了就会忘掉咸鱼店里的腥臭味,习惯于不穿衣服的人们也感觉不到赤身露体的羞耻。除了那些隐居而没有烦恼、把生活的顺利与困窘等万事万物视为齐同的人,又怎么能够抛弃身边容易获取的利益而去追求那些迂回而遥远的远大目标呢!要想革除这些弊端,没有其他办法,只有把隐居在山林里的贤士举荐出来、重用有才之人而不考虑其他。"

应嘲卷四十二

【题解】

应嘲：回应别人嘲讽和疑问。本篇可分为两大段落，第一大段回应了身为隐士的自己为什么还去关心世事的嘲讽，第二大段回答有关自己为什么要在书中抨击世俗的疑虑。

在第一大段中，葛洪针对"先生高尚勿用，身不服事，而著《君道》、《臣节》之书；不交于世，而作讥俗、救生之论；甚爱骭毛，而缀用兵战守之法；不营进趋，而有《审举》、《穷达》之篇"的嘲讽，做出了自己的回答。首先，葛洪认为"君臣之大，次于天地"，言外之意是说，自己虽然身为隐士，但为君分忧是自己的分内之事。其次，葛洪用历史上老子、鬼谷先生的事例，说明"隐显任时，言亦何系"的道理，出仕与否是个机遇问题，这与一个人是否发表言论没有必然关系。在本段中，值得注意的是，葛洪对同为道家人物的庄子进行了较为激烈的批评。

在第二段中，有人认为葛洪著书"弹断风俗，言苦辞直。吾恐适足取憎在位，招摈于时"。对于这一疑虑，葛洪回答了自己如此做的原因：一是自己想写一些有助于教化的文章，不愿意"虚美隐恶"，取悦于人。二是自己不愿意"违情曲笔，错滥真伪"，希望自己能够做到"心口相契，顾不愧景"，也即写作不可愧对自己的良心。三是自己听天由命，希望遇知音于身后，不求荣耀于当世，因而自己也就没有什么可顾及的了。

在本段的最后，葛洪也对“离同合异，鸟影不动”之类的无用学问提出了尖锐的批评，认为这些命题没有存在的价值。

抱朴子曰：“客嘲余云[1]：‘先生载营抱一[2]，韬景灵渊[3]，背俗独往，邈尔萧然[4]。计决，而犹豫不栖于心术[5]；分定，而世累无系于胸间。伯阳以道德为首[6]，庄周以《逍遥》冠篇[7]，用能标峻格于九霄[8]，宣芳烈于罔极也[9]。今先生高尚勿用[10]，身不服事，而著《君道》、《臣节》之书[11]；不交于世，而作讥俗、救生之论；甚爱骭毛[12]，而缀用兵战守之法[13]；不营进趋，而有《审举》、《穷达》之篇[14]。蒙窃惑焉[15]。’

【注释】

①客：外地人。

②载营抱一：养护身体，坚守正道。载，语助词，无实义。营，“营魄”的省略。身体和灵魂。这里指养护精神和肉体。营，寄托之处叫营。古人认为肉体是灵魂的寄托之所，所以把肉体叫作“营”。一：指独一无二的大道、正道。《老子》十章：“载营魄抱一，能无离乎？”

③韬景：隐藏自己的才华。也即韬光养晦。景，光芒。比喻才华。灵渊：美好的深渊。代指偏僻的隐居地。

④邈尔：境界高远的样子。尔，形容词词尾。萧然：清净无欲的样子。

⑤不栖于心术：不放在心中。心术，思想；心中。

⑥伯阳：老子。一说老子字伯阳。《列仙传·老子》：“老子，姓李，名耳，字伯阳。”道德：《老子》一书又称《道德经》，分《道》、《德》上下两篇。道，指大道，也即最高的客观真理。道教则把大道神化

为无所不能的、类似于上帝的神灵。德，指由大道赋予万物的本性。

⑦《逍遥》：即《逍遥游》。《庄子》的第一篇，主要阐述精神自由的问题。

⑧用：因；因此。标：显示；树立。峻格：高尚的人格。九霄：九天。极言其品格的高尚。

⑨宣：传扬。芳烈：浓烈的芳香。比喻盛大的美名。罔极：无限。

⑩高尚：指把隐居行为看得十分高尚。《周易·蛊卦》："上九：不事王侯，高尚其事。"勿用：不被社会所用。也即不出仕为官。

⑪《君道》、《臣节》：本书的两个篇名，分别为卷五、卷六。

⑫骭(gàn)毛：泛指身体的一毛一发。骭，小腿。毛，汗毛。

⑬缀：连缀。连缀文字，也即写作。战守之法：作战守城的兵法。据《补晋志》记载，葛洪还写有《军术》，被认为是《外篇》的佚篇。

⑭《审举》、《穷达》：本书的两个篇名。分别见卷十五、卷四十九。

⑮蒙：自我谦称。蒙昧之人；愚昧之人。

【译文】

抱朴子说："有一位外地人嘲笑我说：'先生养生修身坚守大道，隐居在偏僻的地方以韬光养晦，脱离尘世独往独来，境界高远清净无欲。您的隐居志向已决，心中没任何的犹豫不决；您离开社会的意愿既定，世上没有任何事情会放在您的胸中。老子把道德放在首位，庄子把《逍遥游》当作《庄子》书的第一篇，因此他们能够表现出极为高尚的品格，能够使自己的美名永远地传扬下去。现在先生以隐居为高尚而不出仕为官，本身也没有担当任何职务，却撰写了《君道》、《臣节》这些篇章；先生不与世人交往，却写作了讥讽世俗、拯救生灵的论文；先生爱惜身上的一毛一发，却写下了用兵打仗进攻退守的方法；先生不追求升官进爵，却创作了《审举》、《穷达》这样的文章。我个人对此深感迷惑。'

“抱朴子曰：‘君臣之大，次于天地。思乐有道，出处一情①。隐显任时②，言亦何系③！大人君子，与事变通。老子，无为者也；鬼谷④，终隐者也。而著其书，咸论世务⑤。何必身居其位，然后乃言其事乎！

【注释】

①出处：出仕与隐居。

②隐显：隐逸与显达。任时：顺应时机。

③何系：与此有何关系？

④鬼谷：即鬼谷子，又称鬼谷先生。战国时纵横家之祖，传说为苏秦、张仪之师。《史记·苏秦列传》：“苏秦者，东周洛阳人也。东事师于齐，而习之于鬼谷先生。”《史记索隐》解释：“鬼谷，地名也。扶风池阳、颍川阳城并有鬼谷墟，盖是其人所居，因为号。”《索隐》中说的扶风池阳、颍川阳城分别指今天的陕西径阳和河南登封一带。一般认为后说更准确。

⑤咸：都。

【译文】

“抱朴子回答说：‘君臣之间关系的重要性，仅次于天地。无论忧思还是快乐都要合乎正道，无论是出仕还是隐居感情上都应一致。自身的隐逸和显达则要顺应时机，而言论与此又有什么关系呢！品德高尚的大人君子，要依据具体的情况而灵活变通。老子，是清净无为的人；鬼谷子，是终生隐居的人。然而他们也写出了自己的著作，都讨论了社会上的事情。为什么一定要身居其位，然后才谈论其事呢！

“‘夫器非琼瑶①，楚和不泣②；质非潜虬，风云不集。余才短德薄，干不适治。出处同归，行止一致；岂必达官，乃可议政事君，居否则不可论治乱乎！常恨庄生言行自伐③，桎梏世业④，身居漆园⑤，而多诞谈。好画鬼魅，憎图狗马⑥；狭细忠贞，贬毁仁义。可谓彫虎画龙，难以征风云；空板亿万⑥，不能救无钱；孺子之竹马⑦，不免于脚剥⑧；土柈之盈案⑨，无益于腹虚也。'

【注释】

①琼瑶：美玉。具体指和氏璧。

②楚和：楚国的卞和。和氏璧的发现者。《韩非子·和氏》记载，卞和因为自己的璞玉不被人认同，"抱其璞而哭于楚山之下，三日三夜，泣尽而继之以血"。

③恨：遗憾。庄生：指庄子。自伐：自我夸耀。

④桎梏(zhì gù)世业：把出仕从政看做自我囚禁。桎梏，带着脚镣手铐。在脚叫"桎"，在手叫"梏"。世业，社会事务。

⑤漆园：地名。庄子曾经当过漆园吏。漆园，一说在今河南商丘，一说在今山东曹州，一说在今安徽定远。

⑥好画鬼魅，憎图狗马：喜欢画鬼怪，讨厌画狗马。比喻喜欢谈论世外之事，不愿谈论世内之事。《韩非子·外储说左上》："客有为齐王画者。齐王问曰：'画孰最难者？'曰：'犬马最难。''孰最易者？'曰：'鬼魅最易。夫犬马，人所知也，旦暮罄于前，不可类之，故难。鬼魅，无形者，不罄于前，故易之也。'"

⑥空板亿万：在空空的木板上写上亿万钱数。

⑦孺子：小孩子。竹马：以竹竿为马。

⑧剥：伤害。引申为辛苦。

⑨土柈(pán)：泥做的盘子。柈，盘子。

【译文】

“如果器物不是像和氏璧那样的美玉，楚国的卞和就不会为之哭泣；如果本质上不是像潜伏着的蛟龙，风云就不会为之而聚集。我的才能短浅品德低劣，才干不适于治理政事；然而出仕与隐居的目的是殊途同归，为官与居家应该保持言行的一致；难道一定要身居显贵的位置，才可以议论政事侍奉君主，身处困境就不能够谈论社会的治乱道理吗？我一直遗憾的是庄子言行自夸，把从政视为自我囚禁，身居于漆园，而发表了许多荒诞的议论。他喜爱谈论世外之事，不愿探讨世内的事情；他轻视忠贞，贬低仁义。可以说是雕画出来的龙虎，难以招致风云；是在空木板上写上亿万钱数，而不能解救缺钱的困窘；是小孩子骑的竹马，而不能免除走路的辛苦；是泥盘子摆满了桌案，而无益于饥饿的肚子。’

“或人又曰：‘然吾子所著①，弹断风俗②，言苦辞直。吾恐适足取憎在位，招摈于时③，非所以扬声发誉、见贵之道也④。’

【注释】

①吾子：对葛洪的尊称。

②弹断：抨击、评论。弹，抨击。

③摈：排斥。

④见贵：受重视。见，被。

【译文】

“有人还说：‘然而您所撰写的书籍，抨击、评论世俗，语言犀利而文辞直率。我担心足以招来掌权者的憎恨，导致时人的排挤，这不是赢得美名、引人重视的方法。’

"抱朴子曰:'夫制器者,珍于周急,而不以采饰外形为善;立言者,贵于助教,而不以偶俗集誉为高①。若徒阿顺谄谀,虚美隐恶,岂所匡失弼违、醒迷补过者乎②!虑寡和而废《白雪》之音③,嫌难售而贱连城之价,余无取焉。

【注释】

①偶俗:迎合世俗。偶,迎合。

②匡:纠正。弼违:纠正过失。弼,纠正。违,违背正道。醒迷:使迷惑的人醒悟。

③《白雪》:先秦的高雅音乐。

【译文】

"抱朴子说:'制造器具的人,看重的是这些器具能够解决急用,而不是以外表彩绘得漂亮为美好;著书立说的人,看重的是这些学问有助于社会教化,而不是以迎合世俗获取荣誉为高妙。如果文章只是一味地阿谀谄媚,虚夸长处而隐匿丑恶,又怎么能够用来纠正错误、唤醒迷茫之人以补救过失呢!顾虑应和的人太少而抛弃《白雪》这样的高雅音乐,担心难于出售而轻贱价值连城的宝物,我不会去做这样的事情。

"'非不能属华艳以取悦①,非不知抗直言之多吝②。然不忍违情曲笔,错滥真伪;欲令心口相契,顾不愧景③,冀知音之在后也④。否泰有命⑤,通塞听天,何必书行言用、荣及当年乎⑥?

【注释】

①属(zhǔ):连缀。指连缀文字。也即写作。华艳:华丽的文章。

②抗:举起。引申为讲出。吝:耻辱;灾祸。

③顾：回顾；反省。景(yǐng)：同“影”，身影，也即自身。

④冀：希望。

⑤否(pǐ)泰：穷达吉凶。“否泰”本为《周易》中的两个卦名，否卦不吉利，泰卦吉利，后遂用“否泰”代指吉凶。

⑥书行：自己书中的主张得以推行。

【译文】

“‘我不是不能写作一些华丽的文章去取悦于世人，也不是不知道讲一些直话会为自己带来麻烦。然而我不忍心违背自己的真心去写一些歪曲事实的文字，混淆真假；我想让自己的心和口相互一致，反省时不至于愧对自身，希望能够在身后遇到自己的知音。是困窘还是安泰自有命运的安排，是顺利还是艰难听凭上天的意愿，为什么一定要让自己书中的主张得以推行而让自己的言论得到采用、荣耀于当今呢？

“‘夫君子之开口动笔，必戒悟蔽，式整雷同之倾邪①，磋砻流遁之暗秽②。而著书者，徒饰弄华藻，张磔迂阔③，属难验无益之辞，治靡丽虚言之美，有似坚白厉修之书④，公孙刑名之论⑤，虽旷笼天地之外，微入无间之内，立解连环⑥，离同合异⑦，鸟影不动⑧，鸡卵有足⑨，犬可为羊⑩，大龟长蛇之言⑪，适足示巧表奇以诳俗，何异乎画敖仓以救饥、仰天汉以解渴⑫！

【注释】

①式整：整饬。式，句首语气词。

②磋砻(cuō lóng)：琢磨。引申为改造、纠正。流遁：世风日下。暗：愚昧。

③张磔(zhé)：铺排；书写。

④坚白:指坚硬的白色石头。这是战国时一个著名的论题。惠子、公孙龙、墨家都参与了争论。惠子的观点不详,公孙龙认为白石头的“坚”和“白”两种属性是可以分离的,而墨家认为二者都是石头的属性,是不可分离的。厉修:应作“广修”。“厉”为“广”之形误。广修,即宽度与长度。反对公孙龙意见的人认为,石头的“坚”与“白”不可分离,就如同平面的“宽”与“长”不可分离一样。《公孙龙子·坚白论》:“曰:‘石之白,石之坚,见与不见,二与三,若广修而相盈也。’”

⑤公孙:即公孙龙。战国的思想家,名家的代表人物。著《公孙龙子》一书。刑名:即“形名”。是古代的一个重要学术术语,主要研究事物的实体与其名称之间的关系。刑,通“形”。

⑥立解连环:连环可以立刻解开。这是名家的一个命题,见《庄子·天下》。连环本来是不可解的,但当连环产生时,就开始走向毁灭,连环毁坏之日,也即连环可解之时。还有一种解开连环的方法是砸断连环。

⑦离同:把相同的东西说成不同。合异:把不同的东西说成相同。《庄子·秋水》:“公孙龙问于魏牟曰:‘龙少学先王之道,长而明仁义之行;合同异,离坚白;然不然,可不可。’”

⑧鸟影不动:飞鸟的影子不曾移动。这一观点是把影子移动的整个过程分割成无数个小点,从每一个小点上看,飞鸟的影子都是不动的。《庄子·天下》:“飞鸟之景未尝动也。”

⑨鸡卵有足:鸡蛋里面有鸡足。《庄子·天下》:“卵有毛,鸡三足。”据此,葛洪的“鸡卵有足”可能有误。“卵有毛”这一命题的推理是:鸟是从蛋中孵化出来的,既然鸟有毛,可见蛋中也有毛的成分。据此也可以类推出:鸡是从鸡蛋中孵化出来的,既然鸡有足,可见鸡蛋中也有鸡足的成分。

⑩犬可为羊:狗也可以叫做羊。事物的名称是人定的,如果人一开

始就称犬为羊，那么犬也就成了羊了。《庄子·天下》："犬可以为羊。"

⑪大龟长蛇：大龟长于小蛇。《庄子·天下》的原文是"龟长于蛇"。也即乌龟比蛇长。一般来说，蛇比龟长，然而小蛇却没有大龟长。

⑫敖仓：秦朝的粮仓名。天汉：银河。

【译文】

"'君子开口动笔，必须小心自己的悟性受到蒙蔽，要整饬大家所共有的邪恶倾向，纠正世风日下时的一些龌龊现象。然而那些著书立说的人们，只是装点一些华丽的辞藻，铺陈许多迂腐的内容，撰写一些难于理解毫无益处的文辞，锤炼许多浮靡不实的美丽词句，这就好像讨论坚与白、宽与长的书籍一样，还好像公孙龙有关形名关系的论述一般，虽然这些理论宏大得看似能够笼罩整个天地，分析细致得看似能够深入到了没有间隙的地方，连环可以立刻解开，把相同的东西说成不同而把不同的东西说成相同，飞鸟的影子没有移动，鸡蛋里面有鸡足，狗就是羊，大龟长于小蛇之类的言论，只能够展示自己的奇巧以欺骗世人，这与画出一个敖仓来解决饥饿、仰望着天河来解救干渴又有什么区别呢！

"'说昆山之多玉[①]，不能赈原宪之贫[②]；观药藏之簿领[③]，不能治危急之疾。墨子刻木鸡以厉天[④]，不如三寸之车辖[⑤]；管青铸骐骥于金象[⑥]，不如驽马之周用。言高秋天而不可施者[⑦]，丘不与易也[⑧]。'"

【注释】

①昆山：即昆仑山。在今西藏、新疆、青海一带。据说这里出产

美玉。

②原宪：字子思，鲁国人。孔子的弟子，一生贫困。

③药藏(zàng)：药物仓库。藏，仓库。簿领：登记药物的文簿。

④墨子：即墨翟。先秦的思想家，墨家的创始人。木鸡：应为“木鸢”。木雕的鹰。厉：达到；飞到。《韩非子·外储说左上》：“墨子为木鸢，三年而成，蜚一日而败。”

⑤车锆(xiá)：安装在车轴末端的挡铁，用以挡住车轮，使不脱落。锆，同“辖”。

⑥管青：传说中善于相马的人。金象：金属铸造的马。

⑦秋天：秋季的天空。秋季气爽，因此秋季的天空看起来要高一些。

⑧丘：孔丘。与：参与。易：治理。这里引申为谈论。《论语·微子》：“夫子怃然曰：‘鸟兽不可与同群，吾非斯人之徒与而谁与？天下有道，丘不与易也。’”

【译文】

“‘空口谈论昆仑山上的美玉很多，不能救助原宪的贫穷；仅仅是看看药库的文簿上登记的药物，无法救治危急的疾病。墨子让木刻的鹰飞上了天空，却不如三寸长的车辖；管青用金属铸造的骏马，也不如驽马管用。言论虽然高妙得超过了秋季的天空但不能施行，那么像孔子这样的圣人是不会去谈论的。’”

喻蔽卷四十三

【题解】

喻蔽，开启对方的蒙蔽。也即对思想糊涂的对方进行开导、晓谕。喻，晓谕；说明。本篇主要是在为王充的《论衡》进行辩护，针对别人对王充的非难，葛洪的辩护主要集中在两个方面：

一是有人认为"王充著书，兼箱累袠"，也即批评《论衡》的篇幅太长。对此，葛洪辩护说："言少，则至理不备；辞寡，即庶事不畅。是以必须篇累卷积，而纲领举也。"葛洪还以自然现象为自己的辩护作进一步的论证："两仪所以称大者，以其函括八荒、缅邈无表也；山海所以为富者，以其包笼旷阔、含受杂错也。若如雅论，贵少贱多，则穹隆无取乎宏焘，而旁泊不贵于厚载也。"以文字的多少为标准来评判文章之优劣，贵少而贱多，的确是一种非常狭隘的见解，因此葛洪的反驳是正确而有力的。

二是有人认为王充的思想"乍入乍出，或儒或墨"，也即思想内容不够纯粹。对此葛洪辩护说，一个思想体系不守常一，因时因事而变，不仅是正常的，而且是必须的。葛洪说："昔诸侯访政，弟子问仁，仲尼答之，人人异辞。盖因事托规，随时所急。譬犹治病之方千百，而针灸之处无常，却寒以温，除热以冷，期于救死存身而已。"也就是说，不拘一家之说，博采众人之长，不仅不是《论衡》的短处，反而是其优点。葛洪的这一观点无疑也是正确的。

当然，葛洪在为王充辩护的同时，也不否认《论衡》存在瑕疵，但从整体看，“夏后之璜，虽有分毫之瑕，晖曜符彩，足相补也；数千万言，虽有不艳之辞，事义高远，足相掩也”。换句话说，《论衡》这本书瑕不掩瑜。葛洪为王充所作的辩护应该说是恰当而有说服力的。

抱朴子曰：“余雅谓王仲任作《论衡》八十余篇①，为冠伦大才。有同门鲁生难余曰②：‘夫琼瑶以寡为奇，碛砾以多为贱③；故庖牺卦不盈十④，而弥纶二仪⑤；老氏言不满万⑥，而道德备举。王充著书，兼箱累袠⑦，而乍出乍入⑧，或儒或墨，属词比义⑨，又不尽美。所谓陂原之蒿莠⑩，未若步武之黍稷也⑪。’

【注释】

①雅：甚；确实。谓：说；认为。王仲任：即东汉的著名思想家王充。王充字仲任。《论衡》：书名。王充所著。《后汉书·王充列传》：“王充字仲任，会稽上虞人也……箸《论衡》八十五篇，二十余万言。”

②同门：同学。

③碛(qì)砾：沙石。

④庖牺：即传说中的圣王伏羲，据说他发明了八卦。《周易·系辞下》：“古者包牺氏之王天下也，仰则观象于天，俯则观法于地，观鸟兽之文，与地之宜，近取诸身，远取诸物，于是始作八卦，以通神明之德，以类万物之情。”

⑤弥纶：包罗。二仪：天地。

⑥老氏：老子。言不满万：指《老子》一书仅五千多字，不满万字。

⑦袠(zhì)：书套；书函。

⑧乍出乍入：忽彼忽此。意思是说王充书中的观点不一致。

⑨属(zhǔ)词：写文章。属，连缀。这里指连缀辞句。比义：陈述观点。

⑩陂(bēi)：山坡。蒿莠：两种野草名。

⑪步武：长度单位。古代以六尺为步，半步为武。这里泛指面积很小。黍稷：两种庄稼名。

【译文】

抱朴子说："我确实认为王充写作了《论衡》八十多篇，是一位出类拔萃的大才。我有一位同学鲁生反驳我说：'琼瑶因为数量太少才显得珍奇，沙石因为数量太多才变得低贱；因此伏羲氏创制的八卦还不满十个，却包罗了天地万物；老子的书字数还不到一万，却全部论述了道、德问题。王充撰写的著作，装满了很多书箱塞满了很多书函，而其中的内容却忽此忽彼，有时属于儒家有时又属于墨家，遣词造句陈述观点时，也不够完美。这不过就是人们所说的漫山遍野的野草，还不如一小块地里的庄稼。'

"抱朴子答曰：'且夫作者之谓圣[①]，述者之谓贤，徒见述作之品，未闻多少之限也。吾子所谓窜巢穴之沉昧，不知八纮之无外[②]；守灯烛之宵曜，不识三光之晃朗[③]；游潢洿之浅狭[④]，未觉南溟之浩汗[⑤]；滞丘垤之位埤[⑥]，不寤嵩岱之峻极也[⑦]。两仪所以称大者[⑧]，以其函括八荒、缅邈无表也[⑨]；山海所以为富者，以其包笼旷阔、含受杂错也。若如雅论，贵少贱多，则穹隆无取乎宏焘[⑩]，而旁泊不贵于厚载也[⑪]。

【注释】

①作者:首创者。《礼记·乐记》:“作者之谓圣,述者之谓明。”

②八纮(hóng):八方极远之地。代指幅员辽阔的整个天下。

③三光:日、月、星。晃朗:光明的样子。

④潢洿(huáng wū):池塘。

⑤南溟:南海。溟,海。浩汗:即“浩瀚”。水大的样子。

⑥丘垤(dié):小土丘。垤,蚂蚁做窝时堆在洞口的小土堆,又叫做“蚁封”、“蚁冢”。也用来指小土堆。埤(bēi):通“卑”,低矮。

⑦嵩岱:嵩山和泰山。岱,泰山又叫岱岳。

⑧两仪:指天地。

⑨八荒:八方荒远的地方。指整个天下。缅邈:辽阔的样子。无表:无外;无边无际。

⑩穹隆:本指天的中间隆起而四周下垂的样子,这里代指天。焘(dào):覆盖。

⑪旁泊:即“磅礴”。这里代指广大的大地。《太玄·玄告》:“地旁薄而向乎上。”

【译文】

抱朴子回答说:“能够创始的人被称为圣人,能够传承阐述的人被称为贤人,我只看到传承者和创始者有品级之分,没听过对他们还有字数多少的限制。您正是人们所说的躲在昏暗洞穴中的愚昧之人,根本不了解大地的无边无际;您还好像是守着夜晚烛光的人,根本不知道日、月、星辰的明亮;您还好像是畅游于狭小的池塘里的人,根本没有感觉到南海的浩翰无际;您还好像是滞留在低矮的小土堆上的人,根本不懂得嵩山和泰山的高峻入云。天地之所以被称为广大,是因为它们能够包容整个天下,是那样的辽阔无边;山岳大海之所以如此富饶,是因为它们的涵容与广阔,能够容纳各种各样的不同东西。如果按照您的高论,看重数量少的而轻贱数量多的,那么广泛覆盖万物的辽阔天宇也就毫无可取之处，厚重地承载着万物的辽阔大地也就不值得看重。

“‘夫迹水之中[①]，无吞舟之鳞；寸枝之上，无垂天之翼[②]；蚁垤之颠，无扶桑之林[③]；潢潦之源[④]，无襄陵之流[⑤]。巨鳌首冠瀛洲[⑥]，飞波凌乎方丈[⑦]，洪桃盘于度陵[⑧]，建水竦于都广[⑨]，沉鲲横于天池[⑩]，云鹏戾乎玄象[⑪]。且夫雷霆之骇，不能细其响[⑫]；黄河之激，不能局其流；骐騄追风，不能近其迹[⑬]；鸿鹄奋翅[⑭]，不能卑其飞。云厚者雨必猛，弓劲者箭必远。王生学博才大，又安省乎[⑮]？

【注释】

①迹水：脚迹坑里的水。

②垂天之翼：犹如天边云彩的翅膀。代指大鹏鸟。垂，通“陲”，边。《庄子·逍遥游》：“化而为鸟，其名为鹏，鹏之背，不知其几千里也。怒而飞，其翼若垂天之云。”

③蚁蛭(dié)之颠，无扶桑之林：蚁垤，蚂蚁做窝时堆在洞口的小土堆，又叫做“蚁封”、“蚁冢”。扶桑，神话中的树名。《山海经·海外东经》：“汤谷上有扶桑。”

④潢(huáng)：积水池。潦(lǎo)：雨后的积水。

⑤襄陵：漫上山陵。襄，升上高处。

⑥巨鳌(áo)：传说中海里的大鳌。首冠：头顶着。瀛洲：传说中的海中仙岛。《列子·汤问》：“渤海之东不知几亿万里……其中有五山焉：一曰岱舆，二曰员峤，三曰方壶，四曰瀛洲，五曰蓬莱……而五山之根无所连箸，常随潮波上下往还，不得暂峙焉。仙圣毒之，诉之于帝。帝恐流于西极，失群仙圣之居，乃命禺强使巨鳌十五举首而戴之。迭为三番，六万岁一交焉。五山始峙

而不动。”

⑦方丈:海中神山名。

⑧洪桃:大桃树。洪,大。度陵:即度朔山。传说中的海中仙山。《论衡·订鬼》:“《山海经》又曰:‘沧海之中,有度朔之山,上有大桃木,其屈蟠三千里。’”

⑨建水:当作“建木”。《四库全书》文溯阁本即作“建木”。建木,传说中的神树。树高百仞无枝,日中无影,天神常从这里上下。都广:传说中的地名。《山海经·海内经》:“西南黑水之间,有都广之野,后稷葬焉。”

⑩沉鲲:水中的鲲鱼。天池:天然的大池塘。指大海。《庄子·逍遥游》:“北冥有鱼,其名为鲲。鲲之大,不知其几千里也……南冥者,天池也。”

⑪云鹏:云中的大鹏鸟。戾:达到;飞到。玄象:天象;天空。

⑫响:回音。

⑬近其迹:跑的路程很短。

⑭鸿鹄:两种鸟名。大雁与天鹅。

⑮安省(xǐng):怎么明白。安,怎么。省,明白。

【译文】

“‘脚迹窝的积水之中,不会生出能够吞下船只的大鱼;一寸长的枝条之上,不会站着翅膀如天边云彩的大鹏;蚂蚁窝旁边的小土堆上,不会长出扶桑树林;水坑大的源头,不会流出能够淹没山峰的洪流。而海中的巨鳖能够用头顶着神山瀛洲,大海激起的浪花能够飞溅到方丈仙山之巅,大桃树能够盘踞住整个度朔山,建木能够高耸于都广之野,水中的大鲲能够横行于大海之中,云中的大鹏能够飞上天空。再说令人震惊的雷霆,不能使自己的回音变得细微;汹涌奔腾的黄河,不能限制自己的洪流;能够追上风速的骏马,不能缩短自己的奔驰路程;展翅奋飞的鸿鹄,不能降低自己的飞翔高度;云层浓厚下的雨必然猛烈,弓弩强劲射出的箭肯定遥远。王先生学问渊博才能巨大，人们又怎么能够理解他呢？

"'吾子云："玉以少贵，石以多贱。"夫玄圃之下[①]，荆、华之颠[②]，九员之泽[③]，折方之渊[④]，琳琅积而成山[⑤]，夜光焕而灼天[⑥]，顾不善也[⑦]？又引庖牺氏著作不多，若夫周公既繇大《易》[⑧]，加之以礼、乐[⑨]；仲尼作《春秋》[⑩]，而重之以十篇[⑪]，过于庖牺，多于老氏，皆当贬也？

【注释】

①玄圃：传说中的神山。在昆仑山上。

②荆、华：荆山、华山。荆山在今湖北，相传是卞和发现和氏璧的地方；华山在今陕西，相传其中多金玉。《淮南子·地形训》："西南方之美者，有华山之金、石焉。"

③九员之泽：很多流水呈圆形的大泽。九，泛指多。员，通"圆"。《淮南子·地形训》："水圆折者有珠，方折者有玉。"

④折方之渊：流水呈方形的深渊。古人认为这样的深渊里多玉石。

⑤琳琅：美玉。

⑥夜光：夜光璧。灼：照耀。

⑦顾：反而；难道。

⑧繇(yáo)大《易》：为《周易》作了爻辞，扩大了《周易》的篇幅。繇，通"爻"，指《周易》的爻辞。

⑨礼、乐：据说周公制订礼，乐。《礼记·明堂位》："武王崩，成王幼弱，周公践天子之位，以治天下。六年，朝诸侯于明堂，制礼作乐，颁度量，而天下大服。"

⑩《春秋》：编年体史书，记载了春秋历史。相传为孔子根据鲁史修

订而成。《孟子·滕文公下》:"世衰道微,邪说暴行有作,臣弑其君者有之,子弑其父者有之。孔子惧,作《春秋》。"

⑪十篇:又叫做"十翼"。十篇解释《周易》的文章,包括《上彖》、《下彖》、《上象》、《下象》、《上系》、《下系》、《文言》、《说卦》、《序卦》、《杂卦》。

【译文】

"'您说:"玉因为稀少而珍贵,石因为太多而低贱。"那么玄圃山下,荆山、华山的山顶,许多水流呈圆形的大泽,还有水流呈方形的深渊,那里的美玉堆积如山,夜光璧的光彩照耀着天空,这难道反而不好了吗?您又引用伏羲氏的著作不多作为自己的立论依据,那么像周公为《周易》写作了爻辞扩大了《周易》的篇幅,又制订了礼、乐;孔子写了《春秋》,还写作了解释《周易》的十篇文章,他们的文字超过了伏羲写的文字,也多于老子写的文字,难道他们都应当受到贬责吗?

"'言少,则至理不备;辞寡,即庶事不畅。是以必须篇累卷积,而纲领举也。羲和升光以启旦①,望舒曜景以灼夜②。五材并生而异用③,百药杂秀而殊治④。四时会而岁功成,五色聚而锦绣丽。八音谐而《箫韶》美⑤,群言合而道艺辨。积猗顿之财⑥,而用之甚少,是何异于原宪也⑦!怀无铨之量⑧,而著述约陋,亦何别于琐碌也⑨!

【注释】

①羲和:神话中为太阳驾车的神。这里代指太阳。

②望舒:神话中为月亮驾车的神。这里代指月亮。

③五材:五种物质。指金、木、水、火、土。

④秀:茂盛。

⑤八音：古代的八类乐器。具体指金（如钟）、石（如磬）、丝（如琴瑟）、竹（如箫管）、匏（如竽笙）、土（如埙）、革（如鼓）、木（如柷敔）。《箫韶》：舜时的乐曲。

⑥猗（yī）顿：春秋富商。猗顿向陶朱公学习，靠贩卖牛羊而致富，一说是靠盐业致富。

⑦原宪：字子思，春秋鲁国人。孔子的弟子，一生贫困。

⑧无铨之量：无法衡量的学识。铨，衡量。

⑨琐碌：琐碎平庸之人。碌，碌碌。平庸的样子。

【译文】

"'语言太少，至高的道理就无法阐述全面；词汇太贫乏，众多的事物就无法描述充分。因此必须一篇篇一卷卷的，才能够全面列举出自己的思想纲要。光明的太阳升起带来了白天，月亮撒下光辉照亮着夜晚。五材同时产生而用途不同，各种药草全都生长茂盛但药效各异。四季齐备一年才能形成，五色具备锦绣才会华丽。各种乐器的声音和谐才能演奏出美妙的《箫韶》，各种言论集中起来道理和内容才能够分析清楚。积累了与猗顿一样多的财富，却很少去使用这些财富，那么这与贫穷的原宪又有什么不同呢！胸怀着无法衡量的学识，而著述却简单浅薄，那么这与琐碎平庸的人又有什么区别呢！

"'音为知者珍，书为识者传。瞽旷之调钟①，未必求解于同世；格言高文，岂患莫赏而减之哉！且夫江海之秽物不可胜计，而不损其深也；五岳之曲木不可訾量②，而无亏其峻也。夏后之璜③，虽有分毫之瑕，晖曜符彩④，足相补也；数千万言，虽有不艳之辞，事义高远，足相掩也。故曰：四渎之浊⑤，不方瓮水之清⑥；巨象之瘦，不同羔羊之肥矣。

【注释】

①瞽(gǔ)旷:指春秋晋国乐师师旷。师旷是一位盲人。瞽,瞎眼。

②訾(zī):通"赀",计算。

③夏后:夏后氏。指夏朝的帝王。璜(huáng):平而圆、中心有小孔的玉叫做璧,半璧形的玉叫做璜。

④符彩:美玉上的纹理与光彩。

⑤四渎:指长江、黄河、淮河、济水四条河流。

⑥方:比。瓮:罐子。

【译文】

"'乐曲被知音的人所珍惜,书籍被认识其价值的人所流传。盲人乐师师旷调和出来的钟声,并不一定要求同时代的人们都能理解;至理名言和高妙的文章,难道会因为担心没有人赏识而降低自己的思想境界吗!再说江海中的肮脏事物多得无法计算,但这丝毫不会贬损它们的深邃;五岳上的弯曲树木多得不能计量,但这丝毫不会降低它们的高峻。夏后氏的玉璜,虽然有一些微小的瑕疵,但这些玉璜的明亮华美纹理,足以弥补这一缺失;成千上万字的著作,虽然有一些不够华美的词句,但这些著作中的高深道理,足以掩盖住这些不足。所以说:长江、黄河、淮河、济水的水即使浑浊,也不是罐子里的清水可以相比的;大象即使瘦弱,也不是肥胖的羔羊能够比拟的。

"'子又讥云:"乍入乍出,或儒或墨。"夫发口为言,著纸为书。书者,所以代言;言者,所以书事。若用笔不宜杂载,是论议当常守一物。昔诸侯访政,弟子问仁,仲尼答之,人人异辞。盖因事托规,随时所急。譬犹治病之方千百,而针灸之处无常,却寒以温①,除热以冷,期于救死存身而已。岂可诣者逐一道②,如齐、楚③,而不改路乎!

【注释】

①却：去除。

②诣者：出门的人。诣，到某处去。逐：追随。引申为走上。

③如：到。

【译文】

"'您又批评说："王充著作的内容忽此忽彼，有时属于儒家有时又属于墨家。"从口中说出来的叫做语言，写在纸张上的叫做文字。文字，是用来代替说话的；说话，是用来描述事情的。如果说写作时不应该多方面地阐述，这样就会使议论永远拘守于某一种事物上。从前诸侯向孔子咨询政事时，弟子向孔子请教仁德时，孔子回答他们的时候，因咨询者的身份不同而回答的内容也各不相同。孔子这样做就是根据不同的事情而给予不同的规劝，按照当时的情况而拿出最急需的答案。这就好像治病的方法成百上千，针灸的穴位也没有固定之处，用温暖的方法祛除病人的寒冷，以寒冷的方法消除病人的发热，其目的都在于拯救死亡保护生命而已。怎么能够让出门的人都要走同一条道路，无论是去齐国还是去楚国，而不许改变各自的路线呢！

"'陶朱、白圭之财不一物者[①]，丰也；云梦、孟诸所生万殊者[②]，旷也。故《淮南鸿烈》始于《原道》、《俶真》[③]，而亦有《兵略》、《主术》[④]；庄周之书，以死生为一，亦有畏牺、慕龟、请粟救饥[⑤]。若以所言不纯，而弃其文，是治珠翳而剜眼、疗湿痹而刖足、患荑莠而刈谷、憎枯枝而伐树也[⑥]。'"

【注释】

①陶朱：陶朱公。即著名的政治家范蠡。范蠡助越王勾践灭吴以后，乘船到齐国，后定居于陶，改名叫"朱公"，治产业成为巨富。

白圭：战国富翁。《史记·货殖列传》："白圭，周人也。当魏文侯时，李克务尽地力，而白圭乐观时变，故人弃我取，人取我与……故曰：'吾治生产，犹伊尹、吕尚之谋，孙、吴用兵，商鞅行法是也……'盖天下言治生祖白圭。"

②云梦：大泽名。在今湖北、湖南一带。孟诸：又叫做"孟渚"。大泽名。在今河南商丘一带。

③《淮南鸿烈》：书名。即《淮南子》。西汉淮南王刘安组织门客编撰的一本书。《原道》、《俶(chù)真》：《淮南子》中的两个篇名，内容主要阐述道家的自然天道观。

④《兵略》、《主术》：《淮南子》的两个篇名。前者主要谈用兵，后者主要谈君主如何治国及如何统御臣下。

⑤畏牺：害怕像牺牛那样被杀掉。牺，指牺牛。古代用作祭品的牛。《庄子·列御寇》："或聘于庄子，庄子应其使曰：'子见夫牺牛乎？衣以文绣，食以刍叔，及其牵而入于大庙，虽欲为孤犊，其可得乎？'"慕龟：羡慕自由自在地生活在泥泞中的乌龟。《庄子·秋水》："庄子钓于濮水，楚王使大夫二人往先焉，曰：'愿以境内累矣。'庄子持竿不顾，曰：'吾闻楚有神龟，死已三千岁矣，王巾笥而藏之庙堂之上。此龟者，宁其死为留骨而贵乎？宁其生而曳尾于涂中乎？'二大夫曰：'宁生而曳尾于涂中。'庄子曰：'往矣，吾将曳尾于涂中。'"请粟救饥：借粮救饥。《庄子·外物》："庄周家贫，故往贷粟于监河侯。"

⑥珠翳(yì)：眼珠上生长的障蔽之膜。湿痹：病名。因潮湿风寒引起的肌肤麻痹、关节肿痛。刖(yuè)：把脚砍掉的酷刑。荑(tí)莠：泛指野草。荑，通"稊"，稗子一类的草。莠，野草名。即狗尾草。刈(yì)：割掉。

【译文】

"'正是因为陶朱公和白圭的财产不只是一样东西，因而才能称之为富有；正是因为云梦、孟诸二泽生长着上万种不同的生物，因而才能称之为广阔。因此《淮南鸿烈》以《原道》、《俶真》两篇开始，同时还写有《兵略》、《主术》等篇；庄子的书中，把生死看作一样，但也写了害怕成为牺牛、羡慕自由自在生活在泥泞中的乌龟、向人借粮救饥的内容。如果因为他们的言论内容不统一，就抛弃了他们的著作，这就好像为了治疗障翳而挖掉眼睛、为了治疗风湿麻痹而砍去双脚、讨厌杂草而一起割掉庄稼、憎恶枯枝而砍掉整棵树木一样。’”

百家卷四十四

【题解】

百家，诸子百家的学说。本篇主要是强调诸子百家的重要性。

葛洪首先对正经（指正统的儒家经典）与诸子的关系作了一个比喻："正经为道义之渊海，子书为增深之川流。"正经固然重要，诸子也不可忽视，二者是相辅相成的关系。葛洪认为百家学说都是"才士"们深入思考的结果，其观点都有启人心智、补救世弊的作用，而一些"偏嗜酸甜者，莫能赏其味也；用思有限者，不得辩其神也"，这真是一件令人惋惜的事情。

葛洪在重视儒家经典的同时，又异常看重诸子百家，这一学术主张不仅使他本人在学术方面取得了辉煌的成就，对别人也具有重大的启迪作用。

抱朴子曰："百家之言，虽不皆清翰锐藻[①]，弘丽汪涉[②]，然悉才士所寄心[③]，一夫澄思也[④]。正经为道义之渊海[⑤]，子书为增深之川流。仰而比之，则景星之佐三辰[⑥]；俯而方之，则林薄之裨嵩岳[⑦]。

【注释】

①清翰：清丽的文笔。翰，鸟羽。因毛笔为羽毛所制，故代指毛笔。锐藻：精湛华美的辞藻。

②汪涉(huì)：形容水深广的样子。这里用来形容内容的丰富。

③悉：全部。寄心：思想的寄托。也即思想的表达。

④澄思：深湛的思考。

⑤正经：正统的经典。主要指儒家的正统经典。

⑥景星：杂星名。又称瑞星、德星。其状无常，常出现于有道之国。三辰：日、月、星。

⑦林薄：丛生的草木。薄，草木交错而生。裨：增益。嵩岳：嵩山。

【译文】

抱朴子说："诸子百家的言论，虽然不能够全部具有清丽的文笔和华美的辞藻，以及宏丽丰富的内容，然而也都是有才能的人思想的表达，是一个人深湛思考的结果。正统的儒家经典好比是包含道义的深广大海，那么诸子著作就是能够增加大海深度的河流。如果抬起头用天象进行比喻的话，那么就如同景星能够辅佐日、月、星辰发光一样；如果低下头用大地进行比喻的话，那么就如同草木增加了嵩岳的高度一般。

"而学者专守一业，游井忽海，遂踯躅于泥泞之中[①]，而沉滞乎不移之困[②]。子书披引玄旷，眇邈泓窈[③]，总不测之源，扬无遗之流；变化不系于规矩之方圆，旁通不沦于违正之邪径；风格高严，重仞难尽[④]。是偏嗜酸甜者[⑤]，莫能赏其味也；用思有限者，不得辩其神也[⑥]。

【注释】

①踯躅(zhuó zhì)：跌倒；不顺利。

②不移：不能因时而变。

③眇邈：高远的样子。泓窈：深邃的样子。

④重仞(rèn)：几丈高的围墙。仞，古代长度单位。七尺或八尺为一仞。《论语·子张》："子贡曰：'譬之宫墙，赐之墙也及肩，窥见室家之好。夫子之墙数仞，不得其门而入，不见宗庙之美、百官之富。'"

⑤是："是"字后应补一"以"字。是以，因此。

⑥辩：通"辨"，辨别；认识。

【译文】

"然而一些求学的人单一地拘守着一门学业，这就好像在井中游荡却忽略了大海的存在一样，于是就会艰难地挣扎于泥泞之路，而滞留于因不能随时而变所造成的困境之中。诸子百家的著作所征引的材料极为广泛，内容高远而深邃，它们总揽了深不可测的源头，翻腾着囊括一切的洪流；它们千变万化而不被圆规方矩所画出的方圆所限制，融会贯通而不会陷入违背正道的邪路；它们的风格崇高严正，就好像隔着数丈高的围墙那样很难看到其中的美好景象。因此那些偏好或酸或甜某一种滋味的人，就无法品味出它们的味道；思维能力有限的人，就不能认识到它们的神韵。

"先民叹息于才难，故百世为随踵①。不以璞不生板桐之岭②，而捐曜夜之宝；不以书不出周、孔之门，而废助教之言。犹彼操水者，器虽异而救火同焉；譬若针灸者，术虽殊而攻疾均焉。

【注释】

①故百世为随踵：据《尚博》篇，本句应作"故谓百世为随踵"。因此

说百世出现一位圣人，已经算是接踵而至了。世，一代人为一世，三十年也叫一世。《战国策·齐策三》：“淳于髡一日而见七人于宣王。王曰：‘子来！寡人闻之，千里而一士，是比肩而立；百世而一圣，若随踵而至也。’”

②板桐：传说中的仙山名。在昆仑山上。

【译文】

“从前的人们感叹人才难得，因此说如果百代能够产生一位圣人就已经算是接踵而至了。他们不会因为璞玉不是出自板桐仙山，就抛弃能够照亮夜晚的宝玉；也不会因为书籍不是出自周公和孔子的门下，就废弃那些有助于教化的言论。这就好像那些运水的人一样，虽然他们所使用的器具不同而能够救火的作用却是相同的；还好像针灸治病那样，虽然各自所使用的方法不同而治疗疾病的效果却是同样的。

“狭见之徒，区区执一①，去博辞精思，而不识合锱铢可以齐重于山陵②，聚百千可以致数于亿兆③。惑诗赋琐碎之文，而忽子论深美之言④，真伪颠倒，玉石混淆，同广乐于桑间⑤，均龙章于素质⑥，可悲可慨，岂一条哉！”

【注释】

①区区：狭隘固执的样子。执一：固执于一端。

②锱铢(zī zhū)：比喻重量很轻。锱、铢都是古代很小的重量单位，六铢等于一锱，四锱等于一两。

③亿：数词。一万万。古代也把十万叫做亿。兆：数词。古代把百万或万亿叫做兆。

④子论：诸子的言论。

⑤广乐：盛大高雅的音乐。桑间：淫靡的音乐。桑间本为濮水边的

一处地名，因此处音乐淫靡，故后来用它代指靡靡之音。《礼记·乐记》："桑间濮上之音，亡国之音也。"

⑥龙章：绘有龙形图案的礼服。素质：质地素朴的衣服。

【译文】

"那些思想狭隘的人，非常固执地执守于一端，他们抛弃了广博的言辞和精深的思想，而不懂得积累一点一滴就能够具备与山陵一样的重量，聚积成百上千的小数目就可以达到亿兆的大数目。他们迷恋于诗歌辞赋之类的琐碎文字，而忽略了诸子文章的深刻美妙言论，真假颠倒，玉石混淆，把盛大高雅的音乐等同于桑间濮上的靡靡之音，把绣着龙形图案的华美礼服等同于质地素朴的衣服，值得悲哀值得感叹的事情，难道只有这一件吗！"

文行卷四十五

【题解】

文行，文章与德行。本篇再次强调了文章的重要性，认为“文可废，而道未行，则不得无文”，认为“文章之与德行，犹十尺之与一丈”，二者具有同样的重要性。最后，葛洪批判了贵古贱今的观点，认为今人不亚于古人，今文自然也不亚于古文。

本篇的内容多与《尚博》重复，有学者认为本篇几乎可以视为《尚博》篇的节录，应当删并。可参见《尚博》篇及其“题解”。

或曰：“德行者，本也；文章者，末也。故四科之序[①]，文不居上。然则著纸者[②]，糟粕之余事[③]；可传者[④]，祭毕之刍狗[⑤]。卑高之格，是可讥矣[⑥]。”

【注释】

①四科：四门学科。指德行、言语、政事、文学。《论语·先进》：“德行：颜渊、闵子骞、冉伯牛、仲弓。言语：宰我、子贡。政事：冉有、季路。文学：子游、子夏。”

②著纸者：写在纸上的文字。

③糟粕之余事：不重要的糟粕之物。古人认为，真正的思想精华是

无法用语言表达清楚的。《庄子·天道》:"桓公读书于堂上。轮扁斫轮于堂下,释椎凿而上,问桓公曰:'敢问公之所读者,何言邪?'公曰:'圣人之言也。'曰:'圣人在乎?'公曰:'已死矣。'曰:'然则君之所读者,古人之糟魄已夫!'桓公曰:'寡人读书,轮人安得议乎!有说则可,无说则死。'轮扁曰:'臣也以臣之事观之,斫轮,徐则甘而不固,疾则苦而不入。不徐不疾,得之于手而应于心,口不能言,有数存焉于其间。臣不能以喻臣之子,臣之子亦不能受之于臣,是以行年七十而老斫轮。古之人与其不可传也死矣。然而君之所读者,古人之糟魄已矣。'"

④可传者:指流传下来的、由文字记载的、古代的思想主张。

⑤祭毕之刍狗:祭祀用过的草扎的狗。指已经过时而无用的东西。刍,草。《庄子·天运》:"孔子西游于卫,颜渊问师金曰:'以夫子之行为奚如?'师金曰:'惜乎,而夫子其穷哉!'颜渊曰:'何也?'师金曰:'夫刍狗之未陈也,盛以箧衍,巾以文绣,尸祝齐戒以将之。及其已陈也,行者践其首脊,苏者取而爨之而已。'"

⑥可讯:应作"可识"。《尚博》:"卑高之格,是可识矣。"

【译文】

有的人说:"德行,是根本;文章,是末节。因此德行、言语、政事、文学这四科在排序时,文学一科不能居于前列。那么这就说明写在纸上的文字,不过是不重要的糟粕之物而已;可以用文字记载下来的内容,就好像祭祀之后被抛弃的过时而无用的草狗一样。低级和高级的标准,这是可以辨别清楚的。"

抱朴子答曰:"荃可弃①,而鱼未获,则不得无荃;文可废,而道未行,则不得无文。

【注释】

①荃(quán):通"筌",用竹或草编制的捕鱼器。《庄子·外物》:"荃者所以在鱼,得鱼而忘荃;蹄者所以在兔,得兔而忘蹄;言者所以在意,得意而忘言。"

【译文】

抱朴子回答说:"筌是可以丢弃的,但在未捕到鱼的时候,就不能没有筌;文字是可以废弃的,但在大道还没得以推行的时候,就不能没有文字。

"若夫翰迹韵略之广逼[①],属辞比义之妍媸[②],源流至到之修短[③],韫藉汲引之深浅[④],其悬绝也,虽天外毫内,不足以喻其辽邈;其相倾也[⑤],虽三光熠耀[⑥],不足以方其巨细;龙渊铅铤[⑦],未足以譬其锐钝;鸿羽积金,未足以方其轻重。而俗士唯见能染毫画纸[⑧],便概以一例。斯伯氏所以永思钟子、郢人所以格斤不运也[⑨]。

【注释】

①翰迹:笔墨的痕迹。也即文笔、笔调。翰,鸟羽。因毛笔为羽毛所制,故代指毛笔。韵略:用韵的方法。略,原则;方法。广逼:宽窄。逼,狭窄。

②属(zhǔ)辞:连缀辞句。也即遣词造句。属,连接。比义:记载道理。比,排比。引申为记载。妍媸(yán chī):美与丑。也即好与坏。媸,丑。

③源流:指文章思想的源流。至到:达到。指达到的境界。修短:长短;高低。修,长。

④韫(yùn)藉:含蓄。汲引:引用。指使用典故。

⑤倾：压倒。比喻高低相差悬殊。

⑥三光：日、月、星。熠(yì)耀：萤火。一说指磷火。

⑦龙渊：宝剑名。相传为春秋欧冶子、干将所制。铅铤(dìng)：铅制的箭头。铤，箭头嵌入箭杆的部分。这里代指箭头。

⑧染毫画纸：毛笔蘸墨在纸上写字。

⑨斯伯氏所以永思钟子：这就是伯牙永远思念钟子期的原因。斯，这。伯氏，伯牙，春秋人。善于弹琴。钟子，钟子期。春秋人。《吕氏春秋·本味》："伯牙鼓琴，钟子期听之。方鼓琴而志在太山，钟子期曰：'善哉乎鼓琴，巍巍乎若太山。'少选之间，而志在流水，钟子期又曰：'善哉乎鼓琴，汤汤乎若流水。'钟子期死，伯牙破琴绝弦，终身不复鼓琴，以为世无足复为鼓琴者。"郢(yǐng)人所以格斤不运也：郢人放下斧头不再使用的原因。郢，地名。楚国的都城。在今湖北江陵北。这里的"郢人"应该是"匠石"之误。格，搁置。斤，斧头。运，挥动；使用。《庄子·徐无鬼》："庄子送葬，过惠子之墓，顾谓从者曰：'郢人垩慢其鼻端，若蝇翼，使匠石斫之。匠石运斤成风，听而斫之，尽垩而鼻不伤，郢人立不失容。宋元君闻之，召匠石曰："尝试为寡人为之。"匠石曰："臣则尝能斫之。虽然，臣之质死久矣。"自夫子之死也，吾无以为质矣，吾无与言之矣。'"

【译文】

"至于人们文笔韵律的宽窄，修饰文辞阐述道理的好坏，探索源流时所能达到的境界高低，行文含蓄使用典故的深浅，彼此之间相差的悬殊程度，即使用天际之外与毫毛之内二者的差距，也不能说明它们之间距离的遥远；彼此高低的相差程度，即使用日、月、星与萤火虫二者的差距，也不足以说明它们之间的大小不同；用龙渊宝剑与铅制的箭头，也不足以说明二者锋利与粗钝的差距；用鸿雁的羽毛与堆积的金属块，也不足以比喻它们轻微与沉重的差别。然而世俗的人们只要是看到能够用笔蘸墨在纸上写字的人，就把他们一概而论。这就是伯牙之所以永远怀念钟子期的原因，也是郢人之所以放下斧头而不再使用的原因。

“夫斫削者比肩①，而班、狄擅绝手之名②；援琴者至多，而夔、襄专清声之称③；厩马千驷④，而骐骝有逸群之价⑤；美人万计，而威、施有超世之色者⑥，盖远过众也。

【注释】

①斫削者：砍削木头的人。也即木工。

②班、狄：两个人名。都是战国时期的能工巧匠。班，公输班，战国时鲁国人，又称“鲁班”。狄，墨翟。狄，通“翟”，战国时鲁国人，又称“墨子”，是墨家创始人，据说他能够制造会飞的木鸢和守城的器械。

③夔(kuí)：相传是舜时的乐官。《礼记·乐记》：“昔者舜作五弦之琴，以歌《南风》。夔始制乐，以赏诸侯。”襄：师襄，又称师襄子。春秋鲁国的乐官。据说孔子曾向他学琴。

④驷(sì)：同驾一辆车的四匹马。

⑤骐骝(liú)：骏马名。

⑥威：南威。春秋著名美女。又叫南之威。《战国策·魏策二》：“晋文公得南之威，三日不听朝，遂推南之威而远之，曰：‘后世必有以色亡其国者。’”施：西施。春秋越国的著名美女。越国败于吴国后，求得西施及珍宝献于吴，吴王许和，后来越灭吴。

【译文】

“能够砍削木头的人多得比肩而立，然而只有公输班和墨翟能够独自享有绝等高手的名声；能够操琴弹奏的人也非常的多，然而只有夔和师襄子独自享有懂得音乐的难得称号。马厩里的马有几千匹，然而只有骐骝具有超群的价值；美人数以万计，然而只有南之威和西施具有超过世人的美貌,这确实是因为他们能够远远地超过一般的人和物啊。

“且文章之与德行,犹十尺之与一丈,谓之余事,未之前闻也。八卦生乎鹰隼之飞[1],六甲出于灵龟之负[2],文之所在,虽且贵[3]。本不必便疏[4],末不必皆薄。譬锦绣之因素地[5],珠玉之托蚌石,云雨生于肤寸[6],江河始于咫尺[7]。理诚若兹,则雅论病矣[8]。”

【注释】

①八卦生乎鹰隼(sǔn)之飞:《尚博》作“八卦生鹰隼之所被”。八卦产生于鹰隼所披的羽毛。古人有一种说法,认为八卦是受到鸟羽上的文采启发而画成的。隼,一种凶猛的鸟。被,同“披”。《周易·系辞下》:“古者包牺氏之王天下也,仰则观象于天,俯则观法于地,观鸟兽之文与地之宜,近取诸身,远取诸物,于是始作八卦。”

②六甲出于灵龟之负:六甲出自灵龟背甲上的图案。六甲,在道教中,六甲的含义较多,一指道教的神名。也即六甲神。二指带有“甲”字的日子。古人用天干、地支相配计算时日,其中有甲子、甲戌、甲申、甲午、甲辰、甲寅六天,叫做“六甲”。三指道教的神符。《抱朴子内篇》记载有“六甲三金符”、“六甲通灵符”等。根据文意,这里的“六甲”应指六甲神符。

③虽且贵:本句应作“虽贱且贵”。《尚博》:“文之所在,虽贱犹贵。”

④本不必便疏:《尚博》本句作“本不必皆珍”。“疏”应为“珍”。

⑤因:依托;依赖。素地:白色的质地。指白色的丝绸。

⑥肤寸:又作“扶寸”。古代的长度单位。一指宽为寸,四指宽为肤。这里比喻很小的地方。

⑦咫：古代长度单位。古代以八寸为一咫。

⑧雅论：对对方论点的尊称。

【译文】

“再说文章与德行的轻重，就好像十尺与一丈一样，把文章说成是不重要的小事，这是从来未曾听说过的。八卦符号产生于鹰隼身披的羽毛，六甲神符产生于灵龟背甲的图案，只要是有文采的地方，即使低贱的事物也会因此而变得高贵。根本性的东西不一定都值得珍贵，末节性的事物也不一定全都可以轻视。比如锦绣要依托在白色的质地上，珍珠和宝玉则处于蚌和石头之中；云雨从很小的地方产生，江河从细微的源头开始。如果道理确实如此，那么您的论点就不太正确了。”

又曰：“应龙徐举①，顾眄而凌云②；汗血缓步③，呼吸而千里④。故蝼蚁怪其无阶而高致⑤，驽蹇惊过己之不渐也⑥。若夫驰骤《诗》、《论》之中、周旋一经之内⑦，以常情览巨异，以褊量测无涯⑧，始自髫龀⑨，诣于振素⑩，不能得也。

【注释】

①应龙：长有翅膀的龙。徐：慢慢地。

②顾眄(miǎn)：看一眼。形容片刻之间。

③汗血：良马名。产于西域，流汗如血，故称“汗血”。

④呼吸：一呼一吸之间。形容时间很短。

⑤蝼：虫名。蝼蛄。喜欢生活在泥土中。高致：达到极高的地方。

⑥驽蹇(jiǎn)：低劣的瘸腿马。驽，劣马。蹇，跛；行动迟缓。渐：逐渐地；慢慢地。

⑦驰骤：奔驰。比喻努力学习。《诗》、《论》：《诗经》和《论语》。

⑧褊(biǎn)量：狭小的气量。褊，狭小。

⑨髫龀(tiáo chèn):古代儿童下垂的头发叫做“髫”,儿童换牙叫做“龀”。这里用“髫龀”代指幼年。

⑩振素:飘动的白发。代指老年。素,白色。这里代指白发。

【译文】

抱朴子又说:“应龙不慌不忙地升上天空,却能够在眨眼之间就直上云霄;汗血宝马从容不迫地迈着步子,却能够在瞬息之间远行千里。因此蛄蝼和蚂蚁对应龙不用台阶就能够直达天空而感到奇怪,瘸腿的劣马对汗血宝马突然之间就超过了自己而感到吃惊。至于像那些埋头学习于《诗经》、《论语》之中、徘徊于一部经书之内的人,他们以一般的情理去阅览极为奇异的著作,凭着狭小的气量去测度浩瀚无边的思想,即使从幼年时就开始学习研究,一直努力到白发飘飘的老年,依然一无所获。

“又世俗率贵古昔而贱当今,敬所闻而黩所见[①]。同时虽有追风绝景之骏[②],犹谓不及伯乐之所御也[③];虽有宵朗兼城之璞[④],犹谓不及楚和之所泣也[⑤];虽有断马指雕之剑[⑥],犹谓不及欧冶之所铸也[⑦];虽有生枯起朽之药[⑧],犹谓不及和、鹊之所合也[⑨];虽有冠群独行之士,犹谓不及于古人也。”

【注释】

①黩(dú):轻慢;轻视。

②追风绝景:追上风速,超过光速。绝,超越。景,阳光。

③伯乐:古代善于相马的人。所御:所驾驭的马。

④宵朗:夜晚发光。

⑤楚和之所泣:楚人卞和为之哭泣的璞玉。楚和,指春秋楚人卞和。因发现和氏璧而闻名。《韩非子·和氏》记载,卞和因为自

己的璞玉不被人认同，而“抱其璞而哭于楚山之下，三日三夜，泣尽而继之以血”。

⑥指雕之剑：未详。可理解为宝剑名。

⑦欧冶：即欧冶子。春秋时期著名的铸剑工匠。

⑧生枯起朽：起死回生。

⑨和、鹊：医和、扁鹊。都是古代的名医。扁鹊是战国时名医，姓秦，名越人。医和是春秋时名医。

【译文】

“另外世俗之人大都看重古代的事物而轻视当今的事物，敬重他们耳朵听到的东西而蔑视眼睛所见到的东西。同一个时代即使有能够追上狂风超越阳光的骏马，他们依然认为这些骏马不如伯乐所驾驭的骏马；即使有夜晚发光价值连城的璞玉，他们仍然会说这些璞玉不如楚国卞和为之哭泣的美玉；虽然有能斩断马匹的指雕宝剑，他们仍然会说这些宝剑不如欧冶子所铸造的宝剑；即使有起死回生的药物，他们依然会说这些药物不如医和与扁鹊所调制出来的药物；即使有出类拔萃特立独行的高士，他们仍然会说这些高士比不上古人。”

正郭卷四十六

【题解】

正郭，纠正、批评郭泰的错误。郭，指郭泰（127—169），字林宗，东汉太原介休人。《后汉书》卷六十八有传。因《后汉书》作者范晔之父名叫范泰，为避父讳，因此“郭泰”在《后汉书》中被写作“郭太”。综观郭泰一生言行，有三个特点值得注意，一是他博学多才；二是他游走于名门权贵之间，但又不真正进入官场；三是好品题人物，奖拔士人。郭泰在当时及其后很长一段时间里都享有很高的声誉。郭泰去世后，蔡邕为之作碑文，曾感叹说：“吾为碑铭多矣，皆有惭德，唯郭有道无愧色耳。”（《后汉书·郭太列传》）对于这样一位口碑极佳的士人，葛洪却作出了极为激烈的批判。

对于郭泰的博学多才，葛洪虽然没有作为重点进行批判，但也认为这是“好事者为之羽翼，延其声誉于四方，故能挟之见准慕于乱世，而为过听不核实者所推策”。也就是说，葛洪认为郭泰是名过其实。

对于郭泰游走于名门权贵之间，但又不真正进入官场这一行为，葛洪进行了严厉批评，认为他是“盖欲立朝，则世已大乱；欲潜伏，则闷而不堪。或跃，则畏祸害；确尔，则非所安。彰偟不定，载肥载臞”。葛洪认为，作为一位真正的士人，要么勇于献身，“安上治民，移风易俗”；要么安心隐居，“挥毫属笔，祖述六艺”。而郭泰面对动荡的时局，既不敢出仕治国，又不愿嘉遁隐居，整天栖栖遑遑，忙忙碌碌，不过是为了“行自衒耀”、“收名赫赫”而已。葛洪认为郭泰“有耀俗之才，无固守之质”，“符采外发，精神内虚”，与平庸之人殊无二致。

关于郭泰好品题人物、奖拔士人这一点，葛洪也不以为然。一是葛洪认为郭泰品评的人多了，不过是偶然言中而已，然而“其所得者，则世共传闻；而所失者，则莫之有识”，说中了，人们就记载了下来；说错的，人们就把它忘却了。二是葛洪认为这样一个喜欢品评人物的人，并没有为国家举荐出真正的人才：“虽颇甄无名之士于草莱，指未剖之璞于丘园，然未能进忠烈于朝廷，立御侮于壃埸，解亡征于倒悬，折逆谋之竞逐，若鲍子之推管生，平仲之达穰苴。”

总之，葛洪认为郭泰“隐不修遁，出不益时，实欲扬名养誉而已”，是一个于国、于人、于己都没有益处的人。葛洪依据自己的人生原则，对郭泰予以全面否定，虽有矫枉过正之嫌，但其中的一些批评意见，也值得后人深思、借鉴。

抱朴子曰：“嵇生以为①：‘太原郭林宗竟不恭三公之命②，学无不涉，名重于往代，加之以知人。知人则哲，盖亚圣之器也③。及在衰世，栖栖惶惶④，席不暇温⑤，志在乎匡乱行道，与仲尼相似。’

【注释】

①嵇生：指嵇含。字君道。好学能属文。先后任襄城太守、广州刺史等职。后为刘弘司马郭劢所害。

②郭林宗：即郭泰，字林宗，东汉太原介休人。博学多才，好品题人物，奖拔士人。《后汉书》有传，作“郭太”。《后汉书·郭太列传》：“郭太字林宗……司徒黄琼辟，太常赵典举有道。或劝林宗

仕进者，对曰：‘吾夜观乾象，昼察人事，天之所废，不可支也。’遂并不应。”东汉时司徒属三公，郭泰不应司徒的征召，所以说他“不恭三公之命”。

③亚圣：仅次于圣人。

④栖栖（xī xī）惶惶：到处奔波、不得安宁的样子。

⑤席不暇温：席子都没有时间被暖热。形容忙碌的样子。《淮南子·修务训》：“孔子无黔突，墨子无暖席。”

【译文】

抱朴子说：“嵇生认为：‘太原的郭林宗最终也没有服从三公的征召之命，对学问无不涉猎，在过去的时代里名声很大，而且他还善于知人。善于知人就是明智，他大概可以算是仅次于圣人的人才了。到了国家衰亡的时候，他四处奔忙不得安宁，忙碌得没有时间去暖热席子，他的志向在于拯救乱世推行正道，与孔子十分相似。’

“余答曰：‘夫智与不智，存于一言；枢机之玷①，乱乎白圭②。愚谓亚圣之评③，未易以轻有许也。夫所谓亚圣者，必具体而微④，命世绝伦⑤，与彼周、孔其间无所复容之谓也⑥。若人者，亦何足登斯格哉⑦！林宗拔萃翘特⑧，鉴识朗彻，方之常人，所议固多⑨；引之上及⑩，实复未足也。

【注释】

①枢机之玷：语言上的瑕疵。枢机，枢指门上的转轴，机指门槛。枢主开，机主闭，都是门的关键部分，这里用来比喻言语。《周易·系辞上》：“言行，君子之枢机；枢机之发，荣辱之主也。”玷，白玉上的斑点，比喻语言上的瑕疵。

②乱乎白圭：严重性超过了白圭上面有斑痕。白圭，洁白的圭玉。

圭，为长形玉版，上圆或尖。

③愚：自我谦称。

④具体而微：指处处都具备了圣人的品德而只是规模较小而已。《孟子·公孙丑上》："昔者窃闻之：子夏、子游、子张皆有圣人之一体，冉牛、闵子、颜渊则具体而微。"

⑤命世：著名于世。

⑥无所复容之：不能再插进其他的人。也即仅次于周公、孔子。

⑦斯格：这样的层次。斯，此；这。

⑧翘特：出众。翘，翘楚。本指高出于杂树丛的荆条，后用来比喻出众的人才。

⑨多：称赞。

⑩上及：与上圣相比。及，比。杨明照《抱朴子外篇校笺》认为"上及"应作"上圣"。上圣指周公、孔子。

【译文】

"我回答说：'聪明不聪明，就表现在言谈方面；语言上的瑕疵，其严重性超过了白圭上面有斑痕。我个人认为亚圣这一称号，是不能轻易送给他的。所谓的亚圣，必须是具备了圣人的各种品德而只是程度不够而已，要闻名于世出类拔萃，在他与周公、孔子之间不能再插入其他的人了。像郭泰这样的人，又怎么能够达到这一层次呢！郭泰才能出众，能够清楚准确地鉴别人物，与一般人相比，确实应该对他予以赞扬；然而如果拿他与周公、孔子相比，他确实还差得很远。

"'此人有机辩风姿，又巧自抗遇而善用[①]；且好事者为之羽翼，延其声誉于四方[②]，故能挟之见准慕于乱世[③]，而为过听不核实者所推策[④]。及其片言所褒，则重于千金；游涉所经，则贤愚波荡，谓龙凤之集，奇瑞之出也。吐声则余音见法[5]，移足则遗迹见拟[6]。可谓善击建鼓而当揭日、月者耳[7]，非真隐也。

【注释】

①抗遇：应对境遇。抗，抗衡；应对。

②延：扩展；宣扬。

③挟之：依仗着这一点。见：被。准慕：效法和仰慕。准，准则。这里指被当作准则。

④过听：错误地听信。核实：核对实际情况。核，核实。推策：推广；推崇。

⑤见法：被效法。见，被。

⑥遗迹：遗留的足印。比喻事迹。见拟：被模仿。见，被。

⑦建鼓：一种大鼓。当揭：直接高举。揭，高举。日、月：比喻自己的优点。《庄子·达生》："今汝饰知以惊愚，修身以明污，昭昭乎若揭日、月而行也。"本句是在讽刺郭泰善于宣扬自我。

【译文】

"'郭泰这个人机智善辩且仪表堂堂，又能够巧妙地应对当时的社会环境并善于利用这一环境；还有一些好事的人作为他的帮手，把他的声誉传播到四面八方，因此他能够依仗着这些在动荡不安的社会里受到人们的效法与仰慕，并被那些误听后而不去核实实际情况的人们所推崇。以至于郭泰说出的一句褒扬他人的话，就被看得比千金还要珍贵；他每到一个地方，那里的人们无论是贤是愚都会受到震动，认为是龙凤落到了此地，是奇异的吉祥征兆出现了。他说出的每一句话的余音都会被人效法，他走出的每一步路就连脚印都会被人模仿。他可以说是一个善于敲击大鼓宣扬自我优点的人，并不是一位真正的隐士啊。

"'盖欲立朝[1]，则世已大乱；欲潜伏，则闷而不堪[2]。或跃[③]，则畏祸害；确尔[④]，则非所安。彰偟不定[⑤]，载肥载臞[⑥]。而世人逐其华而莫研其实[⑦]，玩其形而不究其神[⑧]。故遭雨巾坏，犹复见效[⑨]。不觉其短，皆是类也。俗民追声，一至于是。故其虽有缺隙，莫之敢指也。夫林宗学涉知人，非无分也。然而未能避过实之名，而暗于自料也[⑩]。

【注释】

①立朝：站在朝堂上。也即出仕做官。

②闷：苦闷；忧愁。不堪：无法承受。

③或：有时。跃：跳跃。比喻出仕干一番事业。

④确尔：坚定不移的样子。这里指坚定不移地隐居。

⑤彰偟(huáng)：又写作“章黄”。彷徨、犹豫的样子。

⑥载肥载臞(qú)：又想胖又想瘦。比喻又想出仕又想隐居。臞，瘦。《韩非子·喻老》：“子夏见曾子，曾子曰：‘何肥也?’对曰：‘战胜，故肥也。’曾子曰：‘何谓也?’子夏曰：‘吾入见先王之义则荣之，出见富贵之乐又荣之，两者战于胸中，未知胜负，故臞。今先王之义胜，故肥。’”

⑦华：同“花”，这里指美丽的外表。

⑧玩：欣赏。

⑨故遭雨巾坏，犹复见效：因此就连他遇雨时头巾被淋坏了这件事，也被别人所仿效。《后汉书·郭太列传》：“尝于陈、梁间行，遇雨，巾一角垫，时人乃故折巾一角，以为‘林宗巾’。”

⑩暗：不明；不懂。自料：自知。

【译文】

“‘他大概是想去朝廷做官吧，可天下已经大乱了；想去隐居吧，却又烦恼得无法承受。有时想出仕干一番事业，则害怕祸害临头；想坚定不移地隐居，可又无法安下心来。因此他徘徊不定，既想当官又想当隐士。然而世人追逐他的虚名却没有去考察他的实质，欣赏他的外貌而没有去探究他的精神。因此就连他遇雨时头巾被淋坏了这件事情，也被别人所仿效。人们没有能够发现他的缺点，都如同这一类的情况。世俗的人们只知道追逐虚假的名声，竟然到了这样的地步。因此郭泰虽然有缺点，却无人敢于指出。郭泰的学问涉及如何鉴别人物的问题，他不是没有这一方面的天分。然而他却没有回避超过自己实际德才的虚名，不懂得正确地评价自我。

"'或劝之以出仕进者，林宗对曰："吾昼察人事，夜看乾象①，天之所废，不可支也。方今运在《明夷》之爻②，值勿用之位③，盖盘桓潜居之时④，非在天利见之会也⑤。虽在原陆，犹恐沧海横流⑥，吾其鱼也⑦，况可冒冲风而乘奔波乎！未若岩岫颐神⑧，娱心彭、老⑨，优哉游哉⑩，聊以卒岁⑪。"

【注释】

①乾象：天象。乾，天。

②《明夷》：《周易》六十四卦之一。"明夷"的意思是光明受到了伤害。比喻昏君在上，圣明的臣子遭难或不得志。夷，伤害。爻：指组成八卦的长短横道。

③勿用：不被世所用。《周易·乾卦》："初九：潜龙勿用。"

④盘桓：徘徊。

⑤在天利见：龙飞到天上，有利于见到大人。比喻飞黄腾达，事业成功。《周易·乾卦》："九五：飞龙在天，利见大人。"会：机会；时机。

⑥沧海横流：比喻天下大乱。

⑦吾其鱼也：我大概要变成一条鱼了。比喻在乱世中被杀害。《左传·昭公元年》："刘子曰：'美哉禹功，明德远矣！微禹，吾其鱼乎！'"

⑧岫(xiù)：山峰。颐神：保养精神。颐，养。

⑨彭、老：彭祖、老子。彭祖是传说中的长寿人物，善养生，据说活了八百岁。

⑩优哉游哉：悠闲自得的样子。

⑪聊以卒岁：姑且度过自己的岁月。聊，姑且。卒，过完。

【译文】

"'有人劝说他出仕做官，郭泰回答说："我白天观察人间的事情，夜晚观察天上的星象，上天想要废弃的事物，人是无法支撑挽回的。如今的世运处在《明夷》卦的爻象上，正好处于不被世用的卦位，这大概正是贤人应该徘徊于隐居地的时候，不是飞黄腾达出仕为官的时机。现在虽然还平安地生活在陆地上，可我还是担心沧海的洪水将会四处泛滥，而我们恐怕将要变成鱼了，更何况还去冒着猛烈的狂风在奔腾的波涛中乘船行走呢！不如隐居在深山之中颐养精神，心情快乐地学习彭祖和老聃的思想与养生术，悠闲自得无忧无虑，姑且用这种生活方式度过自己的岁月。"

"'按林宗之言，其知汉之不可救，非其才之所办，审矣①。法当仰跻商洛②，俯泛五湖③，追巢父于峻岭④，寻渔父于沧浪⑤。若不能结踪山客⑥，离群独往，则当掩景渊涔⑦，韬鳞括囊⑧。而乃自西徂东⑨，席不暇温，欲慕孔、墨栖栖之事。

【注释】

①审：清楚；明白。

②仰陟(jī)商洛:登上商洛山。仰,向上。陟,登上。商洛,山名。在今陕西商州一带,是西汉初年商山四皓的隐居处。商山四皓是指东园公、绮里季、夏黄公、甪里先生。

③俯泛五湖:像范蠡那样泛舟于五湖。五湖,湖名。指太湖及周边的四个湖。范蠡辅佐勾践灭吴后,乘舟浮于五湖,从此隐居起来。

④巢父:尧时的隐士,隐居于嵩山。

⑤渔父:《楚辞·渔父》中的人物,《庄子》中也有一位渔父,他们的身份都是隐士。沧浪:形容水的颜色。这里代指河流。一说是地名,在今湖北境内。

⑥结踪:留下踪迹。指生活在某处。山客:当作"山谷"。杨明照《抱朴子外篇校笺》:"'客',吉藩本作'谷'。照按:'谷'字是。"

⑦掩景(yǐng):隐藏自己的身影。也即藏身。景,同"影",身影,也即自身。渊洿(wū):深渊和池塘。代指原野沼泽。

⑧韬鳞:像龙一样隐藏起来。韬,藏。鳞,代指龙。括囊:扎住口袋。比喻闭口不言。《周易·坤卦》:"六四:括囊,无咎无誉。"

⑨徂(cú):往;到。

【译文】

"'根据郭泰自己讲的话,他已经知道汉朝不可挽救,汉代不是他的才能所能够拯救得了的,这一点他说的十分清楚。那么按道理他就应该像四皓那样登上商洛山,像范蠡那样泛舟五湖,到高山峻岭之中去效法巢父,到大江大河之滨去追寻渔父。如果不能生活于山谷之中,不能远离人群独往独来,那么也应当隐居于原野沼泽,像龙那样深藏起来闭口不言。然而郭泰却到处奔走,忙碌得连暖热席子的时间都没有,想效法孔子、墨子去做为国家到处奔忙的事情。

"'圣者忧世,周流四方,犹为退士所见讥弹。林宗才非应期[①]，器不绝伦，出不能安上治民，移风易俗；入不能挥毫属笔[②]，祖述六艺[③]。行自衒耀，亦既过差；收名赫赫，受饶颇多[④]。然卒进无补于治乱，退无迹于竹帛[⑤]，观倾视汩[⑥]，冰泮草靡[⑦]，未有异庸人也。

【注释】

①应期：应运而生的人才。

②属(zhǔ)笔：写作。属，连缀。指连缀文字，也即写作。

③六艺：这里指儒家的六种经典。包括《易》、《书》、《诗》、《礼》、《春秋》、《乐》。

④受饶：受益。

⑤竹帛：竹简与丝帛。古代用来书写的工具。这里代指史书。

⑥观倾视汩(gǔ)：眼看着国家混乱倾覆。汩，乱。

⑦冰泮(pàn)草靡：像冰块一样消融了，像小草一样倒下了。形容国家灭亡。泮，冰融化。

【译文】

"'圣人为了拯救社会，奔忙于天下，尚且受到那些隐士们的讽刺批评。郭泰不是应运而生的人才，能力也不是出类拔萃，在外不能安定天子治理百姓，移风易俗；在内不能挥笔写作，效法并阐述六经。还到处自我炫耀，这已经很过分了；他获得了显赫的名声，收益很多。然而他最终在进取时也没有能够对乱世立下补救之功，身后也没有在史书上留下功绩，他眼看着国家动乱倾覆，眼看着国家像冰块一样融化像小草一样倾倒，表现得与庸人没有任何区别。

"'无故沉浮于波涛之间[①]，倒屣于埃尘之中[②]，遨集京邑，交关贵游[③]，轮刓策弊[④]，匪遑启处[⑤]，遂使声誉翕熠[⑥]，秦、胡景附⑦。巷结朱轮之轨⑧，堂列赤绂之客⑨，轺车盈街⑩，载奏连车⑪。诚为游侠之徒，未合逸隐之科也。

【注释】

①波涛之间：比喻动荡不安的仕途、宦海。

②倒屣（xǐ）：倒穿着鞋子。形容匆忙得来不及穿好鞋子。屣，鞋子。埃尘：尘世。

③交关：交往。贵游：在贵族家庭长大的人。也即贵族。

④轮刓（wán）：车轮磨损了。刓，磨损；残缺。策：马鞭。

⑤匪遑启处：没有闲暇的时间安居。匪，通“非”，不；无。遑，闲暇；空闲。启处，安居。

⑥翕熠：疑作“翕习”。《道藏》本即作“翕习”。翕习，盛大的样子。

⑦秦、胡：汉人和少数民族。秦，因为秦朝的建立，周边少数民族称中原人为秦人，犹如后世称中原人为汉人一样。胡，原指西北部的少数民族，这里泛指少数民族。景（yǐng）附：像影子随形一样追随着他。景，同“影”。

⑧朱轮：红漆的车轮。指显贵乘坐的车辆。

⑨赤绂（fú）：红色的系印的丝带。

⑩轺（yáo）车：轻便的马车。

⑪载奏连车：应作“载刺连车”。带着名片前来拜访的车子一辆接着一辆。刺，名帖。类似后世的名片。《后汉书·郭太列传》注引《泰别传》：“泰名显，士争归之，载刺常盈车。”而“载奏连车”则不见史书记载。

【译文】

“‘他无缘无故地在宦海中随波逐流，在尘世里急切地到处奔走，游荡于京城，结交于权贵，车轮因此被磨损而马鞭因此被用坏，没有一点闲暇的时间安居，于是使自己获取了盛大的声誉，无论是中原人还是异族人都像影子似的追随着他。巷子中官员乘坐的车辆络绎不绝，厅堂里坐满了挂着印绶的贵客，轻便的马车挤满了街道，带着名帖前来拜访的车子一辆接着一辆。他的确属于游侠一类的人，而不符合隐逸者的标准。

"'有道之世而臻此者，犹不得复厕高洁之条贯①，为秘丘之俊民②。而修兹在于危乱之运③，奚足多哉！孰不谓之暗于天人之否泰、蔽于自量之优劣乎④？空背恬默之涂⑤，竟无有为之益。不值祸败，盖其幸耳。

【注释】

①厕：置身于。条贯：系统；行列。

②秘丘：隐居山林。秘，隐居。

③修兹：做这样的事情。兹，代指郭泰的行为。

④否(pǐ)泰：穷达吉凶。"否泰"本为《周易》中的两个卦名，否卦不吉利，泰卦吉利，后遂用"否泰"代指吉凶。

⑤恬默：清静无为。

【译文】

"'在政治清明的时代如此做的人，尚且不能置身于高洁之人的行列，不能成为隐居山林的俊杰之民。然而郭泰处于国家动乱的时代却做出这样的事情，又怎么值得称赞呢！哪个人能不说他是一个既不明白天道和人事的穷达吉凶、又不懂得正确评价自己品行优劣的人呢？他白白地背离了清净无为的原则，最终也没有因为汲汲有为而做出有益的事情。他没有遇到祸败，恐怕只是他的侥幸而已。

"'以此为忧世念国，希拟素王①，有似蹇足之寻龙骐②，斥鷃之逐鸿鹄[③]，焦冥之方云鹏[④]，鼷鼬之比巨象也[⑤]。然则林宗可谓有耀俗之才，无固守之质；见无不了[⑥]，庶几大用[⑦]。符采外发[⑧]，精神内虚，不胜烦躁，言行相伐[⑨]，口称静退，心希荣利，未得□玄圃之栖禽、九渊之潜灵也[⑩]。

【注释】

①素王：有帝王之德而没有帝王之位的人。如孔子。《淮南子·主术训》："孔子……专行教道，以成素王。"

②蹇(jiǎn)足：瘸腿。蹇，跛。龙骐：像龙一样的骏马。古人称八尺以上的马为"龙马"。

③斥鷃(yàn)：沼泽中的一种小鸟。斥，小池泽。鷃，小鸟名。鸿鹄：两种鸟名。大雁与天鹅。

④焦冥：即蟭螟。一种极小的虫子。据说它们活动在蚊子的眉毛中。

⑤鼷(xī)：最小的一种鼠。鼬(yòu)：黄鼬。俗称黄鼠狼。

⑥了：明白。

⑦庶几：差不多；好像。

⑧符采：玉石的纹理。这里比喻人的才华。

⑨相伐：相互攻伐；相互矛盾。

⑩未得："未得"后缺一字，疑为"方"字。相比的意思。玄圃：神山名。在昆仑山上。潜灵：潜藏的龙。灵，指龙。

【译文】

"'如果把这种人看成是忧国忧民的人，并希望把他比作孔子，这就好像让瘸马去追随骏马，让斥鷃去追赶鸿鹄，把小小的蟭螟比作云中的大鹏，把鼷鼬比作大象一样。那么这就说明郭泰可以说是具备了向世人炫耀的才能，而没有可供坚守的实质美德；他对于看到的东西都比较明白，似乎可委以重任。然而他不过是才华外露，精神空虚，极为烦躁不安，言行相互矛盾，口中说是要恬淡退隐，心里却期盼着荣华富贵，他根本无法与栖息在玄圃山上的神鸟、潜伏在深渊中的神龙相提并论。

"'自衒自媒，士、女之丑事也，知其不可而尤效尤师[①]，亚圣之器，其安在乎？虽云知人，知人之明，乃唐、虞之所难[②]，尼父之所病[③]。夫以明并日、月，原始见终[④]，且犹有失，不能常中，况于林宗，萤烛之明，得失半解，已为不少矣。

【注释】

①尤效尤师：即"效尤师尤"。效法这些错误。尤，过错。

②唐、虞：指尧、舜。唐，朝代名，君主为尧。虞，朝代名，君主为舜。

③尼父：孔子。孔子名丘，字仲尼。父，通"甫"，对男子的美称。所病：所感到困难的事情。

④原始：探索本源。

【译文】

"'自我炫耀、自我作媒，这是士人和女子深感羞耻的事情，然而郭泰知道不可以这样做却还是去效法这种错误，那么他的所谓亚圣之才，又表现在什么地方呢？虽然大家都说他具有知人的才能，然而真正要做到知人之明，就连唐尧、虞舜也感到是件难事，就连孔子也认为自己很难做到。这些圣人的智慧可以与日、月相比，能够了解一个人的过去并预见到他的未来，然而他们尚且会出现误判，不能每次都判断准确，更何况郭泰这个人，只有萤火烛光一样的智慧，他能够说对一半，那就已经算是不少了。

"'然则名称重于当世，美谈盛于既没[①]，故其所得者[②]，则世共传闻；而所失者，则莫之有识尔。虽颇甄无名之士于草莱③，指未剖之璞于丘园④，然未能进忠烈于朝廷，立御侮于壃埸⑤，解亡征于倒悬⑥，折逆谋之竞逐，若鲍子之推管生⑦，平仲之达穰苴⑧。

【注释】

①既没(mò)：去世之后。没，死亡。

②所得者：判断恰当的事情。也即预测正确的事情。

③甄：甄别；鉴别。草莱：野草。这里代指乡野民间。

④未剖之璞：还没有剖开、磨制的璞玉。比喻还没有显露才华的人。

⑤御侮：指能够抵御外侮的将军。壃埸(jiāng yì)：边界；边疆。这里泛指战场。壃，同“疆”。

⑥解：消解；除掉。亡征：灭亡的征兆。倒悬：形容国家处于极其危难之中。

⑦鲍子：春秋齐国大夫鲍叔牙。管生：即管仲。春秋时期齐国的政治家，协助齐桓公建立霸业。管仲之所以能够得到桓公的重用，主要是得力于朋友鲍叔牙的举荐。《史记·管晏列传》：“(管仲)少时常与鲍叔牙游，鲍叔知其贤……已而鲍叔事齐公子小白，管仲事公子纠。及小白立为桓公，公子纠死，管仲囚焉。鲍叔遂进管仲。管仲既用，任政于齐，齐桓公以霸。”

⑧平仲：春秋齐国大夫晏婴。晏婴字平仲。达：使显达。也即举荐为官。穰苴(ráng jū)：春秋齐国的将军。他在晏婴的举荐下，为齐国建立了大功。《史记·司马穰苴列传》：“司马穰苴者，田完之苗裔也。齐景公时，晋伐阿、甄，而燕侵河上，齐师败绩。景公患之。晏婴乃荐田穰苴曰：‘穰苴虽田氏庶孽，然其人文能附众，武能威敌，愿君试之。’景公召穰苴，与语兵事，大说之，以为将军，将兵扞燕晋之师。”后来穰苴打败了晋、燕之师，收复了所有失地。

【译文】

“‘然而由于郭泰的名声在当时很大，在他去世后依然盛传着有关他的美谈，因此他说对的事情，世人就一起为他传扬；而他说错的事情，就没有人知道了。虽然他能够从乡野之中举荐出一些无名的人才，在山林田园中指出几个犹如还未雕琢的璞玉般的隐士，然而他并未能给朝廷推荐出忠烈的文人，也未能推荐出可以抵御外侮、立功疆场的武将，他没有能够在国家极其危急的时候去消除亡国的征兆，没有能够挫败竞相出现的叛逆阴谋，没有能够如同鲍叔牙那样推荐管仲，也没有能够像晏婴那样去举荐穰苴。

“‘林宗名振于朝廷，敬于一时，三、九肉食①，莫不钦重，力足以拔才，言足以起滞②。而但养疾京辇③，招合宾客，无所进致，以匡危蔽。徒能知人，不肯荐举，何异知沃壤之任良田、识直木之中梁柱而终不垦之以播嘉谷、伐之以构梁栋！奚解于不粒④，何救于露居哉！其距贡举者⑤，诚高操也；其走不休者，亦其疾也。’

【注释】

①三、九：三公九卿。都是朝中重臣。肉食：吃肉的人。指在位的官员。

②起滞：起用滞留在民间的贤人。

③但：只是。京辇：京城。辇，皇上乘坐的车子，代指京城。

④不粒：无粮；绝粮。

⑤距：通“拒”，拒绝。贡举：举荐。

【译文】

“‘郭泰名震朝廷，受到时人的尊重，三公、九卿等在位的官员，人人都很敬重他，他的力量足以提拔人才，言论足以起用滞留于民间的贤者。然而他只是养病于京城，招集宾客聚会，没有举荐任何人才，以匡救国家的危难与弊端。他只能鉴别人的优劣，而不肯举荐人才，这与知道沃土可以当作良田、认得直木适合当作梁柱、却又始终不去开垦沃土以播撒良种、不去砍伐直木以建造栋梁有什么两样！这又怎么能够解救绝粮困境，怎么能够避免露天居住呢！他拒绝别人的荐举，确实是一种高尚的情操；但他到处奔走不休，这也是他的缺点啊。'

"嵇生又曰：'林宗存为一世之所式[①]，没则遗芳永播。硕儒俊士，未或指点[②]，而吾生独评其短[③]，无乃见嗤于将来乎[④]？'

【注释】

①存：生存；活着。式：楷模；榜样。

②未或：没有人。指点：指责。

③吾生：对葛洪的称呼。

④无乃：大概；也许。见嗤：被嗤笑。见，被。

【译文】

"嵇生又说：'郭泰在世时是一代人的榜样，去世之后也将流芳千古。大儒和贤人，没有任何人指责过他，而只有您评论他的缺点，您大概会受到未来人们的嘲笑吧？'

"抱朴子曰：'曷为其然哉！苟吾言之允者[①]，当付之于后；后之识者，何恤于寡和乎[②]！且前贤多亦讥之[③]，独皇生褒过耳[④]。故太傅诸葛元逊亦曰[⑤]："林宗隐不修遁，出不益时，实欲扬名养誉而已。街谈巷议以为辩，讪上谤政以为高[⑥]。时俗贵之歙然[⑦]，犹郭解、原涉见趋于曩时也[⑧]。后进慕声者[⑨]，未能考之于圣王之典，论之于先贤之行，徒惑华名，咸竞准的[⑩]。学之者如不及，谈之者则盈耳，中人犹不觉，童蒙安能知[⑪]！”

【注释】

①苟：如果。允：公允；公正。

②恤：忧愁；担心。

③多亦：按照古代行文习惯，疑作“亦多”。

④皇生：指皇甫谧。晋代的著名隐士。褒过：褒扬过分。皇甫谧曾撰写《高士传·郭太传》，对郭泰多加赞扬。

⑤太傅：官名。诸葛元逊：诸葛恪，字元逊，三国诸葛亮兄诸葛瑾的长子，曾任吴国太傅。

⑥讪（shàn）上：诋毁君长。讪，诋毁。

⑦歙（xī）然：和谐一致的样子。

⑧郭解：西汉的游侠。年轻时常因小事杀人，多为铸钱盗墓等不法之事。年长后折节为俭，以德报怨，人争附之。原涉：西汉末年的游侠。其父死，因让还赙送（因对方有丧事而赠送的财物）并守丧三年而显名，后又自劾去官为叔父报仇，时人多仰慕之。见趋：被依附。见，被。曩（nǎng）时：从前。

⑨后进：晚辈；年轻人。

⑩咸：都。竞：争着。准的（dì）：箭靶；目标。这里引申为榜样。

⑪童蒙：无知的儿童。这里泛指愚昧之人。蒙，蒙昧；无知。

【译文】

“抱朴子说：‘怎么会这样呢！如果我的评价是公允的，那就应该把它流传给后世；后世自会有理解我的人，怎么会担心赞成我的观点的后人不多呢！况且以前的贤人中也有很多已经批评他了，只有皇甫谧对他有过分的赞美。从前的太傅诸葛恪也说过:“郭泰隐居时不做好隐居的事情,出门在外奔波时也没有做出有益于时代的事情,他实际上不过是想为自己获取美誉宣扬名声而已。人们把他的一些街谈巷议看作能言善辩,把他的诽谤君长讥评时政视为高尚言论。当时的世人一致地敬重他,就好像从前的人们依附于游侠郭解和原涉一样。那些仰慕其名声的晚辈,未能用圣王的经典内容对他进行考察,未能比照前代贤人的行为对他进行研判,只是迷惑于他的虚华名声,都争着把他看作自己的榜样。效法他的人总担心自己比不上他,谈论他的话语充满了人们的耳朵。素质一般的人对此尚且不能省悟,那些愚昧的人又怎么能够看透郭泰的行为呢!”

“‘故零陵太守殷府君伯绪①,高才笃论之士也②,亦曰:“林宗入交将相,出游方国③,崇私议以动众,关毁誉于朝廷④。其所善,则风腾雨骤⑤,改价易姿;其所恶,则摧顿陆沉⑥,士人不齿。□其名贤⑦,遭乱隐遁,含光匿景⑧,未为远矣。君子行道,以匡君也,以正俗也。于时君不可匡,俗不可正;林宗周旋,清谈闾阎⑨,无救于世道之陵迟⑩,无解于天民之憔悴也⑪。”

【注释】

①零陵:地名。在今湖南南部。殷伯绪:可能指殷礼。三国时担任零陵太守的殷姓者,只有殷礼。然而殷礼字德嗣,与此处的“伯绪”不合。待考。府君:汉魏时期的太守可以自辟僚属如公府,故尊称太守为府君。

②笃论:评论恰当。

③方国:郡国。这里泛指全国各地。

④关：牵连；涉及。这里指插手。

⑤风腾雨骤：形容变化极快极大，类似于“飞黄腾达”。

⑥摧顿：挫折；困顿。陆沉：沉沦；降入底层。

⑦□其名贤：本句缺一字，一本作“折”字。隐藏自己的贤良名声。折，减损。引申为隐藏。

⑧含光匿景：隐藏自己的才华。景，阳光。比喻才华。

⑨闾阎(yán)：里巷。

⑩陵迟：衰落。

⑪天民：天下之民。即百姓。一说指顺应天理的贤者。憔悴：困苦。

【译文】

“‘从前的零陵太守殷伯绪府君，是一位才能很高评论恰当的人士，他也说过：“郭泰进京时结交将相，出京后遨游全国各地，他夸耀自己的见解以哗众取宠，插手朝廷对人物的批评与褒扬。他所赞美的人，那么这个人就会像疾风暴雨一样，很快就改变了自己的身价地位；他所厌恶的人，那么这个人就会受到挫折降入底层，士人都看不起他。此时的郭泰如果能够隐藏起自己的贤良名声，在遭遇乱世的时候隐居民间，韬光养晦，还不算太晚。君子推行的大道，就是用来辅助君主的，就是用来匡正世俗的。当时君主已经无法辅助，世俗已经无法匡正；然而郭泰还在社会上徘徊周旋，清淡于大街小巷，这根本无法挽救世道的衰落，也无法解除天下百姓的困顿痛苦。”

“‘又故中书郎周生恭远[①]，英伟名儒也。亦曰：“夫遇治而赞之[②]，则谓之乐道；遭乱而救之，则谓之忧道；乱不可救而避之，则谓之守道。虞舜，乐道者也；仲尼，忧道者也；微子[③]，守道者也。汉世将倾[④]，世务交游，林宗法当慨然虚心[⑤],要同契君子[⑥],共矫而正之;而身栖栖为之雄伯,非救世之宜也。于时虽诸黄门[⑦],六畜自寓耳[⑧];其陈蕃、窦武之徒[⑨],虽鼎司牧伯[⑩],皆贵重林宗,信其言论臧否[⑪],取定于匡危易俗,不亦可冀乎[⑫]!

【注释】

①中书郎:官名。周生恭远:周昭,字恭远。三国时人,曾任吴国中书郎,编撰《吴书》、《周子》。生,对读书人的称呼。

②治:治世;太平盛世。赞:赞美。一说是帮助的意思。

③微子:商纣王的庶兄。微子多次进谏纣王不听,于是就离他而去。

④汉世:当作“汉室”。《道藏》本、旧写本均作“汉室”。汉室,汉朝廷。

⑤慨然:情绪激昂的样子。

⑥要(yāo):邀请。契:合;投合。

⑦黄门:宦官。

⑧六畜:指马、牛、羊、猪、犬、鸡。这里泛指禽畜。自寓:把自己放置于。

⑨陈蕃:字仲举,东汉人,官至太傅。窦武:字游平,东汉人,汉灵帝母窦太后之兄,拜大将军,辅政。陈蕃与窦武合谋除掉当时贪虐的宦官,谋泄,二人反被宦官所杀。

⑩鼎司:指三公。以三足鼎立为喻。牧伯:地方长官。如刺史、太守等。

⑪臧否(pǐ):善恶。臧,善。否,恶。

⑫冀:希望。

【译文】

“‘另外从前的中书郎周恭远,是一位出类拔萃见识卓越的名儒。

他也说："遇到天下太平的时代就去加以赞美，这种做法可以叫做乐道；遭遇天下动乱的时代就去加以挽救，这种做法叫做忧道；天下大乱而无力挽救就远远避开，这种做法叫做守道。虞舜，就是一位乐道的人；孔子，就是一位忧道的人；微子，就是一位守道的人。汉朝即将倾覆的时候，当时的人们还在热心于社会交往，郭泰此时按道理应该情绪激昂地虚心下士，邀集志同道合的君子们，共同矫正挽救国家的危局；然而他却忙忙碌碌地一心要当士林领袖，这可不是拯救社会所应该做的事情。当时就连那些宦官们，虽然他们犹如牲畜一般；以及陈蕃、窦武那些人，虽然他们位列三公或担任地方长官，这些人都很尊重郭林宗，相信他评论人物优劣的言论，此时如果能够下定决心去挽救危亡移风易俗，不也还是很有希望的吗！

"""而林宗既不能荐有为之士，立毫毛之益。而逋逃不仕者①，则方之巢、许②；废职待客者，则比之周公；养徒避役者，则拟之仲尼；弃亲依豪者，则同之游、夏③。是以世眩名实④，而大乱滋甚也。若谓林宗不知，则无以称聪明；若谓知之而不改，则无以言忧道。昔四豪似周公而不能为周公⑤，今林宗似仲尼而不得为仲尼也。"'

【注释】

①逋(bū)逃：逃亡。这里指逃避社会。逋，逃亡。

②巢、许：巢父、许由。尧时的两位隐士。

③游、夏：子游、子夏。孔子的两位弟子。子游是吴国人，却在鲁国担任武城宰；子夏是卫国人，却到魏国当了魏文侯的老师，因此本文说"弃亲依豪者，则同之游、夏"。

④眩：迷惑；分不清。

⑤四豪：指战国四公子。《汉书·游侠传》："繇是列国公子，魏有信陵，赵有平原，齐有孟尝，楚有春申，皆藉王公之势，竞为游侠，鸡鸣狗盗，无不宾礼……揾掔而游谈者，以四豪为称首。"

【译文】

"'"然而郭泰既不能举荐有所作为的人，自己又不能做出丝毫有益于社会的事情。而那些逃避社会不愿做官的人，就把郭泰比作巢父与许由；那些废弃自己的职责一心接待宾客的人，就把郭泰比作周公；那些收徒讲学以逃避劳役的人，就把郭泰比作孔子；那些抛离父母依附豪门的人，就把郭泰比作子游与子夏。因此世人根本无法分清名声与实质的差异，以至于天下的动乱变得更加严重了。如果说郭泰不知道这一点，那么就没有办法说他是一个聪明人；如果说他知道这一点而不加以改正，那么就没有办法说他是一位忧道者。从前的战国四公子虽然类似于周公但毕竟不能成为周公，那么今天的郭泰虽然类似于孔子但也毕竟不能成为孔子。"'

"于是问者慨而叹曰：'然则斯人乃避乱之徒[1]，非全隐之高矣。'"

【注释】

①斯人：这个人。指郭泰。

【译文】

"于是向我问难的人感慨万分地叹息说：'那么这个人就只能算是一个逃避战乱的人，而不是一位彻底隐居的高士啊。'"

弹祢卷四十七

【题解】

弹祢，批评祢衡。弹，批评；批判。祢，指祢衡（173—198）。祢衡是东汉末年的一位狂生。根据《后汉书·文苑列传下》记载，祢衡字正平，平原般人。少有才辩，而尚气刚傲，好矫时慢物。祢衡与孔融交好，孔融便把他举荐给曹操。曹操召为鼓吏，令其改服鼓吏之装，欲辱之，而祢衡于曹操面前裸身更衣，后又坐在曹操营门外以杖捶地大骂。曹操怒，对孔融说："祢衡竖子，孤杀之犹雀鼠耳。顾此人素有虚名，远近将谓孤不能容之。"于是曹操派人把祢衡送给了荆州牧刘表。刘表因为同样原因，又把祢衡送与江夏太守黄祖。黄祖因不堪祢衡羞辱，杀之。祢衡死时年仅二十六岁。

本篇的前半部分主要记叙了祢衡的生平经历，只是个别细节与正史稍有出入。葛洪虽然也肯定了祢衡的才华，但对祢衡主要还是持批评态度。葛洪认为祢衡"虽言行轻人，密愿荣显"，外表上虽然刚傲不羁，傲视一切，而内心深处却是渴望着名誉和地位。应该说葛洪的这一判断是符合实际的。当然，葛洪批评的重点还是放在祢衡的狂傲性格方面。由于性格的缺陷，使祢衡"开口见憎，举足蹈祸"，最终付出了生命的代价。葛洪随后的一段话，可以说是振聋发聩："枭鸣狐讙，人皆不喜，音响不改，易处何益？"不改变自己的缺点错误，无论走到何处，都不会受到欢迎。

祢衡的癫狂性格以及这一性格所导致的个人悲剧，再次提醒人们、特别是才华出众的人们：温文尔雅，宽厚待人，是每一个人都应该遵循的处世原则；恃才傲物，不仅伤害了别人，更是伤害了自己。

抱朴子曰："汉末有祢衡者①，年二十有三。孔文举齿过知命②，身居九列③，文学冠群，少长称誉，名位殊绝，而友衡于布衣，又表荐之于汉朝④，以为宜起家作台郎⑤，云：'惟岳降神，异人并出⑥。目所一见，辄诵于口；耳所瞥闻⑦，不忘于心；性与道合，思若有神。'其叹之如此。

【注释】

①祢（mí）衡：东汉末年人。详细生平见"题解"。

②孔文举：孔融，字文举。东汉末年人，孔子二十世孙。先后任北海相、将作大匠、少府等职，后被曹操所杀。齿：年龄。知命：五十岁。《论语·为政》："五十而知天命。"后人因此把"知命"作为五十岁的代称。实际上孔融举荐祢衡时为四十四岁，葛洪此处为误记。

③九列：九卿。少府为九卿之一。

④表荐：上表举荐。表，文章的一种，臣下给皇上写的奏章。

⑤起家：起于其家而出任官职。台郎：官名。即尚书郎，为尚书台属官。

⑥惟岳降神，异人并出：高峻的大山降下神灵之气，奇异的人才于是出现了。惟，句首语气词。岳，高大的山。《诗经·大雅·崧高》："崧高维岳，骏极于天。维岳降神，生甫及申。"

⑦瞥：本指匆忙地看一眼，这里引申为时间短暂。

【译文】

抱朴子说:“东汉末年有一个名叫祢衡的人,年纪二十三岁。孔融已经年过五十,身居九卿之位,文学才能超众,无论老少都很称赞他,他的名声地位非同一般,然而却与身为布衣的祢衡结为朋友,又上奏章向朝廷举荐祢衡,认为他应该出仕为官做尚书郎,奏章中写道:‘大山降下了神灵之气,奇异的人才于是就出现了。祢衡只用看一眼,口中就能把文章背诵出来;耳朵听一下,就能牢记在心中;他的天性与大道相合,他的思想高妙得似乎有神灵相助。’孔融就是如此赞叹祢衡的。

“衡游许下①,自公卿国士以下②,衡初不称其官③,皆名之云‘阿某’④;或以姓呼之为‘某儿’:呼孔融为‘大儿’,呼杨修为‘小儿’⑤。荀彧犹强可与语⑥,过此以往,皆木梗泥偶⑦,似人而无人气,皆酒瓮饭囊耳⑧。百官大会,衡时在坐,忽颦蹙悽怆⑨,哀叹忼慨⑩。或讥之曰:‘英豪乐集,非所叹也。’衡顾眄历视稠众而答曰⑪:‘在此积尸列柩之间⑫,仁人安能不悲乎!’

【注释】

①许:地名。许都。在今河南许昌一带。曹操曾迎汉献帝建都于此。

②国士:闻名全国的士人。

③初不:又作“初无”。从来都不;从来都没有。

④阿某:类似今天说的“某某”。也即称名道姓。

⑤杨修:三国人,字德祖。好学有俊才,为曹操主簿,后为曹操所杀。

⑥荀彧(yù):三国人,字文若。少有才名,先后任魏国侍中、尚书

令，为曹操的重臣。

⑦木梗：木偶。泥偶：泥人。

⑧酒瓮：酒坛子。瓮，坛子。饭囊：饭袋。囊，袋子。

⑨颦蹙(pín cù)：皱着眉头。悽怆：伤心；悲伤。

⑩忼慨：即慷慨。忼，同"慷"。

⑪顾眄：看；观察。

⑫列柩：排列的棺材。柩，棺材。《三国志·魏书·荀彧传》裴松之注引《典略》："衡知众不悦，将南还荆州，装束临发，众人为祖道，先设供帐于城南，自共相诫曰：'衡数不逊，今因其后到，以不起报之。'及衡至，众人皆坐不起，衡乃号咷大哭。众人问其故，衡曰：'行尸柩之间，能不悲乎？'"

【译文】

"祢衡游历到了许都，对公卿与国士以下的人，他从来都不称呼他们的官职名称，对他们都用'某某某'称呼；或者以姓氏称呼他们为'某儿'：称孔融为'大儿'，呼杨修为'小儿'。只有荀彧或许可以勉强与他交谈，除此之外，他认为都不过是一些木偶泥人，模样像个人却没有人的气息，都是一些酒囊饭袋而已。有一次百官聚会的时候，祢衡当时也在座，他忽然皱着眉头伤心起来，又是哀叹又是感慨。有人批评他说：'英豪们快乐地聚会在一起，这不是你应该哀叹的事情。'祢衡用眼光扫过众人而回答说：'处于堆积的尸体与排列的灵柩之间，有仁心的人怎么能够不伤心呢！'

"曹公尝切齿欲杀之[①]，然复无正有入法应死之罪，又惜有杀儒生之名，乃谪作鼓吏[②]。衡了无悔情耻色，乃缚角于柱[③]，口就吹之，乃有异声；并摇鼗击鼓[④]，闻者不知其一人也。而论更剧[⑤]，无所顾忌。

【注释】

①曹公：指曹操。

②谪：贬；降职。鼓吏：敲鼓的小吏。

③角：号角。古代的一种军中乐器。

④鼗（táo）：小鼓。

⑤而论更剧：而他的言论更加激烈。剧，剧烈；激烈。

【译文】

“曹操曾经咬牙切齿地想杀掉他，然而又无法找到合适的法律条文以证明他犯了应处死的罪过，另外还担心自己会落下杀害儒生的坏名声，于是就把祢衡贬为敲鼓的小吏。祢衡毫无后悔的心情和羞愧的表情，于是他就把号角绑在柱子上，把自己的嘴巴凑向前去吹奏，发出了一种奇异的声音；他同时摇动小鼓而敲击大鼓，听到的人根本不知道是他一个人在那里演奏。而祢衡的言论则更加激烈，无所顾忌。

“寻亡走投荆州牧刘表①。表欲作书与孙权②，讨逆于时已全据江东③，带甲百万，欲结辅车之援④，与共距中国⑤。使诸文士立草⑥，尽思而不得表意，乃示衡。衡省之，曰：‘但欲使孙左右持刀儿视之者⑦，此可用尔；倘令张子布见此⑧，大辱人也。’即摧坏投地。

【注释】

①寻：不久。荆州：地名。在今湖北荆州。牧：州长。刘表：东汉末年人。字景升，山阳高平人。为荆州牧，镇南将军。

②孙权：应作“孙策”。孙策于建安五年遇刺身亡，而祢衡被杀于建安三年，祢衡生前，孙权还未掌权。

③讨逆：讨逆将军。孙策于建安三年被拜为讨逆将军。江东：地

名。自汉至隋唐，人们称自安徽芜湖以下的长江南岸地区为江东。

④辅车之援：唇齿相依的相互救援关系。辅，面颊。车，牙床。《左传·僖公五年》："谚所谓'辅车相依，唇亡齿寒'者，其虞、虢之谓也。"

⑤距：同"拒"，抵御。中国：中原地区。这里主要指曹操的势力。

⑥立草：起草。立，起。

⑦但：只是。持刀儿：带刀的武士。

⑧张子布：张昭，字子布。彭城人，自幼好学，博览群书，为东吴的主要谋臣。

【译文】

"不久祢衡逃走去投靠了荆州牧刘表。刘表想给孙策写一封信，当时的讨逆将军孙策已经完全占据了江东地区，拥有百万军队，刘表打算与孙策结为唇齿相依相互援助的关系，与他共同抵御中原的曹操势力。刘表让各位文士起草，文士们费尽了心思却无法完全表达出刘表的心意，于是刘表就把信稿拿给祢衡看。祢衡看完之后，说：'如果只是让孙策身边的那些带刀武士们看的话，这些书信还可以一用；如果是让张昭看，那就太丢人了。'随即就把信稿撕毁扔在地上。

"表怅然有怪色，谓衡曰：'为了不中芸锄乎①？惜之也。'衡索纸笔，便更书之。众所作有十余通②，衡凡一历视之，而已暗记，书之毕，以还表，表以还主。或有录所作之本也③，以比校之，无一字错，乃各大惊。表乃请衡更作。衡即作成，手不停辍，表甚以为佳，而施用焉。

【注释】

①了：完全；一点也不。中：适合。芸锄：锄草。这里用来比喻修改。

②通：篇。

③本：底本；底稿。

【译文】

“刘表怅然若失而面露责怪的表情，对祢衡说：‘你认为这些信稿都完全不值得修改吗？太可惜了。’祢衡就要来纸笔，立即重新默写那些文士的信稿。众文士所写的信稿总共有十多篇，祢衡都只是各自看过一遍，然而就已经默默记住，默写完之后，还给刘表，刘表又还给各位起草的文士。有的文士抄录了信稿的底本，于是就拿来与祢衡所默写的信稿比对，没有出现一个字的错误，于是大家都十分吃惊。刘表于是请祢衡重新写一封书信。祢衡立即写成，手未停笔，刘表认为写得非常好，并予以采用。

“衡骄傲转甚，一州人士，莫不憎恚①，而表亦不复堪，欲杀之。或谏以为：曹公名为严酷，犹能容忍；衡少有虚名，若一朝杀之，则天下游士，莫复拟足于荆楚者也②。表遂遣之。

【注释】

①恚（huì）：恼怒。

②拟：打算。足：用作动词。走；来到。荆楚：地名。也即刘表所占据的荆州地区。

【译文】

“祢衡变得越来越傲慢，整个荆州人士，没有不憎恨他的，而刘表也无法再忍受下去，准备杀掉他。有人劝谏时认为：曹操有严厉残酷的名声，尚且能够容忍他，祢衡从小就获取了虚名，如果一旦杀掉他，那么天下的游历之士，就没有人再打算到荆楚一带来了。刘表于是就把祢衡打发走了。

"衡走到夏口①，依将军黄祖②，祖待以上宾。祖大儿黄射与衡偕行，过人墓下，俱读碑铭，一过而去③。久之，射曰：'前所视碑文大佳，恨不写也④。'衡曰：'卿存其名耳，我一览尚记之。'即为暗书之。末有一字，石缺乃不分明，衡与半字，曰：'疑此当作某字，恐不审也⑤。'射省可（此处有脱文）⑥。

【注释】

①夏口：地名。在今湖北汉口。

②黄祖：刘表的部下，时任江夏太守。

③一过：一遍。

④恨：遗憾。

⑤审：准确；正确。

⑥射省可：射，指黄射。黄祖的长子。省，审阅。可，认可。此三字以下有脱文。关于这段故事，《后汉书·文苑列传下》的记载可以补充完整："祖长子射为章陵太守，尤善于衡。尝与衡俱游，共读蔡邕所作碑文，射爱其辞，还，恨不缮写。衡曰：'吾虽一览，犹能识之，唯其中石缺二字为不明耳。'因书出之。射驰使写碑还校，如衡所书，莫不叹伏……后黄祖在蒙冲船上，大会宾客，而衡言不逊顺，祖惭，乃诃之，衡更熟视曰：'死公！云等道？'祖大怒，令五百将出，欲加箠，衡方大骂，祖恚，遂令杀之。"

【译文】

"祢衡跑到了夏口，投靠了将军黄祖，黄祖把他待为上宾。黄祖的长子黄射曾经与祢衡一块出行，从某人的坟墓下经过时，他俩一起阅读了墓碑的碑文，看了一遍后就离开了。过了很久，黄射说：‘上次所看到的那篇碑文写得很好，遗憾的是没有抄写下来。’祢衡说：‘您只是记住了碑文的名称而已，我读过一遍后还能够记得它。’随即就为黄射默写出碑文。碑文的末尾有一个字，因为碑石残破而模糊不清，祢衡就写下了尚存的半个字，说：‘我怀疑这个字应该是某个字，只是担心猜测的不够准确。’黄射仔细看后认可（此处有脱文）。

“虽言行轻人，密愿荣显，是以高游凤林①，不能幽翳蒿莱②。然修已驳刺③，迷而不觉，故开口见憎，举足蹈祸。赍如此之伎俩④，亦何理容于天下而得其死哉⑤！犹枭鸣狐讙⑥，人皆不喜，音响不改，易处何益⑦？

【注释】

①凤林：比喻许都。因为许都是当时人才聚集的地方，故称之为“凤林”。

②幽翳（yì）：隐居。翳，隐藏；隐居。蒿莱：两种野草名。这里代指乡野山林。

③修已驳刺：修理好自己的字迹斑驳不清的名帖。刺，名帖。类似今天的名片。《后汉书·文苑列传下》：“祢衡……始达颍川，乃阴怀一刺，既而无所之适，至于刺字漫灭。”

④赍（jī）：带着。

⑤其死：正常的死亡。

⑥枭（xiāo）：猫头鹰。古人以为是不祥之鸟。讙（huān）：大声呼叫。

⑦易处何益：换一个地方居住又有什么益处呢？易，改变。《说苑·谈丛》：“枭逢鸠，鸠曰：‘子将安之？’枭曰：‘我将东徙。’鸠

曰:‘何故?’枭曰:‘乡人皆恶我鸣,以故东徙。’鸠曰:‘子能更鸣,可矣;不能更鸣,东徙犹恶子之声。’”

【译文】

“祢衡虽然在言行上蔑视别人,然而内心深处却期盼着荣华富贵,因此他总是在名人聚集的许都徘徊游荡,而不能隐居在乡野山林之中。然而他虽然修理好了自己的字迹斑驳不清的名帖,但因内心迷乱而不能觉悟,所以一开口就会被人憎恶,一举足就会遇上灾祸。怀揣着这样的伎俩,哪里会有被天下的人所接受而得到正常死亡的道理呢!这就好比猫头鹰的叫声和狐狸的叫声一样,人人都不喜欢,如果它们不改变自己的叫声,即使改变一个地方居住又有什么益处呢?

“许下,人物之海也,文举为之主,任荷之足为至到①,于此不安,已可知矣。犹必死之病,俞附、越人所无如何②;朽木铅铤③,班输、欧冶所不能匠也④。而复走投荆楚间,终陷极害⑤。此乃衡懵蔽之效也⑥。盖欲之而不能得,非能得而弗用者矣。於戏⑦,才士可勿戒哉!”

【注释】

①任荷之足为至到:对他的推崇褒扬完全可以说是达到了极致。任荷,怀抱叫做“任”,肩扛叫做“荷”,这里形容推崇褒扬。至到,达到极致。

②俞附:相传是黄帝时的良医。越人:秦越人,即扁鹊。先秦的良医。

③铅铤(dìng):铅块。铤,未经铸造的金属块。

④班输:即先秦鲁国的公输班。也即鲁班。欧冶:即欧冶子。春秋时期著名的铸剑工匠。匠:用作动词。加工;改造。

⑤极害:指被黄祖所杀。

⑥懵：无知的样子。

⑦於戏（wū hū）：感叹词。

【译文】

“许都，是人才聚集的大海洋，孔融就是这些人才的首领，而孔融对祢衡的推崇褒扬完全可以说是达到了极致，在这种情况下祢衡依然无法安身，其为人也就可想而知了。这就好比是必死的疾病，俞附和扁鹊也拿它也毫无办法；还好比朽木和铅块，公输班和欧冶子对它们也无法进行加工改造。而祢衡又跑到了荆楚一带，最终陷入被杀的灾难之中。这是祢衡糊涂无知所造成的结果啊。这真是想重用他都无法做到，而不是得到他以后不去重用他啊。唉，有才华的人们能够不以此为戒吗！”

嵇生曰[①]：“吾所惑者，衡之虚名也；子所论者，衡之实病也。敢不寤寐于指南、投杖于折中乎[②]！”

【注释】

①嵇生：指嵇含。字君道。好学能属文。先后任襄城太守、广州刺史等职。后为刘弘司马郭劢所害。

②寤寐（wù mèi）：醒与睡。代指日日夜夜，时时刻刻。指南：指教；教导。投杖：放下拐杖拜谢。这里主要取拜谢之意。折中：不偏不倚。这里指不偏不倚的正确道理。《礼记·檀弓下》记载，当曾子批评子夏的错误之后，“子夏投其杖而拜，曰：‘吾过矣，吾过矣！吾离群而索居，亦已久矣。’”

【译文】

嵇先生说：“我被迷惑的，是祢衡的虚名；您所谈论的，是祢衡的实际缺点。我岂敢不时时刻刻记住这一指教、拜谢您的这一不偏不倚的正确道理呢！”

诘鲍卷四十八

【题解】

诘鲍，反驳鲍敬言。诘，诘问；反驳。鲍，鲍敬言。关于鲍敬言，史书没有记载，所以有关鲍敬言的生平事迹，我们几乎一无所知。根据本文，我们只知道鲍敬言大约是魏晋时的一位读书人，喜好老庄学说，提出了“无君论”。

老庄对社会的发展有自己独特的看法，认为政治、文化、经济等各方面的无休止发展，为人类带来了灾难性的后果，因此他们向往经过美化的原始社会，提出了著名的“小国寡民”主张。鲍敬言接受了这一思想，并有所发展。因为在老庄思想中，还没有提出“无君”的主张，而鲍敬言明确否定了君主存在的合理性。

鲍敬言认为，远古时代无君无臣，人们“穿井而饮，耕田而食，日出而作，日入而息，泛然不系，恢尔自得”，一切都是那样的安定祥和。由此可见，君主制度并非人们天生所需要的。到了后来，人们倚强凌弱、以智欺愚，于是君主就出现了。君主的出现，给百姓带来了无穷的苦难。君主聚玉如林，积金成山，穷奢极欲；君主“辜谏者，脯诸侯，葅方伯，剖人心，破人胫”，干尽了坏事。因此，在鲍敬言看来，君主制度是万恶之源，君主不除，则民无宁日。

葛洪针对鲍敬言的主张，进行了反驳。首先，葛洪用自然界由混沌世界进入开天辟地的时代，来证明人类由蒙昧时期进入君主时期，都是一大进步，而不是鲍敬言所认为的悲剧。其次，葛洪认为人有“厚己之情”，因此“贼杀并兼，起于自然”，即使在无君的远古时代，人们照样会为一些物质利益而相互伤害。第三，君主出现之后，组织了军队，制定了刑法，刚好为社会秩序的正常化提供了保证，使循规蹈矩的君子们有了依靠，使为非作歹的坏人们有所忌惮。第四，葛洪用大量的事实，证明有君时代的生活水平，远远超过了远古时期茹毛饮血的落后生活，从而证明君主存在的合理性。

鲍敬言揭露了君主、官僚欺压百姓、剥削民众的本质，其观点不仅尖锐，而且正确，但他因此就否认国家存在的必要性，主张倒退到无君的原始社会，却是难以实现的梦呓。葛洪已经意识到国家、君主是社会矛盾无法调和的产物，因此君主的存在不仅是必要的，而且也是合理的。从总的来看，葛洪坚持了社会的进化观，比起鲍敬言的主张，则更为正确一些。

另外，在辩论当中，鲍敬言用暴君的所作所为以证明君主应该否定，而葛洪则用圣君的行为为证，以证明君主存在的合理性，两人各执一端，互不相让。综合两人的主张，正确的表述应该是：承认国家与君主的出现具有历史的合理性，但同时也应该承认独裁的君主制为百姓带来的深重灾难。哲人需要做的事情，就是在历史条件允许的情况下，尽力减少君主独裁制度所造成的社会危害。

鲍生敬言好老、庄之书①，治剧辩之言②。以为古者无君，胜于今世。故其著论云：“儒者曰：‘天生烝民，而树之君③。’岂其皇天谆谆言④？亦将欲之者为辞哉⑤？夫强者凌弱，则弱者服之矣；智者诈愚，则愚者事之矣。服之，故君臣之道起焉；事之，故力寡之民制焉。然则隶属役御⑥，由乎争强弱而校愚智，彼苍天果无事也⑦。

【注释】

①鲍生敬言：即鲍敬言。生，对读书人的称呼。其生平可见“题解”。

②治：从事；谈论。剧辩：激烈的言辞。剧，激烈。

③天生烝(zhēng)，而树之君：上天生下了众多的百姓，而且还为他们建立了君主。烝，众多。《左传·文公十三年》：“邾子曰：‘……天生民而树之君，以利之也。’”

④谆谆：反复教导的样子。

⑤将：又；还是。欲之者：想当君主的人。为辞：编造借口。

⑥隶属：附属。这里指统治。役御：役使。

⑦果：确实。无事：没有插手此事。也即与此事无关。

【译文】

鲍敬言先生喜好老子、庄子的书，谈论一些激烈的言辞。他认为远古的时候没有君主，比现在要好得多。因此他在自己的著作中写道：“儒家人士说：‘上天生下众多的百姓，而且还为他们建立了君主。’难道上天真的反复告诫人们要这样做吗？还是那些想当君主的人在编造借口呢？强者欺负弱者，那么弱者就只好服从强者了；聪明人欺骗愚笨的人，那么愚笨的人就只能服侍聪明人了。弱者服从强者，因此君臣之间的原则就出现了；愚笨人服侍聪明人，因此能力低的人就受制于别人了。那么这就说明统治役使别人，完全是由于强弱的争斗和愚智的较量导致的结果，苍天确实与此毫无关系。

“夫混茫以无名为贵①，群生以得意为欢。故削桂刻漆②，非木之愿；拔鹖裂翠③，非鸟所欲；促辔衔镳④，非马之性；荷轭运重[5]，非牛之乐。诈巧之萌，任力违真[6]。伐生之根以饰无用[7]，捕飞禽以供华玩[8]；穿本完之鼻[9]，绊天放之脚[10]，盖非万物并生之意。夫役彼黎烝[11]，养此在官，贵者禄厚，而民亦困矣。

【注释】

①混茫：混沌的样子。指一切都处于混沌状态的远古时期。无名：不可名状。指不可名状的混沌状态。

②削桂刻漆：削桂皮割漆树。桂，树名。其皮可入药。漆，即漆树。《庄子·人间世》："桂可食，故伐之；漆可用，故割之。"

③鹖(hé)：鸟名。似雉而大，雄者的尾羽可作装饰品。翠：翠鸟。其羽毛美丽，可做装饰品。

④促辔(pèi)：拉紧的缰绳。促，短；紧。辔，马缰绳。镳(biāo)：马嚼子。

⑤轭(yuè)：连接车辕与横木之间的插销叫做"轭"。这里代指车子。

⑥任力：一切都依赖暴力。真：真性；本性。

⑦伐生之根：应作"伐生根"。疑作"伐生根"。这样才能与下句中的"捕飞禽"相俪。生根，指树木的根。

⑧华玩：华而不实的玩物。也即没有实际作用的玩物。

⑨鼻：指牛鼻。

⑩天放之脚：喜欢天然放任的马脚。

⑪黎烝：百姓。

【译文】

"蒙昧的远古时代以万物混沌不分为可贵，所有的生灵以能够任意生活为快乐。因此剥下桂皮割取漆汁，这不是树木的愿望；拔下鹖鸟的尾羽摘取翠鸟的羽毛，这不是禽鸟的意愿；勒紧缰绳咬上嚼子，这不符合马的本性；套上车辆去拉运重物，这不是牛的快乐。奸诈巧伪的出现，是依赖暴力争斗的结果而违背了人的天性。砍断树根去装饰无用的东西，捕捉飞鸟以提供浮华的玩物；穿透原本完整的牛鼻，绊住天生放任的马蹄，这都不是上天希望各种生物一起自由生存在世的本意。役使那些众多的百姓，供养身在官位的人们，达官贵人的俸禄丰厚了，而百姓也就陷入困境之中了。

“夫死而得生，欣喜无量，则不如向无死也①；让爵辞禄，以钓虚名，则不如本无让也。天下逆乱焉，而忠义显矣；六亲不和焉②，而孝慈彰矣③。

【注释】

①向：过去。

②六亲：指父、母、兄、弟、夫、妻。这里泛指亲人。《老子》十八章：“六亲不和，有孝慈；国家昏乱，有忠臣。”

③彰：明；显示。

【译文】

“人能够死而复生，自然是欣喜无限，但还是不如当初根本就没有死去；让出爵位辞掉俸禄，以获取虚名，那还是不如当初根本就没有可供辞让的爵位俸禄。天下动乱的时候，忠义之人才能显示出来；六亲不和的时候，孝顺慈爱之人才能表现出来。

“曩古之世①，无君无臣，穿井而饮，耕田而食，日出而作，日入而息；汎然不系②，恢尔自得③，不竞不营，无荣无辱；山无蹊径④，泽无舟梁。川谷不通，则不相并兼；士众不聚，则不相攻伐。是高巢不探，深渊不漉⑤；凤鸾栖息于庭宇，龙鳞群游于园池⑥；饥虎可履⑦，虺蛇可执⑧；涉泽而鸥鸟不飞，入林而狐兔不惊。势利不萌，祸乱不作，干戈不用，城池不设；万物玄同[9]，相忘于道[10]；疫厉不流[11]，民获考终[12]；纯白在胸[13]，机心不生；含铺而熙[14]，鼓腹而游[15]；其言不华，其行不饰。安得聚敛以夺民财？安得严刑以为坑阱[16]？

【注释】

①曩(nǎng)古：远古。曩，从前。

②汎然：自由自在的样子。不系：不受约束。

③恢尔：宽松而不受拘束的样子。

④蹊径：道路。

⑤漉(lù)：使干涸。也即竭泽而渔。

⑥龙鳞：当作"龙麟"。蛟龙与麒麟。杨明照《抱朴子外篇校笺》："'鳞'当作'麟'，字之误也。'龙鳞群游于园池'者，谓龙游于池，麟游于园也。若作'鳞'，则缺游园之物矣。"

⑦履：踩踏。

⑧虺(huǐ)：毒蛇.

⑨玄同：浑然一体，不分彼此。

⑩相忘于道：进入大道的境界而彼此相互忘却。《庄子·大宗师》："泉涸，鱼相与处于陆，相呴以湿，相濡以沫，不如相忘于江湖。与其誉尧而非桀也，不如两忘而化其道。"

⑪疫厉：瘟疫。厉，通"疠"，瘟疫。

⑫民：人。考终：长寿而终。考，老；长寿。

⑬纯白：纯洁的品德。

⑭含铺(bǔ)而熙：口里含着食物嬉戏。铺，通"哺"，口里含着的食物。熙，通"嬉"，嬉戏。

⑮鼓腹：鼓着肚子。意为吃饱。一说"鼓"是敲击的意思。

⑯坑阱：陷阱。

【译文】

“远古时代，没有君主也没有大臣，人们开挖水井喝水，耕种土地吃饭，太阳出来就起身劳作，太阳落下就回家休息，无拘无束，悠然自得，没有竞争也没有谋求，没有荣耀也没有耻辱；山上没有道路，水中没有舟桥。河流和山谷都没有交通，于是也就不可能相互兼并；民众不会聚集在一起，于是也就不可能相互攻伐。这样一来也就没有人爬到高处去把鸟巢掏掉，也就没有人跑去把深渊里的水抽干；鸾凤就会栖息在人们的庭院屋檐之下，蛟龙和麒麟也就会成群地游荡在园林和池塘之中；饥饿的老虎可以前去踩踏它，毒蛇也可以用手去捉拿它；人们渡过大泽时各种水鸟不会受惊飞跑，进入树林时狐狸野兔也不会受到惊吓。获取权势利益的想法没有产生，各种祸乱也从不会出现；武器没有了用处，也不用修筑城墙和护城河；万物混然一体不分彼此，人们都进入了大道的境界而相互忘却；瘟疫从不流行，百姓都可以长寿而终；内心纯洁无瑕，各种机巧之心不会萌生；口中含着食物嬉戏，鼓着吃饱的肚子到处游玩；人们的言辞不会华而不实，人们的行为也从不矫饰。还怎么能够去聚敛金钱抢夺民财呢？还怎么能够以严刑为陷阱去坑害百姓呢？

“降及杪季①，智用巧生，道德既衰，尊卑有序。繁升降损益之礼②，饰绂冕玄黄之服③。起土木于凌霄，构丹绿于棼橑④。倾峻搜宝⑤，泳渊采珠。聚玉如林，不足以极其变⑥；积金成山，不足以赡其费⑦。澶漫于淫荒之域⑧，而叛其大始之本⑨。去宗日远⑩，背朴弥增。尚贤，则民争名；贵货，则盗贼起。见可欲⑪，则真正之心乱⑫；势利陈，则劫夺之涂开。造剡锐之器⑬，长侵割之患。弩恐不劲，甲恐不坚，矛恐不利⑭，盾恐不厚。若无凌暴，此皆可弃也。

【注释】

①杪(miǎo)季:衰落的后世。杪,树的细梢。比喻末端。

②损益:减少或增加。指礼仪制度不断改变。

③绂(fú):系印的丝带。冕:大夫以上所戴的礼帽。玄黄:黑色与黄色。泛指各种绚丽的色彩。

④棼橑(fén liáo):阁楼的栋梁与椽子。这里代指楼阁。

⑤倾峻:挖倒高峻的大山。

⑥极其变:完全满足他们不断变化的欲望。极,完全满足。

⑦赡:供给。

⑧澶(dàn)漫:放纵不羁的样子。

⑨大(tài)始之本:最为原始的大道。大道为万物之本。

⑩宗:主。指大道。大道为万物之主。一说"去宗日远"应作"去古日远"。《四库全书》文溯阁本即作"去古日远"。

⑪见(xiàn):同"现",出示;让人们看到。可欲:能够勾起人们欲望的东西。

⑫真正之心:应作"贞正之心"。正直的品德。杨明照《抱朴子外篇校笺》:"'真'当作'贞',始合文意。前《行品》篇:'不倾志于可欲者,贞人也。'即其切证。"

⑬剡(yǎn):锋利。

⑭钎:同"矛"。

【译文】

"到了衰败的后世,人们开始使用智谋产生奸诈,道德衰落之后,人们安排了贵贱高低的社会秩序。制定出烦琐的抬头俯身且不断变化的礼仪制度,制造出印绶礼冠和各种色彩艳丽的服饰。建筑高入云霄的宫殿,修造色彩华丽的楼阁。挖倒高峻的大山以搜求金玉宝物,潜入深渊以采收珍珠。聚集的美玉像树林一样多,却也无法完全满足人们的欲望变化;聚敛的黄金像大山一样高,也不足以供给人们所需的费用。人们放纵于荒淫无道的生活方式，完全背离了大道。人们离开正道越来越远，违背纯朴的品德越来越严重。尊崇贤人，于是人们就开始争夺名誉；重视钱财，于是强盗小偷开始出现。把能够勾起人们欲望的东西拿出来示人，那么原本正确的心性就开始变得混乱；把权势利益陈列出来，那么争权夺利之路就被开启。人们制造锋利的武器，于是就增加了侵害他人的灾难。弓弩造得唯恐不强劲，铠甲造得唯恐不坚固，刀枪造得唯恐不锋利，盾牌造得唯恐不厚实。如果当初就不出现欺凌和暴力，那么这些武器全都可以扔掉。

“故曰：‘白玉不毁，孰为珪璋①！道德不废，安取仁义！’使夫桀、纣之徒，得燔人②，辜谏者③，脯诸侯④，葅方伯⑤，剖人心⑥，破人胫⑦；穷骄淫之恶，用炮烙之虐⑧。若令斯人，并为匹夫⑨，性虽凶奢，安得施之？使彼肆酷恣欲，屠割天下，由于为君，故得纵意也。

【注释】

①珪璋：两种玉器。珪，同“圭”，为长形玉版，上圆或尖。璋，形状如半个圭。这几句话出自《庄子·马蹄》。

②燔（fán）：焚烧。

③辜：古代的一种酷刑，即分裂肢体。

④脯（fǔ）：干肉。这里指把人做成干肉。《史记·殷本纪》：“九侯有好女，入之纣。九侯女不憙淫，纣怒，杀之，而醢九侯。鄂侯争之强，辨之疾，并脯鄂侯。”

⑤葅（zū）：肉酱。这里指古代的一种酷刑。把人剁成肉酱。方伯（bà）：一方诸侯的盟主。

⑥剖人心：剖开人心。王子比干被商纣王剖心而死。

⑦破人胫：砍破人的小腿。《淮南子·俶真训》："逮至夏桀、殷纣，燔生人，辜谏者，为炮烙，铸金柱，剖贤人之心，析才士之胫，醢鬼侯之女，菹梅伯之骸。"

⑧炮烙：一种用火烧烤的酷刑。《史记·殷本纪》："于是纣乃重刑辟，有炮烙之法。"裴骃《集解》引《列女传》："膏铜柱，下加之炭，令有罪者行焉，辄堕炭中。"

⑨匹夫：普通百姓。

【译文】

"因此说：'如果白玉不被毁掉，怎么能够做成珪璋！如果道德不被废弃，哪里用得上提倡仁义！'使夏桀、商纣之类的暴君，能够用火去烧死活人，肢解进谏的人，把诸侯做成肉干，把一方诸侯的盟主剁成肉酱，剖挖人心，砍断人的小腿；骄横凶狠到了极点，甚至使用炮烙的酷刑。假如这些暴君，都是与别人一样的普通百姓，即使他们的性情极其凶狠，又怎么能够干出这样的坏事呢？使他们能够放肆地去干尽暴虐之事，屠杀天下百姓，就是因为他们做了君主，所以才能够为所欲为。

"君臣既立，众慝日滋①，而欲攘臂乎桎梏之间②，愁劳于涂炭之中③；人主忧栗于庙堂之上④，百姓煎扰乎困苦之中，闲之以礼度⑤，整之以刑罚，是犹辟滔天之源，激不测之流，塞之以撮壤，障之以指掌也。"

【注释】

①慝(tè)：邪恶；灾难。滋：滋长；产生。

②攘(rǎng)臂：捋起袖子，伸着胳臂。形容奋起救世的样子。桎梏(zhì gù)：脚镣手铐。在脚叫"桎"，在手叫"梏"。《庄子·在宥》：

“今世殊死者相枕也，桁杨者相推也，刑戮者相望也，而儒、墨乃始离跂攘臂乎桎梏之间。”

③涂炭：泥涂与炭火。比喻极困苦的环境。

④人主：君主。忧栗：忧郁恐惧。栗，恐惧。庙堂：朝堂。

⑤闲：防范；约束。

【译文】

“君主与大臣出现以后，各种邪恶一天比一天地多了起来，而此时却想戴着脚镣手铐去奋起救世，在泥涂炭火般的处境中去忧国忧民；君主在朝堂之上忧虑恐惧，百姓在困苦之中痛苦煎熬，又用礼制去约束他们，用刑罚去整治他们，这就像是开掘了一个滔天的水源，涌出了深不可测的水流，然后再想用一撮土去堵塞、用一只手去阻挡一样。”

抱朴子难曰：“盖闻冲昧既辟①，降浊升清②，穹隆仰焘③，旁泊俯停④。乾坤定位，上下以形。远取诸物，则天尊地卑，以著人伦之体；近取诸身，则元首股肱⑤，以表君臣之序。降杀之轨⑥，有自来矣。

【注释】

①冲昧：混沌不分的样子。这里指宇宙的最初状态。

②降浊升清：重浊之气下降，轻清之气上升。古人认为，在天地万物形成之前，宇宙间是一片混沌之气，这种混沌之气又叫做“元气”。随着时间的推移，“元气”中又清又轻的气逐渐上升，慢慢形成了天；而元气中又浊又重的气逐渐下降，慢慢形成了地。

③穹隆：本指天的中间隆起而四周下垂的样子，这里代指天。焘(dào)：覆盖。

④旁泊：即"磅礴"。这里代指广阔的大地。《太玄·玄告》："地旁薄而向乎上。"

⑤元首：人的头颅。比喻君主。股肱：大腿和胳膊。比喻大臣。股，大腿。肱，胳膊。

⑥降杀(shài)：疑为"隆杀"。指地位的高低。隆，高。杀，降低。轨：法则。

【译文】

抱朴子反驳说："听说宇宙的混沌状态被打破之后，重浊之气下降而轻清之气上升，于是苍天就在上面覆盖着万物，而大地则在下面静止不动。天地的位置固定以后，上下的关系也因此而形成。人们取法于远处的万物，那么上天高贵大地低下的现象，就体现在了人与人之间的关系上；人们取法于自身，那么人的头颅和四肢的关系，也就体现在君与臣之间的次序上。高低贵贱的法则，是有其根据的。

"若夫太极混沌[①]，两仪无质[②]，则未若玄黄剖判[③]，七耀垂象[④]，阴阳陶冶，万物群分也。由兹以言，亦知鸟聚兽散，巢栖穴窜，毛血是茹[⑤]，结草斯服[⑥]；入无六亲之尊卑，出无阶级之等威，未若庇体广厦，粳粱嘉旨[⑦]，黼黻绮纨[⑧]，御冬当暑，明辟莅物[⑨]，良宰匠世[⑩]，设官分职，宇宙穆如也[⑪]。

【注释】

①太极：万物还没有出现前的原始混沌之气。

②两仪：指天地。无质：没有实质。也即不存在。

③玄黄：天地。《易经·坤卦》："天玄而地黄。"剖判：分离开来。

④七耀：又作"七曜"。日、月和金、木、水、火、土五星的合称。

⑤茹：吃。

⑥结草斯服：编织野草当作衣服。

⑦粳(jīng)：一种稻米。梁：作“梁”则与上下文意不合，疑为“粱”之形误。粱，即粟米。旨：味美。

⑧黼黻(fǔ fú)：古代礼服上的花纹。绮纨(wán)：精美的丝织品。

⑨明辟(bì)：圣明的君主。辟，君主。莅物：治理万物。莅，临。从上监视着；治理。

⑩良宰：贤良的宰臣。匠：用作动词。治理。一说“匠”应作“匡”。旧写本即作“匡”。匡，匡正；拯救。

⑪穆如：祥和安定的样子。

【译文】

“像那种元气混沌一片的状态，天与地也都不存在，那么还是不如让天地分开，日、月和五星垂挂在天上，阴阳二气陶冶着万物，而万物分门别类地生存着。由此看来，也就明白了让人们像鸟兽那样或聚或散，居住在巢穴之中，连毛带血地生吃猎物，编织野草当作衣服；在内没有亲人之间的尊卑关系，在外没有等级不同的礼仪制度，那么还是不如让人们居住在高楼大厦之中，吃着粳米粟米等美味食品，穿戴纹饰华美的丝绸服饰，以此抵御严寒与暑热，圣明的君主统御着万物，贤良的宰臣治理着社会，设立官府各守职责，天地间一片祥和安定的景象。

“贵贱有章，则慕赏畏罚；势齐力均，则争夺靡惮①。是以有圣人作②，受命自天，或结罟以畋渔③，或瞻辰而钻燧④，或尝卉以选粒⑤，或构宇以仰蔽⑥。备物致用，去害兴利。百姓欣戴，奉而尊之。君臣之道，于是乎生，安有诈愚凌弱之理！

【注释】

①靡惮：肆无忌惮。靡，无。

②作：产生；出现。

③或：有的。结罟（gǔ）以畋（tián）渔：编织网罟以打猎捕鱼。罟，网。畋，打猎。本句讲伏羲氏。《周易·系辞下》："古者包牺氏之王天下也……作结绳而为罔罟，以佃以渔。"

④赡辰而钻燧（suì）：观察星象以教人钻木取火。赡，当作"瞻"。《道藏》及其他各本均作"瞻"。瞻，观察。钻燧，钻燧取火。燧，古代用来取火的器具。本句讲燧人氏。《太平御览》卷八六九引《尸子》："燧人上观星辰，下察五木，以为火也。"

⑤尝卉以选粒：尝百草以选择庄稼。卉，草。粒，粮食；庄稼。本句讲神农氏。《新语·道基》："民人食肉饮血，衣皮毛；至于神农，以为行虫走兽，难以养民，乃求可食之物，尝百草之实，察酸苦之味，教人食五谷。"

⑥构宇以仰蔽：构筑房屋以便靠它遮蔽风雨。仰，依赖。本句讲黄帝。《新语·道基》："天下人民，野居穴处，未有室屋，则与禽兽同域。于是黄帝乃伐木构材，筑作宫室，上栋下宇，以避风雨。"

【译文】

"有了高贵与低贱的制度，人们就会向往赏赐而畏惧惩罚；如果人们势均力敌，那么争夺起来就会肆无忌惮。因此就有圣人出现了，这些圣人是受命于天的，他们有的教人编织网罟打猎捕鱼，有的观察星象以发明了钻木取火，有的品尝百草以选取合适的庄稼，有的构筑房屋以便靠它来遮蔽风雨。他们备齐了各种事物以供人们使用，消除了各种祸害以兴办有利的事情。百姓满心欢喜地拥戴他们，尊奉他们。君臣之间的原则，是因为这一原因而产生的，哪里有您说的欺诈笨人凌辱弱者的道理呢！

"三、五迭兴①，道教遂隆②，辩章劝沮③，德盛刑清。明良之歌作④，荡荡之化成⑤。太阶既平⑥，七政遵度⑦。梧禽激响于朝阳[⑧]，麟、虞觌灵而来出[⑨]；龟、龙吐藻于河湄[⑩]，景、老摛耀于天路[⑪]。皇风振于九域[⑫]，凶器戢乎府库[⑬]。是以礼制则君安，乐作而刑厝也[⑭]。若夫奢淫狂暴，由乎人已，岂必有君便应尔乎[⑮]！而鲍生独举衰世之罪，不论至治之义，何也？

【注释】

①三、五：指三皇五帝。三皇，传说中的帝王。说法不一，一说指天皇、地皇、人皇，一说指伏羲、神农、黄帝。五帝，传说中的帝王。说法不一，一说指伏羲、神农、黄帝、尧、舜。

②道教遂隆：有关大道的教化开始兴盛。隆，兴盛。

③辩章：辨明是非。辩，通“辨”。章，通“彰”，明。劝沮：鼓励和劝阻。劝，鼓励。沮，劝阻。

④明良之歌：赞美明君、良臣的歌谣。

⑤荡荡之化：伟大的教化。荡荡，伟大的样子。

⑥太阶：又作“泰阶”。星名，即三台星。上台、中台、下台各二星，共六星。这里用“三台”代指整个天下。《后汉书·郎颉列传》注引《黄帝泰阶六符经》：“泰阶者，天之三阶也。上阶为天子，中阶为诸侯、公卿、大夫，下阶为士、庶人。三阶平则阴阳和，风雨时。”

⑦七政：指日、月和金、木、水、火、土五星。一说指北斗七星。这里泛指日、月、星辰。

⑧梧禽：指凤凰。凤凰喜欢栖息在梧桐树上，故名。朝阳：山的东坡。《诗经·大雅·卷阿》：“凤皇鸣矣，于彼高冈；梧桐生矣，于彼朝阳。”凤凰是一种瑞鸟，只有在政治清明的时候才会出现。

⑨麟、虞：麒麟、驺虞。两种瑞兽。觌(dí)：看见。这里引申为显现。

⑩龟、龙吐藻于河湄(méi):神龟和蛟龙在黄河水边献出华美的图案与文字。河,黄河。湄,水边。《后汉书·方术列传上》:"至乃《河》、《洛》之文,龟龙之图。"注引《尚书中候》:"尧沉璧于洛,玄龟负书,背中赤文朱字,止坛。舜礼坛于河畔,沉璧,礼毕,至于下昃,黄龙负卷舒图,出水坛畔。"

⑪景:星名。即景星,是一种瑞星。其状无常,常出现于有道之国。老:星名。即老人星,又叫南极星。古人认为老人星出现则天下太平。摛(chī)耀:闪烁着光芒。摛,舒展。引申为闪耀。天路:即天空。

⑫皇风:天子的教化之风。九域:九州。即整个天下。

⑬凶器:兵器。戢:收藏。

⑭刑厝(cuò):刑罚被搁置不用。厝,搁置。

⑮尔:这样。代指鲍敬言所描述的混乱残暴景象。

【译文】

"三皇、五帝相继兴起,有关大道的教化于是就兴盛起来,大家明辨是非并对人们的行为有所鼓励或有所劝阻,道德高尚而刑罚公正。赞美贤君良臣的歌声响起,伟大的教化于是就成功了。整个天下太平安定,日、月、五星都遵循法度正常运行。凤凰在朝阳的山坡上发出清越的叫声,麒麟和驺虞也显现出它们的神奇身影;神龟和蛟龙在黄河岸边献出华美的图案与文字,景星和老人星在天空中闪耀着明亮的光芒。天子的教化之风吹遍了九州大地,武器也都被收藏到了仓库里。因此礼仪制度建立起来而君主的地位就会稳定,音乐教化兴起刑罚就可以搁置不用。至于骄奢残暴的行为,那是由于人自己做出来的,怎么会一旦有了国君就必定会是如此呢!而鲍先生只列举那些衰败时代的罪恶,而不讨论最为美好的社会情况,这又是为什么呢?

"且夫远古质朴,盖其未变,民尚童蒙[①],机心不动。譬夫婴孩，智慧未萌，非为知而不为，欲而忍之也。若人与人争草莱之利②，家与家讼巢窟之地，上无治枉之官，下有重类之党③，则私斗过于公战，木石锐于干戈④，交尸布野，流血绛路⑤。久而无君，噍类尽矣⑥。

【注释】

①童蒙：原指无知的儿童，这里泛指愚昧。蒙，蒙昧；无知。

②草莱：野草。这里指野果之类的东西。

③重类：偏袒同族。重，看重；偏袒。

④木石：指用木头和石块做成的原始武器。锐：锐利。这里指更为残酷的杀戮。

⑤绛路：染红了道路。绛，深红色。这里用作动词，染红。

⑥噍(jiào)类：能够吃东西的动物，特指活着的人。噍，吃。

【译文】

“再说远古时代的风气质朴，大概是因为人们还没有开化，百姓们还处在蒙昧状态，机巧之心还没有产生。比如那些婴儿，智慧还没有萌生，而不是因为他们知道了一些事情而不去做，有所欲求却又能够忍住。如果那时人与人之间争夺野果一类的利益，家与家之间争抢巢穴一类的住所，上面又没有处理冤案的官员，下面却有偏袒同族的团伙，那么私人之间的争斗比国家之间的战争还要残酷，木棍石块对人的伤害比今天的武器更为严重，尸体堆满了原野，鲜血染红了道路。如果长久地没有国君，生灵将会灭绝了。

“至于扰龙驯凤①，《河图》、《洛书》②，或麟衔甲负③，或黄鱼波涌④，或丹禽翔授⑤，或回风三集⑥，皆在有君之世，不出无王之时也。夫祥瑞之征，指发玄极⑦，或以表革命之符[⑧]，或以彰至治之盛。若令有君不合天意，彼嘉应之来，孰使之哉！

【注释】

①扰龙：驯养龙。扰，驯养。《左传·昭公二十九年》："昔有飂叔安有裔子，曰董父实，甚好龙，能求其耆欲以饮食之，龙多归之。乃扰畜龙以服事帝舜。帝赐之姓曰董，氏曰豢龙。"驯凤：驯养凤凰。《吕氏春秋·古乐》："帝喾乃令人抃，或鼓鼙，击钟磬，吹苓，展管篪，因令凤鸟、天翟舞之。"

②《河图》、《洛书》：书名。《河图》，据说就是八卦。《洛书》，据说即《尚书·洪范》中的"九畴"，是大禹治国的九类大法。《周易·系辞上》："河出图，洛出书，圣人则之。"据说伏羲时，有龙马出于黄河，其背有图案，称龙图，伏羲取之以画八卦。大禹时，有神龟出洛水，背有花纹如文字，禹取法而作《尚书·洪范》中的"九畴"。

③麟：当作"鳞"。《道藏》本即作"鳞"。指上条注释提到的龙马。甲：指上注提到的神龟。

④黄鱼波涌：黄鱼从波涛中跃出。《太平御览》卷八十三引《尚书中候》等书记载，商汤王到东边的洛水游历，沉玉璧以祭，洛水中有一双黄鱼跃出，以为祥瑞。

⑤丹禽翔授：飞翔的红色鸟送来了图书。《史记·周本纪》的《正义》引《尚书·帝命验》："季秋之月甲子，赤爵衔丹书入于酆，止于昌(周文王姬昌)户。"

⑥回风三集：旋风三次出现。据《六韬》、《淮南子·览冥训》等书记载，周武王在讨伐商纣王时，分别在汎水、孟津、牧野三个地方遇到回风，因此说"回风三集"。

⑦指：旨意。玄极：上天。

⑧革命：实施变革以应天命。古人认为帝王受命于天，因此称改朝

换代为革命。符:征兆。

【译文】

“至于说驯服蛟龙与凤凰的事情,《河图》、《洛书》的出现,《河图》是由龙马口衔而出、《洛书》是由灵龟背负而来,或者是一双黄鱼跃出水面,或者是红色的鸟飞翔着送来图书,或者是旋风三次出现,这一切全都出现在有君主的时代,而不是出现在没有君主的时期。这些祥瑞的征兆,都是出于上天的意旨,有的是预示将要改朝换代的征兆,有的是用来表彰太平盛世的美好。假如说建立君主的事情不符合天意,那么这些美好征兆的出现,又是谁主使的呢?

“子若以混冥为美乎①,则乾坤不宜分矣;若以无名为高乎②,则八卦不当画矣。岂造化有谬,而太昊之暗哉③!雅论所尚,唯贵自然。请问:夫识母忘父,群生之性也;拜伏之敬,世之末饰也④。然性不可任,必尊父焉;饰不可废,必有拜焉。任之,废之,子安乎?

【注释】

①混冥:天地未分的混沌模样。

②无名:万物无法名状的蒙昧状态。

③太昊(hào):即伏羲氏。传说中的圣君。相传是他创立了八卦。暗:不明;愚昧。

④末饰:不重要的修饰。也即属于细枝末节的礼仪。一说“世之末饰”,疑当作“末世之饰”。

【译文】

“您如果认为混沌模样是美好的,那么天地就不应该分开了;如果认为蒙昧状态是高妙的,那么八卦就不应该被描画出来。难道大自然会出现错误、伏羲氏也很愚昧吗！您的高论所崇尚的，就是以自然为贵。那么请问：只知道母亲而不知道父亲，这是所有生灵的本来情况；跪拜俯伏以示尊敬，这属于社会上细枝末节的礼仪。然而我们却不能听任本来情况的存在，必须尊敬父亲；礼仪也不能废弃，必须有跪拜之礼。如果听任本来情况的存在，废除各种礼仪，您能够心安吗？

“古者，生无栋宇，死无殡葬；川无舟楫之器，陆无车马之用；吞啖毒烈[①]，以至殒毙；疾无医术，枉死无限。后世圣人，改而垂之[②]，民到于今，赖其厚惠。机巧之利，未易败矣。今使子居则反巢穴之陋，死则捐之中野；限水则泳之游之，山行则徒步负戴[③]；弃鼎铉而为生臊之食[④]，废针石而任自然之病；裸以为饰，不用衣裳；逢女为偶，不假行媒[⑤]，吾子亦将曰不可也。况于无君乎！

【注释】

①吞啖（dàn）：吞食；食用。毒烈：有剧毒的食物。

②垂之：把方法流传于后世。

③负：背东西。戴：头顶着东西。

④铉（xuàn）：横贯鼎耳用来抬鼎的器具。

⑤假：用。行媒：即媒人。

【译文】

“远古的时候，人们活着时没有房屋居住，死了以后也不埋葬；河上没有舟船之类的器物，陆地也没有车马这些可用的东西；人们食用一些剧毒的东西，以至于中毒死亡；患上疾病也没有医治的办法，白白死去的人不计其数。后来出现了圣人，改变了这些情况并把自己的方法流传下去，一直到现在，百姓还在享受着他们的巨大恩惠。聪明技巧带来的好处，不应该轻易予以否定。如果现在让您返回远古时代居住在简陋的巢穴之中，死后就抛尸于荒野；遇到水的阻隔时就只能游泳过去，进入山中就背着或顶着东西徒步行走；放弃鼎镬烹煮而食用腥臊的生食，有病不用针石治疗而任其自然发展；把裸露着身体看做是一种装饰，不穿衣服；遇到一个女人就结为配偶，也不用媒人，您也将会说这样做还是不行吧。更何况不要君主呢！

“若令上世人如木石，玄冰结而不寒①，资粮绝而不饥者②，可也。衣食之情，苟在其心，则所争岂必金玉？所竞岂必荣位？橡芧可以生斗讼③，藜藿足用致侵夺矣④。夫有欲之性，萌于受气之初；厚己之情⑤，著于成形之日。贼杀并兼⑥，起于自然。必也不乱，其理何居？

【注释】

①玄冰：深厚的冰。玄，深青色。冰结得深厚，颜色呈现玄色，故名“玄冰”。这里代指天气严寒。

②资粮：物资粮食。一本作“肴粮”，即粮食。

③橡芧(xù)：橡子。一种野果。

④藜藿(lí huò)：两种野菜名。藜，一种野菜名。藿，豆叶。

⑤厚己：厚待自己。类似我们今天说的自私。

⑥贼杀：杀害。贼，伤害。

【译文】

“如果世上的人们都像木头石块那样，天气严寒时不觉得寒冷，粮食没有了也不感到饥饿，那还是可以的。需求衣食的欲望，如果存于心中的话，那么人们所争夺的难道只是金玉吗？所抢夺的又难道只是名誉地位吗？一些橡果就可以引起争执，一点野菜豆叶就足以导致相互侵夺。人有欲望这种本性，产生于最初获得阴阳二气的时候；人们厚待自己的情感，形成于身体成形之时。侵害他人兼并财物的行为，是自然而然产生的。肯定远古时代的社会不会动乱，其道理何在呢？

“夫明王在上，群后尽规①，坐以待旦②，昧朝旰食③；延诽谤以攻过④，责昵属之补察⑤；听舆谣以属省⑥，鉴履尾而夕惕⑦；飚清风以扫秽，厉秋威以肃物⑧。制峻网密⑨，有犯无赦；刑戮以惩小罪，九伐以讨大憝⑩。犹惧豺狼之当路，感彝伦之不叙⑪；忧作威之凶家⑫，恐奸宄之害国⑬。

【注释】

①群后：指诸侯公卿。后，君主。这里指诸侯公卿。尽规：尽力规劝。

②坐以待旦：夜晚坐在那里急切地等待天亮去施政。《孟子·离娄下》：“孟子曰：‘……周公思兼三王，以施四事；其有不合者，仰而思之，夜以继日；幸而得之，坐以待旦。’”

③昧朝：天未亮就上朝听政。昧，天黑。旰（gàn）食：很晚才吃饭。旰，晚。

④延：请。诽谤：批评。攻过：批评自己的过错。

⑤昵属：亲属。

⑥舆谣：众多的民谣。舆，众多。属省疑为“屡省”。如作“属省”，文意不通。杨明照《抱朴子外篇校笺》：“‘属省’与上句‘昵属’之‘属’字重复，不符全书行文体例。疑为‘屡省’之误。”屡省，多次地反省自己。

⑦履尾：“履虎尾”的省略。踩着老虎的尾巴。比喻处境危险。《周易·履卦》：“履虎尾，不咥人，亨。”夕惕：到了夜晚依然战战兢

兢。惕，战战兢兢。《周易·乾卦》："君子终日乾乾，夕惕若厉，无咎。"

⑧秋威：秋天肃杀万物的威力。比喻严厉的刑罚。

⑨制峻：制度严峻。网密：法网细密。

⑩九伐：对九种罪恶的讨伐。《周礼·夏官·司马》："以九伐之法正邦国：冯弱犯寡，则眚之；贼贤害民，则伐之；暴内陵外，则坛之；野荒民散，则削之；负固不服，则侵之；贼杀其亲，则正之；放弑其君，则残之；犯令陵政，则杜之；外内乱、鸟兽行，则灭之。"憝(duì)：凶恶。

⑪彝伦：常理；正常的社会秩序。叙：安排妥当。

⑫作威：指擅自作威作福的大臣。凶家：凶于国家。也即伤害国家。

⑬奸宄(guǐ)：违法作乱的人。

【译文】

"圣明的君主在上，众多的诸侯公卿尽力地规劝辅佐着他，大家坐以待旦，天未亮就上朝而很晚才吃饭；邀请别人来批评自己的过失，要求亲属来弥补自己的不足；聆听众多的民谣以多次地反省自我，以犹如踩上虎尾一样的危难处境为借鉴而日夜惊惧小心；像扬起的清风那样扫荡着污秽之物，像严厉的秋天一样整肃万物。制度严峻而法网细密，一旦犯法绝不宽容；以刑罚来惩治一些小的罪犯，用军队去讨伐大的恶人。依然会担心犹如豺狼一样的贪暴官员当权，感慨正常的人伦关系还没有安排妥当；担忧擅自作威作福的奸臣侵害天下，害怕奸邪凶恶的小人危害国家。

"故严司鹰扬以弹违①，虎臣杖钺于方岳②。而狂狡之变③，莫世乏之。而令放之，使无所惮，则盗跖将横行以掠杀④，而良善端拱以待祸⑤，无主所诉，无强所凭。而冀家为夷、齐[⑥]，人皆柳惠[⑦]，何异负豕而欲无臭[⑧]，凭河而欲不濡[⑨]，无辔策而御奔马[⑩]，弃柁橹而乘轻舟[⑪]？未见其可也。”

【注释】

①严司：执法严格的有关官署。一说指三公官署。鹰扬：像飞扬的鹰一样。弹违：惩治违法之人。

②虎臣：指武将。杖钺(yuè)：手执斧钺。钺，武器名。形似大斧，长柄。方岳：本指一方之长。这里指掌管一方的兵权。

③狂狡之变：由疯狂狡猾之人挑起的动乱。

④盗跖(zhí)：名跖，为先秦时的大盗，故被称为“盗跖”。

⑤端拱：很端正地站在那儿，拱着手。

⑥冀：希望。夷、齐：伯夷、叔齐。商代孤竹国君的两个儿子。两人先为相互推让君主之位逃到周，后因反对周武王灭商，坚决不食周粟而饿死于首阳山。古人把他们视为廉洁的典范。

⑦柳惠：即柳下惠。春秋鲁国人。姓展名禽，字季。封于柳下，死后谥号“惠”，故称“柳下惠”。柳下惠的品质非常高洁。

⑧负豕(shǐ)：背着猪。豕，猪。

⑨凭河：徒步过河。濡(rú)：沾湿。

⑩辔(pèi)策：马缰绳和马鞭。辔，马缰绳。策，马鞭。

⑪柁橹：船舵和船橹。柁，同“舵”。橹，大的船桨。

【译文】

“因此要让那些执法严厉的有关官署像飞扬的鹰一样去弹劾违法人员，让威武如猛虎那样的武将手执利刃去掌管着一方的兵权。然而一些由疯狂狡猾的人挑起的动乱，没有哪一个时代没有发生过。如果听之任之，使他们无所忌惮，那么像盗跖那样的强盗将会横行天下杀人掠财，而善良的人们就只能拱手站立以等待灾难的降临，他们没有君主可以去投诉，没有强大的势力可以去依靠。而希望每户人家都能够像伯夷、叔齐那样廉洁，人人都能够像柳下惠那样高尚，那么这与背着猪而希望没有臭味、徒步过河而希望不沾上水、没有缰绳和马鞭而去驾驭飞奔的快马、抛弃船舵和船桨而去乘坐轻快的船只又有什么区别呢？我看不出这种做法的可行之处啊。”

鲍生又难曰："夫天地之位，二气范物①，乐阳则云飞②，好阴则川处③。承柔刚以率性，随四、八而化生④。各附所安，本无尊卑也。君臣既立，而变化遂滋。夫獭多则鱼扰⑤，鹰众则鸟乱；有司设则百姓困⑥，奉上厚则下民贫。壅崇宝货⑦，饰玩台榭⑧；食则方丈⑨，衣则龙章⑩；内聚旷女⑪，外多鳏男⑫；采难得之宝，贵奇怪之物，造无益之器，恣不已之欲。非鬼非神，财力安出哉！

【注释】

①二气：阴阳二气。范物：创造万物。范，铸造器物的模子。这里用作动词，泛指制造器物。

②乐阳则云飞：偏多于阳气的就在天上飞翔。如鸟。

③好阴则川处：偏多于阴气的就在河中畅游。如鱼。《淮南子·天文训》："毛羽者，飞行之类也，故属于阳；介鳞者，蛰伏之类也，故属于阴。"

④四、八：四个季节，八个节气。八节指立春、立夏、立秋、立冬、春分、夏至、秋分、冬至。

⑤獭：兽名。即水獭，善游水，以鱼为食。扰：乱。

⑥有司：有关的官署和官员。

⑦壅崇：堆积得很高、很多。壅，堆积。

⑧台榭：集土为台，建筑在高台上的房屋叫做榭。

⑨方丈：一丈见方。指美味佳肴摆满了一丈见方的位置，形容肴馔丰盛。《孟子·尽心下》："食前方丈。"

⑩龙章：绣着龙形花纹。章，花纹。

⑪旷女：没有丈夫的女子。

⑫鳏（guān）男：没有妻子的男子。鳏，老而无妻叫做鳏。这里泛指没有妻子。

【译文】

鲍先生又责难说："天地各居其位，阴阳二气形成了万物。偏多于阳气的就在天上飞翔，偏多于阴气的就在水中畅游。万物顺应着各自所禀受的或刚或柔的本性，随着四季八节而化育生存。各自按照各自所感到舒适的方式生活，本来是没有贵贱高低之分的。君臣的关系建立以后，变化就发生了。水獭多了鱼就会受到骚扰，飞鹰多了鸟就会出现混乱；设置了官府百姓就陷入了困境，对上纳税丰厚下边的百姓就会贫穷。君主聚敛了成堆的财宝，制造修筑了许多的玩物和台榭，吃饭时面前就摆满了一丈见方的美味佳肴，穿衣时一定要有绣有龙形的花纹；宫内聚集了很多未嫁的女子，外边就有大量没有妻子的男人；采集难得的宝物，看重奇异的东西，制造没有益处的器物，放纵永无止境的欲望。他们既不是鬼也不是神，这些财物又能从哪儿拿出呢！

"夫谷帛积，则民有饥寒之俭；百官备，则坐靡供奉之费①。宿卫有徒食之众②，百姓养游手之人。民乏衣食，自给已剧③，况加赋敛，重以苦役。下不堪命，且冻且饥，冒法斯滥④，于是乎在。王者忧劳于上，台鼎颦颇于下⑤，临深履薄⑥，惧祸之及。恐智勇之不用，故厚爵重禄以诱之；恐奸衅之不虞⑦，故严城深池以备之。而不知禄厚则民匮而臣骑⑧，城严则役重而攻巧。

【注释】

①坐靡：白白地浪费。靡，浪费。

②徒食：白吃饭。徒，白白地。

③剧：严重；艰难。

④冒法：犯法。斯：就。滥：泛滥，到处都是。

⑤台鼎：代指三公。星有三台，鼎有三足，因此古人用台鼎代指三公。颦蹙(pín cù)：皱眉头。指发愁。

⑥临深履薄："如临深渊，如履薄冰"的省略。形容战战兢兢的样子。《诗经·小雅·小旻》："战战兢兢，如临深渊，如履薄冰。"

⑦奸衅：奸诈的罪恶。不虞：无法预料到。虞，预料。

⑧臣骑：当作"臣骄"。《道藏》及其他各本均作"骄"。臣骄，大臣骄横。

【译文】

"粮食布帛被官府聚敛起来，老百姓就出现了挨饿受冻的贫困；百官安排齐备了，就白白地浪费百姓供给的费用。禁军就是一群众多的白吃饭的人，百姓还要养活许多游手好闲的不劳动者。百姓自己尚且缺吃少穿，自我供给已很艰难，何况还要上缴赋税，另外还有沉重的劳役。下边的百姓实在承受不了，又受冻又挨饿，犯法的行为到处泛滥，其原因就在这里。君王在上面忧愁操劳，大臣在下面紧皱着眉头，就好像面临深渊脚踏薄冰一样战战兢兢，担心灾祸的降临。他们惟恐智勇双全的人不为其所用，因此就用高官厚禄诱惑这些人；害怕奸诈不轨的事情无法预防，因此就加高城墙挖深护城河予以防备。然而他们却不知道俸禄丰厚了会使百姓贫困而使大臣骄横，城墙坚厚高大了而要消耗大批的人力物力并使攻城的手段变得更加巧妙。

"故散鹿台之金①，发钜桥之粟②，莫不懽然③，况乎本不聚金、而不敛民粟乎！休牛桃林④，放马华山⑤，载戢干戈⑥，载櫜弓矢[7]，犹以为泰，况乎本无军旅、而不战不戍乎！茅茨土阶[8]，弃织拔葵[9]，杂囊为帏[10]，濯裘布被[11]，妾不衣帛[12]，马不秣粟[13]，俭以率物[14]，以为美谈。所谓盗跖分财，取少为让；陆处之鱼，相煦以沫也[15]。

【注释】

①鹿台：古台名。在今河南淇县朝歌镇南。商纣王储藏珠玉钱财的地方。

②钜桥：仓库名。为商纣王储存粮食的地方。《尚书·武成》："散鹿台之财，发钜桥之粟。大赉于四海，而万姓悦服。"

③懽(huān)然：高兴的样子。懽，同"欢"。

④休牛桃林：把牛放在桃林休养。指牛马得到休息，不用再上战场。桃林，地名。在今陕西华山附近。《史记·周本纪》记载，周武王灭商后，"纵马于华山之阳，放牛于桃林之虚；偃干戈，振兵释旅，示天下不复用也"。

⑤华山：山名。在今陕西。

⑥载：动词词头。无义。一说相当于"则"，就。戢(jí)干戈：收藏兵器。戢，收藏。干，盾牌。

⑦櫜(tuó)：一种口袋。用作动词，装进口袋。矢：箭。

⑧茅茨：用茅草盖的屋顶。代指茅舍。土阶：泥土台阶。

⑨弃织拔葵：休掉善于织布的妻子，拔掉家中的葵菜。葵，一种蔬菜名。《史记·循吏列传》："公仪休者，鲁博士也。以高弟为鲁相……使食禄者不得与下民争利……食茹而美，拔其园葵而弃之；见其家织布好，而疾出其家妇，燔其机，云：'欲令农士工女安所雠其货乎？'"

⑩杂囊为帏：用各种装奏章的布袋做成宫殿的帷帐。《汉书·东方朔传》："上(武帝)从容问朔曰：'吾欲化民，岂有道乎？'朔对曰：

'……愿近述孝文皇帝之时，当世耆老皆闻见之。贵为天子，富有四海，身衣弋绨，足履革舄，以韦带剑，莞蒲为席，兵木无刃，衣缊无文，集上书囊以为殿帷。'"

⑪濯裘布被：穿着洗过的皮衣，盖着粗布的被子。濯裘，讲的是晏子事。《礼记·檀弓下》："晏子一狐裘三十年。"布被，讲的是西汉丞相公孙弘的事。《史记·平津侯主父列传》："丞相公孙弘……为布被，食不重肉。"

⑫妾不衣帛：妻妾不许穿丝绸。《左传·成公十六年》："季孙于鲁，相二君矣，妾不衣帛，马不食粟，可不谓忠乎！"

⑬秣(mò)：喂养马匹。

⑭率物：做人们的表率。物，主要指人。

⑮相煦(xū)以沫：相互用吐沫润湿对方。比喻在非常艰难的环境下相互帮助。煦，润湿。《庄子·大宗师》："泉涸，鱼相与处于陆，相呴以湿，相濡以沫，不如相忘于江湖。"

【译文】

"因此周武王散发商纣王鹿台所聚敛的钱财，发放钜桥所储存的粮食，百姓们无不欢欣鼓舞，更何况当初就不去聚敛钱财、就不去收储粮食呢！周武王把牛散放于桃林，把马匹放养于华山，把兵器收藏起来，把弓箭装入袋中，百姓尚且会感到天下太平，更何况当初就没有军队、就不用打仗不用防御呢！后来的君臣们使用茅草的房顶和泥土的台阶，放弃自家织布拔掉自种的葵菜，把书袋拼凑起来当宫殿的帷帐，穿洗过的皮衣盖粗布的被子，妻妾不许穿丝绸，马匹不准吃粮食，为人们做出节俭的表率，于是人们就把这些行为当做美谈。然而实际上这就是所谓的盗跖在分配赃物时，拿得少的就算是谦让；被抛到陆地上的鱼，相互吐着吐沫以润湿对方而已。

"夫身无在公之役，家无输调之费[①]，安土乐业，顺天分地[②];内足衣食之用,外无势利之争。操杖攻劫,非人情也。象刑之教[③],民莫之犯;法令滋彰,盗贼多有[④]。岂彼无利性、而此专贪残[⑤]? 盖我清静[⑥],则民自正;下疲怨,则智巧生也。

【注释】

①输调:缴纳赋税。输,输送。调,征调。

②分地:分享地利。《孝经·庶人章》:"用天之道,分地之利,谨身节用,以养父母,此庶人之孝也。"

③象刑:相传上古无肉刑,仅仅让犯人穿上特别的服饰以示羞辱,称为象刑。

④法令滋彰,盗贼多有:法令制定得越发清楚,而盗贼就越发产生。这两句见《老子》五十七章。

⑤彼:那时的人们。指远古时代的人。利性:求利之性。此:指现在的人们。

⑥我:代指统治阶级。

【译文】

"要让人人都不用为国家去承担劳役,家家都不必去缴纳赋税,百姓安居乐业,顺应着天时而分享着地利;在家中丰衣足食,在外面不用争权夺利。手拿兵器害人劫财,这不符合人的本性。远古时代施行象征性的刑罚,百姓都不愿去冒犯;而法令制定得越发的清楚,盗贼就会越发地产生。难道远古时代的人们就没有求利的本性、而仅仅是现在的人们贪婪残忍吗?大概是只要统治者做到了清静无为,而百姓自然而然就会品德端正;如果下边的百姓疲惫怨恨,那么智谋巧诈的事情就会产生。

"任之自然,犹虑凌暴;劳之不休,夺之无已,田芜仓虚,杼柚之空[1]，食不充口，衣不周身，欲令勿乱，其可得乎！所以救祸而祸弥深，峻禁而禁不止也。关梁所以禁非[2]，而猾吏因之以为非焉；衡量所以检伪[3]，而邪人因之以为伪焉。大臣所以扶危，而奸臣恐主之不危；兵革所以静难[4]，而寇者盗之以为难。此皆有君之所致也。

【注释】

①杼柚(zhù zhóu)：织布梭与织机筘，是织布机上的两种部件，这里代指织机。

②关梁：关口和桥梁。古代常在这些地方设防检查行人。

③衡量：秤与量器。衡，秤。

④兵革：兵器与甲衣。革，皮革。这里指用皮革做成的甲胄。

【译文】

"一切顺其自然，尚且担心人们会欺凌别人施行暴力；然而现在却是让百姓不停地劳累，无休止地去夺取百姓的财富，以至于田地荒芜仓库空虚，织布机上一无所有，食物填不饱百姓的肚子，衣服遮不住百姓的身体，要想国家不混乱，难道可能吗！目的是想解救灾祸而灾祸变得更加严重，严厉地禁止非法的事情而非法的事情却无法禁止。关口桥梁本来是用来禁止违法之事的，然而刁猾的官吏却利用关口桥梁去干违法的事情；衡器量器本来是用来检查做假的，而奸邪的人却利用衡器量器去做假；大臣本来是扶助危难中的君主的，然而奸臣却惟恐君主不处于危难之中；武器甲胄本来是用来平定祸乱的，然而强盗们却盗用了武器甲胄去制造祸乱。这些现象都是有了君主之后所产生的。

"民有所利，则有争心。富贵之家，所利重矣。且夫细民之争，不过小小[1]；匹夫校力，亦何所至[2]？无疆土之可贪，无城郭之可利，无金宝之可欲，无权柄之可竞。势不能以合徒众，威不足以驱异人。孰与王赫斯怒[3]？陈师鞠旅[4]，推无雠之民，攻无罪之国。僵尸则动以万计，流血则漂橹丹野[5]。无道之君，无世不有，肆其虐乱，天下无邦[6]。忠良见害于内，黎民暴骨于外。岂徒小小争夺之患邪？至于移父事君[7]，废孝为忠，申令无君，亦同有之耳！

【注释】

①小小：形容很小的样子。

②亦何所至：又能达到什么程度呢？意思是说，即使百姓之间发生纠纷争斗，其规模与危害也不会太大。

③王赫斯怒：君主的盛怒。赫，发怒的样子。斯，语词。《诗经·大雅·皇矣》："王赫斯怒，爰整其旅。"

④鞠旅：向军队发布出征命令。鞠，告；宣布。《诗经·小雅·采芑》："钲人伐鼓，陈师鞠旅。"

⑤漂橹(lǔ)：漂起大盾牌。橹，大盾牌。丹野：染红了原野。丹，红色。这里用作动词，染红。

⑥天下无邦：天下没有了国家的正常秩序。

⑦移父事君：把侍奉父亲的孝心拿来侍奉君主。《孝经·广扬名章》："子曰：'君子之事亲孝，故忠可移于君；事兄悌，故顺可移于长。'"

【译文】

"百姓遇到可以获利的东西，就会产生争夺之心。富贵的人家，所看重的利益则更为重大。再说小民所争夺的，也不过是一些小而又小的利益而已；普通百姓较量力气彼此争夺，又能达到什么程度呢？他们没有疆土可以贪占，没有城郭可以利用，没有金银财宝可供期盼，没有权势可供争夺。他们没有权利去把众人集合起来，也没有权威能够去驱使他人。他们怎么能够与帝王的发怒相比呢？帝王可以发动军队以誓师出征，把本无任何仇恨之心的百姓推上战场，进攻没有任何罪过的国家。俯卧在地的尸体动辄数以万计，流血漂起了盾牌染红了原野。无道的君主，没有哪个朝代没有出现过，他们肆无忌惮地胡作非为，整个天下没有任何国家秩序可言。忠臣良将被杀害在朝廷之内，黎民百姓则抛尸于荒野之外。怎么会仅仅是一些小小争夺所造成的小小祸患呢！以至于人们还要把侍奉父亲的孝心拿去侍奉君主，不当孝子而去做忠臣，那么即使声明没有君主，也与有君主是一样的！

“古之为屋，足以蔽风雨，而今则被以朱紫①，饰以金玉；古之为衣，足以掩身形，而今则玄黄黼黻②，锦绮罗纨；古之为乐，足以定人情，而今则烦乎淫声③，惊魂伤和；古之饮食，足以充饥虚，而今则焚林漉渊④，宰割群生（此处有脱文）⑤。”

【注释】

①被以朱紫：用各种颜色加以粉饰。朱紫，代指各种颜色。

②玄黄：黑色与黄色。这里泛指各种绚丽的色彩。黼黻（fǔ fú）：古代礼服上的花纹。

③烦乎淫声：应作“烦手淫声”。杨明照《抱朴子外篇校笺》：“王国维‘乎’校为‘手’。照按：王校是。《左传·昭公元年》：‘（医和）对曰：“……先王之乐，所以节百事也。故有五节，迟速本末以相及，中声以降；五降之后，不容弹矣。于是有烦手淫声，慆堙心耳，乃忘平和，君子弗听也。”’”烦手淫声，用烦杂的手法去弹奏靡靡之音。

④漉（lù）：使干涸。也即竭泽而渔。

⑤宰割群生:宰杀各种生灵。根据文意,本句以下有脱文。

【译文】

"远古时代的人们建造房屋,能够用来遮蔽风雨就行了,然而现在却要在房屋上粉刷各种颜色,还要用黄金白玉去加以装饰;远古时代的人们制作衣服,能够用来遮掩身体就行了,然而现在却要用各种色彩绣上华丽的花纹,还要使用各种各样的丝绸;远古时代的人们演奏音乐,能够稳定人们的情绪就行了,然而现在却使用烦杂的手法去演奏靡靡之音,惊心动魄而伤害了人们的平和心境;远古时代的人们所做出的饮食,能够用来充饥就行了,然而现在的人们却焚林而猎竭泽而渔,宰杀了大量的生灵(此处有脱文)。"

"(此处有脱文)岂可以事之有过而都绝之乎?若令唐、虞在上①,稷、卨赞事②,卑宫薄赋,使民以时;崇节俭之清风,肃玉食之明禁③;质素简约者,贵而显之;乱化侵民者,黜而戮之④,则颂声作而黎庶安矣。何必虑火灾而坏屋室,畏风波而填大川乎?"

【注释】

①唐、虞:唐尧、虞舜。

②稷:后稷,名弃,周民族的祖先,因擅长农业,舜时为农官。卨(xiè):又作"契"。传说中商民族的先祖,尧时为司徒。赞:赞助;辅佐。

③玉食:美食。

④戮:斩杀。另外羞辱、惩罚也叫"戮"。

【译文】

"(此处有脱文)怎么能够因为事情有点过度就把它完全禁绝了呢?

如果让唐尧、虞舜这样的圣君在上面做君主，让后稷、契这样的贤臣来辅佐他们，宫殿简陋而赋税轻微，能够按照适当的季节去使唤百姓；崇尚节俭清廉的风气，严格禁止美味佳肴；对于品质纯朴生活简约的人，则让他们处于尊贵显要的地位；对于那些扰乱教化侵害百姓的人，则罢黜他们并且杀掉他们，那么颂扬之声就会响起而百姓也就能够安居乐业了。何必因为顾虑火灾而毁掉房屋、害怕风浪就去填平大河呢？”

抱朴子曰："鲍生贵上古无君之论，余既驳之矣。后所答余文，多不能尽载，余稍条其论而牒诘之云[①]。"

【注释】

①稍条：当作"条抄"。旧写本即作"条抄"。条抄，分条抄录。牒诘：书面反驳。牒，文书。

【译文】

抱朴子说："鲍先生以远古时代没有君主为可贵的观点，我已经反驳过了。后来答复我的文字，内容很多不能完全记载下来。我大略地把他的论点分条抄录并书面反驳如下。"

鲍生曰："人君采难得之宝[①]，聚奇怪之物，饰无益之用，猒无已之求[②]。"

【注释】

①人君：即君主。

②猒（yàn）：同"厌"，满足。

【译文】

鲍先生说："君主采集难得的宝物，聚集奇异的东西，装饰无益的器具，以满足他们无休无止的欲望。”

抱朴子诘曰："请问，古今帝王尽采难得之宝、聚奇怪之物乎？有不尔者也[1]。余闻唐尧之为君也，捐金于山；虞舜之禅也[2]，捐璧于谷；疏食菲服[3]，方之监门[4]。其不汔渊剖珠[5]，倾岩刊玉[6]；凿石铄黄白之矿[7]，越海裂翡翠之羽[8]；网瑇瑁于绝域[9]，掘丹青于嶓汉[10]，亦可知矣。

【注释】

①不尔：不是这样。尔，这样。

②禅：禅让。这里指舜接受禅让继承尧的帝位。

③疏食：粗食。疏，粗。菲服：简朴的衣服。菲，菲薄。

④方：与……一样。监门：看门人。

⑤汔(qì)：干涸。

⑥倾岩：挖倒大山。刊：砍削；挖掘。

⑦铄：熔化；冶炼。黄白：黄金白银。

⑧翡翠：鸟名。羽毛可以做装饰品。

⑨瑇(dài)瑁：即玳瑁。一种大海龟。其壳有黑斑及光泽，可做装饰品。绝域：极为遥远的地方。

⑩丹青：红色与青色的颜料。嶓(mín)汉：两个地名。岷山郡与汉中郡。相当于今天的四川北部及陕西西南一带。嶓，同“岷”。

【译文】

抱朴子反驳说："那么请问，从古至今的帝王全都采集难得的宝物、聚集奇异的东西吗？也有不这样做的君主啊。我听说唐尧在做君主的时候，把黄金抛弃在高山上；虞舜接受禅让当了君主之后，把玉璧丢弃到山谷里；他们吃粗糙的食物穿简朴的衣服，与看门人的生活一样。他们不会排尽潭水剖开蚌壳掏取珍珠，不会挖倒大山挖掘玉石；不会凿开石头冶炼矿石提取金银，不会渡过大海去拔取翡翠的羽毛；不会到极远的地方去用渔网捕捉玳瑁，不会到岷汉一带去挖掘丹青颜料，这也都是可以知道的。

“夫服章无殊①，则威重不著；名位不同，则礼物异数②。是以周公辨贵贱上下之异式③：宫室居处，则有堵雉之限④；冠盖旌旗，则有文物之饰⑤；车服器用，则有多少之制；庖厨供羞⑥，则有法膳之品⑦。年凶灾眚⑧，又减撤之。无已之欲，不在有道。子之所云，可以声桀纣之罪，不足以定雅论之证也。”

【注释】

①服章：表示官阶身份的服饰花纹。章，花纹。殊：不同。

②礼物：行礼时所使用的器物。

③异式：应作“典式”。《道藏》本、《四库全书》文溯阁本均作“典式”。典式，典章制度。

④堵雉：两种古代计算建筑面积的单位。堵，其长度各种说法不一，大多认为长高各一丈为一堵。雉，城墙长三丈高一丈为一雉。

⑤文：花纹。物：装饰品。

⑥羞：美味的食品。这里泛指食物。

⑦法膳：依照礼法提供的膳食。品：品级。

⑧灾眚（shěng）：灾祸。眚，灾祸。

【译文】

“如果服饰没有不同之处的话，那么在位者的威严就无法显示出来;名分地位不同了,那么他们所使用的行礼器物也就有所区别。因此周公制订了区分高低贵贱的典章制度:居住的宫殿房屋,则有规模大小的限制;帽子车盖旌旗,则有花纹装饰上的不同;车辆服装和用具,则有数量多少的规定;厨房供应食物,则依照礼法而分出不同的品级。遇到灾荒祸乱的年头,各种物品又要有所减少。那些无休无止的欲望,并不存在于有道的君主身上。您所说的那些事情,可以用来声讨夏桀、商纣的罪行,而不能够拿来作为您的高论的证据。"

鲍生曰:"人君后宫三千[①],岂皆天意?谷帛积,则民饥寒矣。"

【注释】

①三千:指三千嫔妃。

【译文】

鲍生说:"君主的后宫里有三千嫔妃,这难道都是上天的意思吗?粮食布匹被君主聚敛起来,那么百姓就要挨饿受冻了。"

抱朴子诘曰:"王者妃妾之数,圣人之所制也。圣人,与天地合其德者也。其德与天地合,岂徒异哉!夫岂徒欲以顺情盈欲而已乎?乃所以佐六宫[①],理阴阳教尔[②],崇奉祖庙,祗承大祭[③],供玄统之服[④],广本支之路[⑤]。

【注释】

①佐六宫:辅佐皇后。六宫,皇后的寝宫,共有正寝一,燕寝五,合为六宫。这里用"六宫"代指皇后。《礼记·昏义》:"古者天子后

立六宫，三夫人、九嫔、二十七世妇、八十一御妻，以听天下之内治，以明章妇顺，故天下内和而家理。”

②理阴阳教尔：本句疑为“理阴教尔”。“阳”疑为衍字。阴教，有关女子的教育。尔，通“耳”，而已。

③祗(zhī)承：敬奉。祗，恭敬。大祭：重大祭祀。如祭祀天地、祖先等。

④玄紞(dǎn)：古代垂在礼冠前后的丝织饰物。这里代指宫中的各种服饰。《国语·鲁语下》：“王后亲织玄紞。”

⑤本支：嫡出为本，庶出为支。这里泛指子嗣。

【译文】

抱朴子反驳说：“君主妃嫔的数目多少，那是圣人制定的。圣人，是与天地的品德相符合的人。他们的品德与天地的品德相符合，怎么仅仅会在这一问题上与天意不同呢！这样做难道仅仅是为了顺从君主的情感满足君主的欲望吗？而是要让这些嫔妃辅佐皇后，调理有关女子的教育而已，让她们供奉祖庙，恭敬地辅助君主举行重大的祭祀，供给君主所用的各种服饰，使后代嫡庶子孙昌盛繁荣。

“且案周典九土之记①，及汉氏地理之书②，天下女数，多于男焉③。王者所宗④，岂足以逼当娶者哉⑤！姬公思之⑥，似已审矣⑦。

【注释】

①周典：周代的典籍。九土：九州。也即整个天下。

②汉氏：汉朝；汉代。

③天下女数，多于男焉：天下女子的数量，多于男子。《周礼·夏官·职方氏》：“东南曰扬州……其民二男五女……正南曰荆州……其民一男二女……河南曰豫州……其民二男三女……正东

曰青州……其民二男二女……河东曰兖州……其民二男三女……正西曰雍州……其民三男二女……东北曰幽州……其民一男三女……河内曰冀州……其民五男三女……正北曰并州……其民二男三女。”

④所宗：所遵从的原则。

⑤岂足以逼当娶者哉：怎么能够逼迫应该娶妻的人呢？本句及下文的意思是，天下女子多于男子，而君主又不能逼迫男子去多娶妻子，那么就只能自己作表率，带头多娶嫔妃。

⑥姬公：即周公。周公姓姬名旦。

⑦审：清楚；周详。

【译文】

“另外按照周代典籍中有关九州的记载，以及汉代地理书籍中的说法，天下女子的数量，多于男子。帝王所遵从的是自愿原则，怎么能够去逼迫应该婚娶的男子去多娶妻子呢！周公考虑处理这件事情，似乎已经很周详了。

“帝王帅百僚以藉田①，后妃将命妇以蚕织②。下及黎庶，农课有限③，力佃有赏④，怠惰有罚，十一而税⑤，以奉公用。家有备凶之储⑥，国有九年之积。各得顺天分地，不夺其时⑦，调薄役希⑧，民无饥寒。衣食既足，礼让以兴。

【注释】

①藉田：古代帝王于春耕前亲耕农田以奉祀宗庙，且寓劝农之意。藉，借。平时借民力耕种。

②将：率领。命妇：有封号的妇女。

③农课：农业赋税。课，赋税。

④力佃(tián):努力耕种。佃,耕种土地。

⑤十一而税:按照十分之一的比例收税。

⑥凶:凶年;灾荒年。

⑦不夺其时:不要占用农时。也即在耕种、收获的季节,不要让百姓去服劳役、作战,以免错过农时。

⑧调:赋税。

【译文】

“帝王率领着众多的官员去耕种藉田,后妃带领着有封号的妇女去养蚕织布。对于下面的百姓,需要上交的田税有一定的限额,努力耕种的人还有奖赏,懒惰的人则要受到惩罚,按照十分之一的比例抽税,以供给国家的费用。每家都有防备灾荒年的积蓄,国家则有满足九年食用的储备。人们都能够顺应着天时而获得土地出产的利益,国家不去占用百姓的农时,税收微薄而徭役稀少,百姓也就不会挨饿受冻。丰衣足食之后,礼让之风因此也就兴起了。

“昔文、景之世[①],百姓务农,家给户丰。官仓之米,至腐赤不可胜计[②]。然而士庶犹侯服鼎食[③],牛马盖泽[④]。由于赋敛有节,不足损下也[⑤]。至于季世[⑥],官失佃课之制,私务浮末之业[⑦],生谷之道不广,而游食之徒滋多,故上下同之,而犯非者众[⑧]。鲍生乃归咎有君。

【注释】

①文、景:汉文帝、汉景帝。这两位君主在位的时候,施行清静无为的政策,从而开创了国强民富的盛世,史称文景之治。

②腐赤:因腐败而变为红色。

③侯服:服饰如王侯。鼎食:列鼎而食。

④牛马盖泽：牛马覆盖着大泽。形容牛马的数量之多。

⑤损下：伤害下面的百姓。

⑥季世：末世。指汉代的末年。

⑦浮末之业：指工商等行业。古人认为农耕为本，工商为末。

⑧犯非：犯法。

【译文】

“从前汉文帝、汉景帝在位的时候，百姓们努力从事农业耕种，家家户户都十分富足。官仓中的粮食，以至于腐败变红而无法计数。然而士人百姓还能够穿着华贵的服饰、列鼎而食，牛马覆满了大泽。这都是因为国家的税收有节制，不会损害下面的百姓。到了汉朝的末年，官府破坏了农业的赋税制度，人们又都致力于工商行业，生产粮食的途径没有拓宽，而四处游荡以谋取衣食的人却越来越多，因为上上下下都去这样做，于是犯法的人也就多了起来。而鲍先生却把这一切都归咎于君主的出现。

“若夫讥采择之过限，刺农课之不实，责牛饮之三千[①]，贬履亩与太半[②]，但使后宫依周礼，租调不横加，斯则可矣，必无君乎？夫一日晏起，则事有失所。即鹿无虞，维入于林中[③]，安可终已[④]！靡所宗统，则君子失所仰，凶人得其志。网疏犹漏，可都无网乎？”

【注释】

①牛饮三千：商纣王率领三千人像牛那样饮酒。《韩诗外传》卷四：“桀为酒池，可以运舟，糟丘足以望十里，而牛饮者三千人。”

②履亩：丈量私田而收税。也即历史上著名的初税亩。周代早期只收公田的税，后来一些诸侯国为了增加税收，对私田也开始收

税。履，丈量。亩，私田。太半：一多半。指百姓的大半收入要交给国家。《淮南子·兵略训》："（秦朝）发闾左之戍，收太半之赋。"

③即鹿无虞，维入于林中：追鹿时如果没有山林官员做向导，只是白白地进入了山林。即，接近；追逐。虞，管理山林的官员。《周易·屯卦》："即鹿无虞，惟入于林中。君子几不如舍，往吝。"

④终：这里指好的结果。已，通"矣"。

【译文】

"至于所批评的君主选用东西时超过了限度，所批判的农业税收不符合实际情况，所责备的君主饮食的奢侈，所贬斥的丈量私田征税和征收百姓的过半财富，只要让后宫的生活符合周代的礼制，各种税收不要无理增加，那么这些问题就全部可以解决了，何必一定要求没有君主呢？君主一天起床晚了，事情就有安排不妥之处。追鹿而没有山林官员带路，就只能白白地进入山林之中，怎么会有一个好的结果呢！如果没有了一位综合统领天下的君主，那么君子们就会失去了依靠，凶恶的人就会志满意得。网眼稀疏了尚且会有漏网之鱼，怎么可能完全不要网呢？"

鲍生曰："人之生也，衣食已剧[①]，况又加之以敛赋，重之以力役。饥寒并至，下不堪命[②]，冒法犯非，于是乎生。"

【注释】

①剧：繁难；困难。

②下不堪命：百姓忍受不了君主的政令。堪，忍受。

【译文】

鲍先生说："人活在世上，想保障自己的穿衣吃饭问题已经很困难了，更何况还要上缴赋税，另外再加上徭役。饥饿与寒冷一起落到头上，百姓们实在忍受不了君主的政令，各种违法乱纪的事情，于是就发生了。”

抱朴子诘曰：“蜘蛛张网，蚤虱不馁[①]；使人智巧，役用万物，食口衣身，何足剧乎！但患富者无知止之心，贵者有无限之用耳。岂可以一蹶之故[②]，而终身不行；以桀纣之虐，思乎无主也！

【注释】

①馁（něi）：饥饿。

②蹶：跌倒。

【译文】

抱朴子反驳说：“蜘蛛尚且知道张网捕食，跳蚤虱子也能够填饱自己的肚皮；人们使用自己的智慧，役使着世上的万物，吃饱穿暖，怎么会有困难呢！只是担心那些富人没有知足的意愿，权贵们需求无限的费用而已。怎么能够因为一次跌倒的缘故，而一辈子都不再走路了；因为夏桀与商纣的暴虐，就希望不要君主呢！

“夫言主事弥张[①]，赋敛之重于往古，民力之疲于末务[②]，饥寒所缘，以讥之可也；而言有役有赋，使国乱者，请问：唐虞升平之世，三代有道之时[③]，为无赋役，以相供奉，元首股肱[④]，躬耕以自给邪？鲍生乃唯知饥寒并至，莫能固穷[⑤]，独不知衣食并足[⑥]，而民知荣辱乎！”

【注释】

①主事：主事的官员。弥张：更加紧张。这里指统治变得更加

严酷。

②末务：无关紧要的事务。

③三代：指夏、商、周三个朝代。有道：按照大道办事。也即政治清明。

④元首：人的头颅。比喻君主。股肱：大腿和胳膊。比喻大臣。股，大腿。肱，胳膊。

⑤固穷：在穷困之中坚守正道。《论语·卫灵公》："子曰：'君子固穷，小人穷斯滥矣。'"

⑥独：难道。

【译文】

"如果说主事的官员越来越严酷，赋税比古代的沉重，百姓被一些无关紧要的事务搞得疲惫不堪，这是造成百姓饥寒的原因，因此去抨击这些现象还是可以的；但如果说有了劳役和赋税，就会使国家变得混乱，那么请问：在唐尧、虞舜的太平时代，在夏、商、周三代政治清明的时候，就没有赋税以贡献给国家，君主与大臣都是亲自耕种以供给自己的衣食吗？鲍先生只知道饥寒一起落到头上，就没有人能够在穷困中坚守正道，难道就不知道丰衣足食之后，百姓才能够明白什么是荣耀和耻辱吗！"

鲍生曰："王者，临深履尾，不足喻危。假寐待旦①，日昊昃旰食②，将何为惧祸及也？"

【注释】

①假寐：穿衣坐睡。

②日昊(zè)：太阳偏西。昊，同"昃"，太阳偏西。旰(gán)食：很晚才吃饭。旰，晚。

【译文】

鲍先生说："做君主的人，即使用面临深渊踩上虎尾一类的事情，也不足以比喻他们所处的危险境地。他们坐着打盹以等待天亮施政，忙到太阳偏西了才能吃饭，他们为什么会害怕灾祸的到来呢？”

抱朴子难曰：“审能如此①，乃圣主也。王者所病，在乎骄奢，贤者不用，用者不贤。夏癸指天日以自喻②，秦始忧万世之同谥③，故致倾亡，取笑将来。若能惧危夕惕④，广纳规谏，询刍荛以待听⑤，养黄发以乞言⑥，何忧机事之有违⑦？何患百揆之不康⑧？夫战兢则彝伦叙⑨，怠荒则奸宄作⑩。岂况无君，能无乱乎？”

【注释】

①审：确实。

②夏癸：夏桀。夏桀名履癸。指天日以自喻：把自己比作天上的太阳。《韩诗外传》卷二记载，夏桀无道，伊尹谏之，夏桀回答：“子又妖言矣。吾有天下，犹天之有日也。日有亡乎？日亡，吾亦亡也。”

③秦始忧万世之同谥(shì)：秦始皇担心自己做皇帝的万代子孙会重复使用同一个谥号。谥，古代帝王、诸侯、大臣或其他有地位的人死后被加的带有褒贬意义的称号。实际上秦始皇取消谥号，是因为他们反对后人议论前人。《史记·秦始皇本纪》：“制曰：‘朕闻太古有号毋谥，中古有号，死而以行为谥。如此，则子议父，臣议君也，甚无谓，朕弗取焉。自今已来，除谥法。朕为始皇帝。后世以计数，二世、三世至于万世，传之无穷。’”

④夕惕：到了夜晚依然战战兢兢。惕，战战兢兢。《周易·乾卦》：“君子终日乾乾，夕惕若厉，无咎。”

⑤刍荛(chú ráo)：割草打柴的人。《诗经·大雅·板》：“先民有言，

询于刍荛。”

⑥黄发：指老年或老人。老人的头发先变白，后转黄，故称老人为“黄发”。

⑦机事：各种事务。机，通“几”，事务。

⑧百揆(kuí)：处理各种政务。百，指繁多的政务。揆，揣摩；处理。康：平安。这里指处理得恰当。

⑨彝伦叙：安排好社会的正常秩序。也即治理好国家。彝伦，常理。叙，安排。

⑩奸宄(guǐ)：违法的邪恶事情。

【译文】

抱朴子反驳说：“如果真的能够做到这些，那就是圣明的君主了。帝王常犯的毛病，就在于骄横和奢侈，在于贤能的人不去重用，而重用的人并非贤能。夏桀把自己比作天上的太阳，秦始皇担心自己做皇帝的万代子孙会重复使用同一个谥号，他们因此而导致灭亡，受到后代人们的嘲笑。如果能够心怀恐惧而早晚提高警惕，广泛地接受谏言规劝，询问樵夫并准备听取他们的意见，奉养老人并乞请他们的教诲，那还用得着担心处理各种事务时会违背常理吗？还用得着担心各种政务安排不妥当吗？战战兢兢谨慎小心就能够安排好正常的社会秩序，懈怠荒疏就会使奸邪罪恶的事情发生。更何况没有国君，社会能不混乱吗？”

鲍生曰：“王者钦想奇瑞[①]，引诱幽荒[②]，欲以崇德迈威[③]，厌耀未服[④]。白雉玉环[⑤]，何益齐民乎[⑥]？”

【注释】

①钦想：尊敬并希望。奇瑞：奇异的祥瑞。

②幽荒：极为遥远的地方。这里指四方异族地区。

③崇德：宣扬自己的美德。迈威：炫耀自己的武力。

④厌(yā)耀:炫耀武力以镇压。厌,通“压”。

⑤白雉玉环:指极为遥远的人们进献的白雉和玉环。白雉,白色的野鸡。《韩诗外传》卷五:“比几三年,果有越裳氏重九译而至,献白雉于周公。”玉环,《帝王世纪》:“西王母慕舜之德,来献白环。”

⑥齐民:平民;百姓。

【译文】

鲍先生说:“帝王们敬仰并希望出现一些奇异的祥瑞之事,诱惑极为遥远的四方异族,想以此来宣扬自己的美德炫耀自己的武力,镇压那些还没有臣服的国家。然而那些从远方献来的白雉和玉环,对普通百姓又有什么益处呢?”

抱朴子诘曰:“夫王者德及天,则有天瑞;德及地,则有地应[①]。若乃景星摛光以佐望舒之耀[②],冠日含采以表羲和之晷[③];灵禽嗈喈于阿阁[④],金象焜晃乎清沼[⑤],此岂卑辞所致[⑥],厚币所诱哉[⑦]! 王莽奸猾,包藏祸心,文致太平[⑧],诳眩朝野,觊遗外域[⑨],使送瑞物。岂可以此谓古皆然乎?

【注释】

①地应:大地有祥瑞作为回应。《孝经援神契》:“德及于天,斗极明,日月光,甘露降;德及于地,嘉禾生,蓂荚起,秬鬯出。”

②景星:杂星名。又称瑞星、德星。其状无常,常出现于有道之国。摛(chī):舒展。引申为闪耀。望舒:神话中为月亮驾车的神。这里代指月亮。

③冠日:指太阳上面的日晕。羲和:神话中为太阳驾车的神。这里代指太阳。晷(guǐ):日影;阳光。

④灵禽:指凤凰。嗈喈(yōng jiē):凤凰和鸣的声音。阿阁:四边有

檐的楼阁。

⑤金象:金色的大象。一说指金色的蛟龙。焜(hǔn)晃:光彩耀眼的样子。

⑥卑辞:谦卑的言辞。

⑦厚币:厚礼。币,礼品。

⑧文致太平:粉饰太平。文,文饰;粉饰。

⑨贶遗(kuàng wèi)外域:馈赠异族国家。贶,馈赠。据《汉书·王莽传上》记载,王莽为了粉饰太平,派使者带着重礼去游说匈奴、黄支、羌、越裳氏等异族,或使他们献地内属,或使他们进贡各种祥瑞之物。

【译文】

抱朴子反驳说:"帝王的美德如果能够上达于天,那么上天就会出现祥瑞;美德如果能够下及于地,那么大地就会出现吉兆。景星闪烁着光芒以辅佐着明亮的月亮,日晕五彩缤纷以衬托着明亮的阳光;凤凰在楼阁上发出和谐的叫声,金色的大象在清池中闪耀着灿烂的光芒,这些祥瑞难道是谦卑的言辞可以导致、是丰厚的礼物能够引诱而来的吗!王莽奸诈狡猾,包藏着祸心,他用各种方法粉饰太平,以欺骗朝廷内外的人们,他赠送礼品给异族外邦,让他们送来吉祥的物品。怎么能够因为王莽的行为就说古时候都是这样呢?

"夫见盈丈之尾,则知非咫尺之躯①;睹寻仞之牙②,则知非肤寸之口③。故王母之遣使④,明其玄化通灵⑤,无远不怀也;越裳之重译⑥,足知惠沾殊方、泽被无外也⑦。夫绝域不可以力服,蛮、貊不可以威摄⑧。自非至治,焉能然哉⑨!何者,鲍生谓为不用⑩?

【注释】

①咫：古代长度单位。八寸为一咫。

②寻仞：古代的两种长度单位。八尺为“寻”，七尺或八尺为“仞”。

③肤寸：又作“扶寸”。古代的长度单位。一指宽为寸，四指宽为肤。这里比喻很小。

④王母：西王母。传说中的女神，据说居住在昆仑山上。

⑤玄化：神明的教化。

⑥越裳：国家名。在今广东、广西一带。重译：辗转翻译。

⑦殊方：异国。

⑧无外：指找不到外围的巨大空间。也即天地之间，整个天下。

⑨蛮、貊(mò)：泛指四方异族。蛮，古代指南方的少数民族。貊，古代东北部的一个民族。

⑩焉能：怎能。然：这样。

⑪不用：指不用君主。

【译文】

“看到一丈长的尾巴，就知道它的身躯不只一尺左右；看到七八尺长的牙齿，就知道它的嘴巴不只一寸大小。因此西王母派来了使者，就足以证明舜的神圣教化已经感通了神灵，无论多远的人们都在怀念着他；越裳国辗转翻译前来献贡，就足以知道恩惠已经达到了异国、德泽普施于整个天下。极为遥远的地方无法用武力征服，四方的异族国家不可以靠威力统治。如果不是达到了最为完美的治理，怎么能够出现这种情况呢！究竟是什么原因，让鲍先生认为可以不要君主呢？

“夫周室非乏玉[①]，而须王母之环以为富也；非俭膳，而渴越裳之雉以充庖也。所以贵之者，诚以斯物为太平，则上无苛虐之政，下无失所之人，蜎飞蠕动[②]，咸得其懽[③]。有国之美[④]，孰多于斯[⑤]？而云不用，无益于齐民。源远体大，固未易见，鲍生之言，不亦宜乎！”

【注释】

①周室：应作“虞舜”。因为西王母是向虞舜献玉环，而非周朝。因此“周室”二字应在“非俭膳”前，而“非乏玉”前当另补“虞舜”二字。

②蜎（xuān）飞蠕（rú）动：本指能够飞行、蠕动的小虫子。这里泛指飞禽走兽。蜎，飞。

③懽（huān）：同“欢”，欢喜。

④有国：即国家。有，名词的词头，无义。

⑤多于斯：比这更重要。多，重要。斯，此。

【译文】

“虞舜并非缺少美玉，而需要西王母送来了玉环才算是富有；周朝也不是缺乏膳食，而渴望着越裳国献上野鸡来充实厨房。之所以看重它们的原因，的确是把这些东西视为太平祥和的象征，说明了上面没有苛刻暴虐的政令，下面没有流离失所的百姓，即使是飞禽走兽，也都能过上欢乐的日子。国家的美好，还有什么能够超过这些呢？然而鲍先生却说不要君主，说君主对百姓是没有益处的。国家的起源遥远而国家的体制庞大，确实不容易全面理解，那么鲍先生讲出这样的话，不也是可以理解的吗！”

鲍生曰：“人君恐奸衅之不虞，故严城以备之也。”

【译文】

鲍先生说：“君主担心无法预料的一些灾祸，所以修筑坚固的墙城来加以防备。”

抱朴子诘曰："侯王设险，大《易》所贵[①]，不审严城[②]，何讥焉尔。夫两仪肇辟[③]，万物化生，则邪正存焉尔。夫圣人知凶丑之自然、下愚之难移[④]，犹春阳之不能荣枯朽、炎景之不能铄金石[⑤]。冶容慢藏[⑥]，诲淫召盗。故取法乎《习坎》[⑦]，备豫于未萌。重门有击柝之警[⑧]，治戎遏暴客之变[⑨]。而欲除之，其理何居？

【注释】

①大：伟大。对《周易》的美称。

②审：明白。

③两仪：天地。肇辟：分开之后。肇，始。

④下愚：最为愚蠢的人。难移：难以改变。

⑤荣枯朽：使枯朽的树木繁荣茂盛。荣，茂盛。炎景：炎热的阳光。景，阳光。

⑥冶容：打扮妖冶的面容。慢藏：收藏得不够牢固。慢，懈怠。《周易·系辞下》："慢藏诲盗，冶容诲淫。"

⑦《习坎》：即《周易》中的《坎卦》。本卦象征险阻。《周易·坎卦》："彖曰：习坎，重险也……天险，不可升也；地险，山川丘陵也。王公设险，以守其国。险之时用大矣哉！"

⑧击柝(tuò)：打更巡夜。柝，巡夜打更用的梆子。《周易·系辞下》："重门击柝，以待暴客。"

⑨治戎：训练军队。戎，士兵；军队。遏：防止；遏制。暴客：残暴之人；强盗。

【译文】

抱朴子反驳说："王侯们修筑险要的关塞，这是《周易》所赞成的，我不明白修筑坚固的城墙，又有什么可以批评的。开天辟地之后，万物开始化育生长，于是其中就出现了正直和邪恶。圣人知道凶恶和丑陋的事物会自然而然地产生，极为愚蠢的人是很难改变的，这就好像春天的阳光不能使枯朽的草木茂盛、炎热的阳光不能熔化金属和石头一样。打扮妖艳的容貌和疏于保管的财富，会招来淫荡之人和强盗小偷。因此人们效法《习坎》之卦，在危难的事情发生之前就做好防备。修建了一重重的大门并派人夜晚敲击木梆以为警戒，训练军队以遏制残暴之人发动的暴乱。然而鲍先生却想拆除城墙，其道理何在呢？

“兕之角也①，凤之距也②，天实假之③，何必日用哉！蜂虿挟毒以卫身④，智禽衔芦以扞网⑤。獾曲其穴⑥，以备径至之锋；水牛结阵，以却虎豹之暴⑦。而鲍生欲弃甲胄以遏利刃，堕城池以止冲锋⑧。若令甲胄既捐，而利刃不住；城池既坏，而冲锋犹集，公输、墨翟⑨，犹不自全，不审吾生计将安出乎⑩？”

【注释】

①兕(sì)：动物名。即犀牛。

②距：爪子。

③假：借给；赋予。

④虿(chài)：蝎子一类的毒虫。

⑤智禽：聪明的鸟。指大雁。衔芦：口衔着芦苇杆。扞(hàn)网：防止触网。扞，抵御；防备。

⑥獾(huān)：一种动物名。

⑦却：使退却；击退。

⑧堕(huī)：毁坏。

⑨公输、墨翟：公输班、墨子。都是先秦的能工巧匠。公输班即著

名的鲁班,墨子是墨家的创始人。

⑩吾生:我的先生。指鲍敬言。

【译文】

“犀牛的角,凤凰的爪,确实是上天赋予它们的,但又何必每天都去使用它们呢!蜂与蝎子身怀毒液是为了保护自身,聪明的大雁衔着芦苇飞行是为了防止自己触网。獾子把自己的洞穴挖得弯弯曲曲,那是为了防备直刺进来的刀剑;水牛结成方阵,那是为了击退虎豹的残酷进攻。然而鲍先生却想抛弃甲胄以阻止敌人的利刃,毁掉城墙和护城河以阻止敌人的攻击。如果抛弃了甲胄之后,而敌人的利刃并没有停下;毁坏了城池之后,攻击的敌人依然进攻不止,那么即使聪明的公输和墨翟,尚且难以自我保全,我就不明白我的鲍先生能够拿出什么样的办法来?”

或曰[①]:“苟无可欲之物,虽无城池之固,敌亦不来者也。”

【注释】

①或:又;还。

【译文】

还说:“如果没有可以勾起人们欲望的东西,那么即使没有坚固的城池,敌人也不会前来进攻。”

抱朴子答曰:“夫可欲之物,何必金玉?锥刀之末[①],愚民竞焉。越人之大战,由乎分蚺蛇之不钧[②];吴、楚之交兵,起乎一株之桑叶[③]。饥荒之世,人人相食。素手裸跣(此处有脱文)[④]。

【注释】

①锥刀之末：锥刀的尖端。比喻非常微小的利益。

②蚺(rán)蛇：大蛇。一说即蟒蛇。钧，通“均”，平均。

③吴、楚之交兵，起乎一株之桑叶：吴楚两国打仗，起因就是为了一棵桑树的叶子。《史记·吴太伯世家》：“初，楚边邑卑梁氏之处女与吴边邑之女争桑，二女家怒相灭，两国边邑长闻之，怒而相攻，灭吴之边邑。吴王怒，故遂伐楚，取两都而去。”

④素手：空手。裸跣(xiǎn)：赤脚。本句以下可能有脱文。

【译文】

抱朴子回答说：“能够勾起欲望的东西，何必一定就是金玉呢？即使锥刀尖那样小的一点利益，愚蠢的百姓也会争抢的。越地人的大战，就是因为大蛇的肉分得不够平均；吴、楚两国打仗，就是因为一棵桑树的叶子引起的。发生灾荒的时候，会出现人吃人的事情。空着手赤着脚(此处有脱文)。

“远则甫侯、子羔①，近则于公、释之②，探情审罚③，剖毫析芒④，受戮者吞声而歌德⑤，刖劓者没齿无怨言⑥。此皆非无君之时也。

【注释】

①甫侯：西周人，周穆王时被任命为司寇，主管刑罚。子羔：高柴，字子羔。也写作“子皋”。孔子的弟子。曾在卫国担任过司法官。

②于公、释之：指于定国、张释之。两人都是西汉的大臣。《史记·张释之冯唐列传》记载，张释之在汉文帝时拜为廷尉，有人惊扰了文帝的车驾，张释之不顾文帝之怒，坚决依法律判处惊扰者罚金。《汉书·于定国传》记载，于定国在汉宣帝时为廷尉，“其决

疑平法，务在哀鳏寡，罪疑从轻，加审慎之心。朝廷称之曰：‘张释之为廷尉，天下无冤民；于定国为廷尉，民自以不冤。’”

③审罚：谨慎惩罚。审，谨慎。

④剖毫析芒：分析细密，明察秋毫。芒，谷类植物种子壳上或草木上的针状物。

⑤受戮者吞声而歌德：受到刑戮的人没有怨言而歌颂施刑者的恩德。指孔子弟子子羔的事情。《韩非子·外储说左下》：“孔子相卫，弟子子皋为狱吏，刖人足，所刖者守门。人有恶孔子于卫君者，曰：‘尼欲作乱。’卫君欲执孔子，孔子走，弟子皆逃。子皋从出门，刖危引之而逃之门下室中，吏追不得。夜半，子皋问刖危曰：‘吾不能亏主之法令，而亲刖子之足，是子报仇之时也，而子何故乃肯逃我？吾何故得此于子？’刖危曰：‘吾断足也，固吾罪当之，不可奈何。然方公之狱治臣也，公倾侧法令，先后臣以言，欲臣之免也甚，而臣知之。及狱决罪定，公憱然不悦，形于颜色，臣见又知之。非私臣而然也，夫天性仁心固然也。此臣之所以悦而德公也。’”

⑥刖（yuè）：把脚砍掉的酷刑。劓（yì）：割鼻的酷刑。没齿：死亡。

【译文】

“古代有甫侯和子羔，近代有于定国和张释之，他们调查案情审慎处罚，分析细密明察秋毫，受到刑戮的人没有抱怨反而赞扬他们的德行，受到刑罚的人到死都没有任何怨言。这些事情都不是发生在没有君主的时候。

“昔有鳏在下①，而四岳不蔽②；明扬仄陋③，而元凯毕举④。或投屠刀而排金门⑤，或释版筑而蹑玉堂⑥，或委刍豢而登卿相⑦，或自亡命而为上将⑧。伯柳达雠人⑨，解狐荐怨家⑩，方回叩头以致士⑪，禽息碎首以推贤⑫。敢问于时有君否邪？”

【注释】

①鳏(guān):没有妻子的男子。这里具体指虞舜。《尚书·尧典》:“有鳏在下,曰虞舜。”

②四岳:四方诸侯。

③明扬:举荐。仄陋:品德高尚而地位卑微的人。

④元凯:八元八凯,都是传说时代的贤臣。元,善良。凯,平和。《左传·文公十八年》记载,高阳氏有才子八人,天下之民谓之“八恺(凯)”;高辛氏有才子八人,天下之民谓之“八元”。这里泛指贤人。

⑤或:有的人。指姜太公。姜太公曾当过屠夫,以宰牛为生。排:推开。金门:对君主宫门的美称。

⑥或:有的人。指傅说。释:放下。版:筑墙用的夹板。筑:筑墙用的木杵。蹑:登上。玉堂:对君主的宫殿的美称。傅说原是在傅岩做苦力筑墙的奴隶,后来得到商天子武丁的重用。

⑦或:有的人。指百里奚。委:放下。刍豢(chú huàn):用草豢养。刍,草。指豢养牛羊。百里奚曾经养过牛。《史记·商君列传》:“赵良曰:‘夫五羖大夫,荆之鄙人也。闻秦缪公之贤而愿望见,行而无资,自粥于秦客,被褐食牛。期年,缪公知之,举之牛口之下,而加之百姓之上,秦国莫敢望焉。相秦六七年,而东伐郑,三置晋国之君,一救荆国之祸。’”

⑧或:有的人。指陈平。亡命:逃亡。陈平先后事魏咎、项羽,后逃亡投靠刘邦。

⑨伯柳达雠人:伯柳因为仇人的举荐而显达。伯柳,荆伯柳。战国人。他在仇人解狐的举荐下,担任了魏国的西河守。《韩诗外传》卷九:“魏文侯问于解狐曰:‘寡人将立西河之守,谁可用者?’解狐对曰:‘荆伯柳者贤人,殆可。’文侯曰:‘是非子之雠也?’对曰:‘君问可,非问雠也。’于是将以荆伯柳为西河守。荆伯柳问

左右:'谁言我于吾君?'左右皆曰:'解狐。'荆伯柳往见解狐而谢之曰:'子乃宽臣之过也,言于君。谨再拜谢。'解狐曰:'言子者,公也;怨子者,私也。公事已行,怨子如故。'张弓射之。"

⑩解狐:战国人。关于他举荐仇人的事,见上条注释。

⑪方回:相传是尧时的贤人。有关方回举荐士人的事情不详。

⑫禽息:春秋秦国大夫。碎首:撞碎脑袋。《文选·演连珠》李善注引《韩诗外传》佚文:"禽息,秦人,知百里奚之贤,荐之于穆公,为私而加刑焉。公后知百里之贤,乃召禽息谢之。禽息对曰:'臣闻忠臣进贤不私显,烈士忧国不丧志。奚陷刑,臣之罪也。'乃对使者以首触楹而死。以上卿之礼葬之。"

【译文】

"从前虞舜还生活在民间的时候,四方诸侯并没有隐瞒他的才能;国家重用地位卑微的贤人,因此元凯一类的贤人就都被提拔了上来。有的人扔开宰牛的刀而走进了君主的大门,有的人抛开了筑墙的工具而登上了朝廷的宫殿,有的人放弃了养牛的职业而晋升为卿相,有的人从逃亡而做了大将军。荆伯柳因为仇人的举荐而显达,解狐则推荐了与自己有怨仇的人。方回叩头以举荐士人,禽息撞碎自己的头颅来推荐贤者。请问这些事情发生的时候有没有君主呢?"

又云:"田芜廪虚[①],皆由有君。"

【注释】

①廪(lǐn):粮仓。

【译文】

又说:"田地荒芜而粮库空虚,全是因为有了君主。"

"夫君非塞田之蔓草,臣非秏仓之雀鼠也[①]。其芜其虚,卒由厄运[②]，水旱疫疠，以臻凶荒，岂在赋税，令其然乎？至于八政首食[③]，谓之民天[④]；后稷躬稼[⑤]，有虞亲耕[⑥]；丰年多黍多稌[⑦]，我庾惟亿[⑧]，民食其陈[⑨]；白渠开[⑩]，而斥卤膏壤[⑪]。邵父起阳陵之陂[⑫]，而积谷为山；叔敖创期思[⑬]，而家有腐粟。赵过造三犁之巧[⑭]，而关右以丰[⑮]；任延教九真之佃[⑯]，而黔庶殷饱[⑰]。此岂无君之时乎？

【注释】

①秏(hào)：同"耗"，消耗。

②卒：最终。厄运：这里指歉收的年成。

③八政首食：八项政务，吃饭问题放在第一位。八政，国家政务的八项内容。《尚书·洪范》："八政：一曰食，二曰货，三曰祀，四曰司空，五曰司徒，六曰司寇，七曰宾，八曰师。"

④民天：民以食为天。《史记·郦生陆贾列传》："王者以民人为天，而民人以食为天。"

⑤后稷：名弃，周民族的祖先。因擅长农业，舜时为农官。

⑥有虞亲耕：虞舜亲自参加农耕。《史记·五帝本纪》："舜耕历山，历山之人皆让畔。"

⑦多黍多稌(tú)：很多的黍子和稻谷。黍，粮食名。碾成的米叫做粘黄米。稌，稻谷。《诗经·周颂·丰年》："丰年多黍多稌。"

⑧我庾(yǔ)惟亿：我们的仓库中装着亿万斤粮食。庾，谷仓。亿，数词。一万万。古代也把十万叫做亿。这里泛指很多。《诗经·小雅·楚茨》："我仓既盈，我庾维亿。"

⑨陈：指陈粮、旧粮。

⑩白渠：西汉武帝时开凿的渠道。《汉书·沟洫志》："太始二年，赵中大夫白公复奏穿渠。引泾水，首起谷口，尾入栎阳，注渭中，袤

二百里,溉田四千五百余顷,因名曰白渠。”

⑪斥卤:盐碱地。这里泛指贫瘠的土地。

⑫邵父:邵信臣,字翁卿,西汉九江人,曾任南阳太守。《汉书·循吏传》记载,邵信臣为民兴利,开通沟渠、水门,灌溉三万余顷,禁止嫁娶送终奢靡,其化大行,吏民爱之,称之为“邵父”。阳陵之陂(bēi):阳陵水库。陂,池塘;水库。阳陵之陂的所在地不详,可能在今河南许昌一带。

⑬叔敖:孙叔敖。春秋楚国人,曾任楚相。期思:地名。在今河南固始一带。孙叔敖曾在这里修筑水利工程。另外,“期思”之下应缺二字。《淮南子·人间训》:“孙叔敖决期思之水,而灌雩娄之野。”

⑭赵过:西汉人,农学家。武帝时为搜粟都尉。三犁之巧:一牛三犁的耕地方法。《齐民要术》卷一引崔寔《政论》:“武帝以赵过为搜粟都尉,教民耕殖。其法三犁共一牛,一人将之,下种挽耧,皆取备焉,日种一顷。至今三辅犹赖其利。”

⑮关右:地名。泛指函谷关以西地区。

⑯任延:东汉人,字长孙。曾任九真太守。九真:地名。九真郡,在今越南境内。佃(tián):农耕。《后汉书·循吏列传》:“任延字长孙,南阳宛人也……建武初……诏征为九真太守……九真俗以射猎为业,不知牛耕……延乃令铸作田器,教之垦辟。田畴岁岁开广,百姓充给。”

⑰黔庶:庶民百姓。殷:富足。

【译文】

“君主不是长满田地的野草,大臣也不是消耗仓库粮食的麻雀、老鼠。田地的荒芜和粮仓的空虚,最终原因是由于年成歉收,以及水涝旱灾与瘟疫,以至于出现了灾荒年,难道会是因为国家的赋税,造成了百姓的饥寒吗?国家极为重视吃饭问题而把它放在八项政务的首位,称之为民以食为天；后稷亲自种植庄稼，虞舜也亲自下地耕种；于是丰收之年收获了很多的黍子稻谷，人们的粮仓里装着亿万斤粮食，百姓需要吃隔年的陈粮；白渠开掘之后，贫瘠的土地都变成了肥沃的良田。邵信臣修建起阳陵的水库，收获的粮食堆积如山；孙叔敖修建了期思的水利，各家都有吃不完只好任其腐烂的粮食；赵过创造了巧妙的三犁一牛的耕种方法，函谷关以西地区因此大获丰收；任延教会九真人农业耕作，而百姓因此丰衣足食。这些难道都是没有国君的时候发生的事情吗？”

知止卷四十九

【题解】

知止，懂得适可而止。远在先秦时代，人们已经提出了知止的问题。《老子》四十四章说："知足不辱，知止不殆。"本篇继承了这一思想，主要阐述了知足知止的处世原则。

首先，从知止的动机来看，葛洪认为还是为了个人的避祸获福。作者认为："祸莫大于无足，福莫厚乎知止。"不知满足是招来灾难的主要原因之一，因此知足知止对个人的生存来说极为重要。

其次，葛洪用正反两个方面的历史事实以证明知足知止是正确原则。作者先列举善卷、巢父等古代隐士为例，认为他们能够做到曲突徙薪，防患于未然，因此他们能够做到名全身泰，遗芳千古；接着，作者又以吴起、韩信等人为例，说明不能功成身退所造成的严重后果。正反对照，具有极强的说服力。

第三，在以人事为证之后，葛洪又站在自然规律的高度来证明知足知止这一原则的合理性。他说："焕赫有委灰之兆，春草为秋瘁之端；日中则昃，月盈则蚀；四时之序，成功者退。"既然大自然是功成身退，适可而止，那么人们更应该依此原则，做到知足知止。

最后，葛洪也谈到例外情况，认为对于那些"百揆非我则不叙，兆民非我则不济，高而不以危为忧，满而不以溢为虑"的大贤之人，则另当别论。不过对于这一问题，葛洪没有深入讨论。

知足知止可以说体现了中华民族的古老智慧，然而正如葛洪所说，真正能够做到这一点的，“万未有一”。在物欲横流的今天，知足知止更是每一个人、甚至是整个人类应该牢记的至理名言。

抱朴子曰：“祸莫大于无足，福莫厚乎知止。抱盈居冲者[①]，必全之筭也[②]；宴安盛满者[③]，难保之危也。

【注释】

①抱盈：拥有巨大的财富。居冲：生活非常的淡泊。冲，虚静；淡泊。

②筭：同“算”，谋算；谋略。

③宴安：安逸；享受。盛满：自满；傲慢。

【译文】

抱朴子说：“最大的灾难就是不知满足，最大的福气就是懂得适可而止。拥有巨大的财富而生活却非常淡泊，这肯定是万全之策；贪图享乐而骄傲自满，就会遇到自身难保的危险。

“若夫善卷、巢、许、管、胡之徒[①]，咸蹈云物以高鹜[②]，依龙凤以竦迹[③]；觇韬锋于香饵之中[④]，寤覆车乎来轫之路[⑤]；违险涂以遐济[⑥]，故能免詹何之钓缗[⑦]。可谓善料微景于形外[⑧]，觌坚冰于未霜[⑨]；徙薪曲突于方炽之火[⑩]，缅舟弭楫于冲风之前[⑪]；瞻九犗而深沉[⑫]，望密蔚而曾逝[⑬]；不托巢于苇苕之末[⑭]，不偃寝乎崩山之崖者也[⑮]。

【注释】

①善卷:舜时的隐士。《庄子·让王》说,舜以天下让善卷,善卷坚决不予接受,并躲入深山。巢、许:巢父、许由。两人都是舜时的隐士,隐居于嵩山。管:管宁。字幼安,三国时的隐士。胡:胡昭。字孔明,三国时的隐士。袁绍、曹操先后礼辟不应,躬耕乐道,以经籍自娱。

②咸:都。蹈云物:脚踏云雾。比喻遵循着高尚的原则。高鹜:高飞。比喻隐居于远方。

③依:依照;效法。龙凤:比喻高洁的贤人。竦(sǒng)迹:远走。指离开尘世而隐居。竦,高起;高耸。

④觇(chān):察看;看到。韬锋:隐藏着锋利的鱼钩。韬,隐藏。

⑤寤:通"悟",明白。来轫(rèn)之路:未来的行车之路。轫,刹住车轮的木头。这里代指车辆。

⑥违:离开。遐济:到了远方。遐,远。济,渡河。这里泛指远行。

⑦詹何:古代善于钓鱼的人。缗(mín):钓鱼的丝绳。

⑧料:观测。微景(yǐng):隐而不显的影子。比喻不易察觉的苗头。景,同"影"。

⑨觌(dí):看见。

⑩徙薪曲突:把烟囱边的柴草搬走,把烟囱修得弯曲一些。徙,搬走。突,烟囱。《淮南子·说山训》:"淳于髡之告失火者。"高诱注:"淳于髡,齐人也。告其邻突将失火,使曲突徙薪。邻人不从,后竟失火。言者不为功,救火者焦头烂额为上客。"

⑪缅(lí)舟:拴住船只。缅,通"缡",系;拴。弭楫(jí):停下船桨。冲风:狂风。

⑫九犗(jiè):九头公牛做成的鱼饵。犗,阉割过的公牛。《庄子·外物》:"任公子为大钩巨缁,五十犗以为饵。"

⑬密蔚:形容树林茂密繁盛的样子。《荀子·劝学》:"林木茂而斧

斤至焉。”曾逝：远走高飞。曾，高。

⑭托巢：筑巢。苇苕(tiáo)：芦苇的花穗。《荀子·劝学》：“南方有鸟焉，名曰蒙鸠，以羽为巢，而编之以发，系之苇苕。风至苕折，卵破子死。巢非不完也，所系者然也。”

⑮偃寝：躺卧。偃，倒卧。

【译文】

“像善卷、巢父、许由、管宁、胡昭之类的隐士，他们全都踏着云雾隐居于远方，效法高洁之人离开尘世退隐；他们能够察觉香饵中所隐藏的锋利鱼钩，能够看到未来道路上的翻倒车辆；他们避开了危险的道路以走向遥远的地方，因此能够避开詹何一类人的钓丝。他们可以说是善于测量形体之外的隐微影子，善于在未下霜的时候就看到坚硬的冰冻；他们能够在大火燃烧之前就搬开柴薪并使烟囱弯曲，能够在狂风刮起之前就系住船只停下船浆；他们一看到用九头公牛做成的鱼饵就深深潜入水底，一望见茂密繁盛的树林就远走高飞；他们不会把自己的巢窝筑在芦苇的花穗之上，也不会躺卧在将要崩塌的山崖之下。

“斯皆器大量弘①，审机识致②，凌侪独往③，不牵常欲，神参造化，心遗万物。可欲不能蚉介其纯粹④，近理不能耗滑其清澄⑤。苟无若人之自然⑥，诚难企及乎绝轨也⑦。

【注释】

①斯：此。代指上文提到的几位隐士。

②审：明白；清楚。机：通“几”，事情的苗头或征兆。致：精微。指精微的道理。

③凌侪(chái)：出类拔萃。凌，超过。侪，同类。

④可欲：能够勾起欲望的东西。蚉(dì)介：通“蒂芥”，草芥，比喻心里梗塞的东西。纯粹：纯净的心境。

⑤秏滑(hào gǔ):消耗,扰乱。滑,扰乱。

⑥苟:如果。若人:这些人。若,这些。自然:美好的自然天性。

⑦企及:比得上。绝轨:无法比拟的榜样。轨,法则;榜样。

【译文】

“这些隐士都是一些器量宏大的人,他们能够明白各种征兆而懂得精微的道理,出类拔萃独往独来,不会被常人的欲望所牵制,精神境界能够与造化万物的大自然一致,心中遗忘了世间的万事万物。可以勾起人们欲望的东西丝毫不会放在他们纯洁的心灵之中,浅近的道理更不能扰乱他们清净的精神境界。如果没有这些隐士的美好的自然天性,确实是很难赶上这些无法比拟的榜样。

“徒令知功成者身退①,虑劳大者不赏;狡兔讫则知猎犬之不用②,高鸟尽则觉良弓之将弃,鉴彭、韩之明镜③,而念抽簪之术④;睹越种之暗机⑤,则识金象之贵⑥。若范公汎艘以绝景⑦,薛生逊乱以全洁⑧,二疏投印于方盈⑨,田豫释绂于漏尽⑩。进脱亢悔之咎⑪,退无濡尾之吝⑫;清风足以扬千载之尘,德音足以祛将来之惑⑬。方之陈、窦⑭,不亦邈乎⑮!

【注释】

①徒令:仅仅是。

②兔讫:野兔死了。讫,结束。这里指死掉。《文子·上德》:“狡兔得而猎犬烹,高鸟尽而良弓藏。”

③彭:彭越。昌邑人,字仲。原为秦末强盗,后起兵反秦,因功被刘邦封为梁王。最后以谋反罪被刘邦所杀。韩:韩信。刘邦的开国元勋,封楚王,后以谋反罪被刘邦所杀。明镜:明鉴。

④抽簪:抽出簪子,散发归隐。做官者需束发整冠,用簪子把头发

与冠连在一起，抽簪则散发，这是隐士的打扮。

⑤越种：春秋越国的文种。文种与范蠡一起辅佐越王勾践灭吴，后被勾践所杀。暗机：不懂得见机而动。暗，不懂。《史记·越王勾践世家》："范蠡遂去，自齐遗大夫种书曰：'蜚鸟尽，良弓藏；狡兔死，走狗烹。越王为人长颈鸟喙，可与共患难，不可与共乐。子何不去？'种见书，称病不朝。人或谗种且作乱，越王乃赐种剑曰：'子教寡人伐吴七术，寡人用其三而败吴，其四在子，子为我从先王试之。'种遂自杀。"

⑥金象：黄金铸造的范蠡象。代指范蠡。范蠡离开越国后，越王勾践思念他，以良金铸造其形以朝礼之。《国语·越语下》："（范蠡）遂乘轻舟以浮于五湖，莫知其所终极。王命工以良金写范蠡之状而朝礼之。"

⑦范公：范蠡。汎艘：泛舟；乘船。指乘船出五湖隐居。绝景（yǐng）：隐居。景，同"影"，身影。代指自身。

⑧薛生：薛方。西汉末年的隐士。逊乱：作"逊乱"则文意不通，应作"逊辞"。旧写本即作"逊辞"。逊辞，谦恭的言辞。《汉书·鲍宣传》："薛方尝为郡掾祭酒，尝征不至，及（王）莽以安车迎方，方因使者辞谢曰：'尧、舜在上，下有巢、由。今明主方隆唐、虞之德，小臣欲守箕山之节也。'使者以闻。莽说其言，不强致。"

⑨二疏：指西汉的疏广、疏受。疏受为疏广的侄子。投印：放弃官印。也即退隐。方盈：最鼎盛的时候。《汉书·疏广传》记载，两人曾同时为太子太傅、少傅，朝廷以为荣。"广谓受曰：'吾闻"知足不辱，知止不殆"，"功遂身退，天之道"也。今仕宦官至二千石，宦成名立，如此不去，惧有后悔，岂如父子相随出关，归老故乡，以寿命终，不亦善乎？'受叩头曰：'从大人议。'即日父子俱移病。满三月赐告，广遂称笃，上疏乞骸骨。上以其年笃老，皆许之。"

⑩田豫：三国魏人，曾任并州刺史。释绂(fú)：放弃印绶。也即辞官隐居。释，放弃。绂，系印的丝带。钟鸣漏尽：指白昼结束。比喻晚年。钟鸣，古人于白天结束时鸣钟，夜晚将结束时击鼓。漏，古代计时用的漏壶。《三国志·魏书·田豫传》："田豫字国让，渔阳雍奴人也……正始初，迁使持节护匈奴中郎将，加振威将军，领并州刺史……屡乞逊位。太傅司马宣王以为豫克壮，书喻未听。豫书答曰：'年过七十而以居位，譬犹钟鸣漏尽而夜行不休，是罪人也。'遂固称疾笃。"

⑪进：出仕为官。亢悔：因过于强盛而造成的悔恨。亢，高。咎：灾难。《周易·乾卦》："上九：亢龙有悔。"

⑫濡(rú)尾：沾湿了尾巴。比喻处境艰难。吝：危险。《周易·未济》："小狐汔济，濡其尾，无攸利。"

⑬祛(qū)：去除；消除。

⑭陈、窦：陈蕃、窦武。陈蕃字仲举，东汉人，官至太傅。窦武字游平，东汉人，汉灵帝母窦太后之兄，拜大将军，辅政。陈蕃与窦武合谋除掉当时贪虐的宦官，谋泄，二人反被宦官所杀。

⑮邈：遥远。指这些隐士的行为远远超过了陈蕃、窦武。

【译文】

"有人仅仅只是懂得了功成应该身退，担心功劳过大而得不到赏赐；等到狡猾的野兔捕杀完了方才知道猎犬将不再有用，等到高空的飞鸟捕杀完了方才明白良弓将会被扔掉；有鉴于彭越、韩信这些显著的教训，就应该想想弃官隐退的办法；看到越国的文种不懂得见机而动，就知道范蠡退隐行为的可贵。像范蠡泛舟江湖而隐居不见，薛方以谦逊的言辞保全了自己的高洁品格，疏广、疏受叔侄在最为鼎盛的时候辞官归隐，田豫在晚年以漏尽作比喻而弃官引退；这些人出仕为官时能够避免过分强盛给自己带来的悔恨与灾难，退隐闲居后也不会为自己带来处境艰难的尴尬与危险；他们的美德就像清风一样扫荡着千万年的尘埃,他们的高尚言辞足以消除未来之人的迷惑。这些人比起陈蕃、窦武来,不是超过得很远很远吗!

"或智小败于谋大,或辕弱折于载重[1],或独是陷于众非[2],或尽忠讦于兼会[3],或倡高筭而受晁错之祸[4],或竭心力而遭吴起之害[5]。故有跼高蹐厚[6],犹不免焉。

【注释】

①辕弱:车辕太细小。本句比喻能力小而任务重,因此失败。

②独是:自己一个人坚持真理。是,正确。

③讦:受到攻讦。兼会:聚会。这里指众人。一说指能够左右逢源的人。

④高筭:高妙的谋略。筭,同"算"。晁错:西汉景帝的大臣。《史记·袁盎晁错列传》记载,晁错忠于朝廷,主张削诸侯封地,吴楚七国便以杀晁错、清君侧为名谋反。景帝为了劝阻叛乱,便令晁错穿上朝衣,斩于东市。晁错死后,景帝深为后悔。

⑤吴起:战国卫人。《史记·孙子吴起列传》记载,吴起善用兵,先后仕鲁、魏,后归楚,相楚悼王,南平百越,北并陈、蔡,却三晋,西伐秦。悼王死后,楚国贵族作乱而攻吴起,吴起伏悼王尸而死。

⑥跼(jú)高蹐(jí)厚:战战兢兢、谨慎小心的样子。跼,弯着腰。高,指高远的天。蹐,小心地迈着碎步。厚,指厚重的大地。《诗经·小雅·正月》:"谓天盖高,不敢不局;谓地盖厚,不敢不蹐。"

【译文】

"有的人是因为以很少的智慧去谋划很大的事情而导致失败,有的人是因为以很小的能力去承担很重的责任而导致垮台,有的人是因为自己一人坚持真理而陷入众人非议的困境之中,有的人是因为竭尽忠诚而受到众人的攻讦,有的人是因为提出高明的谋略而蒙受了像晁错那样的灾祸，有的人是因为尽心尽力而遭到像吴起那样的杀害。因此即使战战兢兢、谨慎小心的人，也很难避免陷入困境。

“公旦之放[①]，仲尼之行[②]；贾生逊摈于下土[③]，子长熏骨乎无辜[④]；乐毅平齐[⑤]，伍员破楚[⑥]；白起以百胜拓疆[⑦]，文子以九术霸越[⑧]；韩信功盖于天下，黥布灭家以佐命[⑨]。荣不移晷[⑩]，辱已及之。不避其祸，岂智者哉！

【注释】

①公旦：周公姬旦。放：流放。实际是逃亡。周成王是周公的侄子，成王年幼时，周公执政，后来有人散布谣言，说周公将做出不利于成王的事情，周成王因此怀疑周公，周公于是逃亡到了南方的楚国。

②行：指孔子被迫周游列国。

③贾生：贾谊。西汉洛阳人。以年少能通百家，被文帝召为博士，迁太中大夫。逊摈：受到排斥。下土：指长沙。古人认为长沙地势低湿，又处于南方，故称“下土”。贾谊认为汉兴至文帝二十余年，天下和洽，应当改正朔，易服色，修制度，定官名，兴礼乐，而开国功臣周勃、灌婴等人认为他年少初学，专欲擅权，于是文帝便让贾谊出任长沙王太傅。

④子长：司马迁，字子长。因替投降匈奴的李陵辩解而获罪，受宫刑，作《史记》。熏骨(xū)：因为株连而获罪。熏，侵袭。骨，通“胥”，相互。

⑤乐毅：战国时燕国将军。平齐：荡平了齐国。《战国策·燕策二》：“乐毅为燕昭王合五国之兵而攻齐，下七十余城，尽郡县之以属燕。三城未下，而燕昭王死。惠王即位，用齐人反间，疑乐

毅，而使骑劫代之将。乐毅奔赵，赵封以为望诸君。齐田单欺诈骑劫，卒败燕军，复收七十城以复齐。燕王悔，惧赵用乐毅承燕之弊以伐燕。”

⑥伍员(yún)：字子胥。据《史记·伍子胥列传》记载，伍子胥本楚人，以父兄被楚平王所杀，而逃往吴国。吴王阖庐用伍员，兴兵伐楚。吴师连破楚军，攻入楚国郢都。后来吴王夫差听信谗言，杀伍子胥。

⑦白起：战国秦人，为秦国屡建战功。后为秦昭襄王所迫而自杀。

⑧文子：即上文提到的文种。九术：九种谋略。《史记·越王勾践世家》作“七术”，《越绝书·内经九术》作“九术”：“越王勾践问大夫种曰：‘吾欲伐吴，奈何？能有功乎？’大夫种对曰：‘伐吴有九术。’王曰：‘何谓九术？’对曰：‘一曰尊天地，事鬼神；二曰重财币，以遗其君；三曰贵籴粟稾，以空其邦；四曰遗之好美，以为劳其志；五曰遗之巧匠，使起宫室高台，尽其财，疲其力；六曰遗其谀臣，使之易伐；七曰强其谏臣，使之自杀；八曰邦家富而备器；九曰坚厉甲兵，以承其弊。故曰九者勿患，戒口勿传，以取天下不难，况于吴乎？’越王曰：‘善。’”。

⑨黥布：汉高祖刘邦的开国功臣，被封为淮南王，后来因谋反罪被杀。灭家：毁掉了自己的家庭。《史记·黥布列传》记载，黥布背楚归汉，“楚已使项伯收九江兵，尽杀布妻子”。佐命：辅佐君主建立新王朝。古代帝王建立新王朝，自谓承天受命，因此称辅佐大臣为“佐命”。

⑩不移晷(guǐ)：太阳的影子还没有移动。形容时间很短。晷，日影。

【译文】

“比如周公旦逃到了楚国，孔子被迫周游天下；贾谊被排斥到了地势低湿的南方长沙，司马迁因为他人的株连而无辜受刑；乐毅平定了齐国，伍子胥攻入了楚国；白起百战百胜为秦国开疆拓土，文种凭着九项策略使越国称霸；韩信的功劳超过了天下所有的人，黥布毁掉了自己的家庭而成为刘邦的开国功臣。然而他们获取荣华富贵还没有多久，屈辱就已经降临到了他们的头上。不能避开灾祸，怎么能够算得上是明智之人呢！

“为臣不易，岂将一涂[①]！要而言之，决在择主。我不足赖，其验如此。告退避贤，洁而且安，美名厚实，福莫大焉。能修此术，万未有一。吉凶由人，可勿思乎？逆耳之言，乐之者希。献纳期荣，将速身祸[②]，救诽谤其不暇，何信受之可必哉[③]！夫矰缴纷纭[④]，则鸳雏徊翮[⑤]；坑穽充蹊[⑥]，则麟、虞敛迹[⑦]。情不可极，欲不可满。达人以道制情，以计遣欲。为谋者犹宜使忠[⑧]，况自为策而不详哉！

【注释】

①一涂：一条；一点。

②速：招来。

③受之：指获得荣华富贵。

④矰缴(zēng zhuó)：泛指弓箭。矰，一种用丝绳系着的短箭。缴，拴在箭上的生丝绳。纷纭：众多的样子。

⑤鸳雏：即鹓鸰。传说中的瑞鸟，与凤凰相似。徊翮(hé)：回头飞走。翮，鸟的健羽。这里泛指翅膀。

⑥坑穽：陷阱。蹊：道路。

⑦麟、虞：麒麟、驺虞。传说中的两种瑞兽。敛迹：收敛自己的足迹。也即隐藏起来。

⑧为谋者：为别人出谋划策的人。

【译文】

"做大臣的不容易，难道仅仅只是上面讲的这一点吗！简要地说，一切都取决于大臣对君主的选择。我讲的话不值得信赖，然而事实可以证明这些。及时告退为贤人让路，不仅保持了自己的高洁品德而且结果安全，名声美好而且获利丰厚，能够做到这些是最大的福气。然而真正能够效法这一原则的，一万个人中也没有一人。是吉祥还是凶险全掌握在个人手中，对此能够不用心考虑吗？逆耳的言语，爱听的人很少。献出自己的才智以期盼获取荣华富贵，将会为自己招来灾难，消除别人对自己诽谤尚且还来不及，怎么能够确信肯定可以获取自己所期盼的荣华富贵呢！弓箭多了，那么鹓鸰就会转头飞走；陷阱充满了道路，那么麒麟和驺虞就会隐藏不出。不可以极度地去发泄自己的情感，不可以完全地去满足自己的欲望。通达的人能够用理智控制自己的情感，用各种方法去排遣自己的欲望。为别人出谋划策时尚且应该竭尽忠诚，那么为自己考虑时怎么能够不更为周详一些呢！

"盖知足者，常足也；不知足者，无足也。常足者，福之所赴也；无足者，祸之所钟也①。生生之厚②，杀哉生矣。宋氏引苗③，郢人张革④，诚欲其快，而实速萎裂。知进忘退，斯之以乎⑤！

【注释】

①钟：聚集。

②生生之厚：保养生命的办法太过分。第一个"生"为动词，保养。第二个"生"为名词，生命。厚，多。引申为过分。

③宋氏引苗：宋国有个人揠苗助长。《孟子·公孙丑上》："宋人有闵其苗之不长而揠之者，芒芒然归，谓其人曰：'今日病矣，予助

苗长矣。'其子趋而往视之,苗则槁矣。"

④郢(yǐng)人张革:有一位郢都人想把自己的皮革抻拉得大一些。郢,地名。楚国的都城,在今湖北江陵。"郢人张革"的典故未详所出。

⑤斯之以:应作"斯之谓"。旧写本即作"斯之谓"。斯之谓,说的就是这个道理。斯,此;这个。

【译文】

"懂得满足的人,永远是满足的;不懂得满足的人,永远是没有满足的。永远是满足的人,幸福就会来到他的身边;不懂得满足的人,灾难就会聚集在他的身上。用来养护生命的方法如果太过分了,反而会伤害自己的生命。宋国人揠苗助长,郢都人抻拉皮革,他们的真实目的是想让它们长快点、变大点,然而实际上却导致了禾苗的枯萎和皮革的撕裂。只知向前而忘记了后退,说的也是这个道理吧!

"夫策奔而不止者[①],鲜不倾坠[②];凌波而无休者[③],希不沉溺。弄刃不息者,伤刺之由也;斫击不辍者[④],缺毁之原也。盈则有损,自然之理;周庙之器[⑤],岂欺我哉!故养由之射,行人识以弛弦[⑥];东野之御,颜子知其方败[⑦]。成功之下,未易久处也。

【注释】

①策奔:鞭打奔马。策,马鞭。用作动词。鞭打。

②鲜:很少。

③凌波:游荡在波涛之上。也即游泳,也可理解为乘船。

④斫(zhuó)击:砍削。斫,砍。辍:停止。

⑤周庙之器:周朝太庙里的欹器。《韩诗外传》卷三:"孔子观于周

庙，有欹器焉。孔子问于守庙者曰：‘此谓何器也？’对曰：‘此盖为宥座之器。’孔子曰：‘吾闻宥座之器，满则覆，虚则欹，中则正，有之乎？’对曰：‘然。’孔子使子路取水试之，满则覆，中则正，虚则欹。孔子喟然而叹曰：‘呜呼！恶有满而不覆者哉！’”

⑥故养由之射，行人识以弛弦：因此看见养由基射箭，一位行人就知道他将无力拉紧弓弦了。养由，养由基。楚国善于射箭的人。弛弦，弓弦松弛。指无力拉紧了。《战国策·西周策》：“楚有养由基者，善射。去柳叶者百步而射之，百发百中。左右皆曰善。有一人过，曰：‘善射，可教射也矣。’养由基曰：‘人皆善，子乃曰可教射，子何不代我射之也？’客曰：‘我不能教子支左屈右。夫射柳叶者，百发百中，而不已善息，少焉气力倦，弓拨矢钩，一发不中，前功尽矣。’”

⑦东野之御，颜子知其方败：看到东野稷驾车，颜阖就知道他驾车将会失败。东野，东野稷。姓东野，名稷。善于驾车。御，驾车。颜子，颜阖。鲁国的贤士。方，将要。败，指驾车失败。《庄子·达生》：“东野稷以御见庄公，进退中绳，左右旋中规。庄公以为文弗过也，使之钩百而反。颜阖遇之，入见曰：‘稷之马将败。’公密而不应。少焉，果败而反。公曰：‘子何以知之？’曰：‘其马力竭矣，而犹求焉，故曰败。’”

【译文】

“鞭打奔马而不停止的人，很少有不摔下马来的；游于水中而不休止的人，很少有不被淹死的；耍弄锋利的刀剑而不停下的人，正是自己被刺伤的原因；砍击东西而不住手的人，正是自己被砍伤的缘故。太盈满了就会减损，这是自然而然的道理；周朝太庙中欹器所显示的道理，难道会欺骗我们吗！因此看到养由基射箭，一位行人就知道他将无力拉紧弓弦了；看见东野稷驾车，颜阖就知道他驾车将会失败。成功之后，是不容易过上安然生活的啊。

“夫饮酒者不必尽乱，而乱者多焉；富贵者岂其皆危，而危者有焉。智者料事于倚伏之表①，伐木于毫末之初②。吐高言不于累棋之际③，议治裘不于群狐之中。古人佯狂为愚④，岂所乐哉？时之宜然，不获已也⑤。

【注释】

①倚伏：代指可以相互转化的祸福。《老子》五十八章：“祸兮，福之所倚；福兮，祸之所伏。”

②毫末：毛的尖端。比喻细小的萌芽。毫，长而尖锐的毛。本句比喻在灾难还处于萌芽状态时，就消除它。

③累棋：叠加棋子。古人多用来形容危险的事情。《史记·范雎蔡泽列传》：“魏有张禄先生，天下辩士也。曰‘秦王之国，危于累卵。’”《史记正义》引《说苑》佚文：“晋灵公造九层之台，费用千金，谓左右曰：‘敢有谏者斩。’荀息闻之，上书求见。灵公张弩持矢见之。曰：‘臣不敢谏也。臣能累十二博棋，加九鸡子其上。’公曰：‘子为寡人作之。’荀息正颜色，定志意，以棋子置下，加九鸡子其上。左右惧慴息，灵公气息不续。公曰：‘危哉，危哉！’”

④佯狂为愚：装疯卖傻。佯，假装。狂，疯。商纣王的大臣箕子就曾装疯以避迫害，春秋的楚人接舆因不满现实，也曾装疯，被称为“楚狂”。

⑤不获已：迫不得已。

【译文】

“饮酒的人不一定都会变得昏乱，但昏乱的人很多；富贵的人岂能都会遇到危险，但遇到危险的人时有出现。明智的人在祸福出现之前就能够有所预料，消除灾祸就好像在树木还处于幼芽状态时就把它砍掉。他们不会在危如叠棋的时候口吐狂言，也不会在狐狸群中讨论制作皮衣的事情。古代的一些人装疯卖傻，难道是他们喜欢这么做吗？

这是因为在当时的处境中他们应该这么做,是迫不得已啊。

“亦有深逃而陆遭涛波[①],幽遁而水被焚烧。若龚胜之绝粒以殒命[②],李业煎蹙以吞酖[③],由乎迹之有眹[④],景之不灭也[⑤]。若使行如蹈冰[⑥],身如居阴[⑦],动无遗踪可寻,静与无为为一,岂有斯患乎!又况乎揭日、月以隐形骸、击建鼓以徇利器者哉[⑧]!夫值明时则优于济四海,遇险世则劣于保一身。为此永慨[⑨],非一士也。

【注释】

①陆遭涛波:在陆地上却遭遇到波涛的淹没。比喻意想不到的灾难。

②龚胜:字君宾,西汉末年人。从小好学,并著名节,居官时能够秉义直谏,后归隐乡里。王莽篡位后,多次派人征迎龚胜,龚胜绝食而死。

③李业:字巨游,西汉末年广汉人。少有志操,举明经,除为郎。王莽摄政时,李业以病去官,隐藏山谷。公孙述僭号,征之为博士,李业固疾不起,公孙述派使者持毒酒以劫李业,若起,则受公卿之位;不起,赐之以药。李业遂饮毒酒而死。煎蹙(cù):被逼迫。蹙,窘迫。酖(zhèn):毒酒。

④迹之有眹(zhèn):露出了自己的痕迹。眹,征兆;迹象。本句是说还是因为自己没有隐藏好,露出了踪迹。

⑤景(yǐng):同“影”,身影,也即自身。

⑥蹈冰:即如履薄冰。

⑦阴:阴影;暗处。

⑧揭日、月:高举着日、月。比喻宣扬自己的名声。揭,高举。建

鼓:一种大鼓。徇:追求。利器:指名誉地位。

⑨永慨:长叹。

【译文】

“也有一些人远远地逃避尘世却在陆地上遭水淹没,深深地隐藏起来却在水中被火焚烧。至于像龚胜绝食丧命,李业被迫喝下毒酒,还是由于他们露出了自己的踪迹,自身没有完全隐藏好而造成的。如果他们的行为谨慎得如履薄冰,自身如同处于阴暗之中而不显示一点身影,行动时没有任何踪迹可以寻觅,安处时与清静无为的原则保持一致,那么怎么会遭遇这种灾难呢!更何况那些高举着日、月而还想隐藏自身、敲击着大鼓以追求名誉地位的人呢!遇到政治清明的时代他们善于治理天下,遇上险恶的世道他们却不善于保全自身。我为此而长叹,而且这样的人还不只是一个啊。

“吾闻无炽不灭,靡溢不损①;焕赫有委灰之兆②,春草为秋瘁之端;日中则昃③,月盈则蚀④;四时之序,成功者退。远取诸物⑤,则构高崇峻之无限,则颓坏惟忧矣⑥;近取诸身,则嘉膳旨酒之不节⑦,则结疾伤性矣。况乎其高概云霄、而积之犹不止⑧;其威震人主而加崇又不息者乎!

【注释】

①靡:没有。溢:过于满盈而漫了出来。

②焕赫:火光炽烈的样子。委灰:被抛弃的灰土。委,弃。

③昃(zè):同“昃”,太阳偏西。

④蚀:亏缺。《周易·丰卦》:“彖曰:‘……日中则昃,月盈则食。’”

⑤远取诸物:拿远处的事物作比喻。

⑥颓坏惟忧:即“忧颓坏”。担心其坍塌。

⑦旨酒：美酒。

⑧概：与……一样；同等。

【译文】

“我听说从来没有不会熄灭的烈火，也从来没有不被减少的漫溢；炽热的火焰正是成为弃灰的预兆，春草的嫩绿正是秋天枯黄的开始；太阳升到了天空最高处紧接着就会西斜，月亮到了最圆满的时节紧接着就会亏缺；春夏秋冬四季按秩序运行，完成使命的季节就会自动退去。如果用远处的事物作比喻，那么在建筑高楼大厦时如果无限地去增加它的高度，就会担心它将要坍塌；如果用近处的自身作比喻，那么在食用佳肴美酒时如果不加以节制，就会患病伤身了。更何况它的高度已经与云霄相齐却仍然不停地去增加它的高度；他的权势已经震慑了君主却还在不停地去抬高自己地位的人呢！

“蚊虻堕山①，适足翱翔；兕虎之坠，碎而为齑②，此言大物不可失所也。且夫正色弹违，直道而行，打扑干纪③，不虑雠隟④，则怨深恨积；若舍法容非⑤，属托如响⑥，吐刚茹柔⑦，委曲绳墨⑧，则忠□丧败⑨。居此地者，不亦劳乎！是以身名并全者甚希，而折足覆𫗧者不乏也⑩。

【注释】

①虻（méng）：一种会飞的虫子。叮咬人畜。

②齑（jī）：齑粉；粉身碎骨。

③打扑：打击。干：冒犯。纪：法纪。

④雠隟（xì）：仇恨；矛盾。隟，同“隙”，缝隙；矛盾。

⑤容非：宽容、包庇犯法之人。

⑥属（zhǔ）托如响：对于私人请托则有求必应。属，响，回音。这里

指如同回音一样去答应对方的请托。

⑦吐刚茹柔：犹言“欺软怕硬”。茹，吃。《诗经·大雅·烝民》：“人亦有言，柔则茹之，刚则吐之。维仲山甫，柔亦不茹，刚亦不吐，不侮矜寡，不畏强御。”

⑧委曲绳墨：徇私枉法。委，放弃。绳墨，本指木匠画直线的墨绳，这里比喻法度。

⑨忠□丧败：本句缺一字。疑为“良”字。使忠诚之人丧命或失败。

⑩折足覆餗(sù)：折断了鼎足，倾覆了鼎中的美食。比喻失败。餗，鼎中的美食。《周易·鼎卦》：“鼎折足，覆公餗。”

【译文】

“蚊子与蛀虫坠下山崖，恰恰有助于它们的飞翔；而犀牛与老虎跌落山崖，就会粉身碎骨，这说的道理就是庞大的东西不可以失去适合自己生存的场所。再说如果态度严肃地去弹劾邪恶，坚持正道行事，打击违法乱纪之人，毫不顾虑仇恨与矛盾的产生，那么就会积累下深深的怨恨；如果抛弃法纪容忍错误，对私人请托则有求必应，欺软怕硬，徇私枉法，那么就会使忠诚之人丧命或失败。处于这种两难境地的人，不是也太劳心费力了吗！因此能够使自己的生命和名誉两全的人很少，而从政失败的人却从不缺乏。

“然而入则兰房窈窕①，朱帷组帐②；文茵兼舒于华第③，艳容粲烂于左右。轻体柔声，清歌妙舞，宋、蔡之巧④，阳阿之妍⑤，口吐《采菱》、《延露》之曲⑥，足蹑《渌水》、《七槃》之节⑦；和音悦耳，冶姿娱心。密宴继集，醽醁不撤⑧。仰登绮阁⑨，俯映清渊；游果林之丹翠⑩，戏蕙圃之芬馥⑪；文鳞瀺灂⑫，朱羽颉颃⑬；飞缴堕云鸿⑭，沉纶引鲂鲤⑮。远珍不索而交集，玩弄纷华而自至⑯。

【注释】

①兰房：芳香弥漫的房屋。也可把“兰房”理解为对华美房舍的美称。窈窕：幽深安静的样子。

②组：华丽。

③文茵：有花纹的坐垫。茵，坐垫。兼：重叠。华第：华美的房舍。

④宋、蔡：指宋国与蔡国的美女。宋，在今河南商丘一带。蔡，在今河南上蔡、新蔡一带。巧：美好。

⑤阳阿：古代著名的歌女。《淮南子·俶真训》：“足蹑阳阿之舞。”高诱注：“阳阿，古之名倡也。”妍（yán）：美丽。

⑥《采菱》、《延露》：古代歌曲名。

⑦《渌水》、《七槃》：古代歌曲名。《七槃》：古代舞曲名。节：节拍。

⑧醽醁（líng lù）：美酒名。

⑨绮阁：华美的楼阁。绮，华美。

⑩丹翠：红花绿叶。

⑪蕙：一种芳草名。芬馥：芳香的样子。

⑫文鳞：指花纹斑斓的鱼。瀺灂（chán zhuó）：出没游动的样子。

⑬颉颃（xié háng）：鸟上下翻飞的样子。

⑭缴（zhuó）：系在箭上的生丝绳。这里代指箭。

⑮纶：钓丝。鲂（fáng）鲤：两种鱼名。

⑯玩弄：玩物。

【译文】

“然而他们在家时就住在香气弥漫、深幽安静的房屋里，挂着红色的帷幕与华丽的绣帐；在华美的房间里铺着一层层舒适的绣花坐垫，艳丽的面孔在自己的身边露出灿烂的笑容。这些女子体态轻盈而声音柔和，歌声清脆而舞姿优美，她们像宋国和蔡国女子一样美丽，像著名的歌女阳阿一样漂亮。她们的口中唱着《采菱》、《延露》歌曲，双脚踏着《渌水》、《七槃》的节拍；柔和的歌声悦耳动听，优美的舞姿使人心情舒畅；频繁的宴会不断举行，醽醁美酒从不会撤除。他们登上华丽的楼阁，向下观赏着清澈的渊水；他们在红花绿叶的果林中游览，在芳香馥郁的兰圃里游戏；斑斓的鱼群时隐时现地在水里游动，红色的鸟儿忽上忽下地在天上飞翔；飞箭射下云中的鸿雁，钓丝提起水里的鲂鲤。远方的珍宝不用寻求而都聚集到自己的身边，繁多而华美的玩物都会被自动地送上门来。

“出则朱轮耀路①，高盖接轸②，丹旗云蔚③，麾节翕赫④；金口嘈囋⑤，戈甲璀错⑥。得意托于后乘⑦，嘉旨盈乎属车⑧。穷游观之娱，极畋渔之懽⑨。圣明之誉，满耳而入；谄悦之言，异口同辞。于时眇然⑩，意蔑古人，谓伊、吕、管、晏不足算也⑪。岂觉崇替之相为首尾⑫，哀乐之相为朝暮？肯谢贵盛、乞骸骨、背朱门、而反丘园哉？

【注释】

①朱轮：红漆的车轮。代指显贵乘坐的车辆。

②高盖：高高的车盖。轸（zhěn）：车厢底部后面的横木。这里代指车辆。

③丹旗：红旗。云蔚：浓密的云层。蔚，盛大；浓密。

④麾节：将帅用来指挥、调动军队的旌旗和符节。翕赫：盛多的样子。

⑤金口：金铎；金属制作的大铃。嘈囋（zá）：象声词。形容金铃的声音。

⑥璀错：灿烂闪亮的样子。一说是众多的样子。

⑦得意：满意。这里指令人喜爱的女子。后乘（shèng）：后车。

⑧嘉旨：各种美食。旨，美。属车：副车。也即随行的车辆。

⑨畋(tián)渔:打猎捕鱼。畋,打猎。懽(huān):同“欢”。

⑩眇然:高远的样子。这里是形容飘飘然蔑视一切的样子。

⑪伊、吕、管、晏:伊尹、吕尚、管仲、晏婴。都是先秦时代的著名政治家。其中吕尚即姜太公。不足算:不值得一提。

⑫崇替:盛衰;兴废。崇,兴起。替,衰落。相为首尾:指相互交替出现。

⑬肯:岂肯。谢:辞去。

⑭乞骸骨:向君主请求让自己的骸骨归葬故乡。这是古代官吏因年老请求退职时的常用语。

⑮朱门:漆成红色的门。指王公贵族的住宅。这里代指富贵。

【译文】

“他们出门时乘坐的朱轮大车炫耀于道路,带着高高车盖的车子一辆接着一辆,红色的旗子就像天上浓密的云彩一样,旌旗和符节是那样的盛多;金制的大铃声响成一片,戈矛与甲胄灿烂辉煌。后车里坐着自己喜爱的女子,副车中装满了精美的食物。尽情地享受游玩观览的愉悦,尽情地体验打猎捕鱼的欢乐。称颂他们圣明的赞誉声,充满了他们的耳朵;谄媚动听的语言,几乎是异口同声。此时的他们便飘飘然地蔑视一切,内心里轻视古代的圣贤,认为伊尹、吕尚、管仲、晏婴等人都不值得一提。他们怎么能够懂得兴盛与衰落互为首尾交替出现,悲哀和欢乐互为朝暮相互跟随?他们又怎肯辞去高官、请求退休、抛弃富贵而返回田园呢?

“若乃圣明在上,大贤赞事[①],百揆非我则不叙[②],兆民非我则不济[③],高而不以危为忧,满而不以溢为虑者,所不论也。”

【注释】

①赞:助;辅佐。

②百揆(kuí):处理各种政务。这里泛指政务。百,指繁多的政务。揆,揣摩,处理。我:代指大贤。叙:有秩序;安排妥当。

③兆民:亿万百姓。兆,数词。古代以“百万”或“万亿”为兆,常用来表示极多。不济:不能成功。也即生活不能幸福美满。济,成功。

【译文】

“至于圣明的君主在位,伟大的贤人辅佐治国,各种政务离开他就无法安排妥当,亿万百姓没有他就不能获得幸福,虽然身处高位但不会有危险的担忧,虽然盛满却不会有溢出的顾虑,这样的圣贤就不在我所说的范围之内了。”

穷达卷五十

【题解】

穷达，困窘与得意。生活不得意为“穷”，得意为“达”。本篇主要讨论了两个问题，一是穷达的原因，二是对待穷达的态度。

葛洪认为那些杰出人才生活穷达的原因，关键在于他们是否能够遇到一位知音。作者列举了虞舜、管仲、穰苴、韩信等一系列的历史人物，以说明人才能够获得重用，必须依靠有能够识别人才、且能出于公心的知音。葛洪接着进一步把是否能够遇到知音，归因于时机与命运的好坏。如果不能遇到好的时机与命运，人才就只能屈居下位，终生无法施展自己的抱负。葛洪在论述这一观点的时候，对社会上党同伐异、任人唯亲的不良现象进行了又一次的猛烈抨击。

关于英才对待不平境遇的态度，葛洪认为即使在困窘的处境里，也应该坚持正道，不改初衷。至于自身的穷达贵贱，则采取“齐通塞于一涂，付荣辱于自然”的态度。这实际就是庄子所提倡的万物一齐思想与“知其不可奈何而安之若命”（《庄子·人间世》）的命运观。这是一种典型的心理调整与安慰，从中不难看出葛洪面对现实时的无奈心情。

另外，依据《诸子集成》，本篇则附于卷四十九《知止》之后，而《百子全书》则把本篇单列为一卷。我们依《百子全书》，把本篇单列为第五十卷。

或问："一流之才，而或穷或达，其故何也？俊逸絷滞[1]，其有憾乎？"

【注释】

①絷滞：因受困而滞留下位。

【译文】

有人问道："同为一流的人才，有的人困顿不堪有的人富贵显达，其中的原因是什么呢？俊杰之人受到束缚而滞留于下位，他们感到遗憾吗？"

抱朴子答曰："夫器业不异，而有抑有扬者，无知己也。故否泰[1]，时也；通塞，命也。审时者何怨于沉潜[2]？知命者何恨于卑瘁乎？故沈闾、渟钧[3]，精劲之良也，而不以击，则朝菌不能断焉[4]；珧、华、黎、绿[5]，连城之宝也，委之泥泞，则瓦砾积其上焉。故可珍而不必见珍也[6]，可用而不必见用也。

【注释】

①否(pǐ)泰：穷达吉凶。"否泰"本为《周易》中的两个卦名，否卦不吉利，泰卦吉利，后遂用"否泰"代指吉凶。

②审时者：懂得时机的作用。沉潜：处于社会的底层。

③沈闾、渟钧：两种宝剑名。一说"渟钧"疑作"淳钧"。《四库全书》文溯阁本作"淳钧"。

④朝(zhāo)菌：一种早上出生、傍晚死亡的菌类植物。

⑤珧(yáo)：玉珧。一种蚌壳，可以做刀、弓上的装饰品。华：昭华。美玉名。黎：悬黎。又写作"玄黎"。美玉名。绿：结绿。美

玉名。

⑥见珍：被珍视。见，被。

【译文】

抱朴子回答说："人的才能学识和从事的事业没有区别，有的人受到了压抑有的人却飞黄腾达，这是因为受压抑者没有遇到知己的人。因此是困窘还是安泰，靠的是时机；是顺利还是受阻，凭的是命运。懂得时机作用的人怎么会去抱怨自己沉滞于社会底层呢？懂得命运力量的人怎么会去遗憾自身的卑微困顿呢？因此沈闾、淳钧，虽说是精良强劲的优良武器，然而如果不用它们去击斩，那么即使是朝菌也不能被截断；玉珧、昭华、悬黎、结绿，虽说是价值连城的宝物，然而如果把它们丢弃在泥泞之中，那么烂瓦碎石都将会堆积在它们的上面。因此值得珍视的宝物不一定就会受到珍视，值得重用的人才不一定就会受到重用。

"庸俗之夫，暗于别物，不分朱紫，不辩菽麦[①]，唯以达者为贤，而不知侥求者之所达也[②]；唯以穷者为劣，而不详守道者之所穷也。

【注释】

①辩：通"辨"，分辨。菽(shū)：豆类的总称。

②侥求者：侥幸求得富贵的人。所达：之所以能够显达的原因。意思是这些人用来求得富贵荣华的方法是不正当的。

【译文】

"世俗的平庸之人，缺乏辨别事物的能力，分不清楚红色与紫色，不能辨别豆子和麦子，他们只知道把显达的人视作贤人，而不知道那些侥幸求得富贵的人是如何显达的；只知道把困窘的人看做无能之辈，而不知道遵守道义的人为什么会困窘。

“且夫悬象不丽天[1]，则不能扬大明灼无外[2]；嵩、岱不托地[3]，则不能竦峻极概云霄[4]。兔足因夷涂以骋迅[5]，龙艘汎激流以效速。离光非燧人不炽[6]，楚金非欧冶不剡[7]。丰华俟发春而表艳[8]，栖鸿待冲飙而轻戾[9]。

【注释】

①悬象：指悬挂于天空的日、月、星辰。丽：依附。

②扬大明：施放出自己的光明。无外：无边无际。也即整个天地之间。

③嵩、岱：嵩山、泰山。泰山又称岱岳。

④概：与……一样高；等齐。

⑤夷涂：平坦的道路。夷，平；平坦。涂，同“途”。

⑥离光：指火。离，八卦之一，代表火。燧人：燧人氏。传说中的圣王，据说是他发现了钻木取火的方法，教人熟食，故称“燧人氏”。

⑦楚金：楚地的金属。据说楚地的金属适合于制作武器。欧冶：欧冶子。春秋时著名的铸剑工匠。剡（yǎn）：锐利。

⑧丰华：繁茂的鲜花。华，花。俟：等待；依赖。

⑨冲飙：自下而上的狂风。戾：到；飞到。这里指飞到天上。

【译文】

“再说日、月、星辰如果不依附于上天，那么就不能够施放出自己的光明普照天地之间；嵩山、泰山如果不依托于大地，那么就不能够高耸入云。兔子因为道路的平坦而奔跑迅速，龙船因为流水的激荡而快速行进。除了燧人氏就没有人能够认识火的重要性，除了欧冶子就没有人能够使楚地的金属变成锋利的名剑。繁盛的鲜花必须在春天才能显现自己的艳丽，栖息的鸿雁必须借大风才能飞上天空。

“四岳不明扬，则有鳏不登庸①；叔牙不推贤，则夷吾不式厚②。穰苴赖平仲以超踔③，淮阴因萧公以鹰扬④。隽生由胜之之谈⑤，曲逆缘无知之荐⑥。元直起龙萦之孔明⑦，公瑾贡虎卧之兴霸⑧。故能美名垂于帝籍⑨，弘勋著于当世也。

【注释】

①四岳不明扬，则有鳏不登庸：如果没有四方诸侯态度明确的赞扬与举荐，虞舜就不会得到提拔重用。四岳，四方诸侯。鳏(guān)：没有妻子的男子。这里特指虞舜。庸，任用。《尚书·尧典》：“帝曰：‘咨四岳，朕在位七十载，汝能庸命，巽朕位？’岳曰：‘否德忝帝位。’曰：‘明明扬侧陋。’师锡帝曰：‘有鳏在下，曰虞舜。’”

②叔牙不推贤，则夷吾不式厚：如果没有鲍叔牙的举荐，那么管仲就不可能得到重用。叔牙，鲍叔牙。春秋齐国大夫。夷吾，即管仲。管仲字夷吾。式，通“试”，用。管仲之所以能够得到桓公的重用，主要是得力于朋友鲍叔牙的举荐。《史记·管晏列传》：“鲍叔事齐公子小白，管仲事公子纠。及小白立为桓公，公子纠死，管仲囚焉。鲍叔遂进管仲。管仲既用，任政于齐，齐桓公以霸。”

③穰苴(ráng jū)：春秋齐国的将军。他在晏婴的举荐下，为齐国建立了大功。平仲：春秋齐国大夫晏婴。晏婴字平仲。超踔(chuō)：超越。指越级提拔。《史记·司马穰苴列传》：“司马穰苴者，田完之苗裔也。齐景公时，晋伐阿、甄，而燕侵河上，齐师败绩。景公患之。晏婴乃荐田穰苴曰：‘穰苴虽田氏庶孽，然其人文能附众，武能威敌，愿君试之。’景公召穰苴，与语兵事，大说之，以为将军，将兵扞燕晋之师。”后来穰苴打败了晋、燕之师，收复了所有失地。

④淮阴：淮阴侯韩信。萧公：萧何。鹰扬：像鹰一样奋起飞翔。比喻成就一番事业。《史记·淮阴侯列传》："信数与萧何语，何奇之。至南郑，诸将行道亡者数十人，信度何等已数言上，上不我用，即亡。何闻信亡，不及以闻，自追之……何曰：'诸将易得耳。至如信者，国士无双……。'……王曰：'吾为公以为将。'何曰：'虽为将，信必不留。'王曰：'以为大将。'何曰：'幸甚。'于是王欲召信拜之。何曰：'王素慢无礼，今拜大将如呼小儿耳，此乃信所以去也。王必欲拜之，择良日，斋戒，设坛场，具礼，乃可耳。'王许之。诸将皆喜，人人各自以为得大将。至拜大将，乃韩信也，一军皆惊。"

⑤隽生：隽不疑。西汉大臣。胜之：暴胜之。西汉大臣。《汉书·隽不疑传》："隽不疑字曼倩，勃海人也。治《春秋》，为郡文学，进退必以礼，名闻州郡。武帝末，郡国盗贼群起，暴胜之为直指挥使者……胜之素闻不疑贤，至勃海，遣吏请与相见……胜之遂表荐不疑，征诣公车，拜为青州刺史。"

⑥曲逆：指陈平。陈平为刘邦开国功臣，被封为曲逆侯。无知：魏无知。刘邦的谋臣。《史记·陈丞相世家》："平遂至修武降汉，因魏无知求见汉王……于是汉王与语而说之，问曰：'子之居楚何官？'曰：'为都尉。'是日乃拜平为都尉，使为参乘，典护军。"

⑦元直：三国人徐庶，字元直。起：举荐。龙萦：龙盘。指孔明像龙一样地隐居着。孔明：诸葛亮。《三国志·蜀书·诸葛亮传》："诸葛亮字孔明，琅邪阳都人也……每自比于管仲、乐毅，时人莫之许也。唯博陵崔州平、颍川徐庶元直与亮友善，谓为信然。时先主屯新野。徐庶见先主，先主器之。谓先主曰：'诸葛孔明者，卧龙也。将军岂愿见之乎？'先主曰：'君与俱来。'庶曰：'此人可就见，不可屈致也。将军宜枉驾顾之。'由是先主遂诣亮，凡三往，乃见。"

⑧公瑾：周瑜。字公瑾。贡：举荐。虎卧：即卧虎。比喻潜藏的勇将。兴霸：甘宁。字兴霸。三国吴将。《三国志·吴书·甘宁传》："甘宁，字兴霸，巴郡临江人也……周瑜、吕蒙皆共荐达，孙权加异，同于旧臣。"

⑨帝籍：帝王所掌握的名册。名垂帝籍，指受到帝王的重视。

【译文】

"如果四方诸侯不态度明确地褒扬举荐，那么虞舜就不会受到提拔任用；如果鲍叔牙不去推举贤人，那么管仲就不会被委以重任。司马穰苴因为晏婴而得到了越级提拔，淮阴侯韩信由于萧何而成就了丰功伟绩。隽不疑的出仕是由于暴胜之的赞扬，曲逆侯陈平的成功靠的是魏无知的推荐。徐元直举荐了卧龙一样的诸葛亮，周公瑾推举了卧虎一般的甘兴霸。因此他们能够让自己的美名留存于帝王所重视的名册之中，在当世就建立了伟大的功勋。

"汉之末年、吴之季世[①]，则不然焉。举士也，必附己者为前；取人也，必多党者为决。而附己者不必足进之器也[②]，同乎我，故不能遗焉；而多党者不必逸群之才也，信众口，故谓其可焉。

【注释】

①季世：晚期。

②足进：值得举荐。器：才能。

【译文】

"到了汉朝的末年、吴国的晚期，就不是这样了。当权者在举荐士人时，一定要把依附自己的人摆在前边；选拔人才时，一定要把同党众多作为先决条件。然而依附自己的人不一定就具备了值得举荐的才能，但因为他依附于自己,所以就不能把他遗漏了;同党众多的人不一定就是出类拔萃的人才,但因为听信了众人的赞美之言,所以就认为他可以任用。

"或信此之庸猥,而不能遣所念之近情;或识彼之英异,而不能平心于至公。于是释铨衡①,而以疏数为轻重矣②;弃度量③,而以纶集为多少矣④。于时之所谓雅人高韵、秉国之钧、黜陟决己、褒贬由口者⑤,鲜哉免乎斯累也⑥。又况于胸中率有憎独立、疾非党、忌胜己、忽寒素者乎⑦?

【注释】

①释:放弃。铨衡:称量重量的工具。也即秤。这里用来比喻原则、制度。

②疏数(cù):指关系的远近。疏,疏远。数,细密;亲密。

③度量:比喻法度、制度。度,测量长短的标准。量,量器。

④纶集:送来的钱物。也即贿赂。纶,丝绳。这里指穿钱的绳子,代指金钱。多少:高低。指对才能高低的评价。

⑤秉:掌握。钧:制造陶器用的转轮。比喻政权。黜(chù):罢免官员。陟(zhì):提拔官员。

⑥鲜:很少。斯累:这种毛病。

⑦率:大率;大多。独立:指不依附于自己、具有独立人格的人。疾:恨。非党:不是同伙的人。

【译文】

"有的当权者确实是知道某些人是平庸猥琐之徒,然而不能排除顾念他们的亲近之情;有的当权者清楚地知道某些人是出色的人才,然而不能出于公心地去正确对待他们。于是就放弃了法度,而以关系的亲疏作为衡量人才好坏的标准;丢掉了原则,而以贿赂的多少作为评价能力大小的尺度。当时那些所谓的气韵高雅、掌握国家大权、或罢黜或提升全由他个人决定、或表彰或贬低全出自其口的权贵们,很少有人能够免除这一毛病。更何况那些心中憎恶独立不群、痛恨不是自己同伙、嫉妒胜过自己、轻视寒素之士的那些当权之人呢!

“悲夫!邈俗之士、不群之人,所以比肩不遇①,不可胜计。或抑顿于薮泽②,或立朝而斥退也。盖修德而道不行,藏器而时不会③。或俟河清而齿已没④,或竭忠勤而不见知⑤;远用不骋于一世⑥,勋泽不加于生民⑦;席上之珍⑧,郁于泥泞⑨;济物之才,终于无施;操筑而不值武丁⑩,抱竿而不遇西伯⑪。自曩迄今⑫,将有何限?而独悲之,不亦陋哉⑬!

【注释】

①比肩:肩并着肩。形容人才众多。

②抑顿:受压抑而困顿。薮(sǒu):大泽。这里泛指原野。

③时不会:时机不到。会,遇到。

④俟:等待。河清:黄河变清。古人认为黄河千年一清,黄河变清的时候也是圣人出现的时候,因此后人多以河清比喻难得的时机。齿没:年纪老了。齿,年纪。

⑤见知:被理解。见,被。

⑥远用:远大的作用。也即高超的才华。

⑦生民:百姓。

⑧席上之珍:应该放置于坐席上的珍宝。比喻宝贵的人才。

⑨郁:集结;弃置。

⑩操筑:拿着筑墙的木杵。指商朝的傅说。筑,筑墙用的木杵。值:遇上。武丁:商朝的天子。傅说原是在傅岩做苦力的奴隶,

后来得到商天子武丁的重用，立了大功。

⑪抱竿：怀抱着钓鱼竿。指姜太公。西伯：指周文王。文王被封为西伯。《史记·齐太公世家》记载，姜太公在遇到周文王之前，穷困潦倒，曾在渭水北岸垂钓。

⑫自曩（nǎng）迄今：从古至今。曩，过去；从前。

⑬陋：思想浅薄。

【译文】

“真是可悲啊！出类拔萃的士人、卓越不群的俊才，其中没有遇到时机的人可以说是比肩而立，多得不可胜数。他们有的被压抑困顿于原野大泽之中，有的虽然在朝为官却又被赶了出去。他们修养好了自己的美德却无法推行自己的主张，胸怀着超凡的能力却遇不到施展才华的时机。他们有的人想等待难得的机遇到死也没有遇上，有的人竭尽自己的忠诚勤苦却没有人能够理解；他们的高超才能无法施展于社会，功勋与恩泽也不能施加于百姓的身上；他们就好像是应该放置于坐席上的珍宝，却被丢弃于泥泞之中；他们能够拯救万物的能力，最终也无处施展；他们就好比手执木杵的傅说而无法遇上武丁，还好比怀抱钓竿的姜太公而难以遇上周文王一样。自古至今，这样的事情多得有限量吗？如果自己一个人为此而感到伤心，那不是也太浅薄了吗！

“瞻径路之远①，而耻由之②；知大道之否③，而不改之。齐通塞于一涂，付荣辱于自然者，岂怀悒闷于知希、兴永叹于川逝乎④？疑其有憾，是未识至人之用心也。小年之不知大年⑤，井蛙之不晓沧海，自有来矣⑥。”

【注释】

①径路：小路。比喻邪路。远：根据上下文意，“远”字疑为“近”字

之误。

②由：通过；走上。

③大道：比喻正道。否（pǐ）：不顺利；走不通。

④知希：理解自己的人很少。兴：发出。永叹：长叹。川逝：河水流去。比喻时光如流水，一去不复返。《论语·子罕》："子在川上曰：'逝者如斯夫，不舍昼夜。'"

⑤小年：寿命短的。年，寿命。

⑥自有来矣：应作"有自来矣"。《四库全书》文溯阁本即作"有自来矣"。有自来矣，由来已久啊。

【译文】

"看到小路虽然走起来很近，然而耻于走这样的邪路；明知道大道走起来不顺利，然而还是不会放弃这条正道。如果把通畅与阻塞都看得一样，把荣耀与羞辱都付予自然，怎么还会为理解自己的人太少而闷闷不乐、为时光的一去不返而发出长叹呢？怀疑滞留下位的俊杰之士会有所遗憾，这是因为不了解精神境界最高者的思想啊。寿命短的不能理解寿命长的，井中的青蛙无法懂得大海，这是由来已久的事情啊。"

重言卷五十一

【题解】

重言，出言慎重。也即讲话一定要谨慎。本篇假借玄泊先生之口，主要阐述慎重发言这一处世原则。

关于言语慎重的问题，很早就引起了人们的重视。周朝太庙里的金人“三缄其口”（《说苑·敬慎》），《诗经·大雅·抑》中有“斯言之玷，不可为也”，老子说“多言数穷，不如守中”（《老子》五章），孔子讲“予欲无言”（《论语·阳货》，庄子也提出了“大道不称，大辩不言”的主张。可以说，出言慎重是几千年来为人们所共同关注的问题。

葛洪十分赞同这些看法。综合本篇，葛洪主张少言的原因主要有：第一，多言多败。话多自然会有失言之时，而失言则是招惹灾祸的原因，因此最好少言。第二，些小之事，无用之说，不值得去费神劳力地讨论，因此自己不可以像那些浅近之徒一样去“辩虚无之不急，争细事以费言”。第三，如果去讨论一些高深有用的话题，又缺乏知音，自己不过是“徒卷舌而竭声，将何救于流遁”，于是就只能闭口不言，只能寄希望于“收远名于万代，求知己于将来”。

本篇清晰地透露出作者面对现实时的无奈与孤独，“重言”原则也主要是针对自己而言，但这一原则客观上对每一个人都具有很好的借鉴作用。

另外，依据《诸子集成》，本篇也附于卷四十九《知止》之后，而《百子全书》则把本篇单列为一卷。我们依《百子全书》，把本篇单列为第五十一卷。

抱朴子曰："余友人玄泊先生者①，齿在志学②。固已穷览《六略》③，旁综《河》、《洛》④。昼竞羲和之末景⑤，夕照望舒之余辉⑥。道靡远而不究，言无微而不测⑦。以儒、墨为城池，以机神为干戈⑧。故谈者莫不望尘而衔璧⑨，文士寓目而格笔⑩。

【注释】

①玄泊：假设的人名。寓含着幽远恬淡、清静无为的意思。

②齿：年龄。志学：指十五岁。《论语·为政》："子曰：'吾十有五而志于学。'"后人因此用"志学"代指十五岁。

③《六略》：书名。这里泛指各类典籍。西汉刘歆著有《七略》：《辑略》、《六艺略》、《诸子略》、《诗赋略》、《兵书略》、《术数略》、《方技略》。因为其中的《辑略》为总目，因此这里说的《六略》不包括《辑略》。《汉书·艺文志》："《六略》三十八种，五百九十六家，万三千二百六十九卷。"

④《河》、《洛》：即《河图》、《洛书》。《河图》，据说就是八卦。《洛书》，据说即《尚书·洪范》中的"九畴"，是大禹治国的九类大法。《周易·系辞上》："河出图，洛出书，圣人则之。"据说伏羲时，有龙马出于黄河，其背有图案，称龙图，伏羲取之以画八卦。大禹时，有神龟出洛水，背有花纹如文字，禹取法而作《尚书·洪范》中的"九畴"。

⑤羲和：传说中为太阳驾车的神。这里代指太阳。末景：傍晚的阳

光。景，阳光。

⑥望舒：传说中为月亮驾车的神。这里代指月亮。

⑦微：隐微；含而不露。

⑧机神：神奇的机智。

⑨望尘：本指望见对方的车尘。这里泛指一看到他。衔璧：口衔着玉璧。指投降。古代君主投降时带着棺材，口衔玉璧。《左传·僖公六年》："许男面缚衔璧，大夫衰绖，士舆榇。"

⑩寓目：一看见他。格笔：放下笔。表示不敢再从事写作，以免贻笑大方。

【译文】

抱朴子说："我有一位朋友名叫玄泊先生，年龄十五岁。确实是已经遍读了各类典籍，还涉猎了《河图》、《洛书》。他仍然在白天抓住傍晚的最后一缕阳光，晚上还要用月亮的余辉来照明读书。无论多么深奥的道理他都要去研索，无论多么隐微的学问他都要去探索。他以儒家和墨家的思想为自己的防守城池，以自己的神奇机智作为进攻的武器。因此那些善于辩论的人一看到他就俯首称臣，文人学士一看到他就搁笔不敢再去舞笔弄墨。

"俄而寤智者之不言①，觉守一之无咎②，意得则齐荃蹄之可弃③，道乖则觉唱高而和寡④。于是奉老氏多败之戒⑤，思金人三缄之义⑥，括锋颖而如讷⑦，韬修翰于彤管⑧，含金怀玉⑨，抑谧华辩⑩，终日弥夕⑪，或无一言。

【注释】

①俄而：不久。寤：通"悟"，醒悟；明白。

②守一：坚守大道。一，指独一无二的大道。咎：灾祸。

③意得：明白了对方的意思。齐：一起；整个。荃（quán）：通“筌”，用竹或草编制的捕鱼器。蹄：兔网。这里用“荃蹄”比喻语言文字。《庄子·外物》：“荃者所以在鱼，得鱼而忘荃；蹄者所以在兔，得兔而忘蹄；言者所以在意，得意而忘言。”

④道乖：与世人的主张不合。道，思想；主张。乖，相互违背。

⑤老氏：指老子。多败：指话说多了会导致失败。《老子》五章：“多言数穷，不如守中。”

⑥金人：金属铸造的人。三缄：三缄其口。缄，封口；封闭。《说苑·敬慎》：“孔子之周，观于太庙，右陛之侧，有金人焉，三缄其口，而铭其背曰：‘古之慎言人也。’”

⑦括：结扎。这里指闭口。锋颖：犀利的语言。颖，东西末端的锋利部分。讷（nè）：语言迟钝，不善于言谈。

⑧韬：隐藏。修翰：长长的毛笔。修，长。翰，鸟羽。因毛笔为羽毛所制，故代指毛笔。彤管：红色的笔管。彤，红色。

⑨含金怀玉：把金玉一样的才华深藏于胸中。

⑩抑谧：压抑；静止。谧，静。华辩：雄辩。

⑪弥夕：整个夜晚。弥，整个。

【译文】

“不久他就明白了明智之人是不会随便讲话的，觉悟到坚守大道才不会招来灾祸，领悟到对方的意思就可以把语言文字一起忘掉，与世人的主张不同就会感到曲高和寡。于是就遵循老子话多则失败多的告诫，牢记金人三缄其口的含义，闭上言语犀利的嘴巴好像不善言谈，把长长的毛笔收藏于红色的笔管之中，胸中深深藏起金玉般的才华，安静下来不再进行任何雄辩，有时候从早到晚，他一言不发。

“门人进曰：‘先生默然，小子胡述①？且与庸夫无殊焉。窃谓号钟不鸣②，则不异于积铜；浮磬息音③，则未别乎聚石也。’

【注释】

①小子：年轻人。指请教者自己。胡述：遵循什么原则呢？胡，什么。述，遵循。

②窃：自我谦称。号钟：本为古琴名。葛洪把它当作了钟名。《淮南子·修务训》："鼓琴者期于鸣廉、脩营，而不期于滥胁、号钟。"

③浮磬（qìng）：即磬。古代的一种石制的敲击乐器，形似曲尺。《尚书·禹贡》："泗滨浮磬。"孔颖达疏："石在水旁，水中见石，似若水中浮然。此石可以为磬，故谓之浮磬也。"

【译文】

"弟子进言道：'先生如果沉默不语，我们这些年轻人该遵循什么原则呢？再说与平庸之辈也没有任何区别啊。我个人认为号钟如果不去敲响，就和一堆铜块无异；浮磬如果不发出声音，则与一堆石头一样。'

"玄泊先生答曰：'吾特收远名于万代①，求知己于将来，岂能竞见知于今日，标格于一时乎②？陶甄以盛酒③，虽美不见酣④；身卑而言高，虽是不见信⑤，徒卷舌而竭声，将何救于流遁⑥！古人六十笑五十九⑦，不远迷复⑧，乃觉有以也⑨。

【注释】

①特：仅仅；只是。

②标格：应为"标峻格"。标，显示；树立。峻格，高大的榜样。杨明照《抱朴子外篇校笺》："'标格'与上句之'竞见知'不相骊，确有脱字……'格'上合补一'峻'字。"

③陶甄（zhēn）：陶器。

④酣：浓；醇厚。

⑤是：正确。

⑥流遁：发展。一般指向不好的方向发展。

⑦古人六十笑五十九：古人六十岁的时候嘲笑自己五十九岁时的错误与幼稚。《庄子·寓言》："庄子谓惠子曰：'孔子行年六十而六十化，始时所是，卒而非之，未知今之所谓是之非五十九非也。'"

⑧迷复：迷途知返。

⑨有以：有道理。

【译文】

"玄泊先生回答说：'我只是想获取流传千秋万代的不朽名声，在未来的时代遇到自己的知音，怎么会在今天就争着要求被人理解，只是在一时之间做一个形象高大的榜样呢？用陶制的罐子盛酒，即使味道很美也不会被认为酒很醇厚；身份卑微而言论高深，即使说得正确也不会被别人相信，白白地在那里摇动着舌头声嘶力竭地宣讲，又怎么能够拯救这个世风日下的社会呢！古人六十岁的时候嘲笑自己五十九岁时的幼稚，迷途不远趁早返回，现在觉得他们说得很有道理。

"夫玉之坚也，金之刚也，冰之冷也，火之热也，岂须自言然后明哉？且八音九奏[①]，不能无长短之病；养由百发[②]，不能止，将有一失之疏。玩凭河者[③]，数溺于水[④]；好剧谈者[⑤]，多漏于口。伯牙谨于操弦[⑥]，故终无烦手之累[⑦]；儒者敬其辞令，故终无枢机之辱[⑧]。

【注释】

①八音：古代的八类乐器，具体指金（如钟）、石（如磬）、丝（如琴瑟）、竹（如箫管）、匏（如竽笙）、土（如埙）、革（如鼓）、木（如柷敔）。九奏：即九成。指变换着曲调演奏九遍。

②养由：养由基。楚国善于射箭的人。百发：百发百中。

③玩：习惯而不经心。凭河：徒步过黄河。“凭河”一词出自先秦，而先秦时代的“河”多指黄河。

④数(shuò)：屡次。

⑤剧谈：畅谈；雄辩。

⑥伯牙：先秦人，善于弹琴。

⑦烦手：弹琴的手法烦杂。

⑧枢机：这里指言语。枢指门上的转轴，机指门槛。枢主开，机主闭，都是门的关键部分，这里用来比喻言语。《周易·系辞上》：“言行，君子之枢机；枢机之发，荣辱之主也。”

【译文】

“玉石的坚硬，金属的刚强，冰的寒冷，火的炎热，难道还需要它们自己说明然后别人才能够明白吗？再说各种乐器反复演奏乐曲，不可能不出现音调或过长或过短的毛病；养由基虽然能够百发百中，但如果不停地射下去，终将会有一次失误。喜欢徒步过黄河的人，会多次遇到溺水的危险；喜好畅谈雄辩的人，大多都会有失言的时候。伯牙对待弹琴的事情十分谨慎，因此他最终也不会遇到因手法烦杂而带来的拖累；儒生对自己的谈吐言辞十分慎重，因此他们最终也不会遇到因言语不当而带来的羞辱。

“‘浅近之徒，则不然焉：辩虚无之不急，争细事以费言；论广修、坚白无用之说①，诵诸子非圣过正之书②；损教益惑，谓之深远；委弃正经③，竞治邪学。或与暗见者较唇吻之胜负④，为不识者吐清商之谈⑤。对非敌力之人⑥，旁无赏解之客。何异奏雅乐于木梗之侧、陈玄黄于土偶之前哉⑦！

【注释】

①广修:宽度与长度。坚白:指坚硬的白色石头。这是战国时一个著名的论题。惠子、公孙龙、墨家都参与了争论。惠子的观点不详,公孙龙认为石头的“坚”和“白”两种属性是可以分离的,而墨家则认为二者都是石头的属性,是不可分离的。反对公孙龙意见的人认为,石头的“坚”与“白”不可分离,就如同平面的“宽”与“长”不可分离一样。《公孙龙子·坚白论》:“曰:‘石之白,石之坚,见与不见,二与三,若广修而相盈也。’”

②非圣:批评圣人。过正:攻击正道。过,过错。这里用如动词,认为有过错。

③正经:指儒家的正统经典。

④暗见者:思想糊涂的人。暗,昏愦不明。

⑤清商:清扬的商音。这里比喻高雅的理论。商,古代音乐中的五音之一。

⑥对:面对着。非敌力之人:不是水平相当的人。

⑦木梗:用木头雕刻的人。玄黄:黑色与黄色。这里泛指华丽的色彩。土偶:泥人。

【译文】

“‘那些思想浅薄的人,就不是这样了:他们辩论一些虚无缥缈不切急用的理论,为了争论一些细枝末节的事情而徒费口舌;他们争论什么广修、坚白等无用的命题,阅读诸子中批评圣人攻击正道的书籍;对于那些有损于教化而增加人们迷惑的言论,他们还称之为高远深邃;他们抛弃了正统的经典,竞相研究邪辟的学问。有的与一些思想糊涂的人在口舌上较量输赢,或者为一些没有见识的人谈论清虚高雅的理论。面对的都是一些水平难以相当的人,旁边也没有能够欣赏理解自己的听众。这与在木人身边演奏高雅的音乐、在泥人面前陈列华丽的色彩又有什么区别呢!

“徒口枯气乏，椎杭抵掌[①]；斤斧缺坏[②]，而槃节不破[③]；勃然战色[④]，而乖忤愈远[⑤]。致令恚容表颜[⑥]，丑言自口，偷薄之变[⑦]，生乎其间；既玷之谬[⑧]，不可救磨。未若希声以全大音[⑨]，约说以俟识者矣[⑩]。’”

【注释】

①椎(chuí)杭：疑作“椎肮”。杨明照《抱朴子外篇校笺》：“椎杭与抵(抵)掌对举，不伦类，疑有误字。以其字形求之，‘杭’盖‘肮’之误。”椎，拍打。肮，喉咙；脖子。抵掌：击掌；拍着巴掌。形容兴奋、激动的样子。

②斤斧缺坏：砍坏了斧头。比喻费尽了气力，伤害了自己的健康。斤，斧头。

③槃节：盘根错节的地方。比喻疑难问题。

④勃然：发怒的样子。战色：恐惧的表情。战，战栗；恐惧。本句描写辩论者情绪激动，有时愤怒，有时恐惧。

⑤乖忤：乖戾；违背。这里指有悖于真理。

⑥恚(huì)容：愤怒的表情。恚，愤怒。

⑦偷薄：浇薄。偷，刻薄；不厚道。

⑧既玷之谬：指言语已经出现了瑕疵这样的错误。玷，白玉上的斑点。这里比喻语言上的过失、瑕疵。谬，错误。《诗经·大雅·抑》：“白圭之玷，尚可磨也；斯言之玷，不可为也。”

⑨未若希声以全大音：不如很少出声以保全最大的声音。《老子》四十一章：“大音希声。”

⑩约说：很少讲话。俟：等待。

【译文】

“白白地搞得自己口干舌燥而筋疲力尽，白白地激动得拍打着自己的脖子敲击着自己的手掌；即使费尽了力气砍坏了自己的斧头，而盘根错节的疑难问题依然没能得到解决；辩论时或生气或恐惧，而离开真理越发遥远。以至于愤怒之情形之于色，难听的言语冲口而出，人情变得浇薄，就是从这里开始的；言语出现瑕疵这一错误，已经无法挽回。还不如很少出声以保全最大的声音，尽量少说话以等待未来的知音。'”

自叙卷五十二

【题解】

自叙，叙述自己的平生。葛洪在《自叙》这篇文章中，主要讲述了以下几个内容。

第一，自述家世。葛洪从传说中的先祖葛天氏谈起，接着比较详细地记载了其远祖的两个儿子葛蒲庐与葛文辅佐光武帝建国并谦让侯爵的事情，又记述了其祖、父二辈的德能、履历。从这些记载中不难看出，葛洪出身于一个品德高尚、世代官宦的贵族之家。

第二，记载了自己的生平与胸怀。在叙述家世之后，葛洪采取夹叙夹议的方式，把自己的生平及胸怀展示在读者面前。这段文字告诉我们，葛洪虽然出身高贵，却是在贫困中长大，这就好比优秀的幼苗是在风霜中长大一般。葛洪的为人及抱负主要有以下几点：抱朴守拙，誓不出仕，不求闻达；天性好学，反对玩物丧志；虽然身体瘦弱多病，但少曾习武，打仗时能够做到智勇双全；葛洪特别痛恨无义之人，对社会上的不良现象进行激烈的批判。根据本文，葛洪一生大的目标有二，一是创作一部“立一家之言”的子书，二是入山林修道养生以期成仙。

第三，记载了自己的著述与写作《自叙》的目的。本文记载了葛洪的著述篇目及其大致内容。在本文的最后，葛洪还表明了自己写作《自叙》的目的，那就是“亦赖将来之有述焉”，希望将来的人们对自己还能有所记述。

《自叙》是了解葛洪生平、性格、事业、著述的重要史料，阅读本篇，不仅对理解包括《抱朴子外篇》在内的葛洪作品具有重大帮助，而且对理解当时的整个社会状况也具有很大作用。

抱朴子者，姓葛，名洪，字稚川，丹阳句容人也[①]。其先葛天氏[②]，盖古之有天下者也。后降为列国[③]，因以为姓焉。

【注释】

①丹阳：地名。在今江苏丹阳。句容：地名。在今江苏句容。

②葛天氏：传说中的远古帝王，在伏羲之前。《吕氏春秋·古乐》："昔葛天氏之乐，三人操牛尾，投足以歌八阕。"高诱注："葛天氏，古帝名。"

③列国：诸侯国。春秋时依然有葛国，其地大约在今河南宁陵一带。

【译文】

抱朴子，姓葛，名洪，字稚川，是丹阳郡句容人。其祖先是葛天氏，是远古时代拥有天下的人。后来被降为诸侯国，于是就以国名作为自己的姓氏。

洪曩祖为荆州刺史[①]。王莽之篡，君耻事国贼，弃官而归，与东郡太守翟义共起兵[②]，将以诛莽，为莽所败，遇赦免祸，遂称疾自绝于世。莽以君宗强[③]，虑终有变，乃徙君于琅邪[④]。

【注释】

①曩(nǎng)祖：远祖。其姓名不详。曩，从前。荆州：地名。汉代

的荆州，辖区相当于今天的湖北、湖南两省。治所在今湖北襄阳。

②东郡：地名。汉代东郡的辖区相当于今天的山东、河南的部分地区，治所在今河南濮阳。翟义：字文仲，翟方进之少子，累迁至东郡太守。王莽居摄，翟义举兵讨伐，立刘信为天子，自称大司马柱天大将军。后兵败被杀。

③宗强：宗族强大。

④琅邪：地名。在今山东诸城一带。

【译文】

葛洪的远祖葛君曾担任过荆州刺史。王莽篡位的时候，葛君耻于侍奉这个篡国贼子，于是就辞去官职回到故乡，和东郡太守翟义共同起兵，准备讨伐王莽，结果被王莽打败，因为遇到大赦而避免了灾难，于是就自称有病而断绝了与社会的一切交往。王莽因为葛君的宗族强盛，担心最终会发生变故，就把葛君及其家族迁徙到了琅邪。

君之子浦庐，起兵以佐光武①，有大功。光武践祚②，以庐为车骑③，又迁骠骑大将军④，封下邳僮县侯⑤，食邑五千户⑥。

【注释】

①光武：汉光武帝刘秀，东汉的开国皇帝。

②践祚：登上帝位。祚，通“阼”，帝位。

③车骑：将军名号。即车骑将军。

④骠骑大将军：将军名号。地位很高。

⑤下邳僮县：两个地名。下邳，在今江苏宿迁。僮县，在今安徽泗县。

⑥食邑：封地。

【译文】

葛君的儿子葛浦庐，起兵辅佐汉光武帝刘秀，立了很大功劳。光武帝即位以后，拜葛浦庐为车骑将军，后来又迁升为骠骑大将军，封为下邳僮县侯，食邑有五千户。

开国初，侯之弟文①，随侯征讨，屡有大捷。侯比上书为文讼功②，而官以文私从兄行③，无军名④，遂不为论。侯曰："弟与我同冒矢石，疮痍周身⑤，伤失右眼，不得尺寸之报。吾乃重金累紫⑥，何心以安！"乃自表乞转封于弟⑦。书至上请报⑧，汉朝欲成君高义，故特听焉。

【注释】

①侯：指封为僮县侯的葛浦庐。

②比：一次接着一次；连续。讼：申诉；申请。

③官：官府。也即政府、朝廷。

④无军名：没有正式的军籍。

⑤疮痍（yí）：创伤。

⑥重金累紫：许多的金印紫绶。代指高官贵爵。金，指金印。紫，指紫绶。也即紫色的系印的丝带。

⑦自表：自己上奏章。乞：要求。

⑧至上：送给皇上。上，皇上。请报：请求回复批准。

【译文】

开国之初，僮县侯的弟弟葛文，跟随僮县侯出兵征讨，多次建立大功。僮县侯连续上书为葛文申诉功劳，而朝廷认为葛文是私自跟随哥哥出去打仗，名字没有正式列入军籍，于是就不予论功行赏。僮县侯说："弟弟和我一起冒着飞箭、滚石征战，满身都是创伤，因为受伤还失去了右眼，却没有能够得到丝毫的回报，而我却获取了高官贵爵，怎么能够心安呢？”于是他就亲自上奏章请求把自己的官爵转封给弟弟。奏章上送给皇上并请求回复批准，汉朝廷也愿意成全僮县侯葛君的高尚行为，因此作为特例批准了他的请求。

文辞，不获已受爵，即第①，为骠骑营立宅舍于博望里②。于今基兆石础存焉③。又分割租秩④，以供奉吏士，给如二君焉⑤。骠骑殷勤止之而不从⑥。骠骑曰：“此更烦役国人⑦，何以为让？”乃托他行⑧，遂南渡江，而家于句容。子弟躬耕，以典籍自娱。文累使奉迎骠骑⑨，骠骑终不还。又令人守护博望宅舍，以冀骠骑之反⑩，至于累世无居之者。

【注释】

①即第：住进僮县侯府第。即，走近；住进。

②骠骑：指骠骑将军葛浦庐。营立：建造。博望里：地名。古代叫博望的地方很多，揣摩情理，此博望里应在东汉的都城洛阳。

③基兆：地基的界域。兆，界域。石础：柱子下的石墩。

④租：封地的租税。秩：官吏的俸禄。

⑤给：供给。二君：两位封地主人。指葛浦庐与葛文兄弟二人。

⑥殷勤：诚恳。

⑦国人：指封地里的百姓。国，指侯爵的封地。

⑧他：其他理由、借口。

⑨累：累次；多次。使：派人。

⑩冀：希望。反：同“返”，指返回博望里。

【译文】

葛文辞让，最后迫不得已接受了爵位，住进了僮县侯府第，另为骠骑大将军葛浦庐在博望里营建了住宅，直到现在住宅的地基界域和础石还保存在那里。葛文又把自己所得的赋税和俸禄分出一部分，供给骠骑大将军的官吏士卒，就好像供奉两个封地主人一样。骠骑大将军恳切地劝阻而葛文不听。骠骑大将军说：“这样做就加重了对封地百姓的烦扰，哪里还有谦让之德呢？”于是就另外找了个借口走了，接着向南渡过长江，定居在句容。子弟们亲自耕种，骠骑大将军以阅读典籍自娱自乐。葛文多次派人去迎接骠骑大将军，而骠骑大将军最终也没有回去。葛文又命人守护着博望里的住宅，盼望着骠骑大将军能够返回，以至于好几代都没有人居住。

洪祖父学无不涉①，究测精微，文艺之高，一时莫伦②，有经国之才。仕吴，历宰海盐、临安、山阴三县③，入为吏部侍郎、御史中丞、庐陵太守、吏部尚书、太子少傅、中书、大鸿胪、侍中、光禄勋、辅吴将军④，封吴寿县侯⑤。

【注释】

①洪祖父：葛洪的祖父。据《晋书·葛洪列传》记载，葛洪的祖父叫葛系。

②莫伦：无人可与相比。伦，伦比；匹敌。

③海盐、临安、山阴：三个地名。都在今浙江境内。前两个地名沿用至今，山阴即今绍兴。

④吏部：官府名。主管官吏的选举与任免。侍郎为其副长官。御史中丞：官名。负责对官吏的纠察。庐陵：地名。在今江西吉水。吏部尚书：官名。为吏部的长官。太子少傅：官名。负责辅导太子。中书：中书令的省称。官名。负责传宣诏令。东汉及以后多以名望之士任之。大鸿胪：官名。九卿之一，负责接待宾

客等。侍中:官名。秦朝始置,为丞相属官。两汉沿用,因侍从皇帝左右,出入宫廷,应对顾问,地位日渐重要。光禄勋:官名。九卿之一,居宫中,掌管宫廷宿卫等事。辅吴将军:将军的名号。

⑤寿县:地名。即今安徽寿州。

【译文】

葛洪的祖父在学问上无不涉猎,研究精深而细微,文化水平之高,一时间无人可与伦比,而且具备治国才能。他在吴国做官时,先后主持海盐、临安、山阴三县的政务,后入朝担任吏部侍郎、御史中丞、庐陵太守、吏部尚书、太子少傅、中书、大鸿胪、侍中、光禄勋、辅吴将军,封为吴国寿县侯。

洪父以孝友闻①,行为士表②。方册所载③,罔不穷览。仕吴五官郎、中正④,建城、南昌二县令⑤,中书郎、廷尉平、中护军⑥,拜会稽太守⑦。未辞,而晋军顺流⑧,西境不守。博简秉文经武之才⑨,朝野之论,佥然推君⑩,于是转为五郡赴警⑪。大都督给亲兵五千⑫,总统征军,戍遏疆埸⑬。天之所坏,人不能支。

【注释】

①洪父:葛洪的父亲。据《晋书·葛洪列传》记载,葛洪的父亲叫葛悌。孝友:孝于父母,友于兄弟。

②士表:士人的表率。

③方册:即方策。图书典籍。方,古代用来写字的木版。册,通“策”,古代用来写字的竹简。

④五官郎:官名。主管宫廷侍卫的长官为五官中郎将,其属官有五官中郎、五官侍郎、五官郎中,泛称为五官郎。中正:官名。负责

察访、评价郡内士人，分为九级，作为国家任命官员的依据。

⑤建城：地名。在今江西高安。南昌：地名。在今江西南昌。

⑥中书郎：官名。即中书侍郎，中书令的副职。廷尉平：廷尉的属官之一。主管刑狱。中护军：官名。掌军职选用，与领军、将军同掌中央军队。

⑦会稽：地名。在今江苏东南及浙江西部一带。

⑧晋军顺流：指西晋的军队顺着长江东下，进攻吴国。

⑨博简：广泛地选拔。简，简拔；选拔。

⑩佥（qiān）：全；都。

⑪五郡：五郡的具体所指不详。

⑫大都督：指吴国的统帅。具体所指何人不详。亲兵：随身卫兵。

⑬戍遏：应作“式遏”。旧写本即作“式遏”。式遏，以此来遏制。式，用。疆埸（yì）：边界；边疆。

【译文】

葛洪的父亲以孝敬父母、友爱兄弟而闻名于世，他的行为成为士人的楷模。凡是书籍上所记载的知识，他无不阅览。在吴国曾经被任命为五官郎、中正，做过建城、南昌两县的县令，还担任过中书郎、廷尉平、中护军，拜为会稽太守。还未辞官，晋军就顺着长江东下，西边的边境失守。于是朝廷就广泛地选拔有文韬武略的人才，朝廷内外的意见，都一致举荐了他，于是就转任到了五郡去挽救危机。大都督送给他五千名贴身卫兵，他就统领着全军，在边境地区阻击敌军。然而上天所要废除的事物，人力是无法支撑它的。

故主钦若[①]，九有同宾[②]。君以故官赴[③]，除郎中[④]，稍迁至太中大夫[⑤]，历位大中正、肥乡令[⑥]。县户二万，举州最治[⑦]，德化尤异，恩洽刑清，野有颂声，路无奸迹。不佃公田[⑧]，越界如市[⑨]；秋毫之赠，不入于门；纸笔之用，皆出私财。

刑厝而禁止[10]，不言而化行。以疾去官，发诏，见用为吴王郎中令[11]，正色弼违[12]，进可替不[13]，举善弹枉[14]，军国肃雍[15]。迁邵陵太守[16]，卒于官。

【注释】

①故主：指吴国君主孙晧。钦若：敬顺的样子。这里指归顺西晋。钦，敬。若，形容词词尾。

②九有：即九州。指整个天下。宾：宾服；归附。

③君以故官赴：葛洪的父亲便以原吴国官员的身份到了晋国。

④除：授职；任命。郎中：官名。先秦时为近侍之称，秦时始置为官，属郎中令，仍为皇帝近侍。东汉则为尚书台的属官。

⑤太中大夫：官名。掌议论。

⑥大中正：官名。朝廷派到州郡巡察九品中正制执行情况的官员。肥乡：地名。在今河北肥乡。

⑦最治：最安定。治，安定。

⑧不佃(tián)公田：不耕种官府的土地。佃，耕种。当时各州县都有公田，这里说的"不佃公田"是指不把公田的收入据为私有。

⑨越界如市：走过自家的地界，就像进入市场一样公平交易。

⑩刑厝(cuò)：刑罚被搁置不用。厝，搁置。

⑪见：被。吴王：指晋武帝的儿子司马晏。司马晏被封为吴王。郎中令：官名。秦置。汉代的郎中令负责宫廷事务。

⑫弼违：纠正过失。弼，纠正。违，违背正道。

⑬替不(fǒu)：废除不好的政令。替，废除。不，通"否"，应该否定的。

⑭弹枉：弹劾不正直的人。枉，弯曲；不正直。

⑮肃雍：肃敬和谐。

⑯邵陵：地名。旧城在今河南郾城东。

【译文】

原来的吴国君主归顺了晋国，天下统一了。先父以原吴国官员的身份到了晋国，被授予郎中一职，慢慢升迁为太中大夫，历任大中正、肥乡县令。肥乡县有二万户，是全州治理得最好的县，美德教化尤为突出，恩德遍施而刑法清正，田野里一片颂扬之声，路上没有发生邪恶之事。先父不耕种公家的土地，一走出自家的地界就如同进入市场那样公平交易；别人的丝毫馈赠，他从不拿回家中；所用的纸笔，都是自己花钱购买。刑罚不用而令行禁止，不用多言而教化就能推行。后来因为生病而辞去了官职，皇上又颁布诏令，任命他为吴王的郎中令，他态度严肃地矫正吴王的过失，献上可行的措施废除不合理的政令，举荐善人弹劾不正直的官员，军队和国家都肃穆和谐。最后升任为邵陵太守，去世于任上。

洪者，君之第三子也。生晚，为二亲所娇饶①，不早见督以书史②。年十有三，而慈父见背③，夙失庭训④。饥寒困瘁，躬执耕穑，承星履草⑤，密勿畴袭⑥。又累遭兵火，先人典籍荡尽，农隙之暇无所读。乃负笈徒步行借⑦，又卒于一家⑧，少得全部之书。益破功日⑨，伐薪卖之，以给纸笔。就营田园⑩，处以柴火写书⑪。坐此之故⑫，不得早涉艺文。常乏纸，每所写，反覆有字⑬，人鲜能读也。

【注释】

①娇饶：娇惯宠爱。饶，宽容。

②见督：被督促。见，被。

③见背：去世。见，被。背，背离；离开。

④夙失庭训：很早就失去了父亲的教导。夙，早。庭训，指父亲的

训导。《论语·季氏》:“陈亢问于伯鱼曰:‘子亦有异闻乎?’对曰:‘未也。尝独立,鲤趋而过庭。曰:“学《诗》乎?”对曰:“未也。”“不学《诗》,无以言。”鲤退而学《诗》。他日又独立,鲤趋而过庭。曰:“学《礼》乎?”对曰:“未也。”“不学《礼》,无以立。”鲤退而学《礼》。闻斯二者。’”文中说的孔鲤(字伯鱼)是孔子的儿子,孔鲤在路过庭院时受到孔子的教诲,因此后世就以“庭训”代指父亲的教诲。

⑤承星:披着星光。指夜晚还要劳作。履草:踏着野草。

⑥密勿:勤勉的样子。畴袭:疑为“畴垄”之误。指田亩、田地。

⑦笈(jí):书箱。

⑧卒:最终。

⑨益破:更加地花费。益,更加。破,花费。

⑩就营:疑作“昼就营”。杨明照《抱朴子外篇校笺》:“《艺文类聚》五八引作‘昼营园田’。照按:今本‘就’上脱‘昼’字(《类聚》‘昼’下脱‘就’字),文意不明,当据补。昼就营田园,谓白日往田园操作农事也。”昼就营,白天去劳作。就,去;到。

⑪处:应为“夜”字之误。《太平御览》卷六一九即引作“夜”。

⑫坐:因。

⑬反覆:纸张的两面都写满了字。一说在纸上反复多次写字。

【译文】

葛洪,是先父的第三个儿子。因为出生较晚,受到了双亲的娇惯宠爱,所以没有能够及早地被督促着学习经书史籍。十三岁的时候,父亲就去世了,因此自己过早地失去了父亲的教诲。当时饥寒交迫困苦不堪,自己还要亲自去耕地收割,晚上披着星光踏着野草,辛勤地在田地里劳作。再加上连续遭受了战乱,先人留下的典籍荡然无存,在农耕的空闲时间里也无书可读。于是就只好背着书箱步行前去借阅,然而在一处人家里,最终也很难借到所有的书籍。于是自己就花费更多的功夫去砍柴卖掉，以供给自己的纸笔费用。白天就到地里去劳作，晚上就用柴草点火照明以写字读书。就是因为这个缘故，自己无法早一些涉猎各种典籍。因为经常缺乏纸张，所以每次写字的时候，纸张的正反两面都写满了字，很少有人能够阅读。

年十六，始读《孝经》、《论语》、《诗》、《易》。贫乏无以远寻师友[①]，孤陋寡闻，明浅思短[②]，大义多所不通。但贪广览，于众书乃无不暗诵精持。曾所披涉，自正经、诸史、百家之言，下至短杂文章，近万卷[③]。既性暗善忘，又少文[④]，意志不专，所识者甚薄，亦不免惑。而著述时，犹得有所引用。竟不成纯儒，不中为传授之师[⑤]。

【注释】

①无以：没有办法。

②明：智慧。

③近万卷："近"字后当有"将"字。

④少文：很少文采。也即性格质朴。

⑤不中：不适合。

【译文】

十六岁的时候，才开始阅读《孝经》、《论语》、《诗经》、《周易》。因为贫穷而无法到远方去寻师觅友，因此自己孤陋寡闻，智慧浅薄而思想浅陋，很多重要的道理自己都弄不明白。只是一心地想广泛阅读，对于众多的书籍无不暗中背诵用心把握。自己所曾经翻阅过的书籍，上自正统的经典、众多的史书、百家的学说，下至一些简短烦杂的文章，将近万卷。自己生性既愚昧又善忘，再加上缺少文采，用心又不专一，所认识的道理非常肤浅，也就难免有许多疑惑不解的地方。然而在著述的时候，还能够对这些书籍加以引用。只是自己最终也没有能够成为一个纯粹的儒生，不适合做向别人传授知识的老师。

其《河》、《洛》、图、纬①，一视便止，不得留意也。不喜星书及算术、九宫、三棋、太一、飞符之属②，了不从焉③，由其苦人而少气味也④。晚学风角、望气、三元、遁甲、六壬、太一之法⑤，粗知其旨，又不研精。亦计此辈率是为人用之事⑥，同出身情⑦，无急以此自劳役，不如省子书之有益⑧，遂又废焉。

【注释】

①《河》、《洛》：即《河图》、《洛书》。《河图》，据说就是八卦。《洛书》，据说即《尚书·洪范》中的"九畴"，是大禹治国的九类大法。《周易·系辞上》："河出图，洛出书，圣人则之。"据说伏羲时，有龙马出于黄河，其背有图案，称龙图，伏羲取之以画八卦。大禹时，有神龟出洛水，背有花纹如文字，禹取法而作《尚书·洪范》中的"九畴"。图：即图谶。古代方士编造的预测吉凶的隐语、预言，叫做"谶"，谶附有图，因此叫"图谶"。纬：纬书。由方术化的儒生所创作的附会于儒家经典的著作，内容多为预言人事吉凶、治乱兴废等。

②星书：依据星相进行占卜的书。算术：即今天说的数学。九宫：古代的一种占卜方法。东汉以前的《易》纬家，用八卦加中央，合为九宫，用以占卜吉凶。三棋：古代的一种占卜方法。用木头制棋十二枚，每四枚一组，分为"上"、"中"、"下"三组。占卜时选择吉日，祝咒之后，一齐掷地，以所得上、中、下情形成卦，查看卦词，以定吉凶。因为分为三组，故称"三棋"。太一：本为天神名。后来的术数家依附这一神名，把它发展为一种预测祸福吉凶的

方术。飞符:道教符箓之一。据说能够驱使鬼神、消灾求福。

③了:完全。从:从事;学习。

④少气味:缺少情趣。

⑤风角:一种占卜方法。根据四方之风势、风速等以预测吉凶。望气:一种占卜方法。观察云气以预测吉凶。三元:古代方士术数之一。术数家以六十甲子配九宫,一百八十年为一周始,其第一甲子称上元,第二甲子称中元,第三甲子称下元,合称三元。遁甲:古代方士术数之一。其法以天干的乙、丙、丁为三奇,以戊、己、庚、辛、壬、癸为六仪,把三奇、六仪分置于九宫,以甲统之,视其吉凶,以为趋避,故称遁甲。六壬:运用阴阳、五行预测吉凶的占卜方法。太一:已见上注。

⑥率:大率;大多。为人用之事:都是被人利用的东西。

⑦同出身情:都是出于自身的感觉。意思是说,以上这些方术不过都是出于方士们的个人臆测而已,其预测结果是不可靠的。

⑧省:学习研究。

【译文】

对于那些《河图》、《洛书》、图谶、纬书之类的书籍,翻阅一下就不再阅读了,没有把心思放在它们上面。不喜欢星象书以及算术、九宫、三棋、太一、飞符这一类的内容,完全没有学习过,因为阅读它们太辛苦太缺少情趣了。后来学习过风角、望气、三元、遁甲、六壬、太一等占卜方法,大略知道了其中的一点内容,就没有再进行深入研究。也是因为想到这类方术大多都是一些被人利用的东西,都是出于方士的个人臆测,没有必要急着拿这些书籍来劳烦自己,不如学习研究诸子百家的书有益,于是就不再阅读它们了。

案《别录》、《艺文志》①,众有万三千二百九十九卷②;而魏代以来,群文滋长,倍于往者,乃自知所未见之多也。江表书籍[3]，通同不具[4]。昔欲诣京师[5]，索奇异[6]，而正值大乱[7]，半道而还，每自叹恨。今齿近不惑[8]，素志衰颓，但念损之又损[9]，为乎无为[10]，偶耕薮泽[11]，苟存性命耳。博涉之业，于是日沮矣[12]。

【注释】

①《别录》：书名。指西汉刘向所编撰的目录书。刘向对当时的图书加以编次，写出提要，抄录上报，集成《别录》一书。已佚。《艺文志》：指《汉书·艺文志》。《艺文志》是我国现存最早的收录当时所见图书的目录集。

②万三千二百九十九卷：应为"万三千二百六十九卷"。《汉书·艺文志》："大凡书，六略三十八种，五百九十六家，万三千二百六十九卷。"

③江表：长江之外。也即江南。表，外。站在中原的角度看，长江以南地区在长江之外，故称"江表"。

④通同不具：全都没有。具，备；有。

⑤京师：指西晋的都城洛阳。

⑥索：求；寻找。奇异：指奇异的书籍。

⑦大乱：指西晋末年的动乱。

⑧齿：年龄。不惑：指四十岁。《论语·为政》："子曰：'吾十有五而志于学，三十而立，四十而不惑。'"后人便以"不惑"代指四十岁。

⑨损之又损：把欲望减少了再减少。《老子》四十八章："为学日益，为道日损，损之又损，以至于无为。无为而无不为。"

⑩为：做；干。无为：清静无为。

⑪偶耕：即耦耕。二人协同操作以耕田。薮(sǒu)：水少而草木繁盛的大泽。这里泛指田野。

⑫沮：衰落；衰败。

【译文】

按照《别录》和《艺文志》的记载，古代的典籍多达一万三千二百九十九卷；而自魏代以来，大量的文章书籍出现，比以前多了一倍，这才知道自己没有读过的书籍太多了。长江以南的书籍，自己全都没有。以前想到京城去寻找奇异的书籍，然而遇到了大乱，走到半道只好返回了，自己常常为此叹息遗憾。如今年龄已经接近四十岁了，平素的志向开始衰退，只想应该把自己的欲望减少了再减少，要坚持清静无为的原则，在原野大泽之中耕田种地，苟且保存性命而已。广泛涉猎典籍的事情，于是就日渐荒疏了。

洪之为人也，（此处有脱文）而骙野[①]，性钝口讷[②]，形貌丑陋，而终不辩自矜饰也[③]。冠履垢弊[④]，衣或繿缕[⑤]，而或不耻焉。俗之服用，俄而屡改[⑥]。或忽广领而大带，或促身而修袖[⑦]，或长裾曳地[⑧]，或短不蔽脚。洪期于守常，不随世变。言则率实，杜绝嘲戏，不得其人，终日默然，故邦人咸称之为“抱朴之士”[⑨]，是以洪著书因以自号焉。

【注释】

①骙（ái）：痴愚。

②讷（nè）：语言迟钝，不善于言谈。

③不辩：不懂得；不知道。辩，通“辨”，分辨；明白。自矜饰：自我修饰。

④履：鞋子。

⑤繿（lán）缕：又作“蓝缕”、“襤褛”。形容衣服破烂。

⑥俄而：不久；短时间。

⑦促身：衣身很短。促，短。修袖：袖子很长。修，长。

⑧裾(jū):衣服的前襟。

⑨抱朴:坚持淳朴的性格。抱,坚持。《老子》十九章:"见素抱朴,少私寡欲。"

【译文】

葛洪的为人,(此处有脱文)而愚痴粗野,生性迟钝而口不善言,相貌丑陋,却又始终不懂得自我修饰。帽子和鞋子又脏又破,衣服有时也是破烂不堪,而自己并没有因此而觉得羞耻。世人的衣服穿戴,在很短的时间里就多次发生变化。有时候突然之间领子变宽了而衣带变大了,有时候衣身很短而袖子很长,有时候衣襟长得拖在了地上,有时候又短得盖不住腿脚。葛洪一心只想遵循着老规矩,不追随社会潮流而变化。说话时率直真实,坚决不去嘲弄嬉笑,如果没有遇到适当的人,整天都沉默不语。因此家乡的人都称他为"抱朴之士",于是葛洪著书时就把它作为自己的称号了。

洪禀性尪羸[①],兼之多疾,贫无车马,不堪徒行,行亦性所不好。又患弊俗舍本逐末[②],交游过差[③],故遂抚笔闲居,守静荜门[④],而无趋从之所[⑤]。至于权豪之徒,虽在密迹[⑥],而莫或相识焉。

【注释】

①尪羸(wāng léi):瘦弱。

②舍本逐末:舍弃农耕而热心从事工商。古人以农为本,以工商为末。

③过差:过错;失误。

④荜(bì)门:用竹、荆等编织的门。代指简陋的房舍。荜,同"筚",

用荆条、竹子编织的东西。

⑤趋从之所：可去的地方。趋，到；去。

⑥密迹：很近的地方。密，近。迹，足迹。

【译文】

葛洪天生瘦弱，再加上多病，因为贫穷也没有车马，又受不了徒步行走的辛苦，而且出门行走也是自己生性所不喜欢的事情。再加上担心现在的世人都有抛弃农耕而喜欢经商的毛病，与他们交往会出现失误，因此就握笔写作闲居于家，在简陋的房舍里守着自己的安静日子，没有自己可去的地方。至于那些有权有势的人，即使他们近在咫尺，然而彼此之间也是互不相识。

衣不辟寒[①]，室不免漏，食不充虚[②]，名不出户，不能忧也。贫无僮仆，篱落顿决[③]，荆棘丛于庭宇，蓬莠塞乎阶霤[④]，披榛出门[⑤]，排草入室。论者以为意远忽近，而不恕其乏役也[⑥]。

【注释】

①辟：同“避”，避免；抵御。

②虚：指饥饿的肚子。

③篱落：篱笆。顿决：或倒地或豁开。顿，倒下。杨明照《抱朴子外篇校笺》依据《初学记》引文，认为“顿”应作“颓”为胜。颓，倒塌。

④蓬莠：两种野草名。这里泛指各种野草。霤（liù）：本指屋檐下接水的沟槽。这里代指屋檐下。

⑤榛（zhēn）：丛生的荆棘。

⑥恕：用自己的心推想别人的心。

【译文】

衣服不能抵御寒冷，房屋不能避免漏雨，食物无法果腹，名声不出家门，这些都不值得自己发愁。因为贫穷而没有仆人，篱笆有的倒下了有的豁开了，荆棘丛生于庭院之中，野草长满了台阶屋檐之下，拨开荆棘才能出门，分开野草方可进屋。议论的人都认为葛洪是一心想着高远的问题而忽略了身边的事情，却没有想到是因为他没有仆人。

不晓谒（此处有脱文）①，以故初不修见官长②。至于吊大丧③，省困疾，乃心欲自勉强，令无不必至。而居疾少健，恒复不周，每见讥责于论者，洪引咎而不恤也④。意苟无余⑤，而病使心违，顾不愧已而已⑥，亦何理于人之不见亮乎⑦？唯明鉴之士，乃恕其信抱朴⑧，非以养高也⑨。

【注释】

①谒：拜谒；交往。本句疑有脱文。

②初不：又作“初无”。从来也没有。修见：修礼拜见。

③大丧：父母去世为大丧。

④引咎：引咎自责。也即承认错误。恤：忧虑；放在心上。

⑤无余：没有其他杂念。

⑥顾：表示轻微的转折。而：只要。

⑦见：被。亮：通“谅”，谅解。

⑧信：确实。

⑨高：指高远的名声。

【译文】

不懂得拜谒交往（此处有脱文），因此从来也不曾修礼拜见过官员。至于吊唁别人父母的丧事，慰问困苦和生病的人，是自己心里希望尽力而为的事情，要求自己一定要前往。然而由于经常生病而很少健康的时候，所以这些事常常还是做得不够周全，经常受到议论者的批评责备，葛洪承认自己的过失但也不太放在心上。假如自己的心里没有其他杂念，而是因为疾病使自己未能做到礼数周全，只要自己于心无愧就行了，又何必因为别人不谅解自己而去辩解呢？只有那些能够明辨是非的人们，才相信葛洪确实是生性纯朴，而不是想用这些行为来为自己获取高远的名声。

世人多慕豫亲之好①，推暗室之密②。洪以为知人甚未易，上圣之所难③，浮杂之交，口合神疕④，无益有损。虽不能如朱公叔一切绝之⑤，且必须清澄详悉⑥，乃处意焉⑦。又为此见憎者甚众，而不改也。

【注释】

①豫亲：快乐亲密。豫，快乐。

②暗室之密：指纯属个人的私密。暗室，密室。

③上圣之所难：连头等的圣人都感到困难。《尚书·皋陶谟》："皋陶曰：'都！在知人，在安民。'禹曰：'吁！咸若时，惟帝其难之。知人则哲，能官人；安民则惠，黎民怀之。'"文中的"帝"指帝舜。

④疕(bǐ)：离。

⑤朱公叔：东汉人。姓朱名穆，字公叔。朱穆有感于当时交友的混乱情况，撰《绝交论》，表示自己要与其他人断绝一切交往。

⑥清澄：考察清楚。详悉：详细。

⑦处意：放心交往。

【译文】

世上的人们大多喜欢快乐亲密的友好交情，推崇无话不说的私密关系。葛洪认为了解一个人是件很不容易的事情，即使上圣之人对此也深感困难。浮浅杂乱的交往，嘴巴上亲密无间而胸中却离心离德，这样的交往没有益处而只有坏处。虽然自己还不能像朱公叔那样断绝一切交往，但也必须考察清楚了解透彻，才能放心交往。又因为这一原因而受到许多人的憎恶，然而自己也不去改正。

驰逐苟达、侧立势门者①，又共疾洪之异于己而见疵毁②，谓洪为慠物轻俗③。而洪之为人，信心而行④，毁誉皆置于不闻。至患近人或恃其所长，而轻人所短。洪忝为儒者之末⑤，每与人言，常度其所知而论之⑥，不强引之以造彼所不闻也⑦。

【注释】

①驰逐：到处奔走钻营。苟达：通过不正当的手段获取显达的地位。

②见疵毁：指受到葛洪的批评。见，被。

③慠物：轻视别人。慠，同“傲”。物，主要指人。

④信心：相信自己的想法。也即依照自己的想法。

⑤忝为：勉强算是。忝，谦辞。惭愧。

⑥度(duó)：揣度；推测。

⑦引：引申。造：到。

【译文】

那些到处奔走钻营以求取富贵、侧身站立于权贵门下的人们，又都很痛恨葛洪与他们趣味不同而且还受到了葛洪的批评，就说葛洪傲视别人轻视社会。然而葛洪的为人，是依照自己的想法去做事，对于别人的诋毁与赞誉全都放在一边不听不闻。葛洪对于现在一些人依仗自己的长处、轻视别人短处的做法非常担忧。葛洪也勉强算是一个小小的儒生，每次与别人谈话，总是估计对方了解某个领域而就这一领域的问题来讨论，绝不会把话题引申到对方所不了解的领域里去。

及与学士有所辩识，每举纲领。若值惜短①，难解心义②，但粗说意之与向③，使足以发寤而已，不致苦理④，使彼率不得自还也⑤。彼静心者，存详而思之⑥，则多自觉而得之者焉。度不可与言者，虽或有问，常辞以不知，以免辞费之过也⑦。

【注释】

①值：遇到。惜短：护短。

②难解心义：难以理解的核心理义。指对方难以理解。

③但：只是；仅仅。

④苦理：以理相苦；以理相逼。

⑤率：大率；完全。自还：自我回旋的余地。

⑥存：放在心里思考。

⑦辞费：徒费口舌。过：过错。

【译文】

在与学士们辩论商讨一些问题时，自己每次都只谈谈问题的纲要。如果遇上护短的人，而此人又一时难以理解问题的核心理义，那就只大略地说说自己的意思和倾向，使自己所说的内容足以对此人有所启发而已，不拿此人还不能理解的理义去苦逼对方，而使此人完全没有一个回旋的余地。等到此人静下心来的时候，他就会在心里仔细地思考这一问题，大多都能够自己理解而有所收获了。估计对方是一位不可交谈的人，那么即使对方有所请教，自己也常常以不知道为借口而予以婉拒,免得犯下徒费口舌的过错。

洪性深不好干烦官长[1],自少及长,曾救知己之抑者数人[2],不得已有言于在位者。然其人皆不知洪之恤也[3],不忍见其陷于非理,密自营之耳[4]。其余虽亲至者,在事秉势,与洪无惜者[5],终不以片言半字少累之也[6]。

【注释】

①干:求。

②知己之抑者:受到冤枉的知己朋友。抑,受冤枉。

③恤:救助。

④密:暗中。营之:营救他们。

⑤与洪无惜者:为帮助葛洪而毫无顾惜的人。也即愿意不顾一切帮助葛洪的人。与,帮助。

⑥少:稍微。

【译文】

葛洪的生性是特别不喜欢麻烦当官的人,从小到大,自己曾经为了救助几位受到冤枉的知己朋友,迫不得已才去向当权的人说情。然而这些被救助的人都不知道葛洪曾经帮助过他们,我只是不忍心看着他们陷入冤屈之中,暗地里去设法营救他们而已。其他的事情即使是至亲之人,这些至亲还掌握了权势可以直接处理某事,而且他们为了帮助葛洪也毫无顾惜,葛洪最终也不会用只言片语去给他们增添丝毫的麻烦。

至于粮用穷匮,急合汤药,则唤求朋类,或见济[1],亦不让也。受人之施,必皆久久渐有以报之[2],不令觉也。非类[3],则不妄受其馈致焉。洪所食有旬日之储,则分以济人之乏;若殊自不足[④],亦不割己也[⑤]。

【注释】

①或:有时。见济:受到救济。见,被。

②有以:有办法;想办法。

③非类:不是自己的同类人。

④殊:严重。

⑤割己:分割自己的财物给别人。

【译文】

至于自己粮食和费用没有了,或者急于配制汤药,那么就去求助于自己的朋友们,有时候得到了别人的接济,自己也不辞让。接受了别人的恩惠,自己一定要在一个很长的时间里慢慢地想办法报答别人,而且还不让此人觉察到。如果不是自己的同类人,那么就不会随便地接受他的馈赠。葛洪的食物如果有十天左右的储备,就会分出来接济那些贫困的人;如果自己的衣食严重不足,也不会分割自己的衣食去帮助他人。

不为皎皎之细行[①],不治察察之小廉[②]。村里凡人之谓良守善者[③],用时或赍酒肴候洪[④],虽非俦匹[⑤],亦不拒也。后有以答之,亦不登时也[⑥]。洪尝谓史云不食于昆弟[⑦],华生治洁于昵客[⑧],盖邀名之伪行,非廊庙之远量也[⑨]。

【注释】

①皎皎:洁白的样子。这里指高洁的品德。细行:细小的行为。

②察察:清楚明白的样子。小廉:很小的廉洁行为。

②谓:说。一说"谓"字疑有误,疑为衍字。良守善者:确实能够守

着善良品德的人。良，确实。

④用：应为衍字。杨明照《抱朴子外篇校笺》："'用'字误衍，当删。"赍(jī)：带着。肴：菜肴。候：问候；慰问。

⑤俦(chóu)匹：指思想学问可以相当的同类人。

⑥登时：即时；当时。

⑦史云：范冉，又作"范丹"。字史云。东汉人。昆弟：兄弟。《后汉书·独行列传》："范冉字史云，陈留外黄人也……冉好违时绝俗，为激诡之行。"谢承《后汉书》："范丹姊病，往看之。姊设食，丹以姊婿不德，出门，留二百钱。姊使人追索还之，丹不得已，受之。闻里中刍藁僮仆更相怒曰：'言汝清高，岂范史云辈，而云不盗我菜乎？'丹闻之曰：'吾之微志，乃在僮竖之口，不可不勉。'遂投钱去。"

⑧华生：华歆，字子鱼。三国人。治洁：保持廉洁。昵客：亲密的客人。《三国志·魏书·华歆传》："华歆字子鱼，平原高唐人也……宾客旧人送之者千余人，赠遗数百金。歆皆无所拒，密各题识。至临去，悉聚诸物，谓诸宾客曰：'本无拒诸君之心，而所受遂多，念单车远行，将以怀璧为罪，愿宾客为之计。'众乃各留所赠，而服其德。"

⑨廊庙：庙堂；朝廷。远量：气量远大。

【译文】

葛洪不去做出那种看似高洁的细小行为，不去干那些看似分辨得十分清楚的细小的清廉之事。村里凡是真正善良的人，时常会带着酒菜来问候葛洪，虽然彼此不属于同类之人，但葛洪也不会拒绝。以后会想办法答谢他们，当然也不会马上就去答谢。葛洪认为范史云不吃兄弟家的饭，华歆在非常亲近的客人面前保持廉洁，这都是一些沽名钓誉的虚伪行为，不是那些能够进入朝廷成就伟业的人应有的远大胸怀。

洪尤疾无义之人[①]，不勤农桑之本业，而慕非义之奸利。持乡论者[②]，则卖选举以取谢[③]；有威势者，则解符疏以索财[④]。或有罪人之赂[⑤]，或枉有理之家[⑥]；或为逋逃之薮[⑦]，而飨亡命之人[⑧]。或挟使民丁[⑨]，以妨公役；或强收钱物，以求贵价。或占锢市肆[⑩]，夺百姓之利；或割人田地，劫孤弱之业。惚恫官府之间[⑪]，以窥掊克之益[⑫]。内以夸妻妾，外以钓名位。其如此者，不与交焉。由是俗人憎洪疾己，自然疏绝。故巷无车马之迹，堂无异志之宾，庭可设雀罗[⑬]，而几筵积尘焉[⑭]。

【注释】

①疾：痛恨。

②乡论：乡里对人才的评价。

③卖选举：出卖举荐权力。也即依靠举荐人才的权利收取贿赂。

④解：拿出；出卖。符疏：官府的两种文书。符，古代朝廷用作凭证的信物。疏，处理小事用的小券短书。《文心雕龙·书记》："朝市征信，符、契约、券、疏。"

⑤或有罪人之赂：有的人收受罪人的贿赂。或，有的人。有，疑为"受"字之误。

⑥或：当作"而"字。杨明照《抱朴子外篇校笺》："孙星衍曰：'("或")当作"而"。'照按：孙盖据下文校，甚是。"枉：冤枉。

⑦逋(bū)逃：犯罪逃亡的人。逋，逃亡。薮(sǒu)：人或东西聚集的地方。这里指罪人聚集之处。

⑧飨：供养。

⑨挟使民丁：依仗着权势私人使用民夫。挟，依仗权势。

⑩占锢：霸占。锢，霸占。市肆：市场商店。肆，商店。

⑪惚(còng)恫:奔走钻营。

⑫窥:偷窥。这里引申为伺机窃取。掊(póu)克:搜刮;聚敛。

⑬庭可设雀罗:庭院里可以架设捕鸟的网。本句是形容门前冷落的样子。罗,网。

⑭几:几案。筵:座位。

【译文】

葛洪特别痛恨那些无义之人,他们不去努力从事属于本业的农桑之事,而是一心想获取不正当的利益。那些手握乡里品评人才之权的人,就靠出卖举荐权来获取酬金;那些有权势的人,就靠出卖官府文书来索取财物。有的人收取罪犯的贿赂,而冤枉了有理的人家;有的人给逃跑的罪犯提供窝藏处,而供养着亡命之徒。有的人依仗着权势使用民夫,而妨碍了朝廷的差役;有的人强迫收取钱财物品,以追求高价出售。有的人霸占了市场商店,抢夺百姓的利益;有的人侵占别人的土地,抢夺势单力薄者的产业。他们在官府之间奔走钻营,伺机掠夺利益。他们在家里向妻妾炫耀,在外面则沽名钓誉以获取社会地位。像这样的人,我就不和他们交往。因此那些世俗的人们仇视葛洪对他们的痛恨,自然也就疏远葛洪并断绝了往来。所以葛洪居住的小巷子里就没有车马的痕迹,堂上没有志向不同的宾客,庭院里可以架设捕鸟的网,而几案与坐席上也都积满了灰尘。

洪自有识以逮将老①,口不及人之非,不说人之私,乃自然也。虽仆竖有其所短所羞之事,不以戏之也。未尝论评人物之优劣,不喜诃谴人交之好恶。或为尊长所逼问,辞不获已,其论人也,则独举彼体中之胜事而已②;其论文也,则撮其所得之佳者,而不指摘其病累,故无毁誉之怨。

【注释】

①有识:懂事。逮:到;至。

②胜事:好事。

【译文】

葛洪从懂事的时候一直到快要老了,口中从不谈论别人的过错,不议论别人的隐私,这是自然生成的天性。即使是仆人有了短处与值得羞耻的事情,葛洪也从不会拿这些和他们开玩笑。不曾评论过别人的优劣,也不喜欢批评别人交往的好坏。有的时候被尊贵的长辈们所逼问,想推辞又推辞不掉,那么在评论人的时候,就只列举此人身上的好事而已;评论文章的时候,就只挑选此人写得好的文章,而不去指责批评别人的毛病,因此也就没有因批评或赞誉别人而招来的怨恨。

贵人时或问官吏、民甲乙何如[①],其清高闲能者[②],洪指说其快事;其贪暴暗塞者,对以偶不识悉[③]。洪由此颇见讥责,以顾护太多,不能明辨臧否[④],使皂白区分[⑤],而洪终不敢改也。

【注释】

①吏:春秋之前,大小官员都可称吏;战国之后,一般指低级的官员。甲乙:犹言“某某”。

②闲能:应作“贤能”。疑作“贤能”。旧写本即作“贤能”。

③对:回答。

④臧否(pǐ):善恶。臧,善。否,恶。

⑤皂白:黑白。比喻是非。皂,黑色。

【译文】

在高位的贵人有时候问起官吏、百姓某某为人如何,对于其中清高贤能的人，葛洪就谈论他们所做的得意之事；对于其中贪婪残暴、愚昧固执的人，就用刚好自己不认识不熟悉来回答。葛洪因此很是受到人们的责备，认为葛洪照顾庇护的人太多，不能够明辨善恶，使黑白分明，然而葛洪始终也不敢改变这一做法。

每见世人有好论人物者，比方伦匹[①]，未必当允，而褒贬与夺[②]，或失准格[③]。见誉者自谓己分[④]，未必信德也[⑤]；见侵者则恨之入骨，剧于血雠[⑥]。洪益以为戒[⑦]，遂不复言及士人矣。虽门宗子弟[⑧]，其称两皆以付邦族[⑨]，不为轻乎其价数也[⑩]。

【注释】

①伦匹：比较。

②与夺：给予和剥夺。这里引申为赞美与批评。

③准格：原则；标准。

④见誉者：受到赞誉的人。见，被。谓：认为。己分：是自己应该得到的荣誉。

⑤信德：真有美德。信，真实。

⑥剧于：严重于。血雠：血海深仇。

⑦益：更加。

⑧门宗：同门同宗。

⑨称两：衡量；评价。

⑩轻乎：应作“轻平”。轻易评价。乎，应为“平”字之形误。旧写本即作“平”。平，通“评”，评价。

【译文】

经常看到社会上有一些喜欢评论别人的人，他们又是打比方又是作比较，然而未必公允，而且褒扬批评的时候也没有一个适当的标准。受到褒扬的人自认为这是自己应该获得的荣誉，而实际上他们未必就真正具备了美德；受到批评的人则恨之入骨，超过了血海深仇。葛洪更加以此为戒，于是就不再去谈论士人了。即使是同门同宗的子弟，对他们的评价也全都交给家乡的族人，而自己不轻易地对他们作出评价。

或以讥洪，洪答曰："我身在我者也，法当易知。设令有人问我，使自比古人及同时，令我自求辈①，则我实不能自知可与谁为匹也，况非我，安可为取而评定之耶？

【注释】

①自求辈：自己找一个与自己相似的人。

【译文】

有人以此讥讽葛洪，葛洪回答说："我个人的身体行为属于我个人所有，按道理来说应当是最容易了解的。然而假如有人询问我，让我与一位古人和现代的人相比，要我从中找一个与自己相似的人，那么我实在是不知道自己与其中的哪一位相似啊，更何况还不是我自己，我怎么能够为他找到一个相似的人而加以评价呢？

汉末俗弊，朋党分部①，许子将之徒②，以口舌取戒，争讼论议，门宗成雠③。故汝南人士无复定价④，而有月旦之评⑤。魏武帝深亦疾之⑥，欲取其首⑦，尔乃奔波亡走，殆至屠灭⑧。前鉴不远，可以得师矣。

【注释】

①朋党：排斥异己的宗派集团。分部：分类。

②许子将：许劭，字子将。东汉末年人，以评人、知人闻名于世。

③门宗成雠：同门同宗的人都成了仇人。指许劭与从兄许靖关系不和。《三国志·蜀书·许靖传》："许靖，字文休，汝南平舆人。少与从弟劭俱知名，并有人伦臧否之称，而私情不协。劭为郡功曹，排摈靖不得齿叙，以马磨自给。"

④汝南：地名。在今河南一带，东汉时汝南郡的治所在平舆。许劭即汝南人。

⑤月旦之评：每月初一对人物的评价。后来泛指对人物的品评。月旦，每月初一。《后汉书·许劭列传》："初，劭与靖俱有高名，好共核论乡党人物，每月辄更其品题，故汝南俗有'月旦评'焉。"

⑥魏武帝：曹操，字孟德。其子魏文帝曹丕即位后，追尊曹操为武帝。深亦：疑作"亦深"。疾：恨。

⑦欲取其首：想要取他的首级。曹操与许劭确有交往，《后汉书·许劭列传》："曹操微时，常卑辞厚礼，求为己目。劭鄙其人而不肯对，操乃伺隙胁劭，劭不得已，曰：'君清平之奸贼，乱世之英雄。'操大悦而去。"但曹操要杀许劭的说法，则不知所出。

⑧殆至屠灭：几乎被杀。殆，几乎。《后汉书·许劭列传》："南到广陵，徐州刺史陶谦礼之甚厚。劭不自安，告其徒曰：'陶恭祖外慕声名，内非真正。待吾虽厚，其势必薄。不如去之。'遂复投扬州刺史刘繇于曲阿。其后陶谦果捕诸寓士。及孙策平吴，劭与繇南奔豫章而卒，时年四十六。"

【译文】

汉朝末年的社会风气败坏，各宗派集团分为不同的阵营，许子将之类的人，把口舌当作防御武器，与别人争执论辩，同门同宗的人也变成了仇敌。因此对汝南一带的人士不再有固定不变的评价了，而出现了每月初一对这些人士的重新品评。魏武帝曹操也很痛恨许子将，想要取他的首级，他于是四处奔波逃亡，以至于差一点被杀死。前面的这些借鉴还不太久远，我们可以从中学到许多的经验教训啊。

且人之未易知也，虽父兄不必尽子弟也。同乎我者遽是乎[①]？异于我者遽非乎？或有始无卒，唐尧、公旦、仲尼、季札[②]，皆有不全得之恨[③]。无以近人信其喽喽管见荧烛之明[④]，而轻评人物，是皆卖彼上圣大贤乎[⑤]！

【注释】

①遽(jù)：就。是：正确。

②唐尧、公旦、仲尼、季札：关于这四位圣贤知人有误的记载，可见本书《清鉴》篇中“陶唐稽古而失任，姬公钦明而谬授。尼父远得崇替于未兆，近失澹台于形骸。延州审清浊于千载之外，而蔽奇士于咫尺之内”的注释。

③不全得：没有完全看准。恨：遗憾。

④喽喽：喋喋不休的样子。管见：一孔之见。荧烛：微弱的烛光。荧，微弱的光。

⑤是：代指近人。卖：应为“迈”。《四库全书》文渊阁本即作“迈”。超过。

【译文】

再说人是很难了解的，即使是父亲与兄长也不一定就能够完全了解自己的儿子和弟弟。与自己的思想相同的人难道就正确吗？和自己思想不同的人难道就错了吗？有些人的品行有始而无终，唐尧、周公、孔子、季札，都有不能够完全看准人的遗憾。不要相信一些近代人喋喋不休讲出的一孔之见和微如烛光般的聪明，而就去轻易地评论别人，他们难道都能够超过那些上圣大贤吗？”

昔大安中[①]，石冰作乱[②]，六州之地[③]，柯振叶靡[④]，违正党逆[⑤]。义军大都督邀洪为将兵都尉[⑥]，累见敦迫[⑦]。既桑梓恐虏[⑧]，祸深忧大，古人有急疾之义[⑨]，又畏军法，不敢任志[⑩]。遂募合数百人，与诸军旅进。

【注释】

①大(tài)安：应作"太安"。西晋惠帝司马衷的年号，公元302—303年。

②石冰：西晋人。随张昌起兵叛乱，为张昌别帅，先后攻破江、扬二州，后兵败被杀。

③六州：史书多作"五州"。《资治通鉴》卷八十五："张昌党石冰寇扬州，败刺史陈徽，诸郡尽没；又攻破江州……于是荆、江、徐、扬、豫五州之境，多为昌所据。"

④柯振叶靡：树枝摇动，树叶落下。比喻局势一片混乱，岌岌可危。柯，树枝。靡，倒下；落下。

⑤党逆：勾结叛党。党，勾结。

⑥大都督：将军号。当时的义军大都督为吴兴太守顾秘。将兵都尉：军官名。《晋书·葛洪列传》："太安中，石冰作乱，吴兴太守顾秘为义军都督，与周玘等起兵讨之，秘檄洪为将兵都尉，攻冰别率，破之，迁伏波将军。"

⑦累：多次。见：被。敦迫：催促。

⑧桑梓：两种树名。因为这两种树多栽种在房前屋后，因此常用来代指家乡。

⑨急疾：解决紧急危难。疾，紧急。

⑩任志：任意。

【译文】

在从前的太安年间，石冰叛乱，有六个州的地方，局势岌岌可危，很多人违背了正道而与叛党相互勾结。义军的大都督邀请葛洪去担任将兵都尉，多次催促葛洪。既因为家乡的父老乡亲害怕这些强盗，担心大难临头，也因为古人有解决紧急危难的道德传统，自己又畏惧军法，不敢任意行事。于是就募集了几百人，与各路军队共同进击叛党。

曾攻贼之别将①，破之日，钱帛山积，珍玩蔽地。诸军莫不放兵收拾财物，继毂连担②。洪独约令所领，不得妄离行阵。士有摭得众者③，洪即斩之以徇，于是无敢委杖④。而果有伏贼数百，出伤诸军。诸军悉发⑤，无部队，皆人马负重，无复战心，遂致惊乱，死伤狼藉，殆欲不振⑥。独洪军整齐毂张⑦，无所损伤，以救诸军之大崩，洪有力焉。后别战，斩贼小帅，多获甲首⑧，而献捷幕府⑨。于是大都督加洪伏波将军⑩。例给布百匹，诸将多封闭之，或送还家。而洪分赐将士，及施知故之贫者⑪。余之十匹，又径以市肉酤酒，以飨将吏。于时窃擅一日之美谈焉⑫。

【注释】

①别将：与主力军配合作战的部队将领。

②毂(gǔ)：车轮中心的圆木，周围与车辐相接，中有圆孔，可插轴。这里代指车辆。

③摭(zhí)：拾取。众：指很多的财物。

④委杖：放下武器。委，放下。杖，棍棒。这里泛指武器。

⑤悉发：全部发起迎击。悉，全部。

⑥殆：几乎。不振：不能振作。也即无法迎敌。

⑦毂张："毂张"不可解，疑作"彀张"。"毂"为"彀"之形误。彀张，拉满弓。形容严密防备。彀，拉满弓。

⑧甲首：穿甲衣者的首级。也即敌军的首级。

⑨幕府：将军府。幕，军中大帐。

⑩伏波将军：将军号。

⑪知故：熟人旧友。

⑫窃擅：独自占有。窃，自我谦称。

【译文】

曾经攻打过叛军的一个部将，破敌之日，敌军的金钱布帛堆积如山，珠宝珍玩遍地都是。各路军队都放任自己的士兵去捡拾财物，他们一车接着一车一担连着一担。只有葛洪独自约束自己所统领的军队，不许士兵随便离开队列。对于拾取财物多的士兵，葛洪当即就斩首示众，于是当时就没有士兵再敢扔掉自己的武器了。后来果然有几百名埋伏的叛军士兵，出来进攻各路军队。各路军队虽然全都发起迎击，然而已经没有了队形行列，人和马都背着很重的财物，再也没有一点斗志，于是就导致了军队的惊慌混乱，死伤者一片狼藉，几乎没有办法整顿起来迎战了。只有葛洪的军队依然整整齐齐严阵以待，没有受到任何损失，而且还挽救了各路军队的大溃败，葛洪对此是出了大力的。后来在另外一次战斗中，葛洪斩杀了叛军的一个低级将领，斩获了许多敌人的首级，然后向帅府报捷。于是大都督就加封葛洪为伏波将军。大都督按照惯例发给每位将领一百匹布匹，各位将领大多都自己收藏了起来，或者送回自己的家中。而葛洪则把布匹分赐给自己的将士，以及分送给贫困的熟人旧友。剩下的十匹，又直接拿去换成酒肉，用来犒劳自己的将士。在当时葛洪独自获取了一时的美誉。

事平，洪投戈释甲，径诣洛阳①，欲广寻异书，了不论战功②。窃慕鲁连不受聊城之金③，包胥不纳存楚之赏④，成功不处之义焉。正遇上国大乱⑤，北道不通，而陈敏又反于江东⑥，归涂隔塞。会有故人谯国嵇君道⑦，见用为广州刺史，乃表请洪为参军[8]。虽非所乐，然利可避地于南[9]，故黾勉就焉[10]。见遣先行催兵[11]，而君道于后遇害，遂停广州。频为节将见邀用[12]，皆不就。

【注释】

①径诣：直接去。诣，到。

②了不：一点也不；完全不。了，完全。

③鲁连：鲁仲连。战国齐人。聊城：地名。在今山东聊城。《史记·鲁仲连邹阳列传》："燕将攻下聊城，聊城人或谗之燕，燕将惧诛，因保守聊城，不敢归。齐田单攻聊城岁余，士卒多死而聊城不下。鲁连乃为书，约之矢以射城中，遗燕将……燕将见鲁连书，泣三日，犹豫不能自决……乃自杀。聊城乱，田单遂屠聊城。归而言鲁连，欲爵之。鲁连逃隐于海上，曰：'吾与富贵而诎于人，宁贫贱而轻世肆志焉。'"

④包胥：申包胥。春秋楚人。《左传·定公四年》："初，伍员与申包胥友。其亡也，谓申包胥曰：'我必复楚国。'申包胥曰：'勉之！子能复之，我必能兴之。'及昭王在随，申包胥如秦乞师……立依于庭墙而哭，日夜不绝声，勺饮不入口七日，秦哀公为之赋《无衣》。九顿首而坐，秦师乃出。"《左传·定公五年》："（楚昭王返国后欲赏申包胥）申包胥曰：'吾为君也，非为身也。君既定矣，又何求？……'遂逃赏。"

⑤上国：中原地区。京城也称"上国"。

⑥陈敏：字令通。庐江人。先后任尚书仓部令史、广陵相、前锋都督。晋惠帝幸长安，中原大乱。陈敏遂据历阳以反，占有吴越之地，后兵败被斩。江东：地名。自汉至隋唐，人们称自安徽芜湖以下的长江南岸地区为江东。

⑦会：刚好。谯国：地名。在今河南夏邑一带。嵇君道：嵇含，字君

道。好学能属文。先后任襄城太守、广州刺史等职。后为刘弘的司马郭劢所害。

⑧参军：官名。原为参谋军事，后来地方政府也有参军。

⑨避地：避开动乱之地。

⑩黾(mǐn)勉：勤勉；努力。就：就职；就任。

⑪见遣：受派遣。

⑫节将：持节大将。泛指驻军将领。节，古代朝廷用作凭证的信物。

【译文】

这次动乱平息之后，葛洪就放下武器脱去军服离开了军队，直接去了洛阳，想广泛地搜集奇书，一点也不谈自己的战功。自己仰慕鲁仲连没有接受因收复聊城而被赏赐的黄金，以及申包胥不接受因为保全楚国而给予的赏赐，这是一种成功而不居功的精神。正好遇上中原一带大乱，到北方去的道路不通，而陈敏又在江东一带造反，回去的道路也被隔断了。恰巧有位老朋友谯国的嵇君道，被任命为广州刺史，于是他就上奏章请求让葛洪去做他的参军。这虽然不是自己所乐意做的事情，然而好处是可以躲开动乱地区到南方去，因此就努力地前去就任了。葛洪受派遣先去催兵，而嵇君道就在此后不久遇害了，于是自己就只好逗留在广州。屡次受到驻军将领的邀请前去任职，而自己都没有接受。

永惟富贵可以渐得①，而不可顿合②，其间屑屑③，亦足以劳人。且荣位势利，譬如寄客④，既非常物，又其去不可得留也。隆隆者绝⑤，赫赫者灭⑥，有若春华⑦，须臾凋落⑧。得之不喜，失之安悲？悔吝百端⑨，忧惧兢战，不可胜言，不足为也⑩。

【注释】

①永惟：一直觉得。惟，思考；觉得。

②顿：突然；很快。

③屑屑：琐碎烦杂的样子。也可理解为劳碌不安的样子。

④寄客：暂时寄宿的外地人。客，外地人。

⑤隆隆者：地位高贵的人。

⑥赫赫者：声势显赫的人。

⑦春华：春天的鲜花。华，花。

⑧须臾：形容时间短暂。

⑨悔吝：灾难。百端：各种各样。

⑩为：追求。

【译文】

自己一直觉得荣华富贵可以慢慢得到，而不可能突然间获取，而在追求荣华富贵时所遇到的琐碎繁杂的事情，也实在是太拖累人了。再说那些荣华富贵，就好像暂时寄宿的外地人，既不是自己所能够永久占有的东西，而且当它离开时也无法挽留。地位高贵的人总有倒台的一天，声势显赫的人也会有消亡的时候，就好像春天的鲜花一样，转眼之间就会凋落。因此得到它们时不值得高兴，失去它们时又怎么值得悲哀呢？为追求富贵而带来的各种灾难，以及心理上的担忧害怕、战战兢兢，真是一言难尽，富贵实在不值得自己去追求啊。

且自度性笃懒而才至短[①]，以笃懒而御短才，虽翕肩屈膝[②]，趋走风尘[③]，犹必不办大致名位而免患累[④]，况不能乎！未若修松、乔之道[⑤]，在我而已，不由于人焉。

【注释】

①度(duó)：推测；考虑。

②翕(xī)肩:耸肩缩头。形容讨好的样子。

③趋走:到处奔走钻营。风尘:代指尘世、官场。

④不办:做不到。

⑤松、乔:两位神仙名。赤松子与王子乔。

【译文】

而且自认为天性非常懒惰而才能又极为低下,用自己的懒惰天性去驾驭着自己的低下才能,即使自己耸肩缩头卑躬屈膝,在尘世官场中到处奔走钻营,依然无法做到获取了很高的名誉地位却能够避免各种祸患牵累,更何况自己还不肯那样做呢!不如修行赤松子、王子乔的成仙之道,这样自己就能够把握住自己,而不会受制于人。

将登名山,服食养性①。非有废也,事不兼济②;自非绝弃世务③,则曷缘修习玄静哉④!且知之诚难,亦不得惜问而与人议也⑤。是以车马之迹,不经贵势之域;片字之书,不交在位之家。

【注释】

①服食:道教养生术之一,指服用金丹、草木等药物以求长生不死。养性:养生。

②兼济:都能成功。济,成功。

③自非:除非。

④玄静:指玄妙清净的求仙术。

⑤惜问:吝啬求教。也即不愿求教。

【译文】

自己准备登上名山,服食丹药以养生求仙。如果不有所废弃,事情是无法做到两全的;如果不能放弃世俗的事务,那么又有什么机缘去修炼玄妙清净的求仙之道呢！再说要想懂得仙道是很困难的事情，自己也不能不虚心求教而去和别人讨论。因此我的车马行迹，从来不到权贵居住的地方；即使片言只语的书信，也不会寄到在位者的家里。

又士林之中①，虽不可出②，而见造之宾③，意不能拒。妨人所作，不得专一。乃叹曰："山林之中无道也，而古之修道者，必入山林者，诚欲以违远讙哗④，使心不乱也。今将遂本志⑤，委桑梓⑥，适嵩岳⑦，以寻方平、梁公之轨⑧。先所作子书内外篇⑨，幸已用功夫，聊复撰次⑩，以示将来云尔。

【注释】

①士林：泛称有文人身份的人。

②出：这里指出门与人交往。

③见：被。造：来；造访。

④讙(huān)哗：大声喧哗。这里代指喧闹的尘世。

⑤遂：顺应。

⑥委：放弃；离开。桑梓：两种树名。因为这两种树多栽种在房前屋后，因此用来代指家乡。

⑦适：到。嵩岳：高大的山。嵩，山高而大叫做"嵩"。

⑧方平：王远，字方平。东汉东海人。举孝廉，博学五经，官至中散大夫，后弃官入山修道成仙。梁公：梁鸿，字伯鸾。东汉扶风人。自幼家贫而尚节操，博览群书。娶同县丑女孟光为妻，共入霸陵山中隐居，以耕织为业，后又先后移居齐鲁、吴地。轨：车迹；足迹。

⑨子书：诸子之书。葛洪把自己的内外篇列为子书。内外篇：指葛洪的《抱朴子内篇》和《抱朴子外篇》。

⑩聊:姑且。撰次:编排。

【译文】

另外自己作为士人中的一员,虽说不愿出门交往,然而如果有客人来访,想来总不能予以拒绝。这就妨碍了自己修道成仙,无法做到专心致志。于是就感叹说:"山林之中虽然没有修仙之道,然而古代修习仙道的人,一定要进入山林的原因,就是确实想远离喧闹的尘世,使心神不乱啊。现在自己就准备按照自己原有的意愿,离开故乡,到深山老林中去,以追随王方平、梁鸿的足迹。以前所撰写的子书《抱朴子内篇》和《抱朴子外篇》,幸亏已经下了很大工夫,再略加编排,以便让后人阅读。

洪年十五六时,所作诗赋杂文,当时自谓可行于代①。至于弱冠②,更详省之,殊多不称意。天才未必为增也,直所览差广③,而觉妍媸之别④。于是大有所制弃⑤,十不存一。今除所作子书,但杂尚余百所卷⑥,犹未尽损益之理⑦,而多惨愤⑧,不遑复料护之⑨。他人文成,便呼快意,余才钝思迟,实不能尔⑩。作文章每一更字⑪,辄自转胜⑫,但患懒,又所作多,不能数省之耳⑬。

【注释】

①可行于代:可以流传于世。代,世。

②弱冠:男子二十岁叫弱冠。古代以男子二十岁为成人,因初加冠而体犹未壮,故称弱冠。

③直:只是。差:稍微的。

④妍媸(yán chī):美与丑。也即好与坏。媸,丑。

⑤制弃:选择与抛弃。制,剪裁。也即选择。

⑥但:只。杂:指各类作品。

⑦损益:减少与增加。也即修改。益,增加。

⑧惨愦:疑作“惨愦”。心情烦乱的样子。

⑨不遑(huáng):没有空闲时间。遑,闲暇。料护:整理。

⑩尔:这样。指像别人那样快乐。

⑪更:更换;修改。

⑫辄:就。转胜:更胜一筹。

⑬数(shuò)省:反复修改。数,屡次。省,检查;修改。

【译文】

葛洪十五六岁的时候,写了许多诗、赋和各种文章,当时自己认为这些诗文可以流行于世了。到了二十岁时,再仔细看看这些诗文,有很多是自己所不满意的。不是自己的天然才能有什么增长,而只是因为自己所阅读的诗文稍微广泛了,能够辨别诗文好坏的差别。于是就对所写的诗文进行了大量的剪裁与舍弃,十分也没有保留一分。如今除了所写的子书之外,只剩下各类作品一百卷左右,还没有完全进行适当的修改,而自己经常心烦意乱,没有时间再去整理它们。别人的文章写成之后,便表示非常高兴,我自己的文才低下而思维迟钝,实在做不到这一点。撰写文章时每修改一个字,就感到确实更胜一筹,只是自己患上懒惰的毛病,写的东西又多,因此无法反复对它们进行检查修改。

洪年二十余,乃计作细碎小文,妨弃功日,未若立一家之言,乃草创子书。会遇兵乱,流离播越[①],有所亡失。连在道路,不复投笔十余年[②]。至建武中[③],乃定[④]。

【注释】

①播越:离散;流亡。播,离散。越,遥远。

②投笔:当作“役笔”。杨明照《抱朴子外篇校笺》:“陈澧曰:‘“投”

字疑误。'照按:'投'盖'役'之误。"役笔,用笔;写作。役,使用。

③建武:晋元帝司马睿年号。公元317年,仅一年。

④定:定稿。

【译文】

葛洪二十多岁的时候,才考虑到写作一些琐碎的小文章,不过是白白浪费时间而已,不如创立一家学说,于是就开始起草子书。又刚好遇到了兵荒马乱,自己流离失所,丢失了许多文稿。自己不停地在道路上奔波流亡,没有执笔写作长达十几年时间。一直到了建武年间,才定稿。

凡著《内篇》二十卷①,《外篇》五十卷,碑、颂、诗、赋百卷②,军书、檄移、章表、笺记三十卷③。又撰俗所不列者为《神仙传》十卷,又撰高尚不仕者为《隐逸传》十卷④。又抄五经、七史、百家之言、兵事、方伎、短杂、奇要三百一十卷⑤,别有《目录》⑥。其《内篇》言神仙、方药、鬼怪、变化、养生、延年、禳邪、却祸之事⑦,属道家;其《外篇》言人间得失、世事臧否⑧,属儒家。

【注释】

①凡:总共。

②颂:古代文体之一,其内容多为歌功颂德。

③檄移:古代文体。檄,古代用来征召、声讨的文书。移,分文移、武移两种。文移是谴责性公文,唐代以后成为官府平行机构之间相互交涉的文书;武移是声讨性文书,与檄文相似。章表:奏章。

④高尚不仕:崇尚隐逸而不愿出仕。《周易·蛊卦》:"上九:不事王侯,高尚其事。"

⑤七史：七种史书。葛洪所抄录的史书，我们现在能够知道的有《史记钞》、《汉书钞》、《后汉书钞》、《吴志钞》。方伎：指医学、房中、神仙等书籍。短杂：指短小的杂文。奇要：指一些重要的奇书。如遁甲、修仙等书籍。

⑥《目录》：书名。已佚。

⑦禳(ráng)：用祭祀祈祷来消除灾难的一种活动。却：消除。

⑧臧否(pǐ)：善恶。臧，善。否，恶。

【译文】

总共撰写了《抱朴子内篇》二十卷，《抱朴子外篇》五十卷，碑文、颂、诗、赋一百卷，军书、檄移、章表、笺记三十卷。又为世俗书籍一般不予收录的神仙们撰写了《神仙传》十卷，又为崇尚隐逸不愿出仕的隐士们撰写了《隐逸传》十卷。还抄写了五经、七史、诸子之言、兵事、方伎、短杂、奇要三百一十卷，另外还有《目录》。其中《抱朴子内篇》讲的是神仙、方药、鬼怪、变化、养生、延年、禳除邪恶、消除祸患的事情，属于道家思想；其中《抱朴子外篇》讲的是人间的得失、世事的善恶，属于儒家思想。

洪见魏文帝《典论・自叙》①，末及弹棋、击剑之事②，有意于略说所知，而实不数少所便能③，不可虚自称扬，今将具言所不闲焉④。

【注释】

①魏文帝：曹丕。曹操死后，其子曹丕继承王位，曹丕以禅让的手段称帝，史称魏文帝。《典论》：书名。《隋书・经籍志》著录为五卷，今仅存《论文》、《自叙》两篇。

②弹棋：古代棋类博戏之一。

③数：算在数内；属于。少：年少；从小。便能：熟悉；能做的事情。

④闲:熟悉。

【译文】

葛洪看到魏文帝曹丕写的《典论·自叙》,在该文的最后谈到了弹棋、击剑之类的事情,自己也想大略地谈谈自己所知道的内容,然而这实际上又不属于我从小就熟习的事情,自己不可以不懂装懂地去谈论。现在就具体地说说自己所不熟习的事情。

洪体钝性驽[①],寡所玩好,自总发垂髫[②],(此处有脱文)又掷瓦、手搏,不及儿童之群。未曾斗鸡鹜、走狗马[③]。见人博戏[④],了不目眄[⑤]。或强牵引观之,殊不入神[⑥],有若昼睡。是以至今不知棋局上有几道、樗蒲齿名[⑦]。亦念此辈末伎,乱意思而妨日、月,在位有损政事,儒者则废讲诵,凡民则忘稼穑,商人则失货财。

【注释】

①驽:劣马。这里比喻才能低下。

②总发:即总角。古代男女未成年时束发为二结,形状如角,故称"总角"。这里代指未成年。垂髫(tiáo):指儿童。髫,小孩的垂发。

③鹜(wù):鸟名。野鸭。走:跑。这里用作使动,使狗马奔跑。

④博戏:六博游戏。古代一种比赛游戏。

⑤了:完全。眄(miǎn):斜着眼看。

⑥殊:非常;根本。入神:放在心中。

⑦棋局:棋盘。樗(chū)蒲:古代的一种赌博游戏。齿:樗蒲赌博时用来掷采的木片,类似今天的骰子,共五枚。

【译文】

葛洪身体迟钝而生性笨拙,很少有自己所喜欢的游戏,从儿童时代开始,(此处有脱文)另外抛掷瓦片、徒手搏斗,也比不上其他的众多儿童。从来也没有斗过鸡鸭、骑马牵狗奔跑过。看见别人在玩赌博游戏,自己完全不愿看上一眼。有人强拉着自己去看,自己根本就不能把这些游戏放在心上,就像白天睡着了一样。因此到现在都不知道棋盘上有几条线、樗蒲游戏中木齿的名称是什么。又觉得这类游戏属于雕虫小技,会扰乱人的思想而且浪费人的时间,有官位的人会因此耽误政事,读书人会因此荒废讲诵经典,平民百姓会因此而忘记了耕种土地,商人也会因此而损失很多的钱财。

至于胜负未分,交争都市,心热于中,颜愁于外①,名之为乐,而实煎悴。丧廉耻之操,兴争竞之端②。相取重货③,密结怨隙。昔宋闵公、吴太子致碎首之祸④,生叛乱之变,覆灭七国⑤,几倾天朝⑥。作戒百代,其鉴明矣。

【注释】

①颜:面容。

②端:事情;事端。

③相取重货:相互赢取对方的大量钱财。

④宋闵公:春秋宋国国君。因博戏引起争端,被其大臣宋万以棋盘砸死。《史记·宋微子世家》:"(湣公)十年夏,宋伐鲁,战于乘丘,鲁生虏宋南宫万。宋人请万,万归宋。十一年秋,湣公与南宫万猎,因博争行,湣公怒,辱之曰:'始吾敬若;今若鲁虏也。'万有力,病此言,遂以局杀湣公于蒙泽。"文中说的"湣公"即"闵公"。吴太子:指西汉吴王刘濞的太子。《史记·吴王濞列传》:"孝文时,吴太子入见,得侍皇太子饮博。吴太子师傅皆楚人,轻悍,又素骄,博,争道,不恭,皇太子引博局提吴太子,杀之。"

⑤七国：指西汉的吴、楚、赵、胶西、济南、淄川、胶东七个诸侯国。西汉初，诸侯国势力逐渐强大，威胁了中央集权，景帝采纳晁错建议削藩。景帝前元三年，吴王刘濞勾结其他六国起兵叛乱，后被平定。史称吴楚七国之乱。

⑥几：差一点。天朝：指西汉王朝。

【译文】

在赌博还没有分出胜负的时候，赌徒们在街道市场上互相争吵不休，他们的心中发烧烦躁，外表愁容满面，名义上是为了取乐，然而实际上却是受尽了煎熬。它使人丧失了懂得廉耻的节操，从而引发了争斗的事端。他们相互赢取对方的大量钱财，彼此暗中结下了深深的仇恨。从前春秋时的宋闵公、西汉时的吴国太子都是因为博戏而招来脑袋被砸碎的祸患，后者还引发了叛乱，导致了七个诸侯国的覆灭，差一点颠覆了西汉王朝。这些事件可以作为百代后人的借鉴，而且其借鉴作用是非常明白的。

每观戏者，惭恚交集①，手足相及②，丑詈相加③，绝交坏友，往往有焉。怨不在大，亦不在小，多召悔吝④，不足为也。仲尼虽有昼寝之戒⑤，以洪较之，洪实未许其贤于昼寝⑥。何者？昼寝但无益，而未有怨恨之忧、斗讼之变。圣者犹韦编三绝⑦，以勤经业，凡才近人，安得兼修⑧？惟诸戏，尽不如示一尺之书⑨。故因本不喜而不为，盖此俗人所亲焉。

【注释】

①恚（huì）：愤怒。

②手足相及：拳脚相加。

③詈（lì）：辱骂。

④悔吝：灾祸。

⑤仲尼：孔子。昼寝：白天睡觉。《论语·公冶长》："宰予昼寝。子曰：'朽木不可雕也，粪土之墙不可杇也。于予与何诛！'"

⑥许：同意；赞同。贤于：胜于。

⑦圣者：指孔子。韦编三绝：编竹简的皮绳被翻断了多次。韦，熟皮绳。绝，断。三，泛指多次。先秦人用熟皮绳编竹简以成书册，孔子读《周易》时，反覆翻阅，以至于皮绳多次断开。《史记·孔子世家》："读《易》，韦编三绝。"

⑧兼修：指把博戏与读书两件事情都做好。

⑨尽：完全。示：视；看。一尺之书：一尺长的书籍。古代书籍为卷幅，打开一尺长，形容内容很少。

【译文】

常常看到那些博戏之人，惭愧与恼怒交集，拳头与腿脚并用，互相用丑话辱骂对方，为此断绝了交情而败坏了友谊，这种情况经常发生。仇怨不在于大，也不在于小，都会为自己带来灾难，因此不应该与他人结怨。孔子虽然有不该白天睡觉的告诫，然而如果让葛洪来作一比较的话，葛洪实在不认为赌博游戏胜于白天睡觉。为什么呢？白天睡觉只是没有益处，但不会有招来别人怨恨的忧虑，不会引发斗殴争吵的突发事故。圣人孔子尚且多次翻断了编竹简的皮绳，勤奋地研究经典，而那些才能一般智力浅近的人，又怎么能够同时把博戏与读书的事情都做好呢？我认为参与各种赌博游戏，完全不如阅读一点点书籍。本来就因为自己根本不喜欢而不去参与赌博游戏，然而赌博游戏却是世俗人们所喜爱的事情。

少尝学射，但力少不能挽强①，若颜高之弓耳②。意为射既在六艺③，又可以御寇辟劫④，及取鸟兽，是以习之。昔在军旅，曾手射追骑，应弦而倒，杀二贼一马，遂以得免死。又曾受刀楯及单刀、双戟[5]，皆有口诀要术；以待取人，乃有秘法，其巧入神。若以此道与不晓者对，便可以当全独胜[6]，所向无前矣。晚又学七尺杖术，可以入白刃，取大戟。然亦是不急之末学，知之譬如麟角凤距[7]，何必用之！过此已往[8]，未之或知[9]。

【注释】

①挽强：拉开强劲的弓。强，指强弓。

②颜高：春秋鲁国人。力大，能拉强弓。《左传·定公八年》："公侵齐，门于阳州。士皆坐列，曰：'颜高之弓六钧。'皆取而传观之。"

③六艺：六种技能。指礼、乐、射、御、书、数。

④辟(bì)劫：防备抢劫。辟，避免；防备。

⑤楯(dùn)：通"盾"，盾牌。戟：古代的一种兵器。

⑥当全独胜：大获全胜。

⑦距：爪子。

⑧过此已往：除此之外。

⑨未之或知：即"未或知之"。不再懂得什么了。

【译文】

年轻的时候曾经学过射箭，只是因为力气小而无法拉开硬弓，比如像颜高用的那种硬弓。想到射箭既然属于六艺之一，又可以用来抵御敌寇防备抢劫，还可以用它射取鸟兽，因此就学习射箭。从前在军队打仗时，曾亲手射击追赶自己的骑兵，他们随着弓弦声而倒下，自己射杀了两个敌兵和一匹战马，于是得以免除一死。还曾经学习过刀盾和单刀、双戟，它们都有口诀和技术要领；用这些技术去攻取敌人时，还有秘密的方法，其巧妙出神入化。如果用这些方法和不懂得这些方法的人对阵，就可以大获全胜，所向无敌了。后来又学习了七尺棍术，可以凭借它迎战对方的刀剑，战胜手持大戟的敌人。然而这也属于不太急需的末流学问，即使懂得了这些本事也好像麒麟长有角而凤凰长有爪，又何必一定要使用它们呢！除此之外，自己就不懂得什么了。

洪少有定志，决不出身①。每览巢、许、子州、北人、石户、二姜、两袁、法真、子龙之传②，尝废书前席③，慕其为人。念精治五经，著一部子书，令后世知其为文儒而已。

【注释】

①出身：出仕为官。

②巢：巢父。尧时的隐士。许：许由。尧时的隐士。子州：子州支父。尧时的隐士。北人：北人无择。舜时的隐士。石户：石户之农。舜时的隐士。二姜：指东汉的姜肱与姜岐。二人都是隐士。两袁：指东汉的袁安及其玄孙袁闳。二人都曾有过隐居的经历。一说指东汉的袁忠、袁弘兄弟。均为隐士。袁忠、袁弘与袁闳也为兄弟关系。法真：东汉隐士。姓法名真，字高卿，扶风郿人。子龙：东汉隐士申屠蟠，字子龙。隐居读书，因树为屋，佣工自养。

③尝：经常；常常。废书：放下书本。前席：移座而前。本句形容葛洪心情激动的样子。

【译文】

葛洪从小就有了坚定的志向，决不出仕为官。每次看到巢父、许由、子州支父、北人无择、石户之农、二姜、两袁、法真、子龙的传记，就不由自主地放下书本而移座向前，仰慕他们的为人。就想精心研究五经，撰写一部子书，让后代人知道葛洪是一个读书人而已。

后州、郡及车骑大将军辟[①]，皆不就，荐名琅邪王丞相府[②]。昔起义兵，贼平之后，了不修名诣府论功[③]，主者永无赏报之冀[④]。晋王应天顺人[⑤]，拨乱反正，结皇纲于垂绝[⑥]，修宗庙之废祀，念先朝之滞赏[⑦]，并无报以劝来。洪随例就彼[⑧]。庚寅诏书[⑨]，赐爵关中侯[⑩]，食句容之邑二百户[⑪]。

【注释】

①州、郡：古代的两个行政区划，辖区的大小各个时代不同。秦始皇统一中国后，分天下为三十六郡；汉代三国时期，州在郡之上；隋唐时期的州相当于以前的郡。车骑大将军：将军的名号。辟：征召。

②琅邪王丞相：指司马睿。司马睿为西晋王室，袭封琅邪王，晋升丞相，大都督。西晋灭亡后，即晋王位，后称帝，即东晋的第一位皇帝晋元帝。

③了：完全。修名：追求名声。诣府：到官府。诣，到。

④主者：主管的官员。冀：希望。

⑤晋王：指晋王司马睿。

⑥结皇纲于垂绝：重振即将灭绝的皇帝统治的纲纪。垂，即将。

⑦先朝：指西晋。葛洪参与平叛的事情发生在西晋。滞赏：还未颁发的赏赐。

⑧就彼：到了那里。就，到。

⑨庚寅：应指庚寅日。一说指庚寅年。

⑩关中侯：爵位名，以赏有功者，地位低于列侯。

⑪句容：地名。在今江苏句容。邑：封地；食邑。

【译文】

后来州、郡和车骑大将军征召，自己都没有去就职，有人就把自己的名字上报到了琅琊王、丞相司马睿的府中。从前曾率起义军平叛，直到叛乱被平息后，完全不去追求名声或到官府去论功请赏，从来也没有从主管官员那里获取赏赐的想法。晋王上承天命而下顺人心，拨乱反正，重振即将灭绝的皇帝统治的纲纪，修复了在宗庙里对祖先的祭祀；他考虑到前朝还没有颁发的奖赏，如果不对功臣予以报偿就没有办法激励后人。于是葛洪就按照惯例到了晋王那里。庚寅日颁布诏书，赐给我关中侯的爵位，把句容二百户赐予我作为食邑。

窃谓讨贼以救桑梓，劳不足录①，金紫之命②，非其始愿。本欲远慕鲁连③，近引田畴④，上书固辞，以遂微志。适有大例⑤，同不见许⑥。昔仲由让应受之赐，而沮为善⑦。丑虏未夷⑧，天下多事，国家方欲明赏必罚，以彰宪典，小子岂敢苟洁区区之懦志⑨，而距弘通之大制⑩！故遂息意而恭承诏命焉。

【注释】

①录：录功；记功。

②金紫之命：关中侯金印紫绶，因此称为金紫之命。

③鲁连：鲁仲连。战国齐人。为齐国立了大功而不接受赏赐。

④田畴：三国人，为曹操立了军功而不接受赏赐。《三国志·魏书·田畴传》："太祖令畴将其众为乡导，上徐无山，出卢龙，历平冈，登白狼堆，去柳城二百余里，虏乃惊觉。单于身自临陈，太祖与交战，遂大斩获，追奔逐北，至柳城。军还入塞，论功行封，封畴亭侯，邑五百户。畴自以始为居难，率众遁逃，志义不立，反以为利，非本意也，固让。太祖知其至心，许而不夺。"

⑤适：刚好。大例：国家的统一规定。

⑥见许：被允许；被批准。见，被。

⑦昔仲由让应受之赐，而沮为善：从前子路拒绝接受应该得到的赏赐，而阻碍了别人去做好事。仲由，孔子弟子。姓仲名由，字子路。这两句所讲的事情本为子贡所为，而葛洪误记为子路。沮，阻止；阻碍。《吕氏春秋·察微》："鲁国之法，鲁人为人臣妾于诸侯，有能赎之者，取其金于府。子贡赎鲁人于诸侯，来而让不取其金。孔子曰：'赐失之矣！自今以往，鲁人不赎人矣。取其金，则无损于行；不取其金，则不复赎人矣。'"

⑧丑虏：犹言"众虏"。对敌军的蔑称。丑，众。一说"丑"是丑恶的意思。夷：平；平息。

⑨小子：对自己的谦称。区区：微不足道的样子。懦志：怯懦的志向。

⑩距：通"拒"，拒绝。弘通：宏伟通达。

【译文】

我自己认为讨伐叛军以拯救家乡父老，立了功劳也不值得记功行赏，金印紫绶这样的任命，也并非自己的最初愿望。本来打算远效鲁仲连，近学田畴，于是就上奏章坚决推辞，以实现自己的小小意愿。刚好遇到国家有统一的规定，辞让的事全都没有被批准。从前仲由辞让应该得到的奖赏，因而阻碍了别人去做善事。现在众多的敌寇尚未平息，天下的战事很多，国家正想要做到赏罚分明，以便彰显朝廷的法典，我个人怎么敢随便地为了保全自己微不足道的怯懦志向，而去抗拒宏伟通达的国家大法呢！因此就放弃了自己的想法而恭敬地接受了诏书的命令。

洪既著《自叙》之篇，或人难曰："昔王充年在耳顺①，道穷望绝，惧身名之偕灭，故《自纪》终篇②。先生以始立之盛③，值乎有道之运④，方将解申公之束帛⑤，登穆生之蒲轮[6]，耀藻九五[7]，绝声昆吾[8]，何憾芬芳之不扬[9]，而务老生之彼务[10]！”

【注释】

①王充：东汉的著名思想家。字仲任，会稽上虞人，著有《论衡》一书。耳顺：指六十岁。《论语·为政》：“六十而耳顺。”后人就把“耳顺”作为六十岁的代称。

②《自纪》：《论衡》中的篇名。该文的性质与葛洪的《自叙》相似。

③始立：刚过三十岁。葛洪当时三十多岁。《论语·为政》：“三十而立。”后人就把“而立”作为三十岁的代称。

④有道之运：政治清明的时代。运，时运；时代。

⑤申公：西汉的儒生。束帛：古代的礼品。丝帛五匹为一束。这里代指皇上送来的聘用礼品。《史记·儒林列传》：“申公者，鲁人也……弟子自远方至受业者百余人。申公独以《诗经》为训以教……于是天子（汉武帝）使使束帛加璧、安车驷马迎申公。”

⑥穆生：应作“枚生”。《道藏》及其他各本多作“枚生”。指西汉的著名文人枚乘。蒲轮：用蒲草包裹车轮的车子。用蒲草包裹车轮是为了减小震动，古代朝廷多用蒲轮车迎接德高望重的贤人。《汉书·枚乘传》：“武帝自为太子闻乘名，及即位，乘年高，乃以安车蒲轮征乘。”

⑦耀藻：显示自己的才华。藻，美丽的花纹。比喻美好的才华。九五：代指君主。《周易·乾卦》：“九五：飞龙在天，利见大人。”后人因此以九五之尊代指帝位。

⑧绝声：极高的名声。昆吾：传说中的山名，据说山上多赤铜。这里代指用昆吾山上的铜铸造的铜器，如大鼎等。“绝声昆吾”也即把自己的名字铸造在大鼎上以传后世。

⑨芬芳：芳香。比喻美好的名声。

⑩老生：老书生。

【译文】

葛洪写了《自叙》这篇文章之后，有人责难说："从前王充到了六十岁的时候，已经是穷途末路而看不到任何希望了，他担心自己身体与名声一起消失，因此撰写了《自纪》并把它放在《论衡》的最后。而先生正值三十多岁的盛年，又遇到了政治清明的好时代，正应该像申公那样打开皇上送来的聘用之礼，像枚乘那样坐上朝廷派来的蒲轮车子，在皇上那里发挥自己的美好才华，让自己的名字铸造在青铜大鼎之上，怎么会有美好的名声不四处传扬的遗憾，然而先生现在却去致力于老书生们干的那种事情！"

洪答曰："夫二仪弥邈①，而人居若寓②。以朝菌之耀秀③，不移晷而殄瘁④；类春华之暂荣⑤，未改旬而凋坠。虽飞飙之经霄⑥，激电之乍照⑦，未必速也。夫期颐犹奔星之腾烟⑧，黄发如激箭之过隙⑨，况或未萌而殒箨⑩，逆秋而零瘁者哉⑪！

【注释】

①二仪：即两仪。指天地。弥，广大。邈，久远。

②寓：寄居。

③以：应为"似"。杨明照《抱朴子外篇校笺》："陈澧曰：'"以"当作"似"。'照按：作'似'始于下'类春华之暂荣，未改旬而凋坠'二句文意相合。"朝(zhāo)菌：一种早上出生、傍晚死亡的菌类植物。耀秀：显示自己的美好。

④不移晷(guǐ)：太阳的影子还没有移动。形容时间很短。晷，日影。殄(tiǎn)瘁：死亡枯萎。殄，死亡。瘁，困病。这里指枯萎。

⑤春华：春天的鲜花。华，花。荣：开花。

⑥飞飙:飞快的狂风。经霄:刮过天空。霄,云霄;天空。

⑦乍:突然;短暂。

⑧期颐:指百岁。期,需要。颐,颐养。百岁老人,不知衣服食味,需要孝子尽颐养之道。奔星:流星。腾烟:在云天上划过的一缕烟雾。烟,云烟;云雾。

⑨黄发:指老年或老人。老人的头发先变白,后转黄,故称老人为"黄发"。

⑩殒萚(yǔn tuò):草木落叶。这里代指死亡。殒,落。萚,草木脱落的皮或叶。

⑪逆秋:刚到秋天。逆,迎接。零瘁:零落凋谢。

【译文】

葛洪回答说:"天地是那样的广大而久远,而人们生活于天地之间就好像暂时寄居一般。人生犹如朝菌那样虽然十分美好,但转眼之间就枯萎死亡了;还好像春天的鲜花那样只能盛开一时,不到十天就凋谢坠落了。即使是疾风吹过天空,电光忽然一闪,与短暂的人生相比也未必显得更为快速。人活百岁也不过就像流星在云上划过,黄发高寿也不过犹如激箭飞过缝隙一样。更何况有的人就像草木一样还没有发芽就死掉了,有的人还好像草木那样刚到秋天就零落枯萎了!

"故项子有含穗之叹[①],扬乌有夙折之哀[②]。历览远古逸伦之士[③],或以文艺而龙跃[④],或以武功而虎踞[⑤],高勋著于盟府[⑥],德音被乎管弦[⑦]。形器虽沉铄于渊壤[⑧],美谈飘飖而日载[⑨],故虽千百代,犹穆如也[⑩]。

【注释】

①项子:项橐,又写作项托。据说他七岁时就当了孔子的老师,十

岁时夭折。含穗:指开花结穗而未能成熟。比喻夭折。

②扬乌:为西汉著名思想家扬雄之子,据说他七岁时就能够与父亲讨论文章,九岁时夭折。

③逸伦:超越同类。也即出类拔萃。

④龙跃:像龙一样跃起。比喻飞黄腾达。

⑤虎踞:像虎一样盘踞。比喻雄踞一方。

⑥盟府:掌管保存盟书的官府。

⑦德音:美名。管弦:管乐器与弦乐器。这里代指音乐、歌曲。

⑧形器:肉体。沉铄:消失;消融。渊壤:深渊与土壤。这里主要指泥土。

⑨飘飖:飘荡。形容一直流传下去的样子。日载:每天都有人书写这些美谈。

⑩穆如:肃然起敬的样子。

【译文】

“因此项橐的夭折给人们留下了吐穗而没能成熟的慨叹,扬乌的夭折给人们留下了过早去世的悲哀。观察远古以来历代出类拔萃的人才,有的人凭借着优美的文章而飞黄腾达,有的人靠着自己的武功而雄踞一方,有关他们丰功伟绩的记载保存于盟府之中,他们的美德写入歌曲到处被人传唱。他们的形骸虽然消融于泥土之中,而有关他们的美谈却会一直流传并且每日都会有人书写,因此即使是千百代之后,他们还是令人肃然起敬。

“余以庸陋,沉抑婆娑①,用不合时,行舛于世②;发音则响与俗乖,抗足则迹与众迕③;内无金、张之援④,外乏弹冠之友⑤。循涂虽坦⑥,而足无骐骥⑦;六虚虽旷⑧,而翼非大鹏。上不能鹰扬匡国⑨,下无以显亲垂名⑩;美不寄于良史,声不附乎钟鼎⑪。故因著述之余，而为《自叙》之篇，虽无补于穷达⑫，亦赖将来之有述焉⑬。”

【注释】

①沉抑：沉沦于社会底层。婆娑：盘旋；停留。这里指生活。

②舛：相互不一致。

③抗足：抬脚。比喻做事。抗，举；抬起。迕（wǔ）：抵触；背逆。

④金、张：西汉的大臣金日磾与张安世。金、张两大家族是西汉权势显赫的贵族，后世常用“金张”代指显贵之家。

⑤弹冠：本指整洁其冠、即将出仕为官，这里引申为志同道合。《汉书·王吉传》：“吉与贡禹为友，世称‘王阳在位，贡公弹冠’，言其取舍同也。”王阳，即王吉。王吉字子阳。王吉与贡禹都是西汉琅邪人，志同道合，感情甚笃。

⑥循涂：所走的道路。比喻自己所遵循的是正道。涂，同“途”。

⑦骐骥：良马名。这里代指美好的才能。

⑧六虚：上下四方。指整个空间。

⑨鹰扬：像奋飞的雄鹰一样。比喻大展雄图。匡国：匡正国家。也即挽救国家。

⑩无以：没有办法。显亲：使父母显达。亲，指父母。

⑪附乎：依附于。这里指铸造于。

⑫穷达：生活的困窘与顺利。

⑬有述：有所称述；有所记述。

【译文】

“我因为是个平庸浅陋的人，所以一直在社会的下层生活徘徊，我的才能不适合时代的需要，我的行事与世人相互乖背；说出的言语与大家不同，迈出的步子和众人抵触；在朝中没有权贵提供帮助，在外边也缺乏志同道合的朋友。所走的道路虽然平坦，然而自己却没有千里马那样的才华；上下四方的空间虽然开阔，然而自己却缺乏大鹏展翅那样的能力。上不能大展雄图挽救国家，下不能使父母显达垂名后世；自己的美名不能记载在史书之中，自己的声誉无法铸刻在钟鼎之上。因此在著书立说之余，写了《自叙》这篇文章，虽然这对于自己的生活顺利与否不起任何作用，但也希望将来的人们对自己能够有所称述。”

中华经典名著
全本全注全译丛书
（已出书目）

周易
尚书
诗经
周礼
仪礼
礼记
左传
韩诗外传
春秋公羊传
春秋穀梁传
春秋三传
孝经·忠经
论语·大学·中庸
尔雅
孟子
春秋繁露
说文解字
释名
国语
晏子春秋
穆天子传
战国纵横家书
战国策
史记
列女传
吴越春秋
越绝书
华阳国志
水经注
洛阳伽蓝记
大唐西域记
史通
贞观政要
营造法式
东京梦华录
梦粱录

唐才子传
大明律
廉吏传
徐霞客游记
读通鉴论
宋论
文史通义
鬻子·计倪子·於陵子
老子
道德经
帛书老子
鹖冠子
黄帝四经·关尹子·尸子
孙子兵法
墨子
管子
孔子家语
曾子·子思子·孔丛子
吴子·司马法
商君书
慎子·太白阴经
列子
鬼谷子
庄子
公孙龙子(外三种)
荀子
六韬
吕氏春秋
韩非子
山海经
黄帝内经
素书
新书
淮南子
九章算术(附海岛算经)
新序
说苑
列仙传
盐铁论
法言
方言
白虎通义
论衡
潜夫论
政论·昌言
风俗通义
申鉴·中论
太平经
伤寒论
周易参同契
人物志
博物志

声律启蒙
老老恒言
随园食单
阅微草堂笔记
格言联璧
曾国藩家书
曾国藩家训
劝学篇
楚辞
文心雕龙
文选
玉台新咏
二十四诗品·续诗品
词品
东坡养生集
闲情偶寄
古文观止
聊斋志异
唐宋八大家文钞
浮生六记
三字经·百家姓·千字文·弟子规·千家诗
经史百家杂钞